컴퓨터 활용과 실습

윈도우 7 • 한글 2007 • 엑셀 2007 • 파워포인트 2007

한글과컴퓨터
한글 2007

Microsoft® Office PowerPoint 2007

컴퓨터 활용과 실습

윈도우 7 • 한글 2007 • 엑셀 2007 • 파워포인트 2007

정선호 지음

Microsoft® Office Excel 2007

Windows® 7

INFINITYBOOKS
인피니티북스

머리말

"행운이란 준비가 기회를 만날 때 주어진다."

"내가 아는 한 책이든 문학 작품이든 예술 작품이든 어느 것 하나도 창조자의 고뇌 없이 세계적 명성을 얻은 것은 없다. 부지런함이 천재를 만든다. 그러므로 천재가 되려면 반드시 부지런해야 한다."

'톰 아저씨의 오두막' 을 쓴 미국 여류작가, 해리엇 비처 스토의 말입니다. 이 책을 공부하는 분들은 모두 부지런함을 겸비했으리라고 믿습니다.

본서는 윈도우 7, 한글 2007과 엑셀 2007 그리고 파워포인트 2007로 구성되어 있습니다. 각 부분에 대한 자세한 설명보다는 전체적인 맛보기가 가능하도록 기술되었습니다.

윈도우 7에 새롭게 추가된 기능들을 간단하게 기술하고, 오피스 2007의 새로운 기능에 대한 실무 능력을 향상시킬 수 있도록 예제들을 충분히 기술하려고 노력하였습니다. 한글 2007의 경우 실제로 사용하는 기능들이 한글이 제공하는 기능에 비해 너무 미비한 수준이었기 때문에 한글 2007이 제공하는 다양한 기능들을 접할 수 있도록 기술하였습니다.

저자의 입장에서 완성된 책은 볼수록 아쉬움이 남기 마련입니다. 책의 특성상 각 부분을 상세하게 설명하거나 다양한 예제들을 학습하도록 추가할 수 없었기 때문에 처음 접하는 사람들에게 본서가 약간 어렵게 느껴질 수 있으리라 생각됩니다. 시중에 판매되고 있는, 기능이 상세하게 설명되어진 책을 먼저 공부하거나 함께 병행하여 공부한다면 시험을 대비하는 데 부족함이 없으리라 생각됩니다. 시험을 준비하는 모든 분들의 행운을 기원합니다.

끝으로 노트북과 함께하는 아내와 엄마로 인해 서운했을 남편과 아이들에게 고마움을 전하면서, 이 책을 몇 년 전 우리 가족 곁을 떠나신 친정 아버지께 바칩니다.

정 선호

책의 구성과 소개

이 책은 윈도우 7, 한글 2007, 엑셀 2007, 파워포인트 2007의 4개의 주제를 쉽게 이해하고 실력을 기를수 있도록 다양한 학습 장치들을 배치하였다.

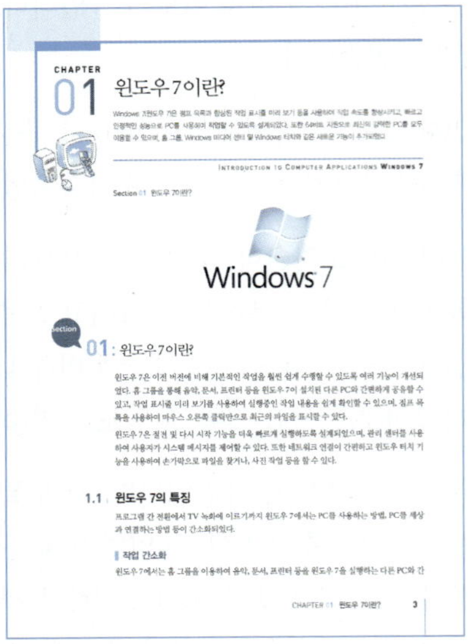
CHAPTER 01 윈도우 7이란?

Windows 7

01 : 윈도우 7이란?

1.1 윈도우 7의 특징

학습목표

각 장에서 본격적으로 학습할 내용을 간단히 소개하였다.

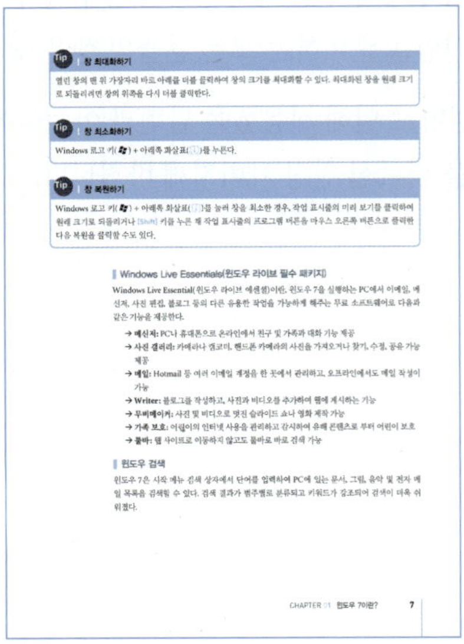
창 최대화하기

창 최소화하기

창 복원하기

Windows Live Essentials(윈도우 라이브 필수 패키지)

윈도우 검색

TIP

본문에 대한 보충 설명이나 참고사항을 정리하였다.

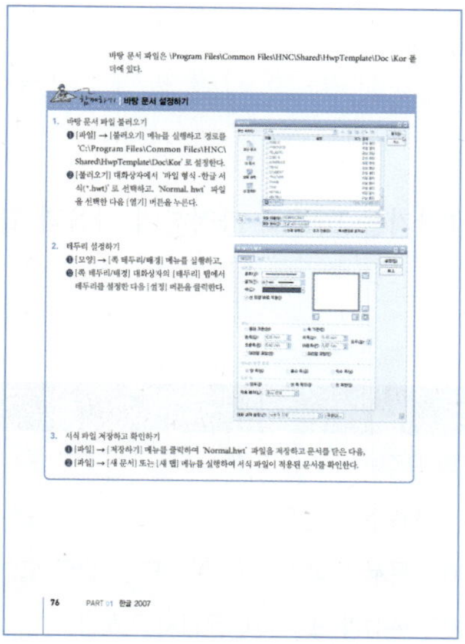

함께하기

예제 파일을 통해 각각의 테마들을 실습해볼 수 있도록 하였다.

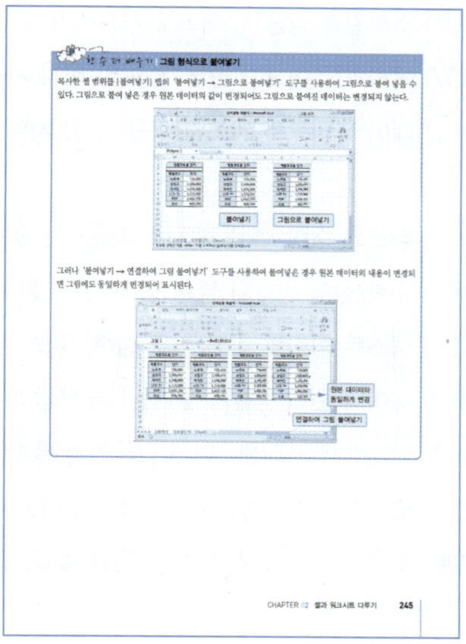

한 수 더 배우기

심화학습이 더 필요한 부분을 실습을 통하여 해결할 수 있도록 하였다.

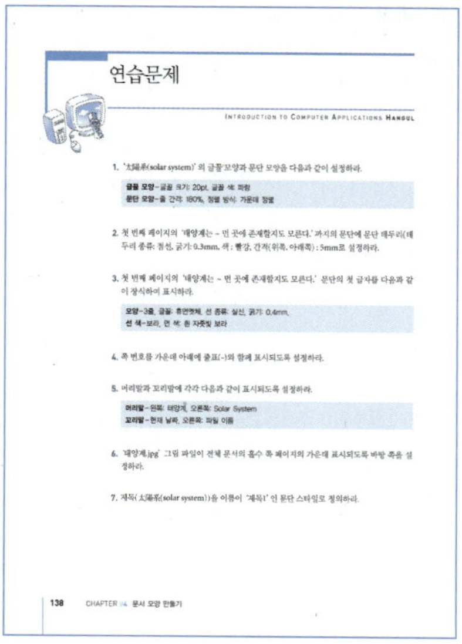

연습문제

학습한 내용을 최종적으로 점검할 수 있도록 구성하였다.

학습 일정

본서는 1학기 분량의 강의의 경우, 1학기를 16주로 가정하여 다음과 같은 진행을 생각할 수 있다.

주	Chapter	주제
1	윈 1, 2장	윈도우 7의 특징
2	윈 3, 4장	윈도우 7의 새로운 기능들
3	한 2, 3, 4장	(한글 2007) 문서 편집의 기초(글자 모양, 문단 모양, 서식)
4	한 5, 6, 7장	(한글 2007) 주석과 표, 다단, 글맵시 익히기
5	한 4장	(한글 2007) 스타일과 상용구, 매크로 사용하기
6	한 5장	(한글 2007) 목차와 찾아보기 만들기, 메일 머지 사용법
7	엑 2, 3, 4장	(엑셀 2007) 데이터 입력과 워크시트 관리, 셀 서식
8		중간고사
9	엑 5장	(엑셀 2007) 참조와 수식, 그리고 자주 사용하는 함수들
10	엑 6장	(엑셀 2007) 수학/삼각 함수와 통계 함수, 논리 함수
11	엑 6장	(엑셀 2007) 텍스트 함수와 찾기/참조 함수, 정보 함수
12	엑 7, 8장	(엑셀 2007) 데이터 관리(정렬과 필터링), 부분합과 요약, 차트
13	파 2, 3장	(파워포인트 2007) 새 프레젠테이션 만들기와 슬라이드 마스터
14	파 5, 6, 7장	(파워포인트 2007) 도형과 클립아트 그리고 SmartArt 그래픽
15	파 11, 12장	(파워포인트 2007) 애니메이션과 화면 전환 효과, 슬라이드 쇼
16		기말고사

(※ 윈: 윈도우 7, 한: 한글 2007, 엑: 엑셀 2007, 파: 파워포인트 2007)

목차

PART 01

윈도우 7

Memo

CHAPTER

01 윈도우 7이란?

Windows 7(윈도우 7)은 점프 목록과 향상된 작업 표시줄 미리 보기 등을 사용하여 작업 속도를 향상시키고, 빠르고 안정적인 성능으로 PC를 사용하여 작업할 수 있도록 설계되었다. 또한 64비트 지원으로 최신의 강력한 PC를 모두 이용할 수 있으며, 홈 그룹, Windows 미디어 센터 및 Windows 터치와 같은 새로운 기능이 추가되었다.

Windows 7

Section 01 : 윈도우 7이란?

윈도우 7은 이전 버전에 비해 기본적인 작업을 훨씬 쉽게 수행할 수 있도록 여러 기능이 개선되었다. 홈 그룹을 통해 음악, 문서, 프린터 등을 윈도우 7이 설치된 다른 PC와 간편하게 공유할 수 있고, 작업 표시줄 미리 보기를 사용하여 실행중인 작업 내용을 쉽게 확인할 수 있으며, 점프 목록을 사용하여 마우스 오른쪽 클릭만으로 최근의 파일을 표시할 수 있다.

윈도우 7은 절전 및 다시 시작 기능을 더욱 빠르게 실행하도록 설계되었으며, 관리 센터를 사용하여 사용자가 시스템 메시지를 제어할 수 있다. 또한 네트워크 연결이 간편하고 윈도우 터치 기능을 사용하여 손가락으로 파일을 찾거나, 사진 작업 등을 할 수 있다.

1.1 윈도우 7의 특징

프로그램 간 전환에서 TV 녹화에 이르기까지 윈도우 7에서는 PC를 사용하는 방법, PC를 세상과 연결하는 방법 등이 간소화되었다.

작업 간소화

윈도우 7에서는 홈 그룹을 이용하여 음악, 문서, 프린터 등을 윈도우 7을 실행하는 다른 PC와 간편하게 공유할 수 있고, 작업 표시줄 미리 보기를 통해 열려 있는 작업을 쉽게 확인할 수 있으며, 점프 목록 기능으로 마우스 오른쪽 클릭만으로 최근의 파일을 표시할 수 있다.

사용자가 원하는 대로 동작

윈도우 7은 PC의 절전 및 다시 시작이 더욱 빠르게 실행되도록 디자인되었으며, 새 관리 센터를 통해 사용자가 시스템 메시지를 제어할 수 있다. 또한 64 비트 컴퓨팅 및 멀티 코어 프로세서와 같은 PC 하드웨어의 최신 고급 기술을 지원하며, 개선된 메모리 활용을 통해 하드웨어가 잠재적인 최대 성능을 발휘할 수 있다.

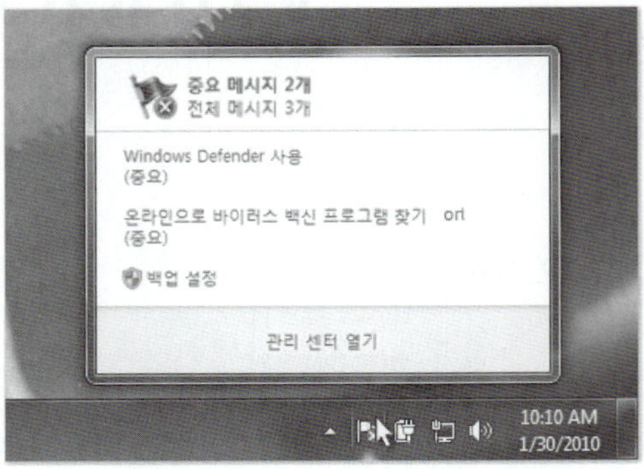

새로움 창조

윈도우 7은 손쉽게 네트워크에 연결하고, 윈도우 터치 기능 지원으로 적합한 하드웨어를 구비하면 손쉽게 손가락으로 파일을 찾아보고, 사진 작업을 하며, 그림을 그릴 수도 있다.

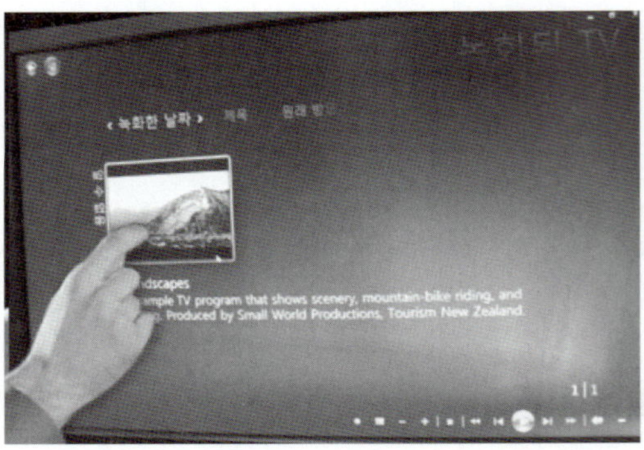

1.2 | 윈도우 7의 새로운 기능

윈도우 7은 사용자들이 자주 사용하는 기능들을 간편하게 사용할 수 있도록 개선되었다. PC 간 파일이나 프린터를 공유하거나 자주 사용하는 문서 목록 표시하기, 바탕 화면의 창 크기를 조절하고 창을 비교하는 재미있고 새로운 방법들을 살펴보도록 한다.

홈 그룹

홈 그룹은 홈 네트워크에서 파일 및 프린터 공유 설정 작업을 단순화하는 기능이다. 윈도우 7을 실행하는 PC를 두 개 이상 연결하는 경우 홈 그룹을 통해 음악, 사진, 비디오 및 문서 라이브러리를 집안의 다른 PC와 공유할 수 있다.

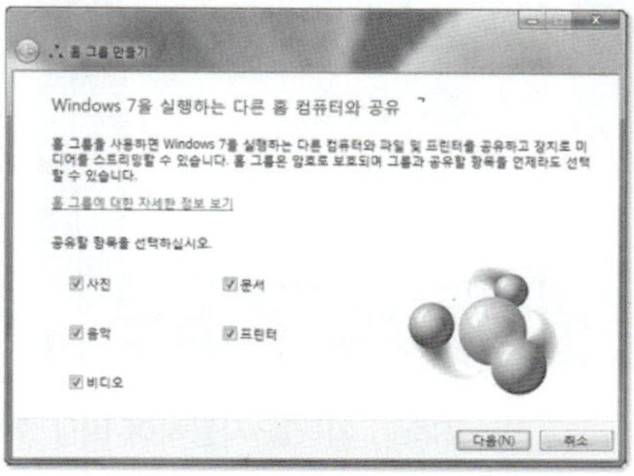

홈 그룹은 암호를 입력해야 사용할 수 있으며, 공유할 항목과 비공개로 유지할 항목을 설정할 수 있다. 또한 파일을 '읽기 전용'으로 설정하여 다른 사람이 해당 사용자의 파일을 수정하거나 조작하지 못하고 읽기만 하도록 할 수도 있다.

Tip | 홈 그룹 만들기

윈도우 7의 에디션에 중 홈 프리미엄, 프로페셔널 또는 얼티밋 에디션에서만 홈 그룹을 만들 수 있다.

점프 목록

점프 목록은 윈도우 7에 추가된 새로운 기능으로, 자주 사용하는 문서, 사진, 음악 또는 웹 사이트를 빠르고 간편하게 이용할 수 있다. 점프 목록은 작업 표시줄의 프로그램 아이콘이나 시작 메뉴를 마우스 오른쪽 버튼으로 클릭하면 표시된다.

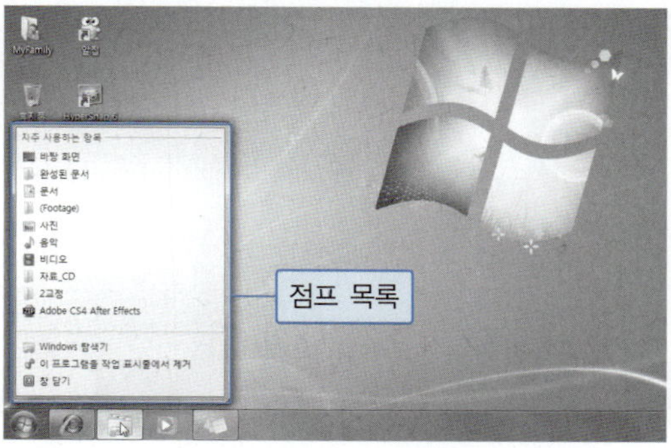

점프 목록에 표시되는 항목은 프로그램에 따라 다르며, 자주 사용하는 항목은 점프 목록에 고정할 수 있다. 점프 목록은 파일의 바로 가기뿐만 아니라 전자 메일 메시지 작성이나 음악을 재생하는 등의 작업을 바로 실행할 수 있게 할 수도 있다.

Snap(스냅)

Snap(스냅)은 창을 화면 가장자리로 드래그하면 창이 수직으로 확장되거나 전체 화면 보기로 커지거나, 두 개의 창이 같은 크기로 나란히 배치된다. 창을 원래 크기로 되돌리려면 창의 제목 표시줄을 화면의 위쪽에서 다른 위치로 드래그한다.

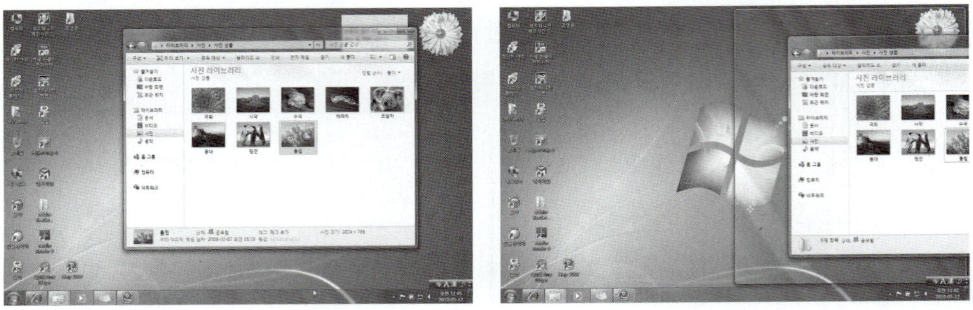

Snap 기능을 사용하여 바탕 화면의 창을 세로로 나란히 정렬

> **Tip | 단축키로 맞추기**
>
> Windows 로고 키( ) + 왼쪽 화살표나 Windows 로고 키 + 오른쪽 화살표(→)를 누른다.

창의 제목 표시줄을 화면의 맨 위로 드래그하면 화면 크기에 맞게 확장된다.

Tip | 창 최대화하기

열린 창의 맨 위 가장자리 바로 아래를 더블 클릭하여 창의 크기를 최대화할 수 있다. 최대화된 창을 원래 크기로 되돌리려면 창의 위쪽을 다시 더블 클릭한다.

Tip | 창 최소화하기

Windows 로고 키( ) + 아래쪽 화살표(↓)를 누른다.

Tip | 창 복원하기

Windows 로고 키( ) + 아래쪽 화살표(↓)를 눌러 창을 최소한 경우, 작업 표시줄의 미리 보기를 클릭하여 원래 크기로 되돌리거나 [Shift] 키를 누른 채 작업 표시줄의 프로그램 버튼을 마우스 오른쪽 버튼으로 클릭한 다음 복원을 클릭할 수도 있다.

Windows Live Essentials(윈도우 라이브 필수 패키지)

Windows Live Essential(윈도우 라이브 에센셜)이란, 윈도우 7을 실행하는 PC에서 이메일, 메신저, 사진 편집, 블로그 등의 다른 유용한 작업을 가능하게 해주는 무료 소프트웨어로 다음과 같은 기능을 제공한다.

→ **메신저:** PC나 휴대폰으로 온라인에서 친구 및 가족과 대화 기능 제공
→ **사진 갤러리:** 카메라나 캠코더, 핸드폰 카메라의 사진을 가져오거나 찾기, 수정, 공유 가능 제공
→ **메일:** Hotmail 등 여러 이메일 계정을 한 곳에서 관리하고, 오프라인에서도 메일 작성이 가능
→ **Writer:** 블로그를 작성하고, 사진과 비디오를 추가하여 웹에 게시하는 기능
→ **무비메이커:** 사진 및 비디오로 멋진 슬라이드 쇼나 영화 제작 가능
→ **가족 보호:** 어린이의 인터넷 사용을 관리하고 감시하여 유해 콘텐츠로 부터 어린이 보호
→ **툴바:** 웹 사이트로 이동하지 않고도 툴바로 바로 검색 가능

윈도우 검색

윈도우 7은 시작 메뉴 검색 상자에서 단어를 입력하여 PC에 있는 문서, 그림, 음악 및 전자 메일 목록을 검색할 수 있다. 검색 결과가 범주별로 분류되고 키워드가 강조되어 검색이 더욱 쉬워졌다.

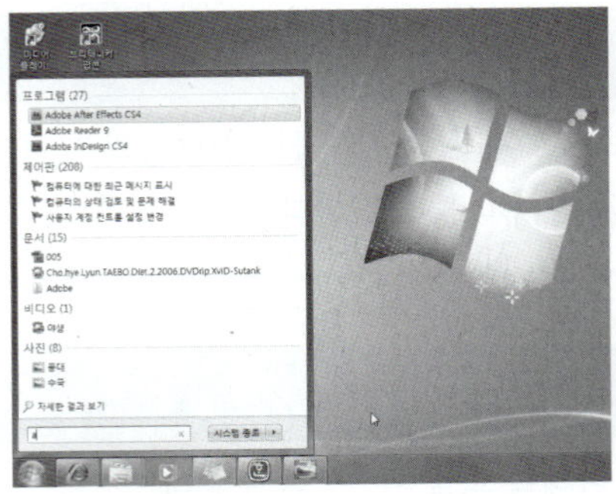

문서 폴더를 열고 폴더 및 라이브러리 검색 상자를 사용하여 사전 및 음악 파일 등을 검색할 수 있으며, 날짜, 파일 유형 등의 추가 조건을 사용하여 검색할 수 있다.

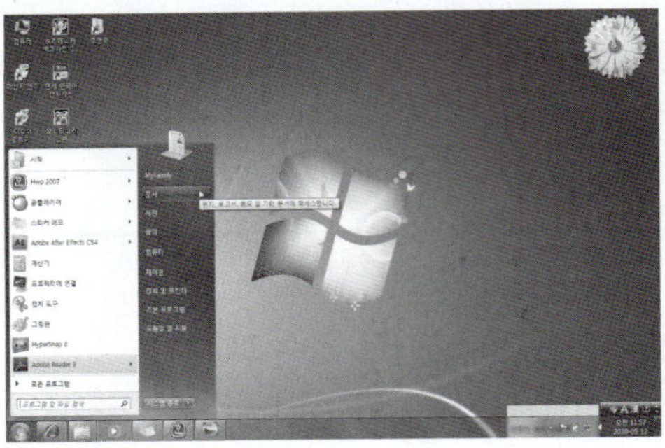

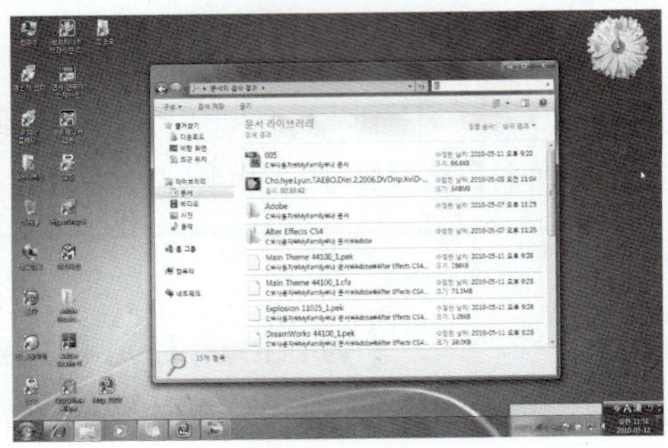

윈도우 작업 표시줄

윈도우 7의 작업 표시줄은 이전 버전에 비해 더 보기 쉽고 강력해졌다. 자주 사용하는 프로그램에 쉽게 액세스할 수 있도록 작업 표시줄에 해당 프로그램을 고정시킬 수 있고, 프로그램 아이콘을 마우스로 드래그하여 원하는 순서대로 다시 배열할 수 있다. 작업 표시줄의 프로그램 아이콘 위에 마우스를 놓으면 열린 파일이나 프로그램의 미리 보기를 볼 수 있고, 축소판 미리 보기 위로 마우스를 이동하면 해당 창을 전체 화면 크기로 미리 볼 수 있다. 축소판 미리 보기에서 창을 닫을 수도 있다.

64비트 완벽 지원

윈도우 7은 32비트 시스템과 64비트 시스템 모두 지원하므로 윈도우 7 환경에서 강력한 64비트 PC를 최적의 성능으로 활용할 수 있다. 64비트 PC는 32비트 시스템보다 더 많은 RAM(4GB 이상)을 사용할 수 있기 때문에 한 번에 여러 프로그램을 실행하는 경우 응답 속도가 더 빠르다. 사용하고 있는 PC가 64비트 버전의 Windows7(윈도우 7)을 실행할 수 있는지 보려면 제어판을 확인한다.

Tip | 32 비트와 64 비트 PC 중 어느 것을 사야 할까?

동시에 많은 프로그램을 열어 놓아야 하거나 프로그램을 자주 전환해야 하는 경우, 또는 대용량 메모리를 사용하시려면 64비트가 좋고, 한 번에 한두 개 프로그램만 실행하거나 64비트 PC에서 지원되지 않는 하드웨어 및 소프트웨어를 사용하는 경우에는 32비트 시스템이 적합하다.

바탕 화면

새로운 테마와 슬라이드 쇼, 바탕 화면 가젯으로 나만의 PC를 꾸밀 수 있다.

| 바탕 화면 바로보기 |

윈도우 7의 간단하면서 강력한 세 가지 새 기능, Aero Shake(Aero 흔들기), Aero Peek및 Snap 기능을 사용하여 뒤죽박죽된 바탕 화면을 단숨에 처리할 수 있다.

Aero 흔들기

바탕 화면에 표시된 창 중에서 한 개의 창만 표시하도록 하려면 표시할 창의 제목 표시줄을 클릭하고 창을 앞뒤로 빠르게 움직이거나 좌우로 흔들면 선택한 창을 제외하고 나머지 창을 최소화할 수 있다.

Aero Peek(미리 보기)

Aero 미리 보기 기능을 사용하면 모든 창을 최소화하지 않고 바탕 화면을 빨리 미리 보거나 작업 표시줄에서 버튼을 가리켜서 열린 창을 미리 볼 수 있다.

| 멋진 새 배경 무늬 |

윈도우 7에는 멋있고 재미있는 다양한 종류의 새로운 바탕 화면 배경(배경 무늬)이 제공되고, 바탕 화면 슬라이스 쇼를 설정하여 여러 장의 사진이 표시되도록 할 수 있다.

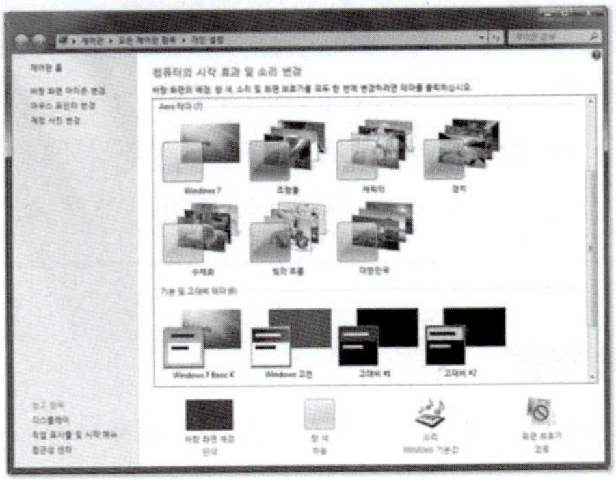

| 새롭게 바뀐 가젯 |

가젯은 Windows Vista(윈도우 비스타)에 소개된 기능으로, 윈도우 7에서는 사이드바가 제거되어 바탕 화면에 어디에든 가젯을 고정시킬 수 있다.

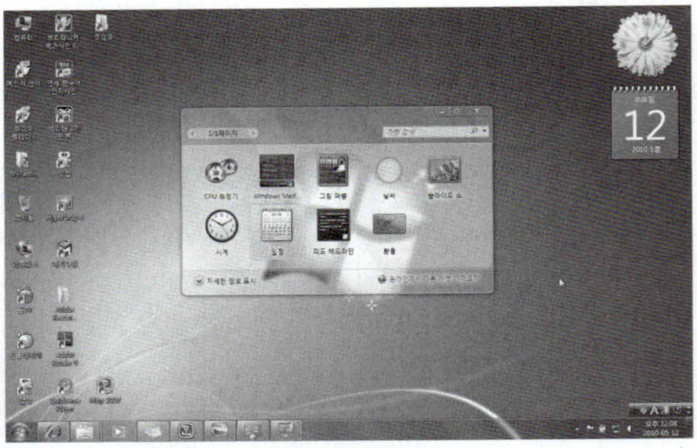

성능 향상

윈도우 7은 컴퓨터의 동작 속도를 단축하므로써 성능을 향상시킬 수 있는 기능들을 제공한다.

- → **절전 모드:** 절전 모드, 다시 시작, 무선 네트워크에 다시 연결하는 동작이 훨씬 빠르게 실행되도록 설계되었다.
- → **검색:** 검색 결과를 빠르게 표시하고, 검색 결과 분류 및 정렬도 아주 신속하게 처리할 수 있다.
- → **적은 사용:** 필요할 때만 백그라운드 서비스가 아주 빠르게 실행되고, 메모리를 훨씬 적게 사용하도록 하여 전체 성능을 향상시킨다.

Play To(재생)

윈도우 7에 새롭게 추가된 기능으로 집에 있는 다른 PC, TV 또는 스테레오로 음악 및 비디오를 쉽게 재생할 수 있게 해주는 기능이다. 단, 재생은 윈도우 7을 실행하는 다른 PC 또는 'Compatible with Windows 7' 로고가 있는 장치에서 작동한다.

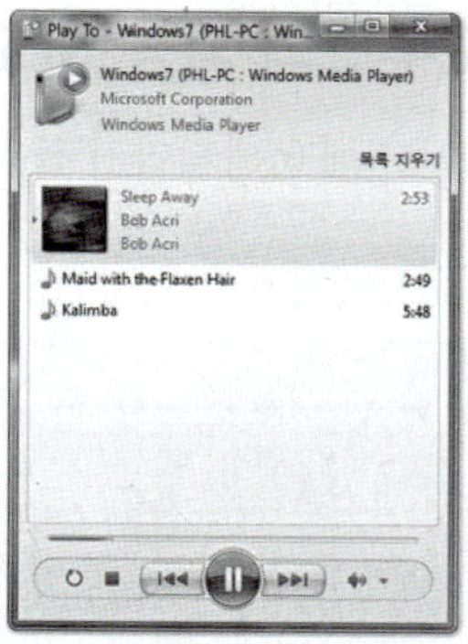

원격 미디어 스트리밍

인터넷을 사용하여 Windows Media Player 12(윈도우 미디어 플레이어 12) 라이브러리를 통해 원격으로 미디어 파일을 쓸 수 있는 원격 미디어 스트리밍 기능을 사용하여 외부에 있으면서 집에 있는 mp3 음악 파일이나, 영화, 드라마를 제어할 수 있다.

원격 미디어 스트리밍을 사용하기 위해서는 두 컴퓨터 모두 윈도우 7을 실행하고 있어야 하며, Windows Media Player 12(윈도우 미디어 플레이어 12)의 새 스트림 메뉴를 사용하여 이 기능을 설정한 다음 Windows Live 전자 메일 주소 등의 온라인 ID로 두 컴퓨터를 연결하여야 한다.

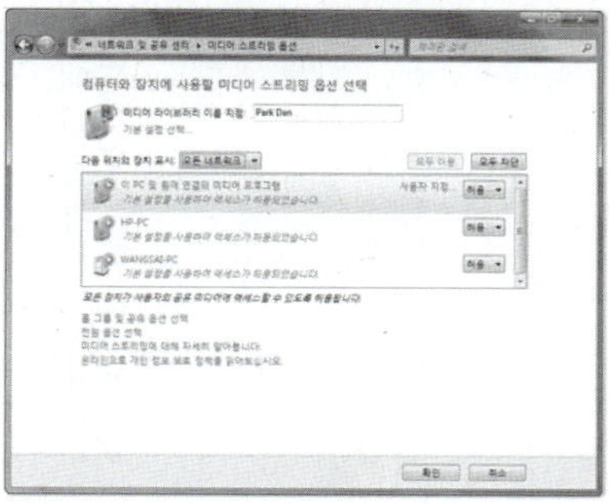

윈도우 터치

윈도우 7과 터치 스크린을 사용하여 키보드나 마우스 없이 PC를 사용할 수 있다. PC 사양에 따라 추가 하드웨어가 필요하다.

윈도우 터치 기능은 윈도우 7과 터치스크린으로 마우스 없이 손가락만으로 뉴스를 보고, 사진을 보거나, 파일과 폴더를 찾고 볼 수 있다.

1.3 버전별 윈도우즈의 기능 비교

윈도우 7이 이전 버전에 비해 달라진 점을 살펴보도록 한다.

표 1-1 ● 윈도우 버전별 특징

 WINDOWS XP	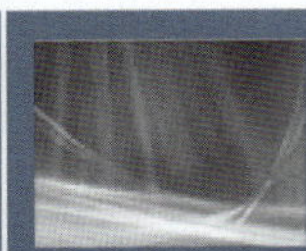 WINDOWS VISTA	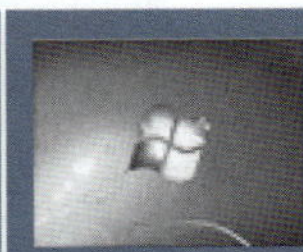 WINDOWS 7 (✓+ =성능향상)	기능
✓	✓	✓+	윈도우 작업 표시줄 기능 개선
	✓	✓	WINDOWS LIVE ESSENTIALS
	✓	✓+	WINDOWS 검색 기능 개선
		✓	점프 목록
		✓	사용 가능한 네트워크 보기
		✓	AERO PEEK
		✓	홈 그룹
		✓	DEVICE STAGE
		✓	WINDOWS 라이브러리
✓	✓	✓+	바탕 화면 기능 개선
✓	✓	✓	64비트 지원
✓		✓	WINDOWS XP(윈도우 XP) 모드
	✓	✓+	WINDOWS DEFENDER
	✓	✓+	BITLOCKER(영문)
	✓	✓	자녀 보호
		✓	편리한 PC 사용
		✓	전원 관리
✓	✓	✓+	WINDOWS MEDIA CENTER(윈도우 미디어 센터)
	✓	✓	윈도우 라이브 무비 메이커
		✓	재생
		✓	원격 미디어 스트리밍
		✓	DIRECTX 11
		✓	WINDOWS TOUCH(윈도우 터치)

CHAPTER 02

윈도우 7 설치와 업그레이드

윈도우 7은 업그레이드와 사용자 지정 두 가지 방법 중 하나를 사용하여 현재 사용 중인 윈도우 버전에 따라 좀 더 쉽게 설치할 수 있도록 제공한다.

INTRODUCTION TO COMPUTER APPLICATIONS **WINDOWS 7**

Section 01 윈도우 7 설치하기

Section 02 윈도우 비스타(Windows Vista)를 윈도우 7으로 업그레이드하기

윈도우 7은 '업그레이드'와 '사용자 지정' 두 가지 옵션 중 하나를 선택하여 설치할 수 있다.

→ **업그레이드:** 현재 버전의 윈도우를 업그레이드할 수 있는 경우 사용. 현재 버전의 윈도우가 윈도우 7으로 바뀌고 파일, 설정 및 프로그램이 사용 중인 컴퓨터에 그대로 유지된다.

→ **사용자 지정:** 현재 운영 체제를 완전히 바꾸거나 선택한 특정 드라이브 또는 파티션에 윈도우 7을 새로 설치하려는 경우 사용. 현재 버전의 윈도우가 윈도우 7으로 바뀌지만 파일, 설정 및 프로그램이 유지되지 않는다. 이 옵션을 '새로 설치'라고도 한다.

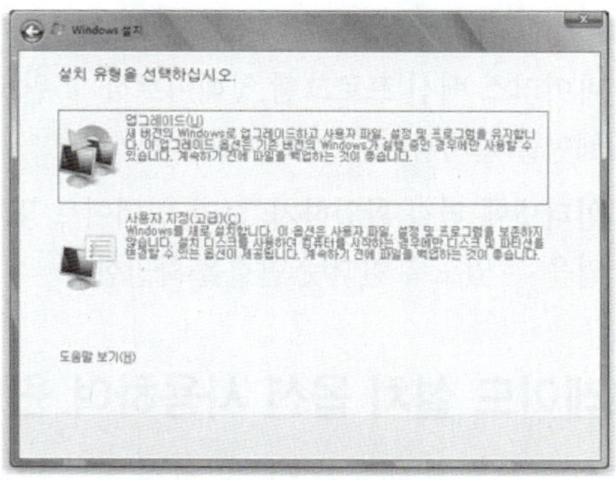

Windows 7(윈도우 7) 설치 옵션

업그레이드 가능한 Windows Vista 버전

Windows Vista 제품은 관련 버전의 Windows 7으로만 업그레이드가 가능하다.

가능한 Windows Vista® 제품 버전	Windows® 7 Upgrade 소프트웨어 버전
Windows Vista® Home Premium(SP1 또는 SP2)	Windows® 7 Home Premium
Windows Vista® Business(SP1 또는 SP2)	Windows® 7 Professional
Windows Vista® Ultimate(SP1 또는 SP2)	Windows® 7 Ultimate

다음 버전에는 업그레이드가 적용되지 않는다.

- → Microsoft Windows Vista® Home Basic
- → Windows Vista® Starter Edition
- → Windows® XP(모든 버전)

Section

01 : 윈도우 7 설치하기

1.1 설치 전 준비하기

윈도우 7을 설치하기 전에 다음 사항을 먼저 준비하도록 한다.

- → **제품 키 찾기:** 컴퓨터 또는 윈도우 패키지 내의 설치 디스크 케이스에 표시된 제품 키를 확인한다. (제품 키 : XXXXX-XXXXX-XXXXX-XXXXX-XXXXX)
- → **컴퓨터 이름 확인하기:** 컴퓨터가 네트워크에 연결되어 있는 경우 윈도우 7 설치가 완료된 후 컴퓨터 이름이 필요할 수 있으므로 확인해둔다.
- → **파일 백업하기:** 윈도우 사용자 환경 전송을 사용하여 파일을 외부 하드 디스크, DVD나 CD 또는 네트워크 폴더로 백업한다.
- → **윈도우 7 업그레이드 관리자 실행하기:** 업그레이드 관리자를 사용하면 윈도우 7 설치에 영향을 줄 수 있는 컴퓨터의 하드웨어, 장치 또는 프로그램에서 발생할 수 있는 호환성 문제를 쉽게 확인할 수 있으므로, 무료로 제공되는 윈도우 7 업그레이드 관리자를 다운로드하여 실행한다.
- → **바이러스 백신 프로그램 업데이트하기:** 윈도우 7에서 작동하는 새 바이러스 백신 소프트웨어를 설치하거나 업데이트한다.
- → **인터넷에 연결 확인하기:** 보안 업데이트 및 드라이버 업데이트 등 최신 설치 업데이트를 얻을 수 있도록 인터넷 연결을 확인한다.

1.2 업그레이드 설치 옵션 사용하여 윈도우 7 설치하기

업그레이드 설치 옵션을 사용하면 현재 버전 윈도우의 파일이나 설정, 프로그램을 유지할 수 있다.

함께하기 | 이름 정의하기

1. 표준 모드로 윈도우 시작하기
   컴퓨터를 키고 표준 모드로 윈도우를 시작한다. 업그레이드를 수행하려는 경우 윈도우 7 설치 미디어에서 컴퓨터를 시작하거나 부팅할 수 없다.
2. 시작 방법 선택하기
   윈도우가 시작된 후 다음 중 하나를 수행한다.

→ **윈도우 7을 다운로드한 경우:** 다운로드한 설치 파일을 찾은 다음 더블 클릭

→ **윈도우 7 설치 디스크가 있는 경우:** 컴퓨터에 디스크를 넣고 자동으로 설치 시작

3. 설치 시작하기
윈도우 설치 페이지에서 '지금 설치'를 클릭한다.

4. 설치할 중요 업데이트 받기
페이지에서 설치를 완료하고 보안 위협으로부터 컴퓨터를 보호하도록 도와주는 최신 업데이트를 다운로드한다.

5. 사용 약관 읽기
페이지에서 사용 약관에 동의하면 '동의함'을 클릭하고 [다음]을 클릭한다.

6. 설치 유형을 선택하기
페이지에서 업그레이드를 클릭하여 업그레이드를 시작한다. 호환성 보고서가 표시될 수 있다.

7. 설치 완료하기
윈도우 7 설치를 완료한다.

1.3 사용자 지정 설치 옵션 사용하여 윈도우 7 설치하기

'사용자 지정' 옵션을 사용하면 윈도우 7의 새 복사본이 선택한 파티션에 설치되고, 해당 파티션의 파일, 프로그램 및 설정이 모두 삭제된다. 따라서 설치가 완료된 후 복원할 수 있도록 보관하려는 파일 및 설정을 백업해야 한다.

→ 윈도우 메일 및 아웃룩 익스프레스와 같은 일부 프로그램은 윈도우 7에 더 이상 포함되지 않으므로 윈도우 메일이나 아웃룩 익스프레스를 전자 메일 프로그램으로 사용한 경우 윈도우 7 설치를 완료한 후 새 전자 메일 프로그램을 설치해야 한다.

→ 64비트 버전의 윈도우를 실행하고 있는 경우 32비트 버전의 윈도우 7을 설치하려고 하면 64비트 운영 체제에서만 실행되도록 설계된 프로그램이 작동하지 않을 수 있다.

→ 설치하는 동안 하드 디스크를 포맷하지 않을 경우 데이터 파일은 윈도우 7을 설치한 파티션의 Windows.old 폴더에 저장되므로, 파일을 백업해야 한다.

함께하기 | 사용자 지정 옵션을 사용하여 윈도우 7 설치하기

1. 설치 시작하기
윈도우가 정상적으로 시작되도록 컴퓨터를 켠 후 다음 중 하나를 수행한다.

→ **윈도우 7을 다운로드한 경우:** 다운로드한 설치 파일을 찾은 다음 더블 클릭하기

→ **윈도우 7 설치 디스크가 있는 경우:** 컴퓨터에 디스크를 넣고 설치 시작

2. 윈도우 설치하기
Windows 설치 페이지에 나타나는 지시를 따라 [지금 설치]를 클릭한다.

3. 설치할 중요 업데이트 받기
페이지에서 설치를 완료하고 보안 위협으로부터 컴퓨터를 보호하도록 도와주는 최신 업데이트를 받는다.

4. 사용 약관 읽기
페이지에서 사용 약관에 동의하면 '동의함' 을 클릭하고 [다음]을 클릭한다.

5. 설치 유형 선택하기
페이지에서 '사용자 지정' 을 클릭한다.

6. 윈도우를 설치할 위치 지정하기
하드 디스크를 포맷할 것인지 여부에 따라 다음 중 하나를 실행한다.

하드 디스크를 포맷하지 않은 경우:

❶ 이전 버전의 윈도우가 포함된 파티션(대부분 C: 드라이브)을 선택하고 [다음]을 클릭

❷ [Windows.old] 대화상자에서 [확인]을 클릭

하드 디스크를 포맷하는 경우:

❶ 드라이브 옵션(고급)을 클릭하고,

❷ 변경할 파티션을 선택한 다음, 수행할 포맷 옵션을 클릭한다.

❸ 포맷이 완료되면 [다음]을 클릭한다.

7. 설치 완료하기
컴퓨터 이름 지정 및 초기 사용자 계정 설정 등을 설정하고 윈도우 7 설치를 완료한다.

Tip | 32비트 버전의 윈도우를 64비트 버전의 윈도우로 업그레이드할 수 있을까?

사용중인 컴퓨터가 32비트 버전의 윈도우를 실행 중이면 다른 32비트 버전의 윈도우로만 업그레이드할 수 있다. 윈도우 32비트 버전에서 윈도우 64비트 버전으로 전환하려는 경우 파일을 백업하고 윈도우 64비트 버전의 사용자 지정 설치를 수행한다.

Section 02: 윈도우 비스타(Windows Vista)를 윈도우 7으로 업그레이드하기

사용 중인 PC와 윈도우 비스타 에디션에 따라 윈도우 비스타에서 윈도우 7의 해당 버전 또는 상위 버전으로 업그레이드 할 수 있다. 윈도우 7으로 업그레이드할 때 윈도우 비스타에서 사용하던 파일, 설정 및 프로그램은 유지된다.

윈도우 비스타　　　　　　윈도우 7

윈도우 7으로 업그레이드할 수 있는 윈도우 비스타 에디션은 다음과 같다. 업그레이드 옵션을 사용하여 윈도우 7 에디션으로 업그레이드할 수 없는 경우 '사용자 지정 설치' 옵션을 사용하여 설치할 수 있다.

	Windows 7 Home Premium	Windows 7 프로페셔널	Windows 7 Ultimate (윈도우 7 얼티밋)
Windows Vista Home Basic (윈도우 비스타 홈 베이직)	✓		✓
Windows Vista Home Premium (윈도우 비스타 홈 프리미엄)	✓		✓
Windows Vista Business (윈도우 비스타 비즈니스)		✓	✓
Windows Vista Ultimate (윈도우 비스타 얼티밋)			✓

Tip | 32비트와 64비트 확인하기

32비트 버전 윈도우 비스타는 32비트 버전의 윈도우 7으로만 업그레이드할 수 있다. 마찬가지로 64비트 버전 윈도우 비스타를 실행 중이라면 64비트 버전 윈도우 7만 업그레이드할 수 있다. 서로 다른 버전을 설치하려면, '사용자 지정' 옵션을 사용하여 윈도우 7을 설치해야 한다.

함께하기 | Windows 7 업그레이드 관리자 다운로드하고 실행하기

1. 윈도우 7 업그레이드 관리자(http://go.microsoft.com/fwlink/?LinkId=160680) 웹 페이지로 이동한 다음, 하단의 [업그레이드 관리자 다운로드]를 클릭한다.

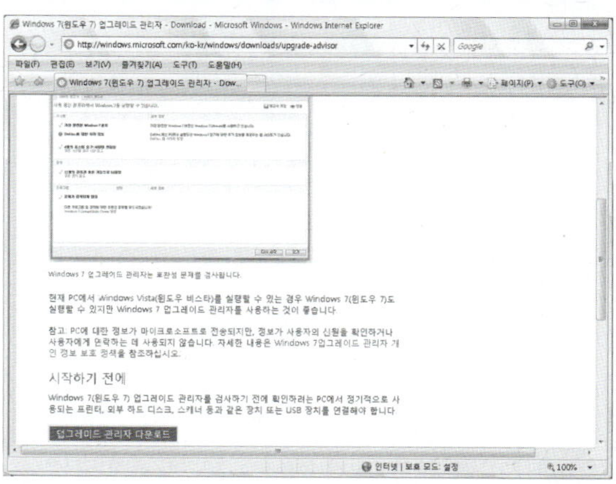

2. [다운로드]를 클릭하고 설치 파일을 컴퓨터에 저장하거나 실행한다.

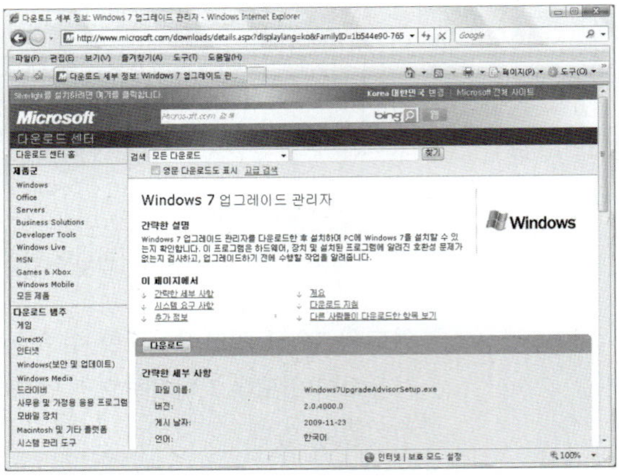

3. [Windows 7 업그레이드 관리자] 대화상자에서 '동의함'을 선택하고, [설치] 버튼을 클릭한다.

4. 설치가 완료되면 [닫기] 버튼을 클릭한다.

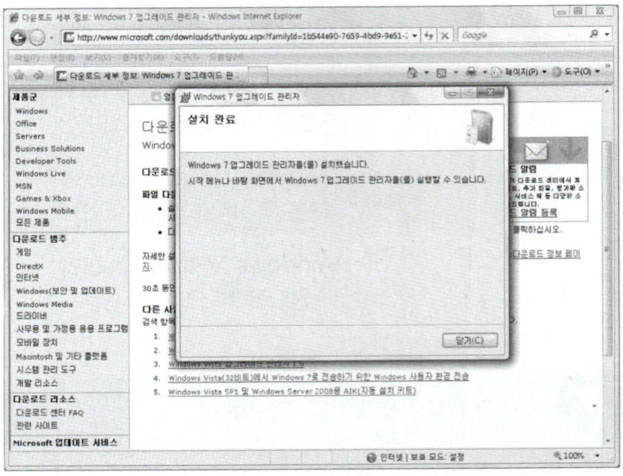

5. '윈도우 7 업그레이드 관리자'를 실행하고 [Windows 7 업그레이드 관리자] 대화상자에서 [확인 시작]을 클릭한다.

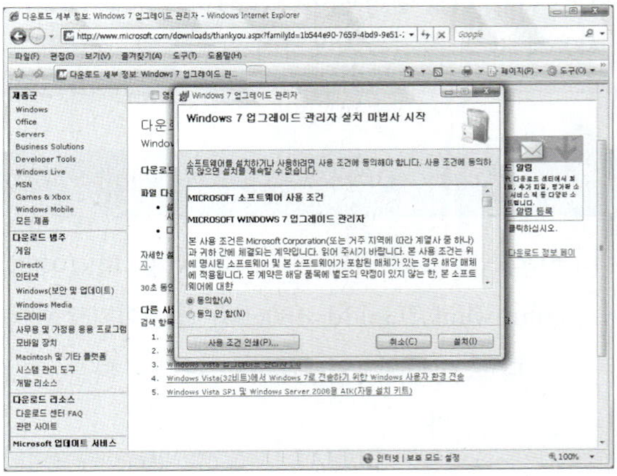

6. 호환성 확인 후 업그레이드 관리자가 찾은 문제를 표시하는 보고서가 표시된다.

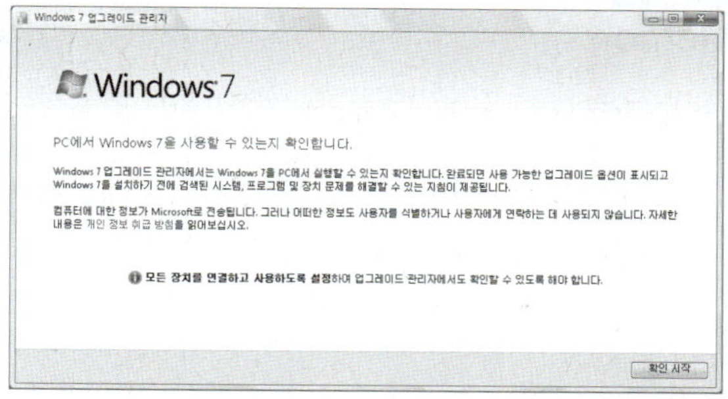

7. [보고서 저장] 버튼을 클릭하여 파일 이름 상자에 이름을 입력한 다음 [저장]을 클릭한다.

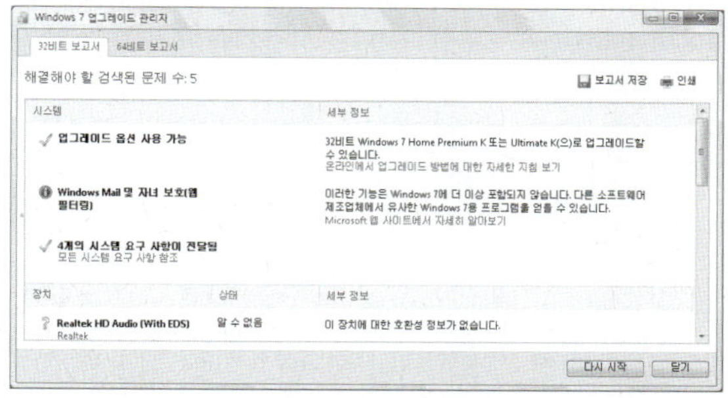

8. [Windows 7 업그레이드 관리자] 대화상자에서 [닫기]를 클릭한다.

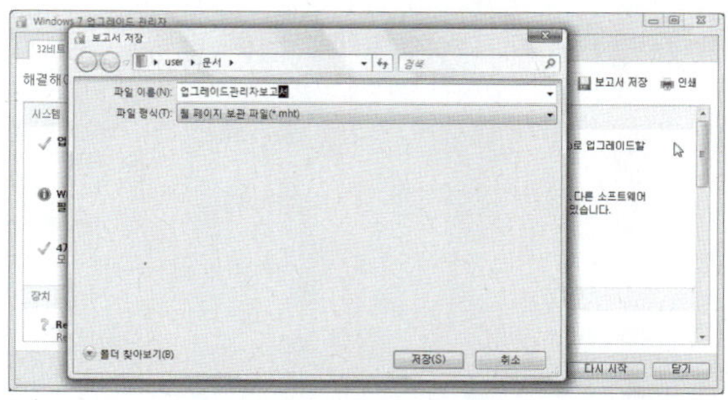

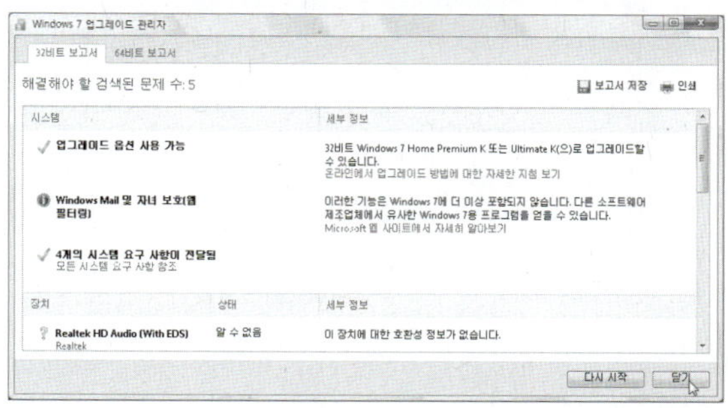

Memo

CHAPTER

03 윈도우 7의 유용한 기능

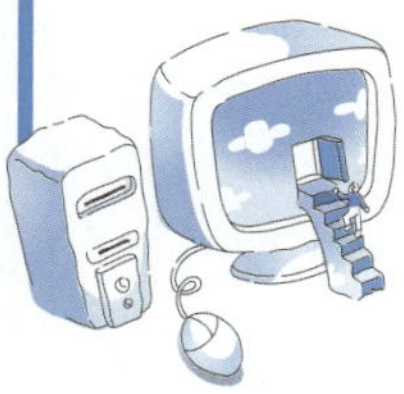

윈도우 7은 창을 구성하고 관리하기 위한 다양한 기능들과 바탕 화면을 다양하게 꾸미기 위한 가젯을 포함하여 테마 등을 제공한다. 또한 현재 사용 중인 프로그램에 대한 정보를 표시하는 작업 표시줄의 미리보기 기능과 창 표시 방법 등이 새롭게 변경되어 제공된다.

INTRODUCTION TO COMPUTER APPLICATIONS **WINDOWS 7**

Section 01 : 바탕 화면의 새로운 기능

윈도우 바탕 화면의 새로운 기능을 사용하여 창을 손쉽게 구성하고 관리할 수 있다. 열린 창 사이를 손쉽게 전환하거나 사용자의 취향에 맞게 설정할 수 있다.

1.1 | 맞추기(Snap)

맞추기(Snap)는 바탕 화면의 창을 바탕 화면의 한쪽에 빠르게 정렬하거나, 화면의 전체 높이에 맞게 세로로 확장하거나, 바탕 화면의 전체 크기에 맞게 최대화할 수 있다. 창의 제목 표시줄을 바탕 화면의 한쪽(왼쪽 또는 오른쪽)으로 드래그하여 해당 위치에 정렬하거나, 바탕 화면의 맨 위로 끌어 창을 최대화한다.

1.2 | Aero 흔들기(Shake)

Aero 흔들기는 바탕 화면에 표시하려는 창을 제외하고 나머지 모든 창을 빠르게 최소화할 수 있다. 표시할 창의 제목 표시줄을 클릭하고 창을 앞뒤로 빠르게 움직이거나 흔들면 선택한 창 이외의 다른 창은 모두 최소화된다. 최소화된 창을 복원하려면 열린 창을 다시 흔들어 준다.

1.3 | Aero 미리 보기(Peek)

Aero 미리 보기는 바탕 화면에 표시된 모든 창을 최소화하지 않고 바탕 화면을 빨리 미리 보거나 작업 표시줄에서 버튼을 가리켜서 열린 창을 미리 보는 기능이다.

바탕 화면 빠르게 보기

윈도우 7은 바탕 화면 보기 버튼을 작업 표시줄에서 시작 버튼의 반대쪽 끝으로 이동하여 바탕 화면을 표시하거나 바탕 화면 미리 보기가 가능하다. 작업 표시줄의 [바탕 화면 보기 버튼]을 클릭하면 열린 창이 모두 사라지고 바탕 화면이 표시된다. 창을 다시 표시하려면 바탕 화면 보기 버튼에서 다른 위치로 마우스를 이동한다.

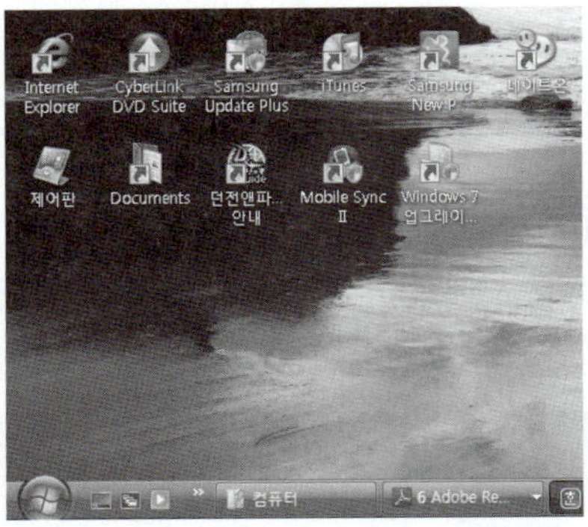

윈도우 비스타의 [바탕 화면 보기] 버튼

윈도우 7의 [바탕 화면 보기] 버튼

Aero Peek를 사용하여 바탕 화면 보기

바탕 화면에서 열린 파일 빠르게 보기

Aero 미리 보기를 사용하여 열려 있는 다른 창을 빨리 볼 수 있다. 작업 표시줄에서 프로그램 버튼 위에 마우스로 올리면 작업 표시줄 위에 파일의 작은 그림으로 미리 보기가 표시된다. 미리 보기를 가리키면 바탕 화면에서 다른 열린 창은 모두 사라지고 미리 보려는 창만 표시된다. 축소판 그림을 클릭하면 미리 보고있는 창을 열 수 있다.

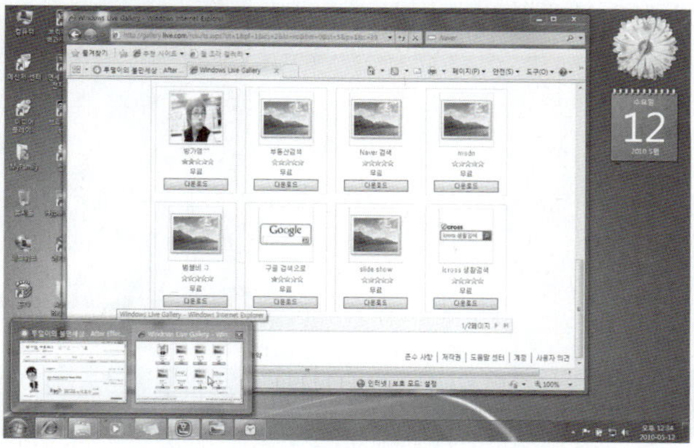

1.4 가젯(Gadgets)

'가젯' 은 다양한 용도로 사용할 수 있는 미니 응용 프로그램으로, 웹에 연결하여 비즈니스 정보, 날씨 정보, 뉴스 업데이트, 교통 지도, 인터넷 라디오, 심지어는 온라인 사진 앨범의 슬라이드 쇼까지 주고받을 수 있다. 반복되는 작업을 수행하기 위해 가젯을 응용 프로그램에 통합시킬 수 있다. 예를 들어 가젯을 사용하여 모든 온라인 인스턴트 메시지 연락처를 보거나, 달력에서 오늘 일정을 확인하거나, Media Player를 쉽게 조작할 수 있다. 가젯에 여러 작업을 할당하여, 계산 및 게임을 할 수 있으며, 메모장으로 활용할 수도 있다.

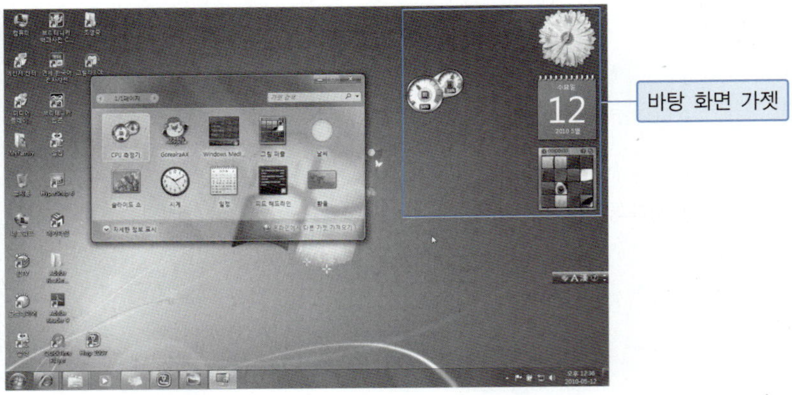

함께하기 | 바탕 화면에 가젯 추가하기

가젯을 추가하고 원하는 위치로 이동할 수 있다.

1. 가젯 실행하기

바탕 화면의 빈곳을 마우스 오른쪽 버튼으로 클릭하여 [가젯]을 클릭한다.

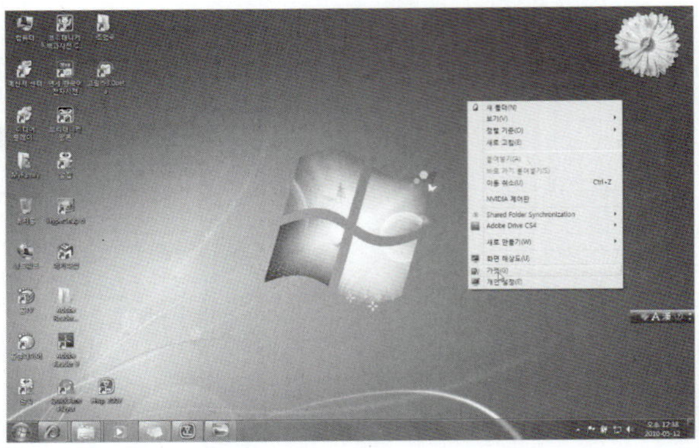

Tip | 제어판에서 가젯 추가하기

'시작(●) → 제어판 → 바탕 화면 가젯' 을 차례대로 클릭한다.

2. 가젯 선택하기

[바탕 화면 가젯 모음] 대화상자에서 사용하려는 가젯의 아이콘을 더블 클릭하여 가젯을 실행한다.

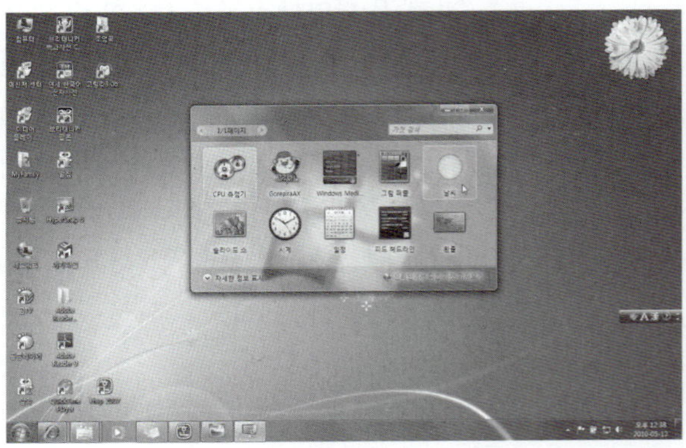

Tip | 가젯 가져오기

대화상자 우측 하단의 [온라인에서 다른 가젯 가져오기]를 클릭하여 새 가젯을 다운로드받을 수 있다.

3. 가젯 이동하기

기본적으로 가젯은 고정되어 화면의 가장자리에 표시된다. 가젯을 바탕 화면의 원하는 위치로 드래그하여 이동한다.

4. 가젯 모양 변경하기

❶ 변경할 가젯을 마우스 오른쪽 버튼으로 클릭한 다음 [옵션]을 클릭한다.

❷ [옵션] 대화상자에서 표시할 모양을 선택한다.

5. 가젯 크기 변경하기

❶ 변경할 가젯을 마우스 오른쪽 버튼으로 클릭하고 [옵션]을 선택한 다음,

❷ 'Size → Large size'를 선택한다.

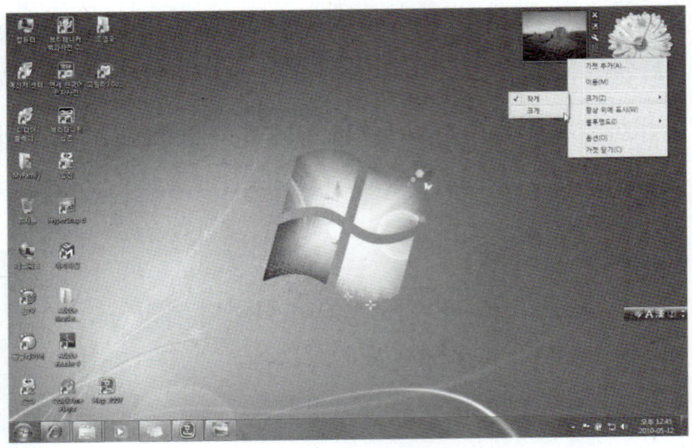

6. 가젯을 맨 위에 표시하기

가젯에서 마우스 오른쪽 버튼을 클릭하고 '항상 위에 표시'를 선택한다.

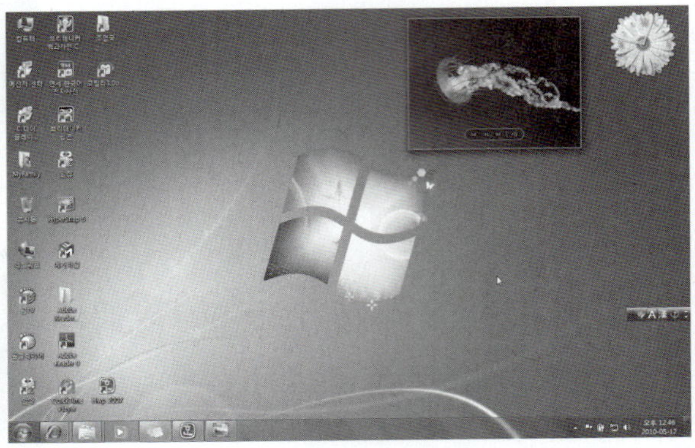

Tip | 바탕 화면에서 가젯 숨기기

바탕 화면에서 마우스 오른쪽 버튼을 클릭하고 [보기 → 바탕 화면 가젯 표시]를 클릭하여 확인 표시를 지운다. 가젯을 숨겨도 바탕 화면에서 제거되지는 않는다.

1.5 | 바탕 화면 배경 설정하기

윈도우 7은 멋지고 재미있는 다양한 종류의 새로운 바탕 화면 배경을 제공하며, 바탕 화면 슬라이스 쇼를 설정하면 선택한 여러 장의 사진이 돌아가며 표시되도록 할 수 있다.

바탕 화면 배경(배경 무늬) 변경하기

바탕 화면 배경(또는 배경 무늬)은 개인적으로 소유하고 있는 디지털 사진이나 윈도우 7과 함께 제공된 사진 등 바탕 화면 배경으로 사용할 이미지를 하나 선택하거나 여러 사진을 슬라이드 쇼로 표시할 수 있다.

함께하기 | 바탕 화면 배경(배경 무늬) 변경하기

1. 제어판 선택하기

❶ [시작( ) → 제어판]을 클릭한다.

2. 바탕 화면 배경 검색하기

검색 상자에 '바탕 화면 배경'을 입력한 다음 '바탕 화면 배경 변경'을 클릭한다.

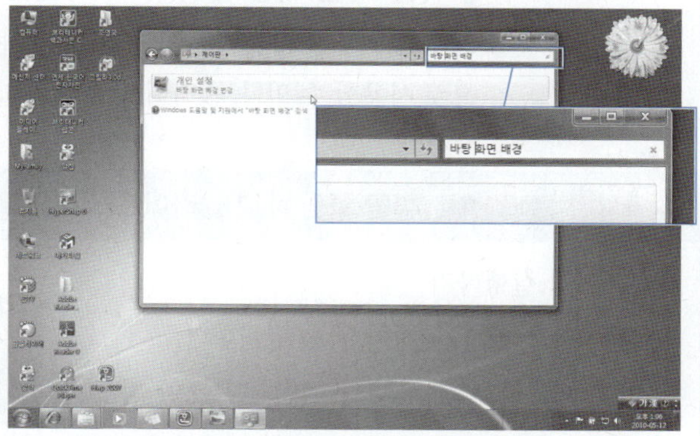

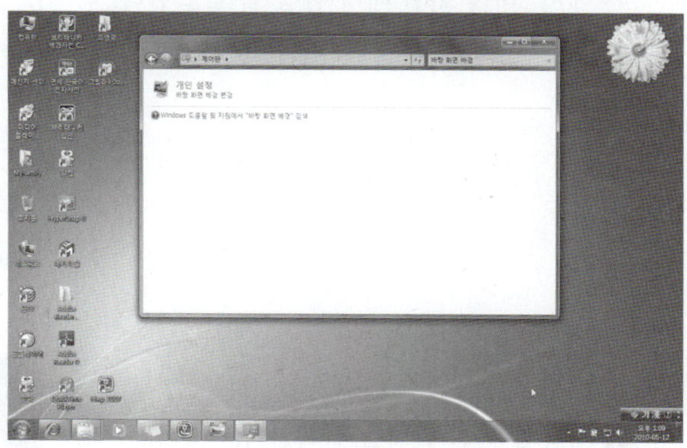

3. 배경 선택하기

❶ 바탕 화면 배경에 사용할 사진이나 색을 선택한다. 사용할 사진이 바탕 화면 배경 사진 목록에 없으면 사진 위치 목록의 항목을 클릭하여 다른 범주를 보거나 찾아보기를 클릭하여 컴퓨터의 사진을 찾아 선택한다.

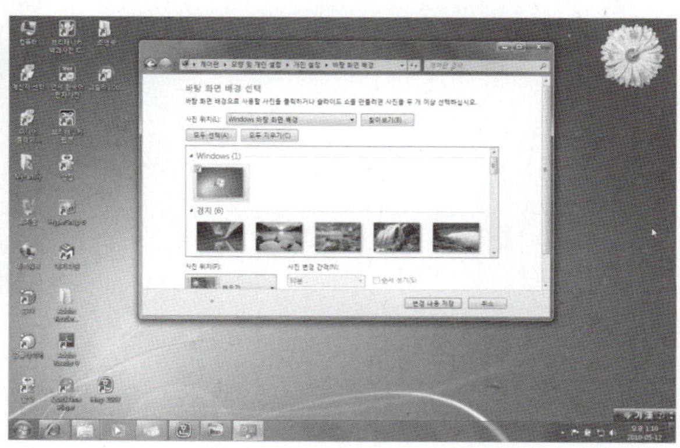

4. 옵션 설정하기

❶ '사진 위치'에서 사진을 화면 크기에 맞게 자르거나 화면 크기에 맞추거나 화면 크기에 맞게 늘리거나 화면 가운데에 배치하도록 선택한 다음,

❷ '변경 내용 저장'을 클릭한다.

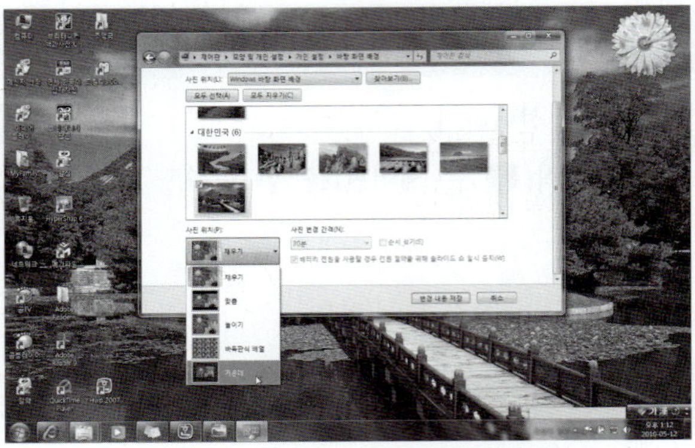

바탕 화면 배경 슬라이드 쇼 만들기

사용자의 사진이나 윈도우 7에서 제공하는 사진을 사용하여 사진 슬라이드 쇼를 바탕 화면 배경으로 사용할 수 있다. 슬라이드 쇼에 포함할 모든 사진은 동일한 폴더에 있어야 한다.

함께하기 | 바탕 화면 배경 슬라이드 쇼 만들기

1. 제어판 실행하기

❶ [시작(◉) → 제어판]을 클릭한다.

❷ [제어판] 대화상자의 '모양 및 개인 설정'에서 '바탕 화면 배경 변경'을 클릭한다.

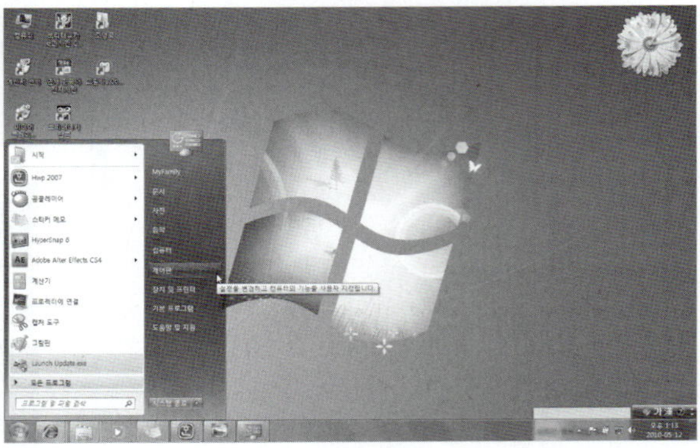

2. 사진 위치 지정하기

❶ 사용할 사진 위치를 선택한다.

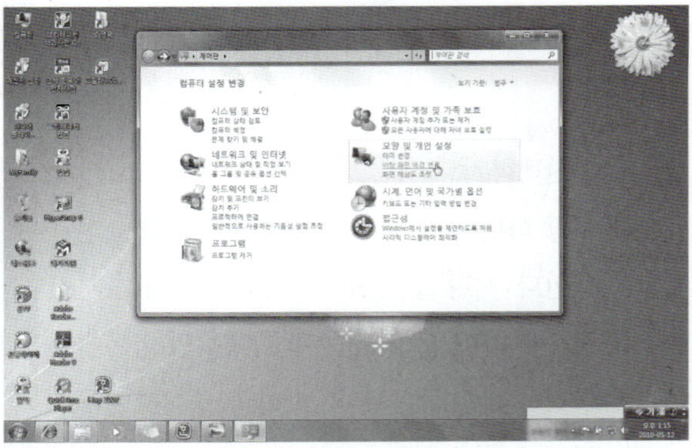

3. 사진 선택하기

❶ 슬라이드 쇼에 포함할 각 사진의 확인란을 선택 또는 취소하여 슬라이드 쇼에 표시할 사진을 선택한다.

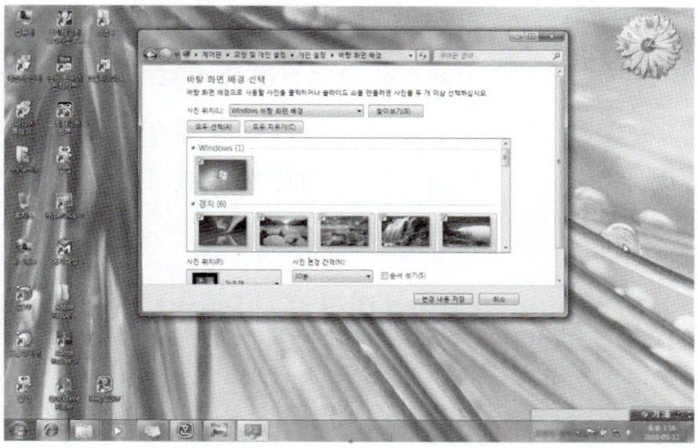

4. 사진 옵션 설정하기

❶ 사진을 화면 크기에 맞게 자르거나, 맞추기, 늘리기, 바둑판식으로 배열하기, 화면 가운데에 배치하기 등 사진 위치를 선택한다.

❷ 슬라이드 쇼에서 사진이 변경되는 간격을 설정한다.

❸ 사진이 임의 순서대로 표시되도록 '순서 섞기' 항목을 선택한다.

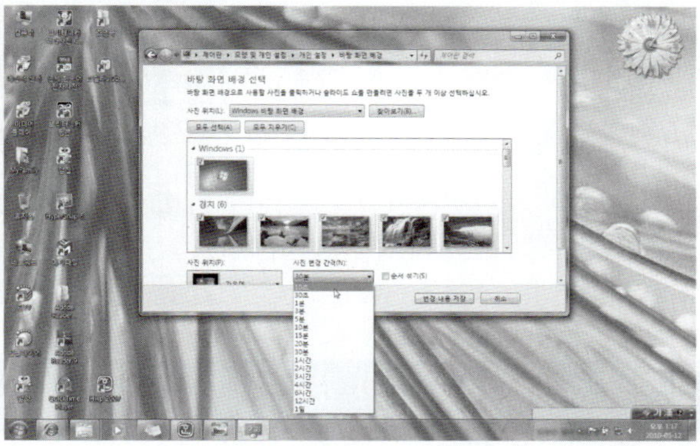

5. 옵션 저장하기

'변경 내용 저장' 을 선택한다.

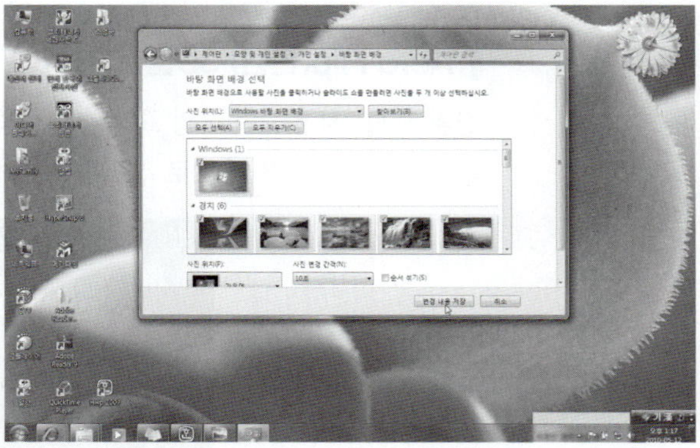

1.6 | 창 관리하기

여러 프로그램을 동시에 실행한 경우 프로그램 창이 작업 표시줄에 표시되는 방법이나 창을 빠르게 정렬할 수 있다.

작업 표시줄에서 창 미리 보기

실행중인 프로그램의 창은 작업 표시줄에 버튼으로 표시된다. 하나의 프로그램에서 둘 이상의 파일을 열어 창이 여러 개 열린 경우 레이블이 없는 하나의 작업 표시줄 버튼으로 자동으로 그룹화되어 표시된다. 작업 표시줄 버튼을 마우스로 가리키면 버튼이 나타내는 창의 축소판 미리 보기가 표시된다.

| Aero 미리 보기(Peek) 사용하여 미리 보기 |

작업 표시줄의 프로그램 버튼을 가리키고 표시된 축소판 그림을 마우스로 가리키면 다른 열린 창은 모두 일시적으로 사라지고 선택한 창이 표시된다.

Tip | 미리 보는 창 열기

축소판 그림을 클릭하면 미리 보고 있는 창이 열린다.

Aero Flip(전환) 3D를 사용하여 창 미리 보기

전환 3D를 사용하면 작업 표시줄을 클릭하지 않고도 열린 모든 창을 빠르게 미리 볼 수 있다. 전환 3D는 열린 창을 가로로 정렬하여 표시하고, 정렬된 창의 맨 위에 열린 창 하나만 표시된다.

전환 3D를 사용하여 창을 전환하려면

❶ Windows 로고 키(⊞) + [Tab] 키를 눌러 전환 3D를 열고,

❷ Windows 로고 키(⊞)를 누른 채로 [Tab] 키를 반복해서 누르거나 마우스 휠을 위아래로 돌려 열린 창을 순환한다.

전환 3D를 종료하려면 누르고 있던 Windows 로고 키( ) + [Tab] 키를 모두 해제한다.

Tip | 전환 3D 사용하는 다른 방법

[Ctrl] 키 + Windows 로고 키( ) + [Tab] 키를 눌러 전환 3D를 계속 열어 두고, [Tab] 키를 눌러 창을 순환하거나, 오른쪽 화살표 키나 아래쪽 화살표 키를 눌러 한 창 앞으로 이동하거나 왼쪽 화살표 키나 위쪽 화살표 키를 눌러 한 창 뒤로 순환할 수도 있다. 전환 3D를 닫으려면 [Esc] 키를 누른다.

창 이동하기

[Alt] + [Tab] 키를 눌러 작업 중인 창을 빠르게 이동할 수 있다. 파일을 선택하려면 [Alt] 키를 누른 상태에서 [Tab] 키를 눌러 표시하려는 파일이 선택될 때까지 키를 계속 누른다.

Tip | 창 이동하는 다른 방법

[Ctrl] + [Alt] + [Tab] 키를 눌러 대화상자를 열어 두고, [Tab] 키를 눌러 창을 이동할 수 있다. [Enter] 키를 누르면 선택한 창이 열리고, [Esc] 키를 누르면 대화상자가 닫힌다.

창 정렬하기

작업 표시줄의 빈 영역을 마우스 오른쪽 버튼으로 클릭한 다음 '계단식 창 배열', '창 가로 정렬 보기' 또는 '창 세로 정렬 보기' 중 선택하여 창을 정렬할 수 있다.

→ **계단식 배열:** 창 제목만 표시되도록 창을 계단식으로 정렬
→ **가로 정렬:** 열린 창의 개수에 따라 창을 하나 이상의 세로 방향으로 정렬
→ **세로 정렬:** 열려 있는 각 창을 모두 한번에 볼 수 있도록 가로 방향으로 정렬

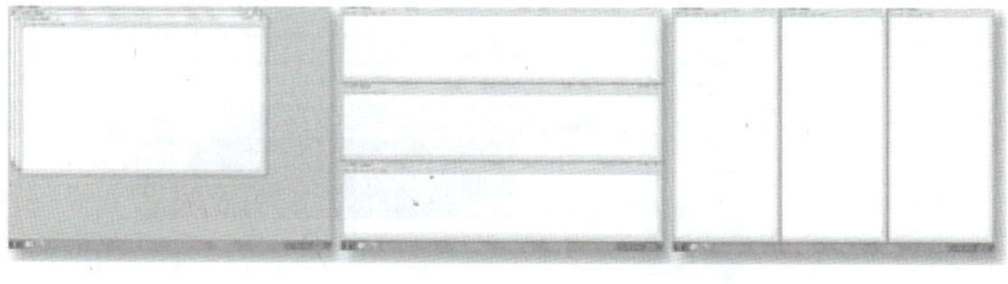

계단식 배열　　가로 정렬　　세로 정렬

Section

02: 작업 표시줄의 기능

작업 표시줄은 화면 아래쪽에 표시되는 긴 가로 막대로서 시작 버튼과 프로그램 표시 부분 그리고 알림 영역 세 부분으로 구성된다.

2.1 작업 표시줄 미리 보기

윈도우 비스타(Vista)에서 처음 선보였던 작업 표시줄에서의 창 미리 보기 기능이 윈도우 7에서 더욱 향상되었다. 윈도우 비스타(Vista)에서는 여러 개의 탭이 열려있어도 한 개의 탭만 표시하지만 윈도우 7에서는 14개까지의 탭을 표시한다. 탭이 너무 많아 화면에 표시할 수 없을 경우 목록으로 전환해서 보여준다.

IE 8의 Preview

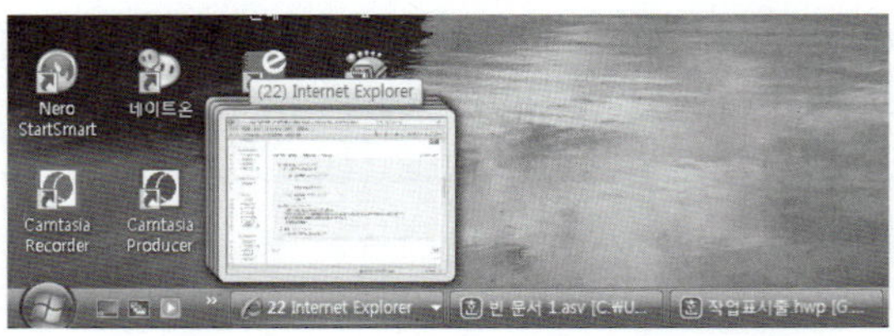

윈도우 비스타에서의 창 미리 보기

탭에 마우스 올리면 해당 탭의 미리 보기가 표시된다.

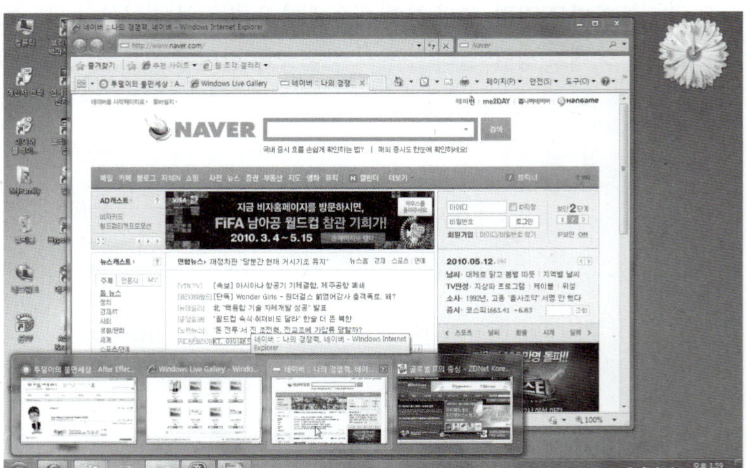

Aero Peek를 사용하여 열린 창 미리 보기

바탕 화면에 여러 개의 창이 열려 있는 경우 Aero Peek를 사용하면 현재 작업 중인 창 이외의 다른 창을 빠르게 살펴볼 수 있다. 작업 표시줄 버튼을 마우스로 가리키면 그 버튼과 연결된 모든 열린 창의 축소판 미리 보기가 작업 표시줄 위에 표시된다. 축소판 그림을 클릭하면 미리 보고 있는 창을 열 수 있다.

작업 표시줄 버튼 그룹 표시 방법 설정하기

그룹 표시 기능을 해제하여 작업 표시줄 버튼이 그룹으로 표시되지 않도록 설정할 수 있다.

작업 표시줄에 프로그램 및 버튼이 표시되는 방식을 변경하려면

❶ 작업 표시줄에서 마우스 오른쪽 버튼을 클릭하고 [속성] 메뉴를 선택하거나, 시작 버튼 → 제어판 → 모양 및 개인 설정 → 작업 표시줄 및 시작 메뉴를 클릭한다.

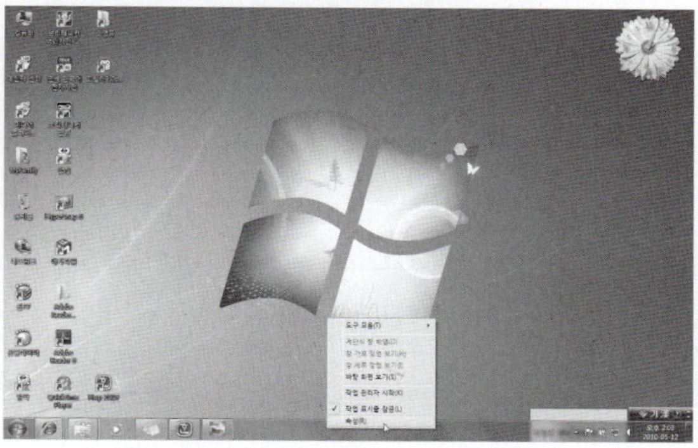

❷ [작업 표시줄 및 시작 메뉴] 대화상자의 [작업 표시줄] 탭을 선택하고, '작업 표시줄 모양 → 작업 표시줄 버튼' 옵션 중 하나를 선택한다.

→ **항상 버튼 하나로 표시, 레이블 숨기기:** 프로그램의 창이 여러 개 열려 있어도 각각 레이블이 없는 버튼 하나로 표시

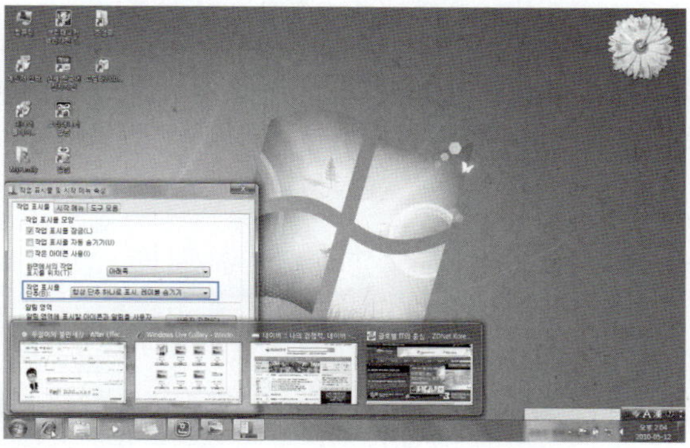

→ **작업 표시줄이 꽉 차면 버튼 하나로 표시:** 작업 표시줄이 꽉 차면 여러 창이 열려 있는 프로그램을 단일 프로그램 버튼으로 축소하여 표시

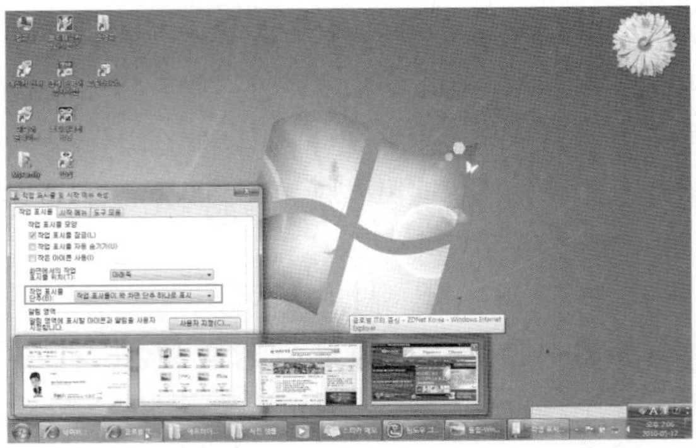

→ **버튼 하나로 표시 안 함:** 작업 표시줄이 꽉 차면 여러 버튼을 하나로 축소하는 대신 버튼의 크기를 줄이다가 나중에는 작업 표시줄 내에서 스크롤

2.2 점프 목록(Jump List)

윈도우 7에서는 작업 표시줄에 점프 목록(Jump List)이라는 기능이 추가되었다. 점프 목록은 파일이나 폴더, 웹 사이트 등 최근에 연 항목을 해당 항목을 여는 데 사용한 프로그램별로 구성한 목록으로, 점프 목록을 사용하여 최근에 연 항목뿐 아니라 점프 목록에 즐겨 찾는 항목을 고정하여 자주 사용하는 항목을 빠르게 열 수도 있다.

점프 목록은 작업 표시줄뿐만 아니라 시작 메뉴에서도 사용할 수 있으며, 작업 표시줄에 등록된 프로그램에 마우스 오른쪽 버튼을 클릭하면 사용했던 파일 목록이 표시된다.

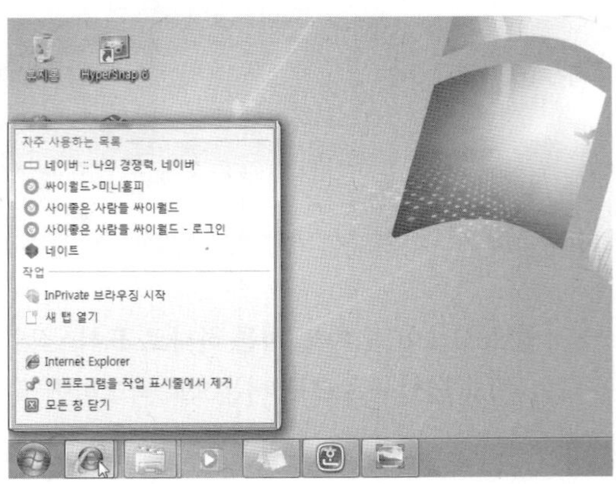

시작 메뉴에 등록된 프로그램은 점프 목록 아이콘을 클릭하면 오른쪽으로 창이 열리면서 최근 항목이 보인다. 점프 목록은 최대 10개까지 볼 수 있으며 10개가 초과 됐을 때에는 기존 항목이 사라지고 최근의 항목이 표시된다.

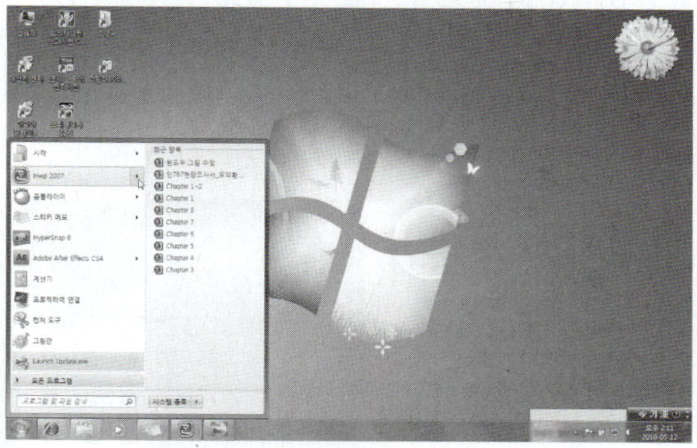

항목 고정하기

점프 목록 중 사용자가 고정하고 싶은 항목이 있을 경우에는 핀(Pin) 기능을 이용하여 영구적으로 보관할 수 있다.

고정된 목록을 최근 항목에 다시 이동 시키고 싶을 경우 역시 핀 아이콘을 클릭하면 된다.

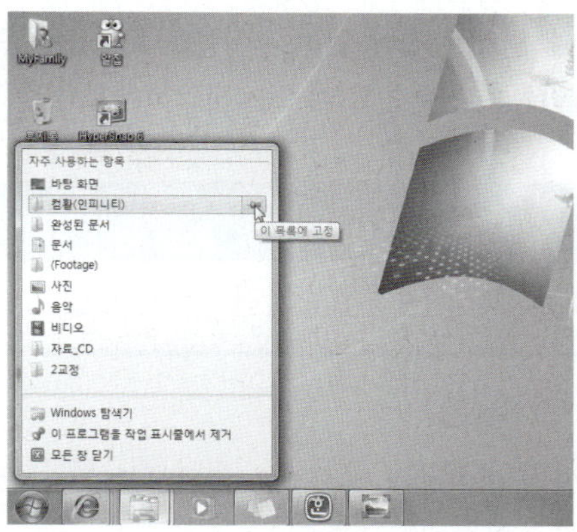

핀(Pin) 아이콘을 클릭하여 목록에 고정

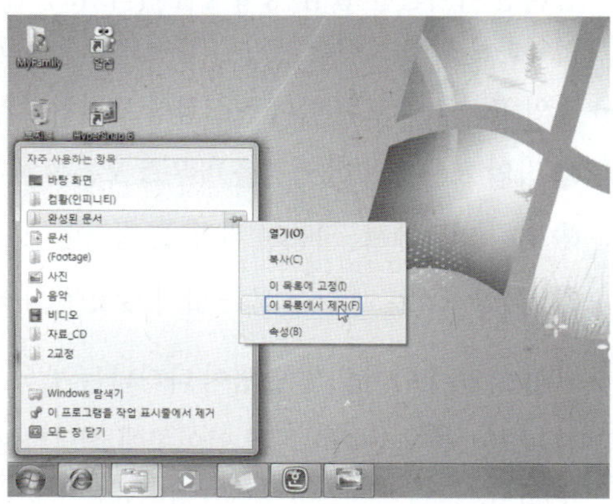

목록에 고정

2.3 | 알림 영역

작업 표시줄 오른쪽에 있는 알림 영역은 윈도우에서 기본적으로 제공하는 프로그램 아이콘(시계, 볼륨조절)외에 전자 메일이나 업데이트, 네트워크 연결과 같은 상태 및 알림 정보를 제공하는 프로그램 아이콘을 포함한다. 윈도우 7에서는 알림 영역에 항상 표시할 아이콘을 선택하고 나머지 숨겨진 아이콘은 알림 영역을 확장하여 볼 수 있도록 그룹화시켜 관리 할 수 있는 기능이 추가되어 있다.

알림 영역 확장 버튼

화살표 아이콘을 클릭하여 알림 영역에 등록되어 실행되는 프로그램 아이콘을 알림 영역에 추가하거나, 반대로 창에 있는 아이콘을 도구 모음으로 빼낼 수도 있다. 알림 영역의 아이콘 및 숨겨진 아이콘을 원하는 위치로 드래그하여 순서를 변경할 수도 있다.

Tip | 알림 영역 확장 버튼이 안 보이는 경우

알림 영역 확장 버튼이 표시되지 않는 경우 숨겨진 아이콘이 없다.

→ **알림 영역에서 아이콘을 제거하거나 숨기기:** 알림 영역의 아이콘을 클릭하고 바탕 화면 쪽으로 드래그

→ **숨겨진 아이콘을 알림 영역에 추가하기:** 알림 영역 오른쪽 화살표를 클릭한 다음 이동할 아이콘을 작업 표시줄의 알림 영역으로 드래그

→ **작업 표시줄의 모든 아이콘을 항상 표시하기**

❶ 작업 표시줄의 빈 영역을 마우스 오른쪽 버튼으로 클릭한 다음 [속성]을 선택하고,

❷ 알림 영역에서 '사용자 지정'을 클릭한다.

❸ '작업 표시줄에 항상 모든 아이콘 및 알림 표시'를 선택하고 [확인] 버튼을 클릭한다.

→ **알림 영역에 아이콘 및 알림이 나타나는 방식을 변경하기**

작업 표시줄에서 아이콘과 아이콘에 해당하는 알림이 동작하는 방식을 사용자가 설정할 수 있다.

❶ 작업 표시줄의 빈 영역을 마우스 오른쪽 버튼으로 클릭한 다음 [속성]을 선택하고,

② 알림 영역에서 '사용자 지정' 을 클릭한다.

③ 각 아이콘에 대해 다음 옵션 중 하나를 선택한다.

아이콘 및 알림 표시: 작업 표시줄의 알림 영역에 아이콘이 항상 표시되고 알림도 표시된다.

아이콘 및 알림 숨기기: 아이콘이 숨겨지고 알림이 표시되지 않는다.

알림만 표시: 아이콘은 숨겨지지만 프로그램에서 알림 풍선을 트리거할 경우 작업 표시줄에 알림이 표시된다.

④ [확인]을 클릭한다.

→ 시스템 아이콘을 켜거나 끄기

시계나 볼륨, 네트워크, 전원 및 관리 센터 등의 시스템 아이콘 역시 아이콘과 알림이 나타나는 방식을 변경하거나 아이콘 전체의 표시 여부를 선택할 수 있다.

① 작업 표시줄의 빈 영역을 마우스 오른쪽 버튼으로 클릭한 다음 [속성]을 선택하고,

② 알림 영역에서 '사용자 지정' 을 클릭한다.

③ '시스템 아이콘 켜기 또는 끄기' 를 클릭한다.

④ 각 시스템 아이콘에 대해, 알림 영역에 아이콘을 표시하려면 목록에서 '켜기' 를 클릭하고, 알림 영역에서 아이콘을 완전히 제거하려면 '끄기' 를 클릭한 다음,

⑤ [확인]을 클릭한다.

Section 03: 시작 메뉴 관리하기

윈도우에서 열어 본 프로그램이나 파일, 폴더 및 웹 사이트의 기록이 저장되어 [시작] 메뉴에 표시된다. 윈도우 7을 사용하여 시작 메뉴에 나타나는 프로그램과 파일을 보다 효율적으로 제어할 수 있다. 시작 메뉴는 기본적으로 빈 슬레이트이므로 사용자가 원하는 대로 구성하고 설정할 수 있다.

시작 메뉴를 사용하여 다음과 같은 작업을 실행할 수 있다.

→ 프로그램 시작

→ 자주 사용하는 폴더 열기

→ 파일, 폴더 및 프로그램 검색

→ 컴퓨터 설정 조정

→ Windows 운영 체제의 도움말 보기

→ 컴퓨터 끄기

→ Windows에서 로그오프 또는 다른 사용자 계정으로 전환

3.1 [시작] 메뉴 살펴보기

[시작] 메뉴 시작하기

시작 메뉴를 열려면 화면의 왼쪽 아래 모서리에 있는 시작 단추( )를 클릭하거나, 키보드에 있는 윈도우 로고 키( )를 클릭한다.

[시작] 메뉴는 세 부분으로 구성된다.

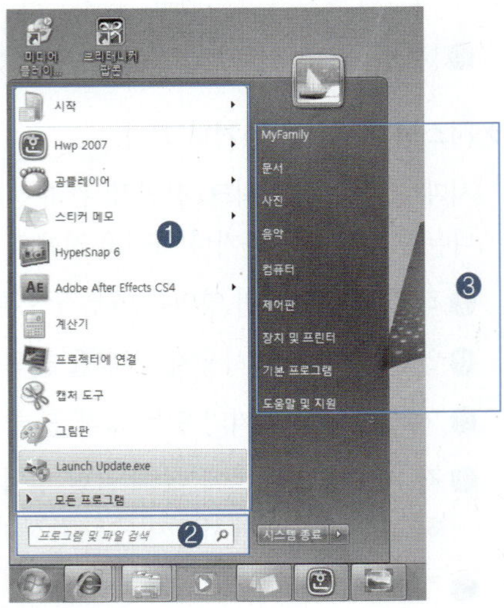

❶ **프로그램 목록:** 컴퓨터에 있는 프로그램이 간단한 목록으로 표시. [모든 프로그램]을 클릭하면 전체 프로그램 목록 표시

❷ **검색 상자:** 컴퓨터의 프로그램과 파일, 전자 메일 메시지, 저장된 인스턴트 메시지, 약속, 연락처 등 검색

❸ 자주 사용하는 폴더, 파일, 설정 및 기능 설정

- → **개인 폴더:** 현재 로그온한 사용자의 이름으로 표시되는 개인 폴더. 내 문서, 내 음악, 내 그림 및 내 비디오 폴더에 포함된 사용자 파일 포함
- → **문서:** [문서] 라이브러리 표시
- → **사진:** [사진] 라이브러리 표시
- → **음악:** [음악] 라이브러리 표시
- → **게임:** 컴퓨터에 있는 모든 게임에 액세스할 수 있는 게임 폴더 표시
- → **컴퓨터:** 컴퓨터에 연결된 디스크 드라이브, 카메라, 프린터, 스캐너 및 기타 하드웨어에 액세스할 수 있는 창 표시
- → **제어판:** 제어판 표시
- → **장치 및 프린터:** 컴퓨터에 설치된 프린터, 마우스 및 기타 장치에 대한 정보 표시
- → **기본 프로그램:** 작업에 사용할 프로그램을 선택할 수 있는 창 표시
- → **도움말 및 지원:** 윈도우 및 컴퓨터 사용에 대한 도움말 항목 검색 창 표시

3.2 시작 메뉴 설정하기

시작 메뉴를 구성하여 자주 사용하는 프로그램과 폴더를 쉽게 찾을 수 있도록 설정할 수 있다.

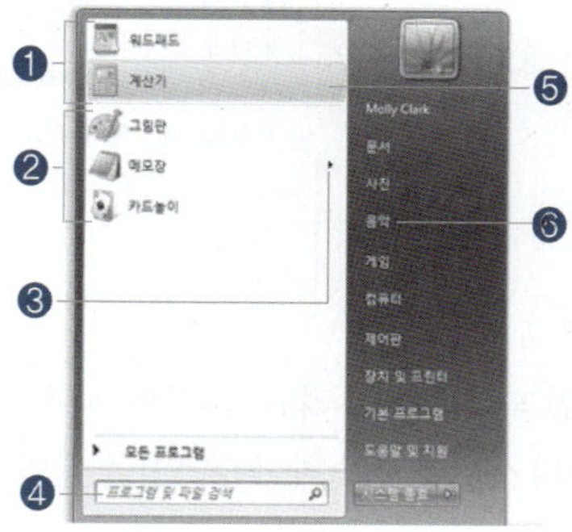

❶ 고정된 프로그램

❷ 최근에 사용한 문서

❸ 프로그램의 점프 목록 표시하기

❹ 검색 상자

❺ 최근에 고정된 프로그램

❻ 사용자 지정 메뉴 항목

[시작] 메뉴에 프로그램 아이콘을 고정하기

자주 사용하는 프로그램을 [시작] 메뉴에 고정할 수 있다. 고정된 프로그램 아이콘은 시작 메뉴의 왼쪽에 표시된다. 시작 메뉴에 고정할 프로그램 아이콘을 마우스 오른쪽 버튼으로 클릭한 다음 [시작 메뉴에 고정]을 선택한다.

시작 메뉴에서 프로그램 아이콘을 제거하기

시작 메뉴에서 프로그램 아이콘을 제거해도 '모든 프로그램' 목록에서 프로그램을 제거하거나 프로그램이 제거되지는 않는다. [시작] 메뉴에서 제거할 프로그램 아이콘을 마우스 오른쪽 버튼으로 클릭한 다음 [이 목록에서 제거]를 클릭한다.

최근에 연 파일이나 프로그램을 시작 메뉴에서 지우기

최근에 연 파일 또는 프로그램을 시작 메뉴에서 지워도 삭제한 파일이나 프로그램이 컴퓨터에서 삭제되지는 않는다.

❶ '시작 단추( ) → 제어판 → 모양 및 개인 설정 → 작업 표시줄 및 시작 메뉴'를 클릭하거나 작업 표시줄의 빈 영역에서 마우스 오른쪽 버튼을 클릭하고 [속성]을 선택한다.

❷ [시작 메뉴] 탭을 클릭하고, 최근에 연 프로그램을 지우려면 '최근에 사용한 프로그램을 저장하고 시작 메뉴에 표시' 항목의 선택을 취소한다.

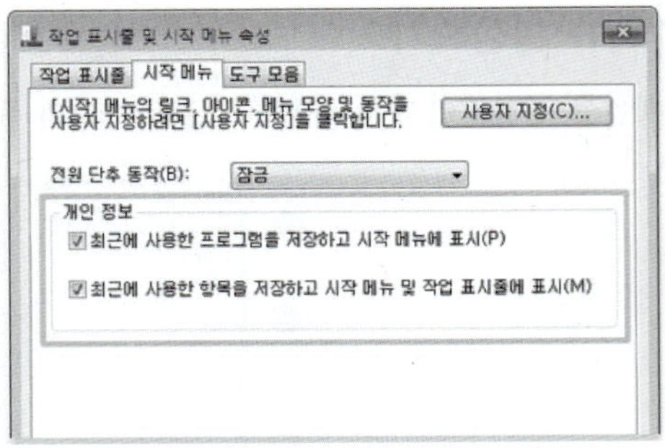

최근에 연 파일을 지우려면 ‘최근에 사용한 항목을 저장하고 시작 메뉴 및 작업 표시줄에 표시’ 항목의 선택을 취소하고 [확인]을 클릭한다.

시작 메뉴에 실행 명령을 추가하기

❶ ‘시작 단추( ) → 제어판 → 모양 및 개인 설정 → 작업 표시줄 및 시작 메뉴’를 클릭하거나, 작업 표시줄의 빈 영역에서 마우스 오른쪽 버튼을 클릭하고 [속성]을 선택한다.

❷ [시작 메뉴] 탭을 클릭한 다음 ‘사용자 지정’ 버튼을 클릭한다.

❸ [시작 메뉴 사용자 지정] 대화상자의 ‘실행’ 항목을 선택하고

❹ [확인]을 클릭한 다음 [확인]을 다시 클릭한다.

시작 메뉴에 최근 문서를 추가하기

❶ ‘시작 단추( ) → 제어판 → 모양 및 개인 설정 → 작업 표시줄 및 시작 메뉴’를 클릭하거나, 작업 표시줄의 빈 영역에서 마우스 오른쪽 버튼을 클릭하고 [속성]을 선택한다.

❷ [시작 메뉴] 탭을 클릭한 다음 ‘개인 정보에서 최근에 사용한 항목을 저장하고 시작 메뉴 및 작업 표시줄에 표시’ 항목을 선택한다.

❸ ‘사용자 지정’ 버튼을 클릭하고

❹ [시작 메뉴 사용자 지정] 대화상자에서 ‘최근 문서’ 확인란을 찾아 선택한 다음

❺ [확인]을 클릭한 다음 [확인]을 다시 클릭한다.

Tip | 홈 그룹 만들기

작업 표시줄의 빈 공간에서 마우스 오른쪽 버튼을 클릭하고, ‘작업 표시줄 잠금’을 클릭한다.

Section 04: 언어 설정

입력 언어를 변경하여 여러 언어로 된 문서를 쉽게 편집하거나 텍스트를 입력할 수 있다.

4.1 입력 언어 추가/변경하기

윈도우에 포함되어 있는 입력 언어는 사용하기 전에 언어 목록에 추가해야 한다.

입력 언어 추가하기

❶ '시작 단추( ) → 제어판' 을 클릭한 다음,

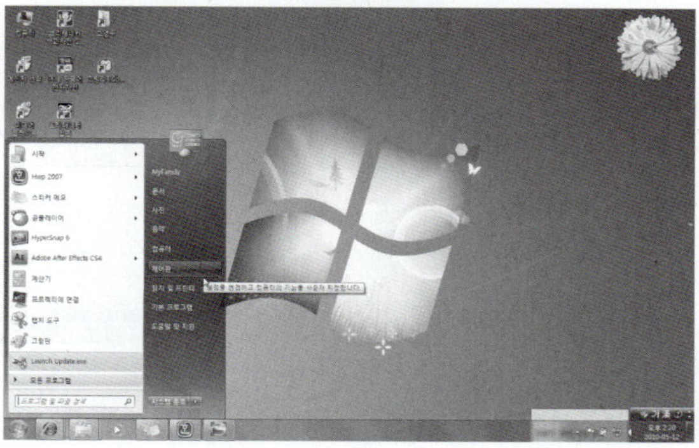

❷ [제어판] 대화상자의 '검색 상자' 에 '입력 언어' 를 입력하고,

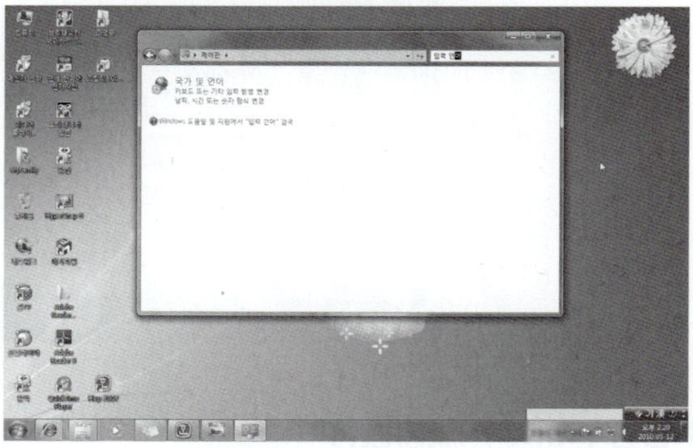

❸ '키보드와 언어 변경' 을 클릭하고,

❹ [지역과 언어] 대화상자의 [키보드와 언어] 탭에서 [키보드 변경] 버튼을 누른다.

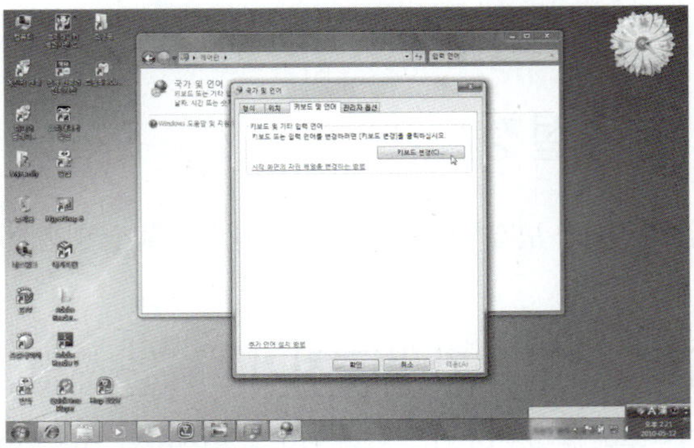

❺ [텍스트 서비스와 입력 언어] 대화상자에서 [추가] 버튼을 클릭하고

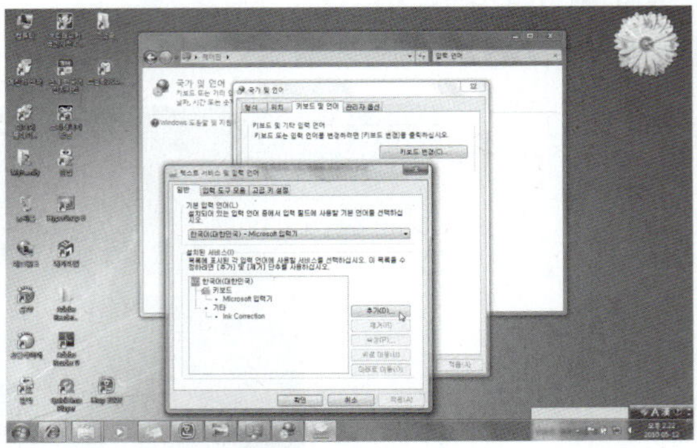

❻ 추가할 언어와 키보드를 차례로 선택하고 [확인] 버튼을 클릭한다.

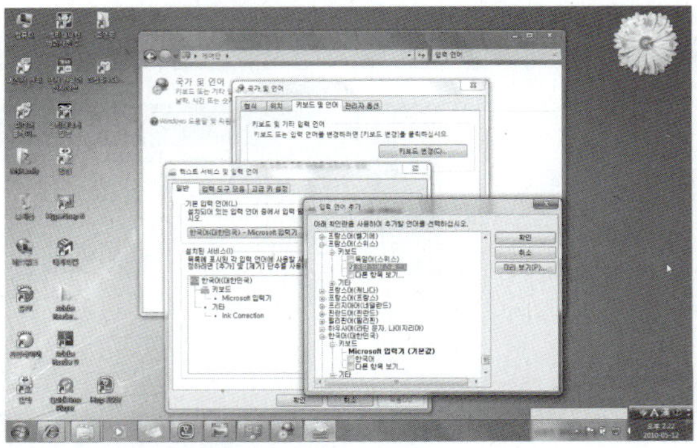

입력 언어를 변경하려면

사용할 입력 언어를 변경하려면 입력 도구 모음에서 입력 언어 버튼을 클릭하고 사용할 입력 언어를 클릭합니다.

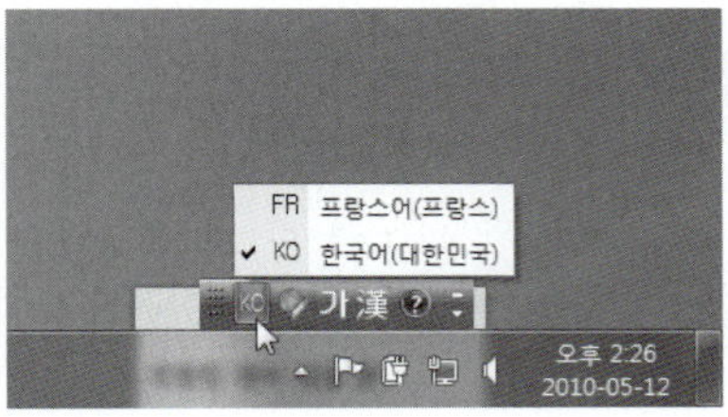

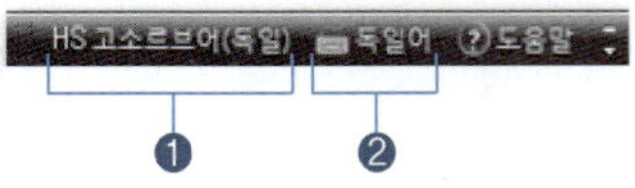

❶ 입력 언어 버튼
❷ 자판 배열 버튼

입력 도구 모음

Tip | 입력 도구 모음이 보이지 않는 경우

입력 도구 모음이 표시되지 않으면 작업 표시줄을 마우스 오른쪽 버튼으로 클릭하고 '도구 모음→ 입력 도구 모음'을 선택한다.

4.2 국가 또는 지역 설정 변경

사용자가 있는 국가 또는 지역을 설정하면 이 설정을 기반으로 하여 일부 소프트웨어 프로그램 및 뉴스 및 날씨 등의 서비스를 제공받을 수 있다.

❶ '시작 단추( )'를 클릭하고 검색 상자에 '국가 및 언어'를 입력한 다음

❷ '국가 및 언어 옵션'을 클릭한다.

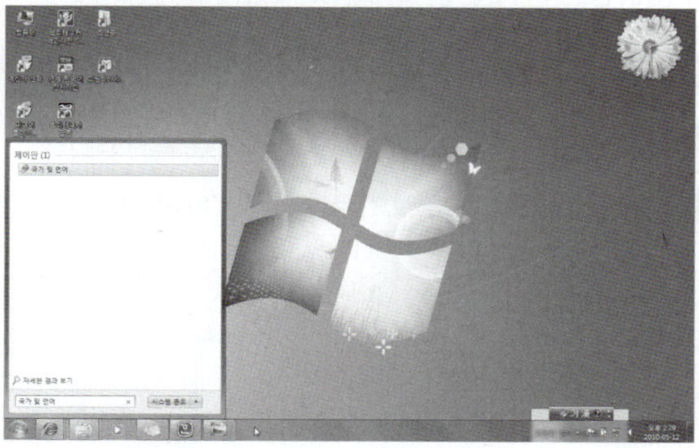

❸ [국가 및 언어] 대화상자의 [위치] 탭에서 '현재 형식 → 한국어(대한민국)'를 선택한 다음

❹ [확인]을 클릭한다.

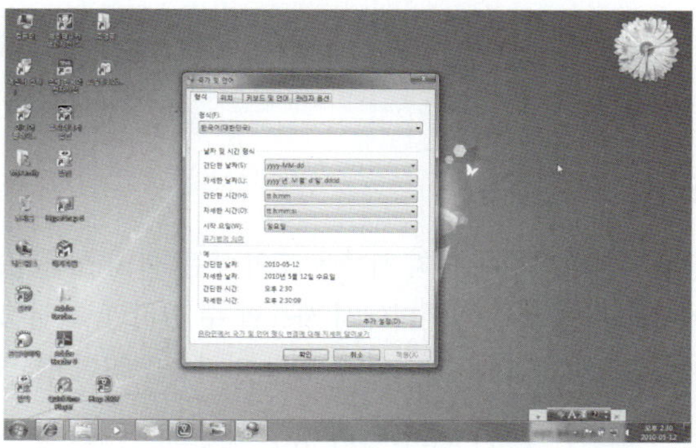

Section 05: 윈도우 7과 윈도우 터치

윈도우 7에서는 터치 스크린 환경이 향상되어 윈도우의 버튼을 누르거나 태블릿(Tablet) PC 입력판의 터치 키보드를 사용하거나 새 제스처를 사용하여 보다 간편하게 작업을 수행할 수 있으

며, 새롭게 디자인된 작업 표시줄에서 터치식 입력을 사용하여 더 쉽게 프로그램과 파일에 액세스할 수 있다.

5.1 | 터치 키보드

타블렛 PC 입력판의 업데이트된 터치 키보드를 사용하면 표준 키보드를 사용하지 않고도 터치 스크린에서 신속하게 텍스트를 입력할 수 있다.

터치 키보드는 다음 순서대로 실행하여 열 수 있다.

❶ 시작 단추( )를 클릭하고, '검색 상자'에 'Tablet PC 입력판'을 입력한 다음

❷ 결과 목록에서 'Tablet PC 입력판'을 클릭한다.

❸ 입력판이 쓰기 패드 보기로 열리면 '터치 키보드 버튼 '을 클릭한다.

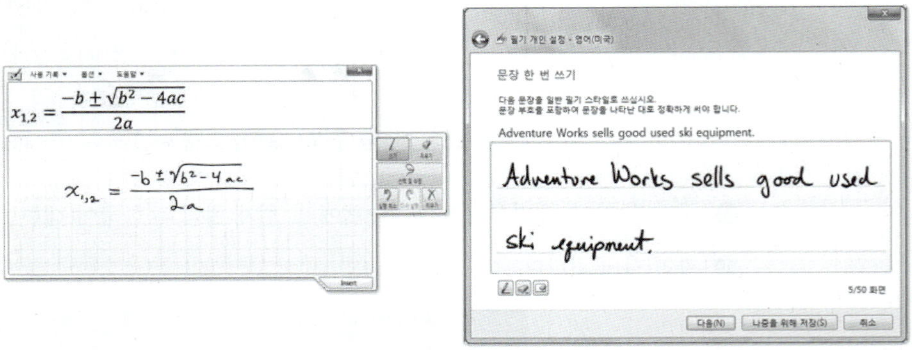

5.2 | 터치 제스처

윈도우 7 버전에는 터치 사용을 도와 주는 새 제스처가 포함되어 있다. 긋기와 같은 제스처는 터치 스크린이 있는 컴퓨터에서 사용할 수 있지만, 회전 및 확대/축소와 같은 제스처는 한 번에 둘 이상의 터치 지점을 인식할 수 있는 터치 스크린이 필요하다.

터치 스크린이 있는 컴퓨터의 경우 마우스, 펜 또는 키보드보다 제스처(하나 또는 두 개의 손가락으로 만드는 동작)를 사용하여 여러 작업을 손쉽게 실행할 수 있다.

긋기 사용하기

복사, 붙여넣기, 실행 취소, 삭제 등의 일반적인 작업을 손가락 긋기로 실행할 수 있다. 위로 긋기는 페이지를 아래로 이동하고 아래로 긋기는 페이지를 위로 이동한다.

❶ 시작 단추( )를 누르고, '검색 상자'에 '펜 및 터치'를 입력한 다음

❷ '펜 및 터치' 를 누른다.

❸ [긋기] 탭을 선택하고 '긋기를 사용하여 일반 동작을 빠르고 쉽게 수행' 항목을 선택한 다음,

❹ '탐색 긋기 및 편집 긋기 → 사용자 지정' 을 클릭한다.

❺ [긋기 사용자 지정] 대화상자에서 사용자 지정할 각 긋기에 대한 목록에서 사용할 작업을 선택한 다음 [확인] 버튼을 클릭한다.

누르고 있기

누르고 있기는 마우스 오른쪽 버튼을 클릭한 것과 동일한 기능을 수행한다. 누르고 있기 동작을 수행하려면 화면에서 마우스 오른쪽 버튼으로 클릭하려는 곳을 터치한 채 원이 표시될 때까지 기다렸다가 손가락을 떼면 바로 가기 메뉴가 표시된다.

Windows Touch 제스처

터치 스크린에서 터치 지점을 두 개 이상 인식할 수 있는 경우 Windows Touch 제스처를 사용할 수 있다. '제어판-시스템' 에서 컴퓨터에서 사용할 수 있는 터치 지점 수를 확인할 수 있다.

제스처	실행 방법
이동	하나 또는 두 개의 손가락으로 페이지를 터치하고 드래그하여 이동
확대/축소	**축소:** 축소할 항목의 두 지점을 터치한 다음 손가락을 모으는 것처럼 서로를 향해 이동 **확대:** 항목의 두 지점을 터치한 다음 손가락을 벌리는 것처럼 서로 반대 방향으로 이동
회전	항목의 두 지점을 터치한 다음 회전하려는 방향으로 항목을 이동
누른 상태에서 누르기	한 손가락으로 항목을 누른 상태에서 다른 손가락으로 빠르게 누르기

Section 06: 테마 설정하기

테마나 색, 소리, 바탕 화면 배경, 화면 보호기, 글꼴 크기, 사용자 계정 사진 등을 변경하여 개인적인 취향에 따라 컴퓨터를 설정하고, 특정 가젯을 바탕 화면에 표시할 수 있다.

6.1 테마란?

테마에는 바탕 화면 배경, 화면 보호기, 창 테두리 색, 소리, 아이콘(일부 경우) 및 마우스 포인터를 포함한다. 윈도우 7에서는 원할 때마다 테마를 사용하여 바탕 화면 배경, 창 테두리 색, 소리 및 화면 보호기를 한꺼번에 변경할 수 있다.

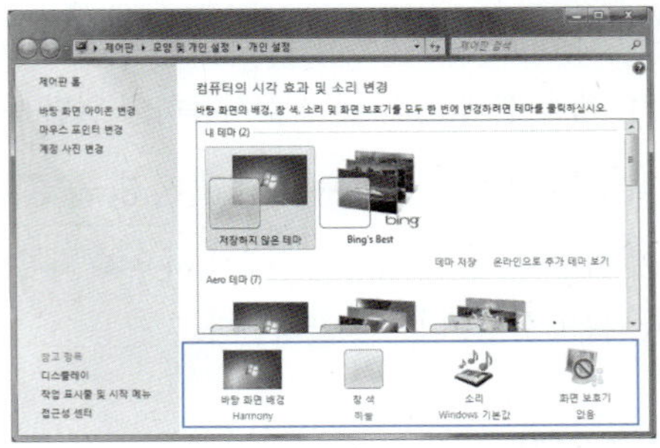

제어판의 개인 설정에는 네 가지 유형의 테마가 제공된다.

- → **내 테마:** 사용자 지정, 저장 또는 다운로드한 테마
- → **Aero 테마:** Aero 투명 효과가 포함된 윈도우 테마
- → **설치된 테마:** 마이크로소프트사가 아닌 다른 공급자나 컴퓨터 제조업체가 만든 테마
- → **기본 및 고대비 테마:** 컴퓨터의 성능을 높이거나 화면에 있는 항목을 더 쉽게 볼 수 있도록 디자인된 테마

바탕 화면 배경

바탕 화면 배경은 그림이나 슬라이드 쇼를 사용할 수 있다. 기본적으로 제공되는 바탕 화면 배경 그림 또는 사용자의 그림을 사용할 수 있다.

윈도우 7의 바탕 화면 배경

Aero 창 테두리 색

Aero는 윈도우 7 버전의 고급 시각적 기능으로, 섬세한 창 애니메이션과 새로운 시작 메뉴, 작업 표시줄 및 창 테두리 색을 사용하는 투명 효과 디자인이다.

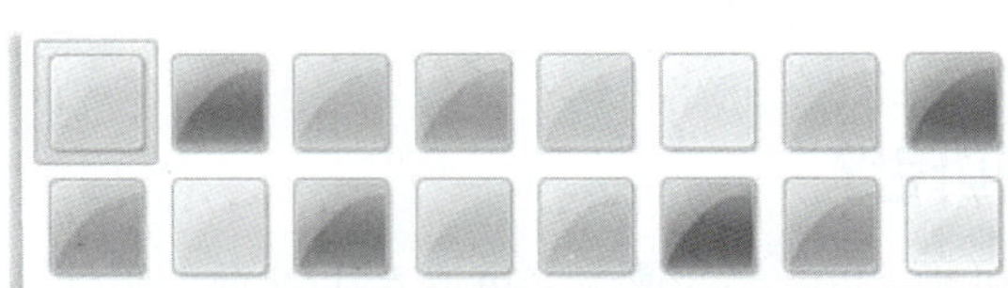

Aero의 창 테두리 색

소리

사용자가 수행하는 작업(예: 컴퓨터 로그아웃)이나 컴퓨터가 수행하는 작업(예: 새 전자 메일을 받았을 때의 알림), 윈도우를 시작하거나 컴퓨터를 종료할 때 나는 소리를 변경할 수 있다.

화면 보호기

화면 보호기는 설정된 시간 동안 마우스나 키보드를 사용하지 않았을 때 화면에 표시되는 사진이나 애니메이션이다.

글꼴 크기

화면의 텍스트, 아이콘 및 기타 항목을 더 크게 표시하거나 작게 표시할 수 있다.

사용자 계정 사진

시작 화면과 시작 메뉴에 표시되는 사용자 계정 사진을 윈도우 7에 포함되어 있는 사진 중 하나로 설정하거나 사용자의 사진을 사용하여 설정할 수 있다.

바탕 화면 가젯

바탕 화면 가젯은 계속해서 업데이트되는 헤드라인이나 슬라이드 쇼 사진 등을 표시할 수 있는 사용자 지정 가능한 미니 프로그램이다.

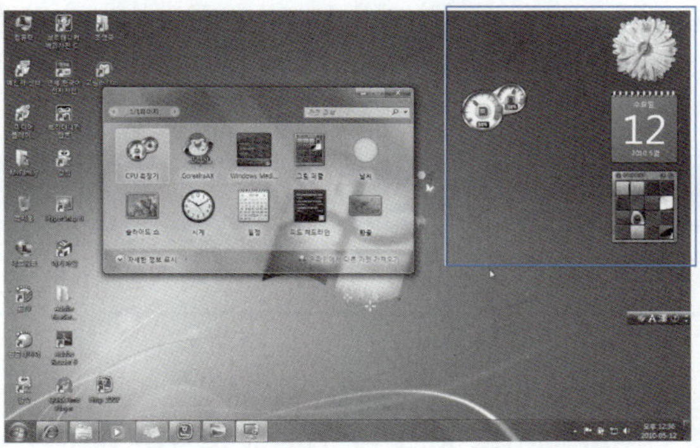

바탕 화면 가젯

6.2 테마 사용자 지정하기

테마 구성 요소를 변경한 후 수정한 테마를 사용자만 사용할 테마로 저장하거나 다른 사용자와 공유할 테마로 저장할 수 있다.

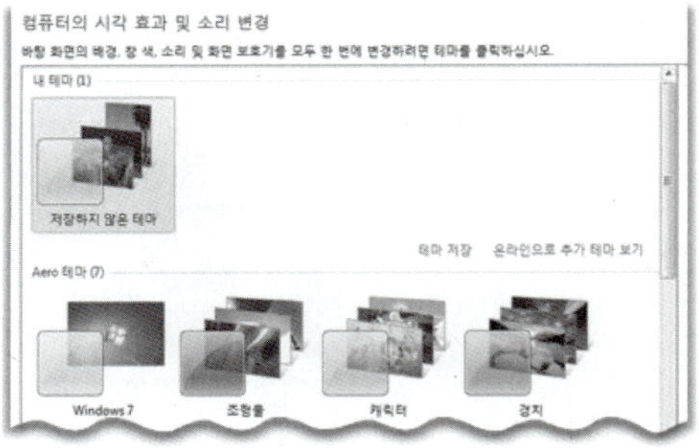

테마 요소 변경하기

❶ '시작( )→ 제어판' 을 클릭하고, '검색 상자' 에 '개인 설정' 을 입력한 다음 표시된 결과에서 '개인 설정' 을 클릭한다.

❷ 변경할 테마를 클릭하여 바탕 화면에 적용하고,

❸ 다음 중 하나 이상을 수행한다.

→ **배경 변경하기:** 바탕 화면 배경을 클릭하고 사용할 이미지를 선택한 다음 '변경 내용 저장' 을 클릭한다.

→ **창 테두리 색 변경하기:** 창 색을 클릭하고 사용할 색을 선택하고 농도를 조정한 다음 '변경 내용 저장' 을 클릭한다.

→ **테마 소리 변경하기:** 소리를 클릭하고 소리 구성표 목록에서 항목을 클릭한 다음 [확인]을 클릭한다.

→ **화면 보호기 변경하기:** 화면 보호기를 클릭하고 화면 보호기 목록에서 항목을 선택하여 원하는 설정을 변경하고 [확인]을 클릭한다.

❹ 테마 이름을 입력한 다음 [저장]을 클릭한다. 수정한 테마는 '내 테마' 에 '저장되지 않은 테마' 로 표시된다.

Tip | 수정한 테마를 사용자만 사용할 테마로 저장하기

내 테마 아래에 표시된 테마는 다른 사람과 공유할 수 없다.

수정한 테마를 친구 및 가족과 공유할 테마로 저장하기

수정한 테마를 전자 메일, 네트워크 또는 외부 하드 디스크를 사용하여 공유할 수 있다.

❶ '시작( )' 을 클릭하고, '검색 상자' 에 '개인 설정' 을 입력한 다음 표시된 결과에서 '개인 설정' 을 클릭한다.

❷ 수정한 테마를 클릭하여 바탕 화면에 적용하고

❸ 테마를 마우스 오른쪽 버튼으로 클릭하고 '공유할 테마 저장' 을 클릭한다.

❹ 파일 이름 상자에 테마 이름을 입력하고 [저장]을 클릭한다. 저장한 테마가 [내 문서] 폴더에 저장된다.

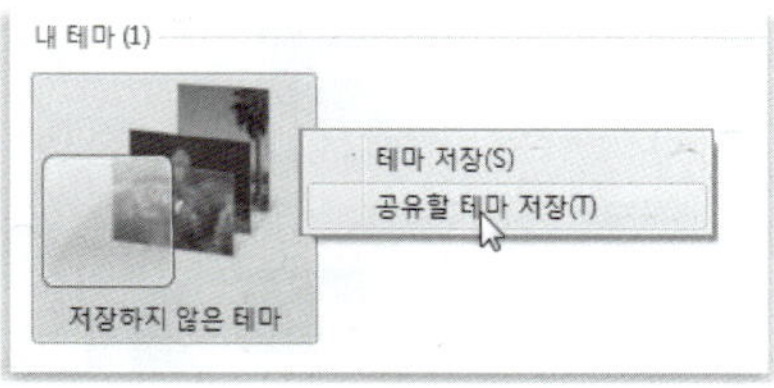

CHAPTER 04

윈도우 7 활용하기

윈도우 7은 여러 메일을 한 곳에서 관리할 수 있는 윈도우 라이브 메일, 검색을 효과적이고 안전하게 수행할 수 있는 탭 검색 기능, 바로 연결(Accelerators) 기능, InPrivate 브라우징 등이 기능이 추가된 Internet Explorer 8(인터넷 익스플로러 8)을 제공한다.

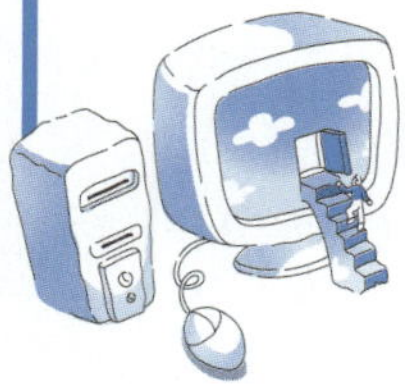

INTRODUCTION TO COMPUTER APPLICATIONS **WINDOWS 7**

Section 01 : 윈도우 라이브 메일과 Internet Explorer 8

1.1 윈도우 라이브 메일(Windows Live Mail)

윈도우 라이브 메일(Windows Live Mail)은 무료로 다운로드할 수 있는 전자 메일 프로그램으로, 여러 전자 메일 계정뿐 아니라 일정 관리 등을 한 곳에서 관리하는 데 필요한 도구를 제공한다. 윈도우 라이브 메일은 이전 버전의 윈도우에 제공된 전자 메일 프로그램인 Outlook Express(아웃룩 익스프레스)와 Windows Mail(윈도우 메일)을 대체한 것이다.

윈도우 라이브 메일의 기능

- → **멀티 메일 계정 관리:** 다음이나 네이버, 핫메일과 같이 여러 메일 계정을 사용하는 경우 전체 메일 계정을 한꺼번에 관리
- → **편리한 인터페이스:** 드래그 앤 드롭으로 미리 보기, 폴더 생성, 자동 수신 등의 기능 제공
- → **오프라인에서 메일 작성 가능:** 오프라인 상태에서 메일을 작성하고 인터넷이 연결되면 자동으로 발송
- → **사진 공유:** 여러 장의 사진이나 고해상도의 사진, 사진에 캡션을 달거나 액자를 꾸미는 등의 작업 및 전송 가능
- → **윈도우 라이브 통합 서비스:** 메신저하는 동안 메일을 전송하거나 메일에 담긴 내용을 블로그에 올릴 때, 메일을 읽다가 메신저를 하고자 하는 경우 등에 클릭 한 번으로 서비스 가능
- → **스팸 메일 필터링 가능:** 의심스러운 메일을 색으로 표시하고, 스팸 메일함으로 분류된 메일을 자동으로 스팸으로 분류하는 필터링 기능 제공

윈도우 라이브 메일 다운로드 및 설치하기

❶ 윈도우 라이브 메일 웹 사이트(http://download.live.com/wlmail)로 접속하고,

❷ 윈도우 라이브 메일 다운로드 페이지의 '언어 선택'에서 사용할 언어를 선택한 다음 [다운로드]를 클릭한다.

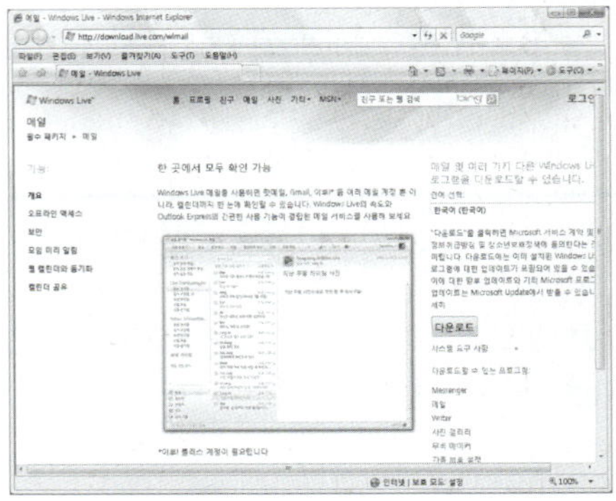

❸ [파일 다운로드] 대화상자에서 [실행] 버튼을 클릭하여 윈도우 라이브 메일을 설치한다.

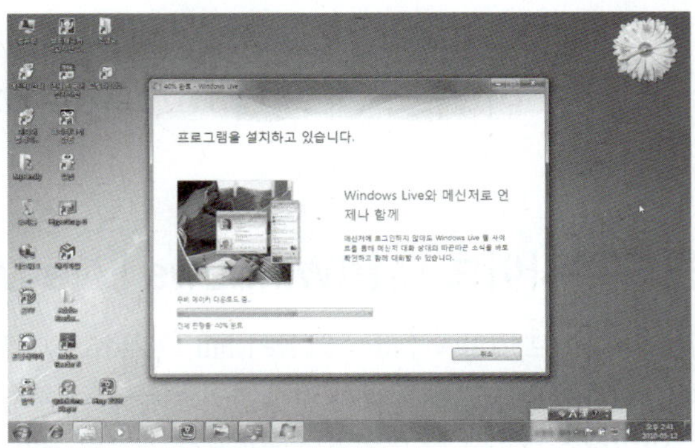

❹ 설치가 완료되면 [시작] 메뉴의 [Windows Live] 폴더에 프로그램이 표시된다.

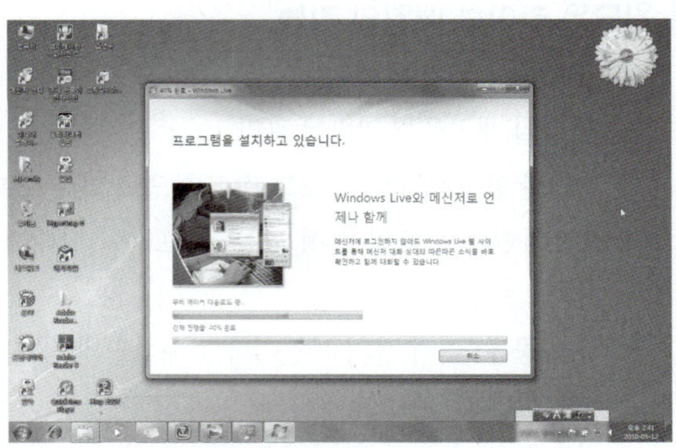

윈도우 라이브 메일로 메시지 가져오기

컴퓨터에 Microsoft Outlook Express 6(마이크로소프트 아웃룩 익스프레스 6), 윈도우 메일 또는 윈도우 라이브 메일 데스크톱 베타가 설치되어 있는 경우 윈도우 라이브 메일을 설치하면 기

존 계정과 설정 및 전자 메일 메시지를 모두 자동으로 윈도우 라이브 메일로 가져온다. 또한 마이크로소프트 윈도우 연락처 목록에 있는 연락처와 윈도우 일정도 가져온다.

윈도우 라이브 메일을 처음 실행하면 전자 메일 계정을 추가하라는 메시지가 표시되고, 기존 계정을 사용하거나 새 계정을 만들 수 있다.

메시지를 가져오려면

❶ [시작] 버튼을 클릭한 다음 '검색 상자' 에 'Windows Live 메일' 을 입력한 다음, 결과 목록에서 'Windows Live 메일' 을 클릭한다.

❷ [파일] → [가져오기] → [메시지]를 클릭한 다음,

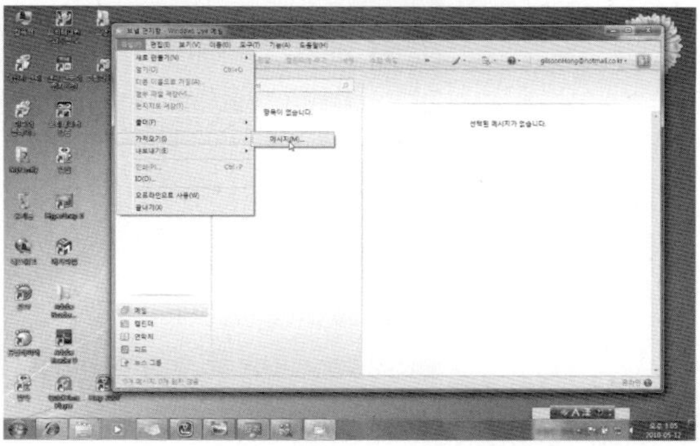

❸ 메시지를 가져올 전자 메일 프로그램을 선택한다.

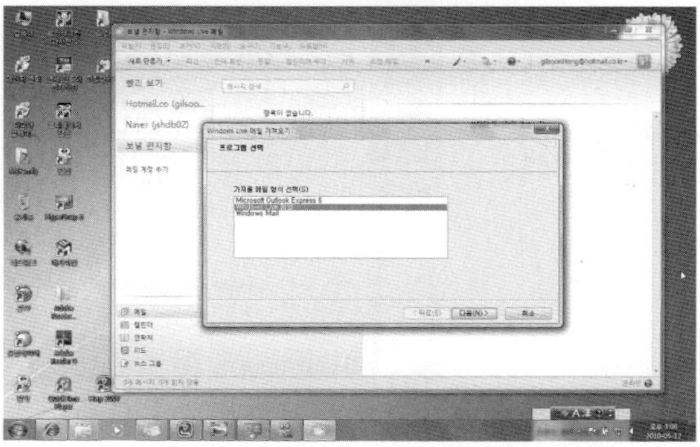

윈도우 라이브 메일에서 여러 개의 전자 메일 계정 사용하기

윈도우 라이브 메일을 사용하여 Hotmail, Daum 또는 네이버같은 여러 전자 메일 계정을 모두 한 곳에서 관리할 수 있다

전자 메일 계정을 추가하려면

❶ [시작] 버튼을 클릭한 다음 '검색 상자' 에 'Windows Live 메일' 을 입력하고, 결과 목록에서 'Windows Live 메일' 을 클릭한다.

❷ 왼쪽 창에서 전자 메일 계정 추가를 클릭하고,

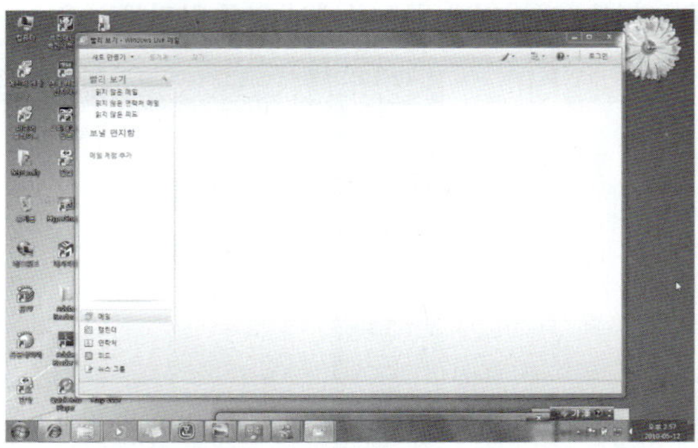

❸ [메일 계정 추가] 대화상자에서 메일 주소와 암호, 표시 이름 등을 입력한다.

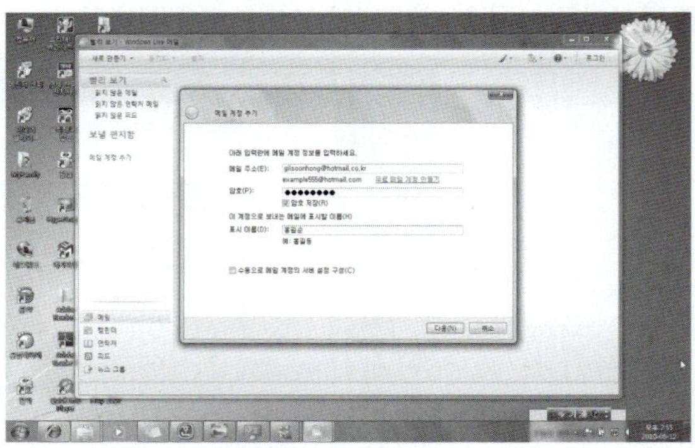

Section

02: Internet Explorer 8

윈도우 7의 Internet Explorer 8(인터넷 익스플로러 8)은 이전보다 더욱 빠르고 쉽게, 안전하게 사용할 수 있는 새로운 방법을 제공한다.

주소 표시줄 기능 향상

주소 표시줄의 기능이 향상되어, 이전에 방문한 적이 있는 주소를 입력할 경우 주소 목록에 해당 주소와 목록은 분류되어 최근 검색 기록과 즐겨찾기가 표시된다. 주소를 끝까지 입력할 필요 없이 해당하는 주소를 클릭한다.

주소 표시줄에서 주소를 제거하려면 해당 주소를 가리킨 다음 주소 오른쪽의 '삭제(☒)' 버튼을 클릭한다.

탭 검색 기능 사용하기

탭 검색은 하나의 브라우저 창에서 여러 웹 페이지를 열 수 있는 기능으로, 새 탭에서 웹 페이지를 연 다음 보려는 탭을 클릭하여 탭 간을 전환할 수 있다.

비어 있는 새 탭을 열려면

→ 인터넷 익스플로러 8에서 탭 행에 있는 '새 탭' 버튼을 클릭하거나,

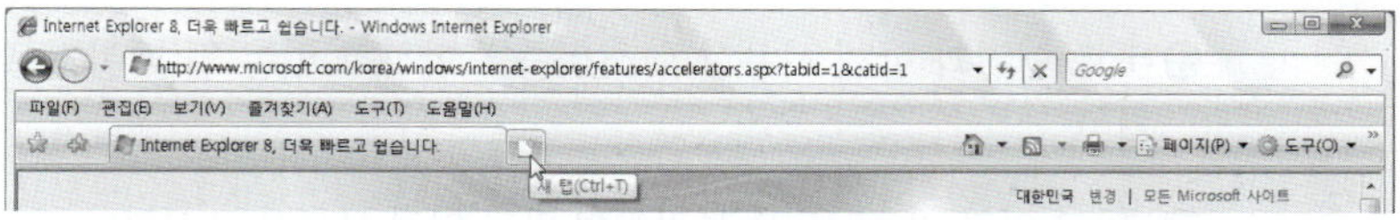

웹 페이지의 링크에서 새 탭을 열려면

→ [Ctrl] 키를 누른 채 링크를 클릭하거나 링크를 마우스 오른쪽 버튼으로 클릭한 다음 [새 탭에서 열기]를 클릭한다.

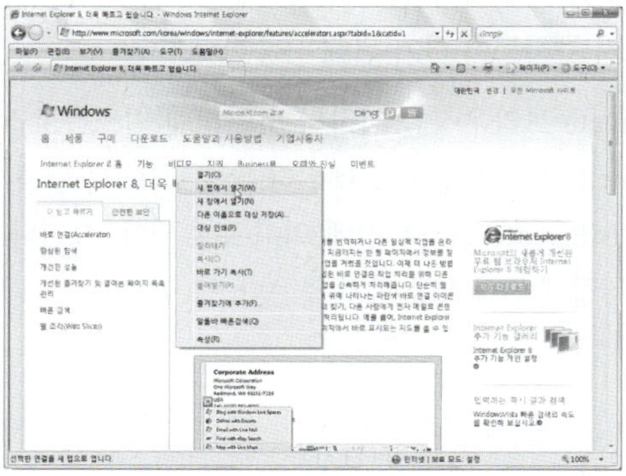

바로 연결(Accelerators) 기능 사용하기

지도 안내 사이트에서 주소를 열거나 사전에서 단어 정의를 조회하는 것과 같은 작업을 수행하기 위해 웹 페이지에서 선택한 텍스트로 바로 연결을 사용할 수 있다. 인터넷 익스플로러는 기본적으로 여러 가지 바로 연결을 제공하지만 사용자가 원하는 바로 연결을 추가하거나 제거할 수 있다.

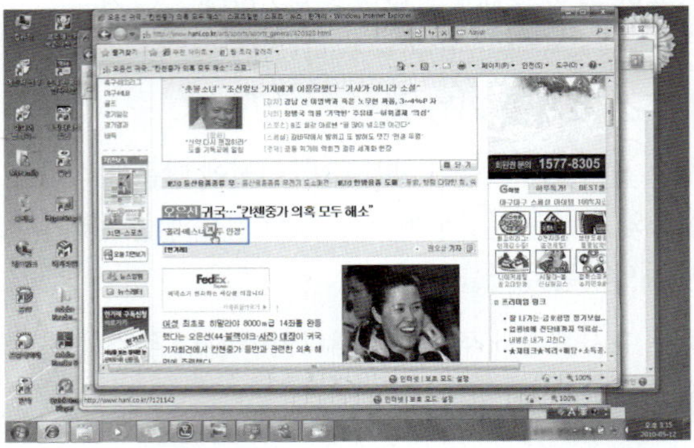

텍스트를 블록으로 설정하고 '바로 연결' 아이콘 클릭하여 목록 표시

바로 연결을 사용하려면

❶ [시작(●)] 단추를 클릭하여 'Internet Explorer' 를 열고

❷ '검색 상자' 에 'Internet Explorer' 를 입력한 다음 결과 목록에서 'Internet Explorer' 를 클릭한다.

❸ 바로 연결과 함께 사용할 텍스트를 포함하고 있는 웹 페이지로 이동한 다음 텍스트를 선택하고,

❹ '바로 연결 버튼' 을 클릭하여 바로 연결 목록을 표시한다.

InPrivate 브라우징

InPrivate 브라우징은 인터넷 익스플로러에서 검색 세션에 대한 데이터를 저장하지 않도록 하는 기능으로, 사용자가 웹에서 방문한 사이트와 찾아본 내용을 해당 컴퓨터를 사용하는 다른 사람이 보지 못하도록 하기 위해 사용한다.

InPrivate 브라우징을 시작하면 인터넷 익스플로러에서 새 창이 열리고, 이 창을 사용하는 동안 InPrivate 브라우징이 실행된다. 열린 창에서 탭을 원하는 만큼 열어 사용할 수 있으며 이 탭은 모두 InPrivate 브라우징에 의해 보호된다. 그러나 다른 브라우저 창을 열면 그 창은 InPrivate 브라우징에 의해 보호되지 않는다.

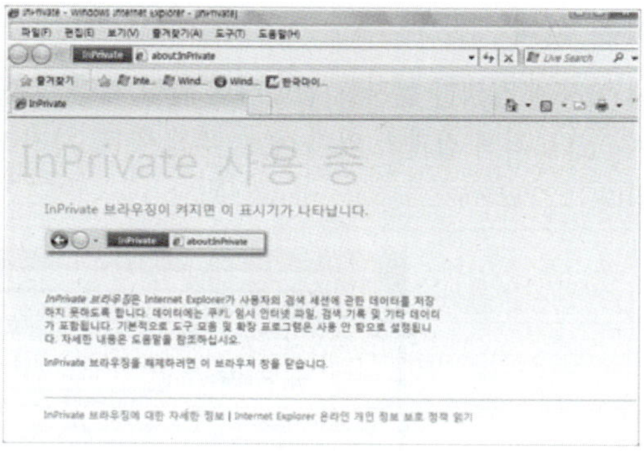

InPrivate 브라우징을 사용하려면

→ 인터넷 익스플로러 8에서 '안전' 버튼을 클릭한 다음 'InPrivate 브라우징' 클릭

→ 새 탭을 연 다음 새 페이지에서 'InPrivate 브라우징 창 열기' 클릭

InPrivate 브라우징 세션을 끝내려면 브라우저 창을 닫는다.

웹 조각(Web Slices) 사용

웹 조각을 사용하면 뉴스나 주식, 날씨, 스포츠 경기 점수 등을 보기 위해 웹 사이트를 반복적으로 방문할 필요가 없이 해당 웹 페이지의 변경 내용을 모니터링할 수 있다. 페이지에서 웹 조각을 사용할 수 있는 경우에는 명령 모음에 녹색의 '웹 조각 버튼( )'이 표시된다.

'웹 조각 버튼( )'을 클릭하면 웹 조각이 즐겨찾기 메뉴에 표시된다. 새로 추가된 정보가 있을 경우 웹 조각이 강조 표시되며, '웹 조각 버튼( )'을 클릭하면 바로 사이트로 이동한다.

웹 조각을 즐겨찾기 모음에 추가하려면

❶ 인터넷 익스플로러 8에서 웹 조각이 표시된 페이지로 이동하고,

❷ 다음 중 하나를 수행합니다.

→ 명령 모음에서 '웹 조각 버튼( )'을 클릭하거나,

→ 페이지에서 '웹 조각 버튼( )'을 클릭한다.

❸ 대화상자에서 [즐겨찾기 모음에 추가]를 클릭한다.

웹 페이지에서 웹 조각을 해제하려면

❶ Internet Explorer를 열고

❷ [도구] → [인터넷 옵션]을 클릭한다.

❸ [내용] 탭을 클릭한 다음 '피드 및 웹 조각에서 설정'을 선택하고,

❹ [피드 및 웹 조각 설정] 대화상자에서 '페이지에서 웹 조각 검색 설정' 항목의 선택을 해제한다.

빠른 검색

검색 상자에 검색할 문자를 입력하면 관련 제안 항목이 표시되므로 찾을 항목을 클릭하여 검색할 수 있다. 검색 결과가 일기 예보, 주식 차트, 사진 및 기타 관련 이미지와 함께 시각적으로 표시된다.

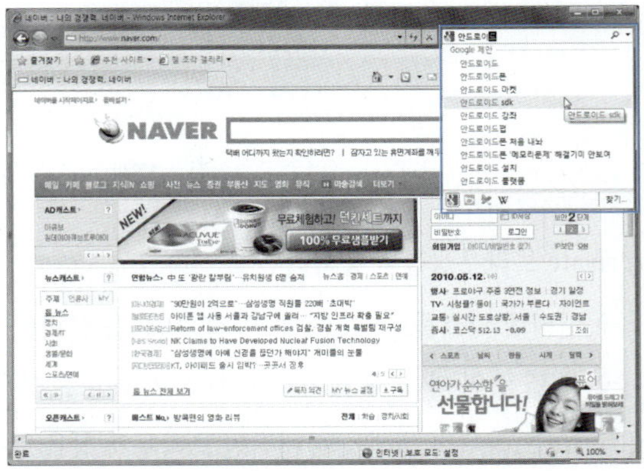

호환성 보기

Internet Explorer 8을 지원하지 않는 웹 사이트의 경우 '호환성 보기 도구 모음' 버튼을 클릭하면 이전 버전에서 표시된 대로 웹 사이트를 표시하여 텍스트, 이미지 또는 텍스트 상자가 정렬되지 않는 등의 표시 문제를 해결할 수 있다.

'호환성 보기' 옵션은 해당 사이트에만 적용되며, Internet Explorer 8 기능을 이용한 검색으로 돌아가려면 '호환성 보기' 버튼을 다시 한번 클릭한다.

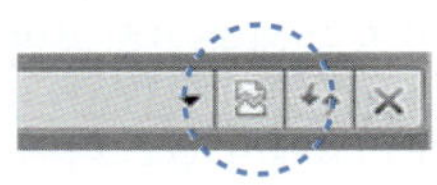

'호환성 보기' 도구 모음

Internet Explorer 8에 호환성 보기로 표시되어야 할 사이트 목록을 유지/관리하려면 [명령] → [도구] → [호환성 보기 설정]을 선택하여 사이트를 추가하거나 제거할 수 있다.

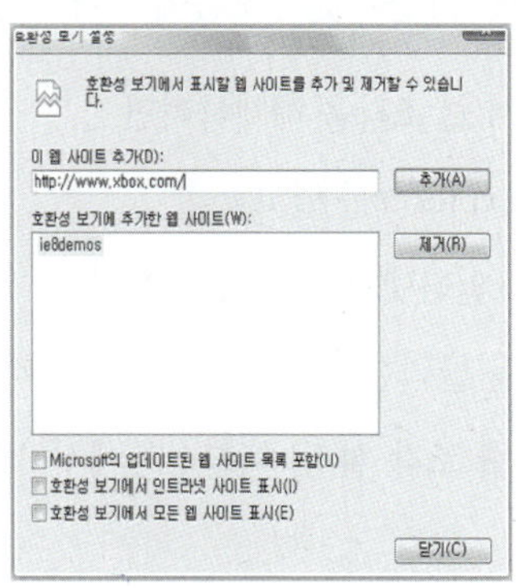

PART 02

한글 2007

Memo

CHAPTER 01

한글 2007 살펴보기

한글 2007은 2006년 출시된 윈도우즈용 워드프로세서 프로그램으로, 이전 버전에 비해 사용하기에 편리한 새로운 모양과 더욱 강력해진 문서 편집 도구 등 문서 편집 작업을 더욱 빠르고 편리하게 할 수 있는 다양한 기능을 제공한다.

INTRODUCTION TO COMPUTER APPLICATIONS **HANGUL**

Section 01 : 한글 2007의 새로운 기능

한글 2007이 이전 버전에 비해 새로워진 기능은 다음과 같다.

1.1 | 문서 편집 기능 강화

보안 기능 강화

→ **워터마크 기능:** 입력한 글자나 그림이 인쇄 시 문서에 표시되어 문서의 저작권 보호

→ [공인 인증서로 전자 서명하기] 및 [공인 인증서로 문서 암호화하기] 기능 : 문서 보안 강화

데이터 호환성 강화

→ **XHTML 사용:** 표, 글자, 그림 데이터의 교환 기능 강화 → MS 오피스와의 데이터 교환 가능

세로쓰기 기능 추가

글상자 연결 기능 추가

→ 글상자에 입력 내용이 가득 차서 글상자의 입력 범위를 넘어가는 경우, 연결된 빈 글상자에 자동으로 표시

글자 테두리 기능 추가

그림 글머리표 기능 추가

모두 찾기 기능 추가

→ 내용 전체를 검색한 다음 찾은 단어를 모두 형광펜으로 표시

머리말/꼬리말의 전체 페이지 수 코드로 삽입 기능 개선

→ 문서 편집 중에 전체 페이지 수 표시 가능

인쇄 관리자 기능 개선

→ 한글 프로그램을 실행하지 않고도 윈도우 탐색기에서 여러 문서를 한꺼번에 인쇄할 수 있도록 하는 기능

1.2 그리기 기능 강화

개체 연결선 기능 추가

그림자 기능 추가

→ 도형에 그림자를 적용하고, 그림자의 모양, 위치, 색 등 조정 가능

앤티에일리어스(anti-aliased) 기능 추가

→ 개체의 테두리가 부드럽게 보이도록 앤티에일리어스 기능을 추가하여, 글자나 그림, 도형의 테두리를 자연스럽고 매끄럽게 표시

색 투명도 설정 기능 추가

→ 개체의 채우기 색이나 배경을 투명하게 설정 가능

1.3 사용자 인터페이스 개선

테마 기능 추가

→ 사용자의 취향에 따라 테마를 선택하여 사용할 수 있도록 테마 기능 추가

→ [사용자 설정 → 테마] 탭에서 테마를 선택하여 스킨과 도구 상자, 단축키 구성 변경 가능

인쇄 미리 보기 기능 강화

→ 인쇄 미리 보기와 전체 보기에서 [확대] 버튼과 [축소] 버튼 추가

덧말 고치기 기능 변경

→ 덧말을 입력한 다음 [덧말 고치기], [덧말 지우기] 기능을 이용하여 덧말 수정/삭제 가능

색상 팔레트 사용 방식 개선

Section 02: 한글 2007 시작 및 끝내기

한글 2007을 시작하는 방법은 여러 가지가 있으므로, 사용 환경에 따라 편리한 방법을 선택하여 사용한다.

한글 시작하기

한글 2007을 시작하려면

→ 윈도우 바탕 화면의 [시작] 버튼을 클릭하여 등록된 [한글과 컴퓨터] → [한글과 컴퓨터 2007] → [한글과 컴퓨터 2007]을 선택하거나

→  바탕 화면의 한글 2007 아이콘을 클릭하여 실행한다.

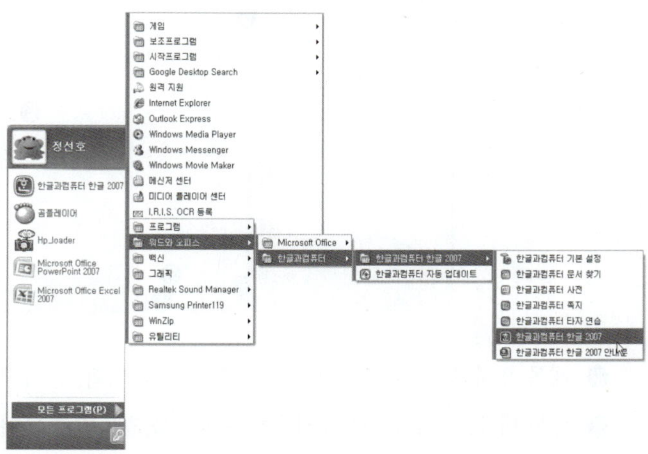

한글 끝내기

한글 2007 사용을 마치려면

→ [파일] → [끝] 메뉴를 선택하거나

→ [Alt] + [X] 키를 누르거나

→ '닫기( )' 버튼을 클릭한다.

Section 03: 한글 2007 화면 구성

한글 2007은 윈도우 표준 사용자 인터페이스 구조로 되어 있어 처음 한글을 사용하는 사용자도 쉽게 사용할 수 있다.

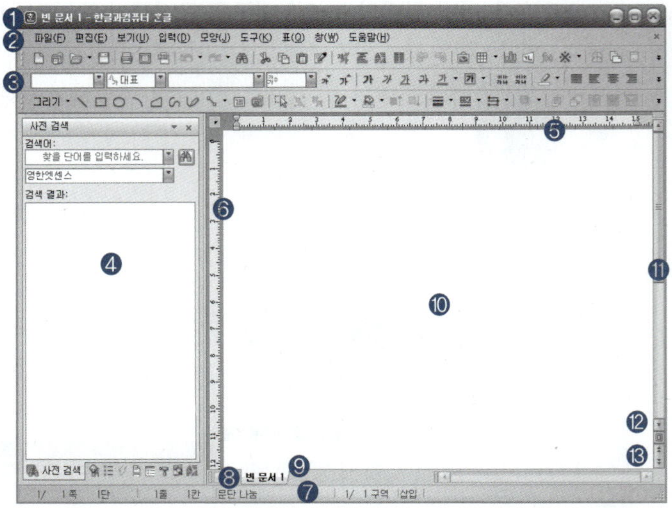

❶ **제목 표시 줄:** 프로그램의 제목과 최소화, 최대화, 닫기 단추 표시

❷ **메뉴 막대:** 프로그램에서 사용하는 메뉴를 기능별로 묶어 표시

❸ **도구 상자**

- 기본 도구 상자: 메뉴에서 자주 사용하는 파일 관련 도구 표시
- 서식 도구 상자: 편집 관련 서식 도구 모음 표시
- 그리기 도구 상자: 그림, 도형, 그리기 개체와 관련된 도구

❹ **작업 창:** 11개의 작업 창을 선택하여 표시

❺ **가로 눈금자:** 개체의 가로 위치나 너비를 파악하기 위해 사용

❻ **세로 눈금자:** 개체의 세로 위치나 높이를 파악하기 위해 사용

⑦ **상황선:** 편집 창의 상태 및 마우스가 위치한 곳에 대한 정보 등 표시

⑧ **탭 이동 아이콘:** 이전 탭/다음 탭으로 이동

⑨ **문서 탭:** 작성 중인 문서와 파일명 표시. 저장하지 않은 문서는 파일 이름이 빨간색으로 표시되고, 자동 저장된 문서는 파랑색, 저장 완료된 문서는 검정색으로 표시

⑩ **편집 창:** 글자나 그림과 같은 내용을 넣고 편집하는 작업 공간

⑪ **스크롤 바:** 문서 내용이 편집 화면보다 클 때 화면을 가로/세로로 이동하기 위해 사용

⑫ **보기 선택:** 쪽 윤곽, 문단 부호 보기, 조판 부호 보기, 투명선, 격자 설정, 찾기와 같은 보기 기능 선택

⑬ **쪽 이동:** 작성 중인 문서가 여러 장일 때 쪽 단위로 이동하기 위해 사용

3.1 | 문서 창과 문서 탭

문서 창

문서 창은 제목 표시줄과 메뉴, 각종 도구 모음과 상태 표시줄 등을 포함하는 창으로, 최대 30개까지 동시에 열 수 있다.

→ [파일] → [새 글] 메뉴

→ [Alt] + [N]

→ [기본] 도구 상자의 [새 글] 아이콘( )을 클릭

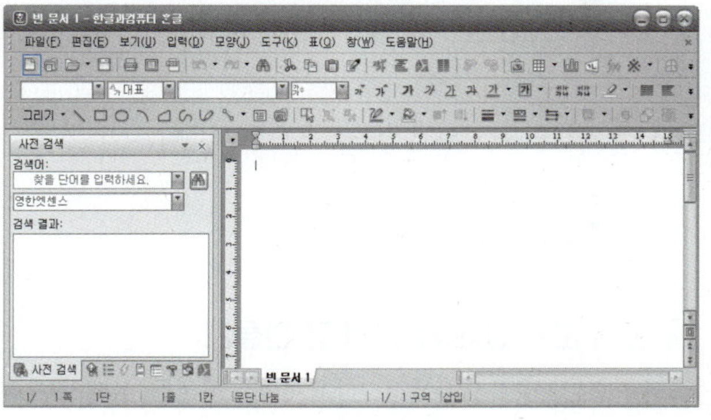

문서 창

문서 탭

문서 탭은 [파일] → [새 탭] 메뉴를 실행하여 현재 문서 창 안에 만들어지고, 하나의 문서 창 안에 30개의 문서 탭을 포함할 수 있다.

문서 창의 다른 문서 탭으로 이동하려면

→ 문서 탭 이름을 마우스로 클릭하거나,

→ [Ctrl] + [Tab]을 눌러 다음 문서 탭으로

→ [Ctrl] + [Shift] + [Tab]을 눌러 이전 문서 탭으로 이동한다.

각 문서 탭은 각각의 파일이므로 문서 탭마다 문서를 따로 저장해야 한다.

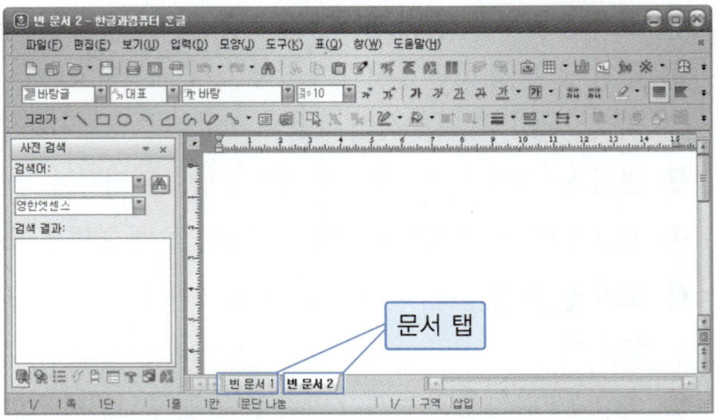

문서 저장 상태 표시

현재 편집 화면에 있는 문서가 최종적으로 저장된 상태인지 아닌지는 문서 탭 이름표에 써 있는 파일 이름의 색깔로 구분할 수 있다.

→ 고쳐진 내용이 있을 때에는 빨간색,

→ 자동 저장이 되었을 때에는 파란색,

→ 저장이 완료되면 검은색으로 표시된다.

현재 문서 창에 새 문서 탭 만들기

[불러오기] 대화상자에서 '현재 창에' 항목을 선택하면, 현재 창에 새 문서 탭을 만들어 문서를 불러온다.

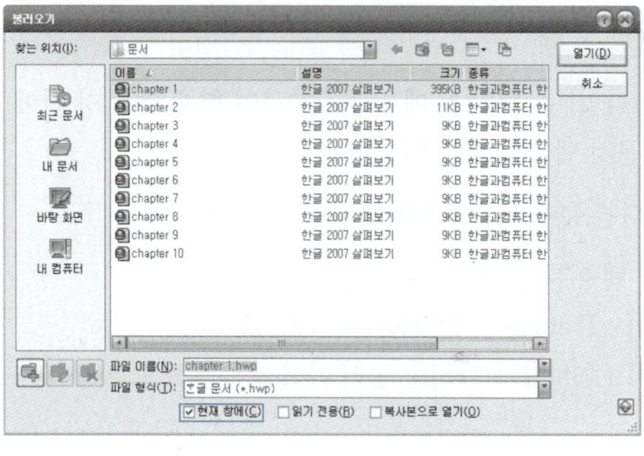

3.2 작업 창

[작업 창]은 사용자들이 자주 사용하는 기능들을 모아 한글 편집 창에서 바로 작업할 수 있도록 제공되는 것으로, 11개의 작업 창을 표시할 수 있다. [보기] → [작업 창] 메뉴를 사용하여 보이기/감추기 상태를 설정한다.

- **사전 검색:** 한글에서 제공하는 모든 사전을 이용하여 단어 검색.
- **한글 도우미:** 선택한 항목의 기능을 실행하거나 도움말 표시
- **개요 보기:** 문서에 사용된 모든 개요 표시하고, 선택한 개요로 이동
- **빠른 실행:** 한글에서 실행한 모든 기능이 자동으로 기록하고 다시 실행
- **쪽 모양 보기:** 한 페이지씩 쪽 단위로 표시
- **클립보드:** 복사나 오려 두기한 내용을 최대 16개까지 표시하고, 간편하게 붙여 넣기 가능
- **양식 개체 속성:** 입력한 양식 개체의 속성을 변경할 때 사용
- **스크립트:** 사용자가 직접 스크립트를 입력하거나 편집할 때 사용
- **XML 문서 트리:** XML 문서 트리 생성 및 편집
- **XML 문서 구조:** 문서 전체 구조와 트리를 구성하는 각 노드에 대한 정보를 트리 형식으로 표시
- **스타일:** [스타일 목록]을 미리 보기 형식으로 표시하고 적용

Section 04: 사용자 설정과 환경 설정 이해하기

자동 저장 간격이나 문서를 여는 방식, 맞춤법 도우미 작동 여부, 한글의 테마 등 사용자 편집 환경을 설정할 수 있다.

4.1 테마 설정하기

[도구] → [사용자 설정] 메뉴를 실행하여 한글의 테마를 지정하고 사용자의 취향에 따라 스킨, 도구 상자, 단축키를 선택하여 사용자 설정 테마를 만들 수 있다.

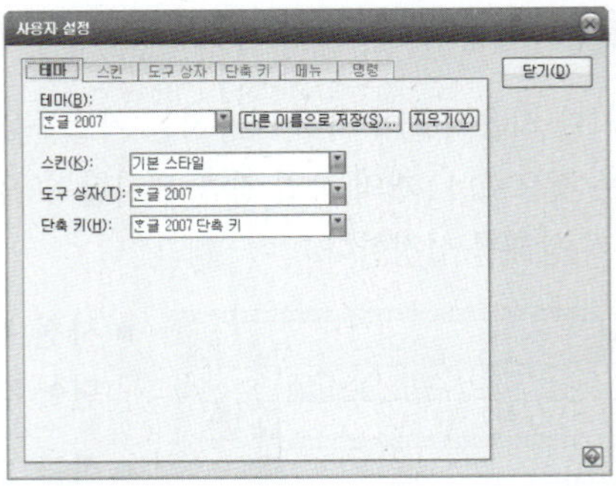

[사용자 설정] 대화상자

- **[테마] 탭**

'한글 2007', '한글 97' 의 기본 테마 중에서 한글 2007의 테마를 지정하고 사용자의 취향에 따라 스킨, 도구 상자, 단축키를 선택하여 사용자 설정 테마 설정

- **[스킨] 탭**

사용자 취향에 따라 스킨을 선택할 수 있도록 다양한 스킨 제공

- **[도구 상자] 탭**

한글 프로그램을 실행할 때 기본적으로 표시할 도구 상자를 설정하거나, 새로운 사용자 설정 도구 상자 생성하거나 변경

- **[명령] 탭**

한글 2007에서 실행되는 모든 명령 아이콘을 사용자 편의에 맞춰서 재구성하여 사용

- **[단축키] 탭**

현재 지정되어 있는 단축키를 확인하거나 지정

- **[메뉴] 탭**

빠른 메뉴에 새 메뉴를 추가하거나 사용하지 않는 메뉴를 삭제하여 빠른 메뉴 구성

4.2 사용자 환경 설정하기

문서의 자동 저장 간격이나 문서를 여는 방식, 맞춤법 도우미 작동 여부 등의 편집 환경을 설정한다.

기본 설정 환경으로 설정하기

한글 2007을 설치한 초기 상태의 값으로 다시 설정하려면 [시작] → [모든 프로그램] → [한글과 컴퓨터] → [한글과 컴퓨터 2007] → [한글과컴퓨터 기본 설정] 메뉴를 실행한다.

❶ [한글과컴퓨터 기본 설정] 대화상자의 초기 화면이 나타나면 [다음] 단추를 클릭한다.

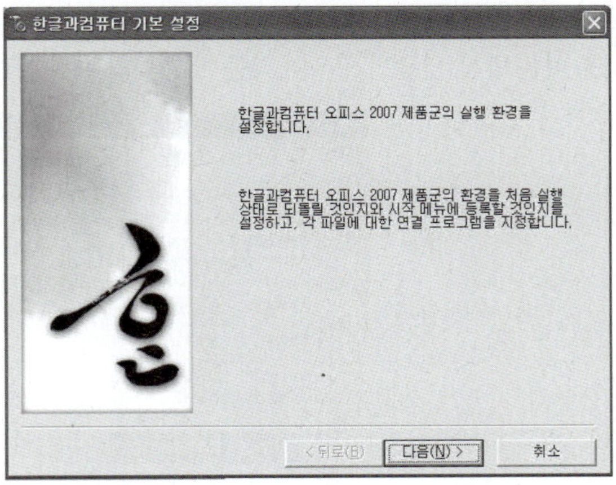

❷ **한글 기본 환경 설정하기**

→ **글꼴 공유:** 한글 97이 설치되어 있는 경우 한글 97의 글꼴 폴더를 자동으로 읽어 온다.

→ **작업 폴더:** 기본 작업 폴더 설정

→ **한글 2007을 처음 실행 상태로 되돌림:** 사용자의 취향에 맞게 다시 구성한 설정값을 모두 처음 값으로 설정

→ **한글 2007을 시작 메뉴에 등록:** [시작] 버튼의 위쪽에 한글 2007 등록

→ **Hwp 파일을 한글 2007 메뉴에 연결:** 한글 파일(*.hwp)의 연결 프로그램을 한글 2007로 설정

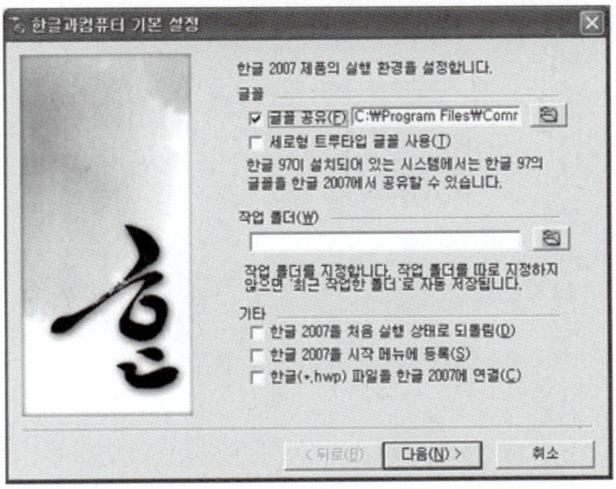

Tip | 세로형 트루타입 글꼴

글꼴 이름 앞에 @표시가 붙어 있는 글꼴로, 세로로 표시된다.

한글 환경 설정하기

[도구] → [환경 설정] 메뉴를 실행하고 [환경 설정] 대화상자에서 문서 자동 저장 간격이나 문서를 여는 방식, 맞춤법 도우미 작동 여부 등의 편집 환경을 설정할 수 있다.

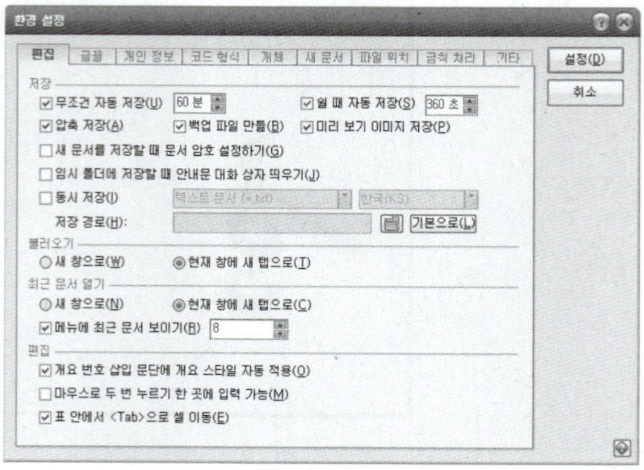

[환경 설정] 대화상자

연습문제

1. 한글 2007의 스킨을 'WinXP 스타일'로 설정하라.

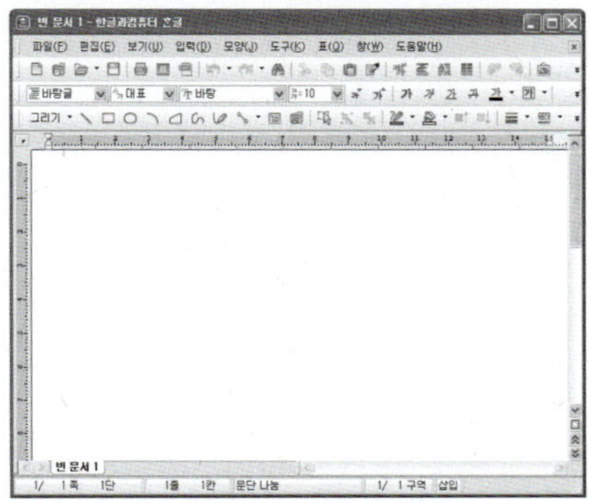

WinXP 스타일로 설정된 스킨

2. 작성 중인 한글 문서가 30분마다 자동으로 저장되도록 환경을 설정하라.

Memo

CHAPTER

02

한글 2007 편집 준비하기

문서 편집을 위한 편집 용지를 설정하거나 저장 및 인쇄 옵션 등을 설정할 수 있다.

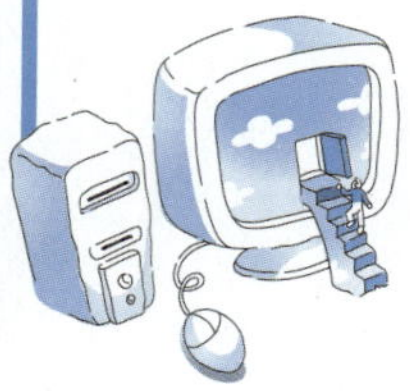

INTRODUCTION TO COMPUTER APPLICATIONS **HANGUL**

Section

01 : 문서 모양 설정하기

문서를 어느 크기의 용지에 편집할 것인지, 용지를 좁게 쓸 것인지 넓게 쓸 것인지, 그리고 종이의 상하좌우에 어느 정도 여백을 남길 것인지 등을 설정할 수 있다.

1.1 편집 용지 및 여백 설정하기

편집 용지는 [모양] → [편집 용지] 메뉴 또는 [F7]을 실행하여 설정한다.

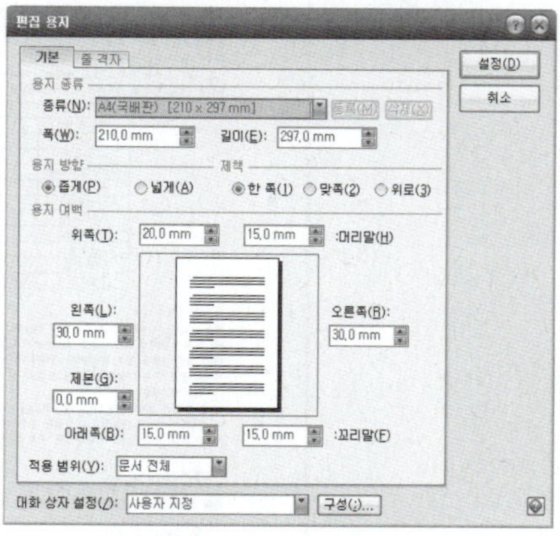

[편집 용지] 대화상자

용지 종류

문서를 편집할 편집 용지를 설정한다. 한글 2007에서 사용 가능한 용지의 종류와 크기는 다음과 같다.

표 2-1 ● 용지 종류별 크기

용지 종류	폭×길이[단위: mm]
프린트 132	335.3×279.4
레터	215.9×279.4
B5(46배판)	182×257
B4(타블로이드판)	257×364
A4(국배판)	210×297
A3(국배배판)	297×420
A6(문고판)	105×148
A5(국판)	148×210
신국판	148×225
크라운판	176×248
사용자 정의	최대 1188×1188, 최소 20×20

여백

선택한 용지에서 상하좌우 여백을 제외한 나머지 부분이 본문이 표시되는 쪽 영역이 된다. 각 여백의 위치는 다음과 같다.

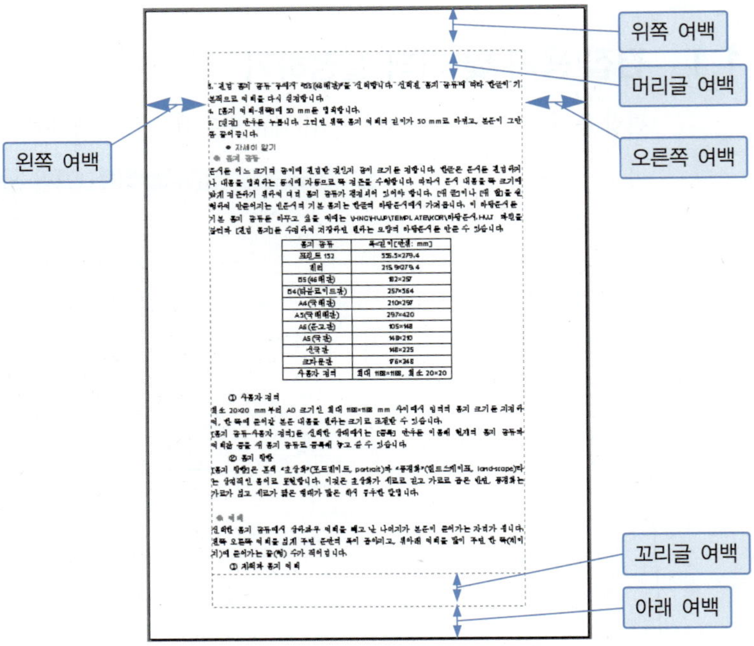

제본 여백

문서의 제본을 위해 남기는 여백으로

→ **한 쪽:** 용지 끝에서 왼쪽 여백 시작 부분까지 여백으로 설정되고,
→ **맞쪽:** 용지 끝에서 안쪽 여백 시작 부분까지의 여백,
→ **위로:** 용지 끝에서 위쪽 여백 시작 부분까지의 여백을 의미한다.

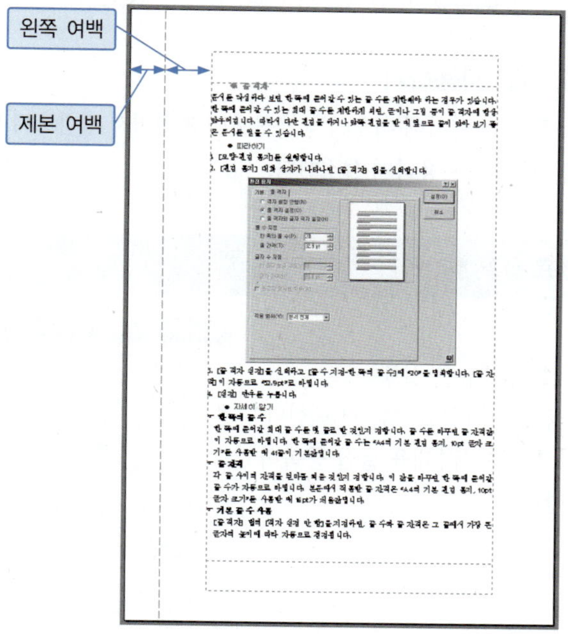

'제책 – 한쪽' 설정한 경우

눈금자로 여백 조절하기

가로 눈금자와 세로 눈금자의 여백 경계선에 마우스 포인터를 두고 마우스 포인터의 모양이 ↔, ↕ 으로 바뀌면 마우스를 움직여 여백을 조절한다.

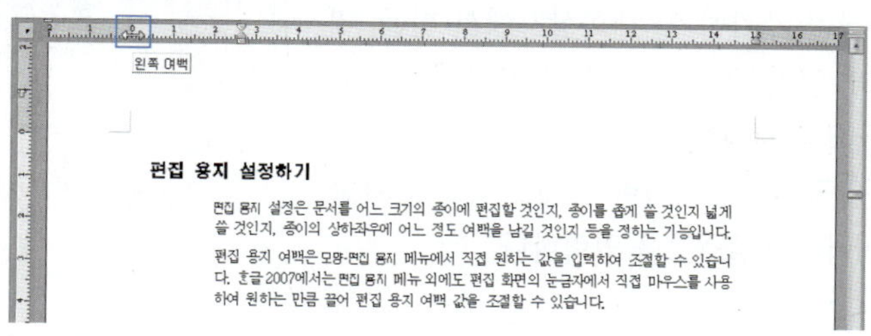

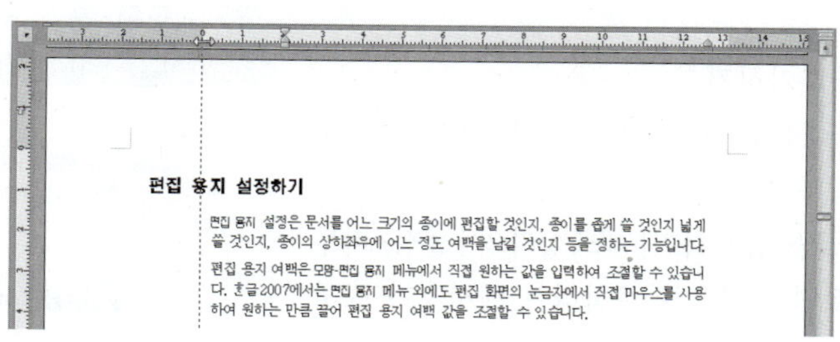

[Alt]를 누른 채로 마우스 드래그하면 여백의 값을 보면서 조정할 수 있다.

1.2 언어마다 사용할 글꼴 설정하기

[서식] 도구 모음에서 글꼴을 설정하면 한글과 영문, 한자 등을 같은 글꼴로 표시한다. 각 언어별로 다른 글꼴을 사용하려면 [대표 글꼴]을 이용하거나 [글자 모양] 대화상자를 사용한다.

대표 글꼴 사용하기

대표 글꼴은 각 언어에 어울리는 글꼴끼리 짝지어서 집합으로 만들어 놓은 것으로 [도구] → [환경 설정] 메뉴를 사용하여 설정한다.

함께하기 | 대표 글꼴 추가하기

1. 환경 설정하기
   ❶ [도구] → [환경 설정] 메뉴를 실행하고,
   ❷ [환경 설정] 대화상자에서 [글꼴] 탭을 선택한다.
   ❸ '대표 글꼴 등록' 항목에서 [대표 글꼴 등록하기] 버튼을 클릭한다.

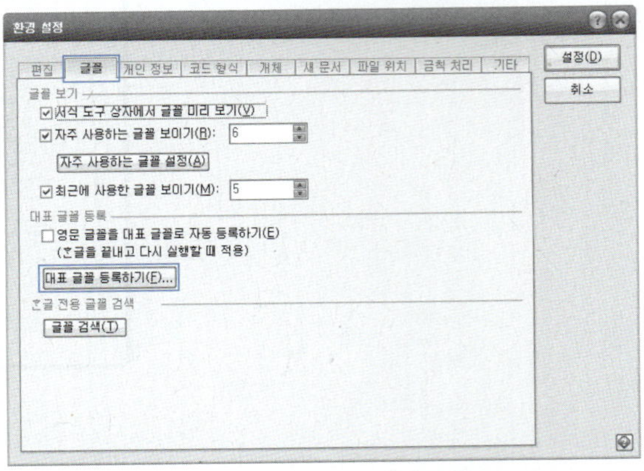

2. 대표 글꼴 설정하기
   ❶ [대표 글꼴 등록하기] 대화상자에서 [대표 글꼴 추가하기] 버튼(➕)을 클릭하고,
   ❷ [대표 글꼴 추가하기] 대화상자에서 한글, 영어, 한자, 일어, 외국어, 기호, 사용자에 대하여 각각 글꼴을 지정한 다음,
   ❸ '대표 글꼴 이름' 입력란에 새로 등록할 대표 글꼴 이름('내 글꼴')을 입력한다.

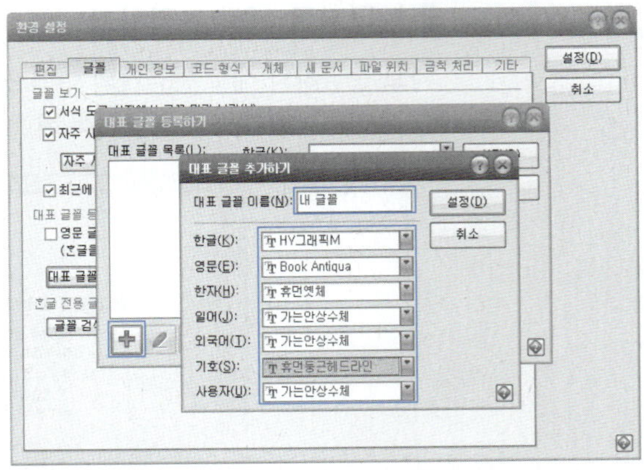

3. 대표 글꼴 추가하기
   ❶ [대표 글꼴 추가하기] 대화상자의 [설정] 버튼을 클릭하고,
   ❷ [대표 글꼴 등록하기] 대화상자의 [설정] 버튼을 누르면 한글을 종료하라는 메시지가 표시된다.

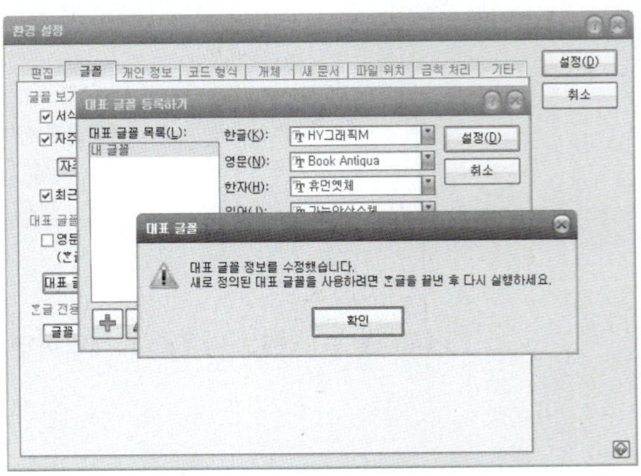

4. 대표 글꼴 확인하기

❶ 한글 2007을 다시 실행하고,

❷ [서식] 도구 모음의 목록 기호(▾)를 클릭하면 등록한 대표 글꼴이 표시된다.

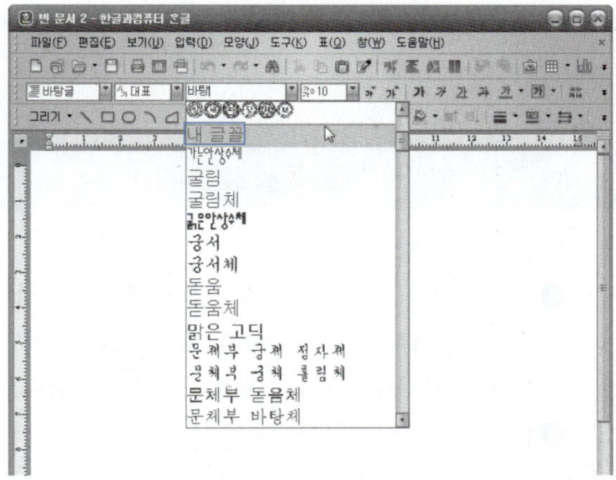

[글자 모양] 대화상자 이용하기

[글자 모양] 대화상자에서 대표 글꼴처럼 언어마다 다른 글꼴을 표시하도록 설정할 수 있다. [모양] → [글자 모양] 메뉴를 실행하여 [글자 모양] 대화상자를 표시하고 [기본] 탭의 '언어별 설정' 항목에서 '언어'와 '글꼴'을 차례로 선택하여 설정한다.

[글자 모양] 대화상자를 사용하여 설정한 대표 글꼴은 현재 문서에만 적용된다.

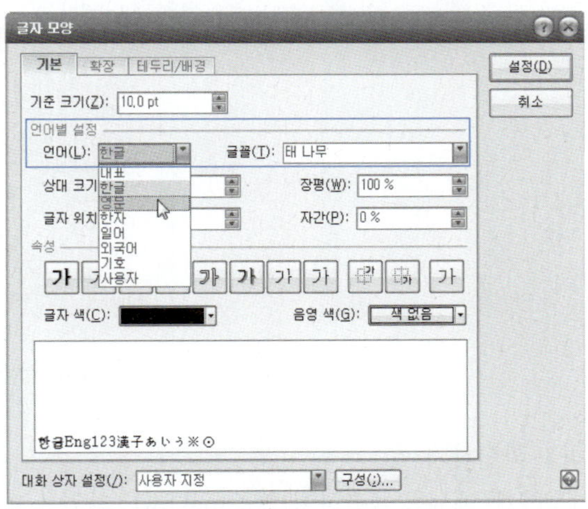

❶ '언어 → 한글'을 선택하고 '글꼴-태나무'를 선택한 다음,

❷ '언어 → 영문'을 선택하고 '글꼴-Arial'을 선택한 후,

❸ [설정] 버튼을 클릭한다.

1.3 기본 화면 설정하기

한글 2007을 실행했을 때 '바탕' 글꼴의 '10pt' 크기로 표시되는 기본 화면 대신 그림이나 사용자가 설정한 글꼴 등이 표시되도록 할 수 있다. 기본 화면 모양을 설정하려면 바탕 문서 파일 'Normal.hwt'를 변경해야 한다.

바탕 문서 파일은 \Program Files\Common Files\HNC\Shared\HwpTemplate\Doc \Kor 폴더에 있다.

함께하기 | 바탕 문서 설정하기

1. 바탕 문서 파일 불러오기

❶ [파일] → [불러오기] 메뉴를 실행하고 경로를 'C:\Program Files\Common Files\HNC\Shared\HwpTemplate\Doc\Kor' 로 설정한다.

❷ [불러오기] 대화상자에서 '파일 형식 -한글 서식(*.hwt)' 로 선택하고, 'Normal. hwt' 파일을 선택한 다음 [열기] 버튼을 누른다.

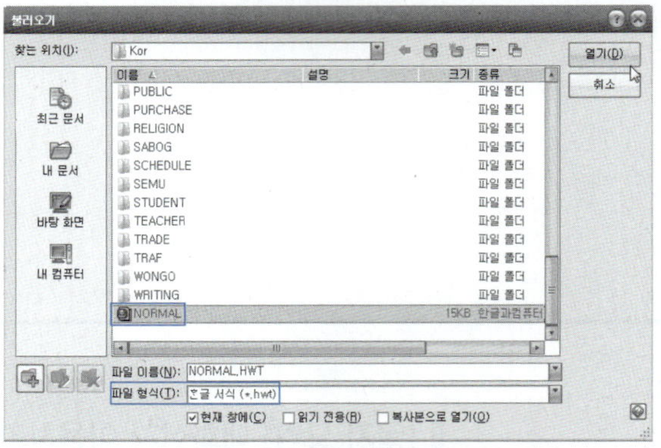

2. 테두리 설정하기

❶ [모양] → [쪽 테두리/배경] 메뉴를 실행하고,

❷ [쪽 테두리/배경] 대화상자의 [테두리] 탭에서 테두리를 설정한 다음 [설정] 버튼을 클릭한다.

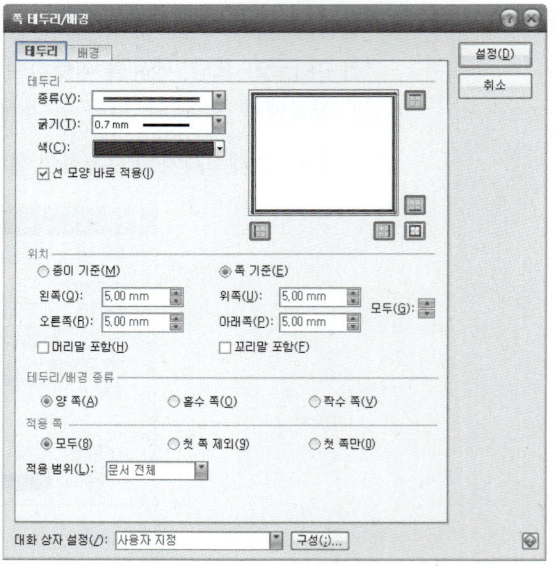

3. 서식 파일 저장하고 확인하기

❶ [파일] → [저장하기] 메뉴를 클릭하여 'Normal.hwt' 파일을 저장하고 문서를 닫은 다음,

❷ [파일] → [새 문서] 또는 [새 탭] 메뉴를 실행하여 서식 파일이 적용된 문서를 확인한다.

Section 02: 문서 불러오기와 저장하기

한글 2007은 이전 버전과 다른 문서 파일 구조를 가지므로, 이전 버전에서 작성된 문서는 추가된 새로운 기능을 제외하고는 한글 2007에서도 그대로 읽어 올 수 있지만, 한글 2007 버전에서 작성된 문서는 이전 버전 한글에서는 그대로 읽을 수 없다.

2.1 문서 불러오기

한글 2007은 한글 워디안, 한글 2002 버전 이전에 출시된 한글과는 매우 다른 문서 파일 구조를 사용하므로 한글 2007에서 작성한 문서를 이전 버전의 한글에서는 그대로 읽을 수 없지만 이전 버전에서 저장한 문서 파일을 한글 2007에서 읽을 수는 있다.

[불러오기] 대화상자 사용하기

[파일] → [불러오기] 메뉴 또는 [기본] 도구 모음에서 '불러오기( )' 아이콘을 클릭하여 [불러오기] 대화상자를 표시한다.

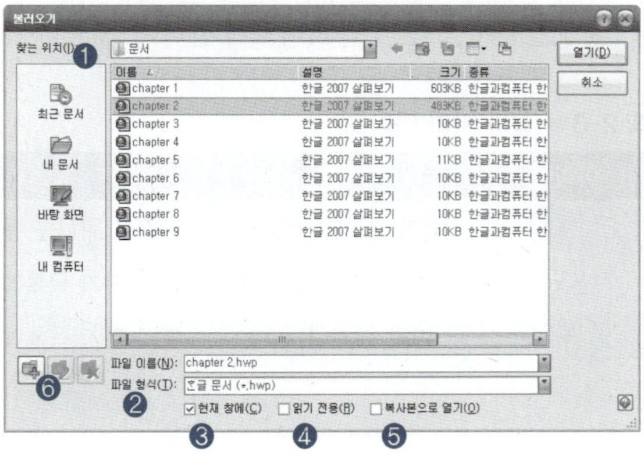

❶ **찾는 위치:** 불러올 파일의 위치 지정

❷ **파일 형식:** 불러올 파일의 형식 선택

표 2-2 ● 한글 2007에서 불러올 수 있는 파일 형식

종류	설명
이전 버전 파일 읽기	한글 97~3.0 문서, 한글 2.5~2.1 문서, 한글 2.0 문서, 한글 1.x 문서를 한글 2007 문서 파일 형식으로 변환
한글 서식(*.hwt)	한글 서식 파일 형식의 문서
인터넷 문서(*.htm, *.html)	인터넷 문서의 기본 형식으로 쓰이는 HTML 형식의 문서
텍스트 문서(*.txt)	텍스트 파일 형식의 문서
서식 있는 텍스트 문서(*.rtf)	RTF(Rich Text Format) 파일 형식
데이터베이스 문서(*.dbf)	데이터베이스용 파일인 DBF 파일
다른 워드 프로세서 파일 읽기	MS 워드 문서(*.doc), 훈민정음 문서(*.gul), 하나워드 문서(*.hna:*.kwp), 아리랑 문서(*.hwd) 등

❸ **현재 창에:** 현재 창에 새 문서 탭을 만들어 문서 불러옴

❹ **읽기 전용:** 한글 97 버전 문서를 제외한 파일을 읽기 전용 문서로 불러옴

❺ **복사본으로 열기:** 선택한 파일을 복사본으로 저장한 다음 불러옴

❻ **빨리 가기 아이콘:** 사용자가 주로 작업하는 폴더를 빨리 가기 목록에 등록하여, 불러오거나 저장할 문서를 좀 더 쉽고 빠르게 선택 가능. 빨리 가기는 최대 12개까지 등록 가능

표 2-3 ● 빨리 가기 아이콘

아이콘	이름	설명
	빨리 가기 추가하기	선택된 위치를 빨리 가기 목록에 추가
	빨리 가기 편집하기	빨리 가기 목록에 추가한 위치의 이름이나 경로, 형식 수정
	빨리 가기 지우기	빨리 가기 목록에서 추가한 빨리 가기 위치 삭제

최근 작업 문서 불러오기

최근에 작업한 한글 문서는

→ [파일] → [최근 작업 문서] 메뉴를 실행하거나
→ [기본] 도구 모음의 '불러오기( )' 오른쪽 목록 기호( )를 클릭
→ [불러오기] 대화상자의 '찾는 위치 → 최근 문서'를 선택하면 최근 작업한 문서의 목록이 표시된다.

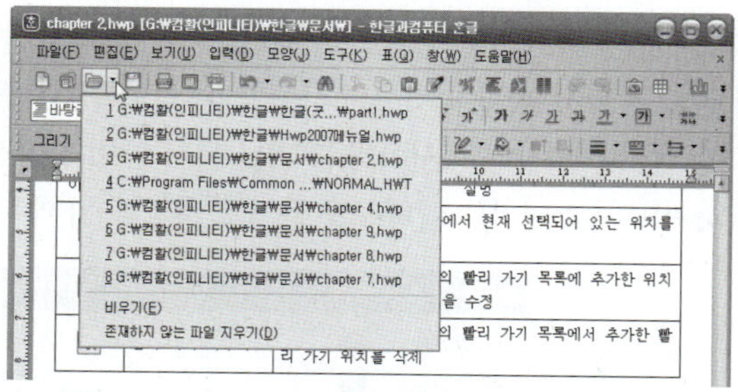

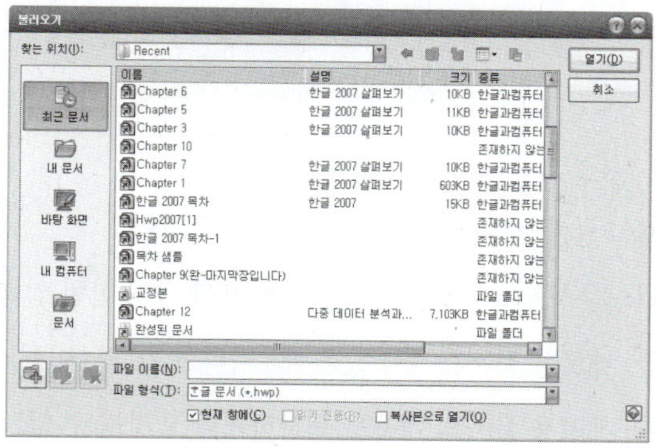

2.2 | 문서 저장하기

편집중인 문서를 한글 2007 형식으로 저장한다. 한글 문서 형식(*.hwp)으로 저장하면, 저장하는 순간의 커서 위치도 함께 저장하므로 다음에 문서를 불러오면 저장할 때의 커서의 위치에 커서가 표시된다.

문서 암호 설정하기

[다른 이름으로 저장하기] 대화상자의 [문서 암호] 버튼을 클릭하거나, [파일] → [문서 암호] 메뉴를 실행하여 암호를 설정한다.

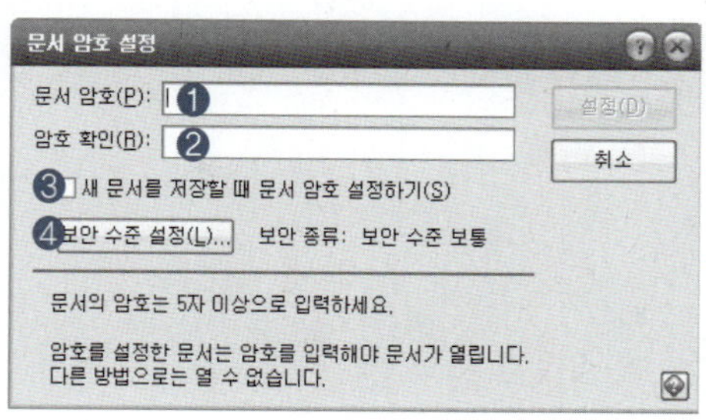

❶ **문서 암호:** 5글자 이상 최대 44글자까지 입력 가능

❷ **암호 확인:** '문서 암호' 항목에 입력한 암호를 다시 한번 입력

❸ **새 문서를 저장할 때 문서 암호 설정하기:** 새 문서를 저장할 때마다 [문서 암호 설정] 대화상자가 자동으로 표시

❹ **보안 수준 설정:** [문서 보안 수준] 대화상자에서 '보안 종류' 설정. '보안 수준 높음'을 선택하고 문서 암호를 설정하여 저장한 문서는 한글 2007 하위 버전에서는 불러올 수 없다.

배포용 문서로 저장하기

배포용 문서는 한글 2007의 일부 기능만 사용할 수 있도록 기능을 제한하여 한글 문서를 편집하거나 인쇄할 수 없도록 저장된 문서이다. 그러나 문서 암호가 설정된 문서는 배포용 문서로 저장할 수 없다. [파일] → [보내기] → [배포용 문서로 저장하기] 메뉴를 실행한다.

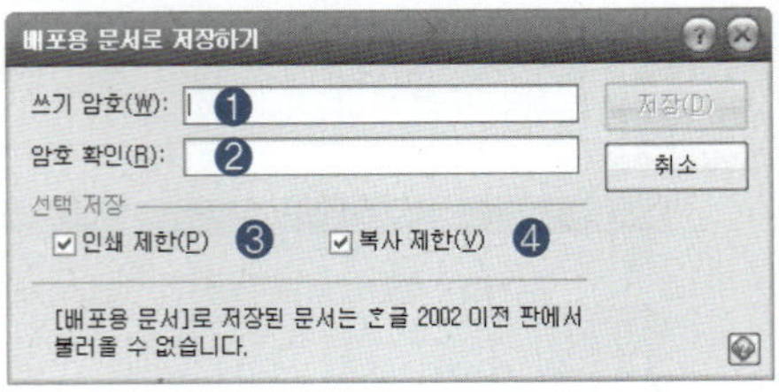

❶ **문서 암호:** 5글자 이상 최대 44글자까지 암호 입력

❷ **암호 확인:** '문서 암호' 항목에 입력한 암호를 다시 한번 입력

❸ **인쇄 제한:** 배포용 문서를 불러왔을 때 [미리 보기]와 [인쇄] 할 수 없고 화면에서 보기만 함

❹ **복사 제한:** 배포용 문서의 내용을 복사하거나 오려둘 수 없도록 설정

배포용 문서를 편집하려면 [파일] → [보내기] → [배포용 문서로 저장하기]를 다시 한번 실행하고, 쓰기 암호를 입력하면 배포용 문서를 편집할 수 있다. [저장하기] 메뉴를 실행하면 다시 배포용 문서로 저장된다.

배포용 문서를 일반 문서로 변경하려면 [파일] → [보내기] → [배포용 문서로 저장하기]를 실행하여 [배포용 문서로 저장하기] 대화상자에서 [배포 해제] 버튼을 클릭한다.

함께하기 | 배포용 문서로 저장하기

1. 배포용 문서로 저장하기

❶ [파일] → [보내기] → [배포용 문서로 저장하기] 메뉴를 실행한다.

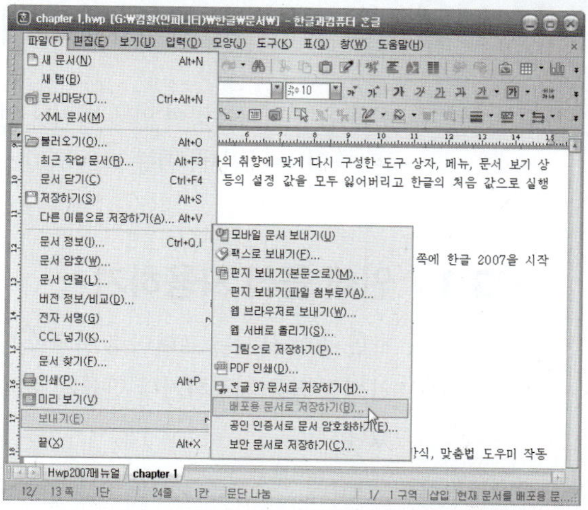

2. 암호 입력하기

❶ [배포용 문서로 저장하기] 대화상자의 [쓰기 암호]에 원하는 암호를 5자 이상 입력하고,

❷ [암호 확인]에 같은 내용을 한번 더 입력한다.

❸ '선택 저장'에서 인쇄를 제한 할 것인지, 복사를 제한할 것인지를 선택하고 [저장] 버튼을 누른다.

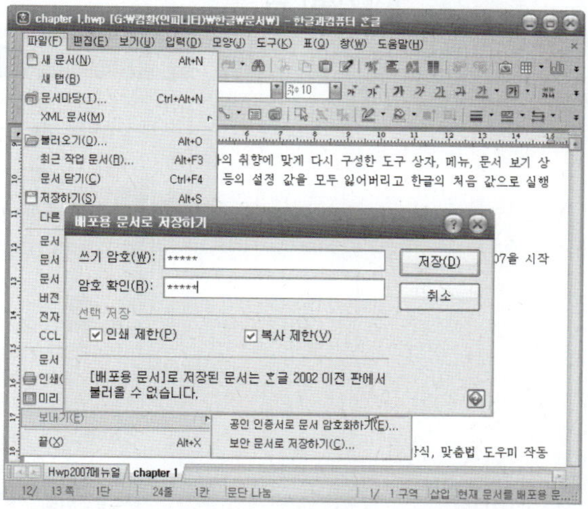

3. 배포용 문서 확인하기

제목 표시줄의 파일 이름 뒤에 '배포용 문서'라고 표시되고, 대부분의 도구가 비활성화된 상태로 표시된다.

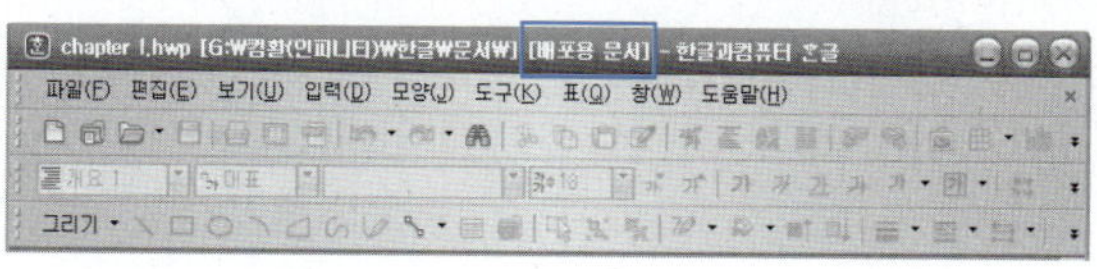

Section

03: 작성한 문서 인쇄하기

인쇄 옵션을 사용하여 인쇄 범위나 인쇄 매수 등의 조건을 설정할 수 있다. [인쇄 옵션] 대화상자는 [파일] → [인쇄] 메뉴 또는 [Alt] + [P] 키를 눌러 표시한다.

3.1 | 인쇄 옵션 사용하기

작업 중인 문서를 프린터로 인쇄할 때 문서 전체나 일부를 여러 매 인쇄할 수 있고, 확대/축소 등 인쇄 조건을 지정하거나 인쇄된 문서에만 워터마크가 나타나도록 워터마크 기능을 설정할 수도 있다.

[기본] 탭

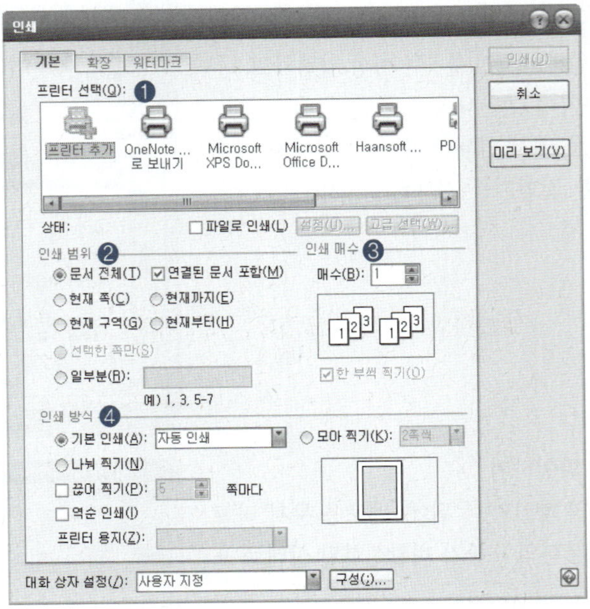

❶ **프린터 선택:** 프린터를 추가하거나 인쇄할 프린터 선택

'파일로 인쇄' 항목 : 인쇄 결과를 *.prn 형식의 파일로 디스크에 저장

❷ **인쇄 범위:** '문서 전체', '현재 쪽', '현재까지', '현재 구역', '현재부터' 등 문서의 인쇄 범위 지정

❸ **인쇄 매수:** 1~1000 사이의 인쇄 매수 설정

→ **한 부씩 찍기' 항목:** 여러 매 인쇄 할 때, 1-2-3, 1-2-3 쪽의 순서로 인쇄하고,

→ **'역순 인쇄' 항목:** 맨 뒤부터 역순으로 인쇄

❹ **인쇄 방식:** '자동 인쇄', '나눠 찍기', '모아 찍기', '끊어 찍기' 등의 인쇄 방식 설정

→ **기본 인쇄:** 기본 인쇄 방식

→ **모아 찍기:** 공급 용지 한 장에 정해진 쪽수만큼씩 축소하여 인쇄

→ **나눠 찍기:** 큰 용지에 맞추어 편집된 문서를 작은 종이 여러 장에 나누어 인쇄

→ **끊어 찍기:** 지정한 쪽 수만큼 인쇄한 다음, 인쇄를 위한 준비가 다 되었는지 확인

→ **프린터 용지:** A3, A4, B4 등 인쇄할 프린터 용지 선택

[확장] 탭

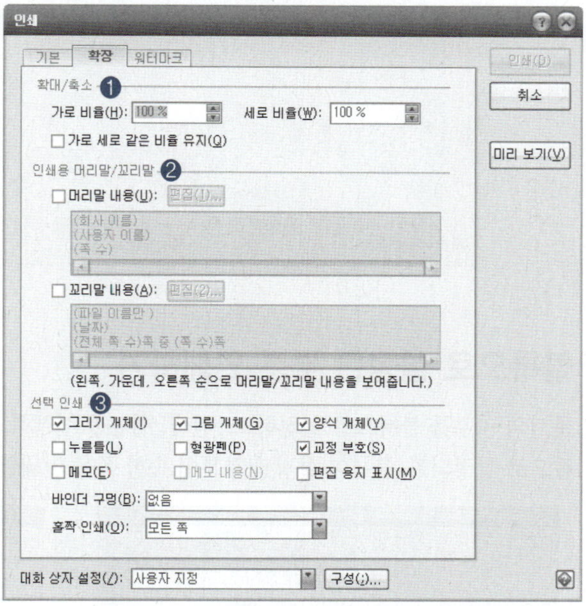

❶ **확대/축소:** 문서를 확대하거나 축소할 가로 비율과 세로 비율을 10~500% 사이에서 설정

❷ **인쇄용 머리말/꼬리말:** 인쇄 용지의 머리말 영역 위쪽과 꼬리말 영역 아래쪽에 설정한 항목을 자동으로 인쇄

❸ **선택 인쇄:** 문서에 포함된 '그리기 개체', '그림 개체' 등을 인쇄할 것인지 여부 설정

→ **바인더 구멍:** 바인더 구멍을 표시하여 인쇄

→ **홀짝 인쇄:** 양면으로 문서를 인쇄하고 싶은 경우 사용

[워터마크] 탭

[워터마크] 탭에서 인쇄시 문서에 표시되는 그림 워터마크 및 글자 워터마크를 설정할 수 있다.

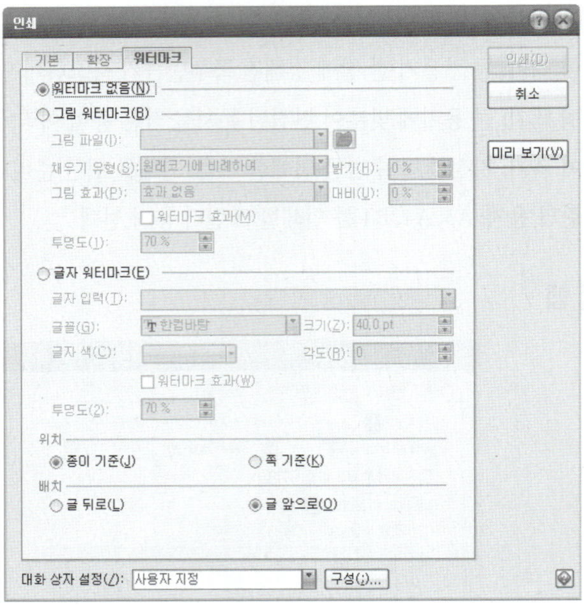

3.2 ｜ 블록으로 설정된 부분 인쇄하기

문서의 일부를 블록으로 설정하고 [인쇄] 메뉴를 실행하면 '인쇄 범위'에 '선택한 쪽만'이 기본값으로 설정되고, 블록이 설정된 부분이 속한 쪽을 인쇄한다.

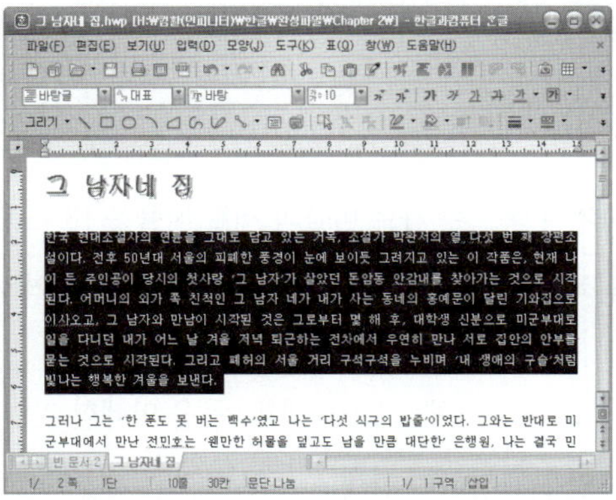

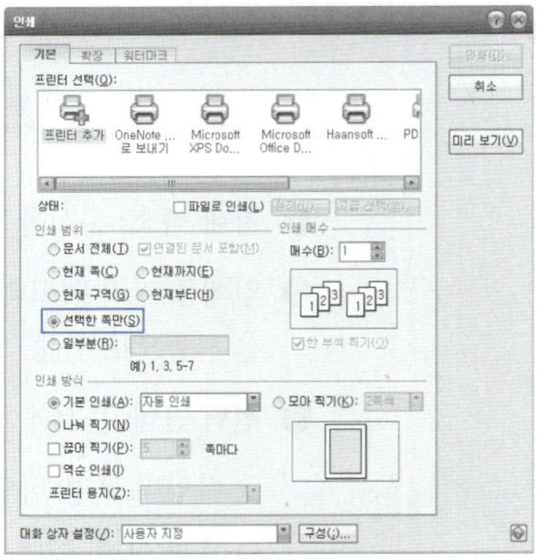

3.3 ｜ 인쇄용 머리말과 꼬리말 인쇄하기

인쇄용 머리말과 꼬리말은 [인쇄] 대화상자의 [확장] 탭에서 '인쇄용 머리말/꼬리말' 항목에서 설정한다. 자동으로 인쇄되는 인쇄용 머리말과 꼬리말의 내용은 기본 글꼴(default font), 9포인트의 크기로 표시되고, 사용자가 바꿀 수 없으며, 머리말 영역의 위쪽과 꼬리말 영역의 아래쪽에 각각 표시된다. 인쇄용 머리말과 꼬리말은 문서를 인쇄한 후에만 용지에 표시되며 화면에는 표시되지 않는다.

함께하기 | 인쇄용 머리말/꼬리말 인쇄하기

1. 인쇄 대화상자 표시하기

❶ [파일] → [인쇄] 메뉴를 실행한 다음

❷ [인쇄] 대화상자에서 [확장] 탭을 선택한다.

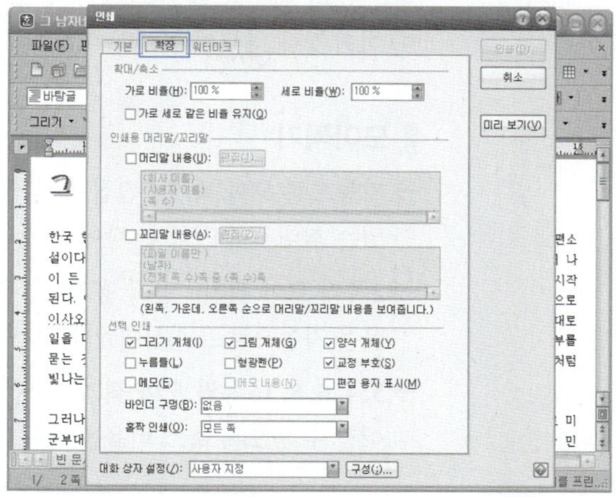

2. 인쇄용 머리말 설정하기

❶ '인쇄용 머리말/꼬리말'-머리말 내용'을 선택하고 [편집] 버튼을 클릭한다.

❷ [인쇄용 머리말 꼬리말 편집] 대화상자의 '자동 머리말 내용' 항목에서 '왼쪽', '가운데', '오른쪽'에 각각 '파일 이름만', '날짜', '현재 쪽수'로 설정한 다음 [설정] 버튼을 클릭한다.

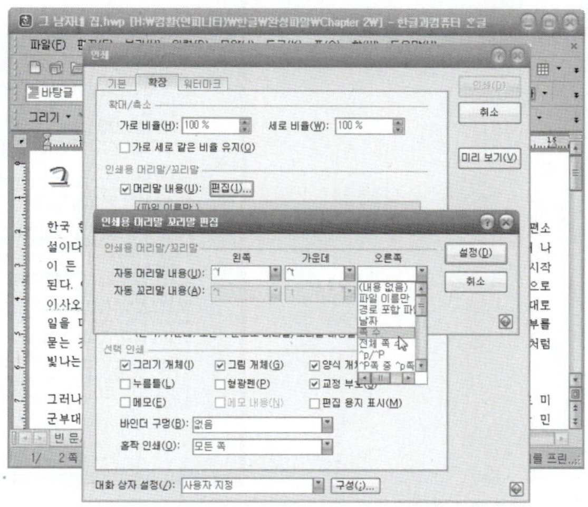

3. 인쇄 미리 보기

❶ [인쇄] 대화상자에서 [미리 보기] 버튼을 클릭하여 인쇄용 머리말 내용을 확인한다.

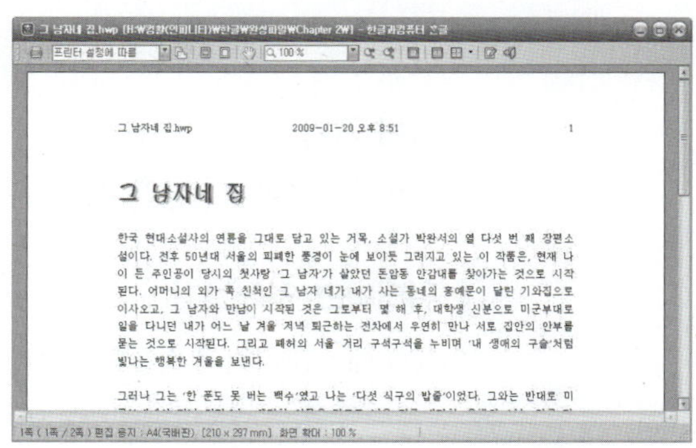

3.4 | 모아 찍기와 나눠 찍기

여러 쪽의 내용을 한 장의 종이에 모아서 인쇄하거나, 큰 용지에 맞추어 편집된 문서를 작은 종이 여러 장에 나누어 인쇄할 수 있다.

모아찍기

→ **자동으로 모아 찍기:** '편집 용지' 의 크기와 '확대/축소' 비율에 따라 '공급 용지' 에 들어갈 수 있는 최대 쪽수만큼 한 장에 모아서 인쇄한다.

→ **2쪽씩 모아 찍기:** '공급 용지' 한 장에 편집된 문서 내용이 두 쪽씩 들어갈 수 있도록 축소 비율을 자동으로 조절하여 인쇄한다.

→ **3, 4, 6, 8, 16쪽씩 모아 찍기:** '공급 용지' 한 장에 편집된 문서 내용이 정해진 쪽 수만큼씩 들어갈 수 있도록 축소 비율을 자동으로 조절하여 인쇄한다.

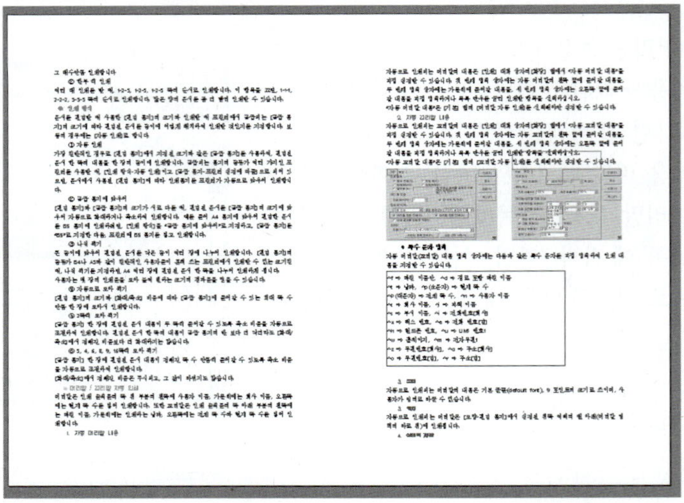

2쪽씩 모아찍기

나눠 찍기

큰 종이에 맞추어 편집된 문서를 작은 종이 여러 장에 나누어 인쇄한다.

워터마크 인쇄하기

인쇄할 때에만 문서에 적용되는 나타나는 그림 워터마크 및 글자 워터마크를 설정할 수 있다.

함께하기 | 워터마크 인쇄하기

1. [인쇄] 대화상자 표시하기

❶ [파일] → [인쇄] 메뉴를 실행하고,

❷ [인쇄] 대화상자의 [워터마크] 탭을 클릭한다.

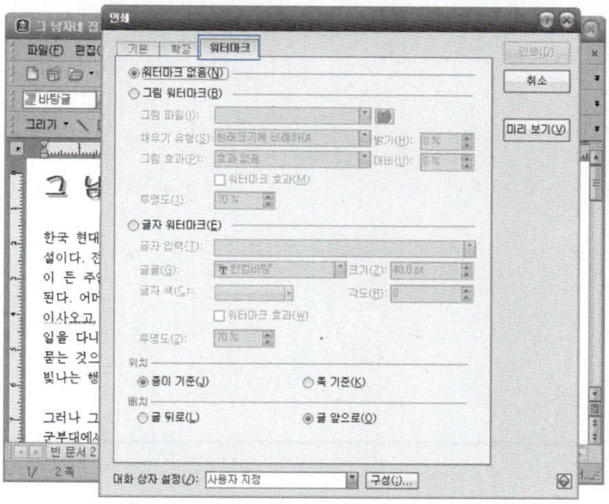

2. 그림 설정하기

❶ '그림 워터마크'를 선택한 다음,

❷ '그림 파일' 항목에서 [열기]를 클릭하고, [그림 넣기] 대화상자에서 그림 파일의 경로와 이름을 지정한 다음 [열기] 버튼을 클릭한다.

3. 그림 효과 설정하기

❶ '채우기 유형 → 가운데로' 설정하고, '그림 효과 → 원래 그림에서', '워터마크 효과' 항목을 각각 선택한다.

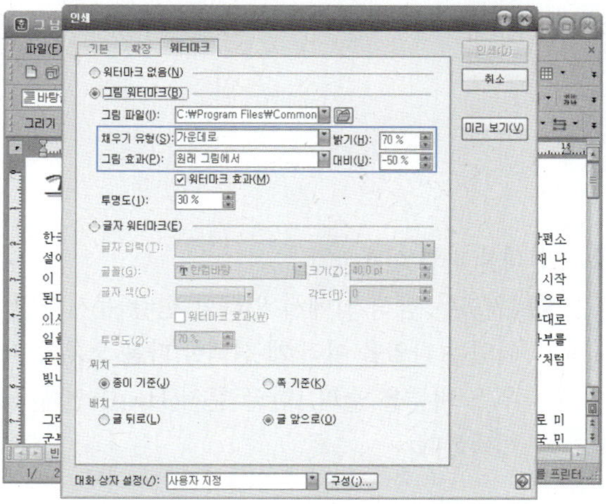

3. 인쇄 미리 보기

❶ [미리 보기] 버튼을 클릭하여 선택한 그림이 표시되는 지 확인한다.

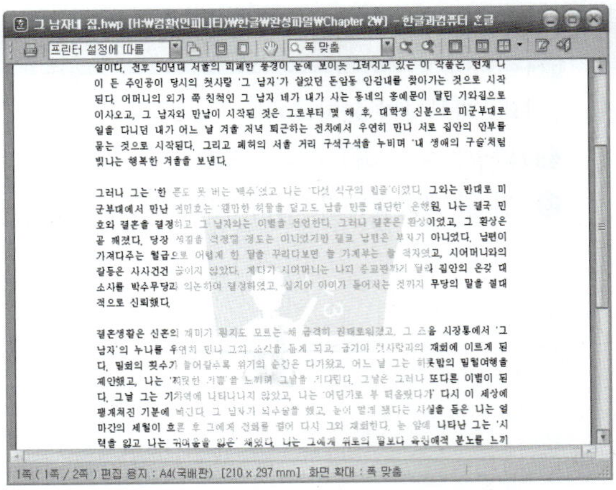

3.5 | 한글 인쇄 관리자로 인쇄하기

[한글 인쇄 관리자]는 한글 문서를 인쇄할 때 한글 프로그램을 실행하지 않고도 윈도우 탐색기에서 서로 다른 폴더에 있는 여러 문서를 한꺼번에 인쇄할 수 있도록 제공된 기능이다.

함께하기 | 한글 인쇄 관리자로 인쇄하기

1. 윈도우 탐색기 표시하기

❶ 윈도우 작업 표시줄에서 [시작] 버튼에서 마우스 오른쪽 버튼을 클릭하고 [탐색]을 선택하여 [윈도우 탐색기]를 표시한다.

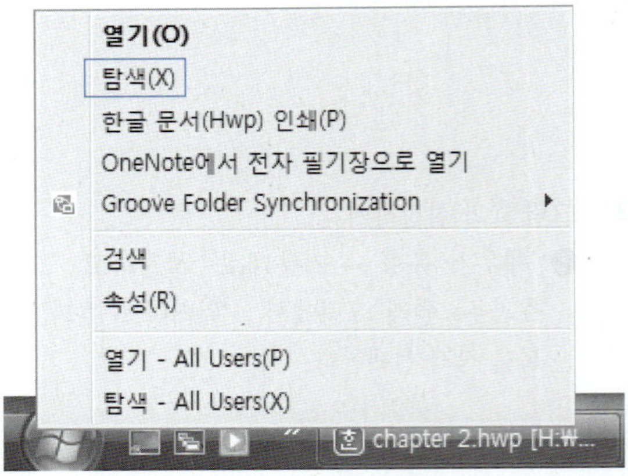

2. 인쇄할 파일 선택하기

❶ [윈도우 탐색기]에서 인쇄할 한글 문서가 들어있는 파일을 여러 개 선택한 다음 오른쪽 마우스 버튼을 눌러 [한글 문서(Hwp) 인쇄]를 선택한다.

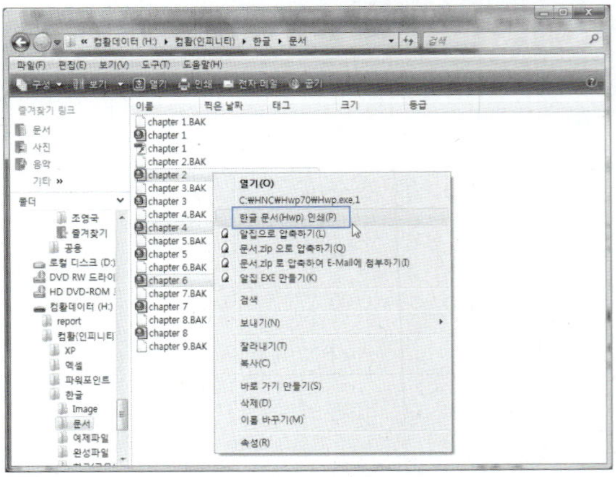

3. 인쇄하기

❶ [한글 인쇄 관리자] 대화상자가 표시되고, 컴퓨터에 연결되어 있는 프린터로 선택한 문서가 출력된다.

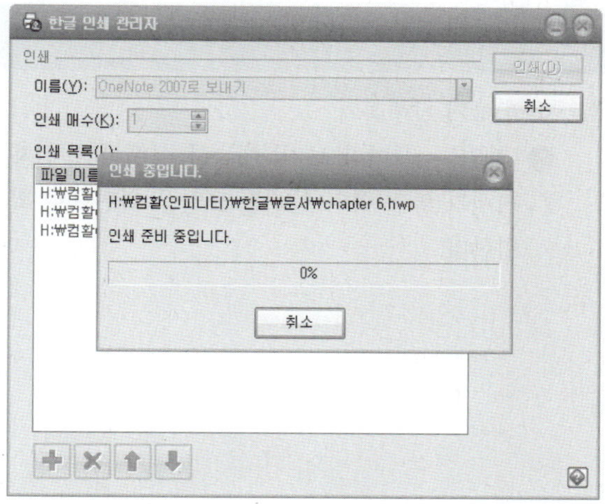

3.6 인쇄 미리 보기

인쇄할 문서를 프린터로 보내기 전에 인쇄될 내용을 화면에서 미리 확인해 볼 수 있다.

[미리 보기] 도구 상자

[파일] → [미리 보기] 메뉴를 실행하면 문서 편집 창이 미리 보기 창으로 바뀌고, [미리 보기] 도구 상자가 표시된다.

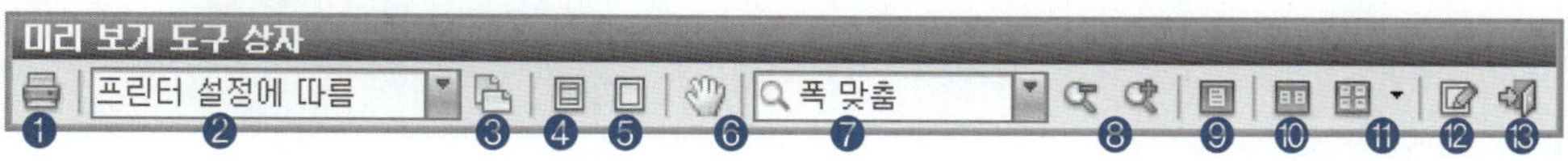

❶ **인쇄:** 화면에 표시된 문서를 프린터로 인쇄

❷ **공급 용지:** 프린터에서 사용할 용지 종류 설정

❸ **편집 용지:** [편집 용지] 대화상자 표시하고, 편집 용지의 종류나 여백 등을 설정

❹ **여백 보기:** [편집 용지] 대화상자에서 지정한 용지 여백을 빨간색 점선으로 표시한다.

❺ **편집 용지 보기:** [편집 용지] 대화상자에서 설정된 용지의 크기를 녹색 선으로 표시

❻ **손 도구:** 현재 창에서 보이지 않는 영역으로 이동

❼ **화면 확대:** '여러 쪽 보기', '맞쪽 보기', '쪽 맞춤', '폭 맞춤', 100%~500% 중 확대 비율을 선택하여 화면을 확대하거나 축소

❽ **축소/확대:** 화면 비율이 25%씩 축소되거나 25%씩 확대되어 표시

❾ **쪽 맞춤:** 미리 보기 화면에 한 쪽의 문서를 쪽 맞춤 크기로 표시

❿ **맞쪽 보기:** 두 쪽을 한 화면에 나란히 표시, 오른쪽에는 항상 홀수 쪽이 표시

⓫ **여러 쪽 보기:** 가로, 세로 몇 쪽씩을 한 화면에 표시할 것인지 설정. 최대 8×8쪽까지 가능

⓬ **현재 쪽 편집:** [미리 보기]를 종료하고 현재 선택된 쪽의 첫 번째 줄로 이동

⓭ **닫기:** 미리 보기 상태를 종료하고 문서 편집 상태의 이전 커서 위치로 이동

함께하기 | 인쇄 미리 보기

1. 미리 보기 실행하기

❶ [파일] → [미리 보기] 메뉴를 실행하고, 현재 커서가 있던 쪽의 인쇄될 모양을 화면으로 확인한다.

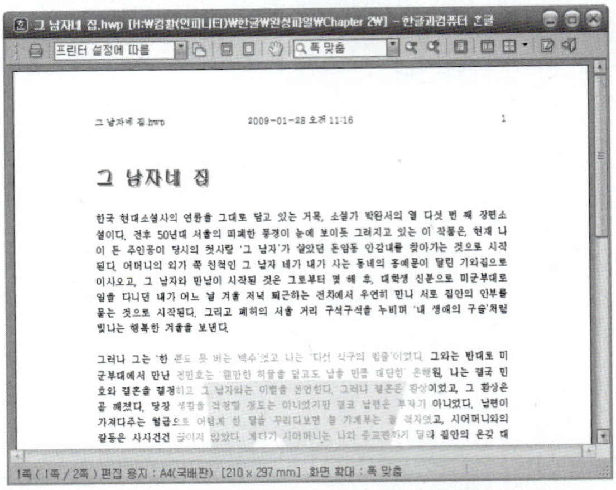

2. 맞쪽 보기

❶ [맞쪽 보기( )] 도구를 클릭하여 두 쪽이 하나의 화면에 표시되도록 한다.

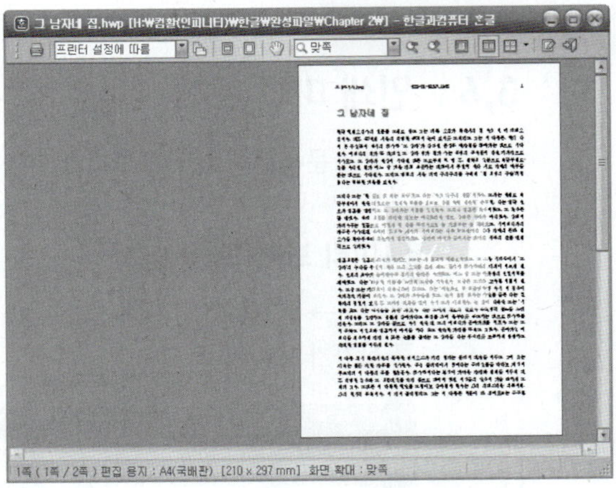

3. 편집 화면으로 이동하기

❶ [닫기( )] 도구를 클릭하거나 [Esc]를 누르면 편집 화면의 커서가 있던 위치로 돌아온다.

연습문제

1. 한글 2007을 실행하고 편집 용지의 위쪽 여백과 아래쪽 여백을 각각 30mm로 설정하라.

2. '태양계.hwp' 파일을 열고, '태양계-수정.hwp' 로 이름을 변경하여 저장하라.

3. 한글은 'HY그래픽' 으로, 영어는 'Arial' 로 표시되도록 대표 글꼴을 정의하고, 정의된 대표 글꼴의 이름을 '태양계' 로 정의하라.

4. '태양계-수정.hwp' 문서가 설정된 편집 용지 한 장에 두 쪽이 인쇄되도록 인쇄 옵션을 설정하라.

5. '태양계-수정.hwp' 에 인쇄용 머리말(왼쪽: 파일 이름)과 인쇄용 꼬리말(오른쪽: 현재 페이지 번호/전체 페이지 수)이 표시되도록 설정하라.

Memo

CHAPTER

03 문서 편집의 기초

한글 2007을 사용하여 문서를 편집하기 위해 기본적인 기능과 한자 입력, 서식을 복사하는 기능 등을 사용할 수 있다.

INTRODUCTION TO COMPUTER APPLICATIONS **HANGUL**

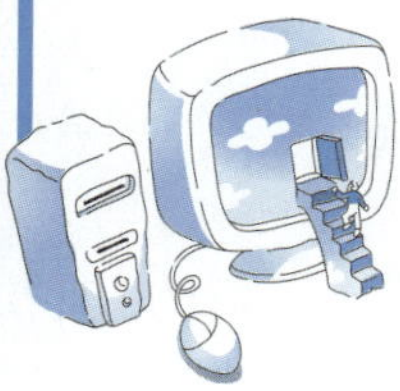

Section 01 : 글자 입력하기

텍스트를 입력하는 과정에서 줄을 바꾸거나 다른 종류의 언어를 입력할 수 있도록 글자판을 변경하는 등의 기능을 사용할 수 있다.

1.1 | 줄 바꾸기

사용자가 [Enter] 키를 눌러 줄이 바뀌는 부분을 '문단'이라 하는데, [보기] → [문단 부호] 메뉴를 실행해 '문단 부호 보이기' 상태에서 [Enter]를 누른 곳에 파란색의 하드 리턴 표시(↵)가 나타난다.

[Shift] + [Enter] 키를 누르면 문단을 바꾸지 않고 줄 바꾸기만 할 수 있다. [문단 부호 보이기] 상태에서 [Shift] + [Enter]를 누른 곳은 파란색의 아래 방향 화살표 모양(↓)으로 나타난다.

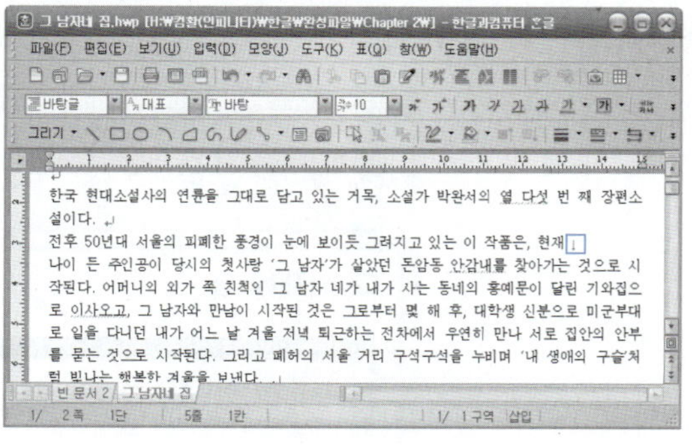

1.2 | 블록 설정하기

블록은 문서 편집할 때 자주 사용하는 기능으로 키보드를 사용하거나 마우스를 사용하여 설정할 수 있다.

▌마우스로 블록 설정하기

마우스의 위치에 따라 블록을 지정하는 방법이 달라진다.

→ **단어 블록 설정하기:** 마우스 포인터를 단어 위에 놓고 마우스 왼쪽 버튼 더블 클릭

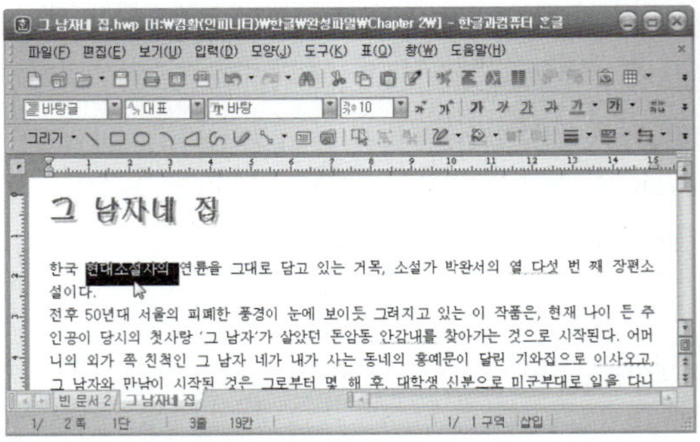

→ **문단 블록 설정하기:** 마우스 포인터를 단어 위에 놓고 마우스 왼쪽 버튼 세 번 클릭

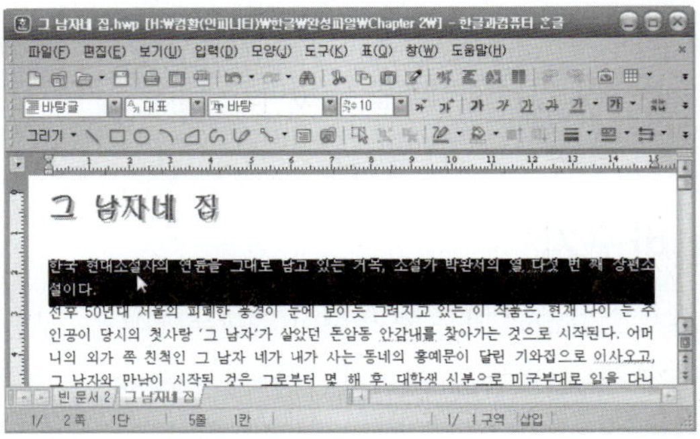

→ **한 줄 블록 설정하기**

마우스 포인터를 왼쪽 여백 부분에 놓고 마우스 포인터의 모양이 화살표( ) 모양으로 바뀌면 마우스 왼쪽 버튼을 한 번 클릭

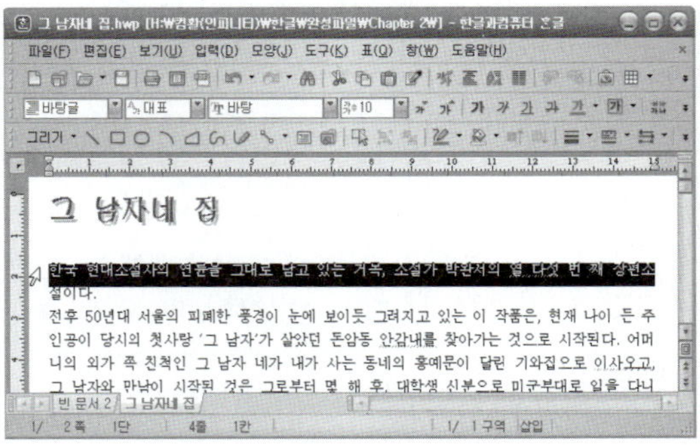

→ 문단 블록 설정하기

마우스 포인터를 왼쪽 여백 부분에 놓고 마우스 포인터의 모양이 화살표( ) 모양으로 바뀌면 마우스 왼쪽 버튼을 더블 클릭

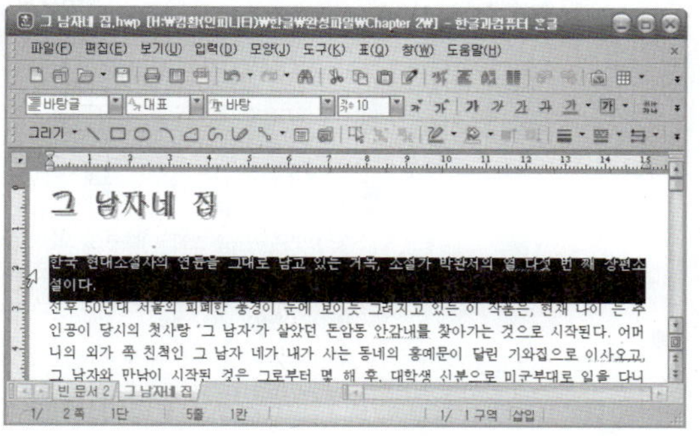

→ 문서 전체 블록으로 설정하기

마우스 포인터를 왼쪽 여백 부분에 놓고 마우스 포인터의 모양이 화살표( ) 모양으로 바뀌었을 때 마우스 왼쪽 버튼을 세 번 클릭

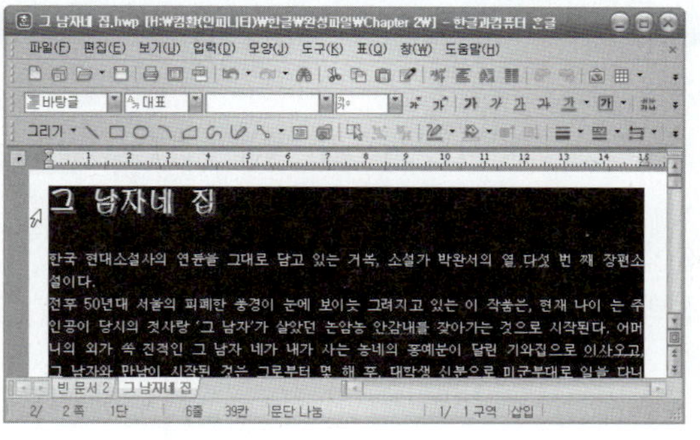

키보드로 블록 설정하기

키보드를 사용하여 블록을 설정하는 경우 [Shift] 키를 누른 채로 방향키를 누르거나, [F3] 키를 한 번 누르고 방향키를 눌러 블록을 설정할 수 있다.

→ [Shift] + [Home]: 커서 위치에서부터 그 줄의 제일 앞까지 블록으로 설정

→ [Shift] + [End]: 커서 위치에서부터 그 줄의 제일 끝까지 블록으로 설정

→ [Shift] + [PageUp]: 커서 위치에서부터 한 쪽 위로 블록 설정

→ [Shift] + [PageDown]: 커서 위치에서부터 한 쪽 아래로 블록 설정

→ [Ctrl] + [PageUp]: 커서 위치에서부터 문서 맨 앞까지 블록 설정

1.3 글자판 바꾸기

글자판은 마우스와 함께 문자를 입력하기 위해 사용하는 입력 장치로, 글자판을 사용하여 한글은 물론 영어, 일본어, 중국어, 외국 문자, 특수 문자 등의 글자판을 이용하여 다양한 종류의 문자를 쉽고 빠르게 입력할 수 있다.

글자판 바꾸기

입력 글자판으로 사용할 글자판을 선택한다. 현재 선택된 글자판은 [입력기] 도구 상자나 윈도우 작업 표시줄에 표시된다.

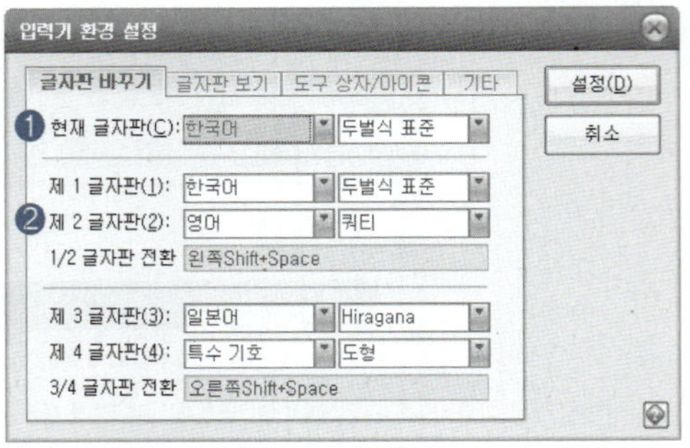

❶ **현재 글자판:** 사용하고 있는 글자판 종류 표시

❷ **글자판 배당:** 왼쪽 [Shift] + [Space]와 오른쪽 [Shift] + [Space]에 설정한 글자판

함께하기 | 글자판 바꾸기

1. 글자판 설정하기

❶ [도구] → [글자판] → [글자판 바꾸기] 메뉴를 실행하고,

❷ [입력기 환경 설정] 대화상자에서 [글자판 바꾸기] 탭을 선택한다.

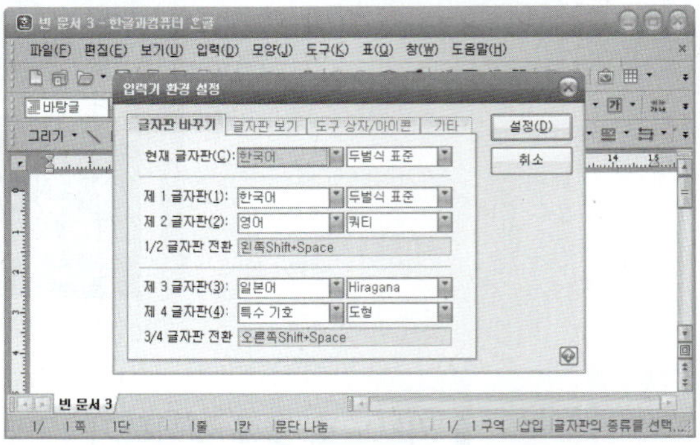

❸ '제2글자판' 항목의 목록 기호(▾)를 눌러 '특수 기호 → 도형'을 선택하고 [설정] 버튼을 클릭한다.

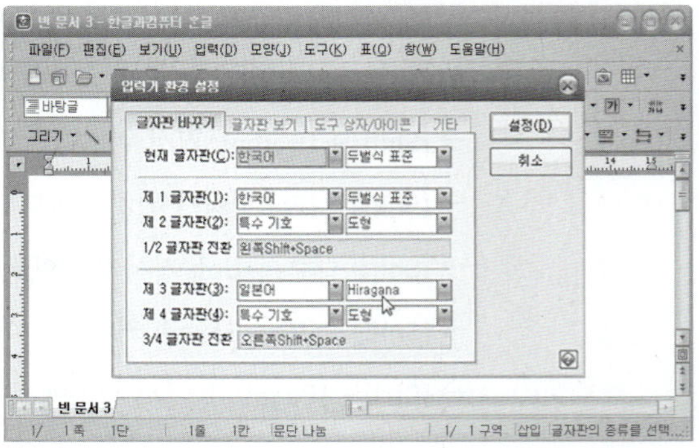

2. 글자판 확인하기

❶ [도구] → [글자판] → [글자판 보기] 메뉴를 실행하거나 바탕 화면의 입력기 도구 상자에서 [글자판 보기] 아이콘을 누르면 화상 글자판이 표시된다.

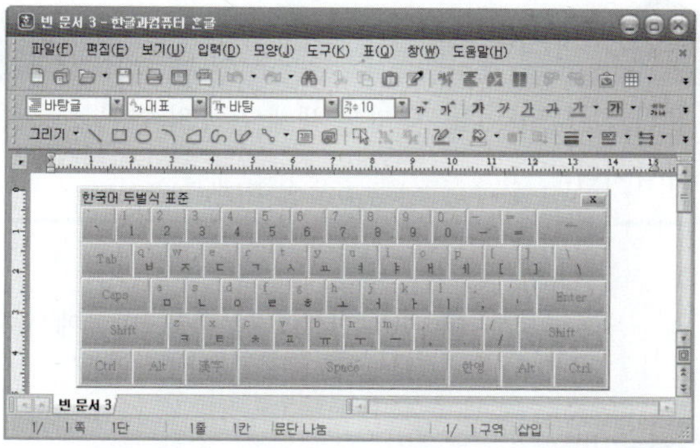

❷ 왼쪽 [Shift] + [Enter] 키를 누르면 '특수 기호'의 글자판이 표시된다. 키보드를 클릭하면 문자 대신 도형이 표시된다.

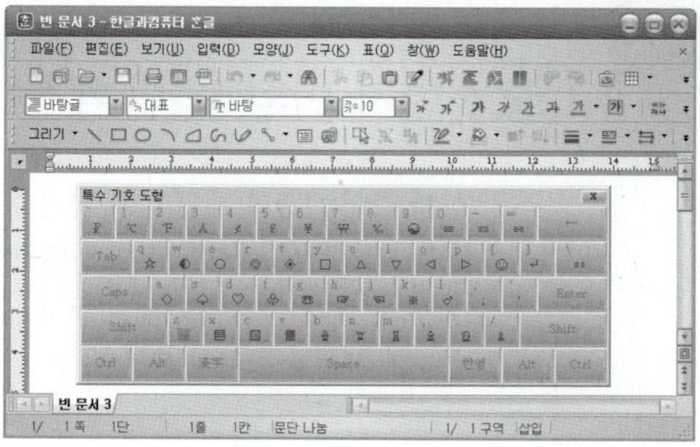

1.4 | 문자표 사용하기

키보드를 사용하여 직접 입력할 수 없는 기호나 문자들을 문자표를 사용하여 입력할 수 있다. 한글에서 제공하는 문자표는 유니코드 체계에 의한 '유니코드 문자표'와 '한글(HNC) 문자표'가 있다.

[문자표 입력] 대화상자의 문자 목록에서 문자를 [SpaceBar]로 누르거나 마우스로 두 번 클릭하면, 커서 위치에 문자가 입력된다.

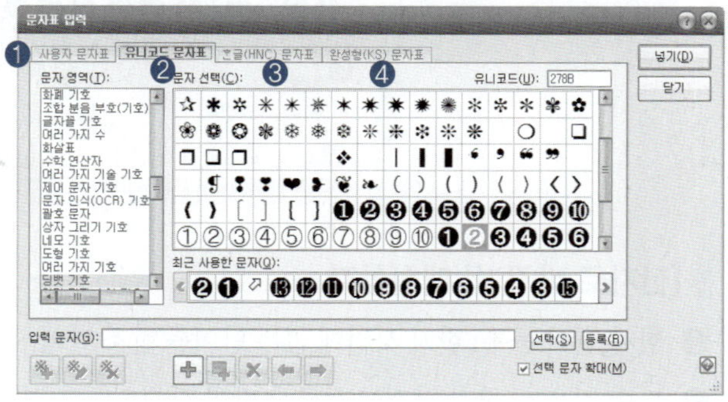

❶ **사용자 문자표:** 문자표에서 자주 사용하는 문자를 모아서 등록해둔 문자를 [문자 영역]별로 표시

❷ **유니코드 문자표:** 키보드에 없는 유니코드 문자를 문자 영역별로 선택하여 입력

Tip | 유니코드 문자표

유니코드(Unicode) 문자는 세계 각국의 언어를 통일된 방법으로 표현할 수 있게 제안된 국제적인 문자 코드 규약이다.

❸ **한/글(HNC) 문자표:** 한글에서 지원하는 문자 코드인 HNC 코드로 키보드에 없는 문자 입력

Section

02: 한자 변환 및 단어 등록하기

한자 단어 사전과 개인 한자 사전을 이용하여 한글을 한자로 변환할 수 있다. 한자 변환은 글자 또는 단어 단위로 변환되며, 블록을 설정하여 많은 양의 한글을 한꺼번에 연속적으로 한자로 바꿀 수도 있다. 한자에 커서를 두고 [입력] → [한자로 변환] 메뉴를 실행하거나 [F9] 키를 누르면 한자가 다시 한글로 변환된다.

2.1 | 한자로 변환하기

한자 변환은 글자 또는 단어 단위로 변환되며, 블록을 설정하여 많은 양의 한글을 한꺼번에 연속적으로 한자로 바꿀 수도 있다.

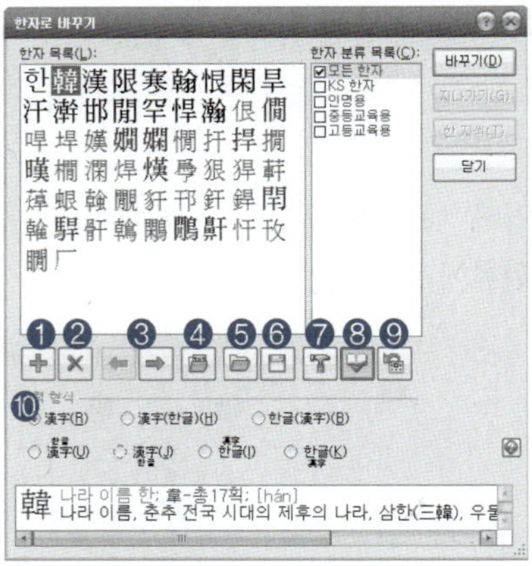

[한자로 바꾸기] 대화상자

❶ **한자 단어 등록:** 한자 사전에 없는 단어를 한자 단어 사전에 등록

❷ **단어 지우기:** 한자 사전에 등록한 단어 삭제

❸ **앞으로 이동/뒤로 이동:** 선택한 한자를 한 칸 앞으로/뒤로 이동

❹ **텍스트 파일 등록하기:** 사용자가 저장한 한자 단어 자료 파일(*.hju)을 한자 단어 사전에 추가 등록

❺ **사용자 한자 사전 불러오기:** 다른 시스템에서 만든 사용자 한자 사전 파일(*.dic) 추가

⑥ **사용자 한자 사전 저장하기:** 사용자가 추가한 한자 단어들을 파일로 저장

⑦ **선택 사항:** 한자로 바꾸기 기능과 관련된 선택 사항 설정

⑧ **자전 보이기:** 선택한 한자의 뜻과 음, 부수, 획수, 중국어 발음 기호 등 표시

⑨ **처음 값으로:** 사용자가 변경한 한자 목록을 처음 값으로 되돌리기

⑩ **입력 형식:** 한글을 한자 바꿀 형식 지정

- **漢字:** 한글을 한자로 변환
- **漢字(한자) :** 한자 단어 뒤에 괄호 안에 한글 음을 넣은 모양으로 변환
- **한자(漢字):** 한글 음 뒤에 괄호 안에 한자를 넣은 모양으로 변환
-  **또는** **:** 한자의 위나 아래에 한글 음을 덧말 형식으로 표시
-  **또는** **:** 한글 음의 위나 아래에 한자를 덧말 형식으로 표시

2.2 | 한자 단어 등록하기

한글 2007의 한자 단어 사전에는 16만 개 이상의 한자 단어가 등록되어 있다. 학교 이름이나 이름과 같이 자주 쓰는 한자 단어가 사전에 등록되어 있지 않는 경우 사용자가 그 단어를 한자 단어 사전에 추가로 등록해두고 쓸 수 있다.

한자 단어로 등록할 수 있는 글자 수는 한 단어에 2~12자이며, 모든 글자는 반드시 붙여서 써야 한다.

함께하기 | 한자 단어 등록하여 변환하기

1. 한자 등록하기

❶ [입력] → [한자 단어 등록] 메뉴를 실행한 다음,

❷ [한자 단어 등록] 대화상자에서 '등록할 한자 단어'의 '한글'과 '한자' 항목에 '평택대학교'라고 입력한다.

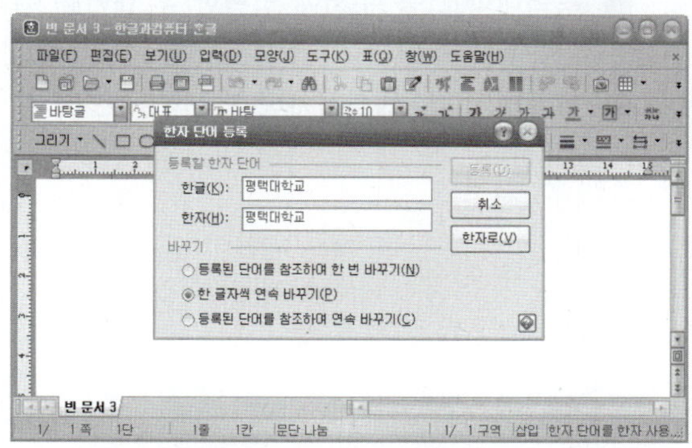

2. 한자 변환 등록하기

❶ '바꾸기'에서 '등록된 단어를 참조하여 연속 바꾸기'를 선택하고,

❷ [한자로] 버튼을 누른다.

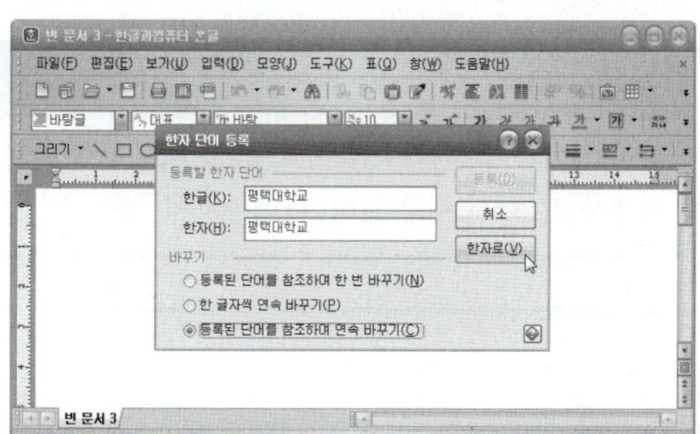

❸ [한자로 변환] 대화상자가 나타나면 각 낱말에 해당하는 한자를 선택하고,

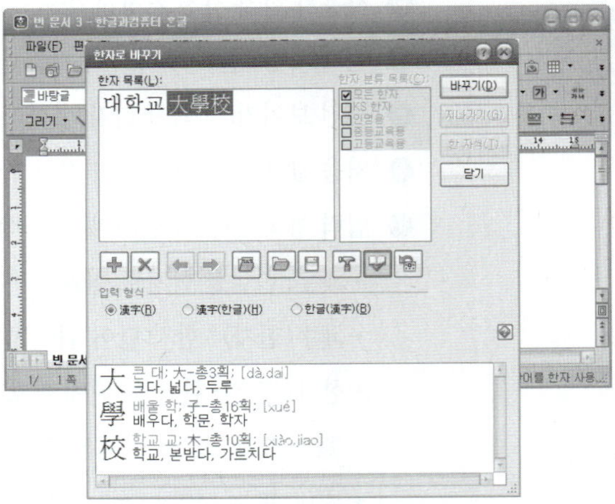

❹ 한자 변환이 끝나면 [등록] 버튼을 클릭한다.

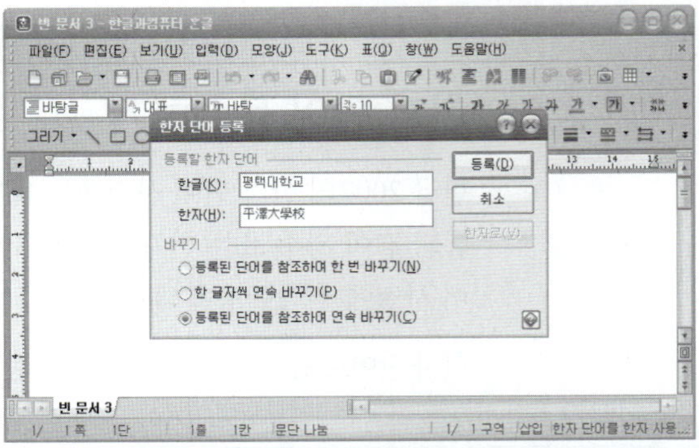

3. 한자로 변환하기

❶ '평택대학교'를 문서에 입력한 후 [F9]를 누르고,

❷ [한자로 변환] 대화상자에서 '平澤大學校'를 선택한다.

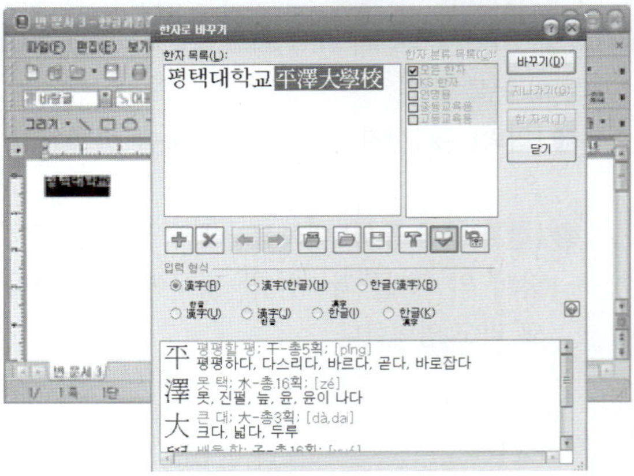

Tip | 한자 새김을 이용하여 한자 입력하기

한자 입력을 정해진 새김(뜻과 음)을 사용하여 한자를 입력할 수 있다. [입력] → [한자 새김 입력] 메뉴를 실행하고, [한자 새김 입력] 대화상자의 '뜻과 음' 입력 상자에 입력한 다음 [넣기] 버튼을 클릭한다.

Section 03: 문서마당 활용하기

[문서마당]은 한글에서 자주 사용하는 문서의 모양을 미리 서식 파일(*.hwt)로 만들어 놓고 필요할 때마다 불러와 문서의 빈 부분만 채우면 문서를 빠르게 만들 수 있는 템플릿(Template) 방식의 문서모음이다. 같은 종류의 서식 파일들을 한 곳에 모아 놓은 폴더를 [문서마당 꾸러미]라 한다.

[문서마당] 대화상자

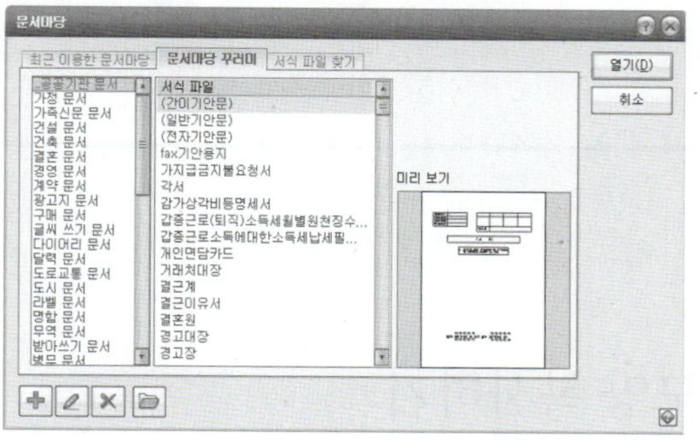

한글 2007에는 '가정 문서, 가족신문 문서, 결혼 문서, 광고지 문서, 종교 문서, 다이어리 문서' 등 문서마당 꾸러미 안에 2,900여 종의 다양한 서식 파일이 들어 있다.

함께하기 | 문서 마당으로 가정 통신문 만들기

1. 문서 마당 실행하기

❶ [파일] → [문서마당] 메뉴를 실행하고,

❷ [문서마당] 대화상자에서 [문서마당 꾸러미] 탭을 선택한다.

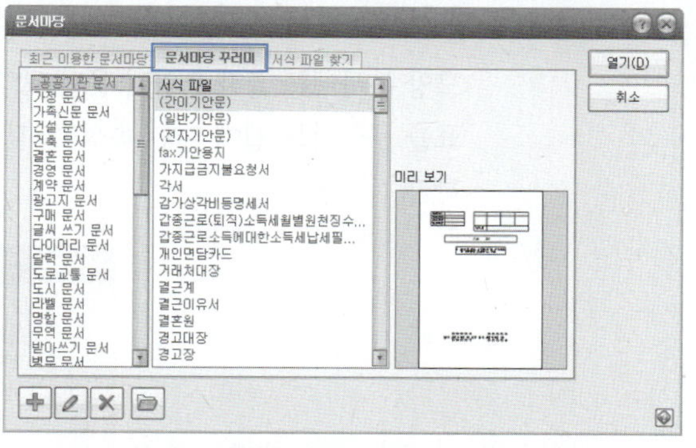

2. 문서 꾸러미 선택하기

❶ 대화상자에서 '선생님 문서 → 가정 통신문 3' 서식 파일을 선택하고 [열기] 버튼을 클릭한다.

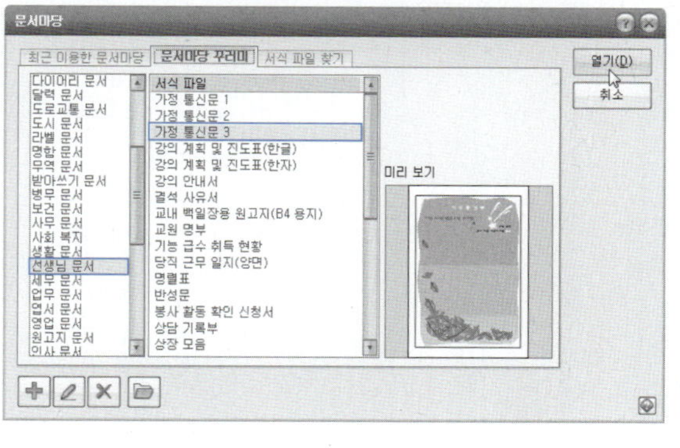

❷ 선택한 '가정 통신문 3' 서식 파일이 새 창에 표시된다.

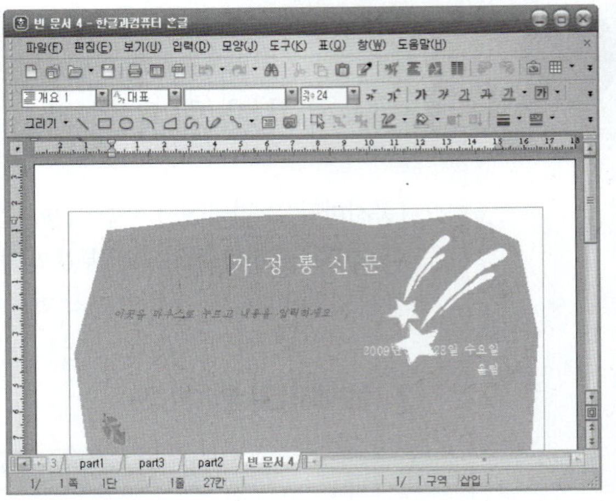

Section

04: 모양 복사하기

[모양 복사]를 이용하여 커서 위치의 글자 모양이나 문단 모양, 스타일 등을 다른 위치로 간편하게 복사할 수 있다. 모양 복사를 실행 한 후, 모양을 적용할 텍스트 또는 셀을 블록으로 지정하고 다시 [모양] → [모양 복사] 메뉴를 실행하거나 [모양 복사( )] 도구를 클릭하면 복사한 모양이 블록으로 지정된 곳에 적용된다.

[모양 복사] 대화상자

모양 복사에는 글자 모양과 문단 모양, 글자 스타일과 문단 스타일을 복사하는 본문 모양 복사와 표를 구성하는 셀에 대한 속성(셀 테두리, 셀 속성, 셀 배경)들을 복사하는 셀 모양 복사가 가능하다.

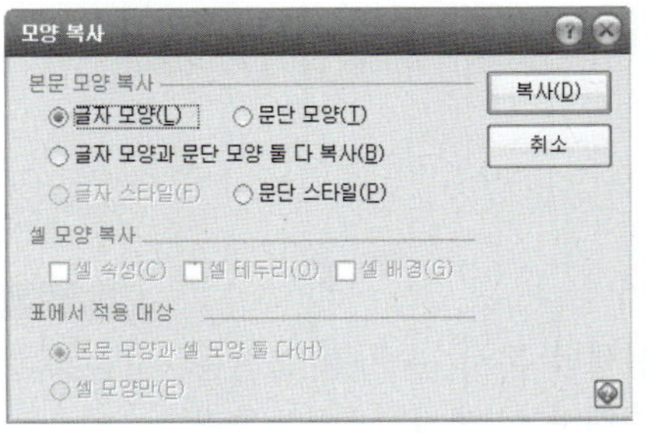

함께하기 | 모양 복사하기

예제 파일: 한글\예제파일\Chapter 3\모양복사하기.hwp
완성 파일: 한글\완성파일\Chapter 3\모양복사하기(완성).hwp

1. 모양 복사하기

❶ 복사할 글자 모양을 가진 글자('그') 바로 뒤에 커서를 놓고,

❷ [모양] → [모양 복사] 메뉴를 실행한다.

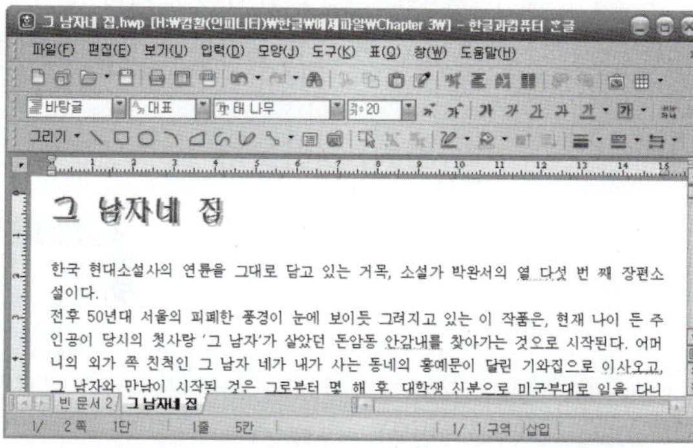

❸ [모양 복사] 대화상자에서 '글자 모양'을 선택하고 [복사] 버튼을 클릭한다.

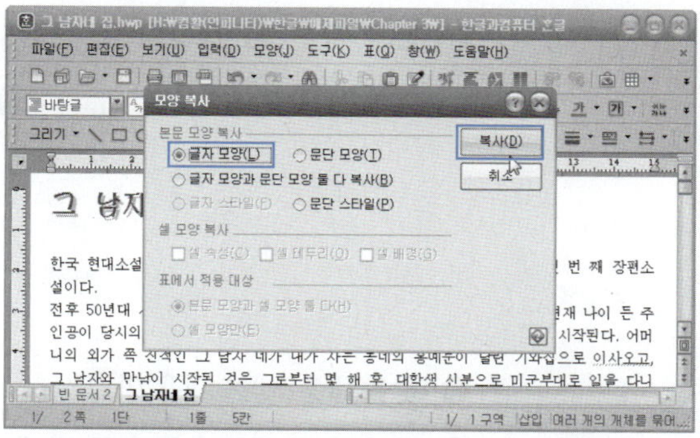

2. 복사 모양 붙여넣기

❶ 모양을 바꿀 부분을 블록으로 설정하고,

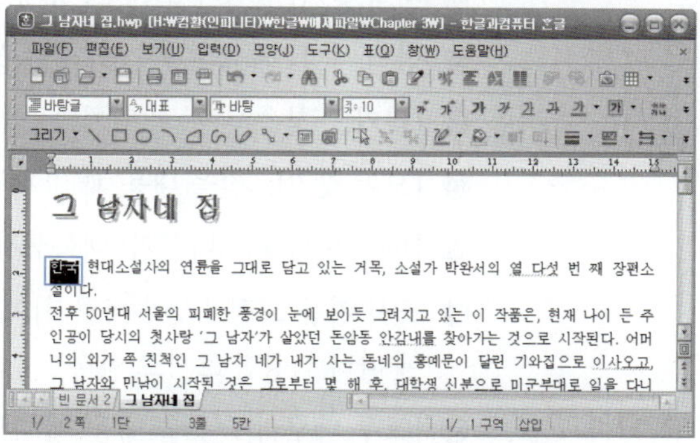

❷ [모양] → [모양 복사] 메뉴를 다시 실행한다. 블록으로 설정한 부분의 글자 모양이 복사해 두었던 글자 모양으로 바뀐다.

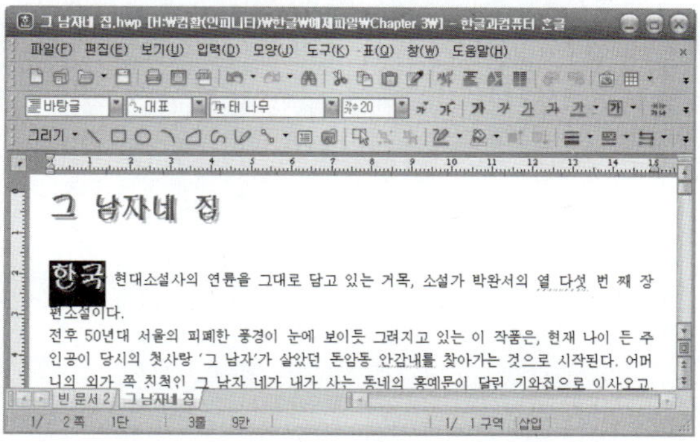

Section

05: 찾기와 찾아 바꾸기

문서에서 특정 단어를 찾거나 찾아 바꿀 수 있다. '선택 사항' 을 이용하여 자세하고 다양하게 찾기 또는 찾아 바꾸기를 수행할 수 있다.

[찾기] 대화상자

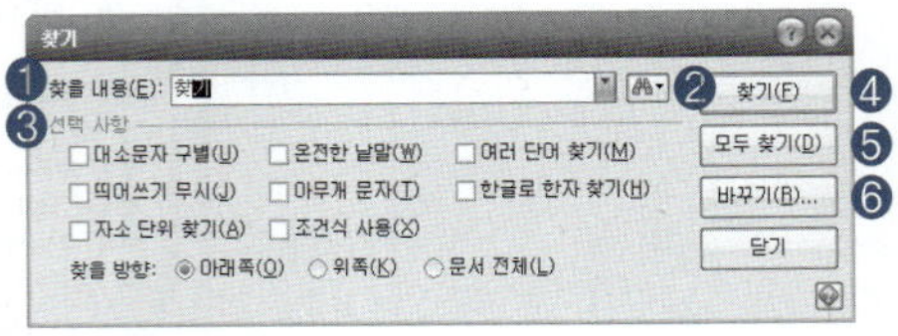

[찾아 바꾸기] 대화상자

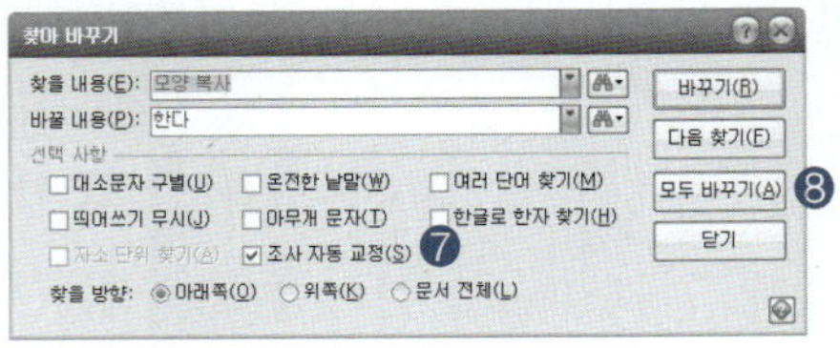

❶ **찾을 내용:** 찾을 내용 입력

❷ **서식 찾기:** 탭이나 문단 끝, 강제 줄 나눔과 같은 특수 문자나 서식 사용하여 찾기

❸ **선택 사항:** 대소문자 구별, 띄어쓰기 등의 선택 사항을 설정하여 검색 수행

❹ **[찾기]:** '찾을 내용' 과 일치하는 낱말을 찾아 블록으로 표시

❺ **[모두 찾기]:** '찾을 내용' 과 일치하는 낱말을 모두 찾아서 블록으로 표시

❻ **[바꾸기]:** [찾아 바꾸기] 대화상자에서 찾아 바꾸기 수행

❼ **조사 자동 교정:** [찾아 바꾸기]에만 적용되며 찾은 낱말이 조사를 포함하는 경우, 바뀌는 말에 따라 적당한 조사로 변경

❽ **[모두 바꾸기]:** '찾을 내용' 에 해당하는 낱말을 모두 찾아서 한꺼번에 '바꿀 내용' 으로 바꾼 다음, 몇 번 바꾸기를 실행하였는지 표시

함께하기 | 찾아 바꾸기

예제 파일: 한글\예제파일\Chapter 3\찾아바꾸기.hwp
완성 파일: 한글\완성파일\Chapter 3\찾아바꾸기(완성).hwp

1. 찾아 바꾸기

❶ [편집] → [찾아 바꾸기] 메뉴를 실행하고,

❷ [찾아 바꾸기] 대화상자에서 '찾을 내용'에 '독도'를, '바꿀 내용'에 '독도(Dokdo)'를 입력한다.

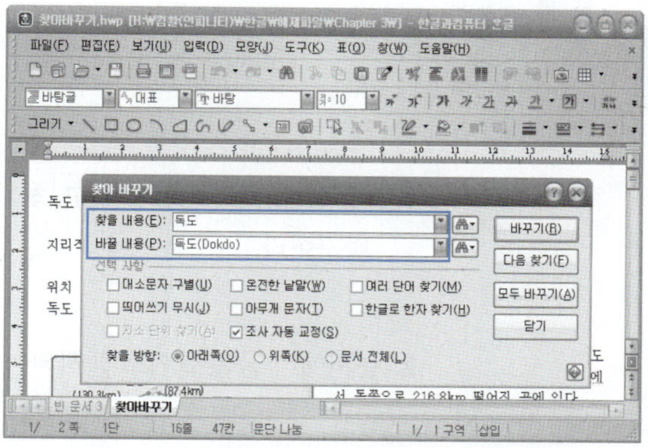

❸ [바꾸기] 버튼을 클릭하거나 **[Enter]** 키를 누르면 '찾을 내용'에 해당하는 낱말을 찾아 블록으로 표시한다.

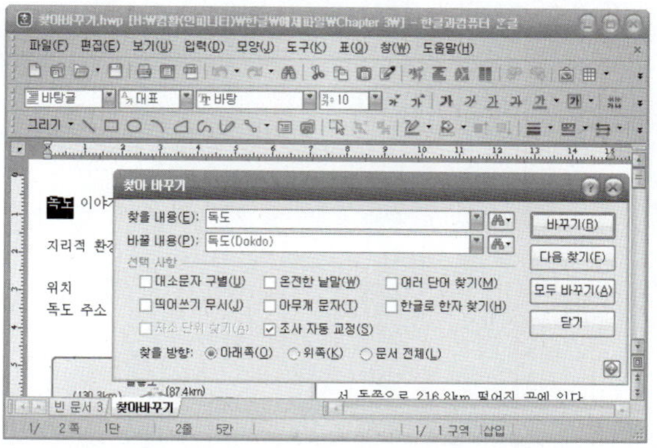

❹ 찾은 내용을 바꾸려면 [바꾸기] 버튼을 클릭하고, 찾은 내용을 바꾸지 않고 그냥 지나가려면 [다음 찾기] 버튼을 클릭한다.

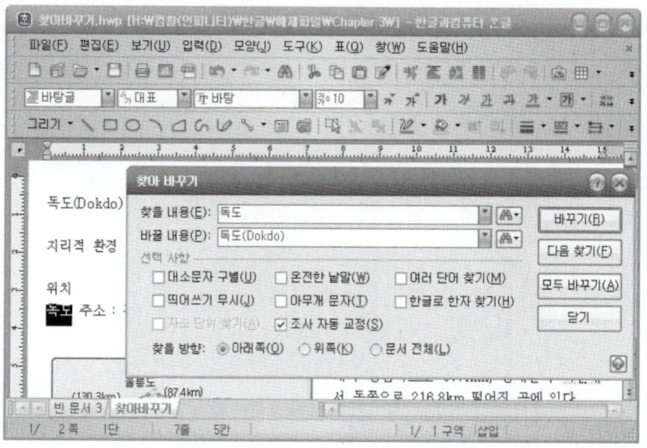

연습문제

1. '태양계.hwp' 파일을 열고, 찾기/바꾸기 도구를 사용하여 '태양계'를 '태양계(太陽系)'로 바꾸어라.

2. 문서에서 굵은 글씨로 표시되어 있는 단어들을 모두 한자로 변환하라.

CHAPTER 04

문서 모양 만들기

글자 모양이나 문단 모양 문서의 문단 첫 글자 장식 등의 기능을 사용하여 문서에 입력된 내용을 꾸미거나 강조할 수 있다.

INTRODUCTION TO COMPUTER APPLICATIONS **HANGUL**

Section 01 : 글자 모양 꾸미기

글꼴이나 글자 크기, 장평, 자간 등을 변경하거나 글자 색, 기울임, 진하게, 밑줄, 그림자, 양각, 음각, 외곽선, 첨자 등의 다양한 글자 속성을 적용하여 글자를 꾸밀 수 있다.

[글자 모양] 대화상자

[모양] → [글자 모양] 메뉴 또는 [기본] 도구 모음의 '글자 모양( )' 아이콘 또는 [Alt] + [L] 키를 클릭한다. 글자 모양은 내용을 입력하기 전에 적용하거나 내용을 입력한 후 블록을 설정한 후 적용할 수도 있다.

| [기본] 탭 |

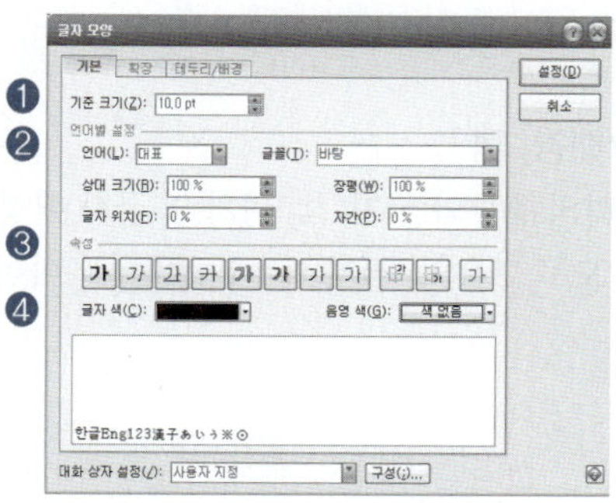

❶ **기준 크기:** 기본적으로 적용되는 글꼴 크기

❷ **언어별 설정**

→ **언어:** 대표, 한글, 영문, 한자, 일어, 외국어, 기호, 사용자 중에서 언어 선택

→ **상대 크기:** 기준 크기에 대한 각 언어별 글자 크기 비율

→ **글자 위치:** 글자의 기준선을 기준으로 한 글자의 위치. 100% ~ –100% 사이의 값으로 음수는 글자 기준선 위에, 양수는 글자 기준선 아래에 표시

→ **장평:** 글자의 가로 : 세로의 비율로 50~200% 사이의 값으로 설정

→ **자간:** 글자와 글자 사이의 간격. 기본값이 0%이고, –50%~50% 사이의 값으로 설정

❸ **글자 속성:** 기울임꼴, 진하게 등의 글자 속성 설정

❹ **글자 색:** 글자 색 설정

| **[확장] 탭** |

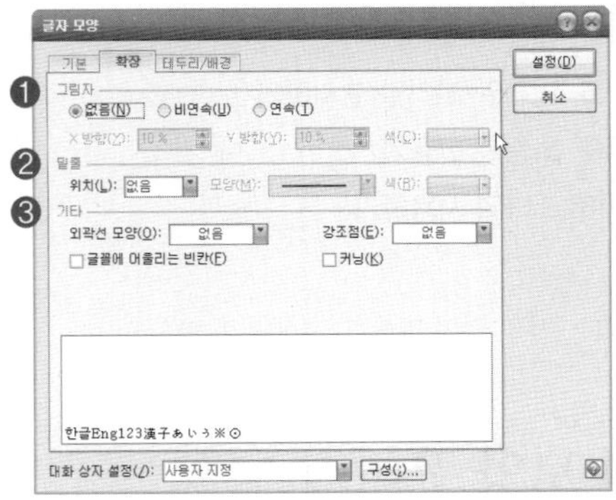

❶ **그림자:** 글자의 그림자 모양 설정

❷ **밑줄:** 밑줄의 위치와 색, 모양 등을 지정

❸ **기타:** 글자 외곽선, 강조점 등 설정

→ **글꼴에 어울리는 빈 칸:** 선택하면 빈 칸의 폭을 각 글꼴이 가지고 있는 본래의 폭으로 하고, 선택하지 않으면 빈 칸의 폭을 글자 크기의 1/2로 설정

→ **강조점:** 현재 글자의 위쪽 중앙에 평성(平聲), 상성(上聲), 거성(去聲), 입성(入聲)의 사성 점 표시

→ **커닝:** 영문 글자 사이의 간격을 조절하는 기능으로 예를 들어 WA, TA, AV 등의 문자와 같이 글자와 글자 사이가 멀어져 보이는 경우 '커닝'을 선택하면, 두 글자 사이를 좁혀서 표시

| **[테두리/배경] 탭** |

글자 테두리의 종류와 굵기, 색, 위치 및 글자 배경의 면 색, 무늬 색, 무늬 모양 등을 설정할 수 있다. [서식] 도구 모음의 '글자 테두리(가 ▾)' 아이콘을 클릭하여 지정할 수 있다.

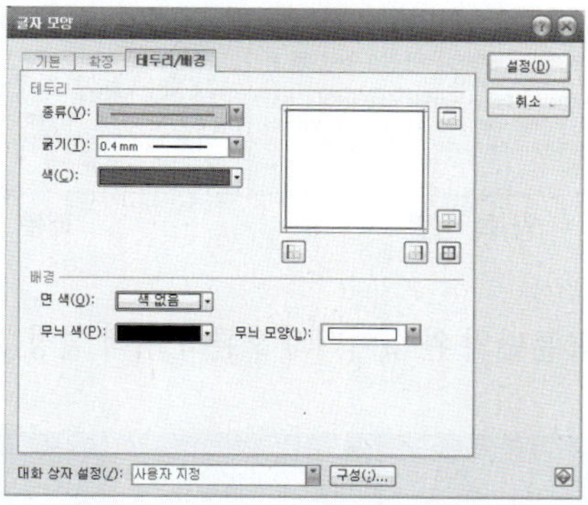

Section 02: 문단 모양 꾸미기

[Enter]를 눌러 문맥에 따라 줄이 바뀌는 부분을 "문단"이라고 하고, [모양] → [문단 모양] 메뉴 또는 [서식] 도구 모음을 사용하여 문단의 왼쪽/오른쪽 여백, 들여쓰기/내어쓰기, 정렬 방식, 줄 간격, 문단 테두리, 문단 배경, 문단 종류, 탭 설정 등을 설정할 수 있다.

2.1 문단 모양 설정하기

문단 모양은 문단 단위로 적용되므로 커서가 놓여 있는 현재 문단 전체에 설정되고, 그 나머지 위아래 문단에는 아무런 영향을 미치지 않는다. 여러 문단에 똑같은 문단 모양을 적용하고 싶을 때에는 문단을 모두 블록으로 설정해 문단 모양을 바꾸어야 한다.

[문단 모양] 대화상자

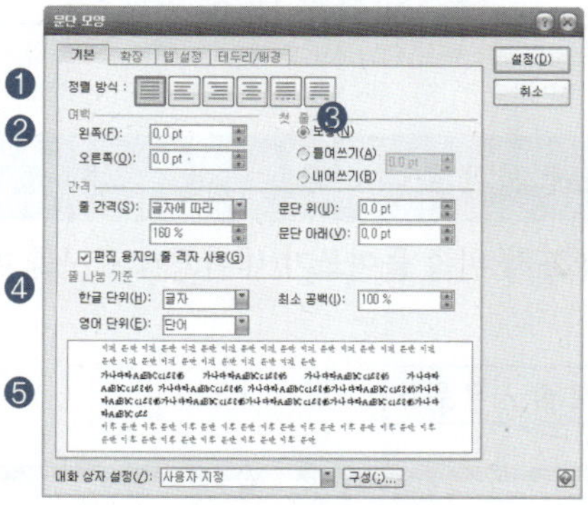

❶ **정렬 방식:** 문단 정렬 방식 설정

→ **배분 정렬:** 글자 사이를 일정하게 띄어 문단의 양 쪽 끝에 맞추어 정렬

→ **나눔 정렬:** 단어 사이를 일정하게 띄어 문단의 양 쪽 끝에 맞추어 정렬

양 쪽 정렬	배분 정렬	나눔 정렬
현자는 실용적인 것과 원칙적인 것과 철학적인 것에 관하여 배우기를 게을리 하지 않았다. 사람이나 사물에 대한 올바른 판단을 할 수 있는 것이 곧 지혜의 핵심이다. 모든 이치의 선과 악을 분석하고 분류하는 방법을 터득하는 것도 자신을 바로 세우는 좋은 방법 가운데 하나이다. 항상 승리하는 후보를 가졌던 정치가를 주목하라. 그는 가장 강한 지각력을 가진, 살아 있는 증거이다.	현자는 실용적인 것과 원칙적인 것과 철학적인 것에 관하여 배우기를 게을리 하지 않았다. 사람이나 사물에 대한 올바른 판단을 할 수 있는 것이 곧 지혜의 핵심이다. 모든 이치의 선과 악을 분석하고 분류하는 방법을 터득하는 것도 자신을 바로 세우는 좋은 방법 가운데 하나이다. 항상 승리하는 후보를 가졌던 정치가를 주목하라. 그는 가장 강한 지각력을 가진, 살 아 있 는 증 거 이 다 .	현자는 실용적인 것과 원칙적인 것과 철학적인 것에 관하여 배우기를 게을리 하지 않았다. 사람이나 사물에 대한 올바른 판단을 할 수 있는 것이 곧 지혜의 핵심이다. 모든 이치의 선과 악을 분석하고 분류하는 방법을 터득하는 것도 자신을 바로 세우는 좋은 방법 가운데 하나이다. 항상 승리하는 후보를 가졌던 정치가를 주목하라. 그는 가장 강한 지각력을 가진, 살아 있는 증거이다.

❷ **여백:** 문단의 왼쪽 여백과 오른쪽 여백 설정

Tip | 여백의 음수값

문단의 왼쪽 여백이나 오른쪽 여백에 음수값을 입력하면 본문 편집 영역의 바깥쪽, 즉 [편집 용지]에서 설정한 왼쪽/오른쪽 여백 부분에 글자를 입력할 수 있다. 음수값의 문단 여백을 지정한 경우 문단 여백 바깥쪽에 입력한 내용은 [보기] → [쪽 윤곽 보이기] 메뉴를 실행해야만 볼 수 있다.

Tip | 서식 도구 상자

[서식] 도구 상자의 '왼쪽 여백 늘리기'를 한 번 누를 때마다 5pt씩 여백이 늘어나고 '왼쪽 여백 줄이기'를 한 번 누를 때마다 5pt씩 줄어든다.

❸ **첫 줄:** 문단 첫 줄의 들여쓰기와 내어쓰기 설정

> 첫 줄 들여쓰기는 문단의 다른 줄의 왼쪽 여백보다 오른쪽으로 들어가서 시작한다.(들여쓰기 27pt)
>
> 첫 줄 내어쓰기는 첫 번째 줄이 문단의 다른 줄의 왼쪽 여백보다 왼쪽으로 들어가서 시작한다.(내어쓰기 27pt)

Tip | 눈금자로 여백 조정하기

가로 눈금자의 왼쪽 여백 표시 위쪽 들여쓰기/내어쓰기 표시를 마우스로 드래그하여 들여쓰기나 내어쓰기를 설정할 수 있다.

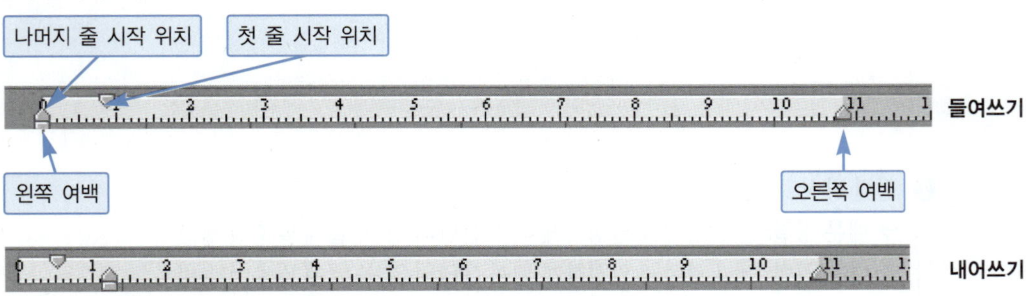

❹ **간격:** 문단의 줄 간격과 문단 위/아래의 여백 설정. 줄 간격은 0~500 % 범위 안에서 설정

> 현자는 실용적인 것과 원칙적인 것과 철학적인 것에 관하여 배우기를 게을리 하지 않았다. 사람이나 사물에 대한 올바른 판단을 할 수 있는 것이 곧 지혜의 핵심이다.
> 모든 이치의 선과 악을 분석하고 분류하는 방법을 터득하는 것도 자신을 바로 세우는 좋은 방법 가운데 하나이다. 항상 승리하는 후보를 가겠던 정치가를 주목하라. 그는 가장 강한 지각력을 가진, 살아 있는 증거이다.

줄 간격: 160%, 문단 위/아래: 0pt

> 현자는 실용적인 것과 원칙적인 것과 철학적인 것에 관하여 배우기를 게을리 하지 않았다. 사람이나 사물에 대한 올바른 판단을 할 수 있는 것이 곧 지혜의 핵심이다.
>
> 모든 이치의 선과 악을 분석하고 분류하는 방법을 터득하는 것도 자신을 바로 세우는 좋은 방법 가운데 하나이다. 항상 승리하는 후보를 가겠던 정치가를 주목하라. 그는 가장 강한 지각력을 가진, 살아 있는 증거이다.

줄 간격: 160%, 문단 위: 20pt, 문단 아래: 0pt

❺ **줄 나눔 기준:** 오른쪽 여백에 걸린 단어의 정렬 방식 설정. 한글은 '글자' 나 '어절' 단위로, 영문은 '단어' 나 '하이픈', '글자' 단위로 정렬

> DVD (Digital Versatile Disc)
> 일반 CD와 크기가 비슷하나 용량은 7배 이상 크기 때문에 영상분야에서는 VCR을 대체하고 기록 매체로서는 CD롬을 앞서는 디스크.
>
> a disk on which large amounts of information, especially photographs and video, can be stored, for use on a computer or DVD-player

한글: 글자, 영어: 단어

> DVD (Digital Versatile Disc)
> 일반 CD와 크기가 비슷하나 용량은 7배 이상 크기 때문에 영상분야에서는 VCR을 대체하고 기록 매체로서는 CD롬을 앞서는 디스크.
>
> a disk on which large amounts of information, especially pho tographs and video, can be stored, for use on a computer or DVD-player

한글: 어절, 영어: 글자

→ **최소 공백:** 줄 끝에 걸린 낱말이 다음 줄로 넘어가지 않고 그 줄에 표시 되도록 공백 설정

> DVD (Digital Versatile Disc)
> a disk on which large amounts of information, especially photographs and video, can be stored, for use on a computer or DVD-player
> a disk on which large amounts of information, especially photographs and video, can be stored, for use on a computer or DVD-player

최소 공배: 100%

최소 공배: 80%

2.2 문단 테두리와 배경 만들기

문단을 에워싸는 테두리와 문단의 배경을 색과 무늬로 채워 문단을 보기 좋게 꾸밀 수 있다.

문단 테두리 설정하기

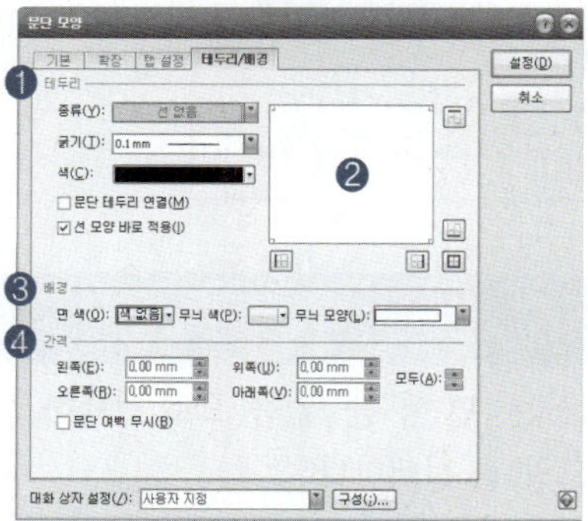

❶ **테두리:** 문단의 테두리와 굵기와 색깔 설정. 테두리 종류와 색 등 설정

❷ **테두리 미리 보기:** 각 방향의 테두리 모양을 조절하고 미리 보기 할 수 있다.

→ **선 모양 바로 적용:** 미리 보기 영역에 설정된 테두리 모양 표시

→ **단 테두리 연결:** 현재 문단과 다음 문단들을 하나의 문단 테두리로 연결하여 표시

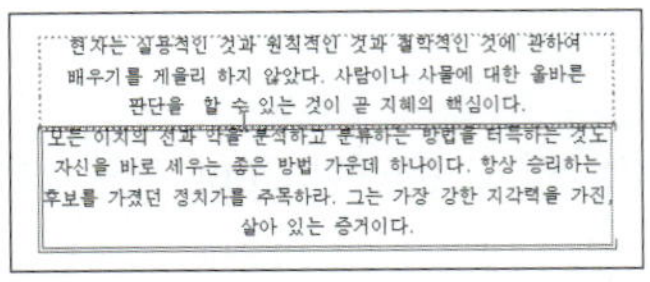

'단 테두리 연결'을 선택하지 않은 경우

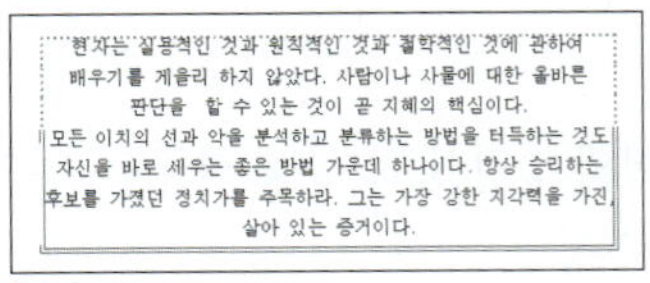

'단 테두리 연결'을 선택한 경우

❹ **간격:** 문단 테두리와 본문 사이의 간격 설정

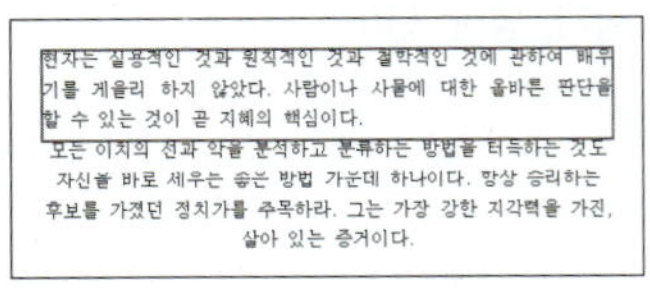

위, 아래, 왼쪽, 오른쪽 여백: 0mm

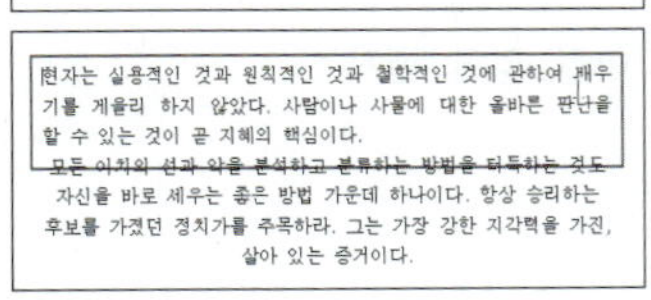

위, 아래, 왼쪽, 오른쪽 여백: 3mm

→ **문단 여백 무시:** 문단의 왼쪽, 오른쪽 여백을 무시하고 본문이 입력된 부분만을 문단 테두리로 표시

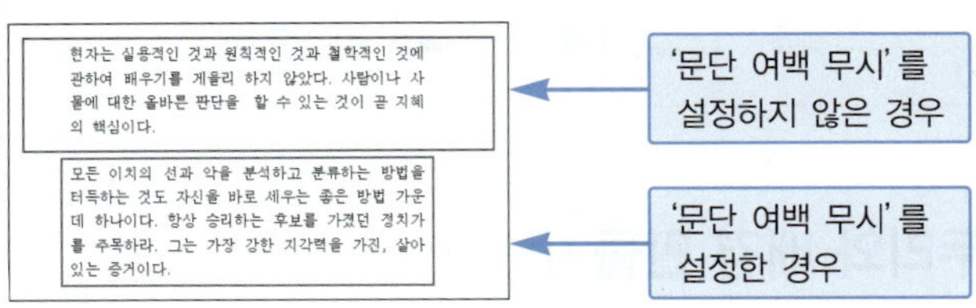

▎문단 배경 설정하기

문단의 배경을 색깔과 무늬로 채워 꾸밀 수 있다.

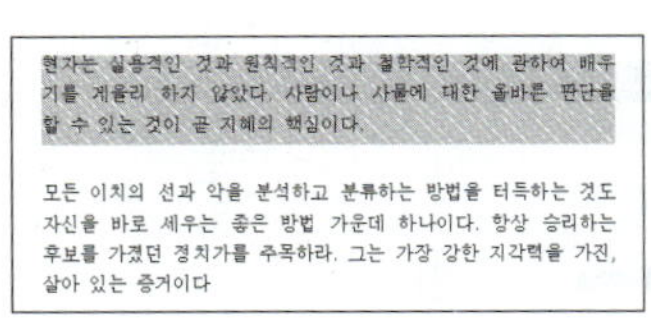

Tip | 문단 배경 해제하기

문단 배경을 해제하기 위해서는 '면 색'을 '없음'으로 선택하고, 무늬를 없애기 위해서는 '무늬 모양'의 첫 번째 목록(아무 무늬도 없는 모양)을 선택한다.

함께하기 | 글자 모양과 문단 모양 완성하기

예제 파일: 한글\예제파일\Chapter 5\독도 이야기.hwp
완성 파일: 한글\완성파일\Chapter 5\독도 이야기(완성).hwp

1. 제목 글자 모양 설정하기

❶ '독도 이야기'를 블록으로 설정하고,
❷ [모양] → [글자 모양] 메뉴를 선택하고,
❸ [글자 모양] 대화상자에서 '글꼴'은 'HY수평선M'으로, '글자 크기'는 '18pt'로, 글자 색과 음영 색은 각각 '파랑'과 '노랑'으로 설정한 다음 [확인] 버튼을 클릭한다.

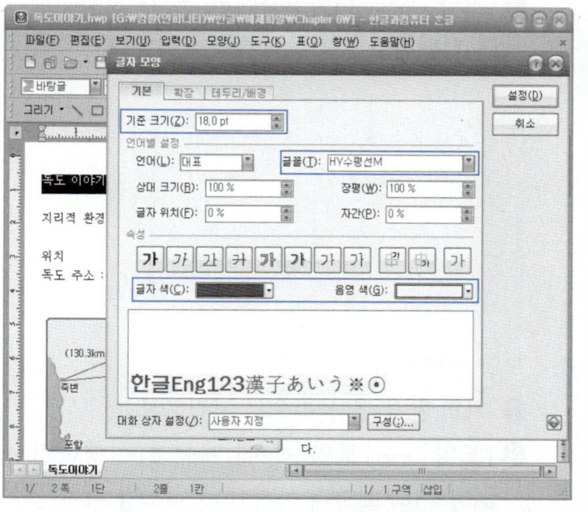

2. 문단 모양 설정하기

❶ [모양] → [문단 모양] 메뉴를 실행하고,
❷ [문단 모양] 대화상자의 [기본] 탭에서 '가운데 정렬'을 선택한 다음 [확인] 버튼을 클릭한다.

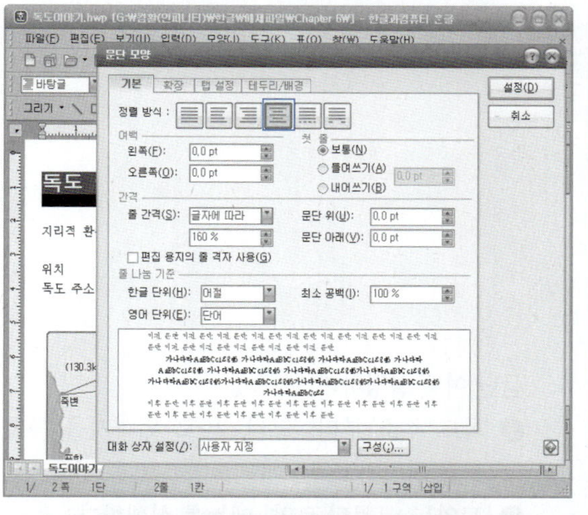

3. 소제목 글자 모양 설정하기

❶ '지리적 환경'을 블록으로 설정하고,
❷ [모양] → [글자 모양] 메뉴를 선택하고,
❸ [글자 모양] 대화상자에서 '글꼴'은 'HY그래픽M'으로, '글자 크기'는 '14pt'로, 글자 색을 '초록'으로 설정하고 '양각'과 '굵게' 속성을 설정한 다음 [확인] 버튼을 클릭한다.

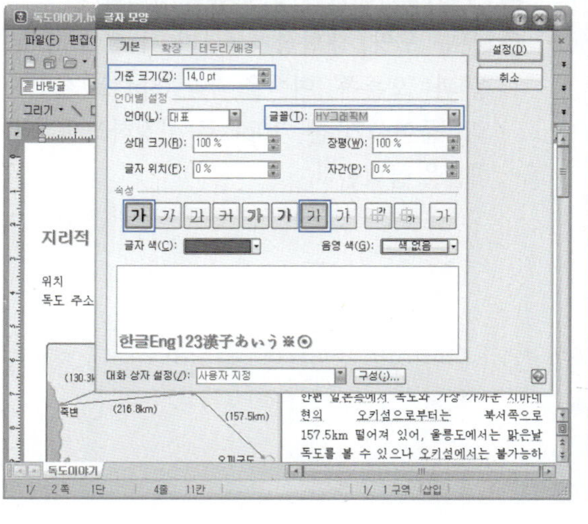

4. 모양 복사하기

❶ '지리적 환경' 에 커서를 위치한 다음,

❷ [모양] → [모양 복사] 메뉴를 실행하거나 [Alt] + [C]를 누른다.

❸ [모양 복사] 대화상자에서 '글자 모양' 항목을 선택하고 [복사] 버튼을 클릭한다.

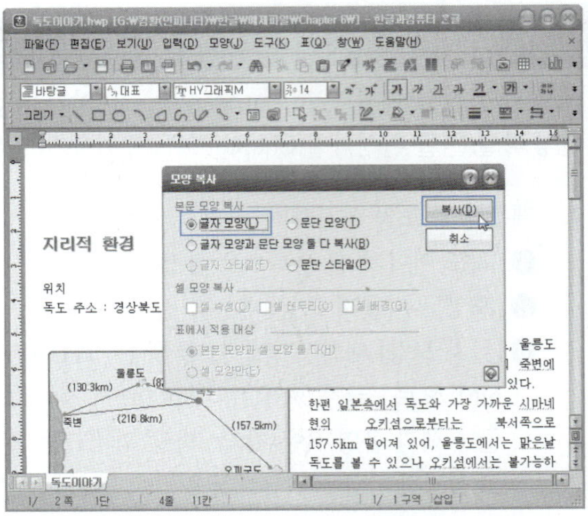

5. 모양 붙여넣기

❶ '자연 환경' 을 블록으로 지정하고,

❷ [모양] → [모양 복사] 메뉴를 실행하거나 [Alt] + [C]를 눌러 복사한 글자 모양 서식을 적용한다.

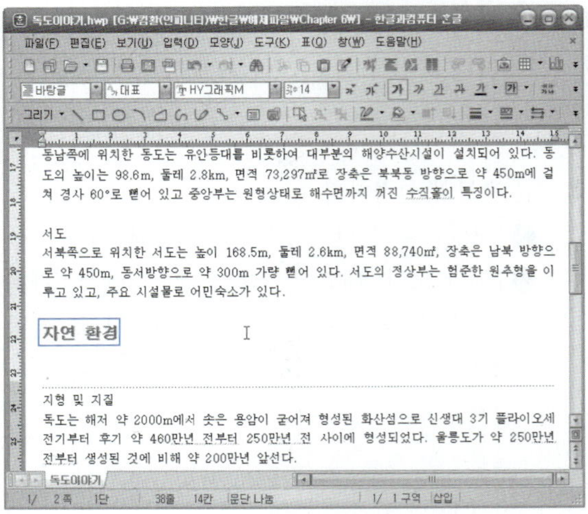

6. 문단 여백 설정하기

❶ '독도 주소' 부터 '크기' 바로 위까지를 블록으로 지정하고,

❷ [모양] → [문단 모양] 메뉴를 실행한다.

❸ [문단 모양] 대화상자의 [기본] 탭에서 '왼쪽' 과 '오른쪽' 여백을 각각 '5pt' 로 설정하고, '들여쓰기' 를 '10pt' 로 설정하고 [설정] 버튼을 클릭한다.

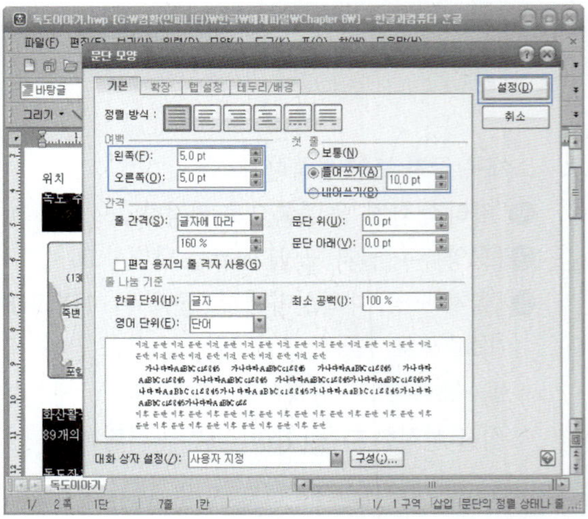

7. 문단 모양 복사하기

❶ 커서를 문단 모양이 설정된 문단 안에 놓고 [Alt] + [C] 키를 누른 다음,

❷ [모양 복사] 대화상자에서 '문단 모양'을 선택하고 [복사] 버튼을 클릭한다.

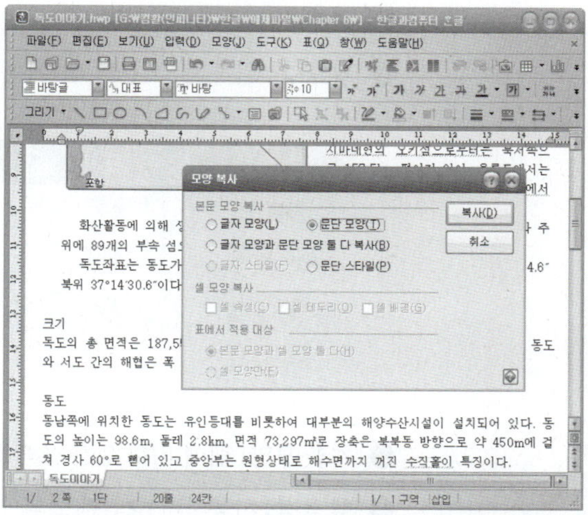

8. 문단 모양 붙여넣기

❶ 내용이 표시되어 있는 각 부분을 블록으로 설정하고 [Alt] + [C]를 눌러 문단 모양을 복사한다.

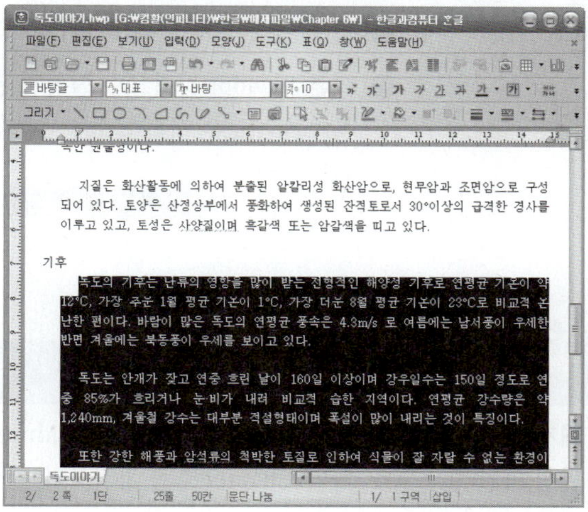

2.3 | 탭 활용하기

글자 사이를 일정한 간격으로 띄울 때 사용하는 탭(Tab)을 기본 위치(40pt)가 아닌 크기와 모양 등을 설정하여 표시할 수 있다.

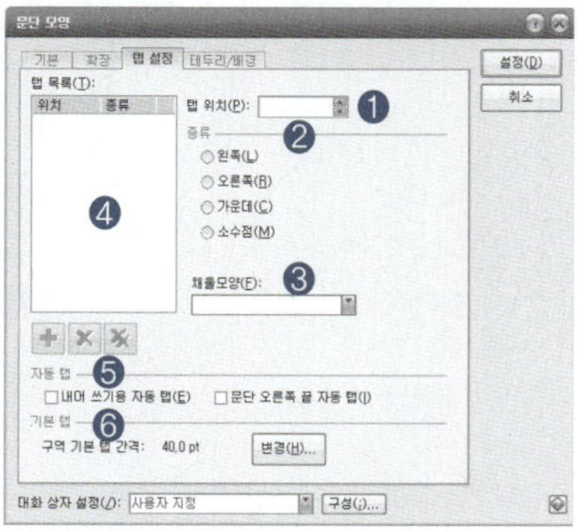

❶ **탭 위치:** 탭의 위치 설정

❷ **탭 종류:** 왼쪽 탭, 오른쪽 탭, 가운데 탭, 소수점 탭 사용 가능

탭 설정	표시	설명
왼쪽 탭		낱말의 왼쪽 시작 부분에 맞춤
오른쪽 탭		낱말의 오른쪽 끝부분에 맞춤
가운데 탭		낱말의 가운데 부분에 맞춤
소수점 탭		숫자의 소수점 부분에 맞춤

❸ **채울 모양:** 탭에 의해 생긴 공백을 채울 선 모양

❹ **탭 목록:** 사용자가 정의한 탭의 목록 표시

❺ **자동 탭:** 번호나 글머리표가 붙어 있는 문단의 세로줄을 가지런히 정렬

❻ **기본 탭:** 40pt 간격으로 설정된 왼쪽 탭. 기본 탭은 가로 눈금자의 눈금선 아래쪽에 표시, 사용자가 새로운 탭을 넣으면 추가한 탭의 왼쪽에 위치한 기본 탭은 모두 사라진다.

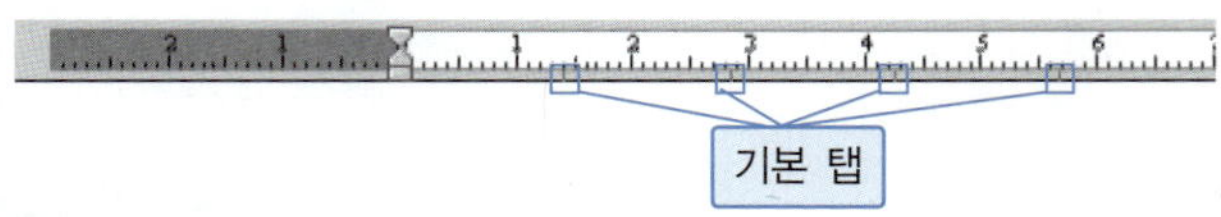

함께하기 | 탭 설정하기

예제 파일: 한글\예제파일\Chapter5\탭 설정하기.hwp
완성 파일: 한글\완성파일\Chapter 5\탭 설정하기(완성).hwp

1. 오른쪽 탭 설정하기
   ❶ '기준일' 에 커서를 놓고,
   ❷ [모양] → [문단 모양] 메뉴를 실행하고,
   ❸ [문단 모양] 대화상자의 [탭 설정] 탭에서 '자동 탭 → 문단 오른쪽 끝 자동 탭' 을 선택하고 [설정] 버튼을 클릭한다.

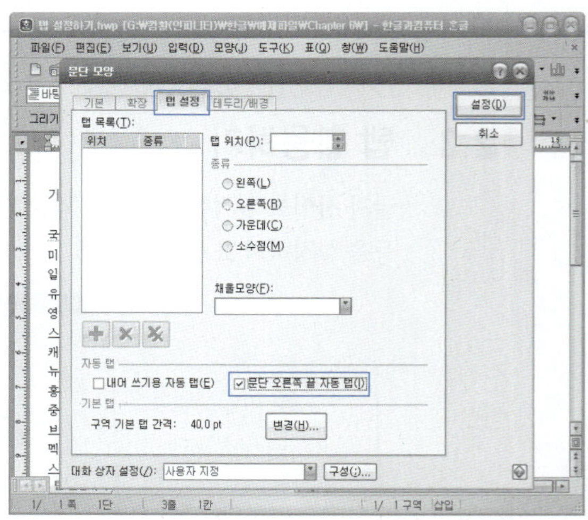

❹ [Tab] 키를 누르면 커서가 있는 문단의 내용이 오른쪽 끝으로 정렬되어 표시된다.

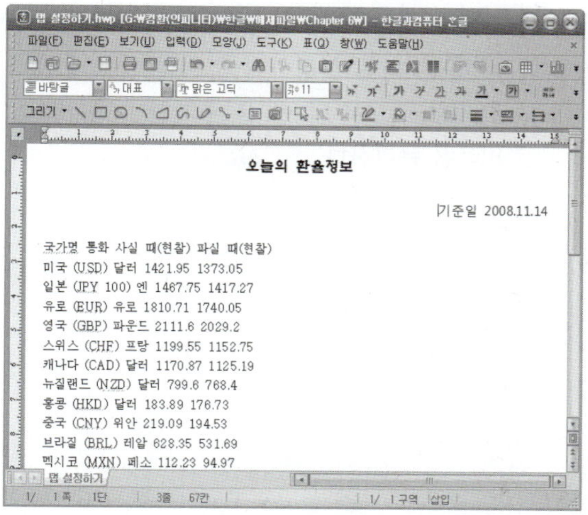

2. 사용자 탭 설정하기

❶ 기준일 아래 데이터 전체를 블록으로 지정하고,

❷ [모양] → [문단 모양] 메뉴를 선택하고 [문단 모양] 대화상자에서 [탭 설정] 탭을 선택한다.

❸ '탭 위치 → 50pt'를 입력하고 '종류 → 왼쪽'을 선택한 다음,

❹ [넣기(➕)] 버튼을 눌러 '탭 목록'에 50pt 위치의 왼쪽 탭을 추가한다.

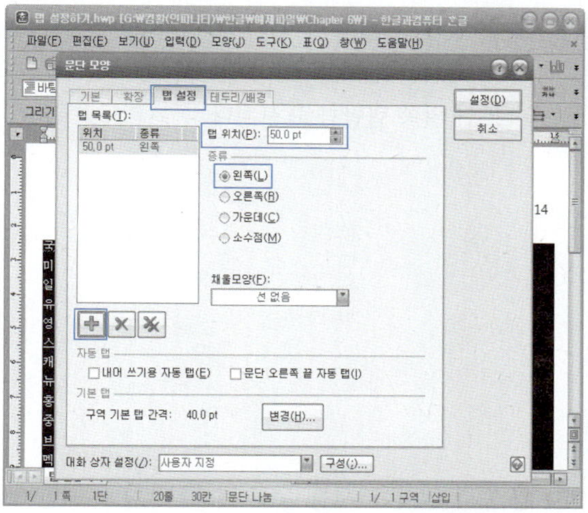

❺ '탭 위치' 항목의 입력란 위에 커서를 놓고 마우스 오른쪽 버튼을 클릭하여 단위 목록을 표시하고,

❻ 목록에서 'cm'를 선택한 다음 '5'를 입력하고,

❼ '종류 → 가운데'를 선택한 다음 [넣기(➕)] 버튼을 눌러 '탭 목록'에 5cm 위치의 가운데 탭을 추가한다.

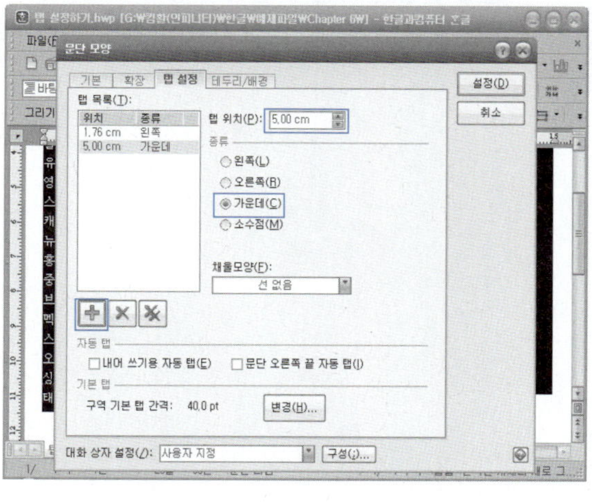

❽ 같은 방법으로 '9cm 소수점 탭'에 '선 모양 → 점선'으로 설정하여 소수점 탭을 추가하고, '13cm 소수점 탭'을 추가한 다음 [설정] 버튼을 클릭한다.

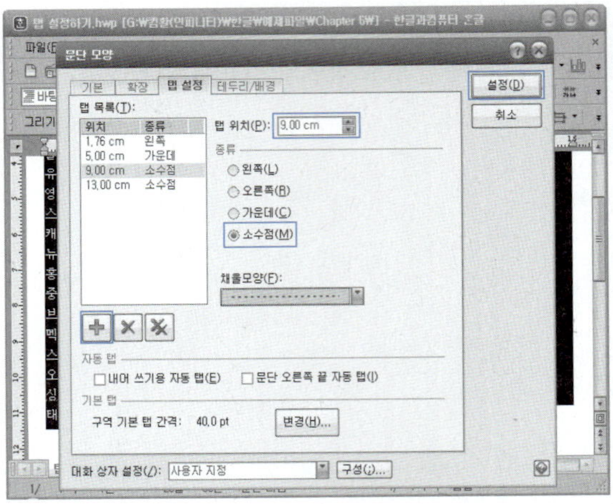

3. 탭 표시하기

❶ 첫 번째 문단에 커서를 두고 [Home] 키를 눌러 커서를 맨 앞으로 보낸 다음 [Tab] 키를 누르면 왼쪽 탭만큼 표시된다.

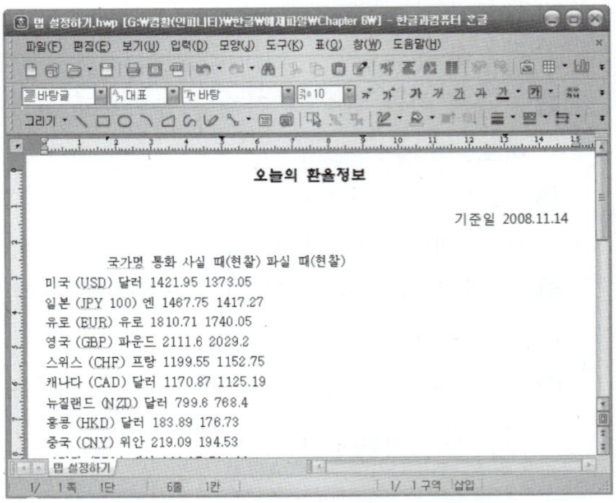

❷ 통화 앞에 커서를 두고 [Tab] 키를 누르면 두 번째 설정된 가운데 탭이 적용되어 텍스트가 가운데 탭을 중심으로 표시된다.

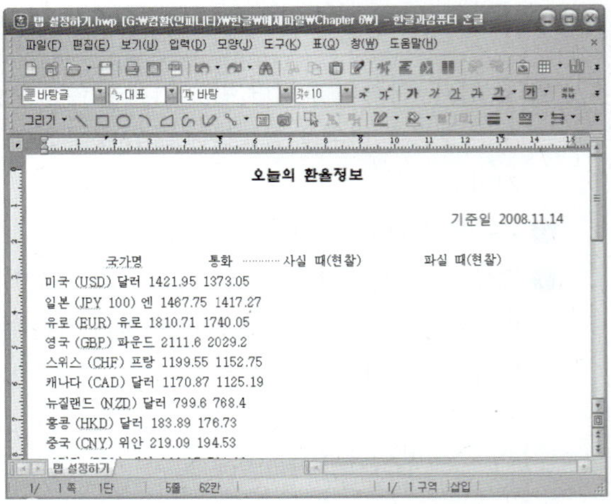

❸ 위와 같은 방법으로 각 문단에서 [Tab] 키를 눌러 탭을 표시한다.

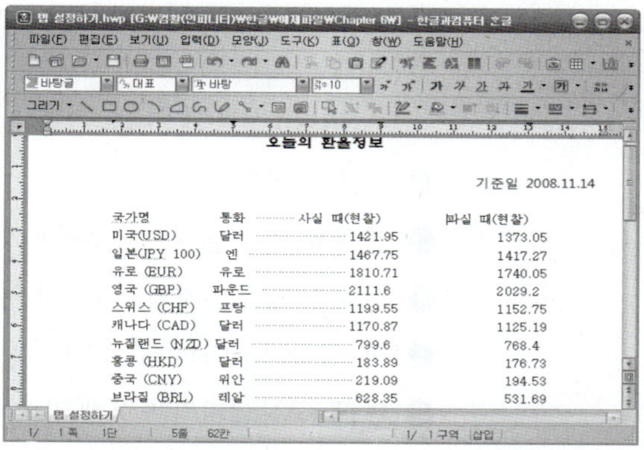

Tip | 눈금자에서 탭 설정하기

가로 눈금자 위의 눈금 선에 마우스 포인터를 가져다 놓고 마우스 왼쪽 버튼을 한 번 누르면 가로 눈금자 위에 왼쪽 정렬 탭(▪)이 하나 추가된다. 추가한 탭 표시를 마우스로 드래그하여 탭의 위치를 변경할 수 있다.

Section 03: 문단 첫 글자 장식하기

문단의 첫 글자를 드롭캡(Drop cap) 형식으로 만들어 표시할 수 있다. 장식 글자를 해제하려면 첫 글자를 장식한 문단에 커서를 놓고 문단 첫 글자 대화상자에서 "모양" 항목의 "없음"을 선택한다.

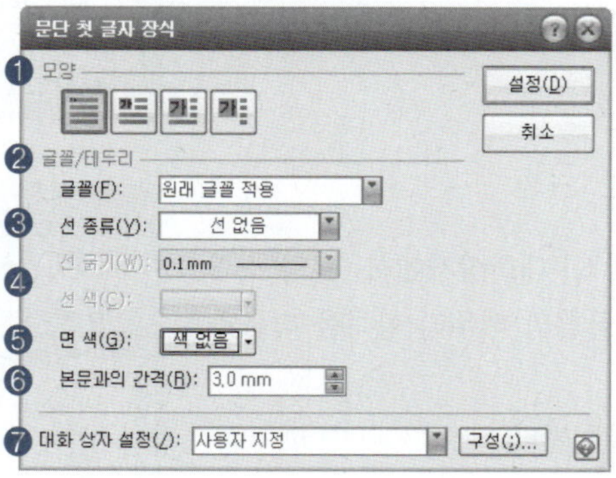

❶ **모양:** 문단 첫 글자를 장식하는 모양
  → **[없음]:** 장식 글자 해제
  → **[2줄]:** 장식 글자를 문단의 왼쪽 끝에 맞추고 나머지 본문은 장식 글자 오른쪽에 2줄만 걸치도록 배열

→ **[3줄]:** 장식 글자를 문단의 왼쪽 끝에 맞추고 장식 글자 오른쪽에 3줄의 본문만 걸치도록 배열

→ **[여백]:** 장식 글자의 크기를 [3줄]과 같은 크기로 만들어 문단의 왼쪽 여백 바깥쪽에 배열

❷ **글꼴:** 장식 글자를 표시할 글꼴 설정

❸ **선 종류:** 장식 글자의 테두리에 사용될 선의 종류 지정

❹ **선 굵기:** 장식 글자의 테두리에 사용될 선의 굵기 지정

❺ **선 색:** 장식 글자의 테두리에 사용될 선의 색 지정

❻ **면 색:** 장식 글자의 배경 색 지정

❼ **본문과의 간격:** 장식 글자와 장식 글자의 오른쪽에 표시되는 본문과의 간격 설정

함께하기 | 문단 첫 글자 장식하기

예제 파일: 한글\예제파일\Chapter 5\독도이야기-1.hwp

완성 파일: 한글\ 한글\완성파일\Chapter 5\독도이야기-1(완성).hwp

1. 문단 첫 글자 장식하기

❶ 첫 글자를 장식할 문단 위에 커서를 놓고,

❷ [모양] → [문단 첫 글자 장식] 메뉴를 실행한다.

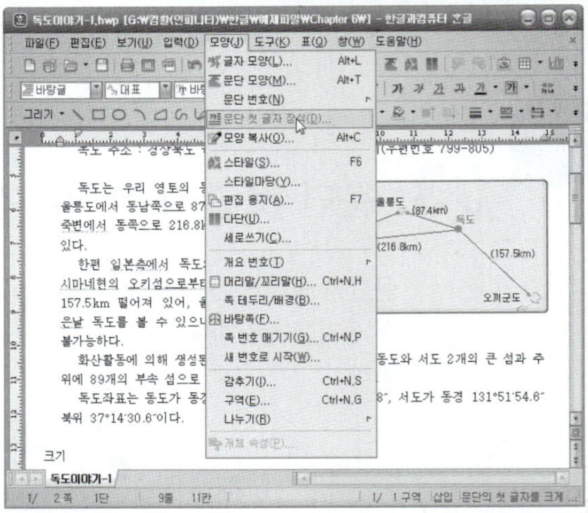

2. 장식 모양 설정하기

❶ [문단 첫 글자 장식] 대화상자에서 '모양' – '2줄'을 선택하고 글꼴과 테두리 항목을 다음과 같이 설정하고,

❷ [설정] 버튼을 클릭한다.

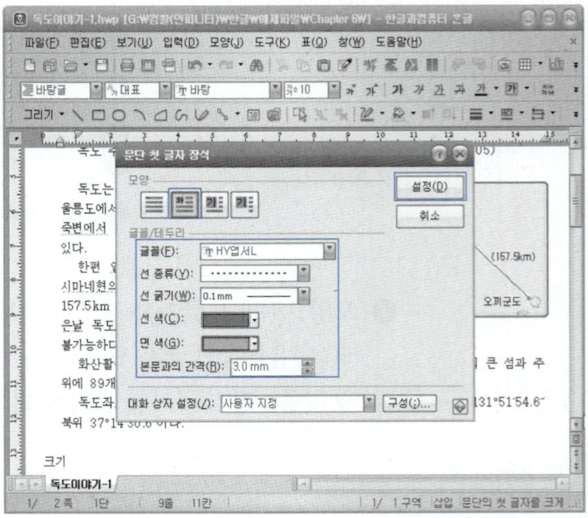

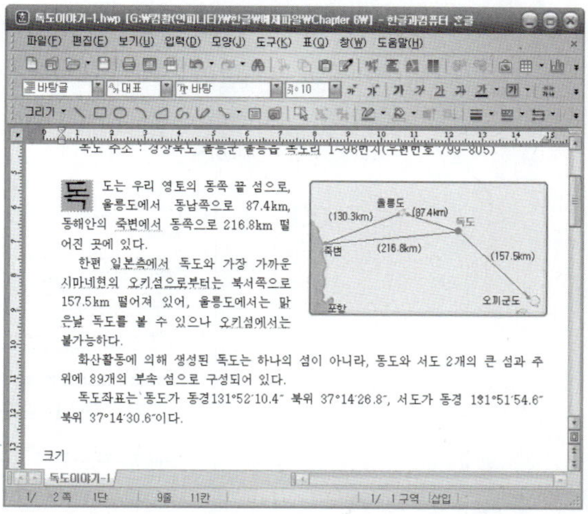

Section

04: 쪽 테두리/배경 표시하기

문서의 각 쪽마다 테두리나 바탕색, 배경 그림 등을 넣어 문서를 꾸밀 수 있다. 쪽 테두리/배경은 '양 쪽', '홀수 쪽', '짝수 쪽' 3가지로 만들 수 있다. 만일 '양 쪽 테두리/배경'과 '홀수 쪽 테두리/배경'을 함께 만들면, 짝수 쪽에는 '양 쪽 테두리/배경'이 나타나고 홀수 쪽에는 '홀수 쪽 테두리/배경'이 표시된다.

홀수 쪽과 짝수 쪽에 각각 다른 배경과 테두리를 표시하려면 홀수 쪽과 짝수 쪽에 각각 테두리와 배경을 설정해야 한다.

쪽 영역과 종이 영역

쪽 테두리와 배경이 삽입될 위치를 쪽과 종이 영역으로 설정할 수 있다.

→ **종이:** 편집 용지의 가장자리로부터 용지 안쪽 영역

→ **쪽:** 편집 용지 여백의 안쪽 영역

종이 영역

쪽 영역

머리글/꼬리글 포함

머리말과 꼬리말이 문서에 표시되어 있는 경우 머리말과 꼬리말을 쪽 테두리 안쪽에 포함시킬 수 있다.

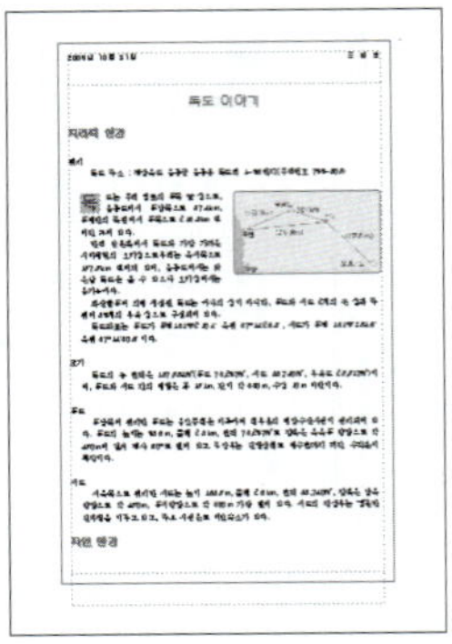
'머리글 포함'을 선택한 경우

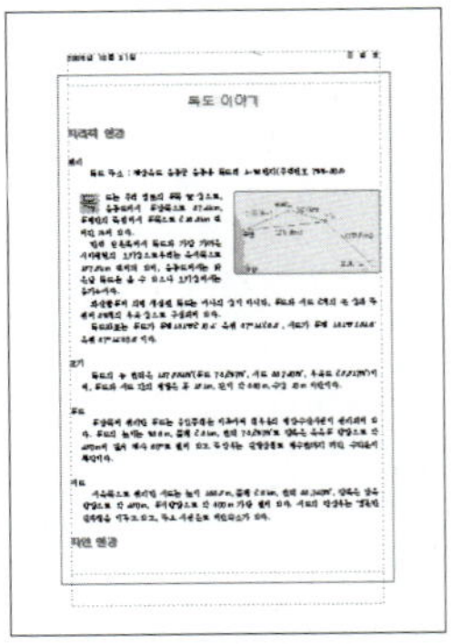
'머리글 포함'을 선택하지 않은 경우

함께하기 | 홀수 쪽과 짝수 쪽의 쪽 테두리/배경을 다르게 설정하기

예제 파일: 한글\예제파일\Chapter 5\독도이야기(쪽테두리와 배경).hwp

완성 파일: 한글\완성파일\Chapter 5\독도이야기(쪽테두리와 배경)(완성).hwp

1. 홀수 쪽 설정하기

❶ [모양] → [쪽 테두리/배경] 메뉴를 실행한 다음
❷ [쪽 테두리/배경] 대화상자에서 [테두리] 탭을 선택하고,
❸ '테두리/배경 종류 – 홀수 쪽'을 선택한다.

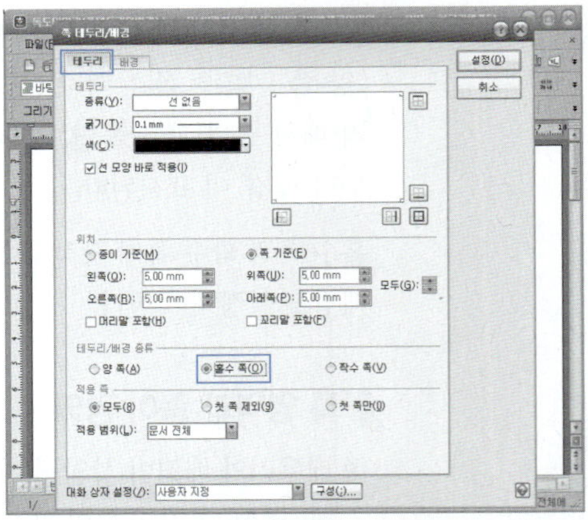

❹ '테두리 – 종류 – 실선'을 선택하고, '굵기'는 0.5mm를 설정하고, 테두리 선 색(초록)을 선택한다.
❺ 테두리 미리 보기 영역에서 '모두(▣)' 버튼을 눌러 선택한 테두리를 모든 방향에 적용한다.

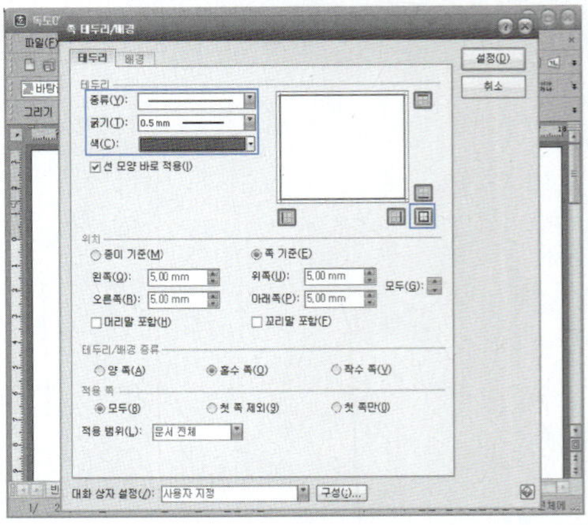

❻ '위치 – 쪽 기준' 을 선택하고 '왼쪽/오른쪽/위쪽/아래쪽' 위치를 5mm로 설정하고,

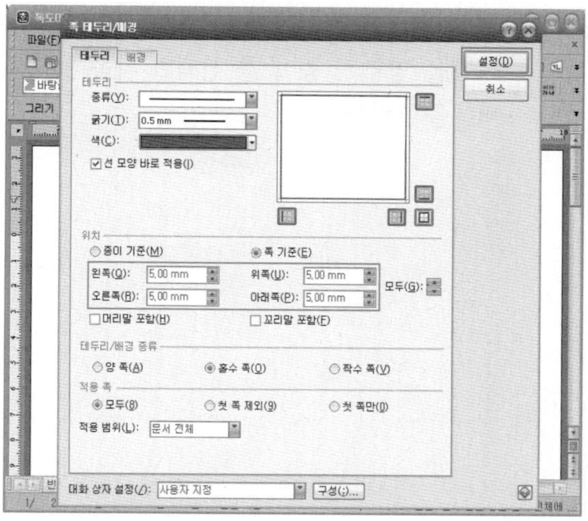

❼ [설정] 단추를 클릭하면 편집 중인 문서의 홀수 쪽에 테두리가 표시된다.

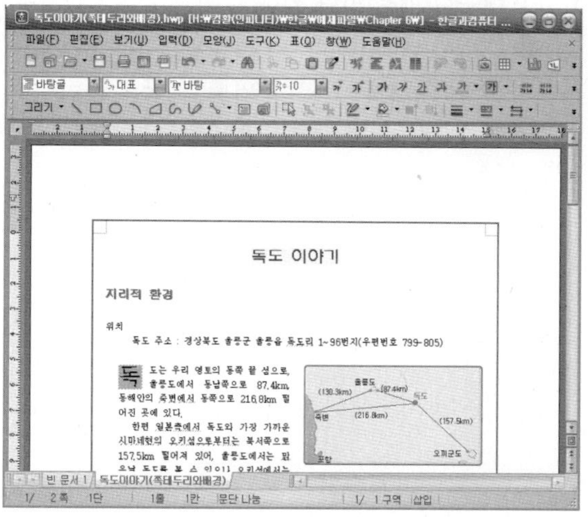

2. 짝수 쪽 설정하기

❶ [모양] → [쪽 테두리/배경] 메뉴를 실행하고,

❷ [쪽 테두리/배경] 대화상자에서 [배경] 탭을 선택한 다음 '위치 – 짝수 쪽' 을 선택한다.

❸ '색 – 면 색' 을 '노랑' 으로 선택하고, '적용 쪽 – 채울 영역 – 종이' 를 선택한 다음 [설정] 버튼을 클릭한다.

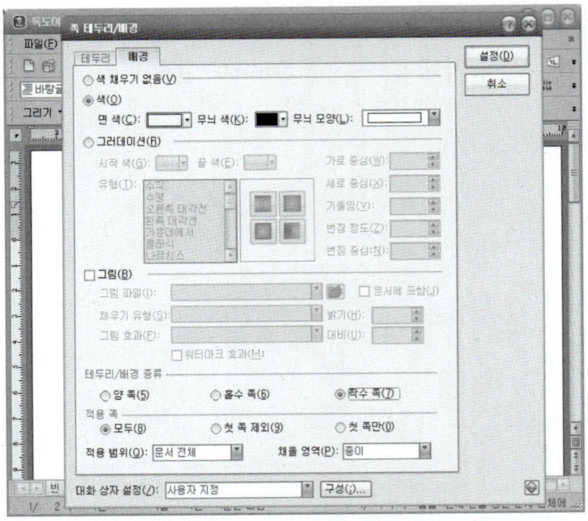

3. 쪽 테두리/배경 미리 보기

❶ [파일] → [미리 보기] 메뉴를 클릭하고 [미리 보기] 화면에서 '여러 쪽(▦·)' 도구를 클릭하여 쪽 테두리와 배경을 확인한다.

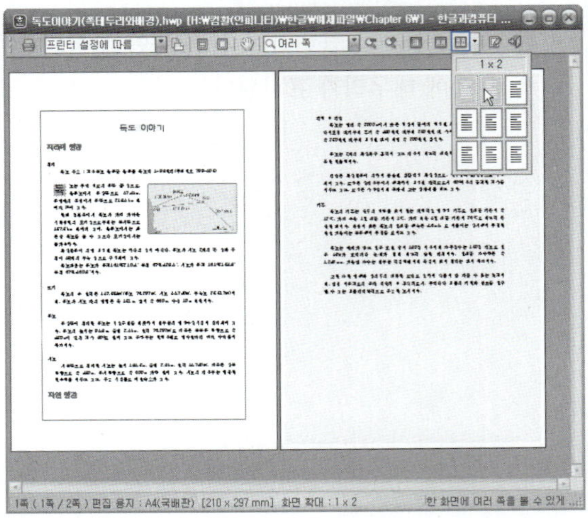

Section 05: 쪽 번호 표시하기

모든 쪽에 쪽 번호를 표시하려면, [모양] → [쪽 번호 매기기] 메뉴를 실행한다. 설정한 쪽 번호를 삭제하려면, [편집] → [찾아가기] 메뉴를 실행하여 '[쪽 번호 위치]' 라는 조판 부호를 찾아 삭제하거나 [쪽 번호 매기기] 대화상자에서 '쪽 번호 없음' 을 선택한다.

쪽 번호 위치

쪽 번호는 다음 10가지 위치에 표시할 수 있다.

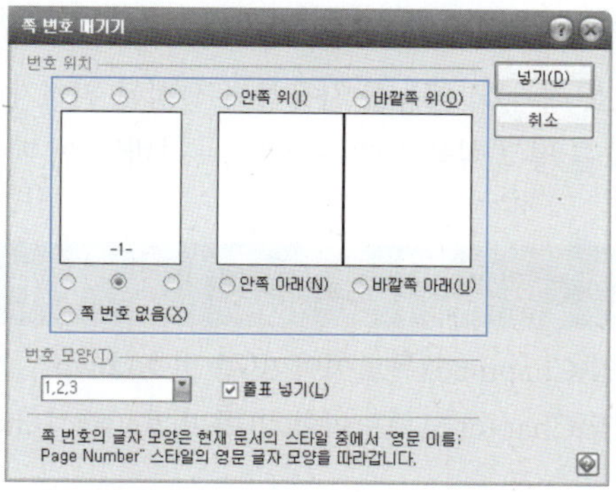

1: 각 쪽의 왼쪽 위
2: 각 쪽의 가운데 위
3: 각 쪽의 오른쪽 위
4: 각 쪽의 왼쪽 아래
5: 각 쪽의 오른쪽 아래
6: 각 쪽의 가운데 아래
7: 홀짝수 쪽의 바깥쪽 위
8: 홀짝수 쪽의 안쪽 위
9: 홀짝수 쪽의 바깥쪽 아래
10: 홀짝수 쪽의 안쪽 아래

Tip | 쪽 번호 글자 모양

[쪽 번호 매기기] 메뉴를 실행하여 삽입한 쪽 번호의 글자 모양은 현재 문서의 스타일 목록에 '영문 이름-Page Number' 라는 이름의 스타일에 있는 영문 글자 모양에 따른다.

쪽 번호 감추기

[모양] → [감추기] 메뉴를 실행하여 [현재 쪽만 감추기] 대화상자에서 [쪽 번호] 항목을 선택하야 현재 쪽의 쪽 번호를 감출 수 있다.

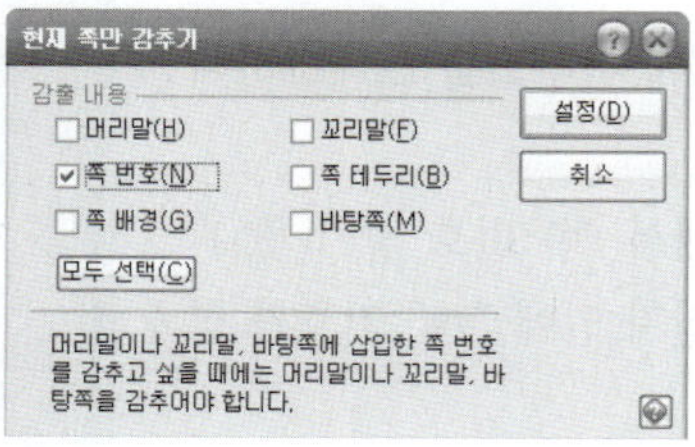

쪽 번호 변경하기

[모양] → [새 번호로 시작] 메뉴를 실행하고, [새 번호로 시작] 대화상자에서 '번호 종류 – 쪽 번호' 를 선택한 다음 '시작 번호' 입력 상자에 시작할 쪽 번호 숫자를 입력한다.

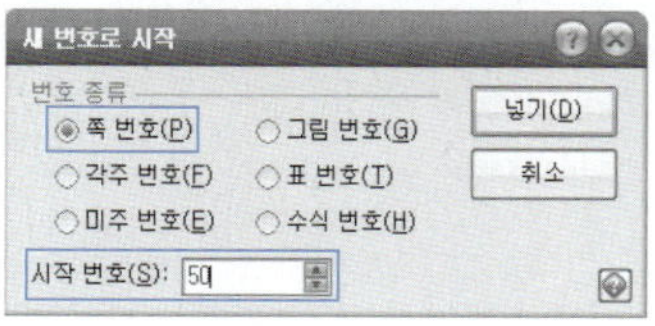

원하는 위치에 쪽 번호 넣기

[쪽 번호 매기기] 메뉴를 사용하여 설정된 위치가 아닌 사용자가 원하는 위치에 원하는 모양의 쪽 번호를 넣고 싶을 때에는 [모양] → [바탕쪽] 메뉴를 사용하여 쪽 번호를 삽입한다.

함께하기 | 원하는 위치에 쪽 번호 표시하기

예제 파일: 한글\예제파일\Chapter 5\독도이야기(쪽 번호).hwp
완성 파일: 한글\완성파일\Chapter 5\독도이야기(쪽 번호)(완성).hwp

1. 바탕쪽 실행하기

❶ [모양] → [바탕쪽] 메뉴를 실행하여 [바탕쪽] 대화상자를 표시하고, '종류 – 양 쪽'을 선택한다.

❷ [만들기] 버튼을 클릭하면 바탕쪽을 편집할 수 있는 화면과 [바탕쪽] 도구 상자가 표시된다.

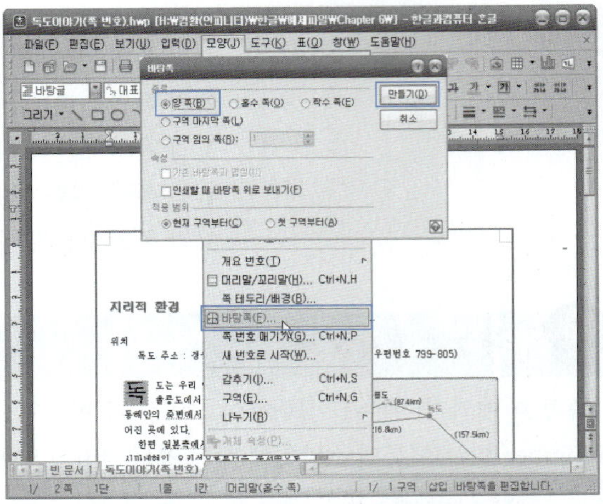

2. 쪽 번호 표시하기

❶ [그리기] 도구 모음에서 '글 상자( )' 도구를 선택하고,

❷ 쪽 번호를 넣을 부분에 마우스를 드래그하여 그려준다.

❸ [바탕쪽] 도구 상자에서 '쪽 번호 넣기( )' 도구를 클릭하면 글상자 안에 "##" 기호가 삽입된다.

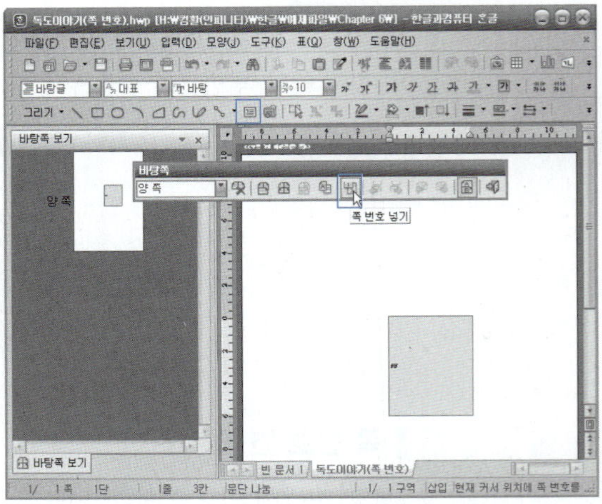

④ '##'을 블럭으로 설정하고 [서식] 도구 모음을 사용하여 글자 모양이나 속성 등을 변경한다.

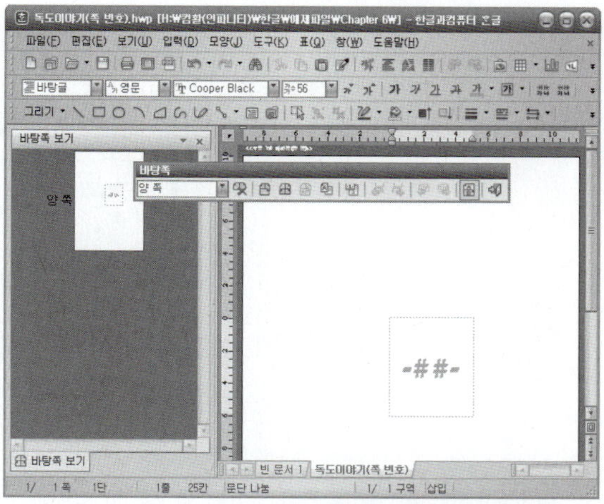

⑤ [바탕쪽] 도구 상자에서 '닫기( )' 도구를 클릭하거나 [Shift] + [ESC] 키를 눌러 본문으로 돌아가면 문서에 쪽 번호가 표시된다.

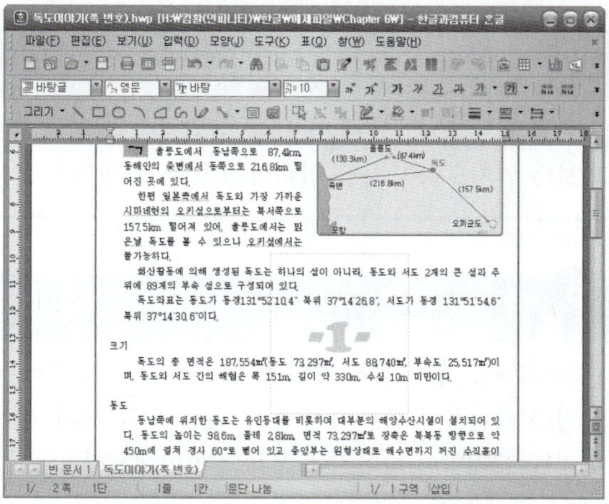

Section

06: 머리말/꼬리말 표시하기

페이지의 맨 위와 맨 아래에 반복되는 '머리말'과 '꼬리말'에는 보통 문서의 제목, 쪽 번호, 작성 날짜, 페이지 번호 등을 넣는다. 머리말이나 꼬리말은 홀수 쪽과 짝수 쪽에 같은 내용을 표시할 수도 있고, 홀수 쪽과 짝수 쪽에 다른 내용이 표시되도록 할 수 있다.

머리말/꼬리말 영역

머리말과 꼬리말은 [편집 용지]에서 설정한 [머리말]과 [꼬리말] 여백에 표시된다. 머리말과 꼬리말의 영역을 조절하려면 [모양] → [편집 용지] 메뉴를 실행하여 용지 여백을 조절해야 한다.

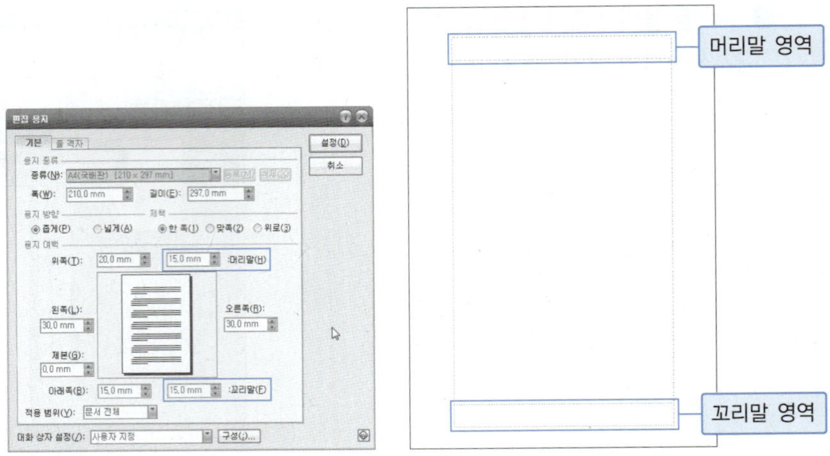

> **Tip | 머리말/꼬리말 영역보다 넘치게 입력한 경우**
>
> 머리말 영역보다 넘치도록 내용을 입력하면, 넘친 머리말 내용이 본문 위에 겹쳐 나타난다. 그러나 꼬리말 영역보다 넘치도록 내용을 입력하면, 꼬리말 내용은 문서에 표시되지 않는다.

> **Tip | 머리말/꼬리말의 개수**
>
> 문서 또는 한 페이지에 삽입할 수 있는 머리말/꼬리말의 개수에는 제한이 없으나, 하나의 문단에서는 같은 머리말/꼬리말을 중복하여 만들 수 없다. 여러 개의 머리말/꼬리말이 있을 때, 각 페이지에서 맨 나중에 위치하는 머리말/꼬리말이 페이지에 적용되어 인쇄된다.

머리말/꼬리말 감추기

문서에서 현재 커서가 위치한 페이지에만 머리말이나 꼬리말이 인쇄되지 않도록 감출 수 있다.

→ **현재 쪽만 감추기:** [모양] → [감추기] 메뉴를 사용하여 커서가 있는 현재 페이지의 머리말이나 꼬리말을 감춘다.

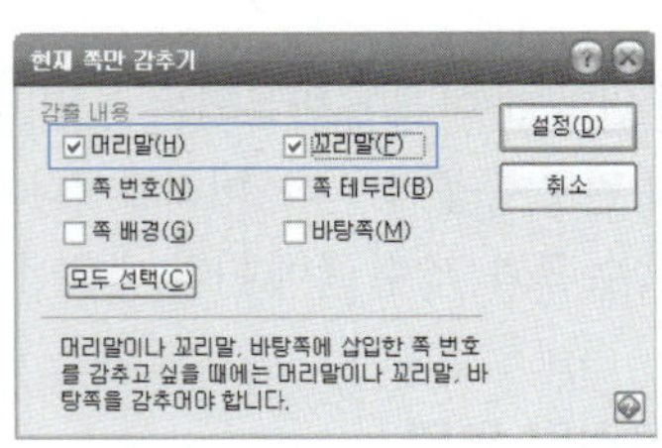

→ **첫 쪽에만 넣지 않음:** 문서의 첫 번째 쪽에 커서를 놓고 [모양] → [구역] 메뉴를 실행하여 '첫 쪽에 머리말/꼬리말 넣지 않음' 을 선택한다.

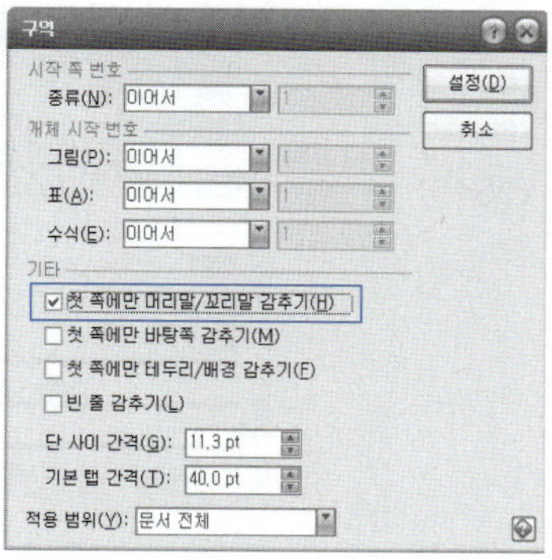

머리말/꼬리말 도구 상자

머리말/꼬리말 입력 영역에 커서를 두면 [머리말/꼬리말] 도구 상자가 표시된다. [머리말/꼬리말] 도구 상자를 사용하여 '쪽 번호 넣기', '머리말/꼬리말 여백 설정', '이전/다음 머리말/꼬리말로 이동', '지우기', '끝내기' 등의 작업을 쉽게 할 수 있다.

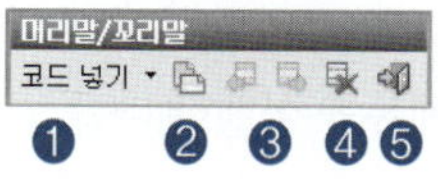

❶ **코드 넣기:** 쪽 번호 넣기, 만든 날짜 등의 코드와 쪽 번호 모양 등을 설정

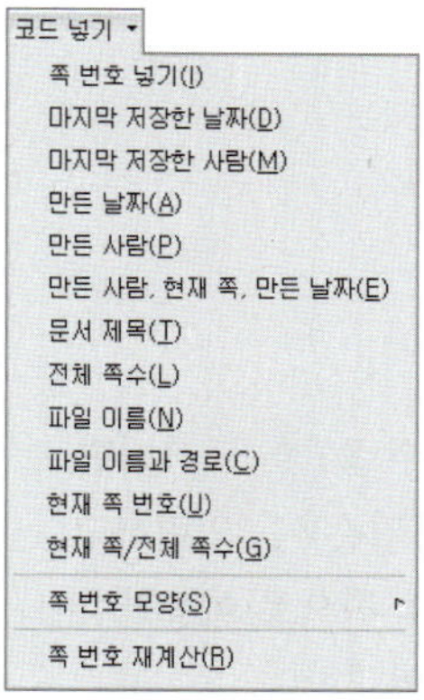

❷ **편집 용지:** [편집 용지] 대화상자 표시

❸ **이전 머리말/꼬리말( )과 다음 머리말/꼬리말( ):** 현재 편집 중인 머리말/꼬리말보다 앞쪽에 삽입된 머리말/꼬리말로 이동하거나 다음에 삽입된 머리말/꼬리말로 이동

❹ **머리말/꼬리말 지우기:** 현재 편집 중인 머리말/꼬리말 삭제

❺ **닫기:** 머리말/꼬리말 편집을 끝내고 본문 편집 상태로 되돌아감

머리말/꼬리말 마당

[머리말/꼬리말 마당]을 이용하면 '가운데에 쪽 번호 넣기, 왼쪽에 쪽 번호 넣기, 오른쪽에 쪽 번호 넣기, 파일 이름 넣기, 쪽 번호와 파일 이름 함께 넣기, 머리말 영역을 음영으로 처리하기, 선 넣기' 등 다양한 템플릿(template)으로 [머리말/꼬리말]을 쉽게 만들 수 있다.

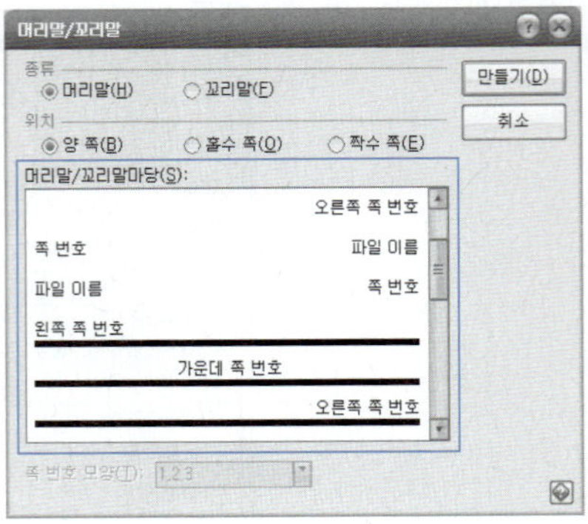

함께하기 | 홀수 쪽과 짝수 쪽에 머리말/꼬리말 다르게 표시하기

예제 파일: 한글\예제파일\Chapter 5\독도이야기(머리말/꼬리말)-1.hwp
완성 파일: 한글\완성파일\Chapter 5\독도이야기(머리말/꼬리말)-1(완성).hwp

1. 홀수 쪽 머리말 만들기

❶ [모양] → [머리말/꼬리말] 메뉴를 실행한 다음,
❷ [머리말/꼬리말] 대화상자에서 '종류 – 머리말', '위치 – 홀수 쪽'을 선택한 다음 [만들기] 단추를 누른다.

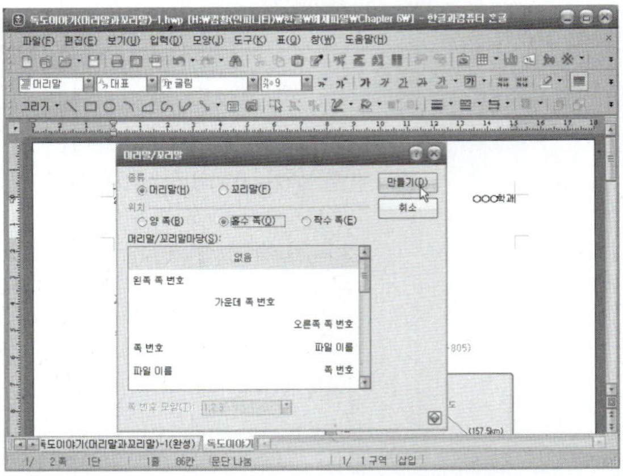

❸ 머리말 영역에 '머리말(홀수 쪽)'이 표시되면,
❹ '이름과 학번(200812345 홍길순)'을 입력하고,
❺ [Tab] 키를 눌러 커서를 오른쪽으로 이동한 다음 '학과(○○○학과)'를 입력한다.

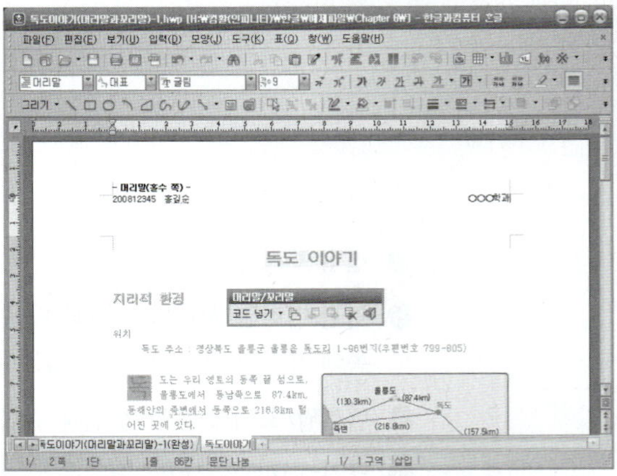

2. 머리말 확인하기

❶ [머리말/꼬리말] 도구 상자의 [닫기(#)] 도구를 눌러 본문의 편집 화면으로 돌아온다.

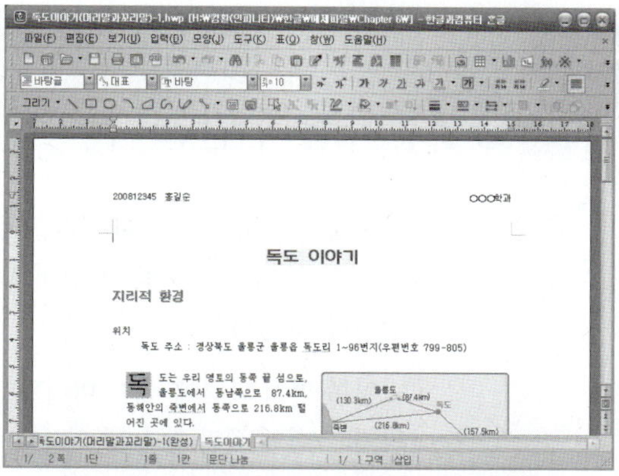

3. 짝수 쪽 머리말 만들기

❶ [모양] → [머리말/꼬리말] 메뉴를 실행하고,

❷ [머리말/꼬리말] 대화상자에서 '종류 – 머리말', '위치 – 짝수 쪽'을 선택한 다음 [만들기] 단추를 누른다.

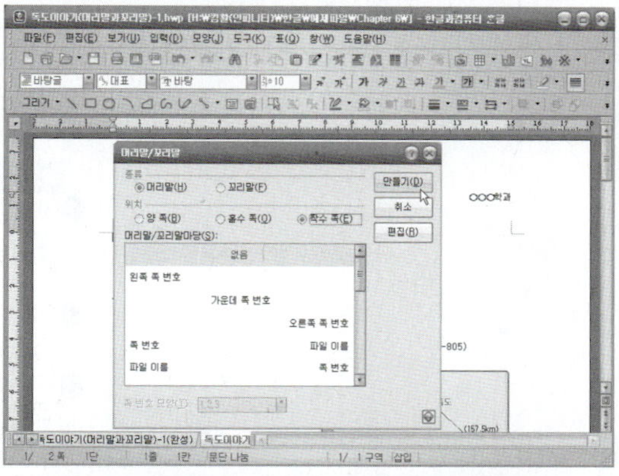

❸ 머리말 영역에 '머리말(짝수 쪽)'이 표시되면,

❹ [머리말/꼬리말 도구] 상자에서 '코드 넣기'를 누르고 왼쪽에는 '만든 날짜'를, [Tab] 키를 눌러 오른쪽에는 '현재 쪽/전체 쪽 수'를 선택하여 입력한다.

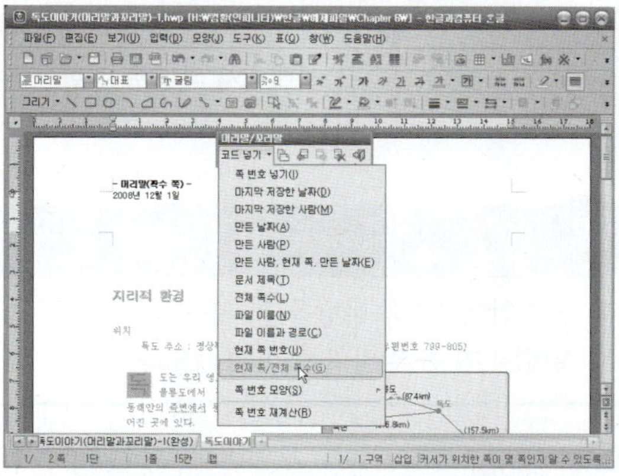

❺ [머리말/꼬리말] 도구 상자의 [닫기] 도구를 눌러 본문의 편집 화면으로 돌아오면 홀수 쪽에는 홀수 쪽 머리말이, 짝수 쪽에는 짝수 쪽 머리말이 각각 표시된다.

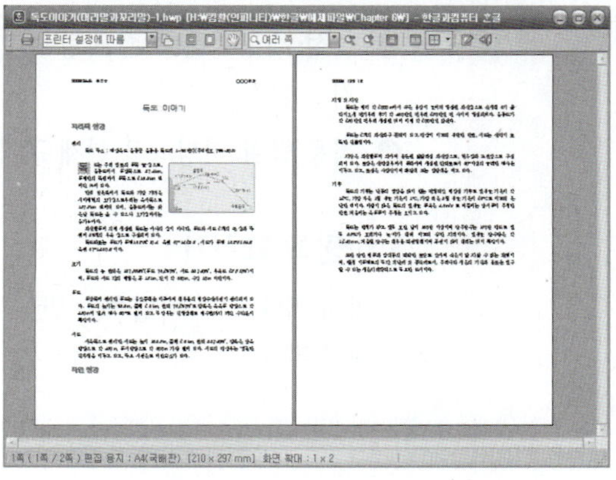

Section

07: 바탕쪽 만들기

바탕쪽은 문서 전체 쪽에 공통으로 적용되는 페이지 모양을 작성하기 위한 기능으로, 홀수 쪽과 짝수 쪽을 따로 지정할 수 있어, 맞쪽 문서를 작성할 때 펼쳐진 모양에 맞추어 원하는 모양대로 편집할 수 있다.

바탕쪽 편집 화면에서는 '머리말/꼬리말', '주석', '책갈피', '하이퍼링크', '차례/찾아보기 표시 달기', '현재 쪽만 감추기', '강제 쪽 나누기' 등의 작업을 할 수 없다.

[바탕쪽] 대화상자

[모양] → [바탕쪽] 메뉴를 실행하면 [바탕쪽] 대화상자가 표시된다.

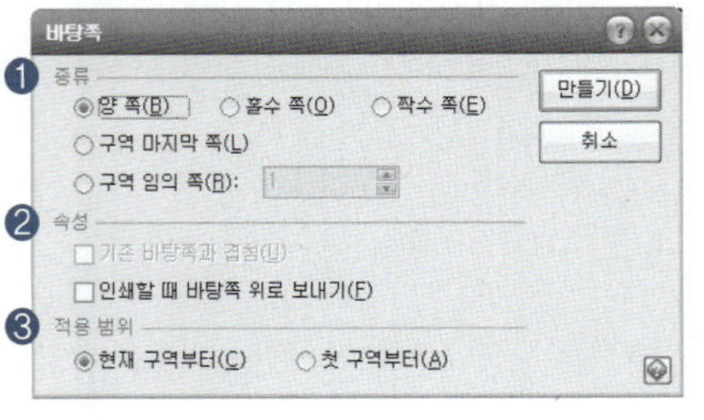

❶ **종류:** 바탕쪽은 하나의 구역에는 '양 쪽, 홀수 쪽, 짝수 쪽'과 '구역 마지막 쪽, 구역 임의 쪽'을 선택해서 바탕쪽을 만들 수 있어, 장이나 절마다 다른 배경을 만드는 작업을 쉽게 할 수 있다.

Tip | 바탕쪽이 중복되면?

한 구역 안에 '양 쪽 바탕쪽'과 '홀수 쪽 바탕쪽'을 함께 만든 경우, 짝수 쪽에는 '양 쪽 바탕쪽'이 나타나고 홀수 쪽에는 '홀수 쪽 바탕쪽'이 표시된다.

❷ **속성:** 바탕쪽을 기존 바탕쪽과 겹치게 할 것인지, 인쇄할 때 바탕쪽을 위로 보내 인쇄할 것인지를 설정.

❸ **적용 범위:** 바탕쪽을 현재 구역에만 지정할 것인지, 문서 전체에 적용할 것인지 설정

바탕쪽 고치기

현재 구역에 이미 바탕쪽이 만들어져 있는 경우 [모양] → [바탕쪽]을 실행하면 바탕쪽 고치기 상태가 된다.

바탕쪽 감추기

→ **현재 쪽에만 감추기:** [모양] → [감추기] 메뉴를 실행한 다음 '감출 내용 – 바탕쪽' 을 선택한다.

→ **첫 쪽에만 감추기:** 바탕쪽 도구 상자의 '첫 쪽 제외( )' 도구를 선택하거나 [구역] 대화 상자의 '첫 쪽에 바탕쪽 넣지 않음' 항목을 선택한다.

바탕쪽 지우기

바탕쪽은 본문 편집 상태에서는 지울 수 없고, 바탕쪽을 지우려면 바탕쪽 편집 화면에서 [바탕쪽] 도구 상자의 '앞 구역 바탕쪽 사용( )' 도구를 선택한다.

바탕쪽 도구 상자

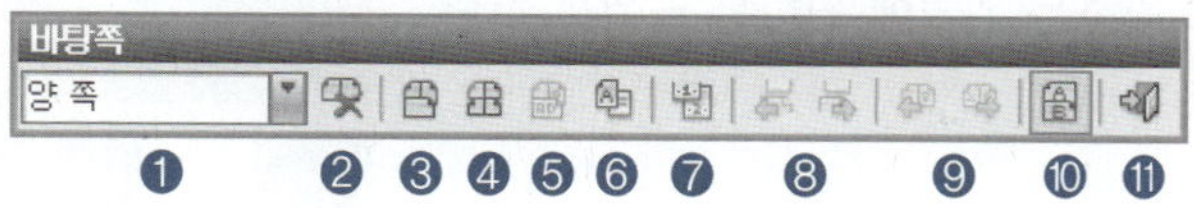

❶ **바탕쪽 종류:** 바탕쪽은 구역 단위로 만들 수 있으며, 하나의 구역에는 '양 쪽, 홀수 쪽, 짝수 쪽' 의 3가지 종류의 바탕쪽 작성

❷ **바탕쪽 지우기:** 현재 커서가 위치한 구역의 삽입된 바탕쪽 제거

❸ **앞 구역 바탕쪽 사용:** 이전 구역의 바탕쪽으로 새 바탕쪽을 만든다. 이전 구역의 바탕쪽이 없을 때는 '현재 구역의 바탕쪽 지우기' 로 사용

❹ **첫 쪽 제외:** 현재 구역의 첫 쪽에만 편집 중인 바탕쪽을 숨김

❺ **바탕쪽과 겹침:** 존재하는 바탕쪽과 새로 만든 바탕쪽을 겹쳐서 표시

❻ **바탕쪽 앞으로 보내기:** 현재 커서가 놓여 있는 구역의 바탕쪽을 가장 앞으로 이동

❼ **쪽 번호 넣기:** 현재 커서 위치에 쪽 번호 삽입

❽ **이전 구역으로/이후 구역으로:** 앞 구역에 만들어진 바탕쪽으로 이동하거나 다음 구역의 바탕쪽으로 이동

❾ **이전 바탕쪽/이후 바탕쪽:** 현재 편집 중인 바탕쪽보다 앞쪽에 삽입된 바탕쪽으로 이동하거나 뒤쪽에 삽입된 바탕쪽으로 이동

❿ **바탕쪽 모양 보기:** 작업 창에 현재 문서에서 사용된 바탕쪽을 페이지 단위로 모두 표시

⓫ **닫기:** 바탕쪽 편집을 끝내고 본문 편집 상태 이동

함께하기 | 바탕쪽 만들기

예제 파일: 한글\예제파일\Chapter 5\독도이야기(바탕쪽).hwp
완성 파일: 한글\완성파일\Chapter 5\독도이야기(바탕쪽)(완성).hwp

1. 양 쪽 바탕쪽 만들기

❶ [모양] → [바탕쪽] 메뉴를 실행한 다음,

❷ [바탕쪽] 대화상자에서 '바탕쪽 종류 – 양쪽', '적용 범위 – 현재 구역부터'를 선택하고 [만들기] 버튼을 클릭한다.

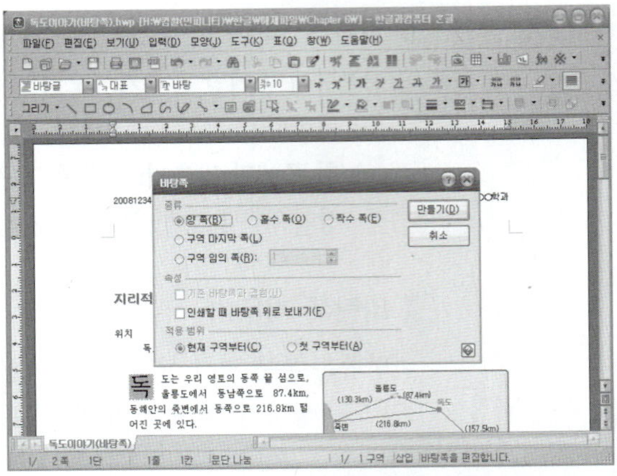

❸ [그리기] 도구의 '그리기 마당( )' 도구를 클릭하고 원하는 위치에 원하는 크기로 그림을 삽입한다.

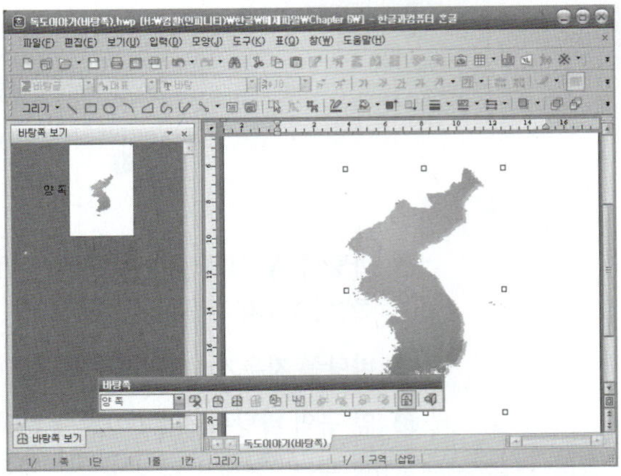

2. 바탕쪽 확인하기

❶ 도구 상자의 [닫기( )] 버튼을 클릭하여 바탕쪽 편집을 끝내고 본문으로 돌아오면 모든 페이지에 방금 삽입한 그림이 표시된다.

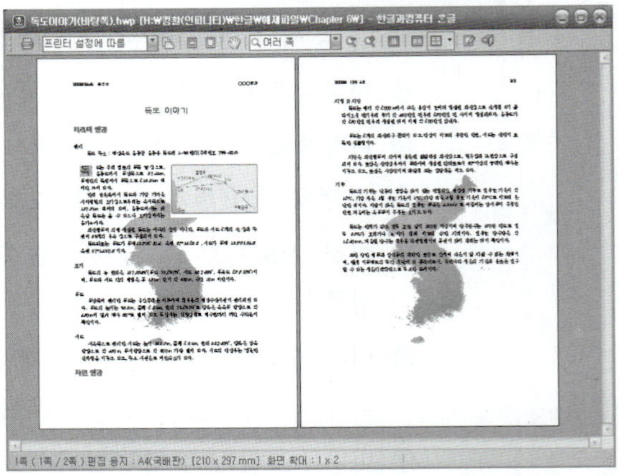

Section 08: 스타일 사용하기

자주 사용하는 글자 모양이나 문단 모양을 미리 등록한 후 필요할 때 선택하여 한번에 설정할 수 있도록 정의한 것을 '스타일(styles)'이라 한다. 스타일은 일관성있는 문단 모양과 글자 모양을 유지하면서 편집 작업을 하기 위해 꼭 필요한 기능으로, 하나의 파일에 쓸 수 있는 스타일의 개수는 최대 160개이다.

스타일은 [모양] → [스타일] 메뉴 또는 [F6] 키를 누르거나 [기본] 도구 모음의 '스타일( )' 도구를 사용하여 만들거나 편집할 수 있다.

[스타일] 대화상자

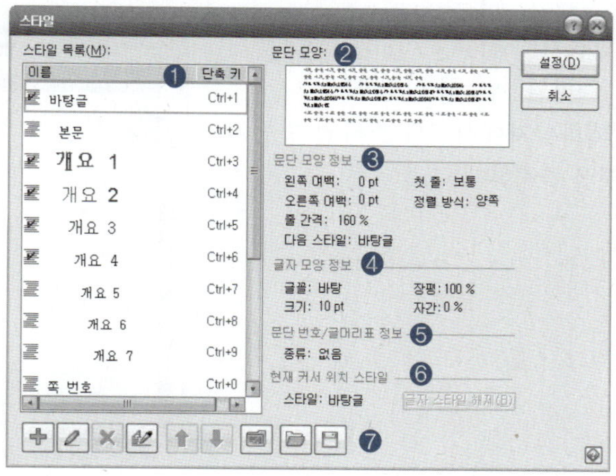

❶ **스타일 목록:** 현재 등록되어 있는 스타일 목록과 스타일에 적용된 글자 모양 표시
→ **문단 스타일( ):** 글자 모양과 문단 모양 등의 양식을 설정한 스타일
→ **글자 스타일( ):** 글자 모양만을 설정한 스타일로

❷ **문단 모양:** 선택한 스타일의 문단 모양 표시

❸ **문단 모양 정보:** 선택한 스타일의 문단 모양 정보 표시

❹ **글자 모양 정보:** 선택한 스타일의 글자 모양 정보 표시

❺ **문단 번호/글머리표 정보:** 선택한 스타일의 문단 번호/글머리표 정보 표시

❻ **현재 커서 위치 스타일:** 현재 커서 위치에 적용된 스타일의 이름 표시
→ **[글자 스타일 해제]:** 현재 커서 위치의 글자 스타일 해제

❼ 스타일 대화상자 도구 버튼

버튼	이름	설명
	새 스타일 만들기	자주 사용하는 글자 모양과 문단 모양을 스타일로 등록
	스타일 편집하기	스타일 이름, 문단 모양, 글자 모양 등 편집
	스타일 지우기	사용하지 않는 스타일 삭제
	현재 모양으로 바꾸기	선택한 스타일을 현재 커서 위치의 글자나 문단의 스타일로 바꿈
	한 줄 위로 이동하기	선택한 스타일을 한 줄 위로 순서 이동

	한 줄 아래로 이동하기	선택한 스타일을 한 줄 아래로 순서 이동
	스타일마당	[스타일마당] 대화상자 표시
	스타일 가져오기	스타일 파일(*.sty) 불러오기
	스타일 내보내기	현재 문서의 스타일을 스타일 파일(*.sty)로 저장

함께하기 | 스타일 만들기

예제 파일: 한글\예제파일\Chapter 5\독도이야기(스타일).hwp
완성 파일: 한글\완성파일\Chapter 5\독도이야기(스타일)(완성).hwp

1. 문단 스타일 만들기

❶ [모양] → [스타일] 메뉴를 실행하고,
❷ [스타일] 대화상자에서 '새 스타일 만들기(+)' 버튼을 클릭한다.

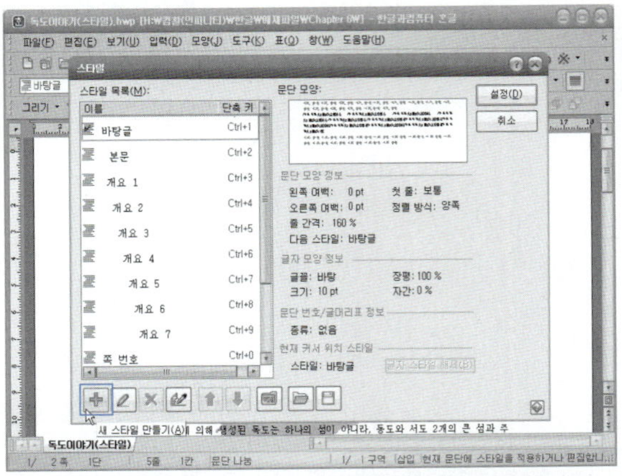

❸ [스타일 추가하기] 대화상자의 '스타일 이름'에 '내 문단 스타일'을 입력하고,
❹ '스타일 종류 – 문단'을 선택한 다음,
❺ [문단 모양] 버튼과 [글자 모양] 버튼을 클릭하여 문단 모양(가운데 정렬)과 글자 모양(HY목각파임B, 16, 파랑, 굵게)을 설정한다.

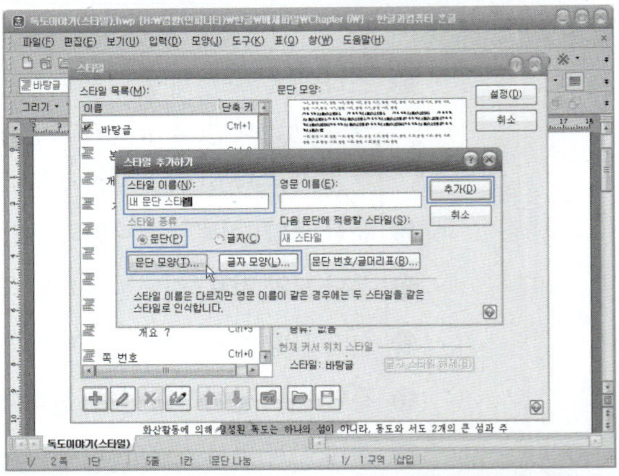

❻ [추가] 버튼을 클릭하여 '스타일 목록'에 추가한다.

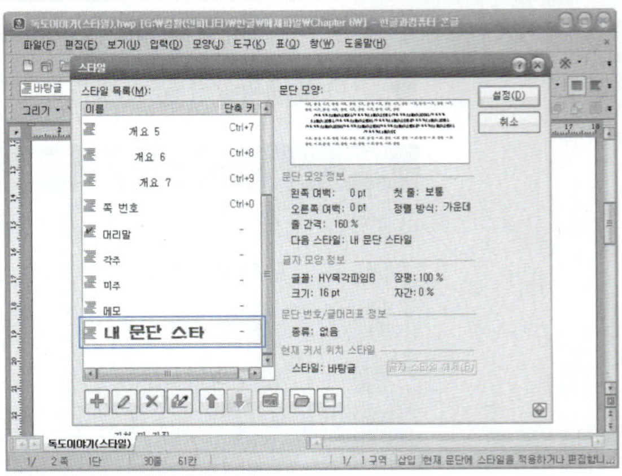

2. 글자 스타일 만들기

❶ [스타일] 대화상자에서 '새 스타일 만들기(➕)' 버튼을 클릭하고,

❷ [스타일 추가하기] 대화상자의 '스타일 이름'에 '내 글자 스타일'을 입력한 다음,

❸ '스타일 종류 – 글자'를 선택한 후 [글자 모양] 버튼을 클릭하여 글자 모양(HY엽서M, 14, 초록, 그림자, 굵게)을 설정한다.

❹ [추가] 버튼을 클릭한다.

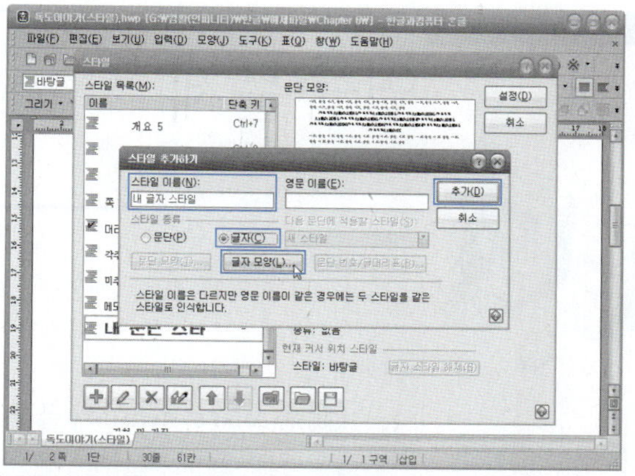

3. 문단 스타일 적용하기

❶ [스타일] 대화상자의 [취소] 버튼을 클릭한 다음,

❷ 스타일을 적용할 위치(독도이야기)에 마우스 커서를 놓고,

❸ [모양] → [스타일] 메뉴를 실행한 후 '스타일 목록 – 내 문단 스타일'을 클릭하고 [설정] 버튼을 클릭한다.

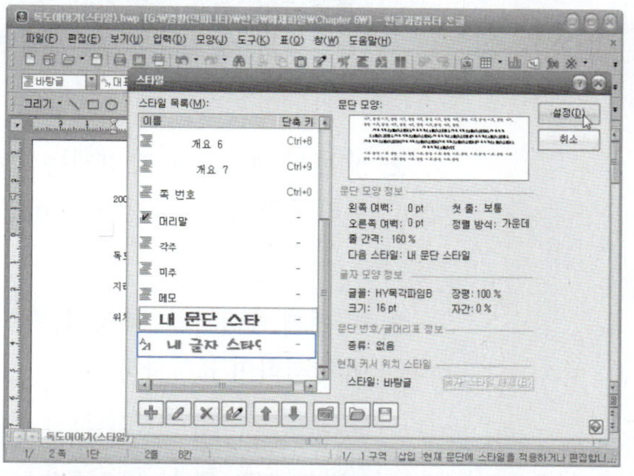

4. 글자 스타일 적용하기

❶ '지리적 환경'을 블록으로 지정하고,

❷ [서식] 도구 모음의 '스타일' 도구의 목록 기호를 눌러 '내 글자 스타일'을 선택하여 스타일을 적용한다.

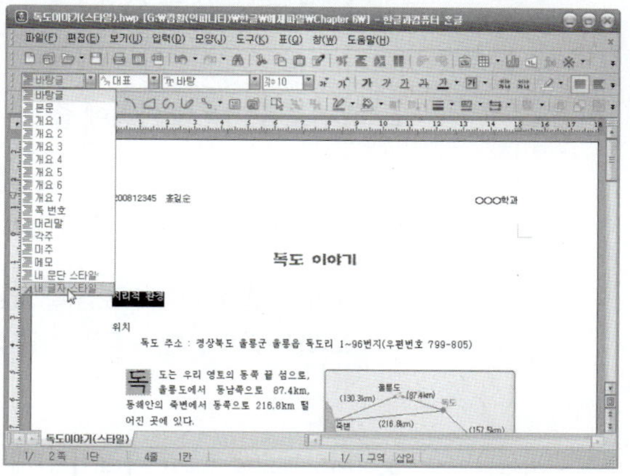

연습문제

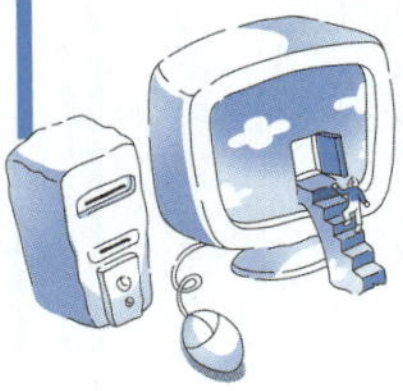

1. '太陽系(solar system)' 의 글꼴 모양과 문단 모양을 다음과 같이 설정하라.

   글꼴 모양–글꼴 크기: 20pt, 글꼴 색: 파랑
   문단 모양–줄 간격: 180%, 정렬 방식: 가운데 정렬

2. 첫 번째 페이지의 '태양계는 ~ 먼 곳에 존재할지도 모른다.' 까지의 문단에 문단 테두리(테두리 종류: 점선, 굵기: 0.3mm, 색 : 빨강, 간격(위쪽, 아래쪽) : 5mm로 설정하라.

3. 첫 번째 페이지의 '태양계는 ~ 먼 곳에 존재할지도 모른다.' 문단의 첫 글자를 다음과 같이 장식하여 표시하라.

   모양–3줄, 글꼴: 휴먼옛체, 선 종류: 실선, 굵기: 0.4mm,
   선 색–보라, 면 색: 흰 자줏빛 보라

4. 쪽 번호를 가운데 아래에 줄표(-)와 함께 표시되도록 설정하라.

5. 머리말과 꼬리말에 각각 다음과 같이 표시되도록 설정하라.

   머리말–왼쪽: 태양계, 오른쪽: Solar System
   꼬리말–현재 날짜, 오른쪽: 파일 이름

6. '태양계.jpg' 그림 파일이 전체 문서의 홀수 쪽 페이지의 가운데 표시되도록 바탕 쪽을 설정하라.

7. 제목(太陽系(solar system))을 이름이 '제목1' 인 문단 스타일로 정의하라.

CHAPTER

05 세련된 문서 편집 기술 익히기

한글 2007에서 제공하는 문자 이외의 문자 또는 숫자를 만들어 입력하거나 하이퍼링크를 사용한 문서를 작성할 수 있다. 상용구를 사용하여 문서에 반복적으로 사용하는 문장 또는 기호 등을 손쉽게 입력할 수 있고 제목 차례 등을 만들 수 있다.

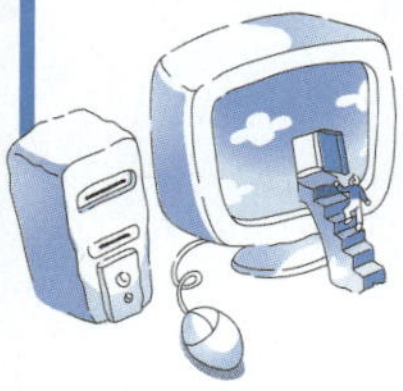

INTRODUCTION TO COMPUTER APPLICATIONS **HANGUL**

Section 01 : 글자 겹침 및 덧말 넣기

한글 2007에서 제공하는 또는 기호를 두세 글자 정도를 겹쳐 새로운 문자를 만들거나 제공되지 않는 원문자나 사각형 문자 등의 새로운 모양의 글자를 만들어 입력할 수 있다.

1.1 글자 겹치기

[입력] → [글자 겹치기] 메뉴를 실행한 후 [글자 겹치기] 대화상자에서 겹쳐 쓸 모양을 선택한다. 글자 겹침은 한글, 영문, 숫자, 기호 모두 세 글자까지만 겹쳐 쓸 수 있다.

[글자 겹치기] 대화상자

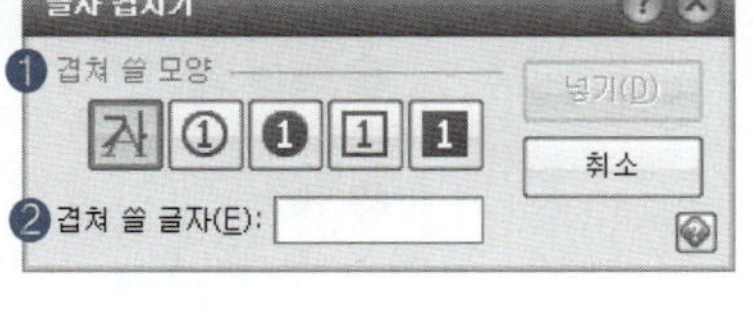

❶ **겹쳐 쓸 모양:** 글자와 같이 겹쳐 쓸 모양 선택

버튼	이름	설명
자	일반 겹치기	입력한 글자가 모두 같은 위치에 겹쳐져서 표시
①	원문자	원문자 안에 숫자를 겹쳐서 표시
❶	반전된 원문자	반전된 원문자 안에 숫자를 겹쳐서 표시
[1]	사각형 문자	사각형 문자 안에 숫자를 겹쳐서 표시
■1	반전된 사각형 문자	반전된 사각형 문자 안에 숫자를 겹쳐서 표시

❷ **겹쳐 쓸 글자:** 겹쳐 쓸 글자 입력. 원문자나 사각형 모양으로 겹쳐 쓰기를 할 때에는 겹쳐 쓸 모양을 먼저 선택하고 숫자를 입력한다.

→ **일반 겹치기:** 두세 글자의 일반 문자, 한자 또는 숫자를 같은 위치에 겹쳐 새로운 모양의 글자 표시

→ **원문자/사각형 문자 겹치기:** 원문자나 사각형 모양 문자는 아라비아 숫자만 겹쳐 쓸 수 있으며, 최대 3자리까지 입력할 수 있다.

Tip | 문자표 사용하기

일반 겹치기에서 문자표의 특수 문자나 한자는 '겹쳐 쓸 글자'에서 마우스 오른쪽 버튼을 누르고, '문자표', '한자로 변환' 등의 메뉴를 이용하여 입력한다.

1.2 | 덧말 표시하기

덧말은 본문의 내용 중에 넣기는 어려지만, 본문에서 인용한 자료의 출처를 밝히거나 본문에서 언급한 내용에 대한 간단한 내용의 보충 자료를 제시하기 위해 본말의 아래 또는 위에 넣는 말이다. 한글 2007의 [덧말 넣기] 메뉴를 사용하여 방점 표시, 일본어의 토씨나 중국어 발음 기호 등에도 유용하게 사용할 수 있다.

덧말은 [입력] → [덧말 넣기] 메뉴를 실행한 다음 [덧말 넣기] 대화상자를 사용하여 입력한다.

[덧말 넣기] 대화상자

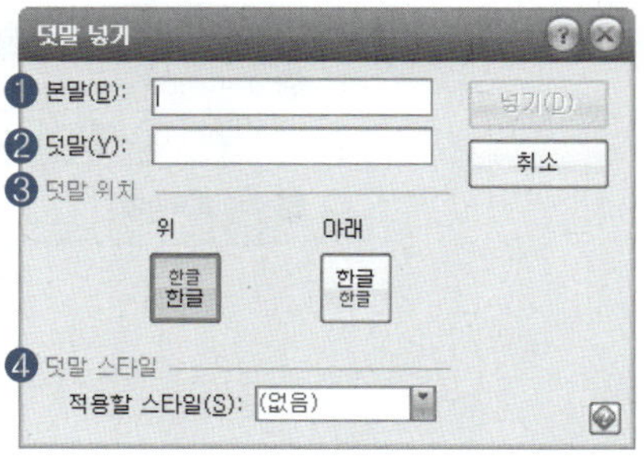

❶ **본말:** 본문에 입력된 문자열

❷ **덧말:** 본말의 아래 또는 위에 넣는 말

❸ **덧말 위치:** 덧말을 본말의 위에 넣을 것인지, 아래에 넣을 것인지 설정

→ **위:** 덧말을 본말의 위쪽에 표시
→ **아래:** 덧말을 본말의 아래쪽에 표시

❹ **덧말 스타일:** 입력한 덧말의 글자 모양 설정

덧말 고치기

문서에 삽입한 덧말을 다른 덧말로 고치거나, 덧말은 그대로 두고 본말만을 간편하게 고칠 수 있다.

→ **[덧말 고치기] 메뉴 사용하기:** 바로가기 메뉴에서 [덧말 고치기]를 선택하고, [덧말 편집] 대화상자에서 '본말' 이나 '덧말' 을 수정한 후 [고치기] 버튼을 눌러 수정된 내용을 적용한다.

→ **[편집] → [고치기] 메뉴 사용하기:** [편집] → [고치기] 메뉴를 실행하거나 덧말을 마우스로 더블 클릭하여 [덧말 편집] 대화상자를 표시한 다음 수정한다.

덧말 지우기

본말은 그대로 두고 덧말만 지우고 싶은 경우

→ 바로가기 메뉴에서 [덧말 지우기]
→ [편집] → [고치기] 메뉴 실행
→ 덧말을 마우스로 더블 클릭하여 [덧말 편집] 대화상자를 표시한 다음 [덧말 지움] 버튼을 클릭하여 덧말만 삭제할 수 있다.

함께하기 | 글자 겹침과 덧말 표시하기

예제 파일: 한글\예제파일\Chapter 5\지구온난화(글자겹침과 덧말).hwp
완성 파일: 한글\완성파일\Chapter 5\지구온난화(글자겹침과 덧말)(완성).hwp

1. [글자 겹치기] 메뉴 선택하기

❶ 예제 파일을 열고 '출처:' 앞에 커서를 놓고,
❷ [입력] → [글자 겹치기] 메뉴를 실행하여 [글자 겹치기] 대화상자를 표시한다.

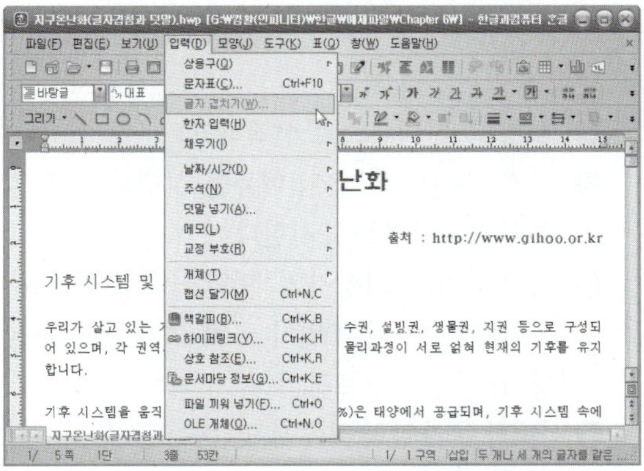

2. 일반 겹치기

❶ '겹쳐 쓸 모양'에서 '일반 겹치기(㉮)'를 선택하고,

❷ '겹쳐 쓸 글자' 입력 상자에서 마우스 오른쪽 버튼을 클릭한 다음, [문자표]를 선택한다.

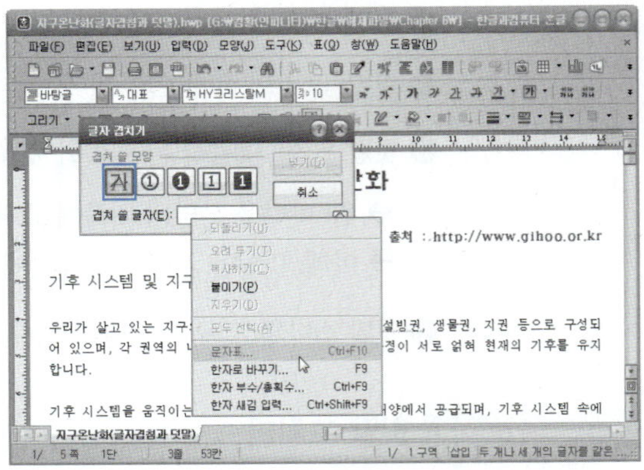

❸ [문자표 입력] 대화상자에서 [유니코드 문자표] 탭의 '문자 영역 – 도형 기호'를 클릭하고,

❹ 사각형과 오른쪽 삼각형 도형을 각각 선택한 다음 [넣기] 버튼을 클릭한다.

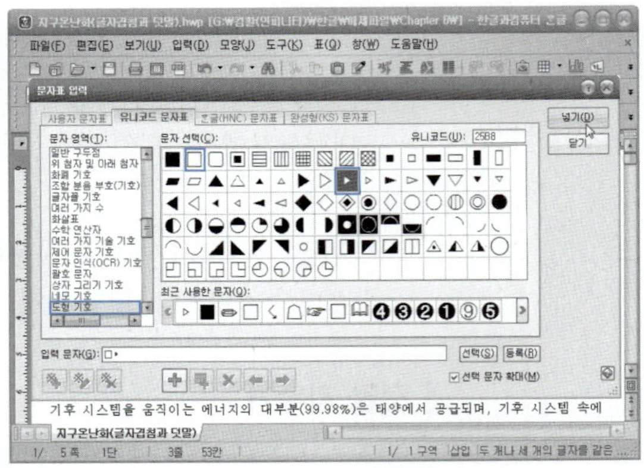

3. 문서에 입력하기

❶ [글자 겹치기] 대화상자에 다음과 같이 선택한 문자가 표시되고,

❷ [넣기] 버튼을 클릭하면 커서 위치에 선택한 문자가 겹쳐 표시된다.

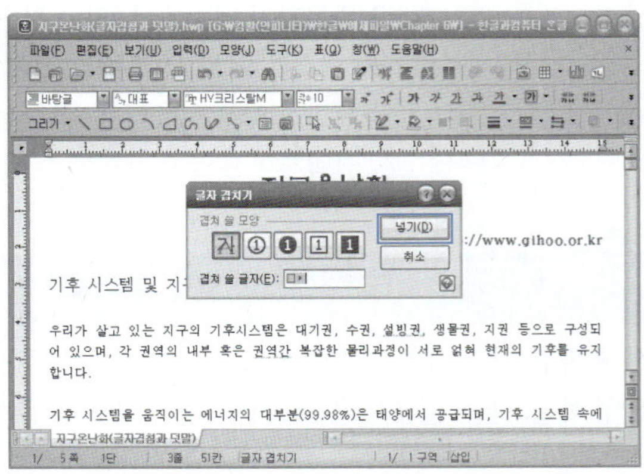

4. 덧말 넣기

❶ '설빙권'을 마우스로 선택하고,

❷ [입력] → [덧말 넣기] 메뉴를 실행하여 [덧말 넣기] 대화상자를 표시한다.

❸ [덧말 넣기] 대화상자의 '덧말 – Cryo sphere'를 입력하고 '덧말 위치 – 위'로 선택한 다음 [넣기] 버튼을 누르면,

❹ 선택한 문자열의 위쪽에 덧말이 표시된다.

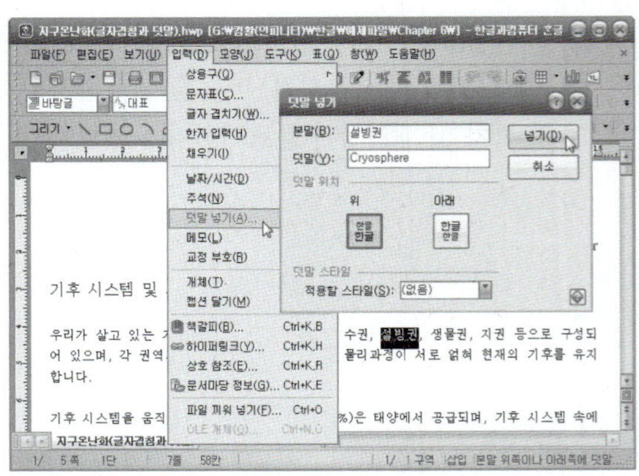

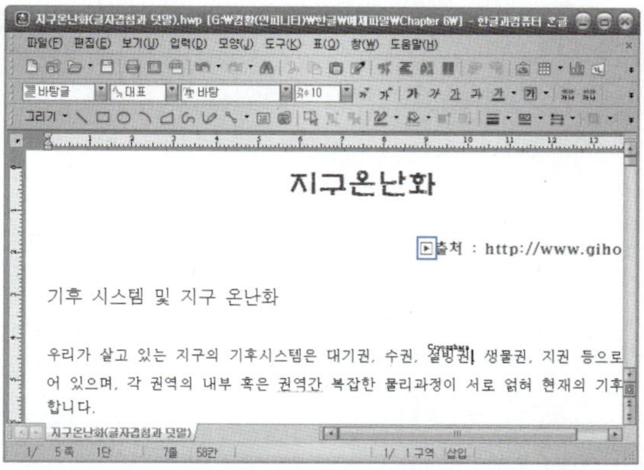

Section 02: 문단 번호 지정하기

[모양] → [문단 번호] 메뉴를 사용하여 여러 개의 항목을 나열하거나 문서 전체의 문단에 자동으로 번호 또는 글머리표를 표시할 수 있다. 문단 번호는 7 수준까지 번호를 표시할 수 있으며, 문단 번호를 사용한 문단의 순서가 바뀌면 문단 번호도 자동으로 변경되어 표시된다.

Tip | 문단 번호 적용 범위

문단 번호와 글머리표는 문단 단위로 적용되며, 커서가 있는 현재 문단의 머리에 삽입된다. 여러 문단에 번호나 글머리표를 삽입하려면 문단을 모두 블록으로 설정하고 [문단 번호/글머리표]를 실행한다.

2.1 | 문단 번호 모양

항목이나 문단의 머리에 문단 번호와 글머리표, 그림 글머리표 중 선택하여 삽입할 수 있다. 문단 번호 모양은 [모양] → [문단 번호 모양] 메뉴를 실행한 다음 [문단 번호/글머리표] 대화상자에서 선택한다.

[문단 번호] 탭

시작 번호 방식, 문단 번호 모양을 선택하여 현재 문단의 머리에 번호를 표시할 수 있다. [문단 번호 모양] 목록에 원하는 모양이 없는 경우 [문단 번호 사용자 정의 모양]을 직접 설정할 수도 있다.

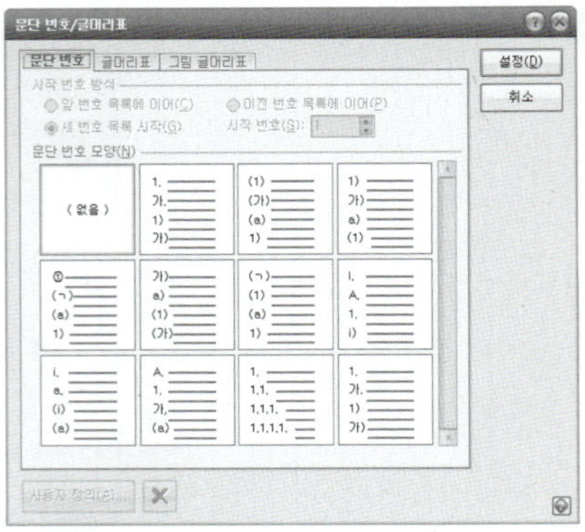

[글머리표] 탭

현재 문단의 머리에 불릿(bullet) 모양의 글머리표가 표시된다. [글머리표 모양] 목록에 원하는 모양이 없는 경우 [글머리표 사용자 정의 모양]을 직접 설정할 수 있다.

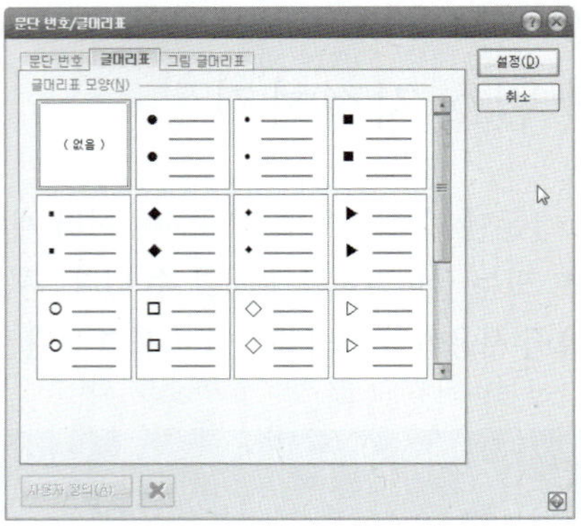

[그림 글머리표] 탭

현재 문단의 머리에 그림 글머리표를 표시할 수 있다. [그림 글머리표 모양] 목록에 원하는 모양이 없는 경우 [그림 글머리표 사용자 정의 모양]을 직접 설정할 수도 있다.

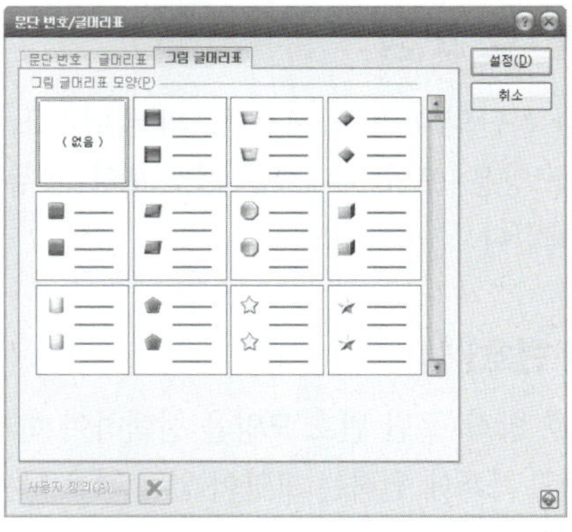

Tip | 문단 번호 속성 해제하기

[모양] → [문단 번호] → [문단 번호 속성/해제] 메뉴를 선택한다.

2.2 문단 번호/글머리표 속성 편집하기

[문단 번호/글머리표] 대화상자의 [문단 번호] 탭에서 시작 문단 번호를 설정하거나 문단 번호 모양을 선택할 수 있으며, [사용자 정의] 단추를 누르면 문단 번호 모양을 직접 지정할 수 있다.

[문단 번호] 탭

❶ **시작 번호 방식:** 문단 번호의 시작 번호 방식 설정

→ **앞 번호 목록에 이어:** 현재 문단의 앞쪽으로 가장 가까운 문단의 번호에 이어 표시
→ **이전 번호 목록에 이어:** 현재 문단 번호를 이전 번호 목록에 이어 표시
→ **새 번호 목록 시작:** 현재 문단부터 새로운 번호로 표시

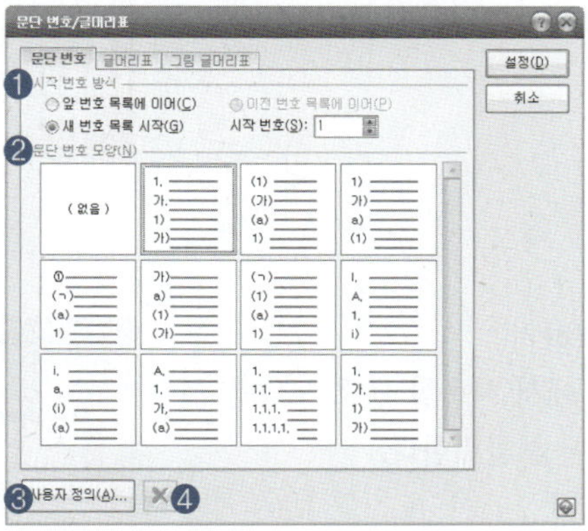

→ **시작 번호:** 시작 번호 설정

❷ **문단 번호 모양:** 11가지 종류의 문단 번호 모양과 사용자 정의 모양 중 번호 모양 선택. 선택된 번호 모양에 최대 7수준까지 자동으로 번호가 표시된다. '문단 번호 모양' 목록에서 [없음]을 선택하면 문단 번호 속성이 해제된다.

❸ **사용자 정의:** '문단 번호 모양' 목록에서 선택한 모양을 [문단 번호 사용자 정의 모양] 대화상자를 사용하여 각 수준별로 사용될 문단 번호의 모양을 설정

❹ **지우기:** 사용자가 등록한 문단 번호 모양을 '문단 번호 모양' 목록에서 삭제

Tip | 홈 그룹 만들기

문단 번호의 글자 모양은 번호 문단의 맨 마지막 글자의 글자 모양을 따라간다. 문단 번호를 포함한 문단의 글자 모양은 문단 전체를 블록으로 설정하고 글자 모양을 바꾸어야 한다. [문단 번호 사용자 정의 모양] 대화상자에서 '글자 모양 지정' 항목을 이용하면 문단 번호의 글자 모양을 원하는 모양으로 바꿀 수 있다.

함께하기 | 문단 번호 표시하기

예제 파일: 한글\예제파일\Chapter 5\지구온난화(문단 번호).hwp
완성 파일: 한글\완성파일\Chapter 5\지구온난화(문단 번호)(완성).hwp

1. 문단 번호 설정하기

❶ 번호를 매길 문단('기후 시스템 및 지구 온난화')에 커서를 놓고,

❷ [모양] → [문단 번호] → [문단 번호 모양] 메뉴를 실행한 다음,

❸ [문단 번호/글머리표] 대화상자에서 [문단 번호] 탭을 클릭한다.

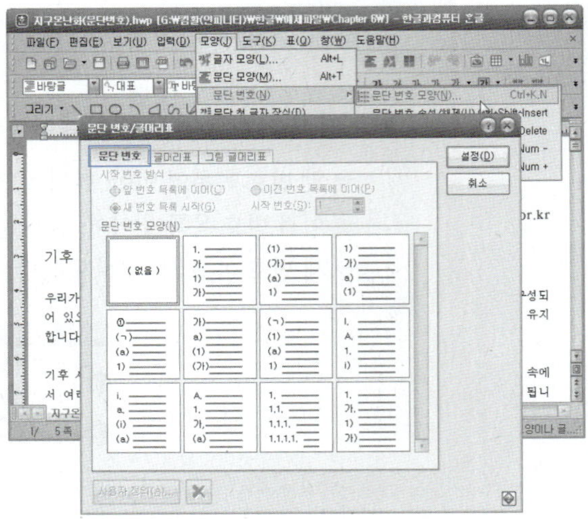

2. 문단 번호 모양 선택하기

❶ '문단 번호 모양'에서 사용할 번호 모양을 선택하고 [설정] 버튼을 클릭한다.

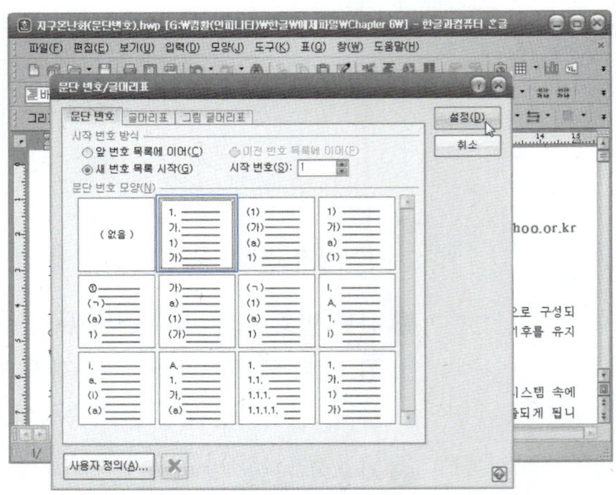

❷ 커서가 있는 문단에 선택한 번호가 삽입되고, [번호/글머리표] 도구 상자가 표시된다.

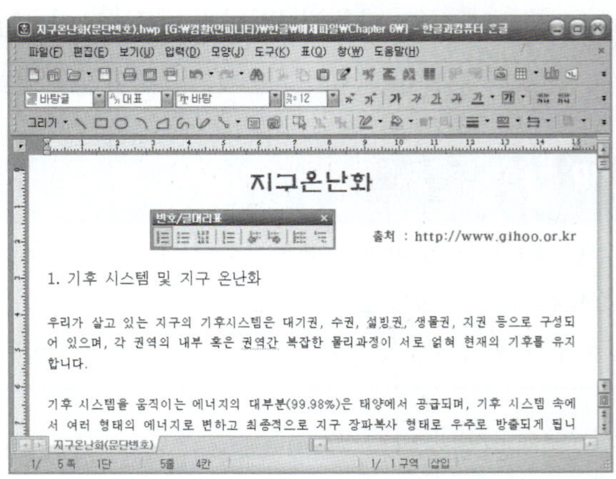

3. 문단 번호 수준 조절하기

❶ 문단 번호를 표시할 다음 문단('지구 온난화에 대한 향후 전망')에 커서를 놓고

❷ [모양] → [문단 번호] → [문단 번호 속성/해제] 메뉴를 실행한다. 커서의 위치에 이전 문단 번호에 이어 다음과 같이 문단 번호가 표시된다.

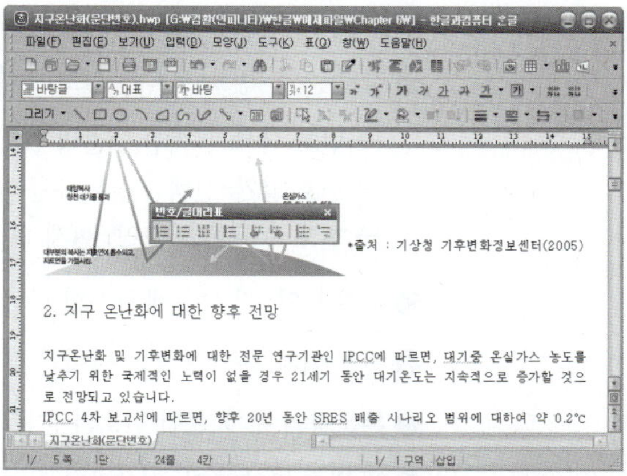

❸ 2 수준의 문단 번호가 표시되도록 [모양] → [문단 번호] → [한 수준 감소] 메뉴를 실행한다.

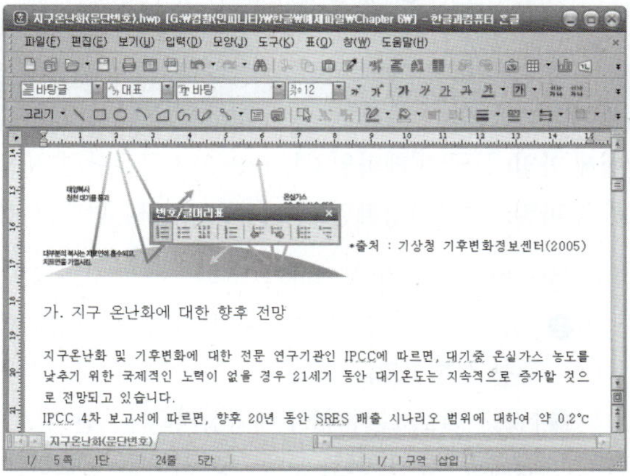

문단 번호 모양 설정하기

각 수준별 문단 번호의 모양을 사용자의 취향에 맞게 설정할 수 있다. 설정한 문단 번호, 글머리표, 그림 글머리표 모양은 한글 2007에 내부적으로 저장되어, 새 문서 창을 만들거나 한글을 실행할 때 선택하여 사용할 수 있다.

[문단 번호/글머리표] 대화상자의 [문단 번호] 탭에서 [사용자 정의] 버튼을 클릭한 다음 설정한다.

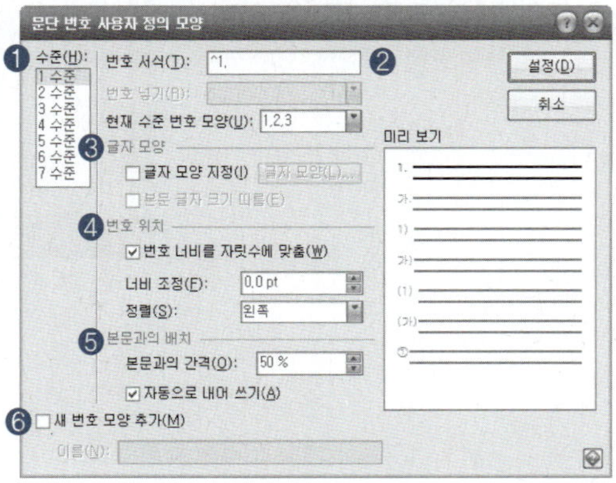

❶ **수준:** 7 수준 중에서 각 수준마다 '번호 서식', '번호 넣기', '현재 수준 번호 모양' 설정

❷ 각 수준의 '번호 서식', '번호 넣기', '현재 수준 번호 모양' 설정

→ **번호 서식:** 선택한 수준의 번호와 앞뒤 장식 문자 설정
→ **번호 넣기:** 선택한 상위 수준의 번호 코드를 현재 수준과 함께 표시
→ **현재 수준 번호 모양:** 현재 수준의 번호 모양 설정

❸ **글자 모양:** 각 수준에 표시할 문단 번호의 글자 모양 설정

❹ **번호 위치:** 문단 번호의 너비와 정렬 방식 설정

❺ **본문과의 배치:** 문단 번호와 본문과의 간격 설정

❻ **새 번호 모양 추가:** 사용자가 정의한 문단 번호 모양을 번호 모양 목록에 등록

함께하기 | 사용자 정의 문단 번호 모양 설정하기

예제 파일: 한글\예제파일\Chapter 5\지구온난화(사용자정의문단 번호).hwp
완성 파일: 한글\완성파일\Chapter 5\지구온난화(사용자정의문단 번호)(완성).hwp

1. 문단 번호 사용자 정의하기

❶ [모양] → [문단 번호] → [문단 번호 모양] 메뉴를 실행하고,

❷ [문단 번호/글머리표] 대화상자의 [문단 번호] 탭에서 '문단 번호 모양' 중 하나를 선택하고 [사용자 정의] 버튼을 클릭한다.

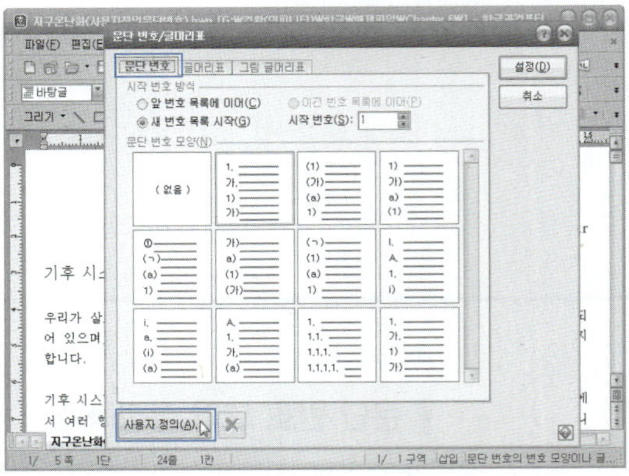

2. 번호 모양 설정하기

❶ [문단 번호 사용자 정의 모양] 대화상자의 '수준 → 1수준'을 선택하면 '번호 서식' 항목에 '^1.'과 같이 표시된다.

❷ '현재 수준 번호 모양'에서 'I, II, III'을 선택한다.

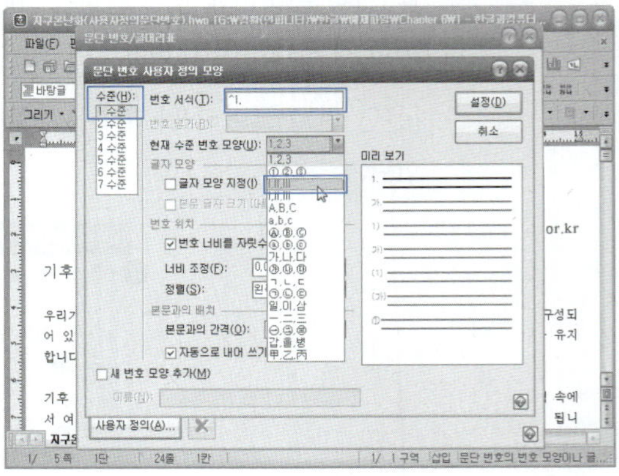

3. 글자 모양 설정하기

❶ '글자 모양' → '글자 모양 지정' 에서 [글자 모양] 버튼을 클릭하고,

❷ [글자 모양] 대화상자에서 적용할 글자 크기, 글꼴, 글자 속성 등을 설정하고 [설정] 버튼을 클릭한다.

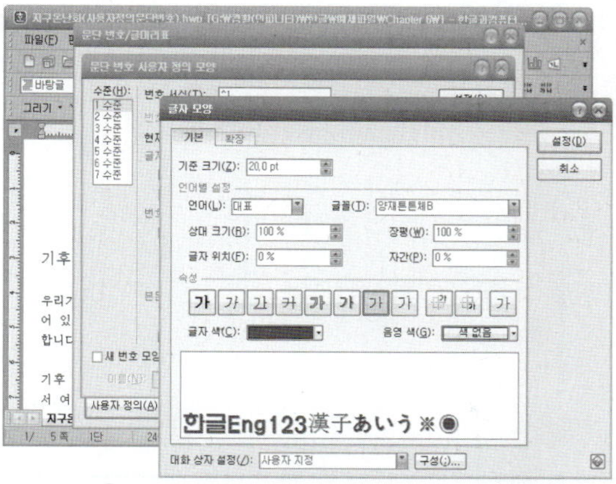

4. 번호 위치 설정하기

❶ '번호 위치 → 너비 조정' 을 '10' 으로 설정하고,

❷ '정렬 → 오른쪽' 으로 설정한다.

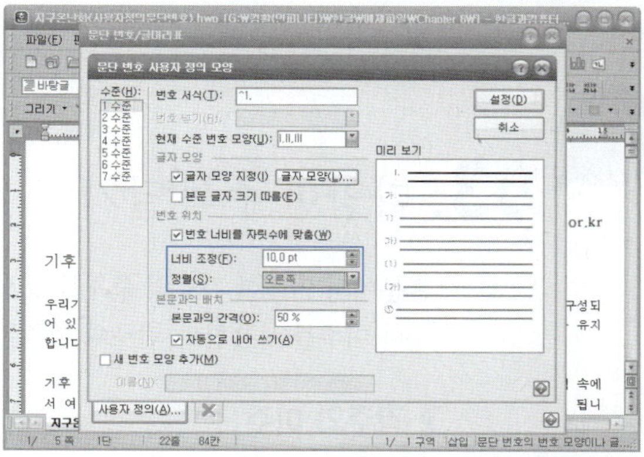

5. 상위 수준과 함께 표시하기

❶ '수준 - 2 수준' 을 선택하고,

❷ '번호 서식' 입력란의 맨 오른쪽에 커서를 두고,

❸ '번호 넣기 - 1 수준' 을 선택하여 '번호 넣기' 에 '^1-^2' 와 같이 표시한 다음,

❹ 글자 모양과 위치 등을 설정한 다음 [설정] 버튼을 클릭하고,

❺ [문단 번호/글머리표] 대화상자를 닫는다.

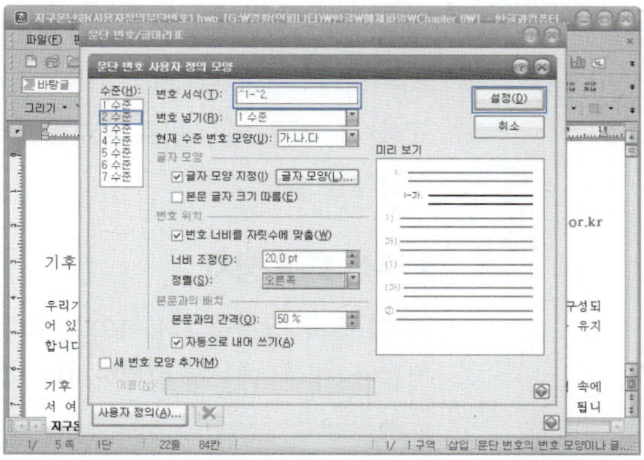

6. 문단 번호 표시하기

❶ 커서를 문단 번호를 적용할 문단('기후 시스템 및 지구 온난화')에 두고,

❷ [모양] → [문단 번호] → [문단 번호 모양] 메뉴를 실행한 다음,

❸ [문단 번호/글머리표] 대화상자의 [문단 번호] 탭에서 문단 번호 모양을 선택하고 [설정] 버튼을 클릭한다.

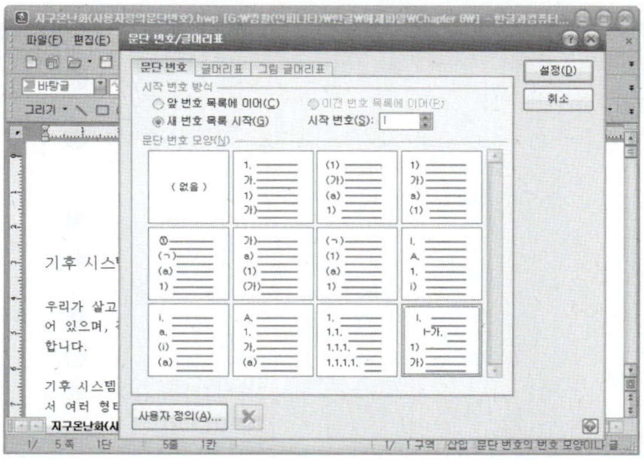

❹ 설정한 문단 모양이 커서의 위치에 적용되어 표시된다.

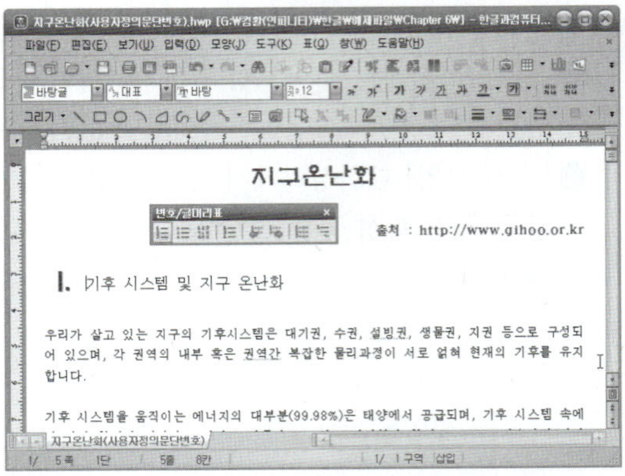

Section

03 : 다양한 주석 달기

본문에서 인용한 자료의 출처를 표시하거나 보충 자료를 구체적으로 명시할 필요가 있을 때 각주나 미주를 사용한다. 각주와 미주는 주석의 내용이 놓이는 위치에 따라 구분된다.

각주와 미주

각주는 각주 번호가 표시된 페이지의 아래에 각주 내용을 표시하고, 미주는 미주 번호가 표시된 페이지와 상관없이 문서의 맨 마지막에 미주 내용을 표시한다. 각주와 미주는 완전히 별개의 부분으로 다루어지므로 각주 번호와 미주 번호도 각각 따로 표시된다.

표시되는 각주/미주 번호는 자동으로 표시되지만, [각주/미주 모양] 대화상자에서 번호 모양을 설정할 수 있다.

주석 도구 상자

[주석] 도구 상자를 사용하여 각주나 미주의 모양을 설정할 수 있다. [입력] → [주석] → [각주] 메뉴나 [미주] 메뉴를 실행하거나 [각주/미주 모양] 메뉴를 실행한다.

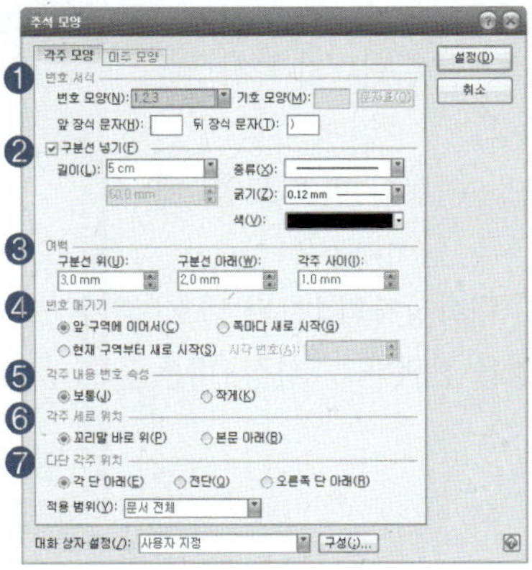

❶ **번호 서식:** 주석 번호의 모양과 장식 문자 설정

→ **번호 모양:** 각주/미주 번호 문자와 모양 설정

→ **앞 장식 문자:** 각주/미주 번호 앞에 표시할 문자

→ **뒤 장식 문자:** 각주/미주 번호 뒤에 표시할 문자

❷ **구분선 넣기:** 본문과 각주/미주 사이에 표시할 구분선의 길이와 종류, 굵기, 색 등 설정

❸ **여백:** 본문과 구분선, 구분선과 각주, 각주와 각주 사이의 간격 설정

→ **구분선 위:** 본문과 각주 구분선 사이의 간격

→ **구분선 아래:** 각주 구분선과 각주 내용 사이의 간격

→ **각주 사이:** 각주 내용과 각주 내용 사이의 간격

❹ **번호 매기기:** 각주 번호를 표시하는 방법 설정

→ **앞 구역에 이어서:** 각주 번호를 앞 구역에 이어서 표시

→ **쪽마다 새로 시작:** 매 페이지마다 각주를 1번부터 새로 시작하여 표시

→ **현재 구역부터 새로 시작:** 현재 구역부터 새로 각주 번호 표시

❺ **각주 내용 번호 속성:** '보통', '위 첨자' 중 각주 번호의 모양 설정

❻ **각주 세로 위치:** 각주 내용을 표시할 위치 설정

→ **꼬리말 바로 위:** 꼬리말 영역 바로 윗부분에 각주 내용 표시

→ **본문 아래:** 본문 내용의 바로 아래에 각주 내용 표시

❼ **다단 각주 위치:** 다단 편집된 문서에서 표시할 위치 설정

→ **각 단 아래:** 각주 번호가 있는 각 단 아래쪽에 표시

→ **전단:** 각주 내용을 전단(1단) 모양으로 문서 폭에 맞추어 표시

→ **오른쪽 단 아래:** 맨 오른쪽 단 아래에 각주 내용 표시

함께하기 | 주석 삽입하기

예제 파일: 한글\예제파일\Chapter 5\지구온난화(주석).hwp

완성 파일: 한글\완성파일\Chapter 5\지구온난화(주석)(완성).hwp

1. 각주 표시하기

❶ 각주를 표시할 위치('대기권' 바로 뒤)에 커서를 놓고,

❷ [입력] → [주석] → [각주] 메뉴를 실행한다. 커서의 위치에 각주 번호가 표시되고, 각주 내용을 입력할 수 있도록 커서가 페이지 아래로 옮겨지며 [주석 도구 상자]가 표시된다.

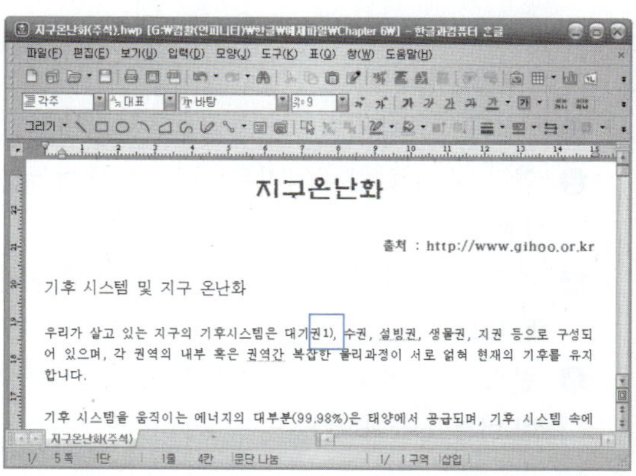

2. 각주 내용 입력하기

❶ 표시된 각주 번호 '1)' 다음에 각주 내용을 입력한다.

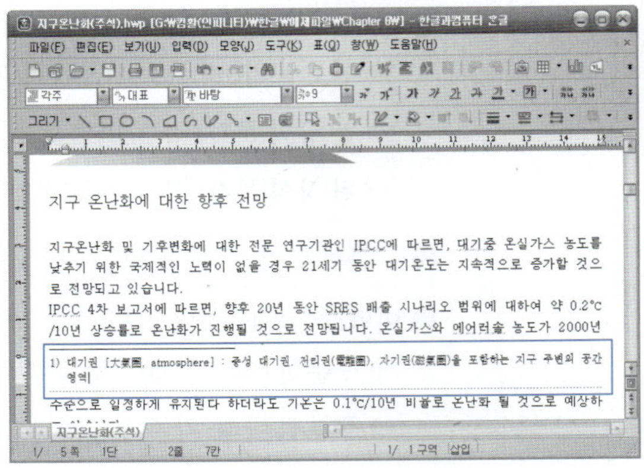

3. 미주 표시하기

❶ 미주를 표시할 위치('수권' 바로 뒤)에 커서를 놓고,

❷ [입력] → [주석] → [미주] 메뉴를 실행한다. 커서의 위치에 미주 번호가 표시되고, 미주 내용을 입력할 수 있도록 커서가 문서의 맨 끝으로 이동한다.

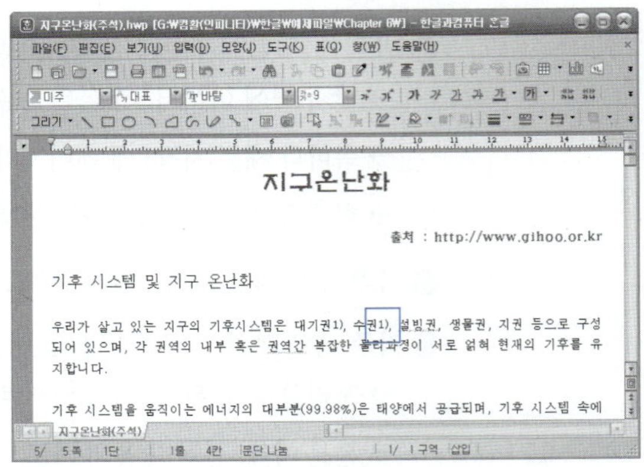

4. 미주 내용 입력하기

❶ '1)' 과 같이 자동으로 표시된 미주 번호 다음에 미주 내용을 입력한다.

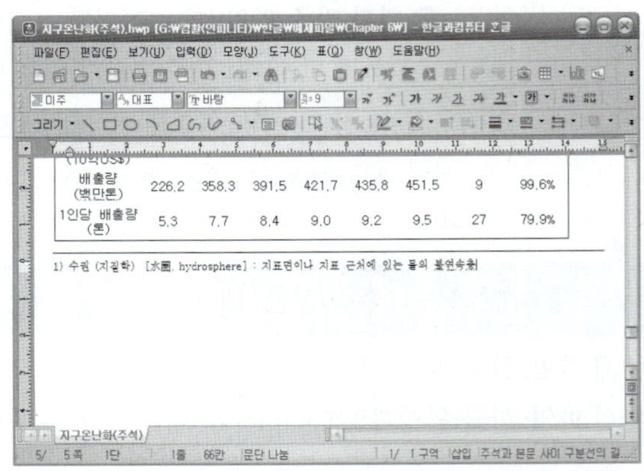

5. 각주 모양 변경하기

❶ 각주 내용이 표시된 부분에 마우스를 놓고,

❷ [입력] → [주석] → [각주/미주 모양] 메뉴를 실행한 다음,

❸ [주석 모양] 대화상자에서 [각주 모양] 탭을 선택하고,

❹ '번호 모양'에서 '*, **, ***'을 선택하고 [설정] 버튼을 클릭한다.

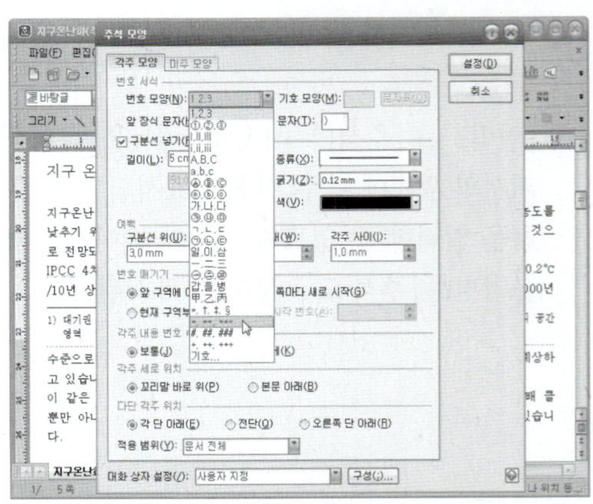

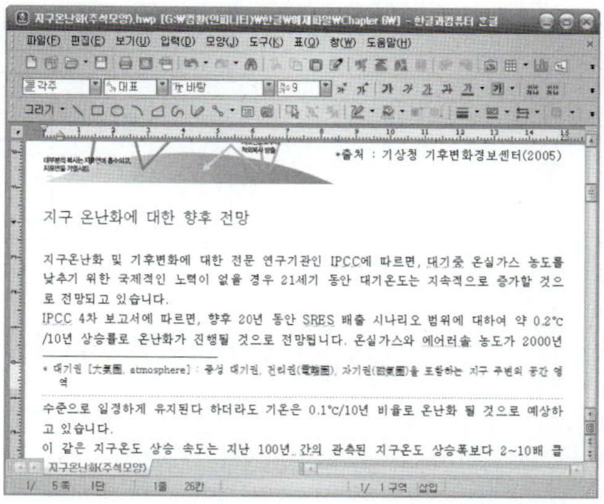

04: 다단 설정하기

신문이나 잡지 등에서처럼 한 페이지를 여러 개의 단으로 나누어 표시할 수 있다. 각 단의 너비가 서로 다른 단을 만들 수도 있고, 한 페이지 안에서 단 수가 다른 단을 만들 수도 있다.

[단 설정] 대화상자

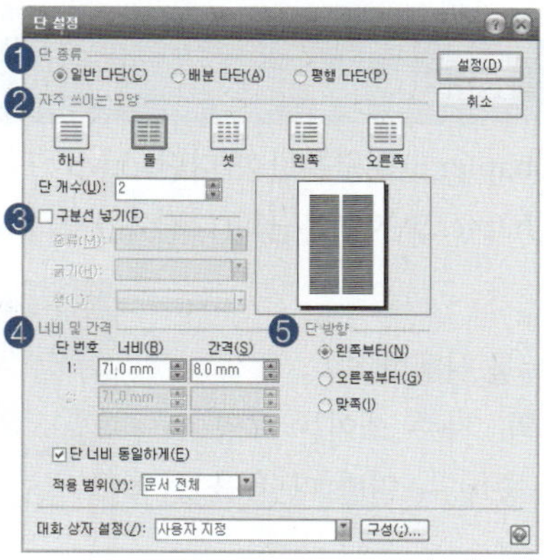

❶ **단 종류:** 단 개수가 '둘' 이상일 때 설정
 → **일반 다단:** 한 단씩 내용 표시
 → **배분 다단:** 마지막 페이지의 각 단의 높이를 맞추어 표시
 → **평행 다단:** 여러 단을 동시에 편집

❷ **자주 쓰이는 모양:** 단 개수 설정

❸ **구분선 넣기:** 단과 단 사이에 선 표시

❹ **너비 및 간격:** 단의 너비와 단 사이의 간격 설정

❺ **단 방향:** 내용이 입력되기 시작할 방향 설정

→ **왼쪽부터:** 맨 왼쪽 단부터 오른쪽 단으로 입력

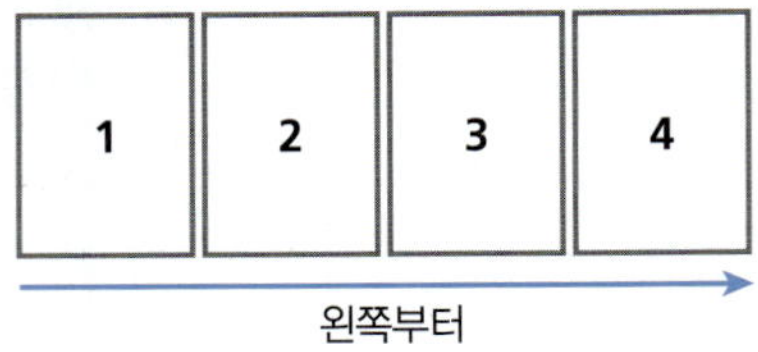

→ **오른쪽부터:** 오른쪽 단부터 왼쪽 단으로 내용 입력

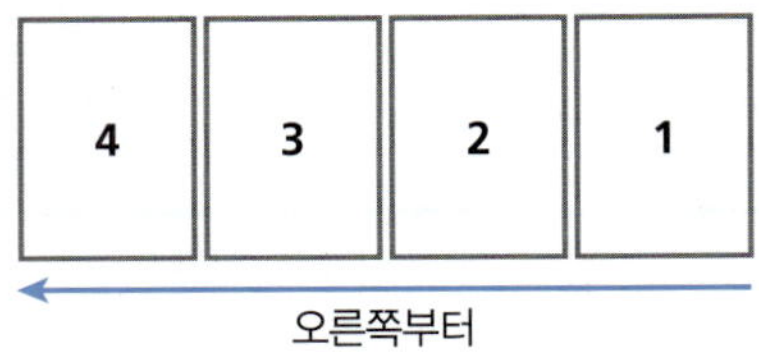

→ **맞쪽:** 홀수 쪽과 짝수 쪽이 서로 마주보는 모양으로, 홀수 쪽에서는 왼쪽 단부터 짝수 쪽에서는 오른쪽 단부터 내용 입력

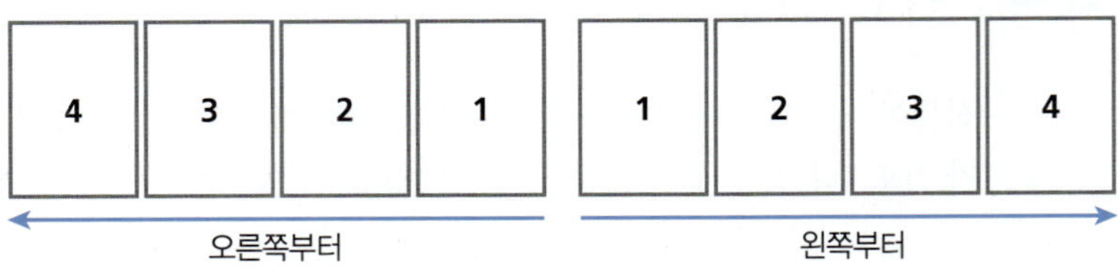

함께하기 | 다단 설정하기

예제 파일: 한글\예제파일\Chapter 5\지구온난화(다단).hwp
완성 파일: 한글\완성파일\Chapter 5\지구온난화(다단)(완성).hwp

1. 단 종류 설정

❶ [모양] → [다단] 메뉴를 실행한 후,

❷ [단 설정] 대화상자의 '자주 쓰이는 모양 → 둘'을 선택하고, '단 종류 → 일반 다단'을 선택한다.

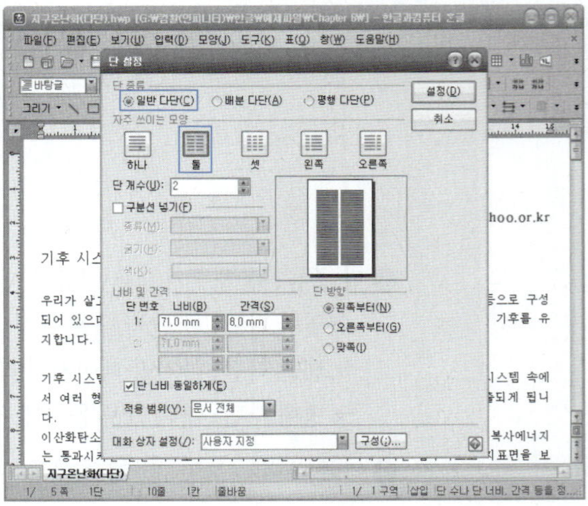

2. 구분선 표시하기

❶ '구분선 넣기' 항목을 선택하고 '종류', '굵기', '색' 등을 선택하고,

❷ [설정] 버튼을 클릭하면 파일이 2단으로 편집되어 표시된다.

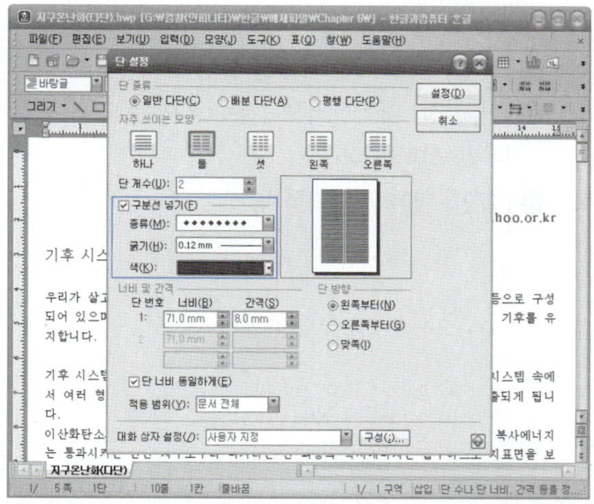

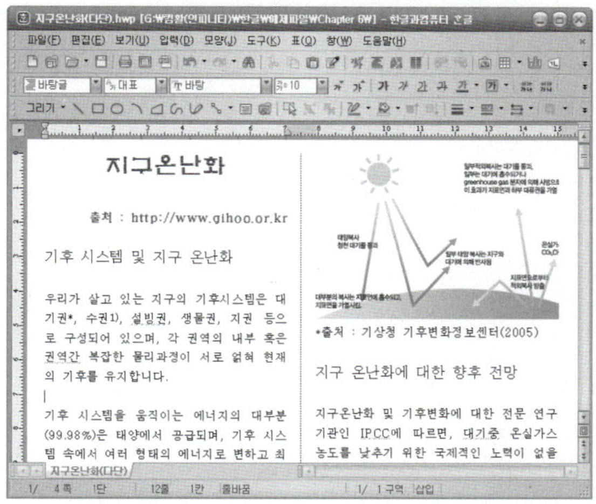

함께하기 | 단 모양 다르게 설정하기

예제 파일: 예제파일\Chapter 5\지구온난화(다단-1).hwp

완성 파일: 완성파일\Chapter 5\지구온난화(다단-1)(완성).hwp

1. 단 모양 설정할 부분 선택하기

❶ 2단으로 편집된 예제 파일을 열고 단 모양을 다르게 표시할 부분을 블록으로 설정한다.

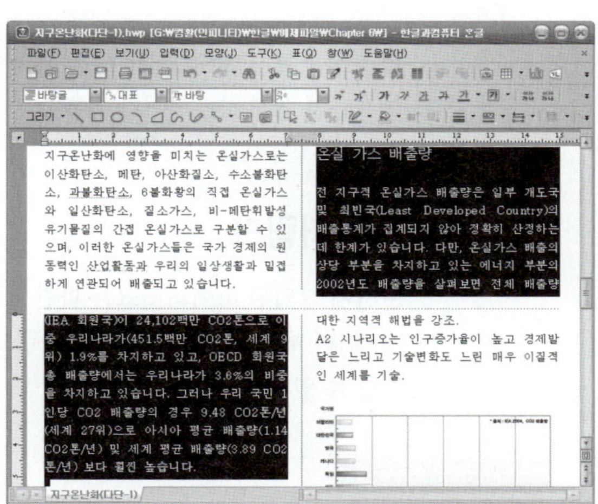

2. 단 모양 설정하기

❶ [모양] → [다단] 메뉴를 실행하고,

❷ [단 설정] 대화상자의 '자주 쓰이는 모양 → 하나'를 선택한 다음,

❸ [확인] 버튼을 클릭한다.

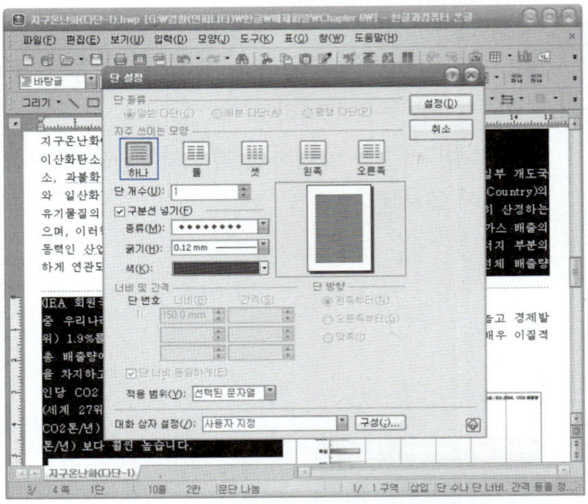

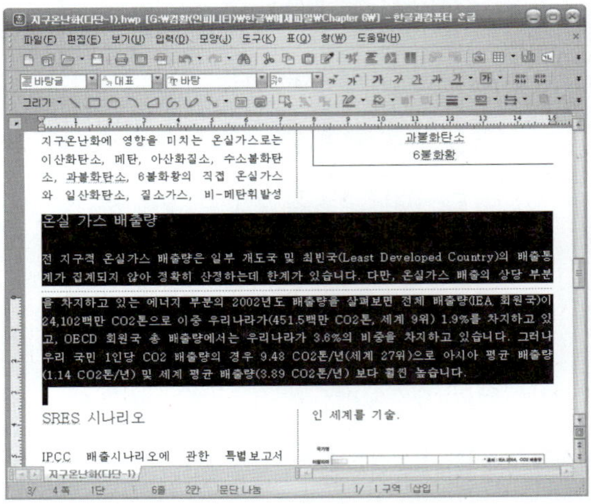

Section

05 : 하이퍼링크와 책갈피 사용하기

텍스트나 표, 그리기 개체 등의 개체에 현재 문서나 다른 문서, 웹 페이지, 전자 우편 주소 등을 연결하여 쉽게 참조하거나 이동할 수 있도록 하는 하이퍼링크와 책갈피 기능을 사용할 수 있다.

5.1 | 하이퍼링크

문서에 삽입된 하이퍼링크는 파란색 글자에 밑줄이 표시된다. 하이퍼링크 표시는 [도구] → [환경 설정] 메뉴를 사용하여 하이퍼링크의 글꼴, 글자 색, 음영 색, 밑줄 긋기 등의 글자 속성을 설정할 수 있다.

[하이퍼링크] 대화상자

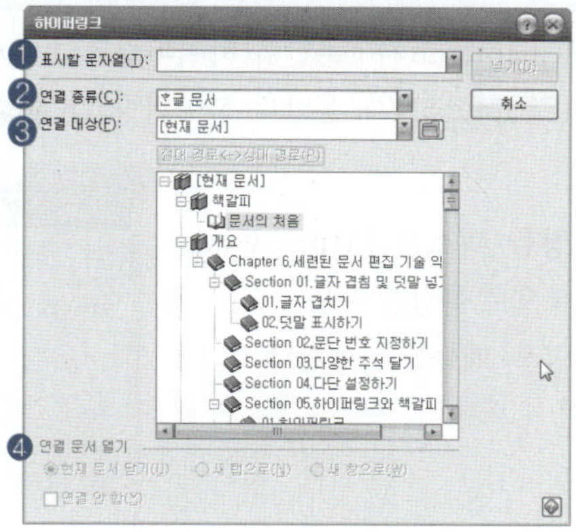

❶ **표시할 문자열:** 하이퍼링크가 설정된 개체에 표시할 텍스트

❷ **연결 종류:** 연결할 문서 형식 지정

❸ **연결 대상:** '연결 종류' 항목에서 선택한 문서 형식에 따라 연결할 대상 선택

❹ **연결 문서 열기:** 연결된 문서의 표시 방법 설정

- → **현재 문서 닫기:** 현재 문서를 닫고 연결된 문서 표시
- → **새 탭으로:** 새 탭에 연결된 문서 표시
- → **새 창으로:** 새 문서 창에 연결된 문서 표시

하이퍼링크 고치기

하이퍼링크 안에 커서를 놓고 [편집] → [고치기] 메뉴를 실행하거나 마우스 오른쪽 버튼을 누른 다음 빠른 메뉴에서 [하이퍼링크 고치기]를 선택한다. [하이퍼링크 고치기] 대화상자가 표시되면 '표시할 문자열', '연결 종류', '연결 대상', '연결 문서 열기' 등을 수정한다.

하이퍼링크 지우기

설정된 하이퍼링크 속성을 없애려면 개체를 선택하고 [입력] → [하이퍼링크] 메뉴를 다시 한번 실행한 다음, [하이퍼링크 고치기] 대화상자에서 '연결 안 함' 항목을 선택한다.

Tip | 하이퍼링크 조판 부호 삭제하기

[보기] → [조판 부호] 메뉴를 실행하여 하이퍼링크 표시 앞에서 [Delete]를 눌러 하이퍼링크 조판 부호를 지운 경우에도 하이퍼링크 속성을 지울 수 있다. 이 경우 하이퍼링크 속성은 없어지지만 원래 글자 모양으로 돌아가지는 않는다.

함께하기 | 하이퍼링크 설정하기

예제 파일: 한글\예제파일\Chapter 5\지구온난화(하이퍼링크).hwp
완성 파일: 한글\완성파일\Chapter 5\지구온난화(하이퍼링크)(완성).hwp

1. 하이퍼링크 설정하기

❶ 하이퍼링크를 설정할 텍스트(http://www.gihoo.or.kr)를 블록으로 설정한 다음,
❷ [입력] → [하이퍼링크] 메뉴를 실행한다.

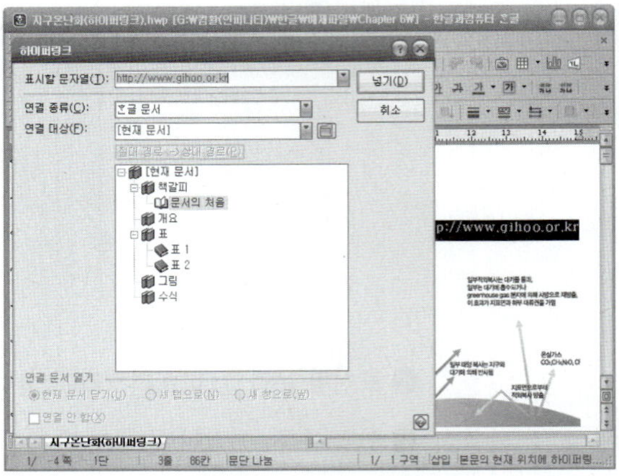

2. 연결 대상 설정하기

❶ '연결 대상-웹 주소'를 선택하고,
❷ '연결 대상' 항목 상자에 'http://www.gihoo.or.kr'을 입력한다.

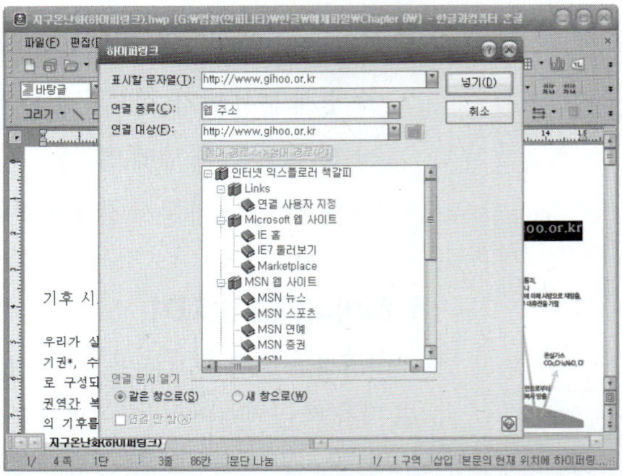

❸ [넣기] 버튼을 클릭하면 블록으로 설정한 부분의 텍스트가 밑줄이 그어진 파란색 글자의 하이퍼링크 글자 속성으로 표시된다.

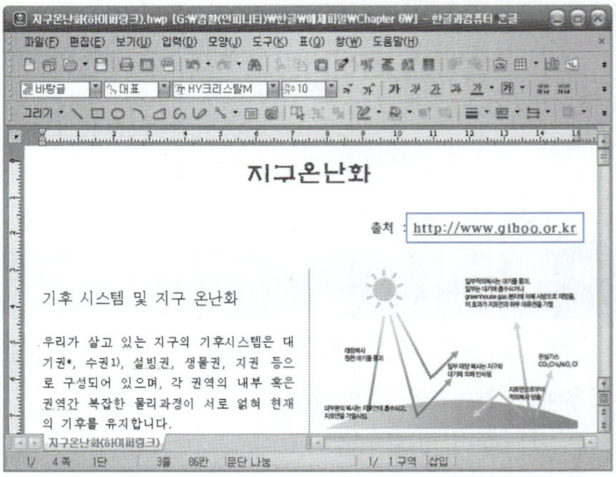

5.2 | 책갈피

책갈피는 하이퍼링크를 사용하여 본문에 책갈피로 설정된 부분으로 커서를 이동시키는 기능이다. 책갈피는 본문뿐만 아니라 각주/미주, 머리말/꼬리말, 바탕쪽, 표나 글상자 등의 개체 안에도 삽입할 수 있다.

같은 이름을 가진 책갈피를 2개 이상 등록할 수 없고, 블록을 설정한 상태에서 책갈피를 지정하면 블록 전체가 책갈피로 기억된다. 블록 책갈피로 이동하는 경우, 블록이 설정되었던 그대로의 상태로 표시된다.

함께하기 | 책갈피 설정하기

예제 파일: 한글\예제파일\Chapter 5\지구온난화(책갈피).hwp

완성 파일: 한글\완성파일\Chapter 5\지구온난화(책갈피)(완성).hwp

1. 책갈피 표시하기

❶ 책갈피를 지정할 위치(그림 1)에 커서를 옮겨 놓고,

❷ [입력] → [책갈피] 메뉴를 실행하여 [책갈피] 대화상자를 표시한다.

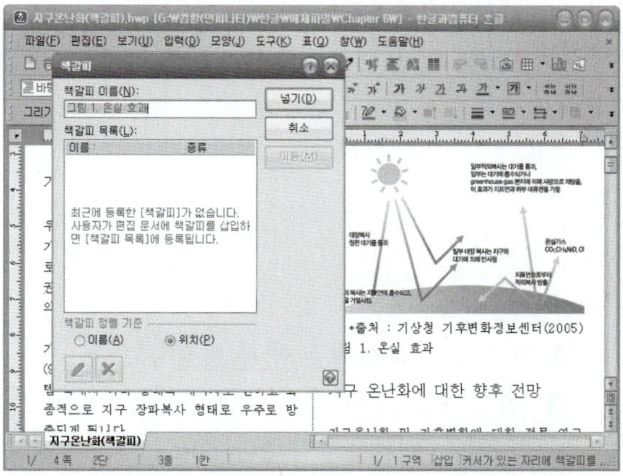

2. 책갈피 이름 설정하기

❶ [책갈피] 대화상자의 '책갈피 이름' 항목에 커서가 위치한 본문의 내용이 자동으로 표시된다. 다른 이름을 사용하려면 적당한 이름을 직접 입력한 다음 [넣기] 버튼을 클릭한다.

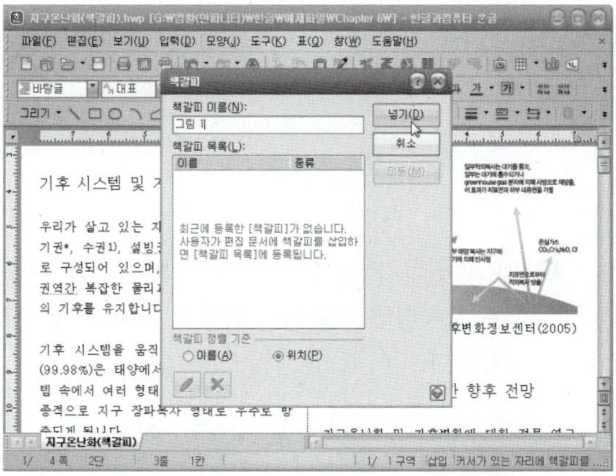

❷ 다른 그림에도 위와 같은 방법으로 책갈피를 설정한다.

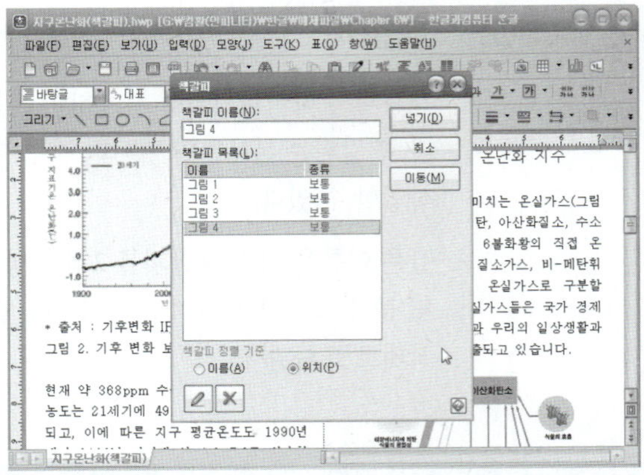

3. 하이퍼링크 설정하기

❶ '그림 1'을 블록으로 설정하고,

❷ [입력] → [하이퍼링크] 메뉴를 실행한 다음, [하이퍼링크] 대화상자의 '표시할 문자열'에 본문의 '그림 1'을 입력한다.

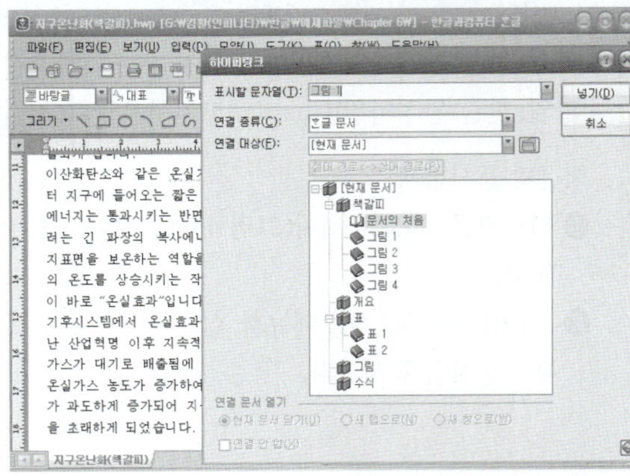

❸ 연결 대상 → 현재 문서'를 설정하고,

❹ '연결 대상 → 책갈피 → 그림 1'을 선택한 다음 [넣기] 버튼을 클릭한다.

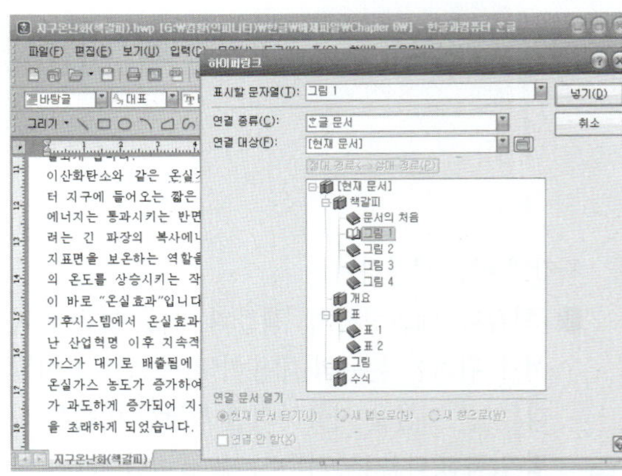

❺ 하이퍼링크가 설정된 '그림 1' 텍스트를 마우스로 클릭하면 책갈피가 설정된 위치로 커서가 이동한다.

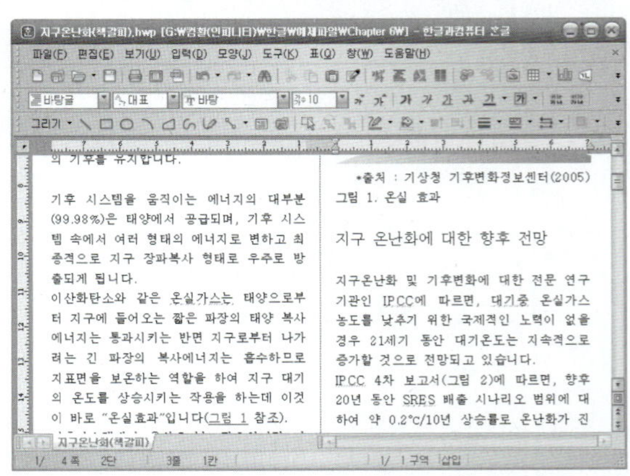

Section

06: 차례와 찾아보기 만들기

본문 속의 제목이나 표, 그림 등에 대해 표시를 달아 나중에 일괄적으로 차례(목차)를 만들거나 본문 단어들이 문서의 몇 쪽에 있는지 표시하는 찾아보기를 만들 수 있다.

6.1 차례 표시하기

차례는 스타일이나 차례 코드 등을 사용하여 본문 속의 제목이나 표, 그림 등에 대해 차례를 표시할 수 있다.

[차례 만들기] 대화상자

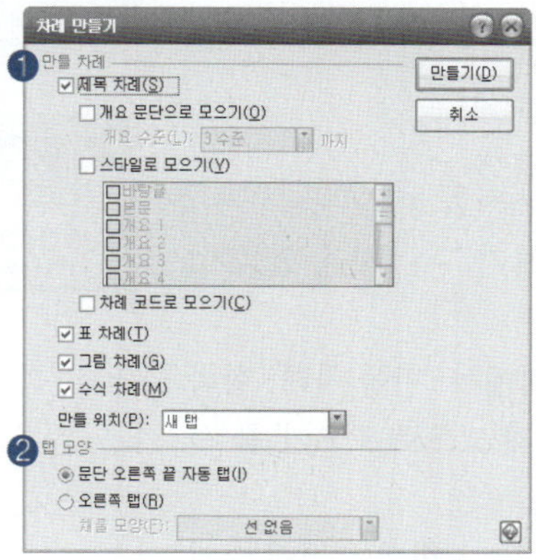

❶ **만들 차례:** 차례를 만들 항목을 선택한다.

→ **제목 차례:** '개요 문단으로 모으기', '스타일로 모으기', '차례 코드로 모으기' 중 하나 이상의 항목을 선택하여 제목 차례 표시

→ **표 차례:** 문서의 표에 대해 표 차례 표시

→ **그림 차례:** 문서의 그림이 삽입된 순서대로 그림의 캡션으로 그림 차례 표시

→ **수식 차례:** 문서의 수식이 삽입된 순서대로 수식의 캡션으로 수식 차례 표시

→ **만들 위치:** 차례를 만들 위치 설정

❷ **탭 모양:** 페이지 번호의 위치와 제목과 페이지 번호 사이에 표시할 선의 모양 설정

→ **문단 오른쪽 끝 자동 탭:** 문단의 오른쪽 끝에 오른쪽 탭을 삽입하고 페이지 번호 삽입

→ **오른쪽 탭:** 페이지 번호를 오른쪽 끝 부분을 가지런히 맞추어서 삽입

→ **채울 모양:** 제목의 끝 부분부터 페이지 번호까지의 공백에 넣을 선 모양 설정

함께하기 | 차례 코드를 사용하여 제목 차례 표시하기

예제 파일: 한글\예제파일\Chapter 5\지구온난화(제목차례).hwp
완성 파일: 한글\완성파일\Chapter 5\지구온난화(제목차례)(완성).hwp

1. 제목 차례 코드 표시하기

❶ 제목 차례에 사용할 문단에 커서를 놓고,

❷ [도구] → [차례/찾아보기] → [제목 차례 표시] 메뉴를 실행하여 제목 차례 코드를 표시한다.

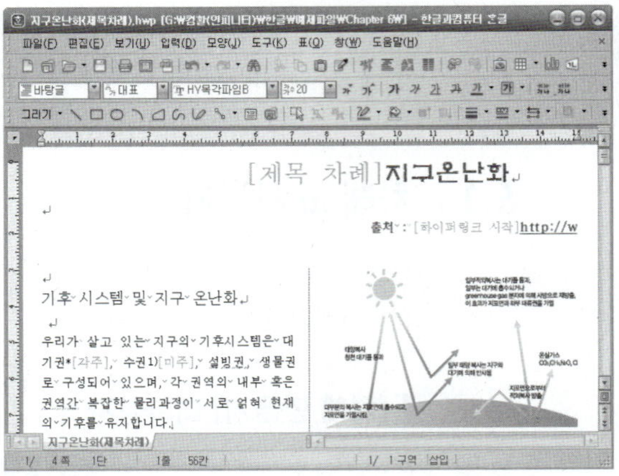

2. 제목 차례 만들기

❶ 차례를 표시할 위치에 커서를 놓고,

❷ [도구] → [차례/찾아보기] → [차례 만들기] 메뉴를 실행하고,

❸ [차례 만들기] 대화상자에서 '만들 차례' 항목에서 '제목 차례 → 차례 코드로 모으기'를 선택한 다음,

❹ '만들 차례 → 만들 위치 → 현재 문서의 커서 위치'를 선택한다.

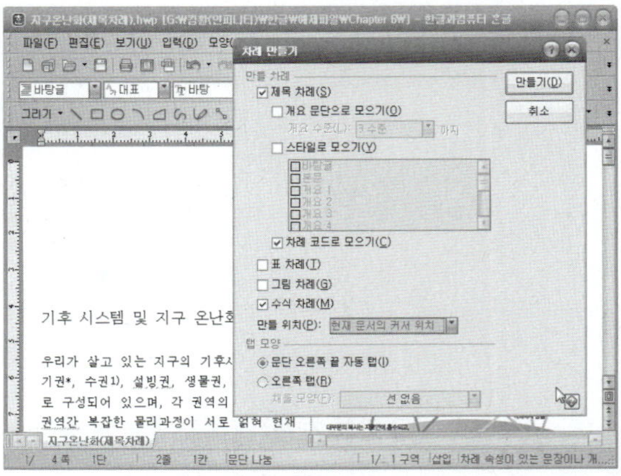

❺ '탭 모양 → 오른쪽 탭'을 선택하고 '채울 모양 → 점선'으로 선택한 다음, [만들기] 버튼을 클릭한다.

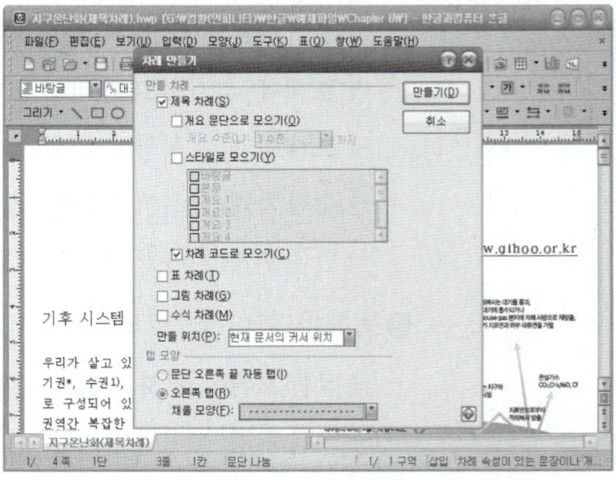

❻ 커서의 위치에 제목 차례가 표시된다.

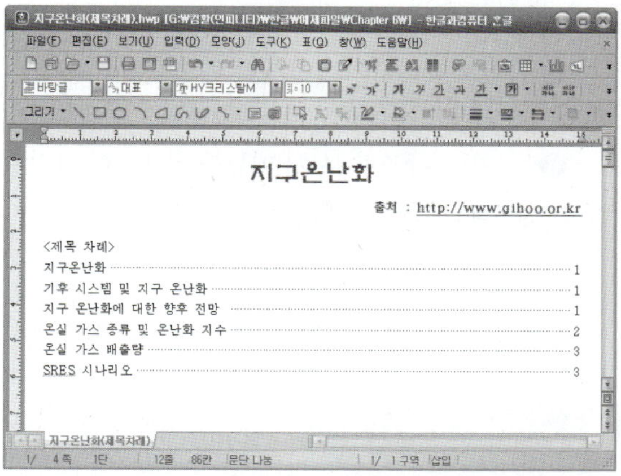

6.2 찾아보기 만들기

찾아보기(Index, 색인)는 본문 단어들을 문서의 맨 뒤에 모아, 문서의 몇 쪽에 있는지 표시하는 것으로, 찾아보기를 만들기 위해서는 먼저 본문에 적절한 찾아보기 표시를 달아 놓은 다음 [도구] → [차례/찾아보기] → [찾아보기 만들기] 메뉴를 실행한다.

문서에 표시된 '찾아보기 표시'는 [보기] → [조판 부호] 메뉴를 실행하여 확인할 수 있다.

함께하기 | 찾아보기 만들기

예제 파일: 한글\예제파일\Chapter 5\지구온난화(찾아보기).hwp
완성 파일: 한글\완성파일\Chapter 5\지구온난화(찾아보기)(완성).hwp

1. 찾아보기 표시 넣기
   ❶ 찾아보기 내용으로 표시할 낱말 다음에 커서를 놓고,
   ❷ [도구] → [차례/찾아보기] → [찾아보기 표시] 메뉴를 실행한 다음,
   ❸ [찾아보기 표시 넣기] 대화상자의 '첫 번째 낱말' 항목에 커서 앞에 있는 낱말이 자동으로 입력되어 표시되면 [넣기] 버튼을 클릭한다.

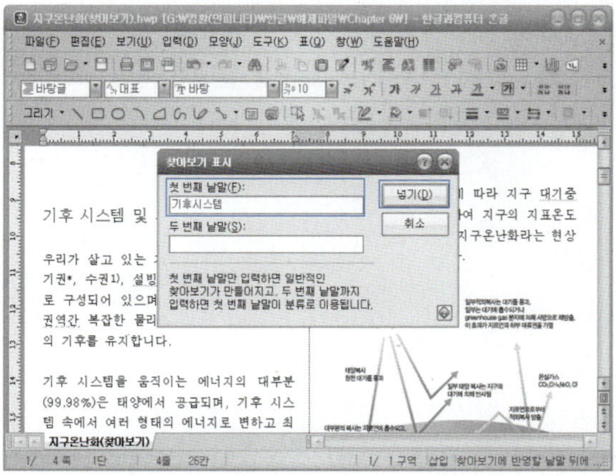

2. 찾아보기 표시 확인하기

❶ 나머지 찾아보기로 표시할 텍스트에 대해 동일한 과정을 실행하고,

❷ [보기] → [조판 부호] 메뉴를 실행하여 삽입된 찾아보기 표시를 확인한다.

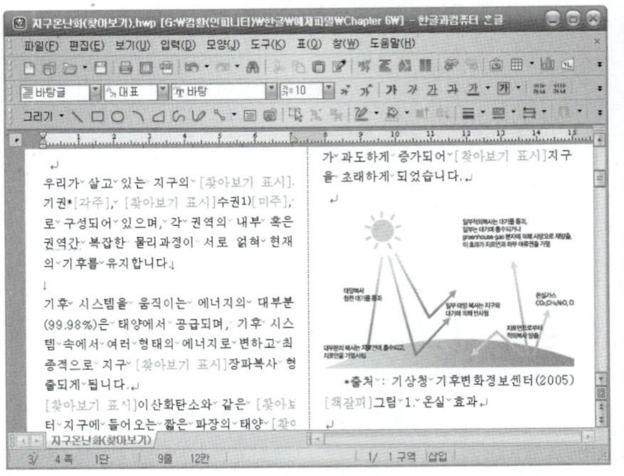

3. 찾아보기 만들기

❶ [도구] → [차례/찾아보기] → [찾아보기 만들기] 메뉴를 실행하면, 새 문서 탭에 찾아보기 파일이 만들어진다.

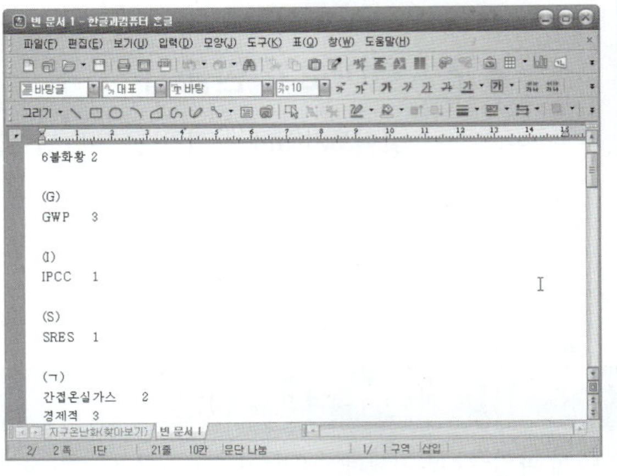

4. 다단 표시하기

❶ 문서 전체를 블록으로 지정하고,

❷ [모양] → [다단] 메뉴를 실행한 다음 '자주 쓰는 모양 → 둘'로 설정한다.

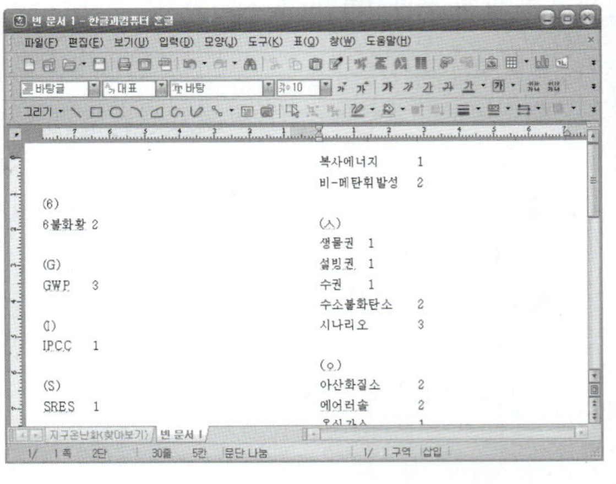

Section 07: 상용구 사용하기

상용구는 문서에서 자주 쓰이는 문자열이나 기호, 개체 등을 따로 등록해놓았다가, 필요할 때 등록한 준말을 입력하면 본말 전체가 입력되도록 하는 기능이다. 상용구는 텍스트뿐만 아니라 표

나 그림 등 한글 2007에서 작성된 모든 내용들을 등록할 수 있다. 한글의 상용구에는 "글자 상용구"와 "본문 상용구"의 2가지 종류가 있으며, 각각 1024개까지 만들 수 있다.

- → **글자 상용구:** 글자(Text)만 등록할 수 있는 상용구. [상용구] 대화상자를 통하여 상용구를 추가하거나 상용구 내용을 편집할 수 있다.
- → **본문 상용구:** 글자, 표, 그림 등 한글에서 사용하는 모든 내용들을 서식 그대로 등록할 수 있는 상용구. 본문 상용구는 본문 내용을 블록으로 설정한 후 글자판의 [Alt] + [I]를 눌러 등록할 수 있으며, 등록된 상용구 내용은 편집할 수 없다.

상용구 등록하기

자주 사용하는 문장 또는 낱말, 입력하기 어려운 기호를 상용구로 등록해서 사용할 수 있다. 상용구를 등록하는 방법은 2가지가 있다.

→ 본문에서 등록하기

상용구로 등록한 문자열을 블록으로 설정하고, [입력] → [상용구] → [상용구 등록] 메뉴를 실행한다. [상용구 등록] 대화상자가 표시되고, 블록으로 설정한 부분이 '본말' 에, 그 블록 중에서 첫 번째 글자가 '준말' 에 등록된다.

→ [상용구] 대화상자에서 등록하기

[상용구] 대화상자를 사용하여 상용구를 추가하거나, 상용구 내용을 수정하거나 삭제하고, 순서 바꾸기, 저장하기 등의 상용구 편집을 할 수 있다.

준말

준말은 10글자까지 입력할 수 있으며, 글자 상용구와 본문 상용구에 같은 준말을 사용하는 경우 무조건 글자 상용구가 실행된다.

→ 글자 상용구

이미 등록된 준말을 다시 등록하면 두 글자까지 자동으로 입력된다. 만일 두 글자의 같은 준말이 있을 때에는 나중에 등록한 상용구의 준말이 실행된다.

→ 본문 상용구

사용 중인 준말을 등록하면 이전의 상용구를 지우고 새로운 상용구로 덮어 쓴다.

함께하기 | 상용구 등록하기

예제 파일: 한글\예제파일\Chapter 5\지구온난화(상용구).hwp
완성 파일: 한글\완성파일\Chapter 5\지구온난화(상용구)(완성).hwp

1. 상용구 실행하기

   ❶ 상용구로 등록할 텍스트를 블록으로 설정하고,
   ❷ [입력] → [상용구] → [상용구 등록] 메뉴를 실행한 다음,
   ❸ [상용구 등록] 대화상자에 블록으로 설정한 부분이 '설명' 에, 블록으로 설정된 텍스트 중 첫 번째 글자가 '준말' 에 등록된다.

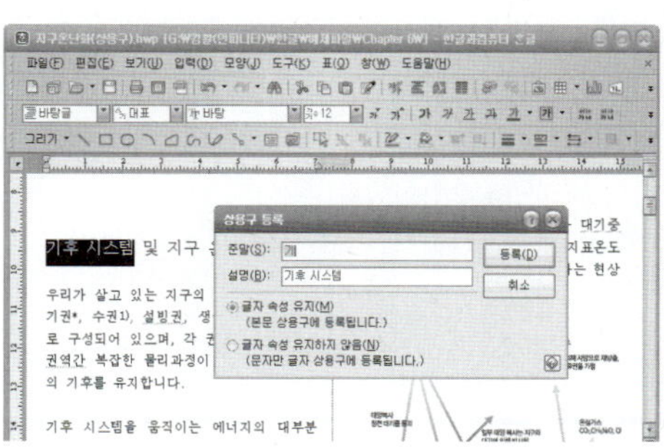

2. 글자 상용구로 등록하기

❶ '글자 속성 유지하지 않음' 을 선택하고 [등록] 버튼을 클릭한다.

→ **글자 속성 유지:** 본문 상용구로 등록

→ **글자 속성 유지하지 않음:** 글자 상용구로 등록

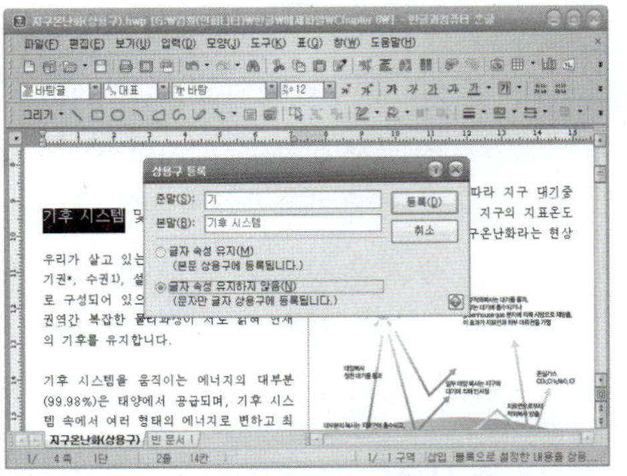

3. 상용구 실행하기

❶ 등록한 상용구를 입력할 부분에 커서를 놓고 준말('기')을 입력한 다음

❷ [Alt] + [I] 키를 누르면 사용구가 커서의 위치에 삽입된다.

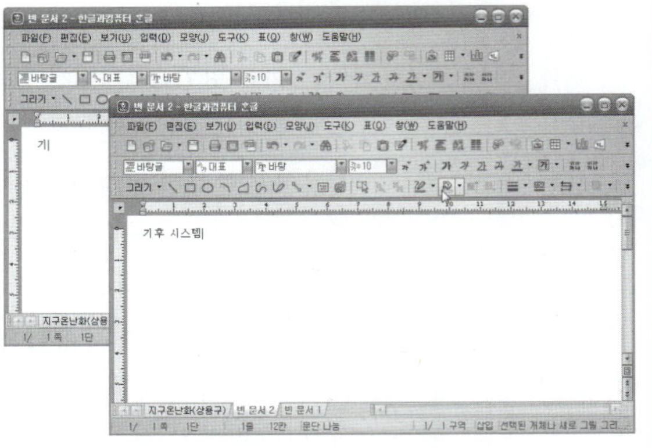

4. 본문 상용구 등록하기

❶ 그림 1을 블록으로 지정하고

❷ [입력] → [상용구] → [상용구 등록] 메뉴를 실행한다. [본문 상용구 등록] 대화상자에 블록으로 설정한 텍스트 부분이 '설명' 에, 블록으로 설정된 텍스트 중 첫 번째 글자가 '준말' 에 등록된다.

❸ [설정] 버튼을 누르면 블록으로 지정한 부분이 본문 상용구로 등록된다.

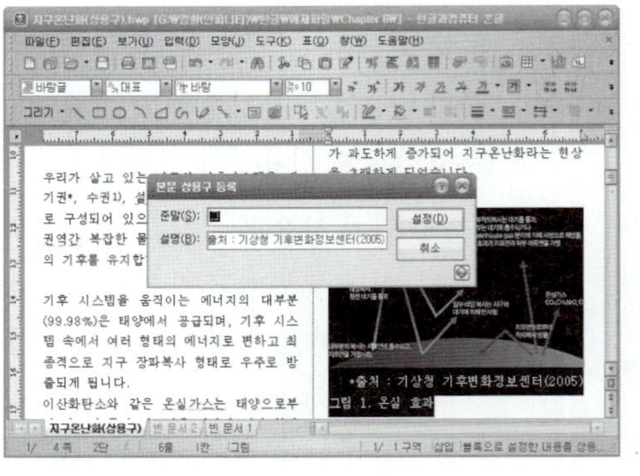

5. 본문 상용구 실행하기

❹ 본문 상용구를 삽입할 위치에 준말('그')를 입력한 다음 [Alt] + [I] 키를 누른다.

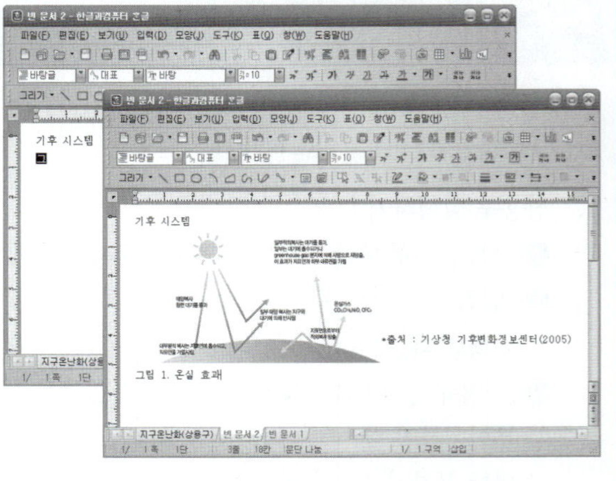

상용구 저장하기

등록되어 있는 상용구를 파일 형태로 저장하고 불러와서 사용할 수 있다. 한글 2007의 상용구 파일 형식은 *.IDO이며, 한글 2007에서 저장한 상용구 파일을 한글 97에서 불러 사용할 수 없다.

사용자가 정의한 글자 상용구는 개인 데이터 폴더 아래의 \User\Hwp 폴더에 'HWP.IDO' 파일로, 본문 상용구는 개인 데이터 폴더 아래의 \User\Hwp\IDIOM 폴더에 본문 사용구 각각이 한글 파일로 저장되며, 본문 상용구는 글자 상용구와 달리 파일로 저장할 수 없다.

함께하기 | 상용구 저장하기

예제 파일: 한글\예제파일\Chapter 5\지구온난화(상용구).hwp
완성 파일: 한글\완성파일\Chapter 5\홍길순상용구.ido

1. 글자 상용구 저장하기

❶ [입력] → [상용구] → [상용구 내용] 메뉴를 실행하고,

❷ [상용구] 대화상자의 [글자 상용구] 탭에서 [상용구 저장하기( )] 버튼을 클릭한다.

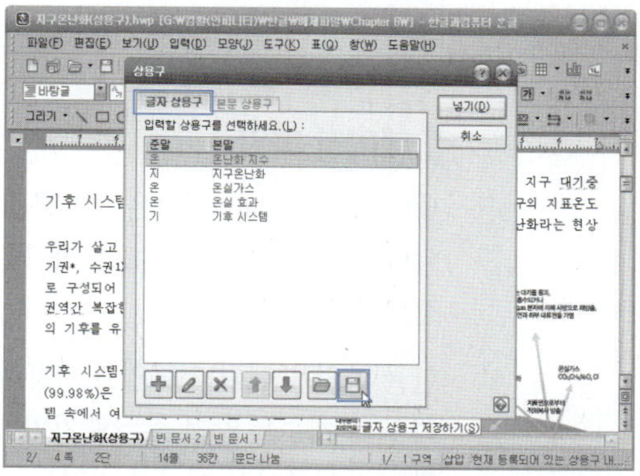

2. 저장 위치 설정하기

❶ [글자 상용구 저장하기] 대화상자에서 글자 상용구를 저장할 폴더와 파일 이름을 입력한 다음 [저장] 버튼을 클릭한다.

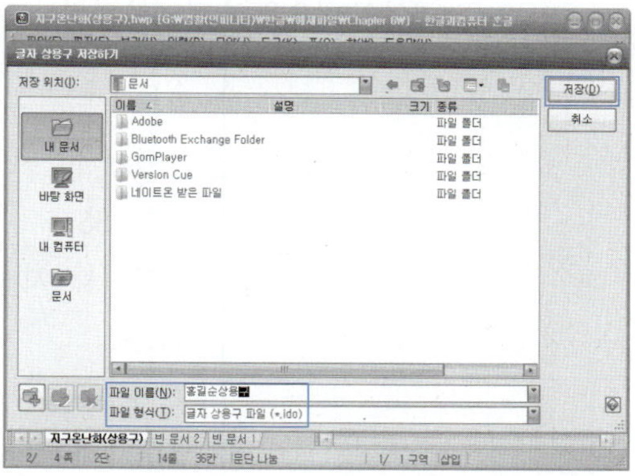

3. 상용구 불러오기

❶ [입력] → [상용구] → [상용구 내용] 메뉴를 실행한 다음,

❷ [상용구] 대화상자의 [글자 상용구] 탭에서 [상용구 불러오기( )] 버튼을 클릭한 후 [글자 상용구 불러오기] 대화상자에서 상용구 파일을 선택한다.

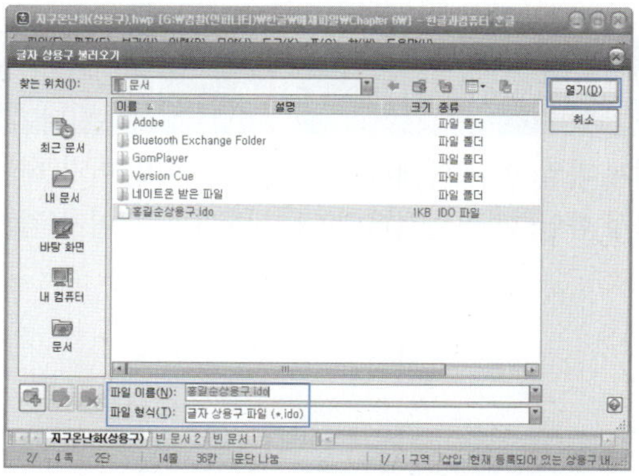

Section

08: 메일 머지 작성하기

'메일 머지'는 여러 사람의 이름, 주소 등이 들어 있는 데이터 파일과 내용문 파일을 결합시킴(merging)으로써, 이름이나 직책, 주소 부분 등만 다르고 나머지 내용이 같은 수십, 수백 통의 편지를 한꺼번에 만드는 기능이다.

'메일 머지'를 위해서는 '내용문 파일(form letter file)'과 '데이터 파일(data file)'이 필요하다.

내용문 파일 만들기

내용문(form letter) 파일은 메일 머지를 수행하여 나올 작성된 모든 문서에 동일하게 표시될 내용을 적은 파일이다.

데이터 파일

데이터 파일(data file)은 내용문(form letter file)에 삽입될 이름이나 주소 등을 담고 있는 파일이다. 데이터 파일은 윈도우의 '주소록'과 '한/글 파일(*.HWP)', 'DBF 파일(*.DBF)' 중에서 선택할 수 있다.

한글 파일을 데이터 파일로 사용하는 경우, 데이터 파일의 첫 번째 줄에 반드시 그 데이터 파일의 필드 개수를 알려 주는 숫자가 있어야 한다. 가령, 이름, 전화번호, 주소, 생일, 이렇게 3가지의 필드로 이루어진 데이터 파일을 만든다면 첫줄에 '3'라고 써야 한다. 두 번째 줄부터는 데이터 파일의 내용을 한 필드씩 입력하고 [Enter]를 누르면 된다.

```
3 ◀──────────  데이터 파일의 필드 개수
홍길동                            ┐
123-456                           ├ 레코드
경기도 평택시 용이동 111 평택대학교 ┘
홍길순                            ┐
098-765                           ├ 레코드
서울시 파란동 노란아파트 123동 456호 ┘
```

함께하기 | 메일 머지 실행하기

예제 파일: 한글\예제파일\Chapter 5\메일 머지(데이터파일).hwp, 메일 머지(내용문파일).hwp

완성 파일: 한글\완성파일\Chapter 5\메일 머지(결과).hwp

1. 데이터 파일 작성하기

❶ 다음과 같이 첫 번째 줄에 필드(항목)의 개수(4)를 쓰고,

❷ 둘째 줄부터 한 줄에 한 필드씩 "이름, 우편번호, 주소, 전화번호"를 다음과 같이 입력한다.

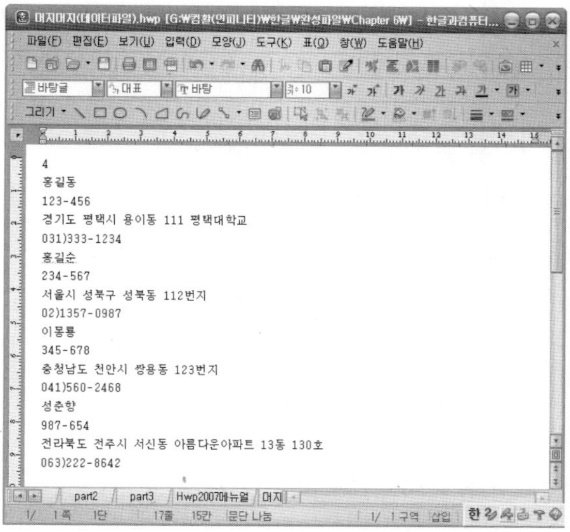

2. 데이터 파일 저장하기

❶ [파일] → [다른 이름으로 저장] 메뉴를 실행하여 파일 이름을 '메일 머지(데이터파일).hwp'로 저장한다.

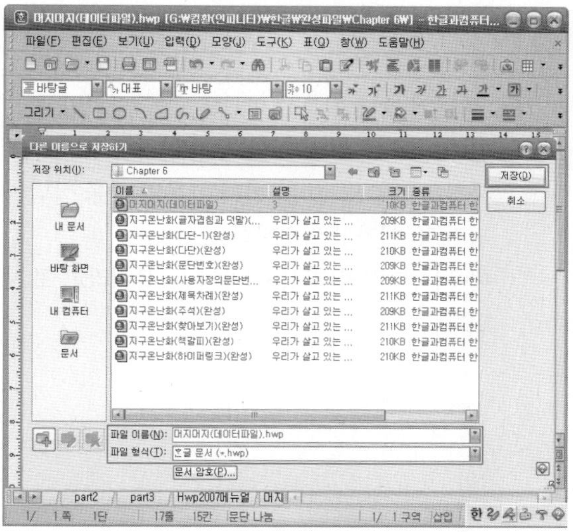

3. 내용문 파일 작성하기

❶ 새 문서를 열어 내용문으로 사용할 문서를 다음과 같이 작성한 다음,

❷ [파일] → [다른 이름으로 저장] 메뉴를 실행하여 파일 이름을 '메일 머지(내용문파일).hwp'로 저장한다.

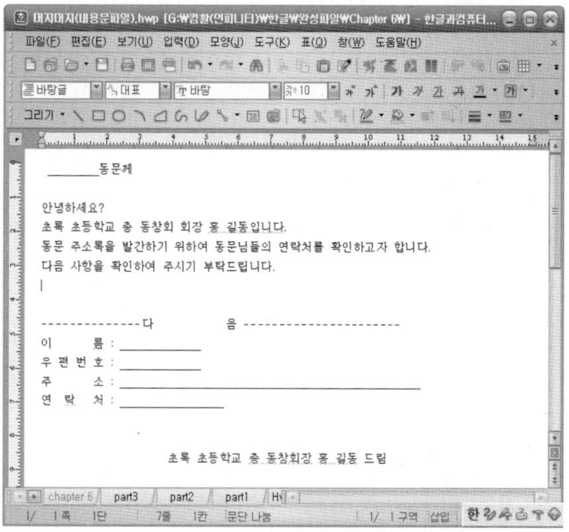

4. 메일 머지 만들기

❶ 내용문 파일의 내용 중에서 데이터 파일에 작성된 필드(항목)를 삽입할 위치에 마우스 커서를 놓고,

❷ [도구] → [메일 머지] → [메일 머지 표시 달기] 메뉴를 실행한다.

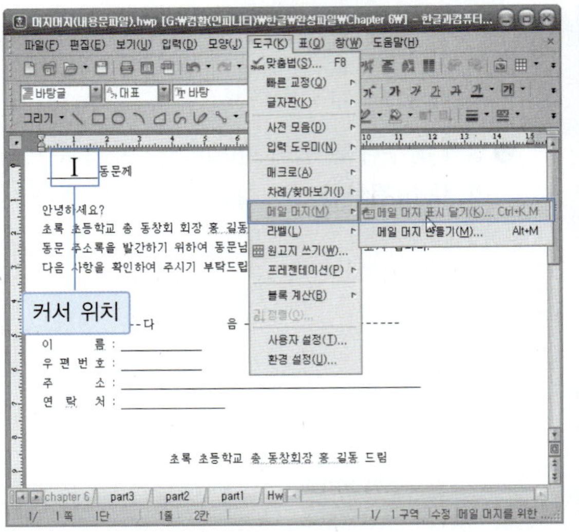

❸ [메일 머지 표시 달기] 대화상자에서 [필드 만들기] 탭을 선택하고,

❹ '필드 번호나 이름을 입력하시오' 입력란에 삽입할 항목 번호(필드 번호)를 입력한다. 데이터 파일의 레코드 중 첫 번째 항목의 값을 삽입하려면 "1"이라고 입력한다.
내용문 파일의 커서 위치에 {{1}}이라고 표시된다.

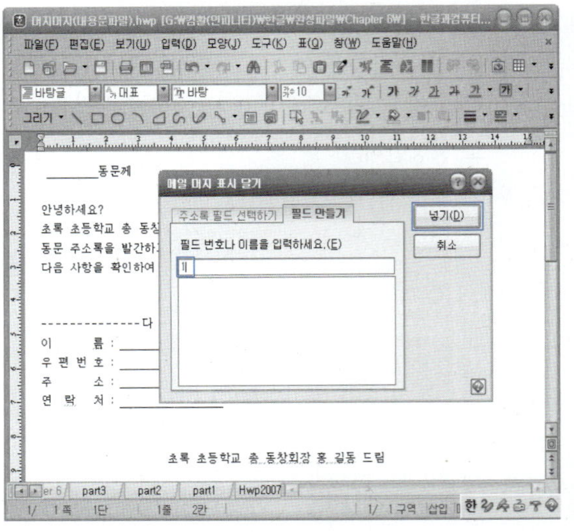

❺ 같은 방법으로 데이터 파일의 필드 번호를 지정한 후, 작성된 내용문 파일을 다시 저장한다.

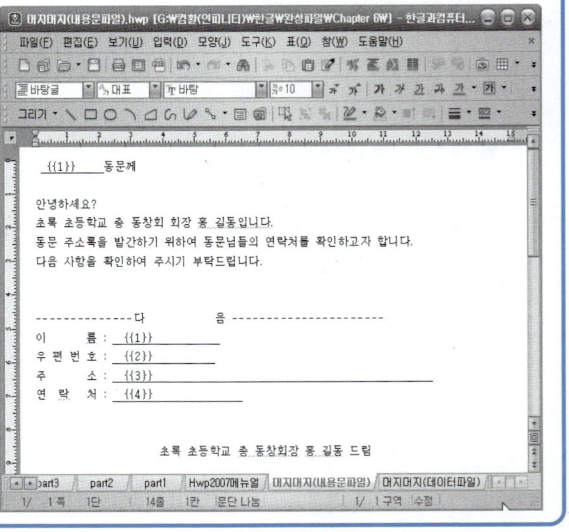

❻ 내용문 파일에 커서를 놓고, [도구] → [메일 머지] → [메일 머지 만들기] 메뉴를 실행하고,

❼ [메일 머지 만들기] 대화상자에서 '자료 종류 → 흔글 파일'을 선택하고, 데이터 파일을 목록 상자에서 지정한 다음 '출력 방향 → 화면'으로 지정한다.

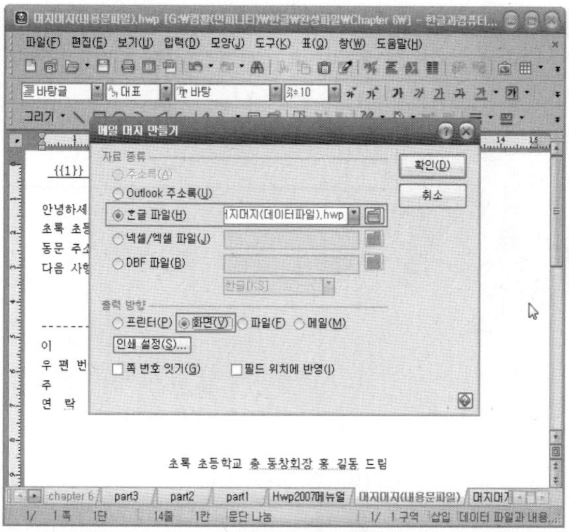

❽ [확인] 버튼을 클릭하면 메일 머지가 실행된 결과가 미리 보기 창에 출력된다.

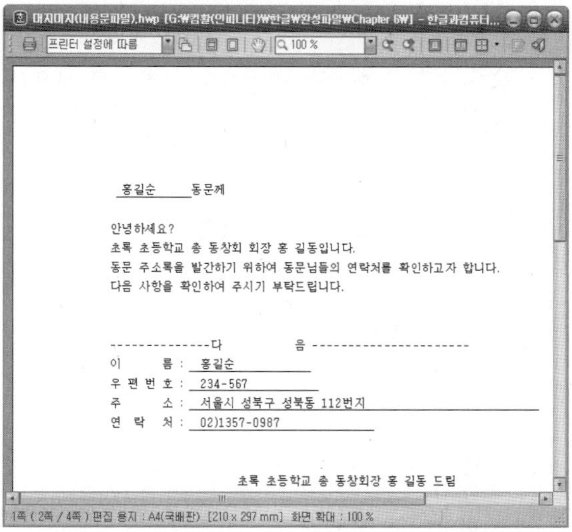

연습문제

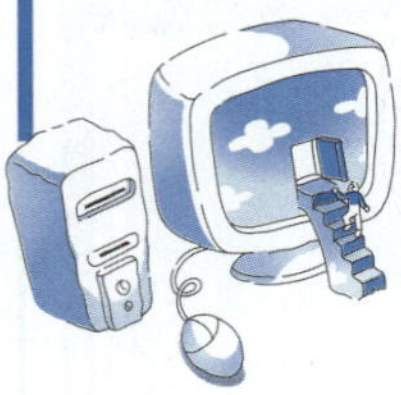

INTRODUCTION TO COMPUTER APPLICATIONS **HANGUL**

1. AU에 각주를 표시하고, 괄호 안의 내용을 각주 내용으로 표시되도록 하라. 각주의 표시는 '*' 기호를 사용하라.

2. 제목을 포함하여 굵은 글씨로 표시되어 있는 부분을 사용하여 제목 아래 목차를 표시하도록 설정하라.

3. 하이퍼링크와 책갈피를 사용하여 목차의 각 항목에 문서의 내용과 연결되도록 하이퍼텍스트 형태의 문서를 만들어라.

4. 문서에 포함된 단어들을 사용하여 찾아보기를 만들고, 찾아보기가 표시된 부분을 3단으로 편집하라.

CHAPTER 06

문서를 지배하는 표 주무르기

한글에서 표는 복잡한 내용이나 자료를 일목요연하게 정리하고자 할 때 사용하는 것으로, 표 안에 다른 표를 만들어 넣을 수도 있고, 표의 선이나 셀 모양을 응용하여 문서 편집에도 이용할 수 있다.

INTRODUCTION TO COMPUTER APPLICATIONS **HANGUL**

Section 01 : 표 만들기

[표] → [표 만들기] 메뉴를 실행하고, [표 만들기] 대화상자에서 줄 수와 칸 수를 지정하거나, [기본] 도구 상자에서 [표 만들기(▾)] 도구를 누르고, 바둑판 모양의 표 상자에서 마우스를 움직여 줄 수와 칸 수를 지정한다.

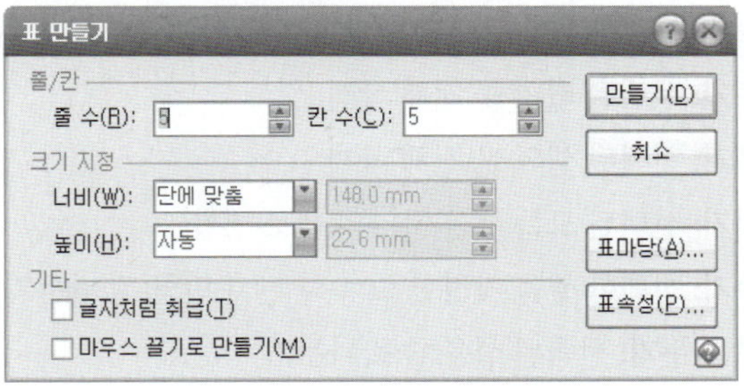

지정한 줄 수와 칸 수만큼 커서의 위치에 표가 삽입되고, 표 안에 커서가 위치하면 자동으로 [표] 도구 상자가 표시된다.

Tip | 최대 줄 수/칸 수

표의 최대 줄 수와 칸 수는 128 × 128, 최대 16,384개의 셀 개수 안에서 줄 수와 칸 수를 조절할 수 있다.

Tip | 표 위치 이동하기

[Alt] 키를 누른 상태에서 마우스로 표 내부를 마우스로 클릭하고 원하는 위치로 표를 이동시킬 수 있다.

1.1 | [표] 도구 상자

[표] 도구 상자는 표를 편집할 때 필요한 기능들을 아이콘으로 만들어 모아 놓은 것이다.

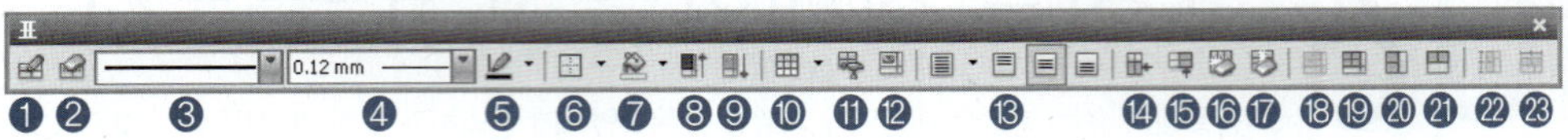

❶ **표 그리기:** 새로운 표를 만들거나, 행/열 추가하고 셀 나누기

❷ **표 지우개:** 셀 선을 지워 셀이 합쳐지거나, 선을 투명선으로 처리

❸ **셀 테두리 모양:** 16가지의 선 종류 중 선택

❹ **셀 테두리 굵기:** 두께 목록 중에서 선 테두리 굵기 설정

❺ **셀 테두리 색:** 선택한 셀 테두리를 선택한 색상으로 표시

❻ **표 테두리:** 선택한 셀의 테두리 모양 설정

❼ **셀 배경 색:** 선택한 셀 배경을 선택한 색상으로 표시

❽ **셀 음영 비율 증가:** 선택한 셀의 밝기 비율 증가

❾ **셀 음영 비율 감소:** 선택한 셀의 밝기 비율 감소

❿ **표 만들기:** [표 만들기] 대화상자를 사용하여 새로운 표 삽입

⓫ **표/셀 속성:** [표/셀 속성] 대화상자를 사용하여 표의 위치나 여백, 셀 크기, 셀 속성 등 설정

⓬ **셀 테두리/배경(각 셀마다 적용):** 선택된 셀의 선 모양과 셀 모양 설정

⓭ **정렬 방식:** 선택한 셀의 가로 방향과 세로 방향의 정렬 방식 설정

⓮ **아래에 줄 추가하기:** 선택된 셀 아래쪽에 줄 추가

⓯ **오른쪽에 칸 추가하기:** 선택된 셀 오른쪽에 칸 추가

⓰ **줄 지우기:** 선택된 셀의 줄 전체 삭제

⓱ **칸 지우기:** 선택된 셀의 칸 전체 삭제

⓲ **셀 합치기:** 선택된 모든 셀을 하나의 셀로 병합

⓳ **셀 나누기:** 선택한 셀을 지정한 줄 수와 칸 수만큼 셀 나누기

⓴ **셀 줄로 나누기:** 선택된 셀을 줄로 나누기

㉑ **셀 칸으로 나누기:** 선택한 셀을 칸으로 나누기

㉒ **셀 높이를 같게:** 선택된 셀의 높이를 모두 같게 설정

㉓ **셀 너비를 같게:** 선택된 셀의 너비를 모두 같게 설정

1.2 | 표 크기 조절하기

문서에 삽입된 표의 크기를 마우스나 키보드를 이용하여 간편하게 조절할 수 있다.

마우스를 사용하여 표 크기 조절하기

셀의 경계선에 마우스 포인터를 놓으면 마우스 포인터의 모양(↔, ↕)이 변경되고 마우스 왼쪽 버튼을 누른 채로 마우스를 드래그하여 표의 크기를 원하는 만큼 줄이거나 늘일 수 있다.

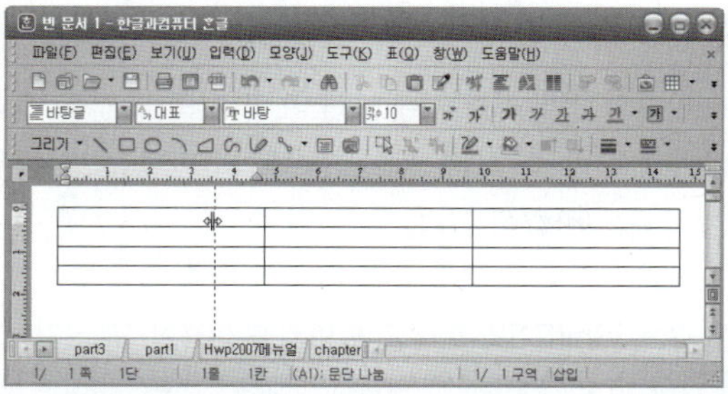

→ [Ctrl] 키를 누르고 셀 경계선 드래그: 셀 크기에 따라 표의 크기도 바뀜
→ [Shift] 키를 누르고 셀 경계선 드래그: 해당 셀의 크기만 바뀜

키보드를 사용하여 표 크기 조절하기

셀 안에 커서를 놓고 [F5]를 눌러 셀 블록을 설정한 다음 [Ctrl] 키와 [Alt] 키, [Shift] 키를 사용하여 표의 크기를 조절할 수 있다.

| [Ctrl] 키와 방향키 사용하기 |

[Ctrl] 키와 화살표 방향키를 함께 눌러 줄이나 칸의 크기를 조절하면 표 전체의 크기가 함께 변한다.

표 6-1 ● [Ctrl] 키와 방향키를 이용한 표 크기 조절

단축키	기능
CTRL + ←	셀 블록으로 설정한 셀의 세로 칸 전체 너비 줄이기
CTRL + →	셀 블록으로 설정한 셀의 세로 칸 전체 너비 늘이기
CTRL + ↑	셀 블록으로 설정한 셀의 가로 줄 전체 높이 줄이기
CTRL + ↓	셀 블록으로 설정한 셀의 가로 줄 전체 높이 늘이기

| [Alt] 키와 방향키 사용하기 |

[Alt] 키와 방향키를 함께 누르면, 표 전체의 크기는 그대로 유지하면서 줄이나 칸 전체의 크기를 같이 바꾸어, 줄어든 크기만큼 이웃 줄이나 칸이 늘고, 늘어난 크기만큼 이웃 줄이나 칸이 줄면서 표의 크기가 변한다.

표 6-2 ● [Alt] 키와 화살표 방향키를 이용한 표 크기 조절

단축키	기능
ALT + ←	세로 칸 전체 셀의 너비를 줄이면서 이웃한 오른쪽 셀의 너비 줄이기
ALT + →	세로 칸 전체 셀의 너비를 늘리면서 이웃한 오른쪽 셀의 너비 늘이기
ALT + ↑	가로 줄 전체 셀의 높이를 줄이면서 이웃한 아래 셀의 높이 줄이기
ALT + ↓	가로 줄 전체 셀의 높이를 늘리면서 이웃한 아래 셀의 높이 늘이기

| [Shift] 키와 방향키 사용하기 |

[Shift] 키와 방향키를 사용하면 표 전체의 크기는 그대로 유지하면서 셀 블록으로 설정한 셀의 크기만 조절할 수 있다. 셀의 크기를 바꾼 만큼 그 이웃한 셀 하나만 크기가 바뀌고 나머지 셀들의 크기에는 변함이 없다.

표 6-3 ● [Shift]키와 화살표 방향키를 이용한 표 크기 조절

단축키	기능
SHIFT + ←	한 셀의 너비를 줄이면서 이웃한 오른쪽 셀의 너비 늘이기
SHIFT + →	한 셀의 너비를 늘리면서 이웃한 오른쪽 셀의 너비 줄이기
SHIFT + ↑	한 셀의 높이를 줄이면서 이웃한 아래 셀의 높이 늘이기
SHIFT + ↓	한 셀의 높이를 늘리면서 이웃한 아래 셀의 높이 줄이기

1.3 | 문자열과 표

표를 만들어 내용을 삽입하는 방법 이외에도 본문에 삽입된 내용을 표로 만들거나, 표의 틀을 없애고 표 안의 내용을 문자열로 표시할 수 있다.

문자열을 표로 만들기

블록으로 설정한 본문 내용을 표로 만들 수 있다.

함께하기 | 문자열을 표로 만들기

1. 데이터 삽입하기

❶ 문자열과 문자열 사이에 [Tab] 키를 눌러가며 오른쪽과 같이 데이터를 입력한다. 그리고 한 줄의 입력이 끝나면 [Enter]로 줄을 바꿔서 입력한다.

국어[탭]영어[탭]수학[탭] [Enter]

80[탭]90[탭]85[탭] [Enter]

70[탭]80[탭]70[탭]

2. 문자열을 표로 만들기

❶ 입력한 내용 전체를 블록으로 설정한 다음,

❷ [표] → [문자열을 표로] 메뉴를 실행하고,

❸ [문자열을 표로 만들기] 대화상자에서 '자동으로 넣기'를 선택한다.

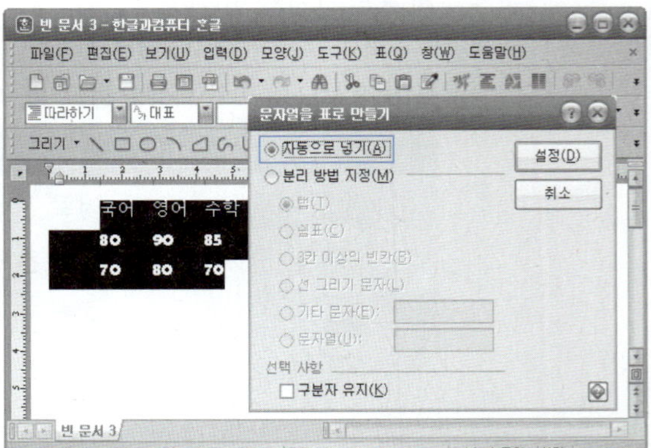

3. 표 확인하기

❶ [설정] 버튼을 클릭하면 입력된 문자열이 표로 변환된다.

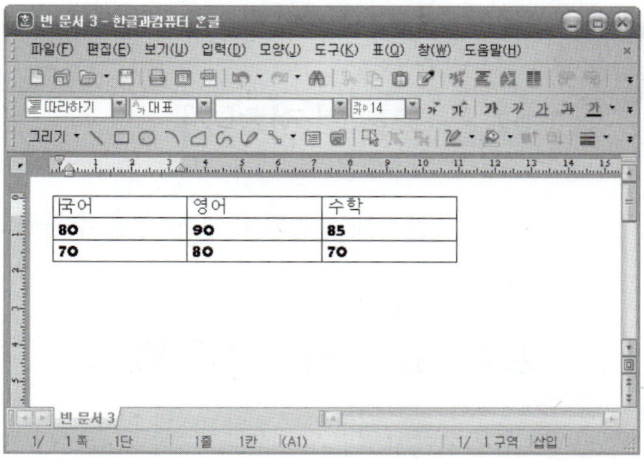

표를 문자열로 만들기

표를 문자열로 바꿀 때에는 표 안에 커서를 놓거나 표 전체를 블록으로 설정하여야 한다. 이때 블록은 반드시 표 밖에서 설정해야 하며, 표 안에서 표 전체를 셀 블록으로 설정했을 때에는 표를 문자열로 바꿀 수 없다.

함께하기 | 표를 문자열로 만들기

1. 표를 문자열로 만들기

❶ 표 안에 커서를 놓고,

❷ [표] → [표를 문자열로] 메뉴를 실행한 후,

❸ [표를 문자열로 만들기] 대화상자에서 '분리 방법 지정 → 탭'으로 선택하고, [설정] 단추를 누른다.

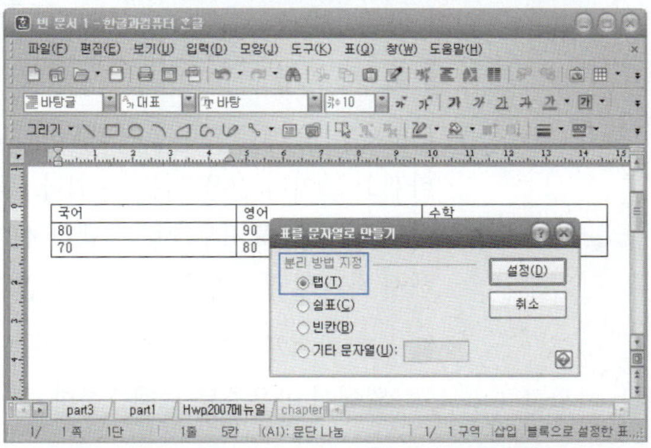

2. 문자열 확인하기

❶ [설정] 버튼을 클릭하면 표의 틀이 사라지고 표의 칸과 칸 사이는 [Tab]으로, 줄은 [Enter]로 구분되어 문자열로 표시된다.

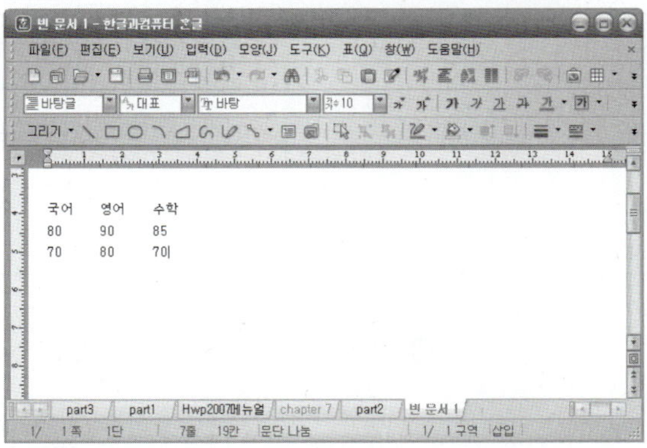

Section

02: 표 편집하기

문서에 삽입된 표에 행/열을 추가하고 삭제하거나 셀과 표의 속성 등을 설정할 수 있다.

2.1 | 표 그리기/지우개

표 그리기 도구와 표 지우개 도구를 사용하여 표 또는 셀을 그리거나 삭제하고 선의 모양 등을 설정할 수 있다.

표 그리기

[표 그리기] 메뉴 또는 '표 그리기' 도구( )를 사용하면 마우스를 연필처럼 움직여 표를 만들거나, 표에 줄이나 칸 추가하기, 대각선 긋기, 선 모양 바꾸기 등의 작업을 쉽게 할 수 있다.

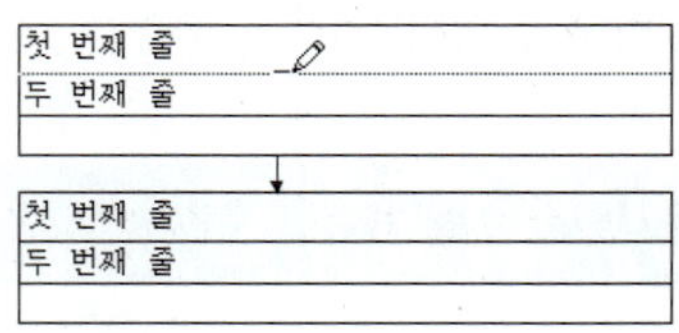

표 지우개

[표 지우개] 메뉴 또는 '표 지우개' 도구( )를 선택하면 마우스 모양이 지우개 모양( )으로 바뀌고 줄이나 칸을 지울 수 있다. 지우개로 지울 선을 선택한 후 마우스 드래그를 하면 해당 선이 지워지며, 표지우개로 선택한 선이 다른 셀과 인접한 셀인 경우 인접한 셀과 현재 셀을 결합해서 하나의 셀로 만들고, 그렇지 않다면 해당 선을 투명 선으로 만든다.

❶ [표 지우개] 메뉴 또는 표 그리기 도구( )를 클릭한 다음 표의 바깥쪽 테두리 선 중 지울 선 위에서 마우스로 드래그한다.

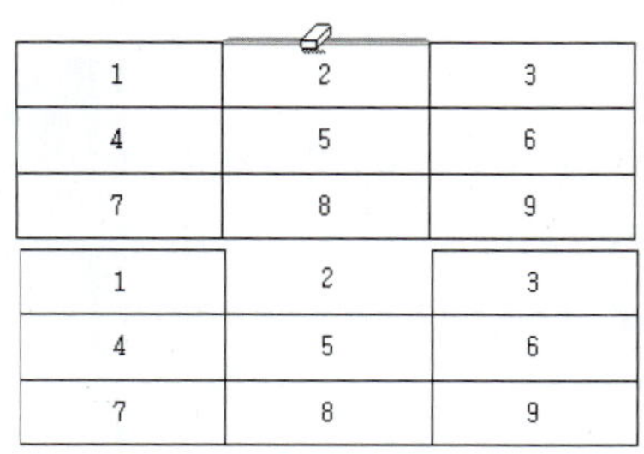

❷ 다음과 같이 지워진 선이 빨간 점선(투명선)으로 표시된다.

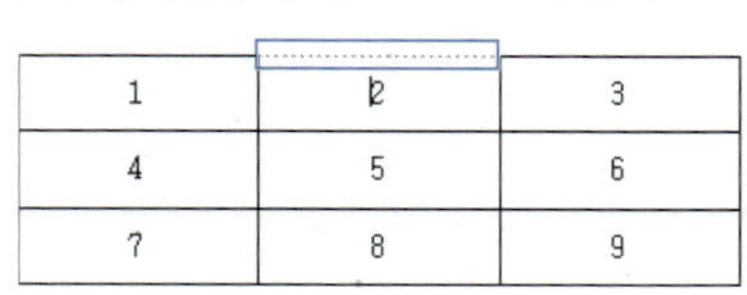

❸ 이번에는 안쪽 선 위에서 마우스를 드래그하여 선을 지우면 두 셀이 합쳐진다.

1	2	3
4	5	6
7	8	9

2.2 | 표 나누기/붙이기

[표 나누기] 메뉴를 실행하여 하나의 표를 두 개 이상으로 나눌 수 있다. [표 나누기]를 하면 커서가 있는 셀의 줄부터 아래 표로 만들어진다. 하나의 표를 두 개 이상으로 나누면, 나눠진 표는 앞 표의 [표 속성]을 그대로 사용한다.

두 개 이상의 표를 하나의 표로 합하고자 할 때에는 앞쪽에 있는 표 안에 커서를 두고 [표 붙이기]를 실행한다.

Tip | 표 붙이기가 안되는 경우

표와 표 사이에 빈칸과 엔터가 있는 경우는 표 붙이기가 가능하지만 표와 표 사이에 글자, 그림, 글상자와 같이 표가 아닌 다른 내용이 있으면 [표 붙이기]가 실행되지 않는다.

함께하기 | 표 나누기/붙이기

1. 표 만들기

❶ [표] → [표 만들기] 메뉴를 실행하여 5줄 5칸짜리 표를 하나 만든 다음, 다음과 같이 입력한다.

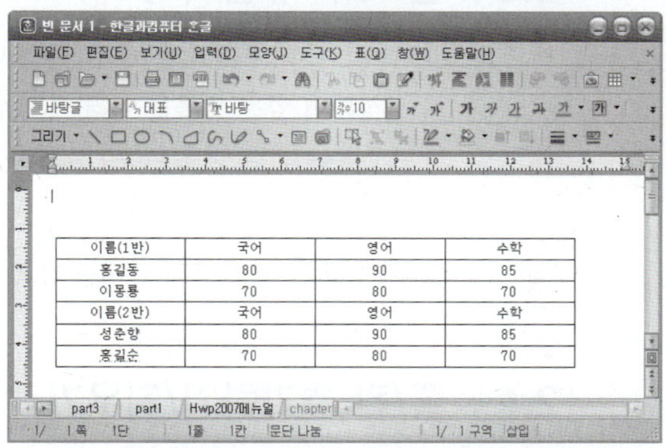

2. 표 나누기

❶ 4번째 줄의 아무 셀에나 커서를 놓고,

❷ [표] → [표 나누기] 메뉴를 실행하면 커서가 위치한 4번째 줄부터 아래 표로 나누어진다.

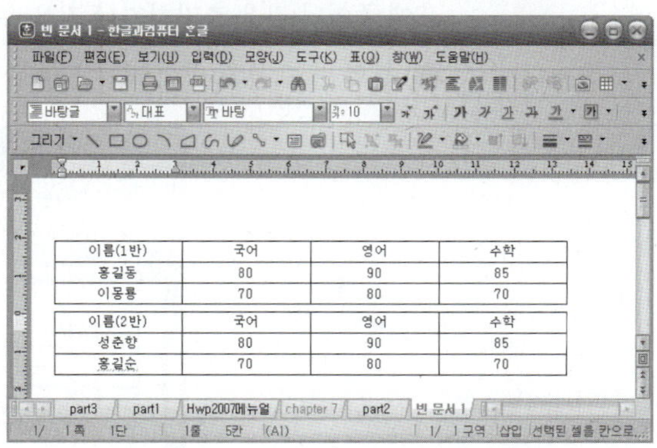

3. 표 붙이기

❶ 두 개의 표에서 앞쪽에 있는 표의 아무 셀에 커서를 놓고 [표] → [표 붙이기] 메뉴를 실행하면,

❷ 나누어져 있던 두 개의 표에서 뒤쪽에 있던 표가 앞쪽에 있는 표에 붙게 된다.

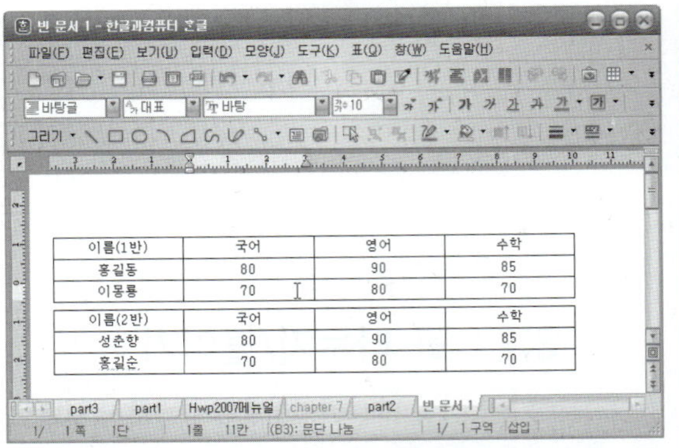

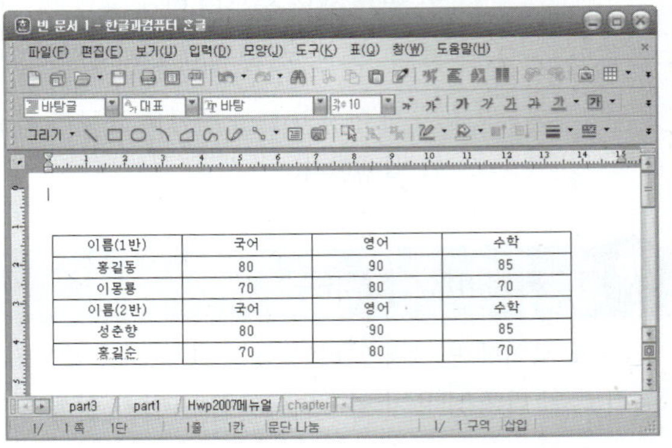

2.3 | 셀 나누기/합치기

[표 그리기] 도구를 사용하거나 [셀 나누기] 메뉴를 실행하여 커서가 위치한 셀 또는 셀 블록으로 설정되어 있는 셀들을 여러 개의 셀로 나눈다. [표] 도구 상자의 [셀 나누기( )], [셀 칸으로 나누기( )], [셀 줄로 나누기( )] 도구를 사용하여 셀을 나눌 수 있다.

[셀 합치기]는 셀 블록으로 설정한 두 개 이상의 셀(cell)을 하나로 합치는 기능으로 셀 합치기를 할 때, 선택된 셀 블록의 형태는 반드시 직사각형이어야 한다.

2.4 | 줄/칸 추가하기/지우기

표에 줄이나 칸을 추가하거나 지울 수 있다.

❶ 표의 맨 오른쪽 셀에 커서를 놓고 [표] → [줄/칸 추가하기] 메뉴를 실행한다.

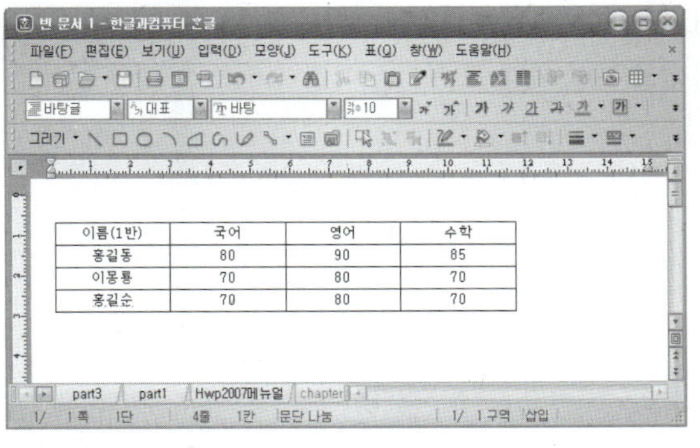

❷ [줄/칸 추가하기] 대화상자에서 '오른쪽'을 선택한 다음 [추가] 버튼을 클릭한다.

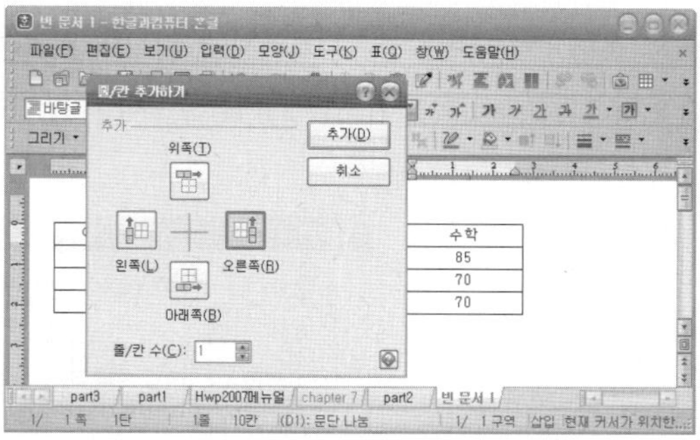

❸ 표의 맨 오른쪽에 한 칸이 추가된다.

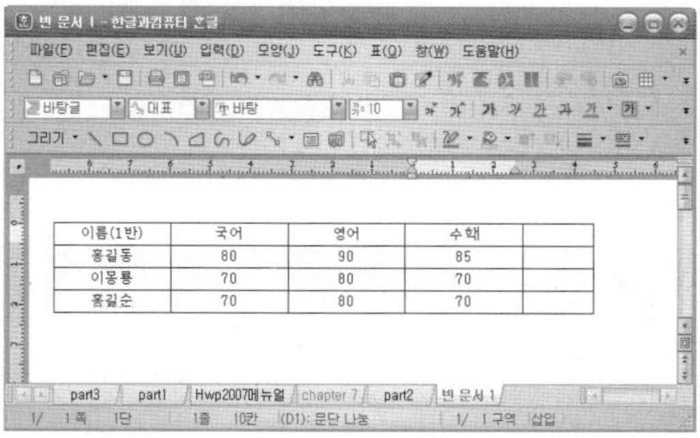

2.5 | 셀 높이를 같게/셀 너비를 같게

표를 만들고 표에 대한 편집 작업을 하다 보면, 셀의 높이나 너비가 달라지는 경우가 있다. 이런 경우, [셀 높이를 같게]/[셀 너비를 같게] 메뉴 또는 도구를 사용하여 높이나 너비가 다른 여러 셀의 높이/너비를 모두 같게 만들 수 있다.

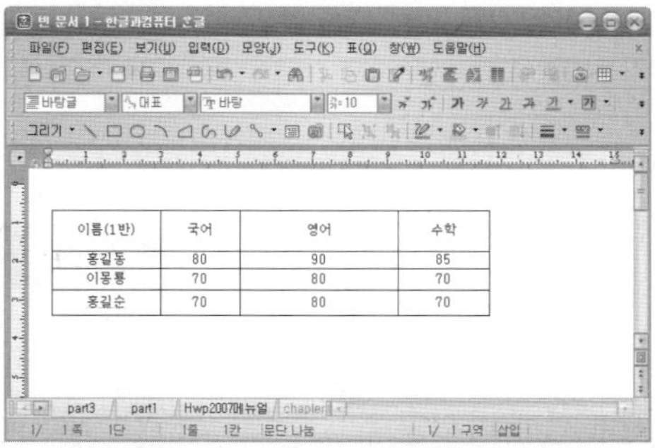

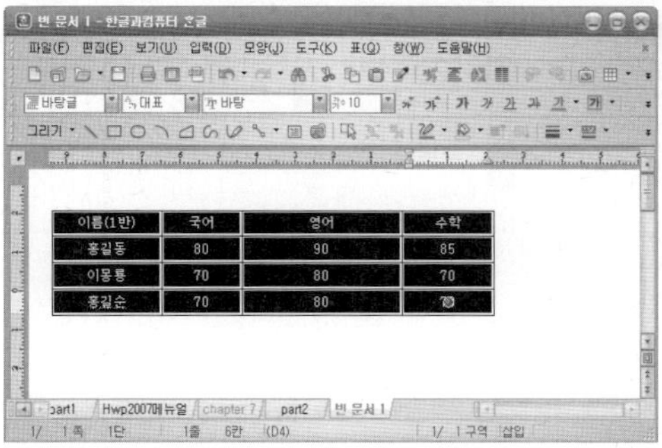

셀 높이를 같게 한 경우

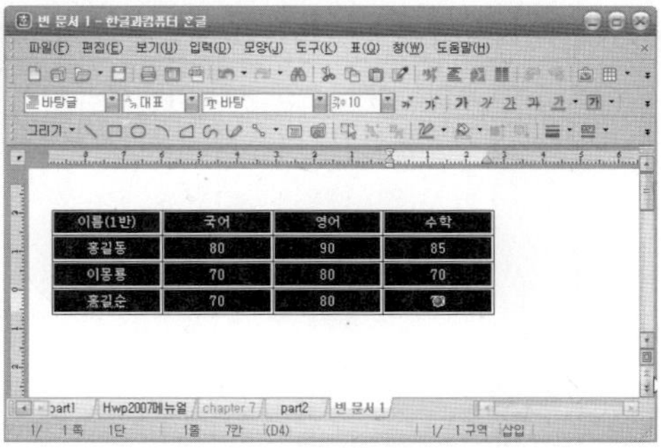

셀 너비를 같게 한 경우

2.6 | 표 뒤집기

선택한 표를 줄이나 칸, 줄/칸 기준으로 뒤집기를 하거나 90도씩 회전을 원할 때 [표 뒤집기]를 사용한다. [표] → [표 뒤집기] 메뉴를 실행하고 [표 뒤집기] 대화상자를 사용하여 대칭 또는 회전시킬 수 있다.

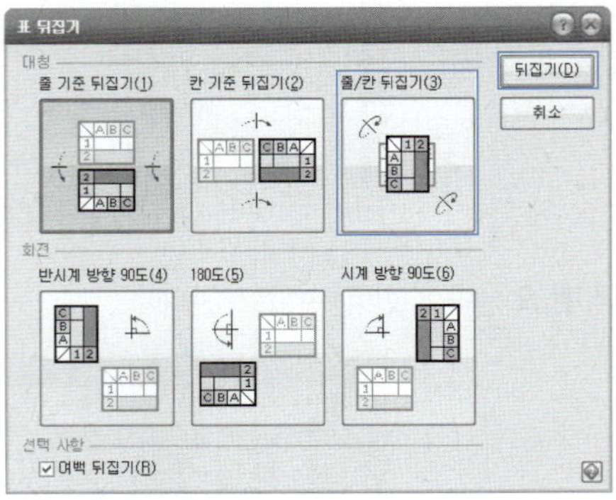

함께하기 | 표 뒤집기

1. 표 만들기

❶ [표] → [표 만들기] 메뉴를 실행하여 표를 하나 만들고, 표 안에 다음과 같이 내용을 입력한다.

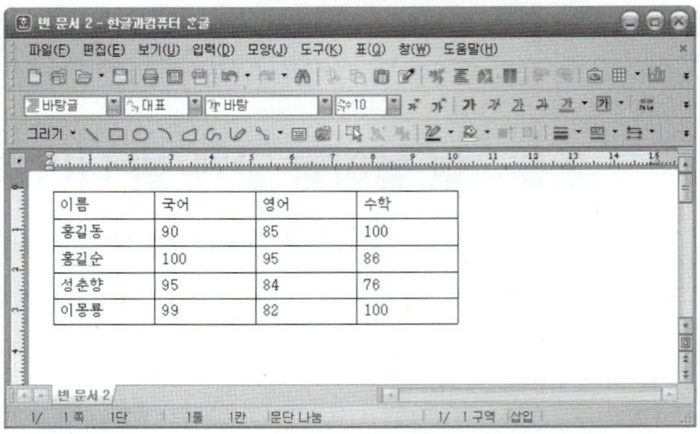

2. 표 뒤집기

❶ 표를 선택하거나, 표 안에 커서를 놓고,

❷ [표] → [표 뒤집기] 메뉴를 실행한 다음 [표 뒤집기] 대화상자에서 '줄/칸 뒤집기'를 선택한 후 [뒤집기] 버튼을 클릭한다.

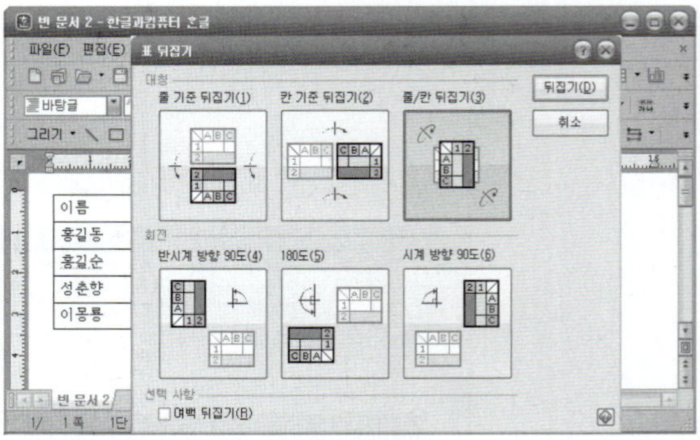

3. 확인하기

❶ 다음과 같이 줄/칸이 뒤집어 표시된다.

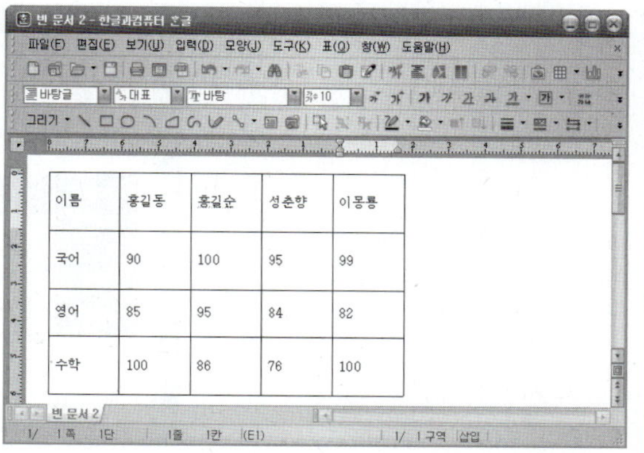

2.7 표 마당

[표 마당]을 사용하여 여러 가지 다양한 테두리 및 배경을 적용한 표 서식이 들어 있어 원하는 표 모양을 지정하여 표를 만들거나 이미 만들어진 표의 모양을 쉽고 빠르게 변경할 수 있다.

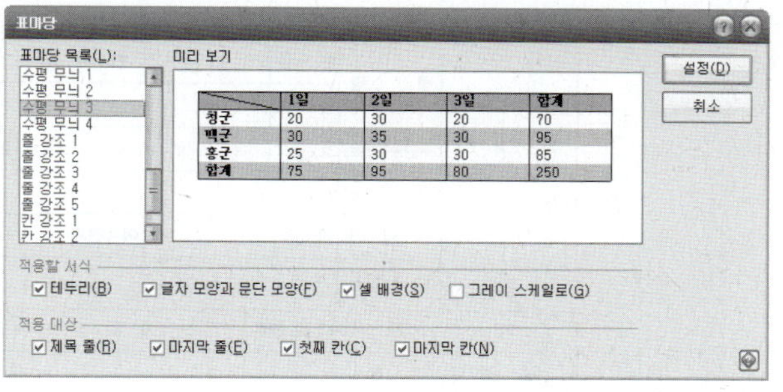

'표 마당 목록'에서 선택한 표 서식의 '테두리', '글자 모양과 문단 모양', '셀 배경', '그레이 스케일로'와 같은 서식을 현재 표에 그대로 적용할지 여부를 각각 선택할 수 있고, '제목 줄', '마지막 줄', '첫째 칸', '마지막 칸' 중에서 어느 곳에 적용할 것인지 적용 대상을 지정할 수 있다. 선택하지 않은 항목은 현재 표의 모양을 그대로 유지하여 표시된다.

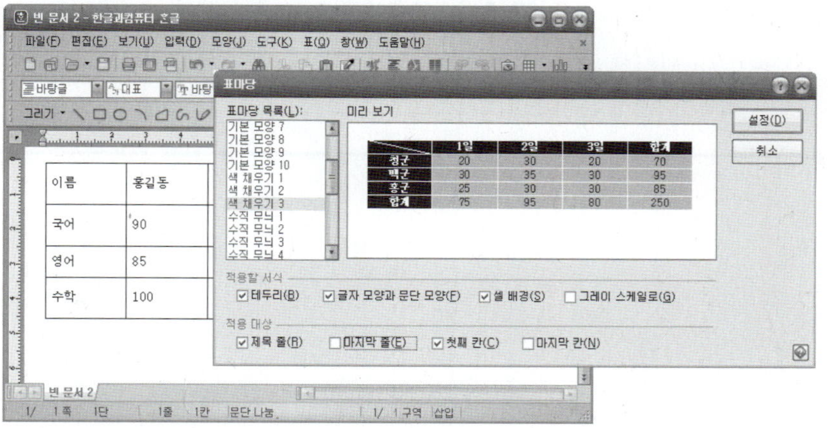

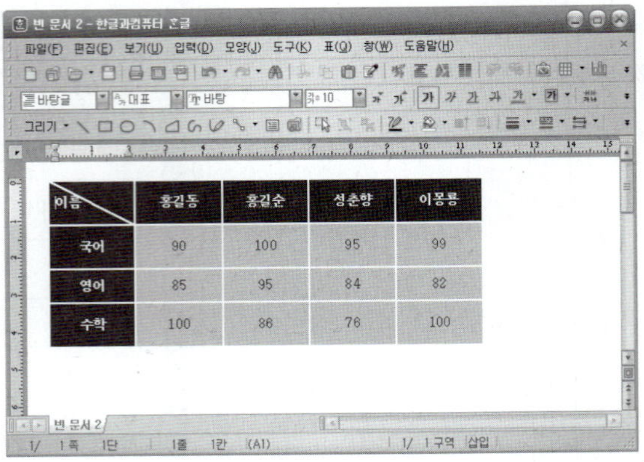

함께하기 | 이력서 만들기

완성 파일: 한글\완성파일\Chapter 6\이력서.hwp

하나의 표로 다음과 같은 형식의 이력서를 완성하라.

이 력 서

<table>
<tr><td colspan="2" rowspan="6">사 진 부 착
(3.5㎝ × 4.5㎝)</td><td rowspan="2">성 명</td><td>한 글</td><td colspan="2"></td><td>한 자</td><td></td></tr>
<tr><td>영 문</td><td colspan="4"></td></tr>
<tr><td>주민등록번호</td><td colspan="5">x x x x x x - x x x x x x x</td></tr>
<tr><td>주 소</td><td colspan="5">(-)</td></tr>
<tr><td>연 락 처</td><td>자 택</td><td colspan="2"></td><td>이동전화</td><td></td></tr>
<tr><td>E -MAIL</td><td colspan="5"></td></tr>
<tr><td rowspan="6">학력사항</td><td colspan="2">기 간</td><td colspan="2">학 교 명</td><td colspan="2">학 과</td><td>평균학점</td></tr>
<tr><td colspan="2">년 월 ~ 년 월</td><td colspan="2"></td><td colspan="2"></td><td>/</td></tr>
<tr><td colspan="2">년 월 ~ 년 월</td><td colspan="2"></td><td colspan="2"></td><td>/</td></tr>
<tr><td colspan="2">년 월 ~ 년 월</td><td colspan="2"></td><td colspan="2"></td><td>/</td></tr>
<tr><td colspan="2">년 월 ~ 년 월</td><td colspan="2"></td><td colspan="2"></td><td>/</td></tr>
<tr><td colspan="2">년 월 ~ 년 월</td><td colspan="2"></td><td colspan="2"></td><td>/</td></tr>
<tr><td rowspan="7">경력사항</td><td colspan="3">근 무 기 간</td><td colspan="2">직 장 명</td><td>직위</td><td>담 당 업 무</td></tr>
<tr><td colspan="3">년 월 일 ~ 년 월 일</td><td colspan="2"></td><td></td><td></td></tr>
<tr><td colspan="3">년 월 일 ~ 년 월 일</td><td colspan="2"></td><td></td><td></td></tr>
<tr><td colspan="3">년 월 일 ~ 년 월 일</td><td colspan="2"></td><td></td><td></td></tr>
<tr><td colspan="3">년 월 일 ~ 년 월 일</td><td colspan="2"></td><td></td><td></td></tr>
<tr><td colspan="3">년 월 일 ~ 년 월 일</td><td colspan="2"></td><td></td><td></td></tr>
<tr><td colspan="3">년 월 일 ~ 년 월 일</td><td colspan="2"></td><td></td><td></td></tr>
</table>

Section
03: 표 꾸미기

삽입한 표의 크기와 위치, 여백, 배경, 테두리 등을 [표/셀 속성] 대화상자를 사용하여 설정할 수 있다.

3.1 표 테두리와 배경 설정하기

[기본] 탭

[표/셀 속성] 대화상자의 [기본] 탭에서 표의 크기와 위치, 본문과의 배치 모양 등 기본적인 속성을 설정할 수 있다.

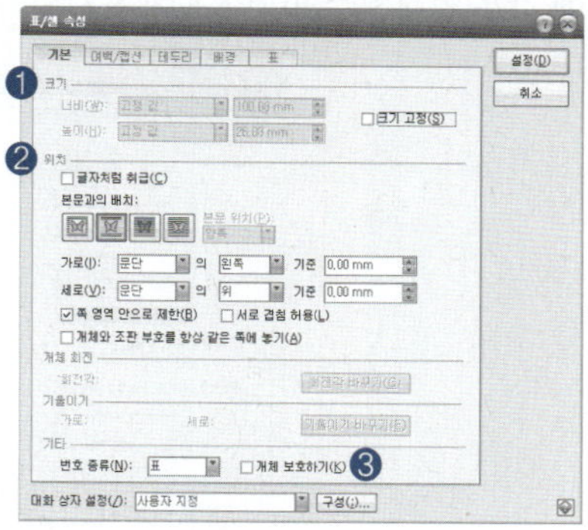

❶ **크기:** 표의 너비와 높이 설정. '크기 고정'을 선택하면 개체의 크기를 변경할 수 없다.

❷ **위치:** 표의 위치와 배치 기준, 기준과의 거리, 본문과의 배치 모양 등 설정

❸ **개체 보호하기:** '개체 보호하기'가 설정된 표는 번호를 매기거나 마우스로 개체를 이동시킬 수 없다.

[여백/캡션] 탭

[표/셀 속성] 대화상자의 [여백/캡션] 탭에서는 표 가장자리의 바깥쪽으로부터 본문까지의 간격을 정하거나, 표에 캡션을 삽입한다.

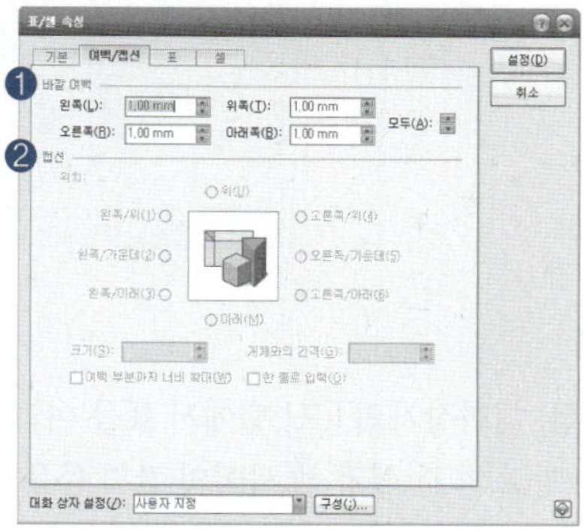

❶ **바깥 여백:** 표 가장자리로부터 본문까지의 간격

❷ **캡션:** 캡션의 위치와 크기, 간격 등을 설정. [입력] → [캡션 달기] 메뉴로 캡션을 표시한 후에 활성화됨

→ **위치:** 캡션이 들어갈 위치

→ **크기:** 캡션의 위치를 '왼쪽' 이나 '오른쪽' 으로 설정했을 때 캡션의 크기 설정

→ **개체와의 간격:** 표와 캡션 내용 사이의 간격. 기본값은 3mm

→ **여백 부분까지 너비 확대:** 표의 바깥 여백부터 캡션 표시

→ **한 줄로 입력:** 캡션 영역에 한 줄에 캡션 입력

[테두리] 탭

[표/셀 속성] 대화상자의 [테두리] 탭에서 표 테두리의 종류, 굵기, 색 등을 설정할 수 있다. [테두리] 탭은 표 개체를 선택한 경우에만 표시되며, [테두리] 탭에서 설정한 표 테두리는 [표] 탭의 '셀 간격' 에 값을 입력해주어야만 표에 표시된다.

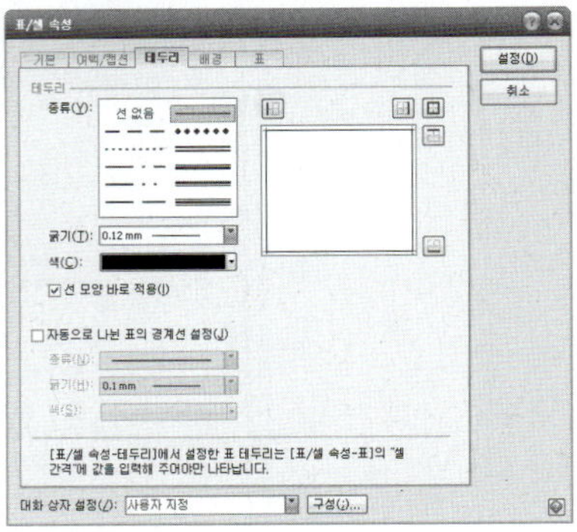

[배경] 탭

[표/셀 속성] 대화상자의 [배경] 탭에서 표의 배경을 색깔과 무늬로 채우거나 그라데이션으로 채우기, 또는 그림으로 채우기 등을 지정하여 다양한 채우기 효과를 줄 수 있다.

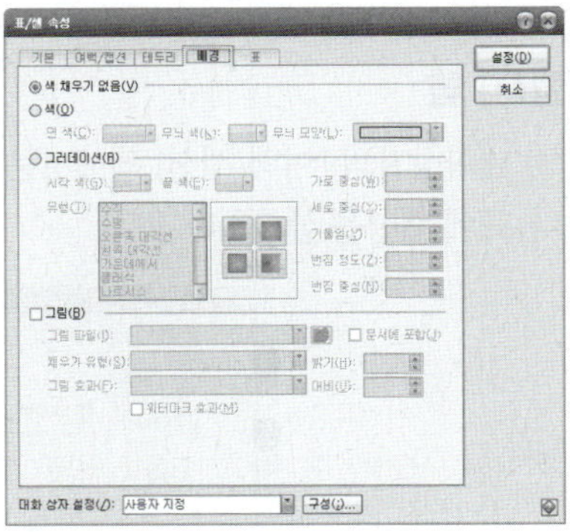

[표] 탭

[표/셀 속성] 대화상자의 [표] 탭에서 표를 여러 쪽에 걸치게 하거나, 표 테두리로부터 안쪽 내용까지의 여백, 표의 각 셀과 셀 사이의 간격 등을 설정할 수 있다.

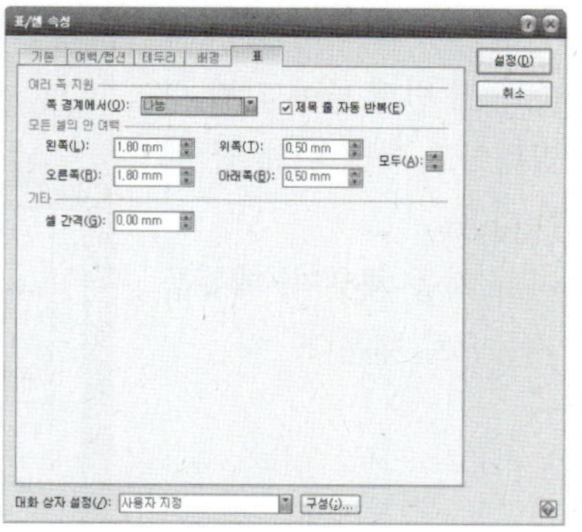

함께하기 | 시간표 만들기

완성 파일: 한글\완성파일\Chapter 6\시간표(결과).hwp

1. 표 만들기

   ❶ [표 만들기] 메뉴를 사용하여 다음과 같이 8줄 × 6칸의 표를 작성한다.

2. 요일 자동 채우기

   ❶ 첫 번째 줄 두 번째 칸과 세 번째 칸에 각각 '월요일'과 '화요일'을 입력한 다음 오른쪽 맨 끝 셀까지 블록으로 지정한다.

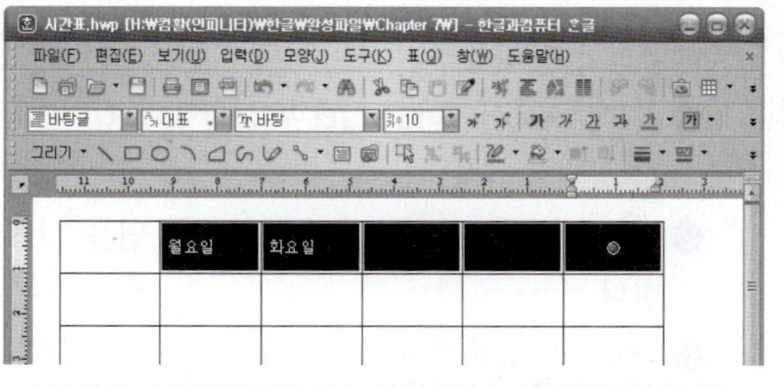

   ❷ [입력] → [채우기] → [표 자동 채우기] 메뉴를 실행한다.

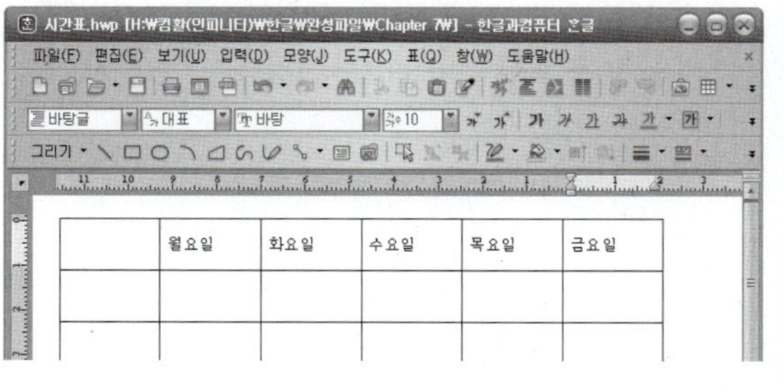

3. 문자열 자동 채우기

❶ 첫 번째 칸 두 번째 줄과 세 번째 줄에 각각 '1교시'와 '2교시'를 입력하고 아래쪽 맨 끝 셀까지 블록으로 지정한 다음,

❷ [입력] S [채우기] → [표 자동 채우기] 메뉴를 실행하여 셀 내용을 자동으로 채운다.

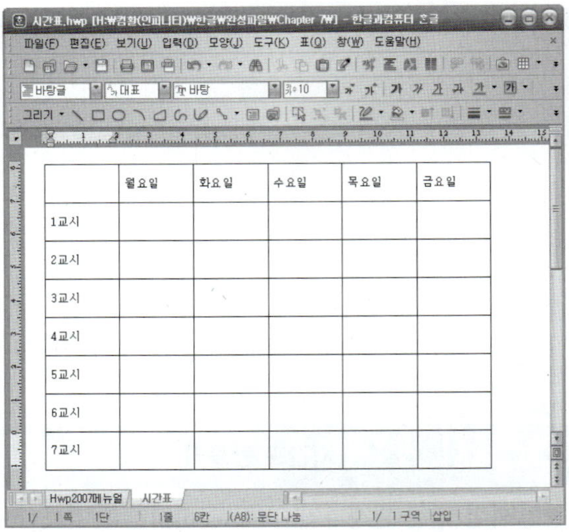

4. 셀 합치기

❶ 각 요일별 시간표를 다음과 같이 완성한다.

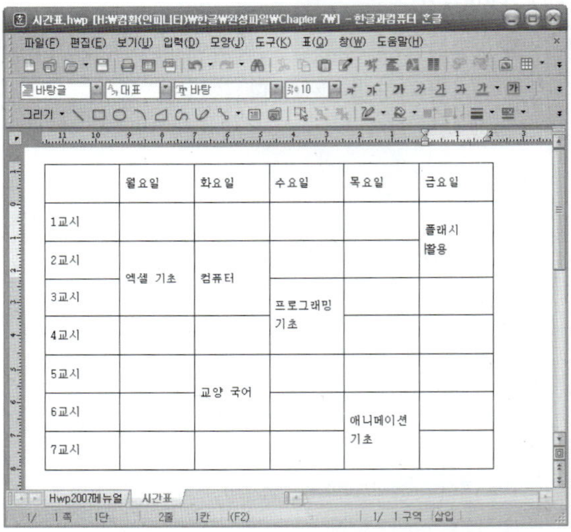

5. 테두리 설정하기

❶ 표 개체를 선택하고 [표] → [표/셀 속성] 메뉴를 실행한 다음,

❷ [표/셀 속성] 대화상자의 [테두리] 탭을 선택한다.

❸ '테두리' 항목에서 표의 테두리에 사용할 선의 종류와 굵기, 색 등을 설정한 다음 [모두(▣)] 버튼을 클릭하여 선을 적용한다.

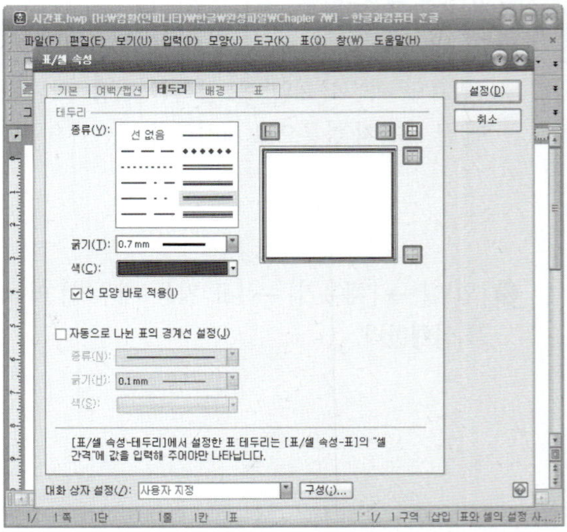

6. 셀 간격 설정하기

❶ 적용된 표의 테두리가 표시되도록 하기 위해 [표] 탭을 선택하고 '셀 간격 → 1.5'로 설정한다.

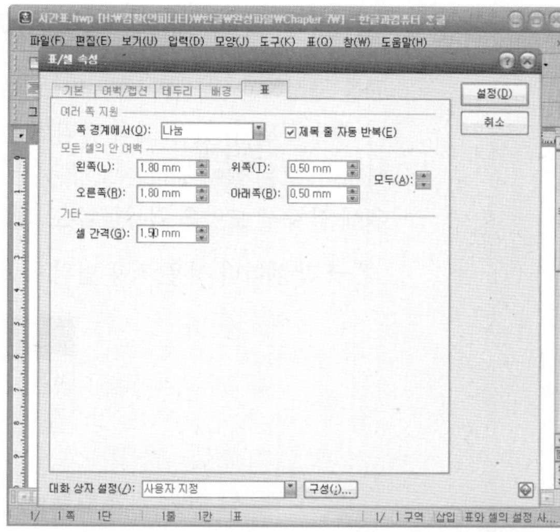

7. 표 배경 설정하기

❶ 표의 배경을 설정하기 위해 [배경] 탭을 선택하고

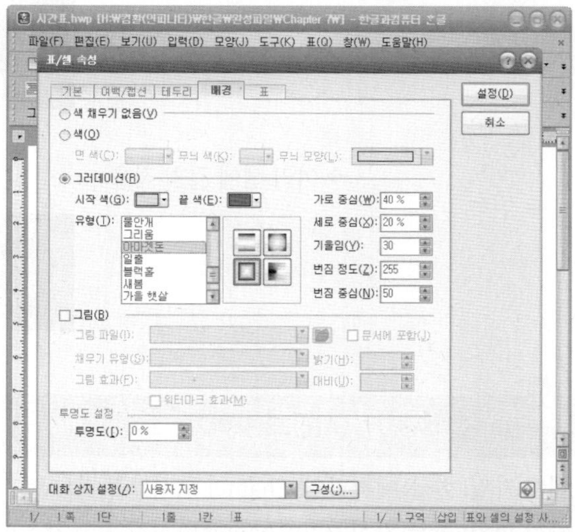

❷ '그라데이션'을 클릭한 후 배경으로 사용할 유형 등을 설정한 다음 [설정] 버튼을 클릭한다.

3.2 | 셀 테두리와 배경 설정하기

표를 구성하는 각 셀의 테두리 모양을 바꾸거나 대각선 표시, 또는 셀마다 배경을 넣어 표를 보기 좋게 꾸밀 수 있다. 표와 달리 셀은 일부 셀을 블록으로 지정하고 셀 각각에 대해 모양을 적용하거나, 모든 셀에 원하는 모양을 각 셀마다 적용할 수 있고, 셀을 블록으로 설정한 다음 여러 셀 위에 걸쳐 셀 모양을 적용할 수도 있다.

→ 각 셀마다 적용(적용 범위 → 선택된 셀)

1	2	3
4	5	6
7	8	9

→ 각 셀마다 적용(적용 범위 → 모든 셀)

1	2	3
4	5	6
7	8	9

→ 여러 셀에 걸쳐 적용

1	2	3
4	5	6
7	8	9

함께하기 | 시간표 꾸미기

예제 파일: 한글\예제파일\Chapter 6\시간표-1.hwp
완성 파일: 한글\완성파일\Chapter 6\시간표-1(완성).hwp

1. 대각선 표시하기

❶ 예제 파일을 열고 1행 1열의 셀을 선택하고,
❷ [표] → [셀 테두리/배경] → [각 셀마다 적용] 메뉴를 실행한 다음,
❸ [셀 테두리/배경] 대화상자에서 [대각선] 탭을 선택한다.
❹ 대각선으로 사용할 선의 종류와 굵기, 색과 대각선 모양을 선택한 다음 [설정] 버튼을 클릭한다.

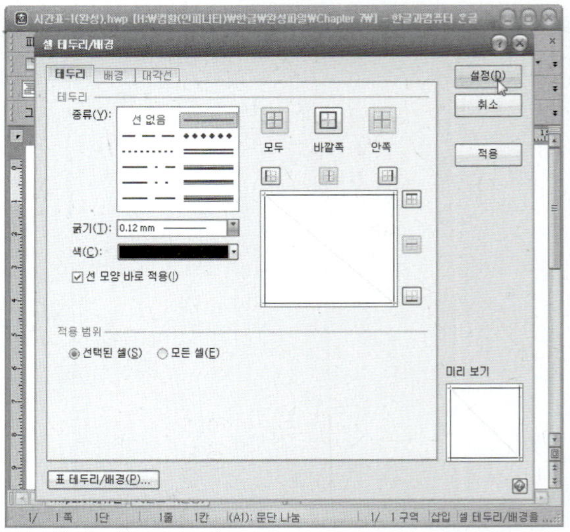

2. 선택한 셀에 테두리 설정하기

❶ 요일명이 입력된 셀들을 블록으로 지정하고,

❷ [표] → [셀 테두리/배경] → [각 셀마다 적용] 메뉴를 실행한 다음,

❸ [셀 테두리/배경] 대화상자에서 [테두리] 탭을 선택한 다음 테두리의 모양을 선택하고 [적용] 버튼을 클릭한다.

3. 선택한 셀에 배경 설정하기

❶ [배경] 탭을 선택하고 선택한 셀에 적용할 배경을 설정한 다음 [설정] 버튼을 클릭한다.

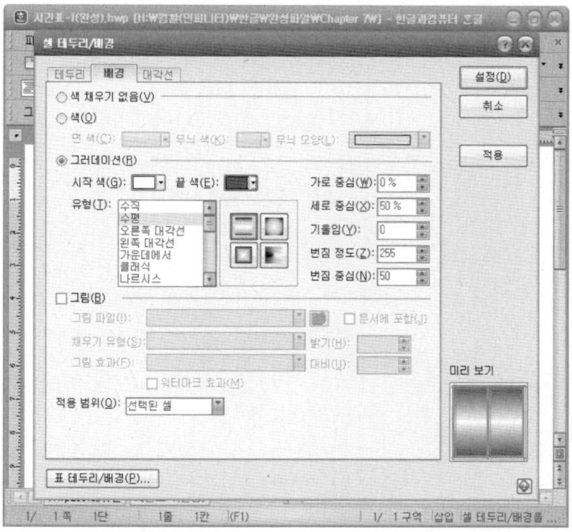

4. 교시 이름에 셀 모양 설정하기

❶ 1교시~7교시까지 입력되어 있는 셀을 선택한 다음 같은 방법으로 셀 모양을 설정한다.

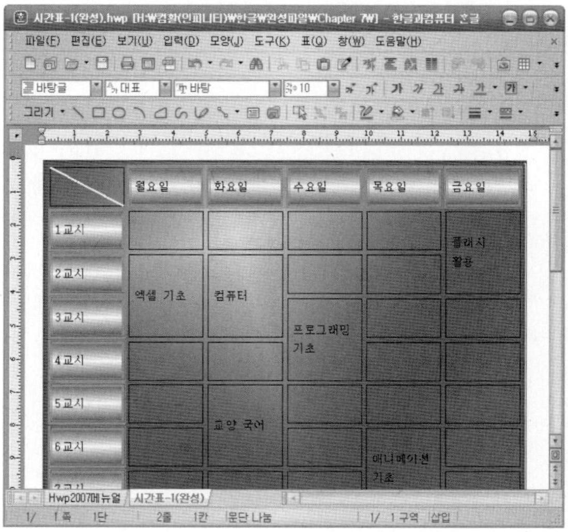

5. 수업 시간 서식 설정하기

❶ [Ctrl] 키를 누른 채로 마우스를 클릭하여 수업이 있는 셀을 모두 선택한 다음 셀 모양을 설정한다.

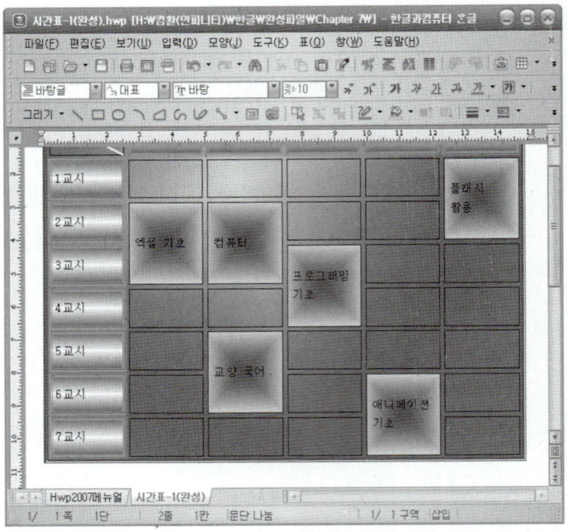

연습문제 Chapter 06

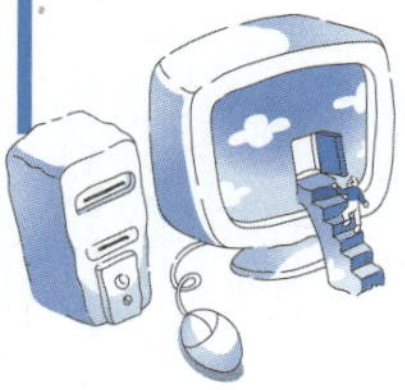

1. 다음과 같이 표를 만들어라.

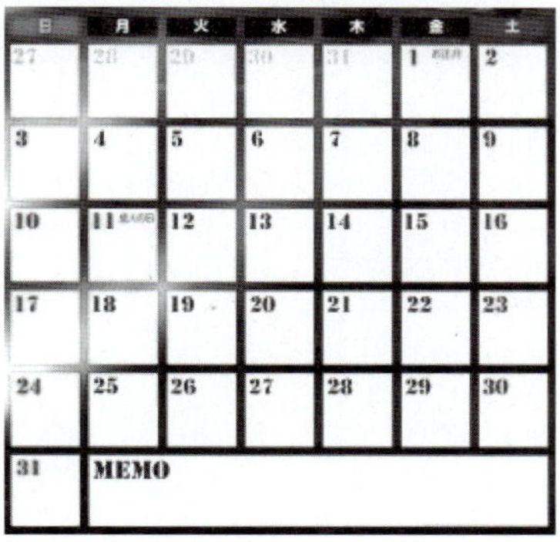

日	月	火	水	木	金	土
27	28	29	30	31	1	2
3	4	5	6	7	8	9
10	11	12	13	14	15	16
17	18	19	20	21	22	23
24	25	26	27	28	29	30
31	MEMO					

- 셀 간격을 2mm로 설정
- 표 배경에 그림 삽입할 것(겨울풍경.bmp)
- '1월 달력.hwp' 이름으로 파일을 저장할 것

Memo

CHAPTER

07 그리기 기능! 그 화려함 속으로

한글 2007은 그림 그리기(On-Page Drawing) 기능을 사용하여 마우스로 간단한 그림에서부터 복잡한 그림까지 쉽게 그릴 수 있도록 다양한 기능을 제공한다.

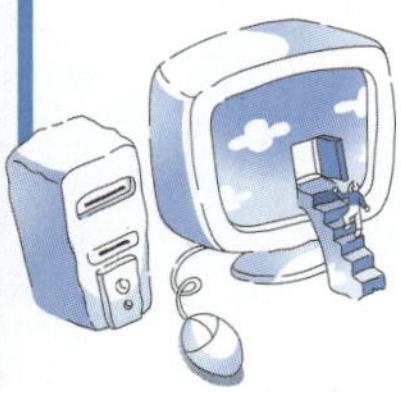

INTRODUCTION TO COMPUTER APPLICATIONS **HANGUL**

Section 01 : 그리기 도구 이용하기

한글 편집 화면에서 직접 그림을 그리거나 편집할 수 있는 도구들이 [그리기] 도구 상자에 포함되어 있다.

1.1 [그리기] 도구 상자

[그리기] 도구 상자는 한글에서 직접 그림을 그리고 관리할 수 있도록 그림 그리기에 관련된 기능을 아이콘으로 만들어 모아 놓은 것이다.

❶ **그리기 메뉴:** 개체 순서, 정렬/배분, 회전/대칭, 본문과의 배치 등의 하위 메뉴 제공

❷ **직선:** 직선 그리기

❸ **직사각형:** 사각형 그리기

❹ **타원:** 타원 그리기

❺ **호:** 호나 부채꼴 그리기

❻ **다각형:** 삼각형과 같은 다양한 형태의 다각형 그리기

❼ **곡선:** 곡선 그리기

❽ **자유선:** 펜으로 글씨를 쓰거나 서명을 하는 것처럼 자유롭게 그림 그리기

❾ **개체 연결선:** 그리기 개체 두 개를 직선이나 자유선과 같은 연결선으로 연결하여 표시

⑩ **글상자:** 본문 중간에 박스형 요약 글이나 제목 등을 삽입하기 위해 사용

⑪ **그리기마당:** [그리기마당]에 등록된 다양한 종류의 개체 제공

⑫ **개체 선택:** 문서에 포함된 개체를 선택하기 위해 사용

⑬ **개체 묶기:** 여러 개의 개체를 하나의 개체로 묶을 때 사용

⑭ **개체 풀기:** 묶어 놓은 개체를 풀어 줄 때 사용

⑮ **선 색:** 직선이나 개체의 테두리 색을 변경하거나 설정

⑯ **채우기 색:** 개체의 면 색을 바꾸거나 설정

⑰ **음영 비율 증가:** 개체의 면 색의 밝기 비율 증가

⑱ **음영 비율 감소:** 개체의 면 색의 밝기 비율 감소

⑲ **선 굵기:** 개체 선 굵기 설정

⑳ **선 종류:** 개체의 선 종류 설정

㉑ **화살표 모양:** 선의 양 끝에 적용할 화살표 모양 설정

㉒ **그림자 모양:** 그림자 표시, 그림자의 모양, 위치, 색 설정

㉓ **맨 앞으로:** 여러 개의 개체들이 겹쳐 있는 경우, 선택된 개체를 맨 앞으로 이동

㉔ **맨 뒤로:** 여러 개의 개체들이 겹쳐 있는 경우, 선택된 개체를 맨 뒤로 이동

㉕ **글 앞으로:** 개체를 본문 위에 배치

㉖ **글 뒤로:** 개체를 본문의 배경처럼 표시

㉗ **어울림:** 본문이 개체에 흐르듯이 어울리도록 배치

㉘ **개체 회전:** 개체를 1도부터 360도 사이에서 회전

㉙ **왼쪽으로 90도 회전:** 개체를 반시계 방향으로 90도 회전

㉚ **오른쪽으로 90도 회전:** 개체를 시계 방향으로 90도 회전

㉛ **좌우 대칭:** 개체의 중심점을 기준으로 개체의 좌우 뒤집기

㉜ **상하 대칭:** 개체의 중심점을 기준으로 개체의 상하 뒤집기

㉝ **다각형 편집:** 선택된 다각형이나 곡선을 편집해 개체의 모양 변경

㉞ **개체 모양 복사:** 개체의 선 모양, 크기, 그림자, 채우기 모양 또는 그림 효과 복사

㉟ **개체 모양 붙이기:** 개체의 복사한 모양을 다른 그리기 개체에 붙여 넣기

㊱ **개체 속성:** 개체의 크기와 위치, 여백, 선 속성 등 속성을 변경하거나 설정

㊲ **새 그리기 속성:** 그려질 개체의 모양, 본문과의 배치, 여백과 정렬 기준 등을 미리 설정

㊳ **격자 설정:** 격자의 격자 간격, 격자 모양, 격자 기준 위치 등을 설정

1.2 개체 그리기

[그리기] 도구 상자에서 도구를 선택한 후에 직선, 직사각형, 타원, 호, 다각형, 곡선, 자유형 등의 개체를 마우스로 드래그하여 그릴 수 있다. 개체를 더블 클릭하면 개체가 계속 선택된 상태로 있

게 되어 계속해서 같은 도형을 그릴 수 있다.

개체를 그릴 때 [Shift] 키나 [Ctrl] 키를 함께 사용할 수 있다.

→ [Shift]: 가로와 세로의 비율을 일정한 정다각형이나 원 그리기
　　　　　선의 경우 수평선이나 수직선 또는 15도 각도를 유지하는 선 그리기

→ [Ctrl]: 마우스 클릭한 곳을 기준으로 위, 아래, 왼쪽, 오른쪽을 같은 비율로 그리기

직사각형 그리기

그리기 도구 상자의 [직사각형(□)] 도구를 클릭하고 마우스 포인터(+)를 놓고 마우스 왼쪽 클릭하여 원하는 크기까지 마우스를 드래그한다. [직사각형(□)] 도구를 클릭하고 마우스 왼쪽 버튼을 클릭하면 너비와 높이가 각각 30mm인 정사각형이 그려진다.

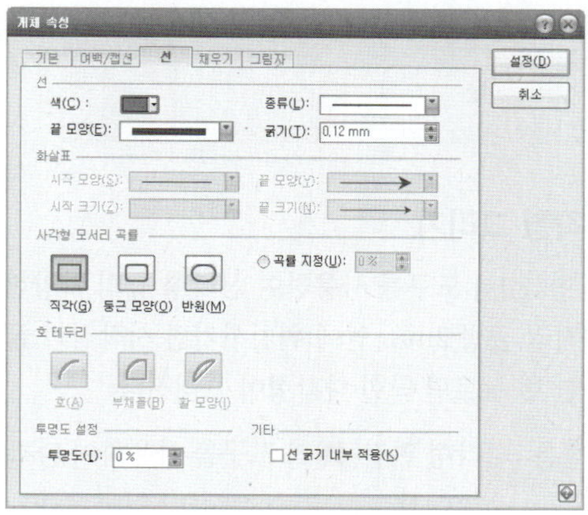

[편집] → [고치기] 메뉴 또는 [개체 속성( )] 도구를 실행하고 [개체 속성] 대화상자의 [선] 탭에서 '사각형 모서리 곡률'을 조정하여 사각형의 모서리의 둥근 정도를 지정할 수 있다.

(직사각형)　(둥근 모양)　(반원)　(곡률:30%)

타원 그리기

그리기 도구 상자에서 [타원(○)] 도구를 클릭하고 마우스 왼쪽 단추를 누른 채 원하는 크기까지 마우스를 드래그한다. 마우스 왼쪽 단추를 한 번 누르면, 너비와 높이가 각각 30mm인 원이 그려진다. [Shift]를 누른 채로 마우스를 끌면 반지름이 일정한 원이 그려진다.

타원을 그린 후 [다각형 편집( )] 도구를 이용해 호(arc)나 부채꼴(pie)로 변경할 수 있다.

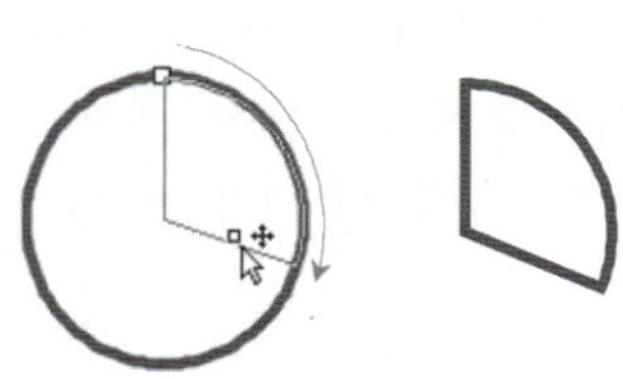

호 그리기

그리기 도구 상자에서 [호( )] 도구를 클릭하여 호나 부채꼴을 그릴 수 있다. [개체 속성] 대화 상자의 [선] 탭에서 '호 테두리'를 '부채꼴 모양'이나 '활 모양'으로 바꿀 수 있다.

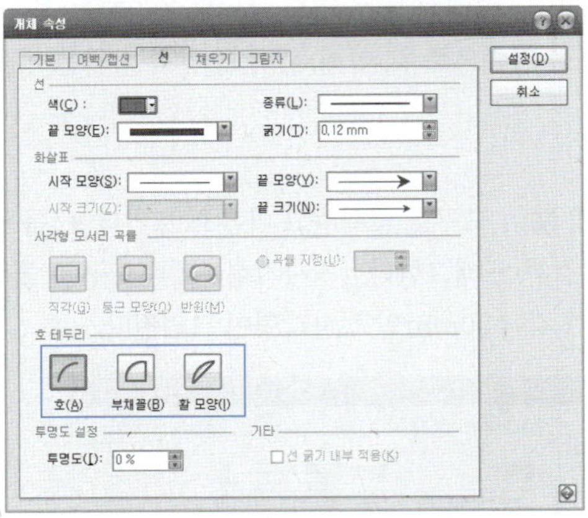

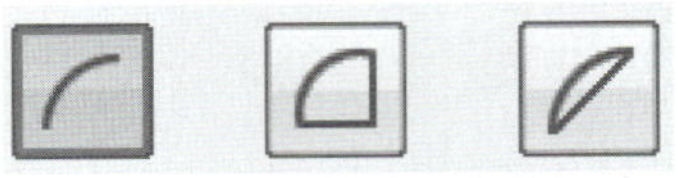

호　　부채꼴　　활 모양

다각형 그리기

[다각형( )] 도구를 사용하여 삼각형 등의 다양한 모양의 도형을 그릴 수 있다. 다각형의 끝점을 시작점 근방 2mm 안에 위치시키면 시작점과 끝점이 붙게 되며, 이 상태에서 마우스 왼쪽 단추를 한 번 누르면 닫힌 다각형이 그려진다.

다각형은 [다각형 편집( )] 도구를 사용하여 다각형의 크기나 모양 등을 변경할 수 있다.

곡선 그리기

[곡선( )] 도구는 [Ctrl] 키를 누르고 있는 동안은 직선이 그려지므로 직선과 곡선을 함께 그릴 수 있다. 그려진 곡선은 그리기 도구 상자의 [다각형 편집( )] 도구를 이용하여 곡선의 크기나 모양을 쉽게 바꿀 수 있다.

펜

[펜( )] 도구를 이용하면 펜으로 글씨를 쓰거나 서명을 하는 것처럼 자유롭게 그림을 그릴 수 있다. 펜 그리기 개체는 [다각형 편집( )] 도구를 사용하여 다각형의 크기나 모양 등을 변경할 수 있다.

1.3 개체 모양 복사하기

개체의 선 모양, 채우기 모양, 개체 크기 등 개체의 모양을 복사하여 다른 개체에 간편하게 붙여넣으려면 [개체 모양 복사] 도구와 [개체 모양 붙이기] 도구를 사용한다. 특정한 개체의 모양을 다른 개체에 반복적으로 자주 지정해야 하는 경우 매우 간편하게 활용할 수 있다.

함께하기 | 개체 모양 복사하기

1. 직사각형 그리기

❶ [그리기] 도구 상자에서 [직사각형(□)] 도구를 클릭하여 직사각형 개체를 그린 다음 선 모양, 채우기를 설정한다.

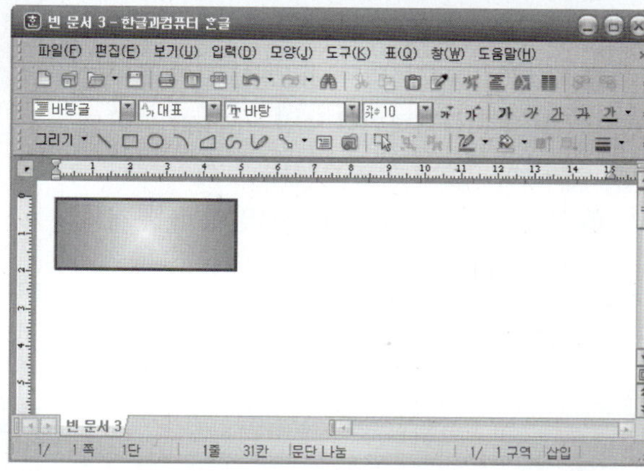

2. 원 그리기

❶ [그리기] 도구 상자에서 타원(○)] 도구를 클릭하고 직사각형 개체 오른쪽에 타원 개체를 그린다.

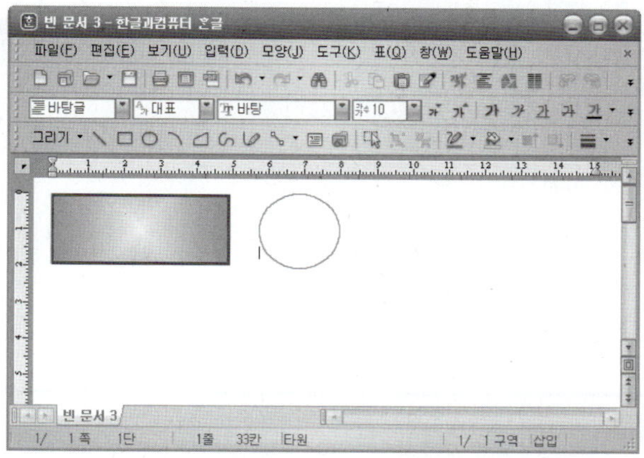

3. 개체 모양 복사하기

❶ 직사각형 개체를 마우스로 선택한 다음 [그리기] 도구 상자에서 [개체 모양 복사(✎)]를 클릭하거나 [Alt] + [Shift] + [C]를 누른다.

❷ [개체 모양 복사] 대화상자의 '공통 모양 복사-선 모양'과 '그리기 모양 복사-채우기'를 선택한 다음 [복사] 버튼을 클릭한다.

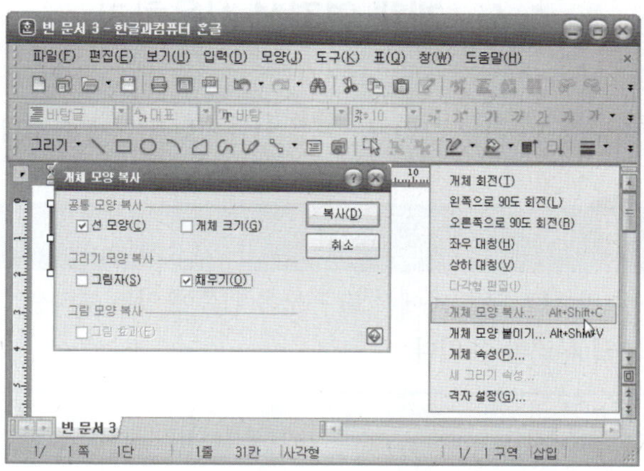

4. 개체 모양 붙여넣기

❶ 복사한 직사각형 개체의 모양을 붙여 넣을 타원 개체를 선택하고,

❷ [그리기] 도구 상자에서 [개체 모양 붙이기( )]를 클릭하거나 [Alt] + [Shift] + [V]를 누른다.

❸ 복사한 직사각형 개체의 모양이 타원 개체로 복사된다.

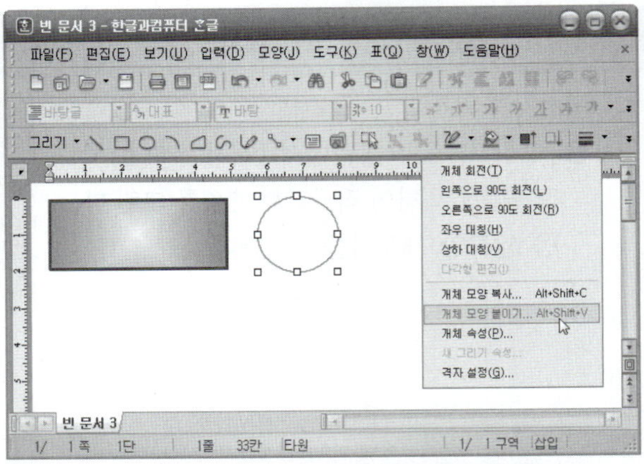

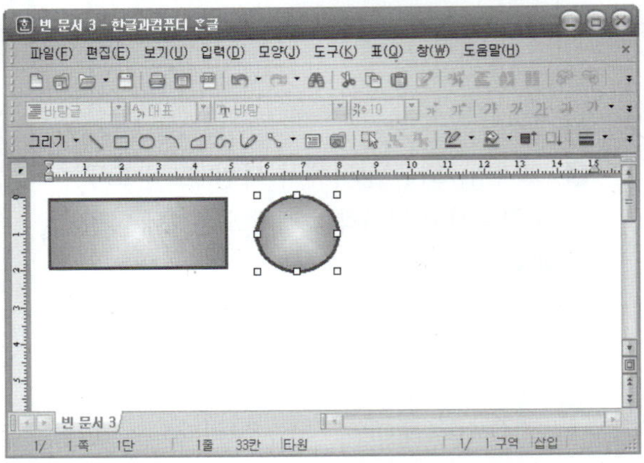

1.4 개체 연결선 사용하기

[개체 연결선] 도구는 직선 또는 자유선을 사용하여 두 그리기 개체를 연결하기 위해 사용한다. 그리기 개체를 연결한 다음 개체 중 하나를 다른 위치로 이동하면 연결선도 같이 이동된다.

Tip | 도구 상자 분리하기

[그리기] 도구 상자에서 도구 모음 위쪽에 있는 분리선( )을 마우스로 누르고 드래그하면 도구 상자를 분리할 수 있다.

개체 연결선 종류

[개체 연결선] 도구에는 9개의 개체 연결선이 있다.

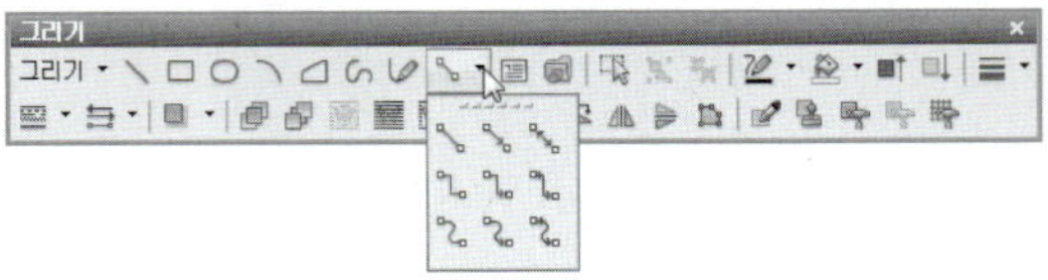

	기능		기능		기능
	직선 연결선		직선 화살표 연결선		직선 양쪽 화살표 연결선
	꺾인 연결선		꺾인 화살표 연결선		꺾인 양쪽 화살표 연결선
	구부러진 연결선		구부러진 화살표 연결선		양쪽 화살표 연결선

함께하기 | 연결선 사용하기

1. 직사각형 그리기

❶ [그리기] 도구 상자에서 [직사각형( )] 도구를 클릭하여 편집 화면에 직사각형을 두 개 그려 넣는다.

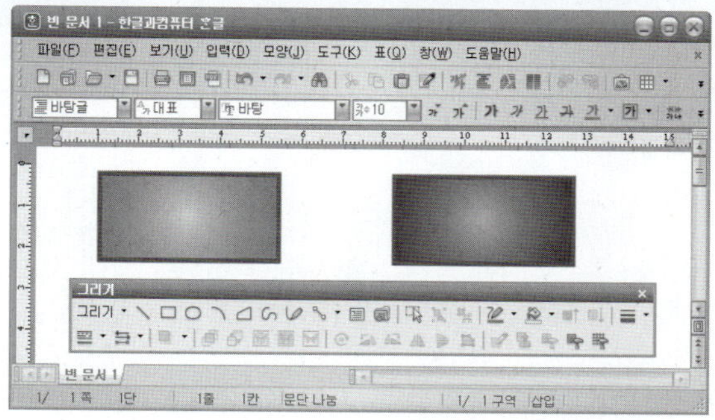

2. 개체 연결선 그리기

❶ [그리기] 도구 상자에서 '개체 연결선( )' → 직선 연결선( )'을 선택한다.

❷ 마우스 포인터가 십자 모양(+)으로 바뀌면 왼쪽 직사각형의 오른쪽 테두리를 누른 상태에서 마우스를 끌어 오른쪽 직사각형의 왼쪽 테두리에서 마우스를 놓으면 흰색 네모 표시가 표시된다. 네모 표시를 드래그하여 테두리 가운데에 놓이면 연두색으로 변한다.

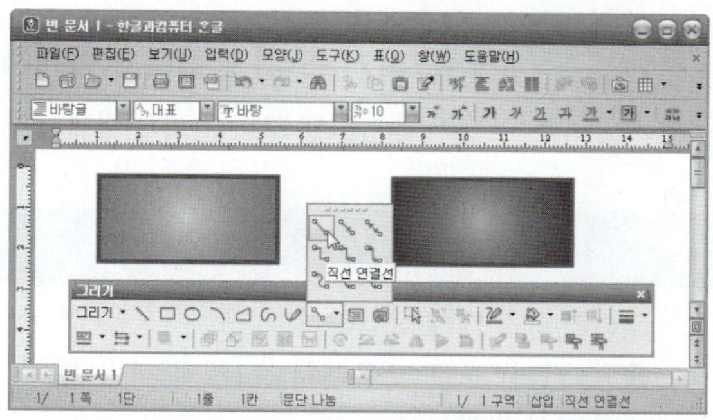

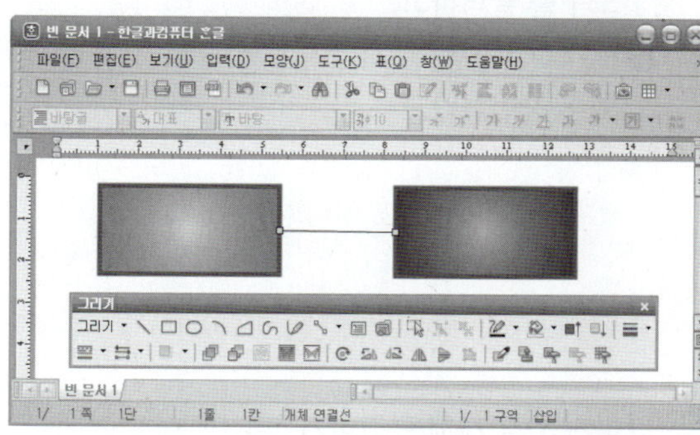

3. 개체 이동하기

❶ 직사각형 하나를 마우스로 선택한 다음 위치를 이동하면 연결선도 따라서 이동한다.

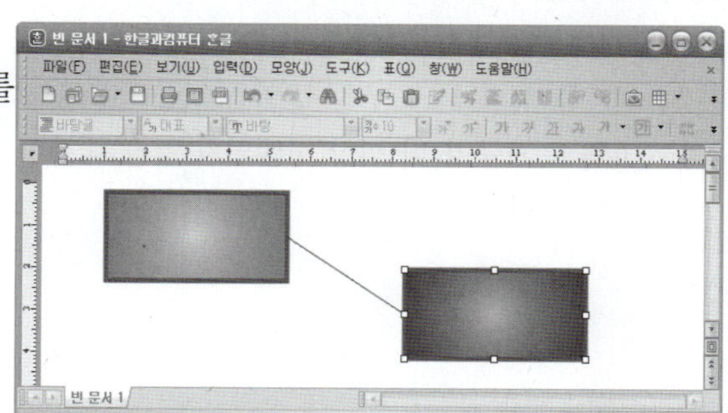

1.5 그리기 마당 이용하기

[그리기 마당]은 미리 만들어 등록된 개체 꾸러미로 한글의 그리기 기능을 이용해 그린 그림들을 모아 놓은 [그리기 조각]과 외부에서 그려진 그림 파일들을 모아 놓은 [클립아트]로 구성된다.

[그리기 마당]에 들어 있는 각 그리기 파일(*.drt)들을 [그리기 조각]이라고 하고, 같은 종류의 그리기 조각끼리 한곳에 모아 놓은 것을 [그리기마당 꾸러미]라 한다.

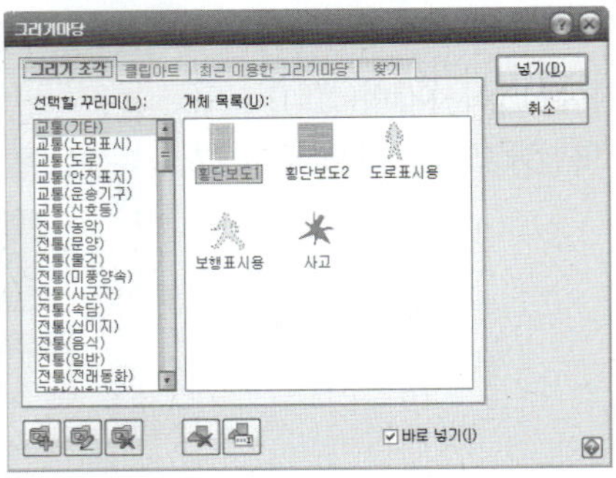

[그리기 조각] 편집하고 등록하기

문서에 삽입된 그리기 조각 개체는 색이나 모양 등을 변경할 수 있다.

함께하기 | 그리기 조각 편집하기

1. 그리기 조각 개체 삽입하기
   ❶ [그리기] 도구 모음에서 '그리기 마당( )' 도구를 클릭하고,
   ❷ [그리기 마당] 대화상자에서 그리기 조각 개체를 삽입한다.

2. 그리기 조각 개체 편집하기
   ❶ 개체를 선택하고 [그리기] 도구 모음에서 '개체 풀기( )' 도구를 클릭한다. '개체 풀기( )' 도구가 더 이상 선택되지 않을 때까지 클릭한다.

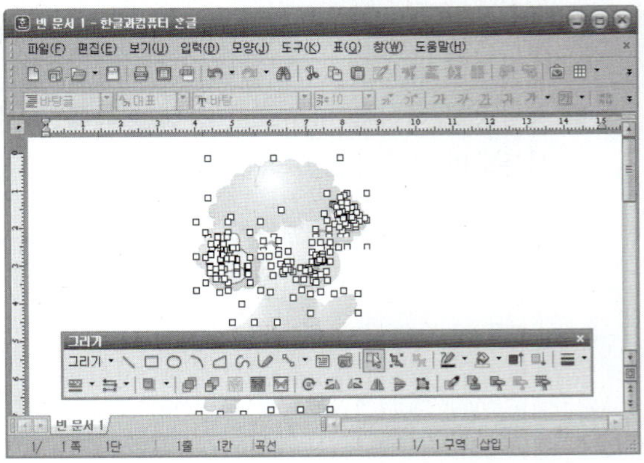

❷ 색을 변경할 부분만을 마우스로 선택하고 더블 클릭하여 [개체 속성] 대화상자를 표시하고 [채우기] 색을 변경한다.

❸ 같은 방법으로 선이나 채우기 등의 색과 모양 등을 변경한다.

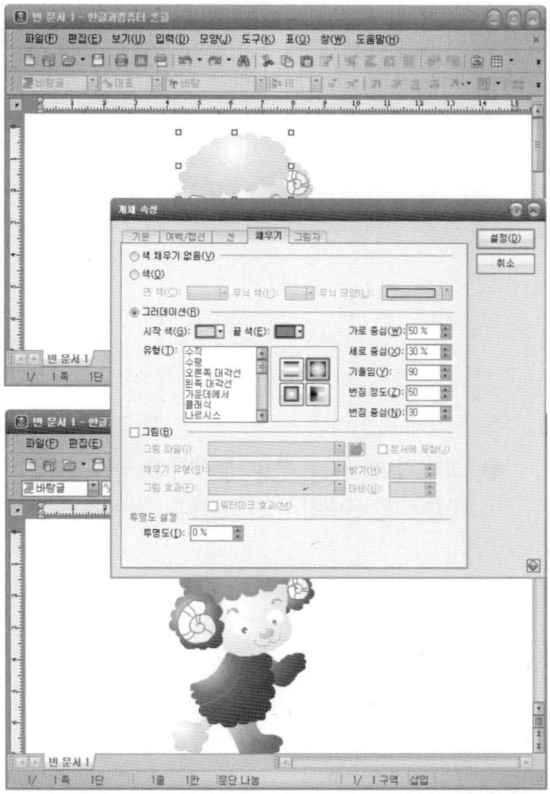

3. 개체 묶기

❶ [그리기] 도구 모음에서 '개체 선택( )' 도구를 클릭하고 마우스를 드래그하여 전체 개체를 선택한 다음,

❷ [그리기] 도구 모음에서 [개체 묶기( )] 도구를 클릭하여 풀어진 모든 개체를 하나로 묶어준다.

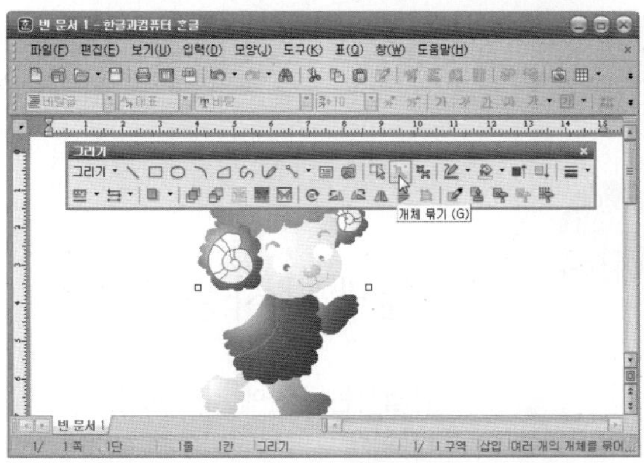

4. 개체 등록하기

❶ 묶인 개체를 선택하고 마우스 오른쪽 버튼을 클릭하여 [그리기 마당에 등록] 메뉴를 선택하여 변경된 그리기 개체를 등록한다.

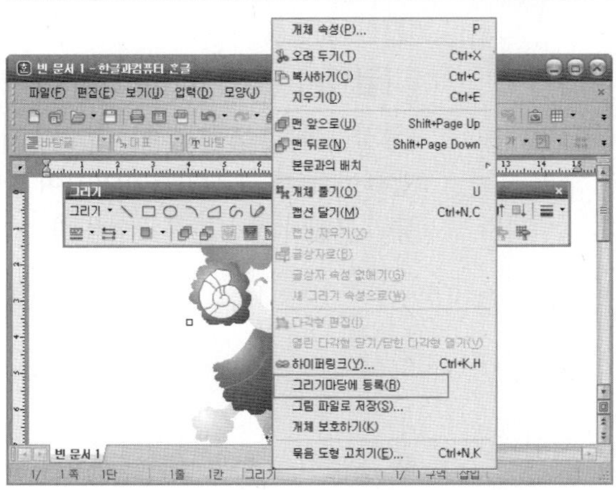

❷ [그리기 조각 등록] 대화상자에서 '등록할 꾸러미 목록'과 '이름'을 각각 설정한 다음 [등록] 버튼을 클릭한다.

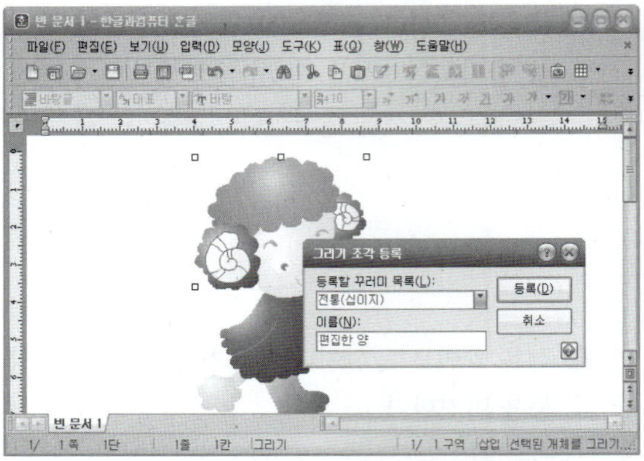

5. 등록 개체 확인하기

❶ [그리기 마당] 도구를 클릭하고 등록된 꾸러미 목록을 선택하여 확인한다.

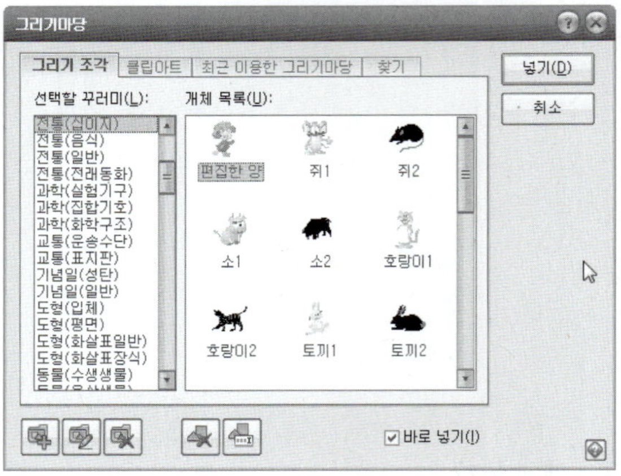

Section

02: 글맵시 사용하기

글맵시는 글자에 외곽선, 면 채우기, 그림자, 회전 등의 효과를 주어 문자를 꾸미기 위해 사용한다. 글맵시는 한글의 그리기 기능으로 구현되므로 문서에 포함된 후 자유롭게 편집할 수 있다.

[글맵시 개체] 도구 상자

[글맵시 개체] 도구 상자는 글맵시 개체를 편집하기 위해 필요한 기능들을 모아놓은 것으로, [글맵시 개체] 도구 상자를 이용하여 글맵시를 만들고 글자 모양이나 글자 색 등의 모양을 바꾸는 등의 글맵시 개체 편집 작업을 할 수 있다.

❶ **글맵시 고치기:** 글맵시 개체의 내용과 글꼴, 글자 모양 등 속성 변경

❷ **글맵시 글자 모양:** 55가지의 글자 모양 제공

❸ **글맵시 문단 정렬:** 글맵시 개체의 내용에 대해 문단 정렬 방식 적용

❹ **글맵시 그림자:** 글자에 그림자를 추가하거나 제거

❺ **채우기 색:** 글맵시 개체의 색 설정

❻ **선 색:** 글맵시 개체의 테두리 색 설정

❼ **개체 회전:** 선택한 글맵시 개체를 지정한 방향으로 회전

함께하기 | 글맵시 넣기

1. 글맵시 개체 만들기

❶ [입력] → [개체] → [글맵시] 메뉴를 선택하고,

❷ [글맵시 만들기] 대화상자에서 '내용'에 '보고서'를 입력하고 '글꼴-태나무', '줄 간격-120', '글자 모양' 등을 지정하고 [설정] 버튼을 클릭한다.

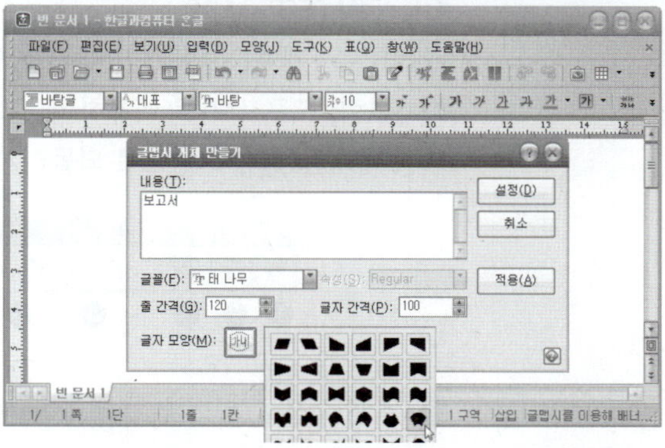

2. 글맵시 개체 편집하기

❶ 글맵시 개체가 입력되고 [글맵시 개체] 도구 상자가 표시된다.

❷ [글맵시 개체] 도구 상자에서 '채우기 색' 도구를 클릭하고 색상 파레트에서 색(주황)을 선택한다.

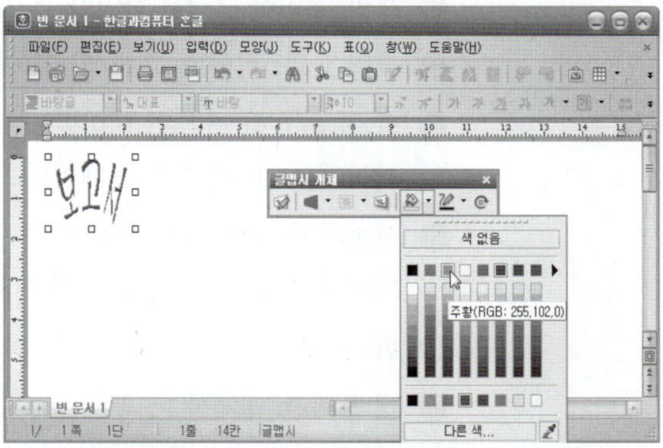

3. 글맵시 개체 크기 조절하기

❶ 글맵시 개체의 조절점을 마우스로 드래그하여 개체의 크기를 조절한다.

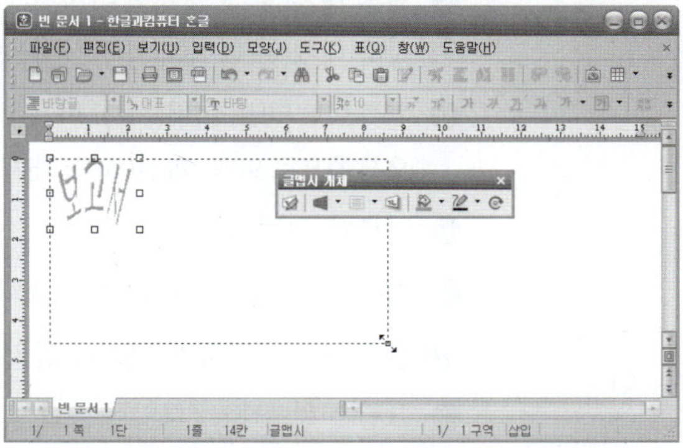

Section
03: 그림 다루기

한글이 아닌 다른 응용 프로그램을 사용하여 만들어진 그림 파일을 삽입하여 문서에 포함시킬 수 있다. 그림 파일 전체를 넣을 수도 있고, 그림의 일부분만 잘라 넣을 수도 있다. 또한 그림을 확대하거나 축소하여 넣을 수도 있으며, 그림의 테두리와 그림 효과도 설정하거나 해제할 수 있다.

[그림] 도구 상자

[입력] → [개체] → [그림] 메뉴를 사용하여 그림 파일을 삽입하면 [그림] 도구 상자가 표시된다. [그림] 도구 상자를 이용하여 '그림 고치기, 그림 효과 주기, 그림 자르기, 캡션 넣기, 삽입한 그림 빼내기, 원래 그림으로 되돌리기' 등의 그림 편집 작업을 쉽게 할 수 있다.

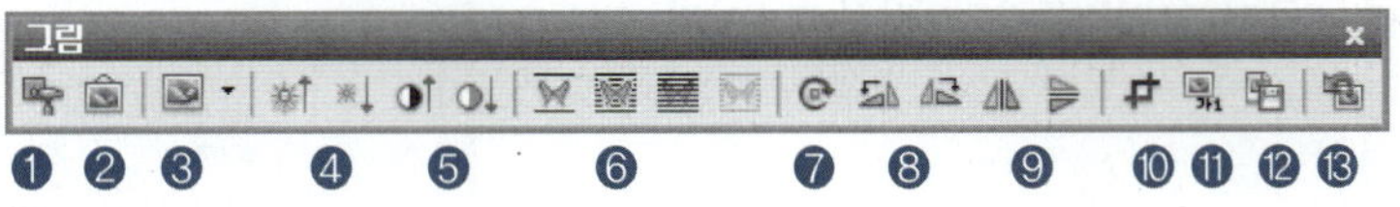

❶ **개체 속성:** 그림의 위치와 크기, 여백, 테두리, 그림 효과 등 설정

❷ **그림:** 문서에 그림을 삽입할 수 있도록 [그림 삽입] 대화상자 표시

❸ **그림 효과:** 회색조, 흑백, 워터마크와 같은 그림 효과 적용/해제

❹ **밝게( ):** 한 번 누를 때마다 그림의 밝기가 5%씩 증가
어둡게( ): 한 번 누를 때마다 그림의 밝기가 5%씩 감소

❺ **선명하게( ):** 한 번 누를 때마다 그림의 명암이 5%씩 증가
희미하게( ): 한 번 누를 때마다 그림의 명암이 5%씩 감소

❻ **위치:** 그림이 본문에 표시되는 위치 설정

❼ **개체 회전:** 개체를 1도부터 360도 사이에서 자유롭게 회전

❽ **좌우 대칭( ):** 개체의 중심점을 기준으로 좌우 뒤집기
상하 대칭( ): 개체의 중심점을 기준으로 상하 뒤집기

❾ **왼쪽으로 90도 회전( ):** 반시계 방향으로 90도 회전
오른쪽으로 90도 회전( ): 개체를 시계 방향으로 90도 회전

❿ **자르기:** 그림의 일부분 자르기

⓫ **캡션 달기:** 현재 그림에 캡션 표시

⓬ **삽입 그림 저장하기:** 문서에 삽입된 그림 저장

⓭ **그림을 원래대로:** 다양한 효과를 설정한 그림을 원래 그림 파일로 되돌리기

함께하기 | 그림 삽입하기

1. 그림 선택하기

❶ [입력] → [개체] → [그림] 메뉴를 실행하거나 [표준] 도구 모음에서 [그림( )] 도구를 클릭한 다음,

❷ [그림 넣기] 대화상자에서 원하는 그림 파일을 선택하고 [넣기] 버튼을 클릭한다.

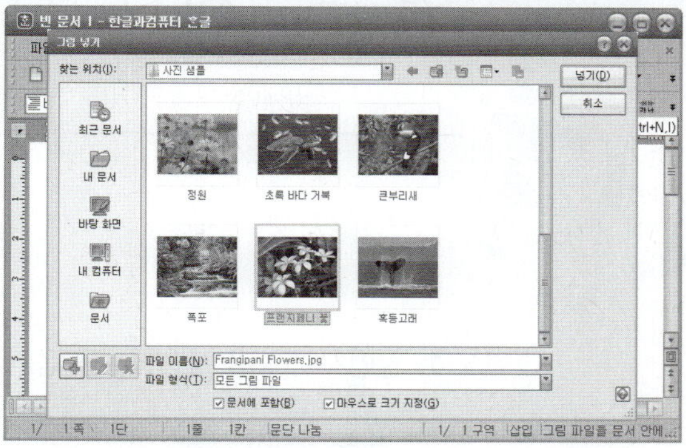

2. 그림 삽입하기

❶ 마우스 포인터의 모양이 십자 모양(+)으로 바뀌면 편집 창에서 그림을 넣을 위치에서 마우스를 드래그한다.

3. 그림 잘라내기

❶ [그림] 도구 상자에서 '자르기( )' 도구를 클릭하여 그림 테두리에 8개의 경계선 모양이 표시하고,

❷ 마우스로 그림의 경계선 위 조절점을 드래그하여 그림을 잘라낸다.

4. 캡션 표시하기

❶ 그림에 캡션을 추가하기 위해 [그림] 도구 상자에서 '캡션 달기( )' 도구를 클릭하고,

❷ 그림 아래 '그림 1'과 같이 그림 번호가 표시되면 그림 번호 옆에 캡션을 입력한다.

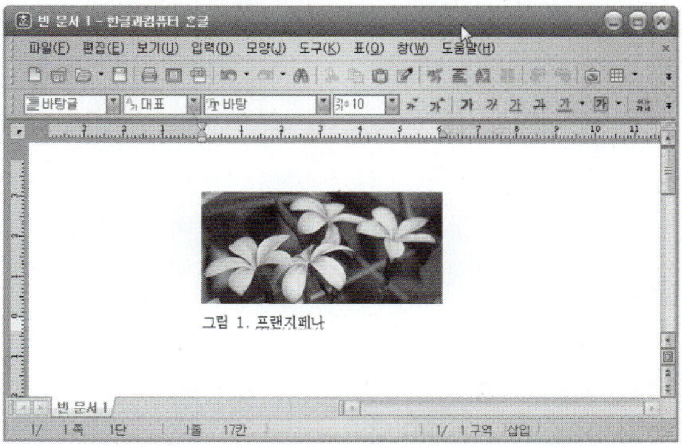

연습문제

1. 글맵시 기능을 사용하여 다음과 같이 글맵시 개체를 만들어라.

내용-2010년 1월
글꼴-HY그래픽
모양-부채모양( )

2. '1월 달력.hwp' 문서를 열고 1번에서 만들어진 글맵시 개체를 달력의 위쪽에 표시하라.

PART 03

엑셀 2007

Memo

CHAPTER 01

엑셀 2007 시작하기

스프레드시트(spreadsheet)는 데이터 계산과 관리 및 분석, 차트 등의 작업을 손쉽게 할 수 있도록 개발된 응용 프로그램으로, 셀(Cell)로 구분된 워크시트에 데이터를 입력하고 계산식이나 함수를 사용해 결과를 구하거나 분석된 결과를 표시하도록 하는 기능을 제공한다.

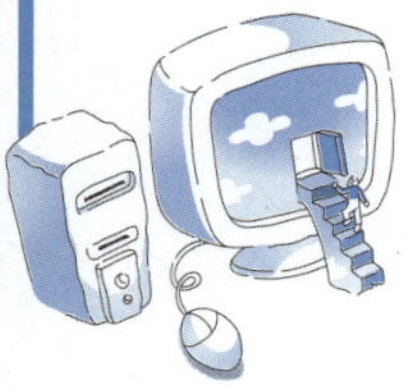

INTRODUCTION TO COMPUTER APPLICATIONS **EXCEL**

Section 01 : 엑셀 2007의 새로운 기능

엑셀 2007은 효율적으로 데이터를 분석하고 관리할 수 있는 강력한 시각화 도구 및 데이터 분석 도구와 기능이 추가된 새로운 결과 중심의 사용자 인터페이스를 제공한다.

결과 중심의 인터페이스 – 리본 메뉴

이전 버전과 달리 메뉴와 도구 모음이 기능에 따라 메뉴 탭과 논리적인 그룹 단위로 표시된 리본 메뉴 형식으로 제공되며, 셀에 적용할 수 있는 [미니 도구 모음]과 자주 사용하는 도구들을 모아 표시하는 [빠른 실행 도구 모음]이 제공된다. 몇 개의 메뉴 탭은 필요한 경우에만 표시된다. 또한 명령을 적용하면 결과를 미리볼 수 있다.

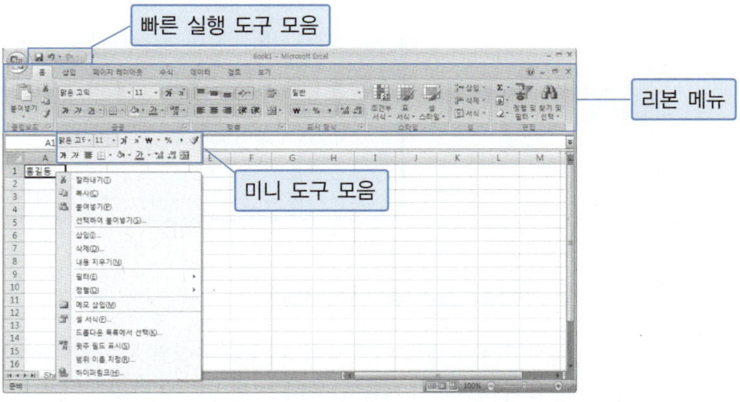

리본 메뉴와 도구 모음

워크시트의 행과 열 수 증가

엑셀 2007은 하나의 워크시트에 최대 1,048,576개의 행과 16,384개의 열을 사용할 수 있다. 이전 2003 버전은 하나의 시트에 65,536행과 256열을 제공한다. 따라서 열은 IV가 아니라 XFD에서 끝난다.

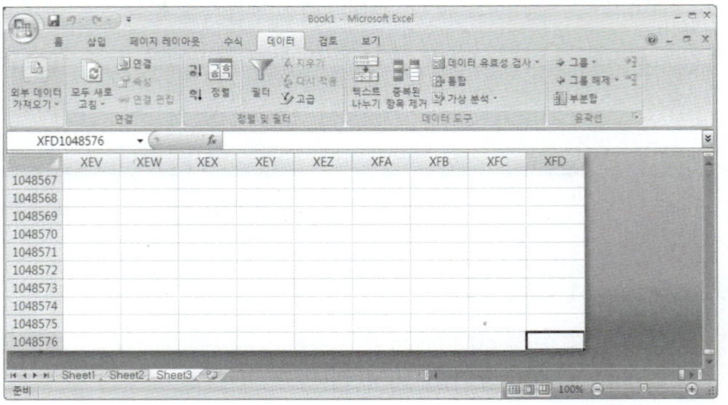

테마와 스타일을 사용한 서식 사용

엑셀 2007에서는 테마와 스타일을 사용하여 워크시트의 데이터에 서식을 빠르게 지정할 수 있다. 테마는 통합 문서 전체나 차트 또는 도형 등에 적용할 수 있도록 미리 정의된 색과 글꼴, 채우기 효과 등을 모아 놓은 것이다.

스타일은 테마를 기반으로 미리 정의된 서식으로 셀, 차트, 피벗 테이블, 도형, 다이어그램 등의 서식을 손쉽게 설정할 수 있다. 미리 정의된 스타일 뿐 아니라 사용자가 직접 만들어 사용할 수 있다.

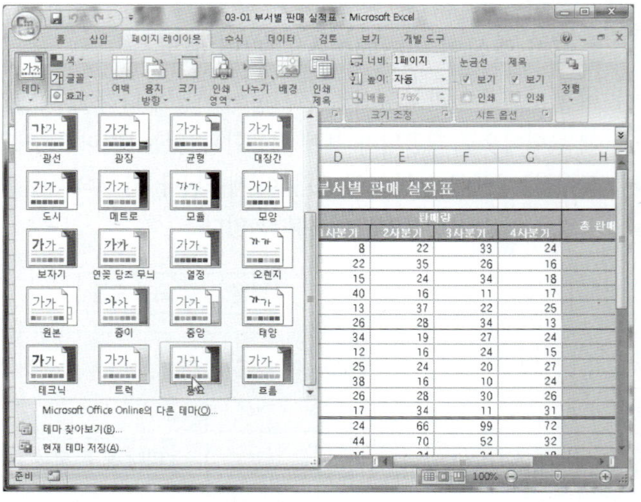

강력한 조건부 서식 제공

데이터의 추세를 파악하거나 특정 조건을 만족하는 데이터를 구별하기 위해 조건부 서식을 사용할 수 있다. 규칙을 만족하는 데이터에 그라데이션 색, 데이터 막대 및 아이콘 등을 64개까지 지정할 수 있으며, 조건부 서식을 겹쳐서 지정할 수 있다.

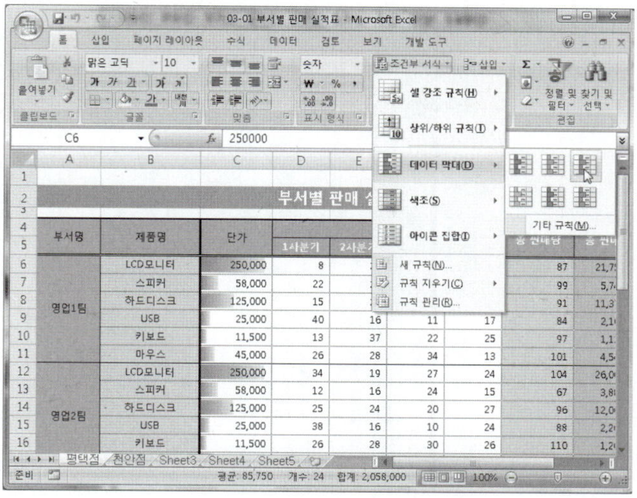

확장 가능한 수식 입력줄과 함수 자동 완성 기능

엑셀 2007에서는 수식 입력줄의 크기를 확장할 수 있어 길고 복잡한 수식을 표시할 수 있다. 또한 함수 자동 완성 기능을 사용하여 사용할 함수를 쉽게 찾을 수 있을 뿐 아니라 수식 인수를 지정하는 데 필요한 설명을 표시하여 수식을 보다 간편하게 작성할 수 있다.

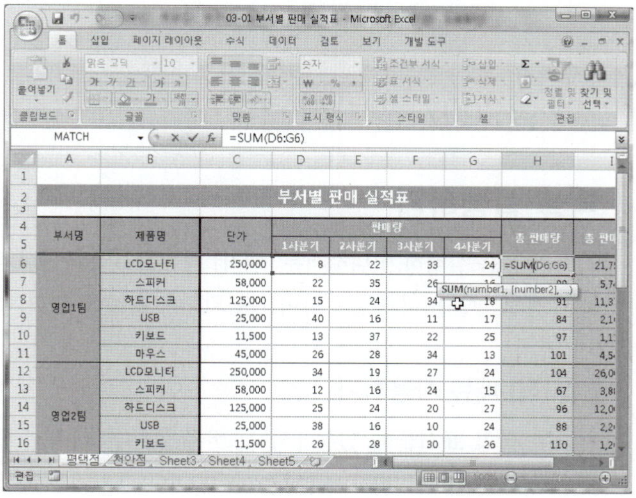

향상된 정렬 및 필터링 기능

최대 64개 수준까지 하나 이상의 데이터를 필터링하거나 정렬할 수 있다. 숫자 데이터와 문자 데이터뿐 아니라 색이나 날짜를 기준으로 데이터를 정렬하거나 필터링할 수 있으며, 자동 필터를 사용하는 경우 목록에 1,000개 이상의 항목을 표시할 수 있다.

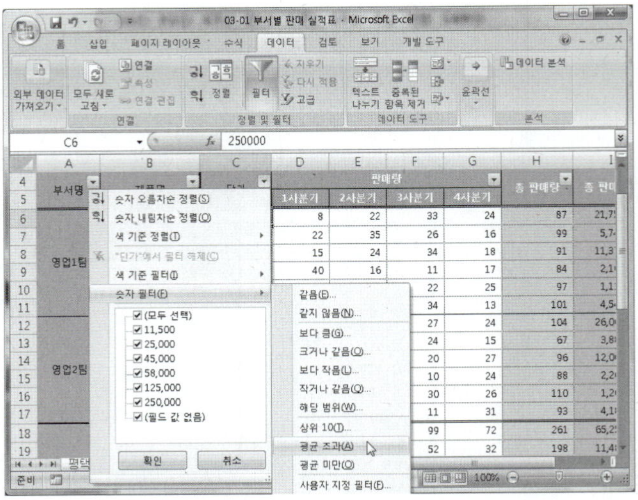

▌새로운 파일 형식 지원

엑셀 2007은 'Microsoft Office Open XML' 이라는 형식이라는 새로운 파일 형식으로 저장한다. XML 기반 파일 형식은 확장자를 '.xlsx' 로 표시한다.

Section 02: 엑셀 2007 준비하기

2.1 엑셀 실행하기

엑셀 2007을 실행하기 위해서는 [시작] 메뉴를 이용하거나 바탕 화면의 바로가기 키를 사용한다. 물론 엑셀 파일을 더블 클릭하여 실행되도록 할 수도 있다.

▌[시작] 메뉴 사용하기

윈도우 작업 표시줄에 있는 [시작] 버튼을 누른 다음, [프로그램] → [Microsoft Office] → [Microsoft Office 2007] → [Microsoft Office Excel 2007]을 클릭한다.

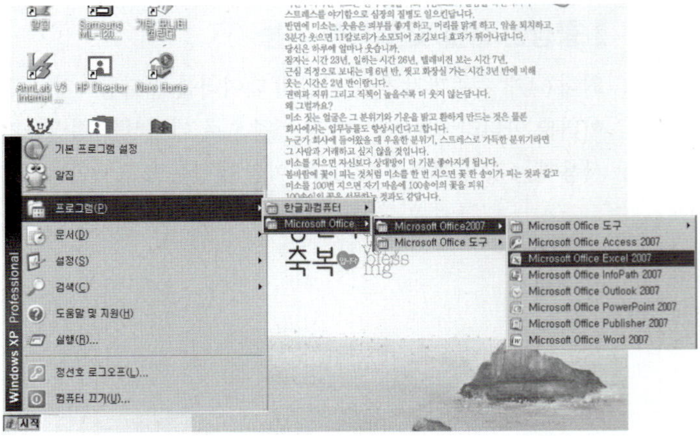

바로가기 아이콘 사용하기

바탕 화면의 엑셀 바로 가기 아이콘을 더블 클릭하여 선택한다.

엑셀 파일 이용하기

엑셀 파일(*.xlsx)을 더블 클릭하면 엑셀을 시작한 후 해당 파일을 자동으로 열어준다.

2.2 엑셀 종료하기

엑셀을 종료하면 모든 엑셀 문서를 닫은 후 종료된다.

엑셀 프로그램 종료하기

엑셀 프로그램을 종료하려면

→ '오피스 단추( )' 를 클릭하고 [Excel 끝내기] 버튼을 클릭하거나
→ 제목 표시줄 우측의 닫기 버튼(x)을 클릭한다.
→ [Alt] + [F4] 키를 눌러도 엑셀 프로그램이 종료된다.

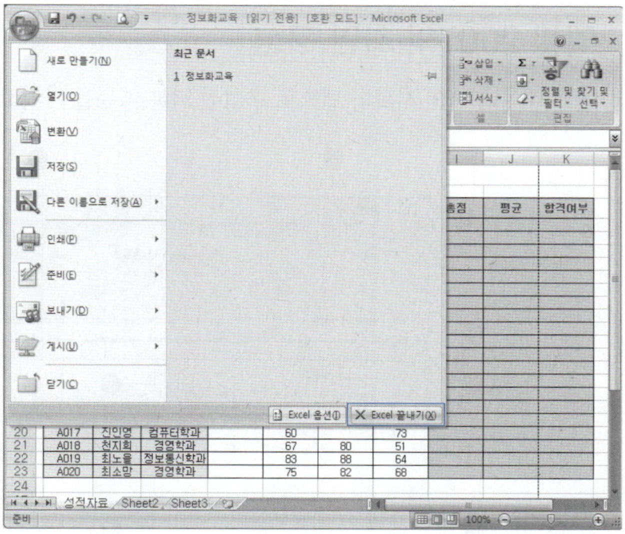

작업중인 문서 닫기

엑셀 프로그램이 아닌 현재 작업 중인 문서를 종료하려면

→ '오피스 단추( )' 를 클릭하고 [닫기] 메뉴를 클릭하거나
→ 현재 작업 중인 문서의 오른쪽 상단에 표시된 [닫기] 버튼(x)을 클릭한다.

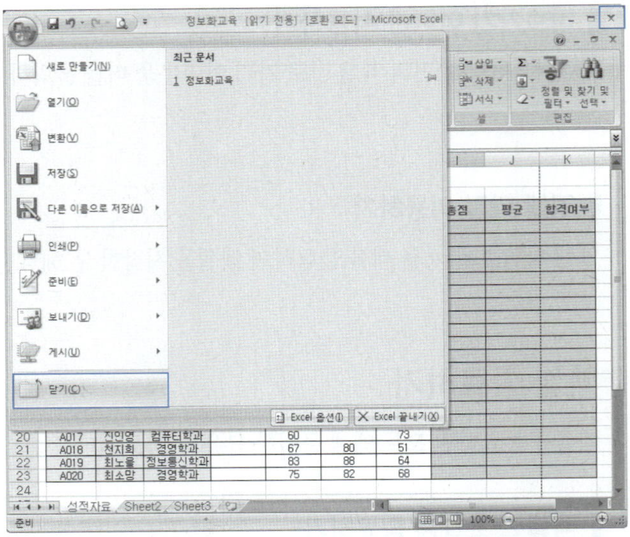

Section 03: 엑셀 2007의 화면 구성

3.1 엑셀 2007의 화면 구성

엑셀은 여러 개의 시트와 탭으로 구성된 리본 메뉴를 가지고 있다.

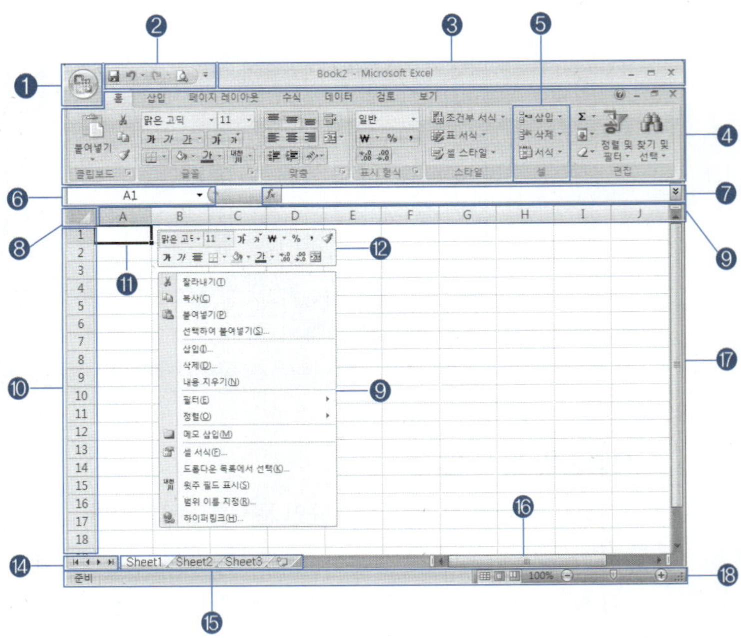

❶ **Office 단추:** 이전 버전의 [파일] 메뉴에 해당하는 열기, 저장, 인쇄 등 문서 작성에 필요한 메뉴 표시, [Excel 옵션]과 [Excel 끝내기] 버튼 포함

❷ **빠른 실행 도구 모음:** 자주 사용하는 도구를 모아 표시하며, 필요에 따라 도구의 추가/삭제 가능

❸ **제목 표시줄:** 현재 작업중인 파일의 이름 표시

❹ **리본 메뉴:** '홈', '삽입', '페이지 레이아웃', '수식', '데이터', '검토', '보기'의 탭 메뉴와 각 메뉴 탭에 포함되는 명령들을 탭 아래에 논리적인 그룹으로 표시

❺ **그룹:** 각 탭에 포함된 하위 명령들 포함

❻ **이름 상자:** 현재 셀 포인터가 놓여있는 셀의 주소나 정의된 셀 이름 표시

❼ **수식 입력줄:** 현재 셀에 입력되어 있는 데이터 또는 수식 표시. ⌄을 클릭하여 수식 입력창 확장 가능

❽ **셀 전택 도구:** 작업중인 워크시트의 전체 셀 선택

❾ **열 머리글:** 열의 위치를 알파벳으로 표시, 최대 16,384개까지의 열 표시

❿ **행 머리글:** 행의 위치를 숫자로 표시, 최대 1,048,576개까지의 행 표시

⓫ **셀 포인터:** 선택된 셀을 표시되는 굵은 테두리선

⓬ **미니 도구 모음:** 셀을 클릭한 후 마우스 오른쪽 버튼을 클릭하면 표시되는 메뉴로 셀에서식을 설정하기 쉽도록 필요한 도구들을 모아놓은 도구모음

⓭ **바로가기 메뉴:** 셀을 클릭한 후 마우스 오른쪽 버튼을 클릭하면 팝업으로 표시되는 메뉴

⓮ **시트탭 이동 버튼:** 시트를 이동하기 위해 사용

⓯ **시트탭:** 워크시트의 이름 표시

⓰ **수평 스크롤 바:** 워크시트의 화면을 좌우로 이동시키기 위해 사용

⓱ **수직 스크롤 바:** 워크시트의 화면을 상하로 이동시키기 위해 사용

⓲ **상태표시줄:** 작업중인 워크시트의 상태 표시. 화면 보기 상태와 화면 보기 배율 변경 가능

3.2 리본 메뉴

리본 메뉴는 엑셀 작업을 위해 필요한 도구들을 메뉴 탭 아래에 논리적 그룹별로 분류하여 필요한 도구들을 빨리 찾아 사용할 수 있도록 제공한다.

[홈] 탭

[홈] 탭은 글꼴, 맞춤, 표시 형식 등의 셀 서식과 스타일, 편집 등과 관련된 도구들이 포함되어 있다.

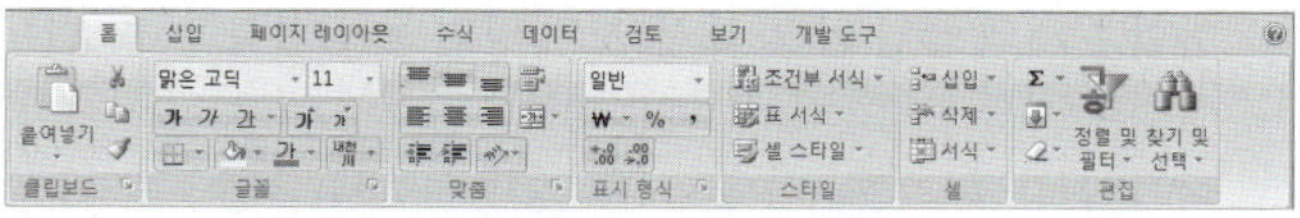

[삽입] 탭

[삽입] 탭에는 표, 차트, 및 일러스트레이션 등을 삽입하는 도구와 하이퍼링크를 설정하는 도구들이 포함되어 있다.

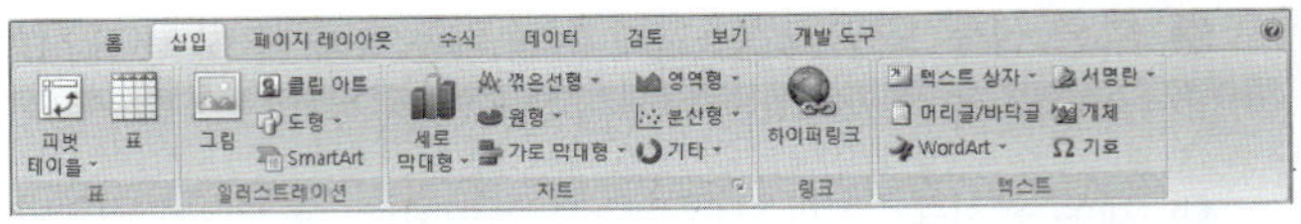

[페이지 레이아웃] 탭

[페이지 레이아웃] 탭에는 작업중인 문서의 디자인과 인쇄에 관련된 내용을 설정하기 위한 도구들이 포함된다.

[수식] 탭

[수식] 탭에는 함수와 셀이나 범위의 이름을 정의하는 기능, 수식을 분석하는 기능 등이 포함된다.

[데이터] 탭

[데이터] 탭에서는 외부 데이터를 가져오거나, 정렬 및 필터, 부분합 등을 구하기 위한 도구들을 제공한다.

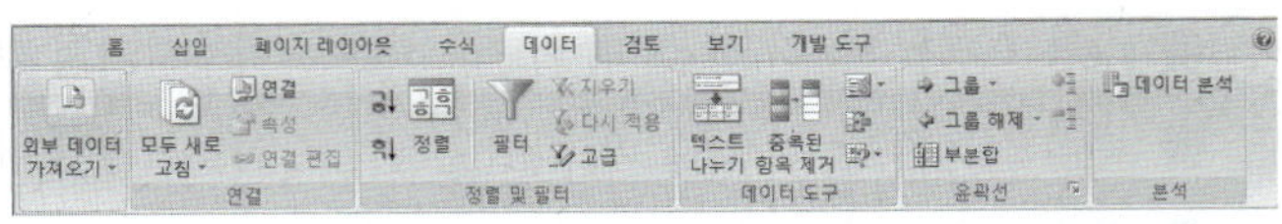

[검토] 탭

[검토] 탭에서는 작성된 문서에 대해 언어 교정이나 메모, 공유 등의 기능을 설정할 수 있는 도구들이 제공된다.

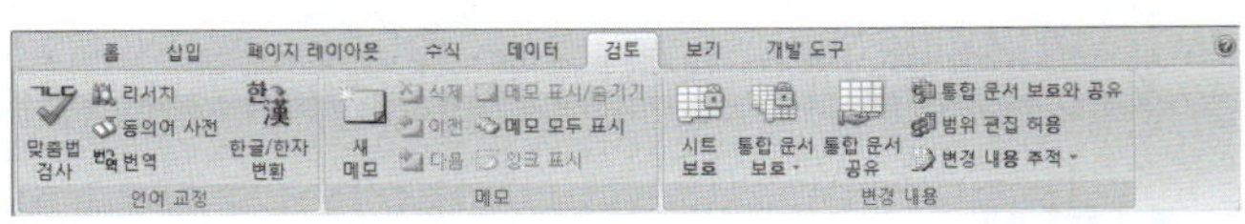

[보기] 탭

통합 문서의 작업 환경, 표시, 보기 방법 등을 설정할 수 있는 도구 등을 제공한다.

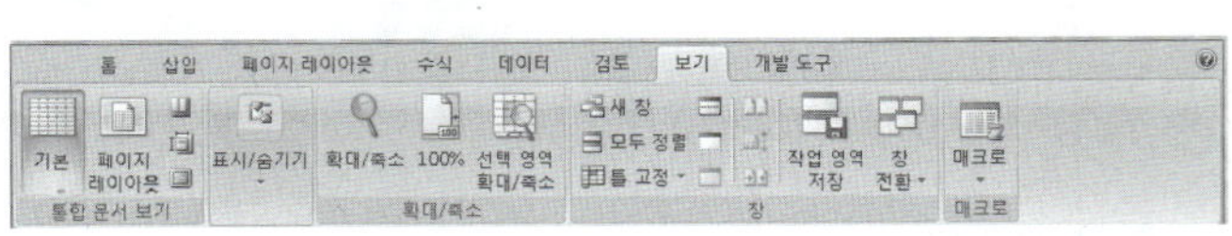

[개발 도구] 탭

매크로를 작성하거나 이전에 기록한 매크로를 실행하거나 엑셀에서 사용할 응용 프로그램을 만들기 위해 필요한 도구들은 개발 도구 탭을 사용하여 표시된다. [개발 도구] 탭은 '오피스 단추( )'를 클릭하여 [Excel 옵션] 버튼을 클릭한 후 '기본 설정' → 'Excel에서 가장 많이 사용하는 옵션' → '리본 메뉴에 개발 도구 탭 표시' 확인란을 선택한다.

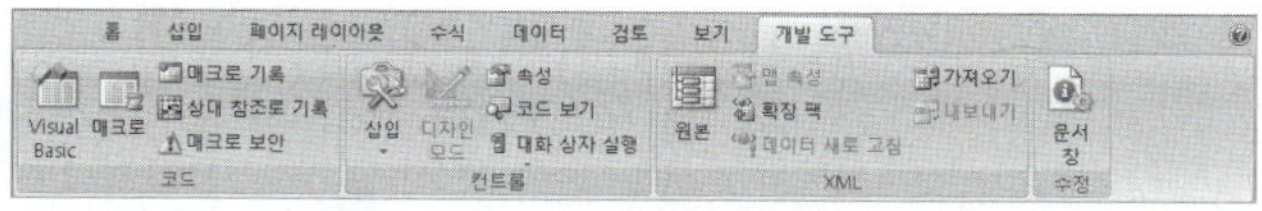

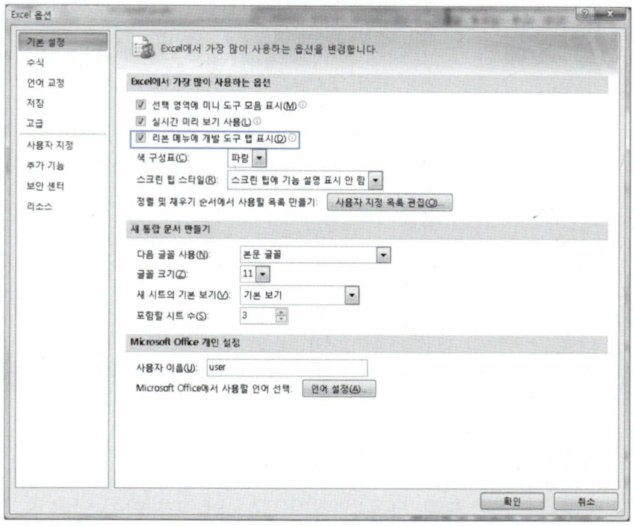

3.3 [빠른 실행] 도구 모음에 도구 추가/삭제하기

빠른 실행 도구 모음은 명령 단추를 빠른 실행 도구 모음에 추가하거나 이동할 수 있다.

[빠른 실행] 도구 모음에 도구 추가하기

[빠른 실행] 도구 모음에는 명령만 추가할 수 있고, 들여쓰기값, 간격값 등은 추가할 수 없다.

방법 01: 직접 [빠른 실행] 도구 모음에 명령 추가하기

❶ [빠른 실행] 도구 모음에 추가할 명령을 마우스 오른쪽 버튼으로 클릭한 후 ❷ 바로 가기 메뉴에서 [빠른 실행 도구 모음에 추가] 메뉴를 클릭한다.

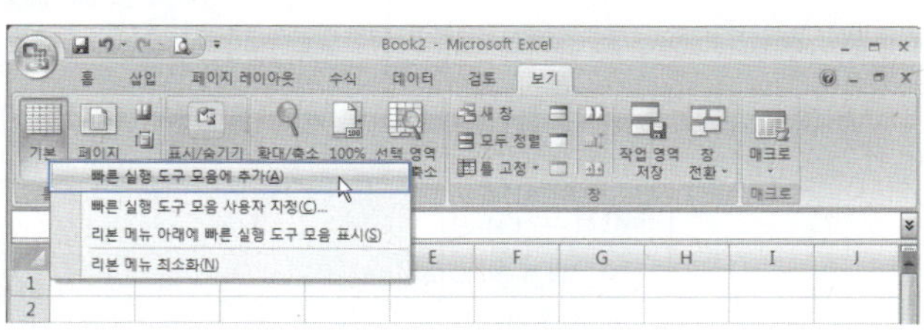

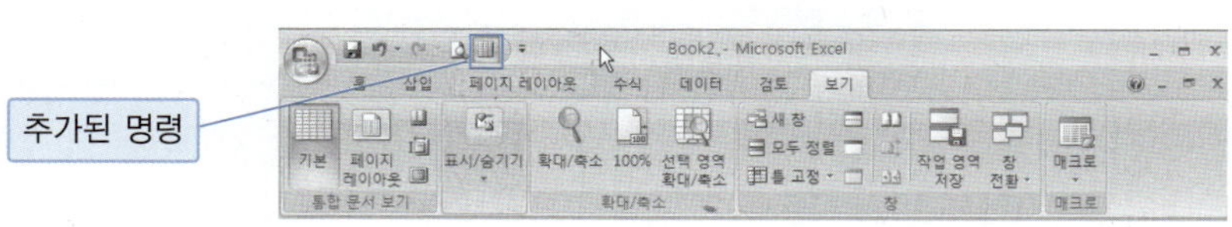

방법 02: '[빠른 실행] 도구 사용자 지정(▾)' 도구 사용하기

❶ [빠른 실행] 도구 모음 오른쪽에 있는 '[빠른 실행] 도구 사용자 지정(▾)' 도구를 클릭하고, ❷ 추가할 명령을 클릭한다.

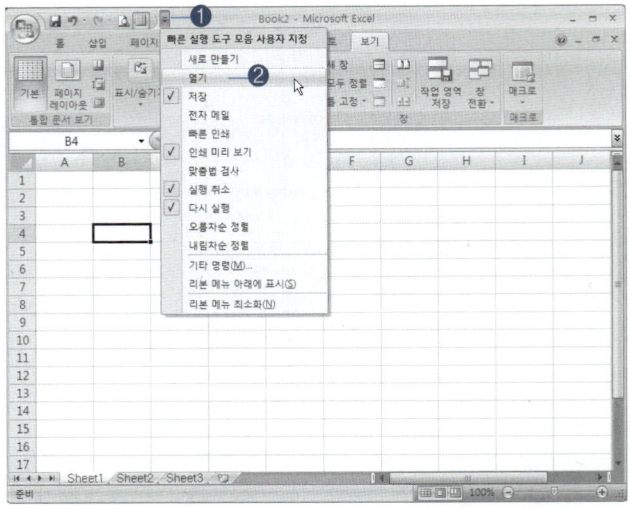

방법 03: [Excel 옵션] 대화상자 사용하여 추가하기

'[빠른 실행] 도구 사용자 지정' 목록에 포함되지 않은 도구는 ❶ [기타 명령] 메뉴를 클릭하고, ❷ [Excel 옵션] 대화상자의 '사용자 지정' 항목에서 추가할 명령을 선택한 다음, ❸ [추가] 버튼을 클릭하여 추가한다.

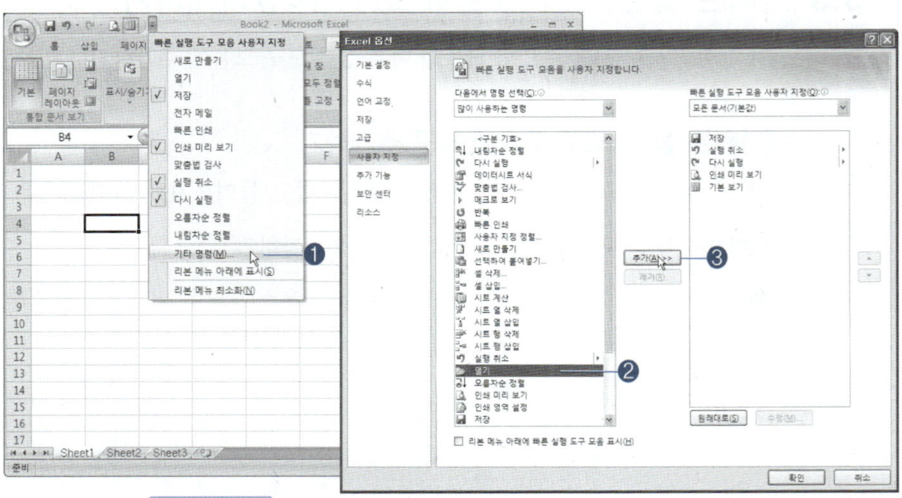

Tip | [빠른 실행] 도구 모음 이동

[빠른 실행] 도구 모음은 '[빠른 실행] 도구 사용자 지정(▾)' 도구 → [리본 메뉴 아래에 표시] 메뉴를 선택하여 리본 메뉴의 아래에 표시할 수 있다.

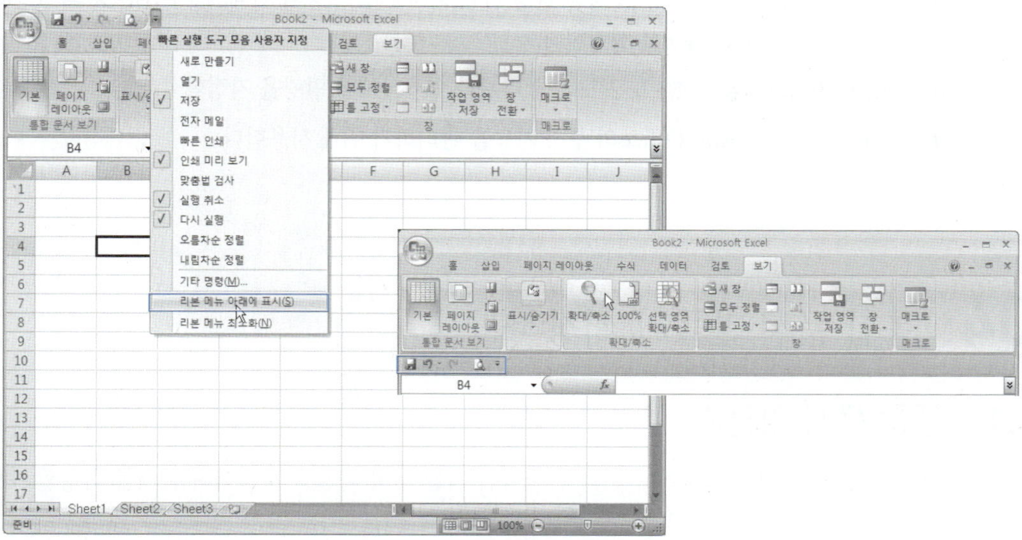

3.4 | [Excel 옵션] 살펴보기

이전 버전에서는 [도구] 메뉴의 [옵션] 명령을 사용하여 수식 입력줄, 상태 표시줄 등의 화면 표시 및 편집 설정에 대한 기본 설정을 했다. 엑셀 2007에서는 [Excel 옵션]을 사용하여 설정한다.

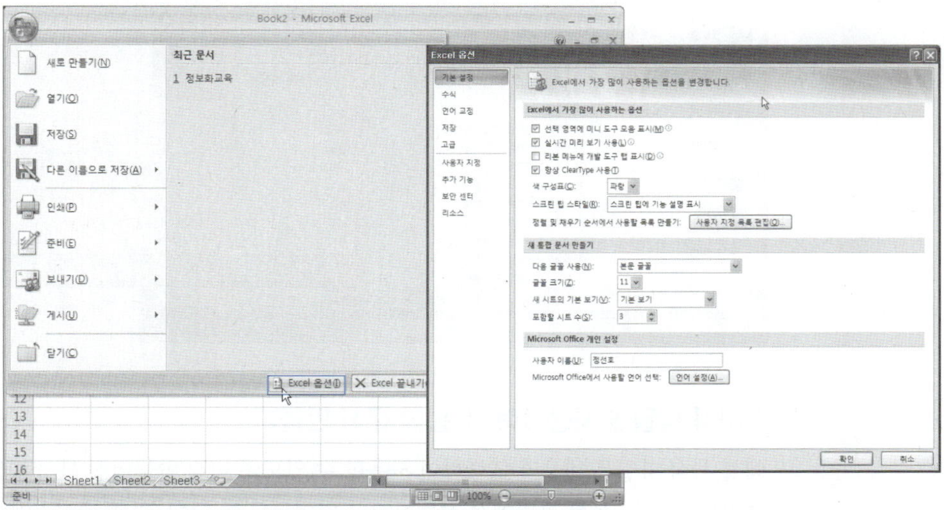

■ **기본 설정:** 엑셀에서 기본적으로 사용하는 글꼴의 종류와 크기, 시트의 보기 상태, 워크 시트의 수 등 엑셀에서 많이 사용하는 옵션을 설정한다.

- **수식:** 수식 계산, 성능 및 오류 처리에 관련된 옵션을 설정하거나 변경한다.
- **언어 교정:** 엑셀에서 텍스트를 수정하거나 서식을 설정하는 방법을 설정한다.
- **저장:** 엑셀 통합 문서를 저장하는 방법을 설정한다.
- **고급:** 셀 포인터의 이동 방향, 자동 완성 기능 등의 편집 기능과 인쇄, 표시 옵션 등 엑셀 2007에서 사용하는 고급 옵션을 설정한다.
- **사용자 지정:** [빠른 실행] 도구 모음에 추가하거나 삭제할 명령을 지정할 수 있다.
- **추가 기능:** Microsoft Office의 추가 기능을 관리하기 위해 사용한다.

Section

04: 통합 문서 만들기/저장하기

4.1 통합 문서 만들기

빈 통합 문서를 새로 만들거나 미리 만들어진 엑셀 서식 파일을 사용하여 문서를 작성할 수도 있다.

빈 문서 만들기

'오피스 단추( )' 를 클릭하고 [새로 만들기] 메뉴를 누른 다음, [새 통합 문서] 대화상자에서 '새 통합 문서' 를 클릭한다.

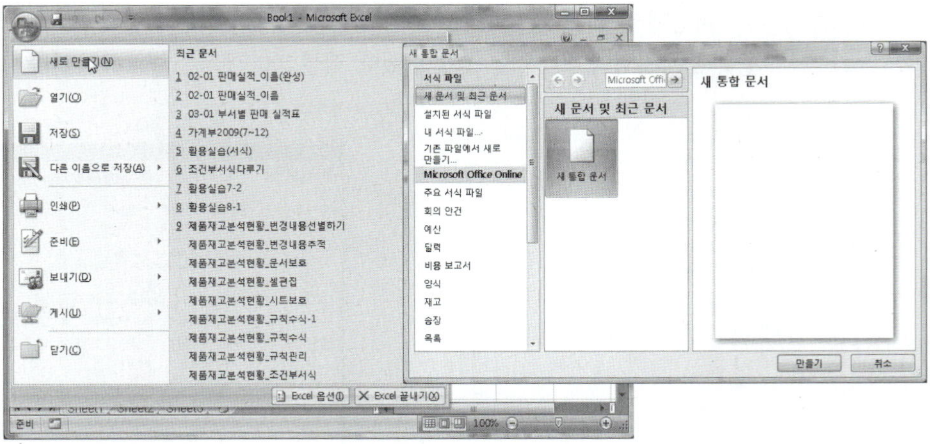

서식 파일을 사용하여 새 통합 문서 만들기

엑셀 서식 파일은 내용만 입력하여 사용할 수 있도록 미리 만들어진 문서 파일로, 현재 컴퓨터에 설치되어 있는 서식 파일에서 선택하거나 마이크로소프트사의 홈페이지에서 제공하는 서식 파일을 다운로드하여 사용할 수 있다.

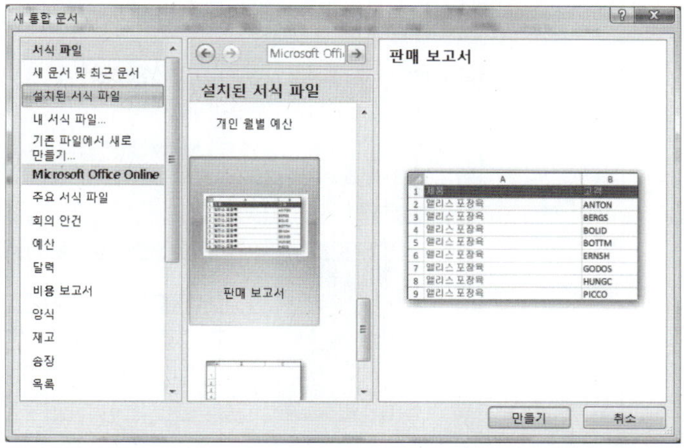

4.2 통합 문서 저장하기

엑셀 2007 통합 문서를 엑셀 2007 XML 기반 파일 형식(*.xlsx)으로 저장하거나 엑셀 97-2003 버전으로 저장할 수도 있다. 또한 현재 작업 상태를 저장하는 작업 영역 저장도 가능하다.

엑셀 2007 XML 기반 파일 형식으로 저장하기(.xlsx)

'오피스 단추( )' 를 클릭하고 [저장] 메뉴 또는 [빠른 실행] 도구 모음에서 저장( )을 클릭한다.

엑셀 97-2003 버전으로 저장하기

'오피스 단추( )' 를 클릭하고 [다른 이름으로 저장] 메뉴 → [엑셀 97-2003 통합 문서]를 클릭하여 97-2003 버전에서 사용할 수 있는 파일로 저장할 수 있다.

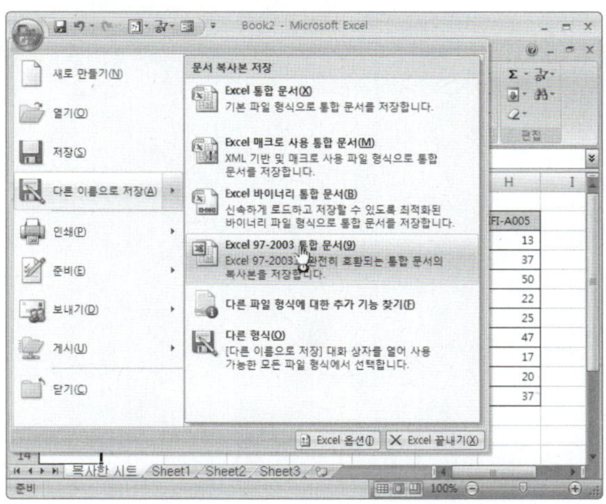

작업 영역 저장하기

문서 작업을 하던 중간에 작업을 중단해야 하는 경우 통합 문서 창의 현재 레이아웃에 대한 스냅샷을 작업 영역 파일(.xlw)에 저장할 수 있다. 작업 영역 파일을 열면 엑셀에 모든 통합 문서가 열리고 기존에 저장했던 레이아웃으로 통합 문서가 표시된다.

작업 영역을 저장하려면 [보기] 탭 → [창] 그룹에서 '작업 영역 저장' 도구를 클릭한다.

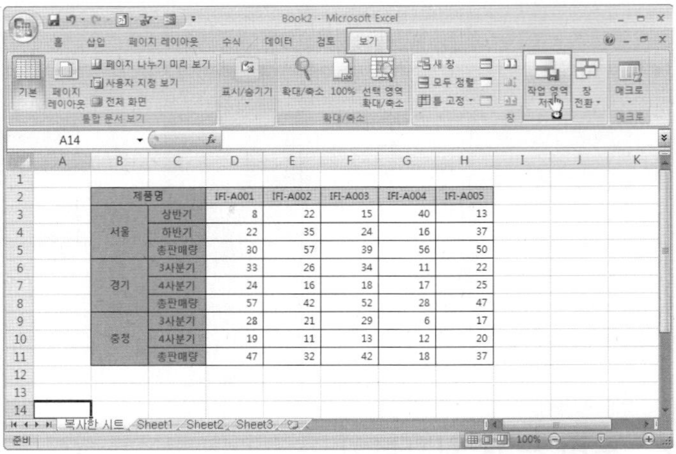

연습문제

1. [홈] 탭의 '선택하여 붙여넣기' 도구를 [빠른 실행] 도구 모음에 추가하라.

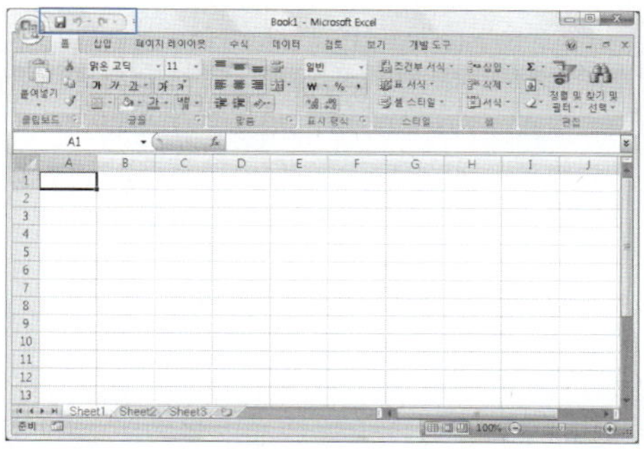

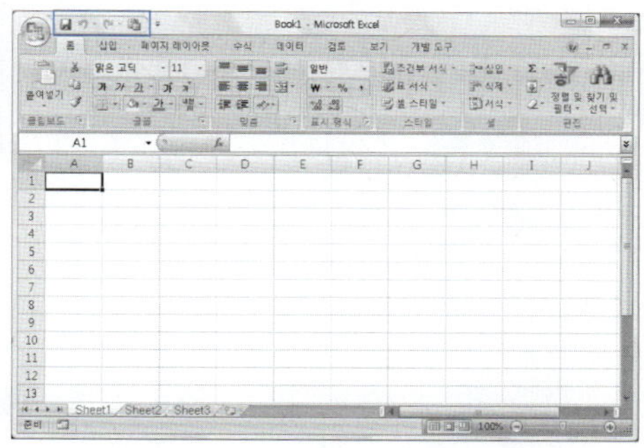

2. [빠른 실행] 도구 모음에 추가된 '선택하여 붙여넣기' 도구를 맨 앞쪽에 표시되도록 순서를 변경하라.

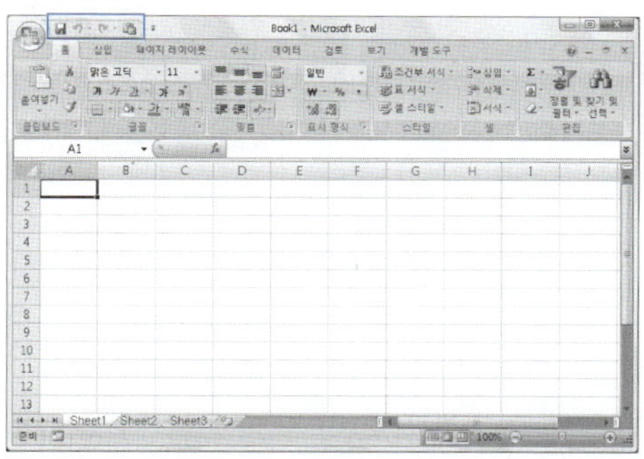

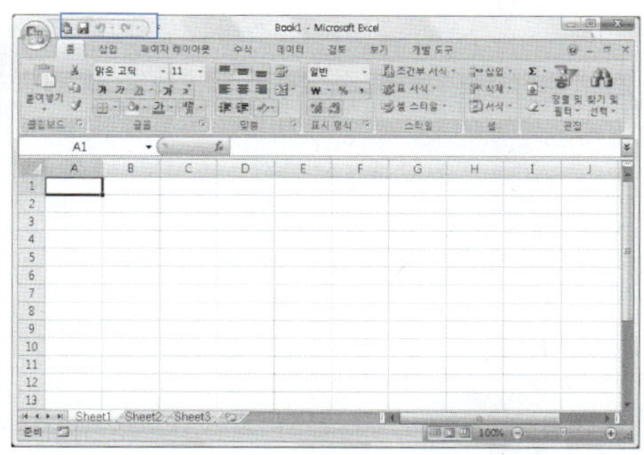

3. 엑셀에서 기본적으로 사용되는 글꼴과 크기를 각각 'HY그래픽'과 '10pt'로 설정하라.

4. 새 통합 문서를 열면 5개의 시트가 표시되도록 엑셀 옵션을 설정하라.

5. 엑셀 문서에 표시되는 작성자의 이름이 사용자의 이름으로 표시되도록 설정하라.

Memo

CHAPTER

02 셀과 워크시트 다루기

엑셀을 실행하면 화면에 가로 세로로 나누어진 많은 칸이 표시되는데, 이 작은 칸을 셀(cell)이라 하고, 셀들로 이루어진 공간을 워크시트(Worksheet)라 한다. 엑셀에서 모든 작업은 셀 단위로 이루어진다.

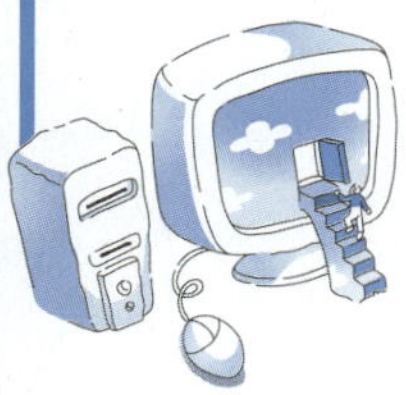

INTRODUCTION TO COMPUTER APPLICATIONS **EXCEL**

Section 01 : 데이터 입력 단위 셀(Cell)

엑셀에서 데이터와 수식을 삽입하는 셀은 행 머리글과 열 머리글을 사용하여 셀의 상대적인 위치로 셀 주소가 표시된다. 셀을 선택하면 해당 셀 주소가 이름 상자에 표시된다. 선택된 셀은 굵은 테두리 선으로 표시되며, 이 테두리 선을 '셀 포인터' 라 한다.

Tip | 이름 상자 사용하여 셀 선택하기

이름 상자에 셀 주소를 입력하고 **[Enter]** 키를 누르면 해당 셀이 선택되어 표시된다.

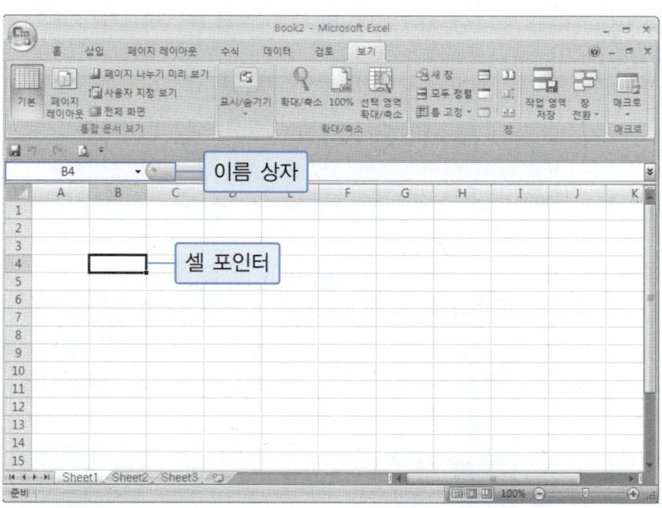

1.1 ㅣ 셀 선택하기

엑셀에서 데이터를 입력하거나 수식을 입력하기 위해서는 셀을 선택해야 한다. 하나의 셀 또는 셀 범위는 여러 가지 방법으로 선택할 수 있다.

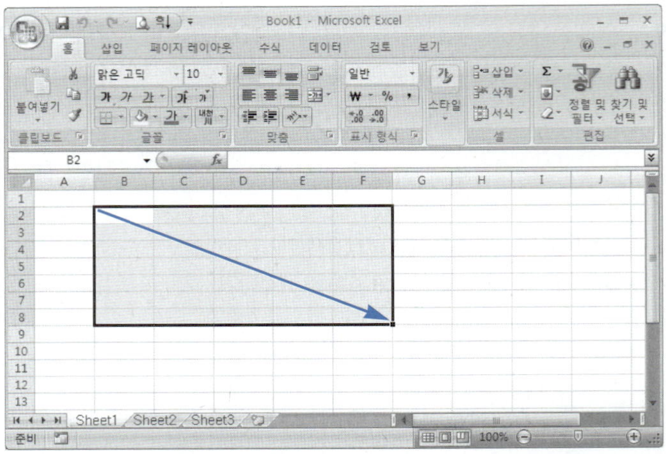

마우스로 셀 선택하기

데이터나 수식을 입력하려는 셀을 마우스로 클릭하여 선택한다. 하나 이상의 셀 범위를 선택하려면 선택하려는 영역의 첫 번째 셀을 클릭하고 대각선으로 드래그하여 선택한다.

키보드를 사용하여 셀 선택하기

키보드의 키를 사용하여 셀 또는 셀 범위를 선택할 수 있다. 연속적인 셀 범위를 선택하려면,

→ [Shift] 키를 누르고 방향키(←, →, ↑, ↓)를 사용하거나,

→ [Ctrl] + [Shift] 키를 누르고 방향키(←, →, ↑, ↓)를 사용하거나,

→ [Ctrl] + [Shift] + [*]를 누른다.

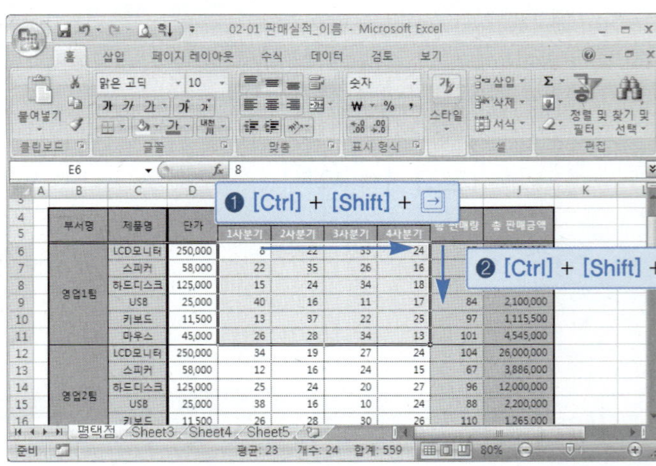

표 2-1 ● 셀 선택에 사용되는 단축키

키	작업
←, →, ↑, ↓	왼쪽, 오른쪽, 위쪽, 아래쪽으로 이동
CTRL + ←, →, ↑, ↓	선택 방향의 마지막 셀로 이동
CTRL + A	워크시트 전체 선택
CTRL + SPACE BAR	열 전체 선택
SHIFT + SPACE BAR	행 전체 선택
HOME	현재 작업 중인 행의 맨 처음 셀로 이동
CTRL + HOME	[A1] 셀로 이동
CTRL + END	데이터가 입력되어 있는 마지막 셀로 이동
PAGE UP / PAGE DOWN	한 화면 위/아래로 이동
ALT + PAGE UP / ALT + PAGE DOWN	한 화면 왼쪽/오른쪽으로 이동
CTRL + PAGE UP / CTRL + PAGE DOWN	현재 작업 중인 워크시트의 왼쪽/오른쪽 워크시트로 이동
F5 또는 CTRL + G	[이동] 대화상자 표시
F8	화살표 키를 사용하여 선택 영역 확장
CTRL + SHIFT + END	선택 영역을 워크시트의 사용된 오른쪽 아래 마지막 셀까지 확장
CTRL + SHIFT + HOME	선택 영역을 워크시트의 시작 부분까지 확장
CTRL + SHIFT + ←, →, ↑, ↓	현재 셀과 같은 열이나 행에 있으면서 비어 있지 않은 마지막 셀까지 선택 영역을확장

셀 또는 특정 범위에 이름 정의하고 셀 선택하기

셀을 선택하거나 셀 범위에 이름을 정의하고 정의된 이름을 사용하여 셀을 쉽게 선택할 수 있다. 셀 또는 특정 범위에 이름을 정의하려면,

→ 이름을 정의할 셀 또는 셀 범위를 선택하고 '이름 상자' 에 이름을 입력하거나,

→ 머리글을 포함하여 이름을 정의할 셀 영역을 선택하고, [수식] 탭 → [정의된 이름] 그룹에서 '선택 영역에서 만들기' 도구를 클릭하거나

→ [수식] 탭 → [정의된 이름] 그룹에서 '이름 정의' 도구를 클릭하여 이름을 정의한다.

이름으로 정의된 셀로 이동하려면 '이름 상자' 의 목록 기호(▾)를 누르고 이름을 선택한다.

함께하기 | 이름 정의하기

예제 파일: 엑셀\예제파일\Chap02\Section 01\02-01 판매실적_이름.xlsx
완성 파일: 엑셀\완성파일\Chap02\Section 01\02-01 판매실적_이름(완성).xlsx

1. LCD 모니터 단가 이름 정의하기

❶ [평택점] 시트에서 [D6] 셀을 선택하고,
❷ '이름 상자'에 'LCD 단가'를 입력한 다음,
❸ [Enter] 키를 누른다.

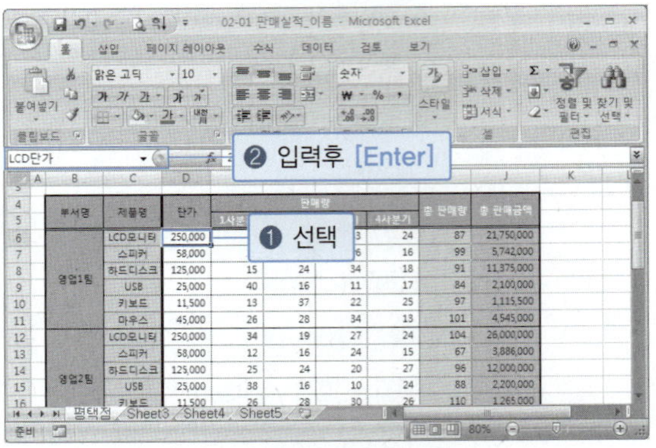

2. 선택 영역에서 이름 정의하기

❶ [평택점] 시트에서 [C4:C11] 셀 영역을 선택하고
❷ [수식] 탭 → [정의된 이름] 그룹에서 '선택 영역에서 만들기' 도구를 클릭한다.
❸ [새 이름] 대화상자의 '이름' 항목에 '제품명'을 입력한 다음,
❹ [확인] 버튼을 클릭한다.

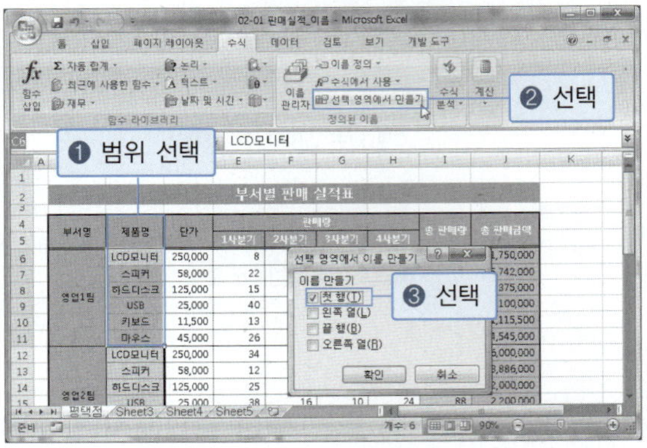

3. 이익률 이름 정의하기

❶ [수식] 탭 → [정의된 이름] 그룹에서 '이름 정의' 도구를 클릭하고,
❷ [새 이름] 대화상자의 '이름' 항목에 '이익율'을 입력한 다음,
❸ '참조 대상' 항목에 '=13%'를 입력하고
❹ [확인] 버튼을 클릭한다.

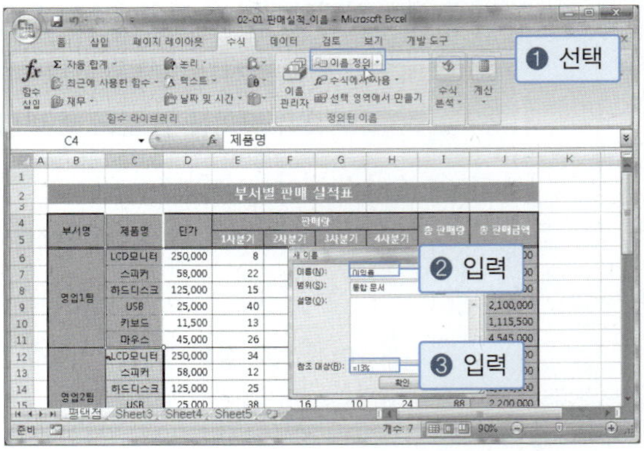

1.2 셀 복사하고 이동하기

[홈] 탭의 [클립보드] 그룹의 도구들을 사용하여 셀에 입력된 데이터를 다른 위치 또는 다른 워크시트로 복사하거나 이동할 수 있다.

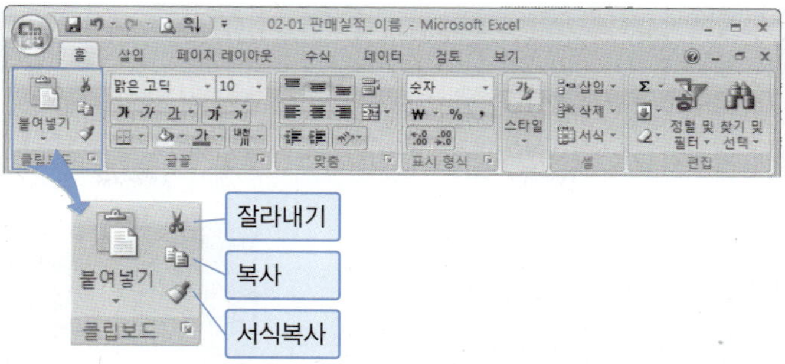

데이터 복사하기

복사할 데이터를 선택하여 복사될 영역이 점선으로 표시되면,

→ [홈] 탭 → [클립보드] 그룹의 '복사( )' 도구를 클릭하거나,

→ [Ctrl] + [C] 키를 눌러 복사한 후,

붙여 넣을 셀을 클릭한 다음,

→ [홈] 탭 → [클립보드] 그룹의 '붙여넣기( )' 도구를 클릭하거나

→ [Ctrl] + [V] 키를 눌러 붙여 넣는다.

복사할 영역을 선택한 다음 [Ctrl] 키를 누르고 복사할 위치로 드래그하여 복사할 수 있다.

데이터 이동하기

이동할 데이터를 선택하고

→ [홈] 탭 → [클립보드] 그룹의 '잘라내기( )' 도구를 클릭하거나

→ [Ctrl] + [X] 키를 눌러 잘라내기 한 후,

이동할 셀을 클릭하고

→ [홈] 탭 → [클립보드] 그룹의 '붙여넣기( )' 도구를 클릭하거나

→ [Ctrl] + [V] 키를 눌러 붙여 넣는다.

복사할 영역을 선택한 다음 이동할 위치로 드래그하여 이동할 수도 있다.

Tip | 다른 시트로 데이터 복사하기

선택한 영역을 [Ctrl] + [Alt] 키를 누르고 이동할 시트 탭 위로 드래그하여 다른 워크시트에 복사할 수 있다.

함께하기 | 데이터 이동하고 복사하기

예제 파일: 엑셀\예제파일\Chap02\Section 01\02-02 판매실적_이동복사.xlsx
완성 파일: 엑셀\예제파일\Chap02\Section 01\02-02 판매실적_이동복사(완성).xlsx

1. 데이터 복사하기
   ❶ [경기] 시트에서 [B6] 셀을 선택하고,
   ❷ [홈] 탭 → [클립보드] 그룹의 '복사( )' 도구를 클릭한 다음,

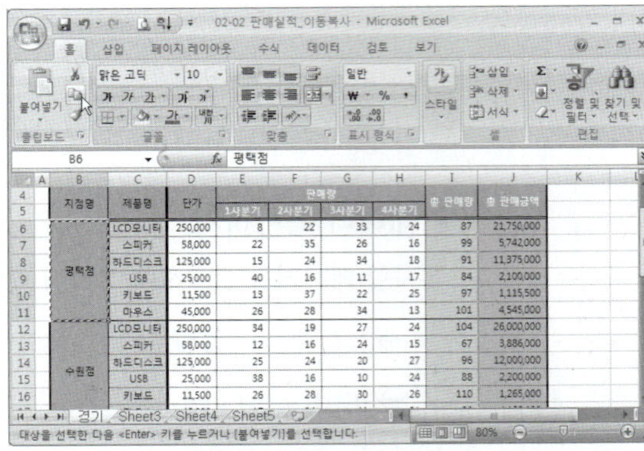

2. 데이터 붙여넣기
   ❶ [B18] 셀을 클릭하고,
   ❷ [홈] 탭 → [클립보드] 그룹의 '붙여넣기( )' 도구를 클릭한다.

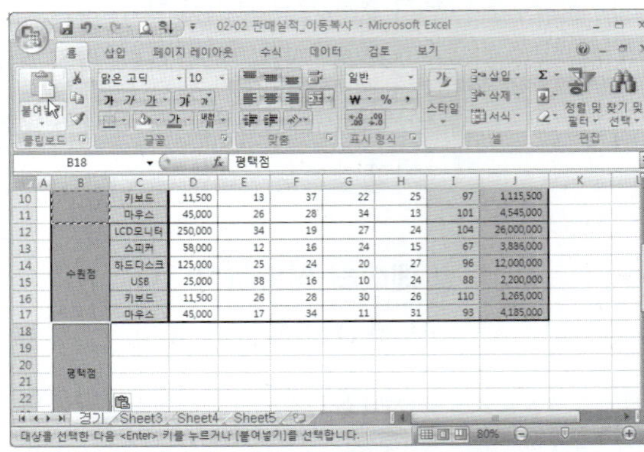

3. 다른 시트로 데이터 복사하기
   ❶ [경기] 시트에서 [B4:J4] 셀 영역을 선택하고,
   ❷ [Ctrl] + [Alt] 키를 누르고 이동 복사할 [Sheet2] 시트 탭 위로 드래그한 다음,
   ❸ [Sheet2] 시트의 복사할 위치로 이동한다.

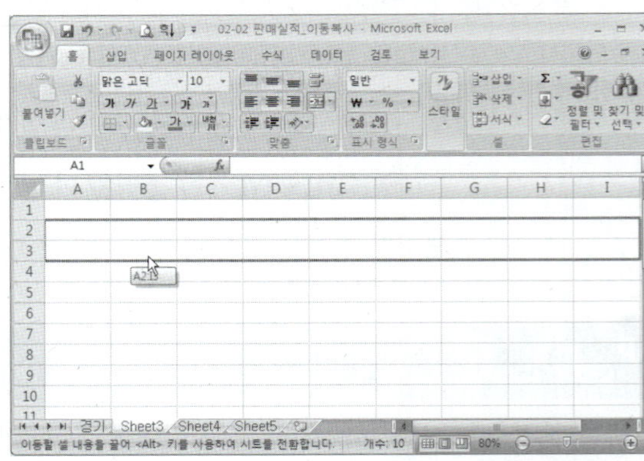

1.3 | 선택하여 붙여넣기

데이터를 복사하면 복사된 데이터의 값뿐만 아니라 서식 등의 모든 속성이 복사되어 표시된다. 복사된 데이터에서 수식, 값, 서식 등 일부 속성만을 선택하여 붙여 넣거나, 더하기, 빼기, 곱하기, 나누기 연산을 이용하여 데이터를 계산하거나, 행과 열을 바꾸어 복사할 수 있다.

[홈] 탭의 [클립보드] 그룹에서 '붙여넣기( ) → 선택하여 붙여넣기' 메뉴를 선택하고 [선택하여 붙여넣기] 대화상자에서 기능을 선택한다.

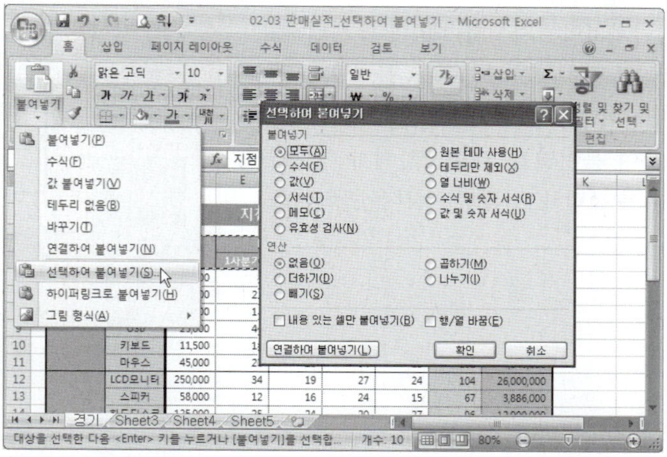

함께하기 | 선택하여 붙여넣기

예제 파일: 엑셀\예제파일\Chap02\Section 01\02-03 판매실적_선택하여붙여넣기.xlsx
완성 파일: 엑셀\예제파일\Chap02\Section 01\02-03 판매실적_선택하여붙여넣기(완성).xlsx

1. 서식만 복사하기

❶ [평택점] 시트에서 [C6:J11] 셀을 선택하고,
❷ [Ctrl] + [C] 키를 눌러 복사한 다음,
❸ [C18] 셀을 클릭하고, [홈] 탭의 [클립보드] 그룹에서 '붙여넣기( ) → 선택하여 붙여넣기' 메뉴를 선택한다.
❹ [선택하여 붙여넣기] 대화상자에서 '붙여넣기 – 서식'을 선택하고 [확인] 버튼을 클릭한다.

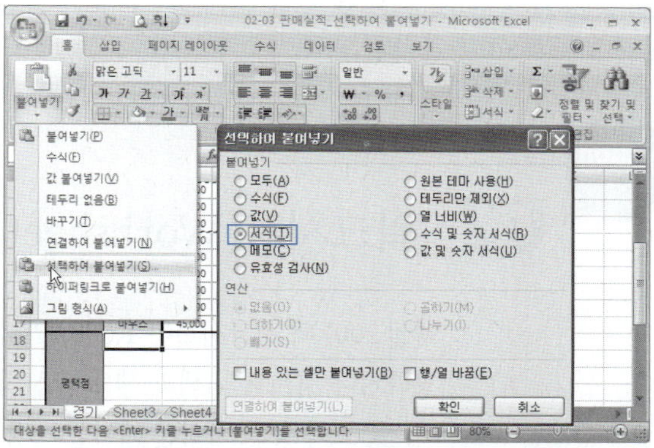

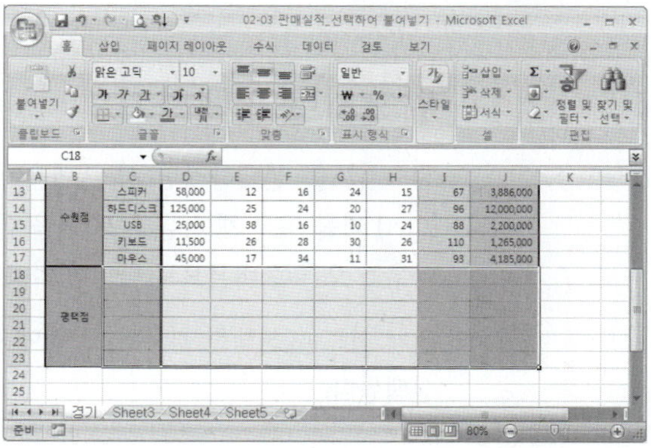

2. 데이터 연산하기

❶ [K2] 셀에 '10'을 입력하고 [Ctrl] + [C] 키를 눌러 복사한 다음,

❷ [E6:E11]까지의 '1사분기' 데이터를 선택하고,

❸ [홈] 탭의 [클립보드] 그룹에서 '붙여넣기( ) → 선택하여 붙여넣기' 메뉴를 선택한다.

❹ [선택하여 붙여넣기] 대화상자에서 '연산 – 곱하기'를 선택하고 [확인] 버튼을 클릭한다.

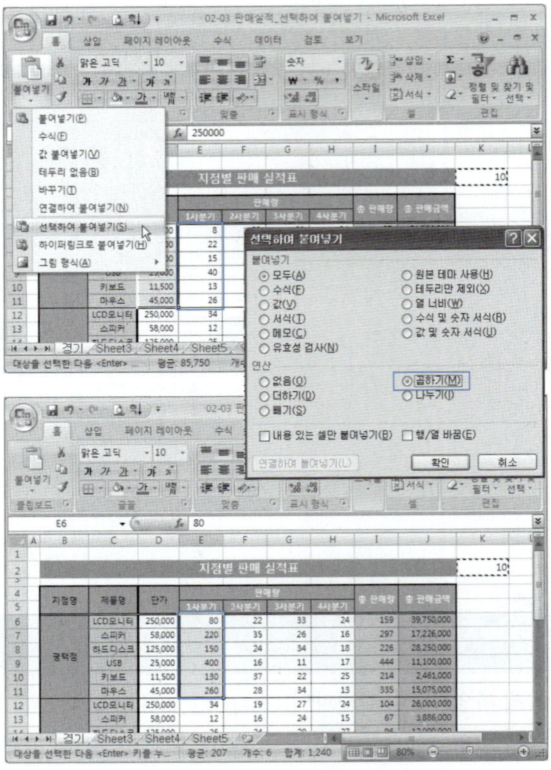

Section 02: 워크시트(Worksheet) 관리하기

엑셀 2007의 워크시트는 1,048,576개의 행과 16,384개의 열을 포함한다. 워크시트의 이름을 변경하거나 시트탭의 색과 셀 눈금선의 색 등을 설정할 수 있다. 워크시트의 기본 글꼴 및 셀의 너비, 색, 효과 등의 서식은 테마를 사용하여 다르게 표시할 수 있다.

2.1 워크시트 선택하기

워크시트를 선택하려면 시트 탭을 클릭한다. 한 개 이상의 시트를 선택하려면 [Shift] 키 또는 [Ctrl] 키를 누른 채 다른 시트 탭을 클릭한다. 통합 문서의 모든 시트를 선택하는 경우 시트 탭을 마우스 오른쪽 버튼으로 클릭한 다음 바로 가기 메뉴에서 [모든 시트 선택]을 선택한다.

전체 시트를 선택한 경우 시트 탭에서 마우스 오른쪽 버튼으로 클릭한 다음 [시트 그룹 해제]를 선택한다.

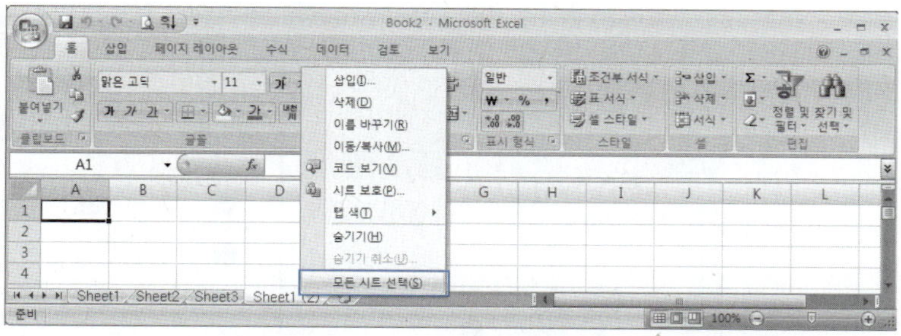

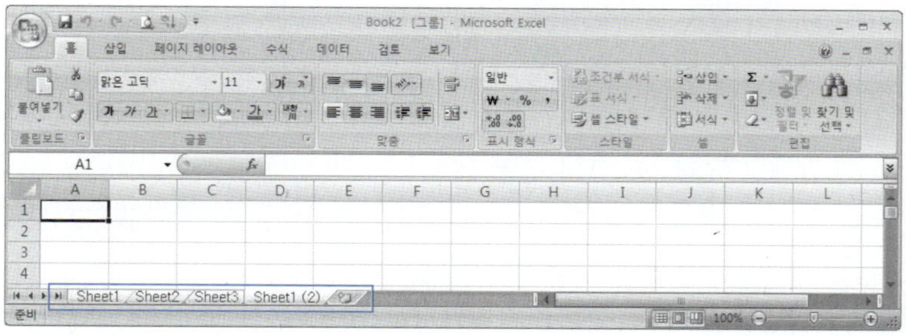

2.2 워크시트 삽입/삭제하기

기본적으로 엑셀 통합 문서에는 3개의 워크시트가 제공되지만 필요에 따라 시트를 삽입하거나 삭제할 수 있다. 새 워크시트를 삽입하려면 다음 방법 중 하나를 사용한다.

- '워크시트 삽입( )' 탭을 클릭하여 맨 뒤에 새 워크시트를 삽입한다.

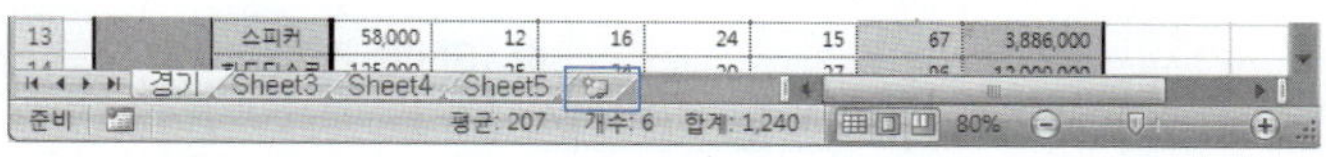

- [홈] 탭 → [셀] 그룹에서 '삽입 → 시트 삽입'을 클릭하여 다른 워크시트 앞에 새 워크시트를 삽입한다.

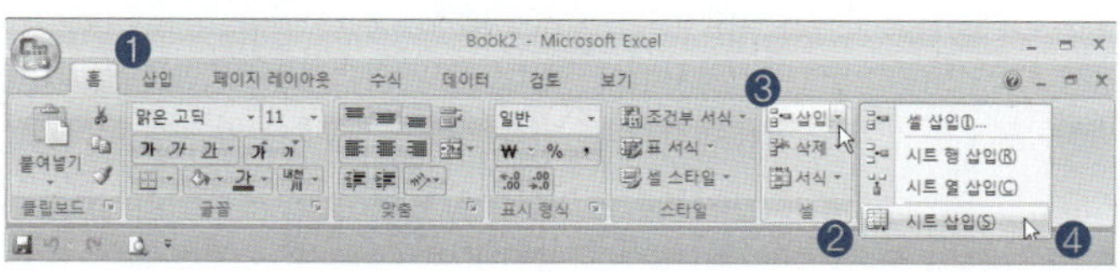

- 워크시트의 탭을 마우스 오른쪽 버튼으로 클릭하고 [삽입] 메뉴를 클릭한다. [삽입] 대화상자의 [일반] 탭에서 'Worksheet'를 클릭하고 [확인]을 클릭한다.

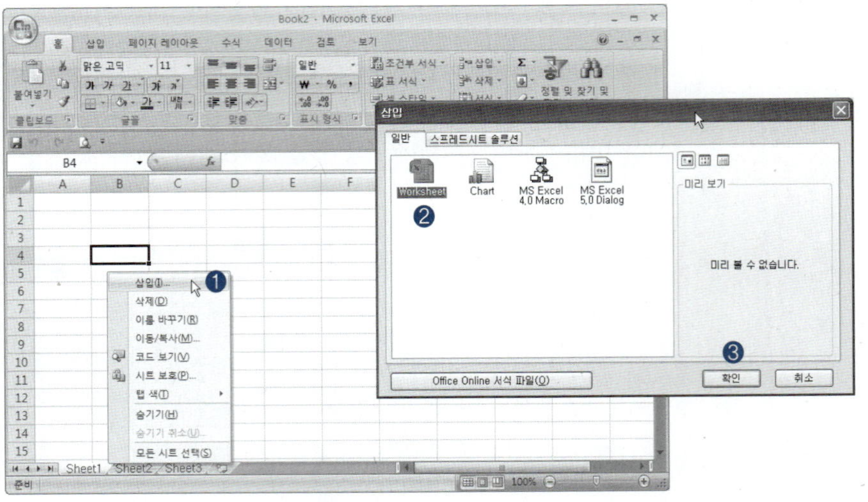

■ [Shift] 키를 누르고 삽입하려는 워크시트의 개수만큼 선택한 다음, [홈] 탭 → [셀] 그룹에서 '삽입 – 시트 삽입' 을 클릭한다.

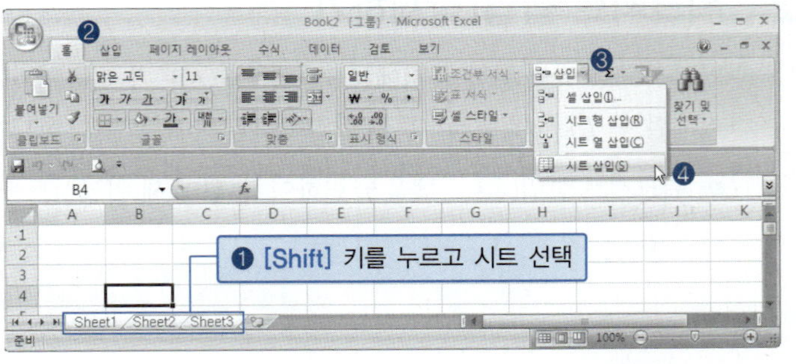

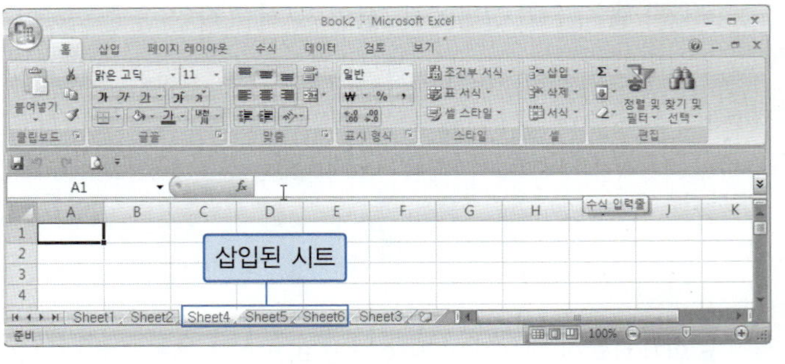

워크시트를 삭제하려면

→ [홈] 탭 → [셀] 그룹에서 '삭제 – 시트 삭제' 를 클릭하거나,

→ 삭제하려는 워크시트의 시트 탭을 마우스 오른쪽 버튼으로 클릭하고 [삭제]를 클릭한다.

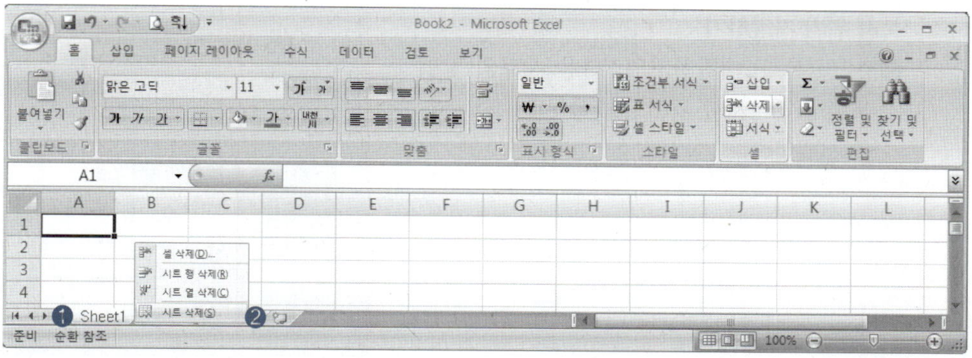

2.3 워크시트 이동/복사하기

워크시트를 다른 위치나 다른 통합 문서로 이동하거나 복사할 수 있다.

함께하기 | 워크시트 복사하기

예제 파일: 엑셀\예제파일\Chap02\Section 02\02-04 판매실적_워크시트이동복사.xlsx
완성 파일: 엑셀\예제파일\Chap02\Section 02\02-04 판매실적_워크시트이동복사(완성).xlsx

1. 워크시트 복사하기
   ❶ 복사할 [평택점] 시트를 선택하고,
   ❷ [홈] 탭 → [셀] 그룹에서 '서식 – 시트 이동/복사'를 클릭하거나, 시트 탭에서 마우스 오른쪽 단추로 클릭하고, 바로 가기 메뉴에서 [이동/복사]를 선택한다.

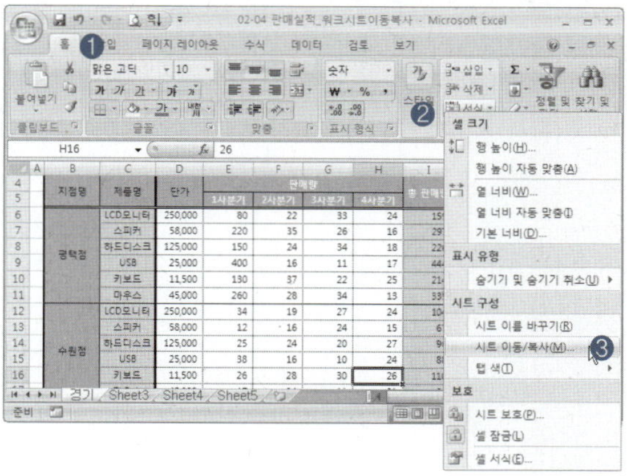

Tip | 다른 엑셀 통합 문서로 복사하기

선택한 시트를 다른 통합 문서로 이동하거나 복사하려면 '대상 통합 문서' 목록에서 통합 문서 이름을 선택하고, 새로 만들려면 '(새 통합 문서)'를 선택한다.

2. 복사 위치 지정하기

❶ [이동/복사] 대화상자의 '다음 시트의 앞에' 목록에서 복사할 위치의 다음 시트([Sheet5])를 선택한다.

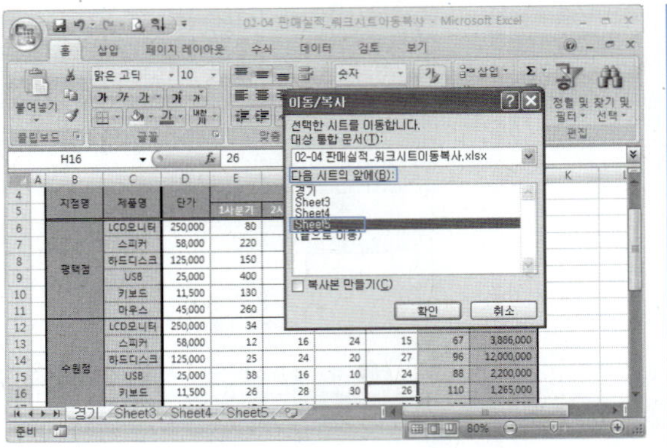

Tip | 끝으로 이동

복사한 시트를 마지막 시트 뒤에 삽입하려면 '(끝으로 이동)'을 선택한다.

3. 복사본 만들기

❶ 시트를 이동하지 않고 복사하도록 '복사본 만들기' 항목을 선택한다.

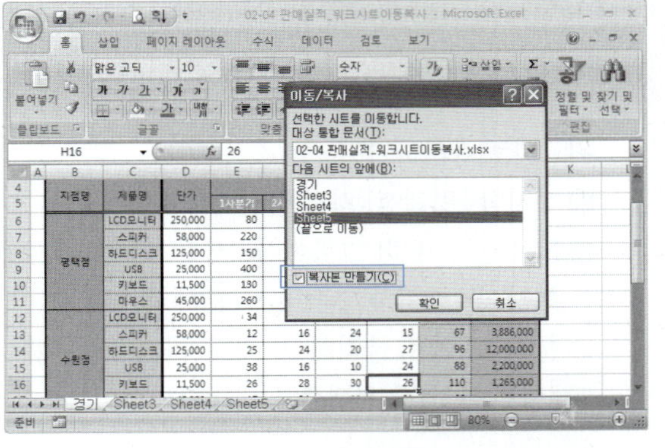

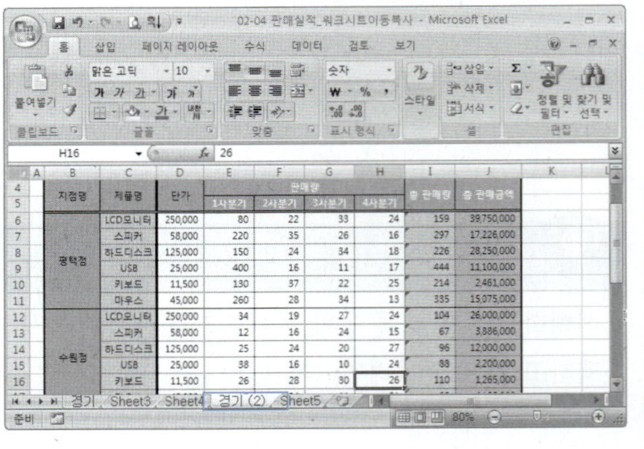

Tip | 워크시트 이동/복사하는 다른 방법

현재 문서 안에서 시트를 이동하려면 선택한 시트를 복사할 위치로 드래그하고, 시트를 복사하려면 [Ctrl] 키를 누른 채 시트를 드래그한다.

2.4 시트 숨기기/해제하기

워크시트의 데이터를 표시하고 싶지 않거나 수정 또는 삭제되지 않도록 시트를 숨길 수 있다. 숨겨진 워크시트는 필요할 때 언제든지 다시 표시할 수 있다.

함께하기 | 워크시트 숨기고 해제하기

예제 파일: 엑셀\예제파일\Chap02\Section 02\02-05 판매실적_워크시트숨기기.xlsx
완성 파일: 엑셀\예제파일\Chap02\Section 02\02-05 판매실적_워크시트숨기기(완성).xlsx

1. 워크시트 숨기기
   ❶ 숨기려는 워크시트([경기 (2)])를 선택하고,
   ❷ [홈] 탭 → [셀] 그룹에서 '서식 – 숨기기 및 숨기기 취소 – 시트 숨기기'를 클릭한다.

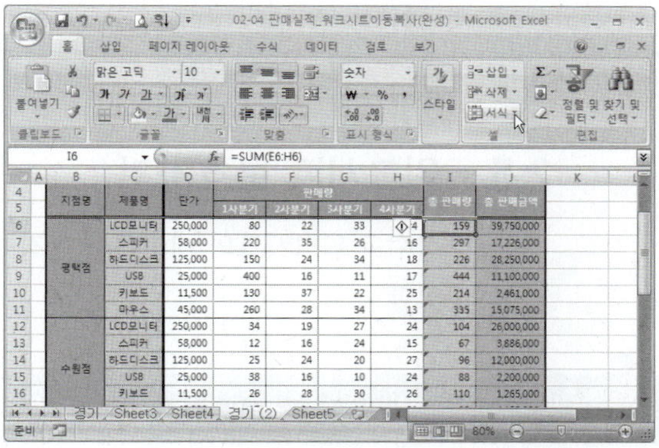

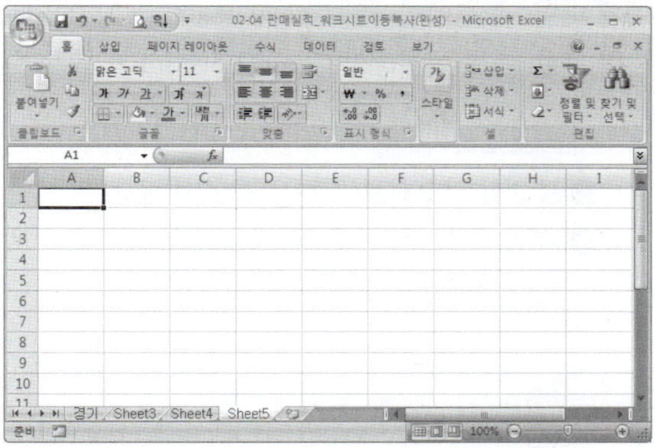

Tip | 워크시트 숨기기

숨기려는 시트 탭을 선택하고 마우스 오른쪽 버튼으로 클릭한 다음 [숨기기]를 클릭한다.

2. 숨겨진 워크시트 표시하기

❶ [홈] 탭 → [셀] 그룹에서 '서식 – 숨기기 및 숨기기 취소 – 시트 숨기기 취소'를 클릭한다.

❷ [시트 숨기기 취소] 대화상자에서 숨겨진 시트 중 표시할 시트 이름을 선택한다. 한 번에 하나의 워크시트만 숨기기 취소를 할 수 있다.

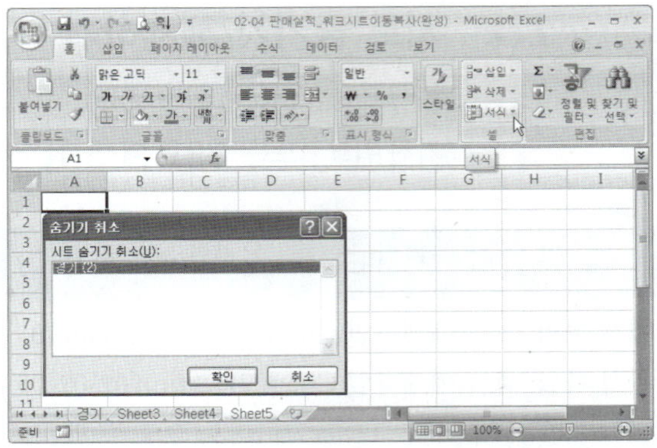

2.5 | 워크시트 보호하기

실수로 워크시트의 데이터를 변경하거나 이동 또는 삭제할 수 없도록 워크시트를 보호할 수 있다.

함께하기 | 워크시트 보호하기

예제 파일: 엑셀\예제파일\Chap02\Section 02\02-05 판매실적_워크시트보호.xlsx

완성 파일: 엑셀\예제파일\Chap02\Section 02\02-05 판매실적_워크시트보호(완성).xlsx

1. 시트 보호하기

❶ 보호할 워크시트([경기])를 선택하고,

❷ [검토] 탭 → [변경 내용] 그룹에서 '시트 보호'를 클릭한다.

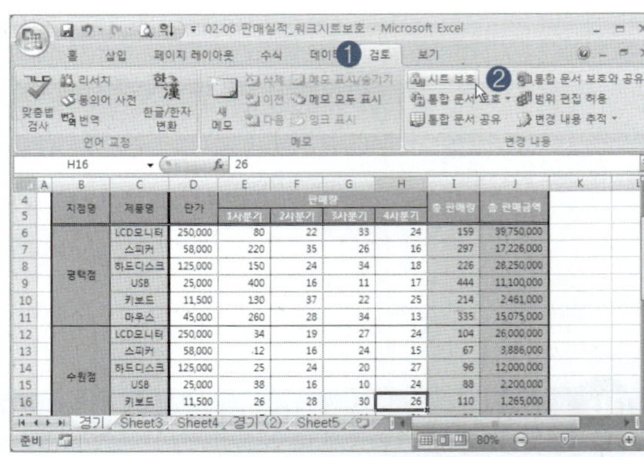

2. 암호 입력하기

❶ [시트 보호] 대화상자에서 시트 암호를 입력하고 [확인]을 클릭한다.

❷ [암호 확인] 대화상자에서 시트 암호를 다시 한번 입력하고 [확인]을 클릭한다.

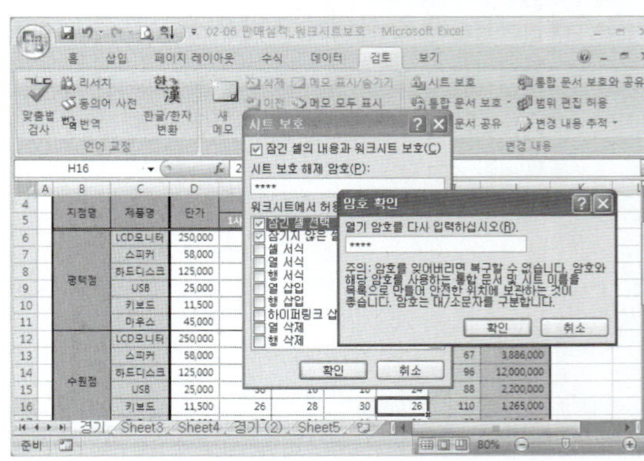

2.6 | 시트 탭 이름과 탭 색 변경하기

워크시트의 이름은 시트 탭에 'Sheet1', 'Sheet2'와 같은 형식으로 표시된다. 시트의 내용에 맞게 시트 탭 이름을 사용자가 변경할 수 있다. 시트 탭을 더블 클릭하거나 시트 탭을 마우스 오른쪽 버튼으로 클릭한 후 [이름 바꾸기] 메뉴를 클릭하여 변경한다.

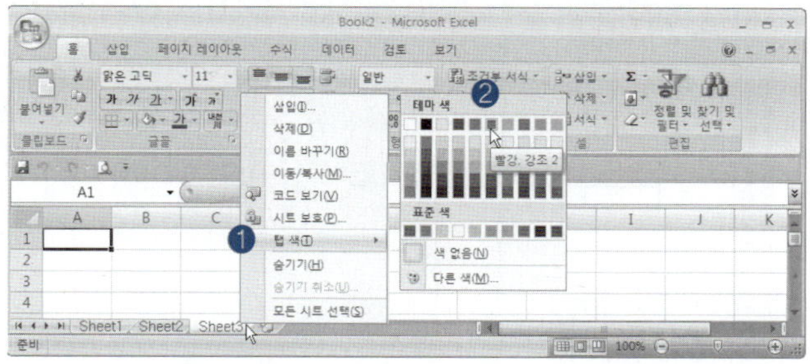

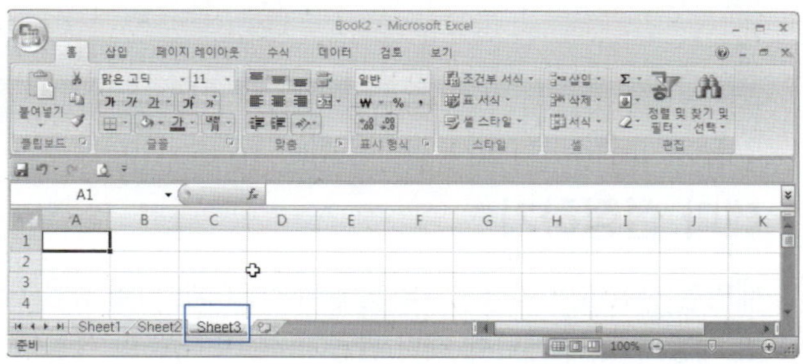

시트 탭을 마우스 오른쪽 버튼으로 클릭한 후 [탭 색] 메뉴를 클릭하고 색을 지정한다.

2.7 | 셀 눈금선 표시하기

워크시트에서 셀과 셀 사이의 경계를 표시하기 위해 사용되는 눈금선의 색을 변경하거나 셀 구분선이 표시되지 않도록 설정할 수 있다.

눈금선 색 바꾸기

[Excel 옵션]의 [고급] 항목에서 눈금선 색을 변경할 수 있다.

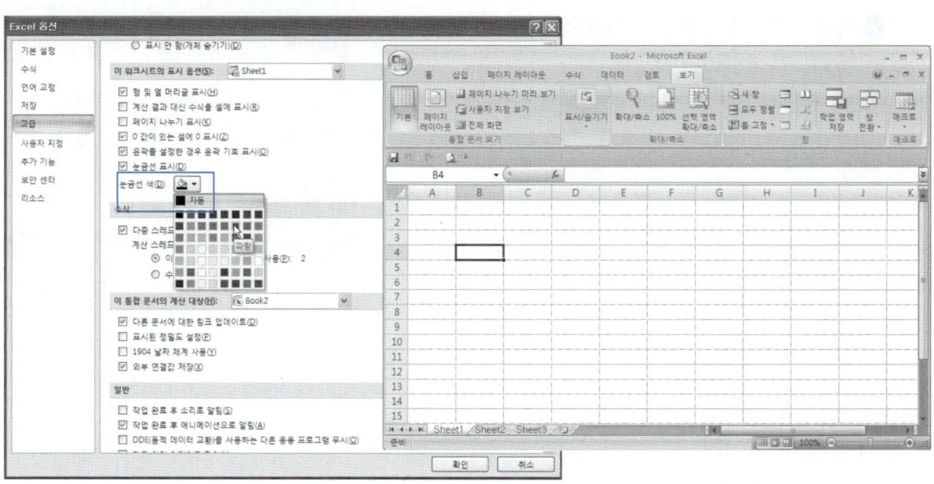

▌눈금선 감추기

[보기] 탭의 [표시/숨기기] 그룹의 '눈금선' 항목을 해제하여 표시되지 않도록 설정한다.

2.8 테마 설정하기

테마를 사용하여 워크시트의 글꼴과 색, 효과, 서식 등을 한꺼번에 설정할 수 있다. 24개의 테마가 제공되고, 각 테마에 테마 글꼴과 색, 효과 등이 설정되어 있다. 적용된 테마 글꼴과 테마 색, 테마 효과는 사용자의 기호에 맞게 변경할 수 있고 변경된 내용들을 저장할 수도 있다. 엑셀 2007을 실행하면 'Office 테마' 가 설정되어 있다.

함께하기 | 테마 설정하기

예제 파일: 엑셀\예제파일\Chap02\Section 02\02-07 판매실적_테마.xlsx

완성 파일: 엑셀\예제파일\Chap02\Section 02\02-07 판매실적_테마(완성).xlsx

1. 테마 선택하기

❶ [페이지 레이아웃] 탭 → [테마] 그룹에서 '테마' 도구를 클릭하고,

❷ 테마 갤러리에서 워크시트에 적용할 테마(태양)를 선택한다.

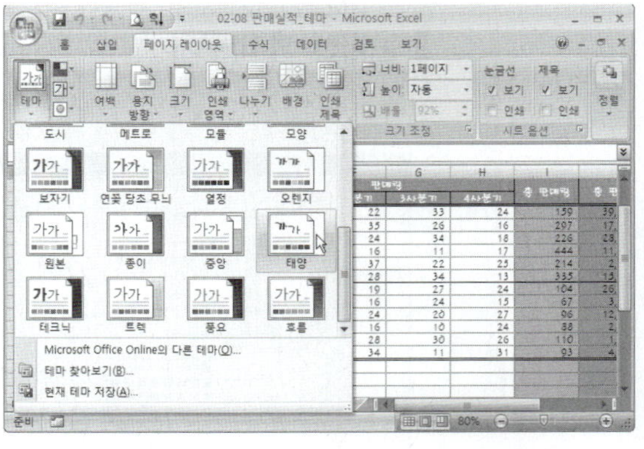

2. 테마 글꼴 변경하기
설정된 테마의 글꼴이나 색, 효과를 사용자가 변경할 수 있다.

❶ [페이지 레이아웃] 탭 → [테마] 그룹에서 '테마 색 – 풍요'를 선택한다.

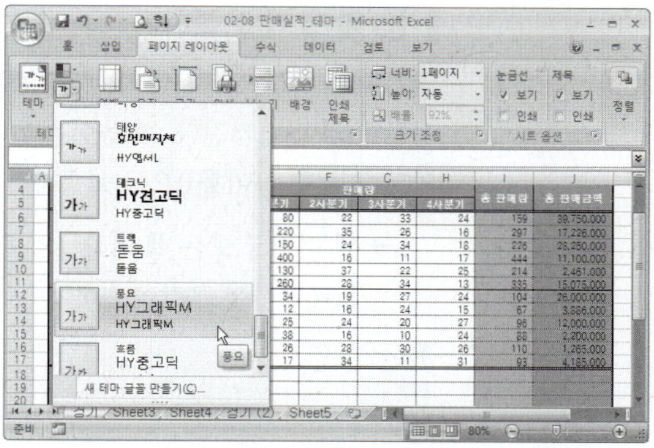

2.9 행/열 관리하기

워크시트의 행과 열의 크기를 변경하거나 숨겨서 표시되지 않도록 설정할 수 있다.

행/열 선택하기

행 머리글과 열 머리글을 이용하여 행과 열을 선택한다. 인접한 행 또는 열을 선택하려면,

→ 마우스로 행 머리글 또는 열 머리글을 드래그하거나

→ [Shift] 키를 누르고 머리글 또는 열 머리글을 마우스로 클릭한다.

인접하지 않은 행 또는 열을 선택하려면 [Ctrl] 키를 누르고 행 머리글 또는 열 머리글을 클릭한다.

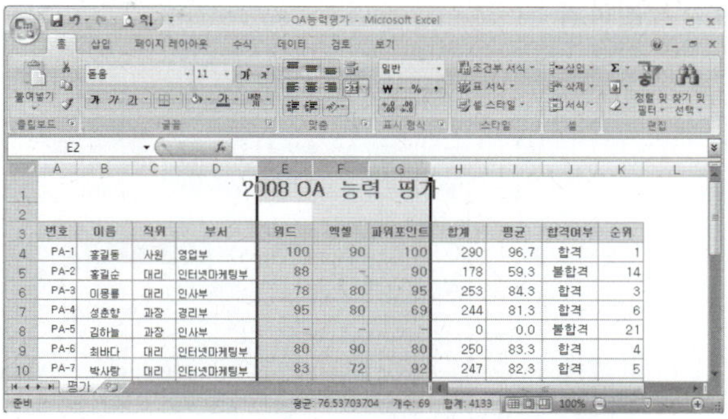

[Shift] 키를 누르고 열 선택

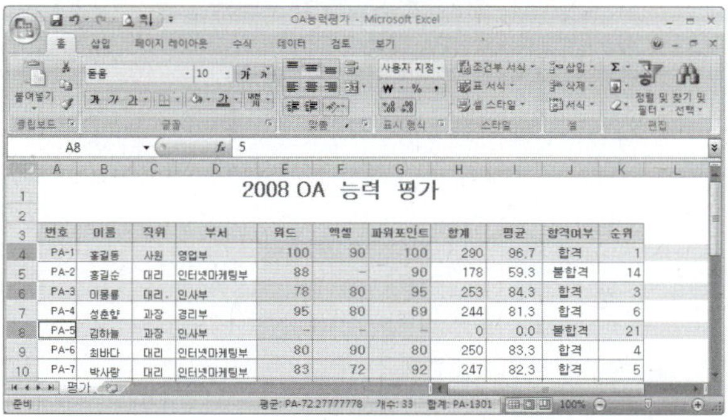

[Ctrl] 키를 누르고 행 선택

행/열 크기 조절하기

열의 너비는 0~255 사이의 문자 수로 설정한다. 기본 열 너비는 8.43자이며, 열 너비를 0으로 설정하면 열이 숨겨진다. 행 높이는 0~409 포인트(pt)로 설정할 수 있다. 기본 행 높이는 12.75포인트이며, 행 높이를 0으로 설정하면 행이 숨겨진다.

→ 열 머리글 또는 행 머리글의 경계선에서 마우스 포인터의 모양이 ✛ 나 ✛ 으로 변경되면 드래그하여 크기 조절하기

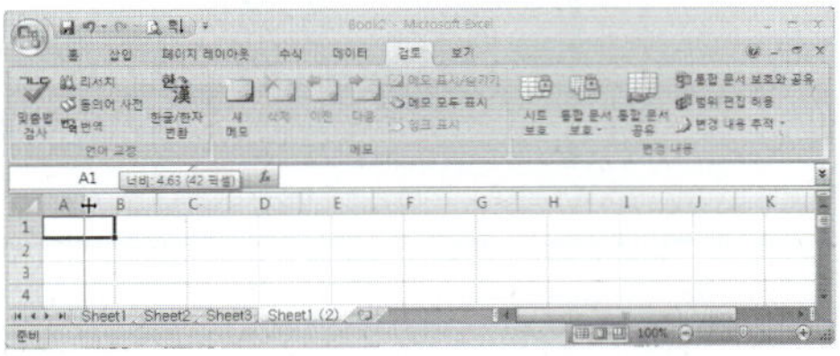

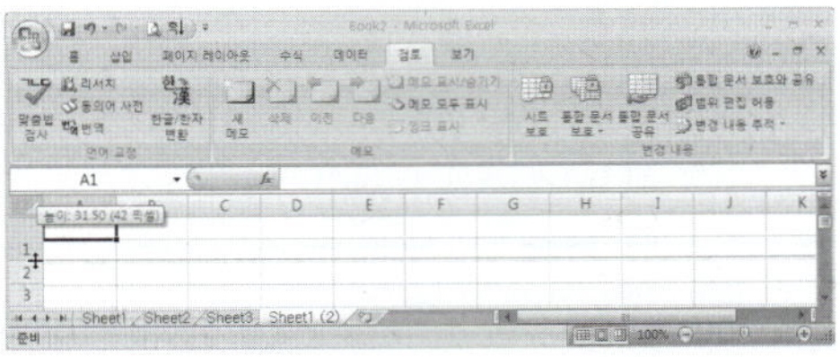

→ 열 머리글 또는 행 머리글의 경계선에서 마우스를 더블 클릭하여 셀 데이터의 길이에 맞추기

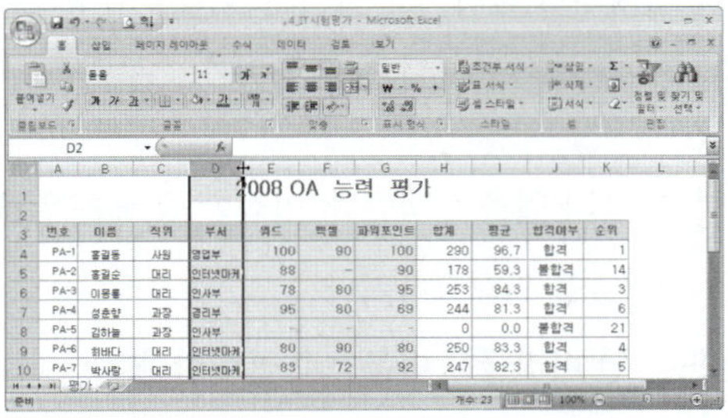

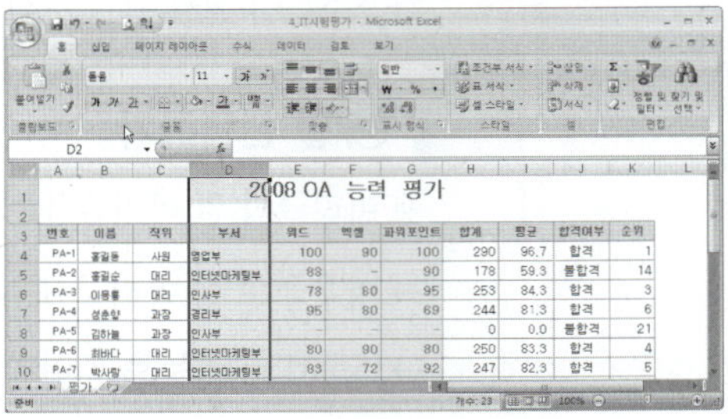

→ [홈] 탭 → [셀] 그룹의 '서식( ) – 행 높이'와 '서식( ) – 열 너비' 메뉴를 사용하여 크기 설정하기

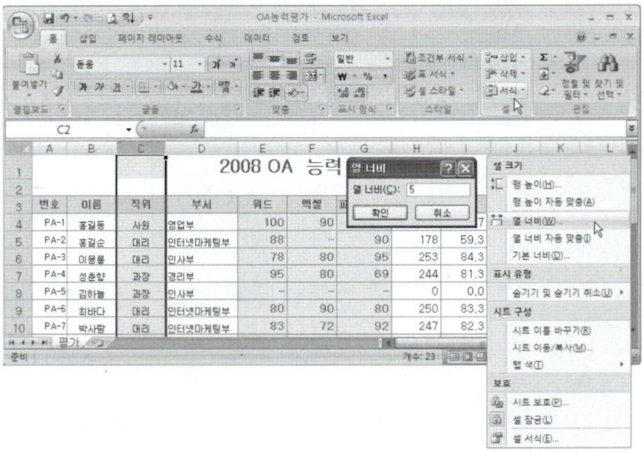

한 수 더 배우기 | 그림 형식으로 붙여넣기

복사한 셀 범위를 [붙여넣기] 탭의 '붙여넣기 → 그림으로 붙여넣기' 도구를 사용하여 그림으로 붙여 넣을 수 있다. 그림으로 붙여 넣은 경우 원본 데이터의 값이 변경되어도 그림으로 붙여진 데이터는 변경되지 않는다.

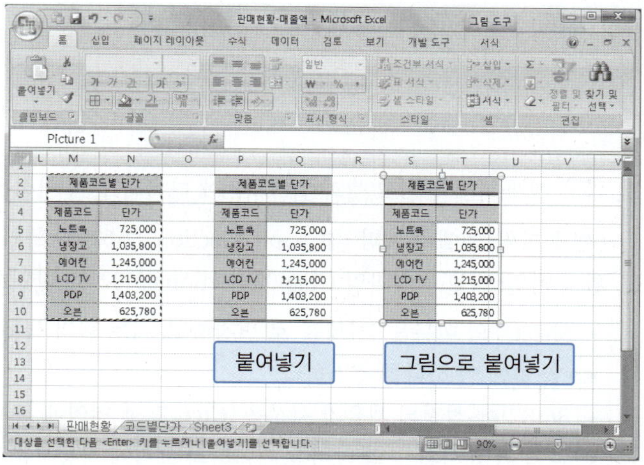

그러나 '붙여넣기 → 연결하여 그림 붙여넣기' 도구를 사용하여 붙여넣은 경우 원본 데이터의 내용이 변경되면 그림에도 동일하게 변경되어 표시된다.

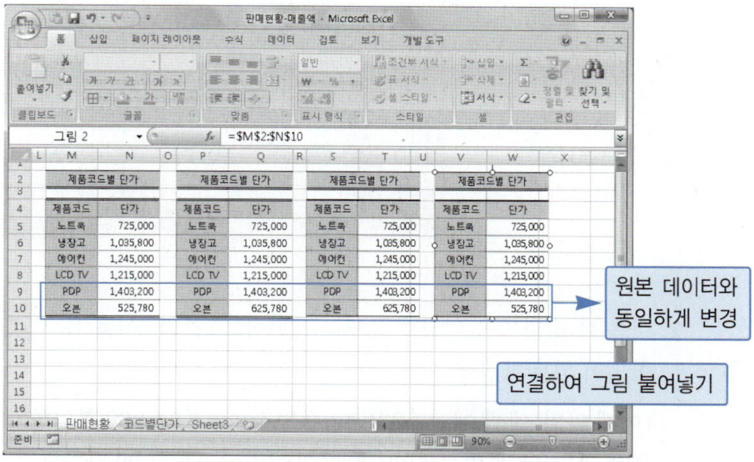

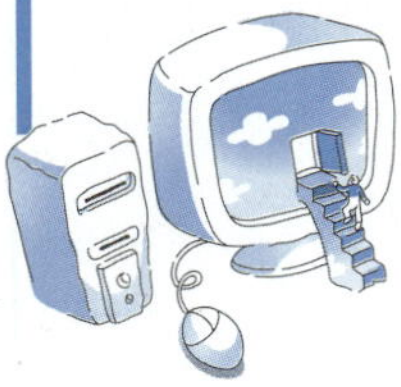

연습문제

1. 다음 예제 파일을 열고 셀과 워크시트에 다음과 같이 서식을 설정하라.

(**예제 파일:** 엑셀\예제파일\Chap02\Section 02\02-09 확인하기(환율시세표).xlsx
완성 파일: 엑셀\완성파일\Chap02\Section 02\02-09 확인하기(환율시세표)(완성).xlsx)

- 'Sheet1' 의 이름을 '시세표' 로 변경하고, 시트 탭의 색을 '파랑' 으로 설정하라.
- A열 앞에 열 하나를 추가하라.
- [B6:B7]에 설정된 채우기 서식을 [C6:G7] 셀 영역에 복사하라.
- '금액'이 표시된 열의 너비를 데이터의 크기에 자동으로 맞추어 표시하라.

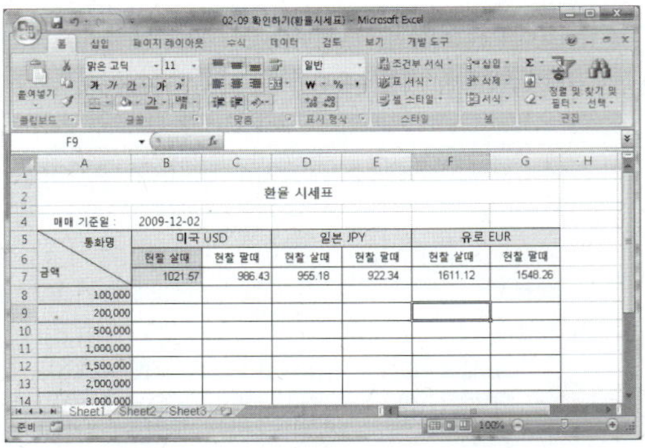

2. 다음 예제 파일을 열고 [홈] 탭 → [편집] 그룹의 '이동 옵션' 도구를 사용하여 빈 셀이 포함되어 있는 행을 삭제하라.

(**예제 파일:** 엑셀\예제파일\Chap02\Section 02\02-09 확인하기(판매현황).xlsx
완성 파일: 엑셀\완성파일\Chap02\Section 02\02-09 확인하기(판매현황)(완성).xlsx)

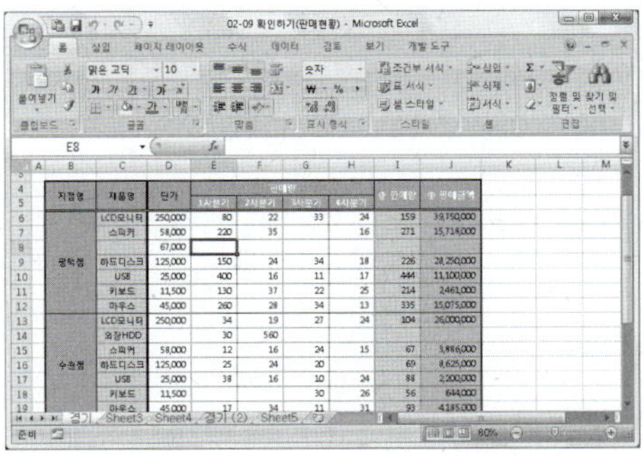 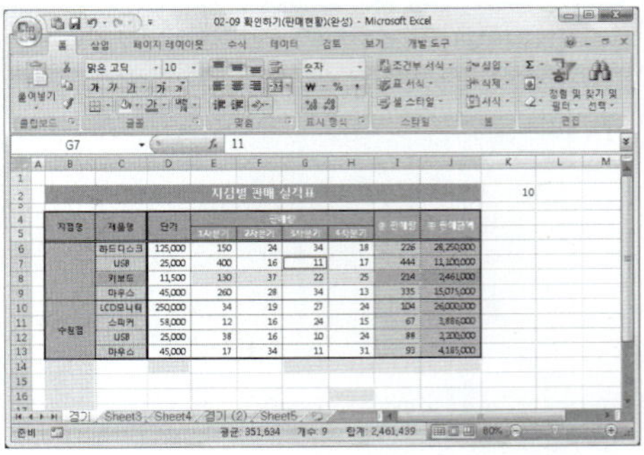

CHAPTER

03 엑셀 데이터 살펴보기

엑셀에서 입력할 수 있는 데이터의 종류는 한글과 영문, 한자, 기호 등의 문자 데이터와 숫자와 날짜/시간 데이터 등의 숫자 데이터이다. 엑셀 2007에서 여러 가지 방법으로 데이터를 입력할 수 있다.

INTRODUCTION TO COMPUTER APPLICATIONS **EXCEL**

Section 01 : 데이터 입력 방법

엑셀에는 문자 데이터와 숫자, 날짜 및 시간, 백분율 등의 숫자 데이터 그리고 수식, 함수식 등을 입력할 수 있다. 셀에 직접 데이터를 입력하는 방법 이외에도 여러 가지 방법으로 입력할 수 있다.

자동 완성 기능으로 입력하기

자동 완성 기능은 셀에 입력한 데이터의 문자 일부가 이전에 입력되어 있는 내용과 일치하면 내용이 자동으로 채워 표시되는 기능이다. [Enter] 키를 누르면 표시된 내용으로 입력되고, 입력된 내용과 다른 내용으로 표시하려면 무시하고 계속 입력한다.

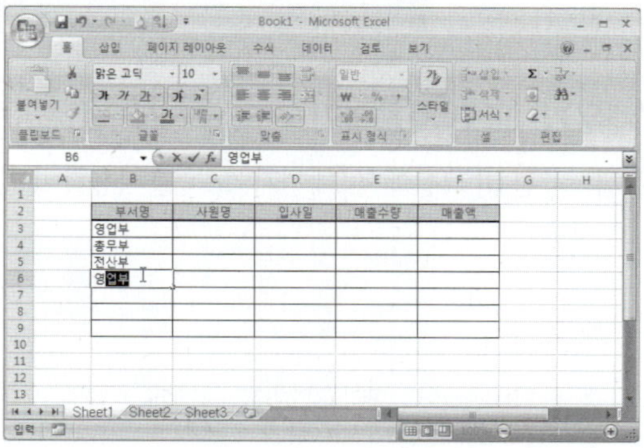

데이터 목록에서 선택하기

[Alt] + [↓]를 클릭하거나 셀에서 마우스 오른쪽 버튼을 클릭하고 바로가기 메뉴에서 [드롭다운 목록에서 선택]을 사용하여 목록에서 원하는 데이터를 선택하여 입력할 수 있다.

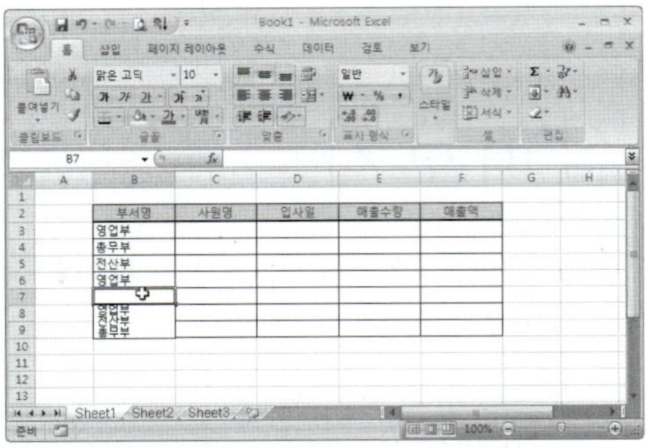

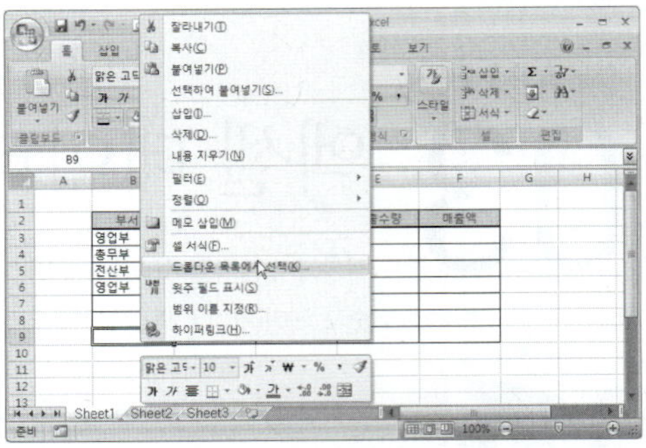

자동 채우기 핸들로 채우기

'채우기 핸들' 을 이용하여 셀에 입력된 문자 및 숫자 데이터를 복사하거나 연속된 데이터를 입력할 수 있다.

→ **숫자와 문자 데이터:** 입력된 데이터 복사
→ **문자와 숫자가 혼합된 경우:** 숫자만 연속 데이터로 표시
→ **날짜 데이터:** 일 값을 연속 데이터로 표시

'자동 채우기 옵션' 을 사용하여 채울 방법을 설정할 수 있다. '자동 채우기 옵션' 에 표시되는 목록은 입력된 데이터의 형식에 따라 다르게 표시된다.

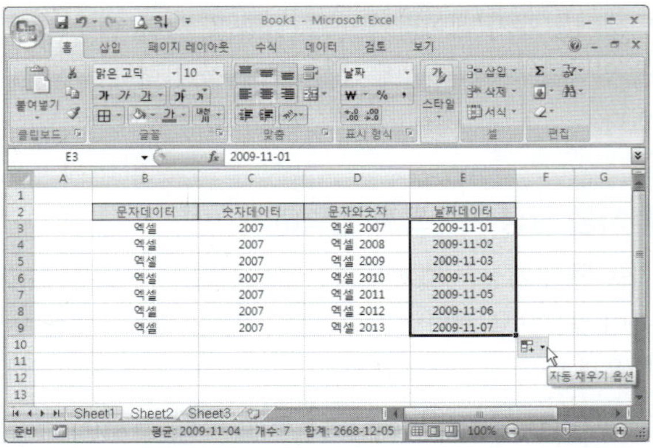

'채우기' 도구 사용하기

[홈] 탭 → [편집] 그룹에서 '채우기' 도구를 사용하여 선택한 범위를 입력된 데이터로 채울 수 있다.

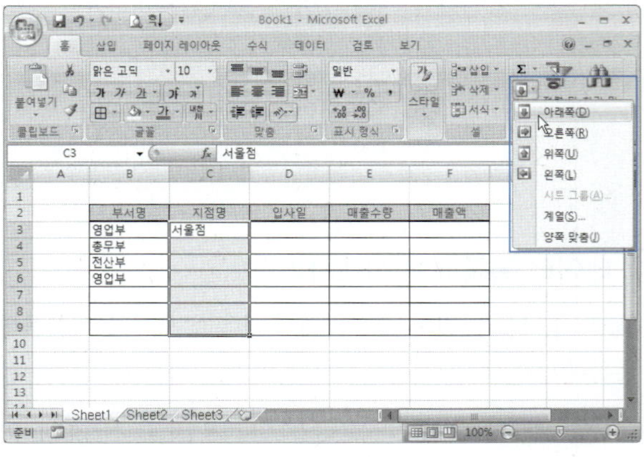

여러 셀에 동시에 데이터 입력하기

데이터를 입력할 셀 영역을 선택하고 데이터를 입력한 다음 [Ctrl] + [Enter] 키를 누르면 입력된 데이터를 동시에 여러 셀에 입력할 수 있다.

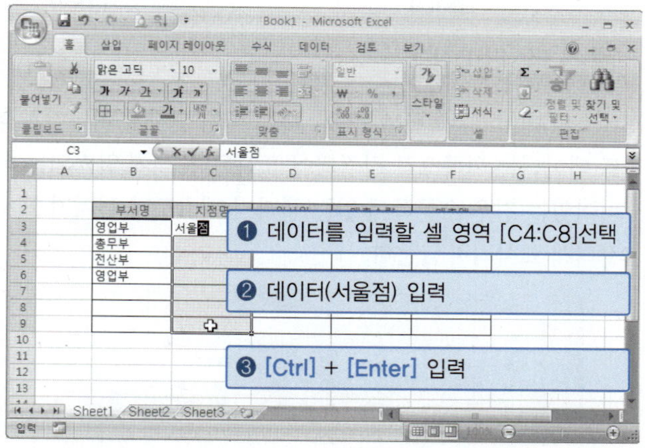

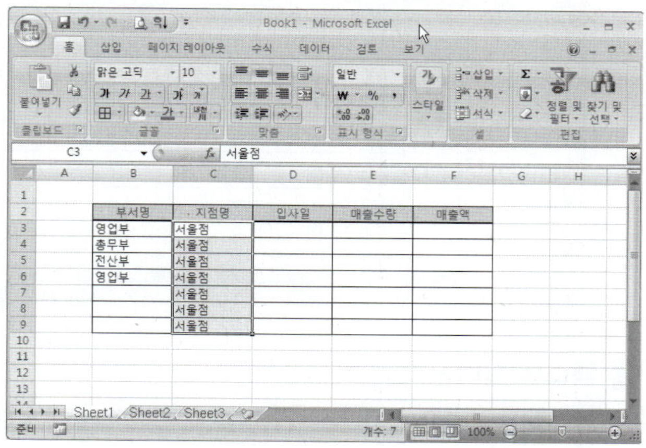

단축키로 셀값 복사하기

데이터를 입력할 셀의 바로 위쪽 셀의 값을 복사하려면 [Ctrl] + [D]를 누르고, 입력할 셀의 바로 왼쪽 셀의 값을 복사하려면 [Ctrl] + [R]을 누른다.

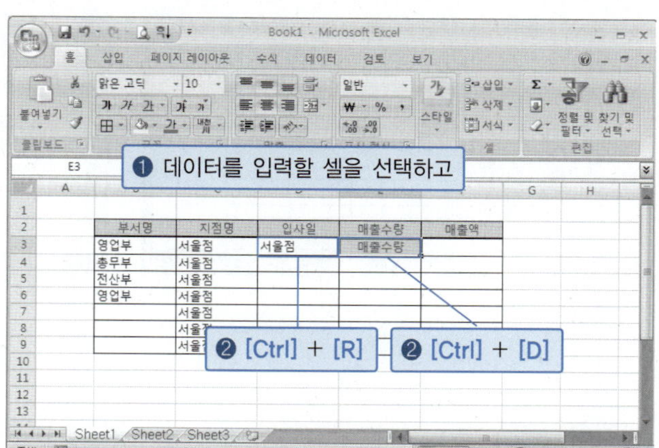

Section

02: 데이터 입력하기

2.1 텍스트 데이터

텍스트 데이터는 한글과 영문, 특수문자, 숫자로 이루어진 데이터를 의미하며, 셀에 입력된 텍스트 데이터는 왼쪽으로 정렬되어 표시된다. 셀에 입력되는 데이터가 셀의 너비보다 크고, 그 옆이 비어있는 경우 오른쪽에 있는 셀까지 텍스트가 걸쳐져 표시되지만 옆 셀이 비어있지 않은 경우 잘려서 표시되지 않는다.

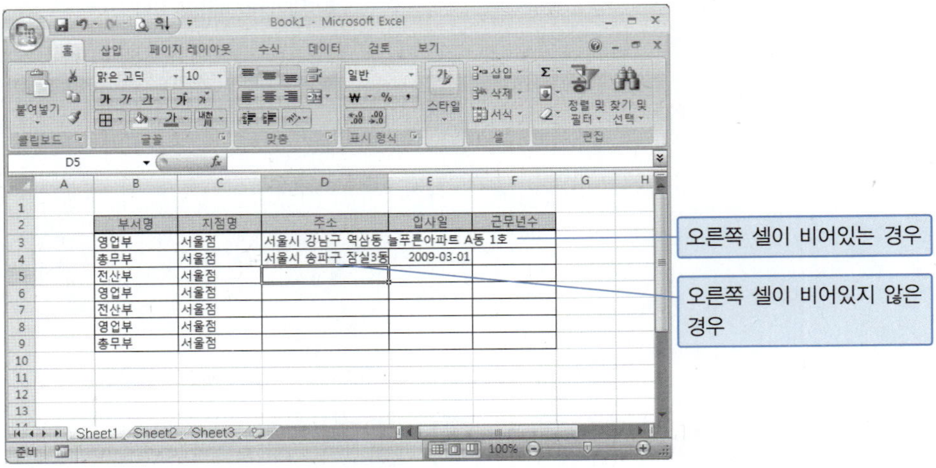

텍스트 줄바꾸기

셀의 너비보다 많은 데이터를 입력했을 때 셀에 입력된 전체 텍스트가 셀에 표시되도록 하려면

→ 줄 바꿈할 위치에서 [Alt] + [Enter] 키를 누르거나

→ [홈] 탭 → [맞춤] 그룹에서 '텍스트 줄 바꿈' 도구를 사용한다.

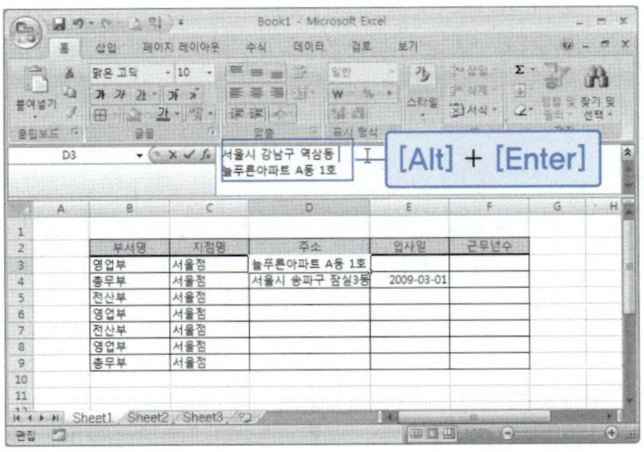

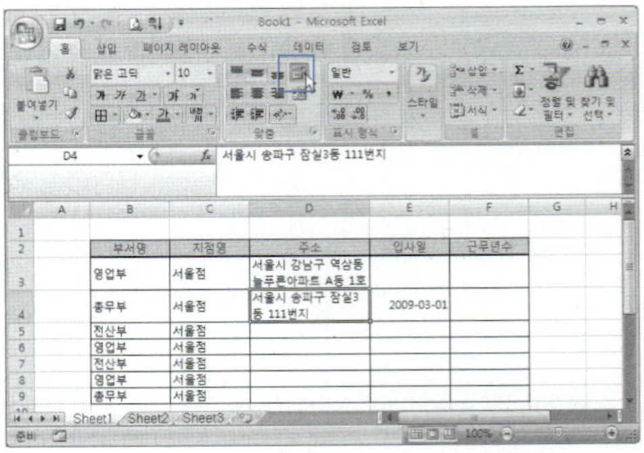

텍스트 정렬하기

셀에 입력된 텍스트 데이터를 정렬하려면

→ [홈] 탭 → [맞춤] 그룹의 도구들을 사용하거나,

→ [셀 서식] 대화상자의 [맞춤] 탭에서 변경한다.

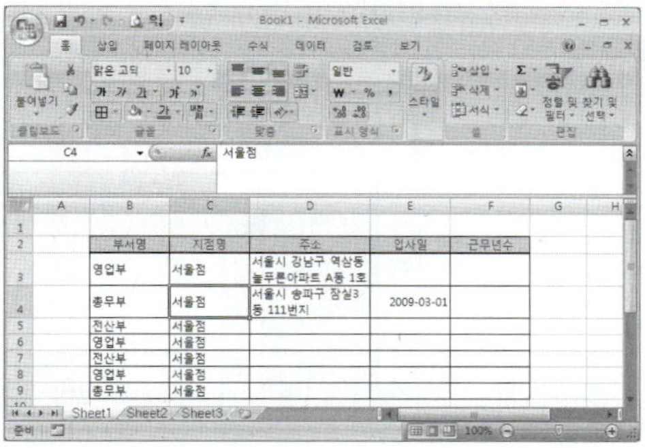

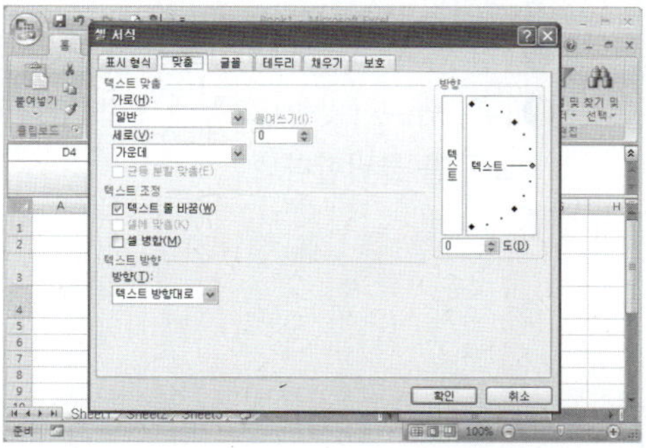

Tip | 셀 서식 대화상자 표시하기

[셀 서식] 대화상자는 [홈] 탭 → [셀] 그룹의 '서식 → 셀 서식' 메뉴를 실행하거나, [Ctrl] + [1] 키 또는 [홈] 탭 → [맞춤] 그룹의 하단에 표시된 '셀 서식:맞춤( )' 도구를 클릭하여 표시한다.

셀 병합하기

하나 이상의 셀을 병합하여 하나의 셀로 참조되도록 병합할 수 있다. 선택한 셀을 병합하려면

→ [홈] 탭 → [맞춤] 그룹에서 '병합하고 가운데 맞춤( )' 도구를 클릭하거나,

→ [셀 서식] 대화상자의 [맞춤] 탭에서 '셀 병합' 항목을 선택한다.

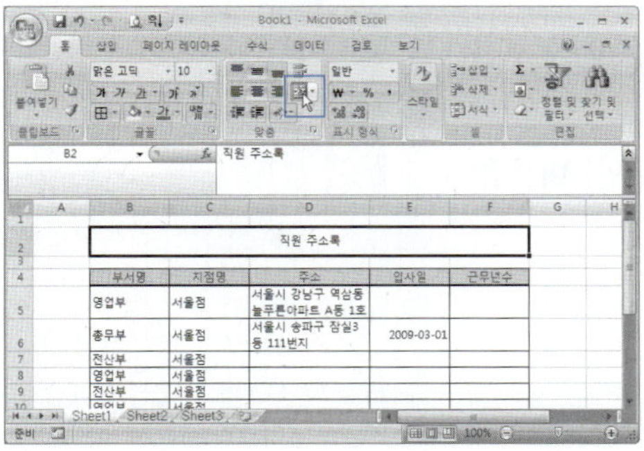

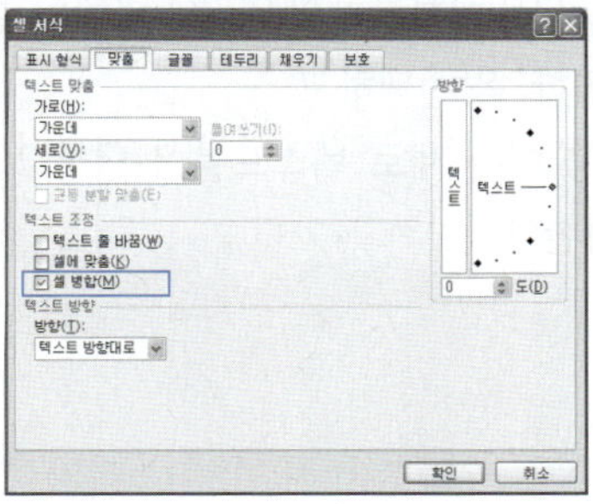

함께하기 | 텍스트 데이터 서식 설정하기

예제 파일: 엑셀\예제파일\Chap03\Section 02\03-02 판매실적_텍스트.xlsx
완성 파일: 엑셀\완성파일\Chap03\Section 02\03-02 판매실적_텍스트(완성).xlsx

1. 셀 병합하기

❶ [경기] 시트에서 [B2:J2] 셀 영역을 선택하고,

❷ [홈] 탭 → [맞춤] 그룹에서 '병합하고 가운데 맞춤' 도구를 클릭한다.

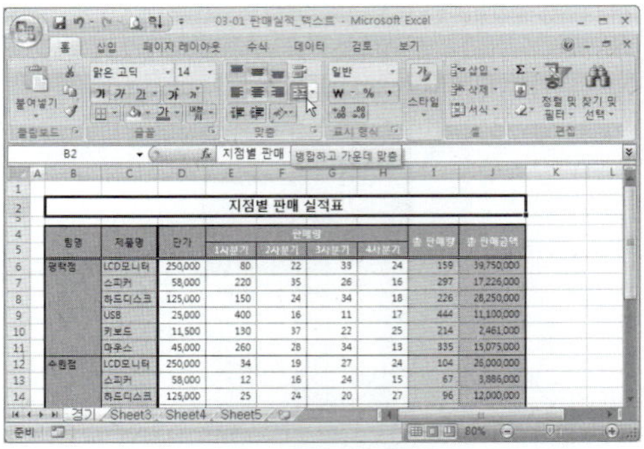

2. 텍스트 데이터 정렬하기

❶ [B6:C17] 셀 영역을 선택하고,

❷ [홈] 탭 → [셀] 그룹의 '서식 – 셀 서식' 메뉴를 실행한다.

❸ [셀 서식] 대화상자의 [맞춤] 탭에서 '텍스트 맞춤 – 가로'에서 '가운데'를 선택하고 [확인] 버튼을 클릭한다.

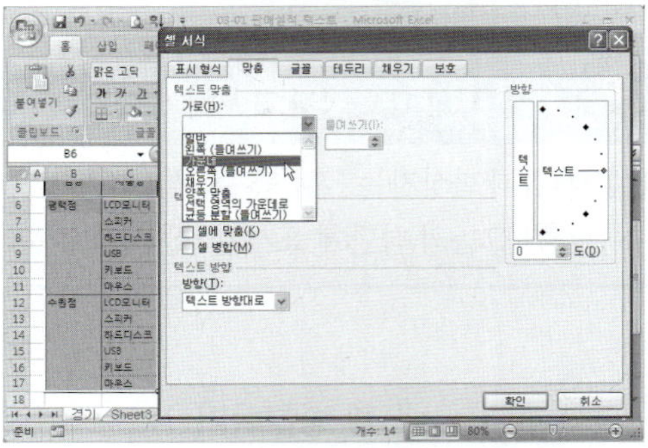

3. 텍스트 세로쓰기

❶ [B6:B11] 셀 영역을 선택하고,

❷ [Ctrl] + [1] 키를 눌러 [셀 서식] 대화상자를 표시한다.

❸ [셀 서식] 대화상자의 [맞춤] 탭에서 '텍스트 조정 – 셀 병합'을 선택하고,

❹ '방향'에서 세로 텍스트를 선택하고 [확인] 버튼을 클릭한다.

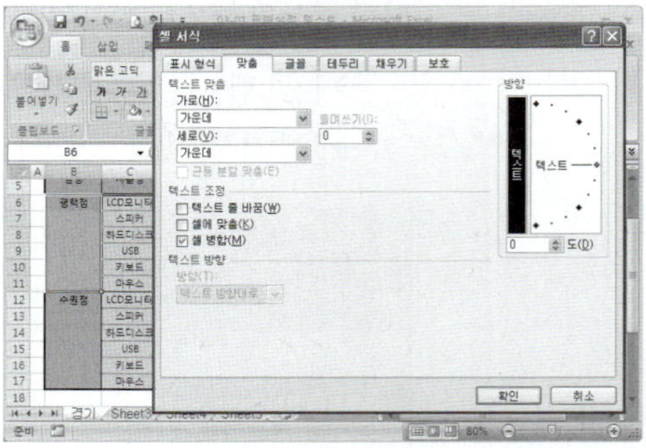

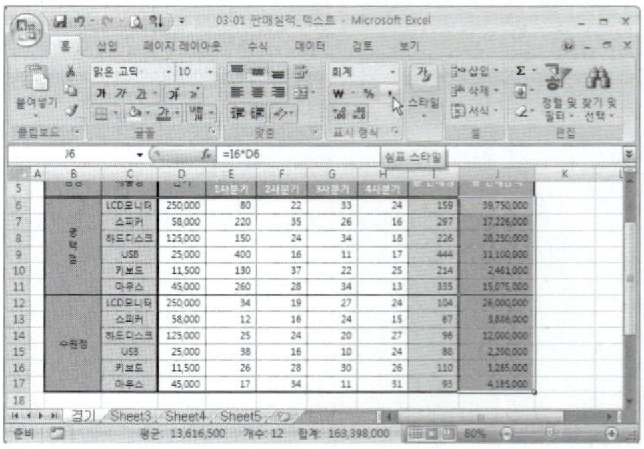

> **Tip** | **텍스트 세로 쓰는 방법!**
>
> [홈] 탭 → [맞춤] 그룹에서 '방향 → 세로 쓰기' 도구를 실행할 수 있다.
>
> 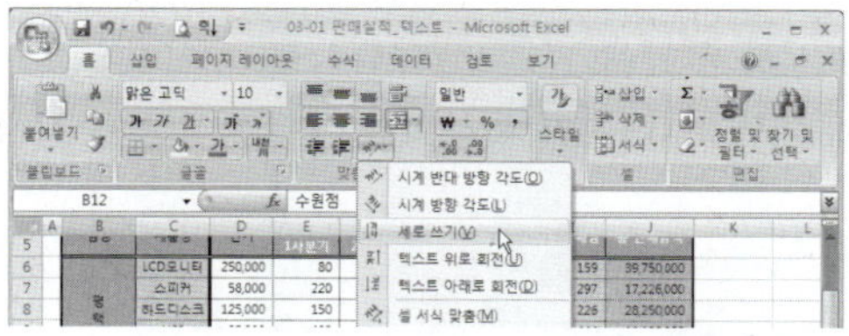

2.2 | 숫자 데이터

숫자 데이터는 0 ~ 9의 숫자와 +, -, (,), /, ,, ?, %. ., E, e 등의 기호가 포함된 데이터로, 입력된 숫자 데이터는 셀의 오른쪽으로 정렬된다. 숫자 데이터는 11자리까지 표시되며 12자리 이상인 데이터를 입력하면 1,234E03과 같이 공학 기호로 표시된다.

셀에 입력된 숫자 데이터의 길이가 셀의 너비보다 긴 경우 ###과 같이 표시된다.

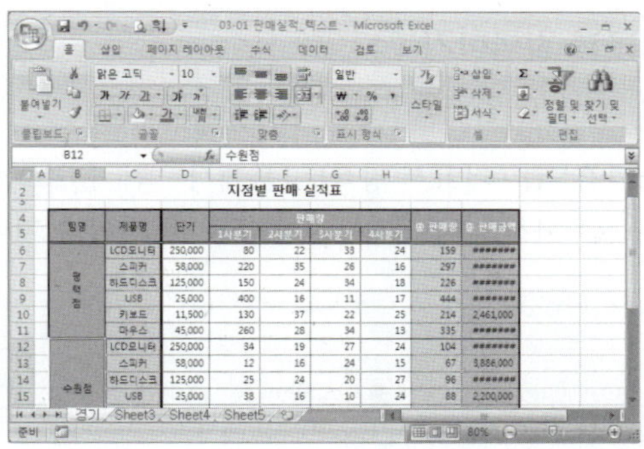

천 단위 구분 기호 표시하기

숫자 데이터에 천 단위 구분 기호(,)를 표시할 수 있다.

→ 사용자가 직접 쉼표(,)를 입력하거나,
→ [홈] 탭 → [표시 형식] 그룹에서 '쉼표 스타일(,)' 도구를 사용하거나
→ [셀 서식] 대화상자의 [표시 형식] 탭에서 '숫자 → 1000 단위 구분 기호(,) 사용' 항목을 선택한다.

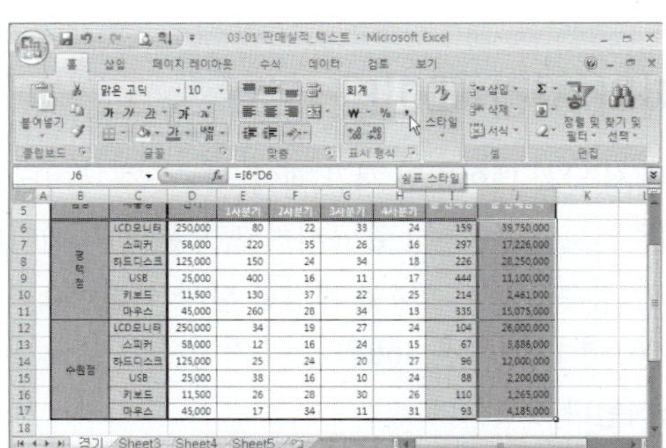

분수 입력하기

1/2와 같이 분수 형식으로 셀에 입력하면 분수가 아닌 날짜 형식으로 데이터가 표시된다. 셀에 분수 데이터를 입력되어 표시하려면

→ 대분수로 표시하거나(예: 1/3 → 0 1/3)

→ [셀 서식] 대화상자 → [표시 형식] 탭의 '범주 → 분수' 항목에서 형식을 설정한다.

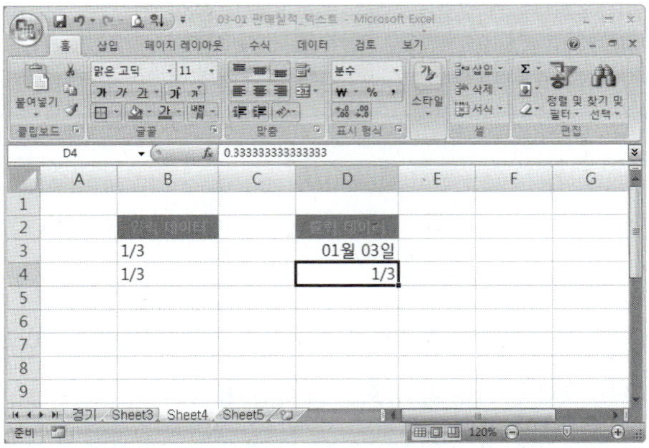

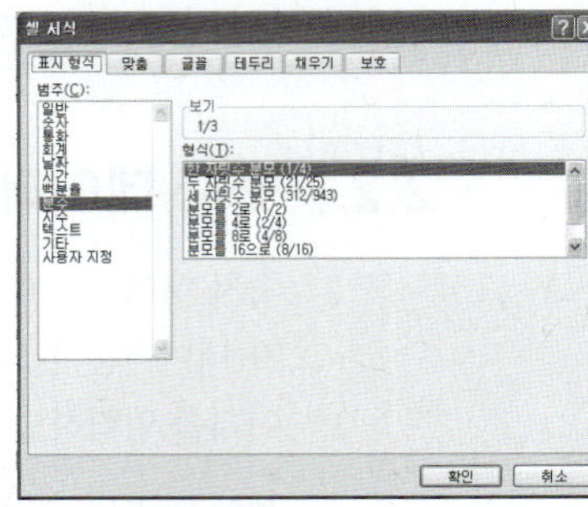

백분율 입력하기

셀에 백분율을 입력하려면,

→ [홈] 탭 → [표시 형식] 그룹에서 '백분율 스타일(%)'을 선택하거나,

→ [셀 서식] 대화상자 → [표시 형식] 탭에서 '범주 → 백분율'을 선택한다.

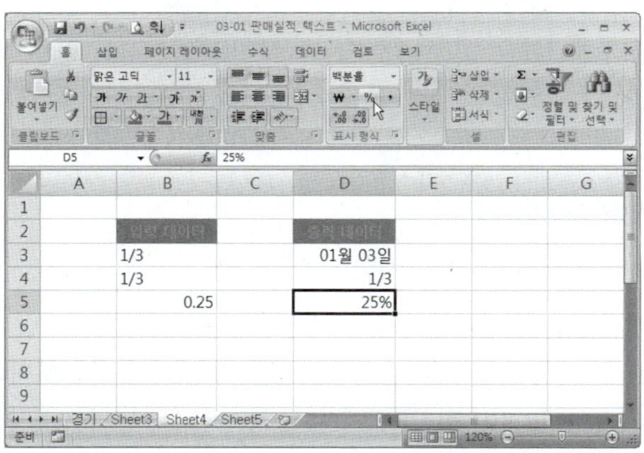

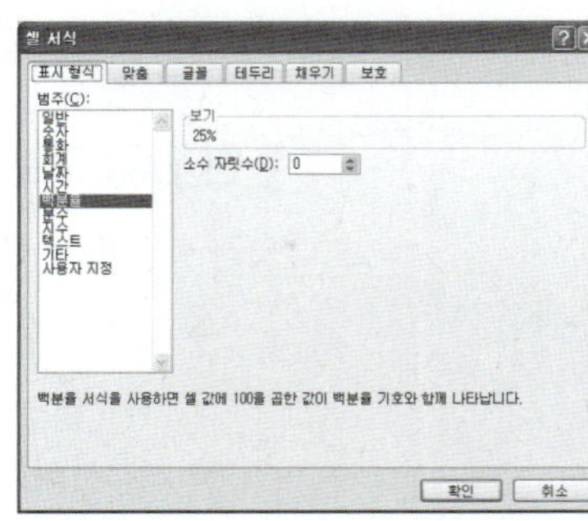

2.3 날짜와 시간 데이터

엑셀에서 날짜 데이터와 시간 데이터는 숫자 데이터로 간주된다. 날짜 데이터는 1900년 1월 1일을 기준일로 간주하여 1로 표시하고, 모든 날짜 데이터에 기준일로부터의 경과 일수에 해당하는 고유한 정수값을 부여하여 지정한 날짜 일련번호로 처리한다. 예를 들어 '1900년 1월 2일은 2로, 1901년 1월 1일은 366의 값이 지정된다. 날짜 데이터는 셀에 연월일의 형식(0000-00-00)으로 표시된다.

시간 데이터는 24시간을 1로, 12시는 0.5와 같이 1보다 작은 소수값으로 정의되어 사용되며, 셀에는 '시분초' 의 형식으로 표시된다.

셀에 날짜와 시간을 함께 입력하려면 날짜와 시간 사이에 공백을 두어 입력한다. 공백으로 구분하지 않으면 보통의 텍스트로 처리된다. 12시간제를 바탕으로 시간을 입력하려면 시간 뒤에 공백을 입력하고 AM이나 PM(또는 A나 P)을 입력한다. AM이나 PM(또는 A나 P)을 표시하지 않으면 24시간제를 바탕으로 시간이 나타난다.

현재 날짜와 시간 표시하기

셀에 시스템에 설정된 현재 날짜와 시간을 표시하려면 날짜와 시간 함수(today(), now())를 사용하거나 단축키를 사용한다.

→ **현재 날짜:** [Ctrl] + ;[세미콜론]

→ **현재 시간:** [Ctrl] + [Shift] + :[콜론]

날짜 형식을 정수로, 정수를 날짜 형식으로 표시하기

셀에 날짜 데이터를 입력하면 날짜 형식이 아닌 정수로 표시되는 경우가 있다. 이런 경우 셀의 표시 형식을 '날짜' 로 설정하면 된다.

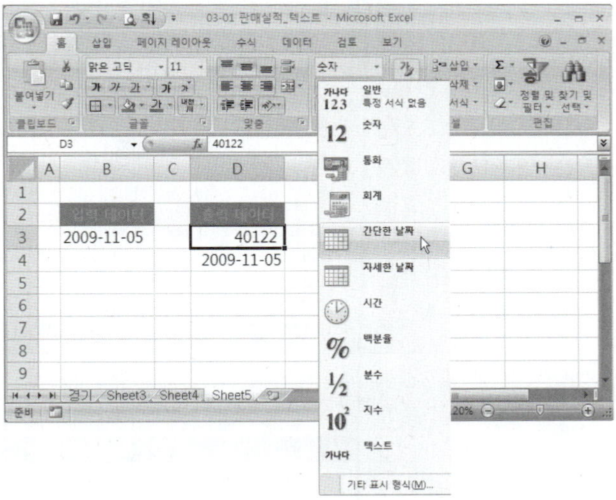

2.4 기호와 한자 데이터

셀에 한자를 입력하려면 한자로 변환할 문자를 입력하고

→ 키보드의 [한자] 버튼을 클릭하거나

→ [검토] 탭의 [언어 교정] 그룹에서 '한글/한자 변환' 도구를 클릭하여 한 글자 또는 단어 단위로 변환한다.

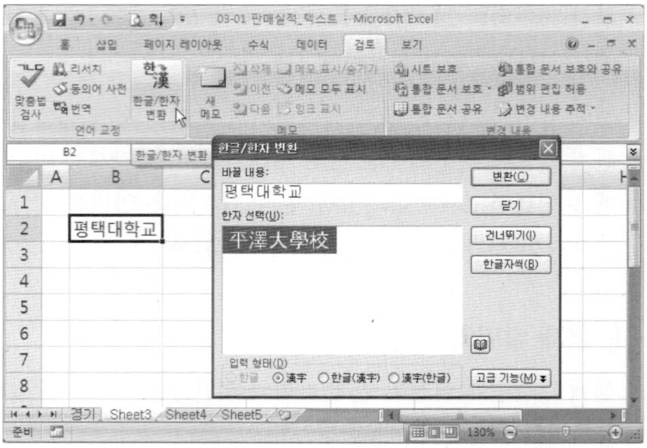

키보드에 표시된 기호 이외의 기호를 입력하려면

→ [삽입] 탭 → [텍스트] 그룹에서 '기호(Ω)' 도구를 클릭하거나,

→ 한글 자음을 입력한 다음 [한자] 버튼을 클릭하여 각 한글 자음에 입력되어 있는 기호를 입력한다.

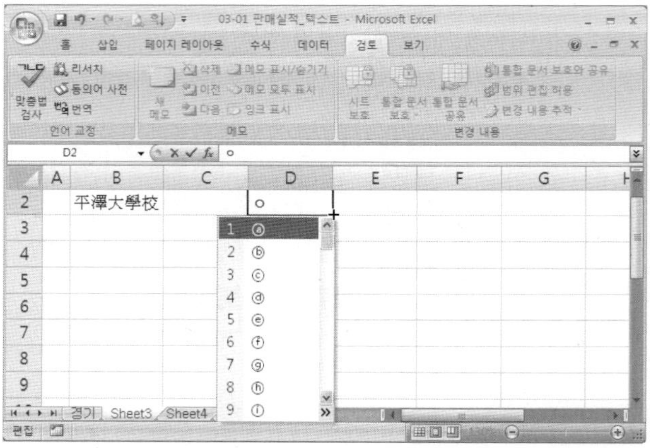

Section 03: 사용자 지정 목록으로 데이터 입력하기

요일명이나 월 이름, 분기명 등의 특정 데이터로 데이터를 채우거나, 직급별(부장, 과장, 대리, 사원)과 같이 사용자가 순서를 직접 지정하여 데이터를 입력할 수 있다. 요일명이나 분기명 등과 같은 데이터를 자동 채우기 핸들을 사용하여 입력하려면 '사용자 지정 목록'으로 등록되어 있어야 한다.

자동 채우기 목록은 '오피스 단추( )' → [Excel 옵션]을 클릭한 후, '기본 설정' 항목에서 [사용자 지정 목록 편집] 버튼을 클릭하여 데이터 목록을 등록한다.

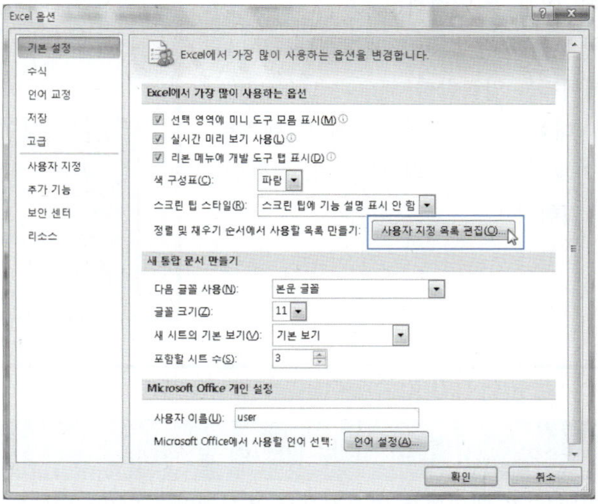

함께하기 | 사용자 정의 목록 등록하기

예제 파일: 엑셀\예제파일\Chap03\Section 03\03-02 판매실적_사용자목록.xlsx
완성 파일: 엑셀\완성파일\Chap03\Section 03\03-02 판매실적_사용자목록(완성).xlsx

1. 사용자 지정 목록 등록하기
   ❶ '오피스 단추( )' → [Excel 옵션] 버튼을 클릭하고,
   ❷ '기본 설정' 항목에서 [사용자 지정 목록 편집] 버튼을 클릭한다.

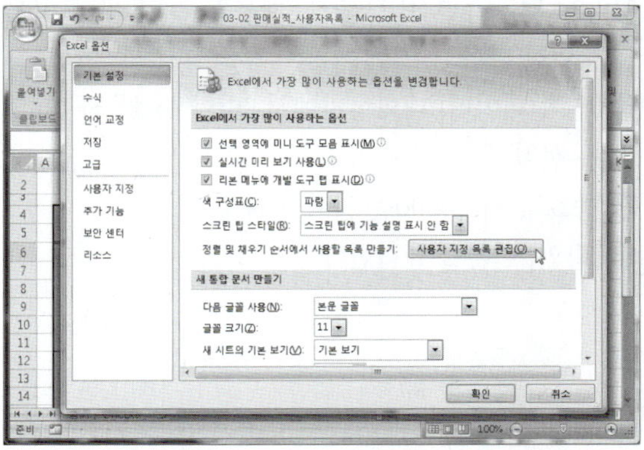

2. 데이터 목록 입력하기

❶ [사용자 지정 목록] 대화상자의 '사용자 지정 목록 – 새 목록' 을 선택하고,

❷ '목록 항목' 에 '이사, 상무, 부장, 과장, 대리, 사원' 을 한 줄에 하나의 항목씩 차례로 입력한 다음 [추가] 버튼과 [확인] 버튼을 차례로 클릭한다.

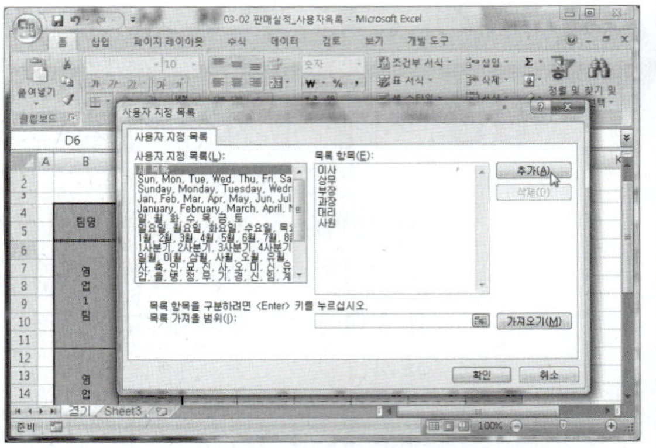

3. 데이터 입력하기

❶ [D5] 셀에 '이사' 를 입력하고,

❷ 채우기 핸들을 마우스로 드래그하여 [D11] 셀까지 데이터를 입력한다.

❸ [셀 서식] 대화상자의 [맞춤] 탭에서 '텍스트 맞춤 → 가로' 에서 '가운데' 를 선택고 [확인] 버튼을 클릭한다.

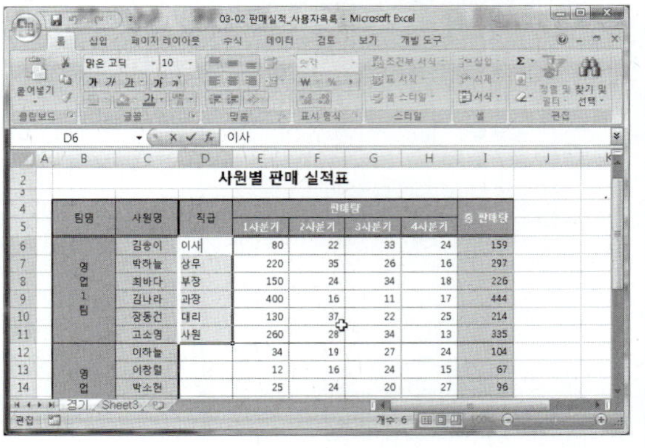

한 수 더 배우기 | 연속 데이터 한 번에 입력하기

1부터 10000까지의 숫자 데이터를 연속적으로 표시해야 한다면? 2씩 증가하는 숫자 데이터를 10000까지 채워야 한다면?

채우기 핸들을 드래그하여 연속 데이터를 채우기는 쉽지 않은 일이다. 이런 경우 [홈] 탭 → [편집] 그룹의 '채우기 → 계열' 도구를 사용하여 연속 데이터를 지정한 방향과 범위만큼 자동으로 입력되도록 할 수 있다.

❶ 셀에 첫 번째 데이터값 '1' 을 입력하고

❷ [홈] 탭 → [편집] 그룹의 '채우기 → 계열' 도구를 클릭한 다음,

❸ [연속 데이터] 대화상자에서 '방향 → 열' 과 '유형 → 선형' 을 선택하고,

❹ '종료값' 에 10000을 입력한 다음,

❺ [확인] 버튼을 클릭한다.

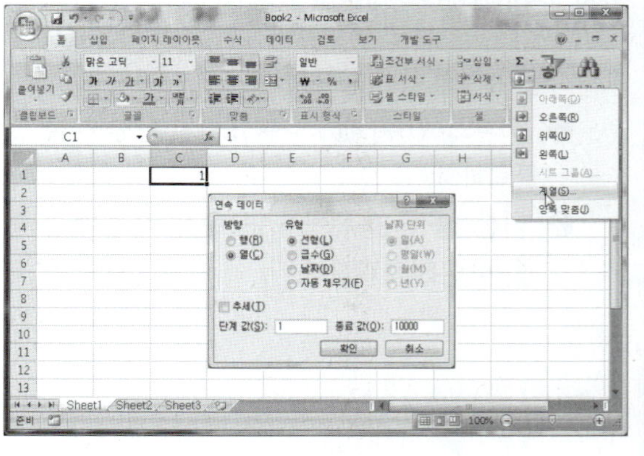

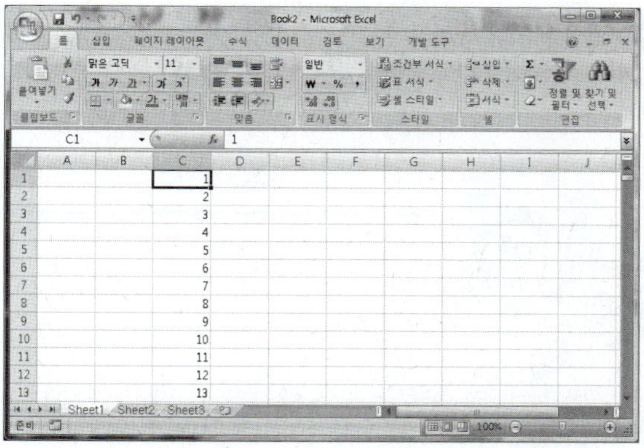

연습문제

INTRODUCTION TO COMPUTER APPLICATIONS **EXCEL**

1. 다음 조건에 따라 셀 데이터를 표시하라.

(**예제 파일:** 엑셀\예제파일\Chap03\Section 03\03-03 확인하기(데이터입력).xlsx
완성 파일: 엑셀\완성파일\Chap03\Section 03\03-03 확인하기(데이터입력)(완성).xlsx)

- '판매일' 항목에 자동 채우기 핸들을 사용하여 2009-11-1일부터 평일에 해당하는 날짜가 입력되도록 하라.
- 지점명(서울점, 경기점, 수원점)이 순서대로 표시되도록 사용자 지정 목록을 설정하라.
- '판매일' 데이터를 가운데 정렬하라.
- 숫자 데이터에 천 단위 구분 기호를 표시하라.

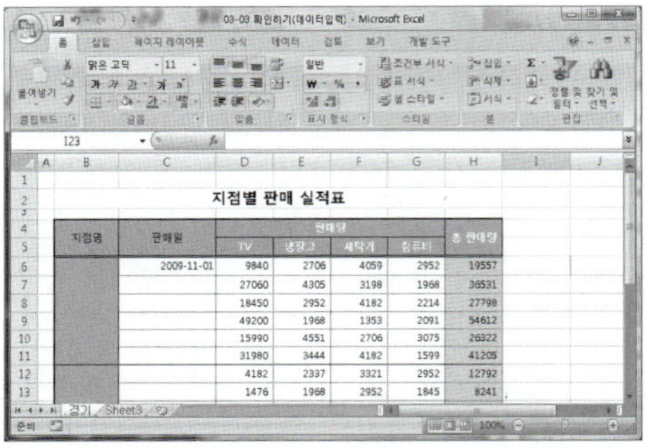

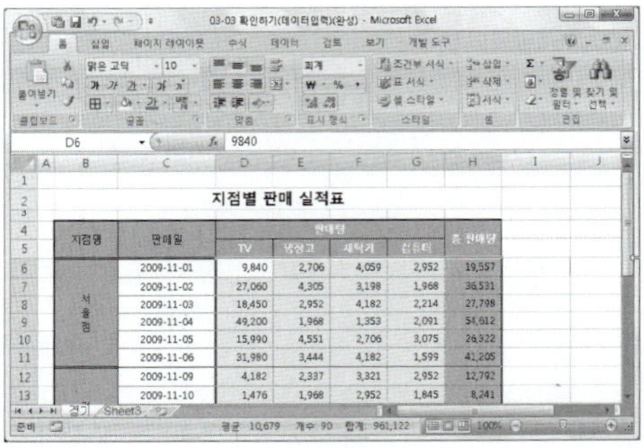

2. 다음 예제 파일을 열고, 조건에 따라 제목을 한자로 변경하고 기호를 삽입하라.

(**예제 파일:** 엑셀\예제파일\Chap03\Section 03\03-03 확인하기(한자와기호).xlsx
완성 파일: 엑셀\완성파일\Chap03\Section 03\03-03 확인하기(한자와기호)(완성).xlsx)

- 제목이 입력된 [B2] 셀의 내용을 한자로 변경하라.
- [G5], [G7], [G11], [G14:G15] 셀에 '▼' 기호를 삽입하라.
- 증감율의 나머지 셀에 '▲' 기호를 삽입하라.

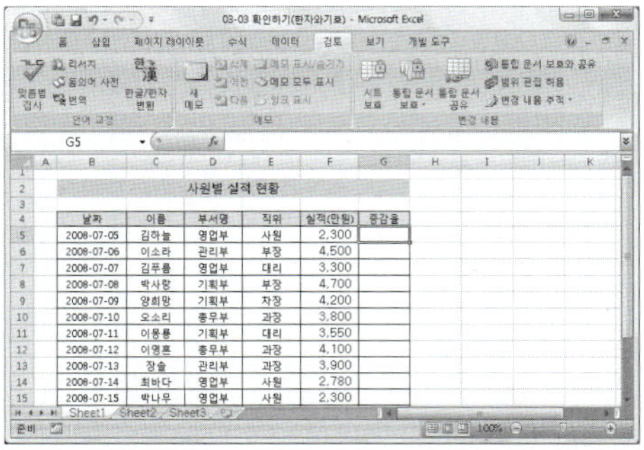

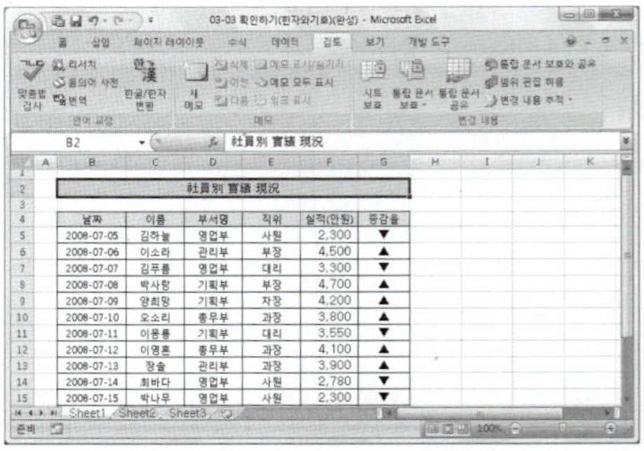

CHAPTER

04 엑셀 통합 문서 관리하기

엑셀 2007의 테마와 다양한 스타일 갤러리를 사용하여 간단하게 서식을 설정할 수 있다. 조건부 서식을 사용하면 조건을 만족하는 워크시트의 셀에 64가지의 다양한 서식을 이용하여 표시되도록 할 수 있다.

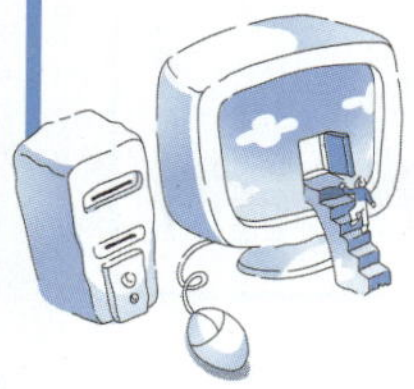

INTRODUCTION TO COMPUTER APPLICATIONS EXCEL

Section 01 : 엑셀 테마와 스타일 설정하기

엑셀 2007은 테마와 다양한 셀 스타일 및 표 서식을 사용하여 꾸밀 수 있다.

1.1 엑셀 테마 설정하기

엑셀 테마는 색과 글꼴, 효과 등을 모아놓은 것으로 엑셀 통합 문서에 적용하여 일관된 서식을 표현할 수 있다. 기본 테마는 Office 테마로, 제공된 테마 갤러리에서 테마를 선택하여 변경할 수 있다.

함께하기 | 문서 테마 적용하기

1. 테마 선택하기

❶ [페이지 레이아웃] 탭 → [테마] 그룹에서 '테마'를 클릭한다.

❷ 테마 갤러리에서 '기본 제공 → 오렌지'를 선택한다.

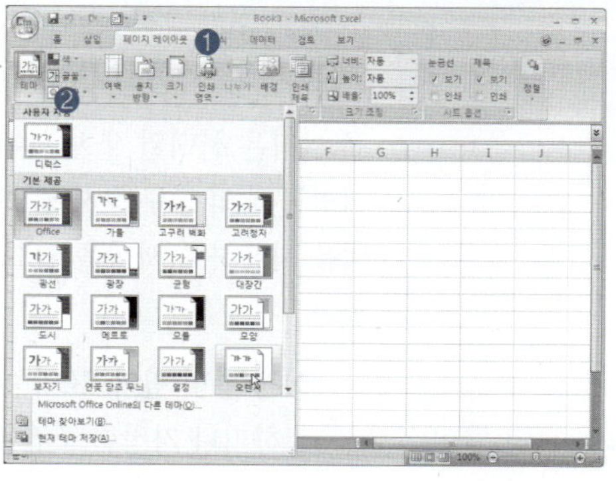

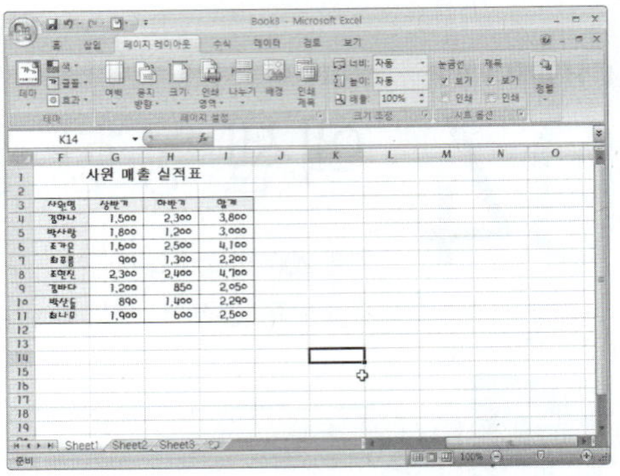

1.2 | 셀 스타일과 표 서식 적용하기

셀 스타일은 테마를 기반으로 셀의 테두리와 채우기 색, 글꼴 등을 적용할 수 있도록 미리 정의된 서식이며, 표 서식은 미리 정의된 표 스타일을 셀 영역에 지정하고 표 영역으로 설정한다.

셀 스타일 사용하기

셀 스타일은 글꼴과 숫자 서식, 셀 테두리, 셀 음영 같은 셀 서식을 정의한 것으로, 전체 통합 문서에 적용되는 문서 테마를 기반으로 하기 때문에 테마를 변경하면 셀 스타일이 새 문서 테마에 맞춰 변경된다.

1. 서식을 지정할 셀을 선택하고, [홈] 탭 → [스타일] 그룹에서 '셀 스타일'을 클릭한다.
2. 적용하려는 셀 스타일을 클릭하며 선택된 셀에 바로 적용된다.

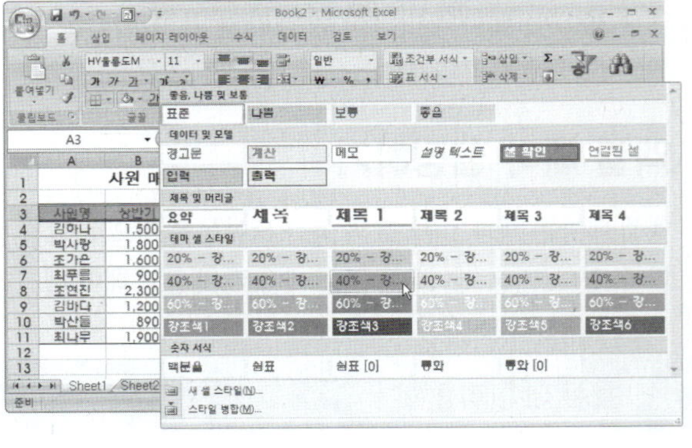

표 서식 적용하기

표 서식은 선택된 셀 범위에 표 서식을 적용하여 표 영역으로 설정하고, 표 안에 있는 모든 열의 머리글 행의 도구를 사용하여 표 데이터를 빠르게 필터링하거나 정렬하며, 미리 정의된 표 스타일을 사용하여 서식을 쉽고 빠르게 지정할 수 있다. 엑셀 표를 사용하여 다음 작업을 수행할 수 있다.

→ **정렬 및 필터:** 표의 머리글 행에 필터 드롭다운 목록 상자가 자동으로 추가되어 표를 정렬하거나 지정한 조건에 맞는 데이터만 표시하거나 색상을 기준으로 필터링할 수 있다.

→ 표 데이터 서식 지정

→ 표 행과 열 삽입 및 삭제

→ 계산된 열 사용

→ 표 데이터 요약 표시 및 계산

→ 구조적 참조 사용

함께하기 | 표 만들기

1. 표 만들기

   ❶ 표로 표시할 빈 셀이나 데이터 범위를 선택하고,

   ❷ [삽입] 탭 → [표] 그룹에서 '표'를 클릭한다.

   ❸ [표 만들기] 대화상자에서 표로 만들 범위를 확인하고 '머리글 포함' 항목을 선택한다.

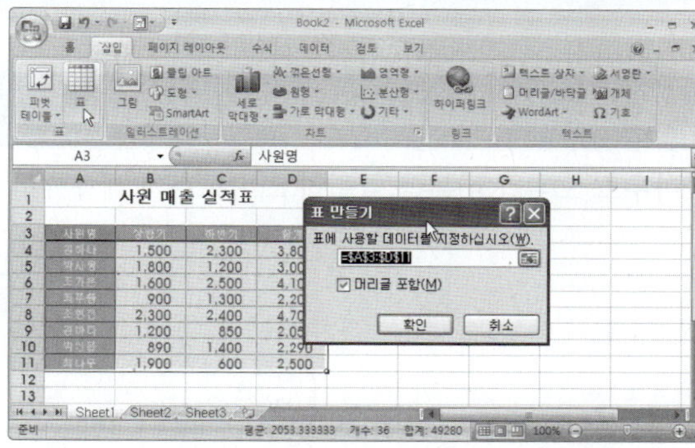

Tip | 표 서식 적용하기

[홈] 탭 → [스타일] 그룹에서 '표 서식'을 사용하여 적용하면 표 영역으로 설정되고 선택한 표 스타일을 적용할 수 있다.

2. 표 확인하기

   ❶ [확인] 버튼을 클릭하면 표의 머리글에 필터 도구가 자동으로 표시되고, [표 도구] → [디자인] 탭이 표시된다.

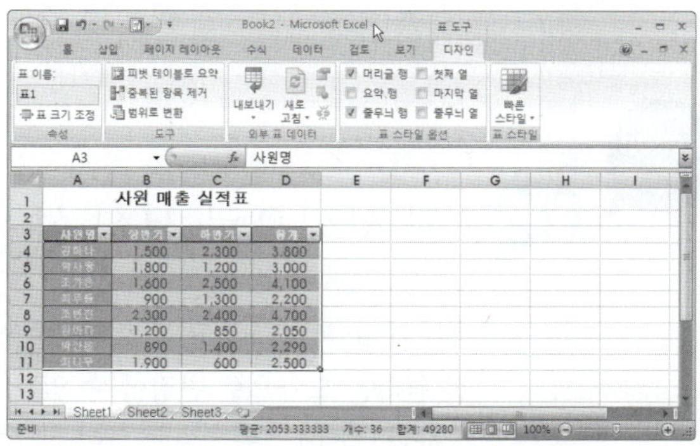

함께하기 | 표를 데이터 범위로 변환하기

표가 더 이상 필요하지 않을 경우 표를 범위로 다시 변환할 수 있다.

1. 범위로 변환하기

   ❶ 표 안의 셀을 클릭하고, [디자인] 탭 → [도구] 그룹에서 '범위로 변환'을 클릭한다.

   ❷ 표를 정상 범위로 표시할 것인지를 묻는 대화상자에서 [예]를 클릭한다.

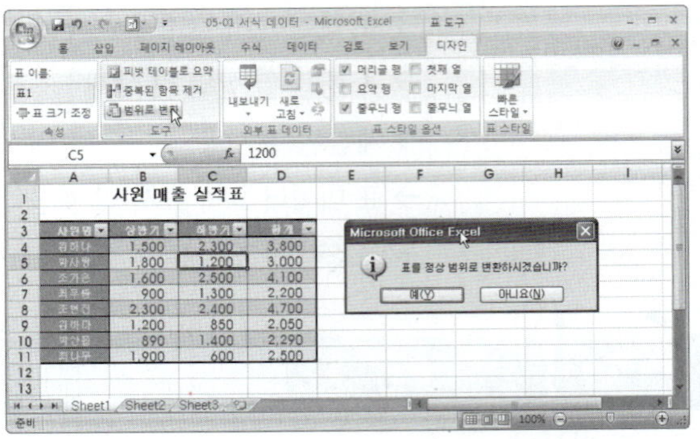

Tip |

마우스 오른쪽 버튼을 클릭하고 바로가기 메뉴에서 [범위로 변환] 메뉴를 클릭해도 된다.

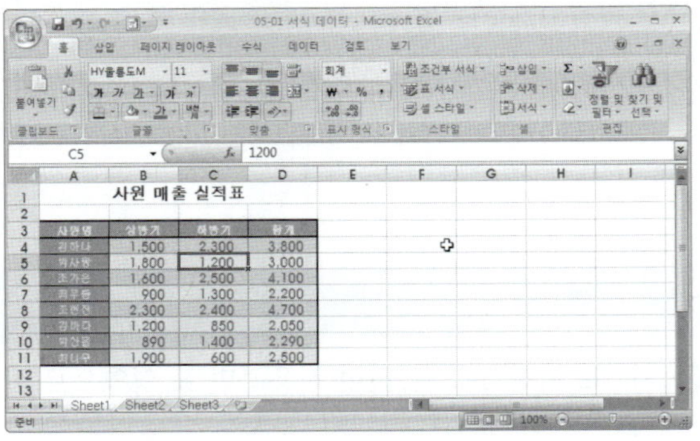

Section

02: 셀 서식으로 서식 설정하기

테마와 표 서식 그리고 셀 스타일을 이용하여 서식을 쉽고 빠르게 설정할 수 있지만 사용자가 직접 원하는 모양으로 변경할 수 있다. 워크시트와 셀에 글꼴에 관련된 서식은 [홈] 탭 → [글꼴] 그룹과 [맞춤] 그룹을 이용하여 설정하거나 [셀 서식] 대화상자를 이용한다.

2.1 | [셀 서식] 대화상자 살펴보기

[셀 서식] 대화상자는 [홈] 탭 → [셀] 그룹에서 '서식 – 셀 서식' 메뉴를 이용하여 표시한다. [셀 서식] 대화상자는 다음 방법 중 하나를 사용하여 표시한다.

- [홈] 탭의 [셀] 그룹에서 '서식 – 셀 서식' 메뉴 이용
- [글꼴] 탭과 [맞춤] 탭 오른쪽 하단의 '셀 서식( )' 아이콘
- [Ctrl] + [1]

[셀 서식] 대화상자는 모두 여섯 개의 탭으로 구성되어 있으며 각 탭의 기능은 다음과 같다.

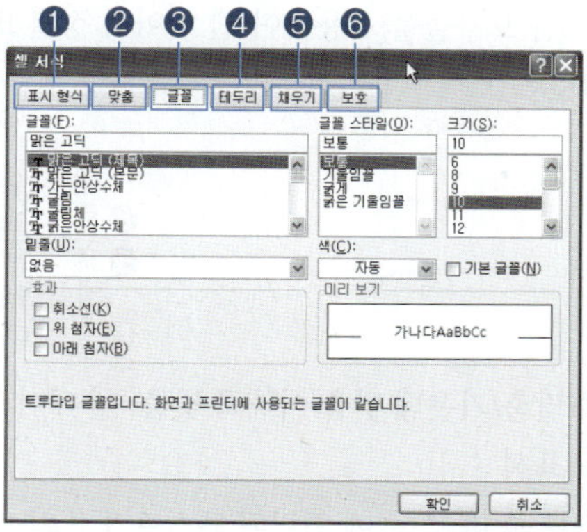

❶ **[표시 형식] 탭:** 셀 데이터의 표시되는 형식 설정
❷ **[맞춤] 탭:** 셀 데이터의 위치와 방향 설정
❸ **[글꼴] 탭:** 셀 데이터의 글꼴, 크기, 스타일, 색, 밑줄 등의 속성 설정
❹ **[테두리] 탭:** 선택한 셀의 테두리에 표시할 선의 모양과 색 등 설정
❺ **[채우기] 탭:** 선택한 셀의 내부에 표시할 색이나 무늬 색과 스타일, 채우기 효과 등 설정
❻ **[보호] 탭:** 셀에 입력된 내용을 수정할 수 없도록 설정

2.2 | [글꼴] 그룹과 [맞춤] 그룹

[글꼴] 그룹

워크시트에 입력된 텍스트의 글꼴 종류나 크기, 색, 스타일 또는 셀의 테두리나 무늬 색 등을 지정할 수 있다.

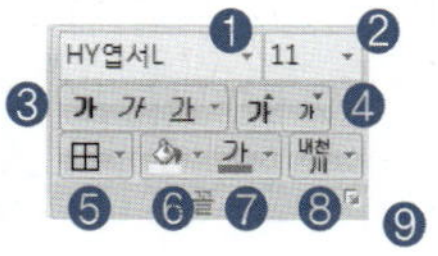

❶ **글꼴:** 셀에 사용할 글꼴 종류 설정
❷ **글꼴 크기:** 글꼴 크기 변경
❸ **굵게/기울임꼴/밑줄:** 텍스트에 굵게/기울임꼴/밑줄 서식 설정
❹ **글꼴 크기 크게/글꼴 크기 작게:** 글꼴 크기 조절
❺ **테두리:** 지정된 셀에 표시될 테두리 모양과 스타일 설정
❻ **채우기 색:** 셀에 지정할 배경색 설정
❼ **글꼴 색:** 텍스트 색 설정
❽ **윗주 필드 표시/숨기기:** 선택한 텍스트에 대해 윗주를 표시할 것인지 설정
❾ **대화상자 표시 아이콘:** [셀 서식] 대화상자의 [글꼴] 탭 표시

[맞춤] 그룹

[맞춤] 그룹 도구들을 사용하여 셀 데이터 정렬 또는 셀 병합, 텍스트 줄 바꿈 등의 기능을 수행할 수 있다.

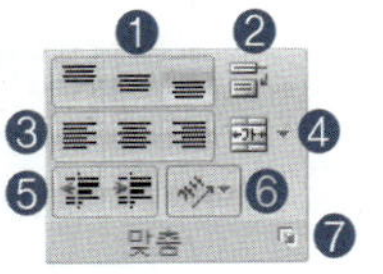

❶ **위쪽 맞춤/가운데 맞춤/아래쪽 맞춤:** 셀 데이터의 위치를 세로 방향의 위쪽/가운데/아래쪽에 맞춰 표시

❷ **텍스트 줄 바꿈:** 셀에 입력된 텍스트가 셀의 너비보다 긴 경우 텍스트를 셀 너비에 맞추어 하나 이상의 줄로 표시되도록 설정

❸ **텍스트 왼쪽 맞춤/가운데 맞춤/오른쪽 맞춤:** 셀 데이터의 위치를 가로 방향의 왼쪽/가운데/오른쪽에 맞춰 표시

❹ **병합하고 가운데 맞춤:** 영역으로 지정된 셀들을 하나의 셀로 병합하고 셀에 입력된 텍스트를 가운데 정렬하여 표시. '병합하고 가운데 맞춤' 은 셀을 병합한 후 텍스트를 가운데 맞추지만, '전체 병합' 과 '셀 병합' 은 셀을 병합하지만 맞춤은 지정되지 않는다.

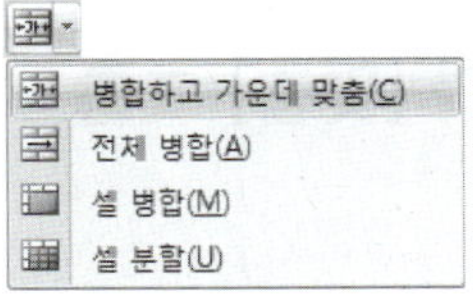

❺ **내어쓰기/들여쓰기:** 셀 테두리와 텍스트 사이의 여백을 늘이거나 줄여 표시

❻ **방향:** 셀에 입력된 텍스트를 회전하여 표시. 목록 기호(▾)를 클릭하면 방향을 지정할 수 있다.

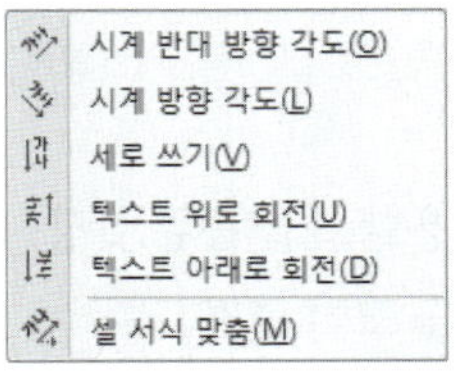

❼ **대화상자 표시 아이콘:** [셀 서식] 대화상자의 [맞춤] 탭이 표시된다.

함께하기 | 글꼴과 문단 서식 설정하기

예제 파일: 엑셀\예제파일\Chapter 04\Section 02\04-02 사원별 실적 현황.xlsx

완성 파일: 엑셀\완성파일\Chapter 04\Section 02\04-02 사원별 실적 현황(완성).xlsx

1. 글꼴 서식 설정하기

   ❶ [A1] 셀을 클릭하고 [홈] 탭 → [글꼴] 탭을 선택하고 '글꼴' 항목(맑은 고딕 10)에서 셀에 사용할 글꼴(서울헤드라인)을 선택하고,

   ❷ '글꼴 크기' 항목(10)을 클릭하고 글꼴 크기(18pt)를 설정한다.

   ❸ '글꼴 색' 항목(가)의 목록 기호( )를 클릭하고 색을 지정한다.

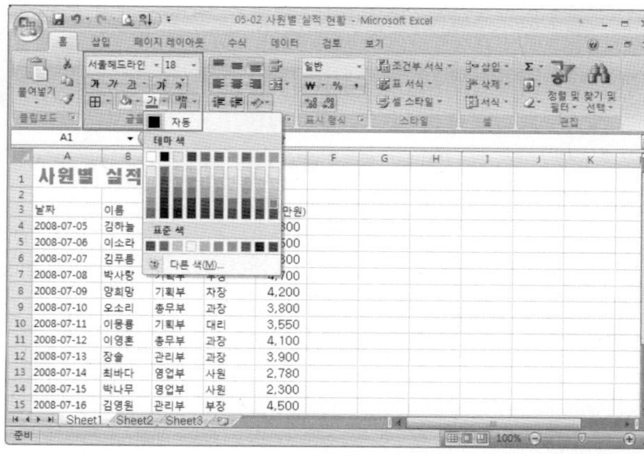

2. 맞춤 서식 설정하기

   ❶ [A1:E1] 영역을 선택하고 [맞춤] 그룹에서 '병합하고 가운데 맞춤' 도구( )를 클릭한다.

   ❷ 1행과 2행 사이에 마우스를 놓고 마우스로 아래쪽으로 드래그하여 1행의 높이를 그림과 같이 조절한 다음, '가운데 맞춤( )' 도구를 클릭한다.

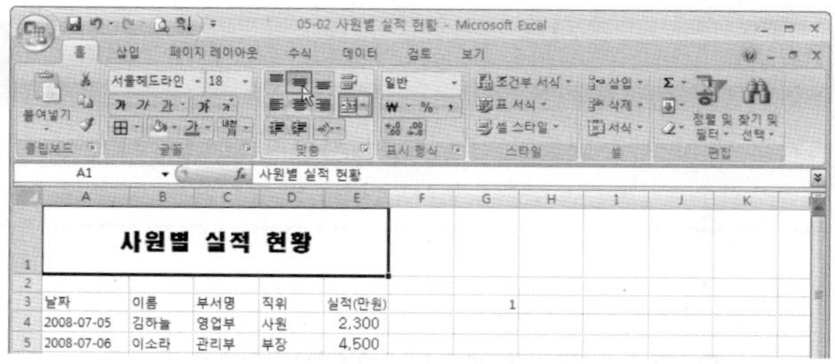

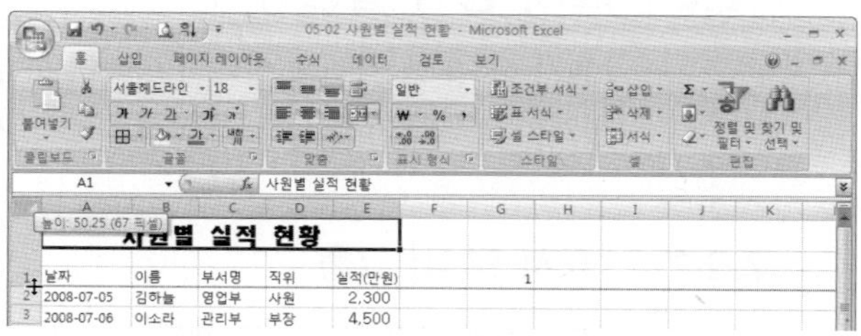

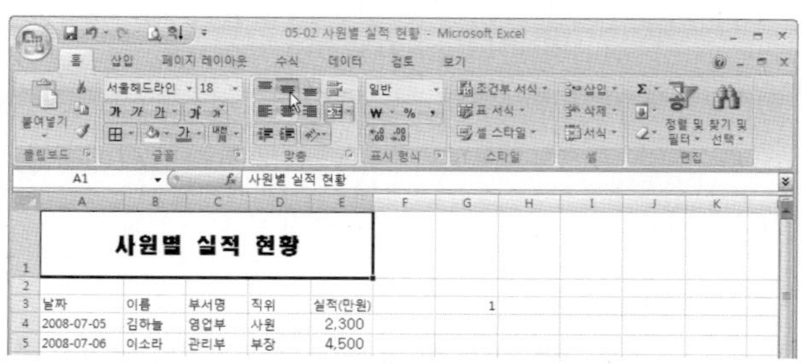

3. [A3] 셀에서 [E3] 셀까지를 영역으로 지정하고 '방향' 도구( )의 목록 기호( )를 클릭하고 표시할 텍스트의 방향을 지정한다.

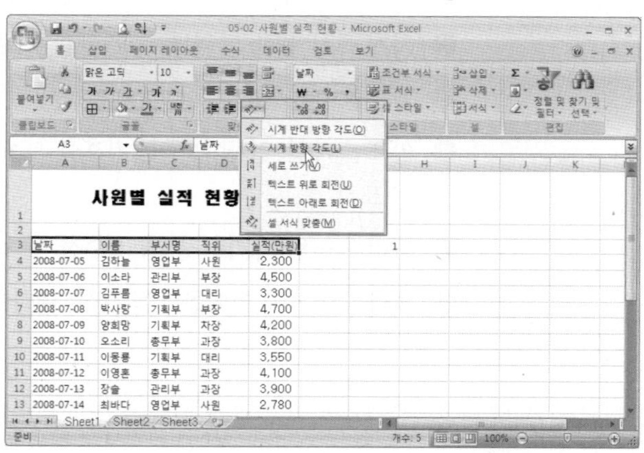

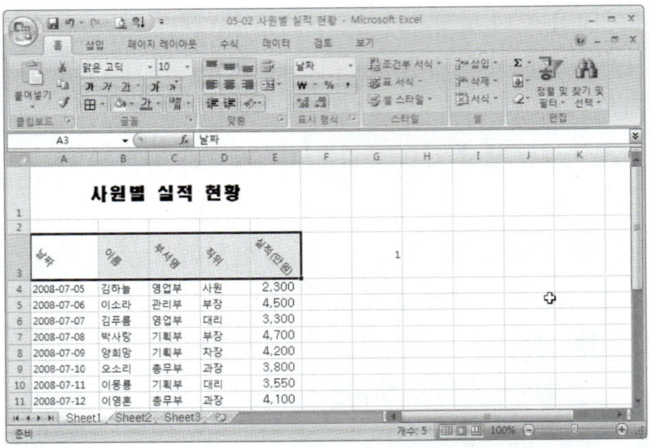

Tip |

기본 방향으로 되돌리기 위해서는 현재 선택되어 있는 텍스트의 방향을 다시 선택한다.

2.3 | 표시 형식 설정하기

[표시 형식] 탭은 셀에 입력된 데이터의 표시 방법을 설정하기 위해 사용한다. [홈] 탭의 [표시 형식] 그룹 또는 [셀 서식] 대화상자의 [표시 형식] 탭에서 설정한다.

2.3.1 | [표시 형식] 그룹

현재 셀에 지정된 서식을 해제하기 위해서는 '일반(특정 서식 없음)'을 클릭하거나 [Ctrl] + [Shift] + [~] 키를 누른다.

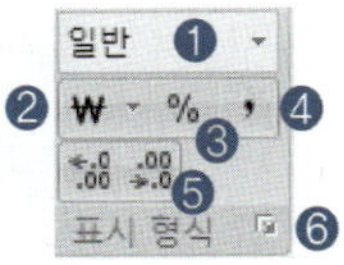

❶ **표시 형식:** 셀에 백분율이나 날짜, 시간 등의 값 표시 방법 선택

❷ **회계 표시 형식:** 달러나 유로, 엔화와 같은 통화 형식 설정

❸ **백분율 스타일:** 백분율로 셀값 표시

❹ **쉼표 스타일:** 천 단위 구분 기호를 사용하여 셀값 표시. 셀 서식을 통화 기호없는 회계 서식으로 표시

❺ **자리수 늘림/자리수 줄임:** 소수점 자리수를 늘리거나 줄여 값을 표시

❻ **대화상자 표시 아이콘:** [셀 서식] 대화상자의 [표시 형식] 탭을 표시

함께하기 | 데이터 서식 설정하기

예제 파일: 엑셀\예제파일\Chapter 05\Section 02\05-02 사원별 실적 현황-2.xlsx
완성 파일: 엑셀\완성파일\Chapter 05\Section 02\05-02 사원별 실적 현황-2.(완성).xlsx

1. 통화 형식 설정하기

❶ [E3:E15] 셀을 선택하고, [표시 형식] 그룹에서 '표시 형식 – 통화'를 선택한다.

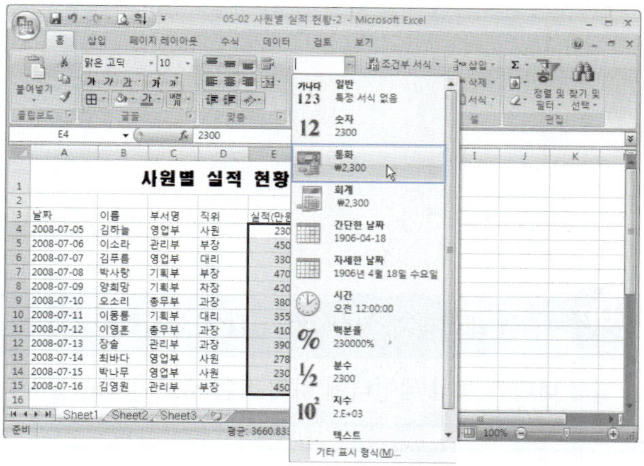

2. 회계 표시 형식 설정하기

❶ [F4:F15] 셀을 선택 영역으로 지정하고, [표시 형식] 그룹에서 '회계 표시 형식(₩ ▾)'을 클릭한다.

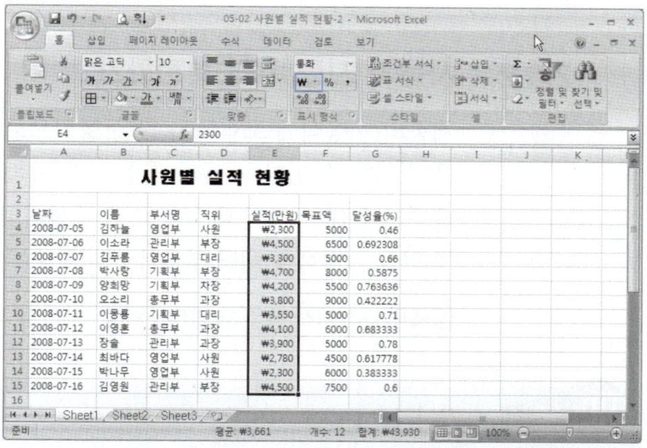

3. 백분율 스타일 설정하기

❶ [G4:G15] 셀을 선택 영역으로 지정하고, [표시 형식] 그룹에서 '백분율 스타일(%)'을 클릭한다.

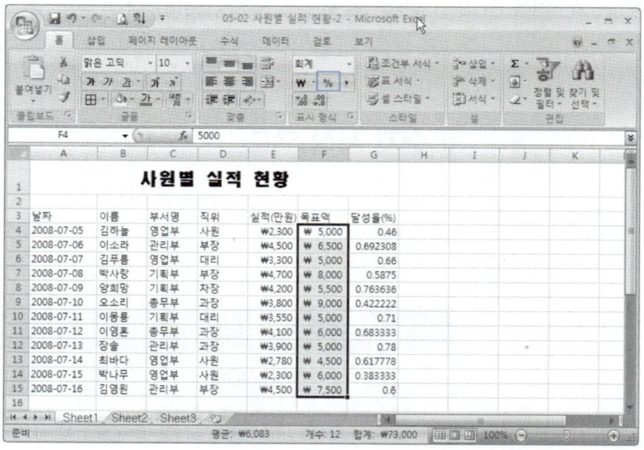

4. 소수점 자리수 조정하기

❶ [G4:G15] 셀의 데이터를 소수 둘째자리까지 표시하기 위해 '자리수 늘림( )'을 두 번 클릭한다.

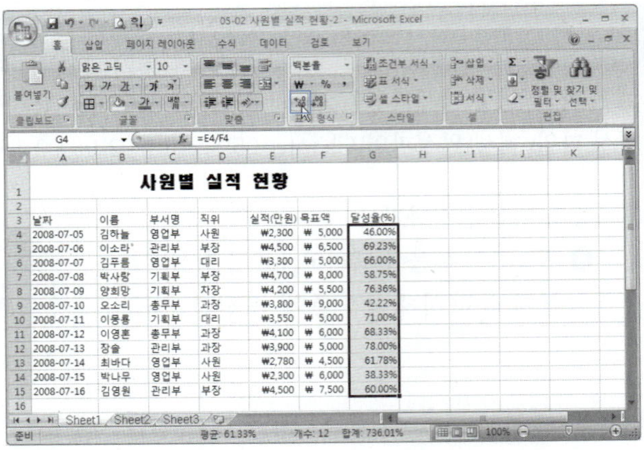

Tip | 셀 데이터가 '#####' 가 같이 표시되는 경우

셀의 너비가 셀의 데이터에 비해 작은 경우이므로 셀의 너비를 넓게 조절해주면 된다.

2.3.2 | 사용자 지정 서식 설정하기

제공되는 형식에 포함되지 않은 형식으로 데이터를 표시하고자 하는 경우 사용자가 직접 형식을 정의할 수 있다. 사용자 지정 표시 형식은 양수 서식과 음수 서식, 0에 대한 서식 그리고 문자 데이터에 대한 서식 네 부분으로 구성되며 각 서식은 세미콜론(;)으로 구분된다. 서식을 지정하지 않는 경우에는 해당 부분에 세미콜론(;)만 삽입한다.

[형식] 양수서식;음수서식;0에 대한 서식;문자 데이터의 서식

Tip | 셀 숨기기

특정 셀에 입력된 값을 숨기고자 하는 경우 셀의 형식을 ';;;' 으로 지정하면 된다.

숫자 서식 코드

'0', '#', '?' 와 같은 자리 표시자, 소수점, 천 단위 구분 기호를 사용하여 숫자 데이터 서식을 지정한다.

서식 코드	표시 형식 예	입력값	출력값	기능
0	00.000	1.23	01.230	숫자의 자리수에 유효하지 않은 0 표시
#	##.###	1.23	1.23	유효하지 않은 0을 표시하지 않음
?	# ???/???	3.5	3 1/2	유효하지 않은 0 대신 공백이 추가되어 열에서 소수점 기준으로 정렬
.	#.#	12.37	12.4	소수점 표시

서식 코드	표시 형식 예	입력값	출력값	기능
,	#,###	1234	1,234	1000 단위 구분 기호 표시
₡, £, ¥	₩ #,##0	12340	₩12,340	숫자 데이터에 통화 기호 표시
– '문자열'	#,###"원"	1000	1,000원	숫자 데이터 뒤에 문자를 추가하여 숫자 데이터 뒤에 문자 표시
_	#,###_u	1000	1,000	'_' 뒤의 특정 문자만큼 빈 공백이 삽입
*	#,###*+	1234	1,234++	'*' 뒤의 문자를 셀의 빈 공간에 반복하여 표시

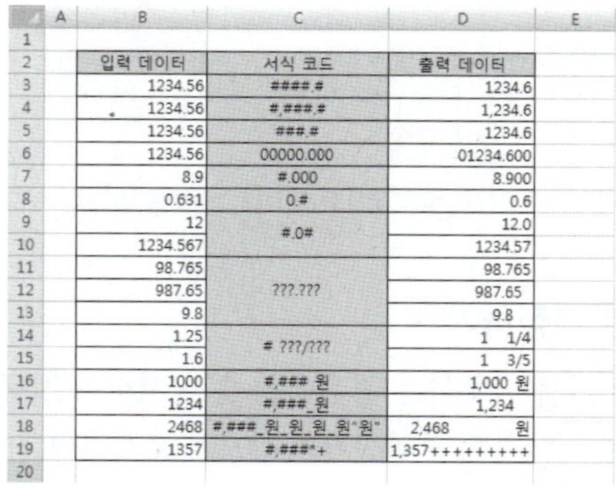

입력 데이터	서식 코드	출력 데이터
1234.56	####.#	1234.6
1234.56	#,###.#	1,234.6
1234.56	###.#	1234.6
1234.56	00000.000	01234.600
8.9	#.000	8.900
0.631	0.#	0.6
12	#.0#	12.0
1234.567		1234.57
98.765	???.???	98.765
987.65		987.65
9.8		9.8
1.25	# ???/???	1 1/4
1.6		1 3/5
1000	#,### 원	1,000 원
1234	#,###_원	1,234
2468	#,###_원_원_원_원"원"	2,468 원
1357	#,###*+	1,357+++++++++

텍스트 서식 코드

텍스트와 숫자 데이터를 하나의 셀에 함께 표시하려면 텍스트 문자를 큰따옴표(" ")로 묶거나 @ 기호를 사용하여 표시한다. @ 기호가 없으면 입력한 텍스트가 표시되지 않으며 특정 텍스트 문자를 입력한 텍스트와 함께 항상 표시하려면 텍스트를 큰따옴표(" ")로 묶어 "총 수령액" @과 같이 표시한다.

서식 코드	표시 형식 예	입력값	출력값	기능
" "	#,### "원"	1234	1,234 원	텍스트와 숫자 데이터를 하나의 셀에 표시
@	"A" @ "B"	2007	A 2007 B	특정 텍스트 문자를 입력한 텍스트와 함께 항상 표시

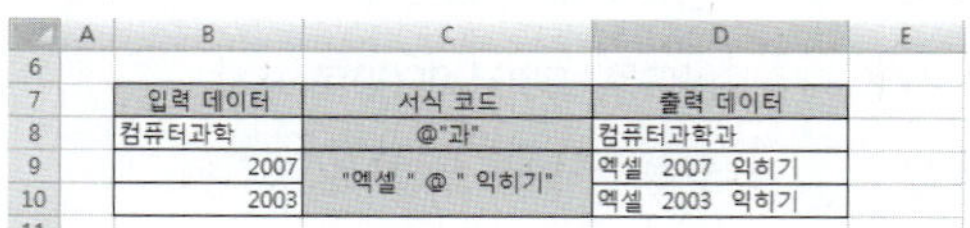

입력 데이터	서식 코드	출력 데이터
컴퓨터과학	@"과"	컴퓨터과학과
2007	"엑셀 " @ " 익히기"	엑셀 2007 익히기
2003		엑셀 2003 익히기

색 표시하기

서식의 특정 부분에 색을 지정하려면 [검정], [녹색], [흰색], [파랑], [자홍], [노랑], [녹청], [빨강] 8가지 색 이름중 하나를 대괄호([ ])에 묶어 입력한다. 색 코드는 서식 코드의 가장 앞 부분에 표시한다.

서식 코드	표시 형식 예	입력값	출력값	기능
[]	[빨강] #,###	1234	1,234	서식에 빨강색 지정

	A	B	C	D	E
1					
2		입력 데이터	서식 코드	출력 데이터	
3		12345	[파랑]#,###;[빨강]#,###	12,345	
4		12345	[파랑]#,###;[빨강]#,###	12,345	
5		12345	[파랑]#,###;[빨강]-#,###	-12,345	
6					

사용자 지정 서식에 적용할 수 있는 색은 기본 8가지 이외에 49가지의 색을 추가로 사용할 수 있다. 49가지의 색을 사용하기 위해서는 [색 번호] 형식을 이용해야 하며 번호는 0~56까지 사용 가능하다.

	A	B	C	D	E	F	G	H	I	J
1	[색 1]G/표준		[색 3]G/표준	[색 4]G/표준	[색 5]G/표준		[색 7]G/표준	[색 8]G/표준	[색 9]G/표준	[색 10]G/표준
2	[색 11]G/표준	[색 12]G/표준	[색 13]G/표준	[색 14]G/표준	[색 15]G/표준	[색 16]G/표준	[색 17]G/표준	[색 18]G/표준		[색 20]G/표준
3	[색 21]G/표준	[색 22]G/표준	[색 23]G/표준	[색 24]G/표준	[색 25]G/표준	[색 26]G/표준		[색 28]G/표준	[색 29]G/표준	[색 30]G/표준
4	[색 31]G/표준	[색 32]G/표준	[색 33]G/표준	[색 34]G/표준	[색 35]G/표준		[색 37]G/표준	[색 38]G/표준	[색 39]G/표준	[색 40]G/표준
5	[색 41]G/표준	[색 42]G/표준	[색 43]G/표준	[색 44]G/표준	[색 45]G/표준	[색 46]G/표준	[색 47]G/표준	[색 48]G/표준	[색 49]G/표준	[색 50]G/표준
6	[색 51]G/표준	[색 52]G/표준	[색 53]G/표준	[색 54]G/표준	[색 55]G/표준	[색 56]G/표준				

조건 지정하기

특정 조건을 만족하는 경우에만 숫자 서식이 적용되도록 지정하려면 조건을 대괄호로 묶어 표시한다. 조건은 비교 연산자와 값으로 표시하며, 색은 조건의 앞 또는 뒤에 위치한다.

조건 조건을 만족하는 경우의 서식;조건을 만족하지 않는 경우의 서식

예를 들어 다음 서식은 50보다 작거나 같은 수를 파랑으로, 50보다 큰 수는 빨강으로 표시한다.

[파랑][<=50];[빨강][>50]

날짜와 시간 데이터 형식 지정하기

날짜와 시간 데이터의 서식을 지정할 때 대소문자는 구분하지 않는다.

표 4-1 ● 날짜 데이터 서식 코드

서식 코드	표시
YY	연도를 00~99로 표시
YYYY	연도를 1900~9999로 표시
M	월을 1~12로 표시
MM	월을 01~12로 표시
MMM	월을 Jan~Dec로 표시
MMMM	월을 January~December로 표시
MMMMM	월을 J~D와 같이 월 이름의 첫 자로 표시
D	일을 1~31로 표시
DD	일을 01~31로 표시
DDD	요일을 Sun~Sat로 표시
DDDDD	요일을 Sunday~Saturday로 표시
AAA	요일명을 일~토와 같이 한 자리로 표시
AAAA	요일명을 일요일~토요일과 같이 세 자리로 표시

입력 데이터	서식 코드	출력 데이터
2008-07-15	YY	08
2008-07-15	YYYY	2008
2008-07-15	M	7
2008-07-15	MM	07
2008-07-15	MMM	Jul
2008-07-15	MMMM	July
2008-07-15	MMMMM	J
2008-07-15	D	15
2008-07-15	DD	15
2008-07-15	DDD	Tue
2008-07-15	DDDDD	Tuesday
2008-07-15	AAA	화
2008-07-15	AAAA	화요일

표 4-2 ● 시간 데이터 서식 코드

서식 코드	표시
H	시간을 0~23 형식으로 표시
HH	시간을 00~23 형식으로 표시
M	분을 0~59 형식으로 표시
MM	분을 00~59 형식으로 표시
S	초를 0~59 형식으로 표시
SS	초를 00~59 형식으로 표시
A/P	오전을 A, 오후를 P 형식으로 표시
AM/PM	오전을 AM, 오후를 PM 형식으로 표시
[H]	두 시간 또는 날짜 사이의 경과 시간을 시간으로 표시
[M]	두 시간 또는 날짜 사이의 경과 시간을 분으로 표시
[S]	두 시간 또는 날짜 사이의 경과 시간을 초로 표시

입력 데이터	서식 코드	출력 데이터
15:45:30	H	15
15:45:30	HH	15
15:45:30	M	1
15:45:30	MM	01
15:45:30	S	30
15:45:30	SS	30
15:45:30	A/P	P
15:45:30	AM/PM	PM
15:45:30	H:MM:SS AM/PM	3:45:30 PM

입력 데이터1	입력 데이터2	서식 코드	출력 데이터 (입력 데이터2-입력데이터1)
5:30:00	10:35:50	[H] "시간"	5 시간
5:30:00	10:35:50	[M] "분"	305 분
5:30:00	10:35:50	[S] "초"	3425241600 초

2.4 [테두리]와 [채우기] 서식 사용하기

[셀 서식] 대화상자의 [테두리]와 [채우기] 탭을 사용하여 셀의 테두리 모양이나 채우기 효과를 좀 더 상세하게 설정할 수 있다.

함께하기 | 셀 테두리과 채우기 서식 설정하기

예제 파일: 엑셀\예제파일\Chapter 04\Section 02\04-02 셀 테두리 테스트.xlsx
완성 파일: 엑셀\완성파일\Chapter 04\Section 02\04-02 셀 테두리 테스트(완성).xlsx

1. 셀 테두리 설정하기

❶ [B2] 셀을 클릭하고 [Ctrl] + [1] 키를 눌러 [셀 서식] 대화상자를 표시한 다음,

❷ [테두리] 탭에서 '스타일' 항목 중 선택한 셀에 적용할 선의 스타일(굵은 테두리)을 클릭하고,

❸ 선에 적용할 색(진한 빨강)을 선택한다.

❹ '테두리' 항목에서 선택한 선의 스타일과 색을 적용할 테두리 위치를 선택한다.

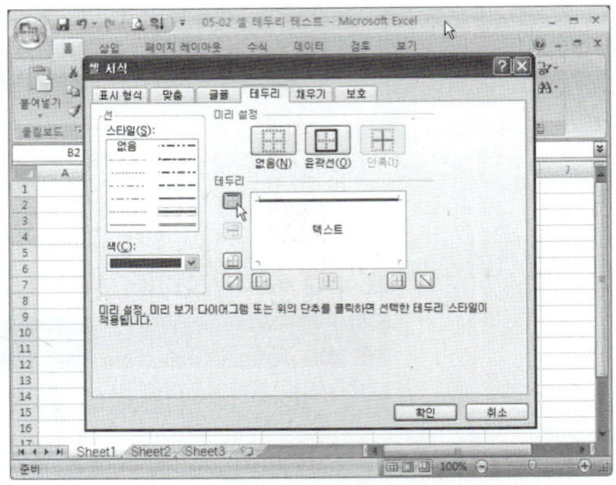

❺ ❷~❹의 과정을 반복하여 각 테두리의 모양을 설정한다.

❻ [확인] 버튼을 클릭하면 설정한 테두리의 모양이 셀에 적용된다.

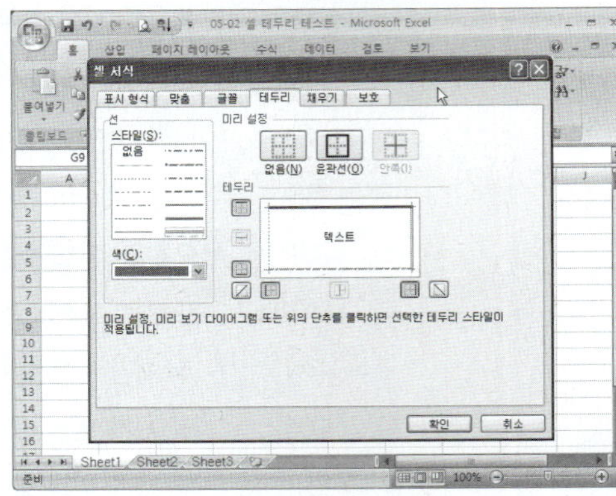

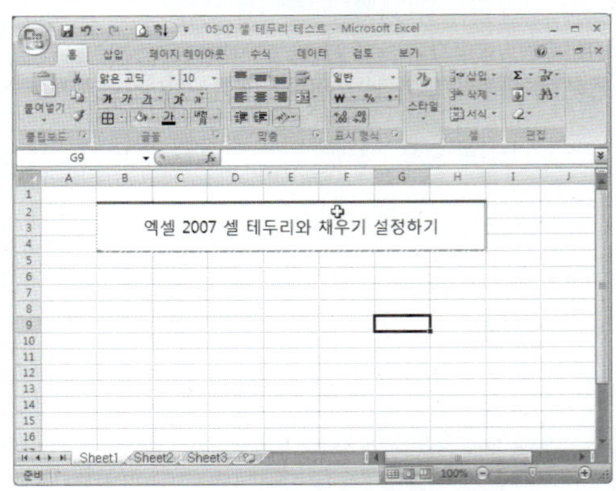

Section 03: 조건부 서식 설정하기

엑셀 2007은 최대 64개까지의 조건부 서식을 사용하여 조건을 만족하는 셀에 글꼴 색이나 셀 테

두리, 채우기 등의 서식을 적용하거나 데이터 막대, 색조, 아이콘 집합 등으로 서식을 설정할 수 있다. 조건부 서식은 하나 이상의 조건부 서식을 겹쳐서 지정할 수 있다.

조건부 서식은 조건을 만족하는 셀에 서식을 지정하거나 수식을 이용하여 행 전체에 서식을 적용할 수 있다.

3.1 규칙을 사용하여 조건부 서식 설정하기

지정된 조건에 만족하는 셀에 서식을 설정하기 위해서 '셀 강조 규칙' 또는 '상위/하위 규칙' 등의 규칙을 이용할 수 있다.

함께하기 | 상위 20% 이상인 데이터 표시하기

예제 파일: 엑셀\예제파일\Chapter 04\Section 03\04-03 도서 주문 현황표.xlsx
완성 파일: 엑셀\완성파일\Chapter 04\Section 03\04-03 도서 주문 현황표(완성).xlsx

1. 상위/하위 규칙 선택하기

❶ '판매율' 이 입력된 [I5:I16] 셀을 영역으로 지정하고,

❷ [홈] 탭 → [스타일] 그룹에서 '조건부 서식 – 상위/하위 규칙 – 상위 10%..' 를 클릭한다.

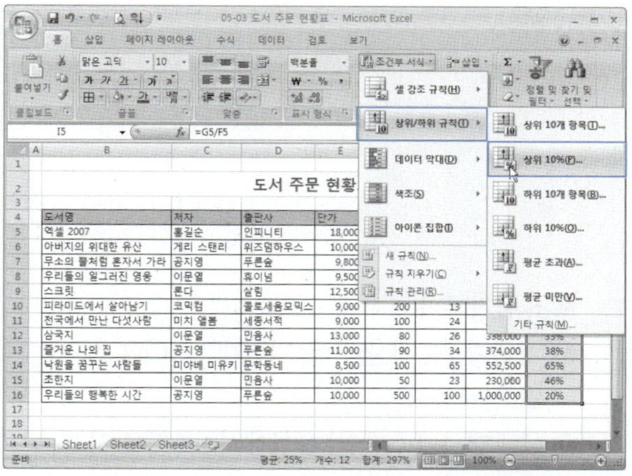

2. 서식 설정하기

❶ [상위 10%] 대화상자에서 비율을 '20%' 로 변경하고,

❷ '적용할 서식' 항목에서 서식을 선택한다. 제공되는 서식 이외에 다른 서식을 표시하려면 '사용자 정의 서식' 항목을 사용하여 정의한다.

❸ [확인] 버튼을 누르면 상위 20%에 해당되는 셀에 서식이 적용되어 표시된다.

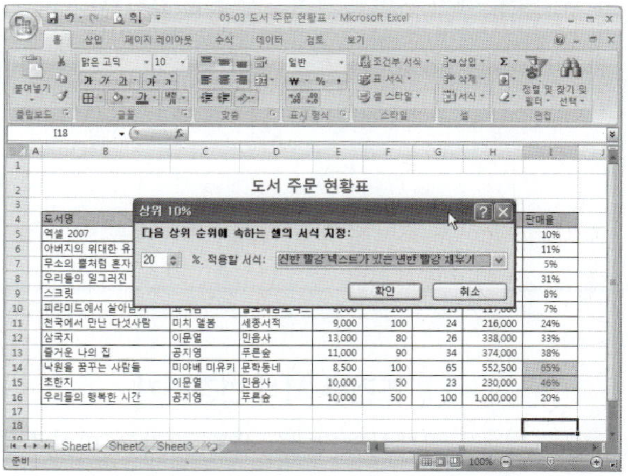

3.2 데이터 막대와 색조, 아이콘 집합으로 조건부 서식 설정하기

[조건부 서식]의 [데이터 막대], [색조], [아이콘 집합]은 엑셀 2007에 추가된 조건부 서식이다. [데이터 막대]와 [색조]는 셀 안의 값을 다른 데이터와 비교하여 막대의 길이 또는 색의 범위를 사용하여 시각적으로 상대적인 크기를 표시하고, [아이콘 집합]은 선택된 셀의 값을 다른 값과 비교하여 상위, 중위, 하위 중 속하는 범위를 지정된 아이콘으로 표시한다.

함께하기 | 데이터 막대와 색조 표시하기

예제 파일: 엑셀\예제파일\Chapter 04\Section 03\04-03 제품재고분석현황.xlsx
완성 파일: 엑셀\완성파일\Chapter 04\Section 03\04-03 제품재고분석현황(완성).xlsx

1. 데이터 막대 선택하기

❶ 데이터 막대를 표시할 [J6:J19] 셀을 선택하고,

❷ [홈] 탭 → [스타일] 그룹에서 '조건부 서식 – 데이터 막대 – 주황색' 막대 스타일을 선택한다.

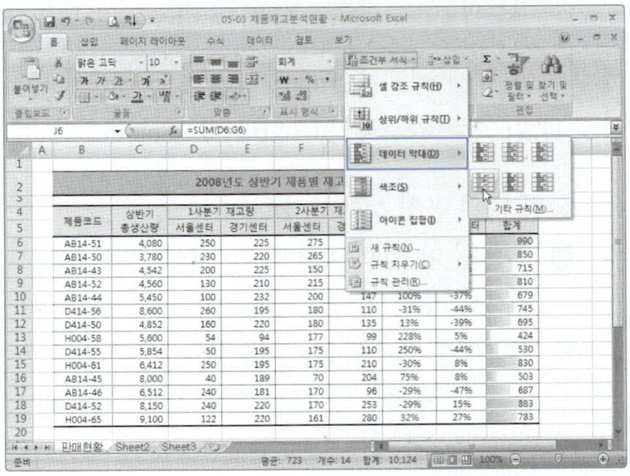

2. 색조 설정하기

❶ '상반기 총 생산량'을 나타내는 [C6:C19] 셀을 선택하고,

❷ [홈] 탭 → [스타일] 그룹에서 '조건부 서식 – 색조'에서 표시할 색조 스타일을 선택한다.

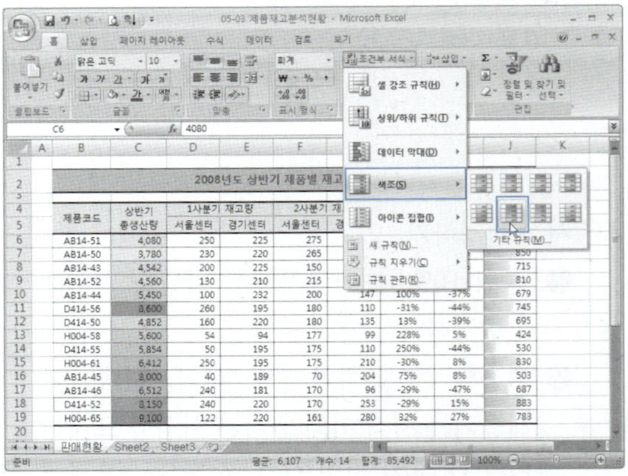

조건부 서식 변경하기

[데이터 막대], [색조] 그리고 [아이콘 집합]을 이용하는 경우 미리 지정되어 있는 값에 따라 표시되지만, [기타 서식]을 이용하여 사용자가 원하는 값의 범위나 색, 아이콘 등을 지정할 수 있다. [조건부 서식]이 설정되어 있는 경우 [홈] 탭 → [스타일] 그룹에서 '조건부 서식 – 규칙 관리'를 이용하여 변경한다.

함께하기 | 아이콘을 양수와 0, 음수에 따라 표시하기

예제 파일: 엑셀\예제파일\Chapter 04\Section 03\04-03 제품재고분석현황-1.xlsx
완성 파일: 엑셀\완성파일\Chapter 04\Section 03\04-03 제품재고분석현황-1(완성).xlsx

1. 규칙 관리 실행하기

❶ 조건부 서식이 설정되어 있는 센터별 재고 증감율이 표시된 [H6:I19] 셀을 선택하고,

❷ [홈] 탭 → [스타일] 그룹에서 '조건부 서식 – 규칙 관리'를 선택한다.

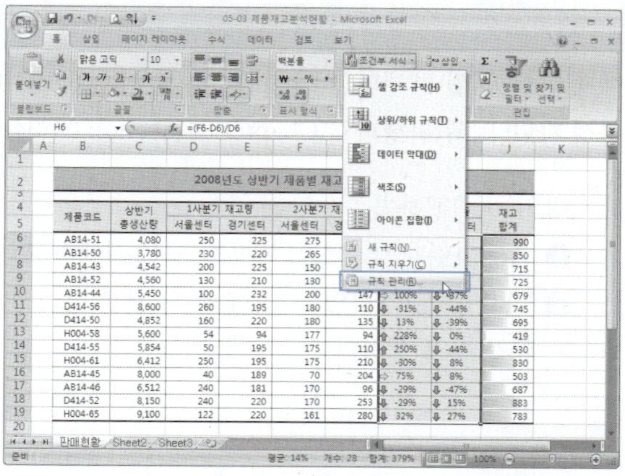

2. 규칙 편집하기

❶ [조건부 서식 규칙 관리자] 대화상자에서 [규칙 편집] 버튼을 클릭한다.

❷ [서식 규칙 편집] 대화상자에서 양수, 0, 음수에 따라 화살표를 다르게 표시하기 위해 값 항목을 수정하고 [확인] 버튼을 클릭한다.

❸ [조건부 서식 규칙 관리자] 대화상자에서 [확인] 버튼을 클릭한다.

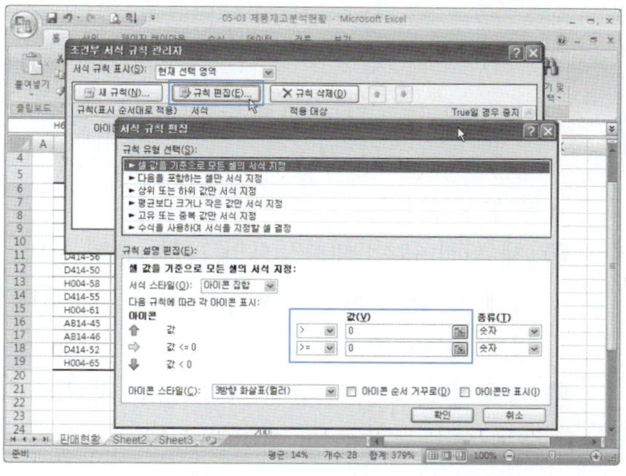

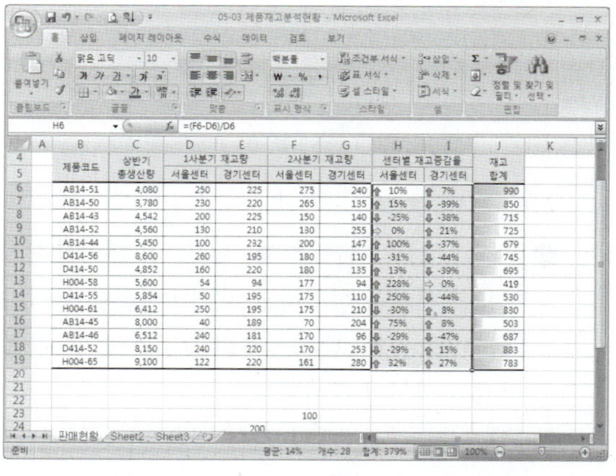

3.3 수식을 사용하여 조건부 서식 설정하기

2개 이상의 항목에 대해 조건을 만족하는 셀에 서식을 적용하거나 특정 조건을 만족하는 셀을 포함하는 행에 서식을 적용하고자 하는 경우 직접 수식을 작성하여 적용해야 한다.

규칙을 지정하여 조건부 서식을 설정하려면 셀을 지정할 셀 영역을 선택하고 [홈] 탭 → [스타일] 그룹에 표시되는 '조건부 서식 → 새 규칙'을 선택하고, [새 서식 규칙] 대화상자에서 '▶ 수식을 사용하여 서식을 지정할 셀 결정' 항목을 선택하고 수식을 입력한다.

함께하기 | 판매율이 100% 이상인 셀을 포함하는 행에 서식 설정하기

예제 파일: 엑셀\예제파일\Chapter 04\Section 03\04-03 대리점결산보고서.xlsx
완성 파일: 엑셀\완성파일\Chapter 04\Section 03\04-03 대리점결산보고서(완성).xlsx

1. 새 규칙 실행하기

❶ [A6:K19]까지 서식을 적용할 셀을 선택하고,

❷ [홈] 탭 → [스타일] 그룹에서 '조건부 서식 – 새 규칙'을 선택한다.

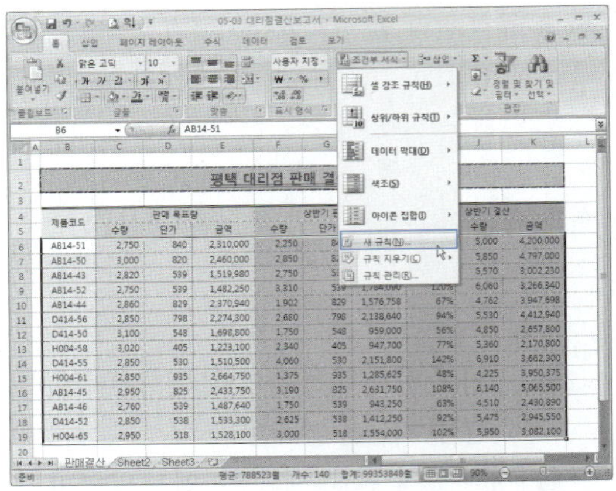

2. 규칙 설정하기

❶ [새 서식 규칙] 대화상자의 '규칙 유형 선택' 항목에서 '▶ 수식을 사용하여 서식을 지정할 셀 결정'을 클릭한다.

❷ '다음 수식에 참인 값의 서식 지정' 항목에 수식('=$I6>=100%')을 입력한다.

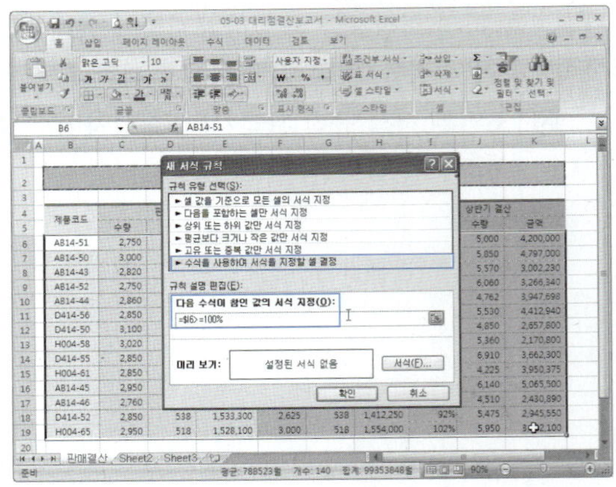

3. 서식 설정하기

❶ [서식] 버튼을 클릭하여 [셀 서식] 대화상자에서 적용할 서식을 설정하고 [확인] 버튼을 클릭하면 [셀 서식 규칙] 대화상자의 '미리 보기' 항목에 설정된 서식이 표시된다.

❷ [셀 서식 규칙] 대화상자의 [확인] 버튼을 클릭하면 조건을 만족하는 셀을 포함하는 행에 서식이 적용된다.

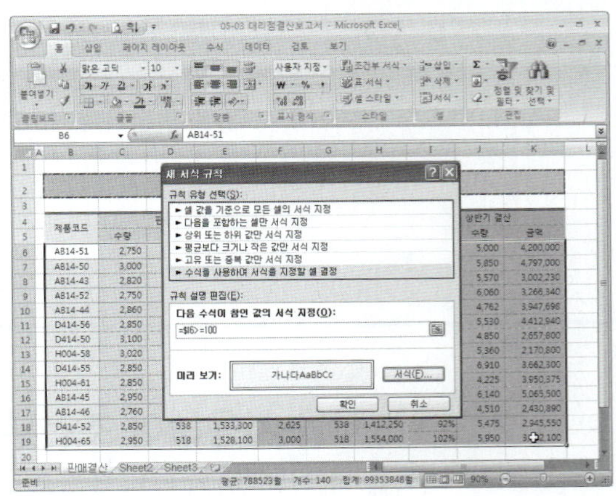

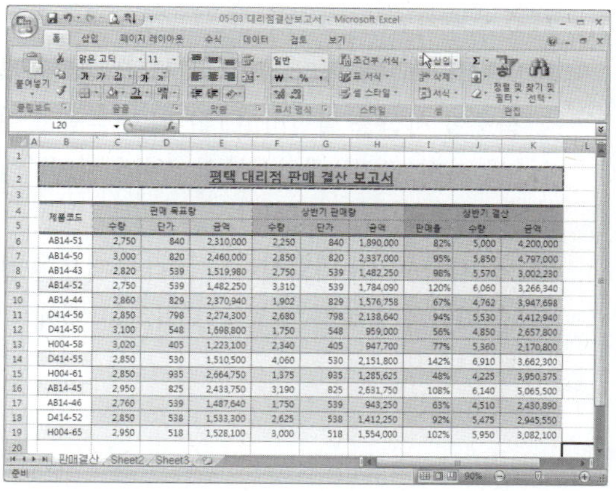

함께하기 | 판매율이 50% 이상이고 수량이 5000 이상인 행 서식 표시하기

예제 파일: 엑셀\예제파일\Chapter 04\Section 03\04-03 대리점결산보고서-1.xlsx

완성 파일: 엑셀\완성파일\Chapter 04\Section 03\04-03 대리점결산보고서-1(완성).xlsx

1. 새 규칙 실행하기

❶ [A6:K19]까지 서식을 적용할 셀 영역을 선택하고,

❷ [홈] 탭 → [스타일] 그룹에서 '조건부 서식 – 새 규칙'을 선택한다.

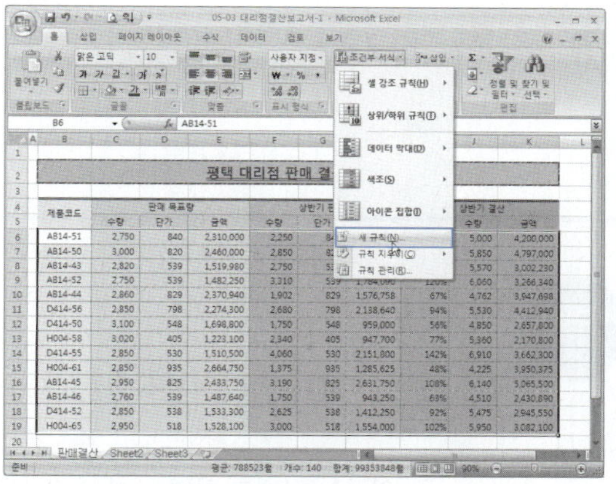

2. 규칙 설정하기

❶ [새 서식 규칙] 대화상자의 '규칙 유형 선택' 항목에서 '▶ 수식을 사용하여 서식을 지정할 셀 결정'을 클릭한다.

❷ '다음 수식에 참인 값의 서식 지정' 항목에 수식('=AND($I6>=50%, $J6>= 5000)')을 입력한다.

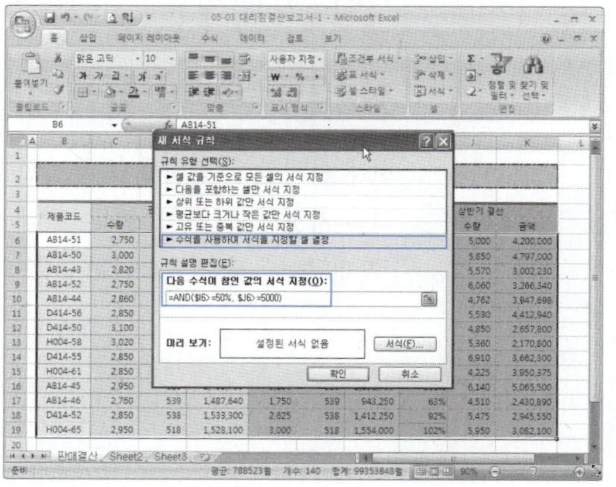

3. 서식 설정하기

❶ [서식] 버튼을 클릭하여 [셀 서식] 대화상자에서 적용할 서식을 설정하고 [확인] 버튼을 클릭하면 [셀 서식 규칙] 대화상자의 '미리 보기' 항목에 설정된 서식이 표시된다.

❷ [셀 서식 규칙] 대화상자의 [확인] 버튼을 클릭하면 조건을 만족하는 셀을 포함하는 행에 서식이 적용된다.

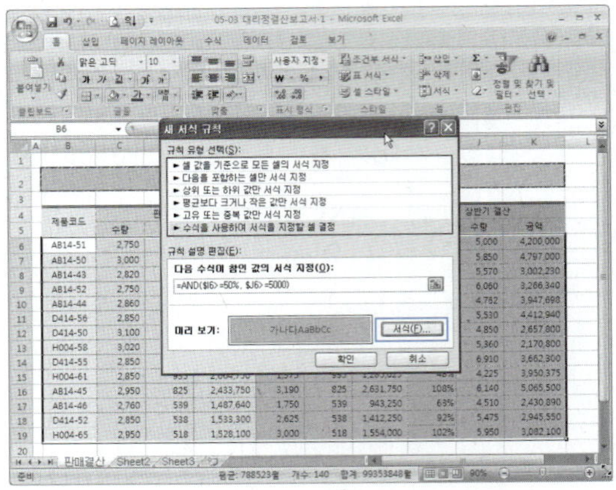

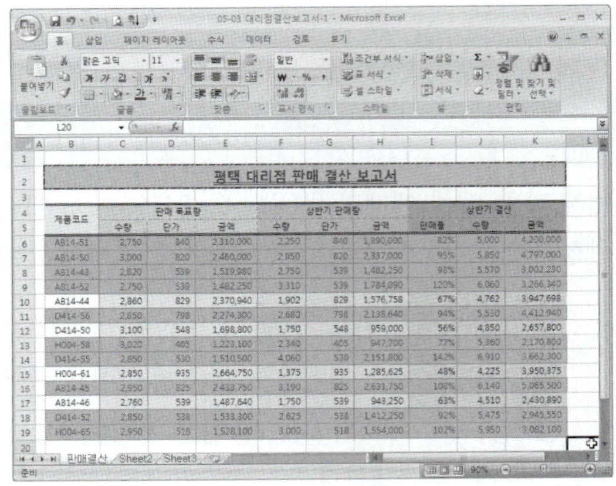

Section

04: 화면 보기와 인쇄

원하는 형태로 화면 보기 방법 설정하거나 인쇄 방법 등을 설정할 수 있다.

4.1 원하는 부분만 확대해서 보기

현재 선택한 셀 범위를 엑셀 작업창의 크기만큼 확대 또는 축소할 수 있다. 확대 또는 축소할 셀 영역을 지정하고 [보기] 탭의 [확대/축소] 그룹에서 '선택 영역 확대/축소( )' 도구를 클릭하거나 '확대/축소' 도구를 클릭하고 [확대/축소] 대화상자에서 '선택 영역에 맞춤' 항목을 클릭한다.

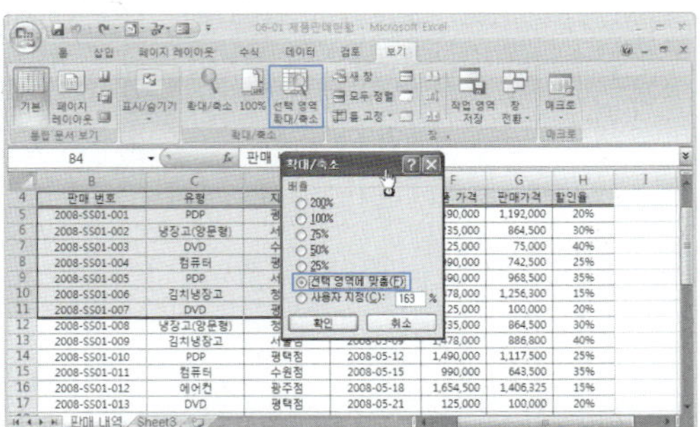

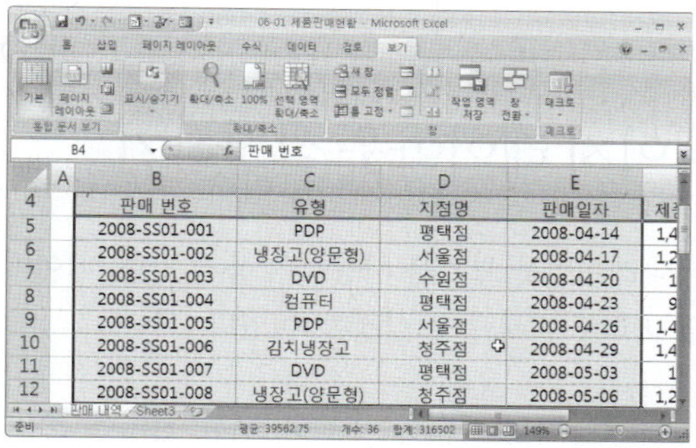

4.2 | 인쇄 내용 미리 보기

[인쇄 미리 보기] 메뉴를 사용하여 인쇄되는 내용을 미리보고, 인쇄 전에 페이지 레이아웃을 마지막으로 조정할 수 있다. '오피스 단추( )'를 클릭하고 '인쇄 – 인쇄 미리 보기' 메뉴를 클릭한다.

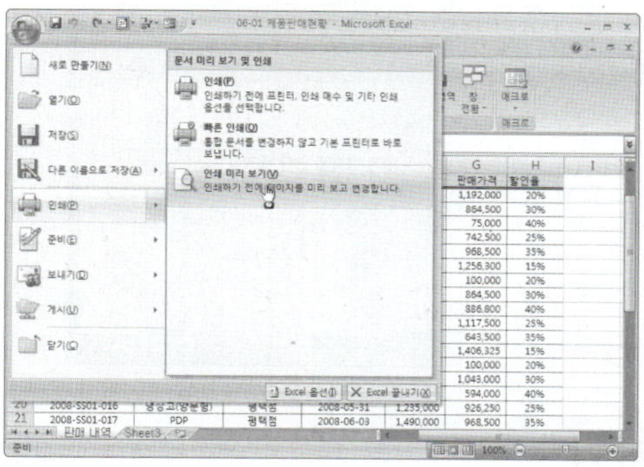

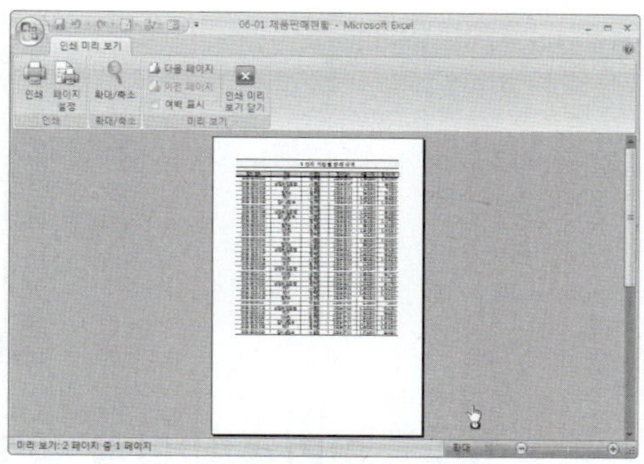

[미리 보기] 창 도구 살펴보기

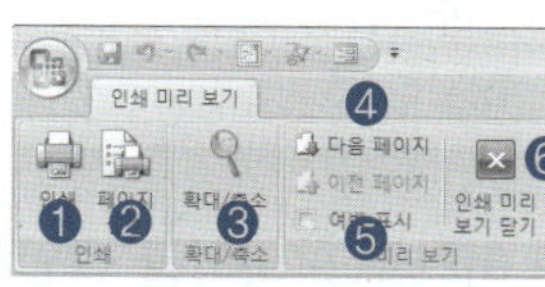

❶ **인쇄:** '기본 보기' 상태로 워크시트를 표시하고, [인쇄] 대화상자를 표시

❷ **페이지 설정:** 인쇄 용지의 방향, 머리글/바닥글 설정, 눈금선 등의 인쇄 여부를 지정할 수 있는 [페이지 설정] 대화상자가 표시

❸ **확대/축소:** 미리 보기 창에 표시되는 시트의 내용을 확대하거나 축소

❹ **다음 페이지/이전 페이지:** 문서의 다음 페이지와 이전 페이지로 이동

❺ **여백 표시:** 문서의 여백을 표시하는 눈금선이 표시되고, 눈금선을 사용하여 여백을 조절할 수 있다.

❻ **인쇄 미리 보기 닫기:** [인쇄 미리 보기] 창을 닫고 '기본 보기' 상태로 표시

Section
05: 페이지 레이아웃 설정하기

페이지 레이아웃 보기를 사용하여 용지 방향, 페이지 머리글/바닥글, 인쇄 여백과 눈금선 및 행 및 열 머리글 표시 등을 설정할 수 있다.

5.1 용지 방향 변경하기

[보기] 탭 → [통합 문서 보기] 그룹에서 '페이지 레이아웃' 도구를 클릭하거나 [페이지 레이아웃] 탭의 [페이지 설정] 그룹에서 '용지 방향 – 세로' 또는 '가로'를 클릭한다.

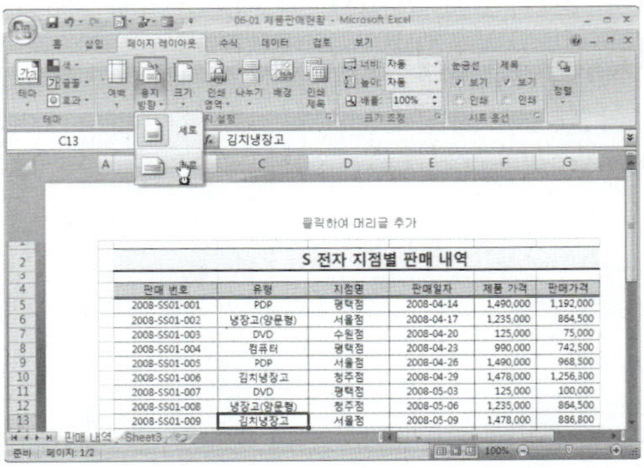

5.2 머리글/바닥글 설정하기

엑셀 2007에서 '페이지 레이아웃' 보기를 이용하여 시트에 머리글과 바닥글을 간단히 입력할 수 있다. 머리글과 바닥글을 직접 입력하거나 미리 정의되어 있는 머리글과 바닥글 중에서 선택하여 지정할 수 있다.

▌미리 정의된 머리글과 바닥글 삽입하기

'페이지 레이아웃' 보기 상태에서 '머리글' 또는 '바닥글'의 입력 영역을 클릭하고 [디자인] 탭 → [머리글/바닥글] 그룹에서 '머리글' 또는 '바닥글' 도구를 클릭하여 정의된 목록 중에서 선택한다.

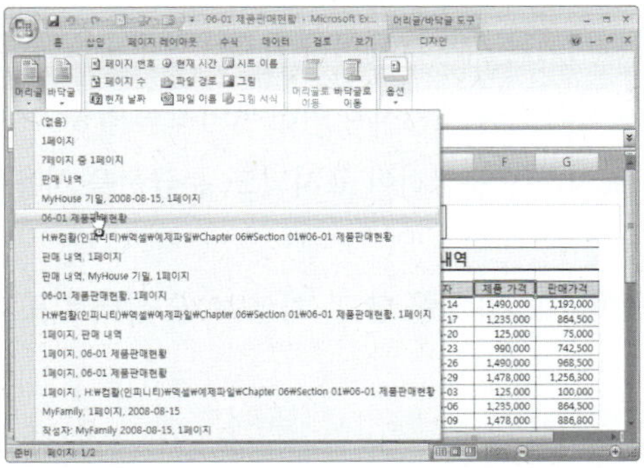

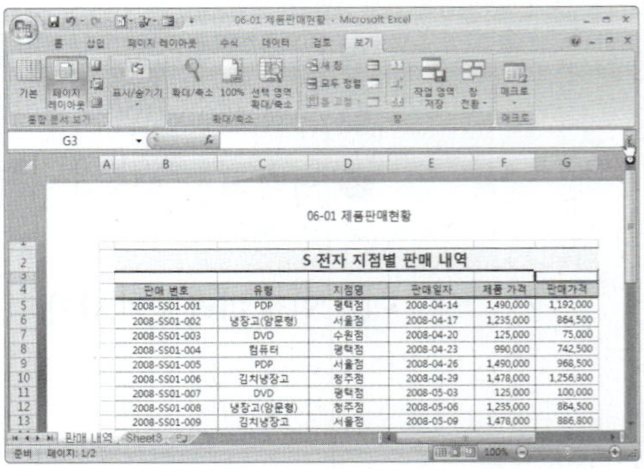

머리글/바닥글 지정하기

'페이지 레이아웃' 보기 상태에서 페이지의 상단과 하단에 표시되는 '클릭하여 머리글 추가'와 '클릭하여 바닥글 추가'를 클릭하고 머리글과 바닥글을 입력한다. [디자인] 탭 → [머리글/바닥글 요소] 그룹에서 표시하려는 요소를 클릭해서 삽입해도 된다.

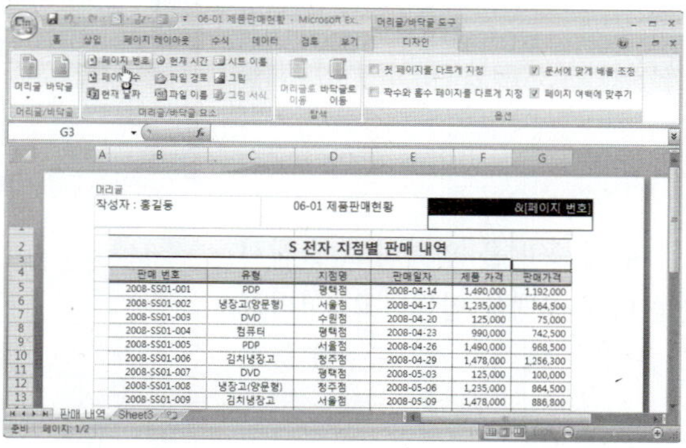

Tip | 머리글/바닥글 입력하기

'기본 보기' 상태에서 [삽입] 탭의 [텍스트] 그룹에서 '머리글/바닥글' 도구를 클릭하면 페이지 레이아웃 보기가 표시되며 워크시트 페이지 맨 위 머리글 텍스트 상자 안에 포인터가 표시된다.

5.3 페이지 번호 표시하기

페이지 번호는 머리글이나 바닥글에 페이지 번호를 삽입한다. 삽입한 페이지 번호는 워크시트의 기본 보기에는 표시되지 않고 페이지 레이아웃 보기와 인쇄한 페이지에만 표시된다. 기본적으로 페이지 번호는 1부터 시작하지만 시작 페이지를 변경할 수도 있다.

함께하기 | 페이지 번호 삽입하기

❶ [삽입] 탭 → [텍스트] 그룹에서 [머리글/바닥글] 도구를 클릭하고,

❷ 워크시트에서 머리글 왼쪽 구역 안쪽을 클릭하고,

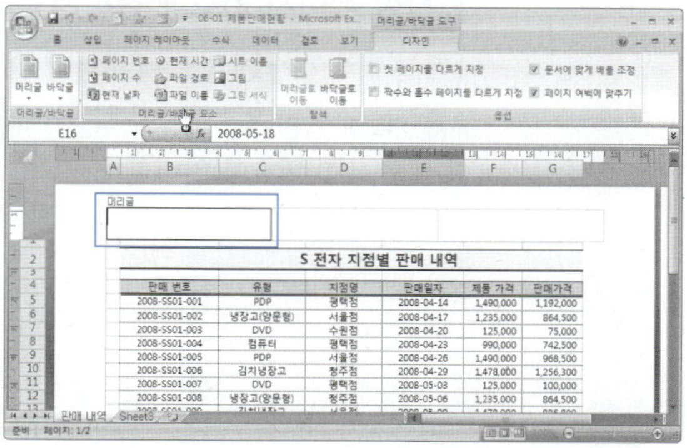

❸ [머리글/바닥글 도구] → [디자인] 탭의 '머리글/바닥글 요소 – 페이지 번호'를 클릭한다.

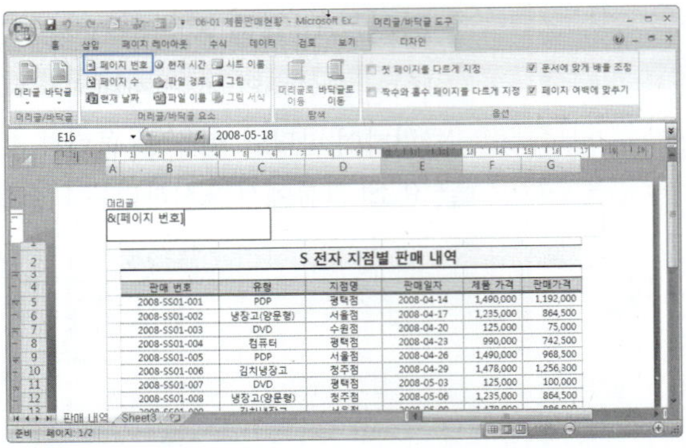

❹ '&[페이지 번호]' 뒤에 공백을 입력하고 슬래시(/)를 입력한 다음 다시 공백을 입력하고 [머리글/바닥글 요소] 그룹에서 '페이지 수' 도구를 클릭한다.

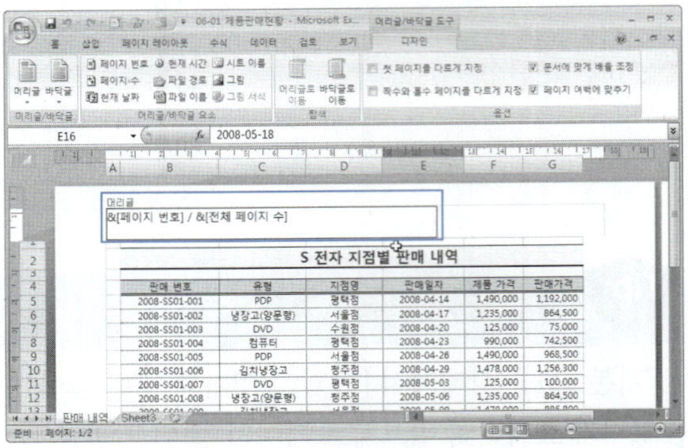

❺ 바닥글 영역 바깥쪽을 아무 곳이나 클릭하면 페이지 레이아웃 보기에 실제 페이지 번호가 표시된다.

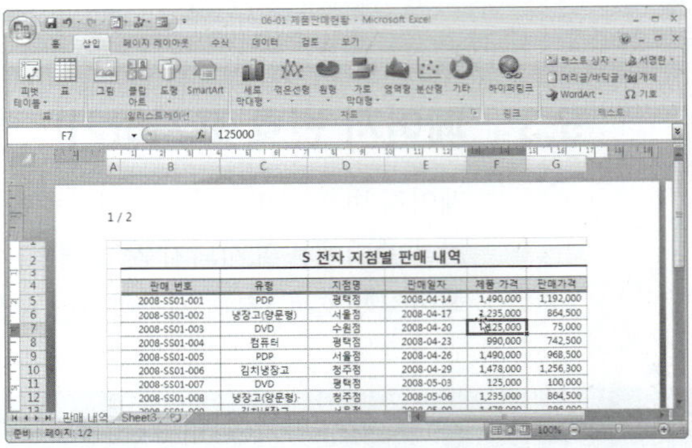

▌시작 페이지 번호 변경하기

[페이지 레이아웃] 탭 → [페이지 설정] 그룹에서 페이지 설정 옆에 있는 대화상자 표시 아이콘(⧉)을 클릭하고, [페이지 설정] 대화상자의 [페이지] 탭의 '시작 페이지 번호' 상자에 첫 페이지에 사용할 번호를 입력한다.

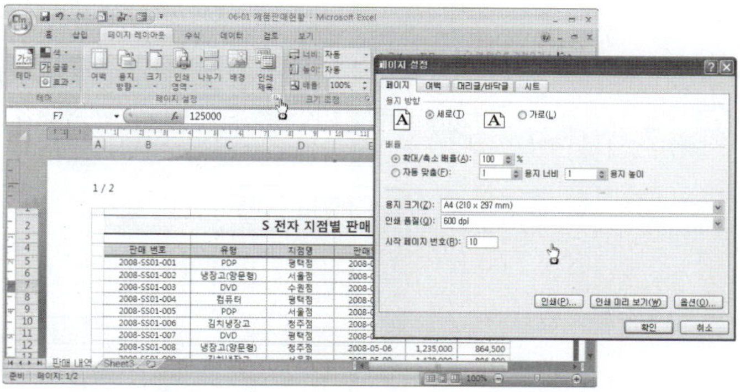

Section

06: 인쇄 설정과 인쇄하기

인쇄 미리 보기와 머리글/바닥글. 열 너비 등을 설정하고 난 후 [인쇄] 대화상자에서 표시하고 인쇄 매수와 범위 등을 지정한다.

[인쇄] 대화상자 살펴보기

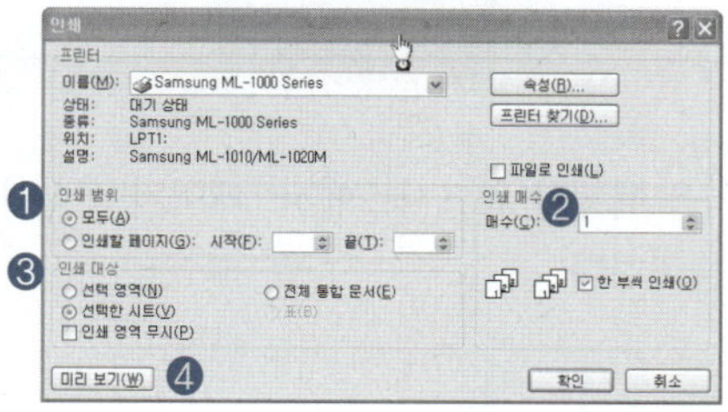

❶ **인쇄 범위:** 인쇄하려는 페이지 번호를 지정한다. '모두' 를 선택하면 문서 전체를 인쇄한다.

❷ **인쇄 매수:** 인쇄할 매수 설정

❸ **인쇄 대상:** 인쇄할 대상 설정

- **선택 영역:** 시트에서 블록으로 지정된 영역만 인쇄
- **전체 통합 문서:** 엑셀 문서에 입력되어 있는 전체 내용 인쇄
- **선택한 시트:** 현재 선택되어 있는 시트만 인쇄. 특정 시트를 인쇄하려면 [Ctrl] 키를 누르고 인쇄하려는 시트를 클릭하고 '선택한 시트' 를 선택한다.

❹ **미리 보기:** [미리 보기] 창 표시

6.1 인쇄 영역 지정하기

워크시트에서 인쇄할 영역으로 지정하고 [페이지 레이아웃] 탭 → [페이지 설정] 그룹에서 '인쇄 영역 – 인쇄 영역 설정' 을 선택하고, [인쇄] 대화상자에서 '선택 영역' 을 클릭하여 인쇄한다.

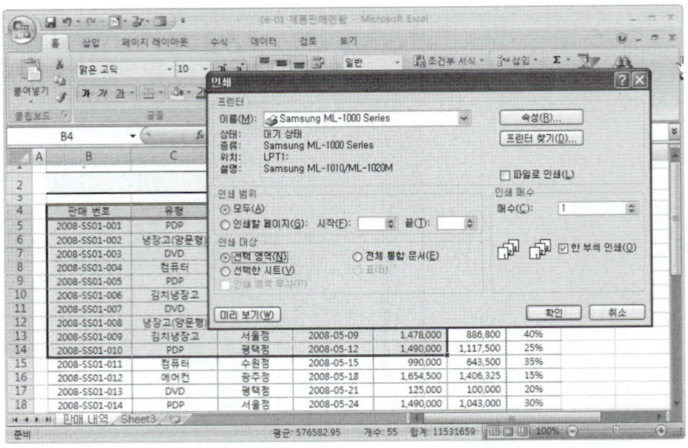

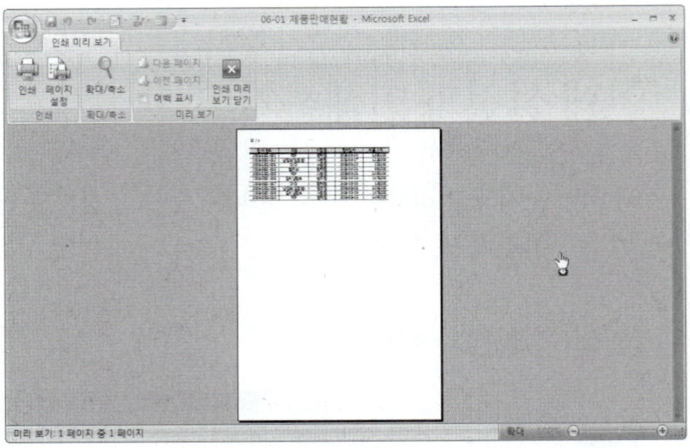

인쇄 영역을 해제할 워크시트에서 [페이지 레이아웃] 탭 → [페이지 설정] 그룹에서 '인쇄 영역 해제'를 클릭한다.

6.2 | 한 페이지에 모두 인쇄하기

여러 페이지에 나뉘어져 있는 내용을 한 페이지에 인쇄하기 위해서는 워크시트 크기를 인쇄할 페이지에 맞게 줄이거나 늘려 인쇄할 워크시트의 배율을 조정해야 한다.

함께하기 | 한 페이지에 인쇄하기

1. 페이지 설정 대화상자 표시하기

❶ [페이지 레이아웃] 탭 → [페이지 설정] 그룹에서 대화상자 표시 아이콘( )을 클릭하여 [페이지 설정] 대화상자를 표시한다.

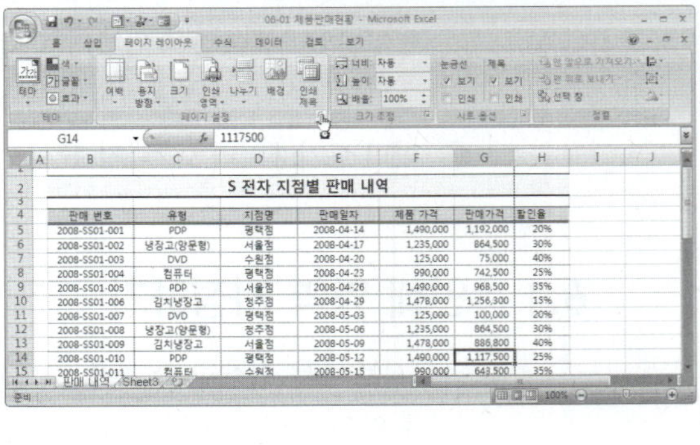

2. 배율 설정하기

❶ [페이지] 탭의 '배율' 항목에서 '자동 맞춤'을 클릭하고,

❷ 한 페이지의 너비에 맞게 워크시트 크기를 조정하려면 '용지 너비' 항목에 1을 입력하고, '용지 높이' 항목의 값을 삭제하여 용지 높이 값을 지정하지 않는다.

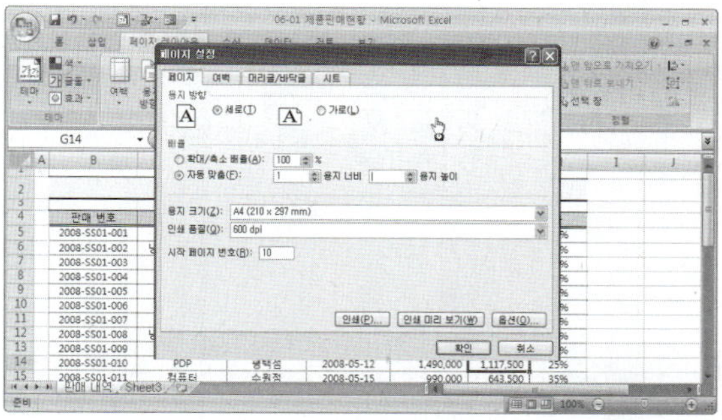

3. 인쇄 미리 보기

[인쇄 미리 보기] 버튼을 클릭하여 인쇄될 내용을 확인한다.

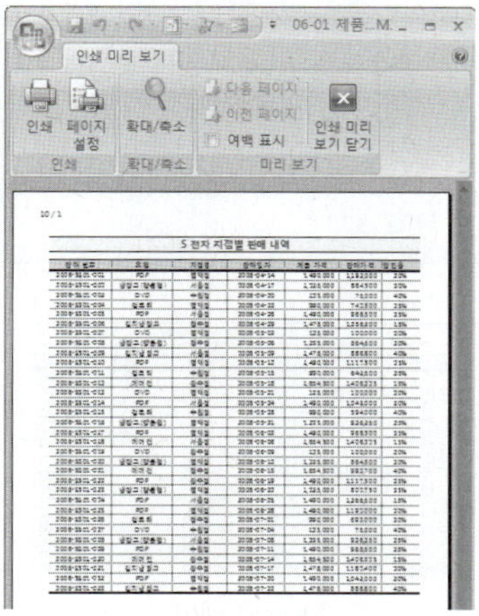

자동 맞춤 설정한 경우

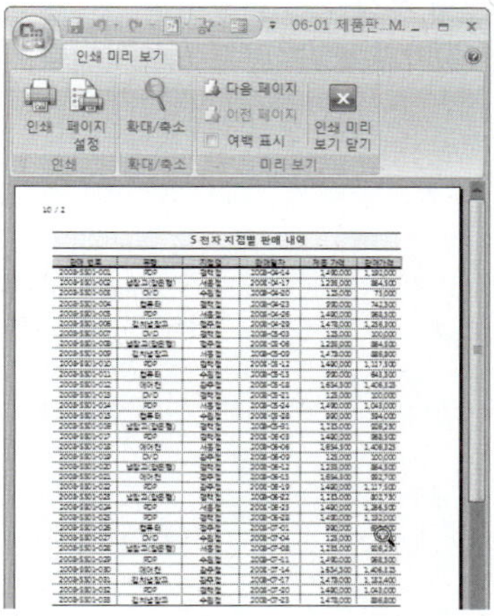

기본 인쇄한 경우

6.3 모든 페이지에 제목이나 레이블 반복 인쇄하기

워크시트를 두 페이지 이상 인쇄하는 경우 인쇄된 모든 페이지의 위쪽이나 왼쪽에 제목 또는 레이블로 특정 행이나 열을 반복할 수 있다.

함께하기 | 페이지마다 제목 인쇄하기

예제 파일: 엑셀\예제파일\Chapter 04\Section 06\06-06 제목인쇄.xlsx

완성 파일: 엑셀\완성파일\Chapter 04\Section 06\06-06 제목인쇄(완성).xlsx

1. 인쇄 제목 설정하기

❶ [페이지 레이아웃] 탭 → [페이지 설정] 그룹에서 '인쇄 제목'을 클릭한다.

❷ [페이지 설정] 대화상자의 [시트] 탭에서 '인쇄 제목 – 반복할 행' 항목에 열 레이블이 포함된 행의 범위를 입력한다.

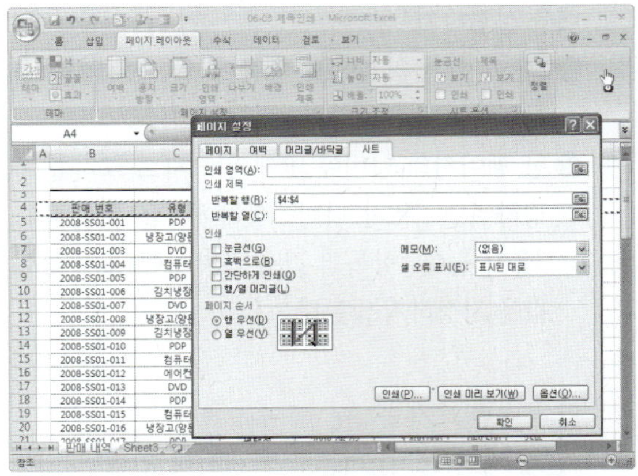

2. 인쇄 미리 보기

❶ [인쇄 미리 보기] 버튼을 클릭한다.

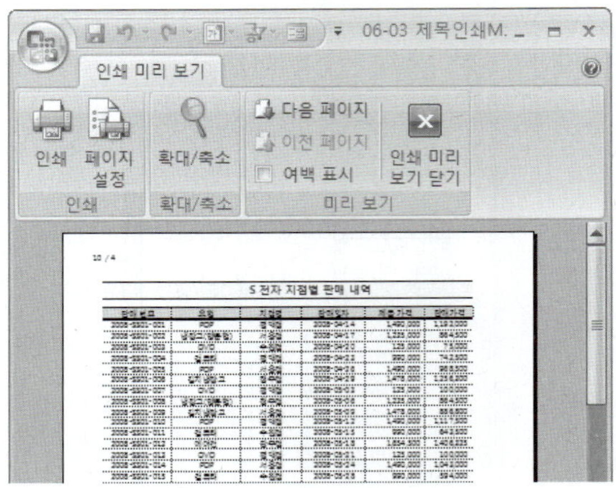

첫 번째 페이지

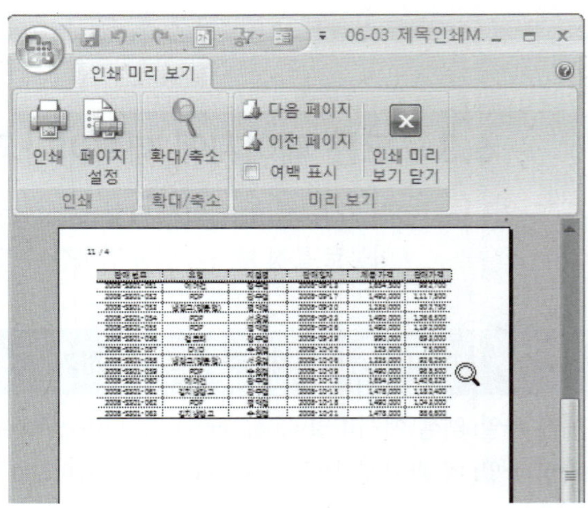

두 번째 페이지

연습문제

1. 다음 예제 파일을 열고, 조건에 따라 변환하라.

(**예제 파일:** 엑셀\예제파일\Chap04\Section 03\03-03 확인하기(고객DB).xlsx
완성 파일: 엑셀\완성파일\Chap04\Section 03\03-03 확인하기(고객DB)(완성).xlsx)

- 통합 문서에 '열정' 테마를 설정하라.
- 테마 색을 '풍요' 로 변경하여 적용하라.
- 제목이 입력된 [B2] 셀에 셀 스타일 '제목 및 머리글' 에서 '요약' 과 '테마 셀 스타일' 에서 '40%-강조색3' 을 적용하라.
- [B4:H30] 셀 영역을 지정하고 '표 서식-표 스타일 보통 9' 스타일을 설정하라.
- 표를 일반 범위로 변환하라.

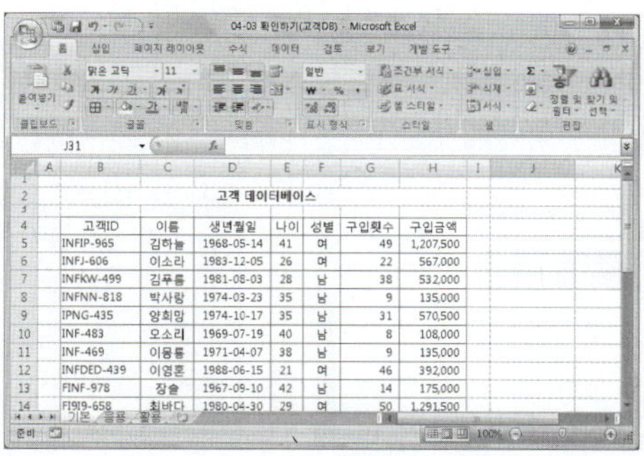
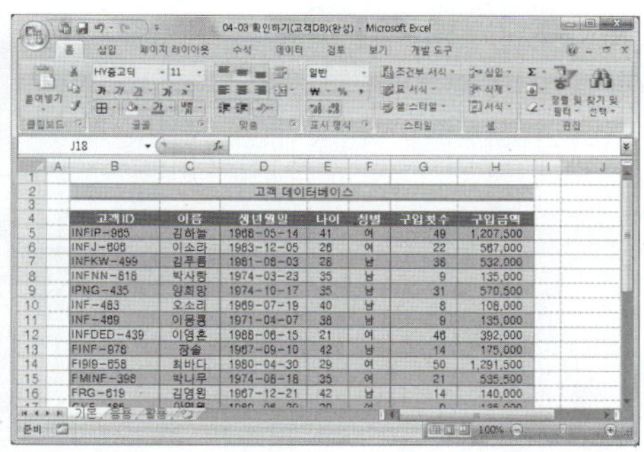

2. 다음 예제 파일을 열고 조건에 따라 거래 명세표를 완성하라.

(**예제 파일:** 예제파일\Chap04\Section 03\03-03 확인하기(거래명세서).xlsx
완성 파일: 완성파일\Chap04\Section 03\03-03 확인하기(거래명세서)(완성).xlsx)

- [C4:C7] 셀과 [C5:E7] 셀의 각 텍스트가 두 줄로 표시되도록 설정하라.
- [C4:C7] 셀의 왼쪽에 셀을 삽입하라.
- [B4:C7] 셀을 영역으로 지정하고 셀을 병합한 후, 셀 안의 텍스트가 세로로 표시되도록 설정하라.
- B 열과 C 열의 너비를 30 픽셀로, H 열의 너비를 60 픽셀로 설정하라.
- [D4:F4] 셀, [D5:F5] 셀, [D6:F6] 셀, [D7:F7] 셀, [H4:L4] 셀, [H5:L5] 셀, [H6:L6] 셀, [H7:L7] 셀을 각각 병합하라.
- [B2:N16] 셀 영역을 선택하고, 안쪽에는 파랑 색의 실선을, 윤곽선에는 파랑색의 굵은 실선으로 윤곽선을 표시하라.

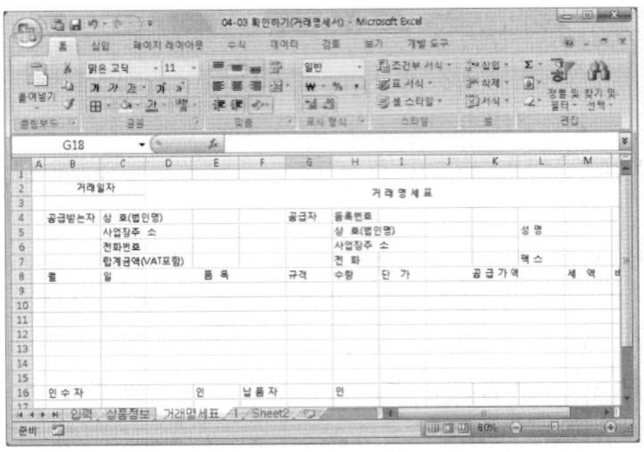

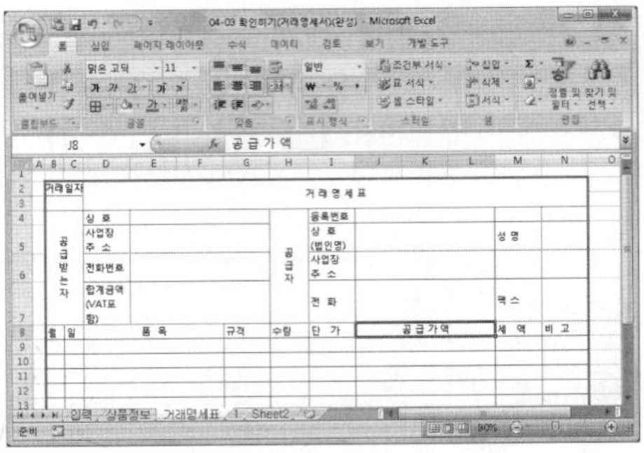

3. 지점별 재고 현황 데이터에 대해 다음 조건에 맞도록 조건부 서식을 설정하라.

(**예제 파일:** 엑셀\예제파일\Chap04\Section 03\03-03 확인하기(제품판매현황).xlsx
완성 파일: 엑셀\완성파일\Chap04\Section 03\03-03 확인하기(제품판매현황)(완성).xlsx)

- 재고율이 70% 이상인 경우 ⇧, 70% 미만 50% 이상인 경우 ⇨, 50% 미만인 경우 ⇩ 아이콘을 표시하라.
- 빈 셀이 포함된 행의 셀 배경색을 노랑색으로 표시하라.
- 머리글의 가운데에 오늘 날짜를 표시하라.
- 워크시트의 내용이 페이지의 한 가운데에 출력되도록 설정하라.

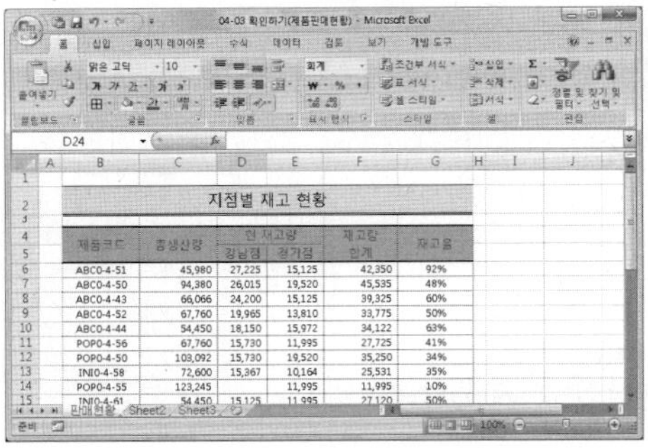

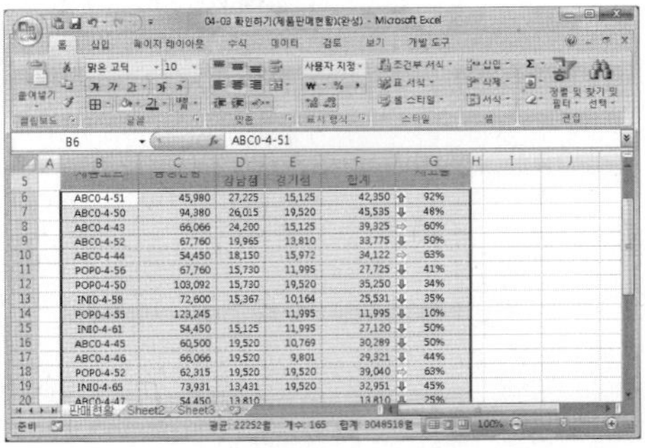

CHAPTER

05 수식과 셀 참조

셀에 입력된 데이터를 계산하기 위해서는 수식을 사용할 수 있다. 수식은 등호(=)로 시작하는 계산식으로 계산하기 위한 값 또는 셀 주소, 함수와 연산자 등으로 구성된다.

INTRODUCTION TO COMPUTER APPLICATIONS **EXCEL**

Section 01 : 수식과 연산자

엑셀에서 수식은 등호('=')를 입력한 후 값이나 값이 입력되어 있는 셀의 주소 또는 함수식과 연산자 등을 사용하여 작성한다.

1.1 | 수식의 구조

수식이란 워크시트 안의 데이터를 계산하는 식으로, 더하기와 곱하기 같은 산술 연산뿐 아니라 데이터를 비교하거나 텍스트를 결합하는 등의 연산이 가능하다. 엑셀 수식은 반드시 '='로 시작되어야 한다.

수식에는 함수, 참조, 연산자, 상수 등을 포함할 수 있으며, 엑셀 수식의 기본 구조는 다음과 같다.

= A1 + MAX(B1:B10) * 10
❶ ❷ ❸ ❹ ❺

❶ **등호:** 수식임을 나타내기 위해 사용

❷, ❺**:** 숫자, 상수 또는 셀 주소, 함수 등의 피연산자

❸ **연산자:** 계산을 위한 산술 연산자, 비교 연산자, 논리 연산자, 연결 연산자 등

❹ 함수식

1.2 | 연산자의 종류

연산자는 계산 유형을 지정하기 위해 사용하며 산술 연산자, 비교 연산자, 텍스트 연결 연산자, 참조 연산자 등 네 가지 유형이 있다. 연산자들 사이에는 참조 연산자 > 산술 연산자 > 연결 연산자 > 비교 연산자 순으로 우선순위가 적용된다. 동일한 우선순위를 가진 연산자가 여러 개 있는 경우 연산자는 왼쪽에서 오른쪽으로 계산된다.

산술 연산자

더하기, 빼기, 곱하기와 같은 수학 연산을 수행하기 위해 사용하며, 연산자 사이의 우선순위에 따라 연산된다.

연산자	+	−	*	/	^	%
연산자의 의미	더하기	빼기	곱하기	나누기	지수	백분율

비교 연산자

두 값을 비교하여 참(TRUE) 또는 거짓(FALSE)의 논리값을 반환한다.

연산자	>	<	=	>=	<=	<>
연산자의 의미	크다	작다	같다	크거나 같다	작거나 같다	같지 않다

텍스트 연결 연산자

하나 이상의 텍스트 문자열을 연결하여 하나의 텍스트로 만들기 위해 사용한다.

연산자	&
연산자의 의미	두 개의 데이터를 연결

참조 연산자

셀 범위를 참조하기 위해 사용하며, 텍스트를 연결하는 경우 연결할 문자 앞 뒤에 큰 따옴표(" ")를 표시한다.

연산자	:(콜론)	,(쉼표)	(공백)
연산자의 의미	두 셀 사이의 모든 셀에 대해 참조	여러 셀 참조	앞, 뒤 범위 중 중복되는 범위의 셀만 참조

Section

02: 셀 참조 방식 이해하기

수식에 값이 입력된 워크시트의 셀 주소 또는 셀 범위를 사용하는 것을 셀 참조라 한다. 셀 참조 방식에는 상대 참조와 절대 참조 그리고 혼합 참조가 있다. 상대 참조와 절대 참조 그리고 혼합 참조 사이의 변환은 [F4] 키를 눌러 변경한다.

상대 참조

상대 참조는 엑셀의 수식에서 기본적으로 사용하는 참조 방식으로, 셀을 참조하는 수식을 복사하면 참조하는 셀의 위치도 자동적으로 변경된다.

다음과 같이 [E1] 셀에 입력한 수식 '= A3 + B3 + C3'을 채우기 핸들을 드래그 아래로 복사하면 상대 참조를 이용한 수식도 자동으로 복사되어 각각 다른 셀을 참조하여 계산하게 된다.

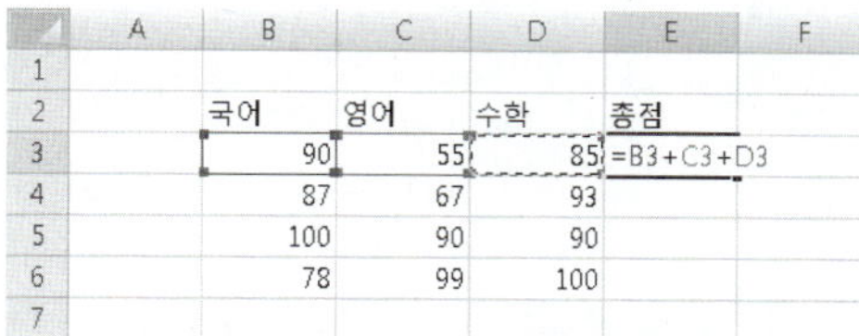

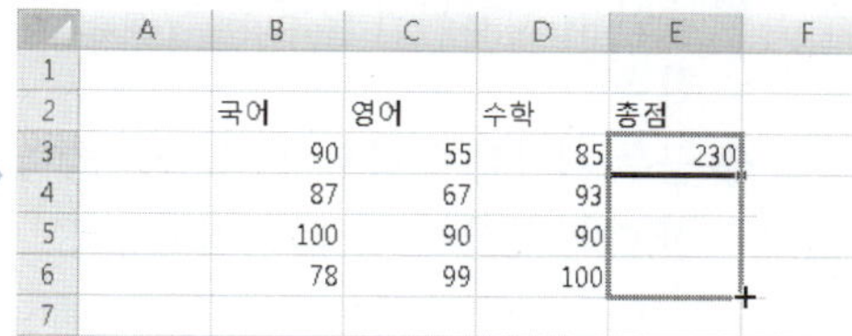

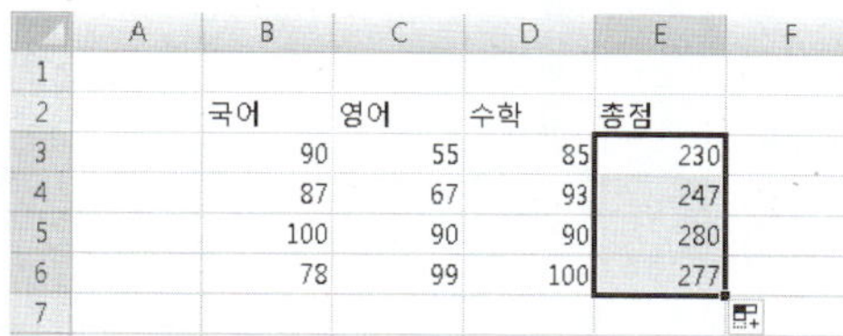

> **Tip | 셀에 입력된 수식 보기**
>
> [Ctrl] + [~] 키를 누르거나 [수식] 탭 → [수식 분석] 그룹에서 '수식 표시( )' 도구를 클릭하면 수식 결과 대신 수식이 셀에 표시된다.
>
> 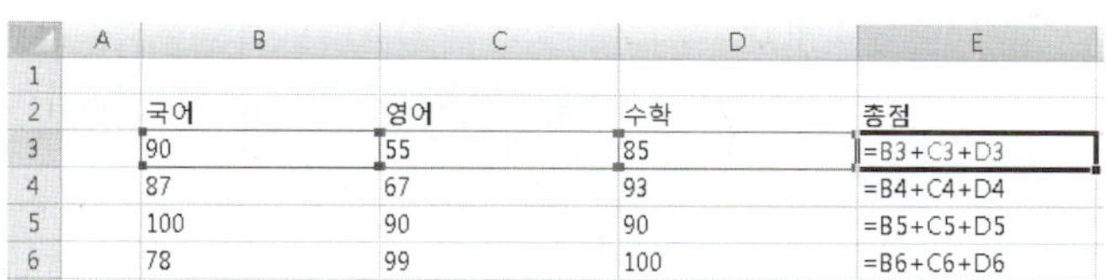
>

절대 참조

절대 참조는 수식을 이동하거나 복사해도 수식에서 참조하는 셀의 위치가 항상 고정된 위치를 참조하는 방식으로, $C$1과 같이 행 번호와 열 문자 앞에 $ 기호를 붙여 표시한다.

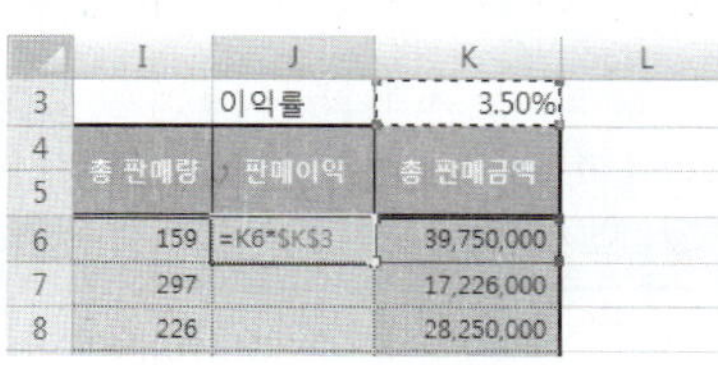

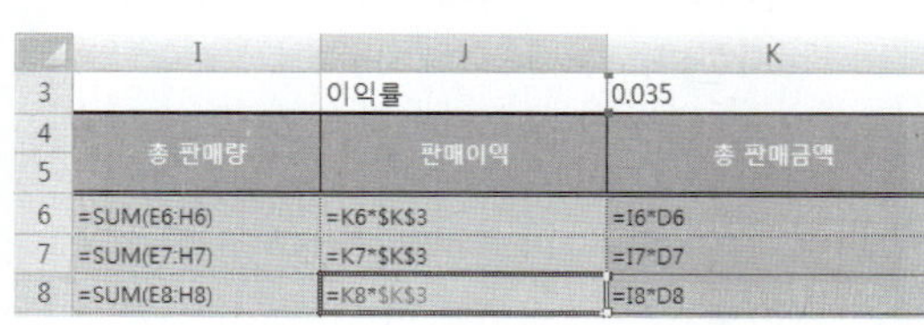

혼합 참조

혼합 참조는 행이나 열 중 하나에만 절대 참조를 하는 방식으로 행 고정 혼합 참조(예: A$1)와 열 고정 혼합 참조(예: $A1)가 가능하다.

함께하기 | 상대 참조와 절대 참조로 아르바이트 비용 계산하기

예제 파일: 엑셀\예제파일\Chap04\Section 02\04-02 아르바이트 비용 계산하기.xlsx

완성 파일: 엑셀\완성파일\Chap04\Section 02\04-02 아르바이트 비용 계산하기(완성).xlsx

1. 평일 아르바이트 비용 수식 입력하기

❶ [E6] 셀을 클릭하고 등호(=)를 입력한 후,

❷ 근무 시간이 입력된 [C6] 셀을 클릭한 다음 연산자 '*'를 입력한다.

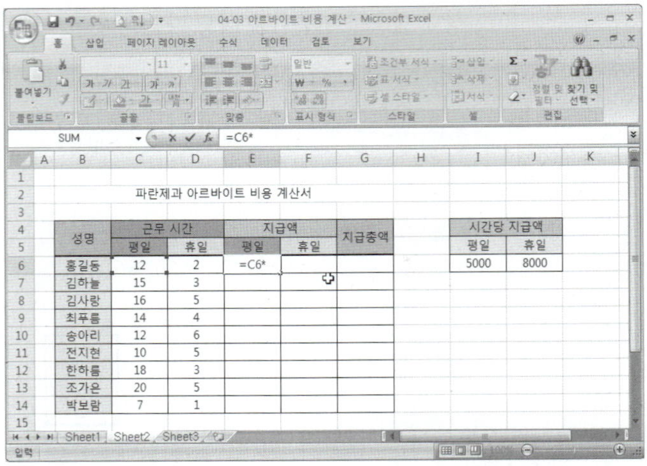

2. 절대 주소로 변환하기

❶ 시간당 지급액을 표시하는 [I6] 셀을 클릭한 다음,

❷ [I6] 셀이 절대 주소로 표시되도록 [F4] 키를 한 번 누르고 **[Enter]** 키를 누른다.

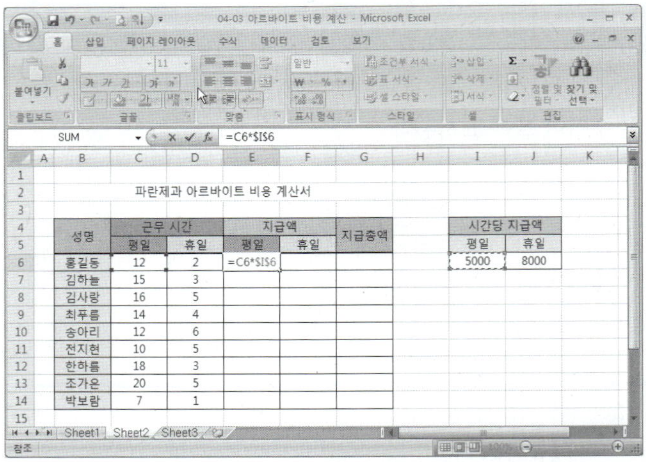

3. 수식 복사하기

❶ [E6]셀을 선택하고 채우기 핸들을 [E14] 셀까지 드래그하여 수식을 복사한다.

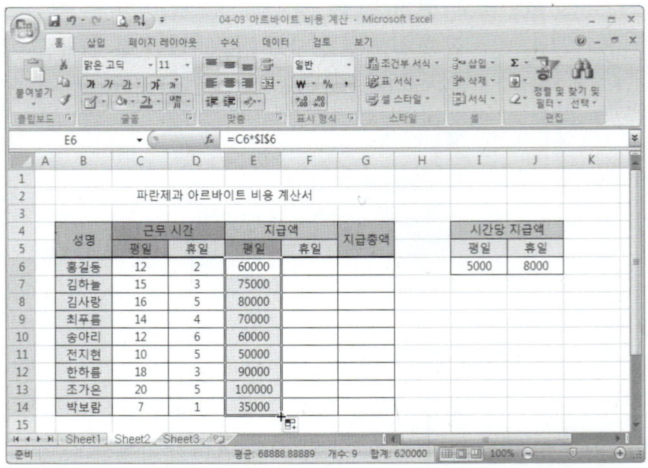

4. 휴일 아르바이트 비용 계산하기

❶ [F6]셀을 클릭하고 등호(=)를 입력한 다음,

❷ 휴일 근무 시간을 표시한 [D6]셀을 클릭하고 연산자 '*'를 입력한다.

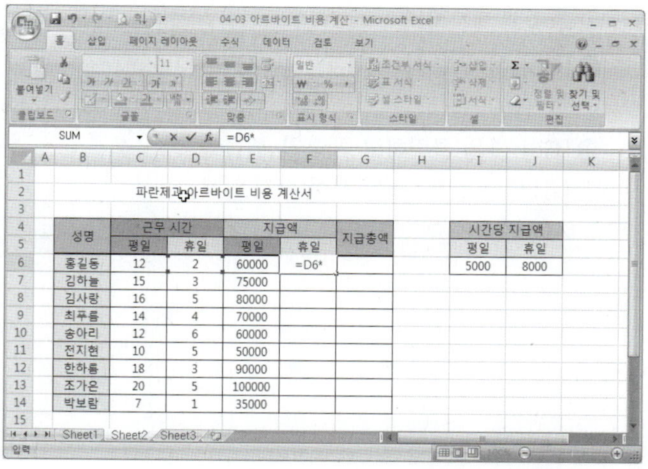

5. 절대 주소 표시하기

❶ 휴일의 시간당 지급액을 표시한 [J6] 셀을 클릭하고,

❷ [F4] 키를 한 번 눌러 절대 주소로 표시한다.

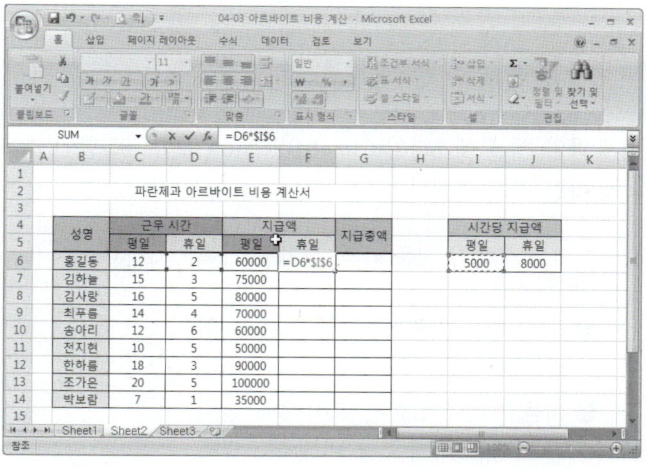

6. 수식 복사하기

❶ [F6] 셀을 선택하고,

❷ 채우기 핸들을 더블 클릭하여 [F14] 셀까지 휴일의 아르바이트 비용을 계산하는 수식을 복사한다.

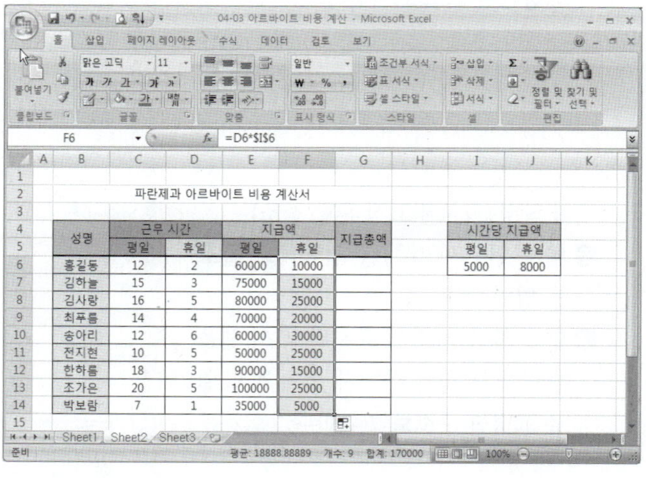

7. 지급 총액 계산하기

❶ [G6] 셀에 수식 '=[E4] + [F4]'을 입력한 다음,

❷ [G6] 셀을 클릭하고 채우기 핸들을 [G14] 셀까지 드래그하여 수식을 복사한다.

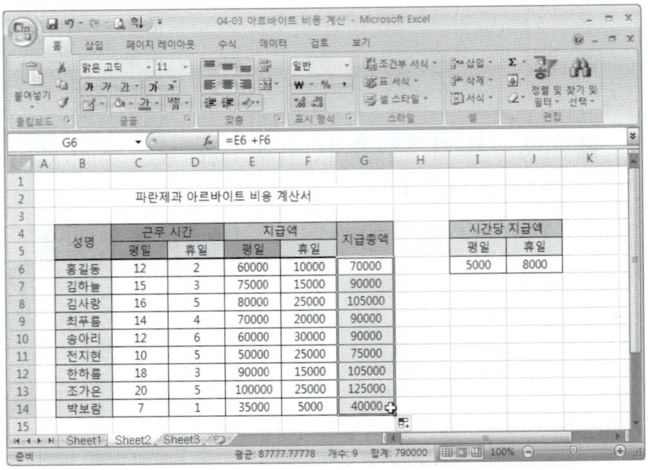

함께하기 | 할인된 금액 계산하기

예제 파일: 엑셀\예제파일\Chap04\Section 02\04-02 할인 금액 계산하기.xlsx

완성 파일: 엑셀\완성파일\Chap04\Section 02\04-02 할인 금액 계산하기(완성).xlsx

1. 수식 작성하기(제품 가격 – (제품 가격 * 할인율))

❶ [D6] 셀을 클릭한 후 등호(=)를 입력하고,

❷ 제품 가격이 입력된 [C6] 셀을 클릭한 다음 [F4] 키를 세 번 눌러 B열을 고정한 주소로 표시한다.

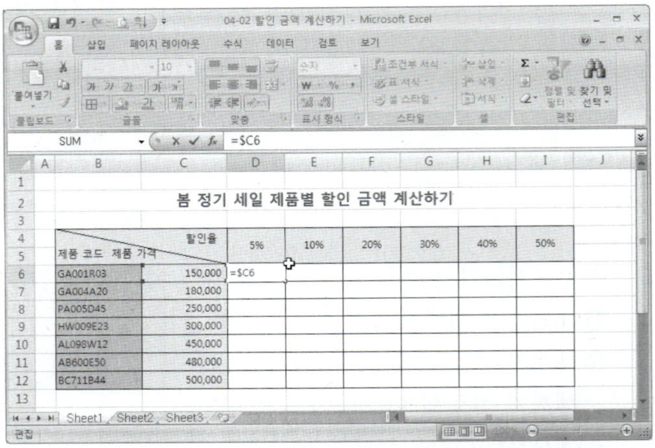

2. 수식 작성하기(열 고정 혼합 참조)

❶ 빼기 연산자('–')를 입력하고 괄호를 입력한다.

❷ 다시 제품 가격이 표시된 [C6] 셀을 클릭한 후 [F4] 키를 세 번 눌러 C 열을 고정한 주소로 변환한다.

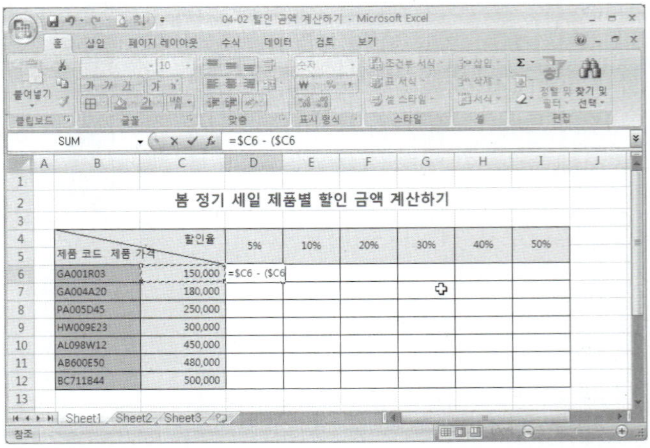

3. 수식 작성하기(행 고정 혼합 참조)

❶ 곱하기 연산자 '*'를 입력하고 할인율이 표시된 [D4] 셀을 클릭한 다음,

❷ [F4] 키를 두 번 눌러 4행이 고정된 주소로 표시한다.

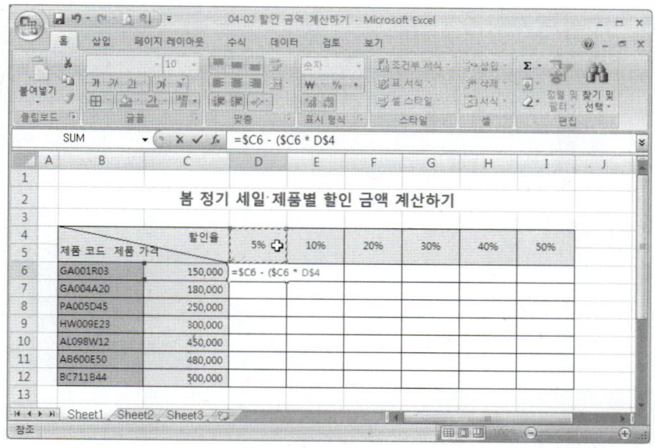

4. 수식 완성하기

❶ 수식을 완성하기 위해 괄호 ')'를 입력하고 **[Enter]** 키를 누른다.

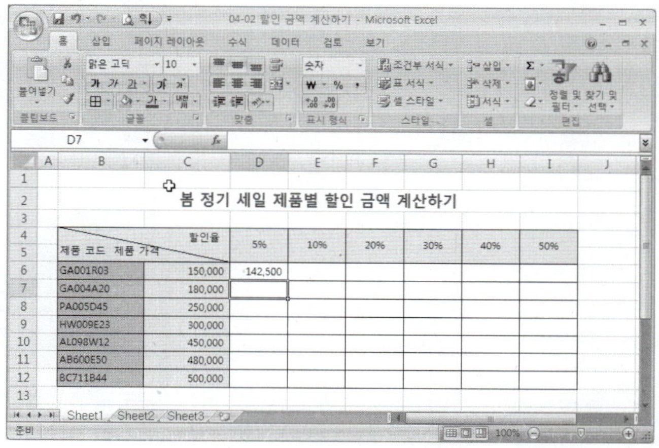

5. 수식 복사하기

❶ 수식을 복사하기 위해 [D6] 셀을 클릭하고,

❷ 채우기 핸들을 더블 클릭하여 [D12] 셀까지 수식을 복사한다.

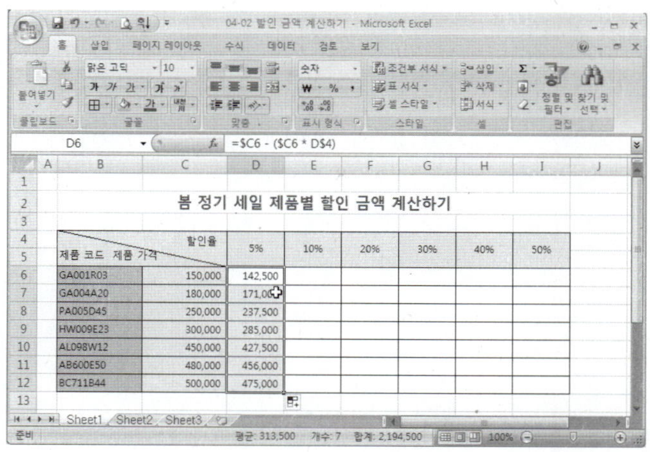

6. 수식 복사하기

❶ 채우기 핸들을 오른쪽으로 드래그하여 각 할인율별 할인 금액을 완성한다.

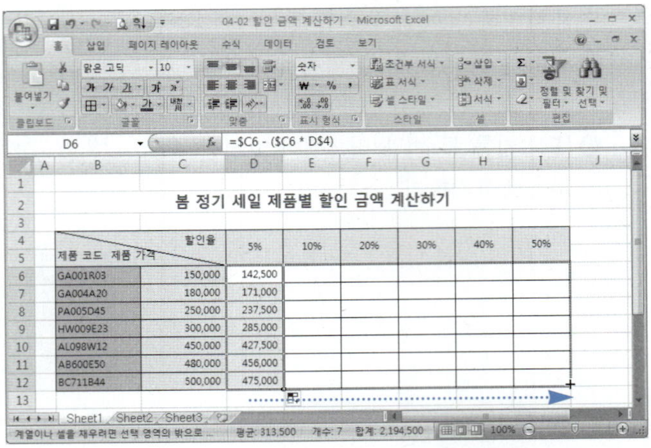

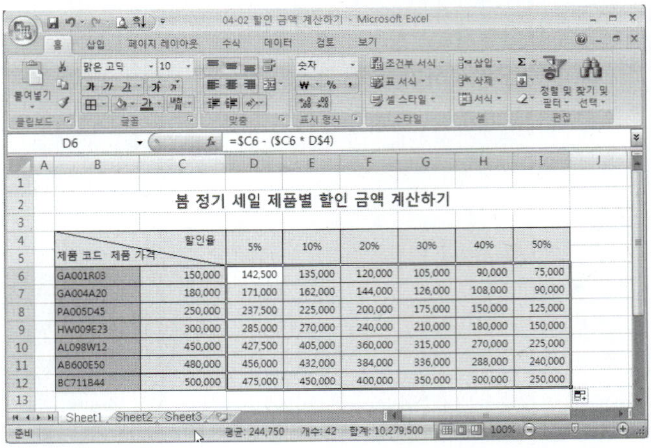

연습문제

1. 다음 예제 파일을 열고 제품 코드별 판매증감율과 재고증감율을 계산하여 표시하라.

(**예제 파일:** 엑셀\예제파일\Chap05\Section 03\05-03 확인하기(제품판매현황).xlsx
완성 파일: 완성파일\Chap05\Section 03\05-03 확인하기(제품판매현황)(완성).xlsx)

- 수식을 사용하여 제품 코드별 판매증감율과 재고증감율을 계산하라.
- 수식을 사용하여 제품 코드별 합계를 계산하라.

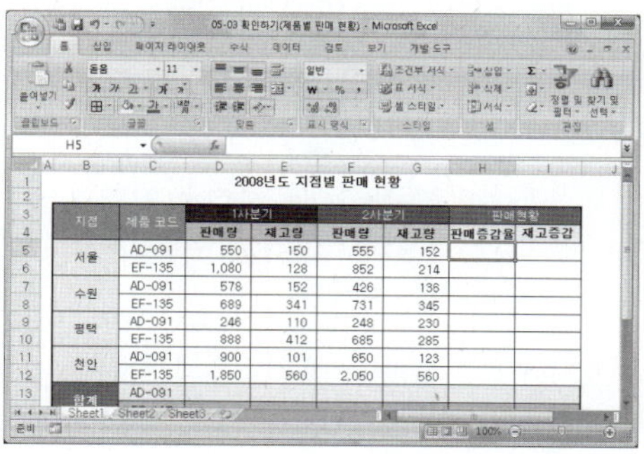

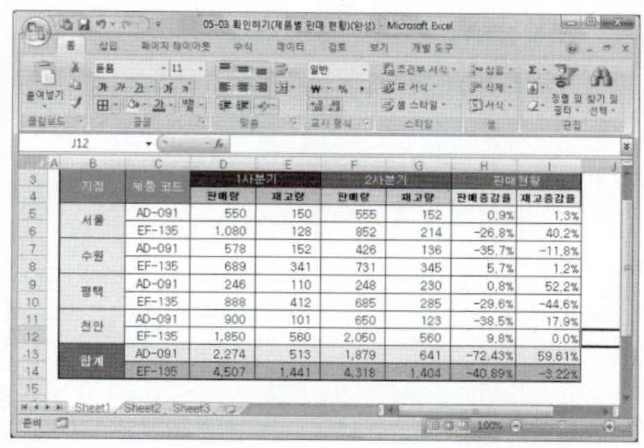

2. 다음 예제 파일을 열고 제품별 할인된 금액을 혼합 참조를 사용한 수식을 구하여 표시하라 (전체 금액을 하나의 수식으로 계산).

(**예제 파일:** 예제파일\Chap05\Section 03\05-03 확인하기(할인 금액).xlsx
완성 파일: 완성파일\Chap05\Section 03\05-03 확인하기(할인 금액)(완성).xlsx)

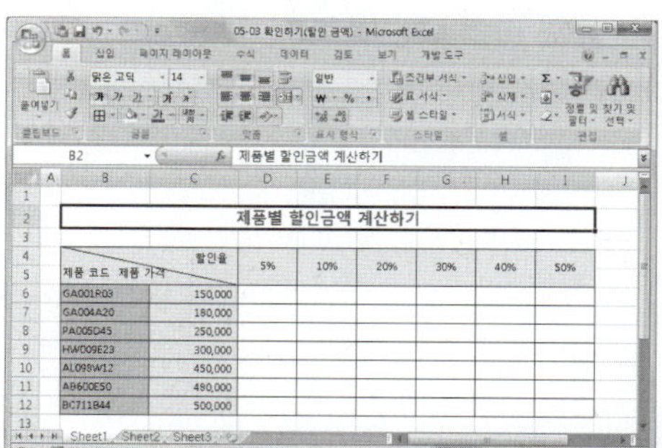

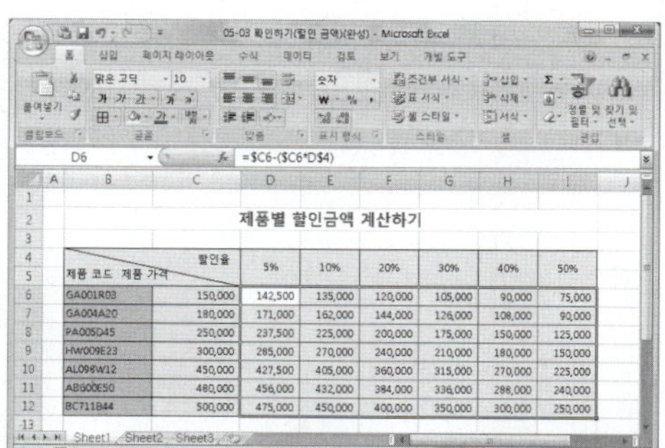

Memo

CHAPTER

06 엑셀 전문가로 도약! 함수

함수란 지정된 순서나 구조에 따라 계산하는 미리 정의된 수식으로, 함수를 사용하여 복잡한 수식을 빠르고 간단하게 실행할 수 있다.

INTRODUCTION TO COMPUTER APPLICATIONS EXCEL

Section 01 : 함수 구성 요소와 함수 종류

1.1 함수의 형식

함수란 지정된 순서나 구조에 따라 인수를 사용하여 계산하는 미리 정의된 수식으로, 엑셀은 수백 개의 함수를 제공한다.

함수의 구조

= 함수명(인수1, 인수2, ... , 인수n)
❶ ❷ ❸

❶ **등호(=):** 함수는 등호(=)로 시작한다. 함수 마법사를 사용하는 경우 등호는 자동으로 표기되므로 사용자가 별도로 입력할 필요는 없다.

❷ **함수 이름:** 사용할 함수 이름으로, 11가지 범주의 함수 목록에 제공된 이름 중 하나를 사용한다.

❸ **인수:** 인수는 함수를 실행하기 위해 필요한 값

→ **숫자:** 모든 숫자를 인수로 사용 가능
→ **텍스트:** 문자를 인수로 사용하는 경우 큰 따옴표(" ") 안에 입력
→ **논리값:** 참(TRUE) 또는 거짓(FALSE)로 참은 1, 거짓은 0으로도 사용 가능

1.2 함수의 종류

엑셀 함수는 11가지 범주로 나눌 수 있으며, 각 범주마다 3개 ~ 80개까지의 다양한 함수를 포함하고 있다.

표 6-1 ● 함수의 범주와 종류

함수 범주	내용
재무 함수	이자율이나 수익률과 같이 재무 관련 계산을 할 때 사용되는 함수
날짜와 시간 함수	날짜와 시간을 표시하거나 계산하기 위해 사용
수학과 삼각 함수	합계, 삼각함수 등 수학적인 계산할 때 사용
통계 함수	일정 범위의 데이터를 통계적으로 분석할 때 사용
찾기와 참조 함수	목록에 있는 값이나 표, 셀의 참조 영역 등을 찾을 때 사용
데이터베이스 함수	특정 조건이나 찾을 조건을 만족하는지 분석할 때 사용
텍스트 함수	텍스트 데이터를 처리하기 위한 함수들로 구성
논리 함수	조건이 참인지 거짓인지를 알아보거나 여러 조건을 검색할 때 사용
정보 함수	셀에 저장될 데이터 종류를 결정
공학 함수	공학 계산을 위해 필요한 함수들로 구성
큐브 함수	SQL Server Analysis Service와 연동하여 사용되는 함수들로 구성

Section

02: 함수식 작성하기

함수식은 함수 마법사를 사용하거나 [수식] 탭 → [함수 라이브러리] 그룹의 함수들을 선택하여 작성하거나 직접 셀에 입력하여 작성할 수 있다.

함수 마법사 사용하기

함수 마법사는 함수와 인수에 대한 설명과 함께 함수식을 쉽게 작성할 수 있도록 제공되며, [수식] 탭 → [함수 라이브러리] 그룹의 '함수 삽입(*fx*)' 도구를 클릭하거나 수식 입력줄의 [함수 삽입(*fx*)]을 클릭하여 표시한다.

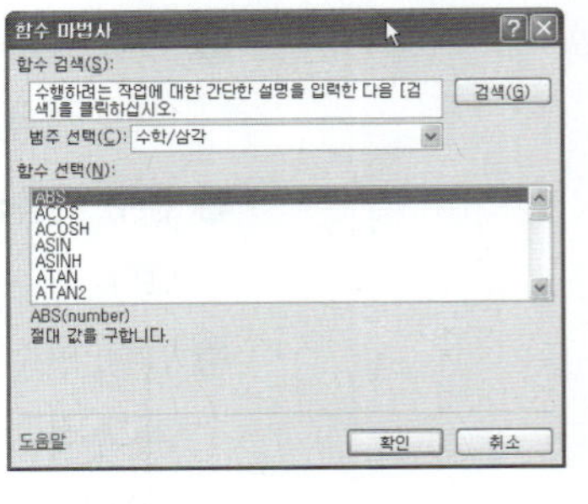

함께하기 | 함수 마법사를 사용하여 함수식 만들기

1. 데이터 입력하기

❶ [B1] 셀과 [C1] 셀에 각각 10, 20을 입력하고,

❷ [D1] 셀을 선택한 다음,

❸ [수식] 탭 → [함수 라이브러리] 그룹에 있는 '함수 삽입(*fx*)' 도구를 클릭한다.

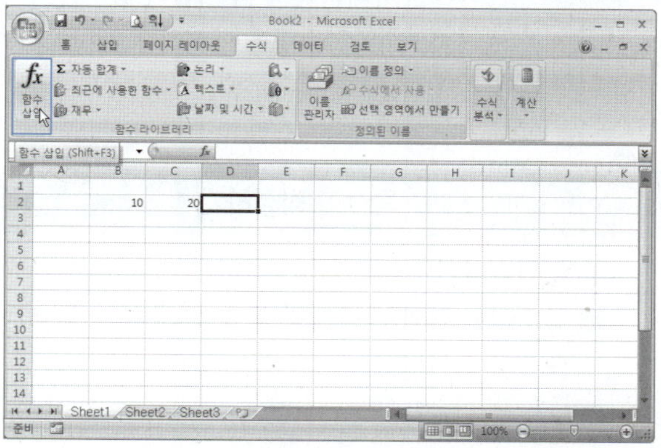

2. [함수 마법사] 대화상자 사용하기

❶ [함수 마법사] 대화상자의 '범주 선택'에서 '수학/삼각'을 선택한다.

❷ '함수 선택' 항목에서 'SUM' 함수를 선택하고 [확인] 버튼을 클릭한다.

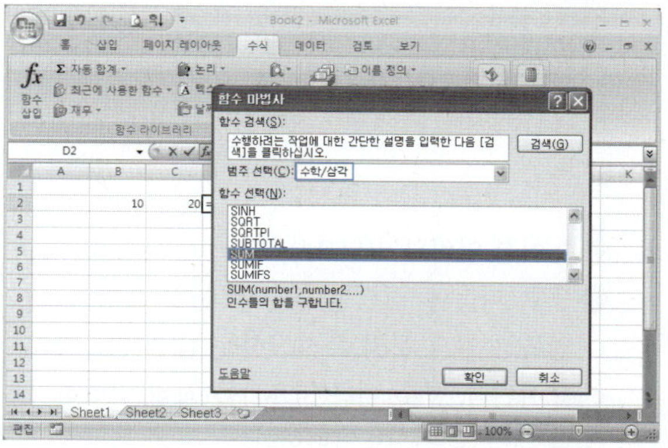

3. SUM 함수 인수 대화상자 입력하기

❶ [함수 인수] 대화상자의 'Number1' 인수에 합계를 계산할 셀 범위 [B2:C2]를 입력하고,

❷ [확인] 버튼을 클릭한다.

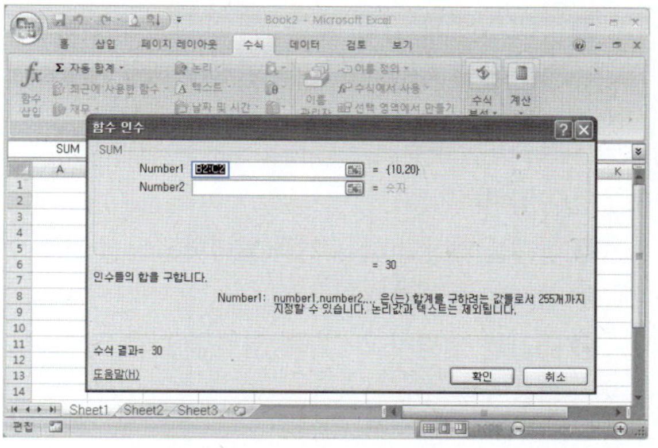

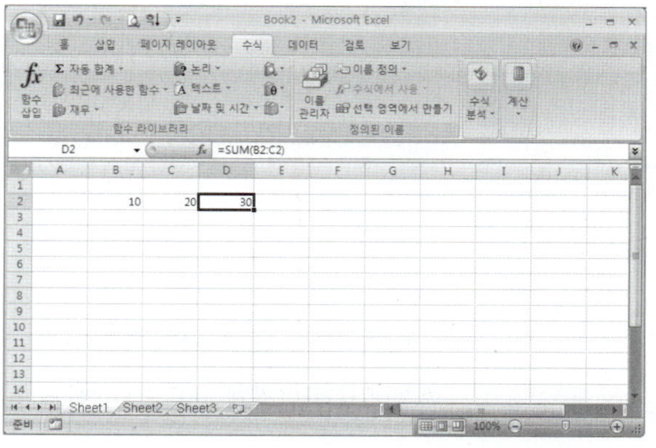

셀에 직접 함수식 입력하기

사용하려는 함수의 이름과 함수 인수에 대해 알고 있다면 직접 입력하여 함수식을 작성할 수 있다. 셀에 함수명을 입력하면 해당 인수에 대해 설명이 표시되어 쉽고 정확하게 함수식을 구할 수 있다.

함께하기 | 함수식 작성하기

1. 등호 입력하기

❶ 함수식이 결과가 표시될 셀을 선택하고 '등호(=)'를 입력한다.

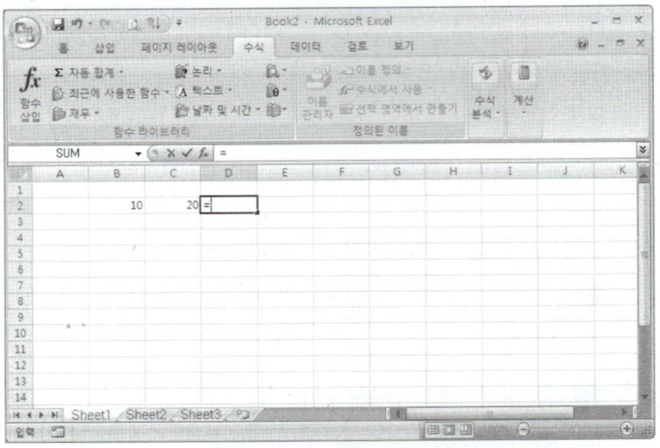

2. 함수 이름 입력하기(SUM)

❶ 등호 다음에 입력할 함수명의 첫 문자(S)를 입력하면 그 문자로 시작하는 함수의 목록이 표시된다. 함수 이름(SUM)을 직접 입력하거나 더블 클릭하여 입력한다.

❷ '=SUM('과 같이 함수식이 표시되고 선택한 함수에서 지정해야 하는 인수에 대한 설명이 표시된다.

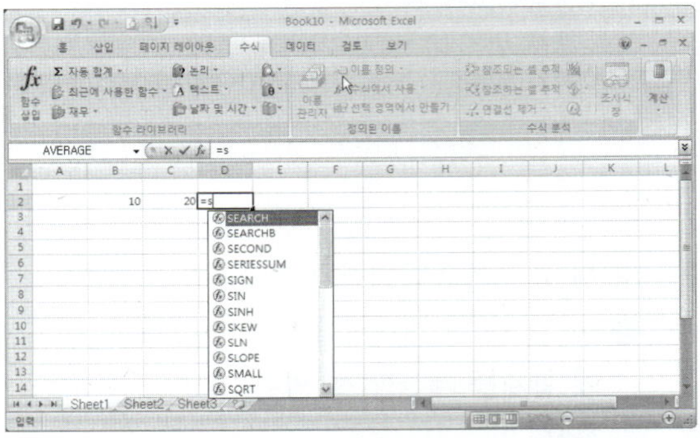

3. 인수 입력하기

❶ 합계를 계산할 셀 [C2]를 입력하고

❷ 쉼표(,)를 입력한 다음,

❸ [B2]를 입력하고 ')'를 입력한 다음 **[Enter]** 키를 누른다.

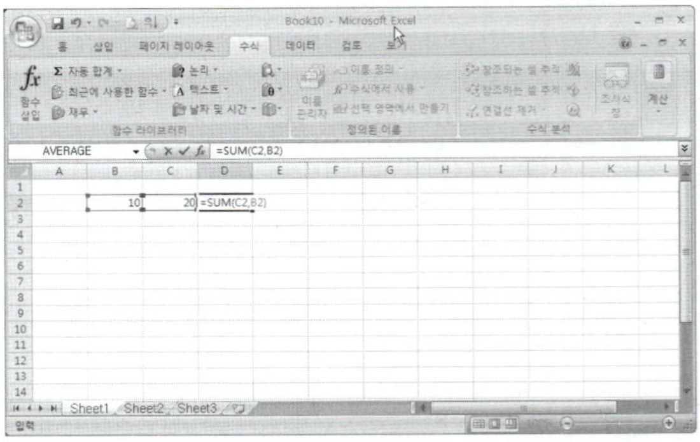

자동 합계 도구 사용하기

엑셀에서 빈번하게 사용되는 '합계', '평균', '개수', '숫자 개수', '최대값', '최소값' 등을 쉽게 구할 수 있도록 제공되는 도구가 '자동 합계' 도구이다. '자동 합계' 도구(Σ)는 [홈] 탭의 [편집] 그룹이나 [수식] 탭의 [함수 라이브러리] 그룹에 포함되어 있다.

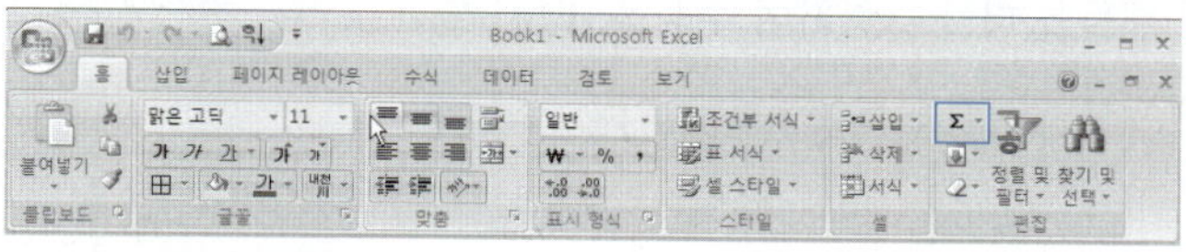

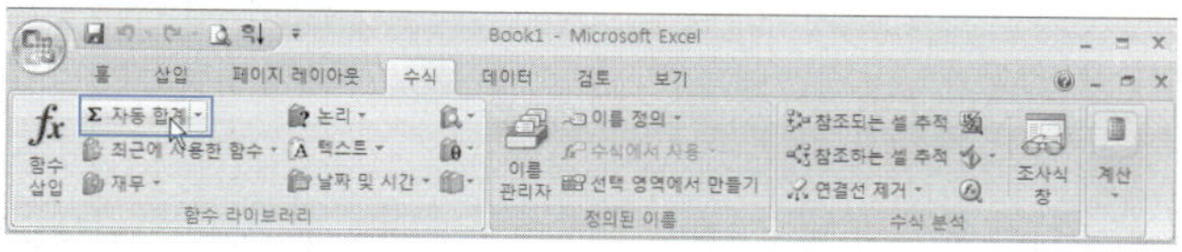

함께하기 | 자동 합계 도구로 합계와 평균 구하기

예제 파일: 엑셀\예제파일\Chap04\Section 03\04-03 중간고사성적표.xlsx
완성 파일: 엑셀\완성파일\Chap04\Section 03\04-03 중간고사성적표(완성).xlsx

1. 총점구하기
   ❶ 총점을 표시할 [F5] 셀을 클릭하고,
   ❷ [수식] 탭 → [함수 라이브러리] 그룹의 '자동 합계' (Σ 자동 합계) 도구의 목록 기호(▾)를 클릭한 후 '합계'를 선택한다.

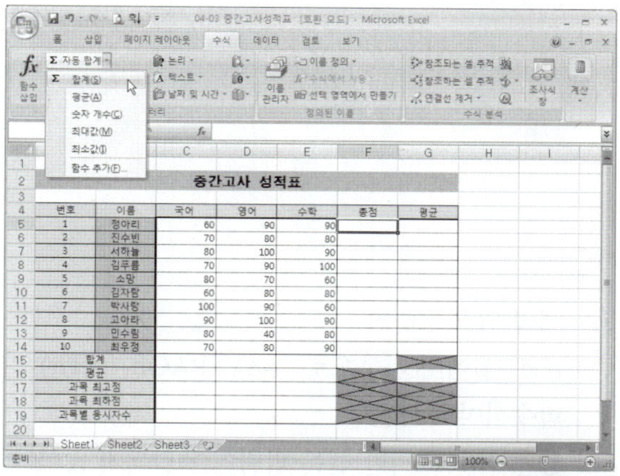

2. 셀 영역 지정하기
   [F5] 셀에서 자동으로 '=SUM()'이라는 함수식이 표시되고 자동으로 현재 선택된 셀의 왼쪽이나 위쪽의 연속된 셀들의 범위로 지정하여 인수로 표시된다. 참조된 범위를 변경하려면 마우스로 드래그하여 다시 지정하도록 한다. '=SUM(C5:E5)'과 같이 표시되면 **[Enter]** 키를 누른다.

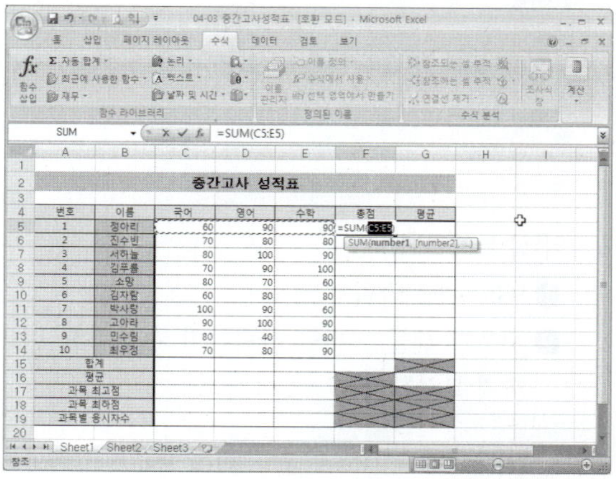

3. 수식 복사하기

❶ [F5] 셀을 클릭하고,

❷ 채우기 핸들을 더블 클릭하여 수식을 [F14] 셀까지 복사한다.

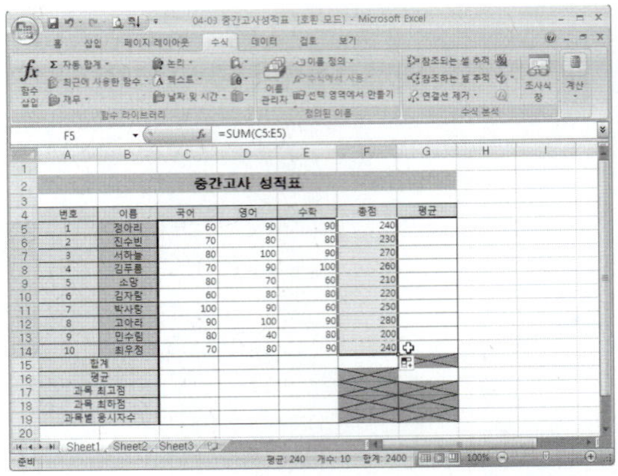

4. 평균 구하기

❶ 평균을 표시할 [G5] 셀을 클릭하고,

❷ [수식] 탭 → [함수 라이브러리] 그룹에 표시된 '자동 합계'(Σ 자동 합계) 도구의 목록 기호(▾)를 클릭한 후 '평균'을 선택한다.

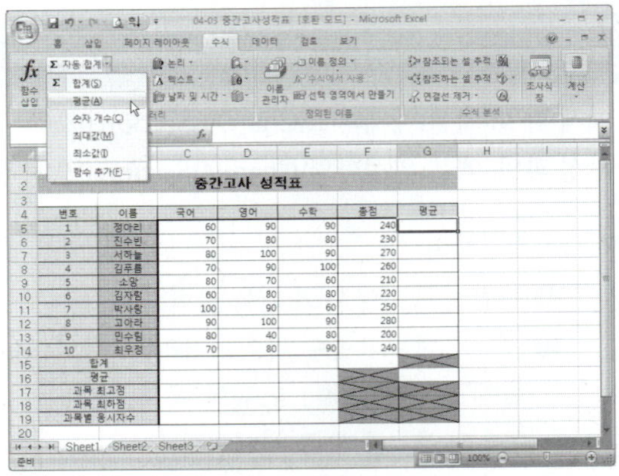

5. 셀 범위 지정하기

[G5] 셀에서 자동으로 '=AVERAGE(C5:F5)' 라는 함수식이 표시된다.

❶ 총점을 표시한 셀은 범위에 포함되지 않아야 하므로 마우스로 [C5:E5] 셀까지 드래그하여 범위를 다시 표시한 다음 **[Enter]** 키를 누른다.

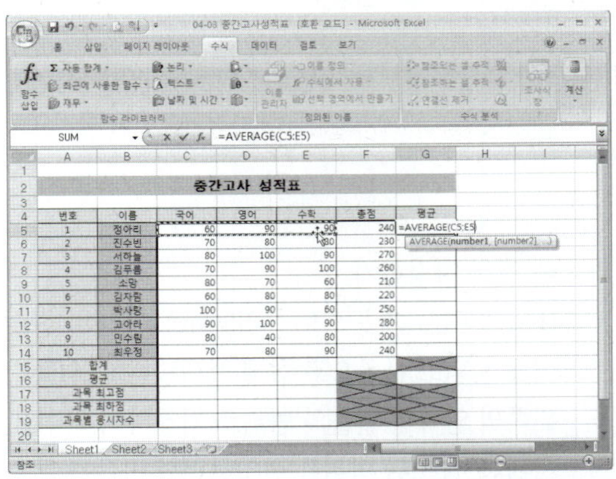

6. 수식 복사하기

❶ [G5] 셀을 클릭하고,

❷ 채우기 핸들을 더블 클릭하여 수식을 [G14] 셀까지 복사한다.

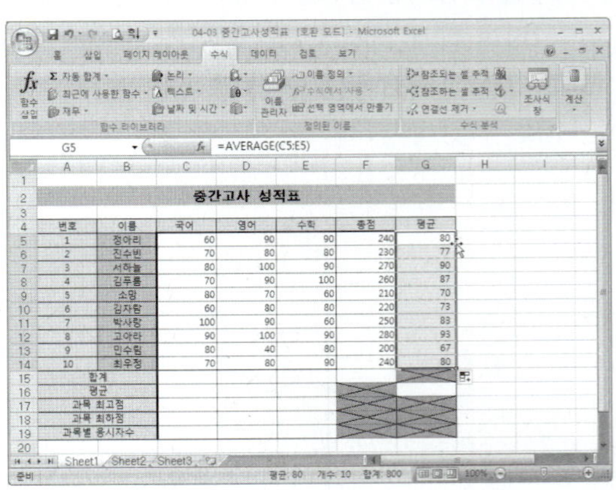

7. 각 과목의 합계와 평균 계산하기
자동 합계 도구를 이용하여 각 과목의 합계와 평균을 계산하도록 한다.

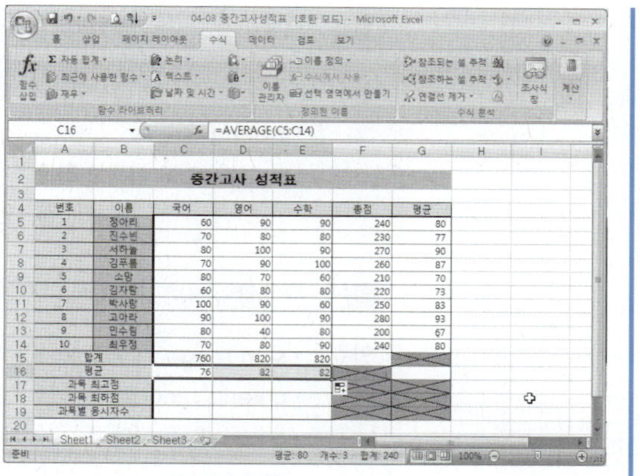

Section 03: 수학/삼각 함수

수학/삼각 함수는 숫자 데이터들의 합계나 곱, 반올림 등 기본 계산 함수들과 삼각 함수 등이 포함된다.

3.1 합계를 구하는 함수(SUM, SUMIF, SUMIFS, SUMPRODUCT)

주어진 셀 범위의 숫자 데이터의 합계를 계산하는 함수로, SUM, SUMIF, SUMIFS, SUMPRODUCT 함수 등이 있다.

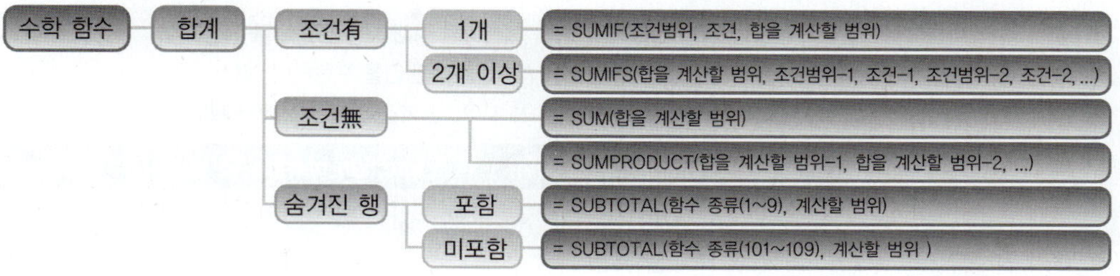

SUM 함수

주어진 셀 범위의 모든 숫자 데이터를 더하여 합을 계산한다. 255개까지 인수를 사용할 수 있다. 범위에 포함된 논리값, 텍스트 등은 무시된다.

형식	SUM(number1,number2, ...)
인수	• **Number1, ...**: 숫자 또는 숫자 데이터를 참조하는 셀 주소

SUMIF 함수와 SUMIFS 함수

SUMIF 함수는 지정한 조건에 맞는 셀의 합계를 계산하기 위해 사용한다. SUMIFS 함수는 하나 이상의 조건을 충족하는 범위의 셀에 대한 합계를 계산하기 위해 사용한다.

형식 SUMIF(range, criteria, [sum_range])

인수
- **range:** 조건을 검사할 셀의 범위
- **criteria:** 조건식
- **sum_range:** 실제로 합계를 계산할 셀
  지정하지 않으면 range 인수에 지정된 셀에 대해 합계가 계산된다.

형식 SUMIFS(sum_range, criteria_range1, criteria1, [criteria_range2, criteria2], …)

인수
- **sum_range:** 실제로 합계를 계산할 셀
- **criteria_range1:** 첫 번째 조건을 검사할 셀의 범위
- **criteria1:** 첫 번째 조건식
- **criteria_range2:** 두 번째 조건을 검사할 셀의 범위
- **criteria2:** 두 번째 조건식

SUMPRODUCT 함수

SUMPRODUCT 함수는 두 개 이상의 배열에서 각 요소를 모두 곱하고 그 곱에 대한 합계를 계산하여 구하는 함수이다.

형식 SUMPRODUCT(array1, array2, array3, ...)

인수
- **array1, ...:** 같은 크기의 2개 이상의 배열. 최대 30개 까지 지정 가능

SUBTOTAL 함수

필터링된 데이터에 대한 합계나 평균 등을 계산하는 함수로, 워크시트의 숨겨진 값을 제외하고 계산할 수도 있다.

형식 SUBTOTAL(function_num, ref1, ref2, ...)

인수
- **function_num:** 부분 합을 계산하기 위해 사용할 함수를 지정
  1에서 11 사이 : 숨겨진 값을 포함하여 계산
  101에서 111 사이 : 숨겨진 값을 계산에서 제외

function_num(숨겨진 값 포함)	function_num(숨겨진 값 무시)	함수
1	101	AVERAGE
2	102	COUNT
3	103	COUNTA
4	104	MAX
5	105	MIN
6	106	PRODUCT
7	107	STDEV
8	108	STDEVP
9	109	SUM
10	110	VAR
11	111	VARP

함께하기 | 총점 구하기

예제 파일: 엑셀\예제파일\Chapter 06\Section 01\06-01 영어경시대회.xlsx
완성 파일: 엑셀\완성파일\Chapter 06\Section 01\06-01 영어경시대회(완성).xlsx

1. SUM 함수 사용하기
   ❶ 총점을 계산할 [G4] 셀을 클릭하고,
   ❷ [수식] 탭 → [수학/삼각] – 'SUM' 함수를 선택한다.

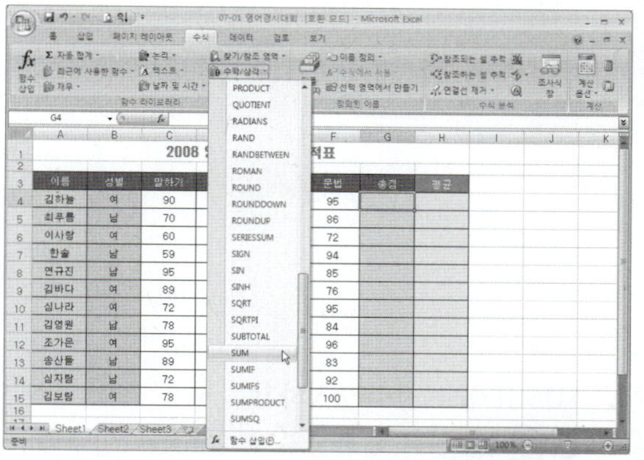

2. SUM 함수 인수 지정하기
   ❶ [함수 인수] 대화상자의 'Number1' 항목에 [C4:F4] 셀 영역을 지정하고,
   ❷ [확인] 버튼을 클릭한다.

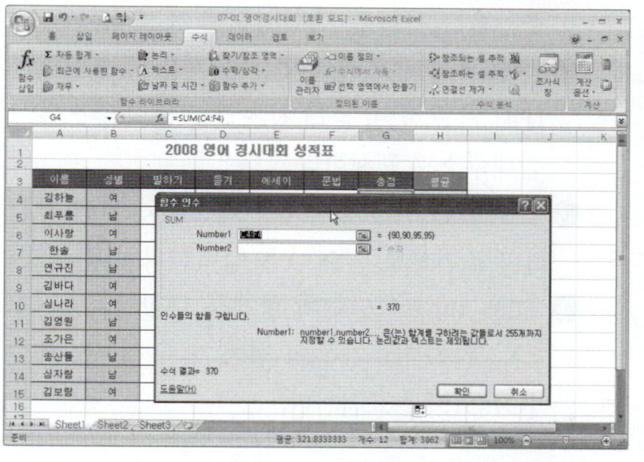

3. 수식 채우기
   ❶ [G4] 셀을 클릭하고 채우기 핸들을 더블 클릭하여 [G15] 셀까지의 총점을 계산한다.

함께하기 | 조건을 만족하는 합계 계산하기

예제 파일: 엑셀\예제파일\Chapter 06\Section 01\06-01 영어경시대회-1.xlsx
완성 파일: 엑셀\완성파일\Chapter 06\Section 01\06-01 영어경시대회-1(완성).xlsx

1. SUMIF 함수 선택하기(성별이 '여자' 인 과목 합계 구하기)

❶ [C20] 셀을 클릭하고,

❷ [수식] 탭 → [수학/삼각] – 'SUMIF' 함수를 선택한다.

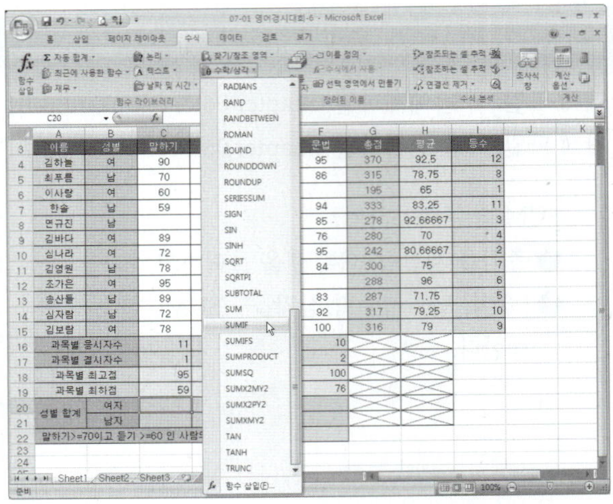

2. SUMIF 함수 인수 설정하기

❶ [함수 인수] 대화상자의 'Range' 인수에 조건을 검사할 값 [B4:B15]를 표시하고,

❷ 각 과목별로 조건에 맞는 합계를 구하도록 [F4] 키를 한 번 눌러 참조하는 셀의 주소를 절대주소로 표시한다.

❸ 'Criteria' 인수에 합계를 계산하기 위해 검사할 조건으로 ' "여" ' 를 입력한다.

❹ 'Sum_range' 인수에 합계를 구할 셀 범위 즉, '말하기' 과목의 합계가 구해지도록 [C4:C15]를 표시한다.

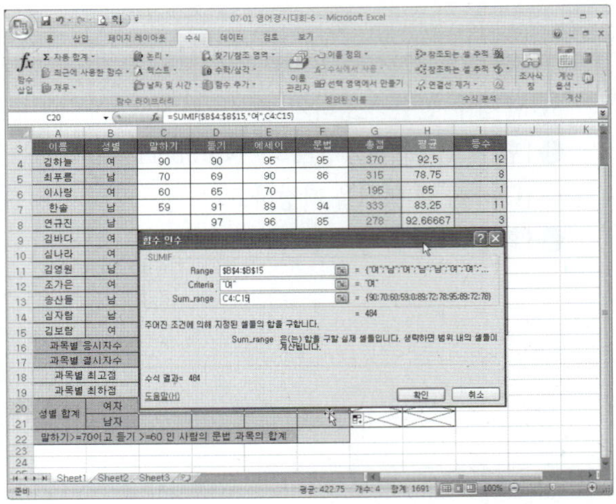

3. 나머지 과목의 합계 구하기

❶ [확인] 버튼을 클릭하여 [C20] 셀에 '말하기' 과목의 합계를 구하고,

❷ 채우기 핸들을 [F20] 셀까지 오른쪽으로 드래그하여 각 과목별 합계를 구한다.

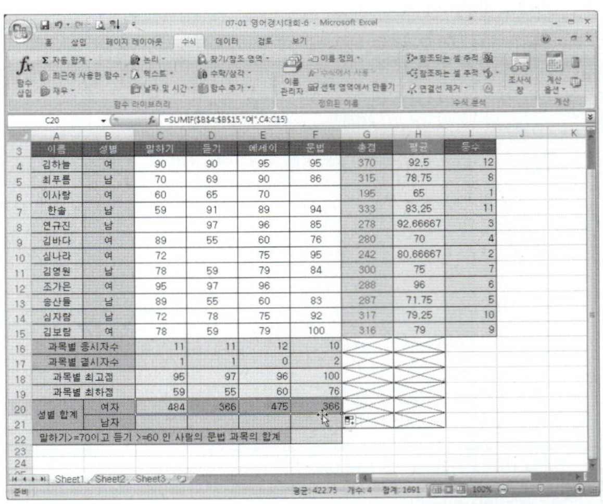

4. 성별이 남자인 경우 과목 합계 구하기
   ❶ [C21] 셀을 클릭하고,
   ❷ [수식] 탭 → [수학/삼각] – 'SUMIF' 함수를 클릭한 다음,
   ❸ [함수 인수] 대화상자의 'Range' 인수에 [B4:B15]를 표시하고, [F4] 키를 눌러 절대 주소로 표시한다.
   ❹ 'Criteria' 인수에 검사할 조건 '"남"'을 입력하고, 'Sum_range' 인수에 합계를 구할 셀 범위 [C4:C15]를 표시한다.

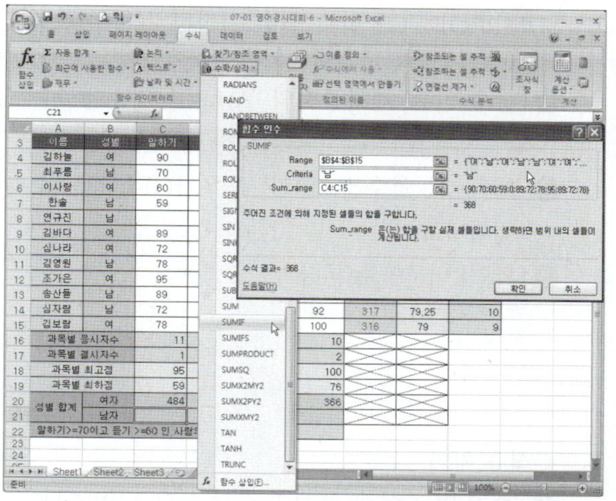

5. 수식 복사하기
   ❶ [확인] 버튼을 클릭하여 [C21] 셀에 합계를 표시하고,
   ❷ 채우기 핸들을 [F21] 셀까지 오른쪽으로 드래그하여 각 과목별 남자의 합계를 구한다.

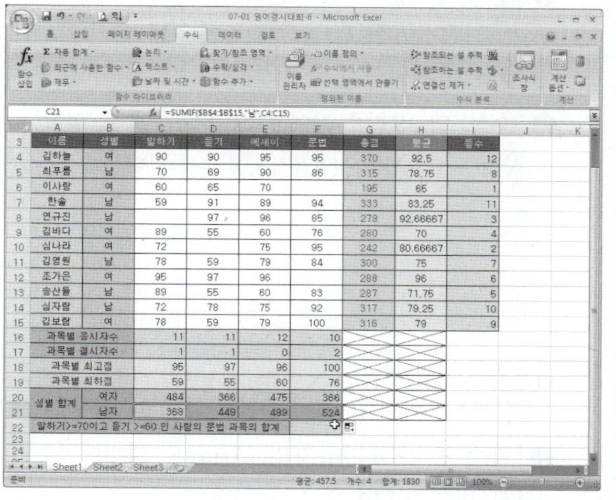

함께하기 | 구매의뢰서 완성하기(SUMPRODUCT 함수)

예제 파일: 엑셀\예제파일\Chapter 06\Section 01\06-01 구매의뢰서.xlsx
완성 파일: 엑셀\완성파일\Chapter 06\Section 01\06-01 구매의뢰서(완성).xlsx

1. SUMPRODUCT 함수 선택하기
   ❶ [D7] 셀을 클릭하고,
   ❷ [수식] 탭 → [함수 라이브러리] 그룹에서 '수학/삼각 – SUMPRODUCT' 함수를 선택한다.

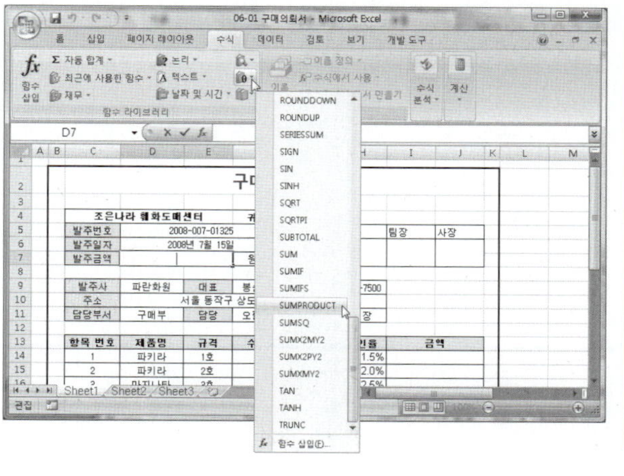

2. SUMPRODUCT 함수 인수 지정하기(발주금액 = (수량 * 단가) – (수량 * 단가 * 할인율))

❶ [함수 인수] 대화상자의 'Array1' 인수에 '수량' 범위 [F14:F23]을 표시하고,

❷ 'Array2' 인수에 '단가' 범위 [G14:G23]을 입력하고,

❸ [확인] 버튼을 누른다.

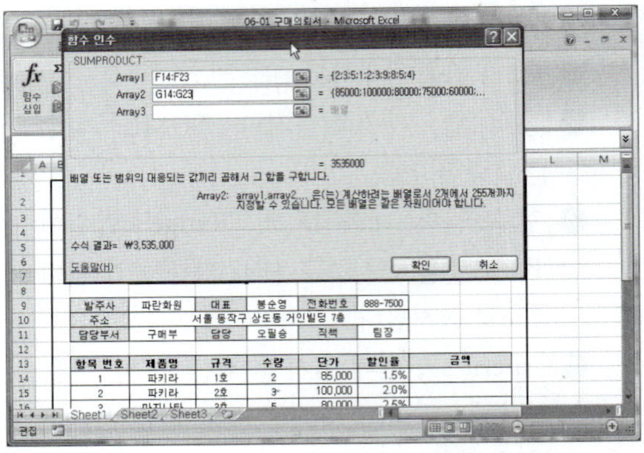

3. 수식 고치기

❶ '수식 입력줄'에 표시된 수식 '=SUMPRODUCT(F14:F23,G14:G23)' 다음에 빼기 '–' 기호를 추가하고,

❷ [수식] 탭 – [함수 라이브러리] 그룹에서 '수학/삼각 – SUMPRODUCT' 함수를 선택한다.

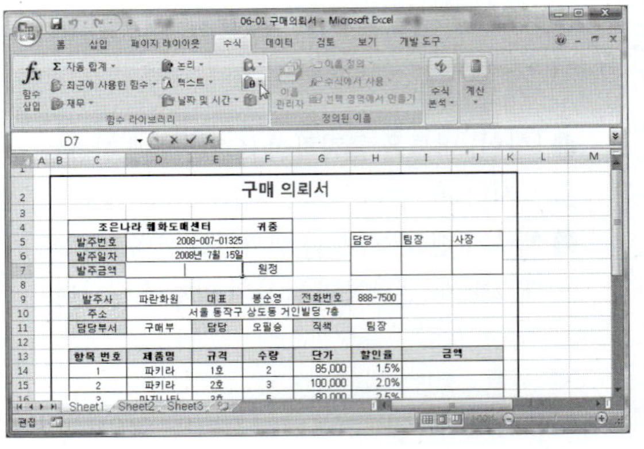

4. SUMPRODUCT 함수 인수 지정하기(발주 금액 = (수량 * 단가) – (수량 * 단가 * 할인율))

❶ [함수 인수] 대화상자의 'Array1' 인수에 '수량' 범위 [F14:F23]을 표시하고,

❷ 'Array2' 인수에 '단가' 범위 [G14:G23]을 입력하고,

❸ 'Array3' 인수에 [H14:H23] 셀 주소를 표시하고,

❹ [확인] 버튼을 누른다.

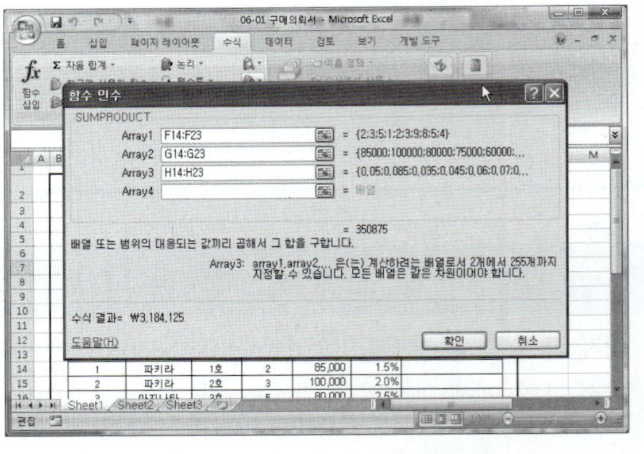

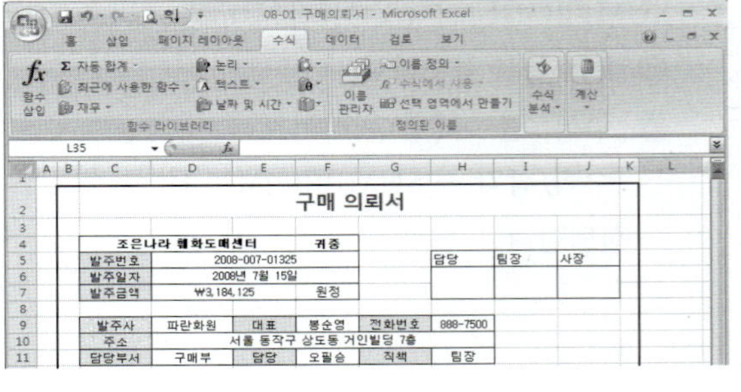

반올림, 올림, 내림하는 함수(ROUND, ROUNDUP, ROUNDDOWN)

지정한 자리수로 반올림하거나 올림, 내림하기 위한 함수로 ROUND 함수, ROUNDUP 함수, ROUNDDOWN 함수 등을 사용한다.

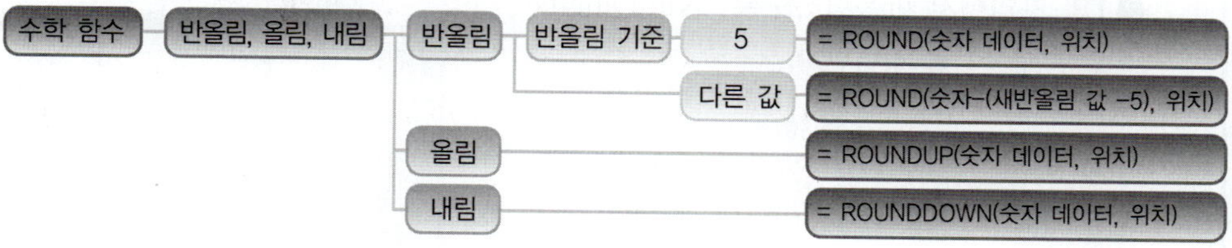

ROUND 함수는 숫자 데이터를 지정한 자리수로 반올림하는 함수이다. ROUNDDOWN 함수는 0에 가까운 방향으로 수를 내림하여 표시하고, ROUNDUP 함수는 항상 숫자를 올림하여 표시한다.

예를 들어 1의 자리에서 반올림을 하는 경우 num_digits는 –1을 표시하고, 10의 자리에서 반올림을 하려면 num_digits는 –2를 입력한다.

형식 ROUND(number, num_digits)
ROUNDDOWN(number, num_digits)
ROUNDUP(number, num_digits)

인수
- **Number:** 나머지를 구할 숫자 또는 숫자 데이터를 참조하는 셀 주소
- **num_digits:** 소수점 아래는 양수로, 정수로 반올림(또는 올림, 내림)하려면 0으로, 소수점 위 자리수는 음수로 표시

숫자	1	2	3	4	.	5	6	7	8
자리수	–4	–3	–2	–1	0	1	2	3	4

함께하기 | 아르바이트 지급액 계산하기

예제 파일: 엑셀\예제파일\Chapter 06\Section 01\06-01 아르바이트지급명세서.xlsx
완성 파일: 엑셀\완성파일\Chapter 06\Section 01\06-01 아르바이트지급명세서(완성).xlsx

1. 반올림 함수(ROUND 함수) 선택하기

❶ 지급액을 1원 단위에서 반올림하기 위해서 [E4] 셀을 클릭하고,

❷ 수식 입력줄에서 '함수 삽입' 도구(*fx*)를 클릭한다.

❸ [함수 마법사] 대화상자의 범주에서 '수학/삼각'을 선택한 후, 'ROUND' 함수를 선택하고 [확인] 버튼을 클릭한다.

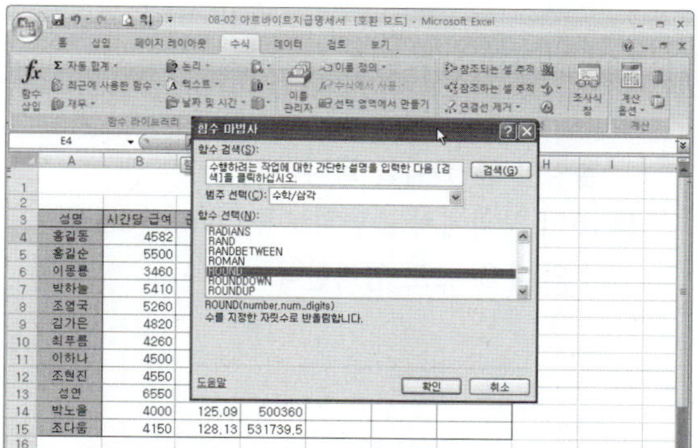

2. ROUND 함수 인수 설정하기

❶ [함수 인수] 대화상자의 'Number' 인수에 반올림할 셀 [D4]를 입력하고,

❷ 1의 자리에서 반올림하도록 'Num_digits' 인수에 '-1'을 입력한다.

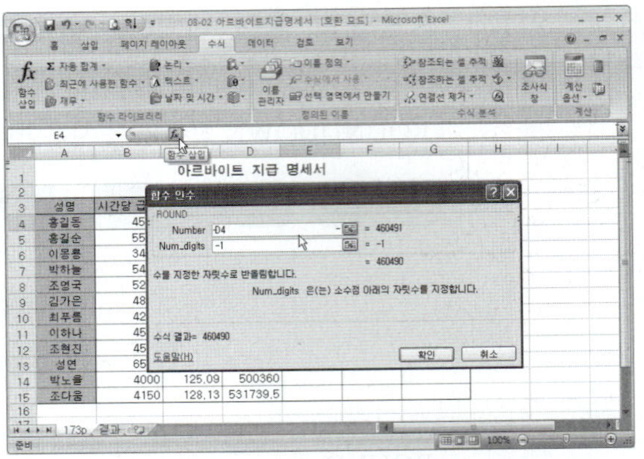

3. 수식 채우기

❶ [확인] 버튼을 클릭하고,

❷ [E4] 셀의 채우기 핸들을 더블 클릭하여 ROUND 열을 완성한다.

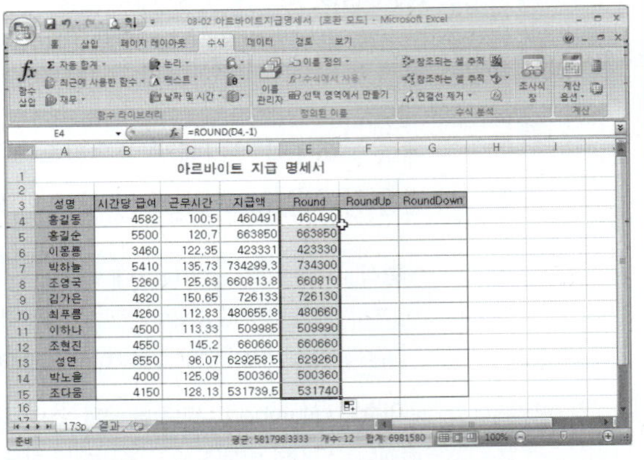

4. 올림하기(ROUNDUP 함수) → 지급액 10 단위 올림하기

❶ [F4] 셀을 클릭하고, 수식 입력줄에서 함수 삽입 도구(f_x)를 클릭한 다음,

❷ [함수 마법사] 대화상자의 '범주 선택 – 수학/삼각'을 선택하고, '함수 선택 – ROUNDUP' 함수를 선택한 후 [확인] 버튼을 클릭한다.

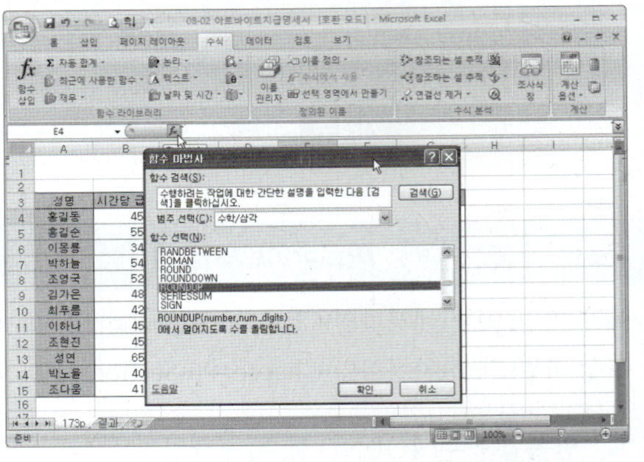

5. ROUNDUP 함수 인수 설정하기

❶ [함수 인수] 대화상자의 'Number' 인수에 올림할 셀 [D4]를 표시하고,

❷ 10의 자리에서 올림하도록 'Num_digits' 인수의 값을 -2로 입력한다.

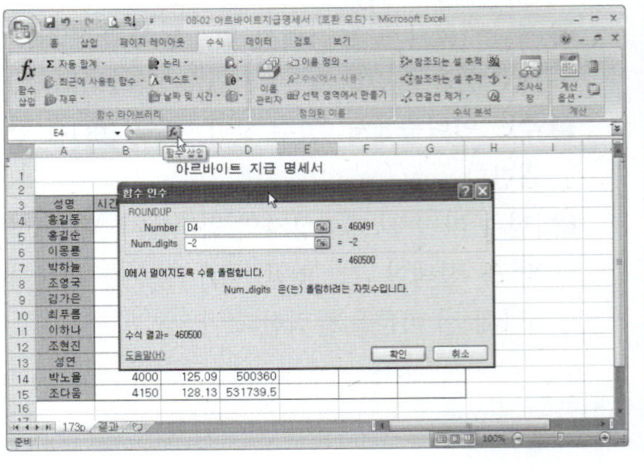

6. 수식 채우기

❶ [확인] 버튼을 클릭하고,

❷ [F4] 셀의 채우기 핸들을 더블 클릭하여 ROUND 열을 완성한다.

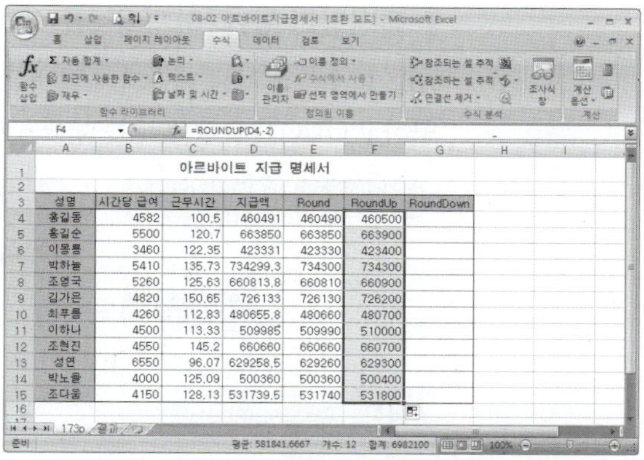

7. 내림하기(ROUNDDOWN함수) → 지급액 100 단위 내림하기

❶ [G4] 셀을 클릭하고, 함수 삽입 도구(f_x)를 클릭한 후,

❷ [함수 마법사] 대화상자의 '범주 선택 → 수학/삼각' 을 선택하고, '범주 선택 → ROUND-DOWN' 함수를 선택하고 [확인] 버튼을 클릭한다.

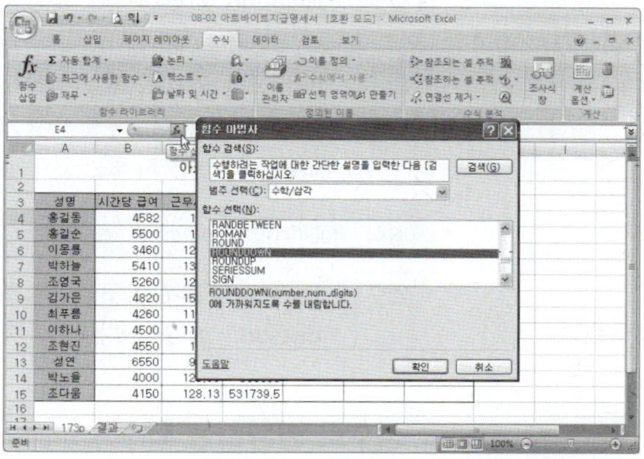

8. ROUNDDOWN 함수 인수 설정하기

❶ [함수 인수] 대화상자의 'Number' 인수에 내림할 셀 [D4]를 표시하고,

❷ 100의 자리에서 올림하도록 'Num_digits' 인수의 값을 −3를 입력한다.

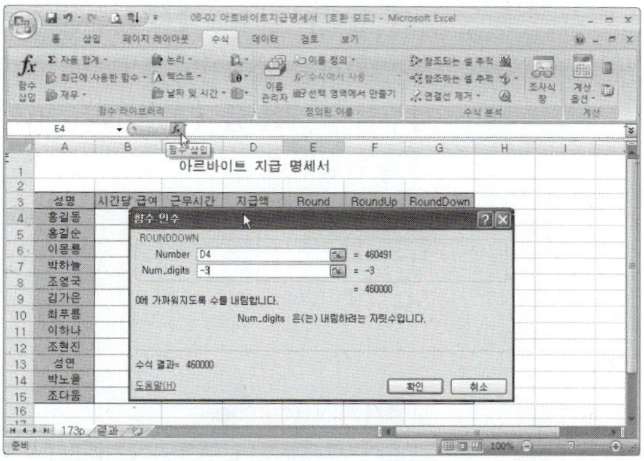

9. 수식 채우기

❶ [확인] 버튼을 클릭하고,

❷ [G4] 셀의 채우기 핸들을 더블 클릭하여 ROUNDDOWN 열을 완성한다.

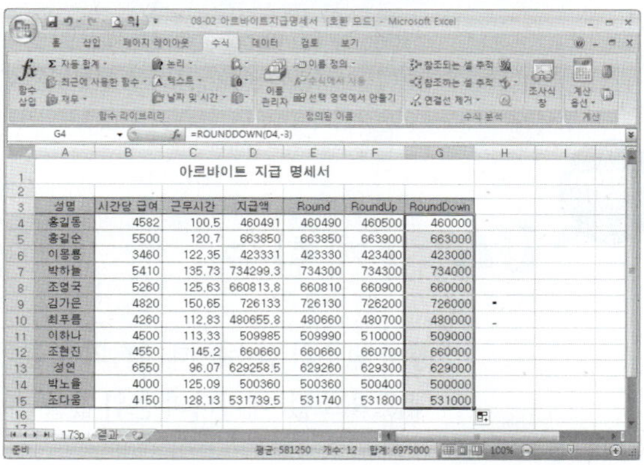

절대값과 몫/나머지 구하는 함수

ABS 함수는 입력된 데이터의 절대값을 구하는 함수이고, MOD 함수는 숫자를 나누어 나머지를 구하고 QUOTIENT 함수는 몫을 구하는 함수이다.

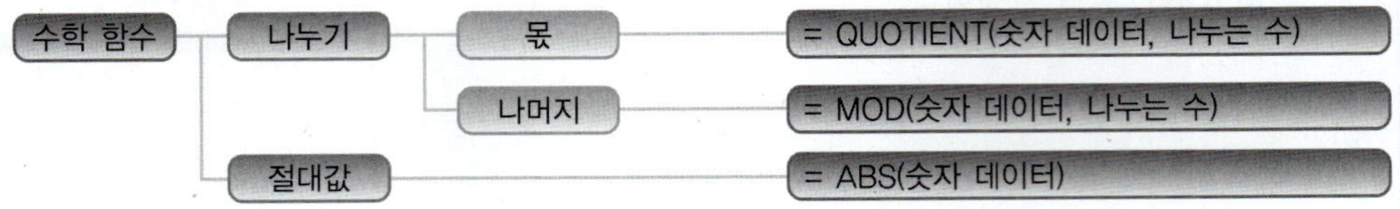

형식	ABS(number)
인수	• **Number:** 절대값을 계산할 숫자 또는 숫자 데이터를 참조하는 셀 주소

형식	MOD(number, divisor)
인수	• **Number:** 나머지를 구할 숫자 또는 숫자 데이터를 참조하는 셀 주소 • **divisor:** 나눌 숫자 또는 숫자 데이터를 참조하는 셀 주소

형식	QUOTIENT(number, divisor)
인수	• **Number:** 나머지를 구할 숫자 또는 숫자 데이터를 참조하는 셀 주소 • **divisor:** 나눌 숫자 또는 숫자 데이터를 참조하는 셀 주소

정수로 변환하는 함수

INT 함수는 실수값에서 소수점 이하 부분을 버리고 실수보다 크지 않은 정수로 내림하여 정수로 변환하는 함수이고, TRUNC 함수는 소수 데이터의 소수점 이하를 버리고 정수로 변환하는 함수이다. 예를 들어 TRUNC(−4.3)는 −4를 반환하지만 INT(−4.3)는 −5가 더 작은 수이므로 −5를 반환한다.

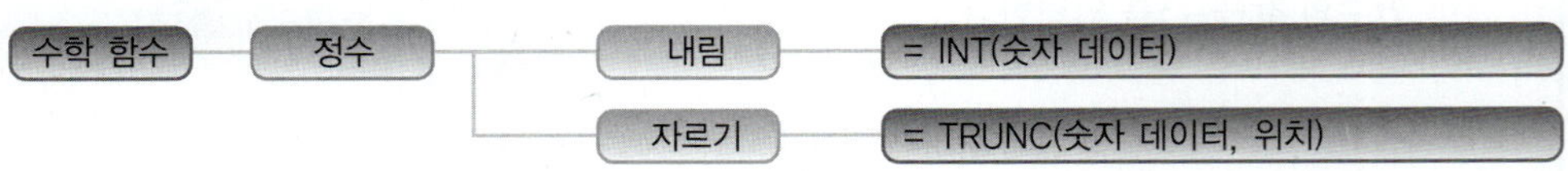

형식	INT(number) TRUNC(number, num_digits)
인수	• **Number:** 절대값을 계산할 숫자 또는 숫자 데이터를 참조하는 셀 주소 • **num_digits:** 정수로 변환하기 위한 자리수

Section 04: 통계 함수

통계 범주의 함수는 데이터의 평균이나 개수를 계산하거나 조건을 만족하는 평균이나 개수, 최대값, 최소값, 데이터의 순위 값을 계산하는 함수 등을 포함한다.

4.1 평균을 구하는 함수(AVERAGE, AVERAGEIF, AVERAGEIFS)

지정한 범위의 평균을 계산하기 위한 함수로 AVERAGE 함수와 AVERAGEA 함수, 주어진 조건을 만족하는 범위의 평균을 계산하기 위한 함수로 AVERAGEIF 함수와 AVERAGE 함수가 있다.

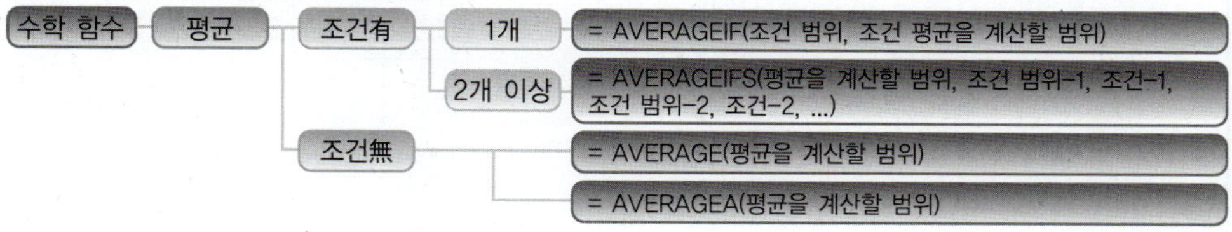

AVERAGE 함수

AVERAGE 함수는 숫자 데이터의 평균을 계산하기 위해 사용하는 함수이며, 범위에 입력된 텍스트 데이터와 문자값은 무시한다. AVERAGEA 함수는 숫자 데이터뿐 아니라 논리값, 텍스트 데이터 등을 포함하여 평균을 계산한다. 텍스트와 논리값 FALSE는 0으로, 논리값 TRUE는 1로 계산된다.

형식	AVERAGE(number1, number2,...) AVERAGEA(value1, value2,...)
인수	• **number 1, ...**: 평균을 구할 숫자, 이름, 셀 범위. 255개까지 사용 가능 • **value 1, ...**: 평균을 구할 숫자와 텍스트, 논리값, 이름, 셀 주소. 255개까지 사용 가능

조건에 맞는 데이터의 평균 구하기(AVERAGEIF, AVERAGEIFS)

AVERAGEIF 함수는 하나의 조건을 만족하는 데이터의 평균을 구하는 함수이고, AVERGEIFS 함수는 둘 이상의 조건을 모두 만족하는 데이터의 평균을 구하는 함수이다.

형식	AVERAGEIF(range, criteria, average_range)
인수	• **range**: 조건(criteria)을 검사할 하나 이상의 셀 • **criteria**: 숫자, 식, 셀 참조 또는 텍스트 형식의 조건 • **average_range**: 평균을 계산할 셀 집합, 지정하지 않으면 range 범위로 평균 계산
형식	AVERAGEIFS(average_range, criteria_range1, criteria1, criteria_range2, criteria2...)
인수	• **average_range**: 평균을 계산할 셀 집합 • **criteria1, criteria2, ..**: 숫자, 식, 셀 참조 또는 텍스트 형식의 조건 • **criteria1_range, criteria2_range, ...**: 조건(criteria1, criteria2, ..)을 검사할 하나 이상의 셀

함께하기 | 평균 계산하기

예제 파일: 엑셀\예제파일\Chapter 06\Section 02\06-02 영어경시대회.xlsx
완성 파일: 엑셀\완성파일\Chapter 06\Section 02\06-02 영어경시대회(완성).xlsx

1. 총점 계산하기(AVERGAGE 함수)
   ❶ 총점을 계산할 [H4] 셀을 선택하고,

❷ [수식] 탭 – [함수 추가] – '통계 – AVERAGE' 함수를 선택한다.

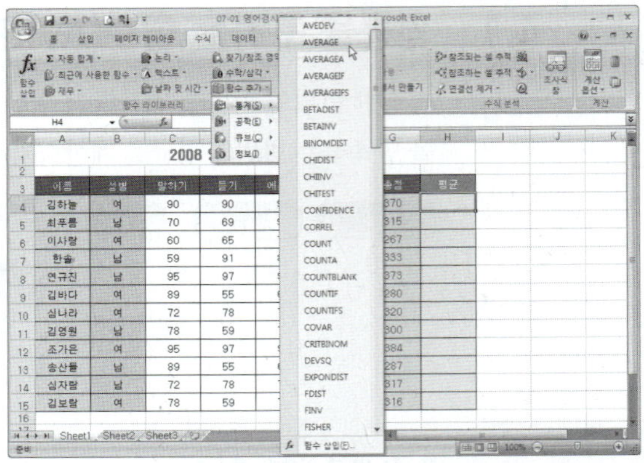

2. AVERAGE 함수 인수 설정하기

❶ [함수 인수] 대화상자의 'Number1' 인수에 총점을 제외한 [C4:H4] 셀 영역을 지정한다.

❷ [확인] 버튼을 클릭한다.

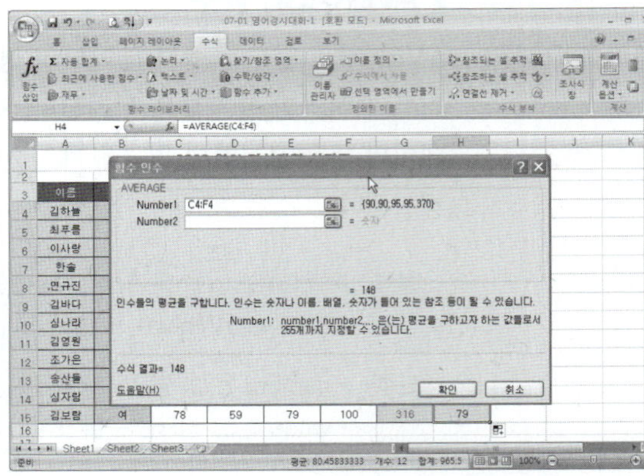

3. 수식 복사하기

❶ 평균이 표시된 [H4] 셀의 채우기 핸들을 더블 클릭하여 [H15] 셀까지 평균을 표시한다.

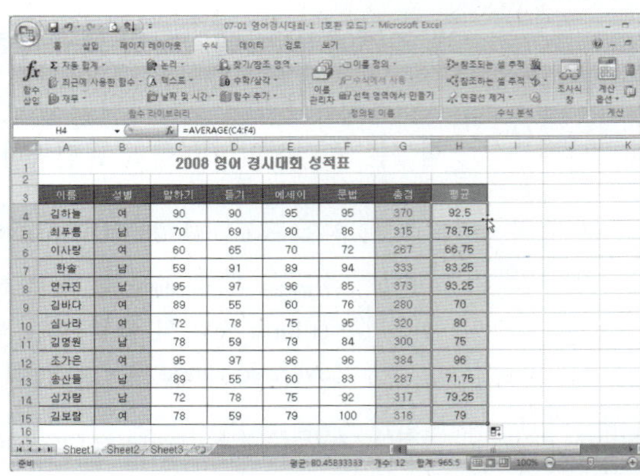

함께하기 | 조건을 만족하는 항목의 평균값 계산하기

예제 파일: 엑셀\예제파일\Chapter 06\Section 02\06-02 영어경시대회_평균.xls

완성 파일: 엑셀\완성파일\Chapter 06\Section 02\06-02 영어경시대회_평균(완성).xls

1. AVERAGEIF 함수 선택하기

❶ [C22] 셀을 클릭하고,

❷ [수식] 탭 – [함수 추가] – '통계 – AVERAGEIF' 함수를 클릭한다.

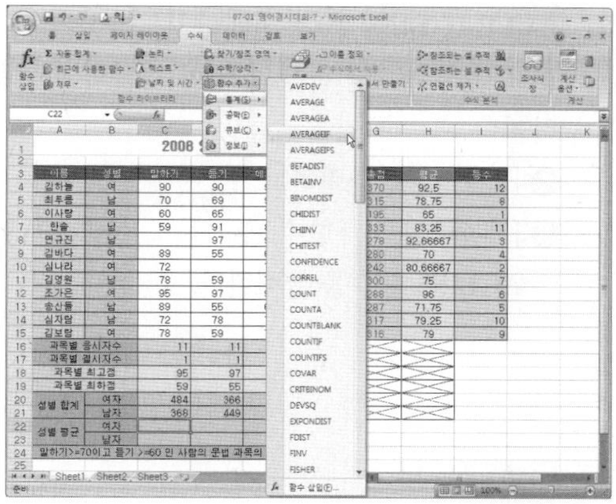

2. AVERAGEIF 함수 인수 설정하기

❶ [함수 인수] 대화상자의 'Range' 인수에 조건을 검사할 범위 [B4:B15]를 표시하고 [F4] 키를 눌러 절대 주소로 표시한다.

❷ 'Criteria' 인수에 '남' 을 입력하고,

❸ 'Average_range' 인수에 평균을 계산하기 위해 사용할 셀 범위 [C4:C15]를 표시한다.

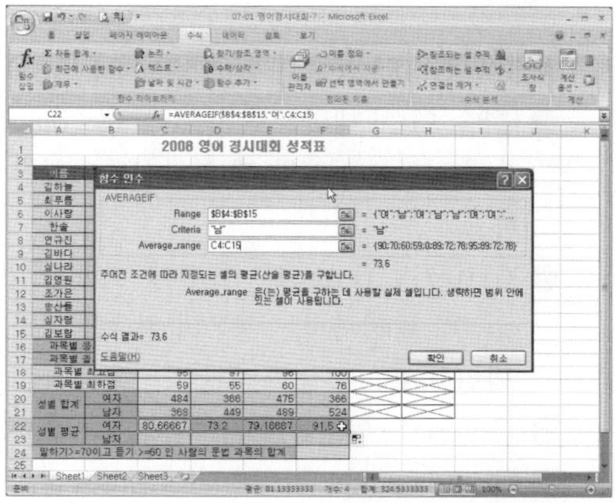

3. 수식 복사하기

❶ [확인] 버튼을 눌러 평균을 표시하고,

❷ [C22] 셀의 채우기 핸들을 [F22]까지 드래그하여 각 과목별 남자 평균을 구한다.

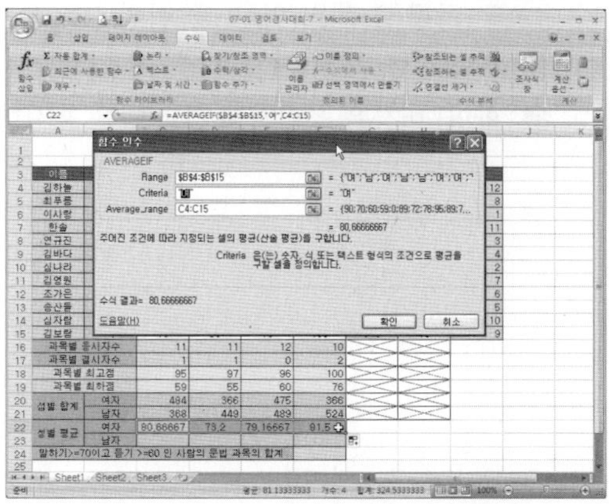

4. 여자의 과목별 평균 계산하기

❶ [C23] 셀을 클릭하고 2~3 과정을 반복하여 여자인 경우의 과목별 평균을 구한다.

❷ [확인] 버튼을 눌러 평균을 표시하고,

❸ [C23] 셀의 채우기 핸들을 [F23]까지 드래그하여 남자인 경우 각 과목별 평균을 구한다.

5. AVERAGEIFS 함수 선택하기('말하기>=70이고 듣기>=60' 인 학생의 문법 과목의 합계를 구하기)

❶ [F24] 셀을 클릭하고,

❷ [수식] 탭 – [함수 추가] – 통계 – AVERAGEIFS 함수를 클릭한다.

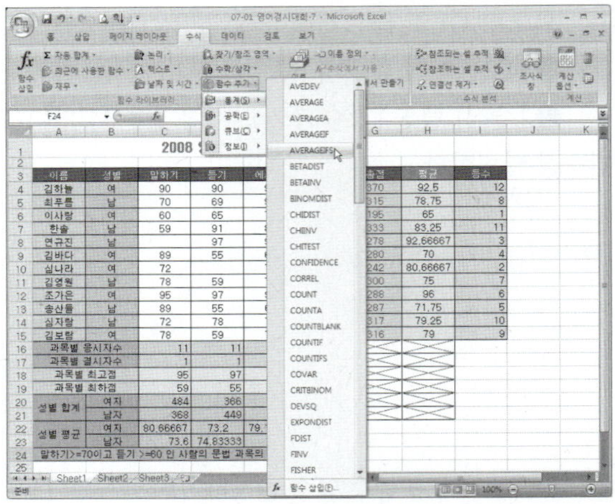

6. AVERAGEIFS 함수 인수 설정하기-1

❶ [함수 인수] 대화상자의 'Average_range' 인수에 평균을 계산할 셀 영역 [F4:F15]를 입력하고,

❷ 'Criteria_range1' 인수에 조건 '말하기>=70' 을 만족하는 경우의 평균을 계산할 셀 범위 [C4:C15]를 표시한다.

❸ 'Criteria1' 인수에 조건 '>=70' 을 입력한다.

❹ 'Criteria_range1' 인수와 'Criteria1' 인수에 두 번째 조건을 위한 셀 범위 [D4:D15]와 '>=60' 을 표시한다.

❺ [확인] 버튼을 클릭하여 결과 값을 표시한다.

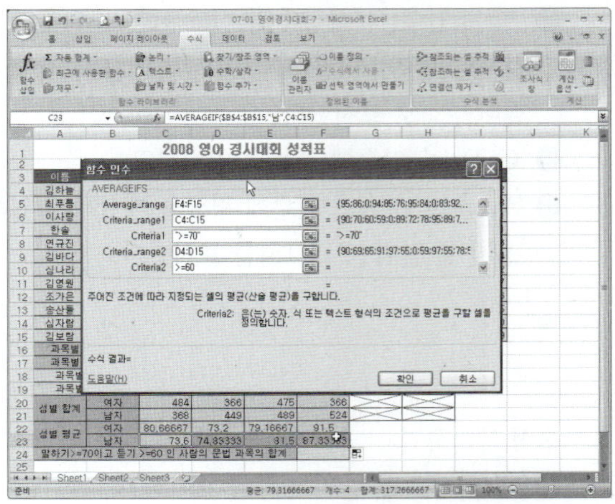

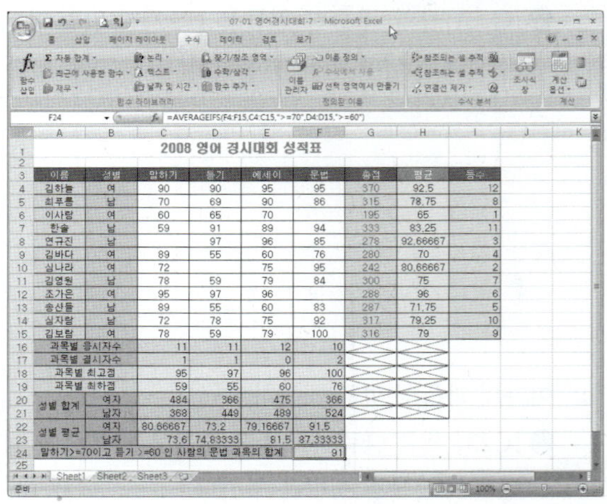

한 수 더 배우기 | 데이터 중 일정 범위의 데이터를 제외하고 평균 구하기(TRIMMEAN 함수)

TRIMMEAN 함수를 사용하여 일정 범위의 데이터를 제외하고 평균을 구할 수 있다.

```
TRIMMEAN(array, percent)
    array: 평균을 계산할 데이터의 범위
    percent: 계산에서 제외할 비율
```

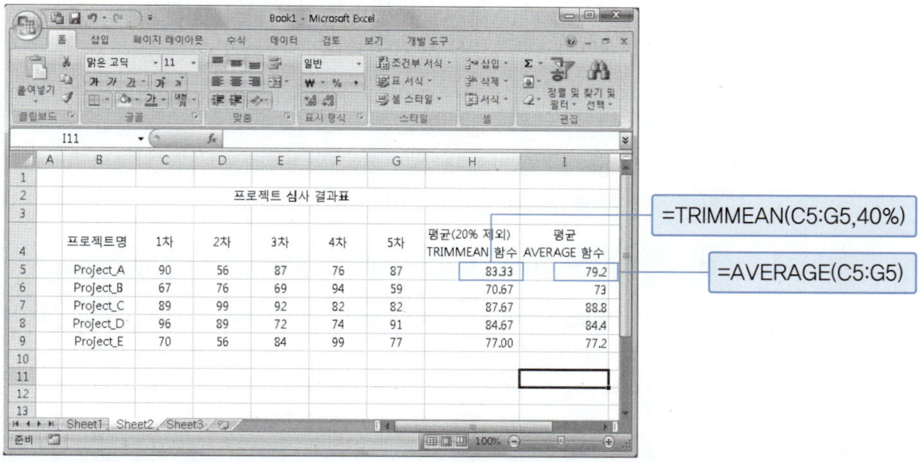

4.2 데이터의 개수 구하기(COUNT, COUNTA, COUNTBLANK, COUNTIF, COUNTIFS)

COUNT 계열의 함수는 조건을 만족하는 개수를 세기 위해 사용하는 함수이다. COUNT 함수, COUNTA 함수, COUNTBLANK 함수와 조건을 만족하는 셀의 개수를 세기 위한 COUNTIF 함수와 COUNTIFS 함수 등이 있다.

셀 개수 세는 함수(COUNT, COUNTA, COUNTBLANK 함수)

COUNT 함수는 숫자가 포함된 셀의 개수를 세고, COUNTA 함수는 숫자, 문자 등을 포함하는 지정한 범위에서 비어 있지 않은 셀의 개수를 구한다. COUNTBLANK 함수는 지정한 범위에서 빈 셀의 개수를 계산하기 위해 사용한다.

형식	COUNT(value1, value2,...) COUNTA(value, value2,...) COUNTBLANK(range)
인수	• **value1, value2,...:** 숫자, 텍스트, 논리값, 이름, 셀 범위. 255개까지 사용 가능 • **range:** 조건(criteria)을 검사할 하나 이상의 셀

조건에 맞는 셀의 개수 구하기(COUNTIF, COUNTIFS 함수)

COUNTIF 함수는 하나의 조건을 만족하는 범위의 셀 개수를 구하고, COUNTIFS 함수는 하나 이상의 조건을 모두 만족되는 셀의 개수를 구하는 함수이다.

형식	COUNTIF(range, criteria)
인수	• **range:** 조건을 만족하는 셀의 개수를 세기 위한 숫자 데이터 범위 • **criteria:** 셀의 개수를 세기 위한 조건

형식	COUNTIFS(criteria_range1, criteria1, criteria_range2, criteria2, …)
인수	• **criteria_range1, criteria_range2, ..:** 각 조건(criteria1, criteria2, ..)을 만족하는 셀의 개수를 세려는 숫자 데이터 범위 • **criteria1, criteria2, .. :** 셀의 개수를 세기 위한 조건

함께하기 | 과목별 응시자 수와 결시자 수 계산하기

예제 파일: 엑셀\예제파일\Chapter 06\Section 02\06-02 영어경시대회_개수.xlsx
완성 파일: 엑셀\완성파일\Chapter 06\Section 02\06-02 영어경시대회_개수(완성).xlsx

1. COUNT 함수 선택하기(응시자 수)

❶ 과목별 응시자 수를 계산하기 위해 [C16] 셀을 클릭하고,

❷ [수식] 탭 – [함수 추가] – '통계 – COUNT 함수를 클릭한다.

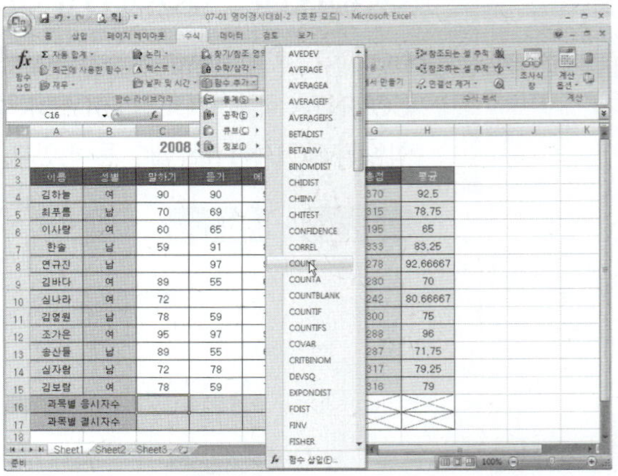

2. 함수 인수 설정하기

❶ [함수 인수] 대화상자의 'Number1' 인수 항목에 [C4:C15]의 셀 영역을 지정하고,

❷ [확인] 버튼을 눌러 응시자 수를 표시한다.

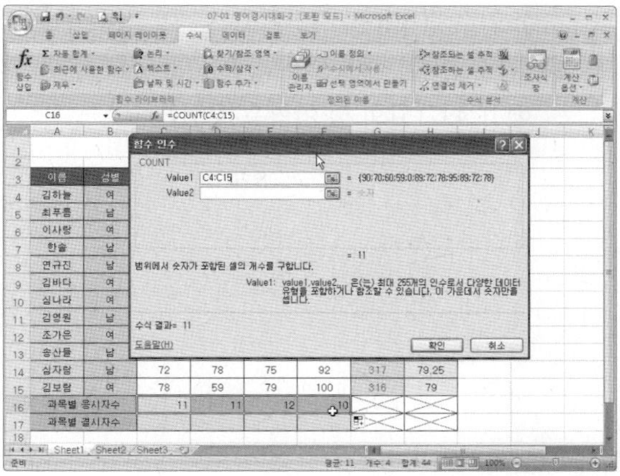

3. 수식 복사하기

❶ [C16] 셀의 채우기 핸들을 마우스로 드래그하여 다른 과목의 응시자 수를 계산한다.

4. 결시자 수 구하기(COUNTBLANK 함수)

❶ 결시자 수를 표시할 셀 [C17]을 클릭하고,

❷ [수식] 탭 – [함수 추가] –통계 – COUNTBLANK 함수를 클릭한다.

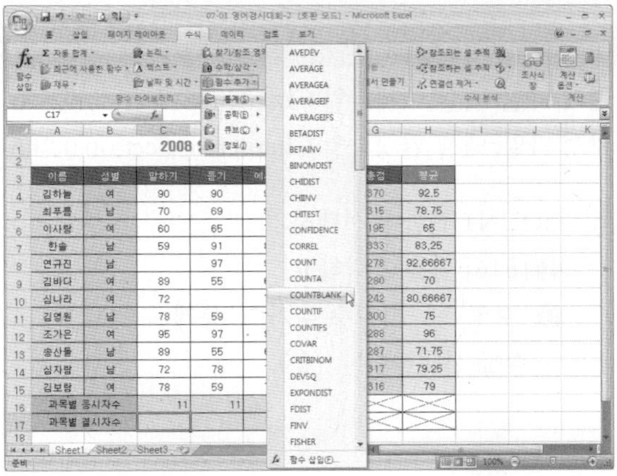

5. 함수 인수 설정하기

❶ [함수 인수] 대화상자의 'Number1' 인수 항목에 [C4:C15]의 셀 영역을 지정한다.

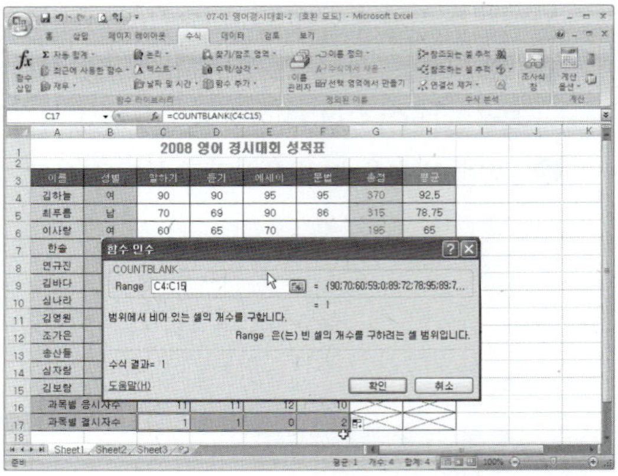

6. 수식 복사하기

❶ [확인] 버튼을 클릭하고,

❷ [C17] 셀의 채우기 핸들을 [F17]까지 드래그하여 각 과목의 결시자 수를 표시한다.

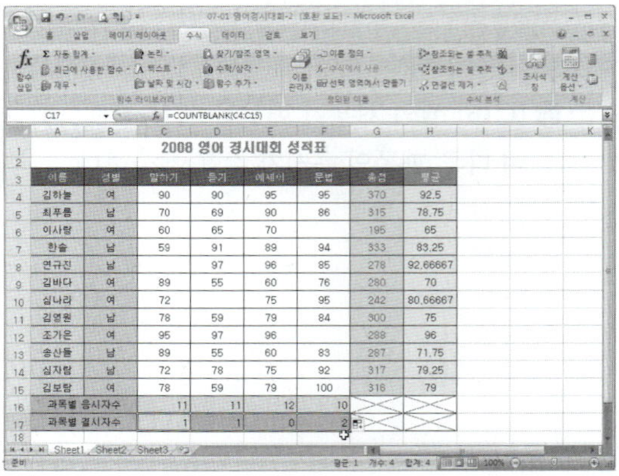

함께하기 | 조건을 만족하는 셀의 개수 구하기

예제 파일: 엑셀\예제파일\Chapter 06\Section 02\06-02 영어경시대회_셀개수조건.xlsx

완성 파일: 엑셀\완성파일\Chapter 06\Section 02\06-02 영어경시대회_셀개수조건(완성).xlsx

1. COUNTIF 함수 선택하기

❶ [E16] 셀을 클릭하고,

❷ [수식] 탭 – [함수 추가] – 통계 – COUNTIF 함수를 선택한다.

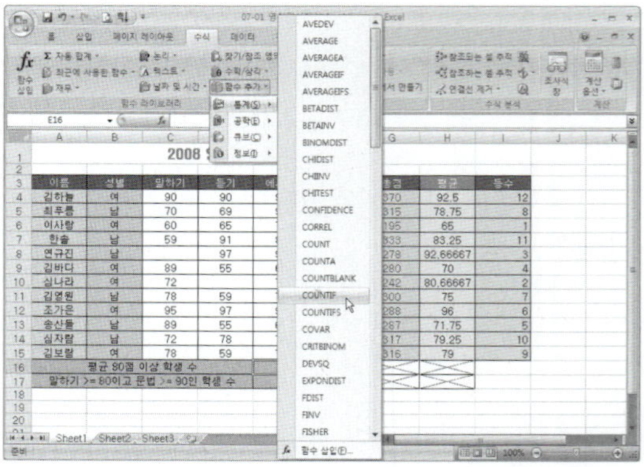

2. COUNTIF 함수 인수 설정하기

❶ [함수 인수] 대화상자의 'Range' 인수에 조건을 만족하는 셀 개수를 계산할 셀 범위 [H4:H15]를 입력한다.

❷ 'Criteria' 인수에 조건 '>= 80'을 입력한다.

❸ [확인] 버튼을 클릭하여 조건을 만족하는 셀의 개수를 표시한다.

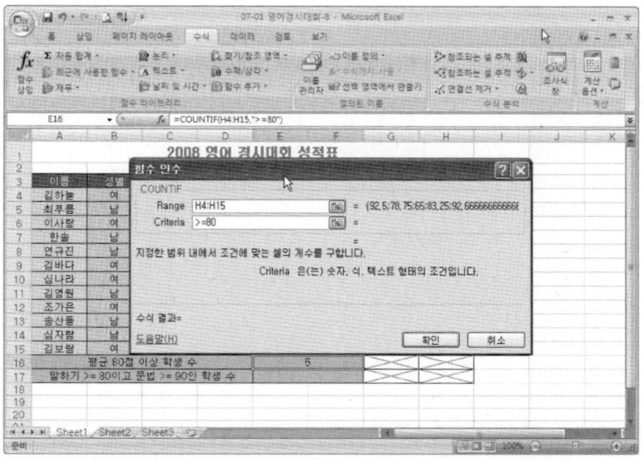

3. COUNTIFS 함수 선택하기

❶ [F17] 셀을 클릭하고,

❷ [수식] 탭 – [함수 추가] – 통계 – COUNTIFS 함수를 클릭한다.

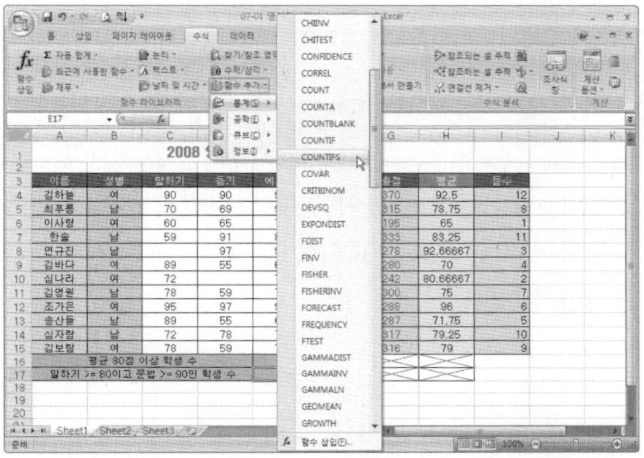

4. 첫 번째 조건 입력하기(말하기 점수가 80점 이상인 셀 개수 세기)

❶ [함수 인수] 대화상자의 'Criteria_range1' 인수에 셀의 개수를 세기 위해 사용할 셀 범위 [C4:C15]를 표시하고,

❷ 'Criteria1' 인수에 조건 '>=80'을 입력한다.

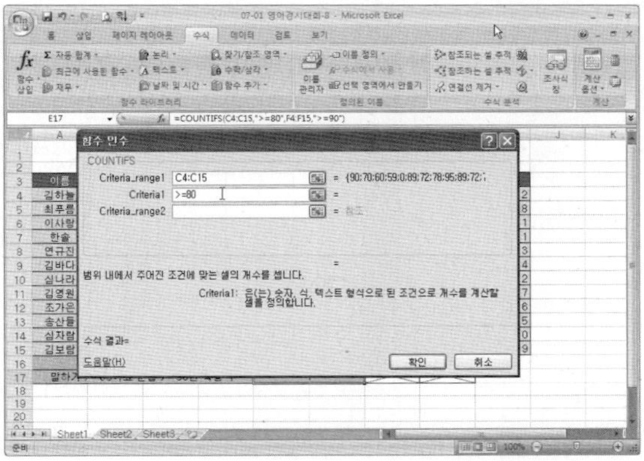

5. 두 번째 조건 입력하기(문법 점수가 90점 이상인 셀 개수 세기)

❶ 'Criteria_range2' 인수에 문법 점수가 90점 이상인 셀의 개수를 세기 위해 사용할 셀 범위 [F4:F15]를 표시하고,

❷ 'Criteria' 2 인수에 조건 '>=90'을 입력한다.

❸ [확인] 버튼을 클릭하여 셀 개수를 표시한다.

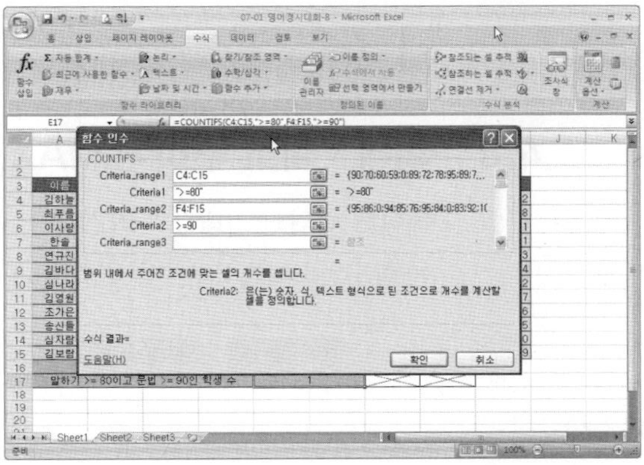

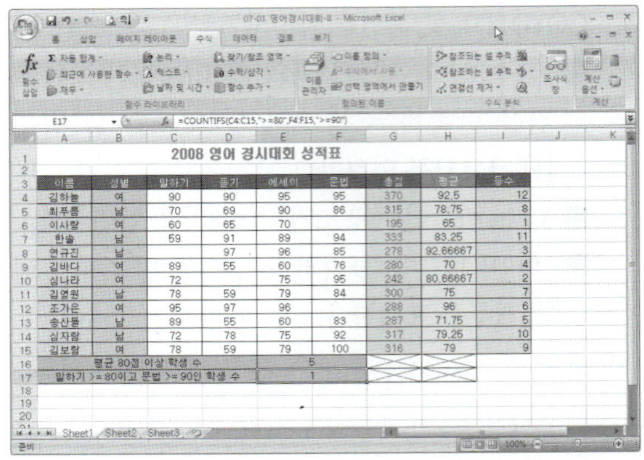

한 수 더 배우기 | 병합된 셀에 일련번호 표시하기(COUNTA 함수)

ROW() 함수를 사용하여 셀에 일련번호를 표시할 수 있다. 그러나 셀이 병합되어 있는 경우 ROW() 함수를 사용하여 일련번호를 표시할 수 없다. 이런 경우 COUNTA() 함수를 사용하여 숫자나 영문으로 일련번호를 표시할 수 있다.

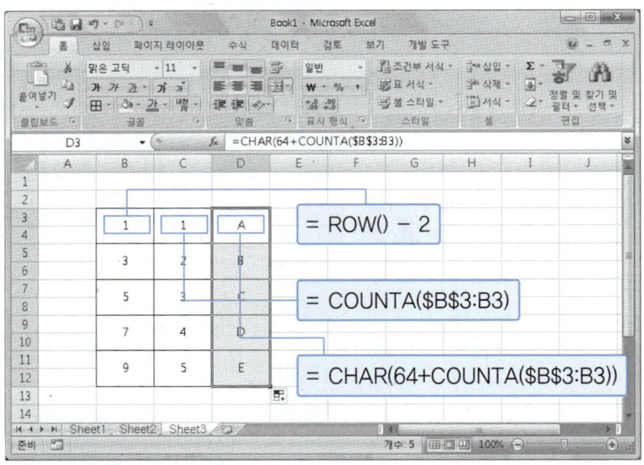

4.3 최대 · 최소 구하기(MAX, MIN, SMALL, LARGE)

데이터 범위의 최대값과 최소값을 구하는 MAX 함수와 MIN 함수와 지정한 위치의 값을 구하는 함수인 LARGE 함수와 SMALL 함수 등이 있다.

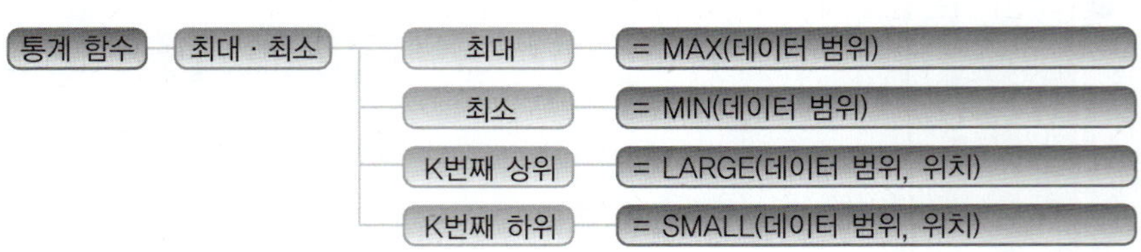

최대값과 최소값 계산하기(MAX 함수와 MIN 함수)

MAX 함수는 지정된 범위의 숫자 데이터 범위에서 최대값을 반환하는 함수이고, MIN 함수는 최소값을 반환하는 함수이다.

형식	MAX(number1, number2,...) MIN(number1, number2,...)
인수	• **number1, number2,...:** 숫자, 이름, 셀 범위. 255개까지 사용 가능

Tip | MAXA 함수와 MINA 함수

MAXA와 MINA 함수는 논리값(True=1, False=0) 및 텍스트(1)를 포함하여 최대값과 최소값을 계산한다.

K번째 큰 값과 작은 값 구하기(LARGE 함수와 SMALL 함수)

LARGE 함수는 주어진 범위에서 k번째로 큰 값을 반환하는 함수이고, SMALL 함수는 k번째로 작은 값을 반환하는 함수이다.

형식	LARGE(array, k) SMALL(array, k)
인수	• **array:** k번째 크기를 확인할 데이터 범위 • **k:** 데이터 범위에서 가장 큰 값 또는 작은 값을 기준으로 한 상대적 순위

함께하기 | 표 만들기

예제 파일: 엑셀\예제파일\Chapter 06\Section 02\06-02 영어경시대회_최대최소.xlsx
완성 파일: 엑셀\완성파일\Chapter 06\Section 02\06-02 영어경시대회_최대최소(완성).xlsx

1. 과목별 최대값 구하기(MAX 함수)
   ❶ 말하기 과목의 최고점을 구하기 위해 [C18] 셀을 클릭하고,
   ❷ [수식] 탭 → [함수 라이브러리] 그룹 – 함수 추가 – 통계 – MAX를 선택한다.

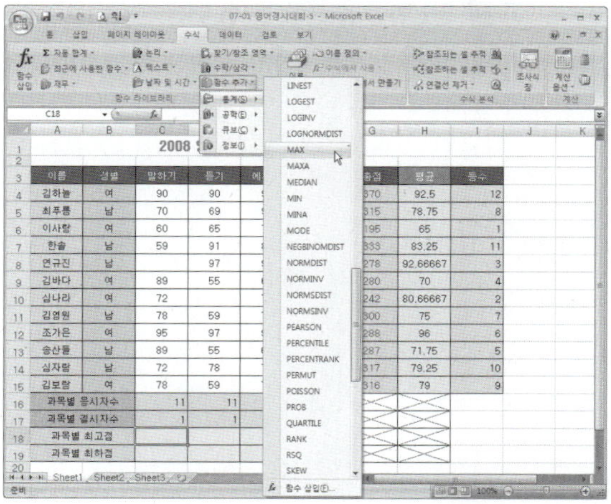

2. MAX 함수 인수 설정하기

❶ [함수 인수] 대화상자의 'Number' 인수에 '말하기' 과목 [C4:C15] 셀의 주소를 입력하고 [확인] 버튼을 클릭한다.

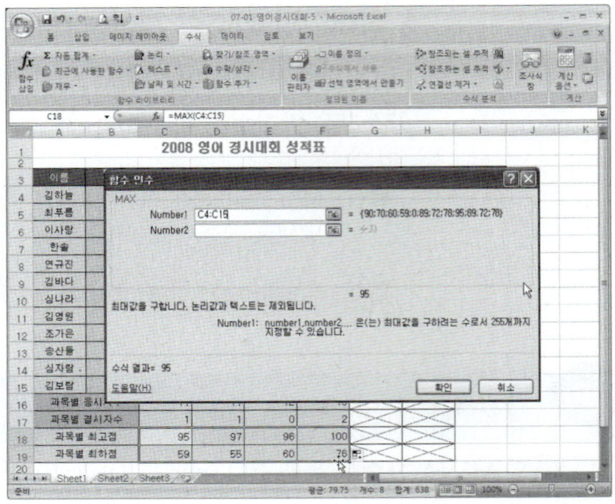

3. 과목별 최소값 구하기

❶ 말하기 과목의 최하점을 구하기 위해 [C19] 셀을 클릭하고,

❷ [수식] 탭 – [함수 라이브러리] 그룹 – 함수 추가 – 통계 – MIN를 선택한다.

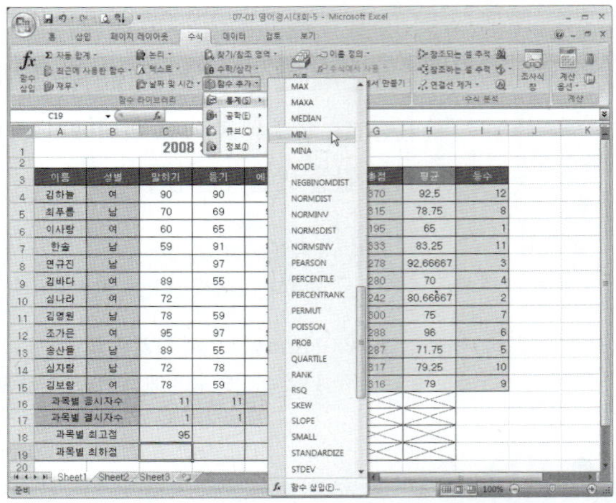

4. MIN 함수 인수 설정하기

❶ [함수 인수] 대화상자의 'Number' 인수에 '말하기' 과목 [C4:C15] 셀의 주소를 입력하고 [확인] 버튼을 클릭한다.

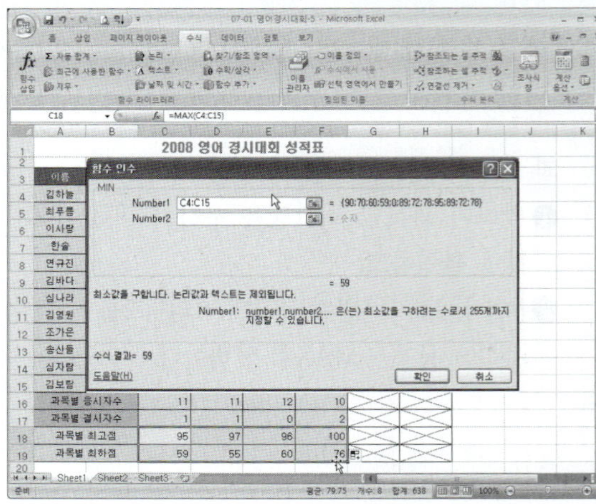

5. 수식 복사하기

❶ 각 과목별 최고점과 최하점을 계산하기 위해 [C18:C19] 셀을 영역으로 선택하고 채우기 핸들을 오른쪽으로 드래그하여 과목별 최고점과 최하점을 완성한다.

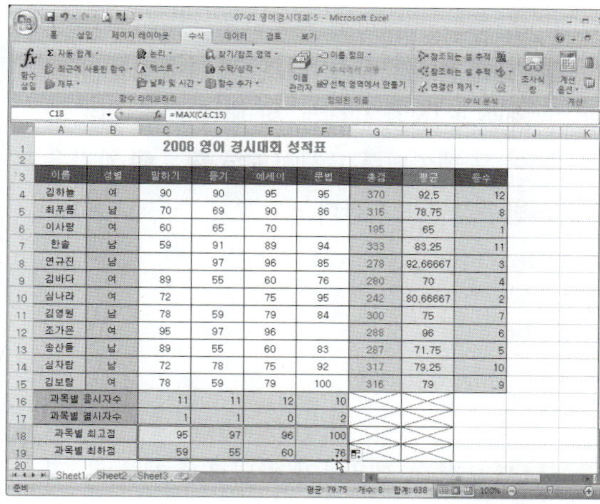

함께하기 | 영업 실적 현황 통계표 만들기

예제 파일: 엑셀\예제파일\Chapter 06\Section 02\06-02 제품판매량통계표_상위하위.xlsx
완성 파일: 엑셀\완성파일\Chapter 06\Section 02\06-02 제품판매량통계표_상위하위(완성).xlsx

1. LARGE 함수 사용하기(상위 3개 제품의 판매량 표시)

❶ 제품 총 판매량의 상위 3개 제품의 판매량을 표시하기 위해 [N5] 셀을 클릭하고,

❷ [수식] 탭 → [함수 라이브러리] 그룹의 '함수 추가 – 통계 – LARGE' 함수를 선택한다.

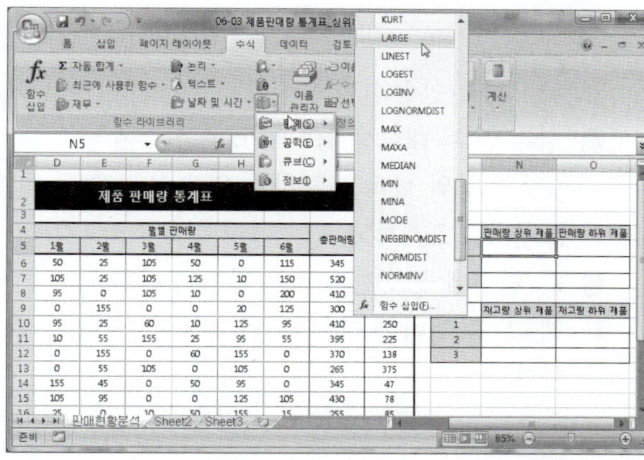

2. LARGE 함수 인수 설정하기

❶ [함수 인수] 대화상자의 'Array' 인수에 판매량의 상위 항목을 구하기 위해 [J6:J22] 셀 주소를 표시하고,

❷ 'K' 인수에 첫 번째로 큰 값을 구하기 위해 '1'을 입력한 다음 [확인] 버튼을 클릭한다.

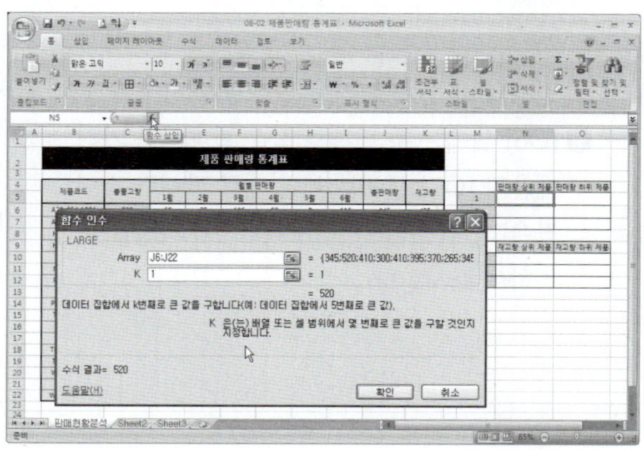

3. 두 번째로 큰 값과 세 번째로 큰 값 구하기

❶ [N6] 셀에는 두 번째로 큰 판매량을 가진 제품과 [N7] 셀에는 세 번째로 판매량 값이 큰 데이터를 표시하도록 ❶ ~ ❸ 과정을 반복하여 표시한다.

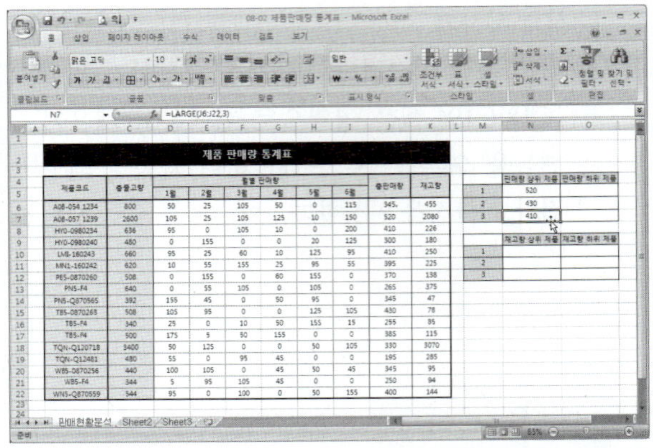

4. SMALL 함수 사용하기(하위 3개 제품 총 판매량 구하기)

❶ 제품 총 판매량의 하위 3개 제품의 판매량을 표시하기 위해 [O5] 셀을 클릭하고,

❷ [수식] 탭 → [함수 라이브러리] 그룹의 '함수 추가 – 통계 – SMALL' 함수를 선택한다.

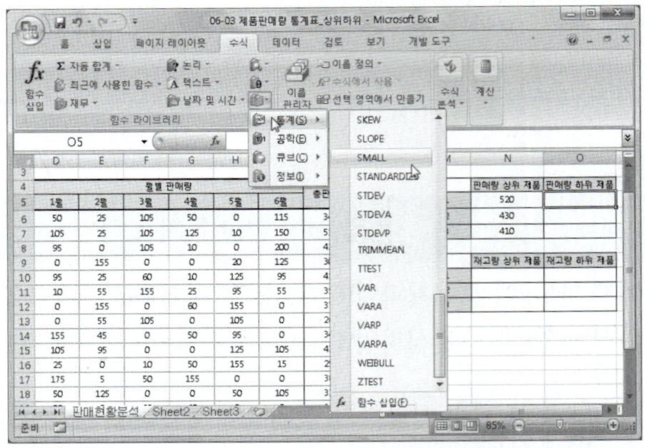

5. SMALL 함수 인수 설정하기

❶ [함수 인수] 대화상자의 'Array' 인수에 판매량의 상위 항목을 구하기 위해 [J6:J22] 셀 주소를 표시하고,

❷ 'K' 인수에 첫 번째로 작은 값을 구하기 위해 '1'을 입력한 다음 [확인] 버튼을 클릭한다.

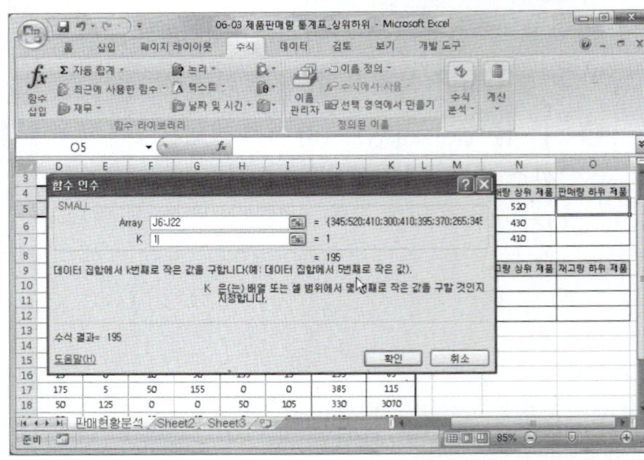

6. 두 번째와 세 번째로 작은 판매량 표시하기

❶ [O6] 셀에는 두 번째로 작은 판매량을 가진 제품과 [O7] 셀에는 세 번째로 판매량 값이 작은 데이터를 표시하도록 5 ~ 6 과정을 반복하여 표시한다.

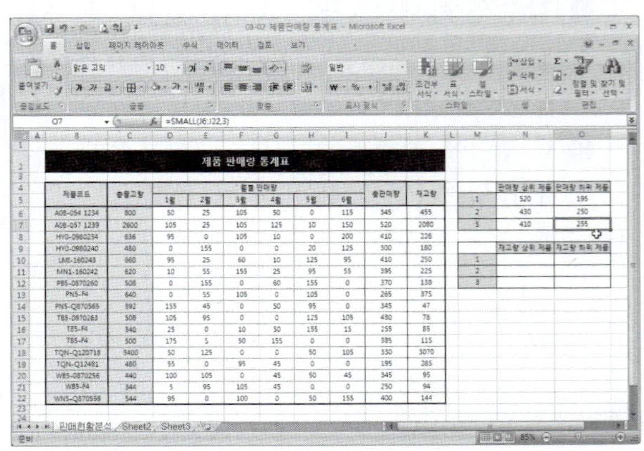

7. 재고량 상위/하위 제품량 표시하기
동일한 방법으로 재고량 상위 제품과 하위 제품량을 계산하여 표시한다.

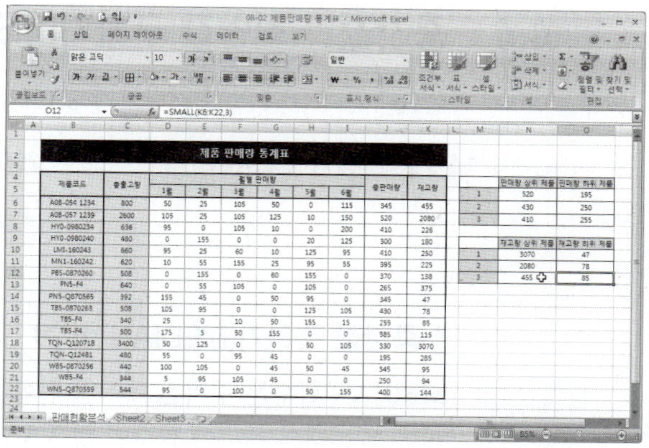

한 수 더 배우기 | 중복되는 값을 제외하고 k번째 큰 값 또는 작은 값 구하기

LARGE 함수 또는 SMALL 함수를 사용하여 k번째 큰 값 또는 작은 값을 구하는 경우 중복되는 값이 여러 번 나타난다. 중복되는 값을 제외하고 k번째 값을 구하기 위해서는 COUNTIF() 함수를 함께 사용해야 한다.

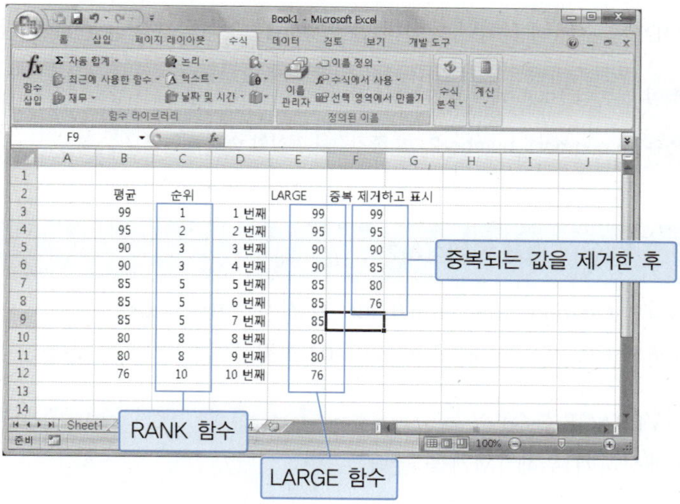

❶ 1번째로 큰 값 구하기

[F3] 셀에 LARGE() 함수를 사용하여 주어진 데이터 중에서 1번째로 큰 값을 구하고(=LARGE($B$3:$B$12,1)

❷ 중복되는 값을 제거한 값 구하기

[F4] 셀에 중복되는 값을 제외하고 2 번째로 큰 값을 표시하기 위해 COUNTIF() 함수를 사용하여 다음과 같이 수식을 입력한다.

```
= LARGE($B$3:$B$12,COUNTIF($B$3:$B$12,">="&F3)+1)
                    [F3] 셀에 입력된 값(99)보다 크거나 같은 데이터의 개수 + 1
                    = 1 + 1 = 2
= LARGE($B$3:$B$12, 2)  => 2번째로 큰 값
```

4.4 중간값과 최빈값 구하기(MEDIAN 함수와 MODE 함수)

산술적인 평균이 아닌 위치상의 중간값이나 가장 많이 나타나는 데이터를 구할 수 있다.

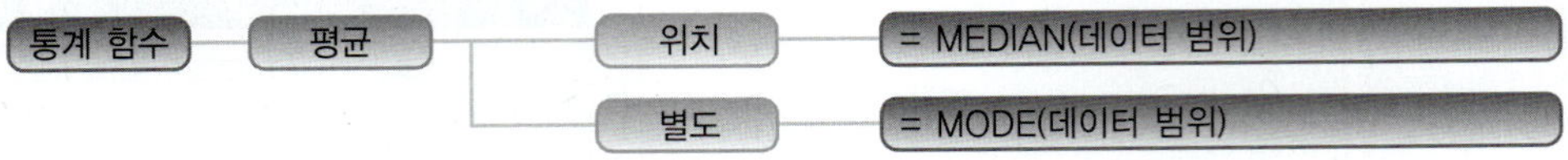

중간값 구하기(MEDIAN 함수)

MEDIAN 함수는 주어진 데이터 집합에서 위치상으로 중간에 위치한 중간값을 반환하는 함수이다. 데이터의 개수가 짝수인 경우 MEDIAN 함수는 가운데 있는 두 수의 평균을 계산하여 표시한다.

형식	MEDIAN(number1, number2,...)
인수	• **number1, number2, ...:** 중간값을 계산할 숫자 데이터

최빈수 구하기

MODE 함수는 배열이나 데이터 범위에서 빈도수가 가장 높은 값을 반환하는 함수이다.

형식	MODE(number1, number2,...)
인수	• **number1, number2, ...:** 중간값을 계산할 숫자 데이터

함께하기 | 직원 급여 명세서 완성하기

예제 파일: 엑셀\예제파일\Chapter 06\Section 02\06-02 직원급여명세.xlsx

완성 파일: 엑셀\완성파일\Chapter 06\Section 02\06-02 직원급여명세(완성).xlsx

1. 평균값 구하기(AVERAGE 함수)

❶ 급여 평균을 계산하기 위해 [M7]을 클릭하고,

❷ [수식] 탭 → '자동 합계 – 평균'을 선택한다.

❸ 급여 총액을 마우스로 드래그하여 영역으로 지정하여 '=AVERAGE(J5:J29)'로 표시한 다음 [Enter] 키를 누른다.

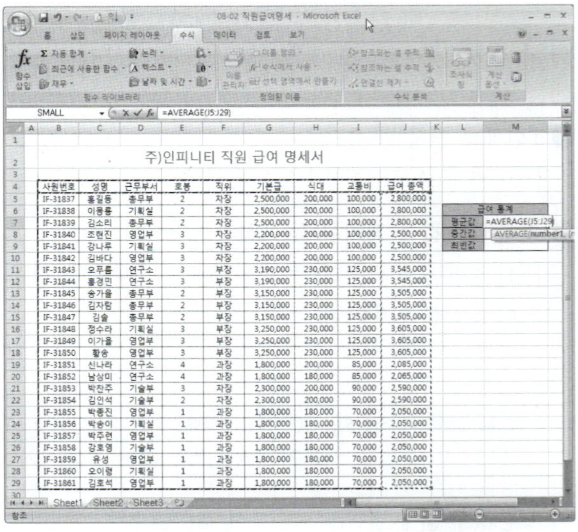

2. 중간값 구하기

❶ 중간값이 입력될 [M8] 셀을 클릭하고,

❷ [수식] 탭의 [함수 라이브러리] 그룹에서 '함수 추가 – 통계 – MEDIAN' 함수를 클릭한다.

❸ [함수 인수] 대화상자의 'Number1' 인수에 중간값을 계산할 셀의 주소 [J5:J29]를 표시하고 [확인] 버튼을 클릭한다.

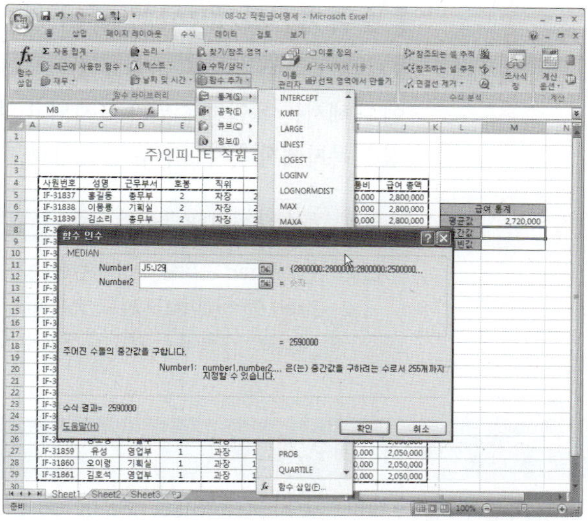

3. 최빈값 구하기(MODE 함수)

❶ 급여 총액의 최빈값을 계산하기 위해 [M9] 셀을 클릭하고,

❷ [수식] 탭의 [함수 라이브러리] 그룹에서 '함수 추가 – 통계 – MODE' 함수를 클릭한다.

❸ [함수 인수] 대화상자의 'Number1' 인수에 중간값을 계산할 셀의 주소 [J5:J29]를 표시하고 [확인] 버튼을 클릭한다.

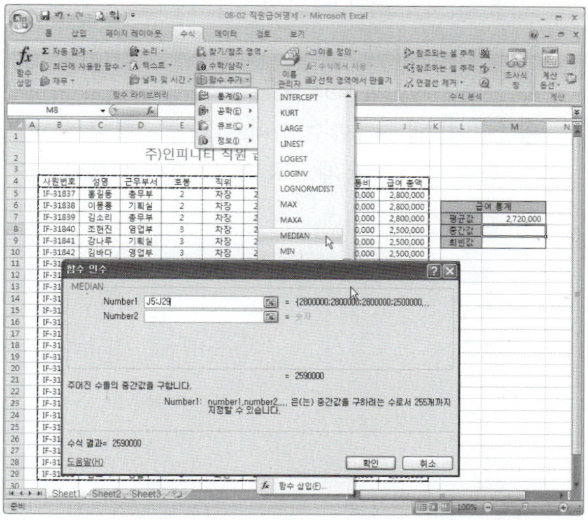

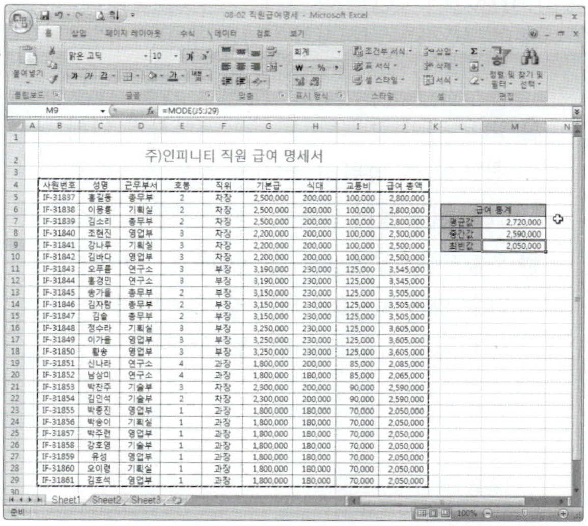

순위 계산하기(RANK 함수)

RANK 함수는 지정된 범위의 숫자 목록에서의 순위를 반환하는 함수이다. 중복된 숫자 데이터에 대해서는 동일한 순위가 표시되고 다음 순위에 영향을 준다. 예를 들어 오름차순으로 정렬된 정수 목록에서 숫자 5가 두 번 나타나고 모두 순위가 3이면 6의 순위는 5가 된다.

형식	RANK(number, ref, order)
인수	• **number:** 순위를 구하기 위한 숫자 데이터 • **ref:** 숫자 데이터의 범위, 숫자 이외의 값은 무시 • **order:** 순위 표시 방법, 0 또는 생략은 내림차순, 0이 아니면 오름차순 정렬

함께하기 | 등수 계산하기

예제 파일: 엑셀\예제파일\Chapter 06\Section 02\06-02 영어경시대화_RANK.xlsx
완성 파일: 엑셀\완성파일\Chapter 06\Section 02\06-02 영어경시대화_RANK(완성).xlsx

1. RANK 함수 선택하기
   ❶ 등수를 계산할 [I4] 셀을 선택하고,
   ❷ [수식] 탭 → [함수 라이브러리] 그룹에서 '함수 추가 – 통계 – RANK' 함수를 클릭한다.

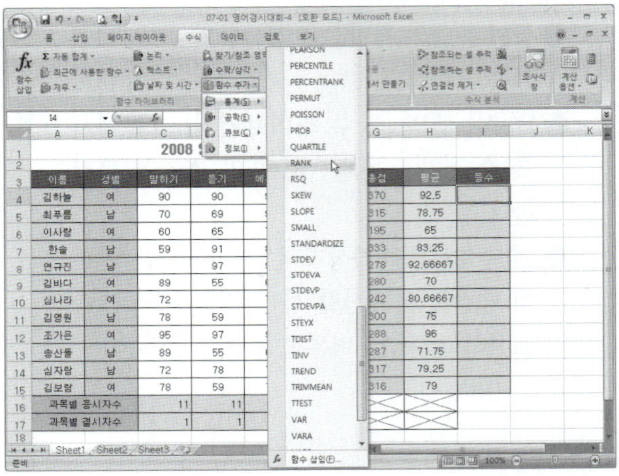

2. RANK 함수 인수 설정하기
   ❶ [함수 인수] 대화상자의 'Number' 인수에 등수를 계산할 셀 [G4]를 입력하고,
   ❷ 'Ref' 인수 항목에 등수를 계산하기 위해 참조할 셀 범위 [G4:G15] 셀을 지정하고 [F4] 키를 눌러 절대주소로 표시한다.
   ❸ 오름차순으로 등수가 표시되도록 'Order' 인수 항목에는 0 이외의 숫자를 입력하거나 비워두고, [확인] 버튼을 클릭한다.

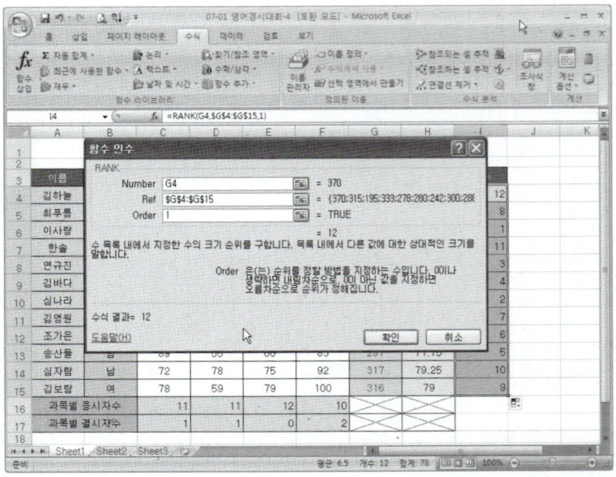

3. 수식 입력하기

❶ [I4] 셀의 채우기 핸들을 더블 클릭하여 나머지 학생들의 등수를 표시하도록 한다.

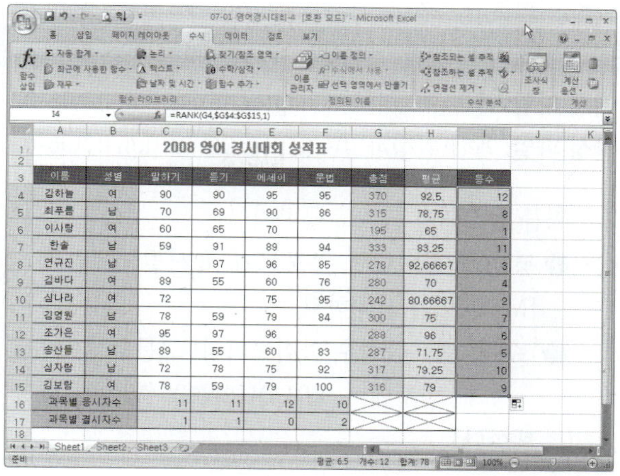

I4 =RANK(G4,$G$4:$G$15,1)

2008 영어 경시대회 성적표

이름	성별	말하기	듣기	에세이	문법	총점	평균	등수
김하늘	여	90	90	95	95	370	92.5	12
최푸름	남	70	69	90	86	315	78.75	8
이사랑	여	60	65	70		195	65	1
한솔	남	59	91	89	94	333	83.25	11
연규진	남		97	96	85	278	92.66667	3
김바다	여	89	55	60	76	280	70	4
심나라	여	72		75	95	242	80.66667	2
김영원	남	78	59	79	84	300	75	7
조가은	여	95	97	96		288	96	6
송산들	남	89	55	60	83	287	71.75	5
심자람	남	72	78	75	92	317	79.25	10
김보람	여	78	59	79	100	316	79	9
과목별 응시자수		11	11	12	10			
과목별 결시자수		1	1	0	2			

평균: 6.5 개수: 12 합계: 78

Tip | 'Ref' 인수에 표시된 주소를 절대주소로 표시하지 않으면?

'Ref' 인수에 표시된 주소를 절대주소로 표시하지 않으면 다음과 같이 오류를 포함하는 결과를 얻게 된다. 점수가 달라도 등수가 같게 된다.

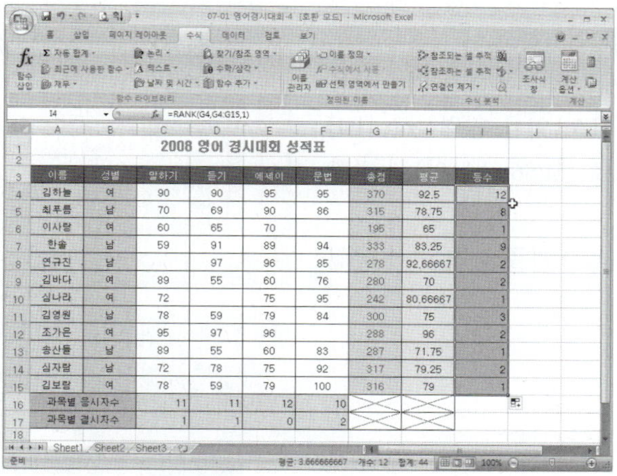

I4 =RANK(G4,G4:G15,1)

2008 영어 경시대회 성적표

이름	성별	말하기	듣기	에세이	문법	총점	평균	등수
김하늘	여	90	90	95	95	370	92.5	12
최푸름	남	70	69	90	86	315	78.75	8
이사랑	여	60	65	70		195	65	1
한솔	남	59	91	89	94	333	83.25	9
연규진	남		97	96	85	278	92.66667	2
김바다	여	89	55	60	76	280	70	2
심나라	여	72		75	95	242	80.66667	1
김영원	남	78	59	79	84	300	75	3
조가은	여	95	97	96		288	96	2
송산들	남	89	55	60	83	287	71.75	1
심자람	남	72	78	75	92	317	79.25	2
김보람	여	78	59	79	100	316	79	1
과목별 응시자수		11	11	12	10			
과목별 결시자수		1	1	0	2			

평균: 3.666666667 개수: 12 합계: 44

빈도수 구하기(FREQUENCY 함수)

데이터 범위 안에서 범위에 해당하는 데이터의 분포도를 구하기 위해 사용한다.

형식 FREQUENCY(data_array, bins_array)

인수
- **data_array**: 빈도를 계산할 데이터 범위
- **bins_array**: 데이터를 분류할 구간

함께하기 | 사용자 정의 목록 등록하기

예제 파일: 엑셀\예제파일\Chapter 06\Section 02\06-02 영어경시대회_빈도.xlsx
완성 파일: 엑셀\완성파일\Chapter 06\Section 02\06-02 영어경시대회_빈도(완성).xlsx

1. 평균 점수대별 분포도 구하기

❶ 평균의 점수대별 분포도가 표시될 셀 범위 [M5:M9]를 선택하고,

❷ [수식] 탭 → [함수 라이브러리] 그룹의 '기타 – 통계' 범주에서 'FREQUENCY' 함수를 선택한다.

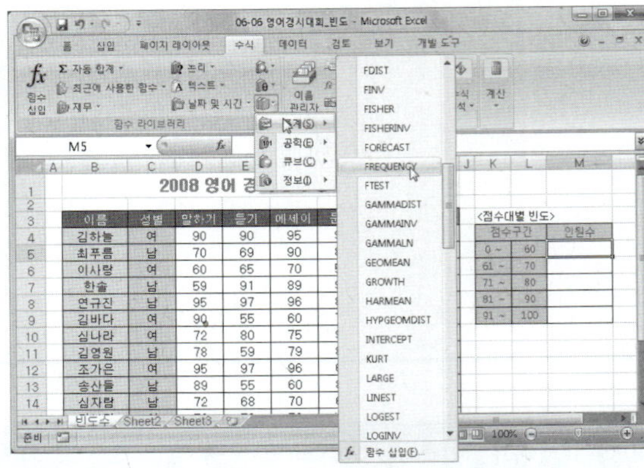

2. 함수 인수 설정하기

❶ [함수 인수] 대화상자의 'Data_array' 인수에 분포도를 구하기 위해 사용할 평균 과목 데이터의 범위 [I4:I15]를 입력하고,

❷ 'Bins_array' 인수에 값을 분류하기 위해 사용할 데이터의 범위 [L5:L9]를 입력하고, [F4] 키를 눌러 절대 참조([$L$6:$L$10])로 변환한 다음,

❸ [Ctrl] + [Shift] + [Enter] 키를 눌러 수식을 입력한다.

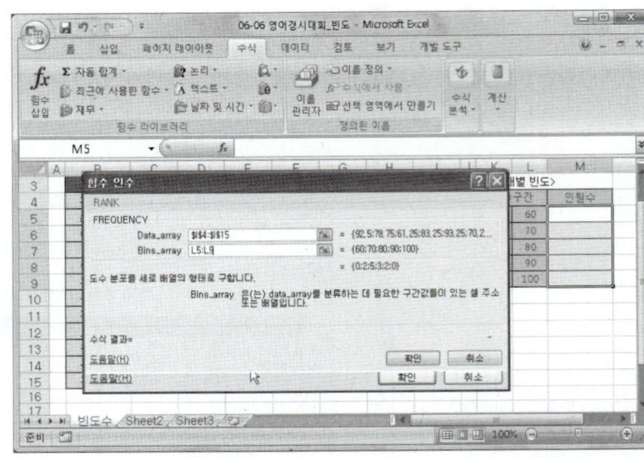

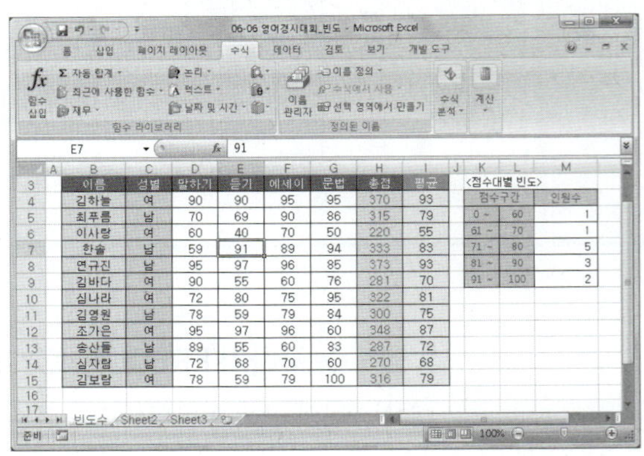

Tip | 배열 수식

배열 수식은 표 형태로 표시되는 데이터 집합인 배열을 사용하여 작성된 수식으로, 배열 수식을 입력한 다음 [Ctrl] + [Shift] + [Enter] 키를 눌러 수식을 완성한다. 배열 수식의 앞과 뒤에 중괄호({ })가 자동으로 표시된다.

한 수 더 배우기 | 백분위수 계산하기(PERCENTRANK 함수)

데이터의 절대 순위를 구하기 위해 RANK 함수를 사용하고, 주어진 데이터 집합에서 데이터의 백분위수를 계산하려면 PERCENTRANK 함수를 사용한다.

```
PERCENTRANK(array, x, significance)
    array: 순위를 계산할 데이터의 범위
    x: 순위를 계산할 데이터
    significance: 백분위수의 자릿수, 생략하면 소수 세 자리수로 표시
```

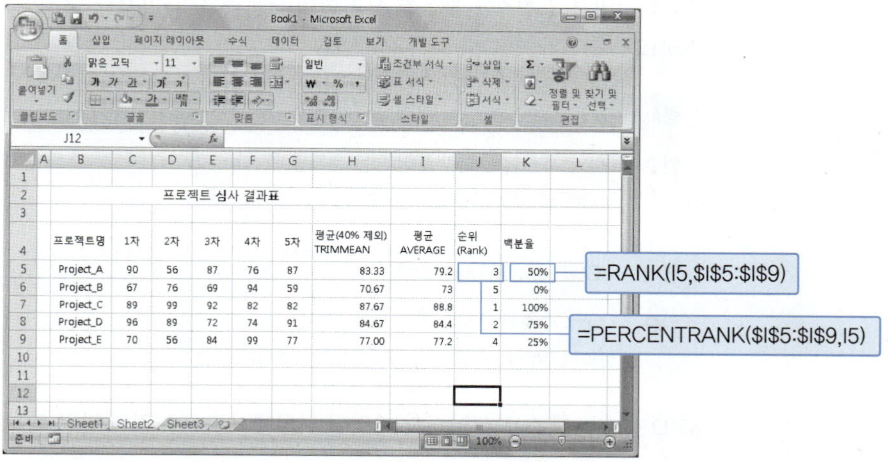

Section 05: 텍스트 함수

텍스트 함수는 셀에 입력된 텍스트를 추출하거나 변환하기 위한 수행하기 위해 사용하는 함수이다. 텍스트 함수의 실행 결과는 텍스트 속성을 가진다.

5.1 문자 추출하기(LEFT, MID, RIGHT)

입력된 텍스트 데이터에서 문자를 추출하는 함수로 LEFT 함수와 RIGHT 함수, MID 함수가 있다.

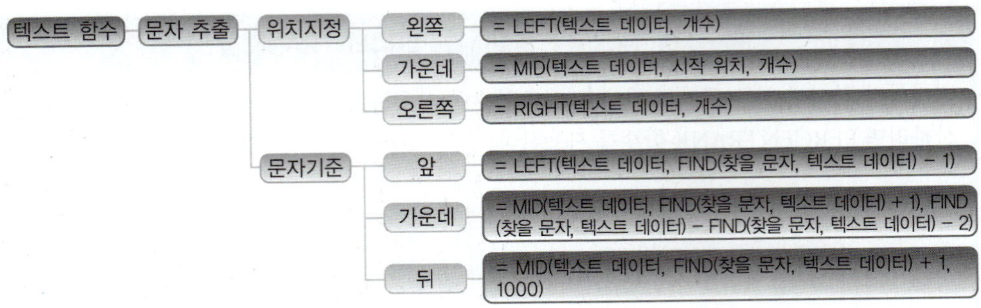

LEFT 함수는 텍스트 문자열의 왼쪽 첫 번째 문자부터 지정한 문자 수만큼 문자를 추출하는 함수이다. RIGHT 함수는 텍스트 문자열의 오른쪽 끝 문자부터 지정된 개수의 문자를 추출하는 함수이다.

형식	LEFT(text, num_chars)
인수	• **text:** 추출할 문자가 들어 있는 문자열 • **num_chars:** 추출할 문자 수, 생략하면 1로 간주

형식	RIGHT(text, num_chars)
인수	• **text:** 추출할 문자가 들어 있는 문자열 • **num_chars:** 추출할 문자 수, 생략하면 1로 간주

MID 함수는 텍스트 데이터의 지정된 위치에서부터 지정한 만큼 텍스트를 추출하는 함수이다.

형식	MID(text, start_num, num_chars)
인수	• **text:** 추출할 문자가 들어 있는 문자열 • **start_num:** 추출할 첫 번째 문자의 위치, 왼쪽 첫 문자 위치는 start_num이 1 • **num_chars:** 추출할 문자 수, 생략하면 1로 간주

Tip | LEFTB 함수, RIGHTB 함수와 MIDB 함수

LEFTB 함수, RIGHTB 함수와 MIDB 함수는 설정한 바이트 수만큼 문자를 반환한다.

함께하기 | 생년월일 추출하기

예제 파일: 엑셀\예제파일\Chapter 06\Section 03\06-06 직원정보.xlsx
완성 파일: 엑셀\완성파일\Chapter 06\Section 03\06-06 직원정보(완성).xlsx

1. 출생연도 구하기(LEFT 함수)
   ❶ [E6] 셀을 선택하고,
   ❷ [수식] 탭 → [함수 라이브러리] 그룹 → '텍스트 – LEFT' 함수를 선택한다.

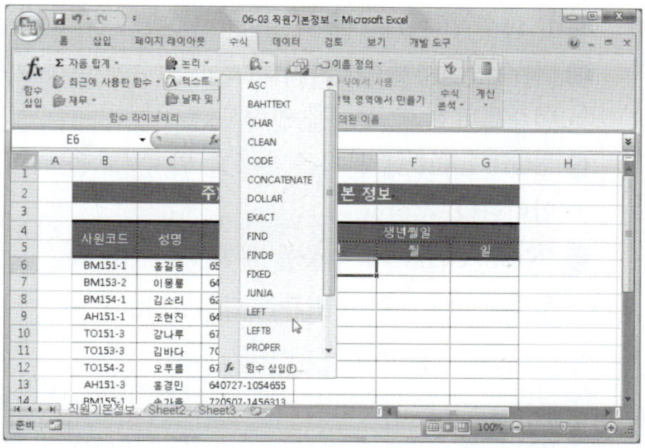

2. LEFT 함수 인수 입력하기

❶ [함수 인수] 대화상자의 'Text' 인수에 주민등록번호 셀 [D6]을 입력하고,

❷ 'Num_chars'에 추출할 문자 개수 '2'를 입력한 다음 [확인] 버튼을 클릭한다.

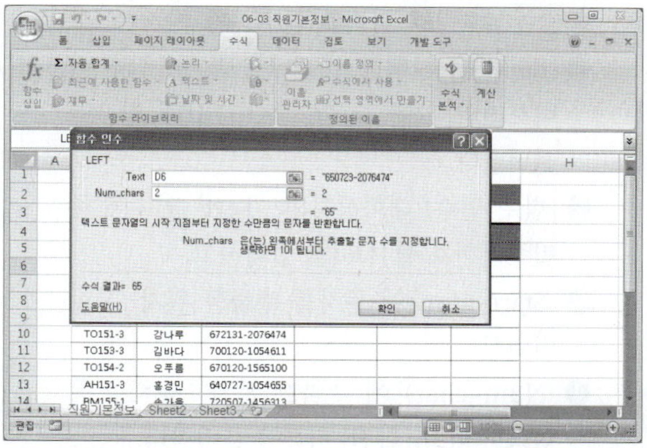

3. 출생연도 '0000년' 형식으로 표시하기

❶ 출생연도를 4자리로 표시하기 위해 수식 입력 줄의 수식 다음에 '+1900'을 입력한다.

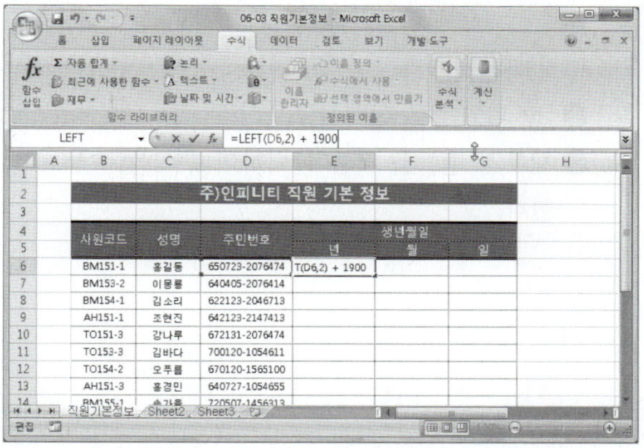

4. 태어난 달 구하기(MID 함수)

❶ [E6] 셀을 선택하고,

❷ [수식] 탭 → [함수 라이브러리] 그룹 → '텍스트 – MID' 함수를 선택한다.

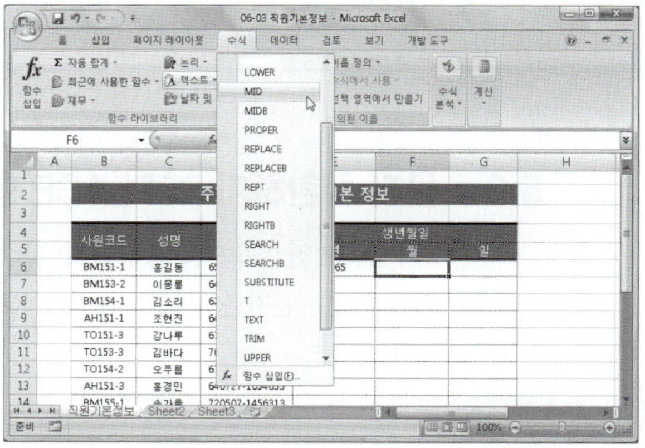

5. MID 함수 인수 입력하기

❶ [함수 인수] 대화상자의 'Text' 인수에 주민증록번호 셀 [D6]을 입력하고,

❷ 'Start_num'에 문자를 추출할 위치 '3'을 입력한다.

❸ 'Num_chars'에 추출할 문자 개수 '2'를 입력한 다음 [확인] 버튼을 클릭한다.

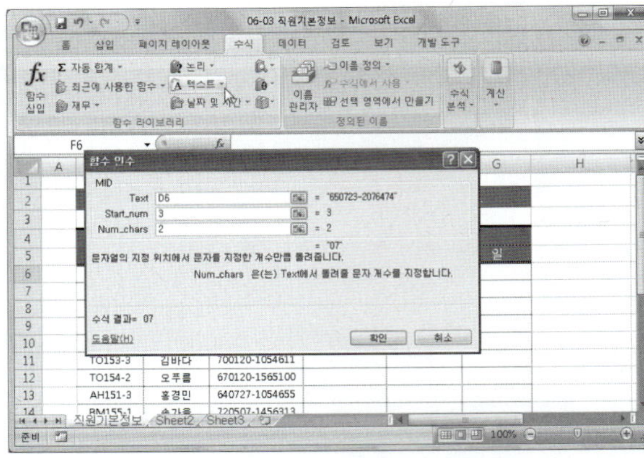

6. 출생한 날짜 표시하기(MID 함수)

❶ [E6] 셀을 선택하고, [수식] 탭 → [함수 라이브러리] 그룹 → '텍스트 – MID' 함수를 선택한다.

❷ [함수 인수] 대화상자의 'Text' 인수에 주민증록번호 셀 [D6]을 입력하고,

❸ 'Start_num'에 문자를 추출할 위치 '5'를 입력한다.

❹ 'Num_chars'에 추출할 문자 개수 '2'를 입력한 다음 [확인] 버튼을 클릭한다.

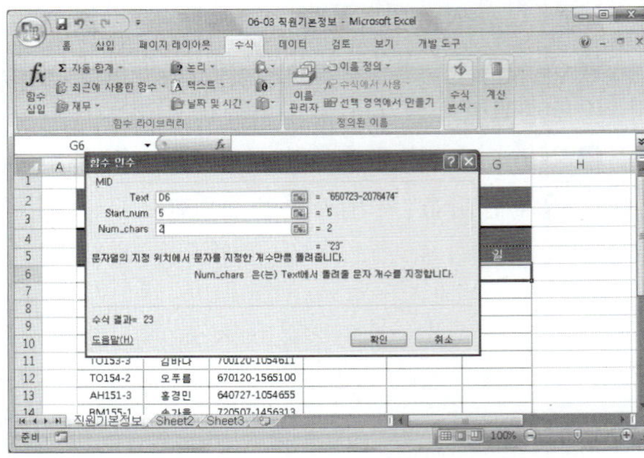

7. 수식 복사하기

❶ [E6:G6] 셀을 선택하고,

❷ 채우기 핸들을 더블 클릭하여 수식을 복사한다.

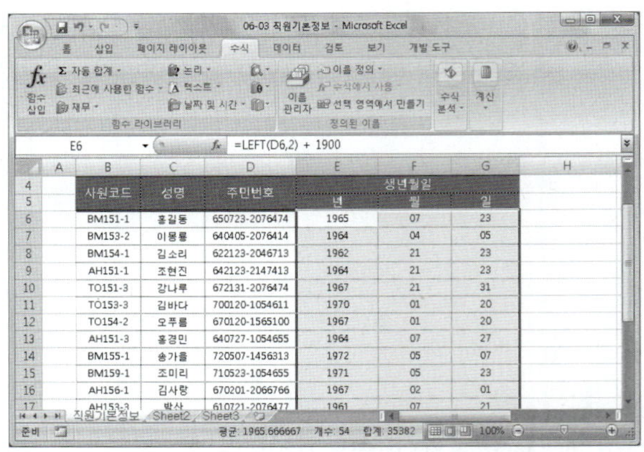

5.2 | 문자 치환하기(REPLACE 함수와 SUBSTITUTE 함수, REPT 함수)

REPLACE 함수와 SUBSTITUTE 함수를 사용하여 특정 문자를 새로운 문자로 바꾸거나 특정 위치에 있는 문자를 치환할 수 있다. REPT 함수를 사용하여 특정 문자를 반복하여 출력할 수도 있다.

- 텍스트 함수
  - 문자 대체
    - 지정 문자: = SUBSTITUTE(텍스트 데이터, 바꿀 텍스트, 새로운 텍스트, 바꿀 위치)
    - 자리수 기준: = REPLACE(텍스트 데이터, 시작 위치, 바꿀 텍스트, 바꿀 문자 개수, 새 텍스트)
  - 문자 반복: = REPT(반복할 문자, 개수)

REPLACE 함수는 지정한 문자 수만큼 특정 위치에 있는 텍스트를 다른 문자로 바꾸는 함수이다.

형식	REPLACE(old_text, start_num, num_chars, new_text)
인수	• **old_text:** 문자를 바꿀 텍스트 데이터 • **start_num:** old_text에서 new_text에 정의된 문자로 바꿀 문자 위치 • **num_chars:** old_text에서 new_text에 정의된 문자로 바꿀 문자 개수 • **new_text:** old_text에 바꿔 넣을 새 문자열

SUBSTITUTE 함수는 특정 문자를 지정한 문자로 치환할 때 사용하는 함수이다. 문자열의 특정 위치에 있는 텍스트를 바꾸려면 REPLACE를 사용한다.

형식	SUBSTITUTE(text, old_text, new_text, instance_num)
인수	• **text:** 치환할 문자가 포함된 텍스트 데이터 • **old_text:** 바꿀 문자 • **new_text:** old_text를 대신할 문자 • **instance_num:** text에서 몇 번째에 있는 old_text를 new_text로 바꿀 것인지를 지정하는 수

REPT 함수는 특정 텍스트를 지정한 횟수만큼 반복하는 함수이다.

형식	REPT(text, number_times)
인수	• **text:** 반복할 텍스트 • **number_times:** 반복할 횟수, 0이면 REPT는 빈 텍스트(" ")를 반환

함께하기 | 주민등록번호 뒷자리 표시 바꾸기

예제 파일: 엑셀\예제파일\Chapter 06\Section 03\06-03 신입사원정보.xlsx
완성 파일: 엑셀\완성파일\Chapter 06\Section 03\06-03 신입사원정보(완성).xlsx

1. REPLACE 함수 선택하기
   ❶ [H5] 셀을 클릭하고,
   ❷ [수식] 탭 → [함수 라이브러리] 그룹의 '텍스트 – REPLACE' 함수를 선택한다.

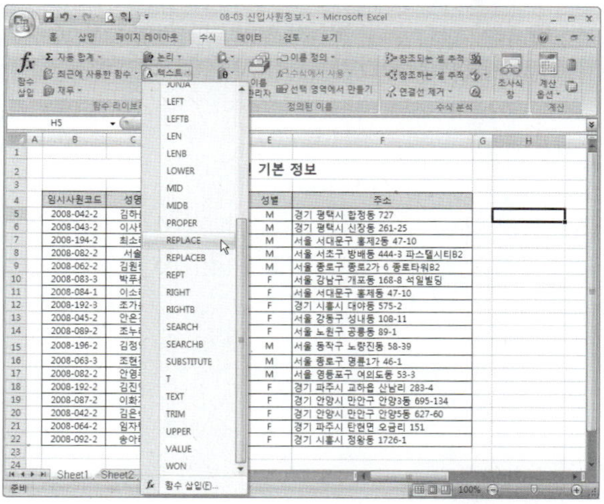

2. 함수 인수 설정하기

❶ [함수 인수] 대화상자의 'Text' 인수에 주민등록번호가 입력되어 있는 [D5] 셀을 지정하고,

❷ 'Start_num'에 왼쪽에서 8번째 자리를 나타내는 '8'을,

❸ 'Num_chars' 항목에 추출할 문자 수 '7'을 입력한 다음,

❹ 'New_text' 항목에서 '*'를 반복 표시하기 위해 '이름 상자'의 목록 기호(▾)를 눌러 '함수 추가'를 누른다.

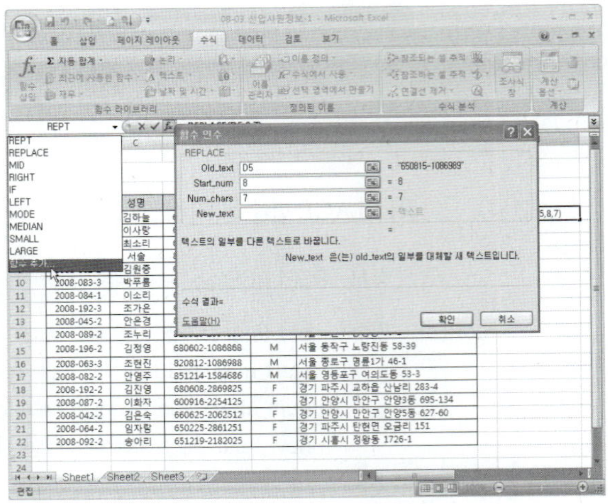

3. 함수 마법사로 REPT 함수 선택하기

❶ [함수 마법사] 대화상자의 '텍스트 – REPT' 함수를 선택한다.

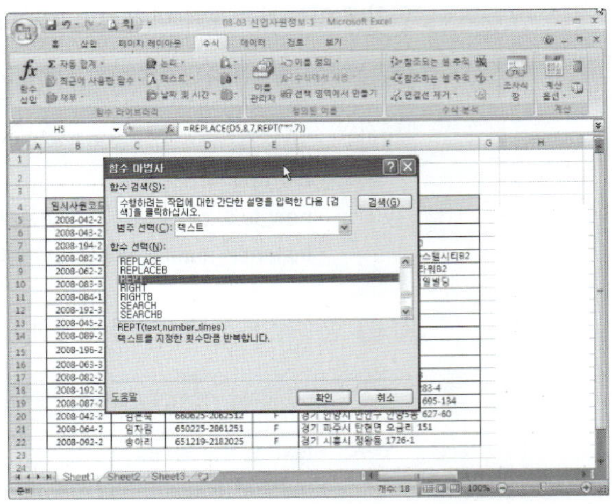

4. REPT 함수 인수 설정하기

❶ [함수 인수] 대화상자의 'Text' 인수에 표시할 문자 ' "*" '를 입력하고,

❷ 'number_times' 항목에 반복 회수 '7'을 입력한 후,

❸ 수식 입력줄의 'REPLACE' 함수 이름을 클릭한다.

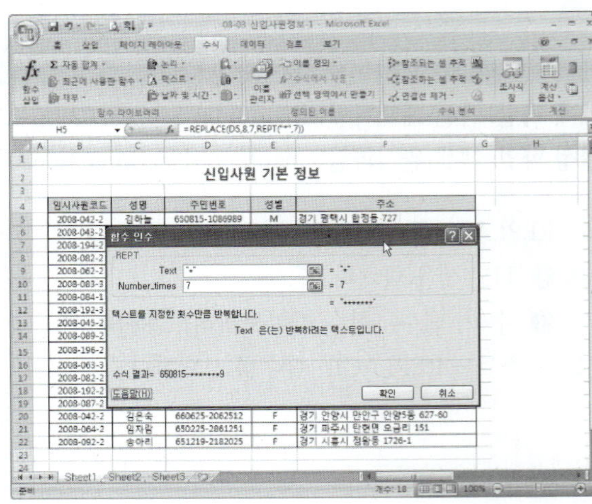

5. REPLACE 함수 확인하기

❶ REPLACE 함수의 [함수 인수] 대화상자에서 [확인] 버튼을 클릭하고

❷ [H5] 셀의 채우기 핸들을 드래그하여 [H22] 셀까지 수식을 복사한다.

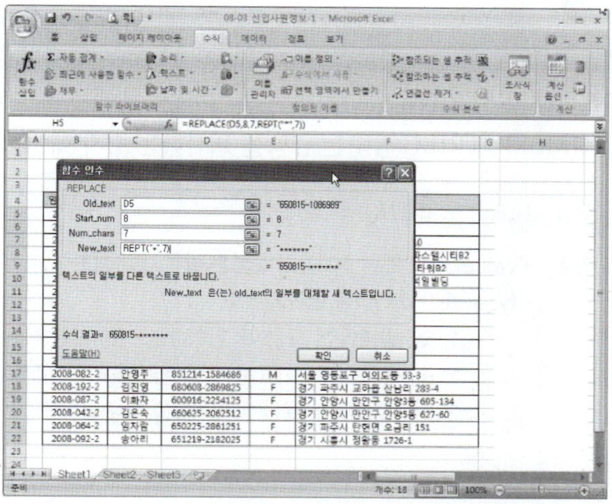

6. 주민등록번호 복사하기

❶ [H5:H22] 셀을 선택하여 [Ctrl] + [C] 키를 눌러 복사하고,

❷ [C5] 셀에서 마우스 오른쪽 버튼을 클릭하고 [선택하여 붙여넣기] 메뉴를 선택한다.

❸ '붙여넣기 – 값'을 선택한 후 [확인] 버튼을 클릭한다.

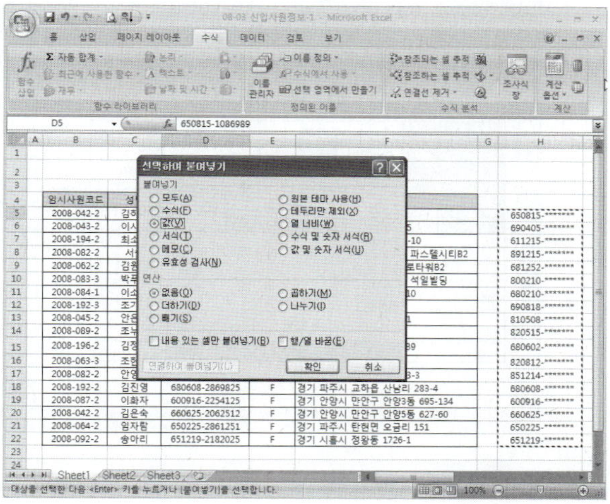

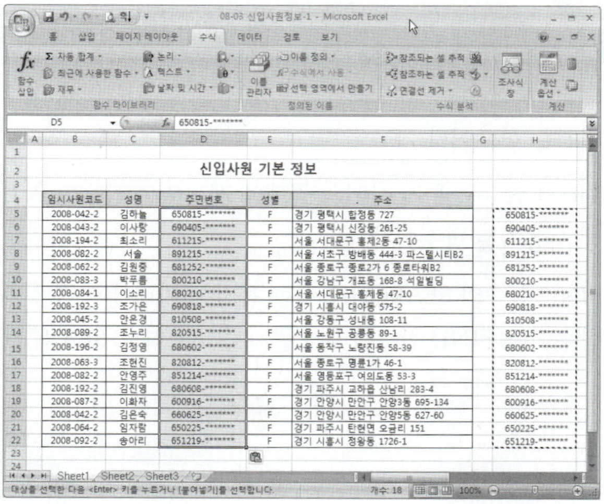

한 수 더 배우기 | NUMBERSTRING 함수

NUMBERSTRING 함수는 함수 마법사 목록에는 제공되지 않는 함수이므로 셀에 직접 입력 입력해야 한다. NUMBERSTRIBG 함수는 금액을 표시하는 숫자 데이터를 한자나 한글로 표시하는 함수이다.

형식 NUMBERSTRING(value, type)

인수
- **value:** 수식 또는 숫자값이 포함된 셀에 대한 참조
- **type:** 숫자 데이터를 변환할 유형
  - 1: 숫자를 한글로 표현(예: 일백삼십오만이천칠백삼십일)
  - 2: 숫자를 한자로 표현(예: 壹百參拾伍萬貳阡七百參拾壹)
  - 3: 숫자를 한글로 표현(예: 일삼오이칠삼일)

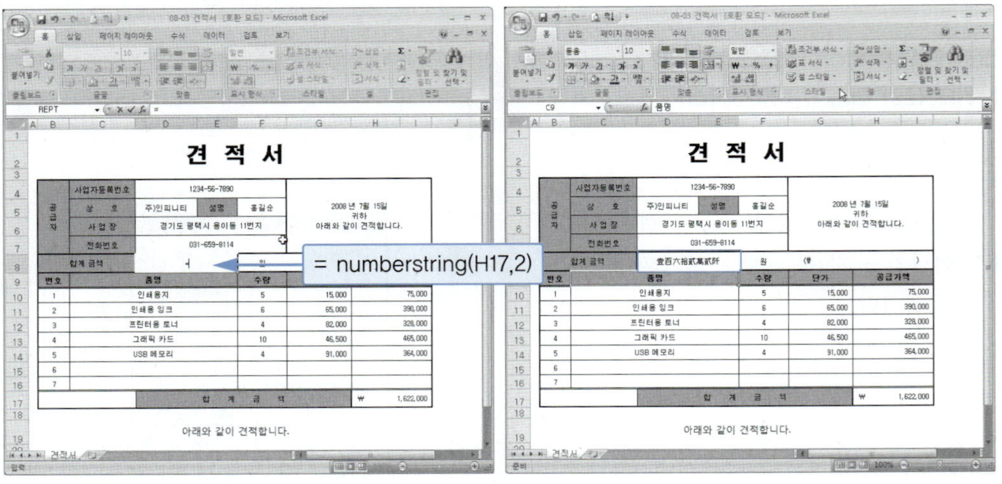

한 수 더 배우기 | CLEAN 함수, TRIM 함수, FIND 함수와 SEARCH 함수, LEN 함수

CLEAN 함수는 셀에 포함되어 있지만 실제로 인쇄되지 않는 코드 값을 제거하고 실제 인쇄되는 데이터만 표시하는 함수이다.

TRIM 함수는 문자 사이의 공백을 제거하는 함수이고, LEN 함수는 셀에 입력된 데이터의 길이를 알아내기 위해 사용하는 함수이다.

FIND 함수와 SEARCH 함수는 문자 데이터에 특정 문자가 삽입되어 있는 위치를 알아내려고 할 때 사용하는 함수이다. FIND 함수는 대소문자를 구분하고, SEARCH 함수는 대소문자를 구별하지 않는다.

	A	B	C	D	E
1					
2		데이터	함수식	결과	
3		자동으로 줄바꾸기	=CLEAN(B3)	자동으로줄바꾸기	
4		공　백　　제　거	=TRIM(B4)	공 백 제 거	
5		데이터 길이는?	=LEN(B5)	8	
6		ABCD-12345-OP	=FIND("-", B6, 1)	5	
7			=SEARCH("a", B6, 1)	1	
8					

실습하기 | 제조회사 표시하기

FIND 함수를 사용하여 '제품명'에 표시된 데이터의 첫 번째 공백 앞까지의 문자열을 추출하여 제조회사를 표시하자.

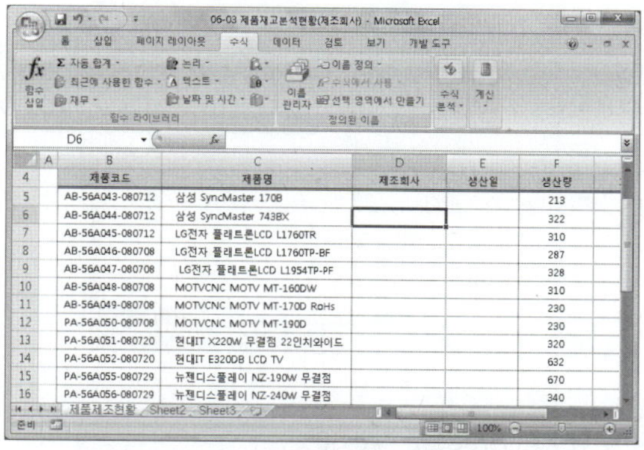

=MID(C5,1, FIND(" ",C5)−1)

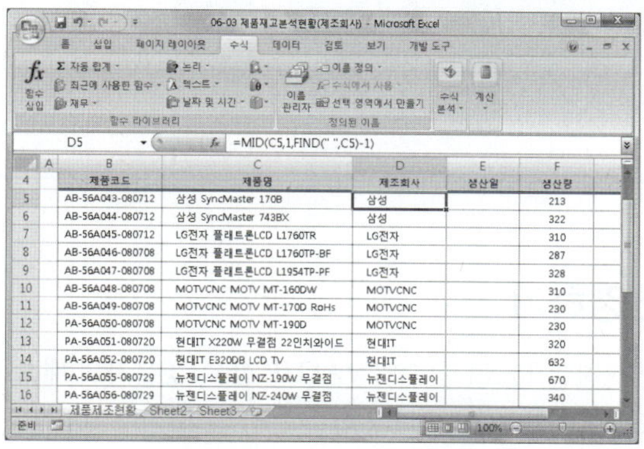

'제품명' 셀에서
왼쪽 첫 번째 문자부터
첫 번째 공백 바로 앞까지의 문자 추출

한 수 더 배우기 | REPT 함수를 사용하여 문자 그래프 그리기

REPT 함수를 사용하여 지정한 개수만큼 문자 또는 기호를 표시하여 문자 그래프를 그릴 수 있다.

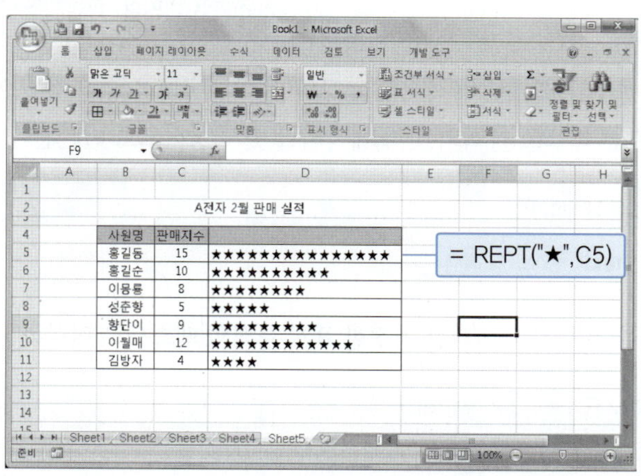

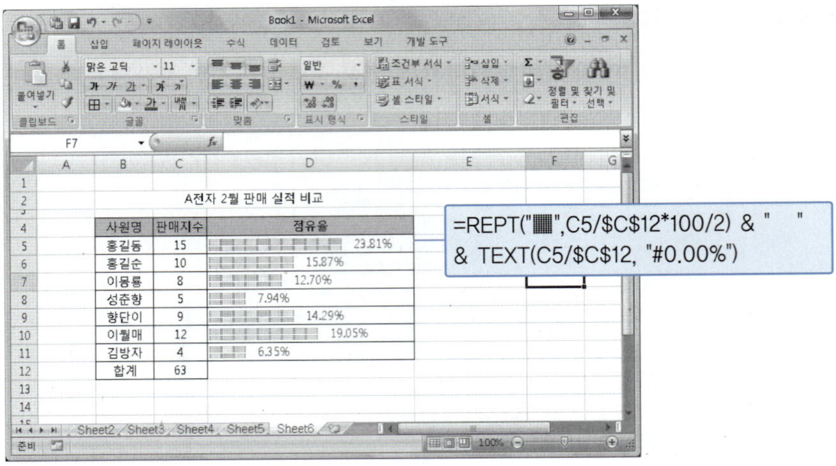

= REPT("■", C5/$C$12*50) & " " & TEXT(C5/$C$12, "#0.00%")

총 판매지수에 대한 판매 지수 비율에 50을 곱한 값만큼 기호로 표시

판매비율의 표시 형식 지정

5.3 텍스트 스타일 변경하기

텍스트의 표시 형식을 변경하는 TEXT 함수와 VALUE 함수, 영문자의 대소문자 표시 방법을 설정하는 UPPER 함수, LOWER 함수, PROPER 함수 등이 있다.

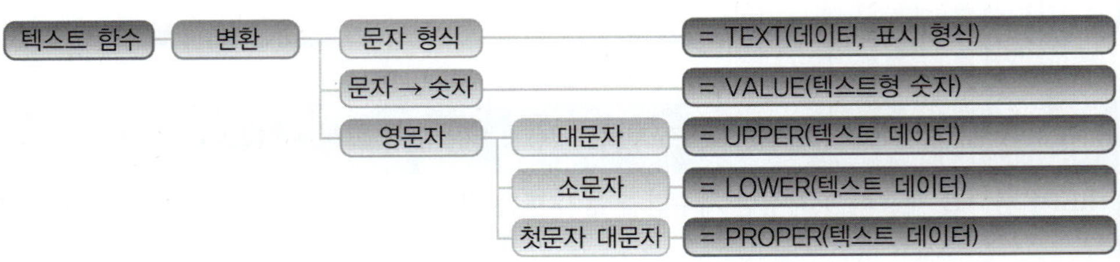

VALUE 함수는 텍스트 형식으로 표시된 숫자 데이터를 숫자 형식으로 변환하여 표시하는 함수이다. 대부분 텍스트 형식의 숫자 데이터를 숫자 형식으로 변환된다.

형식	VALUE(text)
인수	• text: 텍스트 데이터

TEXT 함수는 숫자 데이터를 지정한 표시 형식의 텍스트로 변환하는 함수이다.

형식	TEXT(value, format_text)
인수	• value: 수식 또는 숫자값이 포함된 셀에 대한 참조 • format_text: 따옴표로 묶인 텍스트 문자열의 숫자 형식

UPPER 함수는 영문자를 대문자로 변환하는 함수이고, LOWER 함수는 소문자로 변환하는 함수이다. PROPER 함수는 입력된 영문자의 첫 문자만 대문자로 표시하고 나머지는 소문자로 표시하는 함수이다.

형식	UPPER(text) LOWER(text) PROPER(text)
인수	• **Text:** 텍스트 데이터

5.4 | 문자 길이 구하고 문자 결합하기

LEN 함수를 사용하여 셀에 입력되어 있는 문자의 길이를 구하거나 CONCATENATE 함수를 사용하여 여러 셀의 데이터를 하나의 문자열로 결합할 수 있다.

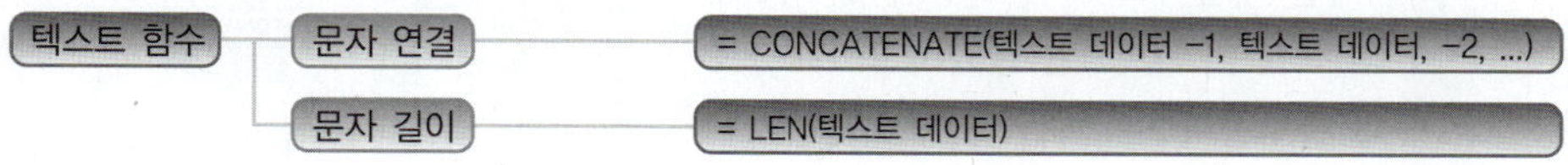

LEN 함수는 데이터의 길이를 구하기 위해 사용한다.

형식	LEN(text)
인수	• **Text:** 텍스트 데이터

CONCATENATE 함수는 여러 텍스트 데이터를 하나의 텍스트로 결합하는 함수이다. CONCATENATE 함수 대신 문자열 연결 연산자(&)를 사용하여 텍스트 항목을 결합할 수도 있다. 예를 들어 A1&B1은 CONCATENATE(A1,B1)과 같은 값을 반환한다.

형식	CONCATENATE (text1, text2,...)
인수	• **Text1, text2, ...:** 결합할 항목(텍스트, 숫자, 셀 참조), 최대 255개까지 가능

함께하기 | 제품코드와 제품명 표시하기

'제조회사' 항목의 값을 대문자로 표시하고, 제품 종류의 공백 뒤에 표시된 값을 합하여 제품코드를 표시하고, 제품명을 제조회사와 제품 종류를 결합하여 표시하라.

예제 파일: 엑셀\예제파일\Chapter 06\Section 03\06-032 제품재고분석현황.xlsx
완성 파일: 엑셀\완성파일\Chapter 06\Section 03\06-032 제품재고분석현황(완성).xlsx

1. 제품코드 표시하기(CONCATENATE 함수)

❶ '제품코드'를 표시할 셀 [B5]를 클릭하고,

❷ [수식] 탭 → [함수 라이브러리] 그룹의 '텍스트 – CONCATENATE' 함수를 선택한다.

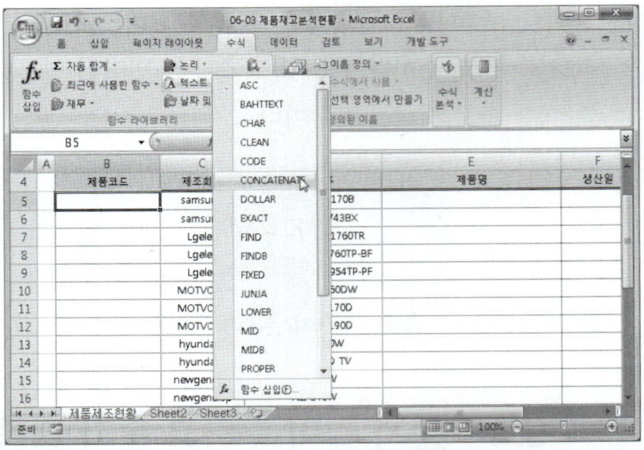

2. CONCATENATE 함수 인수 설정하기

❶ [함수 인수] 대화상자의 'Text1' 인수에 제조회사를 대문자로 표시하기 위해 '이름상자'의 목록 기호(▾)를 클릭하고 '함수 추가'를 클릭한다.

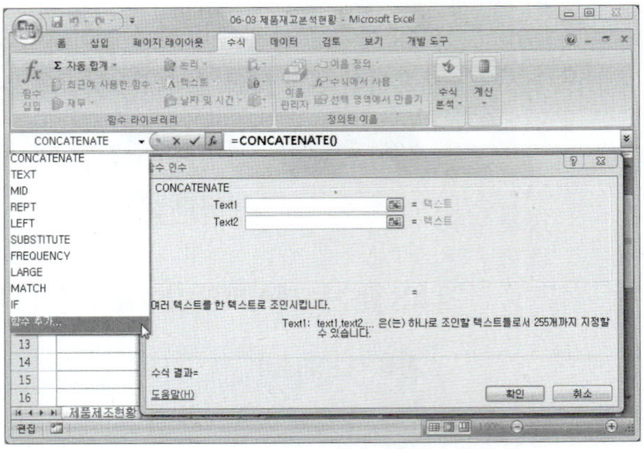

3. UPPER 함수 선택하기

❶ [함수 마법사] 대화상자에서 '범주 선택 → 텍스트'와 '함수 선택 – UPPER' 함수를 선택하고, [확인] 버튼을 클릭한다.

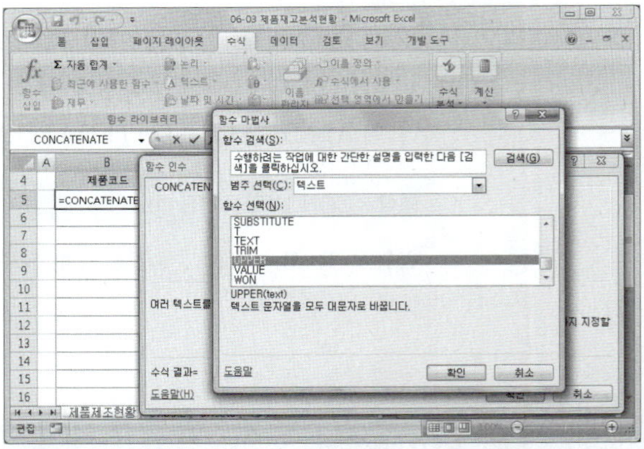

4. UPPER 함수 인수 설정하기

❶ 대문자로 표시할 셀 [C5]를 입력한 다음,

❷ 수식 입력줄에서 'CONCATENATE'를 클릭한다.

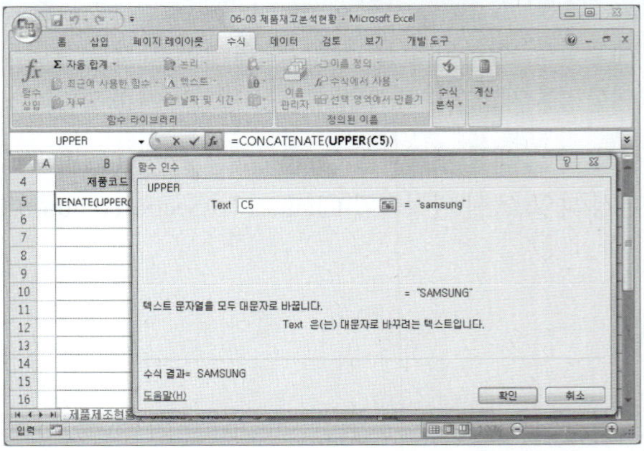

5. CONCATENATE 함수 인수 입력하기

❶ 'Text2' 인수에 '"-"'를 입력하고,

❷ 'Text3' 인수를 선택하고, '제품 종류'에서 공백 뒤 문자열을 추출하기 위해서 '이름상자'의 목록 기호(▼)를 클릭하고 '함수 추가'를 클릭한다.

❸ [함수 마법사] 대화상자에서 '범주 선택 → 텍스트'와 '함수 선택 – MID' 함수를 선택하고, [확인] 버튼을 클릭한다.

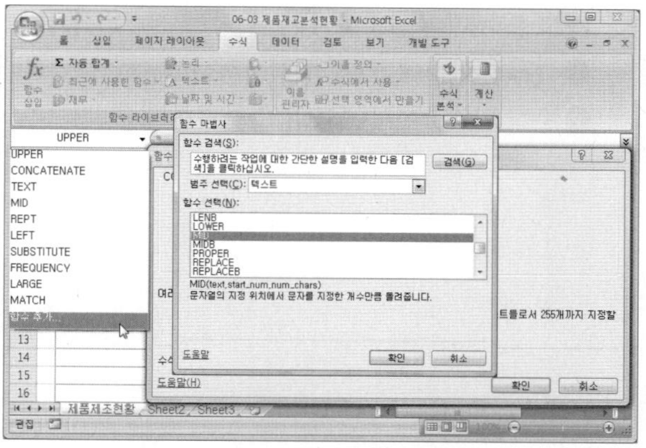

6. MID 함수 인수 설정하기

❶ 'Text' 인수에 문자를 추출할 셀 [D5] 셀을 입력하고,

❷ 'Start_num'에 문자를 추출할 위치 즉, 제품 종류의 공백 뒷 문자의 위치를 구하기 위해 '이름상자'의 목록 기호(▼)를 클릭하고 '함수 추가'를 클릭한다.

❸ [함수 마법사] 대화상자에서 '범주 선택 → 텍스트'와 '함수 선택 – FIND' 함수를 선택하고, [확인] 버튼을 클릭한다.

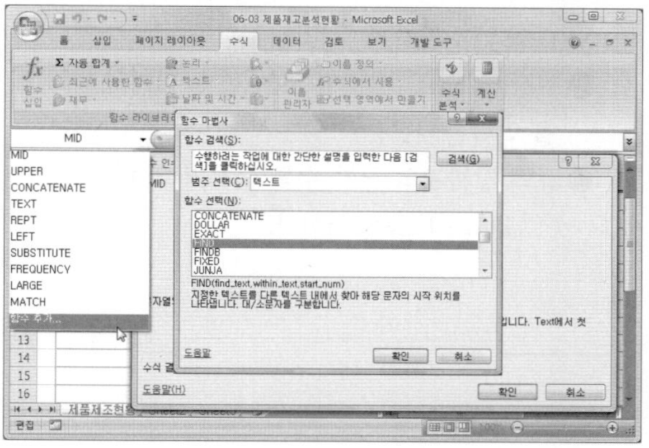

7. FIND 함수 인수 설정하기

❶ 'Find_text' 인수에 찾을 문자로 '" "'을 입력하고,

❷ 'Within_text' 인수에 공백을 찾을 데이터 셀 [D5]를 입력한 다음,

❸ 수식 입력줄에서 'MID'를 클릭한다.

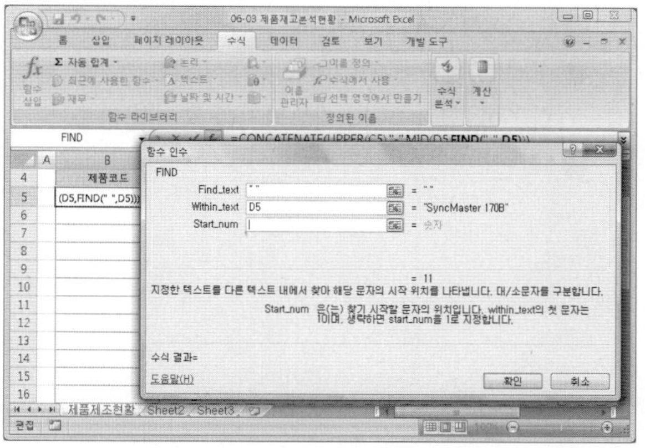

8. MID 함수 인수 완성하기

❶ 공백 문자 뒤에 표시된 문자열부터 추출해야 하므로 'Start_num' 인수의 FIND 함수 뒤에 '+1'을 추가하여 'FIND("",D5) + 1'로 수정하고,

❷ 'Num_chars' 인수에 추출할 문자 수를 구하기 위해 '이름상자'의 목록 기호(▼)를 클릭하고 '함수 추가'를 클릭한다.

❸ [함수 마법사] 대화상자에서 '범주 선택 → 텍스트'와 '함수 선택 – LEN' 함수를 선택하고, [확인] 버튼을 클릭한다.

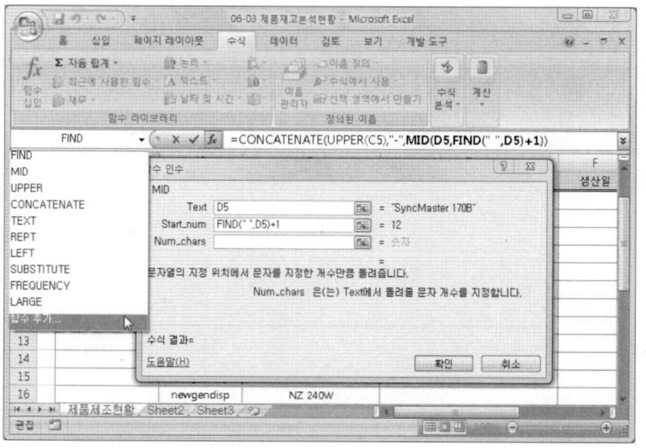

9. LEN 함수 인수 설정하기

❶ 'Text' 인수에 [D5] 셀을 입력하고,

❷ 수식 입력줄에서 'MID'를 클릭한다.

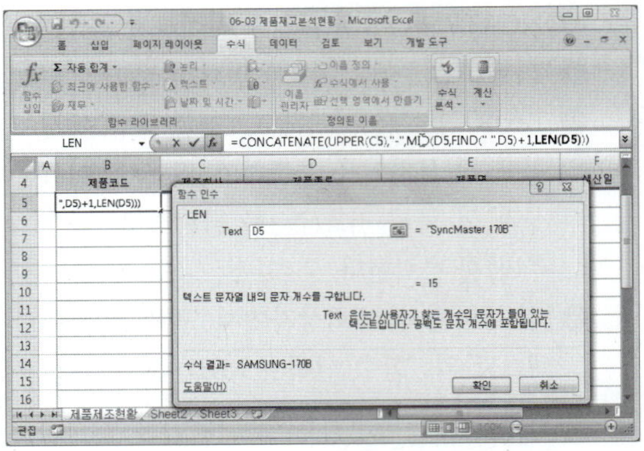

10. MID 함수 수정하기

❶ 'Num_chars' 인수의 LEN 함수 뒤에 ' "–" '를 입력한 다음,

❷ 공백 앞까지의 글자 수를 구하기 위해 'FIND(" ",D5) – 1'을 입력한다.

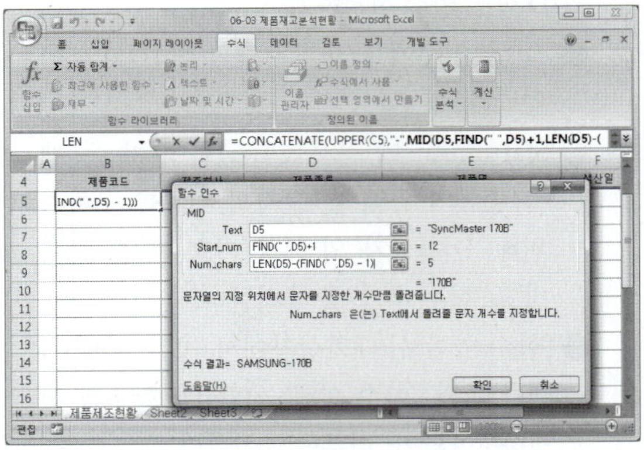

11. CONCATENATE 함수 인수 완성하기

❶ 수식 입력줄에서 CONCATENATE 함수를 클릭하여 [함수 인수] 대화상자를 표시한 다음,

❷ [확인] 버튼을 클릭한다.

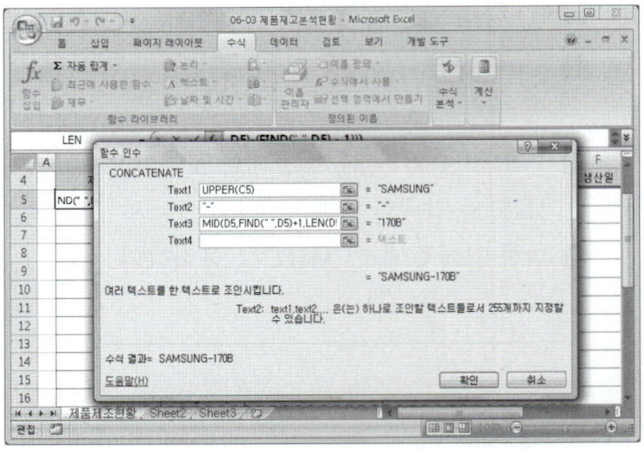

12. 수식 복사하기

❶ [B5] 셀을 더블 클릭하고,

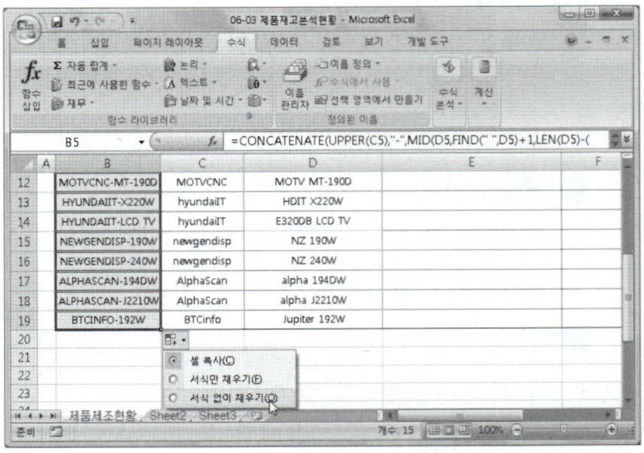

❷ '자동 채우기 옵션' 에서 '서식 없이 채우기' 를 선택한다.

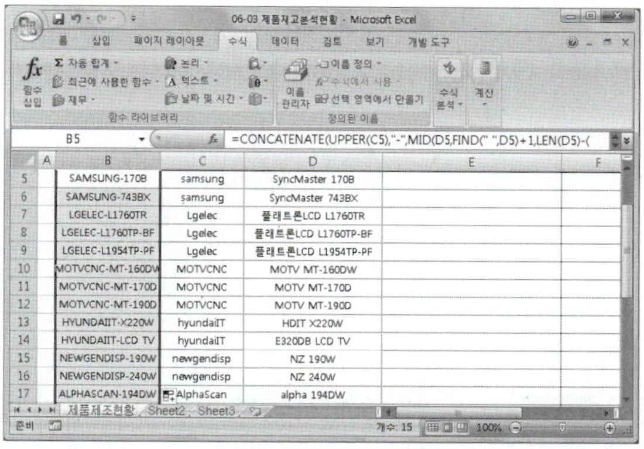

Section 06: 날짜 및 시간 함수

날짜/시간 함수는 현재 날짜나 시간을 표시하거나 근속 기간, 평일 등 날짜와 시간에 관련된 값을 구해야 하는 경우 사용하는 함수이다.

6.1 오늘 날짜와 시간 표시하기(TODAY 함수와 NOW 함수)

TODAY 함수는 현재 시스템에 설정된 날짜를 표시하고, NOW 함수는 현재 날짜와 시간의 일련번호를 표시하는 함수이다.

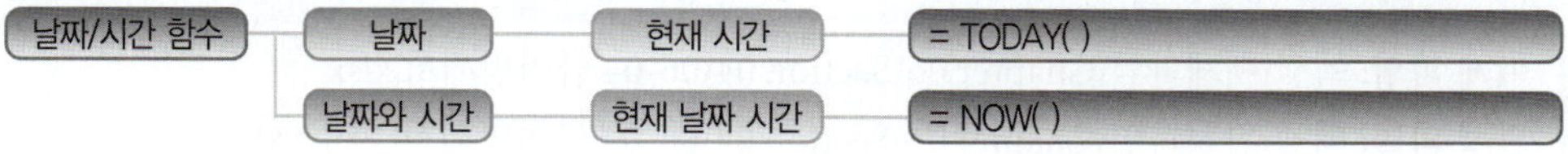

엑셀에서 날짜는 계산에 사용할 수 있도록 1900년 1월 1일을 기준으로 일련번호로 저장된다. 1900년 1월 1이 일련번호 1이고, 2008년 7월 15일은 1900년 1월 1일에서 39,644일째 날이므로 일련번호 39644가 된다.

시간은 1일이 숫자 1로 표시되고, 정오는 0.5로 표시되며, 날짜 일련번호의 소수점 아래에 표시된다. 예를 들어 2008년 7월 15일 오후 6시는 39644.75로 표시된다.

형식 TODAY()
NOW()

6.2 연월일 구하기(YEAR 함수, MONTH 함수, DAY 함수)

YEAR, MONTH, DAY 함수로 날짜 데이터로부터 년, 월 그리고 일 데이터를 추출하여 나이를 계산하거나 특정 날짜 표시 등이 가능하다.

YEAR 함수는 날짜 데이터로부터 연도 값을 추출하여 1900에서 9999 사이의 정수값을 반환하고, MONTH 함수는 1(1월)에서 12(12월) 사이의 정수값을 반환한다. DAY 함수는 1에서 31 사이의 정수값을 반환한다.

형식	YEAR(serial_number) MONTH(serial_number) DAY(serial_number)
인수	• **serial_number:** 날짜 데이터 또는 날짜 일련번호

DATE 함수는 날짜 형식의 데이터로 반환하는 함수이다.

형식	DATE(year, month, day)
인수	• **year:** 연도로 표시될 정수 • **month:** 1월에서 12월 사이의 월을 나타내는 정수 • **day:** 1일에서 31일 사이의 일을 나타내는 정수

함께하기 | 작성일과 시간 표시하기

예제 파일: 엑셀\예제파일\Chapter 06\Section 04\06-04 급여명세서.xlsx
완성 파일: 엑셀\완성파일\Chapter 06\Section 04\06-04 급여명세서(완성).xlsx

1. 작성일 표시하기(TODAY 함수)
   ❶ 작성일을 표시하기 위해 [C3] 셀을 클릭하고,
   ❷ [수식] 탭 → [함수 라이브러리] 그룹의 날짜 및 시간 – TODAY' 함수를 선택한다.
   ❸ [함수 인수] 대화상자에서 [확인] 버튼을 클릭한다.

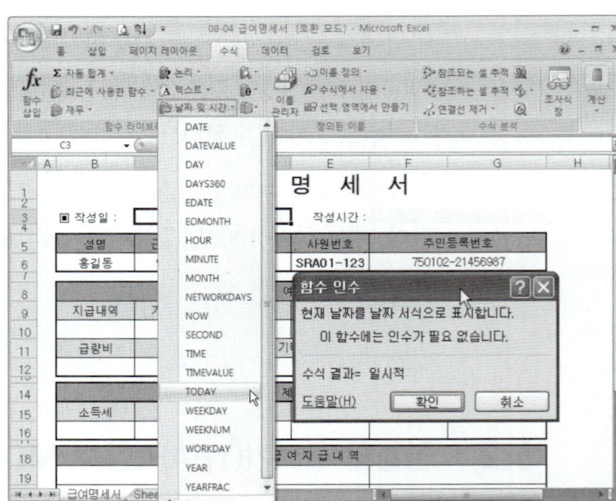

2. 작성 시간 표시하기(NOW 함수)

❶ 작성 시간을 입력할 셀 [F3] 셀을 클릭하고,

❷ 수식 입력줄에서 '함수 입력(fx)' 도구를 클릭하고 [함수 마법사] 대화상자에서 '날짜/시간 – NOW' 함수를 선택한다.

❸ [함수 인수] 대화상자에서 [확인] 버튼을 클릭한다.

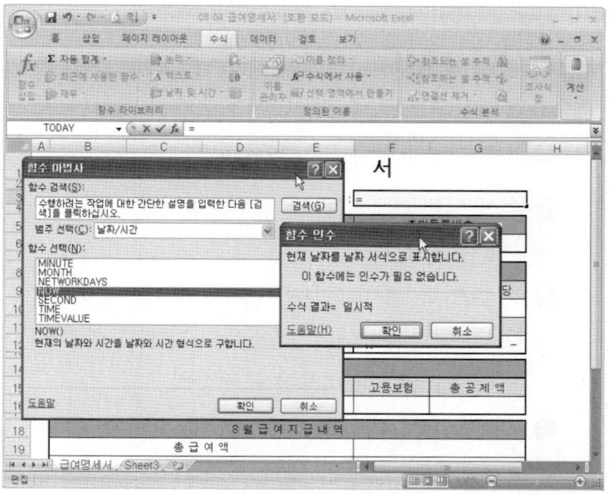

3. 시간만 표시하기

❶ 시간만 표시되도록 하기 위해 [F3] 셀에서 마우스 오른쪽 버튼을 클릭하고 [셀 서식] 메뉴를 누른다.

❷ [셀 서식] 대화상자의 [표시 형식] 탭에서 '시간' 범주를 선택하고 표시 형식을 선택한 후 [확인] 버튼을 클릭한다.

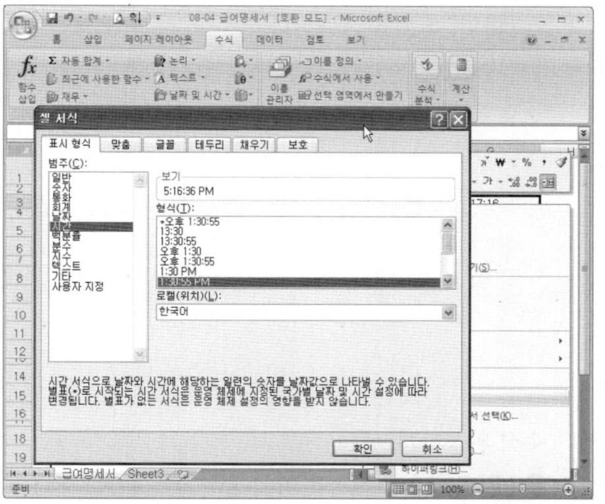

4. 나이 구하기-1

❶ [E9] 셀을 클릭하고,

❷ [수식] 탭 → [함수 라이브러리] 그룹의 '날짜 및 시간 – YEAR' 함수를 클릭한다.

❸ 오늘 날짜를 기준으로 계산하도록 [함수 인수] 대화상자의 'Serial_number' 인수에 셀 [C3]을 지정한 다음 [확인] 버튼을 클릭한다.

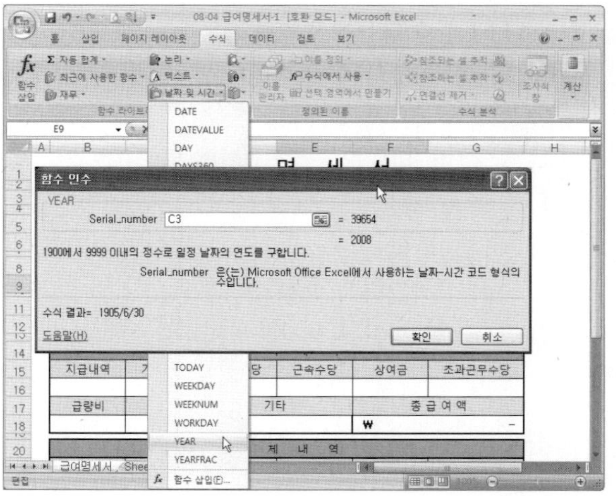

5. 나이 구하기-2

오늘 날짜로부터 연도만을 추출하면 나이가 2008살이 되므로 주민등록번호로부터 태어난 연도를 빼주어야 한다.

❶ 수식 입력줄에 입력된 '=YEAR(C3)' 다음에 '–(' 를 입력하고,

❷ '함수 입력(fx)' 도구를 클릭한 다음, [함수 마법사] 대화상자에서 '텍스트 – LEFT' 함수를 선택하고 [확인] 버튼을 클릭한다.

❸ [함수 인수] 대화상자의 'Text' 인수에 주민등록번호가 입력된 셀의 주소 [F6]을 지정하고, 'Num_chars' 인수에는 '2' 를 입력한 후 [확인] 버튼을 클릭한다.

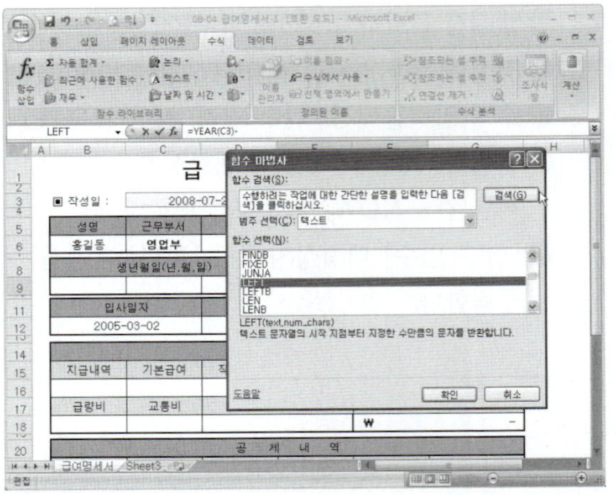

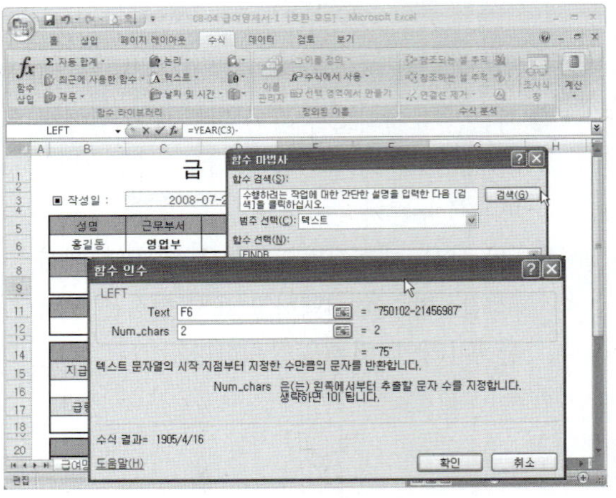

6. 수식 완성하기

❶ LEFT 함수를 사용하여 추출된 연도는 두 자리이므로 네 자리 연도를 표시하도록 '+1900' 을 LEFT 함수 다음에 입력하고,

❷ 오른쪽 괄호 ')' 를 입력한다.

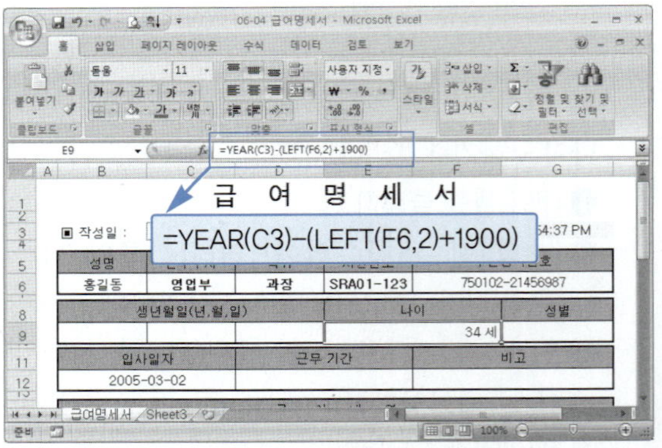

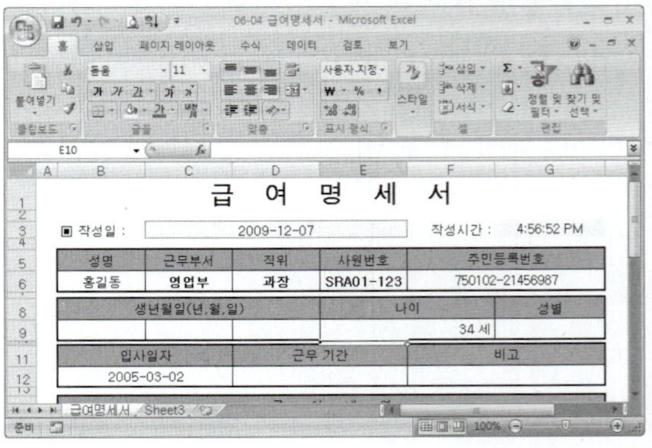

6.3 | 경과한 기간 계산하기(DATEDIF 함수)

DATEDIF 함수는 근속 기간이나 사용 기간과 같이 시작일과 종료일 사이의 경과된 시간을 년, 월, 일 형식으로 표시해주는 함수이다. DATEDIF 함수는 함수 마법사 목록에 없는 함수이기 때문에 직접 입력하여 사용해야 한다.

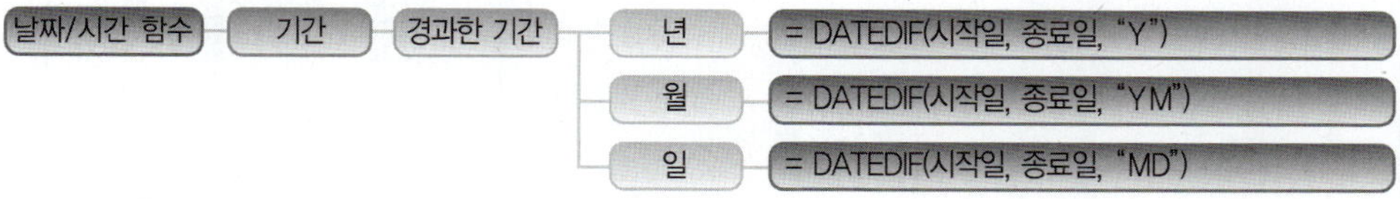

형식 DATEDIF(Start_day, End_day, type)

인수
- **Start_day**: 시작 날짜
- **End_day**: 종료 날짜
- **type**: 경과 기간을 표시할 형식을 설정, 큰 따옴표 안에 표시
  (y: 경과 기간을 연도로 표시, m: 경과 기간을 개월 수로 표시
  d: 경과 기간을 일수로 표시, ym: 경과 기간을 1년 미만의 개월 수로 표시
  md: 경과 기간을 1달 미만의 일수로 표시, yd: 1년 미만의 일 수로 표시)

함께하기 | 근무기간 계산하기

예제 파일: 엑셀\예제파일\Chapter 06\Section 04\06-04 사원 명세.xlsx
완성 파일: 엑셀\완성파일\Chapter 06\Section 04\06-04 사원 명세(완성).xlsx

1. DATEDIF 함수 입력하기

❶ [F7] 셀을 클릭하고 수식 입력줄에 '=DATEDIF(' 를 입력한다.

❷ 입사일자가 입력된 셀 [E7] 셀을 클릭하고, 쉼표 ',' 를 입력한다.

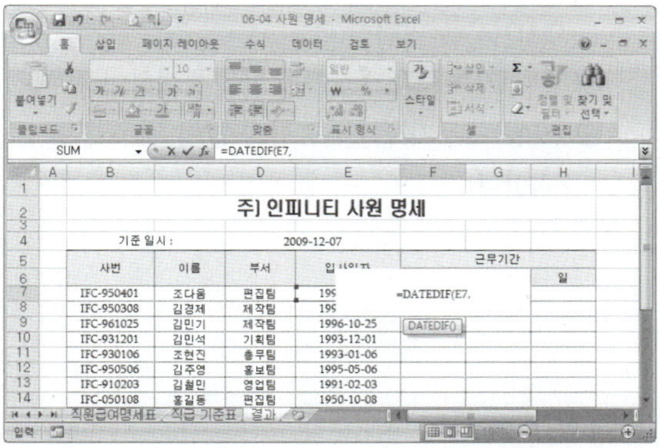

2. DATEDIF 함수 완성하기

❶ 쉼표 다음에 'TODAY()' 함수를 입력하고, ',' 를 입력한 다음,

❷ 쉼표 다음에 년 수를 구하기 위해 "Y"를 입력하고,

❸ 괄호(')')를 입력한 다음 [Enter] 키를 누른다.

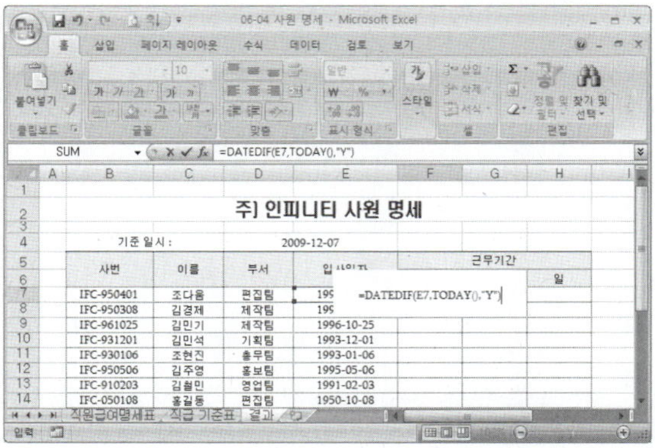

3. 근무 년 수 채우기

❶ [F7] 셀의 채우기 핸들을 마우스 오른쪽 버튼으로 누르고 [F23] 셀까지 드래그한 다음,

❷ 바로가기 메뉴에서 [서식 없이 채우기] 항목을 클릭한다.

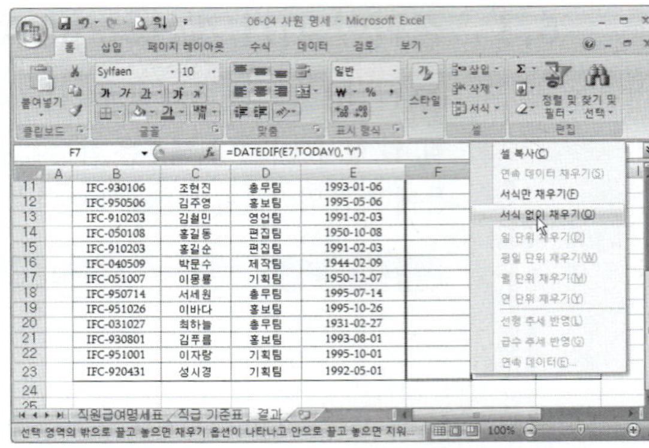

4. 1년 미만의 근무 개월 수 구하기

❶ [G7] 셀을 클릭하고,

❷ '=DATEDIF(E7, TOADY(), "YM")을 입력한다.

❸ [G7] 셀의 채우기 핸들을 더블 클릭하여 채우고,

❹ '자동 채우기 옵션 → 서식 없이 채우기' 를 클릭한다.

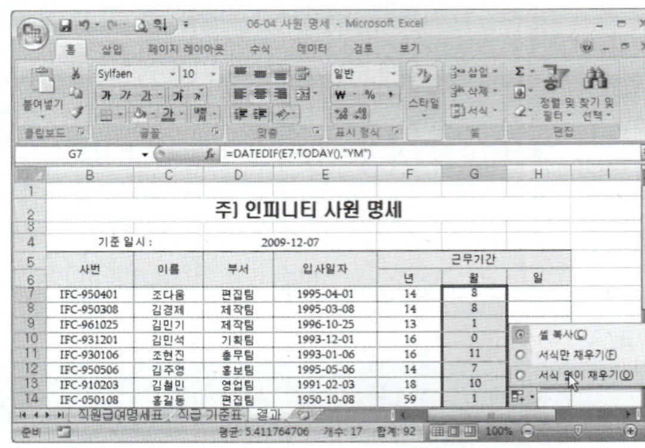

5. 1달 미만의 일 수 구하기

❶ [H7] 셀에 '=DATEDIF(E7, TODAY(), "MD")' 를 입력하고,

❷ 셀 [H7]의 채우기 핸들을 더블 클릭하여 채우고,

❸ '자동 채우기 옵션 → 서식 없이 채우기' 를 클릭한다.

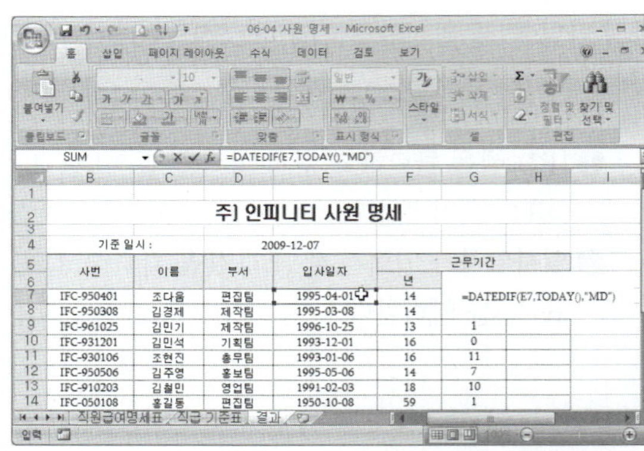

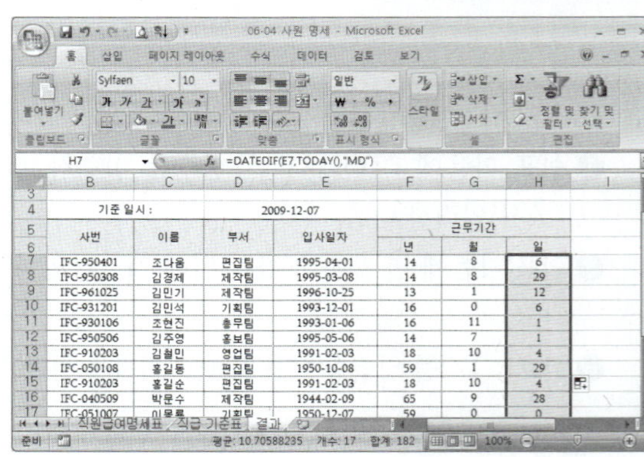

6.4 날짜 계산하기(EDATE, EOMONTH, WORKDAY, NETWORKDAY)

특정 날짜를 기준으로 일정 기간 후의 날짜를 구하기 위한 함수인 EDATE 함수와 EOMONTH 함수, 그리고 작업 기간 사이의 일수를 구하는 NETWORKDAYS 함수 등이 있다.

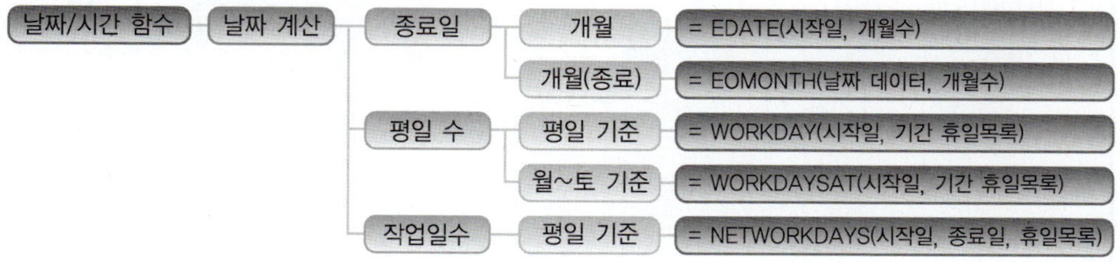

EDATE 함수는 현재 날짜를 기준으로 몇 개월 후의 날짜를 구하기 위해서 사용하고, 특정 날짜를 기준으로 몇 개월 후의 마지막 날짜를 구하려면 EOMONTH 함수를 사용한다.

형식 EDATE(start_date, months)
EOMONTH(start_date, months)

인수
- **start_date:** 시작 날짜
- **months:** start_date 전이나 후의 개월 수. 양수는 이후 날짜를, 음수는 지난 날짜를 의미

NETWORKDAYS 함수는 주말과 휴일을 제외하고 start_date와 end_date 사이의 작업 일수를 반환하는 함수이다.

형식 NETWORKDAYS(start_date, end_date, holidays)

인수
- **start_date:** 시작 날짜
- **end_date:** 종료 날짜
- **holidays:** 국경일, 공휴일, 임시 휴일 등 작업 일수에서 제외되는 휴일 목록

WORKDAY 함수는 시작 날짜(start_dat)로 부터 주말이나 휴일을 제외한 날짜 수 전후의 날짜를 반환하는 함수이다. WORKDAY 함수를 사용하면 청구서 결제일이나 배달 예정일, 작업 완료일 등을 계산할 때 사용한다.

형식 WORKDAY(start_date, days, holidays)

인수
- **start_date:** 시작 날짜
- **days:** start_date 전이나 후의 주말이나 휴일을 제외한 날짜 수. days 값이 양수이면 이후 날짜이고 음수이면 이전 날짜 의미
- **holidays:** 국경일, 공휴일, 임시 공휴일과 같이 작업 일수에서 제외되는 날짜 목록

함께하기 | 근무일수 계산하기

예제 파일: 엑셀\예제파일\Chapter 06\Section 04\06-04 근무일수.xlsx
완성 파일: 엑셀\완성파일\Chapter 06\Section 04\06-04 근무일수(완성).xlsx

1. 근무일수 계산하기

❶ [E5] 셀을 클릭하고,

❷ [수식] 탭 → [함수 라이브러리] 그룹에서 '날짜 및 시간 – NETWORKDAYS' 함수를 선택한다.

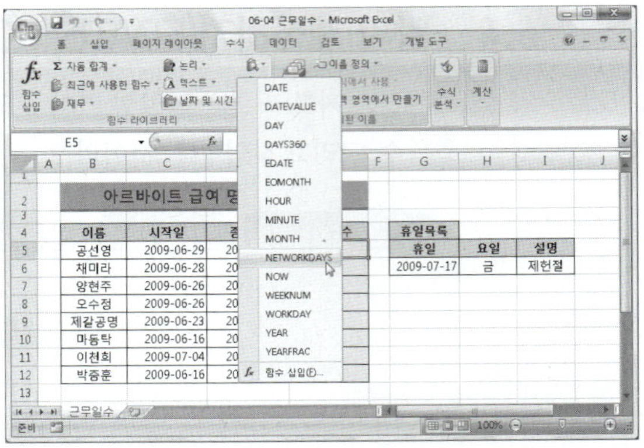

2. NETWORKDAYS 인수 설정하기

❶ 'Start_date' 인수에 시작일이 표시된 [C5] 셀을 입력하고,

❷ 'End_date' 인수에 종료일이 표시된 [D5] 셀을 입력하고,

❸ 'Holidays' 인수에 휴일 목록이 표시된 [G5] 셀을 입력하고 [F4] 키를 눌러 절대참조로 변환한 다음, [확인] 버튼을 클릭한다.

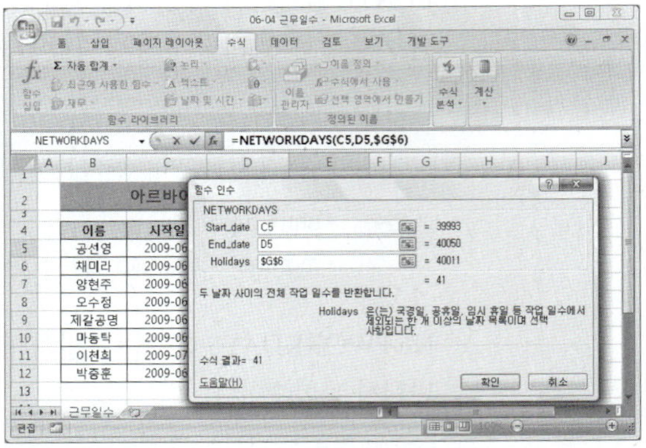

3. 수식 채우기

❶ [E5] 셀의 채우기 핸들을 더블 클릭하여 [E12] 셀까지 수식을 복사한다.

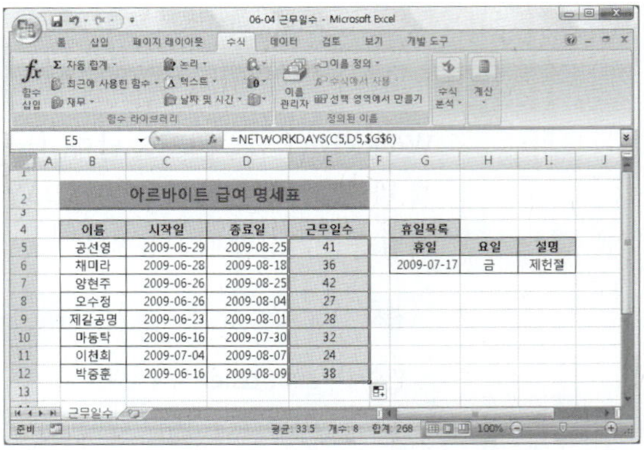

함께하기 | 결제일 계산하기

예제 파일: 엑셀\예제파일\Chapter 06\Section 04\06-04 결제일.xlsx

완성 파일: 엑셀\완성파일\Chapter 06\Section 04\06-04 결제일(완성).xlsx

1. WORKDAY 함수 사용하기

❶ [D6] 셀을 클릭하고,

❷ [수식] 탭 → [함수 라이브러리] 그룹에서 '날짜 및 시간 – WORKDAY' 함수를 선택한다.

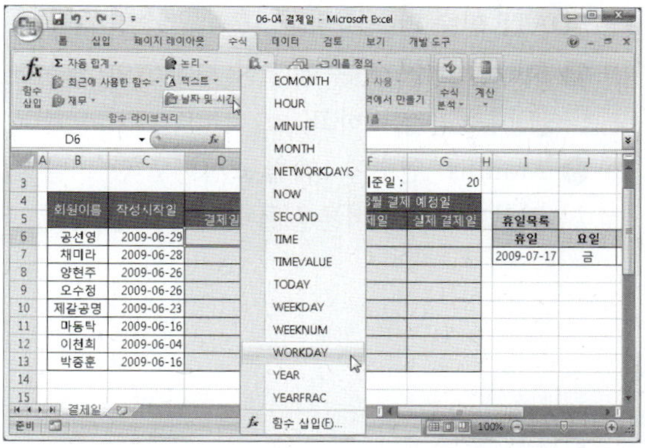

2. WORKDAY 함수 인수 설정하기

❶ 'Start_date' 인수에 시작일이 표시된 [C6] 셀을 입력하고,

❷ 'Days' 인수에 작성기준일 [D5] 셀을 입력하고 [F4] 키를 눌러 절대참조로 변환한 다음,

❸ 'Holidays' 인수에 휴일 목록이 표시된 [I7] 셀을 입력하고 [F4] 키를 눌러 절대참조로 변환한 다음, [확인] 버튼을 클릭한다.

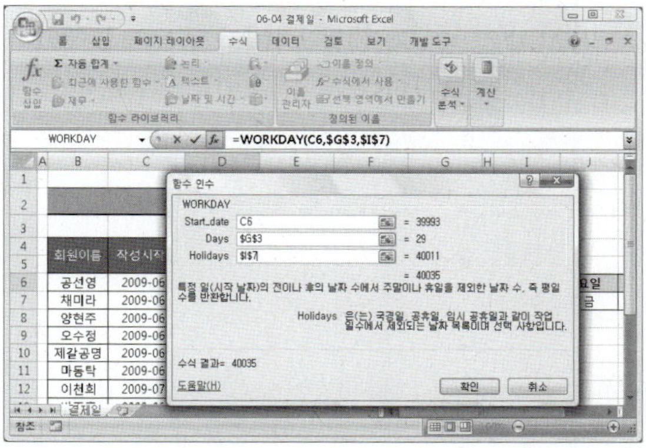

3. 수식 복사하고 표시 형식 변경하기

❶ [D6] 셀의 채우기 핸들을 더블 클릭하여 수식을 복사한 다음,

❷ [홈] 탭 → [표시 형식] 그룹에서 '날짜' 형식을 선택한다.

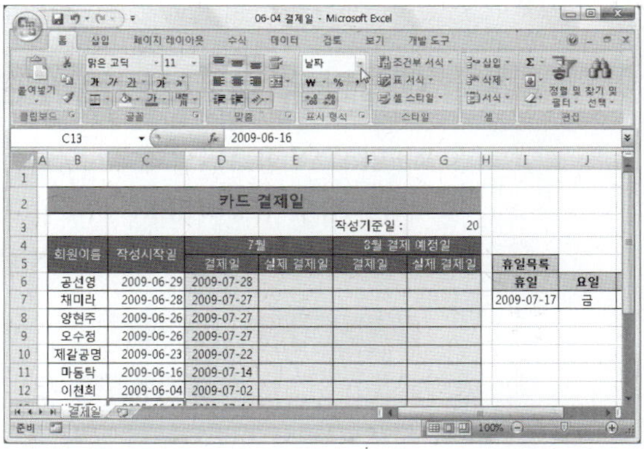

4. 8월 결제일 계산하기

8월 결제일을 7월 결제일의 1달 후로 표시되도록

❶ [D6] 셀을 클릭하고,

❷ [수식] 탭 → [함수 라이브러리] 그룹에서 '날짜 및 시간 – EDATE' 함수를 선택한다.

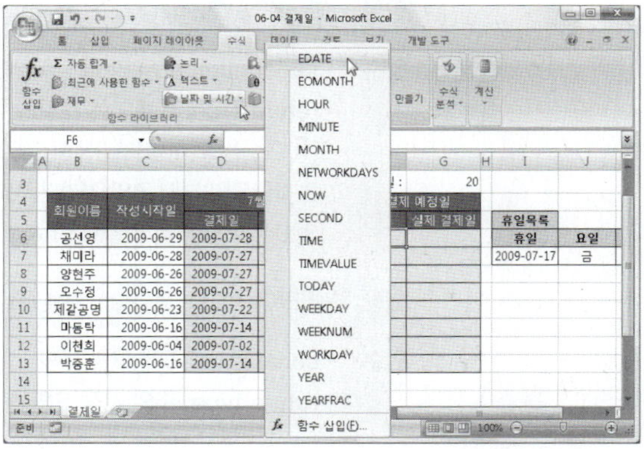

5. EDATE 함수 인수 설정하기

❶ 'Start_date' 인수에 7월 결제일이 표시된 [D6] 셀을 입력하고

❷ 'Months' 인수에 1개월 표시하도록 '1'을 입력하고 [확인] 버튼을 클릭한다.

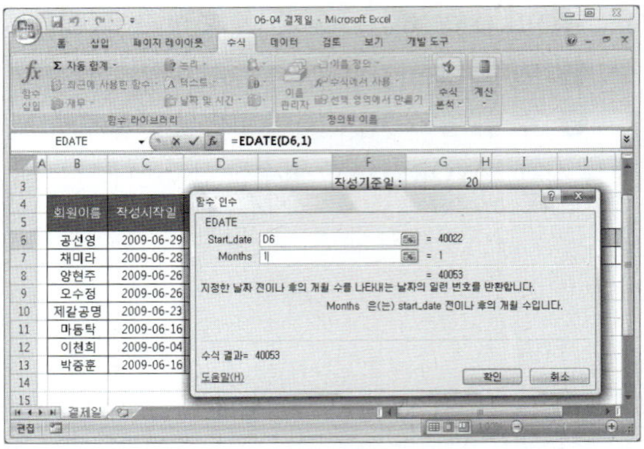

5. 수식 복사하기

[F6] 셀의 채우기 핸들을 [F13] 셀까지 드래그하여 수식을 복사한다.

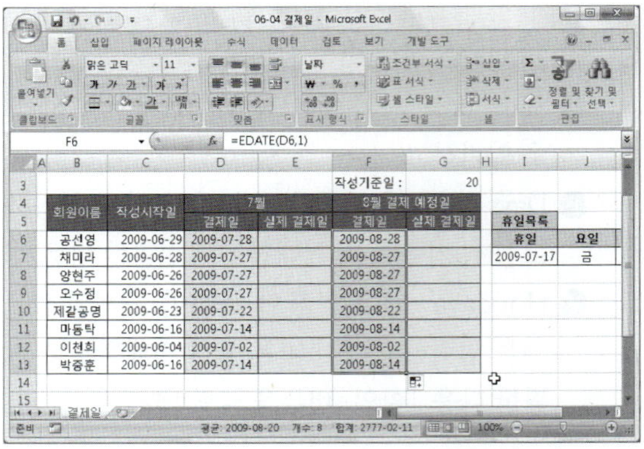

6.5 요일과 주수 구하기(WEEKDAY 함수와 WEEKNUM 함수)

WEEKDAY 함수는 날짜에 해당하는 요일을 1에서 7 사이의 정수 또는 0에서 6 사이의 정수로 표시하는 함수이고, WEEKNUM 함수는 날짜에 해당하는 주가 일 년 중 몇 번째 주인지 나타내는 숫자를 반환하는 함수이다. WEEKNUM 함수는 1월 1일이 포함된 주를 첫 번째 주로 간주한다.

날짜/시간 함수 — 요일 — = WEEKDAY(날짜 데이터, 형식)

날짜/시간 함수 — 주수 — = WEEKNUM(날짜 데이터, 형식)

형식	WEEKDAY(serial_number, return_type)
인수	• **serial_number:** 날짜를 나타내는 일련번호 • **return_type:** 반환되는 요일의 정수값의 형식 (1 또는 생략: 1(일요일)에서 7(토요일) 사이의 정수 2: 1(월요일)부터 7(일요일) 사이의 정수 3: 0(월요일)부터 6(일요일) 사이의 정수)

형식	WEEKNUM(serial_num, return_type)
인수	• **serial_num:** 주에 구할 날짜 • **return_type:** 주의 시작 요일을 결정하는 숫자. 기본값은 1

(1: 일요일부터 주가 시작되고, 1부터 7까지의 번호 부여
2: 월요일부터 주가 시작되고, 1부터 7까지의 번호 부여)

	A	B	C	D	E
1					
2			함수식	결과	
3		2008-07-25	=WEEKDAY(B3)	6	
4			=WEEKDAY(B4,2)	5	
5			=WEEKDAY(B5,3)	4	
6			=WEEKNUM(B3)	30	
7					

함께하기 | 일요일에 셀 서식 지정하기

예제 파일: 엑셀\예제파일\Chapter 06\Section 04\06-04 일요일 구분하기.xlsx
완성 파일: 엑셀\완성파일\Chapter 06\Section 04\06-04 일요일 구분하기(완성).xlsx

1. 조건부 서식 적용하기

❶ [B4:H8] 셀을 영역으로 지정한다.

❷ [홈] 탭 → [스타일] 그룹에서 '조건부 서식 → 새 규칙'을 클릭한다.

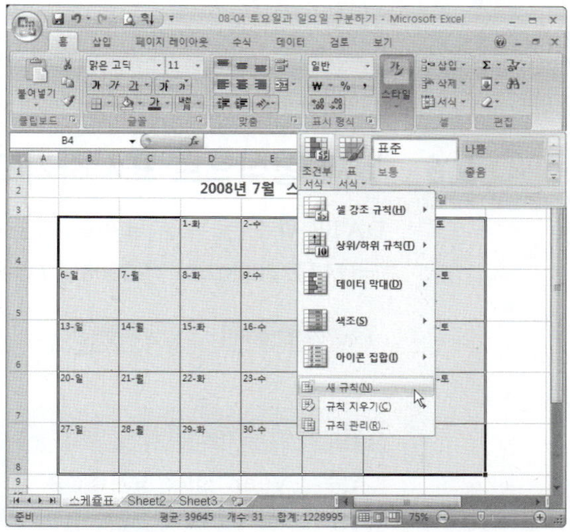

2. 규칙 추가하기

❶ 새 서식 규칙 대화상자의 '규칙 유형 선택' 항목에서 '수식을 사용하여 서식을 지정할 셀 결정'을 선택하고

❷ '다음 수식에 참인 값의 서식 지정' 항목에서 '=WEEKDAY(B4,2)=7'을 입력하고

❸ [서식] 버튼을 클릭하여 색을 지정한 후 [확인] 버튼을 클릭한다.

❹ [새 서식 규칙] 대화상자에서 [확인] 버튼을 클릭한다.

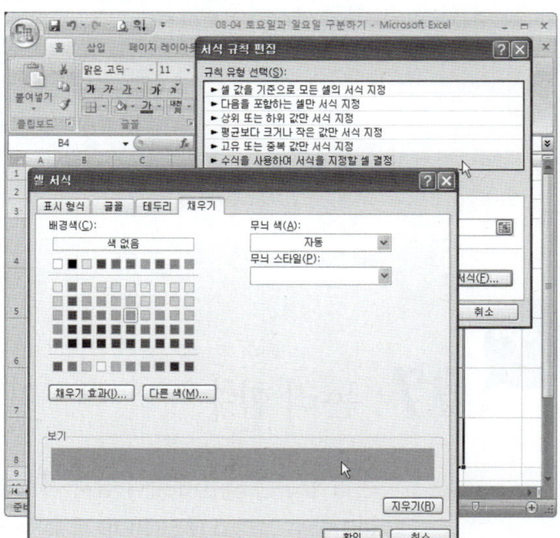

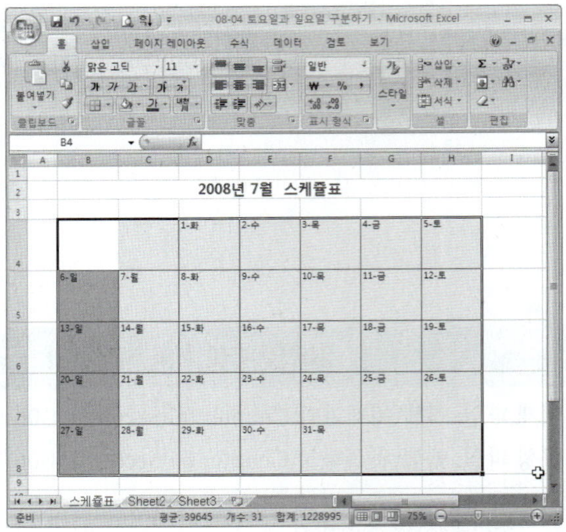

6.6 날짜 형식으로 표시하기(DATE 함수)

DATE 함수는 특정 날짜를 나타내는 일련번호를 반환하는 함수이다. 예를 들어 수식 '=DATE(2008,7,8)' 은 2008년 7월 8일을 나타내는 일련번호인 39637을 반환하게 된다.

날짜/시간 함수 — 날짜 형식 — = DAY(년, 월, 일)

형식	DATE(year, month, day)
인수	• **year:** 연도로 표시될 정수 • **month:** 1월에서 12월 사이의 월을 나타내는 정수 • **day:** 1일에서 31일 사이의 일을 나타내는 정수

	A	B	C	D	E
7					
8		데이터		수식	결과
9		연	2008	=DATE(C9,C10,C11)	2008-07-25
10		월	7	=DATE(YEAR(TODAY()),12,31)	2008-12-31
11		일	25		
12					
13					

Section 07: 논리 함수

논리 함수는 조건에 따라 참과 거짓을 판별하고 그 결과를 출력하는 함수로, IF 함수, AND 함수, OR 함수 그리고 IFERROR 함수 등이 포함된다.

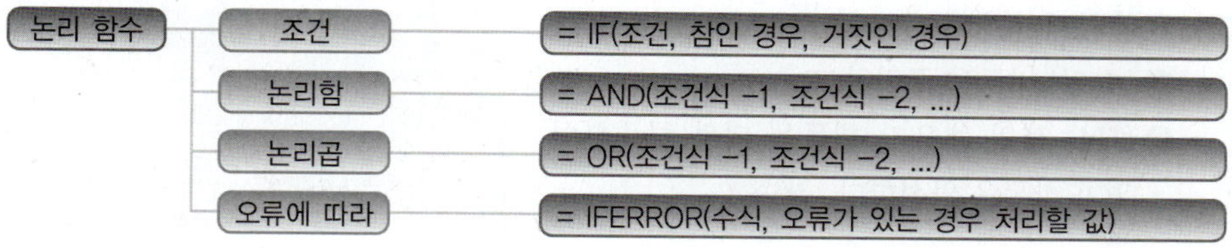

7.1 조건에 따라 다른 값 적용하기(IF 함수)

IF 함수는 조건의 참과 거짓을 판별하여 그 값에 따라 서로 다른 값을 표시하는 함수이다. 2개 중의 하나를 선택하는 경우에는 하나의 IF 함수를 사용하고, 2개 이상의 값 중 하나를 선택해야 하는 경우 IF 함수의 인수 안에 IF 함수를 중첩하여 사용한다.

함께하기 | 시험 결과 평가하기(평균이 80 이상이면 '합격', 80 미만이면 '불합격')

예제 파일: 엑셀\예제파일\Chapter 06\Section 05\06-05 정보화경진대회.xlsx

완성 파일: 엑셀\완성파일\Chapter 06\Section 05\06-05 정보화경진대회(완성).xlsx

1. IF 함수 사용하기

❶ 평가 결과를 표시할 셀 [H4]를 클릭하고,

❷ [수식] 탭 → [함수 라이브러리] 그룹의 '논리 – IF' 함수를 클릭한다.

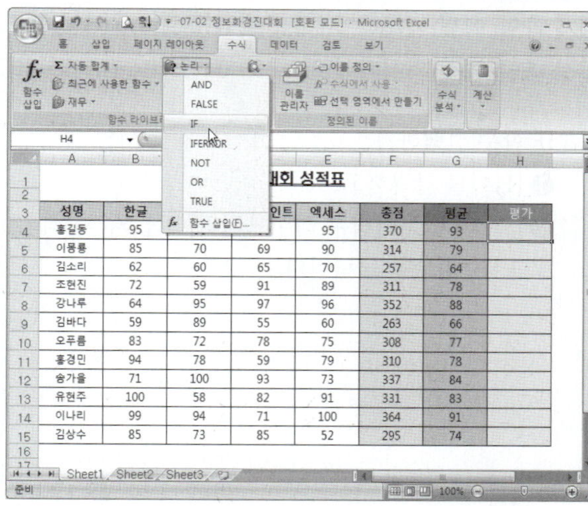

2. IF 함수 인수 설정하기

❶ [함수 인수] 대화상자의 'Logical_test' 인수에 평균이 80점 이상인 것을 검사하기 위한 조건식 'G4>=80'을 입력한다.

❷ 'Value_if_true' 인수에 조건을 만족하는 경우 표시할 문자열 ' "합격" '을 입력한다. 문자열은 큰 따옴표로 묶어 표시한다.

❸ 'Value_if_false 인수에 조건을 만족하지 않는 경우 표시할 문자열 ' "불합격" '을 입력한다.

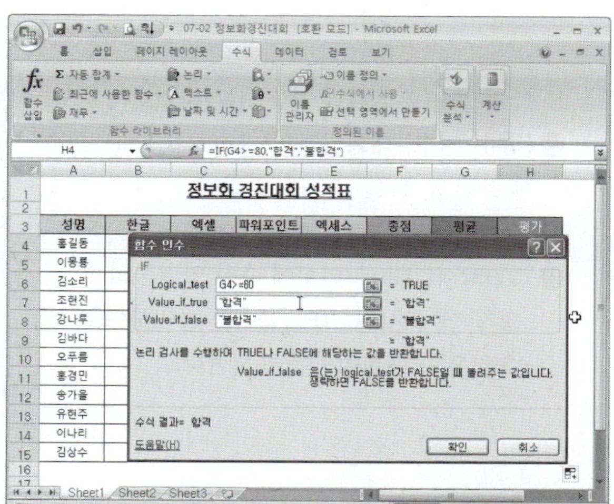

3. 수식 복사하기

❶ [확인] 버튼을 클릭하고

❷ [H4] 셀의 채우기 핸들을 더블 클릭하여 평가 항목을 완성한다.

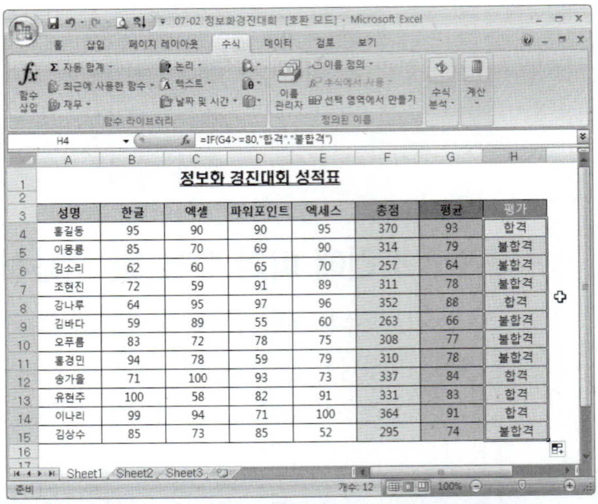

함께하기 | 등급 표시하기(IF 함수 중첩하기)

예제 파일: 엑셀\예제파일\Chapter 06\Section 05\05-05 2008 중간고사 평가표.xlsx

완성 파일: 엑셀\완성파일\Chapter 06\Section 05\05-05 2008 중간고사 평가표(완성).xlsx

1. IF 함수 선택하기

❶ [H4]를 클릭하고,

❷ [수식] 탭 → [함수 라이브러리] 그룹의 '논리 – IF' 함수를 클릭한다.

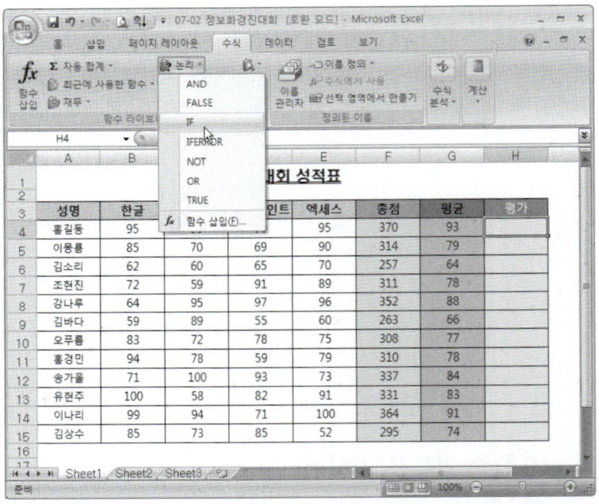

2. IF 함수 인수(A->90점 이상) 설정하기

❶ [함수 인수] 대화상자의 'Logical_test' 인수에 조건식 'H4>=90'을 입력한다.

❷ 'Value_if_true'에 "A"를 입력하고,

❸ 'Value_if_false' 인수에 수식 입력줄의 '이름 상자'에 표시된 'IF' 함수를 클릭하여 IF 함수의 인수 대화상자를 표시한다.

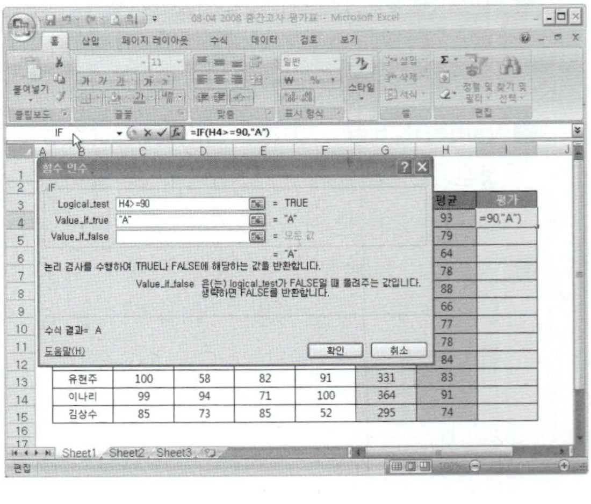

3. IF 함수 인수(B->80점 이상) 설정하기

❶ [함수 인수] 대화상자의 'Logical_test' 인수에 'H4>=80' 을 입력하고,

❷ 'Value_if_true' 에 ' "B" ' 를 입력한다.

❸ 'Value_if_false' 인수에서 수식 입력줄의 '이름 상자' 에 표시된 'IF' 함수를 클릭하여 IF 함수의 인수 대화상자를 표시한다.

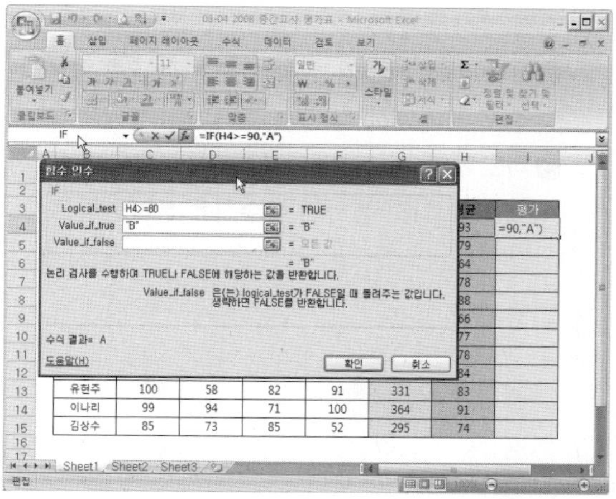

4. IF 함수 인수(C->70점 이상) 설정하기

❶ [함수 인수] 대화상자의 'Logical_test' 인수에 'H4>=70' 을 입력하고,

❷ 'Value_if_true' 에 ' "C" ' 를 입력한다.

❸ 'Value_if_false' 인수에서 수식 입력줄의 '이름 상자' 에 표시된 'IF' 함수를 클릭하여 IF 함수의 인수 대화상자를 표시한다.

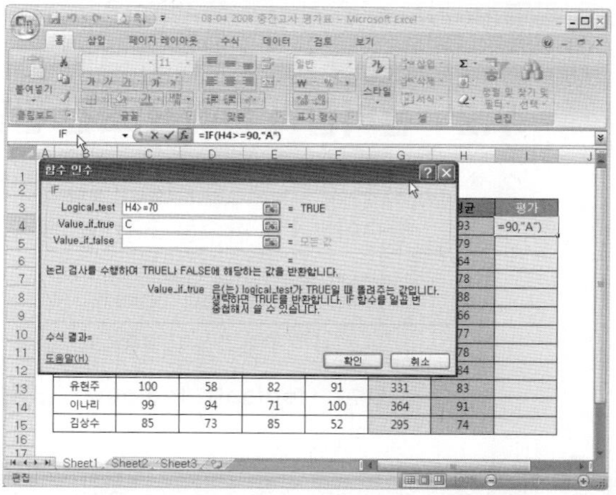

5. D와 F 조건 설정하기

❶ IF 함수의 인수 대화상자에서 'Logical_test' 인수에 'H4>=60' 을 입력하고,

❷ 'Value_if_true' 에 ' "D" ' 를,

❸ 'Value_if_false' 에 ' "F" ' 를 입력한 후 [확인] 버튼을 클릭한다.

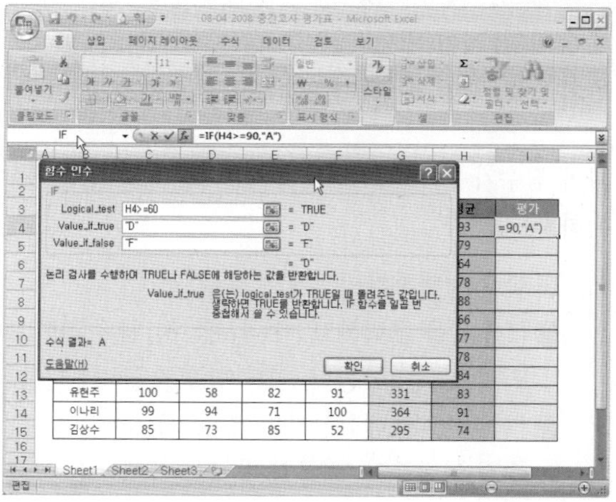

6. 수식 복사하기

❶ [I4] 셀의 채우기 핸들을 마우스 오른쪽 버튼으로 드래그하고,

❷ 바로가기 메뉴에서 '서식 없이 채우기'를 선택하여 [I15] 셀까지 함수식을 복사한다.

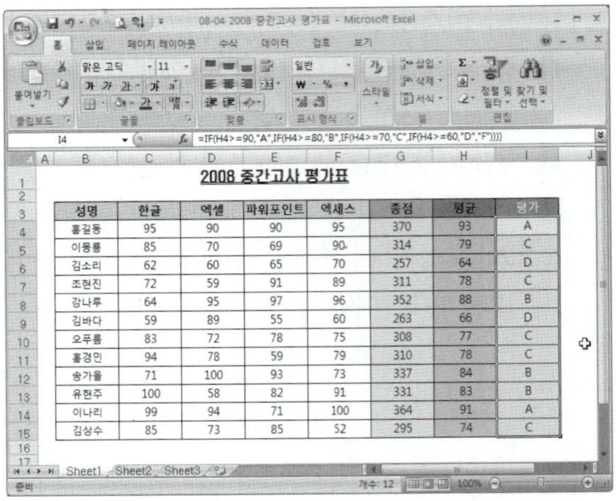

7.2 논리합과 논리곱 조건 판단하기(AND 함수와 OR 함수)

AND 함수는 두 개 이상의 조건에 대해 모든 조건을 동시에 만족하는 경우에 참 값을 반환하는 함수이고, OR 함수는 조건 중 하나만 만족해도 참값을 반환한다.

형식	AND(logical1, logical2, ...) OR(logical1, logical2, ...)
인수	• **logical1, logical2, ...**: 참과 거짓을 판별할 수 있는 조건식

함께하기 | 합격 여부와 과락 표시하기

예제 파일: 엑셀\예제파일\Chapter 06\Section 05\06-05 2008 중간고사 평가표-1.xlsx

완성 파일: 엑셀\완성파일\Chapter 06\Section 05\06-05 2008 중간고사 평가표-1(완성).xlsx

과목 점수가 한 과목이라도 70점 미만이고, 평균이 80점 미만이면 불합격이 표시되고, 나머지는 합격으로 표시하자.

1. IF 함수 선택하기

❶ [I4] 셀을 클릭하고 [수식] 탭 → [함수 라이브러리] 그룹의 '논리 – IF' 함수를 클릭한다.

❷ [함수 인수] 대화상자의 'Logical_test' 인수에 수식 입력줄의 '이름상자' 오른쪽에 있는 목록 기호(▾)를 눌러 '함수 추가'를 선택한다.

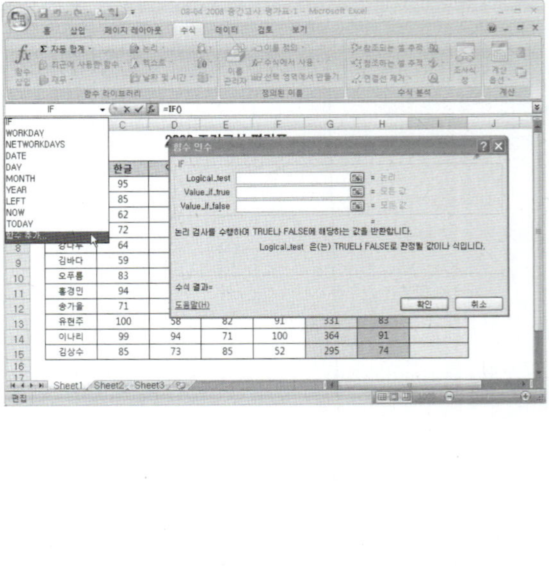

2. AND 함수 선택하기

❶ [함수 마법사] 대화상자에서 '논리' 범주의 'AND' 함수를 선택하고 [확인] 버튼을 클릭한다.

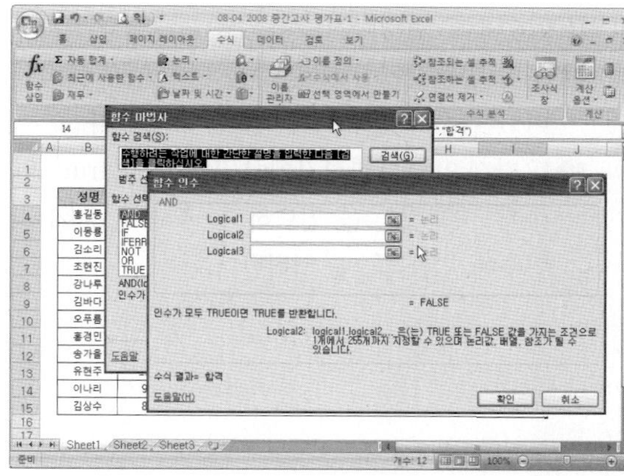

3. AND 함수의 인수에 OR 함수 실행하기

❶ [함수 인수] 대화상자의 'Logical1' 인수에 수식 입력줄의 '이름상자' 오른쪽에 있는 목록 기호(▾)를 눌러 '함수 추가'를 선택한 다음,

❷ [함수 마법사] 대화상자에서 '논리' 범주의 'OR' 함수를 선택하고 [확인] 버튼을 클릭한다.

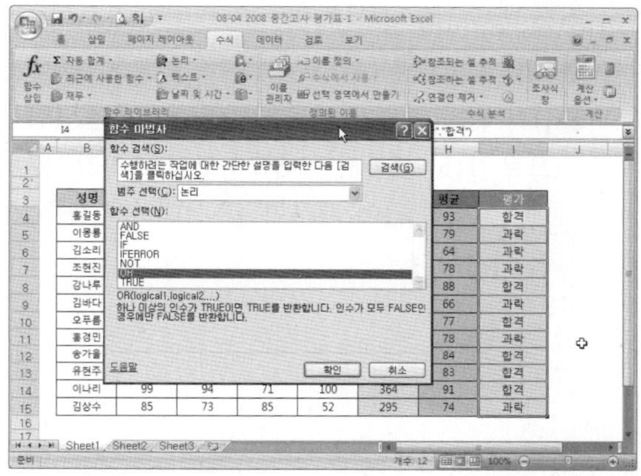

4. OR 함수 인수 설정하기

❶ [함수 인수] 대화상자의 'Logical1' 인수에 'C4<70'을 입력하고,

❷ 'Logical2' 인수에 'D4<70'을,

❸ 'Logical3' 인수에 'E4<70'을,

❹ 'Logical4' 인수에 'F4<70'을 각각 입력한다.

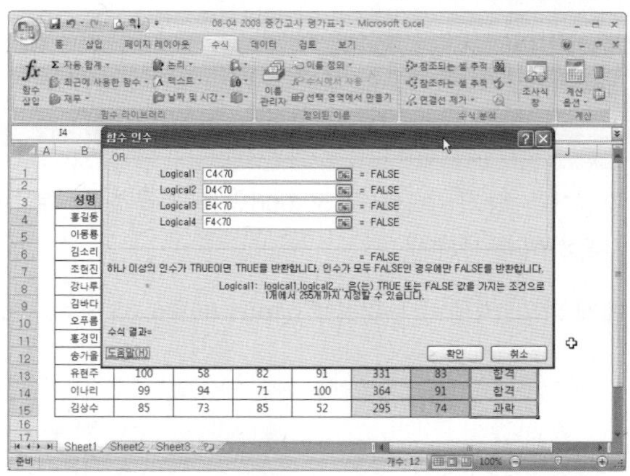

5. AND 함수 인수 완성하기

❶ 수식 입력줄에 표시된 함수식에서 'AND'를 마우스로 클릭하여 'AND' 함수 인수 대화상자를 표시하고,

❷ AND 함수의 'Logical2' 인수에 'H4<70'을 입력한다.

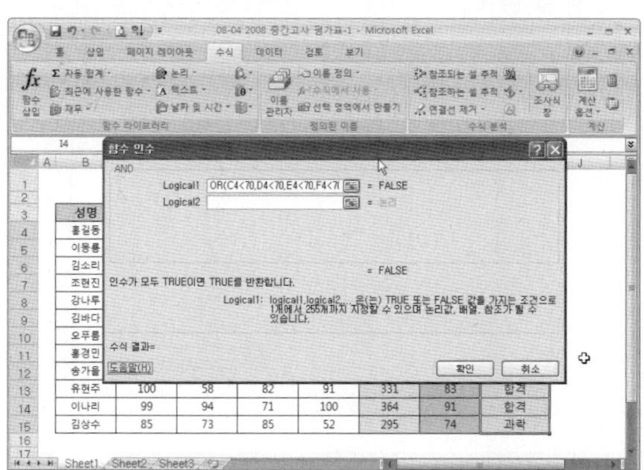

6. IF 함수 인수 설정하기

❶ 수식 입력줄에서 IF 함수를 마우스로 클릭하여 IF 함수의 인수 대화상자를 표시한다.

❷ IF 함수 인수 대화상자에서 'Value_if_true' 인수에 ' "과락" '을 입력하고, 'Value_if_false' 인수에 ' "합격" '을 입력한다.

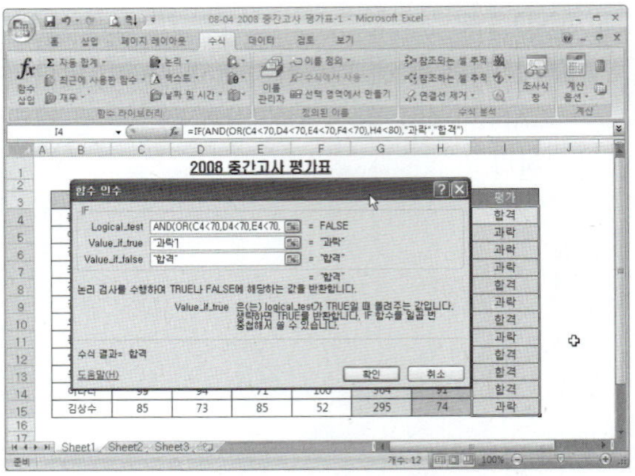

7. 수식 복사하기

❶ [확인] 버튼을 누르고,

❷ [I4] 셀의 채우기 핸들을 마우스 오른쪽 버튼으로 [I15] 셀까지 드래그하고 바로가기 메뉴에서 '서식 없이 채우기'를 선택하여 함수식을 복사한다.

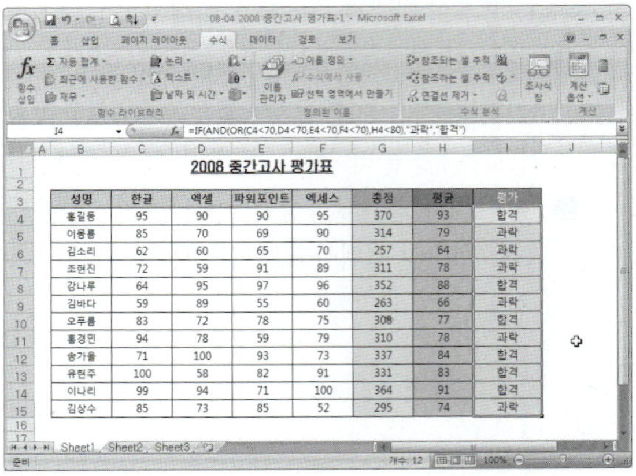

함께하기 | 당직 수당 입력하기(논리 함수 활용하기)

평일에는 당직 수당으로 50,000원을 지급하고, 주말에는 75,000원이 지급되도록 함수식을 논리 함수 OR을 사용하여 완성하라.

예제 파일: 엑셀\실무활용\Chapter 06\06-05 당직수당지급-1.xlsx

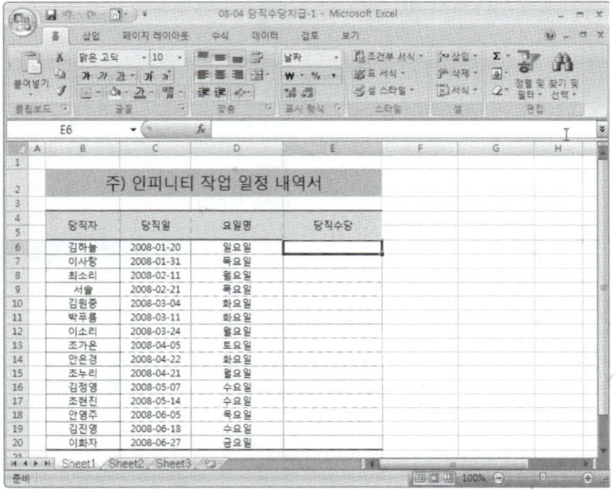

7.3 | IFERROR 함수

IFERROR 함수는 2007 버전에 추가된 함수로 수식에서 오류가 발생하는 경우 #VALUE, #REF! 와 같은 오류 메시지 대신 사용자가 지정한 다른 값이나 수식을 표시하도록 하는 함수이다.

형식 IFERROR(value,value_if_error)

인수
- **value:** 오류 여부를 판별할 수 있는 수식 또는 값
- **value_if_error:** 수식에서 오류가 발생할 경우에 반환할 값

	A	B	C	D	E	F
1						
2		데이터		수식	결과	
3		17	0	=IFERROR(B2/C2, '0으로 나눌 수 없음')	0으로 나눌 수 없음	
4		20	나누기	=B2/C2	#DIV/0!	
5				=B3/C3	#VALUE!	
6				=IFERROR(B3/C3, '인수 확인')	인수 확인	
7						

한 수 더 배우기

❶ 윤년 표시하기

평년과 윤년을 구별하려면 선택한 년도의 2월에 29일이 있는 지 확인하여 29일이 있으면 윤년으로, 없으면 평년으로 표시하도록 한다.

```
=IF(DAY(DATE(년도,2,29))=29,"윤년","평년")
```

	A	B	C	D	E
1					
2		년도	DATE(B3,2,29)	DATE(B3,2,29)	윤년/평년
3		2001	2001-03-01	1	평년
4		2002	2002-03-01	1	평년
5		2003	2003-03-01	1	평년
6		2004	2004-02-29	29	윤년
7		2005	2005-03-01	1	평년
8		2006	2006-03-01	1	평년
9		2007	2007-03-01	1	평년
10		2008	2008-02-29	29	윤년
11		2009	2009-03-01	1	평년
12		2010	2010-03-01	1	평년
13					

❷ 상반기와 하반기 표시하기

1년을 반으로 나누어 상반기와 하반기로 구분하기 위해서는 MONTH 함수를 사용하여 날짜 데이터로부터 월 값을 구하고, ROUNDUP 함수를 이용하여 6으로 나누어 결과를 IF 함수나 CHOOSE 함수를 사용하여 1월 ~ 6월까지는 상반기로, 7월~12월까지는 하반기로 표시한다.

```
=IF(ROUNDUP(MONTH(B2)/6,0)=1,"상반기","하반기")
=CHOOSE(ROUNDUP(MONTH(날짜)/6,0),"상반기","하반기")
```

	A	B	C	D	E	F	G
1			MONTH(B2)/6	ROUNDUP(MONTH(B2)/6,0)	IF	CHOOSE	
2		2010-01-01	0.17	1	상반기	상반기	
3		2010-02-01	0.33	1	상반기	상반기	
4		2010-03-01	0.50	1	상반기	상반기	
5		2010-04-01	0.67	1	상반기	상반기	
6		2010-05-01	0.83	1	상반기	상반기	
7		2010-06-01	1.00	1	상반기	상반기	
8		2010-07-01	1.17	2	하반기	하반기	
9		2010-08-01	1.33	2	하반기	하반기	
10		2010-09-01	1.50	2	하반기	하반기	
11		2010-10-01	1.67	2	하반기	하반기	
12		2010-11-01	1.83	2	하반기	하반기	
13		2010-12-01	2.00	2	하반기	하반기	

❸ 분기별 표시하기

1년을 3달 간격으로 1사분기~4사분기까지 표시하려면 다음과 같이 수식을 작성해야 한다.

```
=CHOOSE(ROUNDUP(MONTH(날짜)/3,0),"1사분기","2사분기","3사분기","4사분기")
```

	A	B	C	D	E	F
1			MONTH(B2)/6	ROUNDUP(MONTH(B2)/6,0)	CHOOSE	
2		2010-01-01	0.33	1	1사분기	
3		2010-02-01	0.67	1	1사분기	
4		2010-03-01	1.00	1	1사분기	
5		2010-04-01	1.33	2	2사분기	
6		2010-05-01	1.67	2	2사분기	
7		2010-06-01	2.00	2	2사분기	
8		2010-07-01	2.33	3	3사분기	
9		2010-08-01	2.67	3	3사분기	
10		2010-09-01	3.00	3	3사분기	
11		2010-10-01	3.33	4	4사분기	
12		2010-11-01	3.67	4	4사분기	
13		2010-12-01	4.00	4	4사분기	

Section 08: 조회 및 참조 함수

조회 및 참조 함수는 지정된 셀의 영역이나 배열을 참조하여 만족하는 값을 찾거나 필요한 값을 입력하기 위해 사용하는 함수로, HLOOKUP 함수와 VLOOKUP 함수, CHOOSE 함수 등이 있다.

8.1 | 인수값에 따라 결과 표시하기(CHOOSE 함수)

CHOOSE 함수는 첫 번째 인수의 숫자값에 따라 숫자값의 위치에 놓인 데이터를 결과로 구하는 함수로, 첫 번째 인수의 값은 1에서 254 사이의 값을 가져야 한다.

형식	CHOOSE(index_num, value1, value2,...)
인수	• **index_num:** 숫자. 1에서 254 사이의 숫자 데이터 • **value1, value2,...:** index_num 인수값에 따라 실행할 값

함께하기 | 총점 구하기

예제 파일: 엑셀\예제파일\Chapter 06\Section 06\06-06 요일명 표시하기.xlsx
완성 파일: 엑셀\완성파일\Chapter 06\Section 06\06-06 요일명 표시하기(완성).xlsx

1. CHOOSE 함수 선택하기
❶ [C4] 셀을 클릭하고,
❷ [수식] 탭 → [함수 라이브러리] 그룹의 '찾기/참조 영역 – CHOOSE' 함수를 선택하고 [확인] 버튼을 클릭한다.

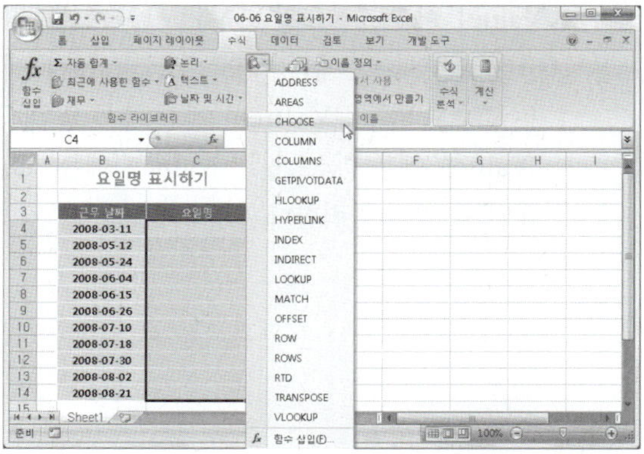

2. 함수 인수 설정하기

❶ [함수 인수] 대화상자의 'Index_num' 인수에 수식 입력줄의 '이름상자' 오른쪽에 있는 목록 기호(▾)를 눌러 '함수 추가'를 선택한다.

❷ [함수 마법사] 대화상자에서 '날짜/시간' 범주의 'WEEKDAY 함수를 선택하고 [확인] 버튼을 클릭한다.

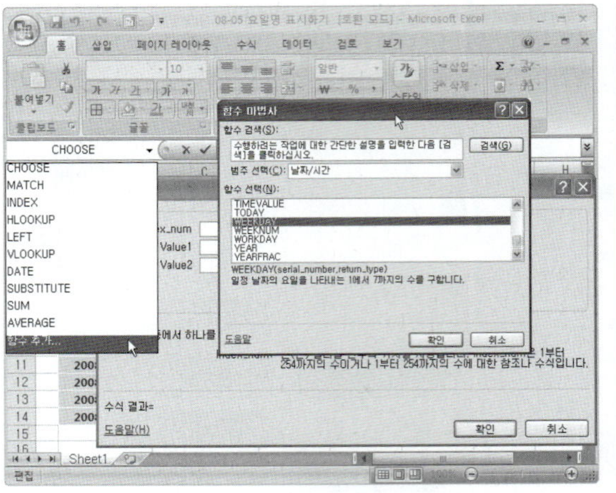

3. WEEKDAY 함수 인수 설정하기

❶ [함수 인수] 대화상자의 'Serial_ number' 인수에 날짜가 표시된 셀 [C4]를 지정하고,

❷ 'Return_type' 에는 1을 입력한다.

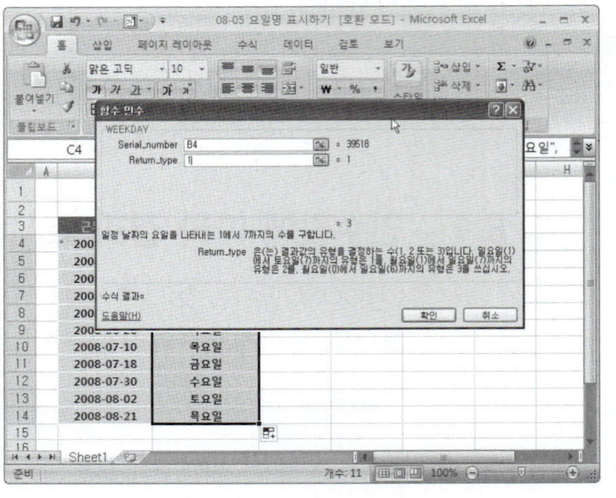

4. CHOOSE 함수 인수 완성하기

❶ 수식 입력줄의 함수식에서 'CHOOSE'를 마우스로 클릭하여 CHOOSE 함수의 인수 대화상자를 표시한 다음,

❷ 'Value1' 에는 "일요일", 'Value12' 에는 "월요일", 'Value3' 에는 "화요일", 'Value4' 에는 "수요일", 'Value5' 에는 "목요일", 'Value6' 에는 "금요일", 'Value7' 에는 "토요일"을 각각 입력한다.

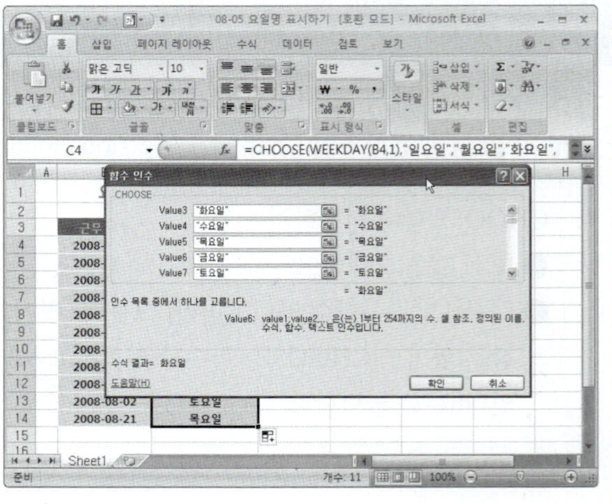

5. 수식 복사하기

❶ [확인] 버튼을 누르고 채우기 핸들을 더블 클릭하여 [C14] 셀까지 함수식을 완성한다.

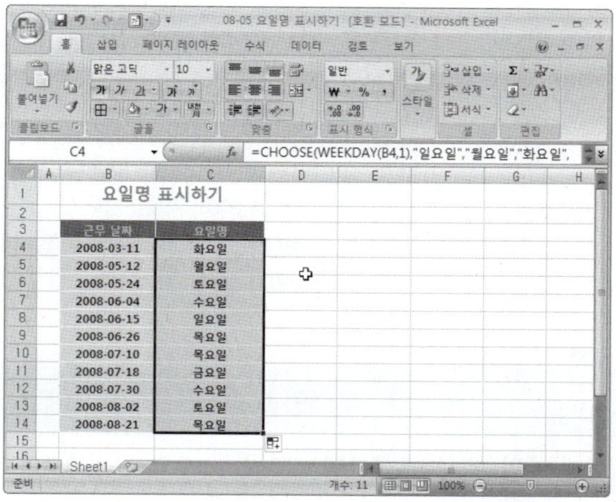

8.2 | 행과 열의 위치 표시하기(ROW 함수와 COLUMN 함수)

ROW 함수와 COLUMN 함수는 참조된 셀 또는 현재 위치의 행 번호와 열 번호를 표시하는 함수이다. ROWS 함수와 COLUMNS 함수는 데이터 범위에 포함된 행의 수와 열의 수를 표시하는 함수이다.

형식	ROW(reference) COLUMN(reference)
인수	• **reference:** 행 번호 또는 열 번호를 구할 셀 주소

형식	ROWS(array) COLUMNS(array)
인수	• **array:** 행의 수 또는 열의 수를 구할 배열이나 배열 수식

8.3 | 하나의 조건으로 검색하기(VLOOKUP 함수와 HLOOKUP 함수)

VLOOKUP 함수는 데이터 범위의 첫째 열에서 찾는 값과 같은 데이터를 찾은 후 찾는 값이 들어 있는 행에서 지정된 열에 들어 있는 데이터를 반환하는 함수이고, HLOOKUP 함수는 데이터를 열이 아닌 행에서 찾아 찾는 값이 들어 있는 열에서 지정된 행에 들어 있는 데이터를 찾아오는 함수이다.

형식	VLOOKUP(lookup_value, table_array, col_index_num, range_lookup)
인수	• **lookup_value:** 데이터 목록의 첫 번째 열에서 찾을 값 • **table_array:** lookup_value에 입력된 값을 찾을 데이터 범위 • **col_index_num:** lookup_value와 일치하는 값이 있는 행의 데이터들 중에서 표시할 값이 있는 table_array의 열 위치 • **range_lookup:** 정확하게 일치하는 값(FALSE)을 찾을 것인지, 비슷한 값(TRUE이거나 생략)을 찾을 것인지 설정

형식 HLOOKUP(lookup_value, table_array, row_index_num, range_lookup)

인수
- **lookup_value:** 데이터 목록의 첫 번째 행에서 찾을 값
- **table_array:** lookup_value에 입력된 값을 찾을 데이터 범위
- **row_index_num:** lookup_value와 일치하는 값이 있는 열의 데이터들 중에서 표시할 값이 있는 table_array의 행 위치
- **range_lookup:** 정확하게 일치하는 값(FALSE)을 찾을 것인지, 비슷한 값(TRUE이거나 생략)을 찾을 것인지 설정

함께하기 | 부서명과 직급 표시하기(VLOOKUP/HLOOKUP 함수 이용하기)

예제 파일: 엑셀\예제파일\Chapter 06\Section 06\06-06 급여정보.xlsx
완성 파일: 엑셀\예제파일\Chapter 06\Section 06\06-06 급여정보(완성).xlsx

1. VLOOKUP 함수 선택하기
   ❶ 부서를 표시할 셀 [E7] 셀을 클릭하고,
   ❷ [수식] 탭 → [함수 라이브러리] 그룹의 '찾기/참조 영역 – VLOOKUP' 함수를 선택한다.

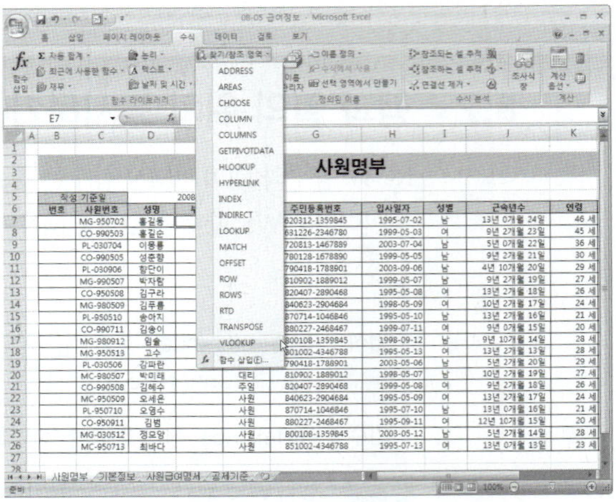

2. 함수 인수 설정하기
   ❶ [함수 인수] 대화상자의 'Lookup_ value' 인수에 부서명을 사원번호 앞 두 자리를 이용하여 표시하도록 수식 입력줄의 '이름상자' 오른쪽에 있는 목록 기호(▾)를 눌러 '함수 추가'를 선택한다.
   ❷ [함수 마법사] 대화상자에서 '텍스트' 범주의 'LEFT' 함수를 선택하고 [확인] 버튼을 클릭한다.

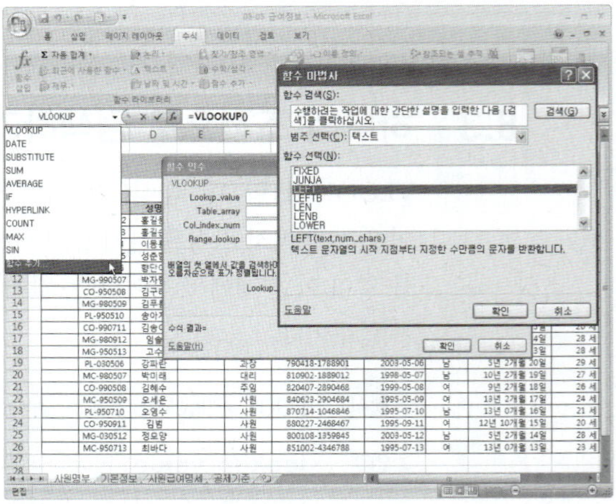

3. LEFT 함수 인수 설정하기

❶ [함수 인수] 대화상자의 'Text' 인수에 사원번호를 표시한 셀 [C7]을 지정하고,

❷ 'Num_chars' 인수에 2를 입력한다.

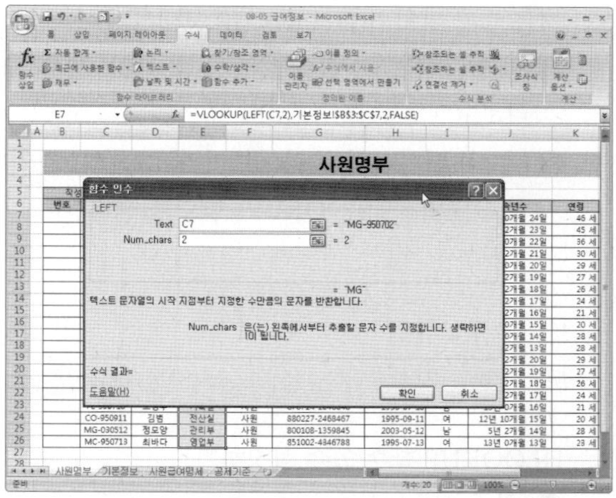

4. VLOOKUP 함수 인수 설정하기

❶ 수식 입력줄에 표시된 함수식에서 VLOOKUP을 마우스로 클릭하여 VLOOKUP 함수 인수 대화상자를 표시한다.

❷ 'Table_array' 인수 항목에 '기본정보' 탭을 클릭하고 [B3:C7]까지 셀 영역을 지정하여 '기본정보!B3:C7'을 표시하고 [F4] 키를 눌러 절대주소로 변환한다.

❸ 'Col_index_num' 인수에 지정된 범위의 첫 번째 열에서 값을 찾아 표시할 데이터를 포함하는 열의 위치 2를 입력한다.

❹ 'Range_lookup' 인수에 정확한 값을 찾도록 'FALSE'를 입력한다.

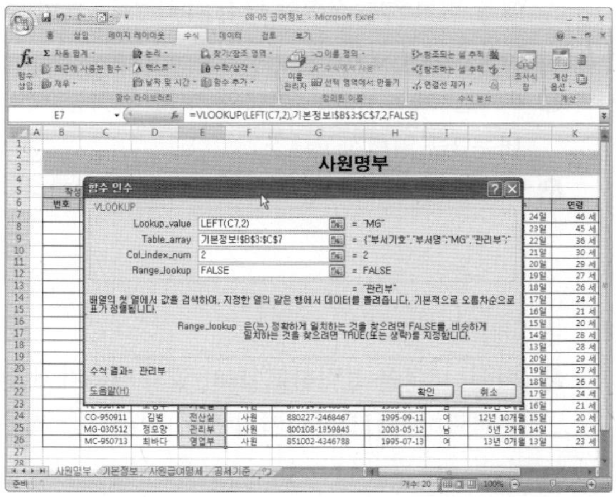

5. 수식 복사하기

❶ [확인] 버튼을 클릭하고 [E7] 셀의 채우기 핸들을 드래그하여 [E26] 셀까지 함수식을 복사한다.

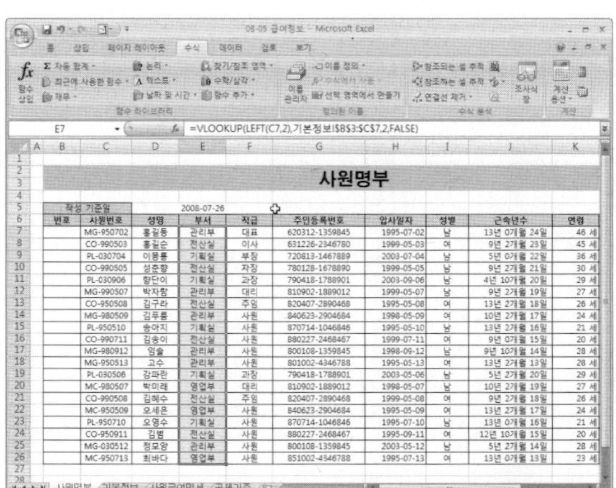

6. 직급 수당 구하기(HLOOKUP 선택하기)

❶ [사원급여명세] 탭을 클릭한 후 [H8] 셀을 클릭하고,

❷ [수식] 탭 → [함수 라이브러리] 그룹의 '찾기/참조 영역 – HLOOKUP' 함수를 선택한다.

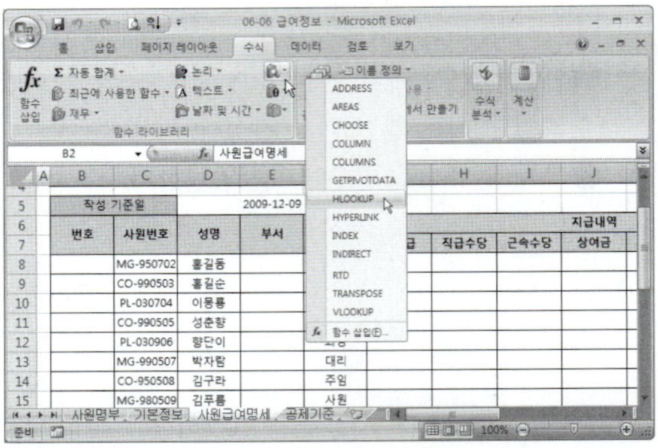

7. HLOOKUP 함수 인수 설정하기

❶ [함수 인수] 대화상자의 'Look_value' 인수에 직급이 입력된 [E8] 셀을 지정하고,

❷ 'Table_array' 인수에 '기본공제' 탭의 [I6:Q7] 셀을 영역으로 지정한 다음 [F4] 키를 눌러 절대주소로 변환한다.

❸ 'Row_index_num' 항목에 행의 위치를 나타내는 2를 입력하고,

❹ 'Range_lookup' 인수에 FALSE를 입력한다.

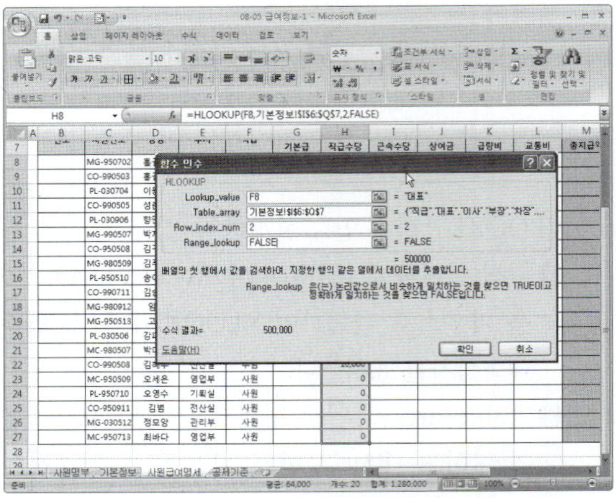

8. 수식 복사하기

❶ [확인] 버튼을 클릭하고 [H8] 셀의 채우기 핸들을 클릭하여 [H27]까지의 셀에 함수식을 복사한다.

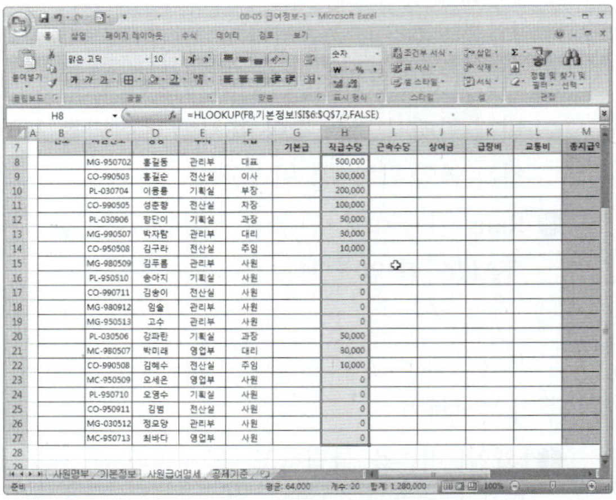

8.4 두 가지 이상의 조건으로 검색하기(MATCH 함수와 INDEX 함수)

VLOOKUP 함수와 HLOOKUP 함수는 검색 기준이 하나일 때 사용하면 유용한 함수이다. 만일 2개 이상의 검색 기준을 만족해야 한다면 MATCH 함수와 INDEX 함수를 사용해야 한다.

MATCH 함수는 셀 범위에서 지정된 항목을 검색하고 검색된 데이터의 행 또는 열의 상대적 위치를 반환하는 함수이고, INDEX 함수는 행과 열 번호를 이용하여 데이터 범위에서 데이터를 찾아 반환하는 함수이다.

형식 MATCH(lookup_value, lookup_array, match_type)

인수
- **lookup_value:** lookup_array에서 찾으려는 값
- **lookup_array:** lookup_value를 검색할 데이터의 범위
- **match_type:** lookup_array의 값을 사용하여 lookup_value를 찾는 방법을 지정하는 숫자로, 숫자 -1, 0 또는 1이 가능하며, 기본값은 1
  - 1: 오름차순으로 정렬하여 lookup_value와 같거나 작은 데이터 중에서 최대값
  - 0: 정확하게 일치하는 값
  - -1: 내림차순으로 정렬하여 lookup_value와 같거나 큰 데이터 중에서 최소값

형식 INDEX(array, row_num, column_num) – 배열형

인수
- **array:** 데이터 범위
- **row_num:** 찾을 행의 위치
- **column_num:** 찾을 열의 위치

형식 INDEX(reference, row_num, column_num, area_num) – 참조형

인수
- **reference:** 한 개 이상의 셀 범위
- **row_num:** 반환할 행 번호
- **column_num:** 반환할 열 번호
- **area_num:** row_num과 column_num이 교차하는 셀을 반환할 데이터 범위

함께하기 | MATCH 함수와 INDEX 함수를 사용하여 기본급 표시하기

예제 파일: 엑셀\예제파일\Chapter 06\Section 06\06-06 급여정보(INDEX와 MATCH).xlsx
완성 파일: 엑셀\완성파일\Chapter 06\Section 06\06-06 급여정보(INDEX와 MATCH)(완성).xlsx

1. INDEX 함수 선택하기

❶ 기본급을 표시할 셀 [G8] 셀을 클릭하고,
❷ [수식] 탭 → [함수 라이브러리] 그룹의 '찾기/참조 영역 – INDEX' 함수를 선택한다.
❸ [인수 선택] 대화상자에서 첫 번째 배열형을 선택하고 [확인] 버튼을 클릭한다.

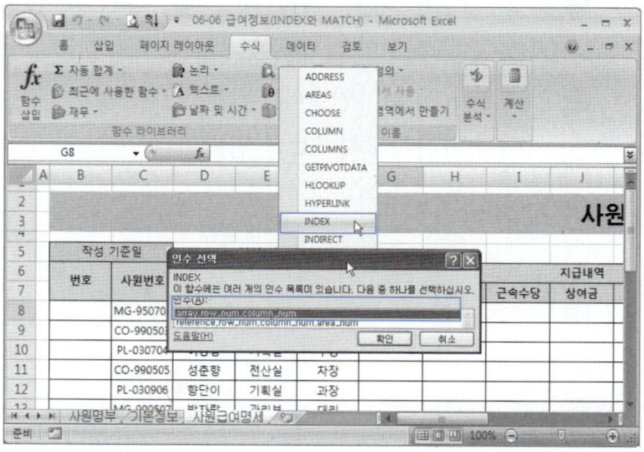

2. 함수 인수 설정하기(INDEX 함수)

❶ [함수 인수] 대화상자의 'Array 인수에 기본급이 입력되어 있는 '기본정보!F3:F10' 셀을 영역으로 지정하고 [F4] 키를 눌러 절대주소로 변환한다.

❷ 'Row_num' 인수에서 수식 입력줄의 함수 삽입(fx) 도구를 클릭하고,

❸ [함수 마법사] 대화상자에서 '찾기/참조 영역' 범주의 'MATCH' 함수를 선택하고 [확인] 버튼을 클릭한다.

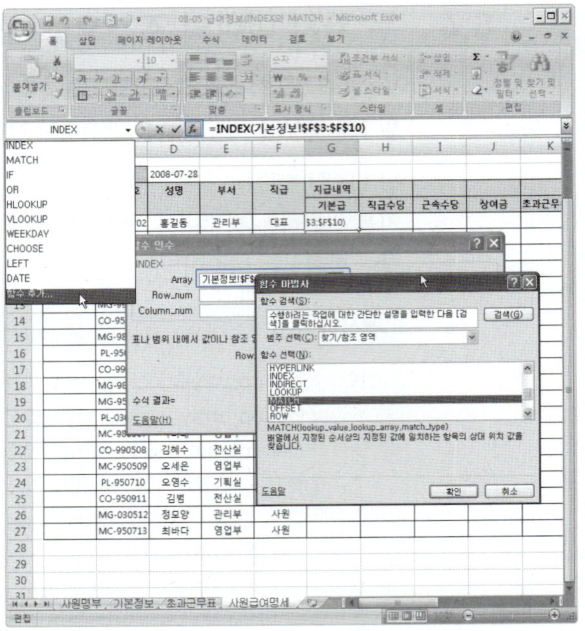

3. 함수 인수 설정하기(MATCH 함수)

❶ 'Lookup_value' 인수에 직급에 대한 기본급을 표시하도록 [F8] 셀을 지정하고,

❷ 'Lookup_array' 인수에 직급을 표시하는 '기본정보!E3:E10' 셀을 영역으로 지정한 후 [F4] 키를 눌러 절대주소로 변환한다.

❸ 'Match_type' 인수에 정확하게 일치하는 값을 찾도록 0을 입력한다.

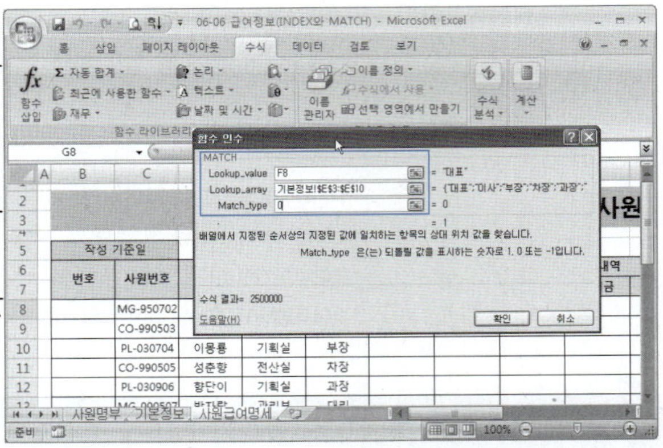

4. INDEX 함수 인수 완성하기

❶ 수식 입력줄에서 'INDEX'를 클릭하여 INDEX 함수의 인수 대화상자를 표시하고,

❷ 'Column_num' 인수에 '기본급' 항목의 데이터를 반환하도록 '2'를 입력한다.

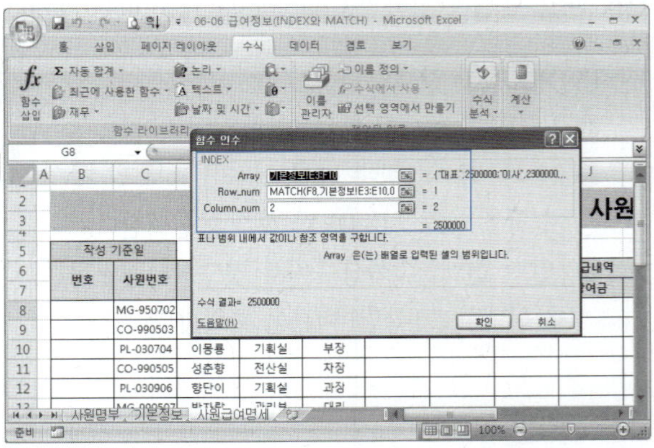

5. 수식 복사하기

❶ [G8] 셀의 채우기 핸들을 더블 클릭하여 [G27] 셀까지 함수식을 복사한다.

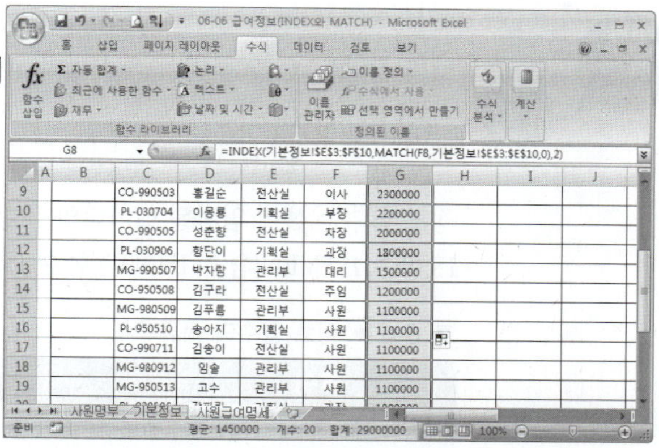

한 수 더 배우기 | 세로로 입력된 값을 가로로 변경하여 참조하기

TRANSPOSE 함수는 입력된 데이터의 행과 열을 반대로 변경시켜주는 함수로, 세로로 입력된 데이터를 가로로 변경하여 참조할 수 있다.

TRANSPOSE(array)
array: 행과 열을 바꾸어 참조할 데이터의 범위

❶ [K5] 셀을 클릭하고 '=SUM((' 을 입력하고, 사원의 판매량이 입력된 셀 [D5:J5]을 드래그하여 표시한 후,

❷ ')*(TRANSPOSE([N5:N10])))' 을 입력한 다음,

❸ [Ctrl] + [Shift] + [Enter]를 눌러 배열 수식을 입력한다.

❹ 자동 채우기 핸들을 드래그하여 수식을 완성한다.

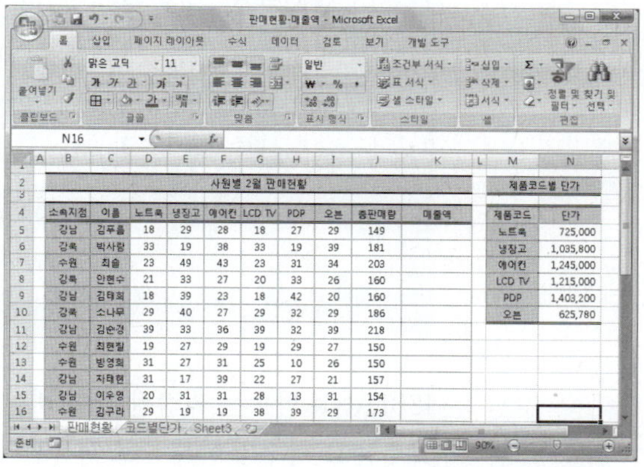

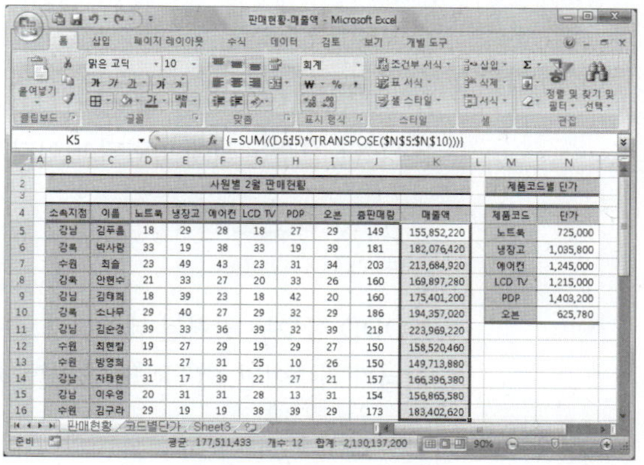

Section

09: 정보 함수

정보 함수는 셀에 입력된 데이터의 유형을 검사하고, 데이터에 관련된 정보를 제공하는 함수로 IS 함수, ISEVEN 함수, ISODD 함수, ISNUMBER 함수, ISTEXT 함수 등이 있다.

표 6-2 ● 정보 함수의 종류

함수	설명
CELL	셀의 서식 지정이나 위치, 내용 등에 대한 정보 반환
ERROR.TYPE	오류 유형에 해당하는 숫자 반환
INFO	현재 운영 환경에 대한 정보 반환
ISBLANK	값이 비어 있으면 TRUE 반환
ISERR	#N/A를 제외한 오류값의 경우 TRUE 반환
ISERROR	오류값의 경우 TRUE 반환
ISEVEN	숫자가 짝수이면 TRUE 반환
ISLOGICAL	논리값의 경우 TRUE 반환
ISNA	#N/A 오류 값의 경우 TRUE 반환
ISNONTEXT	값이 텍스트가 아니면 TRUE 반환
ISNUMBER	값이 숫자이면 TRUE 반환
ISODD	숫자가 홀수이면 TRUE 반환
ISREF	값이 참조이면 TRUE 반환
ISTEXT	값이 텍스트이면 TRUE 반환
N	숫자로 변환된 값을 반환
NA	오류값 #N/A 반환
TYPE	값의 데이터 형식을 나타내는 숫자 반환

ISBLANK 함수는 지정된 셀이 비어있으면 참(TRUE)을 반환하는 함수로, 단독으로 사용되기보다는 IF 함수와 함께 주로 사용된다.

```
= ISBLANK(value)
```

ISNUMBER 함수는 셀에 입력된 데이터가 숫자이면 참(TRUE)을 반환하는 함수이고, ISTEXT 함수는 셀에 입력된 데이터가 텍스트이면 참(TRUE)을 반환하는 함수이다.

```
= ISNUMBER(value)
= ISTEXT(value)
```

ISODD 함수는 입력된 데이터가 홀수이면 참(TRUE)을 반환하고, ISEVEN 함수는 입력된 데이터가 짝수이면 참(TRUE)을 반환하는 함수이다.

```
= ISODD(number)
= ISEVEN(number)
```

함께하기 | 정보 함수를 사용하여 부서명 구하기

사원번호의 오른쪽 첫 번째 데이터가 홀수이면 '근무지점'을 '서울점'으로 표시하고, 짝수이면 '경기점'으로 표시하라.

예제 파일: 엑셀\예제파일\Chapter 06\Section 07\06-07 정보함수.xlsx
완성 파일: 엑셀\예제파일\Chapter 06\Section 07\06-07 정보함수(완성).xlsx

1. IF 함수 선택하기
   ❶ [E3] 셀을 클릭하고,
   ❷ [수식] 탭 → [함수 라이브러리] 그룹의 '논리 – IF' 함수를 선택한다.

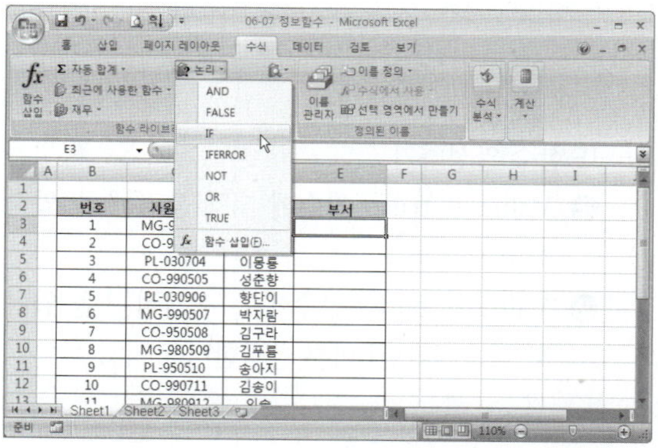

2. IF 함수의 인수로 ISODD 함수 사용하기
   ❶ [함수 인수] 대화상자의 'Logical_test' 인수에 홀수임을 확인하기 위한 ISODD 함수를 삽입하기 위해 '이름 상자' 오른쪽 목록 기호(▾)를 클릭하고 '함수 추가'를 클릭한 다음,
   ❷ [함수 마법사] 대화상자에서 '정보 – ISODD' 함수를 선택한다.

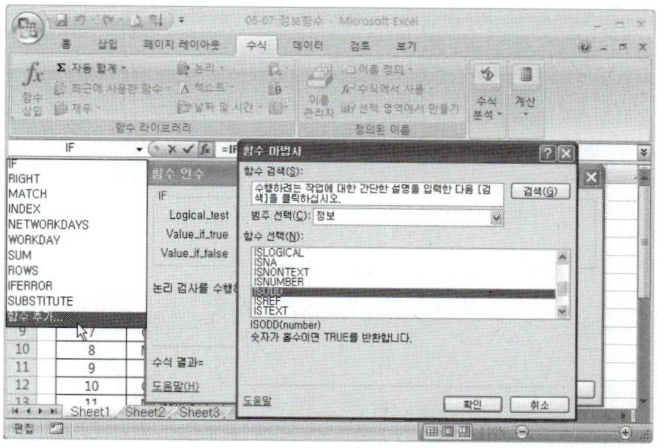

3. ISODD 함수 인수에 RIGHT 함수 설정하기
   ❶ 'Text' 인수에 '사원번호'로부터 오른쪽 문자 하나를 추출하기 위해 '이름 상자' 오른쪽 목록 기호(▾)를 클릭하고 '함수 추가'를 클릭한 다음,
   ❷ [함수 마법사] 대화상자에서 '텍스트 – RIGHT' 함수를 선택한다.

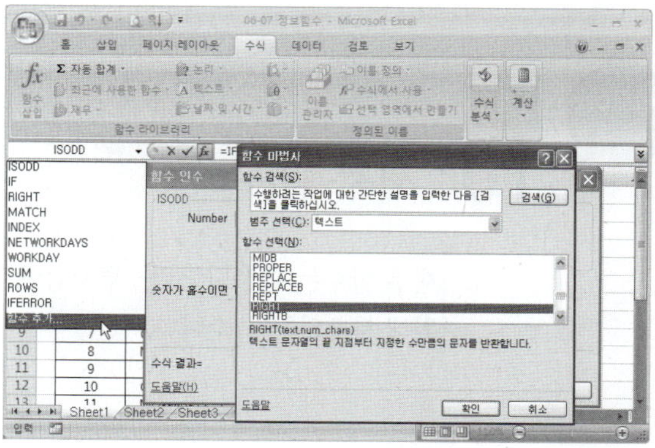

4. RIGHT 함수 선택하기

❶ 'Text' 인수에 사원번호가 표시된 [C3] 셀을 입력하고,

❷ 'Num_chars' 인수에 추출할 문자 수 '1' 을 입력한 다음,

❸ 수식 입력줄에서 'IF' 를 클릭한다.

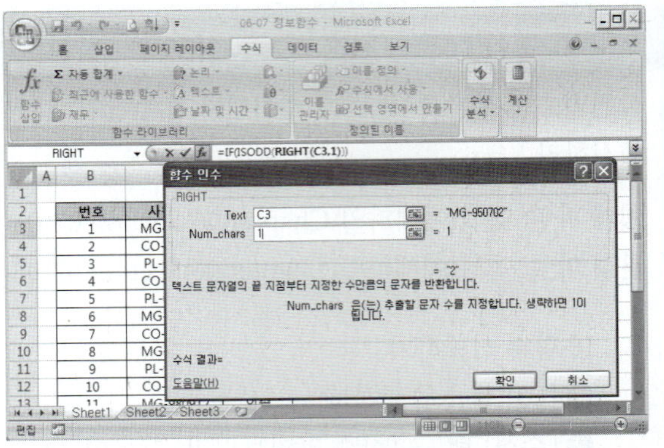

5. IF 함수 완성하기

❶ 'Value_if_true' 인수에 ' "서울점" ' 을 입력하고,

❷ 'Value_if_false' 인수에 ' "경기점" ' 을 입력한 다음, [확인] 버튼 클릭한다.

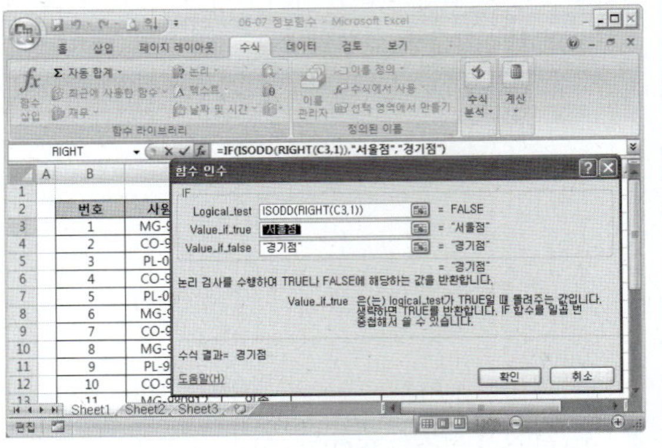

6. 수식 복사하기

[E3] 셀의 채우기 핸들을 더블 클릭하여 수식을 복사한다.

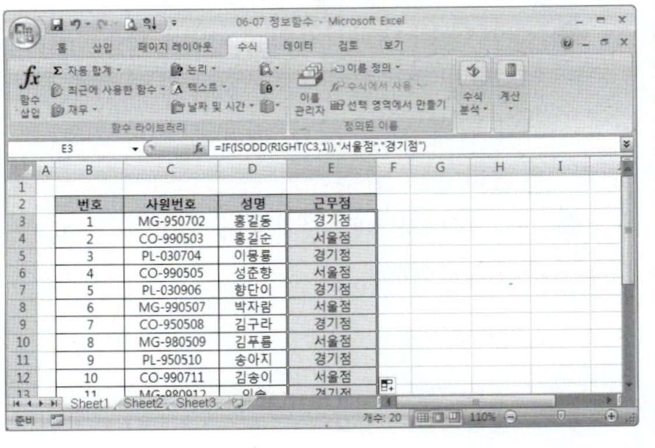

Section

10: 재무 함수

재무 함수는 대출금 상환, 투자금에 대한 현재 또는 미래 가치 등의 재무와 관련된 계산을 하기 위해 사용하는 함수이다.

10.1 만기액 알려주기(RATE 함수와 FV 함수)

FV 함수는 Future Value를 의미하며, 매기간 일정한 금액(pmt)을 일정한 이율(rate)로 일정기간(nper)동안 적립하는 경우 얻게 되는 미래가치를 계산하는 함수이고, RATE 함수는 이자 지급 기간당 이율을 계산하는 함수이다.

형식 FV(rate, nper, pmt, pv, type)

인수
- **rate:** 적립기간동안 적용되는 이자율 또는 목표 수익률
- **nper:** 이자를 납입하거나 받는 횟수
- **pmt:** 매 기간 납입 일정액, 나중에 지급을 받지만 현재 상황에서는 지출이므로 음수 형태로 표시한다.
- **pv:** 현재 가치 또는 앞으로 지불할 납입금의 현재 가치를 나타내는 총액
- **type:** 지급 시기. 1은 투자 주기 초, 0 또는 생략하면 투자 주기 말

형식 RATE(nper, pmt, pv, fv, type, guess)

인수
- **nper:** 총 납입 횟수
- **pmt:** 각 기간의 납입액으로 전 기간 동안 동일. pmt를 생략할 경우 fv 인수를 반드시 지정해야 한다.
- **pv:** 현재 가치 또는 앞으로 지급할 일련의 납입금의 현재 가치를 나타내는 총액
- **fv:** 미래 가치, 즉 최종 지급 후의 현금 잔고. 생략하면 0으로 간주
- **type:** 지급 시점을 나타내는 숫자로서 0 또는 1(0 또는 생략 : 기간 말, 1 : 기간 초)

함께하기 | 정기 적금 만기액 구하기

예제 파일: 엑셀\예제파일\Chapter 06\Section 07\06-07 적금만기액.xlsx
완성 파일: 엑셀\예제파일\Chapter 06\Section 07\06-07 적금만기액(완성).xlsx

1. FV 함수 선택하기

❶ [C6] 셀을 클릭하고 [수식] 탭 → [함수 라이브러리] 그룹의 '재무 – FV' 함수를 클릭한다.

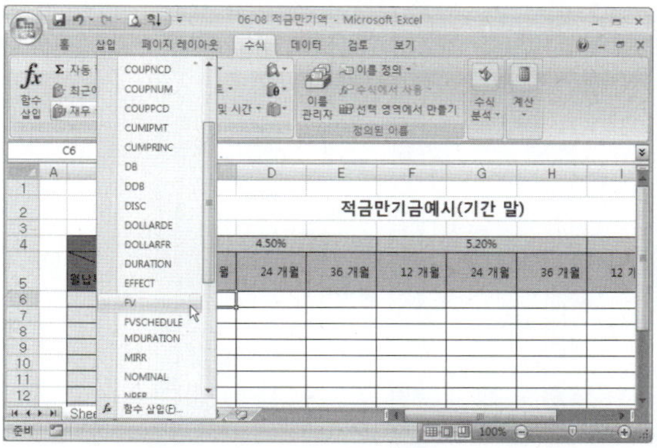

2. 함수 인수 설정하기

❶ 'Rate' 인수에 이율이 입력되어 있는 셀을 기간으로 나눈 수식 '=C$4/12'를 입력하고,

❷ 'Nper' 인수에 기간이 입력된 셀 [C5] 셀을 입력하고 [F4] 키를 두 번 눌러 행을 고정한 절대주소로 표시한다.

❸ 'Pmt'에는 '–$B6'을 입력하고, [확인] 버튼을 클릭한다.

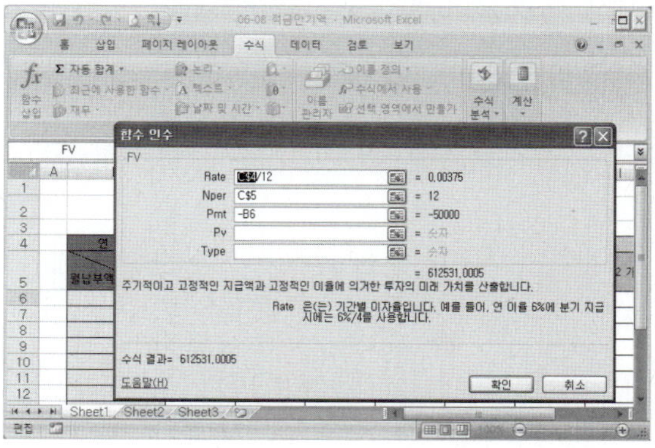

3. 수식 복사하기

[C6] 셀의 채우기 핸들을 오른쪽과 아래쪽으로 드래그하여 수식을 복사한다.

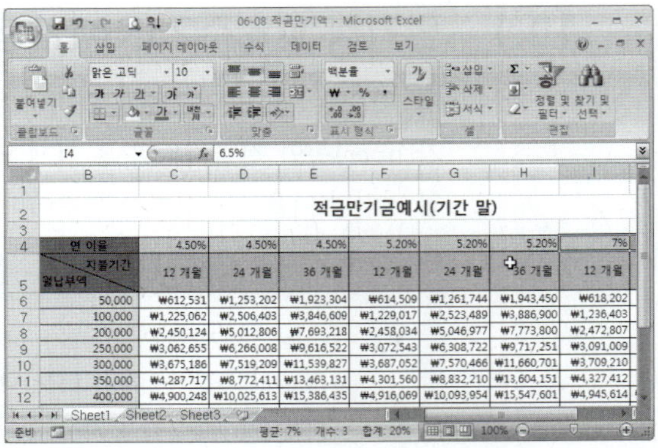

연습문제

1. 다음 예제 파일을 열고 작업을 완성하라.

(**예제 파일:** 엑셀\예제파일\Chap06\Section 11\06-11 확인하기(판매 내역).xlsx
완성 파일: 엑셀\완성파일\Chap06\Section 11\06-11 확인하기(판매 내역)(완성).xlsx)

- [판매현황] 시트의 고객 분류에 따른 할인율을 나타내는 셀 [C16], [D16], [E16]을 각각 '일반', '실버', '골드'로 이름을 정의하라.
- 정의된 이름과 [가격표] 시트를 참조하여 각 회원별 판매량과 총판매액을 계산하여 표시하라(가격표 시트를 참조하기 위해 찾기/참조 함수 VLOOKUP을 사용하라).

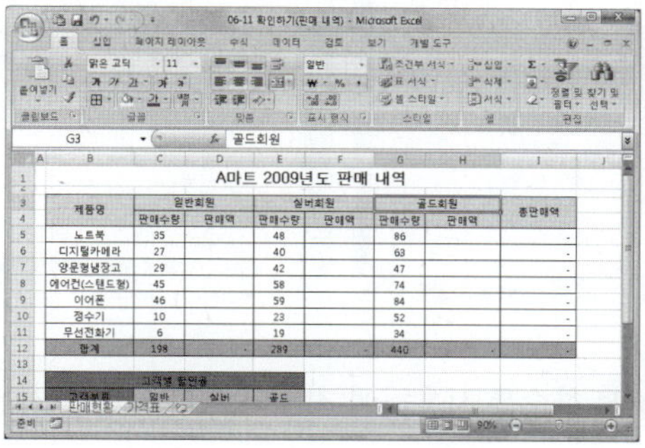
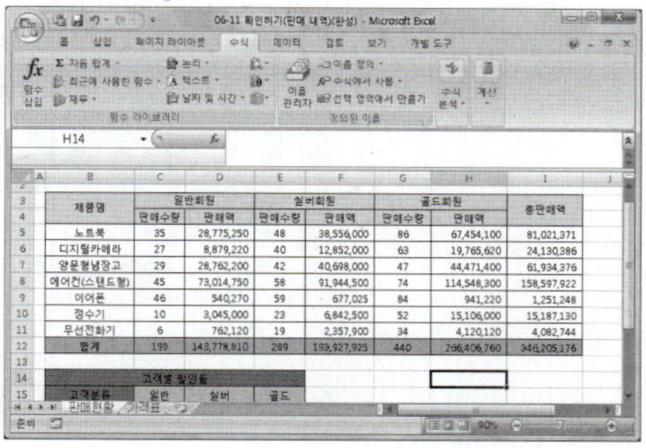

2. 함수를 사용하여 다음 각 항목을 완성하라.

(**예제 파일:** 엑셀\예제파일\Chap06\Section 11\06-11 확인하기(OA경진대회).xlsx
완성 파일: 엑셀\완성파일\Chap06\Section 11\06-11 확인하기(OA경진대회)(완성).xlsx)

- 응시자의 총점과 평균, 등수를 각각 표시하라.
- 과목별 응시자수와 결시자수, 최고점 및 최하점, 성별 합계와 성별 평균을 함수를 사용하여 계산하라.
- 각 조건에 맞는 항목의 값을 구하라.
- 각 과목의 점수대별 점수 분포를 FREQUENCY 함수를 사용하여 구하라.

3. 함수를 사용하여 금액(=단가*수량)을 각 자리수마다 하나의 셀에 표시되도록 작성하라.

   (**예제 파일:** 엑셀\예제파일\Chap06\Section 11\06-11 확인하기(거래내역서).xlsx
   완성 파일: 엑셀\완성파일\Chap06\Section 11\06-11 확인하기(거래내역서)(완성).xlsx)

   - IFERROR, LEN, MID 함수 사용

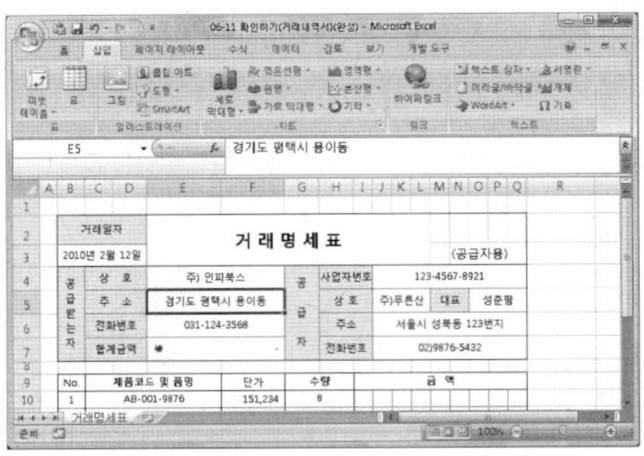

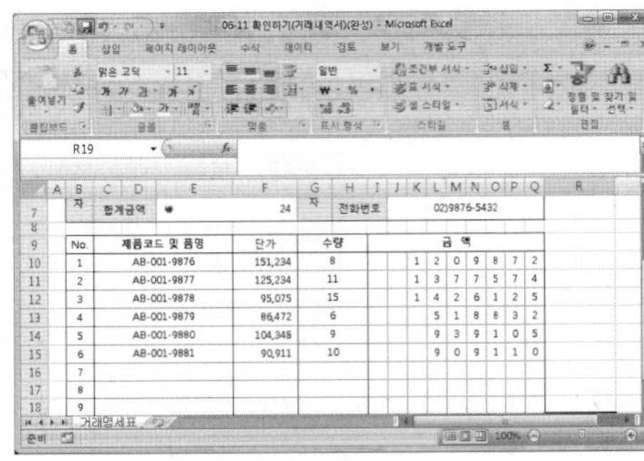

4. INDEX 함수와 MATCH 함수를 사용하여 직위와 호봉에 따른 사원의 급여액을 표시하라.

   (**예제 파일:** 엑셀\예제파일\Chap06\Section 11\06-11 확인하기(급여액).xlsx
   완성 파일: 엑셀\완성파일\Chap06\Section 11\06-11 확인하기(급여액)(완성).xlsx)

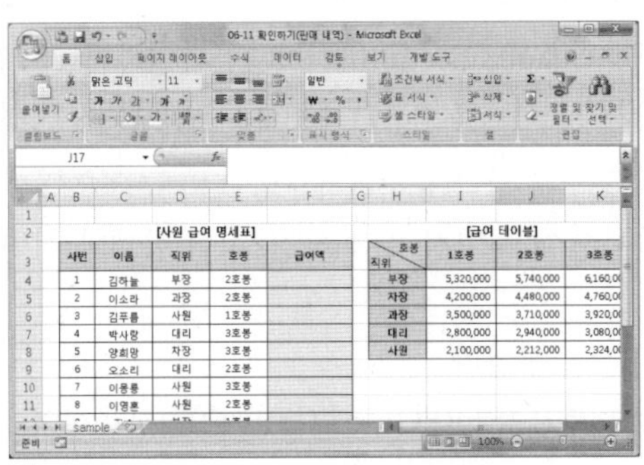

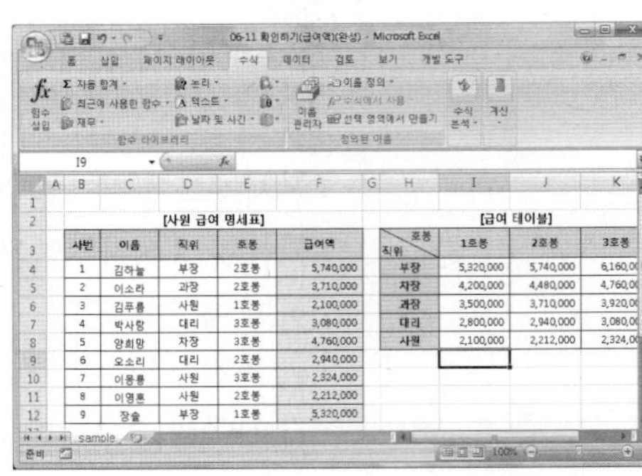

CHAPTER

07 데이터의 시각적 표현! 차트

워크시트에 입력된 데이터를 이용하여 데이터의 추세 또는 유형 등을 한눈에 비교할 수 있도록 차트로 작성한다. 엑셀 2007에서는 차트의 레이아웃이나 차트 스타일을 손쉽게 적용할 수 있도록 다양한 도구들을 제공한다.

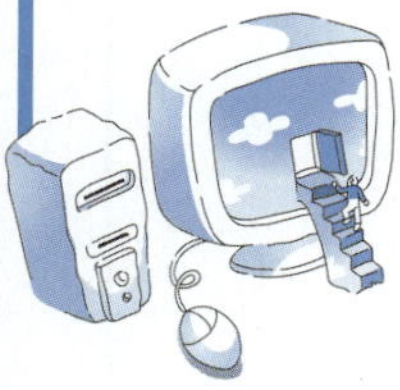

Section 01 : 차트 작성하기

엑셀 2007을 사용하여 세로 막대형 차트부터 방사형 차트까지 12개 종류의 73개의 세부 차트 종류를 제공한다. 기본 차트는 2차원 묶은 세로 막대형 차트이며, 기본 차트는 변경할 수 있다.

1.1 | 워크시트에 차트 삽입하기

[차트] 그룹에서 삽입할 차트의 종류를 선택하거나 [F11] 키를 사용하여 기본 차트인 2차원 묶은 세로 막대형 차트를 워크시트에 삽입할 수 있다.

[차트] 그룹 이용하기

차트에 표시할 워크시트의 데이터 영역을 지정하고 [삽입] 탭 → [차트] 그룹에 표시된 차트 종류 중 하나를 클릭하면 데이터가 입력된 시트에 차트가 삽입된다.

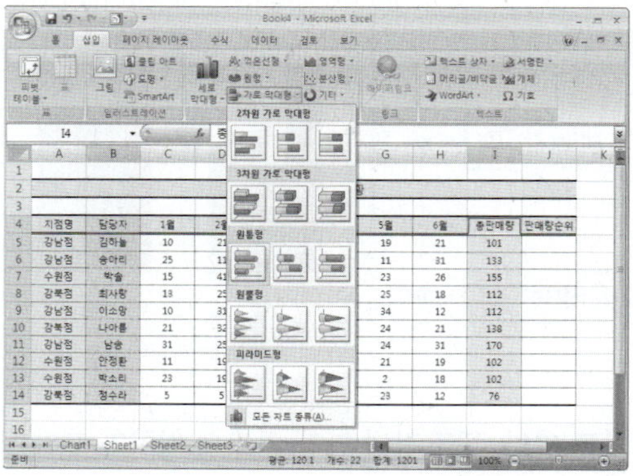

단축키(F11) 이용하기

차트에 표시할 데이터의 범위를 지정하고 [F11] 키를 누르면, 현재 워크시트의 바로 앞에 차트 시트가 삽입되고, 기본 차트(세로 막대형 차트)로 차트가 만들어진다.

Tip | 현재 워크시트로 차트 삽입하기

현재 작업 중인 시트에 차트를 삽입하려면 [Alt] + [F1] 키를 누른다.

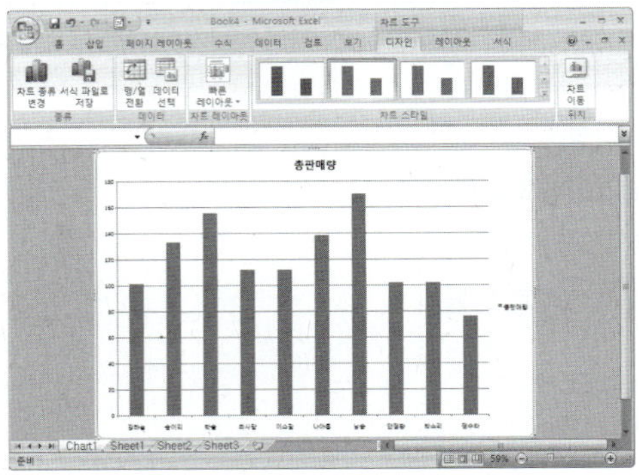

Tip | 워크시트에 삽입된 차트를 새 차트 시트로 이동하기

시트에 삽입된 차트를 새로운 차트 시트에 표시하려면 [차트 도구] → [디자인] 탭에서 [위치] 그룹의 '차트 이동' 도구를 클릭한 후 '새 시트'를 클릭한다.

1.2 차트의 구성 요소

워크시트에 삽입된 차트는 다음과 같은 구성 요소들로 표시된다.

차트 구성 요소

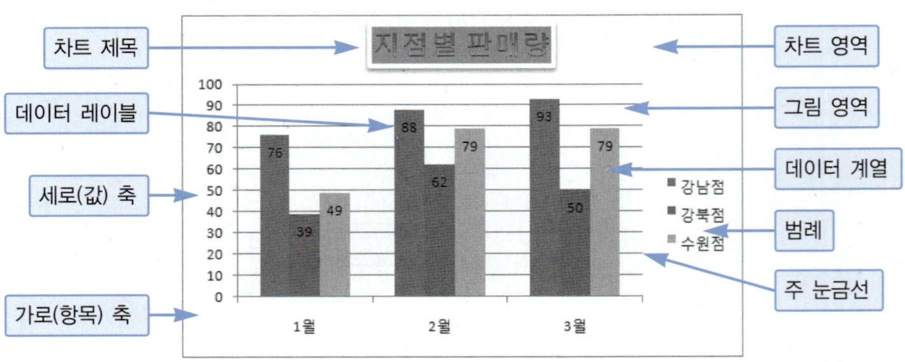

❶ **차트 영역:** 차트 전체 영역, 차트의 위치와 크기, 글꼴 조절 가능

❷ **그림 영역:** 실제 차트가 표시되는 영역

❸ **차트 제목:** 차트 전체 내용을 대표하는 제목으로 텍스트 상자에 표시

❹ **값 축(Y 축) 제목:** Y축의 내용을 표시하는 제목

❺ **값 축(Y 축):** 데이터의 값을 표시하는 축

❻ **항목 축(X 축) 제목:** 각 데이터의 내용을 표시하는 축의 제목

❼ **항목 축(X 축):** 각 데이터의 내용을 표시하는 축

❽ **눈금선:** 값 축이나 항목 축의 눈금을 그림 영역 안에 표시한 선

❾ **데이터 계열:** 각각의 데이터를 표현한 값 또는 항목 이름

❿ **범례:** 차트에 표시된 각 데이터에 대한 표시

[차트 도구] 탭

워크시트에 차트가 삽입되면 [디자인], [레이아웃] 및 [서식] 탭을 포함하는 [차트 도구]가 리본 메뉴에 추가된다.

→ **[디자인] 탭:** 차트의 종류, 차트 레이아웃과 차트의 스타일, 위치 등을 설정

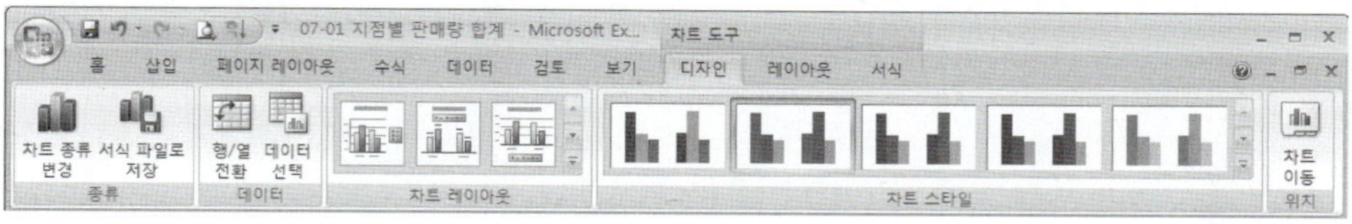

→ **[차트 레이아웃] 탭:** 차트의 각 항목들의 레이블이나 축, 배경, 서식 등 설정

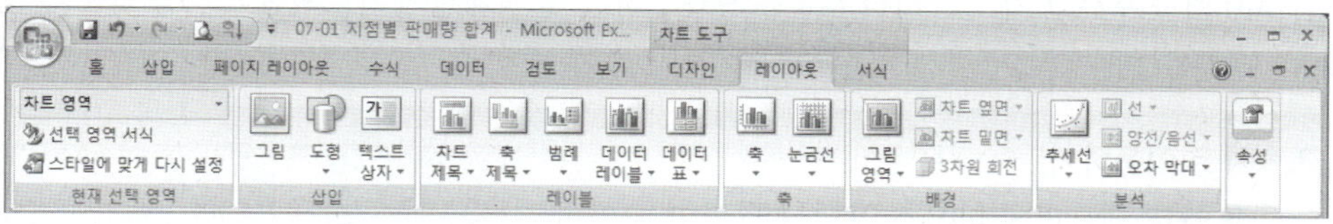

→ **[서식] 탭:** 차트 구성 요소의 서식과 도형 스타일, WordArt 스타일, 정렬 등 설정

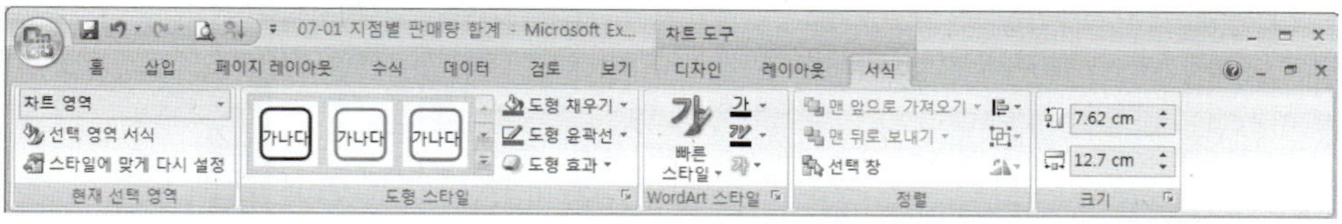

함께하기 | 차트 삽입하기

예제 파일: 엑셀\예제파일\Chapter 07\Section 01\07-01 지점별판매량_차트.xlsx
완성 파일: 엑셀\완성파일\Chapter 07\Section 01\07-01 지점별판매량_차트(완성).xlsx

1. 세로 막대형 차트 삽입하기

❶ 판매량 차트를 작성하기 위해 [B4:E7] 셀을 선택하고,

❷ [삽입] 탭 → [차트] 그룹에서 '세로 막대형 – 묶은 세로 막대형' 을 선택한다.

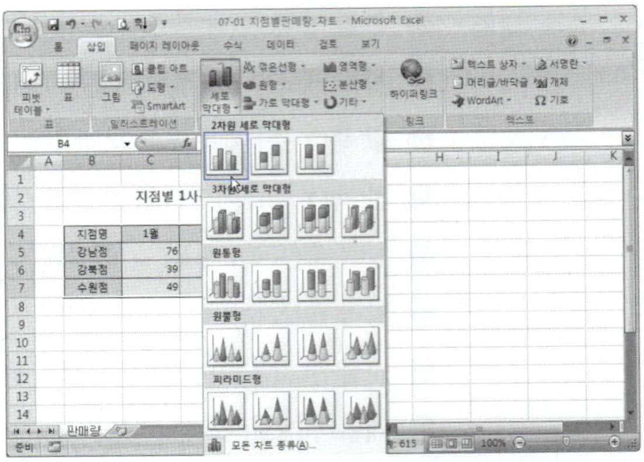

2. 차트 크기 조절하기

❶ 차트 왼쪽 위 모서리 부분( )을 [Alt] 키로 누른 채 [D3] 셀까지 드래그하고,

❷ 차트 오른쪽 아래 모서리 부분( )을 [Alt] 키로 누른채 [I13] 셀까지 드래그한다.

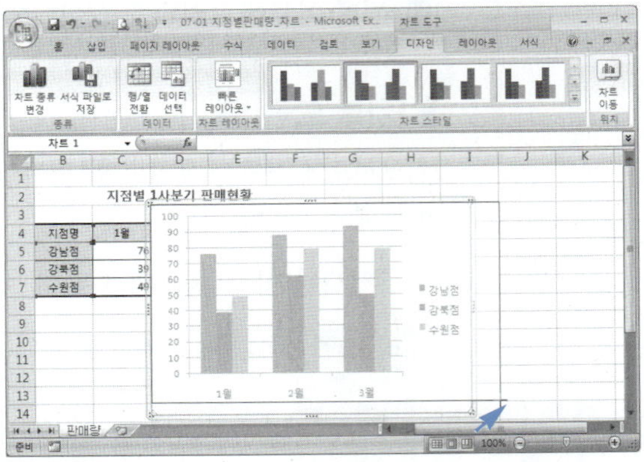

Tip | [Alt] 키를 누르고 드래그하면?

[Alt] 키를 누르고 차트 모서리 부분을 드래그하면 셀 경계선에 차트의 모서리를 맞출 수 있다.

3. 차트 이동하기

❶ 차트 테두리에 마우스 포인터를 두고 모양이 으로 바뀌면 아래쪽으로 드래그한다.

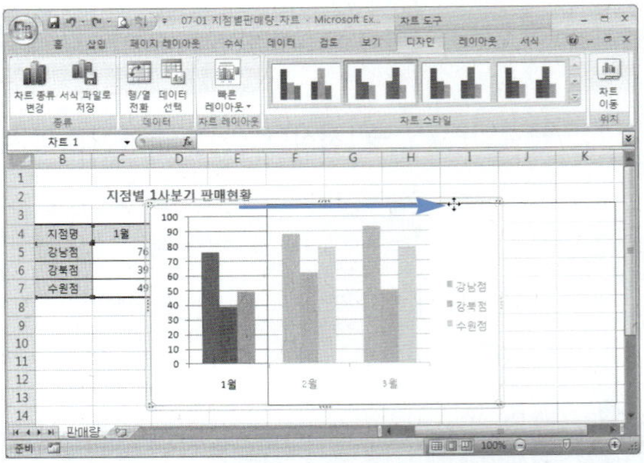

한 수 더 배우기 | 기본 차트 변경하기

[삽입] 탭의 '차트' 도구를 클릭했을 때 기본적으로 삽입되는 차트를 '기본 차트'라 한다. 엑셀 2007의 경우 '묶은 세로 막대형' 차트가 기본 차트로 설정되어 있다. 기본 차트는 사용자가 선택한 종류의 차트로 변경할 수 있다.

❶ [삽입] 탭의 [차트] 그룹에서 '대화상자 표시 아이콘'을 클릭하고

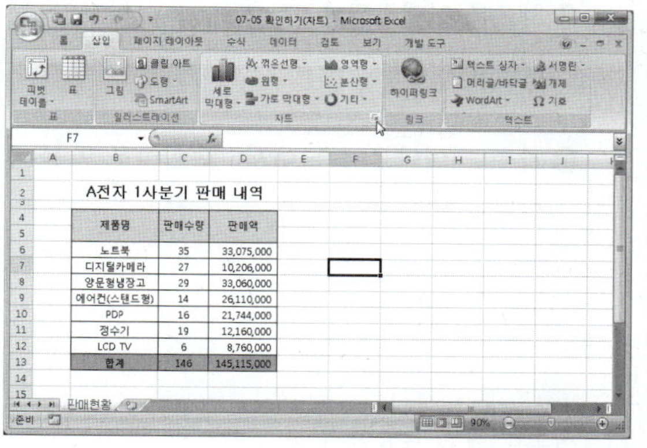

❷ 기본 차트로 설정할 차트를 선택하거나 '서식 파일'에서 사용자가 지정한 서식 파일 중 선택한 다음 [기본 차트로 설정] 버튼을 클릭한다.

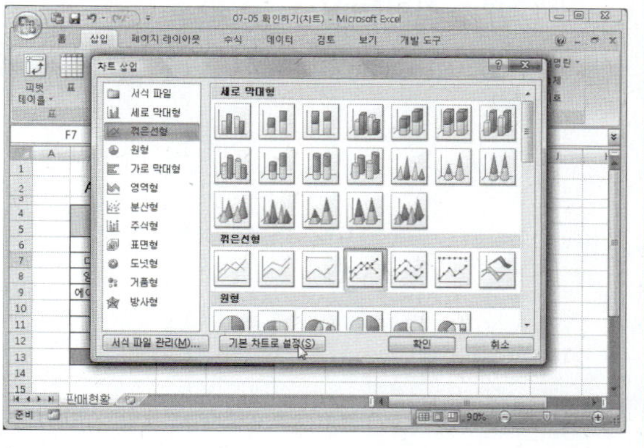

Section

02: 차트 레이아웃과 차트 스타일 설정하기

워크시트에 삽입된 차트에 [디자인] 탭 → [차트 레이아웃] 그룹과 [차트 스타일] 그룹을 사용하여 차트 레이아웃과 차트 스타일을 적용할 수 있다. [디자인] 탭 → [차트 레이아웃] 그룹에 표시되는 레이아웃 종류는 삽입된 차트의 종류에 따라 다르다.

함께하기 | 차트 레이아웃과 스타일 설정하기

예제 파일: 엑셀\예제파일\Chapter 07\Section 01\07-01 지점별 판매량 합계.xlsx
완성 파일: 엑셀\완성파일\Chapter 07\Section 01\07-01 지점별 판매량 합계(완성).xlsx

1. 차트 레이아웃 설정하기

❶ 차트를 선택하고, [차트 도구] → [디자인] 탭 → [차트 레이아웃] 그룹의 '빠른 레이아웃' 도구를 클릭한다.

❷ 차트 레이아웃 목록에서 '레이아웃 9'를 선택한다.

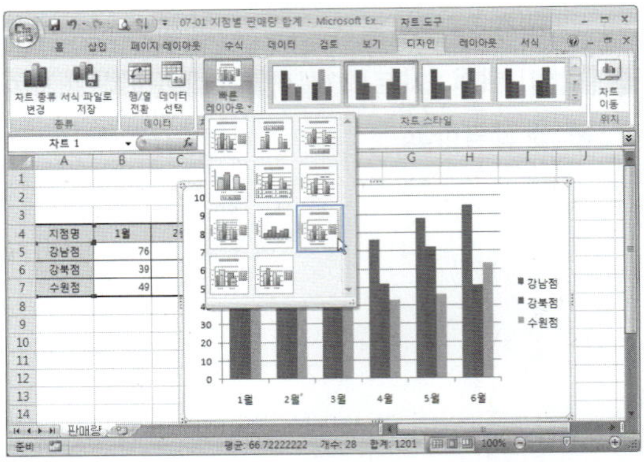

2. 차트 스타일 적용하기

❶ [디자인] 탭 → [차트 스타일] 그룹의 '자세히( )'를 클릭한다.

❷ 차트 스타일 목록에서 '차트 스타일 26'을 클릭한다.

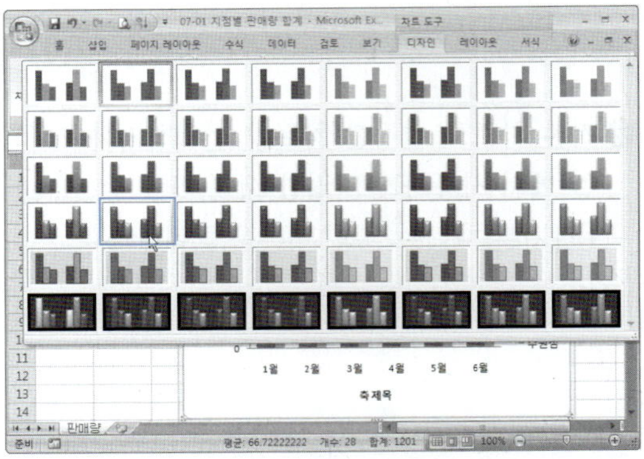

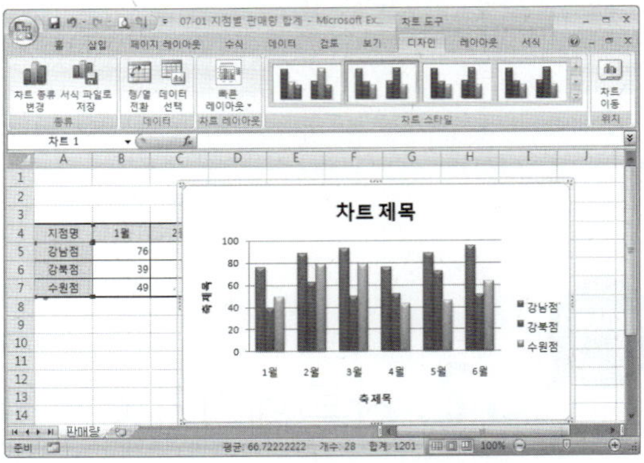

Section

03: 차트 꾸미기

[차트 스타일]이나 [차트 레이아웃] 그룹을 이용하지 않고 차트의 구성 요소를 마우스로 클릭해서 선택하거나, [차트 도구] → [레이아웃] 탭이나 [서식] 탭의 [현재 선택 영역] 그룹에서 차트의 구성 요소를 선택한다.

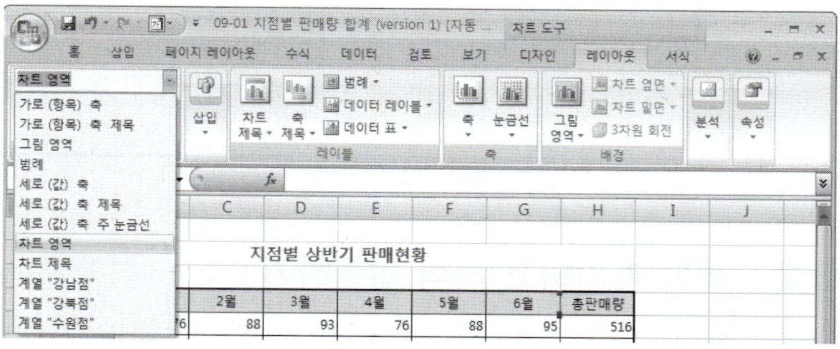

3.1 차트 종류 변경하기

시트에 추가되어 있는 차트를 다른 종류의 차트로 변경할 수 있다. 전체 차트의 모양을 완전히 바꾸거나 선택한 데이터 계열만 차트 종류를 다르게 설정하여 혼합형 차트로 만들 수 있다.

함께하기 | 차트 변경하기

세로 막대형 차트를 100% 기준 누적 원통형(가로) 막대로 변경하기

예제 파일: 엑셀\예제파일\Chapter 07\Section 01\07-01 지점별 판매량 합계-1.xlsx
완성 파일: 엑셀\완성파일\Chapter 07\Section 01\07-01 지점별 판매량 합계-1(완성).xlsx

1. 차트 종류 선택하기

   ❶ 차트를 선택하고 [차트 도구] → [디자인] 탭 → '종류 – 차트 종류 변경' 도구를 클릭한다.

   ❷ [차트 종류 변경] 대화상자에서 '가로 막대형 – 100% 기준 누적 원통형(가로)'을 선택하고 [확인] 버튼을 클릭한다.

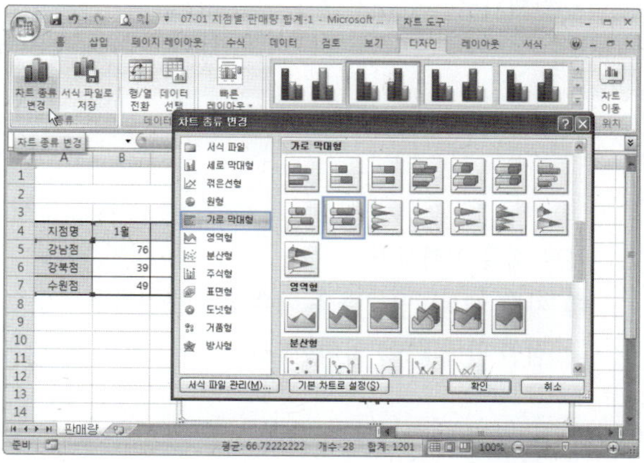

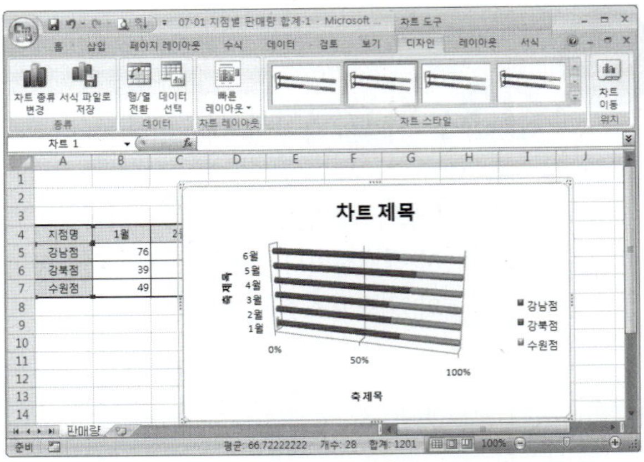

3.2 제목 추가하고 서식 설정하기

차트에 차트 제목과 축 제목을 추가할 수 있다. 차트 제목과 축 제목은 제목이 있는 차트 레이아웃을 적용하여 표시할 수도 있고, 사용자가 직접 추가하여 표시할 수도 있다.

함께하기 | 차트 제목과 축 제목 삽입하기

예제 파일: 엑셀\예제파일\Chapter 07\Section 01\07-01 지점별판매량_제목.xlsx
완성 파일: 엑셀\완성파일\Chapter 07\Section 01\07-01 지점별판매량_제목(완성).xlsx

1. 차트 제목 요소 삽입하기
   ❶ 차트를 선택하고 [차트 도구] → [레이아웃] 탭을 클릭한다.
   ❷ [레이블] 그룹에서 '차트 제목 – 차트 위'를 선택한다.

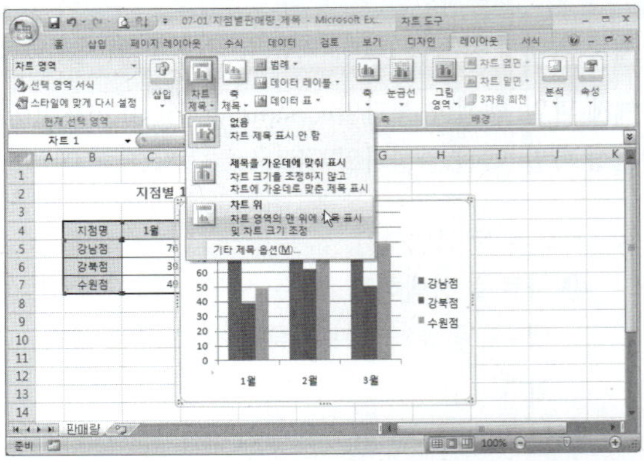

2. 차트 제목 입력하기
   ❶ '차트 제목' 입력란을 마우스로 클릭하고 '지점별 판매량'을 입력한다.

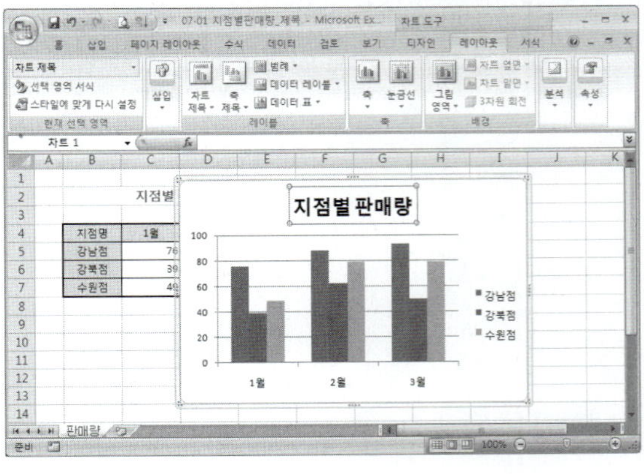

3. 항목 축 제목 삽입하기

❶ [레이아웃] 탭 → [레이블] 그룹에서 '축 제목 – 기본 가로 축 제목 – 축 아래 제목' 을 클릭한다.

❷ '축 제목' 입력란을 마우스로 클릭하고 '월' 을 입력한다.

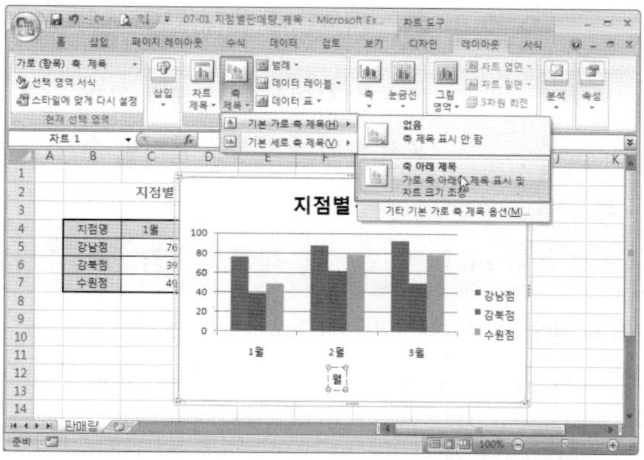

4. 값 축 제목 삽입하기

❶ [레이아웃] 탭 → [레이블] 그룹에서 '축 제목 – 기본 세로 축 제목 – 제목 회전' 을 클릭한다.

❷ '축 제목' 입력란을 마우스로 클릭하고 '판매량' 을 입력한다.

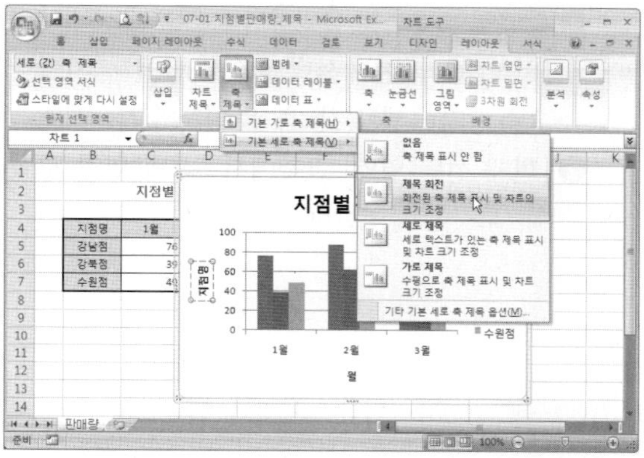

5. 차트 제목 서식 설정하기

❶ 차트 제목을 선택하고, [차트 도구] → [서식] 탭에서 '도형 스타일 – 강한효과, 강조 6' 을 선택하고,

❷ [WordArt 스타일] 그룹에서 '빠른 스타일 – 그라데이션 채우기, 강조 4, 반사' 를 선택한다.

❸ [홈] 탭의 [글꼴] 그룹에서 'HY 그래픽 – 14pt' 를 선택한다.

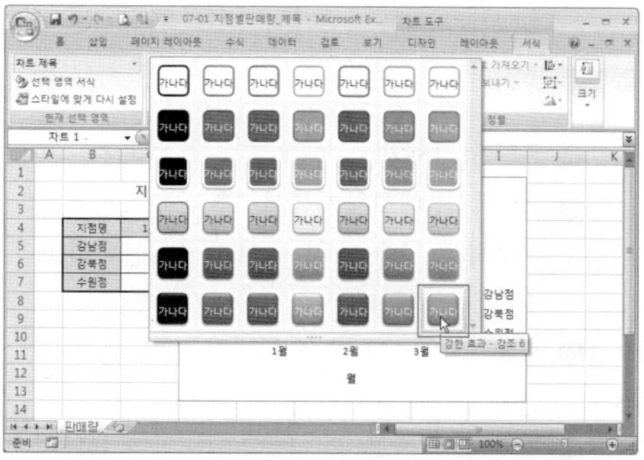

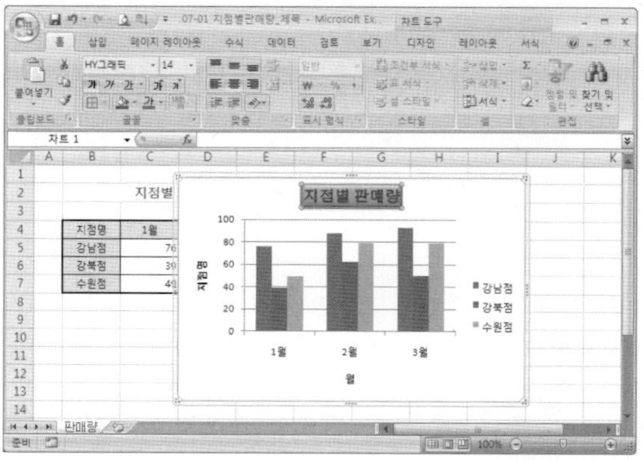

3.3 | 축 서식과 레이블 설정하기

차트를 삽입하면 축에 눈금과 눈금 레이블이 표시된다. 주 눈금과 보조 눈금, 그리고 레이블의 표시 방법과 서식을 설정할 수 있다.

함께하기 | 눈금과 레이블 변경하기

예제 파일: 엑셀\예제파일\Chapter 07\Section 03\07-03 지점별 판매량 합계-눈금과 레이블.xlsx
완성 파일: 엑셀\예제파일\Chapter 07\Section 03\07-03 지점별 판매량 합계-눈금과 레이블(완성).xlsx

1. 세로(값) 축 선택하기

❶ 값 축을 마우스로 클릭하거나, [차트 도구] → [서식] 탭의 [현재 선택 영역] 그룹에서 '차트 요소 상자 – 세로(값) 축'을 선택하고,

❷ [현재 선택 영역] 그룹에서 '선택 영역 서식' 도구를 클릭한다.

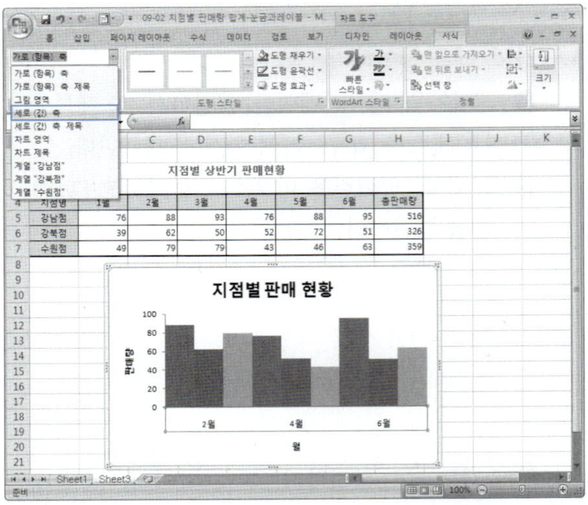

2. 축 옵션 설정하기

❶ [축 서식] 대화상자에서 '축 옵션' 항목을 클릭하고, '주 단위 – 고정'을 선택하고 '10'을 입력한다.

❷ '보조 단위 – 고정'을 선택하고 '5'를 입력한다.

❸ '주 눈금 – 안쪽'을 선택하고, '보조 눈금 – 안쪽'을 선택한다.

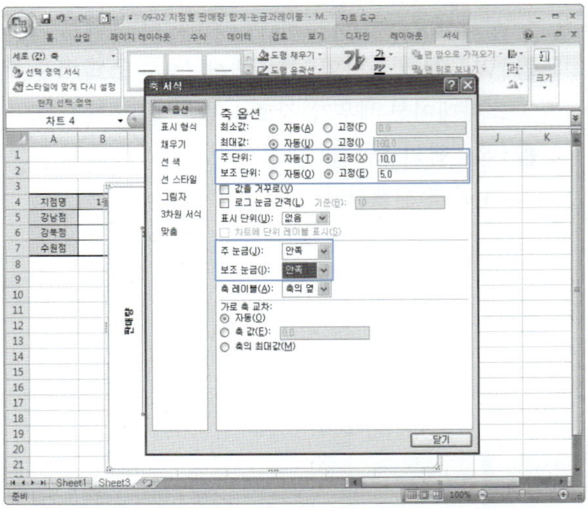

3. 축 선 색과 스타일 설정하기

❶ '선 색'을 클릭하고 '실선'과 색(진한 빨강)을 지정한다.

❷ '선 스타일' 항목을 클릭하고 '너비 – 1.5'로 조절한다.

❸ [닫기] 버튼을 클릭하여 서식을 적용한다.

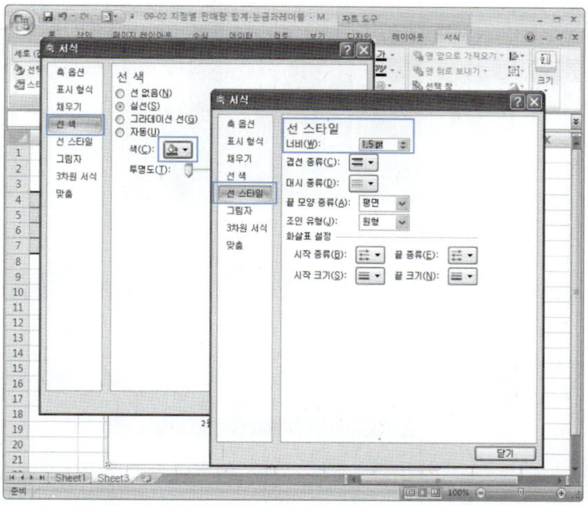

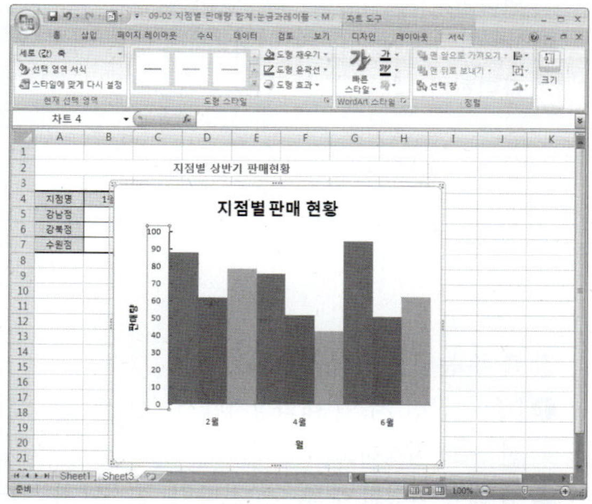

3.4 눈금선 표시하기

차트의 그림 영역에 값 축과 항목 축에 주 눈금선과 보조 눈금선을 표시할 수 있다.

함께하기 | 눈금선 표시하기

예제 파일: 엑셀\예제파일\Chapter 07\Section 03\07-03 지점별 판매량 합계-눈금선.xlsx
완성 파일: 엑셀\완성파일\Chapter 07\Section 03\07-03 지점별 판매량 합계-눈금선(완성).xlsx

1. 값 축 주 눈금선 표시하기

❶ [차트 도구] → [레이아웃] 탭의 [축] 그룹에서 '눈금선 – 가로 눈금선 – 주 눈금선'을 클릭한다.

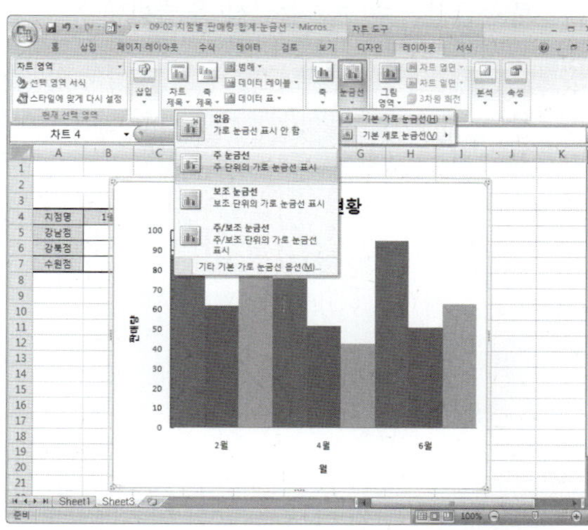

2. 값 축 주 눈금선 선택하기

❶ 주 눈금선을 마우스로 클릭하거나, [차트 도구] → [레이아웃] 탭의 [현재 선택 영역] 그룹에서 '차트 요소 – 세로(값) 축 주 눈금선' 항목을 선택하고,

❷ [현재 선택 영역] 그룹에서 [선택 영역 서식]을 클릭한다.

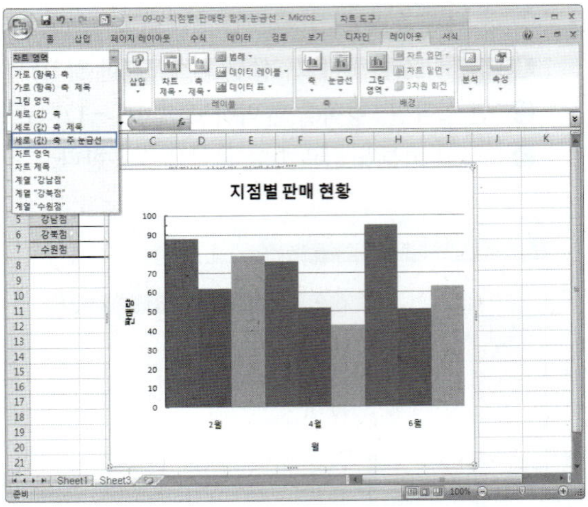

3. 값 축 주 눈금선 서식 설정하기

❶ [주 눈금선 서식] 대화상자에서 '선 색'을 '실선'으로 지정하고,

❷ 선 색을 설정한 다음, '선 스타일' 옵션에서 '대시 종류 – 둥근 점선'으로 설정하고 [닫기] 버튼을 클릭한다.

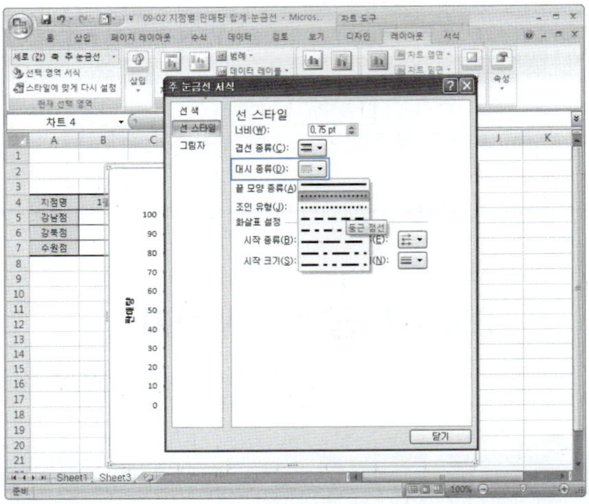

4. 보조 눈금선 표시하기

❶ [레이아웃] 탭 → [축] 그룹에서 '눈금선 → 가로 눈금선 – 주/보조 눈금선'을 클릭한다.

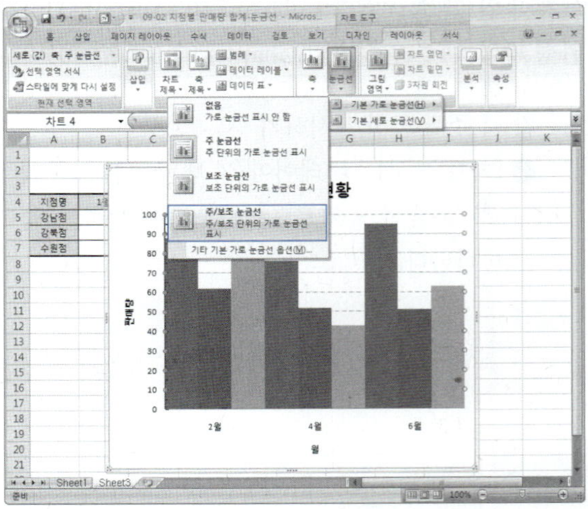

5. 보조 눈금선 서식 설정하기

❶ 보조 눈금선을 마우스로 클릭하거나, [차트 도구] → [레이아웃] 탭의 [현재 선택 영역] 그룹에서 '차트 요소 – 세로(값) 축 보조 눈금선' 항목을 선택하고, '선택 영역 서식' 도구를 클릭한다.

❷ [보조 눈금선 서식] 대화상자에서 '선 색 – 실선'으로 지정하고 선 색을 설정한 다음, '선 스타일' 옵션에서 '대시 종류 – 사각 점선'으로 설정하고 [닫기] 버튼을 클릭한다.

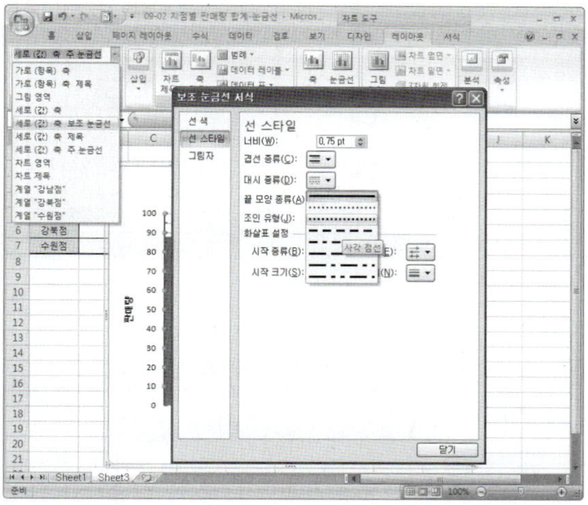

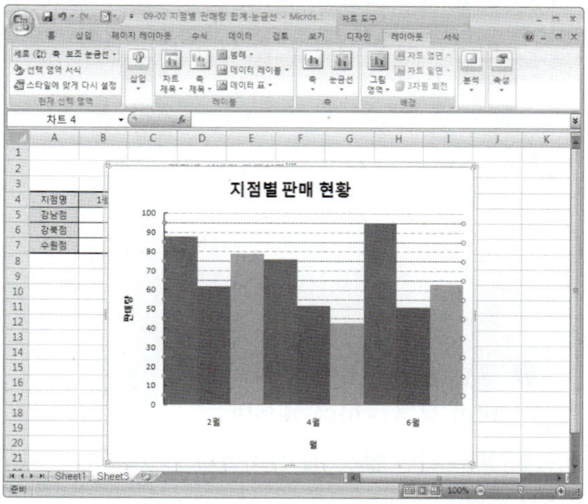

3.5 데이터 계열 서식 설정하기

차트에 표시되는 각 데이터의 계열의 스타일을 설정할 수 있다.

함께하기 | 데이터 계열 서식 변경하기

예제 파일: 엑셀\예제파일\Chapter 07\Section 03\07-03 지점별 판매량 합계-데이터계열서식.xlsx
완성 파일: 엑셀\완성파일\Chapter 07\Section 03\07-03 지점별 판매량 합계-데이터계열서식(완성).xlsx

1. 강남점 데이터 계열 선택하기

❶ '강남점' 데이터를 나타내는 데이터 계열(파란색)을 선택하고,

❷ 마우스 오른쪽 버튼을 클릭하여 [데이터 계열] 메뉴를 선택한다.

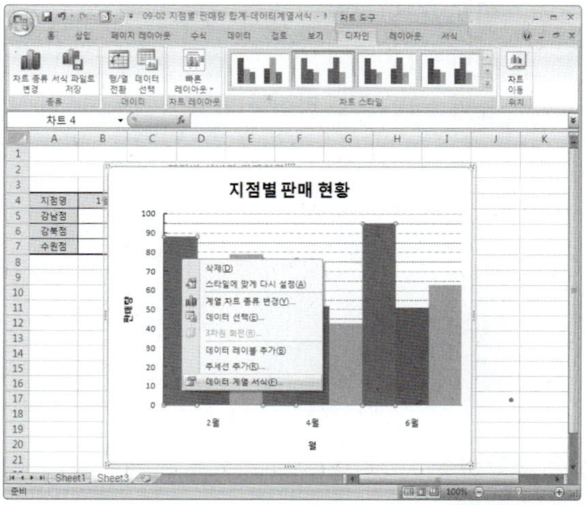

2. 데이터 계열 서식 설정하기

❶ [데이터 계열 서식] 대화상자의 '계열 옵션'에서 '간격 너비 – 100%'로 설정한다.

❷ '채우기' 옵션을 선택하고,
'채우기 – 그라데이션 채우기'
'기본 설정 색 – 이끼'
'방향 – 선형 아래쪽'을 선택한다.

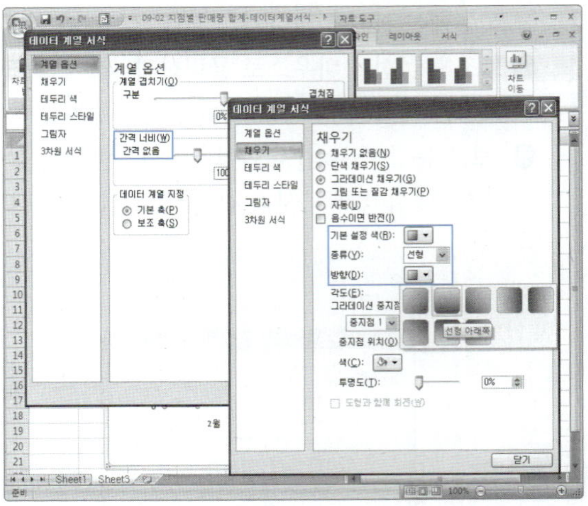

❸ '그림자' 옵션을 선택하고,
'미리 설정 – 안쪽 가운데'
색 – 진한 빨강'을 선택한다.

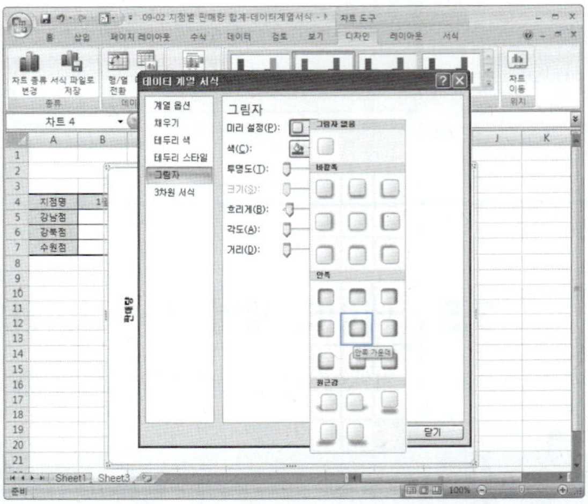

❹ '3차원 서식' 옵션에서
'입체 효과 – 위쪽 – 아트 데코'
'너비 – 15'
'높이 – 10'으로 입력한다.

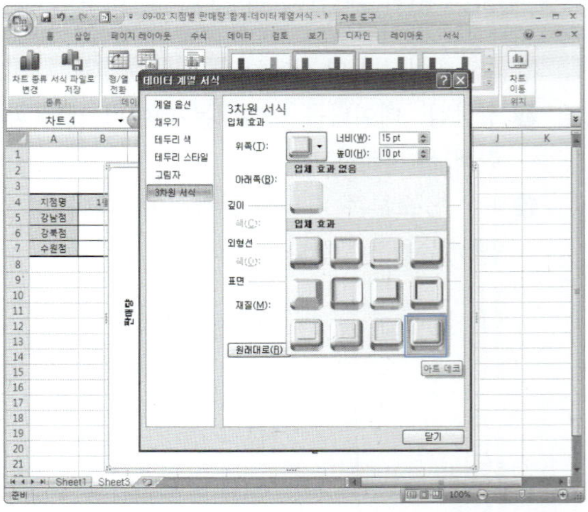

3. 강북점 데이터 계열 서식 설정하기

❶ '강북점' 데이터를 나타내는 데이터 계열(빨간색)을 마우스로 클릭하고,

❷ [데이터 계열 서식] 대화상자에서 '채우기' 옵션을 선택하고 '채우기 – 그림 또는 질감 채우기'를 선택한 다음, '질감 – 데님'을 선택한다.

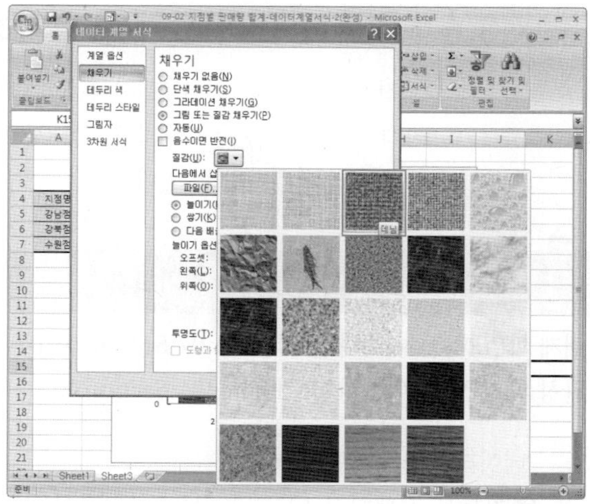

4. 수원점 데이터 계열 서식 설정하기

❶ '수원점' 데이터를 나타내는 데이터 계열(초록색)을 마우스로 선택하고,

❷ [데이터 계열 서식] 대화상자에서 '채우기' 옵션을 선택하고 '채우기 – 그림 또는 질감 채우기 – 클립아트'를 클릭한다.

❸ [그림 선택] 대화상자에서 그림을 선택하고 [확인] 버튼을 클릭한 다음,

❹ '칠하기 옵션 – 쌓기'를 선택하고 [닫기] 버튼을 클릭한다.

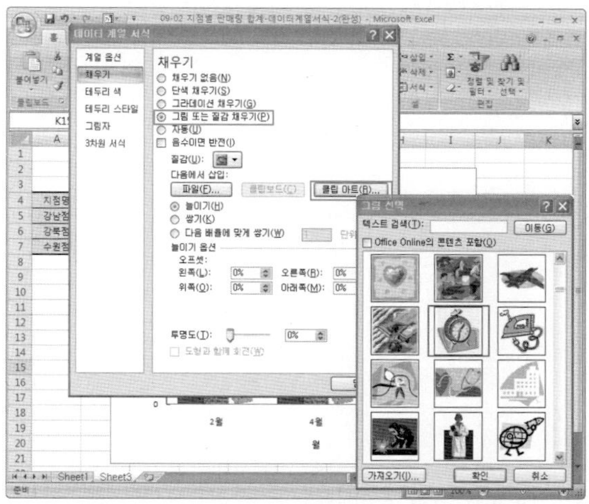

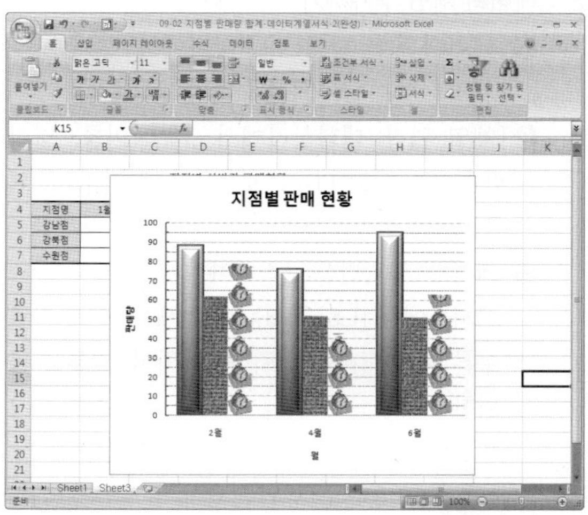

3.6 | 차트에 데이터 계열 추가하기

작성된 차트에 [차트 도구] → [디자인] 탭의 [데이터] 그룹에서 '데이터 선택' 도구를 사용하여 데이터 계열을 추가하거나, 워크시트에서 차트에 사용된 영역의 크기 조절 핸들을 드래그하여 데이터를 추가할 수 있다.

함께하기 | 데이터 계열 추가하기

예제 파일: 엑셀\예제파일\Chapter 07\Section 03\07-03 지점별 판매량 합계-데이터계열추가.xlsx
완성 파일: 엑셀\완성파일\Chapter 07\Section 03\07-03 지점별 판매량 합계-데이터계열추가(완성).xlsx

1. '데이터 선택' 도구 선택하기

❶ 차트를 선택하고 [차트 도구] → [디자인] 탭의 [데이터] 그룹에서 '데이터 선택' 도구를 클릭한다.

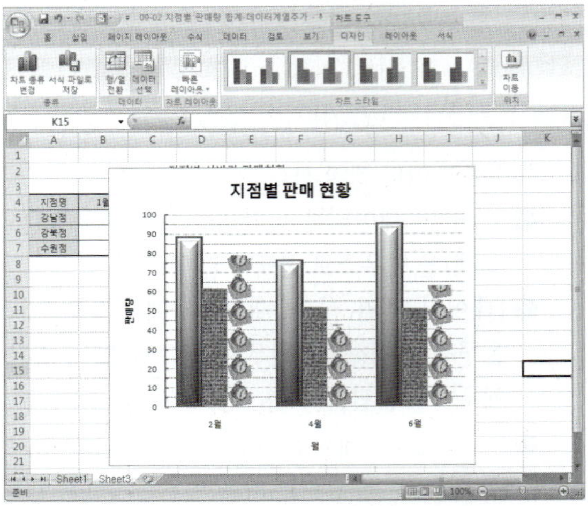

2. 데이터 계열 추가하기

❶ [데이터 원본 선택] 대화상자에서 '범례 항목(계열)' 아래 [추가]를 클릭한다.

❷ [계열 편집] 대화상자에서 '계열 이름' 입력란을 클릭하고 마우스로 워크시트의 [A3] 셀을 클릭하여 입력한다.

❸ '계열값' 입력란을 클릭하여 {1}을 삭제하고, 워크시트에서 [C8], [E8], [G8] 셀을 [Ctrl] 키로 누른 채 클릭하여 입력하고, [확인] 버튼을 클릭한다.

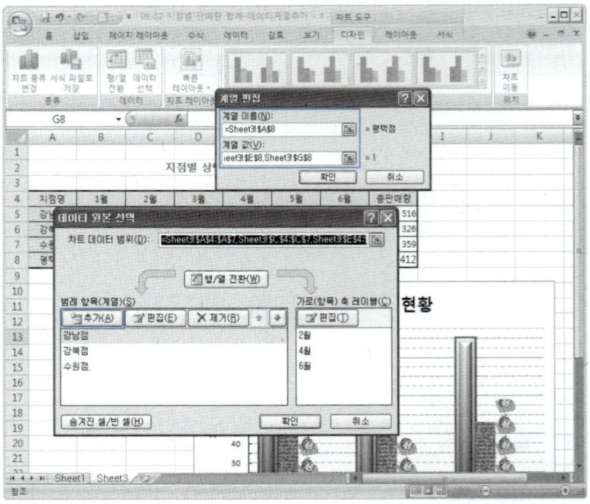

3. 가로(항목) 축 레이블 편집하기

❶ [데이터 원본 선택] 대화상자에서 '가로(항목) 축 레이블' 아래 [편집] 버튼을 클릭한 다음,

❷ [Ctrl] 키를 누르고 '2월', '4월', '6월' 항목을 마우스로 클릭하여 '축 레이블 범위'에 입력한 다음 [확인] 버튼을 클릭한다.

❸ [확인] 버튼을 클릭한다.

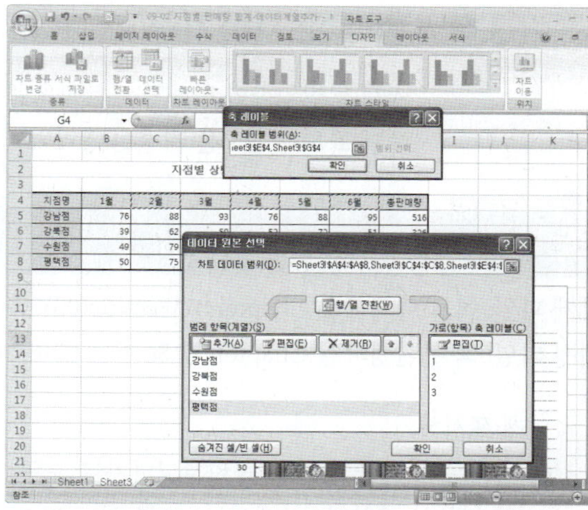

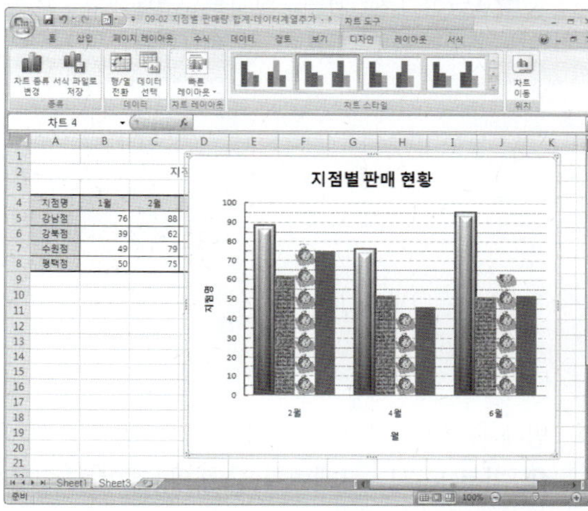

Tip | 크기 조정 핸들을 끌어 포함된 차트에 데이터 추가하기

차트를 클릭하여 워크시트의 데이터에 표시된 크기 조정 핸들을 드래그하여 범위를 추가하거나 삭제할 수 있다.

→ **파란색 조정 핸들:** 데이터 추가/삭제

→ **초록색 조정 핸들:** 데이터 레이블 추가/삭제

→ **파란색 조정 핸들:** 데이터 요소 추가/삭제

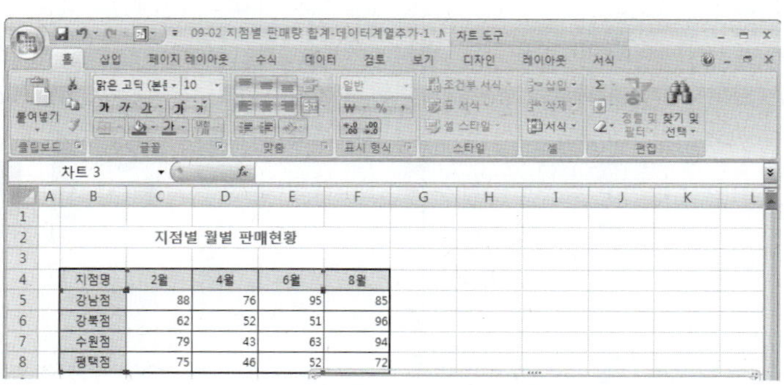

3.7 | 범례 표시하기

차트를 삽입하면 범례가 기본적으로 표시되지만 범례를 숨기거나 그 위치를 변경할 수 있다. 차트에 표시된 범례는 지정된 영역의 각 항목과 연결되어 표시된다.

함께하기 | 범례 표시하기

예제 파일: 엑셀\예제파일\Chapter 07\Section 03\07-03 범례표시하기.xlsx
완성 파일: 엑셀\완성파일\Chapter 07\Section 03\07-03 범례표시하기(완성).xlsx

1. 범례 표시하기

❶ 범례를 표시할 차트를 클릭하고, [차트 도구] → [레이아웃] 탭의 [레이블] 그룹에서 '범례 – 오른쪽에 범례 표시'를 클릭한다.

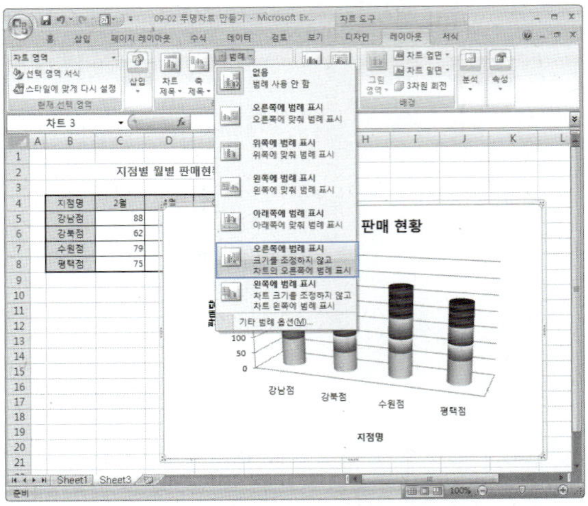

2. 범례 옵션 변경하기

❶ [차트 도구] → [레이아웃] 탭의 [레이블] 그룹에서 '범례 – 기타 범례 옵션'을 선택한다.

❷ [범례 서식] 대화상자의 '채우기' 옵션에서
'채우기 – 그라데이션으로 채우기'
'기본 설정 색 – 해양'을 선택한다.

❸ '그림자' 옵션에서 '미리 설정 – 오프셋 대각선 아래' 항목을 선택한 다음,

❹ [닫기] 버튼을 클릭한다.

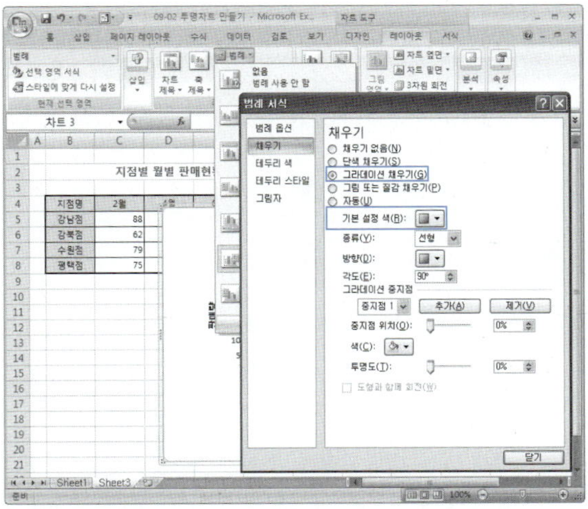

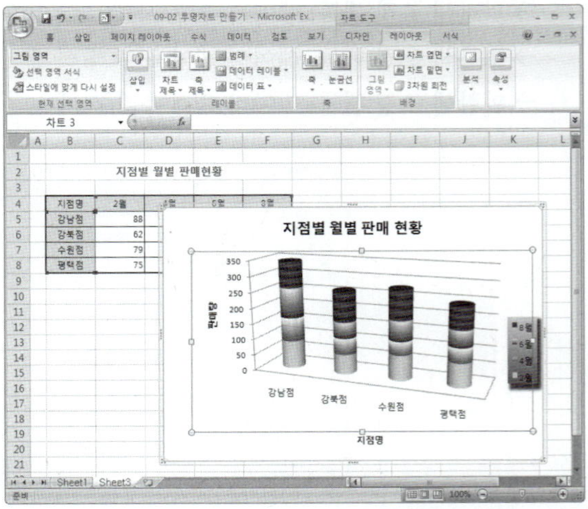

3.8 차트 영역 배경 설정하기

차트 영역에 그림이나 색 등을 사용하여 배경을 설정할 수 있다.

함께하기 | 차트 영역에 배경 지정하기

예제 파일: 엑셀\예제파일\Chapter 07\Section 03\07-03 차트 배경 설정하기.xlsx
완성 파일: 엑셀\완성파일\Chapter 07\Section 03\07-03 차트 배경 설정하기(완성).xlsx

1. 차트 영역 선택하기

❶ 차트를 선택하고, [차트 도구] → [레이아웃] 탭의 [현재 선택 영역] 그룹에서 '차트 요소 – '차트 영역'을 선택한다.

❷ '선택 영역 서식'을 클릭하여, [차트 영역 서식] 대화상자를 표시한다.

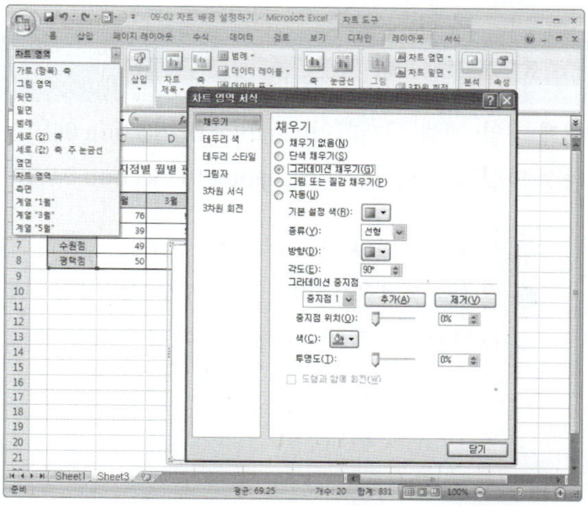

2. 차트 영역 서식 설정하기

❶ '채우기' 옵션에서 '그라데이션 채우기'를 설정하고, '3차원 서식' 옵션에서 '위쪽 – 급경사'와 '아래쪽 – 급경사'로 설정한 후 [닫기] 버튼을 클릭한다.

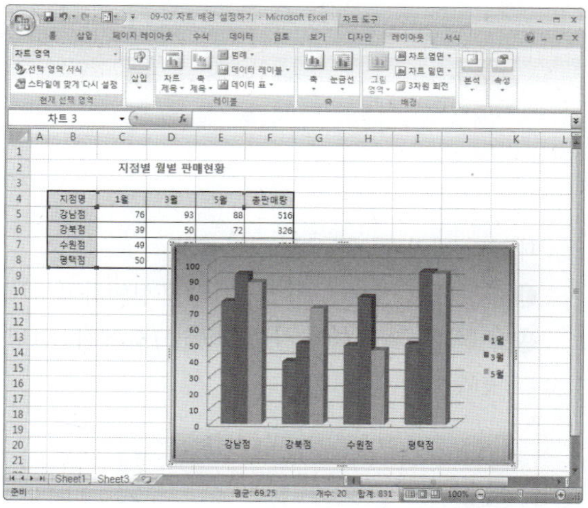

Section

04: 여러 가지 차트 만들기

4.1 | 이중 축 차트로 만들기

차트에 표시하려는 데이터의 값의 차이가 큰 경우 또는 표시하려는 데이터의 종류가 다른 경우 '보조 축'을 차트에 추가하여 차트를 작성할 수 있다.

함께하기 | 이중 축 차트 만들기

예제 파일: 엑셀\예제파일\Chapter 07\Section 04\07-04 이중축 차트.xlsx
완성 파일: 엑셀\완성파일\Chapter 07\Section 04\07-04 이중축 차트(완성).xlsx

1. 묶은 세로 막대형 차트 선택하기

❶ 셀 [B4:K7]을 영역으로 지정하고, [삽입] 탭 → [차트] 그룹에서 '세로 막대형 – 묶은 세로 막대형'을 선택한다.

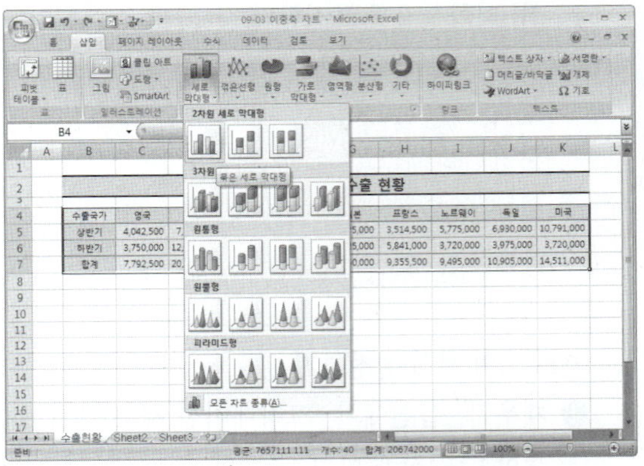

2. 데이터 계열(합계) 서식 설정하기

❶ 차트에서 '합계' 데이터 계열을 선택하고,
❷ [서식] 탭 → [현재 선택 영역] 그룹에서 '선택 영역 서식'을 클릭한다.

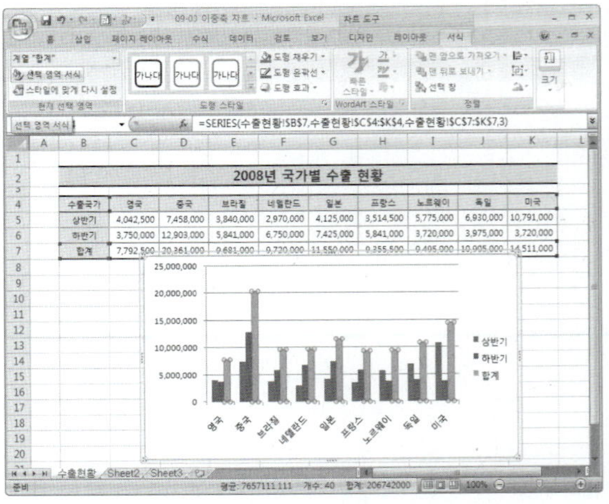

3. 보조 축 지정하기

❶ [데이터 계열] 서식 대화상자의 '계열 옵션'에서 '데이터 계열 지정 – 보조 축'으로 선택하고 [닫기] 버튼을 클릭한다.

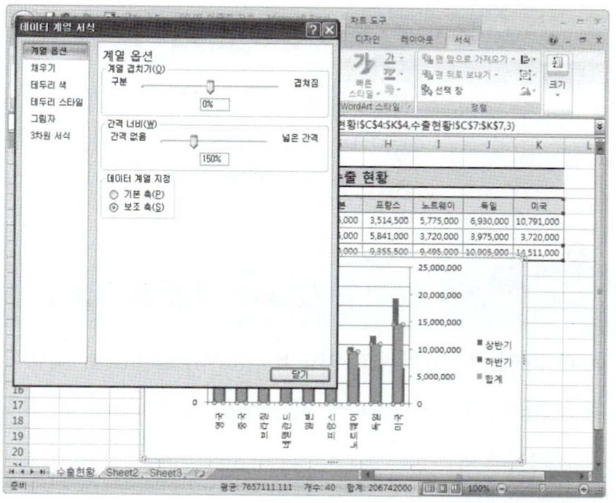

4. '합계' 데이터 계열의 차트 종류 변경하기

❶ '합계' 데이터 계열을 선택하고,

❷ [차트 도구] → [디자인] 탭의 [종류] 그룹에서 '차트 종류 변경'을 클릭한다.

❸ [차트 종류 변경] 대화상자에서 '꺾은선형 – 표식이 있는 꺾은선형'을 클릭한 후 [확인] 버튼을 클릭한다.

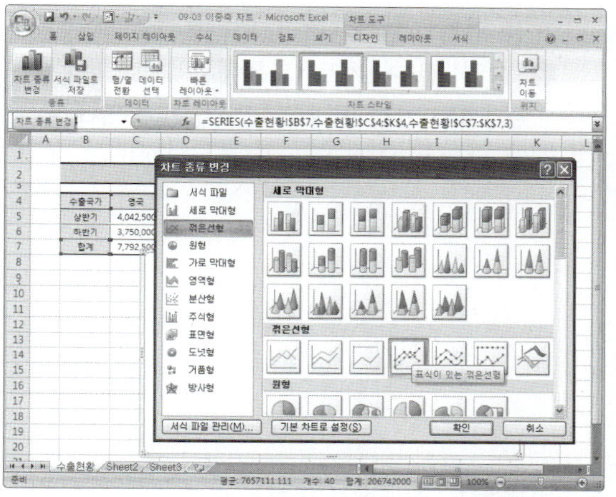

5. '합계' 데이터 계열 서식 변경하기

❶ 꺾은선으로 표시된 합계 데이터 계열을 선택하고 [서식] 탭 → [현재 선택 영역] 그룹에서 '선택 영역 서식'을 클릭한 다음,

❷ [데이터 계열 서식] 대화상자의 '표식 옵션'에서 '표식 종류 – 기본 제공'으로 설정한 후 형식과 크기를 다음과 같이 변경한다.

❸ '표식 채우기' 옵션에서 '단색 채우기' 항목을 선택한 후 '색 – 진한 빨강'을 설정한다.

❹ '선 색' 옵션과 '선 스타일' 옵션에서 '너비 → 1.5pt'를 설정한 다음 [닫기] 버튼을 클릭한다.

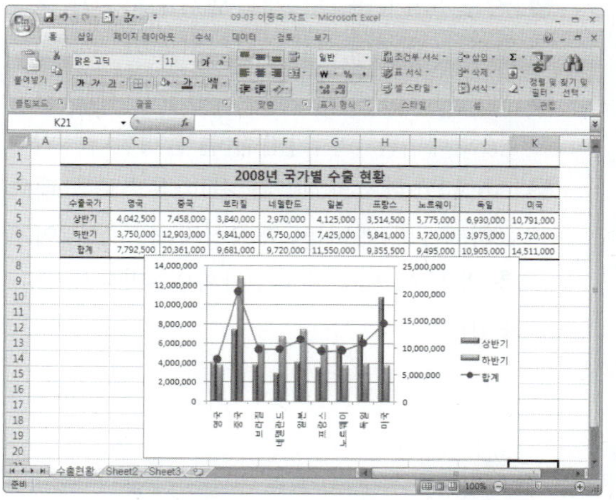

Tip | 완만한 선

'완만한 선' 항목을 선택하면 꺾은 선이 곡선으로 부드럽게 표시된다.

4.2 간트 차트 만들기

간트 차트는 프로젝트 진행 일정 등을 단계별로 표시하여 진행 상황을 알 수 있도록 작성하는 차트이다. 간트 차트는 누적 가로 막대를 사용하여 작성하고 시작일과 종료일이 표시되도록 변경하여 표시한다.

함께하기 | 간트(Gantt) 차트로 진행 일정 표시하기

예제 파일: 엑셀\예제파일\Chapter 07\Section 04\07-04 프로젝트 개발 일정.xlsx
완성 파일: 엑셀\완성파일\Chapter 07\Section 04\07-04 프로젝트 개발 일정(완성).xlsx

1. 누적 가로 막대 차트 선택하기
   ❶ 간트(Gantt) 차트로 그리려는 데이터 범위 [A5:D11]을 선택하고,
   ❷ [삽입] 탭 → [차트] 그룹에서 '가로 막대형 – 2차원 가로 막대형 – 누적 가로 막대형'을 선택한다.

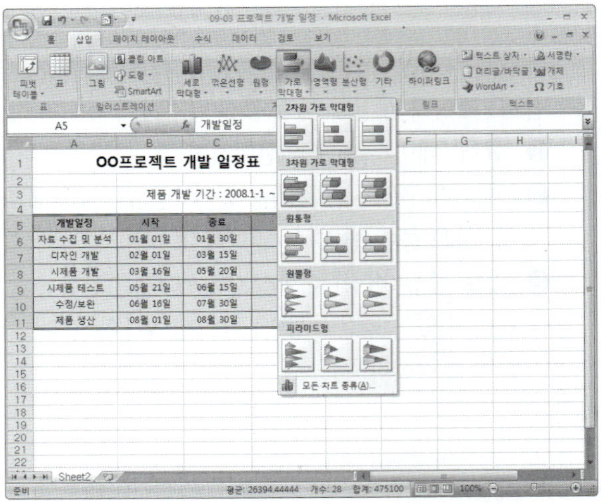

2. 가로 항목 축 레이블 변경하기
   ❶ [차트 도구] → [디자인] 탭의 [데이터] 그룹에서 '데이터 선택' 도구를 클릭하고,
   ❷ [데이터 원본 선택] 대화상자에서 '가로(항목)축 레이블' 아래 [편집]을 클릭한다.
   ❸ [A6:A11]까지의 셀 영역을 마우스로 드래그하여 [축 레이블] 대화상자의 '축 레이블 범위'에 입력한 다음 [확인] 버튼을 클릭한다.

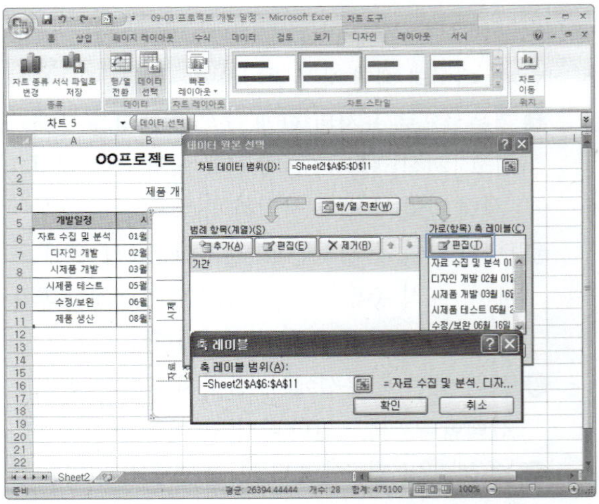

3. 계열 편집하기

❶ [데이터 원본 선택] 대화상자의 '범례 항목(계열)' 항목에서 [추가] 버튼을 클릭하고,

❷ '계열 이름' 에 [B5] 셀을 클릭하여 입력하고,

❸ '계열값' 에 입력된 값({1})을 삭제하고 [B6:B11]까지의 셀을 영역으로 지정한다.

❹ [확인] 버튼을 클릭한다.

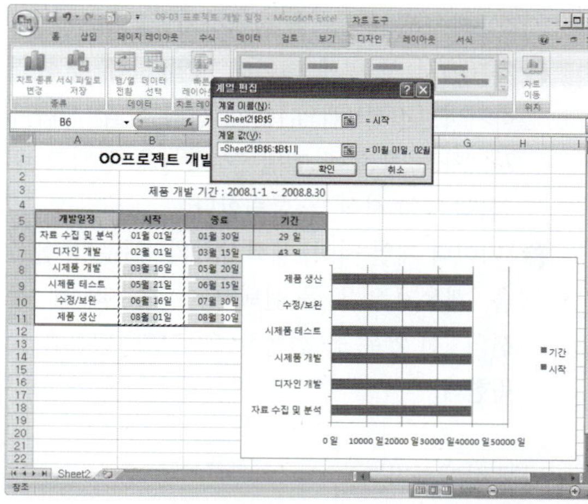

4. 범례 항목 순서 변경하기

❶ '범례 항목(계열)' 에서 '순서' 를 선택하고, '위로 이동(⬆)' 버튼을 클릭하여 항목이 '시작' 과 '기간' 순서로 표시되도록 한다.

❷ [확인] 버튼을 클릭한다.

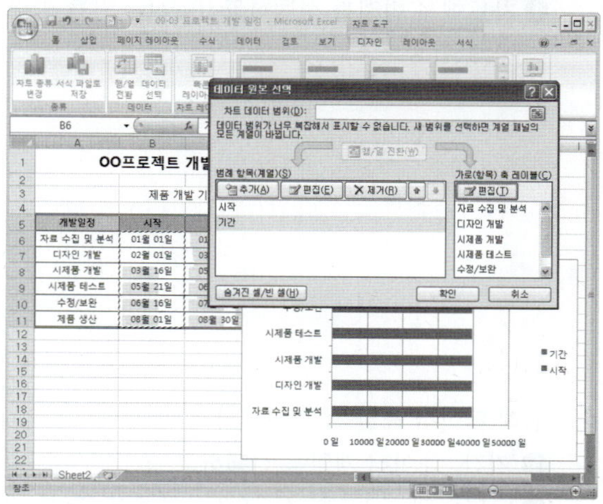

5. 축 서식 변경하기

❶ '가로(값) 축' 을 선택한 다음 마우스 오른쪽 버튼을 클릭하고 [축 서식] 메뉴를 클릭한다.

❷ '축 옵션' 에서 '최소값' 은 2008년 1월 1일의 일련번호인 '39448' 을 입력하고, '최대값' 에는 2008년 8월 30일의 일련번호인 '39690' 로, '주 단위' 를 '22' 로 설정한다.

❸ '표시 형식' 옵션에서 '날짜' 범주의 '형식' 을 변경한 후 [닫기] 버튼을 클릭한다.

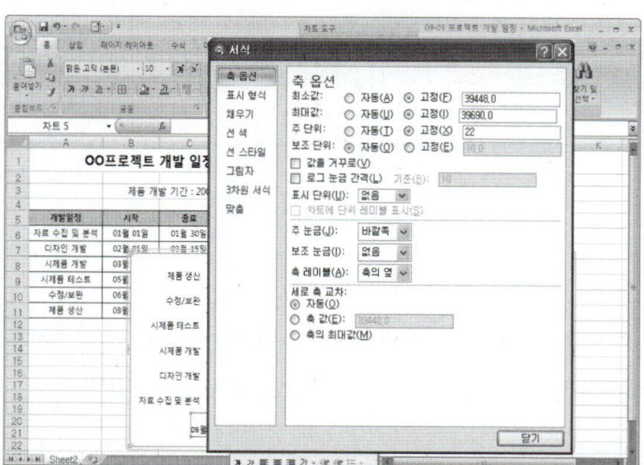

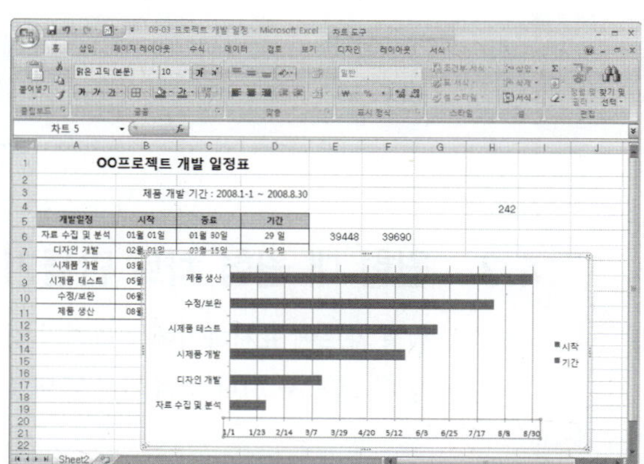

6. '시작' 데이터 계열 서식 설정하기

❶ 차트에서 첫 번째 데이터 계열(시작)을 클릭하거나, [서식] 탭의 [현재 선택 영역] 그룹에서 '차트 요소 – 계열 "시작"'을 선택한 후 '선택 영역 서식'을 클릭한다.

❷ [데이터 계열 서식] 대화상자의 '채우기' 옵션을 '채우기 없음'을 선택하고, '테두리 색' 옵션의 '선 없음'을 선택한 후 [닫기] 버튼을 클릭한다.

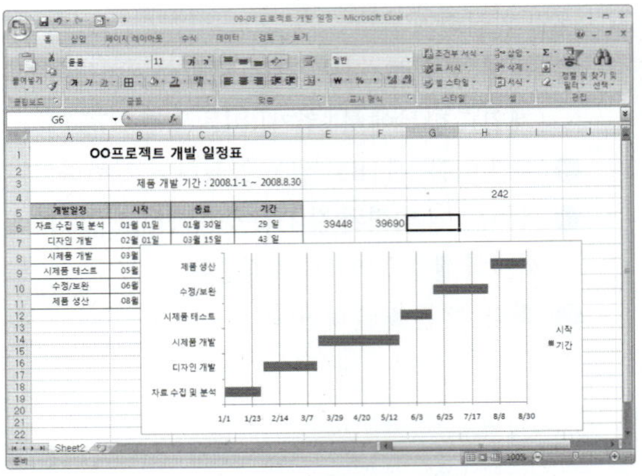

7. 범례 삭제하기

❶ 차트에서 범례를 선택하고 [Delete] 키를 눌러 삭제한다.

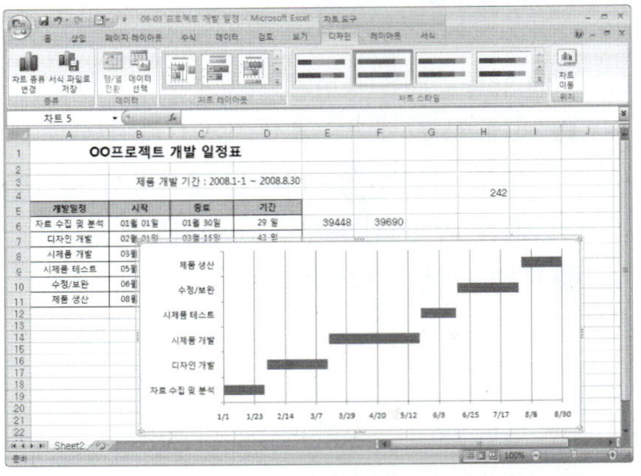

8. 범례 데이터 계열 서식 변경하기

❶ '기간' 데이터 계열을 선택하고,

❷ [서식] 탭 → [도형 스타일] 그룹에서 '도형 채우기'에서 도형 색을 설정하고, '도형 효과 – 둥글게'를 선택한다.

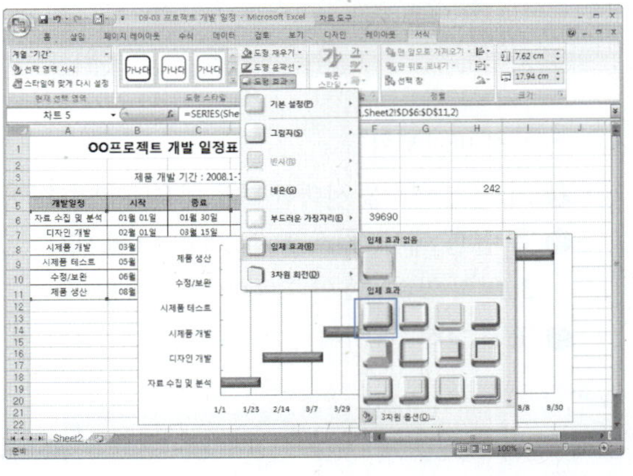

4.3 원형 대 원형 차트 만들기

원형 차트에 표시하기에는 크기가 작은 데이터 요소들의 조각을 따로 떼어내 보조 원형 차트(원형 대 원형 차트)나 누적 가로 막대형 차트(원형 대 가로 막대형 차트)로 표시할 수 있다.

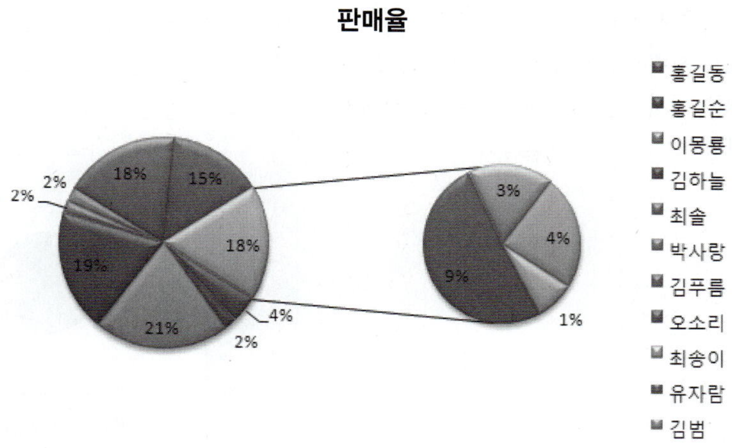

원형 대 원형 차트

함께하기 | 원형 대 원형 차트 만들기

예제 파일: 엑셀\예제파일\Chapter 07\Section 04\07-04 판매사원실적표-원형 대 원형.xlsx
완성 파일: 엑셀\예제파일\Chapter 07\Section 04\07-04 판매사원실적표-원형 대 원형(완성).xlsx

1. 원형 대 원형 차트 선택하기

❶ [Ctrl] 키를 누르고 [B4:B16] 셀과 [D4:D16] 셀을 영역으로 지정하고,

❷ [삽입] 탭 → [차트] 그룹에서 '원형 – 원형 대 원형'을 선택한다.

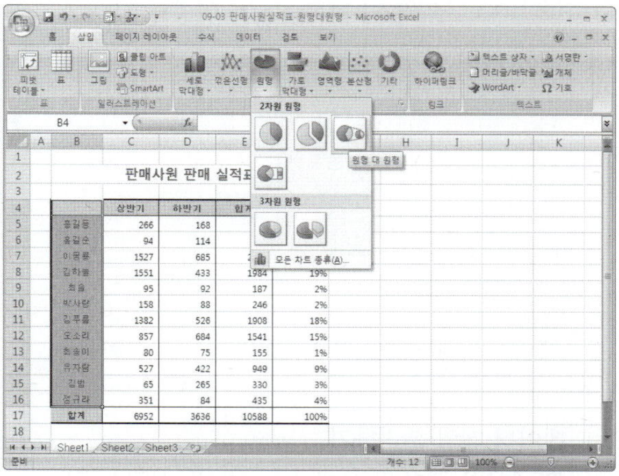

2. 데이터 계열 서식 설정하기

❶ 원형 대 원형 차트에서 데이터 계열을 선택하고,

❷ [서식] 탭 → [현재 선택 영역] 그룹에서 '선택 영역 서식'을 클릭한다.

❸ [데이터 계열 서식] 대화상자의 '계열 분할 – 백분율값'으로 선택하고, '둘째 영역에 포함할 최고값 – 5%'로 설정한 다음 [닫기] 버튼을 클릭한다.

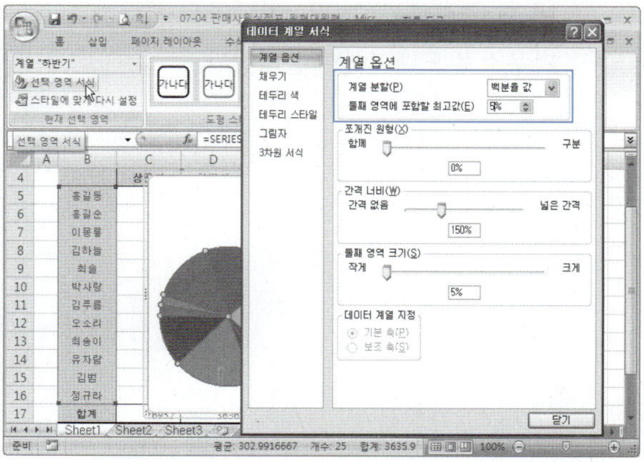

3. 데이터 레이블 추가하기

❶ 차트를 선택하고 마우스 오른쪽 버튼을 눌러 메뉴에서 [데이터 레이블 추가] 메뉴를 클릭한다.

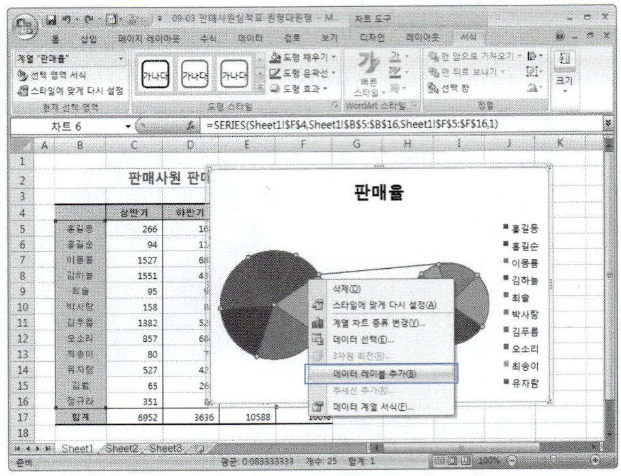

4. 차트 스타일 설정하기

❶ 차트를 선택하고 [디자인] 탭 → [차트 스타일] 그룹에서 '차트 스타일 26'을 선택한다.

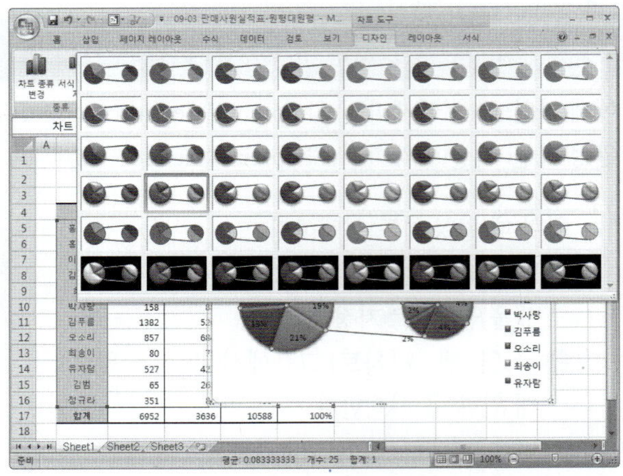

5. 데이터 계열 분리하기

❶ 데이터 계열을 선택하고 '기타' 항목을 한 번 더 클릭하여 '기타' 항목만을 선택하고 마우스로 드래그하여 분리한다.

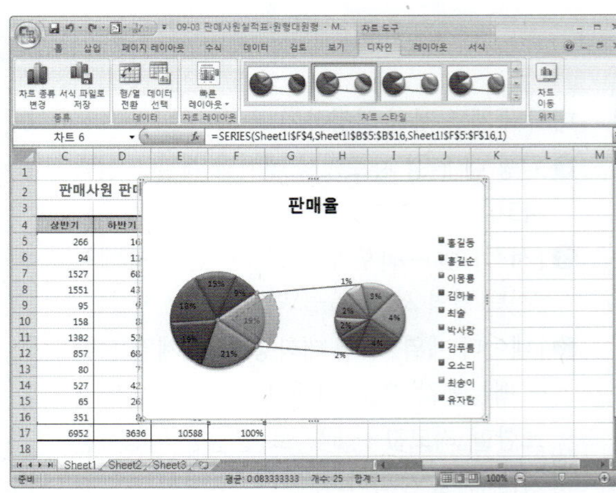

6. 기타 요소 효과 설정하기

❶ '기타' 항목을 선택하고,

❷ [서식] 탭 → [도형 스타일] 그룹에서 '도형 효과 – 입체 효과 – 낮은 수준의 경사'를 선택한다.

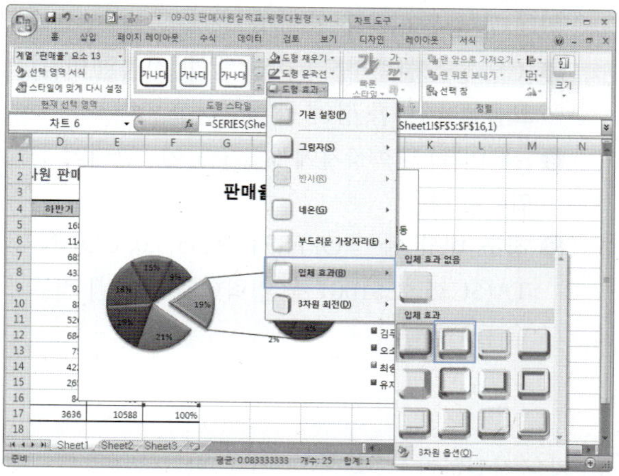

Tip | 기본 차트와 보조 차트의 옵션 변경하기

쪼개진 원형: 원형 조각 사이의 간격 조정

간격 너비: 차트 사이의 간격 조정

둘째 영역 크기: 보조 차트의 크기 변경 조정

한 수 더 배우기 | OFFSET 함수를 사용하여 동적 차트 그리기

OFFSET 함수를 사용하면 차트의 데이터가 추가되거나 삭제될 때 자동으로 차트에 반영되도록 할 수 있다.

1. '품목' 항목 이름 정의하기

❶ [B5] 셀을 클릭하고 [수식] 탭의 [정의된 이름] 그룹에서 '이름 정의'를 클릭하고,

❷ [새 이름] 대화상자에서 '이름'에 '품목명'을 입력한 다음,

❸ '참조 대상'에 '=OFFSET($B$5,0,0, COUNTA($B$5:$B$100))'을 입력한 후 [확인] 버튼을 클릭한다.

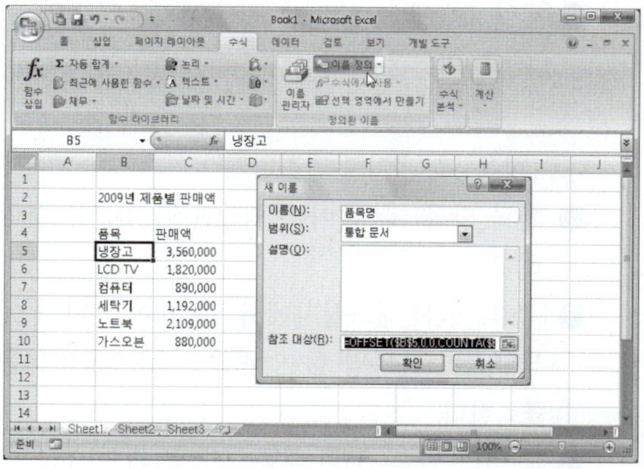

2. '판매액' 항목 이름 정의하기

❶ [C5] 셀을 클릭하고 [수식] 탭의 [정의된 이름] 그룹에서 '이름 정의'를 클릭하고,

❷ [새 이름] 대화상자에서 '이름'에 '판매액'을 입력한 다음,

❸ '참조 대상'에 '=OFFSET($C$5,0,0, COUNTA($C$5:$C$100)'을 입력한 후 [확인] 버튼을 클릭한다.

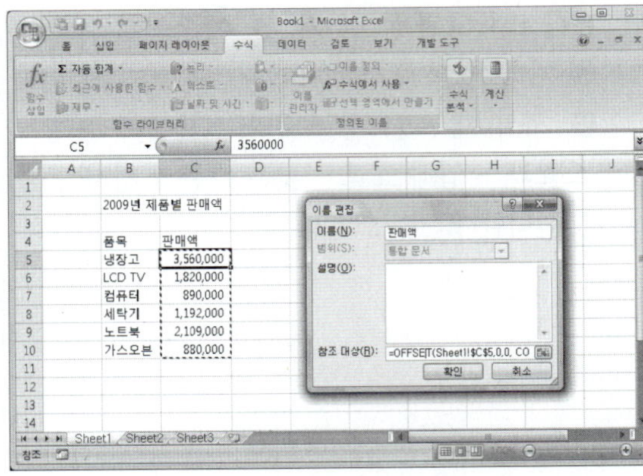

3. 차트 삽입하기

[삽입] 탭의 [차트] 그룹에서 '세로 막대형 → 묶은 세로 막대형'을 선택하고 [확인] 버튼을 클릭한다.

주의: 차트를 작성할 범위를 데이터를 선택하지 않아야 한다.

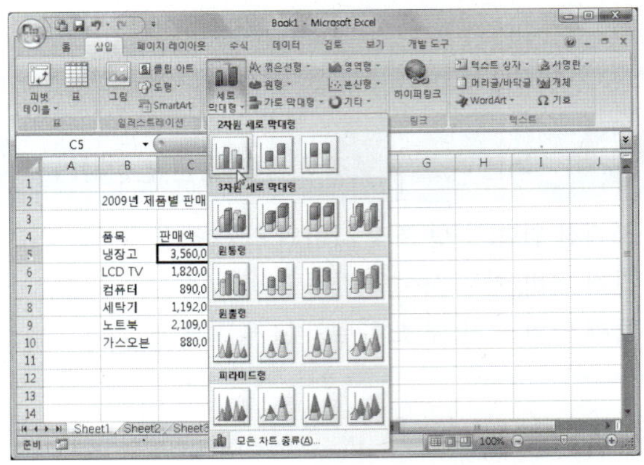

4. 데이터 계열 추가하기(판매액)

❶ [차트 도구] 탭의 [데이터] 그룹에서 '데이터 선택' 도구를 클릭하고,

❷ [데이터 원본 선택] 대화상자에서 '범례 항목(계열)'에서 [추가] 버튼을 클릭한 다음,

❸ [계열 편집] 대화상자에서 '계열 이름'에 [C4] 셀을 클릭하여 표시하고,

❹ '계열 값'에 '=Sheet1!판매액'을 입력한 후 [확인] 버튼을 클릭한다.

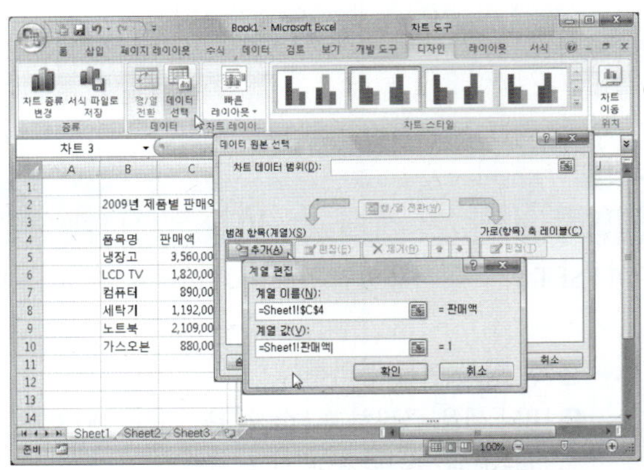

5. 가로(항목) 축 레이블 편집하기

❶ '가로(항목) 축 레이블'의 [편집] 버튼을 클릭하고,

❷ [축 레이블] 대화상자에서 '축 레이블 범위'에 '=Sheet1!품목명'을 입력하고 [확인] 버튼을 클릭한다.

❸ [데이터 원본 선택] 대화상자의 [확인] 버튼을 클릭한다.

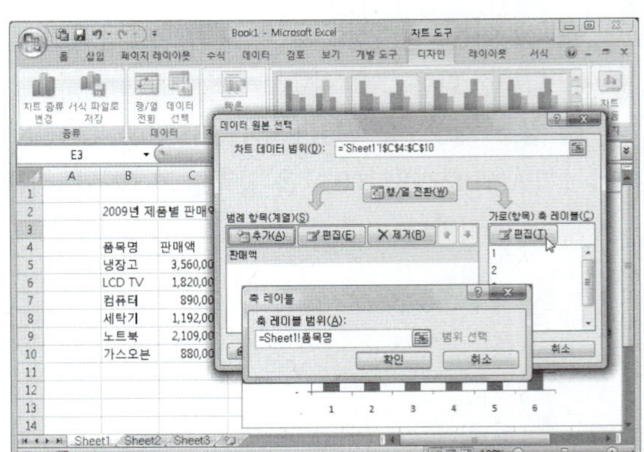

6. 데이터 추가하기

[B11:C11] 셀에 '에어컨'과 '3,470,000'을 입력하면 차트 계열이 추가되어 표시된다.

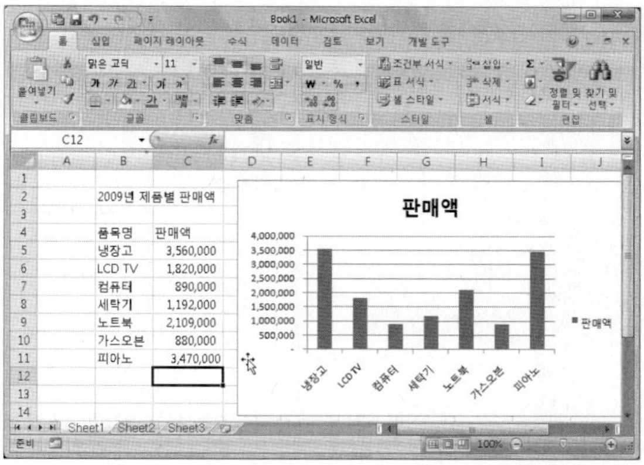

연습문제

1. 예제 파일을 열고 조건에 따라 차트를 완성하라.

(**예제 파일:** 엑셀\예제파일\Chap07\Section 05\07-05 확인하기(차트).xlsx
완성 파일: 엑셀\완성파일\Chap07\Section 05\07-05 확인하기(차트)(완성).xlsx)

- [B4:D12] 셀 영역을 선택하고 '묶은 세로 막대형' 차트를 삽입하라.
- 판매액이 오른쪽 축에 표시되도록 보조축을 추가하라.
- 보조축에 표시된 데이터 계열의 차트 종류를 '표식이 있는 꺾은선형'으로 변경하라.
- '판매수량' 데이터 계열에 '스타일 26' 스타일을 적용하라.
- 꺾은선형으로 표시된 '판매액' 데이터 계열의 표식을 다음과 같이 설정하라.
  - 표식: '동그라미, 6pt, 빨강, 선 색: 없음'
  - 선: '빨강, 실선, 2pt'
- 차트 제목(A전자 1사분기 판매 내역)과 값 축 제목(판매 수량, 판매액), 항목 축 제목(제품명)을 표시하라.
- 범례의 위치를 '위쪽'으로 변경하라.
- 값 축과 항목 축의 주 눈금을 '안쪽'으로 표시되도록 설정하라.
- 보조축의 단위를 '백만' 단위로 표시되도록 설정하라.

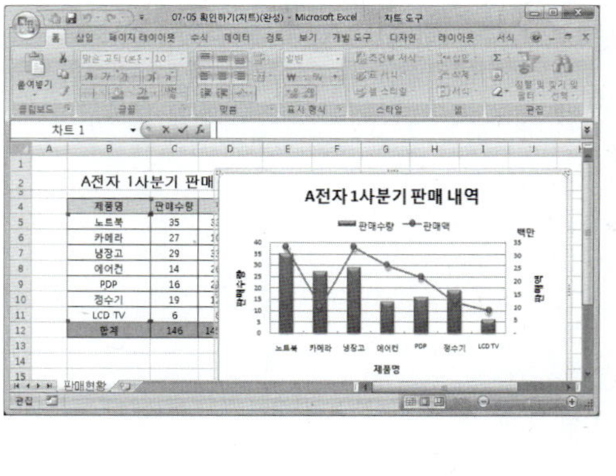

CHAPTER

08 데이터 관리하기

엑셀 2007은 워크시트에 포함된 많은 데이터들 중 필요한 데이터만을 워크시트에 표시하거나, 부분 합계, 요약 보고서 등을 쉽게 작성할 수 있는 다양한 데이터 관리 기능을 제공한다.

INTRODUCTION TO COMPUTER APPLICATIONS EXCEL

Section 01 : 엑셀과 표

데이터베이스는 특정한 용도에 맞도록 일정한 형식에 맞춰 정리한 데이터들의 모음으로, 각 셀에 입력된 데이터를 2007 버전에서 새로 추가된 기능인 표로 작성하여 데이터를 분석하고 관리할 수 있다.

1.1 | 엑셀 표 만들기

워크시트의 데이터를 표로 만들면 표 안에 있는 데이터를 표 밖에 있는 데이터와 독립적으로 관리하고 분석할 수 있다. 표 열을 필터링하거나 요약 행을 추가하고 표 서식을 적용할 수도 있다. 워크시트의 데이터를 표로 변환하려면 [삽입] 탭 → [표] 그룹에서 '표(▦)'를 클릭한다. 표 영역으로 설정되면 [표 도구] → [서식] 탭이 표시된다.

함께하기 | 표 만들기

예제 파일: 엑셀\예제파일\Chapter 08\Section 01\08-01 급여명세서.xlsx

완성 파일: 엑셀\완성파일\Chapter 08\Section 01\08-01 급여명세서(완성).xlsx

1. 표 만들기

❶ [B4:J37] 셀을 선택하고,

❷ [삽입] 탭 → [표] 그룹에서 '표( )'를 선택한다.

❸ [표 만들기] 대화상자에서 표로 만들 데이터의 범위를 확인하고, 첫 번째 행을 머리글로 사용하도록 '머리글 포함' 항목을 선택한 다음 [확인] 버튼을 클릭한다.

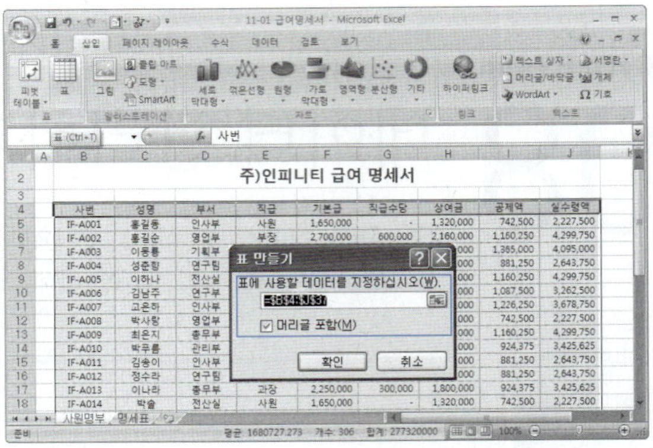

2. 표 서식 설정하기

[표 도구] → [디자인] 탭의 [표 스타일] 그룹에서 '빠른 스타일 – 표 스타일 보통 10'을 선택하여 적용한다.

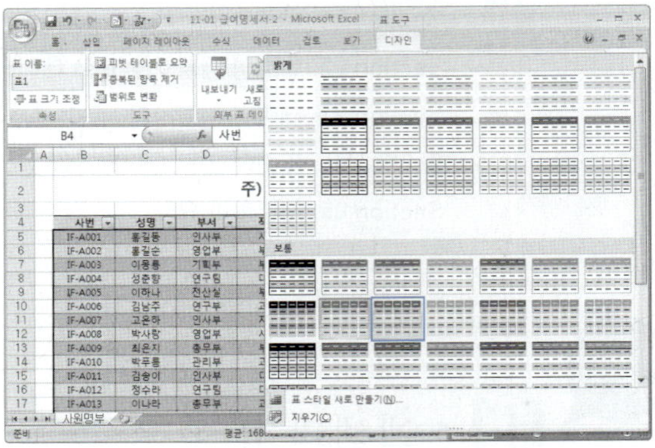

Tip | 머리글 포함

[표 만들기] 대화상자에서 '머리글 포함' 항목을 선택하지 않으면 필드명을 직접 입력할 수 있도록 데이터 목록 위에 빈 행이 추가된다.

1.2 표 관리하기

엑셀 표 끝에 요약 행을 표시하고, 각 요약 행 셀에 제공되는 함수를 사용하여 빠르게 데이터를 요약할 수 있다. 요약 행에서 요약하려는 셀을 클릭하고 목록 기호( )를 눌러 요약할 항목을 선택한다.

함께하기 | 요약 행 추가하기

예제 파일: 엑셀\예제파일\Chapter 08\Section 01\08-01 급여명세서-1.xlsx

완성 파일: 엑셀\완성파일\Chapter 08\Section 01\08-01 급여명세서-1(완성).xlsx

1. 요약 행 추가하기

❶ 표 안의 셀을 클릭하고,

❷ [표 도구] → [디자인] 탭의 [표 스타일 옵션] 그룹에서 '요약 행'을 선택한다.

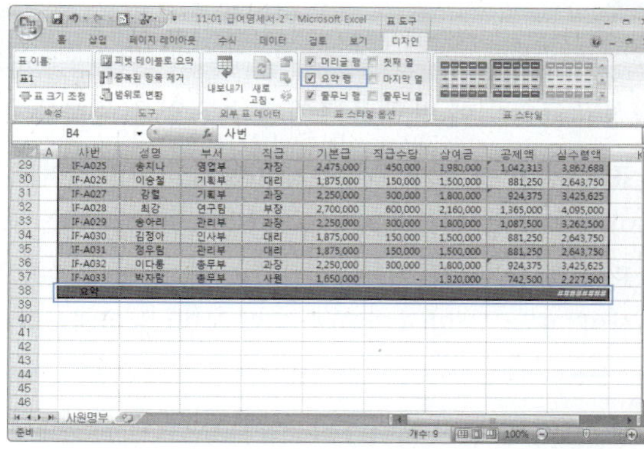

2. 요약 함수 선택하기

❶ 요약 행의 실 수령액이 표시된 [J38] 셀의 목록 기호(▾)를 눌러 '평균'을 선택한다.

❷ 기본급과 직급수당, 상여금과 공제액의 요약 셀 역시 목록 기호(▾)를 눌러 '평균'을 계산한다.

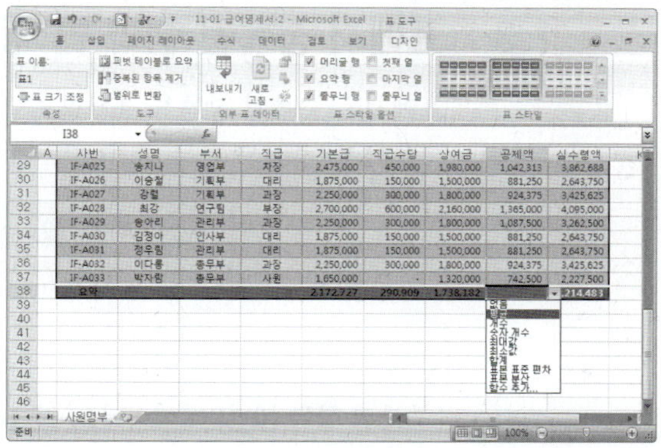

Tip | 요약행과 SUBTOTAL 함수

요약 행에 사용되는 함수는 SUBTOTAL 함수이다.

3. 표에서 행 삭제하기

❶ 삭제하려는 표 행을 선택하고,

❷ [홈] 탭 → [셀] 그룹에서 '삭제 – 표 행 삭제'를 선택한다.

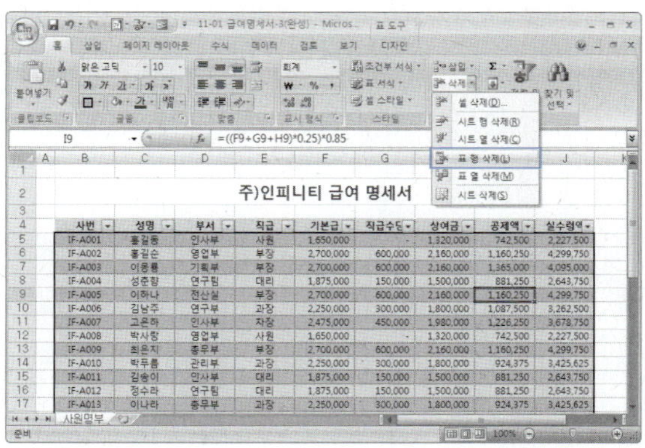

Tip | 표 행/열 삭제하기

마우스 오른쪽 버튼을 클릭하고 바로 가기 메뉴에서 '삭제 - 표 열'이나 '삭제 – 표 행'을 선택해도 된다.

Tip | 표 관리하기

작성된 표의 끝에 빈 행을 추가할 수도 있고, 원하는 위치에 행 또는 열을 표에 삽입하거나 삭제할 수 있다.

- **표 끝에 빈 행 추가하기:** 마지막 행의 마지막 셀에서 Tab 키를 누르면 빈 행이 추가된다. 그러나 표에 요약 행이 있을 경우에는 새로운 행이 추가되지 않는다.
- **표에 행/열 삽입하기:** 행/열은 선택한 행/열의 앞쪽으로 삽입되며, [홈] 탭 → [셀] 그룹의 '삽입 – 위에 표 행 삽입' 또는 '삽입 – 왼쪽에 표 열 삽입'을 선택한다.

1.3 표에서 중복된 행과 빈 행 제거하기

표에서도 중복된 항목을 제거할 수 있다. 표 안의 셀을 하고 [표 도구] → [디자인] 탭의 [도구] 그룹에서 '중복된 항목 제거' 도구를 사용한다.

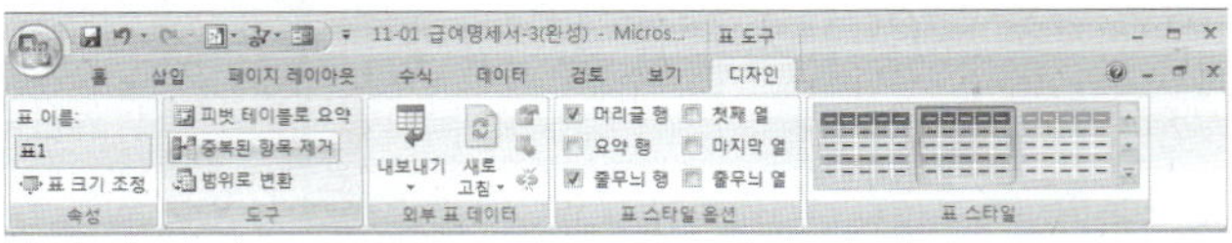

[중복된 항목 제거] 대화상자의 열에서 중복된 항목을 검사할 열을 선택하여 삭제한다.

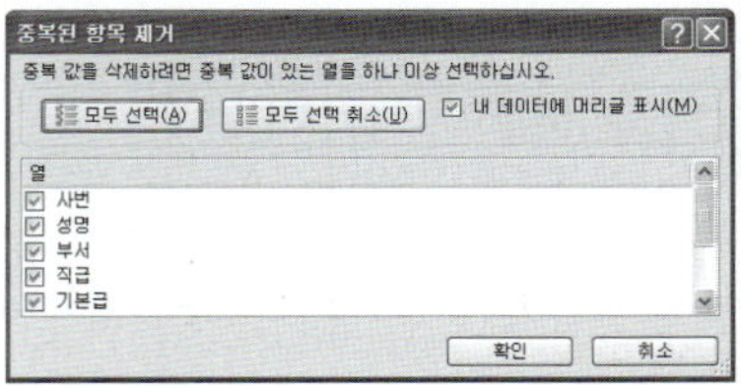

열 머리글에서 자동 필터 도구(▾)를 클릭하고 '(모두 선택)' 항목의 선택을 취소한 다음 '(필드값 없음)'을 선택한다. 표에서 빈 행을 선택한 다음 [Ctrl] + -(하이픈)을 눌러 빈 행을 바로 제거할 수 있다.

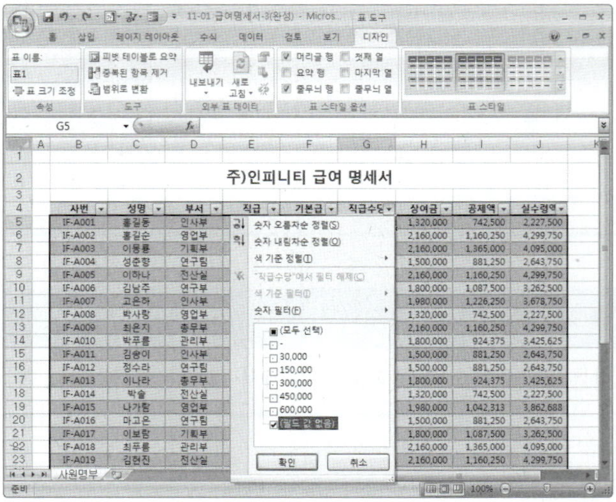

1.4 | 표 해제하기

표 영역을 [표 도구] → [디자인] 탭의 [도구] 그룹에서 '범위로 변환'을 사용하여 적용된 표 스타일 서식을 모두 그대로 유지하면서 표를 일반 데이터 영역으로 변환할 수 있다.

함께하기 | 표 해제하기

예제 파일: 엑셀\예제파일\Chapter 08\Section 01\08-01 급여명세서-21.xlsx
완성 파일: 엑셀\완성파일\Chapter 08\Section 01\08-01 급여명세서-2(완성).xlsx

1. 정상 범위로 변환하기

❶ 표 안의 셀을 클릭하고 [표 도구] → [디자인] 탭의 [도구] 그룹에서 '범위로 변환( )'을 클릭한다.

❷ 표를 범위로 변환할 것인지를 묻는 대화상자에서 [예] 버튼을 클릭한다.

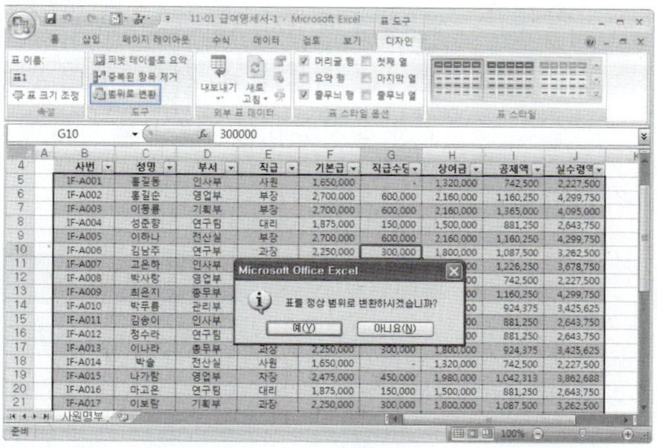

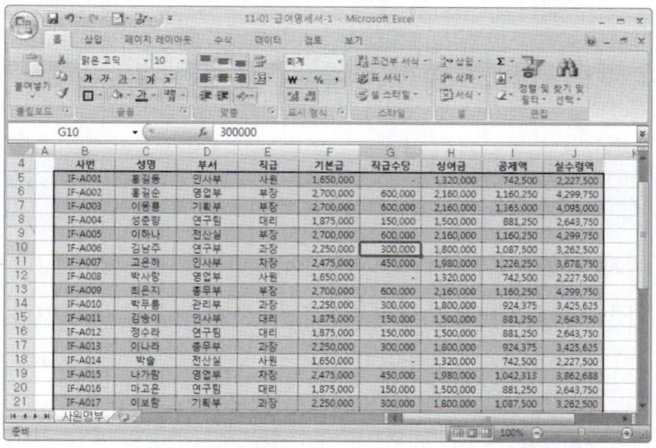

Section 02: 유효성 검사 기능으로 데이터 입력 제한하기

유효성 검사 기능으로 데이터가 입력될 셀에 데이터의 유형이나 길이, 내용 등의 조건을 설정하여 데이터 입력 시 조건에 부합하지 않는 데이터의 입력을 제한하거나 경고 메시지를 표시하여 정확한 데이터를 입력할 수 있도록 할 수 있다.

2.1 | 유효성 검사 기능

유효성 검사 기능을 적용할 영역을 지정하고 [데이터] 탭 → [데이터 도구] 그룹에서 '데이터 유효성 검사( )' 도구를 사용하여 조건을 설정한다.

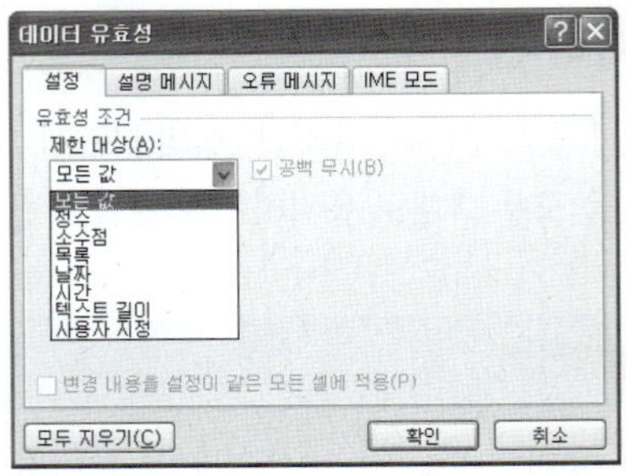

- **[설정] 탭:** 유효성 조건('정수' 나 '실수', '날짜', '시간', '목록' 등)을 지정
- **[설명 메시지] 탭:** 유효성 조건이 설정된 셀을 선택하면 셀 옆에 표시하는 메시지 설정
- **[오류 메시지] 탭:** 설정된 유효성 조건에 맞지 않는 데이터를 입력했을 때 표시하는 메시지 설정. 설정하지 않으면 기본 오류 메시지로 표시

표 8-1 ● 오류 메시지 유형

아이콘	유형	용도
⊗	중지	셀에 잘못된 데이터를 입력하지 못하도록 한다.
⚠	경고	입력한 데이터가 유효하지 않음을 경고로 알릴 때 사용한다.
ⓘ	정보	입력한 데이터가 유효하지 않음을 사용자에게 알린다.

- **[IME 모드] 탭:** 셀에 한글과 영문 입력 상태 설정

함께하기 | 유효성 검사 기능 설정하기

예제 파일: 엑셀\예제파일\Chapter 08\Section 02\08-02 급여명세서(유효성검사).xlsx
완성 파일: 엑셀\완성파일\Chapter 08\Section 02\08-02 급여명세서(유효성검사)(완성).xlsx

1. 데이터 목록 설정하기
   ❶ [D5:D37]까지의 셀 영역을 선택하고, [데이터] 탭 → [데이터 도구] 그룹의 '데이터 유효성 검사( )'를 클릭한다.
   ❷ [데이터 유효성] 대화상자에서 [설정] 탭을 클릭하고 '제한 대상 – 목록'을 선택한다.
   ❸ '원본' 입력란에 '전산실, 영업부, 기획실, 총무부, 홍보부'를 입력한다.

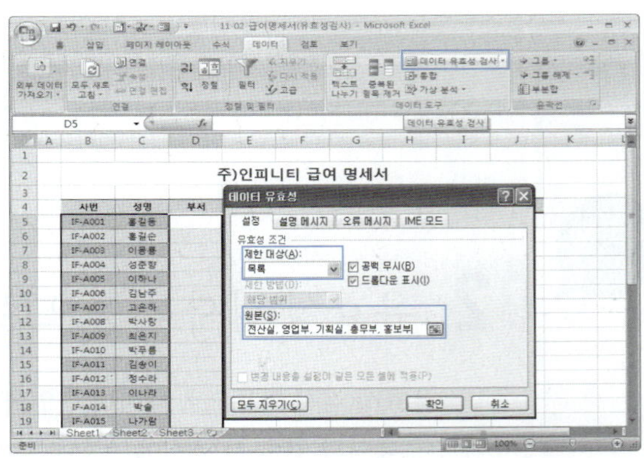

Tip | '공백 무시'

목록을 기반으로 하는 경우 해당 범위에 빈 셀이 있는 경우 '공백 무시' 확인란을 선택하면 유효성 검사 대상인 셀에 입력하는 모든 값이 허용된다.

2. 설명 메시지 설정하기

❶ [설명 메시지] 탭을 선택하고 '설명 메시지' 입력란에 '목록에서 부서명을 선택하시오.'를 입력한 후 [확인] 버튼을 클릭한다.

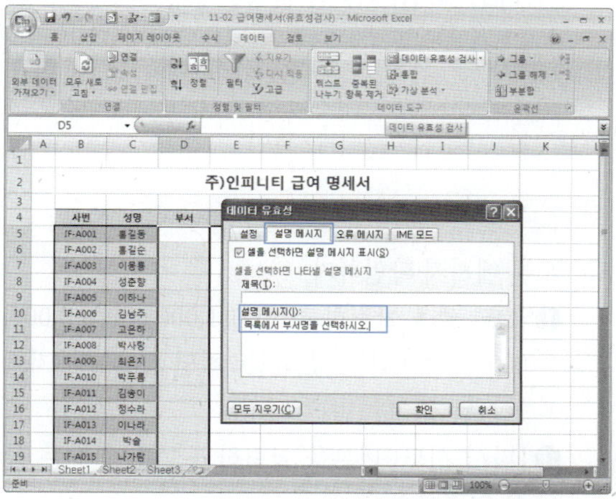

3. 목록 입력하기

❶ '부서'의 셀을 클릭하고 목록 기호(▾)를 눌러 목록 중에서 부서를 선택한다.

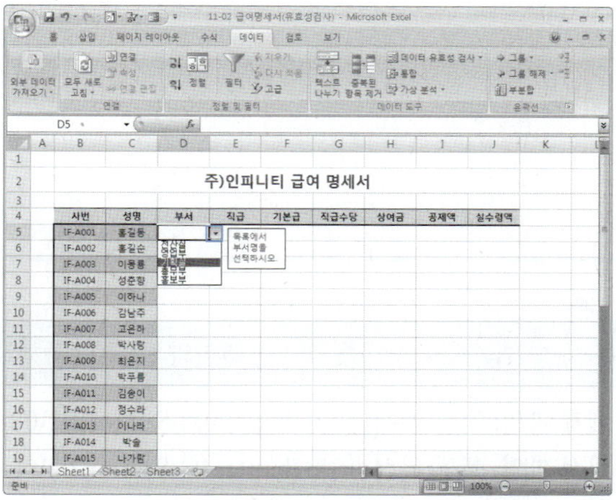

4. 기본급의 범위 제한하기

❶ 기본급을 표시할 셀 [F5:F37]까지의 셀을 영역으로 지정하고,

❷ [데이터] 탭 → [데이터 도구] 그룹의 '데이터 유효성 검사( )'를 클릭한다.

❸ [데이터 유효성] 대화상자의 [설정] 탭에서 '제한 대상 – 정수'를 선택한 다음,

❹ '최소값' 항목에 '1000000'을, '최대값' 항목에 '3000000'을 입력한다.

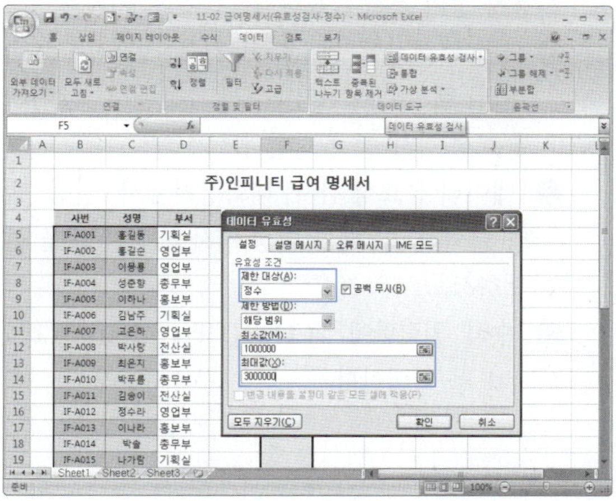

5. 오류 메시지 설정하기

❶ [오류 메시지] 탭을 클릭하고, '스타일 – 경고'를 선택하고,

❷ '오류 메시지' 입력란에 '기본급을 정확하게 입력하세요(1,000,000 ~ 3,000,000).'를 입력하고 [확인] 버튼을 클릭한다.

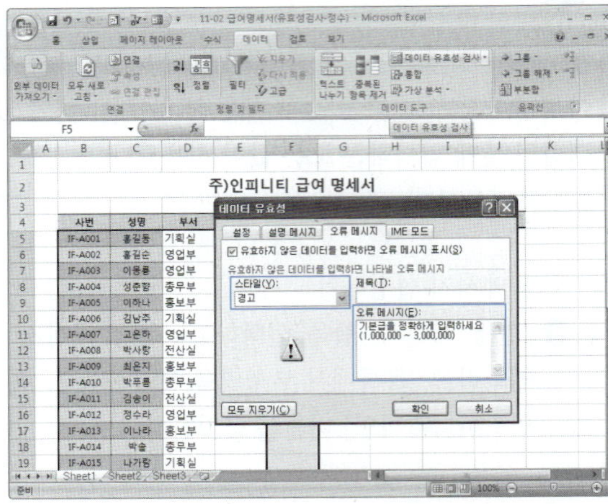

6. 오류 메시지 확인하기

❶ [D5] 셀을 클릭하고, 범위(1,000,000 ~ 3,000,000)를 벗어나는 값을 입력하면 오류 메시지가 표시된다.

❷ [다시 시도] 버튼을 클릭하고 범위에 맞는 값을 입력한다.

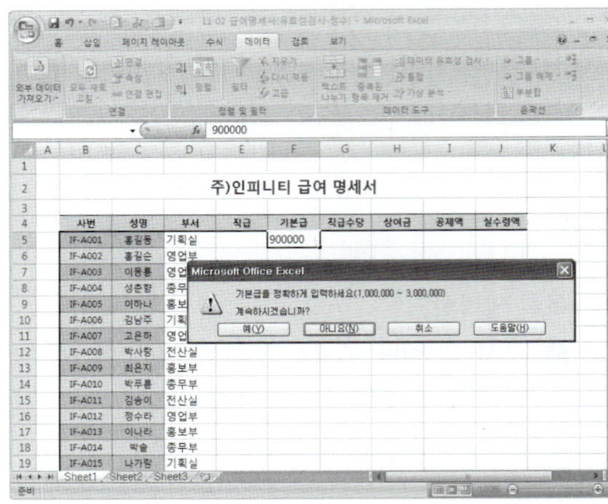

함께하기 | 중복되는 데이터 입력 방지하기

예제 파일: 엑셀\예제파일\Chapter 08\Section 02\08-02 급여명세서(유효성검사-중복방지).xlsx

완성 파일: 엑셀\완성파일\Chapter 08\Section 02\08-02 급여명세서(유효성검사-중복방지)(완성).xlsx

1. 사용자 정의 조건 설정하기

❶ 사번을 표시할 셀 [B5:B37]을 선택하고, [데이터] 탭 → [데이터 도구] 그룹에서 '데이터 유효성 검사'를 클릭한다.

❷ [데이터 유효성 검사] 대화상자에서 [설정] 탭을 클릭하고, '제한 대상 – 사용자 지정'을 선택하고,

❸ '수식' 입력란에 '=COUNTIF($B$5:$B$37,B5)=1'을 입력한다.

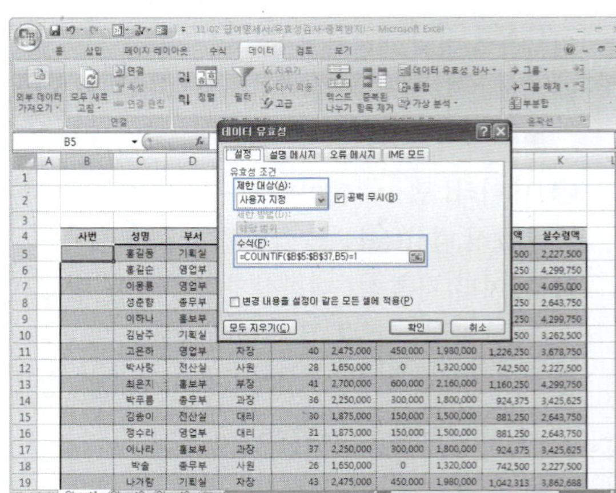

2. 오류 메시지 표시하기

❶ [오류 메시지] 탭을 클릭하고 '오류 메시지' 입력란에 '중복된 데이터입니다.'를 입력한 다음 [확인] 버튼을 클릭한다.

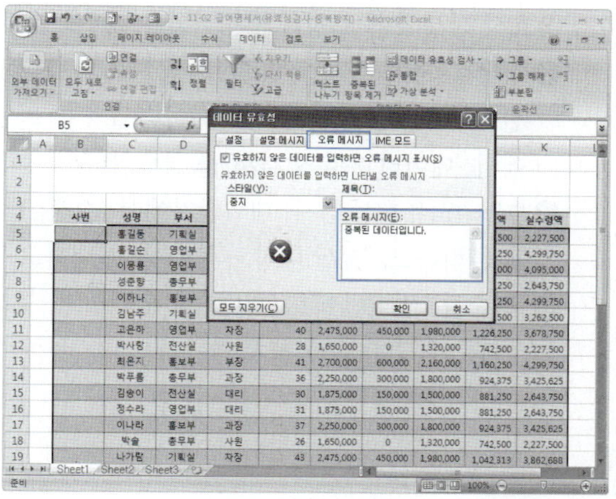

3. 유효성 조건 확인하기

❶ 중복되는 데이터를 셀에 입력하면 오류 메시지가 표시된다.

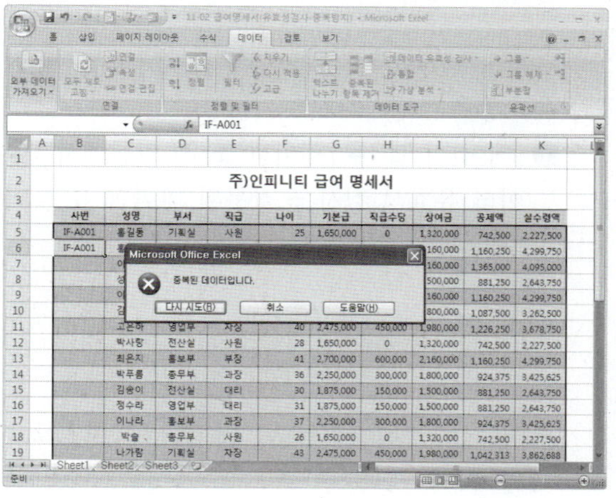

2.2 데이터 오류 검사하기

셀에 입력되어 있는 데이터에 대해서도 유효성 검사 조건을 설정하고 오류를 검사할 수 있다. [데이터 도구] 그룹의 '데이터 유효성 검사 – 잘못된 데이터'를 사용하여 오류가 있는 데이터의 경우 와 같은 표시가 셀에 표시된다. 표시된 를 제거하려면 '유효성 표시 지우기'를 클릭한다.

함께하기 | 입력되어 있는 데이터 오류 검사하기

예제 파일: 엑셀\예제파일\Chapter 08\Section 02\08-02 급여명세서(유효성검사-오류검사).xlsx
완성 파일: 엑셀\완성파일\Chapter 08\Section 02\08-02 급여명세서(유효성검사-오류검사)(완성).xlsx

1. 유효성 검사 조건 설정하기

❶ 직급 수당이 표시되어 있는 셀 [H5:H37]을 선택하고, [데이터] 탭 → [데이터 도구] 그룹에서 '데이터 유효성 검사'를 클릭한다.

❷ [데이터 유효성 검사] 대화상자에서 [설정] 탭을 클릭하고, '제한 대상 – 정수'를 선택하고,

❸ '최소값' 입력란에 '100000'을 입력하고, '최대값'에 '1000000'을 입력한다.

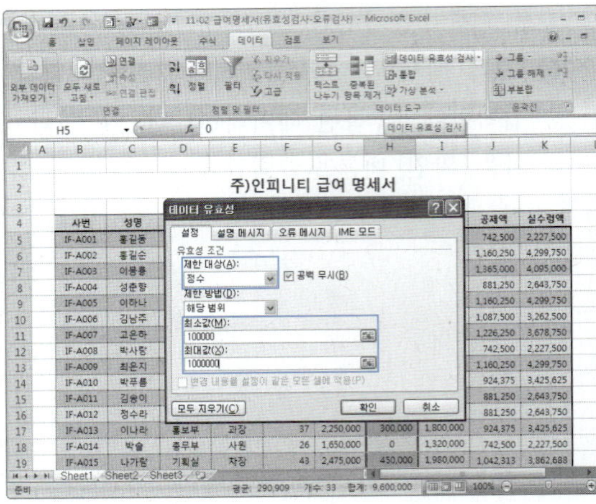

2. 유효성 조건 검사하기

❶ [데이터] 탭 → [데이터 도구] 그룹에서 '데이터 유효성 검사 – 잘못된 데이터'를 클릭한다.

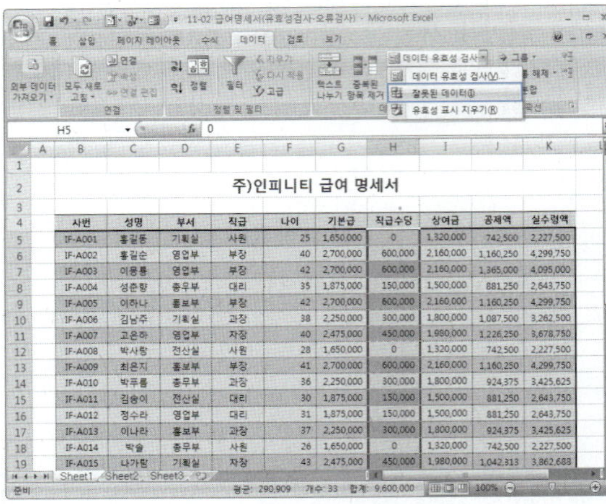

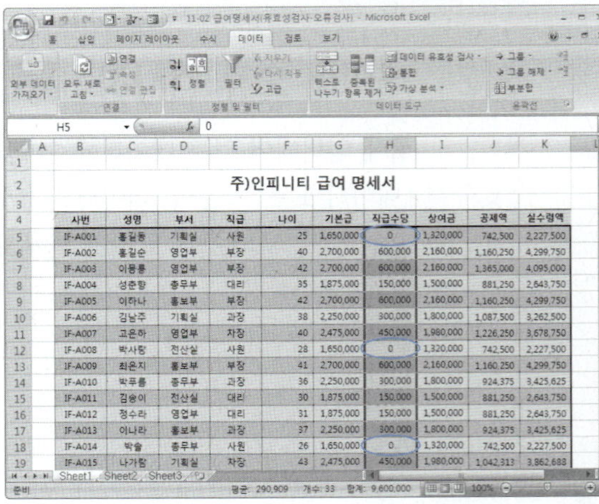

한 수 더 배우기 | 다른 시트의 데이터를 사용하여 목록 제한하기

유효성 검사를 설정하려는 데이터가 유효성 검사를 설정하려는 시트가 아닌 다른 시트에 이력되어 있는 경우 사용하려는 영역에 대해 이름을 정의하고 정의된 이름을 이용하여 연결하여야 한다.

정의된 이름을 [데이터 유효성] 대화상자의 '원본' 항목에 입력할 때 '=' 을 입력한 후 이름을 입력해야 한다.

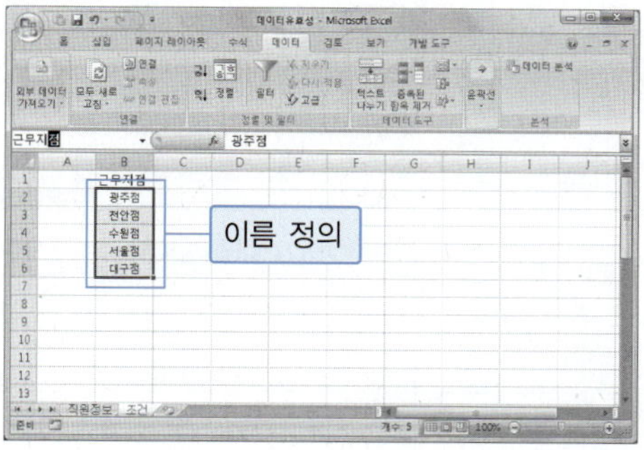

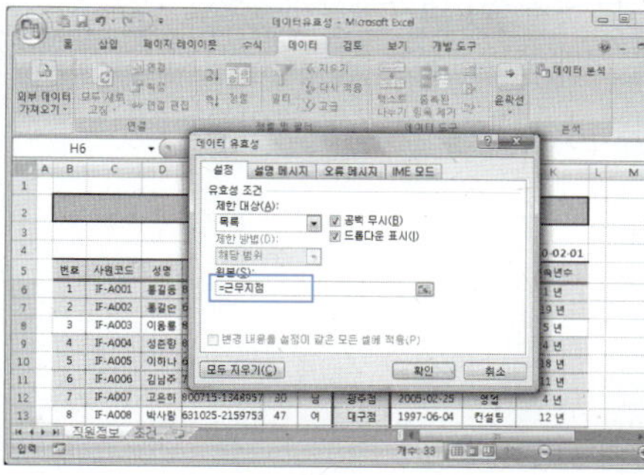

한 수 더 배우기 | 이중 유효성 설정하기

유효성 검사 기능 중 '목록' 을 사용하여 항목을 선택하면 선택된 항목에 따라 선택 가능한 목록이 표시되도록 이중 유효성 검사를 지정할 수 있다. 이중 유효성 검사 기능을 설정하려면 찾기/참조 범주의 함수인 INDIRECT 함수를 사용한다.

1. 이름 정의하기
   ❶ [E2:H2] 셀을 선택하고 '이름상자' 를 클릭한 후,
   ❷ '지역' 을 입력하고 [확인] 버튼을 클릭한다.
   ❸ [E3:E7] 셀 영역은 '서울' 로, [F3:F7] 셀 영역은 '경기' 로, [G3:G6] 셀 영역은 '충청' 으로, [H3:H7] 셀 영역은 '전라' 로 각각 이름을 정의한다.

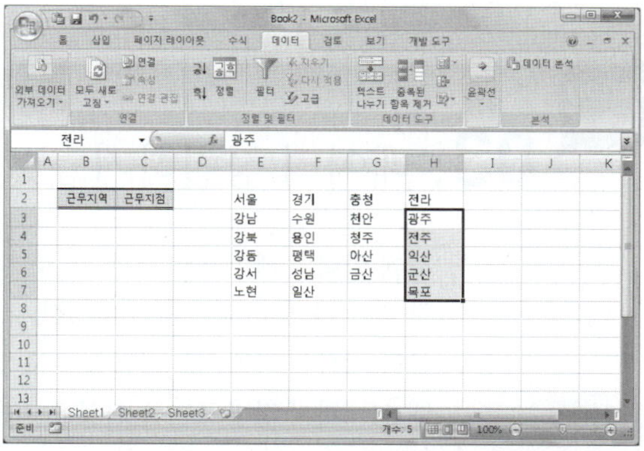

2. 근무 지역 유효성 검사 설정하기
   ❶ '근무 지역' 을 표시할 [B3:B8] 셀을 선택하고,
   ❷ [데이터] 탭의 [데이터 도구] 그룹에서 '데이터 유효성 검사' 도구를 클릭하고,
   ❸ [데이터 유효성] 대화상자의 '제한 대상 – 목록' 을 선택하고, '원본' 에 '=지역' 을 입력하고 [확인] 버튼을 클릭한다.

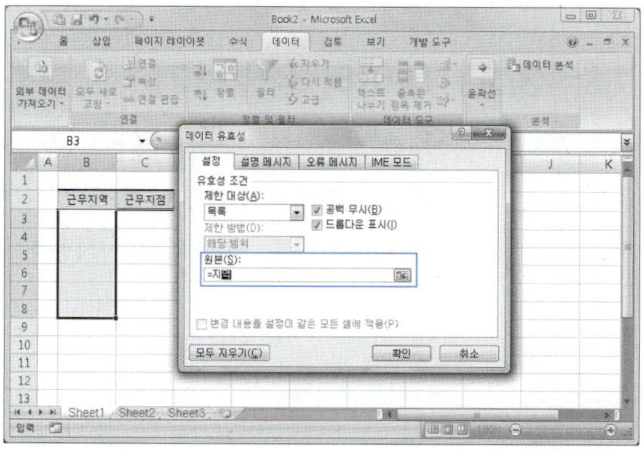

3. 근무 지점 유효성 검사 설정하기

❶ [B5] 셀의 목록 중 '서울'을 선택하여 표시하고,

❷ '근무 지점'을 표시할 [C3:C8] 셀을 선택하고,

❸ [데이터] 탭의 [데이터 도구] 그룹에서 '데이터 유효성 검사' 도구를 클릭하고,

❹ [데이터 유효성] 대화상자의 '제한 대상 – 목록'을 선택하고, '원본'에 '=INDIRECT(B3)'를 입력하고 [확인] 버튼을 클릭한다.

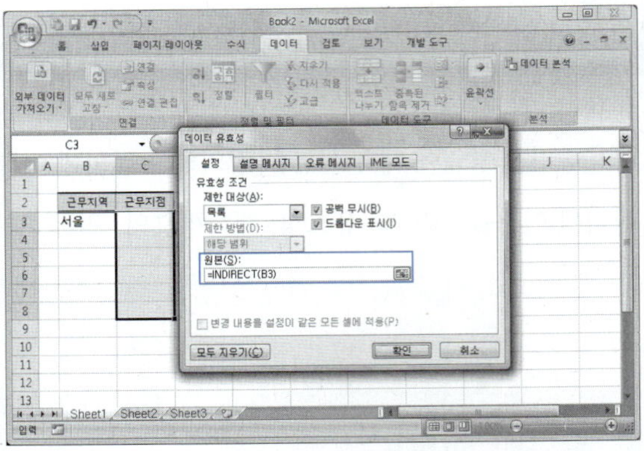

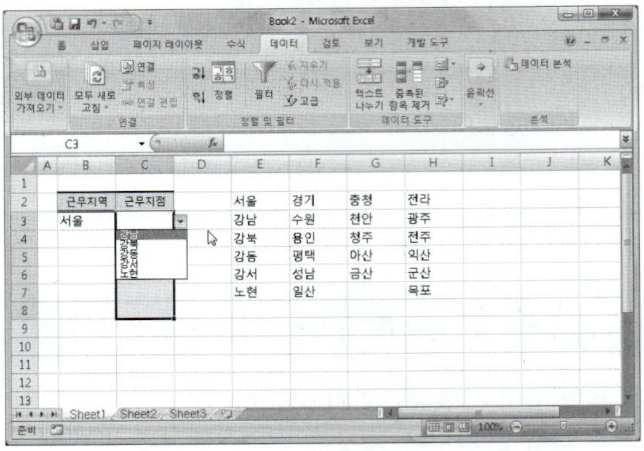

Section 03: 데이터 정렬하기

셀에 입력된 데이터를 사전순으로 정렬하거나, 숫자나 날짜 및 시간을 기준으로 데이터를 정렬할 수 있다. 또한 사용자가 지정한 목록을 기준으로 하거나 셀 색, 글꼴 색 또는 아이콘 집합을 비롯한 서식을 기준으로 정렬할 수도 있다. 정렬은 기본적으로 위쪽에서 아래쪽으로 적용되며, 최대 64개까지 정렬 조건을 지정할 수 있다.

3.1 데이터 정렬하기

정렬 기준은 한 개 이상의 필드에 대해 지정할 수 있으며, 정렬 기준을 두 개 지정하면 첫 번째 기준으로 데이터를 정렬한 후 첫 번째 정렬 조건에 대한 동일한 데이터가 있는 경우 동일한 데이터에 대해서만 두 번째 조건을 적용하여 정렬한다.

함께하기 | 셀값으로 정렬하기

예제 파일: 엑셀\예제파일\Chapter 08\Section 03\08-03 급여명세서(데이터 정렬).xlsx
완성 파일: 엑셀\완성파일\Chapter 08\Section 03\08-03 급여명세서(데이터 정렬)(완성).xlsx

1. 성명 정렬하기

❶ 데이터가 입력된 셀을 클릭하고 [데이터] 탭 → [정렬 및 필터] 그룹에서 '정렬()'을 클릭한다.

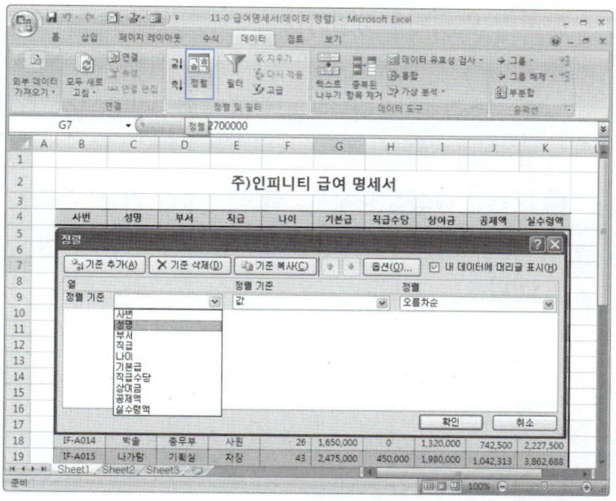

❷ [정렬] 대화상자에서 '열'의 '정렬 기준 – 성명'을 선택하고 [확인] 버튼을 클릭한다.

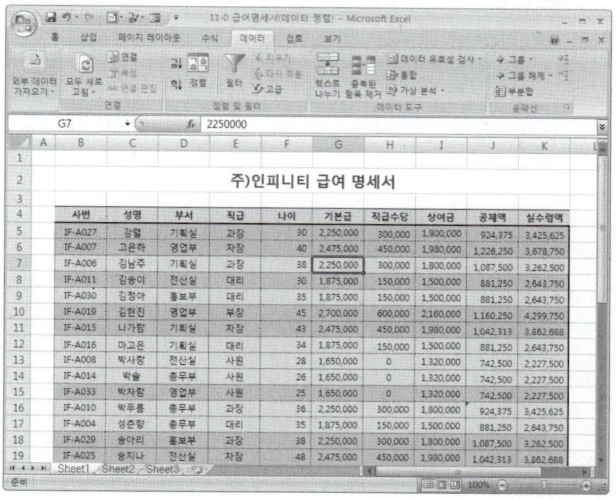

함께하기 | 부서와 실수령액으로 정렬하기

예제 파일: 엑셀\예제파일\Chapter 08\Section 03\08-03 급여명세서(데이터 정렬)-1.xlsx

완성 파일: 엑셀\완성파일\Chapter 08\Section 03\08-03 급여명세서(데이터 정렬)-1(완성).xlsx

1. 부서를 오름차순 정렬하기

❶ 데이터가 입력된 셀을 클릭하고 [데이터] 탭의 [정렬 및 필터] 그룹에 표시된 '정렬(정렬)'을 클릭한다.

❷ [정렬] 대화상자에서 '열'의 '정렬 기준 – 부서'를 선택하고 '정렬 - 오름차순'으로 설정한다.

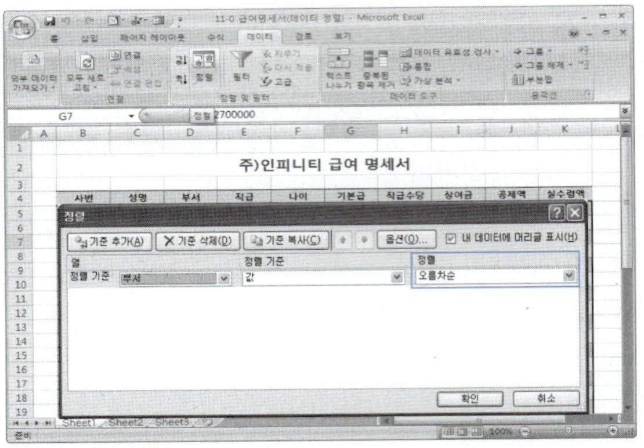

2. 정렬 기준 추가하기

❶ [기준 추가] 버튼을 클릭하여 '다음 기준'을 '실수령액'의 '내림차순'으로 선택하고 [확인] 버튼을 클릭한다.

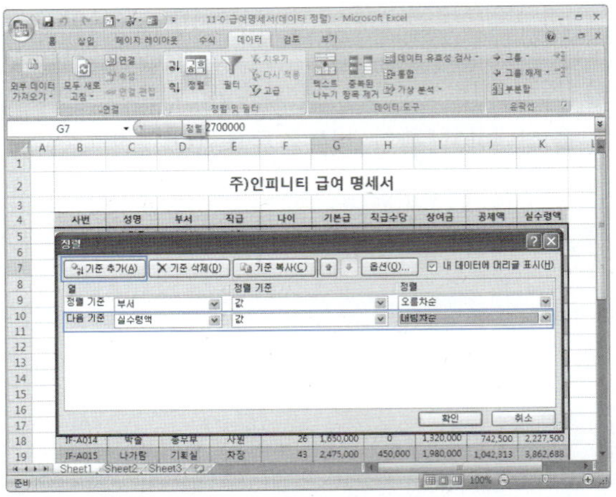

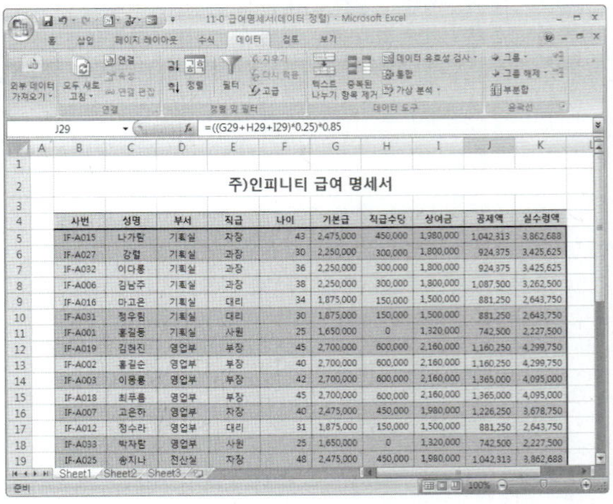

3.2 | 사용자 지정 목록으로 정렬하기

오름차순이나 내림차순이 아닌 사용자가 지정한 순서대로 데이터를 정렬하도록 사용자 지정 목록으로 지정하여 데이터를 정렬할 수 있다. 사용자 정의 목록은 엑셀에서 제공하는 요일이나 월 등의 목록을 사용하거나 사용자가 목록을 지정할 수 있다. 사용자 지정 목록은 값(텍스트, 숫자 및 날짜/시간)을 기준으로만 만들 수 있다.

표 8-2 ● 사용자 지정 목록

기본 목록
일 ~ 토, 일요일 ~ 토요일, Sun ~ Sat, Sunday ~ Saturday
1월 ~ 12월, Jan ~ Dec, January ~ December, 일월 ~ 십이월, 1月 ~ 12月
1사분기 ~ 4사분기, 1四分基 ~ 4四分基
자, 축, 인, 묘, 진, 사, 오, 미, 신, 유, 술, 해, 갑, 을, 변, 정, 무, 기, 경, 신, 임, 계

함께하기 | 사용자 목록 정의하고 정렬하기

예제 파일: 엑셀\예제파일\Chapter 08\Section 03\08-03 급여명세서(사용자정의목록).xlsx
완성 파일: 엑셀\완성파일\Chapter 08\Section 03\08-03 급여명세서(사용자정의목록)(완성).xlsx

1. 사용자 목록 정의하기
   ❶ '오피스 단추( )'를 클릭하고 [Excel 옵션] 버튼을 클릭한 다음,
   ❷ [Excel 옵션] 대화상자의 '기본 설정'에서 [사용자 정의 목록 편집] 버튼을 클릭한다.
   ❸ [사용자 지정 목록] 대화상자에서 '목록 항목'의 입력란을 클릭하고, 한 줄에 하나씩 '부장, 차장, 과장, 대리, 사원'을 입력하고 [추가] → [확인] 버튼을 차례로 클릭한다.

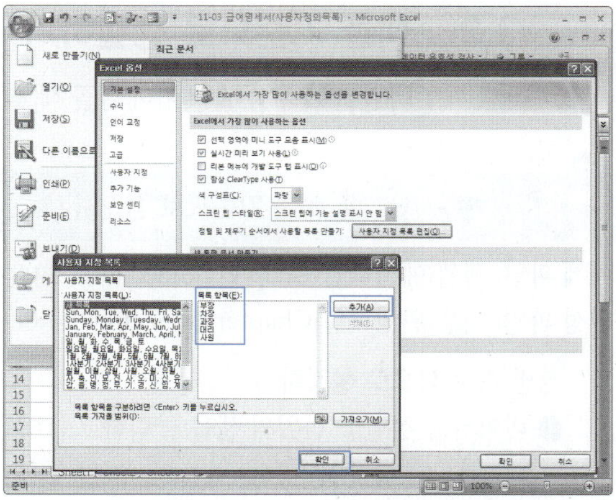

2. 사용자 정의 목록으로 데이터 정렬하기
   ❶ 데이터가 입력된 셀을 클릭하고 [데이터] 탭의 [정렬 및 필터] 그룹에 표시된 '정렬( )'을 클릭한다.
   ❷ [정렬] 대화상자에서 '열'의 '정렬 기준 – 직급'을 선택하고 '정렬 – 사용자 정의 목록'으로 선택한다.

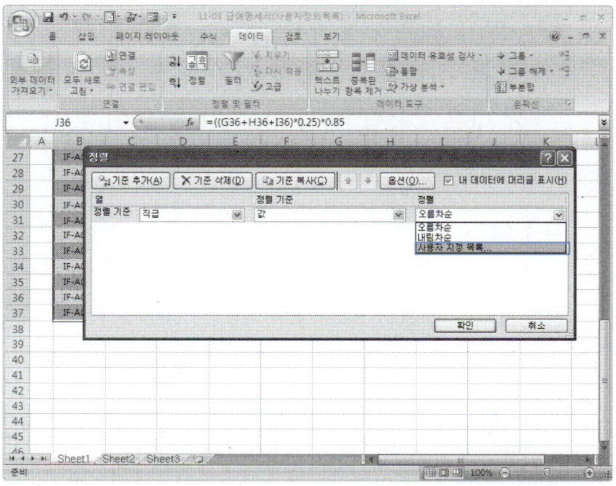

3. 정렬 목록 선택하기

❶ [사용자 지정 목록] 대화상자의 '사용자 지정 목록'에서 '부장, 차장, 과장, 대리, 사원'을 선택하고 [확인] 버튼을 클릭한다.

❷ [정렬] 대화상자의 [확인] 버튼을 클릭하면 데이터가 '직급'의 지정된 항목을 기준으로 정렬된다.

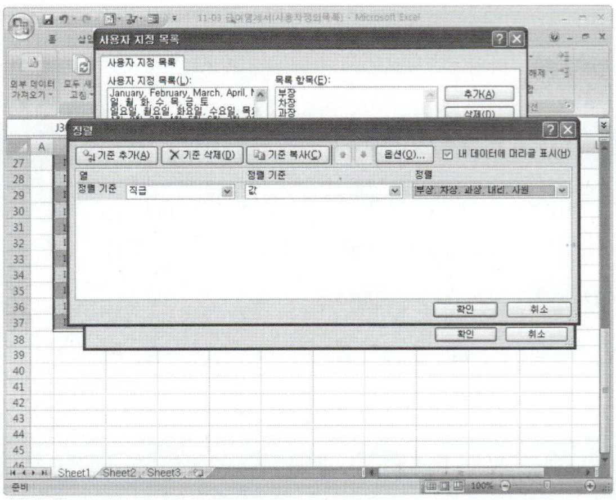

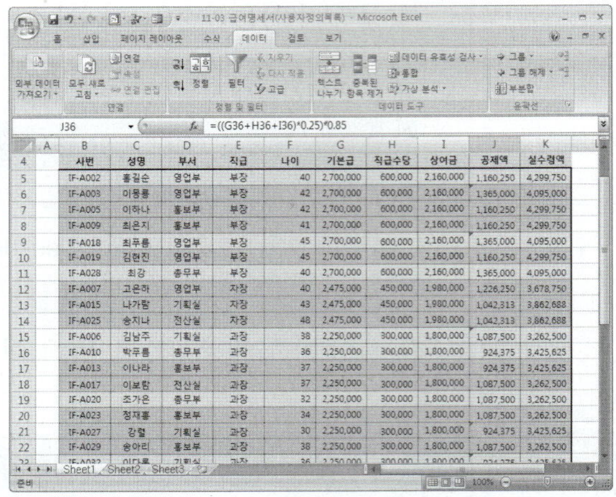

3.3 | 색을 기준으로 정렬하기

엑셀 2007에서 셀 색이나 글꼴 색, 셀 아이콘 등을 기준으로 데이터를 정렬할 수 있다.

함께하기 | 셀 색을 기준으로 정렬하기

예제 파일: 엑셀\예제파일\Chapter 08\Section 03\08-03 급여명세서(셀색으로정렬).xlsx

완성 파일: 엑셀\완성파일\Chapter 08\Section 03\08-03 급여명세서(셀색으로정렬)(완성).xlsx

1. 정렬 기준 색으로 설정하기

❶ 데이터를 정렬할 범위의 셀을 클릭하고 [데이터] 탭 → [정렬 및 필터] 그룹의 '정렬( )'을 클릭한다.

❷ [정렬] 대화상자에서 '열 – 정렬 기준 – 성명'을 선택하고, '정렬 기준 – 셀 색'을 선택한 다음, '정렬'에서 '노란색 – 위에 표시'를 선택한다.

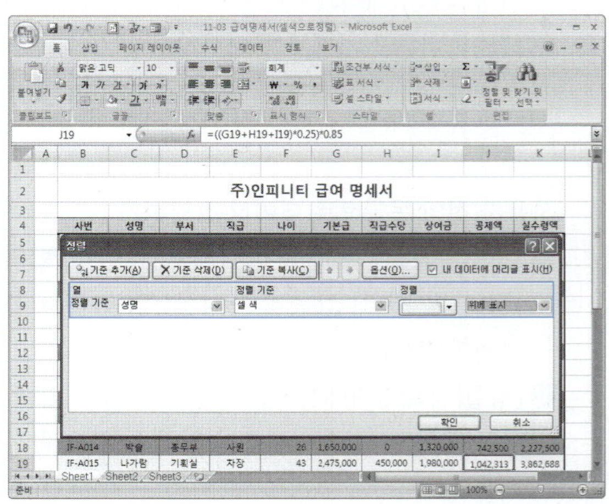

2. 정렬 결과 확인하기

❶ [확인] 버튼을 클릭하면 지정한 노란색으로 정렬된다.

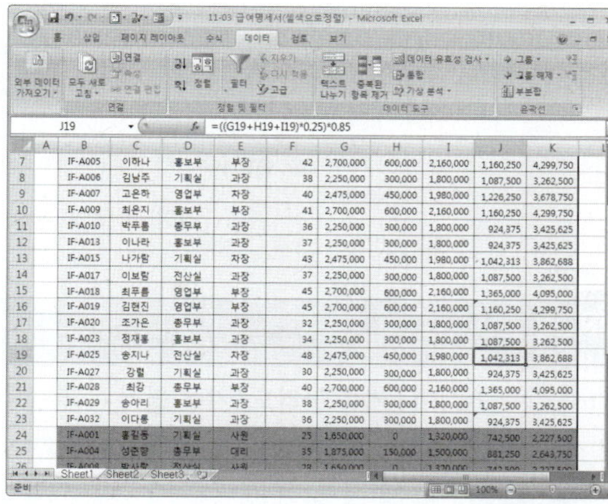

Section 04: 조건에 맞는 데이터 필터링하기

필터란 특정 조건을 만족하는 데이터만을 추출하여 워크시트에 표시하고 나머지 행은 숨기는 기능이다. 필터는 둘 이상의 열에 대해 적용할 수 있으며, 현재 필터 위에 추가된 필터가 적용되어진다. 필터는 데이터에 직접 조건을 지정하는 자동 필터와 사용자가 조건을 상세하게 지정하여 데이터를 추출하는 고급 필터가 있다.

4.1 자동 필터 사용하기

자동 필터는 선택된 셀 영역의 첫 번째 행에 '자동 필터 목록 버튼( )'을 추가하고 이를 이용하여 필터링하는 방법으로 [홈] 탭 → [편집] 그룹의 '정렬 및 필터 – 필터( )'를 클릭하거나 [데이터] 탭 – [정렬 및 필터] 그룹의 '필터( )'를 선택하여 사용한다.

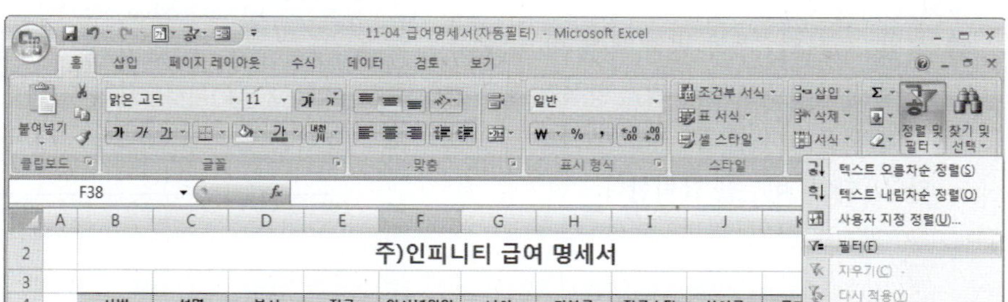

[홈] 탭의 [편집] 그룹에 표시된 '정렬 및 필터'의 '필터( )' 도구

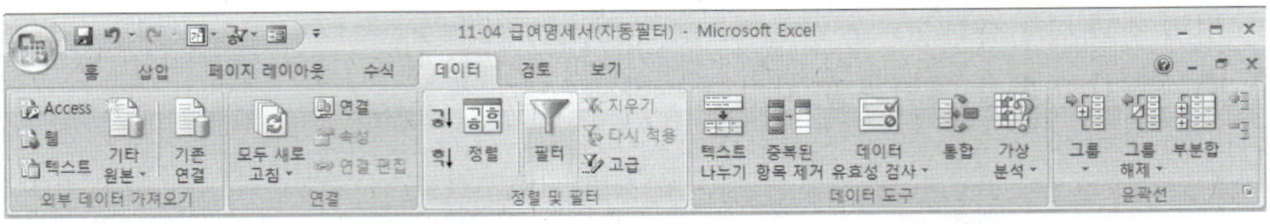

[데이터] 탭의 [정렬 및 필터] 그룹에 표시되는 '필터( )' 도구

Tip | '자동 필터 목록 단추( )' 표시하기

[Ctrl] + [Shift] + [L] 키를 눌러도 '자동 필터 목록 단추( )'가 표시된다.

함께하기 | 텍스트 필터링하기

근무 지점이 수원점이고 성별이 "여"인 직원 정보를 표시하라.

예제 파일: 엑셀\예제파일\Chapter 08\Section 04\08-04 직원정보(자동필터).xlsx
완성 파일: 엑셀\완성파일\Chapter 08\Section 04\08-04 직원정보(자동필터)(완성).xlsx

1. 수원점 필터링하기
   ❶ 필터링할 범위의 하나의 셀을 클릭하고 [데이터] 탭 → [정렬 및 필터] 그룹에서 '필터' 도구를 클릭한다.
   ❷ '근무지점' 필드의 '자동 필터 목록 버튼( )'을 클릭하고 '(모두 선택)' 항목을 클릭하여 선택을 해제한 후 '수원점' 항목을 클릭한 다음 [확인] 버튼을 클릭한다.

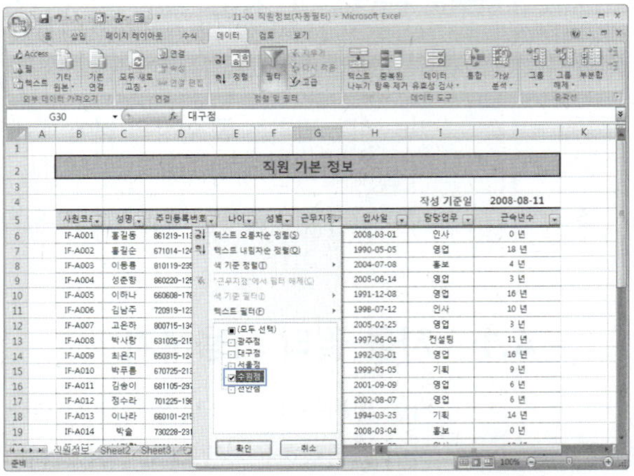

2. 성별 필터링하기
   ❶ '성별' 필드의 '자동 필터 목록 버튼( )'을 클릭하고 '(모두 선택)' 항목을 클릭하여 선택을 해제한 후 '여' 항목을 클릭한 다음 [확인] 버튼을 클릭한다.

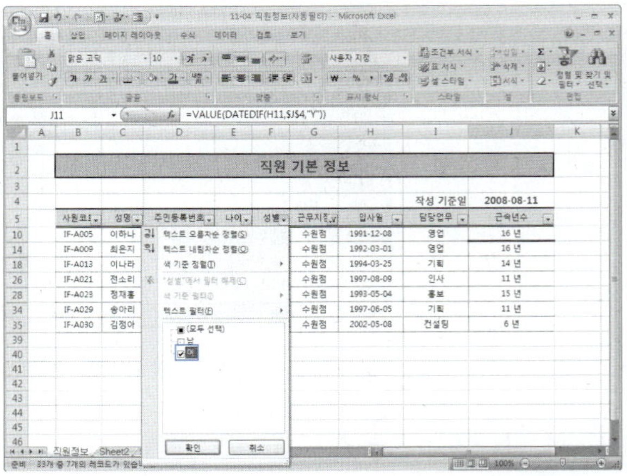

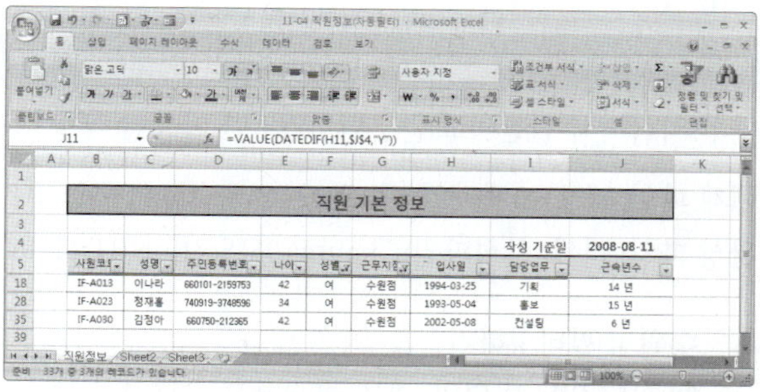

한 수 더 배우기 | 근속년수를 기준으로 정렬하기

실무 활용 파일: 실무활용\08-04 확인하기(직원정보).xlsx

성별이 '남' 이고 근속년수에 표시된 아이콘의 색이 '빨강' 인 직원 정보를 표시하라(✓표시가 된 셀).

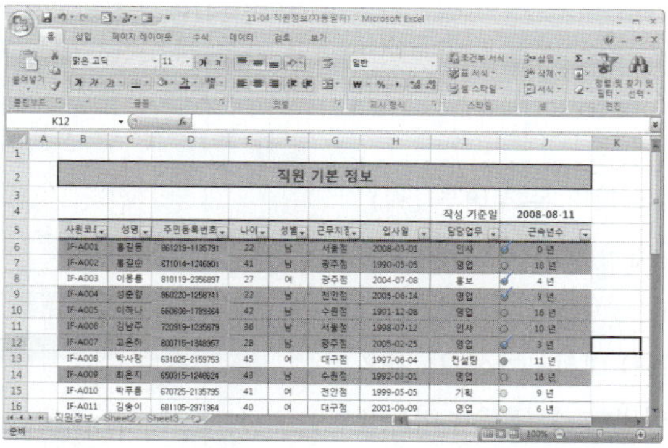

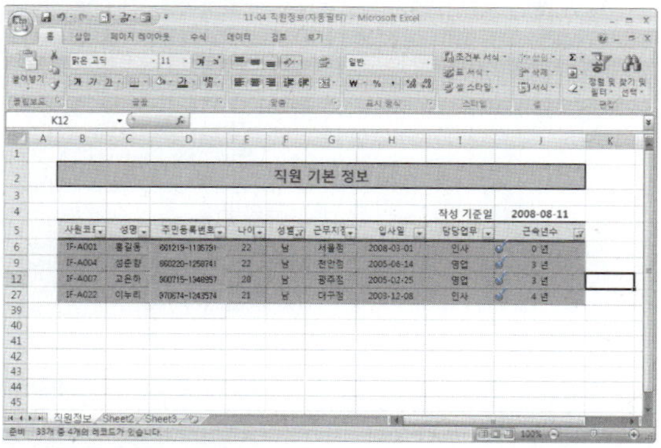

4.2 | 사용자 지정 필터 사용하기

사용자 정의 자동 필터는 하나의 필드에 하나 이상의 조건을 지정하여 조건을 만족하는 데이터를 필터링하거나 특정 문자를 포함하거나 어떤 범위에 포함되는 데이터를 필터링하기 위해 사용하는 기능이다. 하나의 필드에 대해 두 가지 조건을 AND나 OR로 연결하여 조건을 지정한다.

함께하기 | 텍스트 필터링하기

근무 지점이 수원점이고 근무년수가 8년 이상인 직원 정보를 표시하라.

예제 파일: 엑셀\예제파일\Chapter 08\Section 04\11-04 직원정보(사용자정의필터).xlsx
완성 파일: 엑셀\ 완성파일\Chapter 08\Section 04\11-04 직원정보(사용자정의필터)(완성).xlsx

1. 수원점 필터링하기

❶ 필터링할 범위의 셀을 클릭하고 [데이터] 탭 → [정렬 및 필터] 그룹에서 '필터' 도구를 클릭한다.

❷ '근무지점' 필드의 '자동 필터 목록 버튼(▼)'을 클릭하고 '(모두 선택)' 항목을 클릭하여 선택을 해제한 후 '수원점' 항목을 클릭한 다음 [확인] 버튼을 클릭한다.

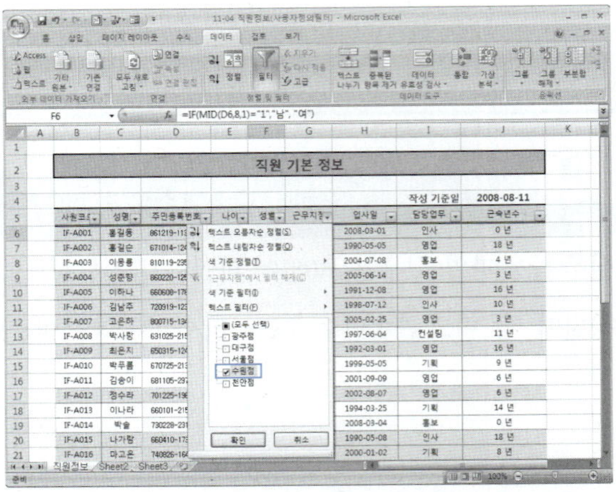

2. 사용자 정의 필터 사용하기

❶ '근속년수' 필드의 '자동 필터 목록 버튼(▼)'을 클릭하고 '숫자 필터 – 크거나 같음' 항목을 선택한다.

❷ [사용자 정의 자동 필터] 대화상자에서 '찾을 조건' 항목에 '8'을 입력한 후 [확인] 버튼을 클릭한다.

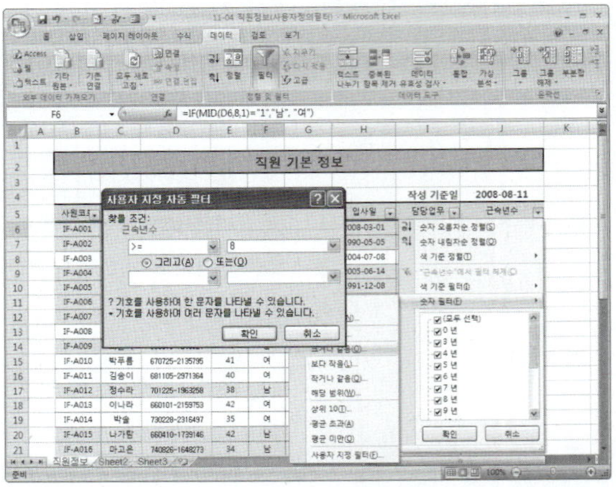

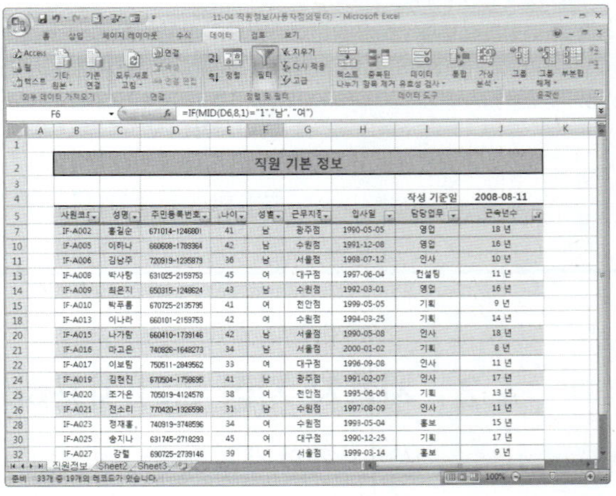

4.3 고급 필터로 원하는 데이터 표시하기

여러 조건을 하나의 필드 또는 여러 필드에 적용하거나, 수식을 사용하여 조건을 만족하는 데이터를 필터링하려면 고급 필터를 사용한다. 고급 필터는 찾을 조건을 워크시트에 입력하고 [데이터] 탭 → [정렬 및 필터] 그룹의 '고급( )' 도구를 사용하여 필터링한다.

고급 필터를 위한 조건을 명시할 때 조건 범위에는 반드시 열 레이블이 포함되어야 하고, [고급 필터] 대화상자를 사용하여 결과 옵션과 복사 위치들을 지정한다.

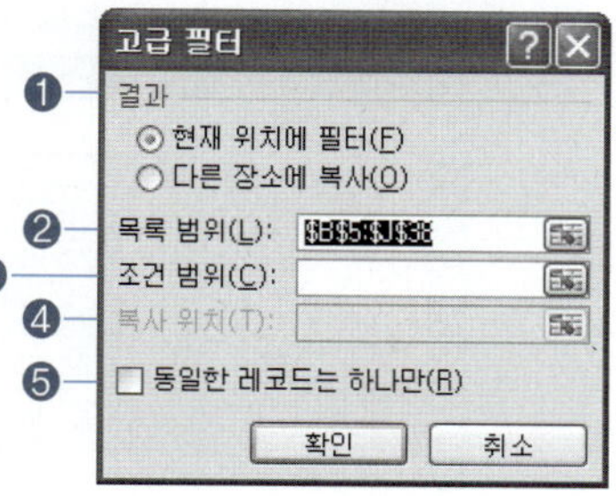

❶ **결과:** 고급 필터를 사용하여 필터링된 결과를 자동 피터처럼 현재 위치에 표시할 것인지, 복사 위치를 지정하여 다른 위치에 복사할 것인지 설정

❷ **목록 범위:** 필터링할 데이터 목록 범위 설정

❸ **조건 범위:** 필터링 조건의 범위 설정

❹ **복사 위치:** '다른 장소에 복사' 옵션을 선택한 경우 필터 결과를 복사할 범위 지정

❺ **동일한 레코드는 하나만:** 고급 필터의 결과 같은 레코드가 여러 개 있을 경우 하나의 레코드만 필터 결과에 표시

고급 필터를 위한 조건 지정하기

고급 필터를 실행하기 위해 워크시트에 조건을 지정하려면 워크시트의 데이터 목록의 이름과 동일한 이름 아래에 조건을 입력하여 작성한다. 여러 개의 조건을 지정하는 경우 조건이 같은 행에 있으면 AND 조건, 조건이 서로 다른 행에 있으면 OR 조건을 의미한다.

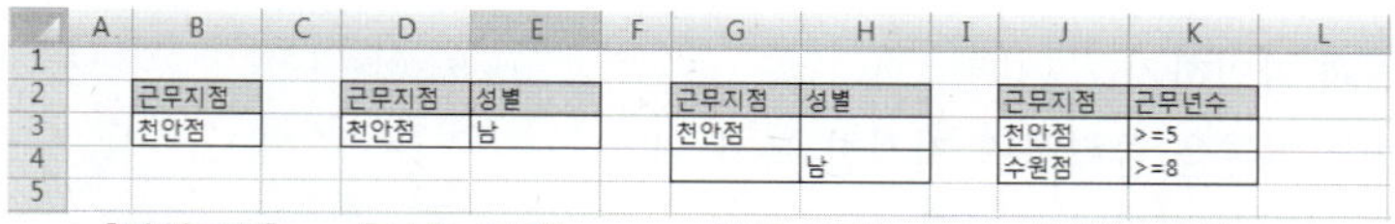

[단일조건] [AND 조건] [OR 조건] [복합 조건]

수식의 결과를 조건으로 사용할 수 있다. 이때 수식의 결과는 TRUE나 FALSE의 논리값이어야 한다. 조건에 사용되는 수식에서는 첫 번째 행의 해당 셀을 참조하는 상대 참조를 사용해야 하고, 수식의 다른 참조는 모두 절대 참조로 표시하여야 한다.

예를 들어 데이터 범위(A2:A10)에 있는 모든 값의 평균보다 큰 값을 찾는 수식을 사용하여 필터링하려면 '=A2>AVERAGE($A$2:$A$10)' 와 같이 표시한다.

함께하기 | 조건에 맞는 항목만 표시하기

예제 파일: 엑셀\예제파일\Chapter 08\Section 04\08-04 직원정보(고급필터).xlsx
완성 파일: 엑셀\완성파일\Chapter 08\Section 04\08-01 직원정보(고급필터)(완성).xlsx

1. 조건식 추가하기

❶ 다음과 같이 조건식을 시트에 추가한다.

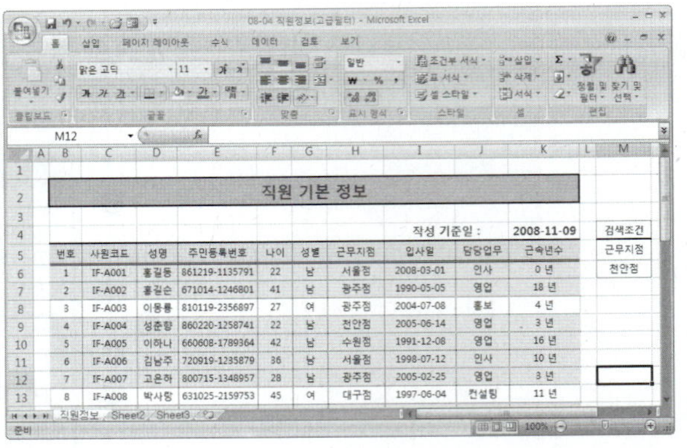

2. 고급 필터 실행하기

❶ 필터링할 부분의 셀을 클릭하고 [데이터] 탭 → [정렬 및 필터] 그룹에서 '고급'을 클릭한다.

❷ [고급 필터] 대화상자에서 필터링한 결과를 지정한 위치에 표시하도록 '다른 장소에 복사'를 선택하고,

❸ '목록 범위'가 전체 데이터로 설정되어 있는지를 확인한다.

❹ '조건 범위'에 조건이 명시된 [$M$5:$M$6]을 마우스로 드래그하여 표시하고,

❺ '필터링한 결과를 표시할 '복사 위치' 항목을 클릭하고 워크시트의 셀을 마우스로 클릭하여 [B41]를 표시한다.

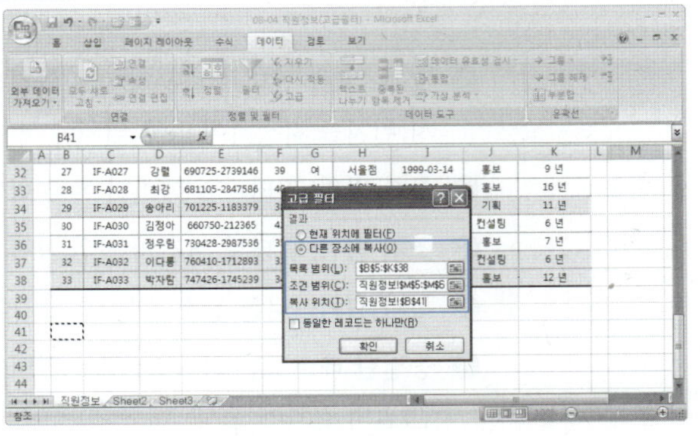

3. 필터 결과 확인하기

❶ [확인] 버튼을 클릭하면 지정한 복사 위치에 필터링된 결과가 표시된다.

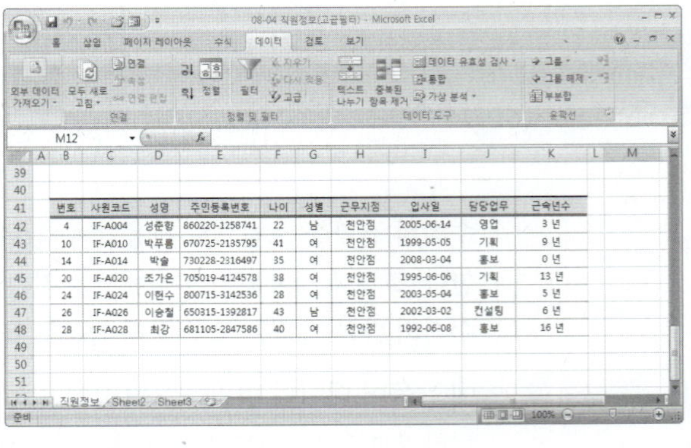

함께하기 | 조건에 맞는 항목만 표시하기(근무년수가 평균 이상인 직원 정보 검색하기)

예제 파일: 엑셀\예제파일\Chapter 08\Section 04\08-04 직원정보(고급필터)-1.xlsx
완성 파일: 엑셀\완성파일\Chapter 08\Section 04\08-04 직원정보(고급필터)-1(완성).xlsx

1. 검색 조건 표시하기

❶ [M5] 셀에 '근속년수'를 입력하고,

❷ [M6] 셀에 '=K6>=AVERAGE($K$6:$K$38)'을 워크시트에 검색할 조건으로 입력한다.

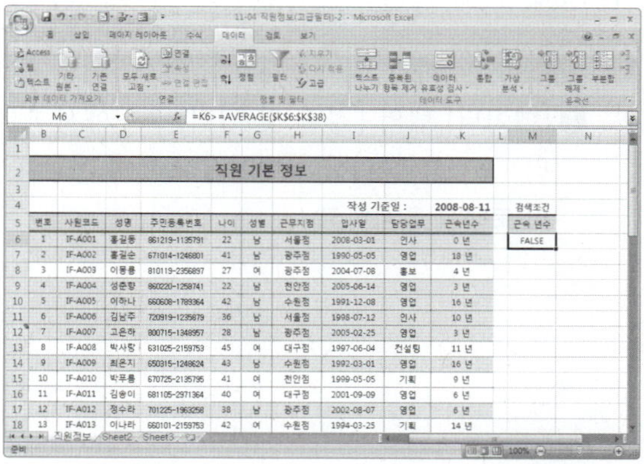

2. 필터링하기

❶ 필터링할 부분의 셀을 클릭하고 [데이터] 탭 → [정렬 및 필터] 그룹에서 '고급'을 클릭한다.

❷ [고급 필터] 대화상자에서 필터링한 결과를 지정한 위치에 표시하도록 '다른 장소에 복사'를 선택하고,

❸ '목록 범위'가 전체 데이터로 설정되어 있는지를 확인한다.

❹ '조건 범위' 입력란을 클릭하고 조건이 명시된 셀 영역 [$M$5:$M$6]을 마우스로 드래그하여 표시하고,

❺ 필터링한 결과를 표시할 '복사 위치' 항목을 클릭하고 워크시트의 셀 [B41]을 마우스로 클릭하여 설정한다.

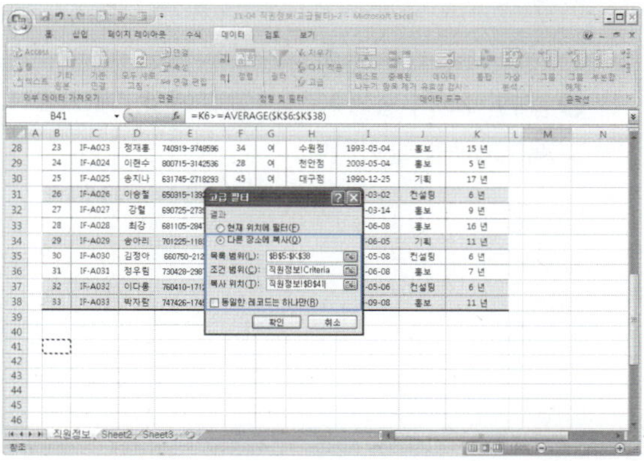

3. 필터 결과 확인하기

❶ [확인] 버튼을 클릭하면 필터링된 결과가 지정한 위치에 표시된다.

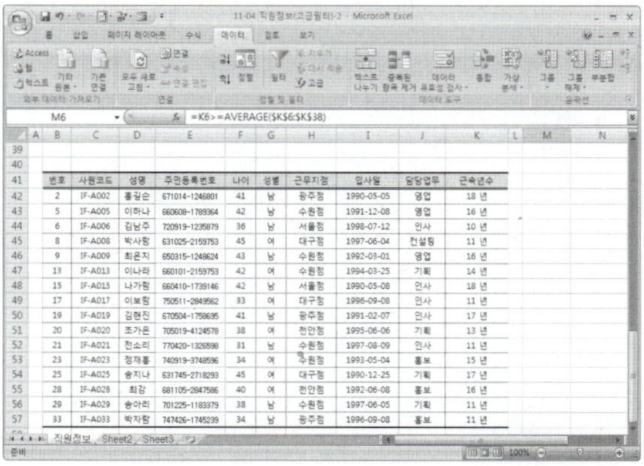

한 수 더 배우기 | 자동 필터를 매크로로 기록하기

매크로는 매크로 기록이 시작된 이후의 모든 작업 과정을 매크로 코드(VBA)로 기록하여 동일한 작업을 한꺼번에 반복 수행할 수 있도록 정의한 명령들의 묶음을 의미한다. 매크로는 '매크로 기록' 기능을 사용하여 간단히 작성할 수 있다.

1. 매크로 작성하기

❶ [데이터] 탭의 [정렬 및 필터] 도구에서 '필터' 도구를 클릭하여 데이터 목록에 자동 필터 도구를 표시하고,

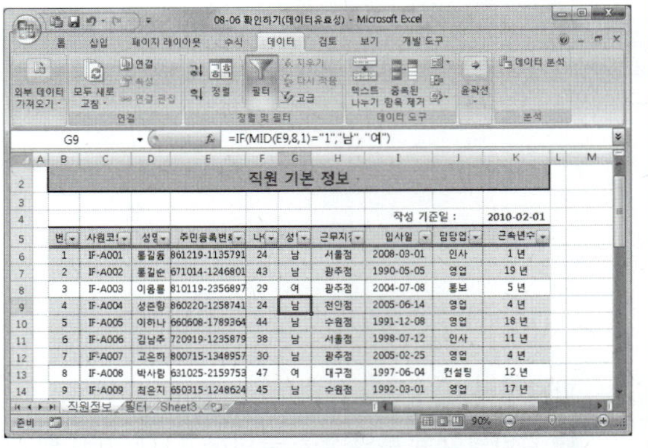

❷ [개발 도구] 탭의 [코드] 그룹에서 '매크로 기록' 도구를 클릭한다.

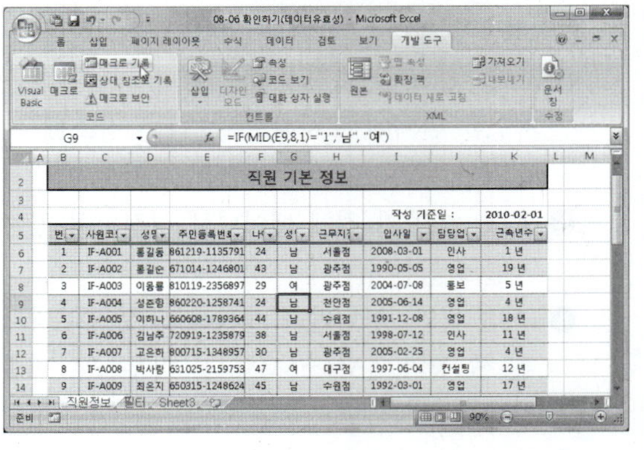

Tip |

상태 표시줄의 '매크로 기록'을 클릭해도 된다.

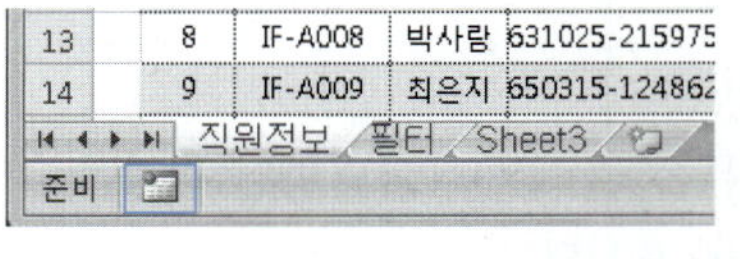

❸ [매크로 기록] 대화상자의 '매크로 이름'에 '성별'을 입력하고 [확인] 버튼을 클릭한다.

- **매크로 이름:** 첫 글자는 문자로 시작하고, 문자, 숫자, 밑줄 사용 가능
- **바로가기 키:** 매크로를 실행할 바로가기 키 지정
- **매크로 저장 위치:** 매크로의 저장 위치 설정
- **설명:** 작성할 매크로에 대한 설명 입력

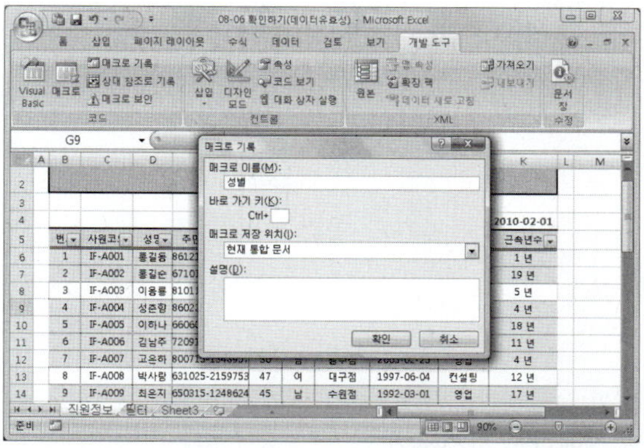

❹ '성별'의 필터 도구를 클릭하고 '남'의 선택을 해제하고 [확인] 버튼을 클릭한다.

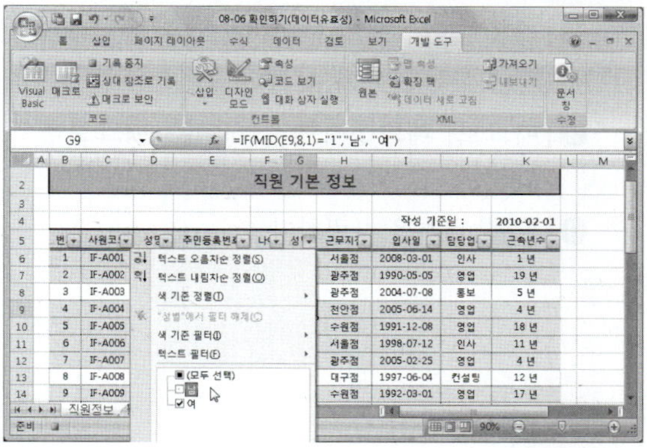

2. 매크로 작성 중지하기
상태 표시줄에 '매크로 중지' 도구를 클릭하여 매크로 기록을 종료한다.

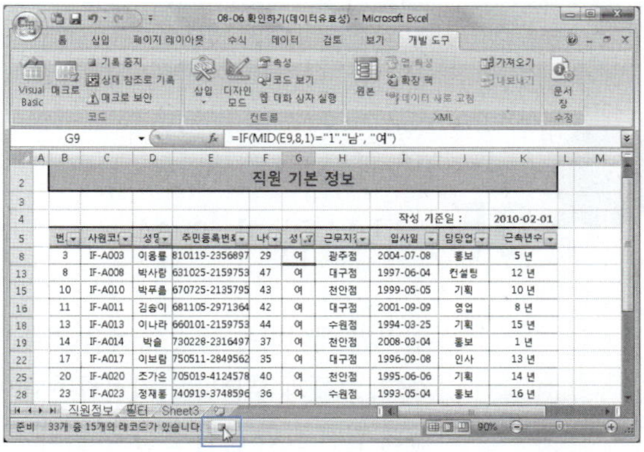

3. 매크로 확인하기
❶ [개발 도구] 탭의 [코드] 그룹에서 '매크로' 도구를 클릭하고,
❷ [매크로] 대화상자에서 '성별' 매크로를 선택한 다음,
❸ [편집] 버튼을 클릭한다.

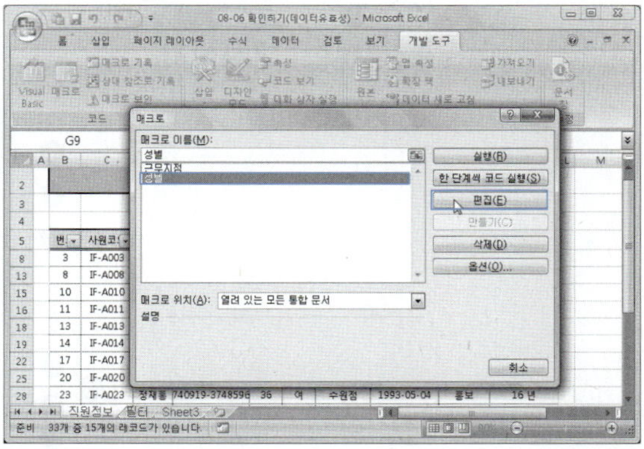

❹ Microsoft Visual Basic 편집기가 실행되고 작성된 매크로의 매크로 코드가 표시된다.

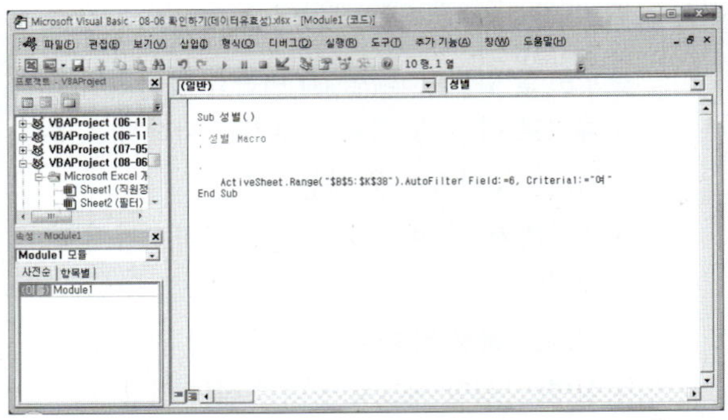

4. 매크로 실행하기

❶ [개발 도구] 탭의 [코드] 그룹에서 '매크로' 도구를 클릭하고,

❷ [매크로] 대화상자에서 '성별' 매크로를 선택한 다음,

❸ [실행] 버튼을 클릭한다.

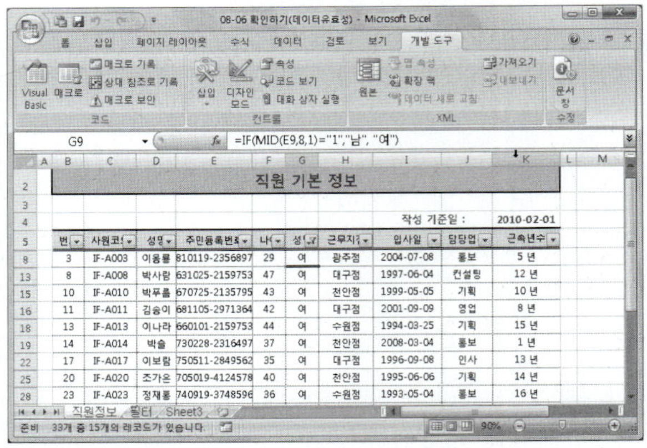

Section

05: 부분합과 요약

입력된 데이터를 특정 항목을 기준으로 분류하여 분석하고자 할 때 그룹과 부분합 기능을 사용한다. 그룹과 부분합을 지정하면 데이터에 윤곽 기호가 표시되고, 그룹 데이터에 대한 합계나 평균과 같은 요약 분석도 할 수 있다.

[부분합] 대화상자

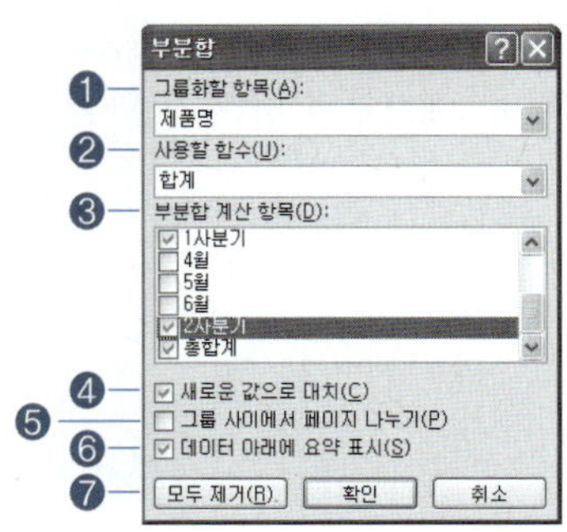

❶ **그룹화할 항목:** 그룹으로 지정된 항목 지정

❷ **사용할 함수:** 그룹에 적용할 계산 함수 지정

❸ **부분합 계산 항목:** 사용할 함수 항목에서 계산하고자 하는 함수 지정

❹ **새로운 값으로 대치:** 부분합이 지정된 데이터에 다시 부분합을 지정할 경우 기존의 부분합을 두고 새로운 값을 추가할 것인지, 기존의 값을 변경할 것인지 지정

❺ **그룹 사이에서 페이지 나누기:** 부분합을 구한 후 각 그룹 다음에 페이지를 나누도록 지정

❻ **데이터 아래 요약행 표시:** 요약 결과를 그룹의 위쪽에 표시할 것인지 아래쪽이 표시할 것인지 지정

❼ **모두 제거:** 데이터에 적용된 부분합 제거

5.1 요약 데이터 표시하기

그룹하기 전 데이터를 정렬해야 하며, 그룹을 지정하면 지정된 그룹 수준을 표시하는 [1][2][3] 와 데이터를 확장하고 축소할 수 있도록 [+], [-] 같은 윤곽 기호가 표시된다. 데이터에 최대 8개 수준의 윤곽을 설정할 수 있다.

함께하기 | 행 윤곽 만들기(부분합으로 요약 행 만들기)

예제 파일: 엑셀\예제파일\Chapter 08\Section 05\08-05 자동윤곽표시하기(사용자지정윤곽).xlsx
완성 파일: 엑셀\완성파일\Chapter 08\Section 05\08-05 자동윤곽표시하기(사용자지정윤곽)(완성).xlsx

1. 제품명 정렬하기

❶ 데이터를 영역으로 지정하고, [데이터] 탭 → [정렬 및 필터] 그룹의 '정렬' 도구를 클릭하여 그룹화하려는 열인 '제품명'에 대해 정렬한 다음,

❷ [확인] 버튼을 누른다.

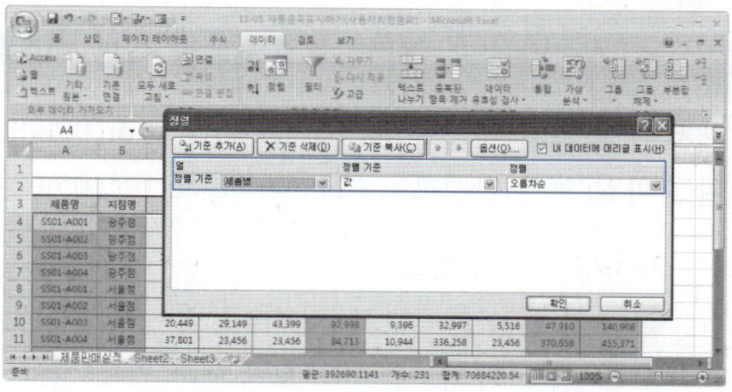

2. 부분합 도구 선택하기

❶ 요약행을 삽입하기 위해 [데이터] 탭의 [윤곽선] 그룹에서 '부분합' 도구를 클릭한다.

❷ [부분합] 대화상자에서 '그룹화할 항목 – 지점명'을 선택하고, '사용할 함수 – 합계'를 선택한다.

❸ '부분합 계산 항목'에서 '1사분기', '2사분기', '총합계'를 선택하고 [확인] 버튼을 클릭한다.

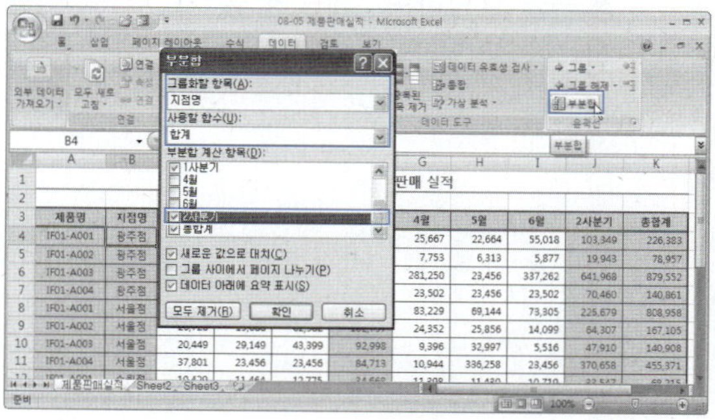

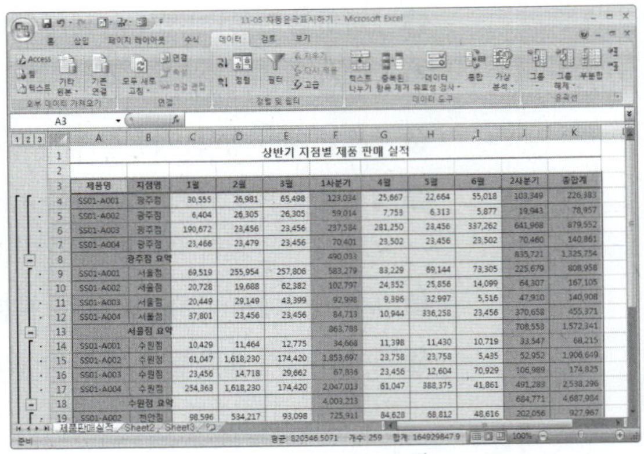

3. 요약 정보 표시하기
   윤곽 기호(1)를 클릭하여 요약 정보만 표시한다.

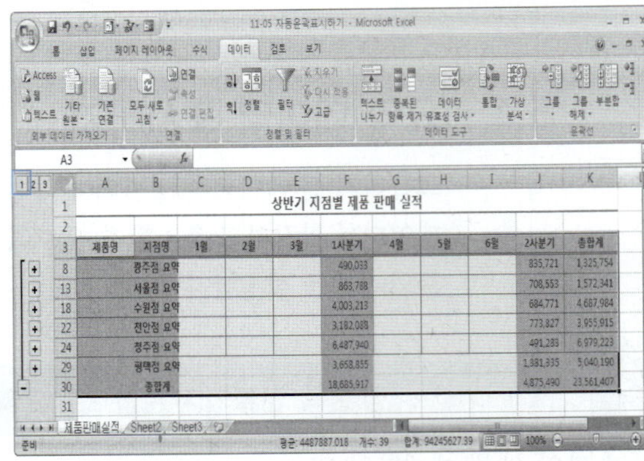

함께하기 | 부분합으로 제품별 소계, 최소값, 최대값 요약하기

예제 파일: 엑셀\예제파일\Chapter 08\Section 05\08-05 제품판매실적(최대최소요약).xlsx
완성 파일: 엑셀\완성파일\Chapter 08\Section 05\08-05 제품판매실적(최대최소요약)(완성).xlsx

1. 제품명 데이터 정렬
   ❶ [A4] 셀을 클릭하고 [데이터] 탭 → [정렬 및 필터] 그룹의 '텍스트 오름차순 정렬( )' 도구를 클릭하여 '제품명'을 기준으로 정렬한다.

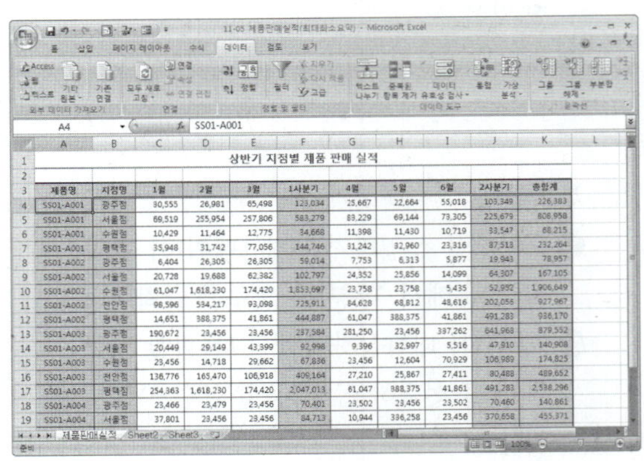

2. 부분합 설정하기

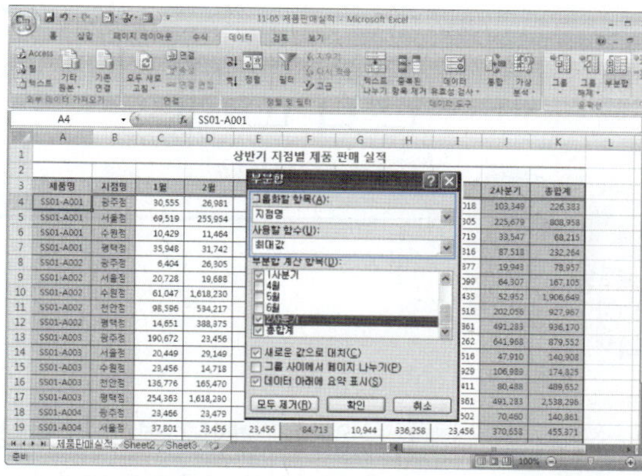

❶ 임의의 셀을 클릭하고 [데이터] 탭 → [윤곽선] 그룹에서 '부분합'을 클릭한다.

❷ [부분합] 대화상자에서 '그룹화할 항목 – 제품명'으로 설정하고, '사용할 함수 – 최대값'을 선택한다.

❸ '부분합 계산 항목'에서 '1월'에서 '6월'까지 선택한 후 [확인] 버튼을 클릭한다.

3. 부분합 추가하기

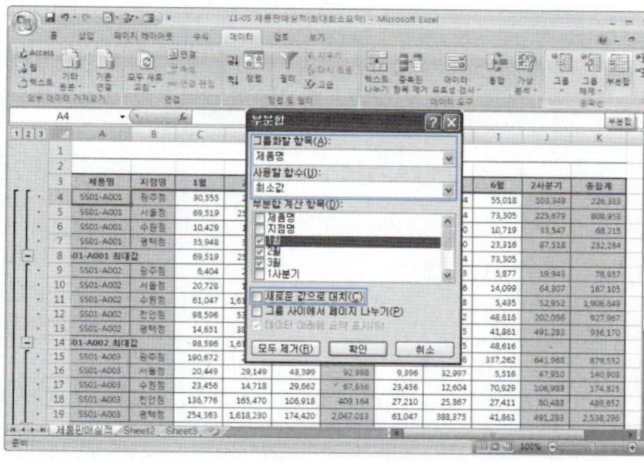

❶ 데이터 범위의 셀을 클릭하고 [데이터] 탭 → [윤곽선] 그룹에서 '부분합'을 클릭하고,

❷ [부분합] 대화상자에서 '그룹화할 항목 – 제품명'으로 설정하고, '사용할 함수 – 최소값'을 선택한다.

❸ '부분합 계산 항목'에서 '1월'에서 '6월'까지 선택하고,

❹ '새로운 값으로 대치' 항목을 선택 해제한 후 [확인] 버튼을 클릭한다.

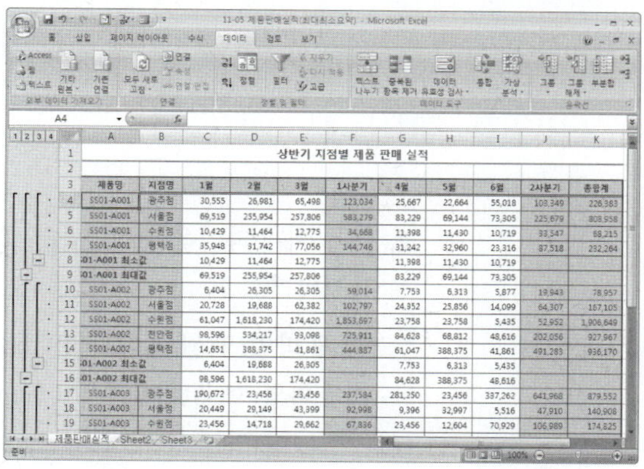

4. 요약 결과 표시하기

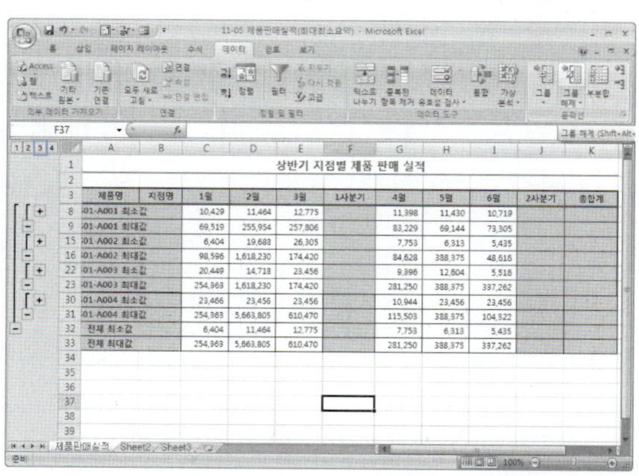

'윤곽 기호 3'을 클릭하여 요약된 결과만 표시한다.

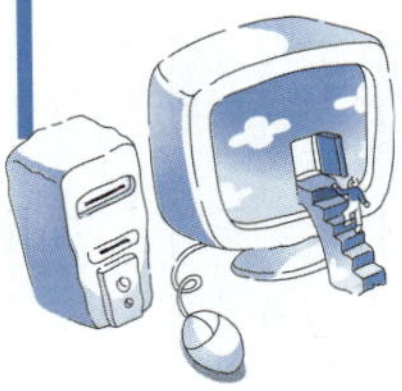

연습문제

INTRODUCTION TO COMPUTER APPLICATIONS **EXCEL**

1. 다음 예제 파일을 열고 근무지점을 기준으로 오름차순으로 정렬하고, 근무지점이 같은 경우 입사일을 기준으로 내림차순으로 정렬하라.

(**예제 파일:** 엑셀\예제파일\Chap08\Section 06\08-06 확인하기(정렬).xlsx
완성 파일: 엑셀\완성파일\Chap08\Section 06\08-06 확인하기(정렬)(완성).xlsx)

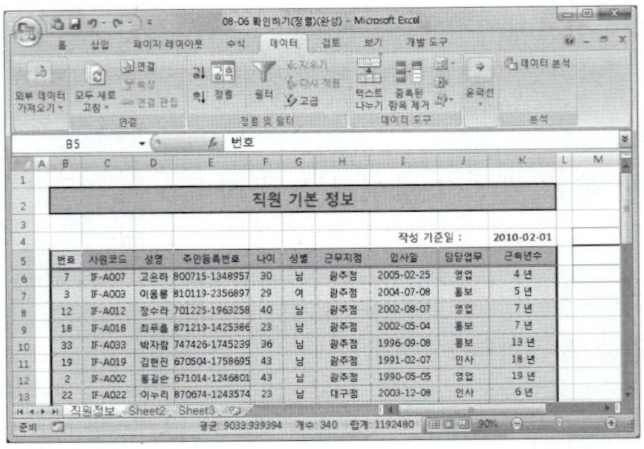

2. 다음 예제 파일을 열고 '필터' 시트의 필터 조건에 부합하는 데이터를 구하여 필터 결과를 표시하라.

(**예제 파일:** 엑셀\예제파일\Chap08\Section 06\08-06 확인하기(필터).xlsx
완성 파일: 엑셀\완성파일\Chap08\Section 06\08-06 확인하기(필터)(완성).xlsx)

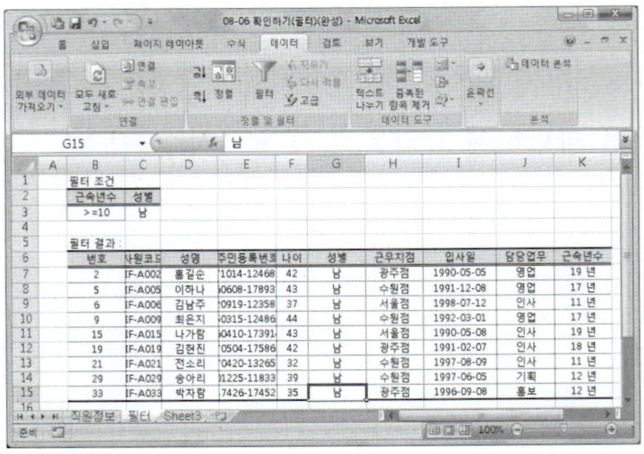

3. 예제 파일을 열고 다음 조건에 따라 설정하라.

(**예제 파일:** 엑셀\예제파일\Chap08\Section 06\08-06 확인하기(데이터유효성).xlsx
완성 파일: 엑셀\완성파일\Chap08\Section 06\08-06 확인하기(데이터유효성)(완성).xlsx)

- '근무지점' 항목의 데이터를 '서울점, 광주점, 대구점, 천안점, 수원점' 으로 제한하라.
- 데이터 유효성 조건에 위배되는 데이터에 가 표시되도록 설정하라.
- 나이 항목의 데이터가 20 이하의 값이 입력되지 않도록 유효성 조건을 설정하라.

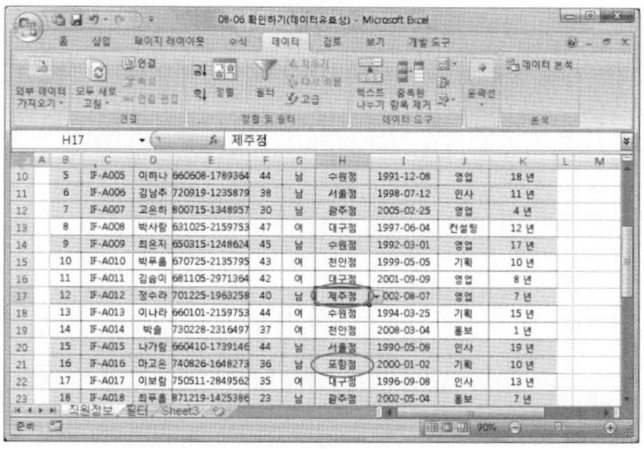

Memo

PART 04

파워포인트 2007

Memo

CHAPTER 01

Why? 파워포인트 2007

프레젠테이션(Presentation)이란 자기가 가지고 있는 정보나 의견을 다른 사람에게 전달하기 위한 커뮤니케이션 행위를 의미한다. 파워포인트는 프레젠테이션을 위한 시각적인 보조 자료를 만들기 위해 사용하는 소프트웨어로, 텍스트 이외에 도형이나 그림뿐만 아니라 소리와 동영상과 같은 멀티미디어 개체를 삽입하고 편집할 수 있는 기능을 제공한다.

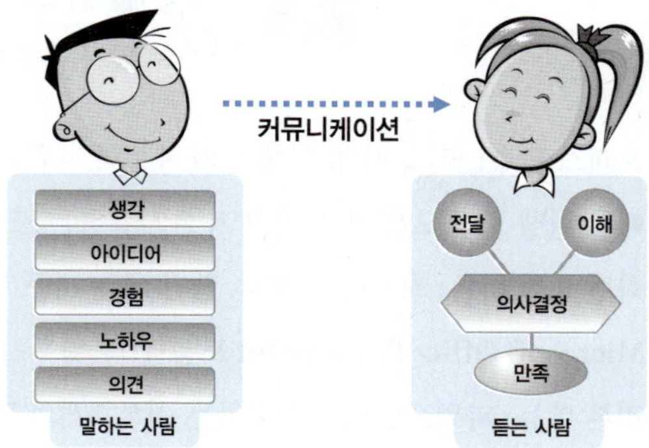

INTRODUCTION TO COMPUTER APPLICATIONS **POWERPOINT**

Section 01 : 파워포인트 2007 살펴보기

파워포인트 2007 버전은 메뉴와 작업창을 포함한 사용자 인터페이스 부분이 상당히 달라졌다. 파워포인트 2007 사용자 인터페이스를 사용하여 새로운 SmartArt 그래픽 및 서식 지정 기능, 문서 관리 등을 제공하며 이러한 기능들을 사용하여 전문가 수준의 프레젠테이션 작업이 가능하다.

1.1 파워포인트 2007의 화면 구성

파워포인트 2007의 화면은 이전 버전에 비해 많은 부분이 달라졌다. 이전 버전의 [파일] 메뉴에 해당하는 '오피스 단추( )'가 추가되었고, 사용자 정의 도구 모음과 유사한 [빠른 실행] 도구 모음이 표시되어 있다. 또 이전 버전이 풀다운 형식의 메뉴를 표시한 데 반해 2007 버전은 각 탭에 도구와 명령들이 기능별로 그룹으로 묶여 표시된 리본 메뉴가 제공된다.

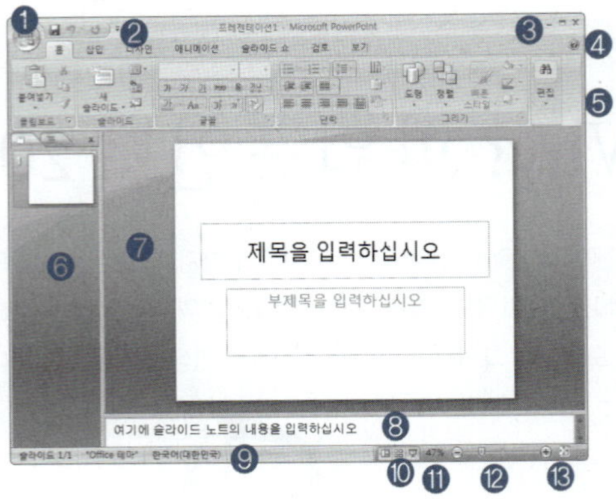

❶ **오피스 단추:** 열기, 저장, 인쇄 등의 메뉴와 파워포인트의 옵션 설정 메뉴 제공

❷ **빠른 실행 도구 모음:** 사용자가 자주 사용하는 도구를 모아놓은 도구 모음

❸ **화면 조절 버튼:** 최소화, 최대화, 닫기 메뉴 제공

❹ **Microsoft Office Powerpoint 도움말:** 파워포인트 도움말 대화상자 표시

❺ **리본 메뉴:** 파워포인트가 제공하는 기본 7개의 탭 메뉴 및 개체에 따라 표시되는 탭 형식의 메뉴 표시

❻ **개요 및 슬라이드 창:** [개요] 탭을 선택하면 슬라이드의 개요가 표시되고, [슬라이드] 탭을 선택하면 슬라이드의 썸네일 화면이 표시된다.

❼ **슬라이드 창:** 슬라이드를 편집하는 등의 모든 작업이 이루어지는 창

❽ **슬라이드 노트 창:** 슬라이드에 대한 설명이나 참고할 내용 등을 입력

❾ **상태 표시줄:** 슬라이드 번호, 사용하는 디자인 테마, 언어 등을 표시

❿ **화면 보기 단추:** 파워포인트의 화면을 기본 보기, 여러 슬라이드 보기, 슬라이드 쇼 등으로 표시

⓫ **확대/축소 비율:** 슬라이드 창의 확대 및 축소 비율을 표시하고 직접 입력하여 변경 가능

⓬ **확대/축소:** 슬라이드 창의 확대/축소 비율을 슬라이더를 사용하여 움직이거나 단추를 사용하여 변경

⓭ **슬라이드를 현재 창에 맞춤:** 슬라이드 창의 크기를 현재 작업 중인 작업 화면의 크기에 맞춤

Section 02: 파워포인트 도구 살펴보기

파워포인트 2007에서는 보다 효율적으로 데이터를 손쉽게 분석하고 다른 사용자와 공유하며 관리할 수 있는 강력한 시각화 도구 및 데이터 분석 도구와 기능이 추가된 새로운 결과 중심의 사용자 인터페이스를 제공한다.

2.1 리본 메뉴

리본 메뉴는 프레젠테이션 작성을 위해 필요한 도구들을 메뉴 탭 아래에 논리적 그룹별로 분류함으로써 필요한 도구들을 빨리 찾아 사용할 수 있도록 제공한다.

[홈] 탭

[홈] 탭에는 글꼴, 단락 등의 텍스트 관련 서식과 그리기, 편집 등과 관련된 도구 및 슬라이드를 삽입할 수 있는 포함되어 있다.

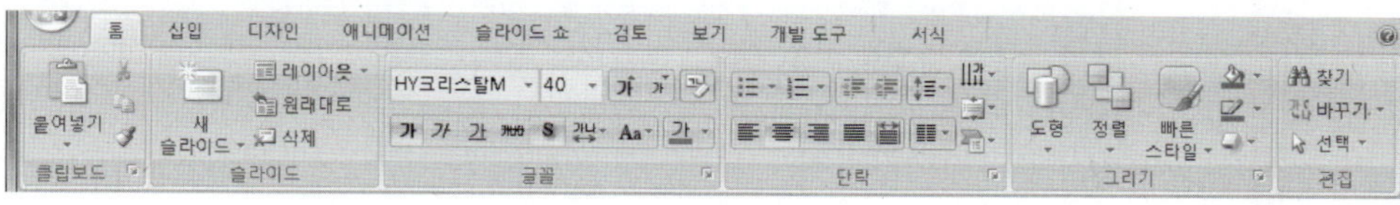

[삽입] 탭

[삽입] 탭에는 표, 차트, 도형 등을 삽입하는 도구와 텍스트 및 미디어 클립 등을 설정하는 도구들이 포함되어 있다.

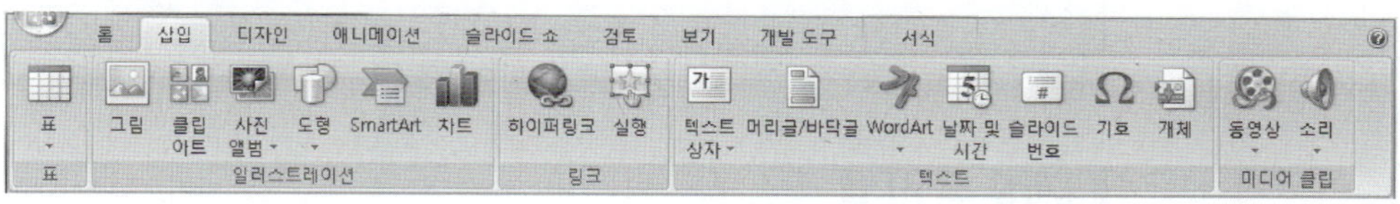

[디자인] 탭

[디자인] 탭에는 프레젠테이션 문서의 페이지에 대한 설정과 테마를 설정하기 위한 도구들을 포함한다.

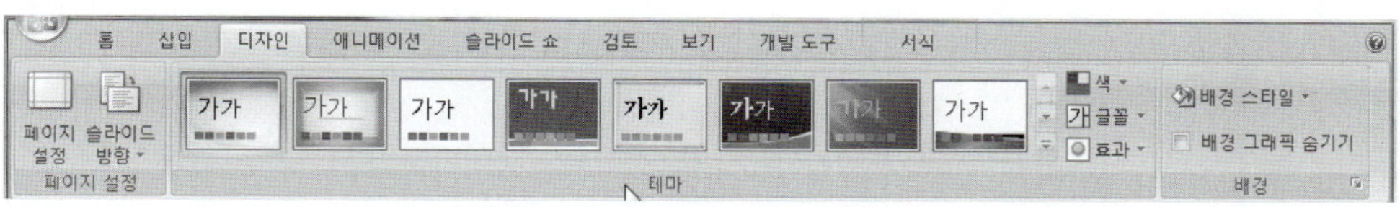

[애니메이션] 탭

[애니메이션] 탭에는 슬라이드에 포함된 개체에 대한 애니메이션을 설정하기 위한 도구와 슬라이드 사이의 이동에 대한 화면 전환 효과를 설정하기 위한 도구를 포함한다.

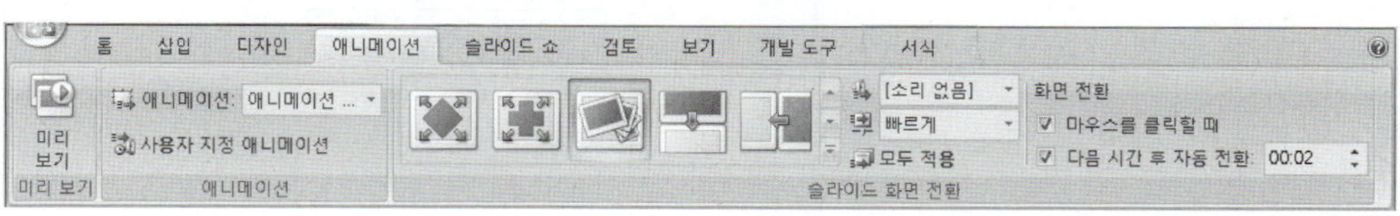

[슬라이드 쇼] 탭

[슬라이드 쇼] 탭에서는 슬라이드 쇼를 진행하는 방법과 서식 등을 설정하는 도구들을 포함한다.

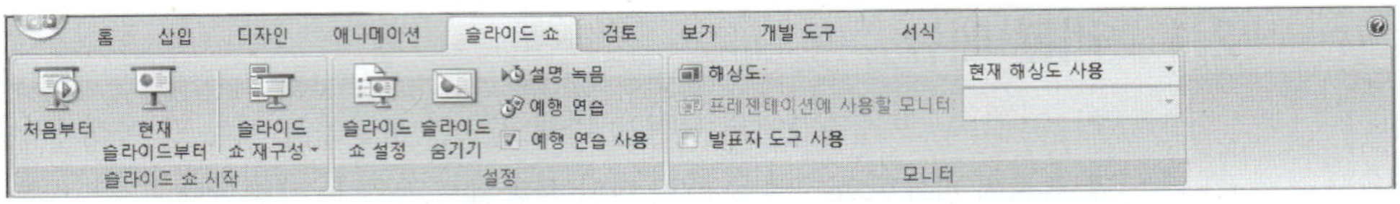

[검토] 탭

[검토] 탭에서는 작성된 문서에 대해 언어 교정이나 메모, 보호 등의 기능을 설정할 수 있는 도구들이 제공된다.

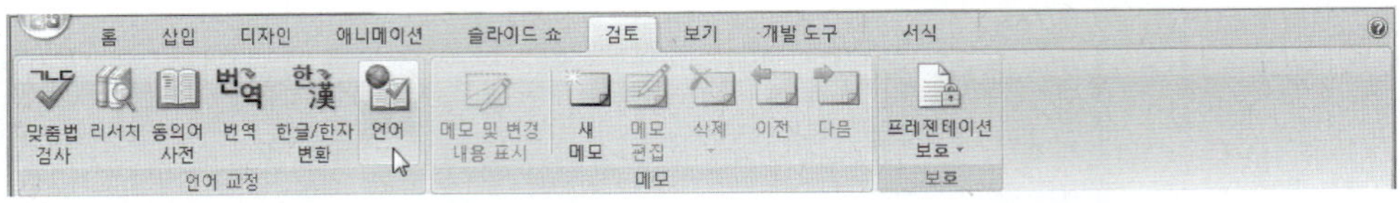

[보기] 탭

프레젠테이션의 보기 방법과 눈금자 및 눈금선의 표시 여부 등을 설정한다.

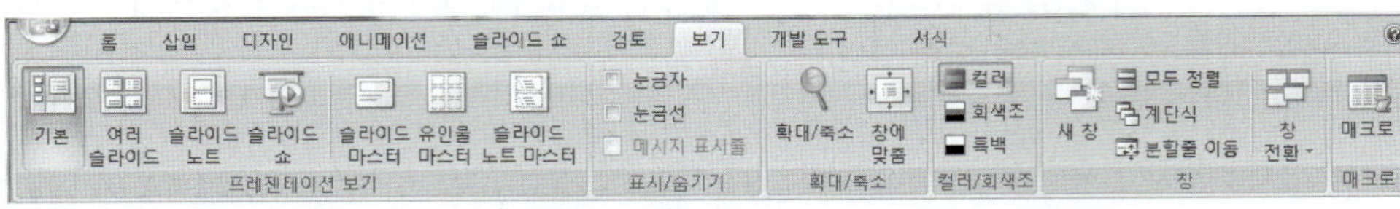

[개발 도구] 탭

매크로와 응용 프로그램을 만들기 위해 필요한 도구들이 개발 도구 탭에 표시된다. [개발 도구] 탭은 '오피스 단추( )'를 클릭하여 [Powerpoint 옵션] 버튼을 클릭한 후 '기본 설정' – 'Powerpoint에서 가장 많이 사용하는 옵션' – '리본 메뉴에 개발 도구 탭 표시' 확인란을 선택하여 표시한다.

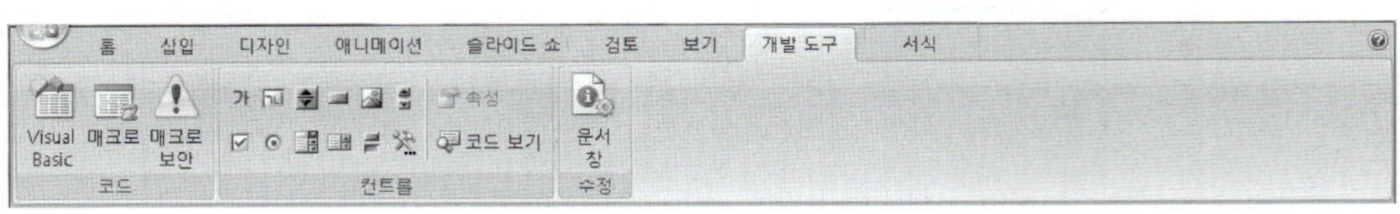

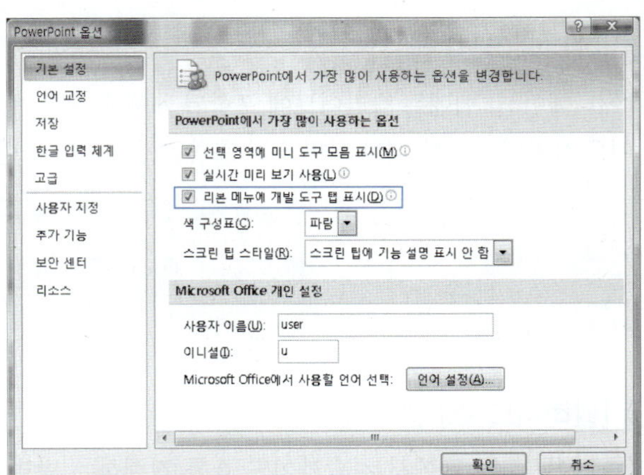

2.2 [빠른 실행] 도구 모음

[빠른 실행] 도구 모음은 사용자가 자주 사용하는 명령 단추를 등록하여 빠르게 실행할 수 있도록 제공된다.

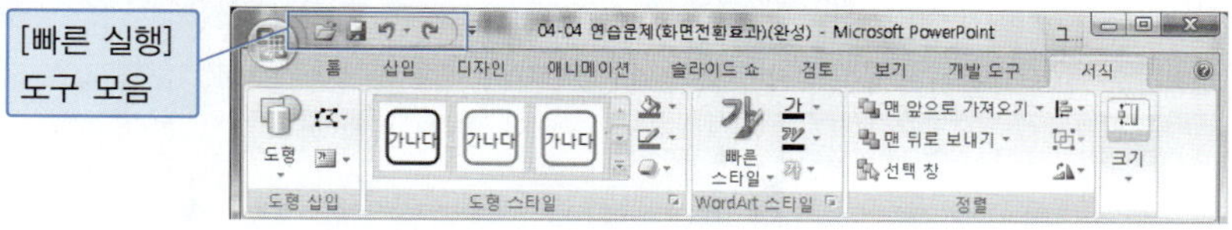

[빠른 실행] 도구 모음 사용하기

❶ [빠른 실행] 도구 모음 오른쪽에 있는 '[빠른 실행] 도구 사용자 지정(▾)' 도구를 클릭한 다음, ❷ [빠른 실행] 도구 모음에 추가하고 싶은 명령을 클릭한다.

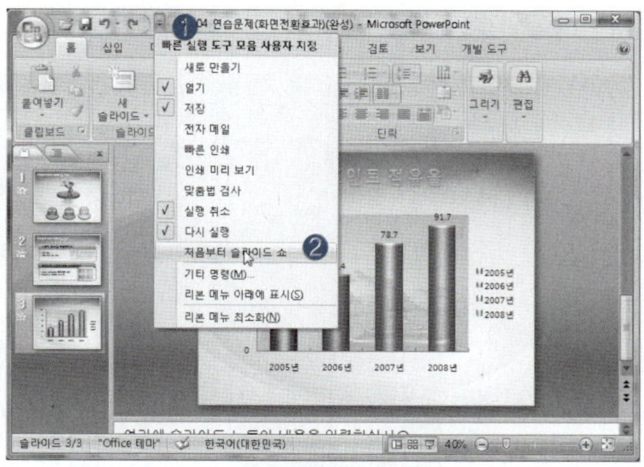

'[빠른 실행] 도구사용자 지정' 목록에 포함되지 않은 도구는 [기타 명령] 메뉴를 이용하여 직접 찾아 추가한다.

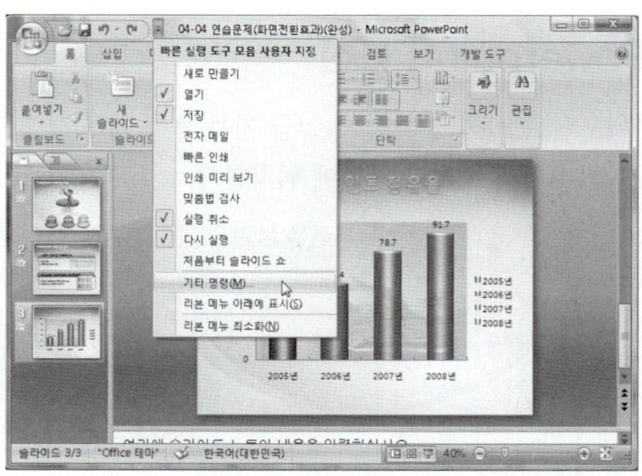

[빠른 실행] 도구 모음에 도구 추가하기

리본 메뉴에서 탭 또는 그룹을 클릭하여 ❶ [빠른 실행] 도구 모음에 추가할 명령을 마우스 오른쪽 버튼으로 클릭한 후 ❷ 바로 가기 메뉴에서 [빠른 실행 도구 모음에 추가] 메뉴를 클릭한다.

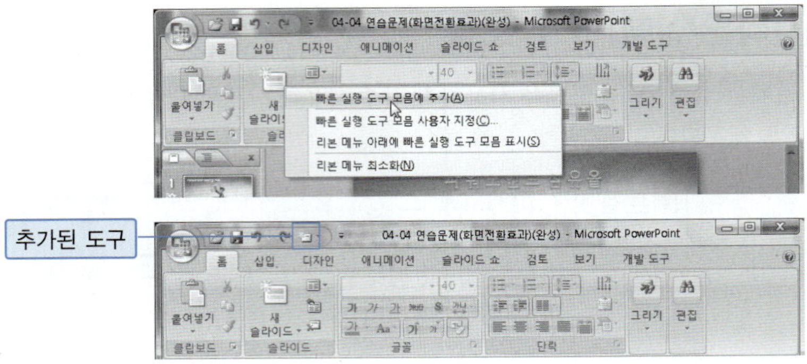

2.3 미니 도구 모음

리본 메뉴에서 자주 사용하는 명령을 모아 놓은 도구 모음으로 마우스 오른쪽 버튼을 클릭하면 표시된다.

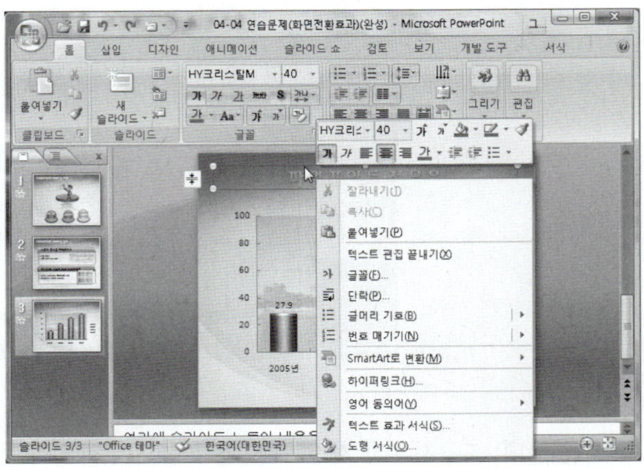

2.4 [Powerpoint] 옵션

파워포인트 2007의 설정 및 고급 기능 등에 대해 설정할 수 있다. 오피스 단추( )를 클릭한 후 표시되는 메뉴 오른쪽 하단에 위치한다.

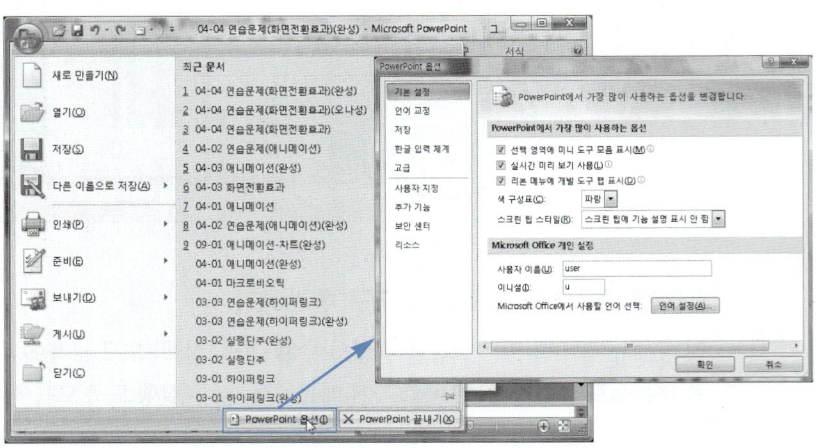

- [기본 설정]: 프레젠테이션 문서의 옵션이나 사용자 설정 등 옵션 설정
- [언어 교정]: 파워포인트에서 텍스트를 수정하거나 서식을 지정하는 방법 설정
- [저장]: 문서 저장하는 방법 설정
- [한글 입력 체계]: 한글 문자에 대한 줄 바꿈 설정
- [고급]: 편집이나 표시할 문서 수 등 파워포인트에서 사용하는 고급 옵션 설정
- [사용자 지정]: [빠른 실행] 도구 모음에 추가하거나 삭제할 명령 지정
- [추가 기능]: Microsoft Office의 추가 기능을 관리하기 위해 사용
- [보안센터]: 문서 및 컴퓨터를 보안이 유지된 상태로 유지/관리하기 위한 설정
- [리소스]: 온라인 리소스를 찾거나 프로그램의 성능 및 안정성 관리

Section 03: 파워포인트 화면 보기

파워포인트 2007을 사용하여 작성된 프레젠테이션은 다양한 보기 방법을 사용하여 작업이 가능하다. 파워포인트 2007에는 기본 보기, 여러 슬라이드 보기, 슬라이드 노트 보기, 슬라이드 쇼 보기 등 네 가지 보기 방법이 있다. 프레젠테이션의 보기 방법은 [보기] 탭을 사용하여 조절한다.

3.1 [보기] 탭 살펴보기

[보기] 탭은 프레젠테이션의 보기 방법을 지정하기 위해 사용하며, 그 외에도 슬라이드 마스터 보기, 유인물 마스터, 눈금자와 눈금선 등을 설정할 수 있다.

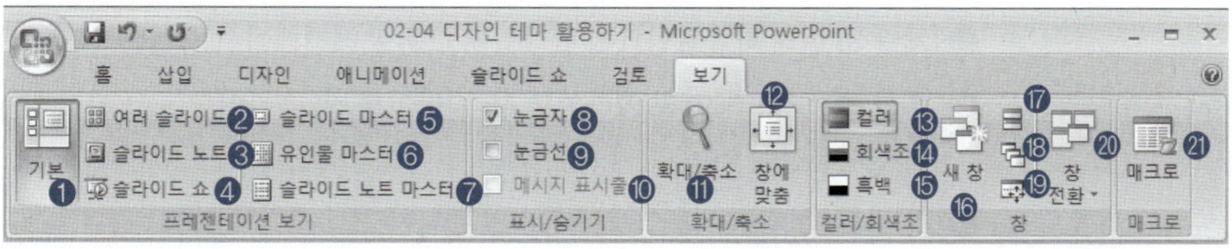

[프레젠테이션 보기] 그룹

❶ **기본 보기:** 프레젠테이션을 작성하고 디자인할 때 사용하는 주 편집 보기 상태로 개요 탭과 슬라이드 탭, 슬라이드 창, 슬라이드 노트 창의 네 가지 작업 영역으로 구성

❷ **여러 슬라이드:** 슬라이드를 축소된 그림 형태로 표시하는 보기 방법

❸ **슬라이드 노트:** 기본 보기에서 슬라이드 창 바로 아래에 있는 슬라이드 노트 창에 내용을 입력할 수 있으며, 전체 페이지 형식으로 슬라이드 노트를 보고 작업할 수 있도록 제공하는 보기 방법

❹ **슬라이드 쇼:** 실제 프레젠테이션처럼 전체 화면으로 표시되며, 그래픽, 타이밍, 동영상, 애니메이션 효과 및 화면 전환 효과가 실제 프레젠테이션에서 어떻게 보이는지 확인할 수 있는 보기 방법

⑤ **슬라이드 마스터:** 슬라이드 마스터 편집 화면 표시

⑥ **유인물 마스터:** 유인물 마스터의 편집 화면 표시

⑦ **슬라이드 노트 마스터:** 슬라이드 마스터의 편집 화면 표시

[표시/숨기기] 그룹

⑧ **눈금자:** 슬라이드 창의 위쪽과 왼쪽에 눈금자 표시

⑨ **눈금선:** 슬라이드 창에 바둑판 모양의 눈금선 표시

⑩ **메시지 표시줄:** 문서에서 모든 필수 작업을 완료하기 위해서 메시지 표시 줄을 열어 줌

[확대/축소] 그룹

⑪ **확대/축소:** 슬라이드 창에 보이는 슬라이드의 보기 배율을 조절하기 위해 [확대/축소] 대화상자 표시

⑫ **창에 맞춤:** 슬라이드 창을 파워포인트 창의 크기에 맞게 변경

[컬러/회색조] 그룹

⑬ **컬러:** 프레젠테이션을 컬러로 표시

⑭ **회색:** 프레젠테이션을 회색으로 표시

⑮ **흑백:** 프레젠테이션을 흑백으로 표시

[창] 그룹

⑯ **새 창:** 현재 문서가 있는 새 창을 열어 표시

⑰ **모두 정렬:** 현재 파워포인트에 열려있는 모든 프레젠테이션을 나란히 배열

⑱ **계단식:** 현재 파워포인트에 열려있는 모든 프레젠테이션을 계단식으로 배열

⑲ **분할 줄 이동:** 개요 및 슬라이드 창, 슬라이드 창, 슬라이드 노트 창을 나누는 분할 줄을 방향키를 사용하여 이동

⑳ **창 전환:** 현재 파워포인트에 열려있는 다른 프레젠테이션으로 전환

[매크로] 그룹

㉑ 매크로 : 매크로의 목록을 보기 위해[매크로] 대화상자 표시

3.2 여러 가지 보기 방법

기본 보기

기본 보기 화면은 왼쪽에 개요 및 슬라이드 창과 오른쪽에 슬라이드 창, 하단에 슬라이드 노트 창의 화면 구성 요소들로 구성되어 있다.

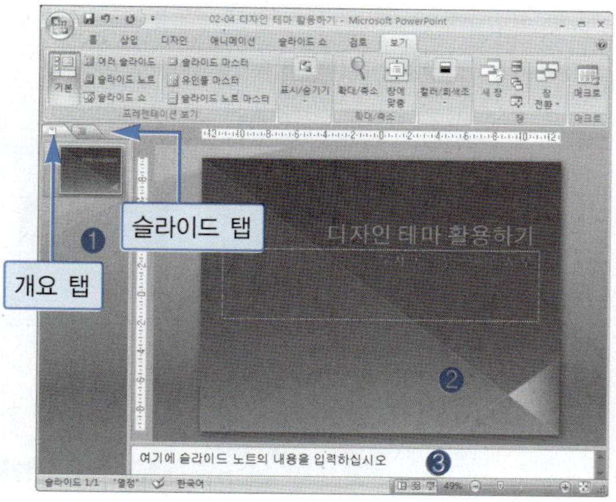

❶ **개요 및 슬라이드 창:** [개요] 탭과 [슬라이드] 탭으로 구성되며, [개요] 탭에서는 슬라이드 텍스트를 개요 형식으로 표시하고, [슬라이드] 탭에서는 슬라이드를 축소된 그림 형식으로 표시

❷ **슬라이드 창:** 현재 슬라이드가 크게 표시되며, 텍스트를 추가하거나 그림, 표, SmartArt 그래픽, 차트, 하이퍼링크 및 애니메이션 삽입 등의 작업 가능

❸ **슬라이드 노트 창:** 현재 슬라이드에 관련된 내용을 입력할 수 있다. 슬라이드 노트에 입력된 내용을 인쇄하여 발표할 때 참고하거나 배포할 수 있고, 웹 페이지에 게시하는 프레젠테이션에 노트를 포함할 수도 있다.

여러 슬라이드 보기

슬라이드가 여러 장일 때 슬라이드를 썸네일 형식으로 나열하여 표시하며, 프레젠테이션의 전체적인 흐름을 파악하거나 슬라이드의 위치를 변경하거나 복사/삭제 등의 작업을 손쉽게 할 수 있다.

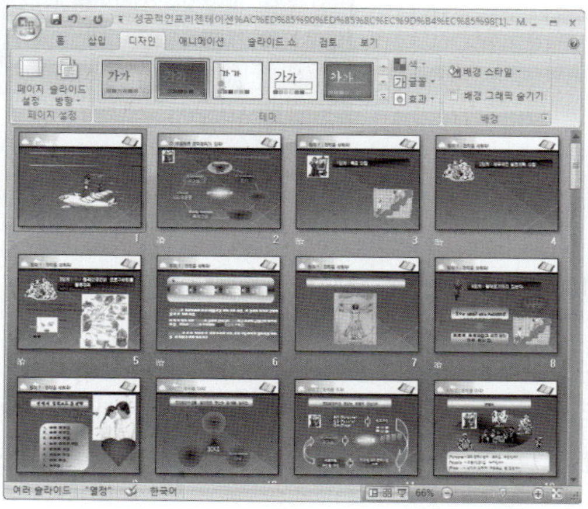

슬라이드 노트 보기

슬라이드 안에는 핵심적인 내용들이 간략하게 표시되므로 자세한 내용을 작성해두려면 슬라이드 노트 영역에 입력하면 된다. 슬라이드 노트에 클립아트나 도형과 같은 개체들을 사용하여 편집한 후 인쇄하여 간단한 자료집을 구성할 수도 있다.

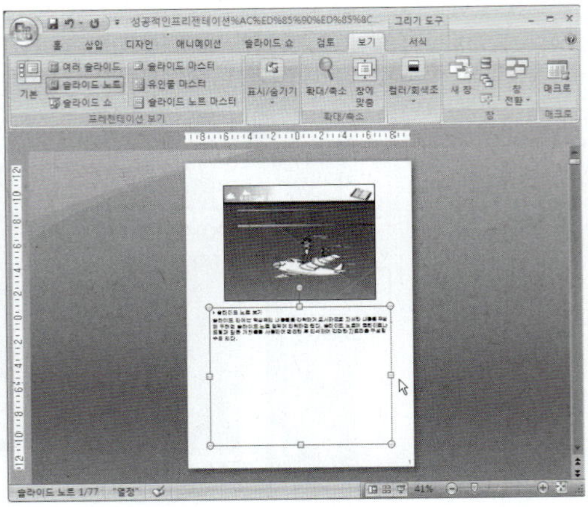

3.3 | 눈금자와 눈금선 보기

눈금자와 눈금선은 슬라이드에 삽입된 여러 개체들의 위치나 간격 등을 정확하게 맞추거나 정렬하기 위해 사용한다. 눈금자는 슬라이드 창의 왼쪽과 위쪽에 표시된다. [보기] 탭 → [표시/숨기기] 그룹에서 '눈금자' 와 '눈금선' 도구를 선택하여 표시한다.

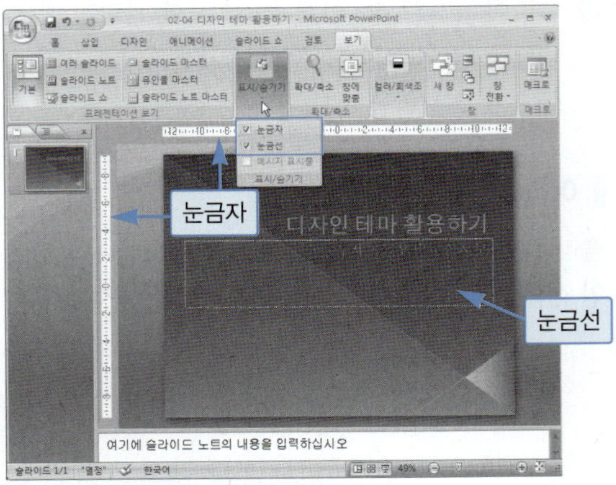

3.4 | 화면 확대/축소하여 보기

텍스트를 삽입하거나 도형과 같은 개체를 삽입한 후 미세하게 간격이나 위치 등을 조정하는 등의 작업을 할 때 슬라이드의 보기 배율을 확대하여 작업하는 것이 가능하다. [보기] 탭 → [확대/축소] 그룹의 '확대/축소' 도구를 클릭하면 [확대/축소] 대화상자가 표시되어 배율을 조정할 수 있다.

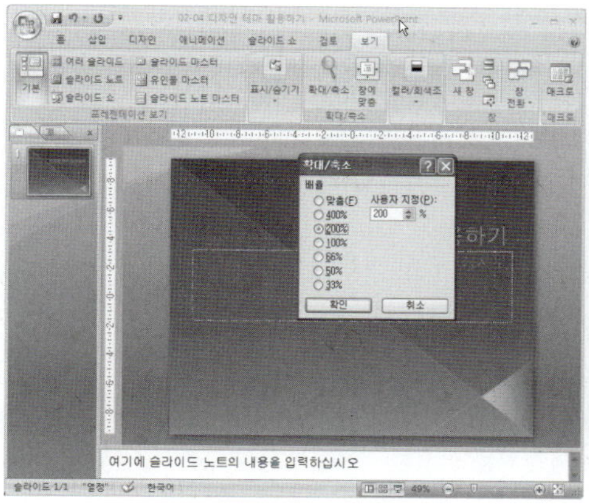

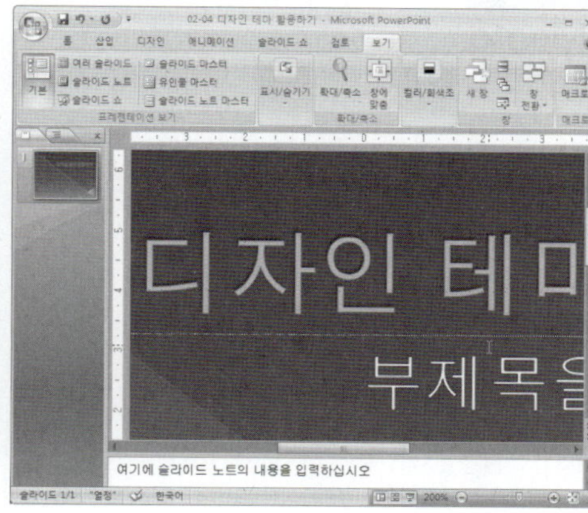

슬라이드의 크기를 정확하게 슬라이드 창에 맞추도록 하기 위해서는 '창에 맞춤' 도구를 클릭하면 된다.

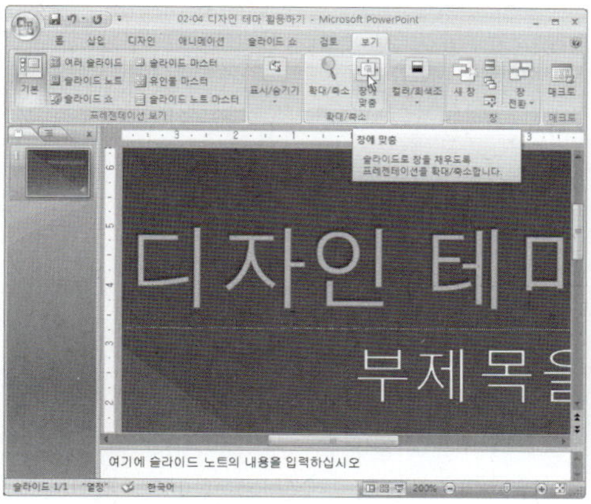

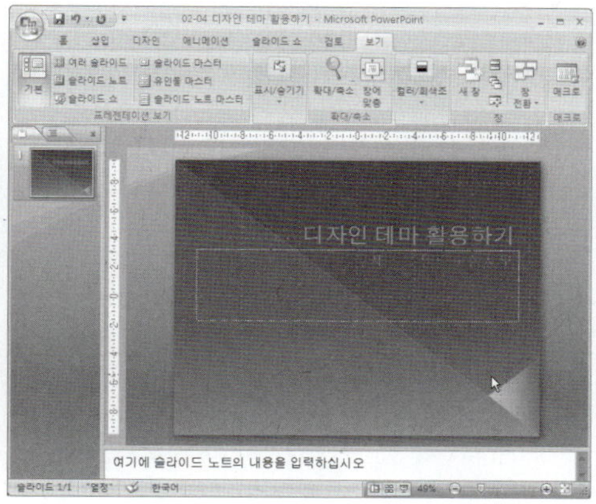

Tip | 간단한 확대/축소 방법

파워포인트 창 하단의 [확대/축소] 슬라이드를 움직여 배율을 조절할 수도 있고, [Ctrl]키를 누르고 마우스의 휠을 움직이면 슬라이드의 크기를 확대/축소할 수 있다.

Memo

CHAPTER

02 새 프레젠테이션 만들기

파워포인트 2007을 시작하면 서식과 내용이 없는 빈 프레젠테이션이 표시된다. 프레젠테이션은 파워포인트 2007을 설치할 때 설치된 서식 파일을 사용하여 만들 수도 있고, 배경과 서식이 미리 정의되어 있는 테마를 사용하여 만들 수도 있다.

INTRODUCTION TO COMPUTER APPLICATIONS **POWERPOINT**

Section 01 : 기본 서식을 사용한 새 프레젠테이션 만들기

Powerpoint 2007에서 제공하는 디자인 서식 파일을 사용하여 새 프레젠테이션을 만들 수 있다. 디자인 서식 파일의 형식은 '*.potx' 이다.

함께하기 | 기본 서식 파일 사용하여 새 프레젠테이션 작성하기

예제 파일: 파워포인트\예제파일\Chapter 2\Section 01\02-01 새 프레젠테이션.pptx

1. 새 프레젠테이션 만들기
   ❶ '오피스 단추( )' 를 클릭한 후 '새로 만들기' 를 누르고,
   ❷ [새 프레젠테이션] 대화상자의 '설치된 서식 파일' 에서 사용할 서식 파일(퀴즈쇼)을 선택한 후 [만들기] 버튼을 클릭한다.

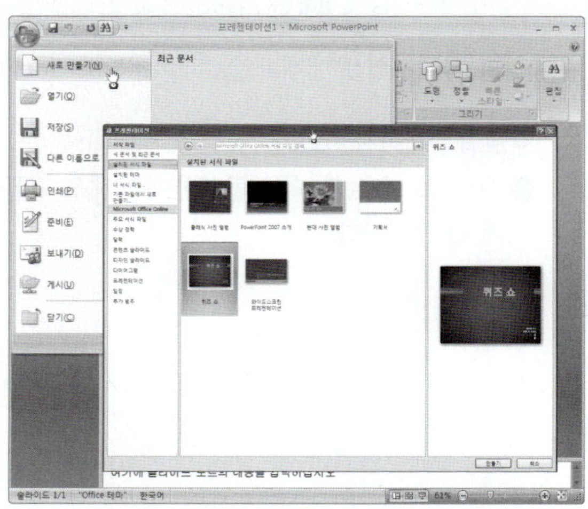

2. 서식 파일이 적용된 프레젠테이션 확인하기

❶ 선택한 서식 파일이 적용된 새 프레젠테이션이 표시된다.

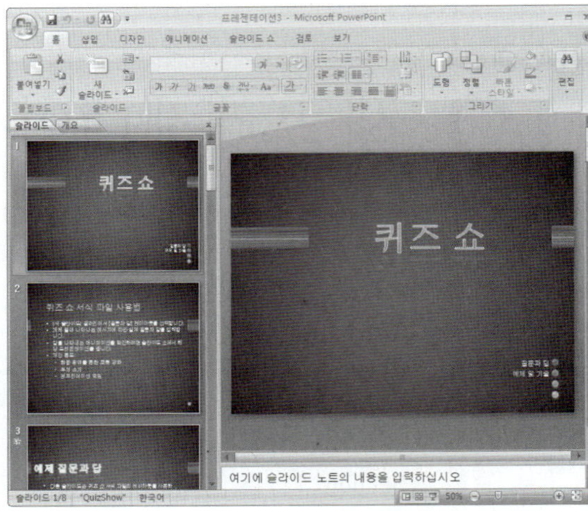

Section 02: 테마를 사용하여 새 프레젠테이션 만들기

파워포인트 2007에서 사용하는 테마는 이전 버전의 디자인 서식 파일로, 테마를 사용하여 프레젠테이션 전체의 서식을 세련되고 멋지게 적용할 수 있다.

2.1 테마 적용하기

테마는 테마 색, 테마 글꼴 (제목 및 본문 텍스트 글꼴 포함) 및 테마 효과(선 및 채우기 효과 포함)로 구성된 서식 모음을 의미한다. 기존 테마를 변경하고 저장하여 자신만의 테마를 만들 수도 있다.

함께하기 | 테마를 사용하여 새 프레젠테이션 작성하기

예제 파일: 파워포인트\예제파일\Chapter 2\Section 01\02-01 새 프레젠테이션-1.pptx

1. 새 프레젠테이션 만들기

❶ '오피스 단추( )' 를 클릭한 후 '새로 만들기' 를 클릭한다.

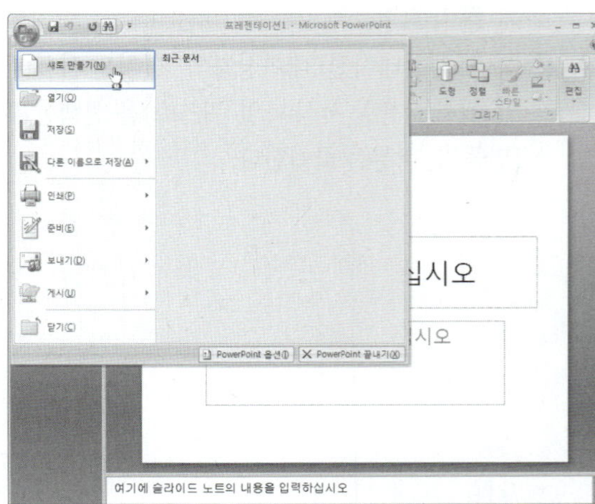

2. 테마 선택하기

❶ [새 프레젠테이션] 대화상자의 서식 파일에서 [설치된 테마]를 클릭한다. '설치된 테마 – 모양'을 선택하고 [만들기] 버튼을 클릭한다.

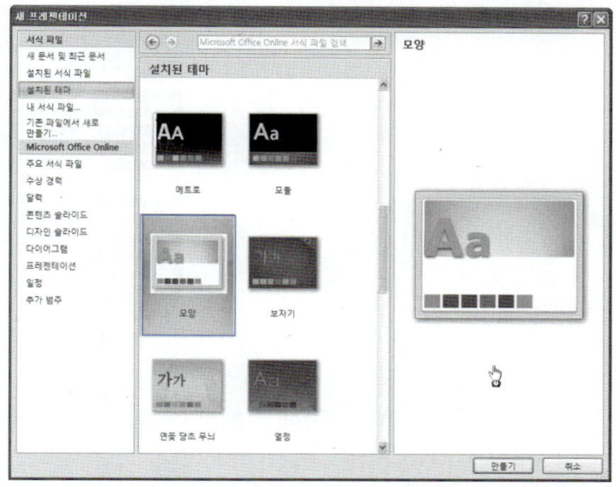

3. 테마 확인하기

❶ 선택한 테마가 적용된 새 프레젠테이션이 표시된다.

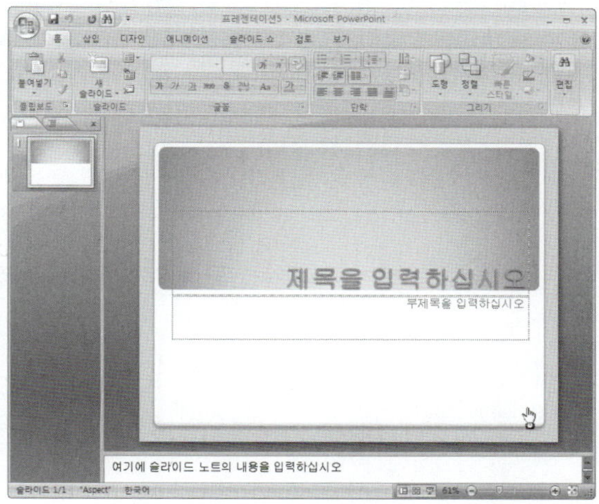

Tip | 내용 구성 마법사와 서식 파일

파워포인트 2007에서는 이전 버전의 내용 구성 마법사 대신 서식 파일을 제공한다. 파워포인트 2007 서식 파일에는 내용 구성 마법사에 포함되어 있는 대부분의 테마 및 레이아웃을 비롯하여 다양한 테마와 레이아웃이 포함되어 있어 서식 파일을 사용하여 프레젠테이션을 손쉽게 만들 수 있다.

2.2 | 테마 변경하여 저장하기

프레젠테이션에 적용된 테마의 색, 글꼴, 선 및 채우기 효과 등을 변경하고 변경된 내용을 새 프레젠테이션 슬라이드에 적용할 수 있도록 테마(.thmx)로 저장할 수 있다.

테마 색에는 네 가지 텍스트 색과 배경색, 여섯 가지 강조색 및 두 가지 하이퍼링크 색이 포함된다.

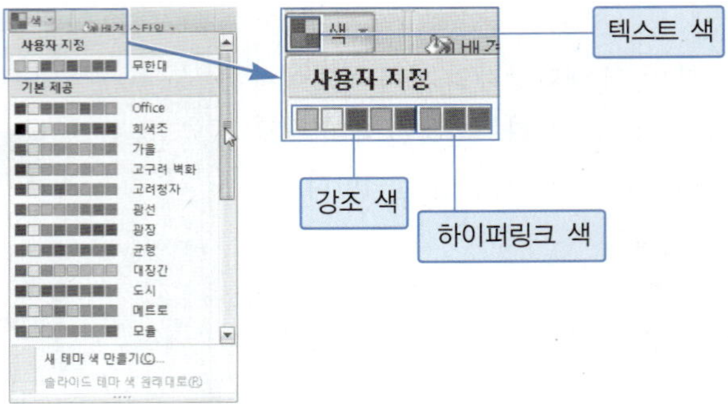

테마 글꼴에는 제목 글꼴과 본문 글꼴이 표시된다.

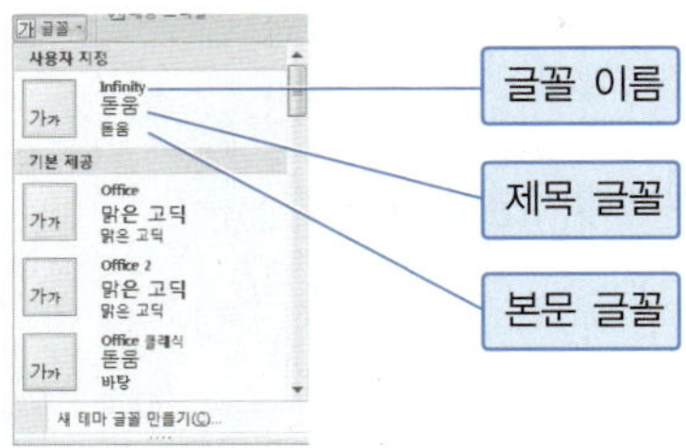

테마 효과는 선 및 채우기 효과를 설정하기 위해 사용한다.

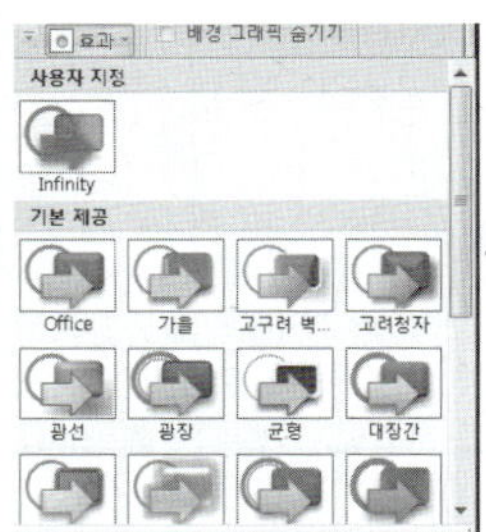

함께하기 | 사용자 정의 테마 만들기

예제 파일: 파워포인트\예제 파일\Chapter 2장\Section 02\02-02 사용자정의테마.pptx
완성 파일: 파워포인트\완성파일\Chapter 2장\Section 02\02-02 사용자정의테마(완성).pptx

1. 새 테마 만들기

   ❶ [디자인] 탭의 [테마] 그룹에서 '색 → 새 테마 색 만들기'를 클릭한다.

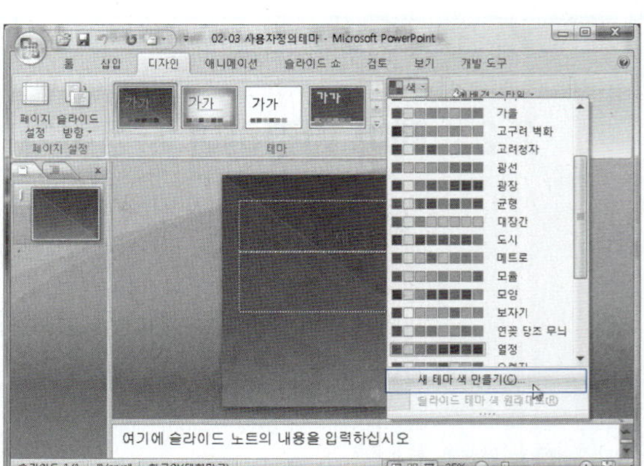

2. 테마 색 변경하기

❶ [새 테마 색 만들기] 대화상자의 '테마 색'에서 변경하려는 테마 색 항목의 이름 오른쪽의 목록 기호(▾)를 클릭하고,

❷ 주어진 색상표에서 색을 클릭한다. 변경하려는 모든 테마 색 요소에 대해 색을 변경한다.

3. 테마 색 이름 변경하기

❶ 변경한 테마 색의 이름을 '이름' 항목에 입력하고,

❷ [저장] 버튼을 클릭한다.

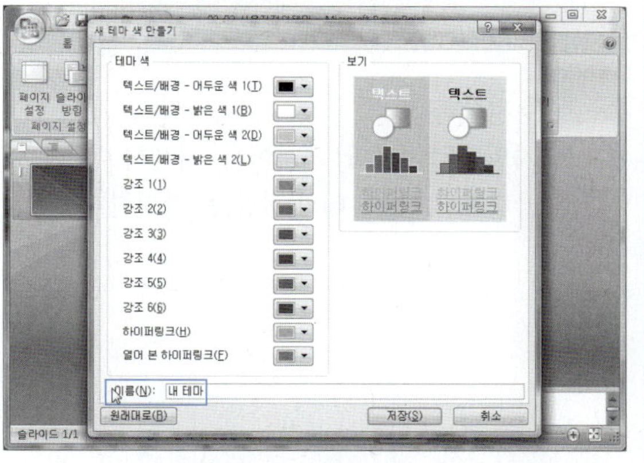

4. 테마 글꼴 변경하기

❶ [디자인] 탭의 [테마] 그룹에서 '글꼴'을 클릭하고,

❷ [새 테마 글꼴 만들기]를 클릭한다.

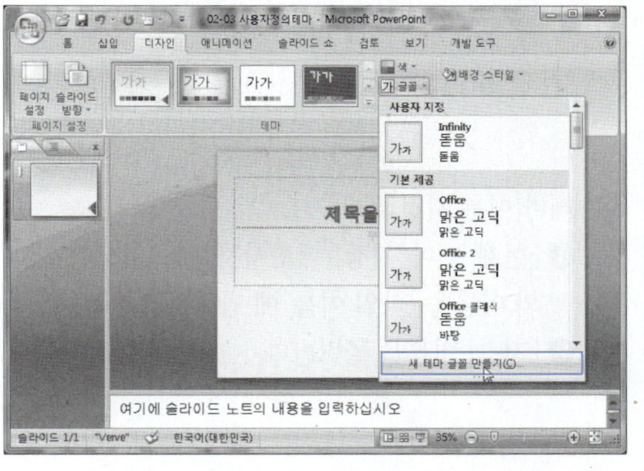

5. 테마 글꼴 설정하고 저장하기

❶ [새 테마 글꼴 만들기] 대화상자에서 사용할 한글 글꼴과 영어 글꼴을 제목 글꼴 및 본문 글꼴 상자에서 선택하여 설정한 다음,

❷ 변경한 테마 글꼴의 이름을 '이름' 입력란에 입력하고,

❸ [저장] 버튼을 클릭한다.

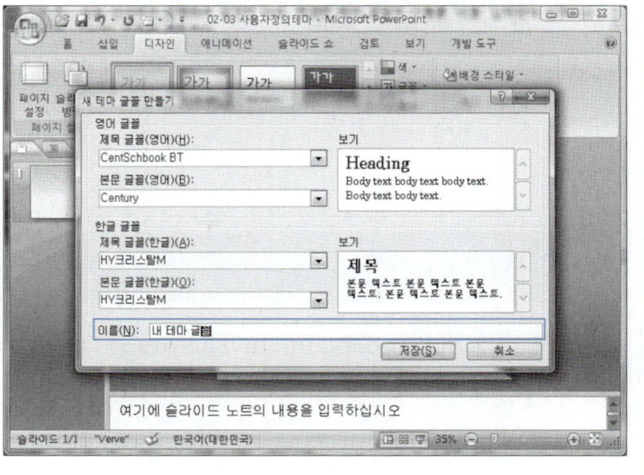

6. 테마 효과 선택하기

[디자인] 탭의 [테마] 그룹에서 '효과'를 클릭하고, 사용하려는 효과 '열정'을 선택한다.

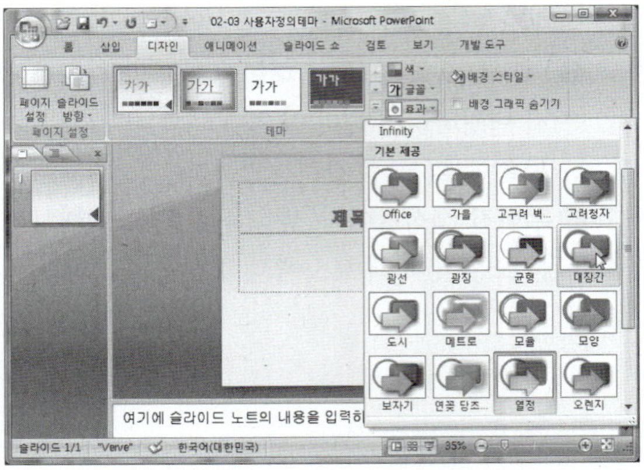

7. 테마 저장하기

[디자인] 탭의 [테마] 그룹에서 '자세히 버튼( )'을 클릭하고, [현재 테마 저장]을 클릭한다.

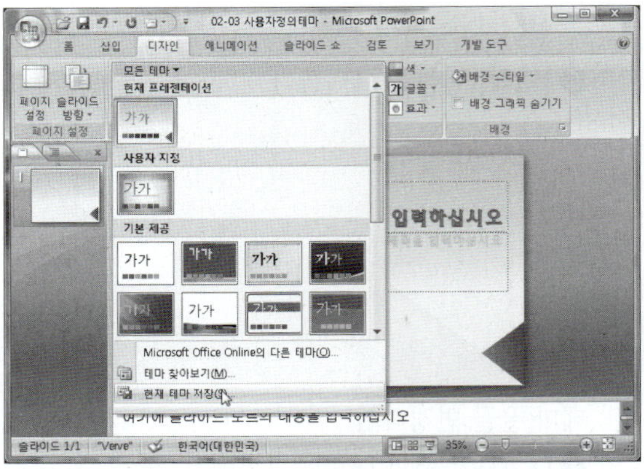

8. 테마 이름 지정하기

❶ [현재 테마 저장] 대화상자에서 저장한 테마의 이름을 '파일 이름'에 입력하고,

❷ [저장] 버튼을 클릭한다.

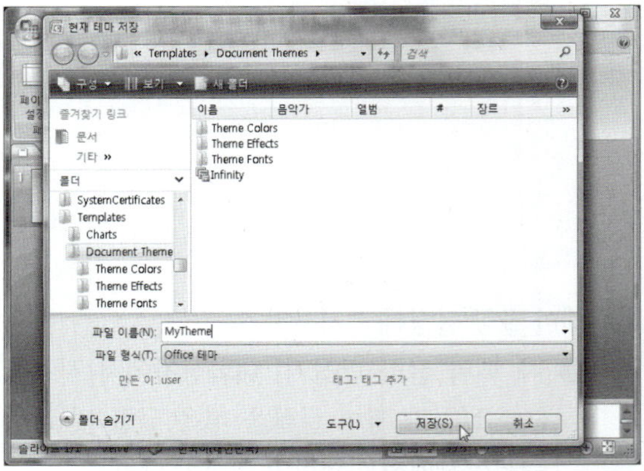

Tip

사용자 지정 테마는 Document Themes 폴더에 .thmx 파일로 저장되며 사용자 지정 테마의 목록에 자동으로 추가된다.

9. 정의한 테마 확인하기
[디자인] 탭의 [테마] 그룹에서 자세히 단추( ) 를 클릭하면 '사용자 지정' 항목에 저장한 테마가 표시된다.

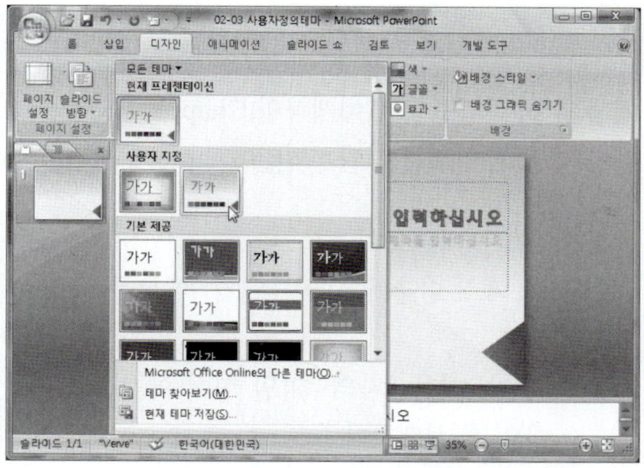

2.3 | Word 개요 텍스트를 이용하여 새 프레젠테이션 만들기

작성된 문서를 기반으로 MIcrosoft Word를 사용하여 새로운 프레젠테이션을 작성할 수 있다. 문서에 제목 스타일이나 수준이 설정된 경우 파워포인트에서 문서를 열면 스타일이 수준별로 각각 슬라이드로 만들어진다.

Tip | 텍스트 파일 활용하기

프레젠테이션의 개요 또는 목차를 텍스트 파일(*.txt)로 저장하여 슬라이드로 만들 수도 있다.

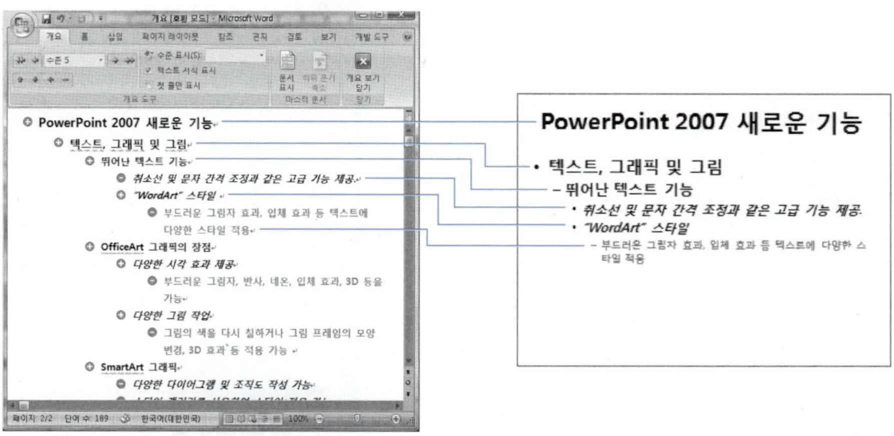

함께하기 | 개요를 사용하여 프레젠테이션 작성하기

예제 파일: 파워포인트\예제파일\Chapter 2\Section 02\02-02 테마와레이아웃.pptx
완성 파일: 파워포인트\완성파일\Chapter 2\Section 02\02-02 테마와레이아웃(완성).pptx

1. 개요 파일 가져오기

❶ '오피스 단추( )' – [열기] 메뉴를 클릭하고,

❷ [열기] 대화상자의 '파일 형식'에서 '모든 개요'를 선택한다.

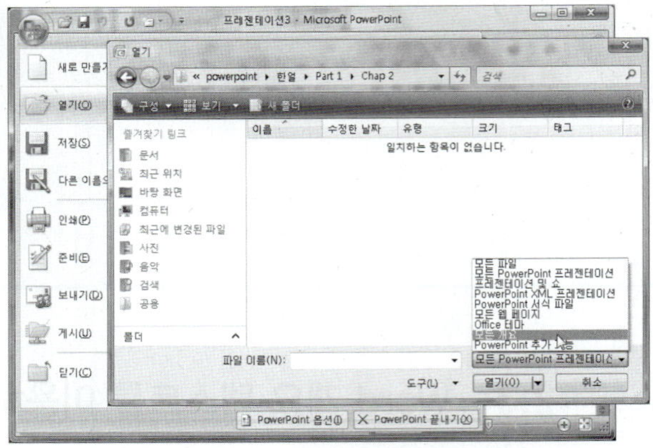

2. 개요 파일 불러오기

❶ '개요.docx' 문서를 선택하고 [열기] 버튼을 클릭한다.

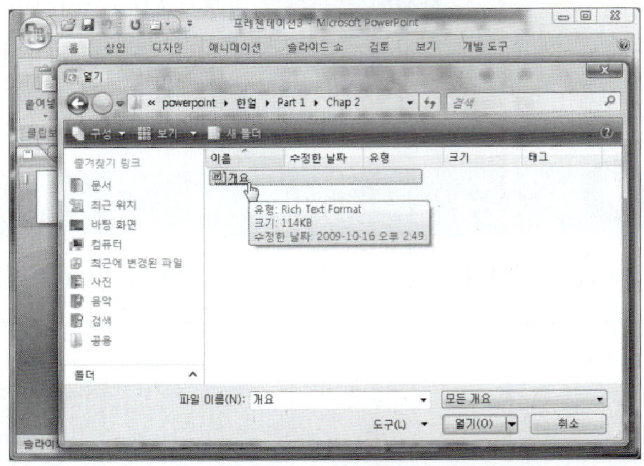

3. 프레테이션에 개요 변환하기

새 프레젠테이션의 각 슬라이드에 개요의 수준별로 변환되어 표시된다.

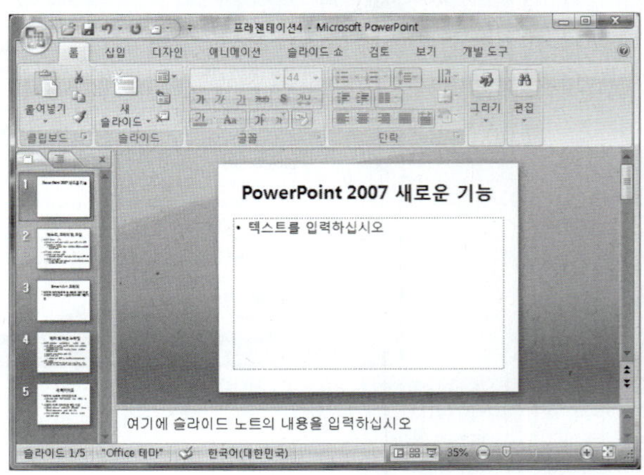

연습문제

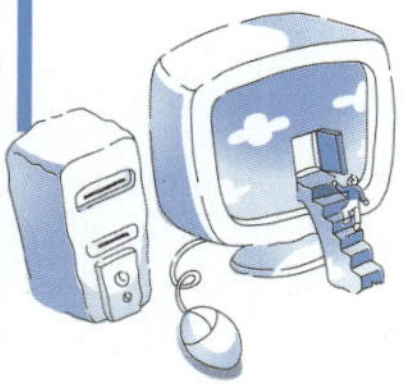

1. '설치된 서식 파일' 에서 사용할 서식 파일(퀴즈 쇼)을 선택하여 새 프레젠테이션을 만들고, '테스트문서.pptx' 로 저장하라.

2. '테스트문서.pptx' 문서에 '열정' 테마를 적용하라.

3. 문서에 설정된 테마의 색을 '오렌지' 로 변경하고, 테마 색의 이름을 '사용자 색 - 1' 로 정의하라.

Memo

CHAPTER

03 슬라이드 편집하기

새 프레젠테이션을 만들면 표지로 사용하는 제목 슬라이드가 표시되며, 이후 사용할 슬라이드를 추가한다. 파워포인트 2007에는 11가지의 다양한 슬라이드 레이아웃이 제공되며, 이 레이아웃을 사용하여 작성하고자 하는 내용에 맞게 슬라이드를 추가할 수 있다.

INTRODUCTION TO COMPUTER APPLICATIONS **POWERPOINT**

Section 01 : 슬라이드 추가/삭제하기

슬라이드는 [홈] 탭 → [슬라이드] 그룹에서 '새 슬라이드( )' 도구를 사용하여 추가한다. 내용을 입력할 수 있는 '제목 및 내용' 레이아웃의 슬라이드가 삽입된다.

테마 갤러리 사용하기

사용하고 있는 테마의 테마 갤러리에서 11개의 레이아웃 중 사용할 레이아웃을 선택하여 추가할 수 있다. [홈] 탭 → [슬라이드] 그룹에서 '새 슬라이드( )' 도구 아래쪽 목록 기호( )를 클릭하면 테마 갤러리가 표시된다.

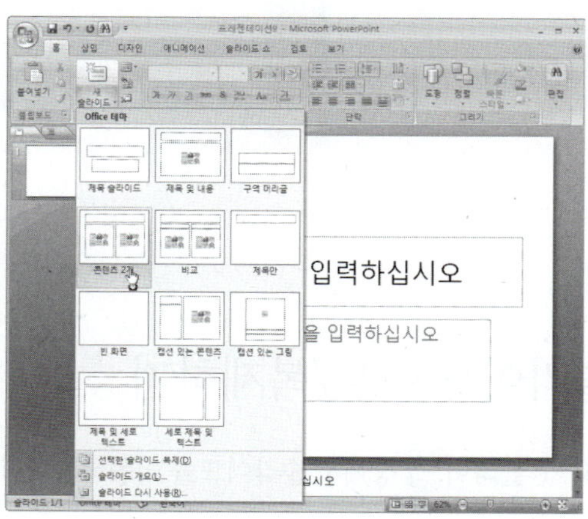

Tip | 슬라이드 안의 아이콘

테마 갤러리에서 제공하는 레이아웃 중에는 아이콘 모음이 표시된 레이아웃이 있다. 이 아이콘을 사용하면 표나 차트, 스마트아트(SmartArt), 그림 등을 손쉽게 삽입할 수 있다.

❶ **표 삽입:** [표 삽입] 대화상자를 표시하여 표 삽입
❷ **차트 삽입:** 엑셀을 실행하여 값을 입력하고 그 값에 대한 차트 삽입
❸ **SmartArt 삽입:** SmartArt 개체 삽입
❹ **그림 삽입:** [그림 삽입] 대화상자를 이용하여 그림 삽입
❺ **클립아트:** 클립아트 작업창을 표시하고 검색한 후 클립아트 개체 삽입
❻ **미디어 클립 삽입:** [동영상 삽입] 대화상자를 이용하여 동영상 개체 삽입

슬라이드 삭제하기

프레젠테이션에서 슬라이드를 삭제하려면, [홈] 탭 → [슬라이드] 그룹에서 '슬라이드 삭제( )' 또는 [개요 및 슬라이드] 창에서 삭제하려는 슬라이드를 선택하고 [Delete] 키를 누르거나 마우스 오른쪽 버튼을 클릭하고 [슬라이드 삭제]를 선택한다.

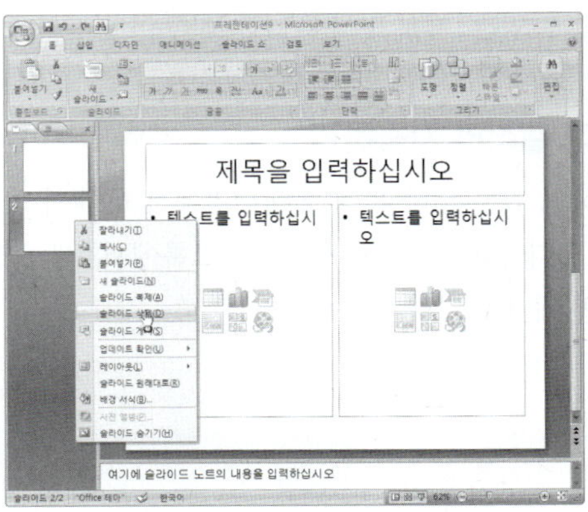

Section 02: 슬라이드 이동/복제하기

[개요 및 슬라이드] 창에서 슬라이드를 이동하거나 복제하는 작업을 손쉽게 할 수 있다.

2.1 | 슬라이드 이동하기

마우스로 이동하려는 슬라이드를 선택하고 마우스 버튼을 클릭한 채 이동하려는 위치로 드래그한다. 여러 장의 슬라이드를 한꺼번에 이동하려면 슬라이드를 [Ctrl] 키나 [Shift] 키로 눌러 선택한 후 이동할 위치로 드래그한다.

2.2 | 슬라이드 복제하기

비슷한 내용의 슬라이드를 반복해서 만드는 경우 슬라이드 복제 기능을 사용하여 간단하게 만들 수 있다.

[슬라이드 복제] 메뉴 사용하기

[개요 및 슬라이드] 창의 [슬라이드] 탭에서 복제하려는 슬라이드를 하나 이상 선택하고, [홈] 탭 → [슬라이드] 그룹에서 '새 슬라이드 → 선택한 슬라이드 복제'를 클릭하면, 선택한 슬라이드의 다음 페이지에 슬라이드가 복제된다.

[복제] 메뉴 이용하기

[개요 및 슬라이드] 창의 [슬라이드] 탭에서 복제하려는 슬라이드를 하나 이상 선택하고, [홈] 탭 → [클립보드] 그룹에서 '붙여넣기 → 복제'를 클릭하면, 선택한 슬라이드의 다음 페이지에 슬라이드가 복제된다.

[Ctrl] 키 사용하여 복제하기

[개요 및 슬라이드] 창의 [슬라이드] 탭에서 복제하려는 슬라이드를 하나 이상 선택하고, [Ctrl] 키를 누른 채로 복제할 위치까지 드래그한다. 마우스 포인터의 모양이 으로 바뀌고, 드래그한 위치에 슬라이드가 복제된다.

Tip | 복제 바로가기 키

[Ctrl] + [D] 키를 누르면 슬라이드가 복제된다.

복사하여 붙여넣기

[개요 및 슬라이드] 창의 [슬라이드] 탭에서 복사할 슬라이드를 선택한 다음, 마우스 오른쪽 버튼으로 클릭하고 [복사]를 클릭한 다음, [슬라이드] 탭에서 복사한 슬라이드 앞 슬라이드를 마우스 오른쪽 버튼으로 클릭한 다음 [붙여넣기]를 클릭한다.

Tip | 복사한 슬라이드의 원래 디자인 유지한 채로 붙여넣기

다른 프레젠테이션으로부터 슬라이드를 복사하고 현재 작업 중인 문서에 붙여넣을 때 복사한 슬라이드의 원래 디자인을 유지하려면 선택한 슬라이드를 붙여 넣은 후 슬라이드 오른쪽 아래에 표시되는 '붙여넣기' 옵션(📋)을 클릭한 다음 '원본 서식 유지'를 클릭한다.

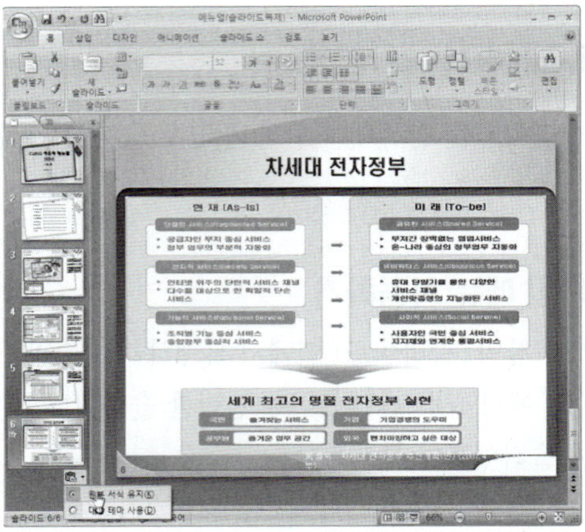

Section 03: 슬라이드 레이아웃 설정하기

Office 테마 갤러리는 텍스트를 포함한 여러 개체를 입력할 수 있는 슬라이드의 레이아웃을 포함하고 있어 슬라이드를 추가할 때 원하는 레이아웃을 선택하여 슬라이드를 작성할 수 있다.

3.1 슬라이드 레이아웃 변경하기

Office 테마에는 11개의 레이아웃이 제공된다. 레이아웃은 [홈] 탭 → [슬라이드] 그룹의 '새 슬라이드' 도구 또는 '레이아웃' 도구를 사용하여 선택한다.

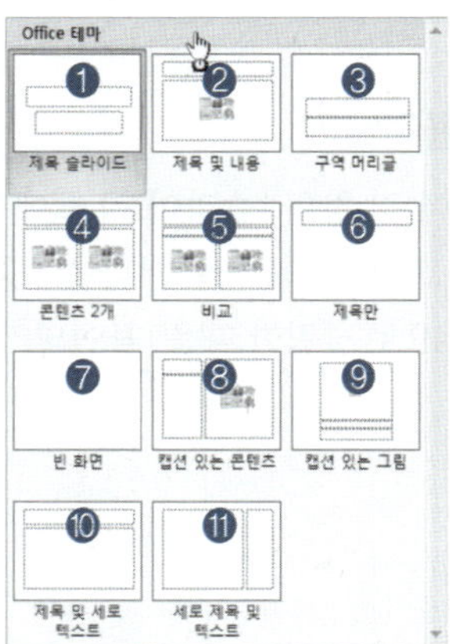

❶ **제목 슬라이드:** 프레젠테이션의 제목을 입력하고 표지로 사용하는 레이아웃

❷ **제목 및 내용:** 제목과 본문을 입력할 때 사용하는 레이아웃으로 가장 일반적으로 사용

❸ **구역 머리글:** 본문의 단락과 단락 사이를 이어주는 간지 슬라이드를 삽입할 때 사용하는 레이아웃

❹ **콘텐츠 2개:** 제목과 두 개의 콘텐츠를 나열할 때 사용하는 레이아웃

❺ **비교:** 두 개의 콘텐츠를 비교할 때 사용하는 레이아웃

❻ **제목만:** 제목만 입력하는 레이아웃

❼ **빈 화면:** 여공 슬라이드나 슬라이드 내용을 자유롭게 만들 레이아웃

❽ **캡션 있는 콘텐츠:** 콘텐츠와 콘텐츠에 대한 설명을 주로 하는 레이아웃

❾ **캡션 있는 그림:** 그림과 그림에 대한 간략한 설명을 중심으로 하는 레이아웃

❿ **제목 및 세로 텍스트:** 제목은 가로로 입력하고 본문 텍스트는 세로로 입력하는 레이아웃

⓫ **세로 제목 및 세로 텍스트:** 제목과 본문 텍스트 둘 다 세로로 작성하는 레이아웃

3.2 글머리 기호 목록과 번호 매기기

슬라이드에서 텍스트 앞에 표시되는 기호를 '글머리 기호' 라 한다. 글머리 기호는 테마에 따라 다르게 표시되며, 모두 9수준까지 표시할 수 있다.

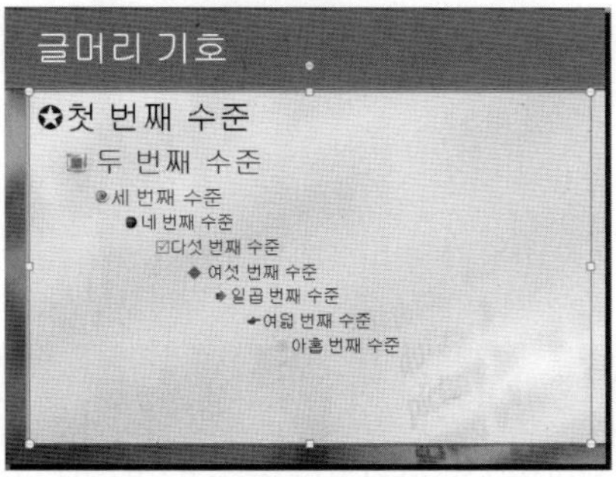

글머리 기호와 번호에 대한 설정은 [홈] 탭 → [단락] 그룹에서 각 수준별 기호와 모양, 번호 등을 설정한다.

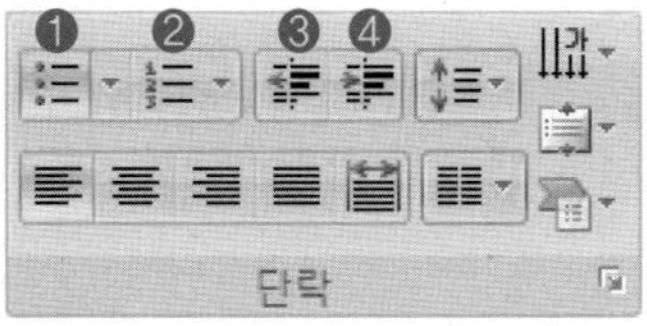

❶ **글머리 기호:** 단락에 글머리 기호 표시

❷ **번호 매기기:** 단락에 글머리 부분에 번호 표시

❸ **목록 수준 줄임:** 상위 수준으로 표시

❹ **목록 수준 늘림:** 하위 수준으로 표시

Tip | 수준 조정하기

수준을 늘일 때는 [Tab] 키 또는 '목록 수준 줄임' 도구를 사용하고, 반대로 낮출 때는 [Shift] + [Tab] 키 또는 '목록 수준 늘림' 도구를 사용한다. 이때 마우스의 위치는 글머리 기호를 조절하는 문단의 맨 앞에 위치해야 한다.

글머리 기호 스타일 변경하기

[홈] 탭 → [단락] 그룹에서 '글머리 기호 – 글머리 기호 및 번호 매기기'를 선택하여 [글머리 기호 및 번호 매기기] 대화상자에서 원하는 스타일을 선택하거나, [그림] 버튼이나 [사용자 지정] 버튼을 클릭하여 글머리 기호로 사용할 그림이나 기호를 삽입한다.

[그림] 버튼을 클릭하면 클립아트의 [그림 글머리 기호] 대화상자가 표시되어 그림 개체를 글머리 기호로 사용할 수 있고, [사용자 지정] 버튼을 누르면 [기호] 대화상자가 표시되어 각 글꼴에서 사용할 수 있는 기호 목록이 제공된다.

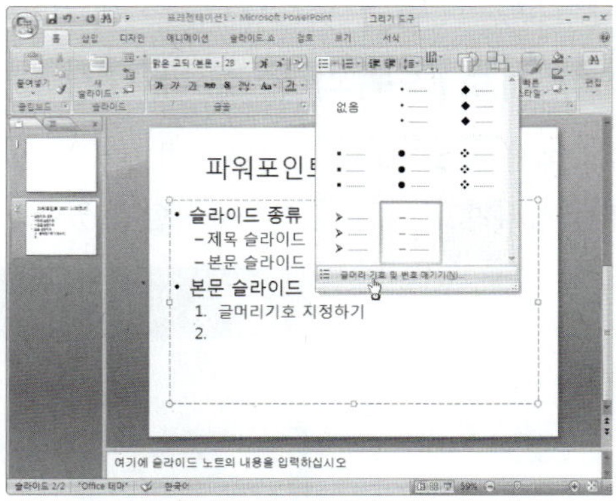

함께하기 | 글머리 기호 모양 바꾸기

예제 파일: 파워포인트\예제파일\Chapter 3\Section 03\03-03 글머리기호바꾸기.pptx
완성 파일: 파워포인트\완성파일\Chapter 3\Section 03\03-03 글머리기호바꾸기(완성).pptx

1. 글머리기호 설정하기
   ❶ 첫 번째 단락에 커서를 놓고,
   ❷ [홈] 탭 → [단락] 그룹에서 '글머리 기호(☰) – 화살표 글머리 기호'를 클릭한다.

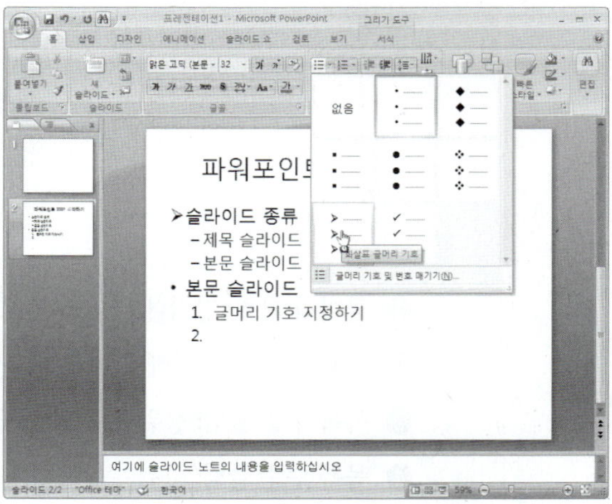

2. 글머리기호 그림으로 설정하기

❶ 두 번째 단락에 커서를 놓고,

❷ [홈] 탭 → [단락] 그룹에서 '글머리 기호(☰) – 글머리 기호 및 번호 매기기'를 클릭한다.

❸ [글머리 기호 및 번호 매기기] 대화상자에서 [그림] 버튼을 클릭하고,

❹ [그림 글머리 기호] 대화상자에서 글머리 기호로 사용할 그림을 선택하고 [확인] 버튼을 클릭한다.

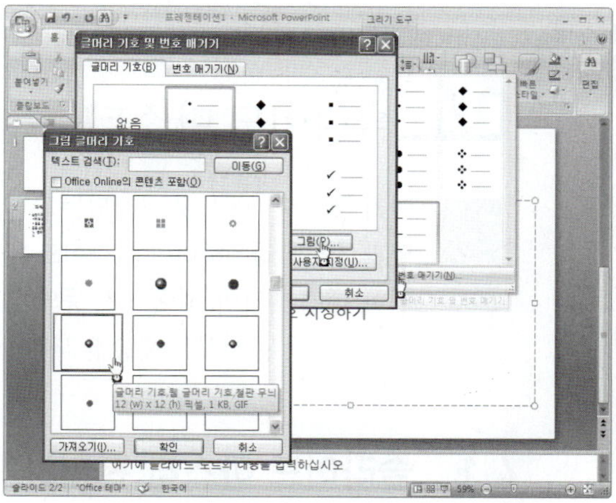

3. 글머리기호 기호로 설정하기

❶ 세 번째 단락에 커서를 놓고,

❷ [홈] 탭 → [단락] 그룹에서 '글머리 기호(☰) – 글머리 기호 및 번호 매기기'를 클릭한 다음,

❸ [글머리 기호 및 번호 매기기] 대화상자에서 [사용자 지정] 버튼을 클릭하여 [기호] 대화상자에서 글머리 기호로 사용할 기호를 선택한 다음, [확인] 버튼을 클릭한다.

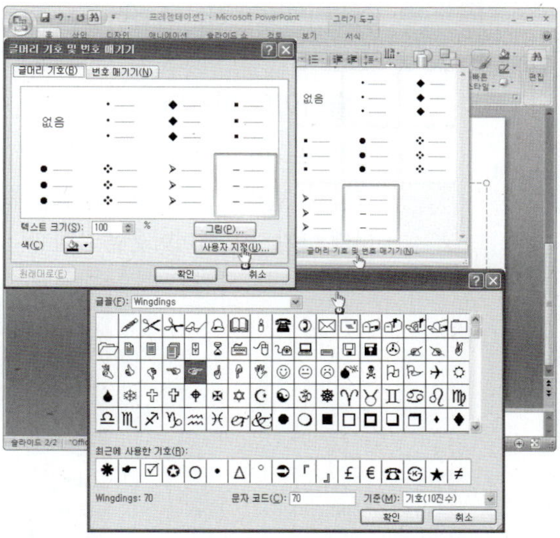

Tip | 기호 글꼴

[기호] 대화상자의 '글꼴'에서 'Webdings', 'Wingdings', 'Wingdings 2', 'Wingdings 3' 글꼴에서 다양한 모양의 기호를 선택할 수 있다.

❹ [글머리 기호 및 번호 매기기] 대화상자에서 '텍스트 크기'에서 기호의 크기를 백분율로 설정하고, '색' 항목에서 기호의 색을 설정한 다음 [확인] 버튼을 클릭한다.

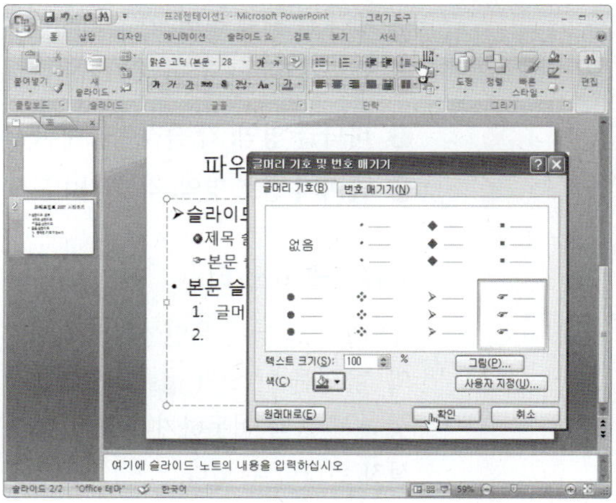

Section

04: 슬라이드 마스터

여러 장의 슬라이드로 구성되는 프레젠테이션 전체에 배경이나 도형의 서식, 텍스트의 서식 등을 일관성있게 적용하려면 슬라이드 마스터를 사용한다. 슬라이드 마스터는 글꼴, 개체 틀 크기와 위치, 배경 디자인, 색 구성표 등의 디자인 서식 파일의 정보를 저장하는 슬라이드로, 슬라이드 마스터에 적용된 서식은 해당 슬라이드 마스터와 연결된 모든 레이아웃에 동일하게 적용된다.

4.1 슬라이드 마스터 편집하기

슬라이드 마스터는 슬라이드 마스터, 유인물 마스터, 슬라이드 노트 마스터 3 종류가 있다.

슬라이드 마스터

슬라이드 마스터는 슬라이드의 기본 서식을 지정할 때 사용하며, [보기] 탭 → [프레젠테이션 보기] 그룹의 '슬라이드 마스터(슬라이드 마스터)' 도구를 사용하여 설정한다. 하나의 슬라이드 마스터에 11가지의 레이아웃을 포함한다.

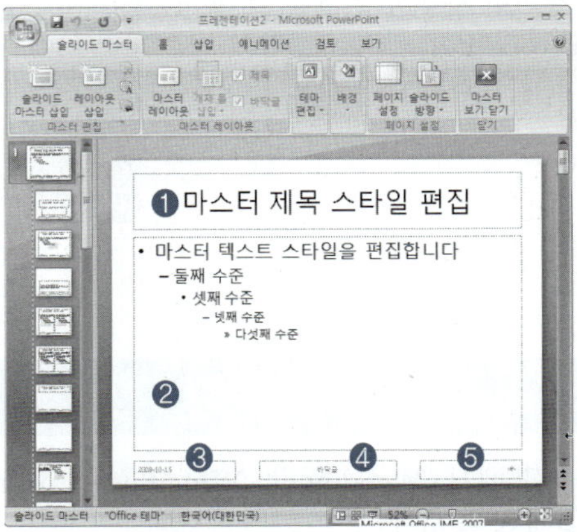

❶ **제목 영역:** 각 슬라이드에서 제목으로 사용될 텍스트의 서식 설정

❷ **텍스트 개체 영역:** 각 슬라이드에서 본문이 입력될 텍스트 상자의 서식 설정

❸ **날짜/시간 영역:** 각 슬라이드에 표시되는 날짜와 시간의 서식 설정

❹ **바닥글 영역:** 각 슬라이드에 표시되는 바닥글의 서식 설정

❺ **페이지 번호 영역:** 각 슬라이드에 표시되는 페이지 번호의 서식 설정

유인물 마스터

유인물 마스터는 유인물의 서식을 지정할 때 사용하며, [보기] 탭 → [프레젠테이션 보기] 그룹의 '유인물 마스터(유인물 마스터)' 도구를 사용하여 설정한다. [유인물 마스터] 탭에서 각 구성 개체 틀을 이동하거나 크기 변경, 서식 지정, 용지 방향, 페이지 당 인쇄할 슬라이드 수 등을 설정/변경할 수 있다.

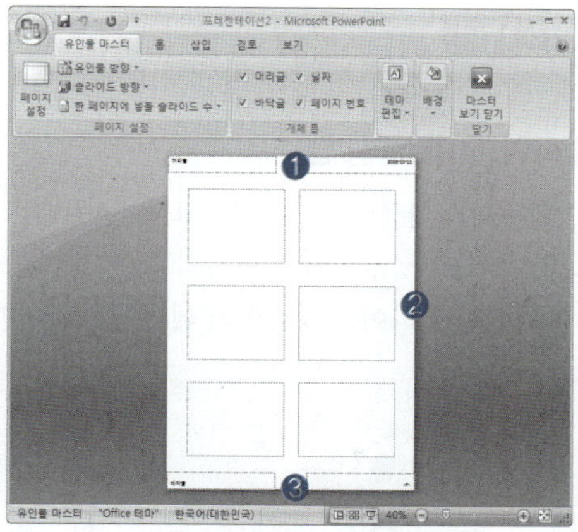

❶ **머리글, 날짜 영역:** 유인물의 각 페이지에 표시되는 머리글과 날짜에 대한 서식 설정

❷ **슬라이드 영역:** 슬라이드의 축소판이 표시되는 곳의 서식 지정

❸ **바닥글, 페이지 번호 영역:** 유인물의 각 페이지에 표시되는 바닥글과 페이지 번호에 대한 서식 설정

슬라이드 노트 마스터

[보기] 탭 → [프레젠테이션 보기] 그룹의 '슬라이드 노트 마스터(슬라이드 노트 마스터)' 도구를 사용하여 모든 슬라이드 노트의 서식을 설정할 수 있다.

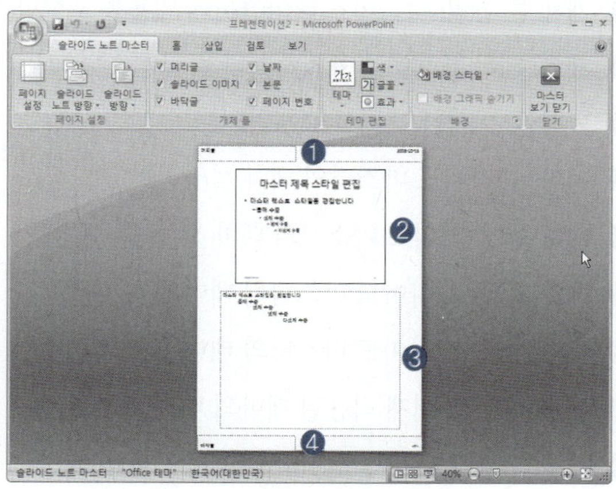

❶ **머리글, 날짜 영역:** 유인물의 각 페이지에 표시되는 머리글과 날짜에 대한 서식 설정

❷ **슬라이드 영역:** 슬라이드의 축소판이 표시되는 곳의 서식 지정

❸ **슬라이드 노트 영역:** 슬라이드 노트에 입력한 내용이 표시되는 영역의 서식 설정

❹ **바닥글, 페이지 번호 영역:** 유인물의 각 페이지에 표시되는 바닥글과 페이지 번호에 대한 서식 설정

4.2 | [마스터] 탭

[슬라이드 마스터] 탭

[보기] 탭 → [프레젠테이션 보기] 그룹에서 '슬라이드 마스터(슬라이드 마스터)' 도구를 클릭하면 [슬라이드 마스터] 탭이 표시되고 [슬라이드 마스터] 보기 화면으로 전환된다. [슬라이드 마스터] 탭에서 슬라이드 마스터의 레이아웃이나 배경, 테마 등의 스타일을 설정할 수 있다.

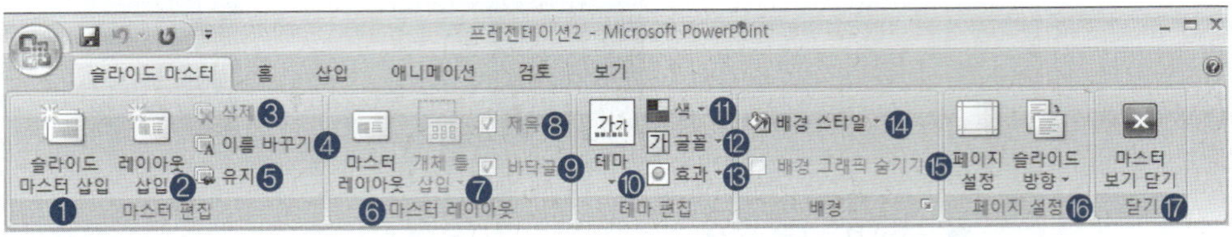

❶ **슬라이드 마스터 삽입:** 프레젠테이션에 새 슬라이드 마스터 추가

❷ **레이아웃 삽입:** 슬라이드 마스터에 사용자 지정 레이아웃 추가

❸ **삭제:** 선택한 슬라이드 마스터의 레이아웃 삭제

❹ **이름 바꾸기:** 사용자 지정 슬라이드 마스터 레이아웃의 이름 변경

❺ **유지:** 선택한 슬라이드 마스터를 사용하지 않는 경우에도 프레젠테이션에 그대로 유지

❻ **마스터 레이아웃:** 슬라이드 마스터에 포함할 요소 편집

❼ **개체 틀 삽입:** 슬라이드 레이아웃에 내용을 포함할 수 있는 개체 틀 삽입

❽ **제목:** 제목 개체틀을 표시하거나 숨김

❾ **바닥글:** 바닥글 개체를 표시하거나 숨김

❿ **테마:** 슬라이드 마스터의 테마 설정

⓫ **테마 색:** 슬라이드 마스터의 테마 색 설정

⓬ **테마 효과:** 슬라이드 마스터의 테마 효과 설정

⓭ **테마 글꼴:** 슬라이드 마스터의 테마 글꼴 설정

⓮ **배경 스타일:** 현재 적용된 테마의 배경 스타일 선택

⓯ **배경 그래픽 숨기기:** 선택한 테마에 포함된 배경 그래픽 숨김

⓰ **페이지 설정:** [페이지 설정] 대화상자 표시

⓱ **마스터 보기 닫기:** 슬라이드 마스터 편집 화면을 닫음

[유인물 마스터] 탭

[보기] 탭 → [프레젠테이션 보기] 그룹의 '유인물 마스터(유인물 마스터)' 도구를 클릭하면 [유인물 마스터] 탭이 표시되고 [유인물 마스터] 보기 화면으로 전환된다. [유인물 마스터] 탭을 사용하여 머리글 및 바닥글 개체의 서식을 지정하고, 용지 방향을 설정하고 페이지 당 인쇄할 슬라이드 수를 지정할 수도 있다.

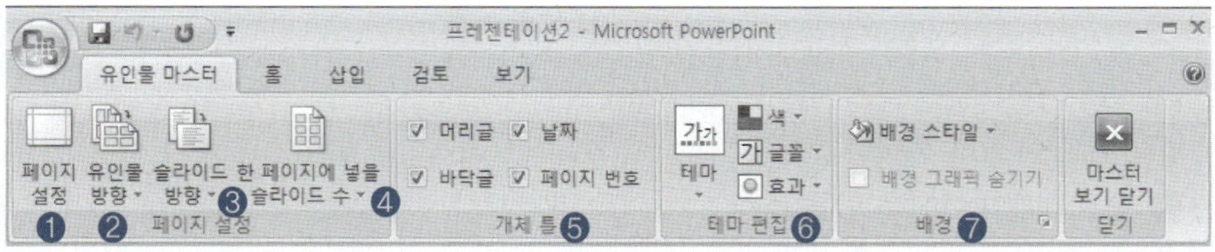

❶ **페이지 설정:** [페이지 설정] 대화상자 표시

❷ **유인물 방향:** 유인물의 페이지 방향 설정

❸ **슬라이드 방향:** 슬라이드 방향을 가로 또는 세로 방향으로 설정

❹ **한 페이지에 넣을 슬라이드 수:** 각 유인물 페이지에 넣을 슬라이드 수

❺ **[개체 틀] 그룹:** 유인물 슬라이드에 머리글/바닥글, 날짜, 페이지 번호를 표시할 것이지 설정

❻ **[테마 편집] 그룹:** 테마, 색, 글꼴, 효과 등을 설정

❼ **[배경] 그룹:** 유인물 테마의 배경 스타일을 설정하고, 배경 그래픽 표시 여부 설정

[슬라이드 노트 마스터] 탭

[슬라이드 노트 마스터] 탭은 [보기] 탭 → [프레젠테이션 보기] 그룹의 '슬라이드 노트 마스터 (슬라이드 노트 마스터)' 도구를 클릭하여 표시하고, 슬라이드 노트의 다양한 서식을 설정한다.

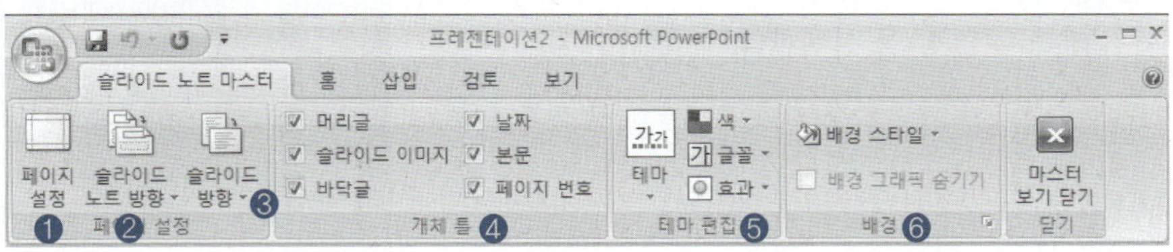

❶ **페이지 설정:** [페이지 설정] 대화상자 표시

❷ **슬라이드 노트 방향:** 슬라이드 노트의 인쇄 방향 설정

❸ **슬라이드 방향:** 인쇄할 슬라이드 방향 설정

❹ **[개체 틀] 그룹:** 유인물 슬라이드에 머리글/바닥글, 날짜, 페이지 번호, 슬라이드 이미지, 본문 등을 표시할 것인지 설정

❺ **[테마 편집] 그룹:** 테마, 색, 글꼴, 효과 등 설정

❻ **[배경] 그룹:** 유인물 테마의 배경 스타일을 설정하고, 배경 그래픽 표시 여부 설정

4.3 슬라이드 마스터 편집하기

슬라이드 마스터의 서식은 테마를 사용하여 배경, 글꼴, 도형 등의 서식을 일괄적으로 적용할 수 있지만, 각 항목별로 사용자가 좋아하는 스타일을 설정할 수도 있다.

슬라이드 마스터에 테마 적용하기

슬라이드 마스터에 테마를 적용하면 해당 슬라이드 마스터와 연결된 모든 레이아웃에 같은 테마가 적용된다. [슬라이드 마스터] 탭 → [테마 편집] 그룹에서 테마를 선택한다. 테마를 적용한 후 테마의 색이나 글꼴, 효과 등을 편집할 수 있다.

함께하기 | 테마 적용하기

1. 슬라이드 마스터 선택하기

❶ 새 프레젠테이션을 만들고,

❷ [보기] 탭 → [프레젠테이션 보기] 그룹에서 '슬라이드 마스터(슬라이드 마스터)' 도구를 클릭한다.

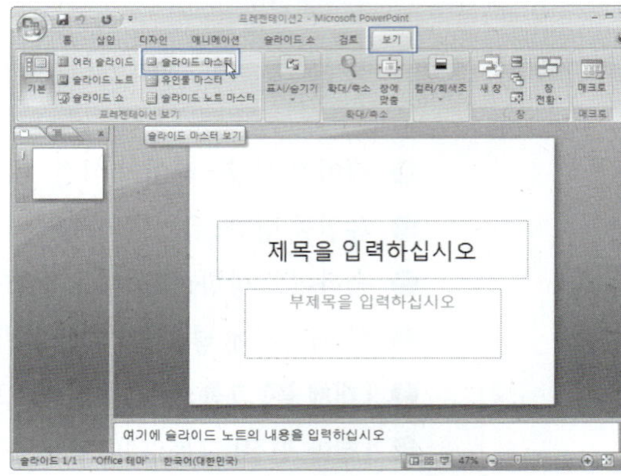

2. 테마 설정하기

❶ 슬라이드 마스터 편집 화면에서 왼쪽에 표시된 레이아웃 중 'Office 테마 슬라이드 마스터'를 클릭한다.

❷ [슬라이드 마스터] 탭 S → [테마 편집] 그룹에서 '테마 → 열정'을 선택한다.

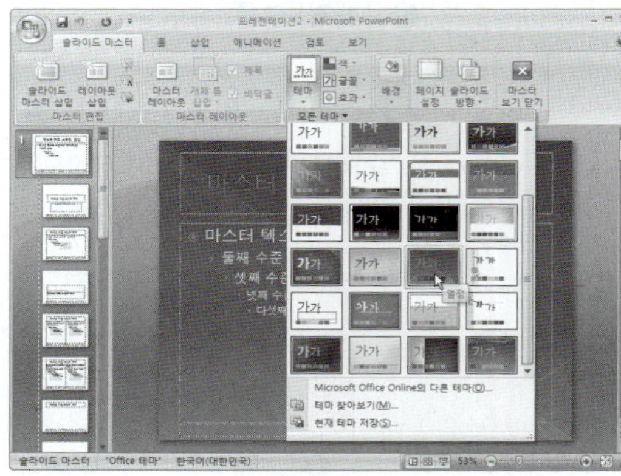

슬라이드 배경 설정하기

슬라이드의 배경이나 글꼴, 효과 등을 테마를 사용하여 일괄 적용하지 않고 기호에 맞게 각각 설정하여 슬라이드 마스터를 편집할 설정할 수 있다. 슬라이드의 배경은 그림이나 색, 그라데이션 등을 사용하여 설정할 수 있다.

함께하기 | 그림으로 슬라이드 마스터의 배경 설정하기

완성 파일: 파워포인트\완성파일\Chapter 3\Section 04\03-04 슬라이드배경(완성).pptx

1. 슬라이드 마스터 선택하기

❶ 새 프레젠테이션을 만들고,

❷ [보기] 탭 → [프레젠테이션 보기] 그룹에서 '슬라이드 마스터(슬라이드 마스터)' 도구를 클릭한다.

❸ 슬라이드 마스터 편집 화면에서 왼쪽에 표시된 레이아웃에서 'Office 테마 슬라이드 마스터'를 클릭한다.

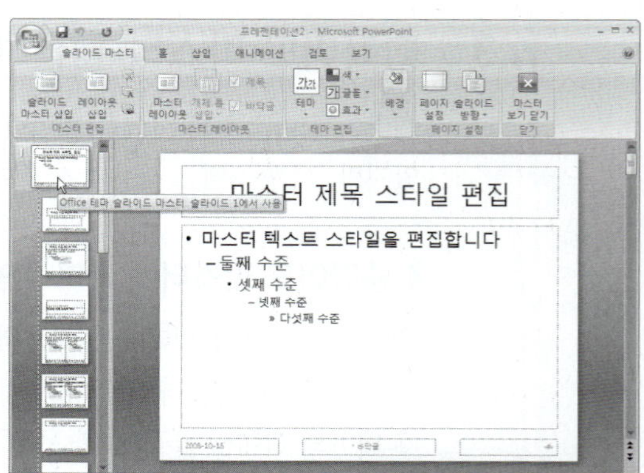

2. 배경 선택하기

❶ 슬라이드 창의 빈 부분에서 마우스 오른쪽 버튼을 클릭하고 [배경 서식]을 선택하고,

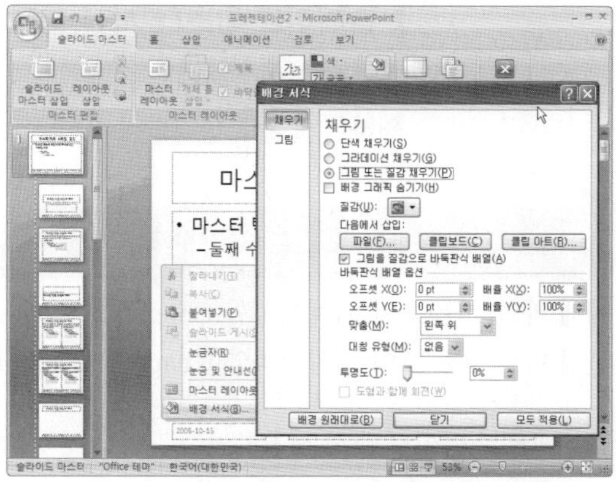

❷ [배경 서식] 대화상자의 '채우기 → 그림 또는 질감 채우기'를 선택한 후 [파일]을 클릭하고 배경으로 사용할 그림을 선택한다.

❸ [배경 서식] 대화상자에서 '투명도'를 '50%'로 설정하고 [닫기] 버튼을 클릭한다.

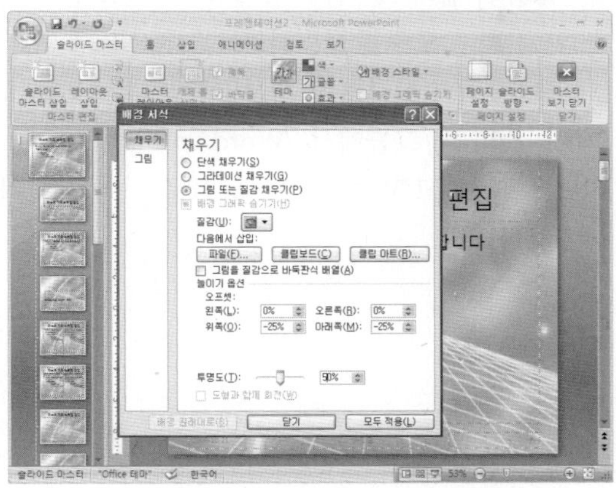

3. 마스터 편집 화면 닫기

❶ [슬라이드 마스터] 탭 오른쪽 끝에 있는 [닫기] 그룹에서 '마스터 닫기(☒)' 버튼을 클릭하고 슬라이드 편집 화면으로 이동한다.

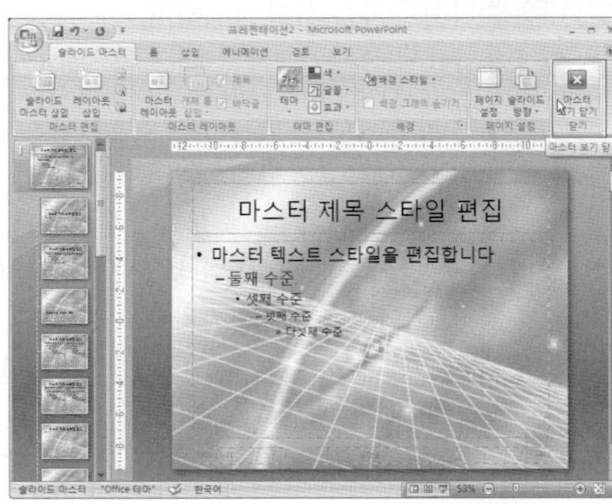

슬라이드 마스터 서식 설정하기

슬라이드 마스터에서 기본적으로 설정된 글꼴이나 효과를 설정한 배경에 어울리는 글꼴 혹은 원하는 글꼴로 변경할 수 있다.

함께하기 | 텍스트 서식 변경하기

예제 파일: 파워포인트\예제파일\Chapter 3\Section 04\03-04 슬라이드 편집.pptx
완성 파일: 파워포인트\완성파일\Chapter 3\Section 04\03-04 슬라이드 편집(완성).pptx

1. 제목 슬라이드 서식 설정하기

❶ [보기] 탭 → [프레젠테이션 보기] 그룹에서 '슬라이드 마스터(슬라이드 마스터)' 도구를 클릭하고, '제목 슬라이드 레이아웃'을 선택한다.

❷ 슬라이드 창의 '마스터 제목 스타일 편집' 개체를 선택하고 [홈] 탭 → [글꼴] 그룹에서 글꼴을 'HY그래픽'으로 설정하고 글꼴의 크기를 '48pt'로 설정한다.

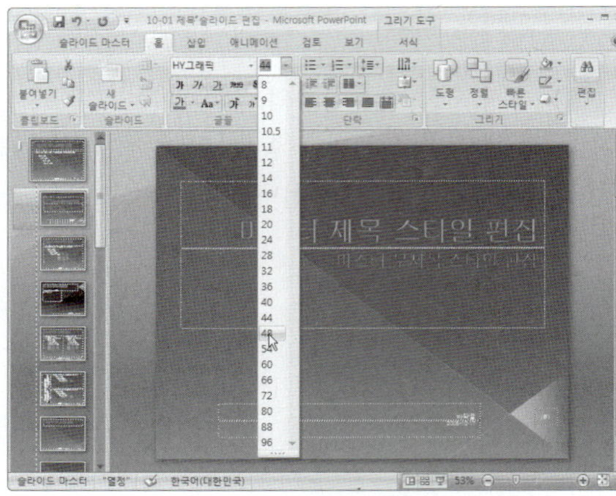

❸ [홈] 탭의 [단락] 그룹에서 '텍스트 왼쪽 맞춤( )' 도구를 클릭하고,

❹ [그리기 도구] → [서식] 탭에 있는 [WordArt 스타일] 그룹에서 'WordArt 빠른 스타일'을 클릭하고 WordArt 스타일을 선택하여 적용한다.

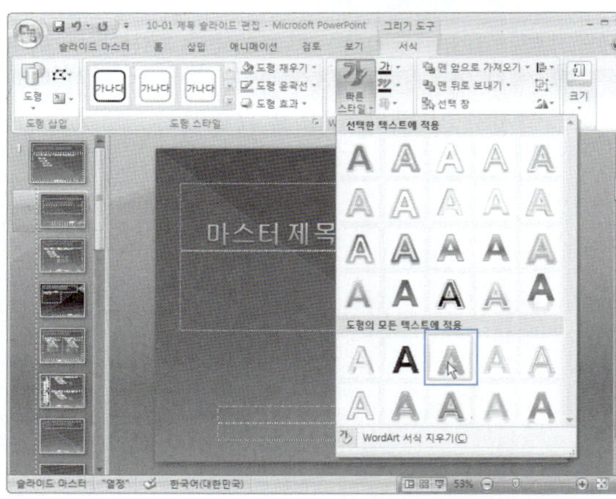

2. 내용 슬라이드 제목 서식 설정하기

❶ 왼쪽 레이아웃에서 '제목 및 내용 레이아웃'을 선택한 후,

❷ 슬라이드 창의 '마스터 제목 스타일 편집' 개체를 선택하고,

❸ [그리기 도구] → [서식] 탭에 있는 [WordArt 스타일] 그룹에서 '빠른 스타일 → 채우기 → 강조 6, 그라데이션 윤곽선 → 강조 6' 스타일을 선택한다.

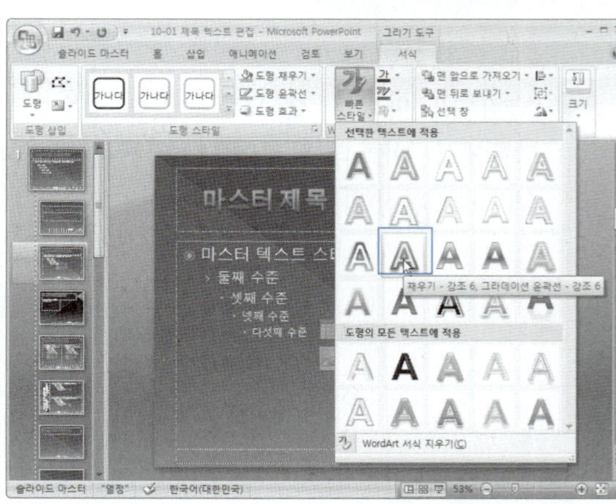

❹ ‘마스터 제목 스타일 편집’ 개체의 크기 조정 핸들을 마우스로 드래그하여 크기를 조절하고,

❺ [홈] 탭 → [글꼴] 그룹에서 ‘HY그래픽M’ 을 선택하고,

❻ ‘글꼴 크기 작게( )’ 도구를 한 번 클릭하여 글꼴의 크기를 조정한다.

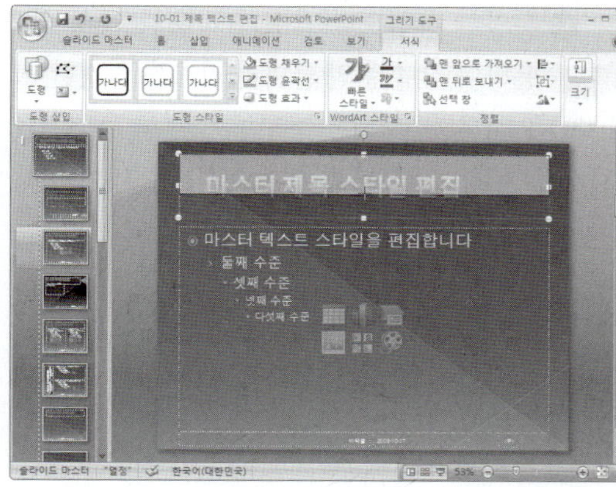

3. 내용 슬라이드의 개체 서식 설정하기

❶ 슬라이드에서 ‘본문 텍스트 개체틀’ 을 선택하고 크기 조정 핸들을 사용하여 개체의 크기를 조절한다.

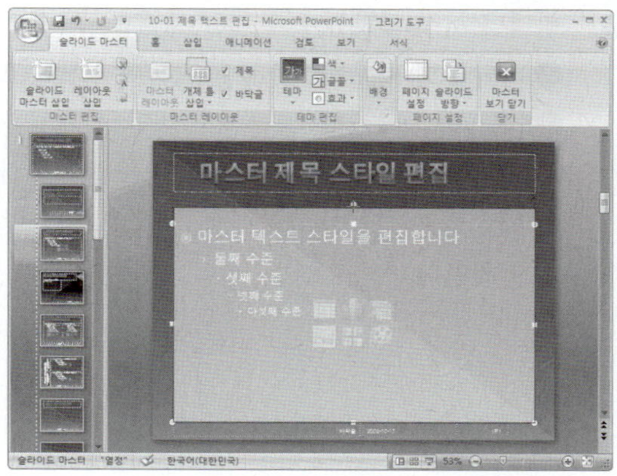

❷ 첫 번째 수준에서 [홈] 탭 → [단락] 그룹에서 ‘글머리 기호 – 글머리 기호 및 번호 매기기]를 선택한 다음,

❸ [글머리 기호 및 번호 매기기] 대화상자에서 [글머리 기호] 탭을 선택하고 [그림] 버튼을 클릭하여 [그림 글머리 기호] 대화상자에서 글머리 기호로 사용할 그림을 선택한 다음 [확인] 버튼을 클릭한다.

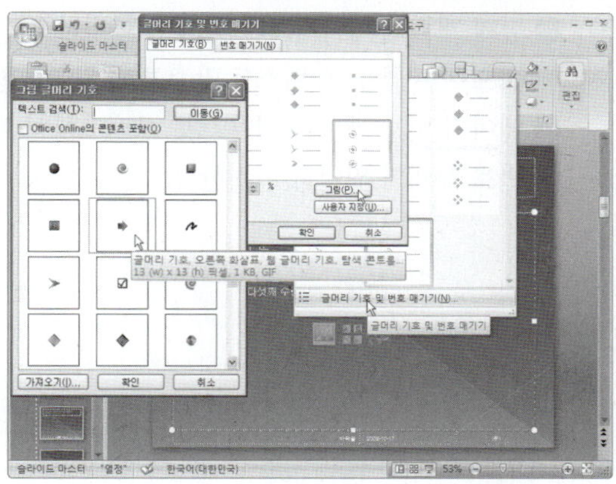

❹ 두 번째 수준에 글머리 기호로 사용할 기호가 들어있는 ‘글꼴 – Wingdings 2’ 에서 기호를 선택한 다음 [확인] 버튼을 클릭한 다음,

❺ [글머리 기호 및 번호 매기기] 대화상자에서 ‘색 – 주황, 강조 3’ 버튼을 클릭하고 [확인] 버튼을 클릭한다.

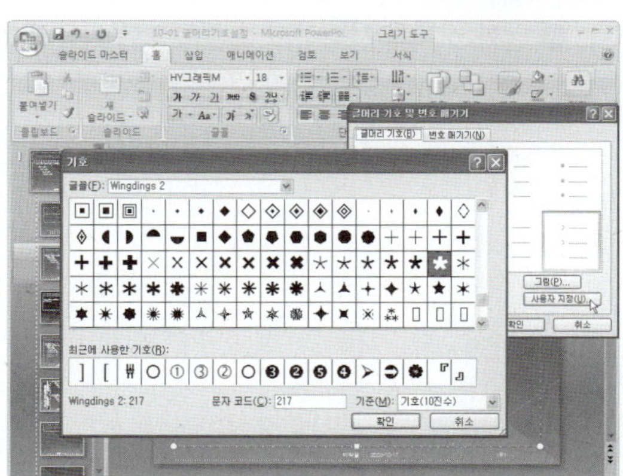

⑥ 동일한 방법으로 그림과 사용자 정의 기호를 사용하여 각 수준의 글머리 기호를 설정한다.

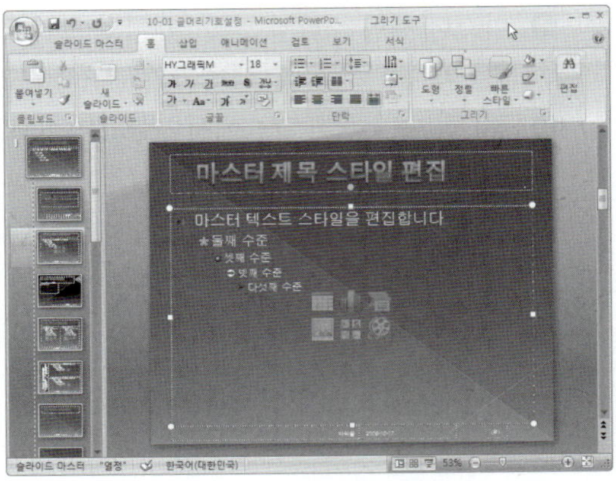

4. 바닥글 서식 설정하기

① 바닥글 개체를 마우스로 클릭하여 선택하고,

② [홈] 탭 → [글꼴] 그룹에서 바닥글 개체를 표시할 글꼴(양재참숯B)과 색(주황)을 선택한다.

③ [홈] 탭 → [단락] 그룹에서 '텍스트 왼쪽 맞춤' 을 클릭한다.

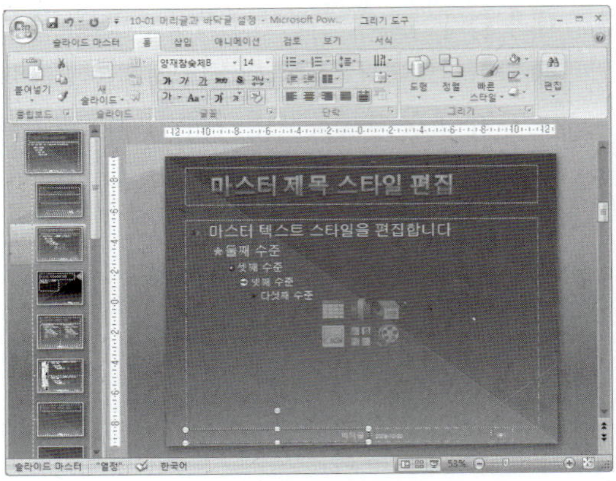

④ 날짜 개체와 페이지 번호 개체를 클릭하고 같은 방법으로 글꼴과 색, 텍스트 맞춤 방법을 설정한다.

⑤ 페이지 번호 개체를 마우스로 드래그하여 페이지 번호 개체의 위치를 변경한다.

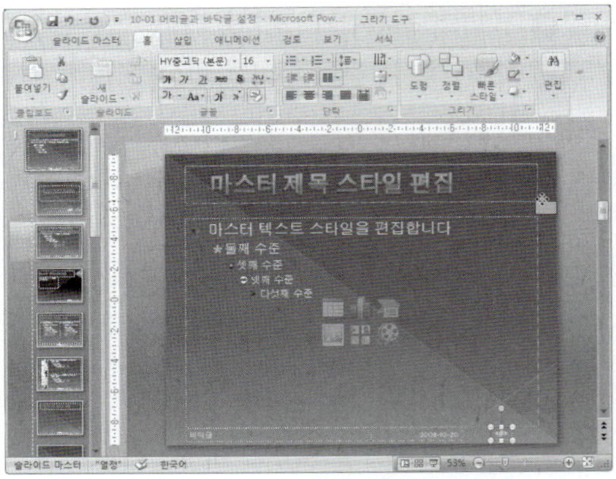

⑥ 날짜 개체를 선택하고 오른쪽으로 이동한다.

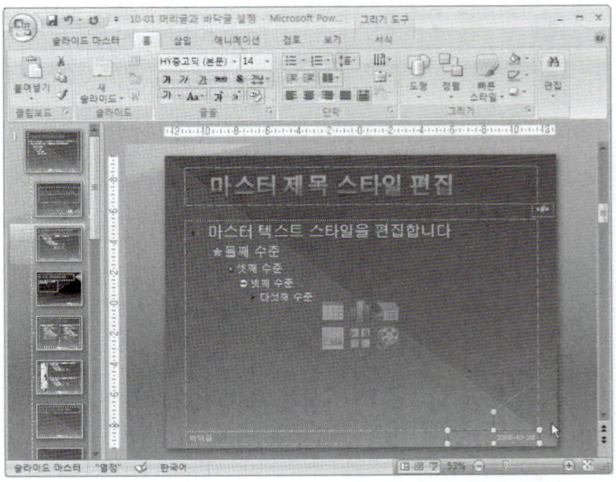

5. 그림 개체 삽입하기

❶ [삽입] 탭 → [일러스트레이션] 그룹에서 '그림( )' 도구를 클릭하고 [그림 삽입] 대화상자에서 삽입할 그림을 선택한 다음 [확인] 버튼을 클릭한다.

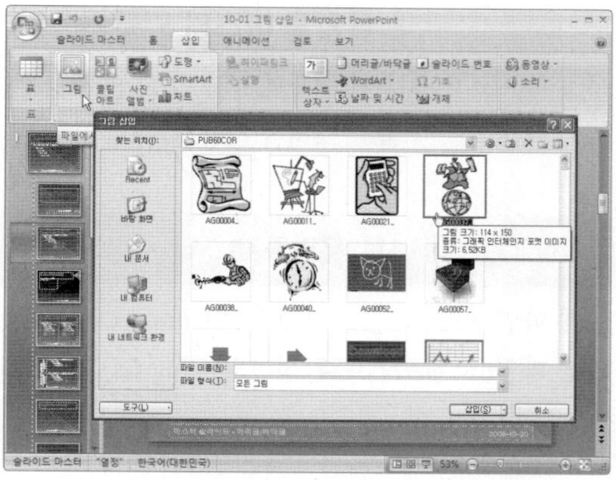

❷ 슬라이드에 삽입된 그림의 위치와 크기를 적당하게 조정한 다음,

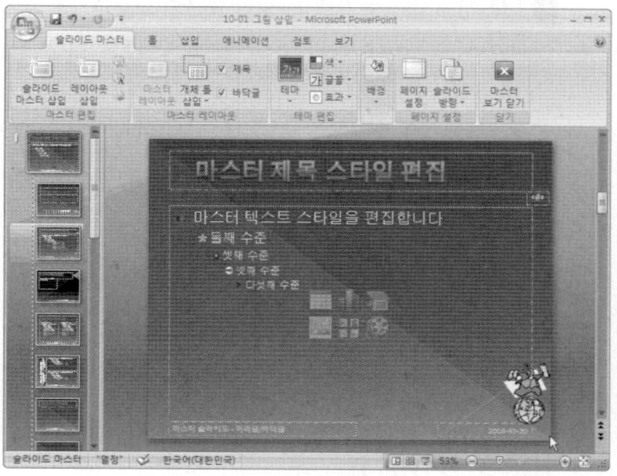

❸ [슬라이드 마스터] 탭의 [닫기] 그룹에서 '마스터 보기 닫기( )' 도구를 클릭하고 슬라이드에 삽입된 그림을 확인한다.

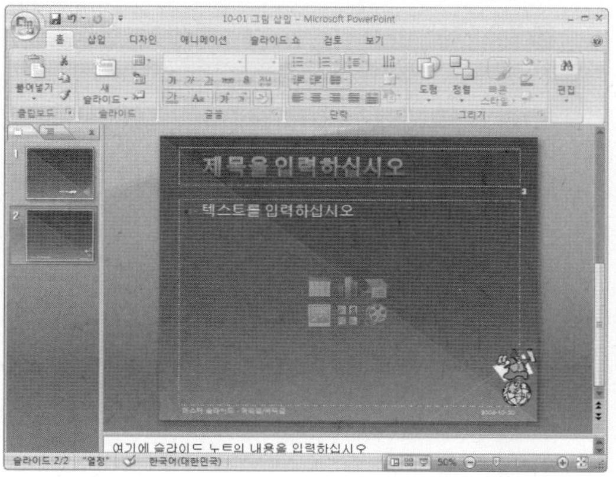

4.4 유인물 마스터와 슬라이드 노트 마스터 만들기

유인물은 프레젠테이션을 진행하는 동안 참석자가 보거나 나중에 참조할 수 있도록 한 페이지에 1, 2, 3, 4, 6 또는 9개의 슬라이드를 표시하여 프레젠테이션을 인쇄한 것을 의미하고, 슬라이드 노트는 슬라이드에 대한 설명 또는 추가적인 정보 등을 입력하기 위해 사용한다.

유인물 마스터 만들기

유인물에 페이지 번호, 날짜 등의 머리글/바닥글을 추가하거나 위치, 크기 등을 편집하려면 유인물 마스터를 사용한다.

함께하기 | 유인물 마스터 설정하기

예제 파일: 파워포인트\예제파일\Chapter 3\Section 04\03-04 유인물마스터.pptx
완성 파일: 파워포인트\완성파일\Chapter 3\Section 04\03-04 유인물마스터(완성).pptx

1. 유인물 마스터 선택하기

❶ [보기] 탭 → [프레젠테이션 보기] 그룹에서 '유인물 마스터(유인물 마스터)' 도구를 클릭하고,

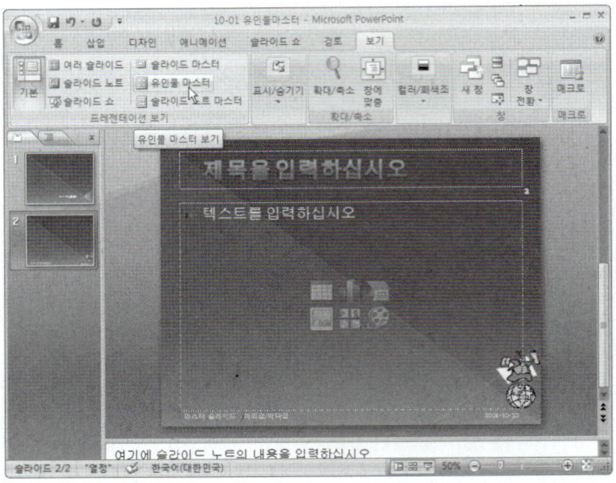

2. 유인물 서식 설정하기

❶ [유인물 마스터] 탭 → [페이지 설정] 그룹에서 '한 페이지에 넣을 슬라이드 수( ) – 4슬라이드'를 선택하고,

❷ '유인물 방향( ) – 가로'로 설정한다.

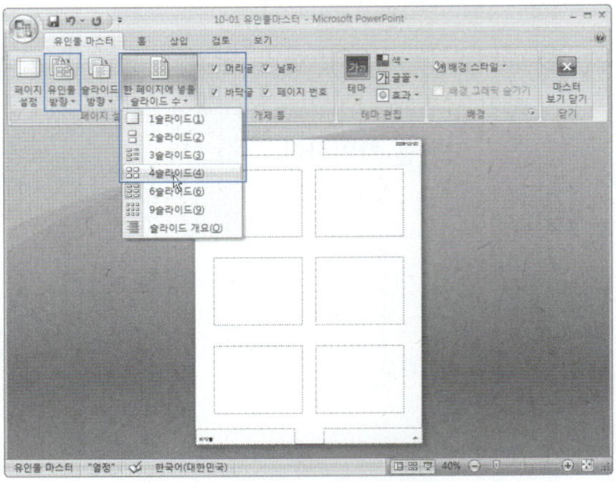

3. 머리글/바닥글 설정하기

❶ [삽입] 탭 → [텍스트] 그룹에서 '머리글/바닥글(머리글/바닥글)' 도구를 클릭하고,

❷ [머리글/바닥글] 대화상자에서 [슬라이드 노트 및 유인물] 탭을 클릭한 다음,

❸ [슬라이드 노트 및 유인물] 탭에서 페이지에 넣을 항목을 선택하고 '머리글'과 '바닥글'에 내용을 입력한 다음 [모두 적용] 버튼을 클릭한다.

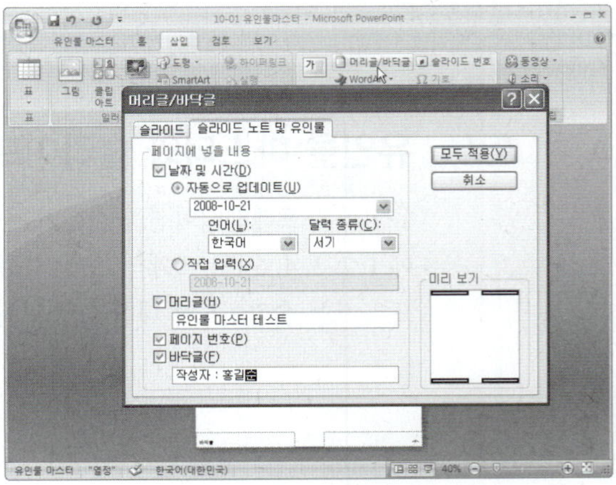

슬라이드 노트 마스터 만들기

각 슬라이드 노트에는 슬라이드 이미지와 해당 슬라이드의 노트가 함께 표시된다. 슬라이드 노트 보기에서 차트, 그림, 표 또는 삽화를 사용하여 노트를 멋지게 꾸밀 수 있다.

함께하기 | 슬라이드 노트 편집하기

예제 파일: 파워포인트\예제파일\Chapter 3\Section 04\03-04 슬라이드노트.pptx
완성 파일: 파워포인트\완성파일\Chapter 3\Section 04\03-04 슬라이드노트(완성).pptx

1. 슬라이드 노트 마스터 설정하기
   ❶ [보기] 탭 → [프레젠테이션 보기] 그룹에서 '슬라이드 노트 마스터(슬라이드 노트 마스터)' 도구를 클릭하고,
   ❷ [슬라이드 노트 마스터] 탭 → [페이지 설정] 그룹에서 '슬라이드 노트 방향( ) – 세로'로 설정한다.

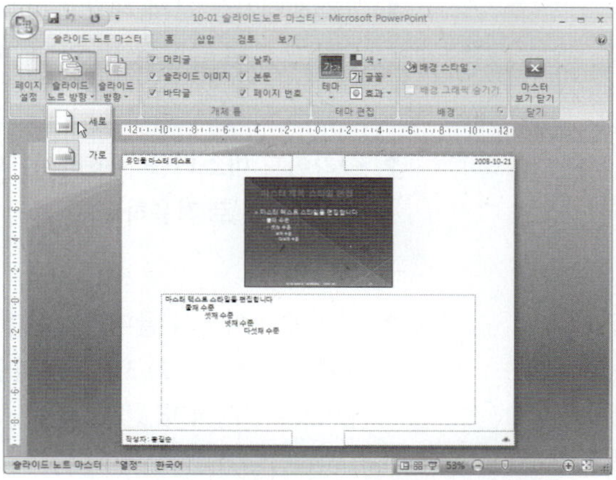

2. 머리글/바닥글 설정하기
   ❶ [삽입] 탭 → [텍스트] 그룹에서 '머리글/바닥글(머리글/바닥글)' 도구를 클릭하고,
   ❷ [머리글/바닥글] 대화상자에서 [슬라이드 노트 및 유인물] 탭을 클릭하고 페이지에 넣을 내용을 선택하고 입력한 다음 [모두 적용] 버튼을 클릭한다.

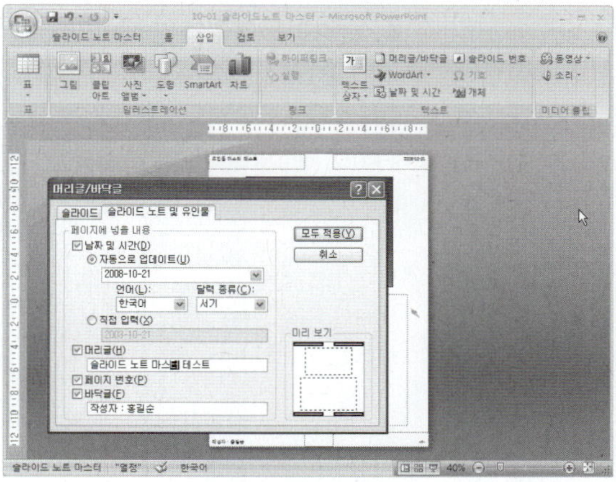

연습문제

INTRODUCTION TO COMPUTER APPLICATIONS **POWERPOINT**

1. 프레젠테이션 문서(태양계.pptx)를 열고, 슬라이드 마스터를 사용하여 '흐름' 테마를 적용하고, 테마 글꼴은 '풍요', 테마 색은 '메트로' 를 적용하라.

2. 슬라이드 마스터를 사용하여 '제목 및 내용' 슬라이드의 모든 제목의 글꼴을 '44pt, 진한 빨강, 굵게' 로 적용하라.

3. 전체 슬라이드의 글머리기호를 첫째 수준은 '별표 글머리기호, 진한 빨강' 으로 설정하고 둘째 수준은 '1) 2) 3), 진한 파랑' 의 번호 서식으로, 셋째 수준은 '화살표 글머리기호, 주황' 으로 변경하라.

4. 슬라이드의 2~5의 레이아웃을 '콘텐츠 2개' 레이아웃으로 변경하라.

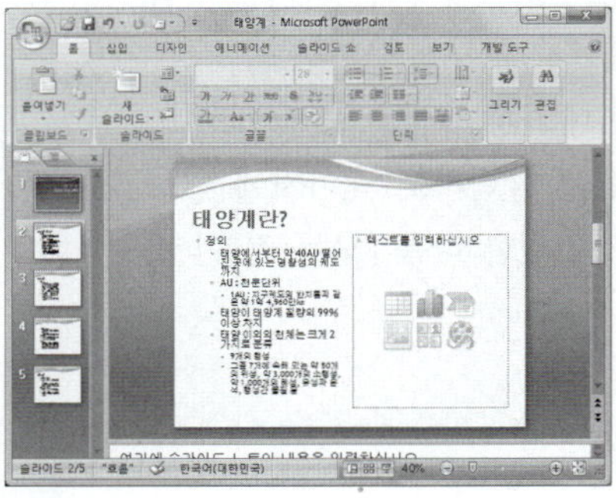

CHAPTER

04 슬라이드에서 텍스트 사용하기

슬라이드에 텍스트를 입력하는 것은 프레젠테이션을 작성하는 가장 기본적인 작업이다. 슬라이드에 텍스트를 입력하려면 텍스트를 입력할 틀이 필요하다. 텍스트를 입력할 수 있는 틀에는 개체 틀과 텍스트 상자, 도형 등이 있다.

INTRODUCTION TO COMPUTER APPLICATIONS **POWERPOINT**

Section 01 : 텍스트 입력하기

텍스트는 슬라이드 레이아웃에 포함된 사각형 틀과 도형, 텍스트 상자에 입력할 수 있다.

개체 틀에 텍스트 입력하기

개체 틀은 슬라이드 레이아웃에 포함된 점선 모양의 테두리로 표시된 사각형 틀을 의미한다. 개체 틀에 텍스트를 입력하기 위해서는 개체 틀 위에서 마우스를 클릭하여 커서가 개체 틀 안에 표시되면 텍스트를 입력하면 된다.

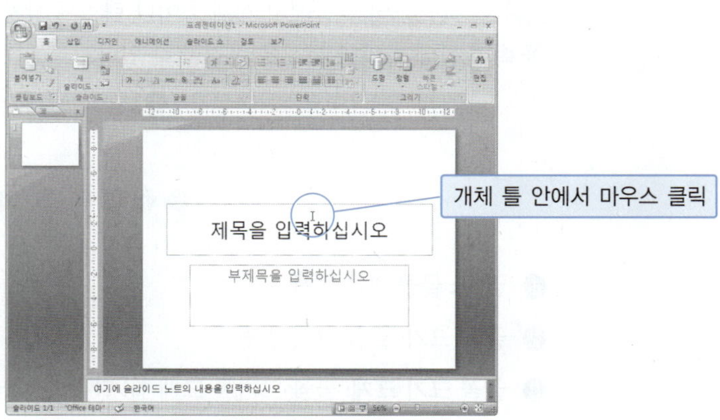

도형에 텍스트 입력하기

사각형이나 원 등의 도형을 삽입한 후 삽입된 도형을 클릭하여 선택하고 텍스트를 입력한다. 도형에 입력된 텍스트는 도형과 함께 이동하거나 회전된다.

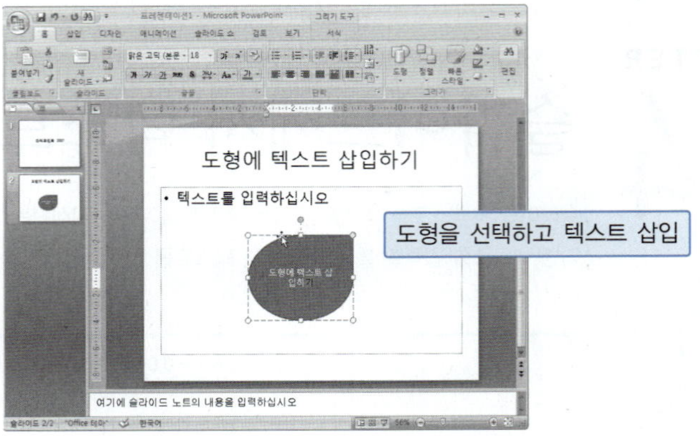

텍스트 상자에 텍스트 입력하기

텍스트 상자는 [삽입] 탭 → [텍스트] 그룹에서 '텍스트 상자(가)'를 사용하여 사용자가 원하는 위치에 자유롭게 텍스트를 입력할 수 있다. 텍스트 상자는 '가로 텍스트 상자'와 '세로 텍스트 상자' 두 가지가 가능하며, 텍스트 상자에는 선 색과 채우기 색, 다양한 도형 효과를 적용할 수 있으며 텍스트 상자의 모양도 변경 가능하다.

Section

02: 텍스트 편집하기

슬라이드에 입력된 텍스트에 다양한 효과를 추가하여 훨씬 보기 좋은 슬라이드를 만들 수 있다.

2.1 [글꼴] 그룹

[홈] 탭 → [글꼴] 그룹에서 개체 틀이나 텍스트 상자, 도형에 입력된 텍스트의 글꼴이나 크기, 글꼴 속성 등에 다양한 서식을 변경할 수 있다.

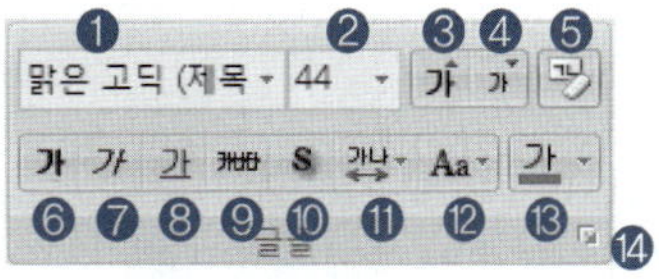

❶ **글꼴:** 글꼴 종류 선택

❷ **글꼴 크기:** 글꼴 크기 변경

❸ **글꼴 크기 크게:** 글꼴 크기를 크게 함. 단축키: [Ctrl] + [Shift] + [>]

❹ **글꼴 크기 크게:** 글꼴 크기를 작게 함. 단축키: [Ctrl] + [Shift] + [<]

❺ **모든 서식 지우기:** 선택 영역의 모든 텍스트 서식을 삭제하여 기본 스타일로 표시

❻ **굵게:** 선택한 텍스트를 굵게 표시. 단축키: [Ctrl] + [B]

❼ **기울임꼴:** 선택한 텍스트를 기울임꼴로 표시. 단축키: [Ctrl] + [I]

❽ **밑줄:** 선택한 텍스트에 밑줄 표시. 단축키: [Ctrl] + [U]

❾ **취소 선:** 선택한 텍스트의 가운데를 지나는 선 표시

❿ **텍스트 그림자:** 선택한 텍스트 뒤에 그림자를 추가하여 텍스트 강조

⓫ **문자 간격:** 문자 사이의 간결 조절

⓬ **대/소문자 바꾸기:** 선택한 텍스트를 대문자, 소문자 또는 일반 대/소문자로 변환

⓭ **글꼴 색:** 텍스트의 색 변경

⓮ **글꼴:** [글꼴] 대화상자 표시

[글꼴] 대화상자 살펴보기

[홈] 탭 → [글꼴] 그룹에서 '글꼴( )' 을 클릭하면 [글꼴] 대화상자가 표시된다. [글꼴] 대화상자를 사용하여 글꼴에 대해 구체적으로 설정할 수 있다.

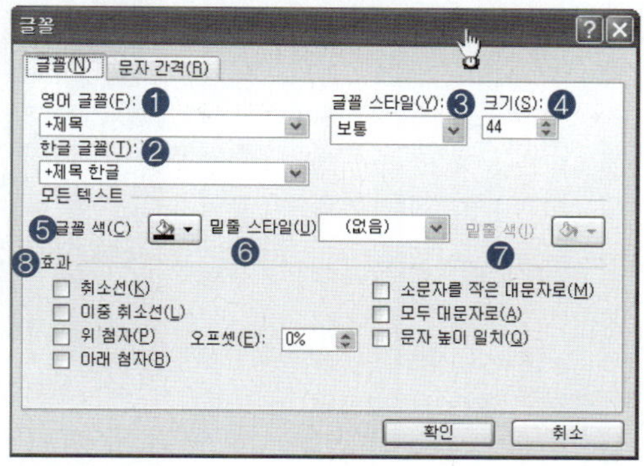

❶ **영어 글꼴:** 영어 글꼴 설정

❷ **한글 글꼴:** 한글 글꼴 설정

❸ **글꼴 스타일:** '보통', '기울임꼴', '굵게', '굵은 기울임꼴' 의 글꼴 스타일 설정

❹ **크기:** 글꼴 크기 설정

❺ **글꼴 색:** 글꼴 색 설정

❻ **밑줄 스타일:** 밑줄 스타일 설정

❼ **밑줄 색:** 밑줄 색 지정

❽ **효과:** 선택한 텍스트에 취소 선, 이중 취소 선, 위 첨자와 아래 첨자 등의 다양한 효과 지정

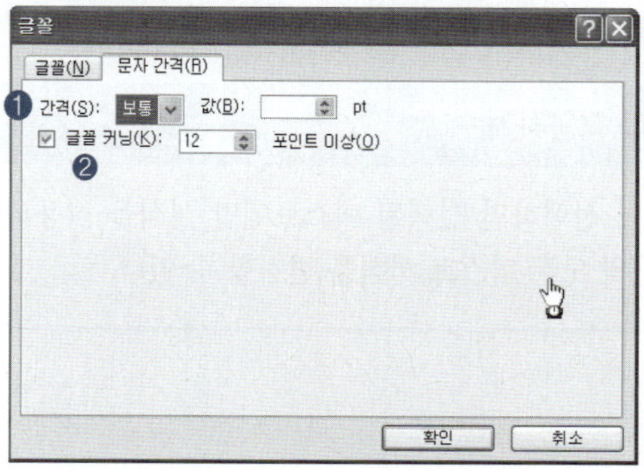

❶ **간격:** 문자 간격 설정. '넓게' 를 선택하면 값이 크면 클수록 문자 간격이 넓어지고, '좁게' 를 선택하면 값이 클수록 문자 간격이 좁아진다.

❷ **글꼴 커닝:** 영문자 사이의 간격을 조정하여 일정한 간격으로 조정

함께하기 | 텍스트 편집하기

예제 파일: 파워포인트\예제파일\Chapter 4\Section 02\04-02 텍스트편집.pptx
완성 파일: 파워포인트\완성파일\Chapter 4\Section 02\04-02 텍스트편집(완성).pptx

1. 제목 개체 선택하기

❶ 제목 슬라이드의 제목 개체 틀 안쪽을 클릭한 후 마우스를 드래그하여 텍스트를 선택하고,

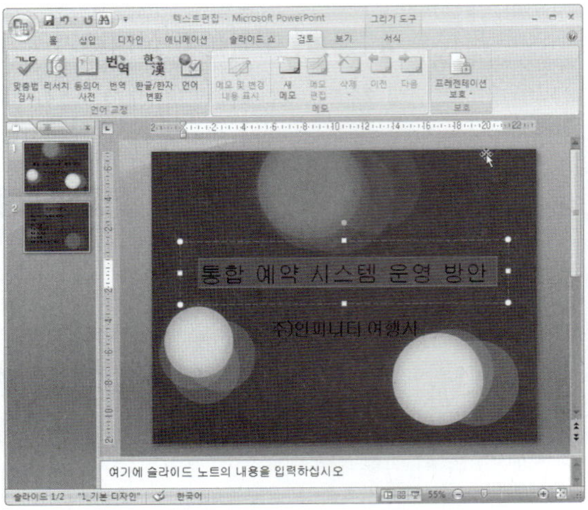

2. 서식 설정하기

❶ [홈] 탭 → [글꼴] 그룹에서 '글꼴' 의 목록 기호(▾)를 눌러 원하는 글꼴('HY크리스탈M)' 을 선택한다.

❷ '글꼴 크기' 의 목록 기호(▾)를 눌러 글꼴 크기('48')를 변경하고,

❸ '글꼴 색' 의 목록 기호(▾)를 클릭하고 글꼴 색('빨강')을 선택한다.

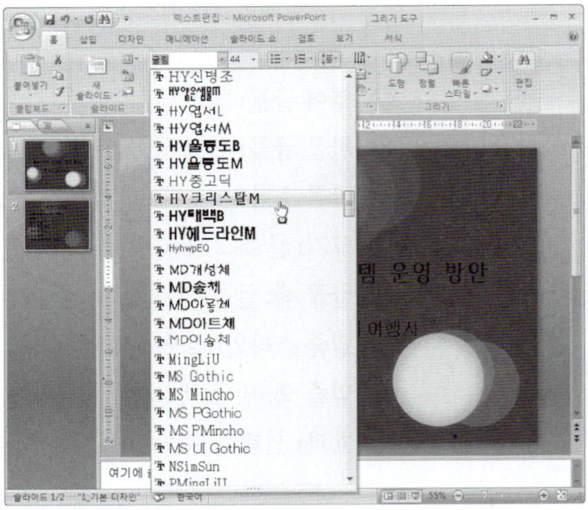

Tip | 텍스트 서식 적용하기

텍스트를 드래그하여 선택하면 선택된 텍스트에만 서식을 적용되지만, 개체 틀 자체를 선택하고 서식을 변경하면 개체 틀 안의 모든 텍스트 서식을 변경할 수 있다.

3. 부제목 서식 설정하기

❶ 부제목 개체 틀을 선택하고,

❷ '글꼴' 과 '글꼴 크기', '글꼴 색' 을 변경한다.

❸ '문자 간격(가나)' 을 클릭하고 문자 간격을 '넓게' 로 선택한다.

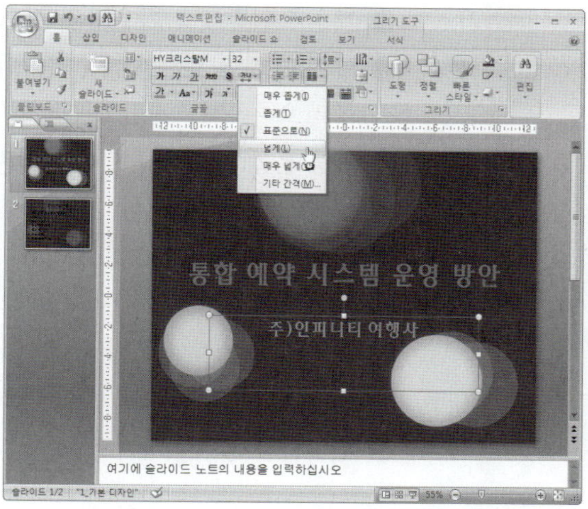

4. 내용 슬라이드 서식 설정하기

❶ 두 번째 슬라이드에도 글꼴에 관련된 서식을 변경한다.

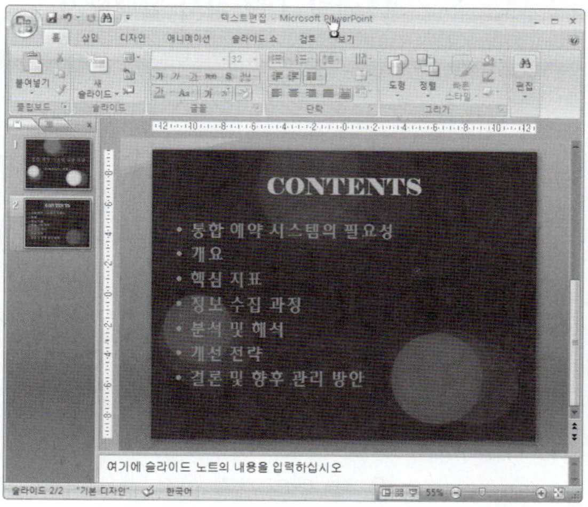

2.2 | [단락] 그룹

본문 슬라이드의 텍스트를 작성하는 과정에서 텍스트의 맞춤이나 정렬 등을 설정하려면 [홈] 탭 → [단락] 그룹을 사용한다.

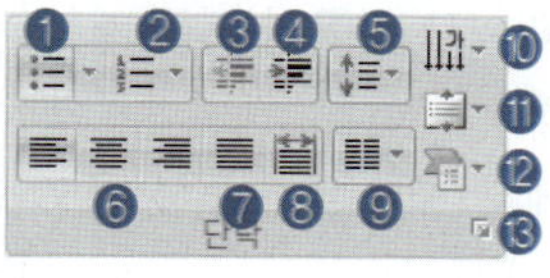

❶ **글머리 기호:** 문단이나 문장에 글머리 기호 표시하고 변경

❷ **번호 매기기:** 문단이나 문장에 글머리 부분에 숫자 표시하고 변경

❸ **목록 수준 줄임:** 들여쓰기 수준을 낮춤

❹ **목록 수준 높임:** 들여쓰기 수준을 높임

❺ **줄 간격:** 문장과 문장 사이의 간격 설정

❻ **텍스트 왼쪽 맞춤/가운데 맞춤/오른쪽 맞춤:** 선택한 텍스트의 정렬 방식 설정

❼ **양쪽 맞춤:** 필요하면 단어 사이의 공백을 삽입하여 왼쪽과 오른쪽 여백에 텍스트를 맞춰 왼쪽과 오른쪽에 가지런하게 표시

❽ **균등 분할:** 필요하면 단어 사이의 공백을 삽입하여 왼쪽과 오른쪽 여백에 텍스트를 맞춰 문서를 가지런하게 표시

❾ **단:** 텍스트를 둘 이상의 열로 나누어 표시

❿ **텍스트 방향:** 텍스트를 세로로 쓰거나 세워 써서 원하는 방향으로 회전

⓫ **텍스트 맞춤:** 텍스트 상자 내에서 텍스트가 정렬되는 방법 변경

⓬ **SmartArt 그래픽으로 변경:** 텍스트를 SmartArt 그래픽으로 변환

⓭ **단락:** [단락] 대화상자 표시

[단락] 대화상자 살펴보기

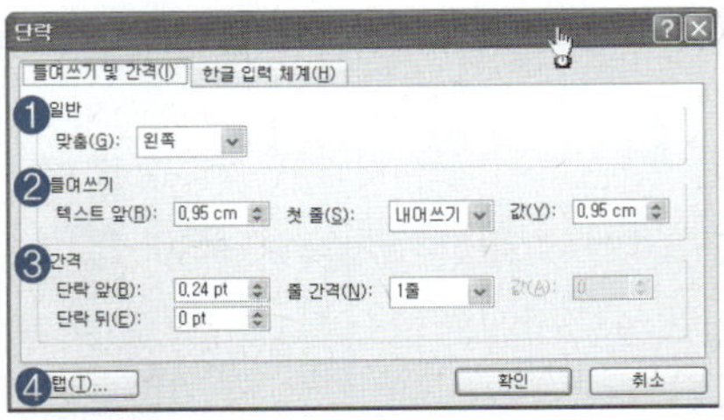

❶ **맞춤:** 텍스트의 맞춤 방법 설정

❷ **들여쓰기:** 들여쓰기 방법과 크기 등을 설정

❸ **간격:** 단락과 단락 사이의 간격과 단락 내의 줄과 줄 사이의 간격 설정

❹ **탭:** 탭의 간격 설정

함께하기 | 단락 조정하기

예제 파일: 파워포인트\예제파일\Chapter 4\Section 02\04-02 단락조정하기.pptx
완성 파일: 파워포인트\완성파일\Chapter 4\Section 02\04-02 단락조정하기.pptx

1. 텍스트 오른쪽 정렬하기

❶ 세 번째 슬라이드의 슬라이드 위쪽의 제목 개체 틀을 클릭하여 선택하고,

❷ [홈] 탭 → [단락] 그룹에서 '텍스트 오른쪽 맞춤(≡)' 도구를 클릭한다.

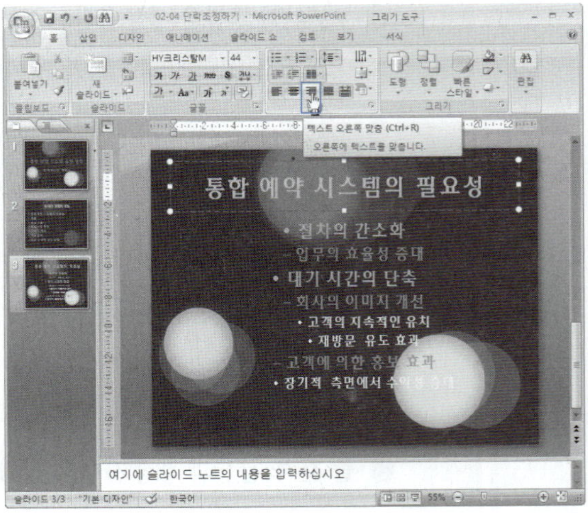

2. 텍스트 왼쪽 정렬하기

❶ 내용 개체 틀의 테두리 부분을 클릭하여 개체 틀을 선택하고,

❷ [홈] 탭 → [단락] 그룹에서 '텍스트 왼쪽 맞춤( )' 도구를 클릭하여 왼쪽 정렬한다.

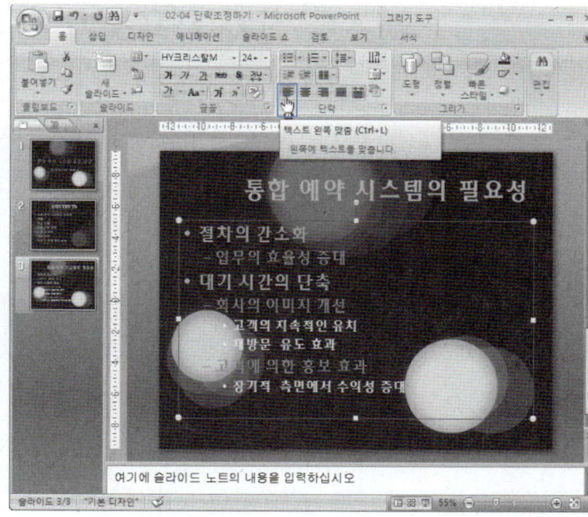

3. 줄 간격 조정하기

❶ [Ctrl] 키를 누르고, 첫 번째 수준의 텍스트를 각각 선택한 다음,

❷ '줄 간격( )' 오른쪽의 목록 기호( )를 누르고 '줄 간격 옵션'을 선택한다.

❸ [단락] 대화상자에서 [들여쓰기 및 간격] 탭을 클릭하고 '단락 뒤'의 값을 '5'로 설정한 후 [확인] 버튼을 클릭한다.

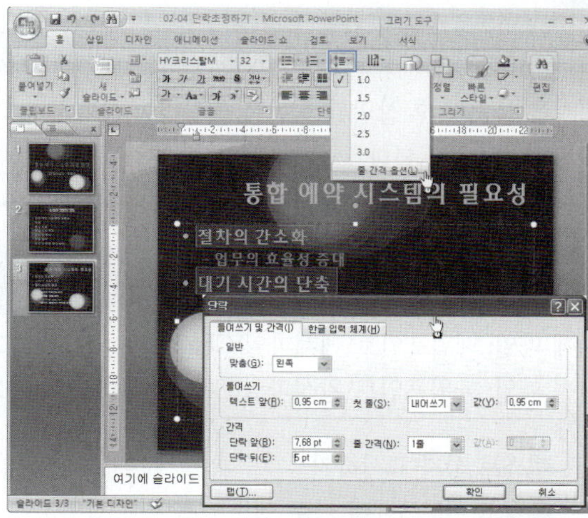

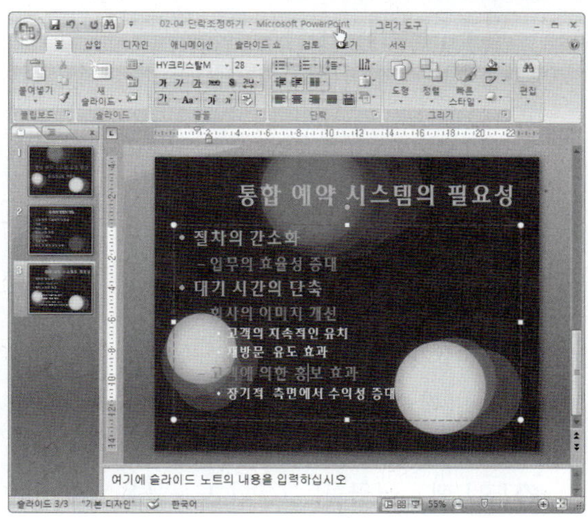

2.3 | 텍스트 상자 사용하기

사용자가 원하는 위치에 자유롭게 텍스트를 입력하려면 텍스트 상자를 사용한다. 텍스트 상자는 '가로 텍스트 상자'와 '세로 텍스트 상자' 두 가지가 가능하며, 텍스트 상자에는 선 색과 채우기 색, 다양한 도형 효과를 적용할 수 있고 텍스트 상자의 모양도 변경 가능하다. 텍스트 상자는 [삽입] 탭 → [텍스트] 그룹에서 '텍스트 상자( )'를 클릭한다.

Tip | 텍스트 상자

도형이나 텍스트 개체 틀을 선택한 후 [그리기 도구] → [서식] 탭의 [도형 삽입] 그룹에서 '가로 텍스트 상자 그리기'를 사용하여 삽입할 수도 있다.

Tip | 도형에 텍스트 입력하기

도형을 삽입한 후 삽입된 도형을 클릭하여 선택하고 텍스트를 입력한다. 도형에 입력된 텍스트는 도형과 함께 이동하거나 회전된다.

함께하기 | 텍스트 상자 사용하기

예제 파일: 파워포인트\예제파일\Chapter 4\Section 02\04-02 텍스트 상자.pptx
완성 파일: 파워포인트\완성파일\Chapter 4\Section 02\04-02 텍스트 상자(완성).pptx

1. 텍스트 상자 표시하기
   ❶ 슬라이드 3에서 가로 텍스트 상자를 삽입하기 위해 [삽입] 탭의 [텍스트] 그룹에서 '텍스트 상자( )'를 클릭한 다음,

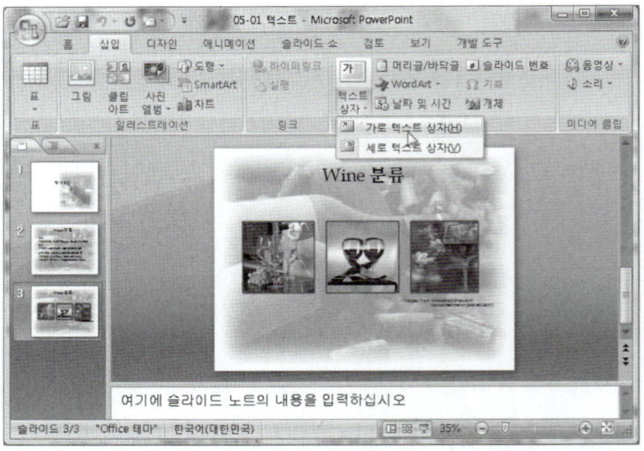

2. 텍스트 상자 그리기
   ❶ 첫 번째 그림 위에서 마우스를 드래그하여 'White Wine'을 입력하고,
   ❷ [홈] 탭 → [글꼴] 그룹의 도구들을 사용하여 텍스트 상자의 글꼴을 설정한다.

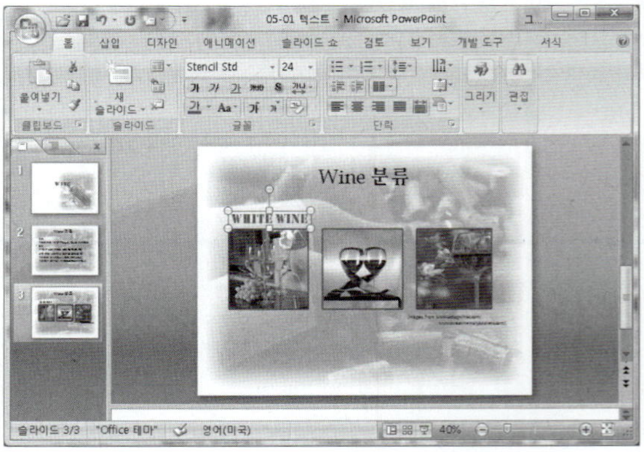

3. 텍스트 상자 스타일 설정하기

❶ [그리기 도구] → [서식] 탭의 [도형 스타일] 그룹에서 '도형 스타일 – 강한 효과, 강조 6'을 선택하여 적용한다.

4. 텍스트 상자 입력하고 스타일 설정하기

❶ 텍스트 상자를 선택하고 [Ctrl] 키를 누른 채로 드래그하여 두 번째와 세 번째 그림 위에 복사한 후,

❷ 'RED WINE'과 'ROSE WINE'으로 수정한다.

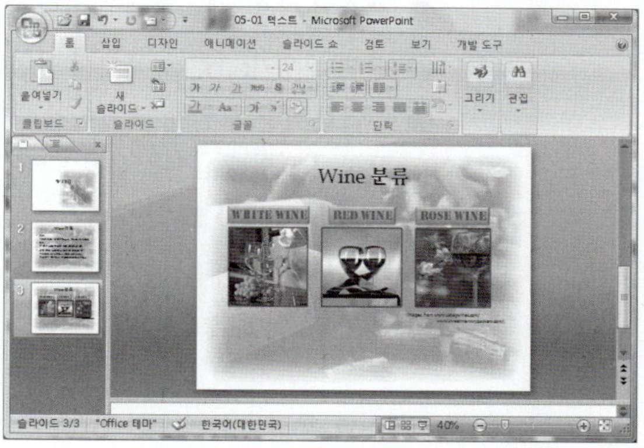

5. 텍스트 정렬하기

❶ [Shift] 키를 누르고 텍스트 상자를 클릭하여 모두 선택한 후,

❷ [홈] 탭 → [단락] 그룹에서 '가운데 맞춤' 도구를 클릭한다.

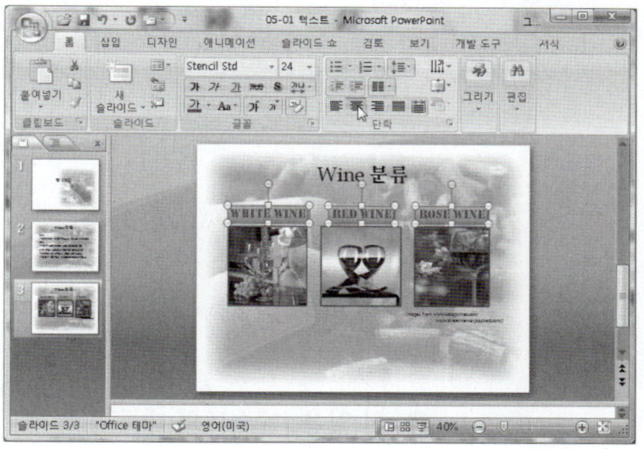

2.4 | 텍스트 꾸미기

텍스트를 입력하고 글꼴, 크기, 색 등의 서식을 변경하는 것만으로는 아직은 서운하고 약간 밋밋한 느낌이 들 수 있다. 텍스트에 여러 가지 효과를 적용하여 멋진 텍스트 슬라이드를 만들 수 있다.

[텍스트 효과 서식] 대화상자

텍스트에 적용할 수 있는 대부분의 효과 서식은 [텍스트 효과 서식] 대화상자를 사용하여 편리하게 설정할 수 있다. 텍스트를 선택하고 [그리기 도구] → [서식] 탭의 [WordArt 스타일] 그룹의 '텍스트 효과 서식( )'을 클릭하여 [텍스트 효과 서식] 대화상자를 표시한다.

| 텍스트 채우기 |

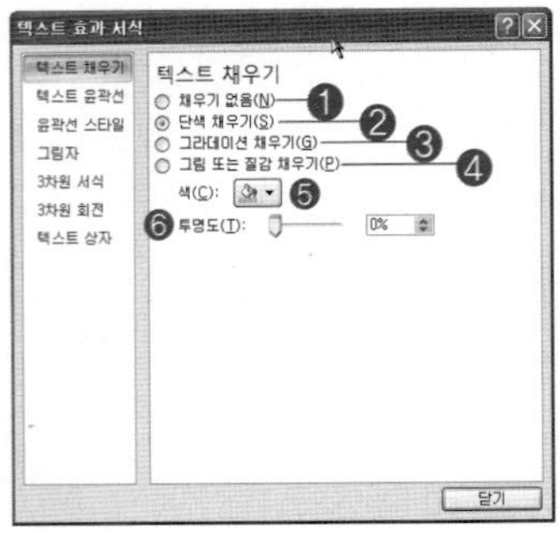

❶ **채우기 없음:** 텍스트에 설정된 텍스트의 서식 삭제

❷ **단색 채우기:** '색' 항목에서 설정된 한 가지의 색으로 텍스트 색을 채움

❸ **그라데이션 채우기:** 텍스트의 색을 두 가지 이상의 색을 사용하여 방향과 종류, 각도 등을 사용하여 그라데이션을 설정

❹ **그림 또는 질감 채우기:** 텍스트를 그림이나 질감으로 채움

❺ **색:** 단색으로 채울 색 설정

❻ **투명도:** 텍스트의 투명도 조절

| 텍스트 윤곽선 |

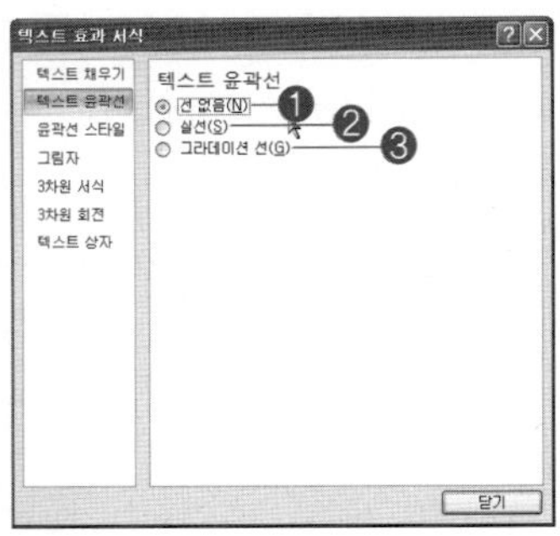

❶ **선 없음:** 텍스트의 테두리 삭제

❷ **실선:** 텍스트의 테두리를 지정된 색의 실선으로 표시

❸ **그라데이션 선:** 텍스트의 테두리를 그라데이션이 적용된 선으로 표시

| 윤곽선 스타일 |

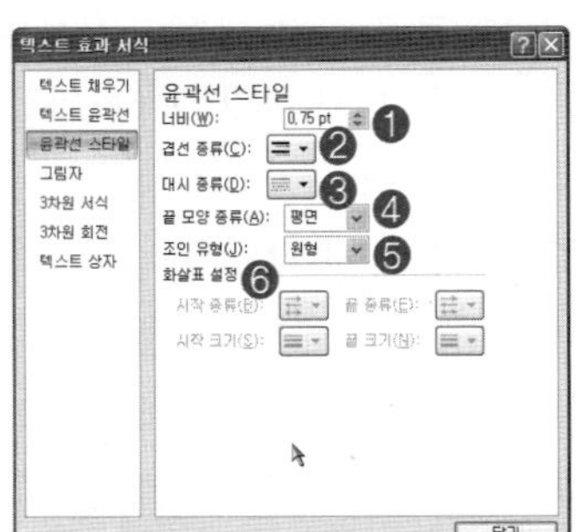

❶ **너비:** 텍스트 윤곽선을 실선이나 그러데이션 선으로 설정한 경우 윤곽선의 너비 설정

❷ **겹선 종류:** 윤곽선을 겹선으로 지정한 경우 겹선의 스타일 설정

❸ **대시 종류:** 윤곽선의 스타일 지정

❹ **끝 모양 종류:** 윤곽선의 끝 모양 설정

❺ **조인 유형:** 두 개의 윤곽선을 연결할 때 사용할 스타일 설정

❻ **화살표 설정:** 텍스트의 윤곽선에서는 사용할 수 없으며, 도형의 선에서 화살표의 모양을 설정하기 위해 사용

| 그림자 |

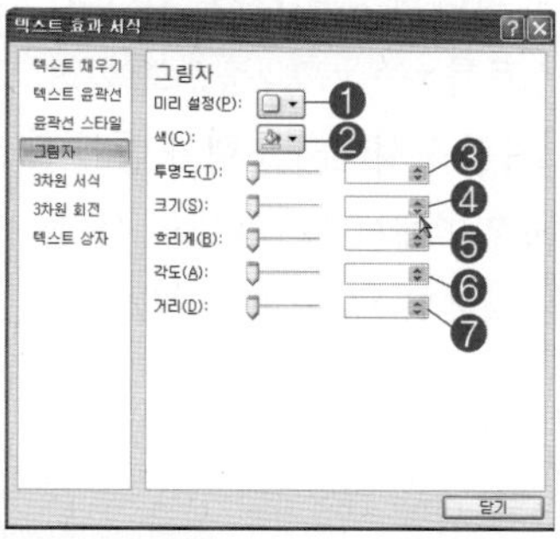

❶ **미리 설정:** 제공된 그림자 스타일들 중 선택하여 설정

❷ **색:** 그림자 색 설정

❸ **투명도:** 0% ~ 100% 사이의 값으로 그림자의 투명도 설정. 값이 크면 클수록 그림자가 투명해짐

❹ **크기:** 그림자의 크기 설정

❺ **흐리게:** 그림자의 가장자리에 흐리게 보이는 효과로 사용, 0pt ~ 100pt 사이의 값 설정

❻ **각도:** 그림자의 회전 각도로 0도~359도 사이값 지정

❼ **거리:** 그림자와 텍스트와의 떨어지는 거리로 0pt ~ 200pt 사이의 값 설정

| 3차원 서식 |

❶ **입체 효과:** 3차원 텍스트의 외형선의 입체 효과 지정

❷ **깊이:** 3차원 텍스트의 깊이를 지정

❸ **외형선:** 3차원 텍스트의 외형선의 크기와 색을 지정

❹ **표면:** 3차원 텍스트의 표면 재질 설정

| 3차원 회전 |

❶ **미리 설정:** 미리 제공된 3차원 회전의 스타일을 미리 지정

❷ **회전:** 텍스트를 x축, y축, z축으로 회전

❸ **텍스트:** 3차원 도형에서 도형과 함께 텍스트를 회전하지 않도록 할 때 사용

❹ **개체 위치:** 밑면에서부터의 거리 설정

❺ **원래대로:** 적용된 3차원 효과 취소

| 텍스트 상자 |

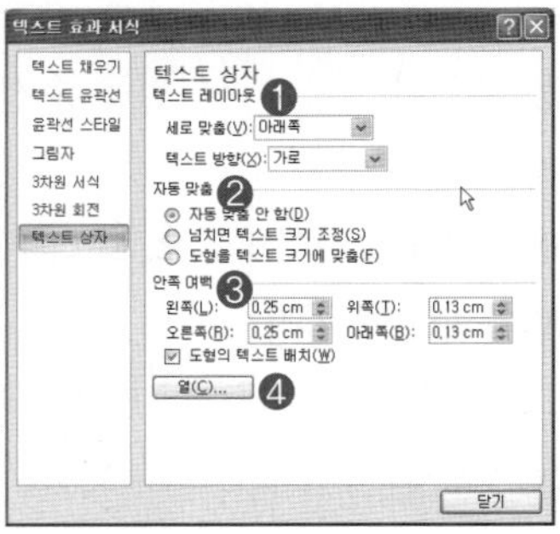

❶ **텍스트 레이아웃:** 텍스트 상자 내에서 텍스트의 방향과 세로 맞춤 방법 설정

❷ **자동 맞춤:** 텍스트의 내용이 텍스트 상자나 도형에 비해 많거나 적은 경우 도형의 크기를 텍스트에 맞출 것인지 텍스트를 도형에 맞출 것인지 설정

❸ **안쪽 여백:** 텍스트 상자의 안쪽 여백 설정

❹ **열:** [열] 대화상자를 이용하여 텍스트 상자의 개수와 간격 설정

함께하기 | 텍스트에 서식 효과 설정하기

예제 파일: 파워포인트\예제파일\Chapter 4\Section 02\04-02 텍스트효과.pptx
완성 파일: 파워포인트\완성파일\Chapter 4\Section 02\04-02 텍스트효과(완성).pptx

1. 텍스트 효과 대화상자 표시하기

❶ 첫 번째 슬라이드의 제목 개체 틀을 클릭하여 선택한 후,

❷ [그리기 도구] → [서식] 탭의 [WordArt 스타일] 그룹에서 '텍스트 효과 서식( )'을 클릭하여 [텍스트 효과 서식] 대화상자를 표시한다.

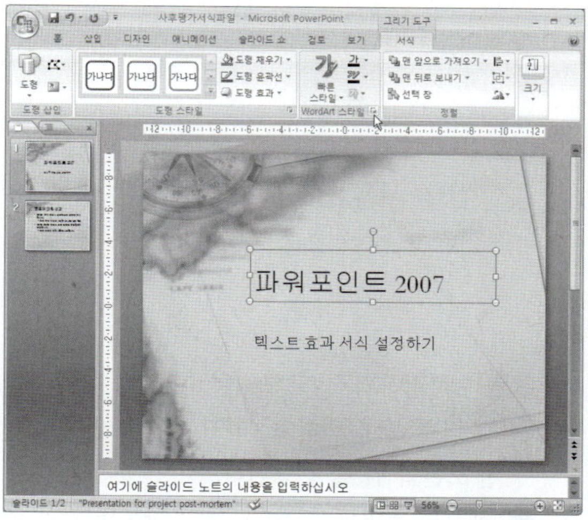

2. 그라데이션 채우기

❶ [텍스트 효과 서식] 대화상자에서 '텍스트 채우기 – 그라데이션으로 채우기'를 선택하고,

❷ '방향 – 선형 위쪽'으로 선택한 다음,

❸ '그라데이션 중지점'에서
'중지점 1: 색-빨강'
'중지점 2: 색-자주'
'중지점 3: 색-연한 파랑'
을 선택한다.

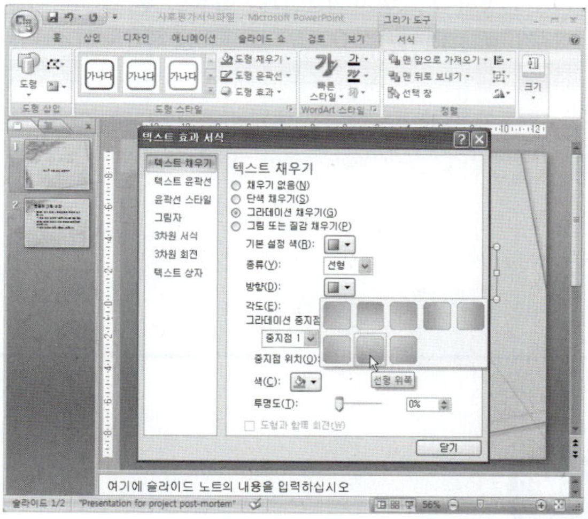

Tip | 그라데이션의 중지점

그라데이션은 하나 이상의 색상을 연결하여 자연스럽게 색의 흐름을 표현하기 위해 사용한다. 파워포인트 2007에서는 중지점을 최대 10개까지 추가할 수 있으며 각 중지점마다 색, 위치, 투명도 등을 자연스럽게 조절할 수 있다.

3. 텍스트 윤곽선 설정하기

❶ '텍스트 윤곽선'을 클릭하고 '실선 – 색 – 연한 파랑'을 선택한다.

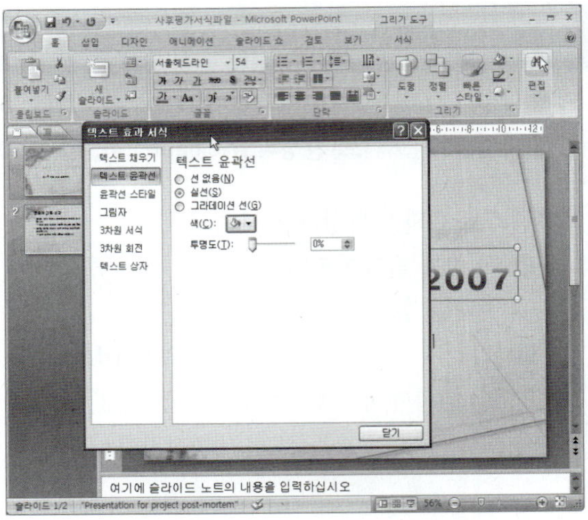

4. 그림자 설정하기

❶ '그림자'를 선택하고 '미리 설정 – 안쪽 대각선 오른쪽 위'를 선택한다.

❷ '색'과 '투명도', '거리' 등의 항목의 값을 조정하여 그림자의 효과를 설정한 후 [닫기] 버튼을 클릭한다.

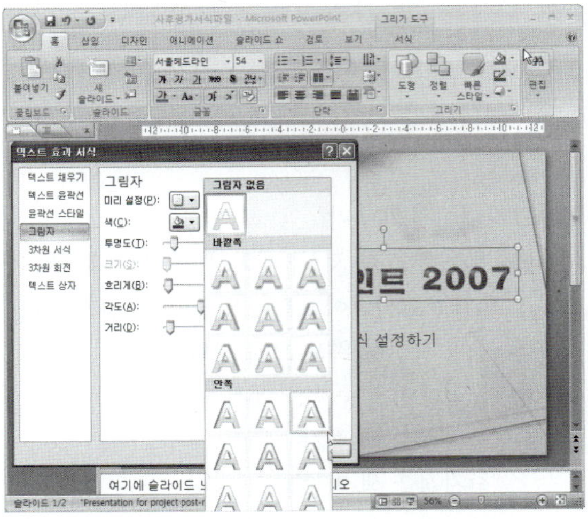

Section 03: 워드아트(WordArt) 스타일 적용하기

워드아트(WordArt)는 그림자 또는 반사 텍스트와 같이 텍스트에 다양한 장식 효과를 간단하게 적용하기 위해 제공된 텍스트 스타일 갤러리이다.

❶ **빠른 스타일:** 워드아트(WordArt)의 색이나 효과 등을 목록에서 선택하여 빠르게 적용할 수 있도록 제공

❷ **텍스트 채우기:** 단색, 그라데이션 또는 그림이나 질감으로 텍스트 채움

❸ **텍스트 윤곽선:** 텍스트 윤곽선의 색이나 두께, 선의 스타일 설정

❹ **텍스트 효과:** 텍스트에 그림자와 네온, 반사, 3차원 회전과 같은 시각적 효과 적용

❺ **텍스트 효과 서식:** [텍스트 효과 서식] 대화상자

함께하기 | 워드아트를 사용하여 멋진 제목 텍스트 꾸미기

예제 파일: 파워포인트\예제파일\Chapter 4\Section 02\04-02 학교만들기.pptx

완성 파일: 파워포인트\완성파일\Chapter 4\Section 02\04-02 학교만들기(완성).pptx

1. WordArt 스타일 적용하기

❶ 첫 번째 슬라이드의 제목 개체를 선택하고,

❷ [그리기 도구] → [서식] 탭에서 [WordArt 스타일] 그룹의 '빠른 스타일'에서 '그라데이션 채우기 – 강조 1, 윤곽선 – 흰색, 네온 – 강조 2' 스타일을 클릭한다.

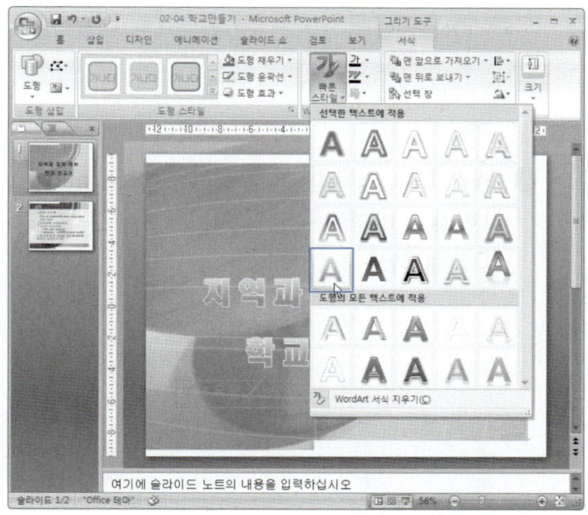

2. WordArt 스타일 변경하기

❶ [WordArt 스타일] 그룹의 '텍스트 채우기 – 그라데이션 – 기타 그라데이션'을 선택하고,

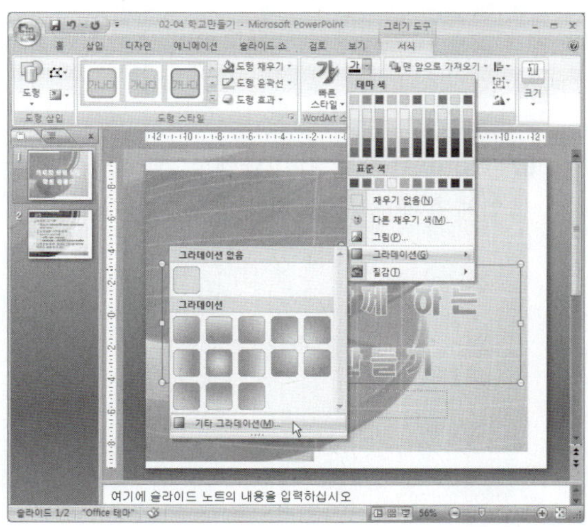

❷ [텍스트 효과 서식] 대화상자의 '텍스트 채우기'에서 '그라데이션 중지점 – 중지점 1'의 '색 – 황금색, 텍스트 1, 50% 더 어둡게'를 선택하고,

❸ '텍스트 윤곽선 – 실선 – 황금색, 테스트 1, 40% 더 밝게'로 설정한 다음 [닫기] 버튼을 클릭한다.

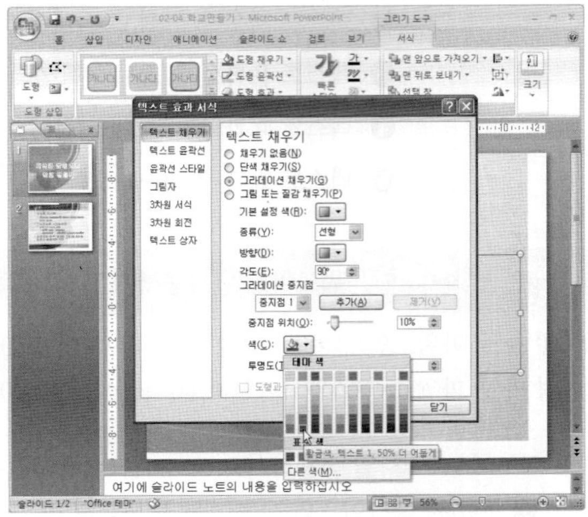

❹ [WordArt 스타일] 그룹에서 '텍스트 효과 – 그림자 – 바깥쪽 – 오프셋 대각선 오른쪽 위'를 선택한다.

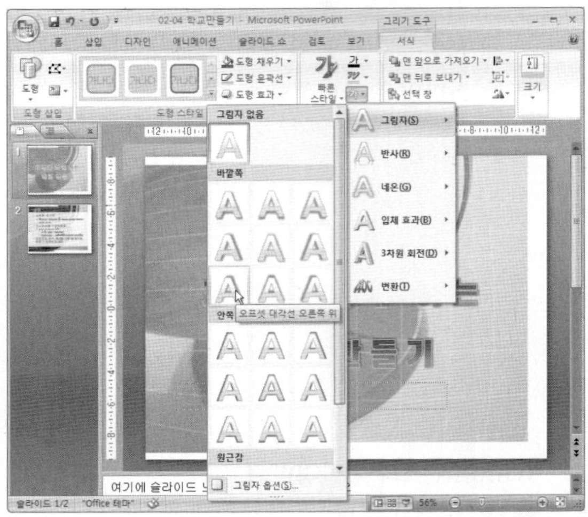

❺ [WordArt 스타일] 그룹에서 '텍스트 효과 – 입체 효과 – 비스듬하게'를 선택한다.

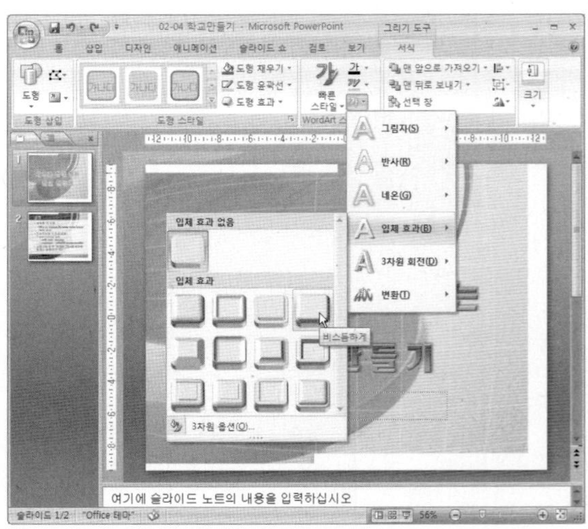

❻ [WordArt 스타일] 그룹의 '텍스트 효과 – 변환 – 모양 –단추' 를 선택한다.

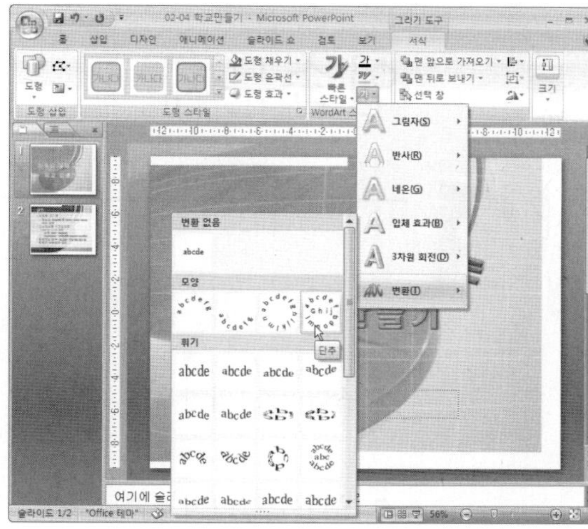

❼ 부제목을 클릭하고 '2008년도 기획 과제' 라고 입력한 후 글꼴과 크기, 색을 설정한다.

❽ [WordArt 스타일] 그룹의 '텍스트 효과 – 반사 – 반사 변형 – 근접 반사, 4pt 오프셋' 을 선택한다.

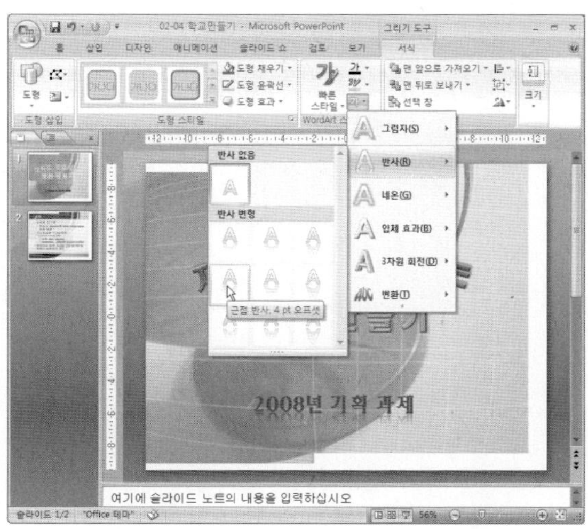

연습문제

1. 슬라이드 1의 제목에 '채우기 – 강조 3, 텍스트 – 윤곽선 2' 의 WordArt 스타일을 적용하라.

2. 슬라이드의 1의 부제목 개체에 현재 날짜와 작성자의 이름을 입력하라.

3. 슬라이드의 1의 부제목 개체에 문단 모양을 다음과 같이 설정하라.

> 텍스트 맞춤–중간
> **WordArt 스타일:** 채우기– 강조, 플라스틱, 입체, 반사

CHAPTER

05 도형 알아보기

슬라이드를 작성할 때 발표 내용을 이해하기 쉽도록 도형을 사용하여 과정별로 시각화하는 것이 내용을 훨씬 직관적으로 청중에게 전달할 수 있다.

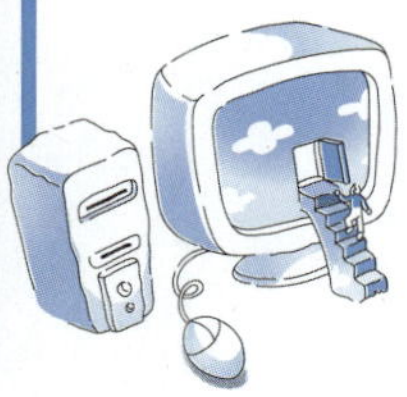

INTRODUCTION TO COMPUTER APPLICATIONS **POWERPOINT**

Section 01 : 도형 다루기의 기초

가장 기본적으로 사용되는 도형을 편집하는 드로잉 기법들을 살펴보도록 한다. 도형은 [홈] 탭 → [그리기] 그룹에서 '도형' 도구를 이용하거나, [삽입] 탭 → [일러스트레이션] 그룹의 '도형' 도구를 클릭하여 원하는 도형을 그릴 수 있다.

[홈] 탭의 [그리기] 그룹

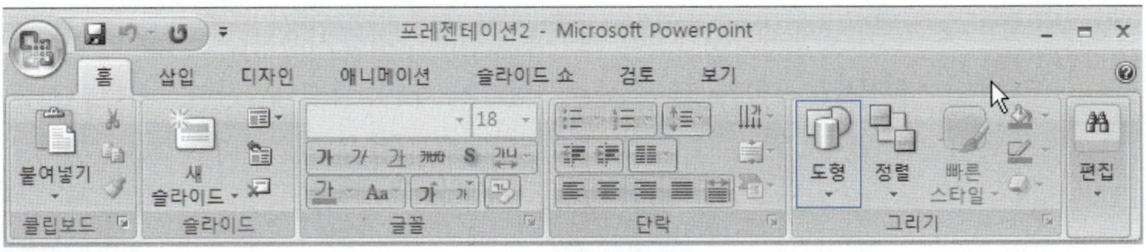

[삽입] 탭의 [일러스트레이션] 그룹

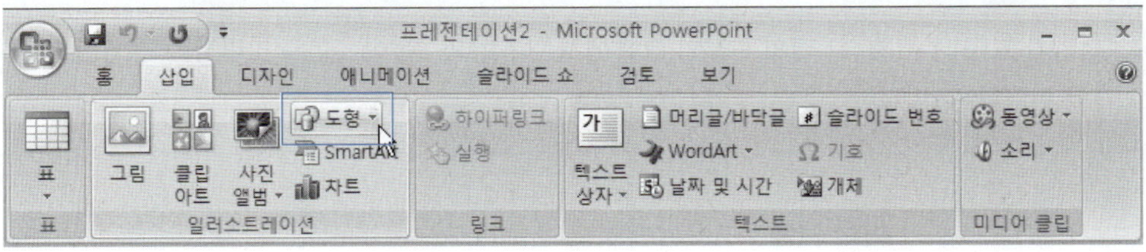

1.1 기본 도형 그리기

[홈] 탭 → [그리기] 그룹의 '도형' 도구 또는 [삽입] 탭 → [일러스트레이션] 그룹의 '도형' 도구를 사용하여 도형을 삽입한 후 마우스로 드래그하여 원하는 크기와 모양으로 그린다.

도형을 그릴 때 [Shift] 키나 [Ctrl] 키를 사용하여 그릴 수 있다.

[Shift] 키

→ **선:** 수평선과 수직선을 그리거나, 45도 각도를 유지하는 직선 그리기
→ **도형:** 정사각형, 정원과 같은 정다각형 그리기

[Ctrl] 키

→ **도형:** 마우스 위치가 도형의 중심점이 되어 대칭적 도형 그리기

Tip | 같은 모양의 도형을 반복해서 그리기

도형을 선택하기 전에 마우스 오른쪽 버튼을 클릭하여 바로가기 메뉴에서 [그리기 도구 잠금] 메뉴를 선택하고 도형을 그린다.

도형의 크기와 모양 바꾸기

슬라이드에 도형을 삽입하면 도형 주위에 8개의 흰색 원과 1개의 녹색 원이 표시된다. 삽입된 도형의 종류에 따라 노란색의 작은 마름모가 표시되기도 한다. 도형 주위에 표시되는 흰색 원과 사각형을 '크기 조정 핸들'이라 하고, 녹색 원을 '회전 핸들', 노란색 마름모를 '모양 조정 핸들'이라 한다.

| 크기 조정 핸들 |

크기 조정 핸들은 도형의 크기를 조절하기 위해 사용하는 것으로 마우스 포인터 모양이 양방향 화살표(↔, ↕, ↘, ↗)으로 바뀌었을 때 마우스를 드래그하여 도형의 크기를 조절한다.

Tip | 정확하게 크기 변경하기

[그리기 도구] → [서식] 탭의 [크기] 그룹에서 '너비'와 '높이' 값을 입력하여 크기를 지정함으로써 도형 크기를 변경할 수 있다.

| 회전 핸들 |

회전 핸들은 도형을 회전시키기 위해 사용하는 핸들로, 회전 핸들 위에 마우스를 놓으면 마우스 포인터의 모양이 ⟳으로 바뀐다. 이때 회전시킬 방향으로 마우스를 드래그하면 도형이 회전된다.

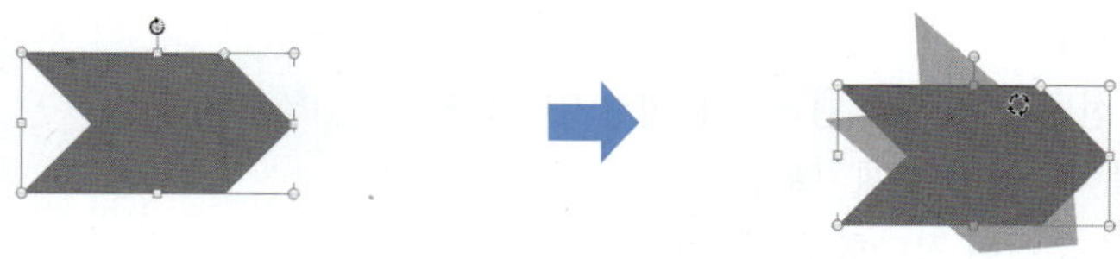

| 모양 조정 핸들 |

원과 직사각형을 제외하고 대부분의 도형에는 노란색의 모양 조정 핸들이 표시된다. 모양 조정 핸들을 마우스로 드래그하면 도형의 모양을 다양하게 변형할 수 있다.

도형 이동하고 복사하기

[Ctrl] 키와 방향키(←, →, ↑, ↓)를 누르면 도형을 아주 세밀하게 이동시킬 수 있다. [Alt] 키를 누르고 크기 조정 핸들을 드래그하면 크기 조정 핸들만을 사용하는 것보다 세밀하게 도형의 크기를 조절할 수 있다.

[Ctrl] 키를 누르고 마우스로 도형을 드래그하면 도형을 원하는 위치로 복사할 수 있다.

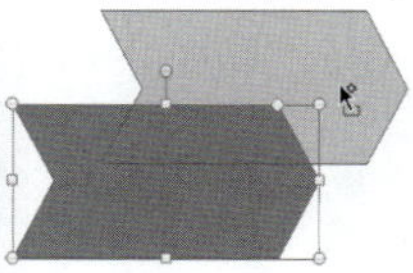

[홈] 탭 → [붙여넣기] 그룹의 [복제] 메뉴를 사용하여 도형을 복제할 수 있다.

함께하기 | 도형 복제하기

1. 도형 선택하기
   ❶ [홈] 탭 → [그리기] 그룹에서 '도형( ) – 블록 화살표 – 오각형' 을 선택하고,
   ❷ 마우스를 드래그하여 슬라이드에 도형을 삽입한다.

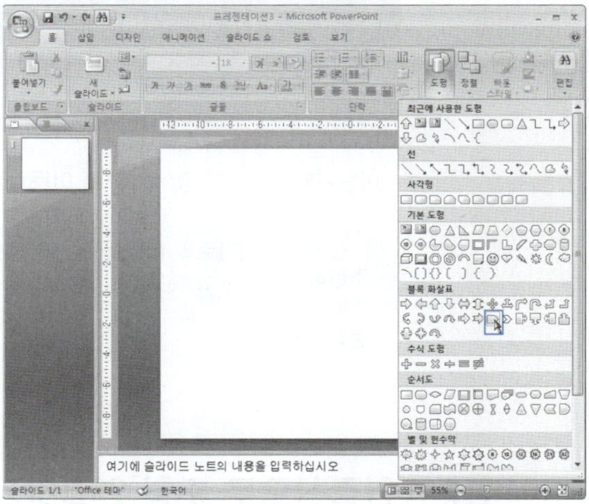

2. 도형 복제하기

❶ 도형을 선택하고 [홈] 탭 → [붙여넣기] 그룹에서 '붙여넣기 – 복제' 메뉴를 클릭하고,

❷ 화살표를 움직여 적당한 위치로 이동한 다음,

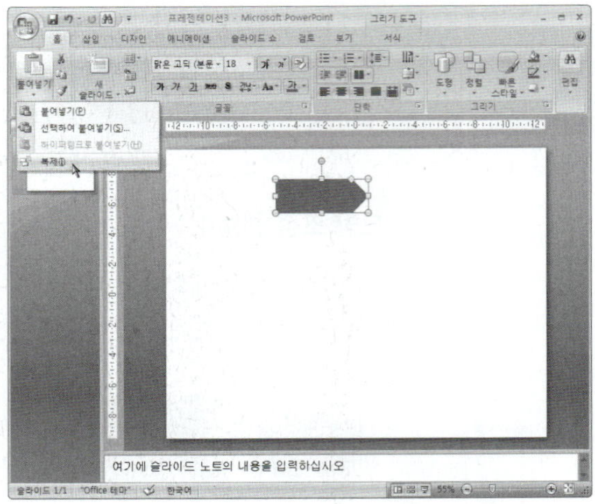

❸ [홈] 탭 → [붙여넣기] 그룹에서 '붙여넣기 – 복제' 메뉴를 클릭한다.

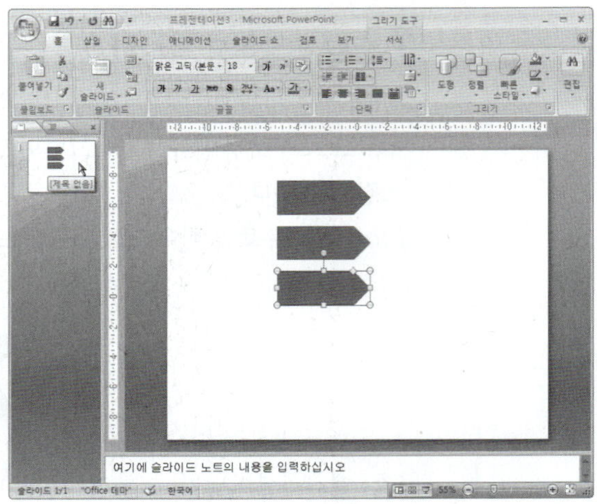

표 5-1 ● [Shift] 키와 [Ctrl] 키와 [Alt] 키

	Shift	Ctrl	Alt
그리기	45° 각도로 선 그리기 정방형 도형 그리기	마우스 포인터를 중심점으로 도형 그리기	–
이동시키기	수평/수직으로 이동	방향키와 함께 사용하여 도형을 세밀하게 이동	–
크기 조절하기	가로와 비율을 유지하면서 크기 조절	도형의 중심점에서부터 개체 크기 조절	크기 조정 핸들을 드래그하여 크기를 세밀하게 조절
복사하기	–	도형을 원하는 위치로 복사	–

1.2 ｜ 연결선으로 도형 연결하기

연결선은 두 개 이상의 도형을 연결한 후 도형을 계속 연결된 상태로 유지해주는 선으로, 연결선의 유형으로는 직선형, 꺾인(각진)형 및 곡선형의 세 가지가 있다. 연결선을 선택하고 도형 위로

마우스 포인터를 올려놓으면 사각형의 빨간색 점으로 연결점이 표시된다. 도형의 연결점과 연결점을 연결하고 나면 연결선의 양끝은 빨간색 동그란 점으로 표시된다.

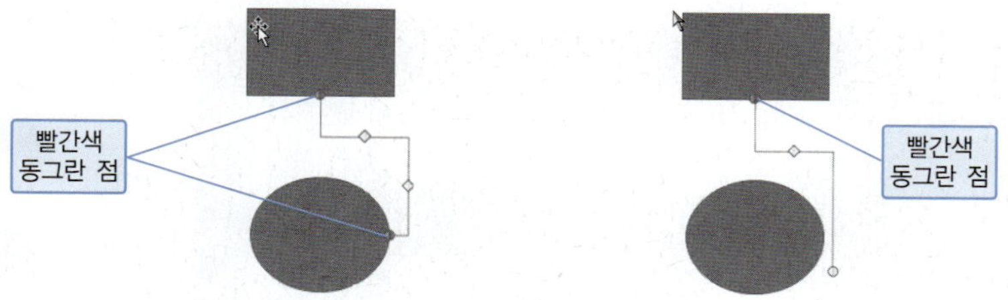

연결된 연결선과 분리된 연결선

함께하기 | 연결선으로 연결하기

1. 도형 삽입하기

❶ 슬라이드에 두 개의 도형을 삽입하고,

❷ [홈] 탭 → [그리기] 그룹에서 '도형( ) – 선 – 꺾인 연결선'을 선택한다.

2. 연결선 그리기

❶ 마우스 커서를 사각형 위에 올려 빨간색의 사각형 점을 표시하고,

❷ 빨간색 점 위에서 마우스를 클릭하고 원 위로 마우스를 움직이면 원 위에 연결점이 표시된다.

❸ 원 위의 조절점을 클릭하면 양 끝이 빨간색 원으로 표시된 연결선으로 도형이 연결된다.

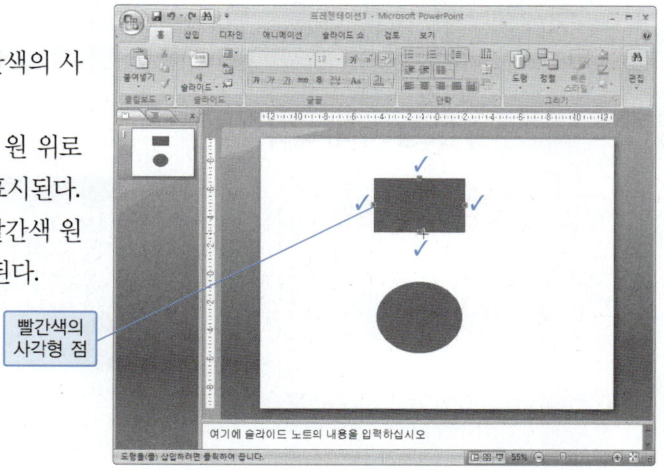

❹ 연결선으로 연결된 도형을 마우스로 움직이면 연결선도 함께 이동한다.

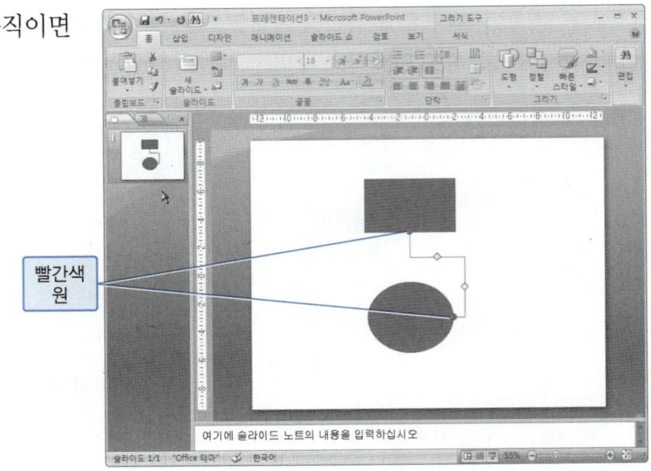

Section 02: 도형에 스타일 설정하기

2.1 [도형 서식] 대화상자

[그리기 도구] → [서식] 탭과 [도형 서식] 대화상자를 사용하여 도형에 여러 가지 효과와 서식을 설정할 수 있다. [도형 서식] 대화상자는 도형을 더블 클릭하거나 [도형 스타일] 그룹명 오른쪽 '도형 서식' 기호( )를 클릭하여 표시한다.

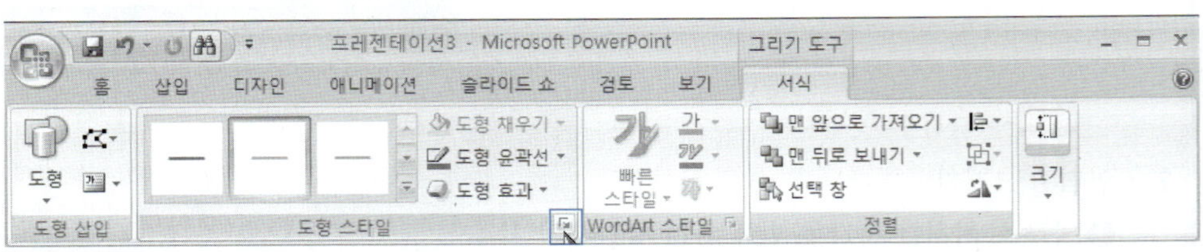

[도형 서식] 대화상자

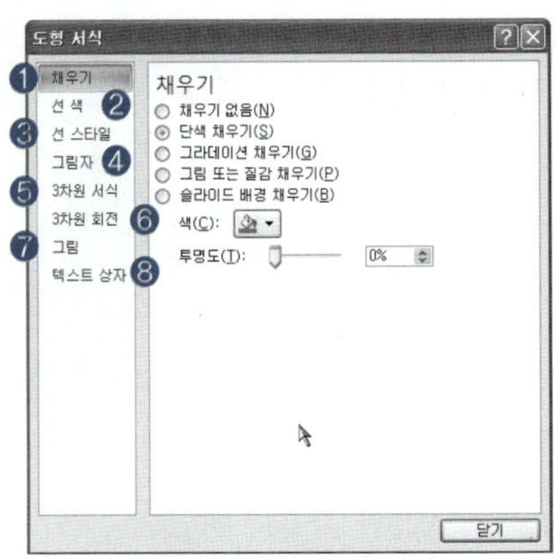

❶ **채우기:** 도형 및 텍스트의 채우기 색 등을 설정

❷ **선 색:** 도형의 테두리 선 색 설정

❸ **선 스타일:** 도형이나 텍스트의 윤곽선의 종류와 종류 등을 설정

❹ **그림자:** 그림자의 위치와 크기, 색, 각도, 거리 등 설정

❺ **3차원 서식:** 도형 및 텍스트의 입체 효과 및 조명 등을 설정

❻ **3차원 회전:** 3차원 스타일과 회전 각도, 위치 등 설정

❼ **그림:** 그림 밝기, 대비 등의 그림 효과 설정

❽ **텍스트 상자:** 텍스트 맞춤 방식, 여백 등 설정

함께하기 | 도형에 서식 지정하기

예제 파일: 파워포인트\예제파일\Chapter 5\Section 02\05-02 도형서식설정.pptx
완성 파일: 파워포인트\완성파일\Chapter 5\Section 02\05-02 도형서식설정(완성).pptx

1. 도형 서식 대화상자 표시하기

❶ 슬라이드의 위쪽에 있는 모서리가 둥근 사각형을 클릭하고,

❷ [홈] 탭 → [그리기] 그룹에서 '도형 서식( )'을 클릭하거나 [그리기 도구]의 [서식] 탭에서 [도형 스타일] 그룹의 '도형 서식( )'을 클릭하여 표시한다.

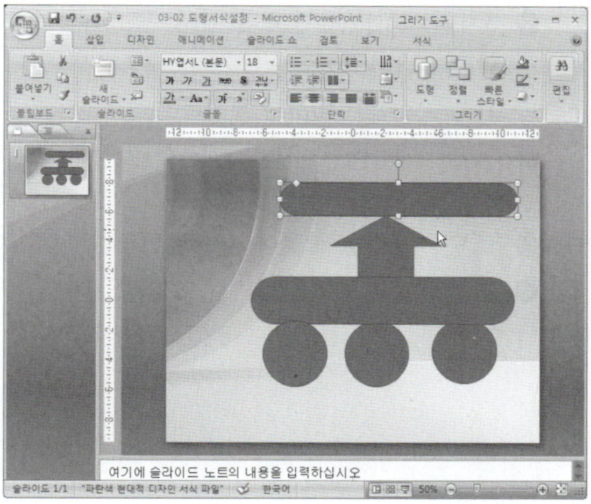

2. 채우기 효과 설정하기

❶ [도형 서식] 대화상자에서 '채우기 – 그라데이션 채우기'를 선택하고,

❷ '그라데이션 중지점' 항목에서 '중지점1'을 선택하고 '색' 버튼을 클릭한 후 '다른 색'을 선택한 다음,

❸ [색] 대화상자에서 [표준] 탭을 열고 견본 색 중에서 색을 선택한 후 [확인] 버튼을 클릭한다.

❹ '중지점 2'와 '중지점 3'을 다음과 같이 설정한다.

- 중지점 2 :
  중지점 위치 – 30%,
  색 – 빨강 : 255, 녹색 : 204, 파랑 :0

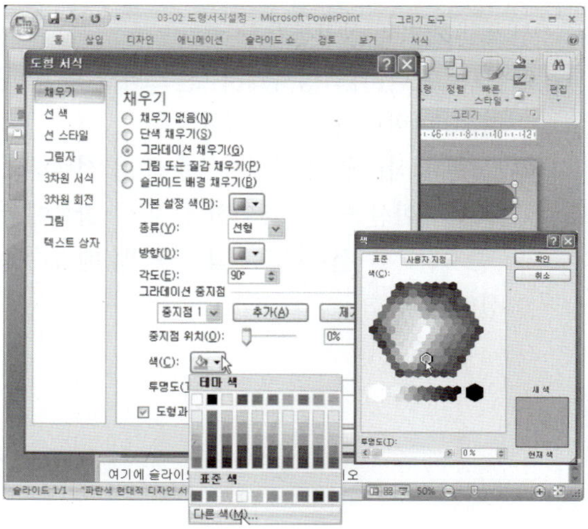

- 중지점 3 :
  중지점 위치 – 90%,
  색 – 빨강 : 153, 녹색 : 51, 파랑 :0

❺ '그라데이션 중지점' 항목에서 [추가] 버튼을 클릭하여 '중지점 4'를 추가하고 '중지점 위치'를 '100%'로 설정하고,

❻ '중지점 1'과 같은 색을 선택한 후 [확인] 버튼을 클릭한다.

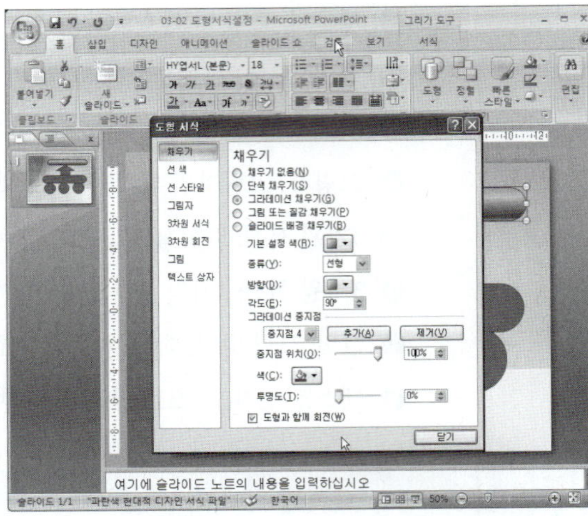

3. 3차원 서식 설정하기

❶ '3차원 서식 – 입체 효과'에서
위쪽 – 너비 – 20pt
위쪽 – 높이 – 10pt로 설정하고,

❷ '표면' 항목에서 '재질 – 진한 가장자리'를 선택한다.

❸ '조명 – 균형있게'를 선택한다.

❹ '각도 – 130' 도로 설정한다.

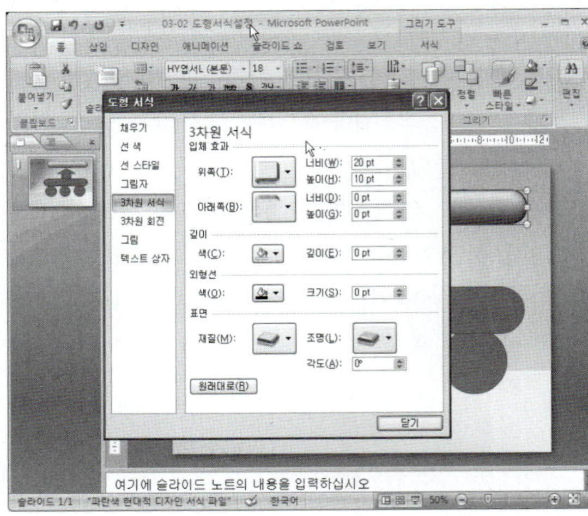

4. 선 색과 스타일 설정하기

❶ [도형 서식] 대화상자에서 '선 스타일'을 선택하고 '너비 – 5pt'로 설정한다.

❷ [도형 서식] 대화상자에서 '선 색'을 선택하고 '그라데이션 – 그라데이션 중지점' 항목에서 '중지점1'을 선택하고 '색 – 흰색, 배경1'을 선택한다.

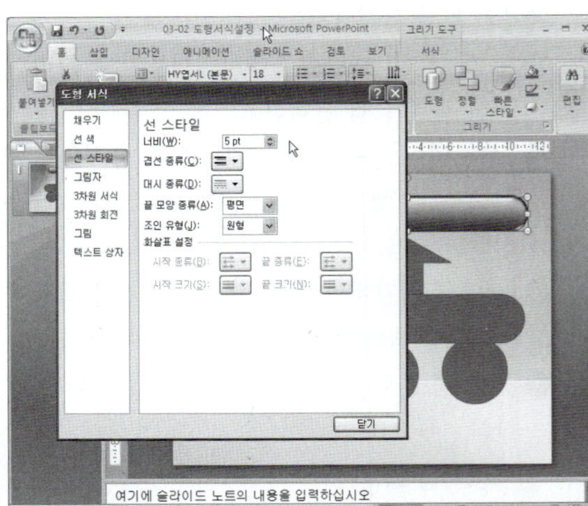

❸ '종류 → 선형', '각도 → 45' 도로 설정한 후 [닫기] 버튼을 클릭한다.

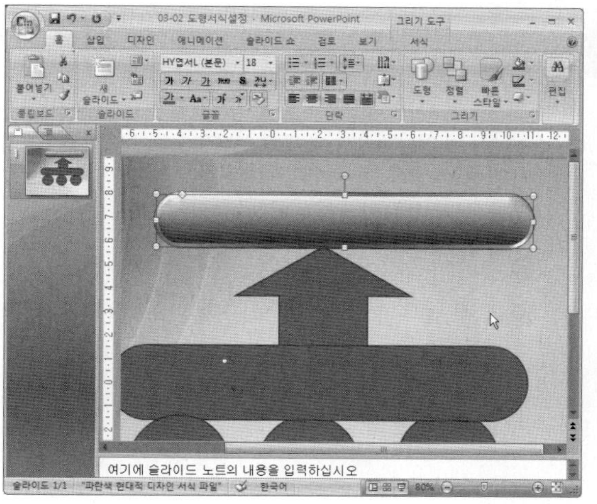

2.2 빠른 스타일을 이용하여 도형 꾸미기

빠른 스타일 갤러리는 엑셀 2007에서 추가된 기능으로 슬라이드의 서식이나 테마에 어울리는 도형의 스타일을 선택하여 적용할 수 있다. 빠른 스타일 갤러리는

→ [홈] 탭 → [그리기] 그룹에서 '빠른 스타일( )' 도구
→ [그리기 도구] → [서식] 탭의 [도형 스타일] 그룹에서 표시한다.

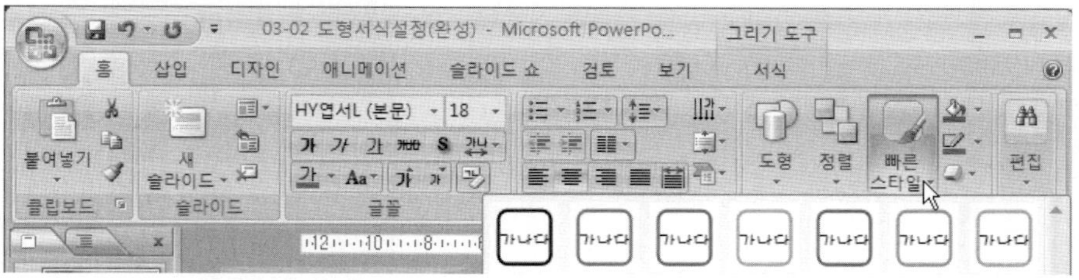

[홈] 탭의 [그리기] 그룹에서 '빠른 스타일( )' 도구

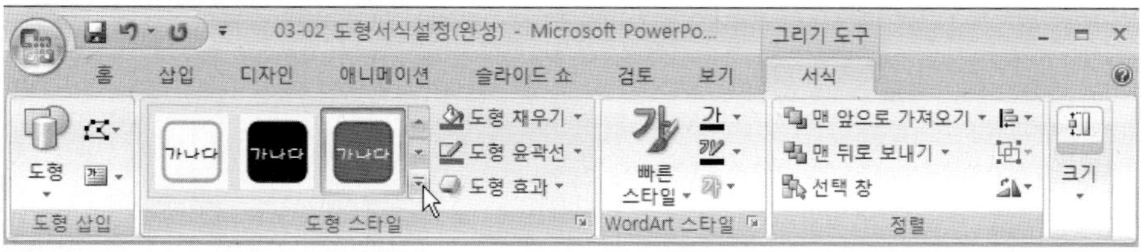

[그리기 도구] → [서식] 탭의 [도형 스타일] 그룹

함께하기 | 도형에 빠른 스타일 적용하기

예제 파일: 파워포인트\예제파일\Chapter 5\Section 02\05-02 도형에빠른스타일적용.pptx
완성 파일: 파워포인트\예제파일\Chapter 5\Section 02\05-02 도형에빠른스타일적용(완성).pptx

1. 빠른 스타일 적용하기
   ❶ 슬라이드의 왼쪽에 있는 원을 클릭하고,
   ❷ [홈] 탭의 [그리기] 그룹에서 '빠른 스타일( ) – 보통 효과, 강조 6'을 선택한다.

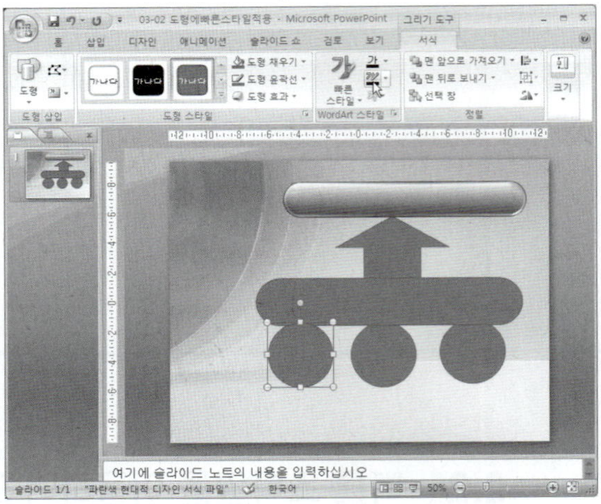

2. 다른 테마 채우기
   ❶ 가운데에 있는 원을 선택하고,
   ❷ [홈] 탭 → [그리기] 그룹에서 '빠른 스타일( ) – 다른 테마 채우기 – 스타일 11'을 선택한다.

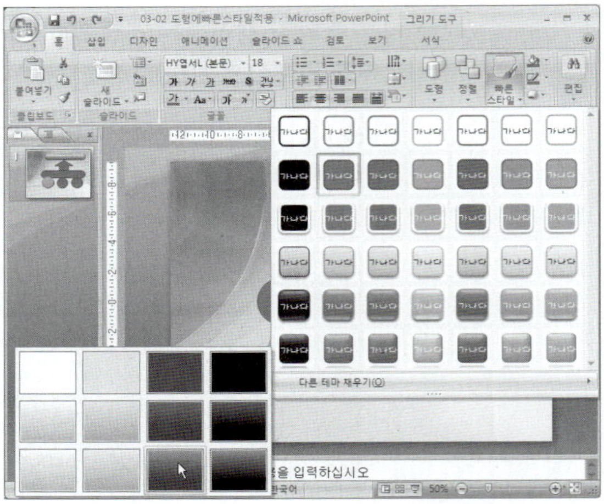

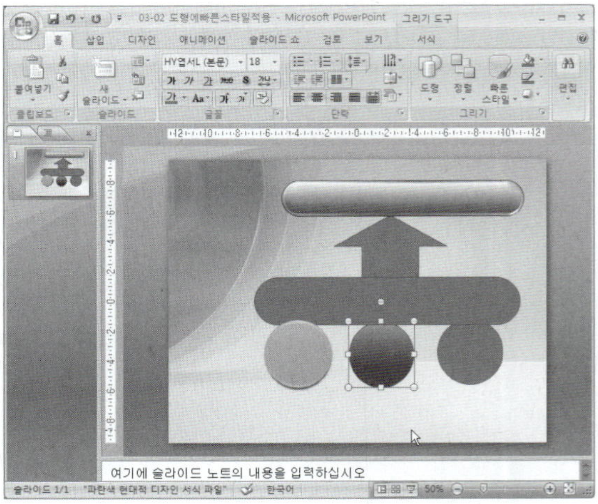

Section

03: 도형 관리하기

[그리기 도구] → [서식] 탭에서 슬라이드에 삽입한 도형에 다양한 스타일과 효과를 지정하는 것 뿐 아니라 슬라이드에 삽입된 여러 개체들을 정렬하거나 크기나 모양들을 도구들을 사용하여 조절할 수 있다.

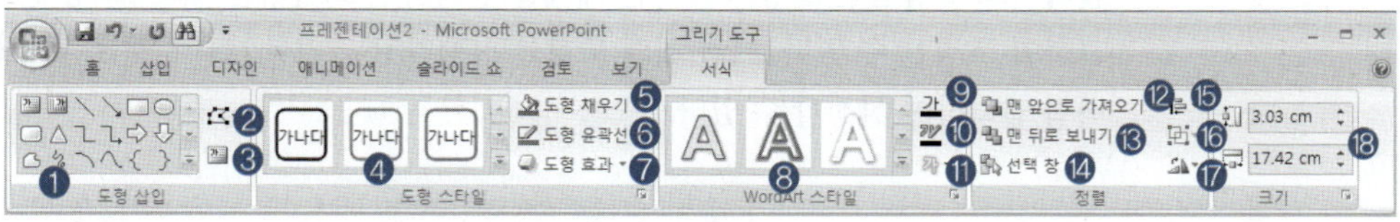

[도형 삽입] 그룹

❶ **도형:** 도형 갤러리에서 사각형, 원, 화살표 등 파워포인트에서 기본적으로 제공하는 도형

❷ **도형 편집:** 도형의 모양을 변경하고 도형의 속성을 자유형 도형으로 변환하고 편집

❸ **가로 텍스트 상자:** 슬라이드에 텍스트 상자 삽입

[도형 스타일] 그룹

❹ **스타일 갤러리:** 도형에 빠른 스타일을 적용할 수 있도록 다양한 스타일 제공

❺ **도형 채우기:** 도형에 단색, 그라데이션, 그림 또는 질감 채우기

❻ **도형 외곽선:** 선택한 도형 윤곽선의 색과 두께, 선 스타일 등 지정

❼ **도형 효과:** 선택한 도형에 그림자와 네온, 반사, 3차원 회전 등의 다양한 효과 설정

[WordArt 스타일] 그룹

❽ **빠른 스타일:** 텍스트의 다양한 표시 스타일 제공

❾ **텍스트 채우기:** 단색과 그라데이션, 질감 등의 텍스트의 채우기 스타일 설정

❿ **텍스트 윤곽선:** 텍스트 윤곽선의 색과 두께, 선 스타일 등 설정

⓫ **텍스트 효과:** 텍스트에 그림자, 네온, 반사 및 차원 회전 등의 다양한 효과 설정

[정렬] 그룹

⓬ **맨 앞으로 가져오기:** 선택한 도형을 슬라이드에 삽입된 개체들 중에서 가장 앞쪽에 놓이도록 설정

⓭ **맨 뒤로 보내기:** 선택한 도형을 슬라이드에 삽입된 개체들 중에서 가장 뒤쪽에 놓이도록 설정

⓮ **선택 창:** 개체를 선택하고 개체의 순서와 표시 방법을 변경할 수 있도록 개체 목록 표시

⓯ **맞춤:** 선택한 여러 개체들을 정렬하여 맞추거나 간격을 동일하게 배분

⓰ **그룹:** 선택된 하나 이상의 개체들을 단일 개체처럼 사용되도록 그룹화

⑰ **회전:** 선택한 개체를 회전시키거나 대칭 이동

⑱ **크기:** 높이와 너비를 입력하여 도형의 크기 지정

3.1 | 도형의 모양 변경하기

크기 조절하기

슬라이드에 삽입된 도형의 크기는 개체를 선택하면 표시되는 '크기 조정 핸들'을 마우스로 드래그하여 조정할 수 있다. 여러 개의 도형을 선택하고 크기를 [크기 및 조절] 대화상자를 이용하여 직접 입력하여 설정할 수 있다.

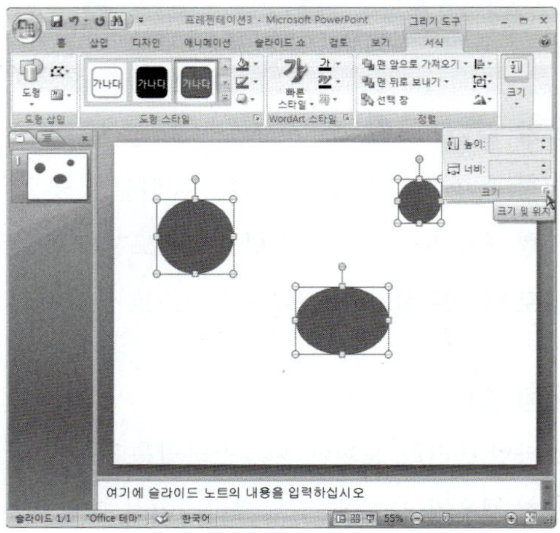

❶ 마우스를 드래그하여 슬라이드에 원을 3개 삽입한 다음,

❷ [Shift] 키를 누르고 도형을 클릭하여 슬라이드에 삽입된 3개의 원을 모두 선택한다.

❸ [그리기 도구] → [서식] 탭에서 '크기' 클릭하고 오른쪽 아래 [크기 및 위치] 대화상자 버튼( )을 클릭한 다음,

❹ [크기 및 위치] 대화상자의 [크기] 탭에서 '크기 및 회전'의 '높이'와 '너비'를 각각 '5'로 설정한다.

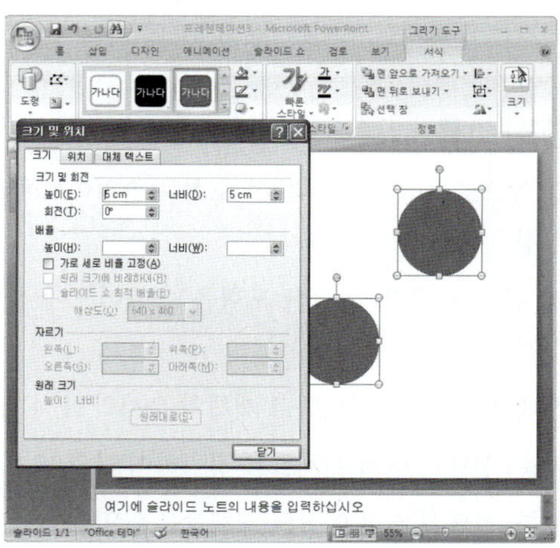

회전하기

도형에 표시되는 초록색의 '회전 핸들'을 사용하여 자유롭게 도형을 회전시키거나, 90도로 도형을 회전시키거나 상하, 좌우로 도형을 반전시키는 경우 회전 도구를 사용하여 회전할 수 있다.

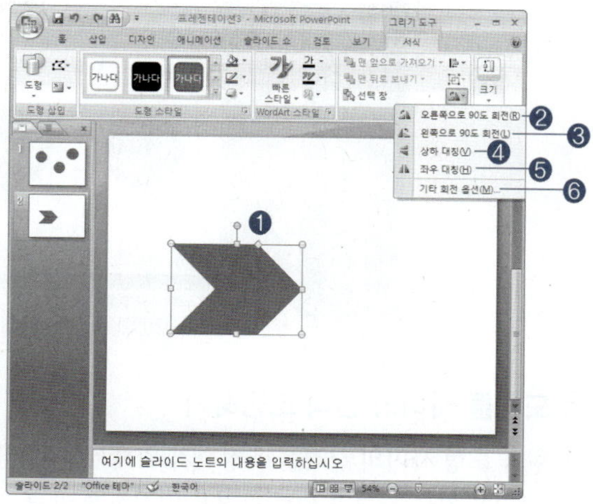

❶ **회전 핸들:** 개체를 자유롭게 회전

❷ **오른쪽으로 90도 회전:** 선택한 개체를 시계 방향으로 90 회전

❸ **왼쪽으로 90도 회전:** 선택한 개체를 시계 반대 방향으로 90 회전

❹ **상하 대칭:** 선택한 개체를 수평선을 기준으로 회전

❺ **좌우 대칭:** 선택한 개체를 수직선을 기준으로 회전

❻ **기타 회전 옵션:** [크기 및 위치] 대화상자를 표시하고 회전 각도 입력

정렬하기

여러 개의 개체를 선택하고 기준선을 중심으로 정렬하여 보기 좋게 만들 수 있다. [그리기 도구] → [서식] 탭의 [정렬] 그룹에서 '맞춤' 도구를 선택하거나 [홈] 탭의 [그리기] 그룹의 '정렬' 도구를 선택하여 정렬할 수 있다.

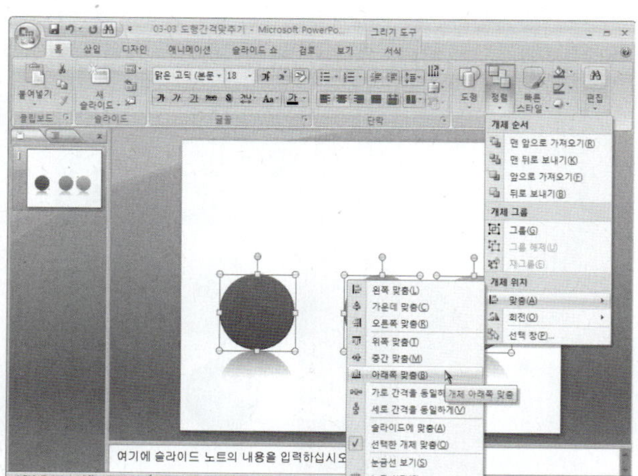

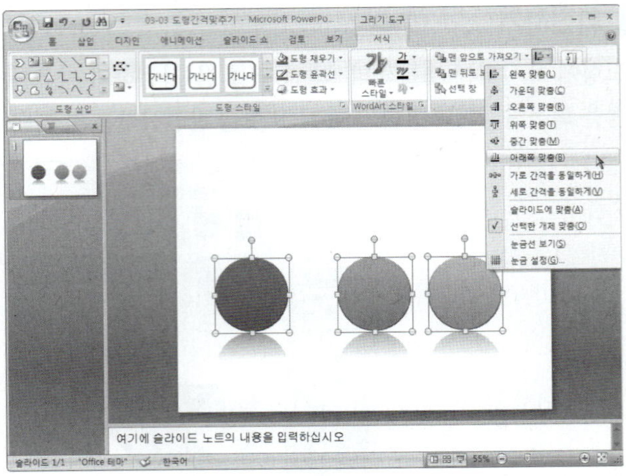

도형들 사이의 간격 조정하기

도형과 도형 사이의 간격을 조정하기 위해서는 세 개 이상의 도형을 선택하여야 한다. 도형 사이의 간격은 가로 간격과 세로 간격을 일정하게 맞출 수 있다.

❶ 슬라이드에 삽입된 도형을 [Shift] 키를 누르고 도형을 클릭하여 선택한 다음,

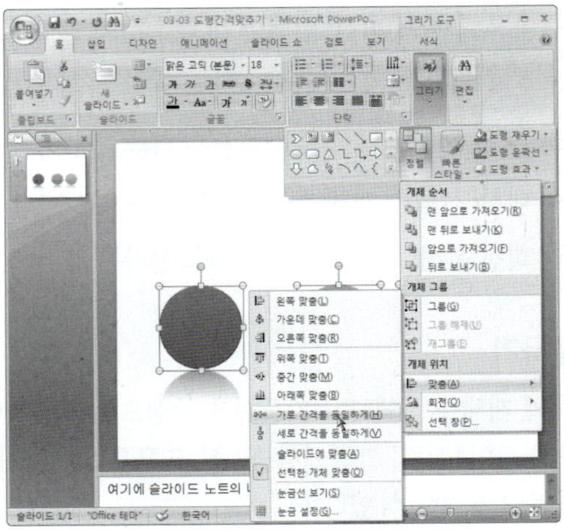

❷ [홈] 탭 → [그리기] 그룹의 '정렬 – 맞춤 – 가로 간격 동일하게'를 클릭한다.

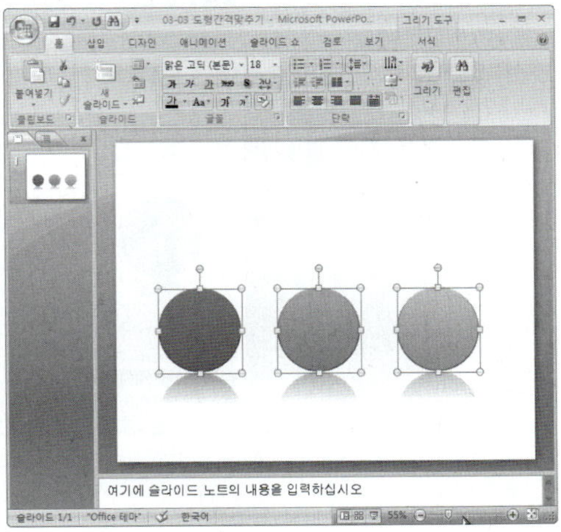

개체의 순서 바꾸기

그림이나 도형 또는 표, 차트 등의 개체가 서로 겹쳐 있는 경우 선택한 개체를 한 번에 하나씩 위나 아래로 옮길 수도 있고, 맨 위나 맨 아래로 옮길 수도 있다.

[홈] 탭 → [그리기] 그룹의 '정렬 – 개체 순서'에서 설정하거나 [그리기 도구] → [서식] 탭에서 '정렬 – 맨 앞으로 가져오기' 또는 '맨 뒤로 보내기' 도구를 사용하여 개체들의 순서를 변경할 수 있다.

함께하기 | 도형의 순서 조절하기

예제 파일: 파워포인트\예제파일\Chapter 5\Section 03\05-03 순서바꾸기.pptx

1. 개체 이동하기

❶ 슬라이드에 삽입된 도형 중 두 번째로 큰 노란색 원을 선택하고 마우스로 드래그하여 큰 원 위에 올려 놓는다.

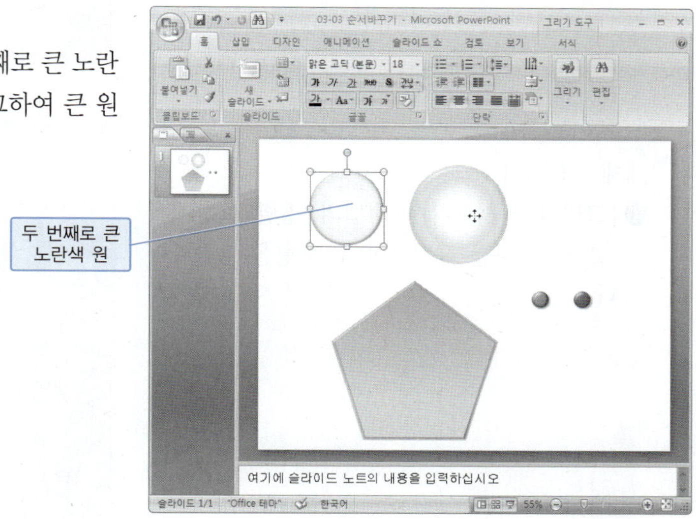

2. 개체 선택하기

❶ 노란색 원을 마우스로 클릭해도 선택되지 않는다. 노란색 원을 선택하기 위해 [그리기 도구] → [서식] 탭의 [정렬] 그룹에서 '선택 창'을 클릭하고,

❷ 슬라이드 창의 오른쪽에 [선택 및 표시] 대화상자가가 표시되면,

❷ [Shift] 키를 누르고 [선택 및 표시] 창의 '타원 3'과 '타원 4'를 차례로 클릭하여 두 개의 원을 선택한다.

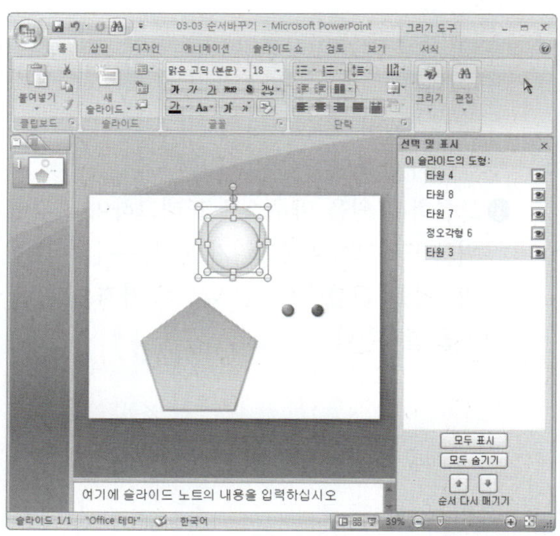

3. 개체 정렬하기

❶ [홈] 탭 → [그리기] 그룹에서 '정렬 – 맞춤 – 가운데 맞춤'을 클릭하여 세로로 가운데 맞춘 다음,

❷ [홈] 탭 → [그리기] 그룹에서 '정렬 – 맞춤 – 중간 맞춤'을 클릭하여 가로로 가운데 맞춘다.

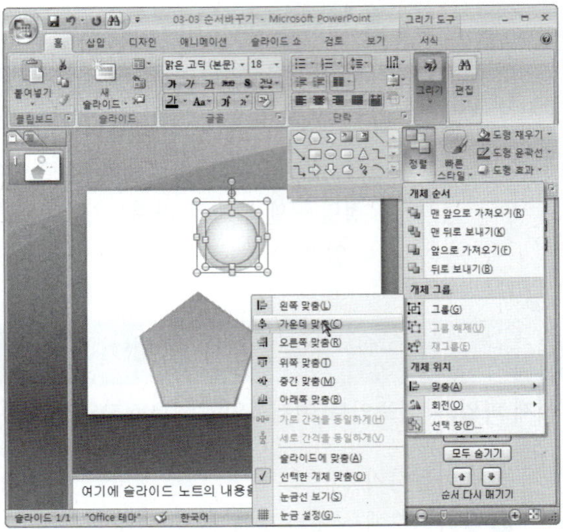

4. 개체 그룹하기

❶ [그리기 도구] → [서식] 탭의 [정렬] 그룹에서 '그룹' 도구를 클릭하여 두 도형을 그룹화한다.

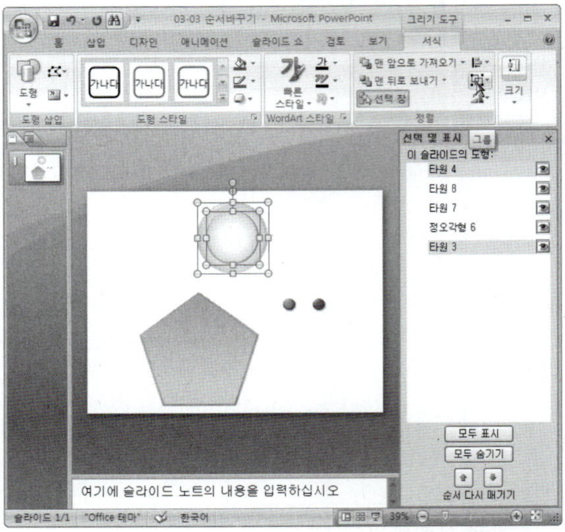

5. 개체 순서 바꾸기

❶ 그룹화된 원을 마우스로 드래그하여 오각형 위로 드래그한 후 [그리기 도구] → [서식] 탭의 [정렬] 그룹에서 '맨 앞으로 가져오기' 도구를 클릭한다.

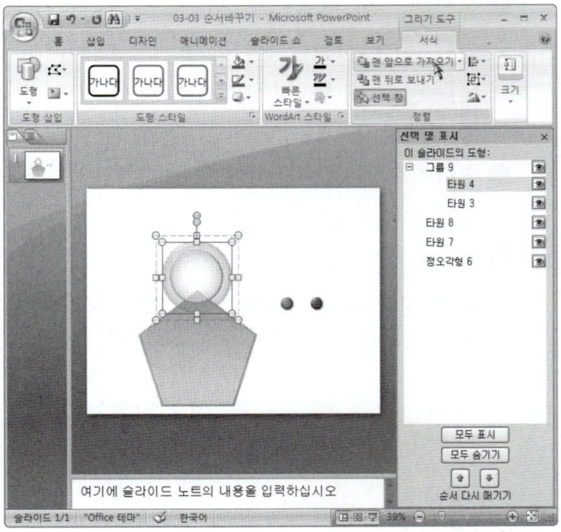

6. 개체 선택하고 순서 바꾸기

❶ [선택 및 표시] 창에서 [Shift] 키를 누르고 '타원 7'과 '타원 8'을 클릭하여 선택한 다음,

❷ [그리기 도구] → [서식] 탭의 [정렬] 그룹에서 '맨 앞으로 가져오기' 도구를 클릭한다.

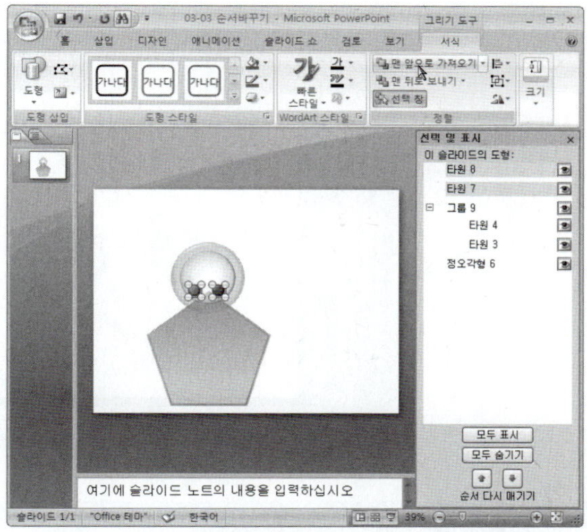

그룹 만들기

그룹화할 하나 이상의 개체들을 선택하고, [그리기 도구] → [서식] 탭에 있는 [정렬] 그룹에서 '그룹 – 그룹'을 클릭한다.

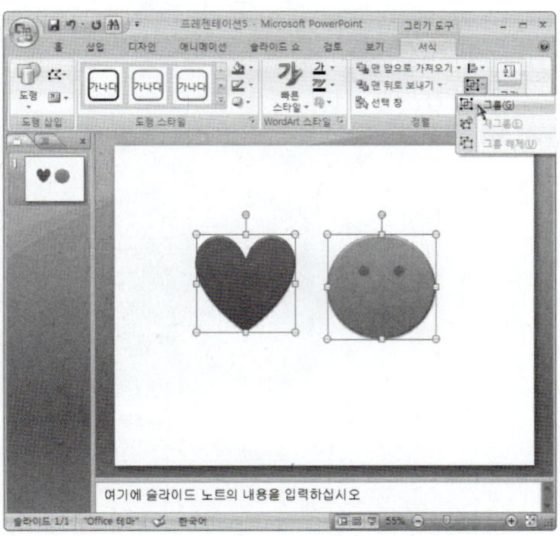

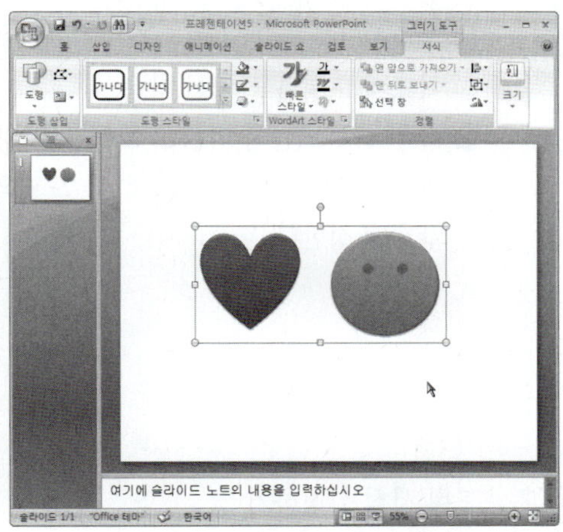

그룹 해제하기

그룹화된 개체를 그룹 해제하려면 그룹 해제할 그룹을 선택하고, [그리기 도구]의 [서식] 탭에 있는 [정렬] 그룹에서 '그룹 – 그룹 해제'를 클릭한다.

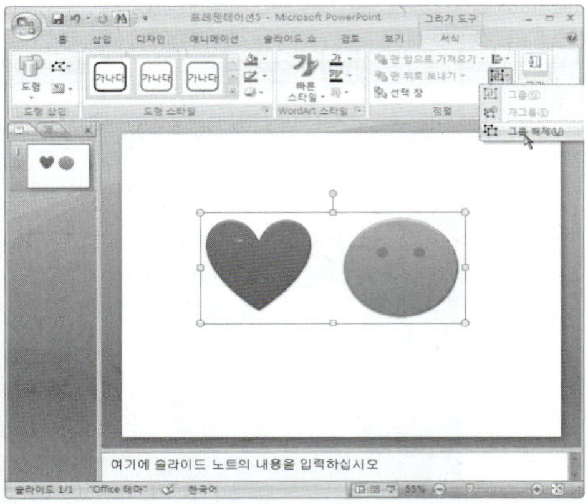

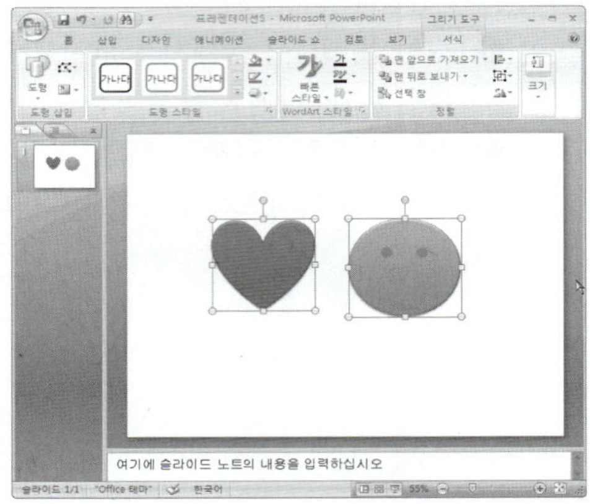

함께하기 | 도형 활용하기

예제 파일: 파워포인트\예제파일\Chapter 5\Section 03\05-03 도형활용하기.pptx

완성 파일: 파워포인트\완성파일\Chapter 5\Section 03\05-03 도형활용하기(완성).pptx

1. 도형 삽입하고 크기 조절하기

   ❶ [삽입] 탭 → [일러스트레이션] 그룹에서 '도형 – 도넛'을 선택하고,

   ❷ [Shift] 키를 누르고 마우스를 드래그하여 슬라이드에 도형을 삽입한 다음,

   ❸ 마우스로 노란색 마름모 모양의 모양 조정 핸들을 바깥쪽으로 드래그하여 도넛의 두께를 얇게 조정한다.

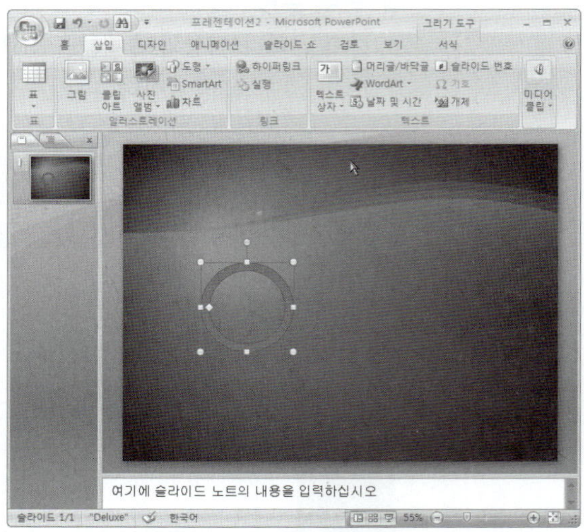

2. 도형 서식 설정하기

   ❶ 도형 위에서 마우스 오른쪽 버튼을 클릭하고 [도형 서식] 메뉴를 클릭한 다음,

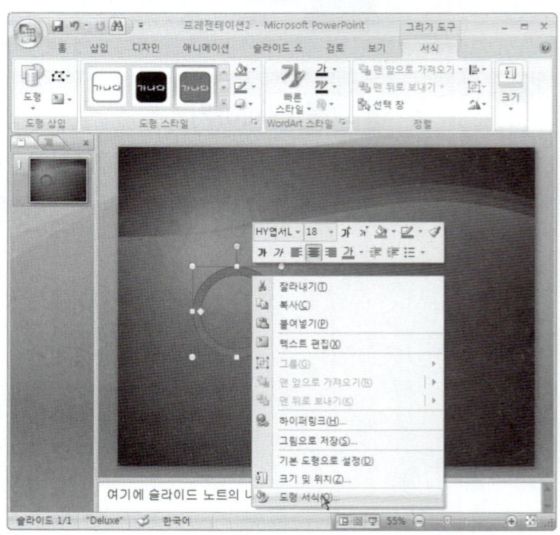

❷ [도형 서식] 대화상자에서 '채우기 – 그라데이션 채우기'를 선택하고, '그라데이션 중지점 – 중지점1'을 선택하고 '색 – 흰색, 배경1'을 선택한다.

❸ '그라데이션 중지점 – 중지점2'를 선택하고 '색 – 회색, 텍스트 1, 50% 더 어둡게'를 선택한다.

❹ '그라데이션 중지점 – 중지점3'을 선택하고 '색 – 흰색, 배경1'을 선택한다.

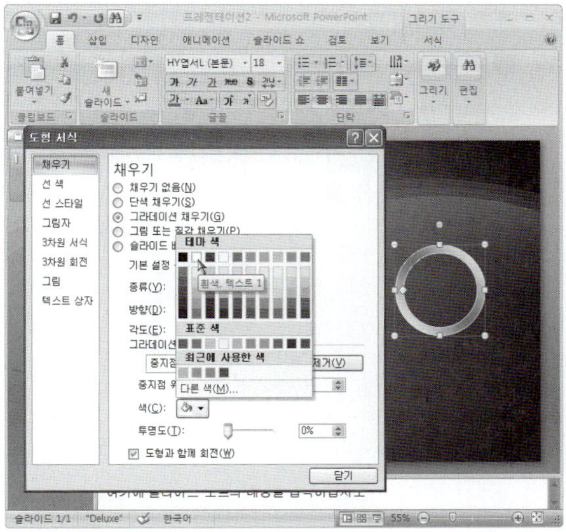

❺ [도형 서식] 대화상자의 '선 색 – 선 없음'을 선택한 다음 [닫기] 버튼을 클릭한다.

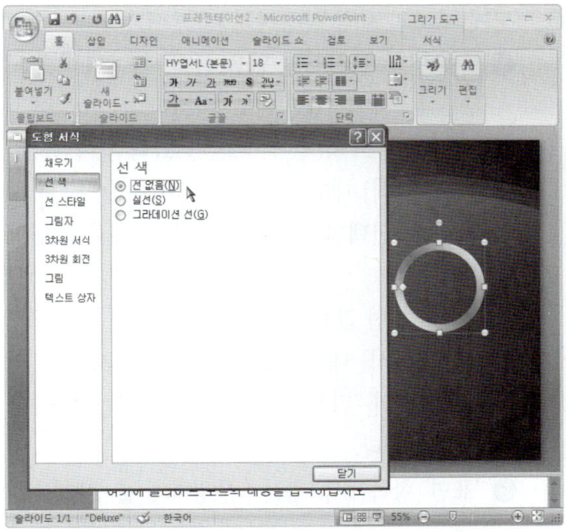

3. 도형 삽입하기

❶ 도넛의 안쪽에 원을 삽입하기 위하여 [삽입] 탭 → [일러스트레이션] 그룹에서 '도형 – 타원'을 선택하고,

❷ [Shift] 키를 누르고 마우스를 드래그하여 슬라이드에 도형을 삽입한다.

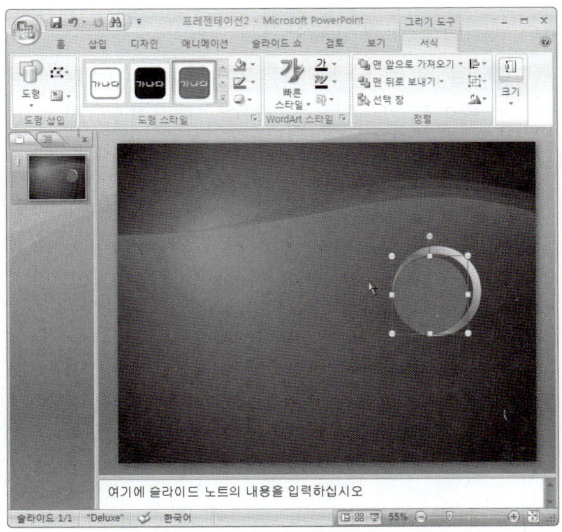

4. 개체 정렬하기

❶ 마우스로 원과 도넛을 둘 다 선택하고 [그리기 도구] → [서식] 탭에서 [정렬] 그룹의 '맞춤－가운데 맞춤' 과 '중간 맞춤' 을 차례로 클릭하여 두 도형을 맞춘다.

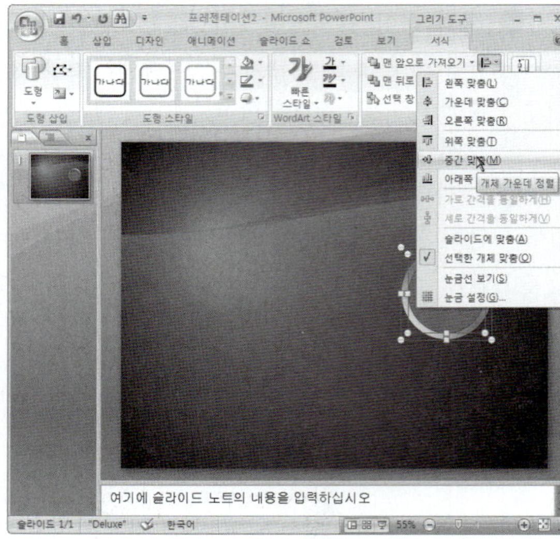

5. 도넛 개체의 서식 설정하기

❶ 도넛 안쪽에 위치한 원을 선택하고 [그리기 도구] → [서식] 탭의 [도형 스타일] 그룹에서 [대화상자 표시( )] 버튼을 클릭한 다음,

❷ [도형 서식] 대화상자에서 '채우기 – 단색 채우기' 를 선택한 후 '색 – 흰색, 배경1' 을 선택한다.

❸ '선 색 – 선 없음' 을 클릭하고,

❹ [도형 서식] 대화상자에서 '3차원 서식 – 입체 효과' 의 '위쪽 – 너비 – 30' 을 '높이 – 20' 을 입력한다.

❺ '표면' 항목에서 '재질 – 투명하게' 를 선택한다.

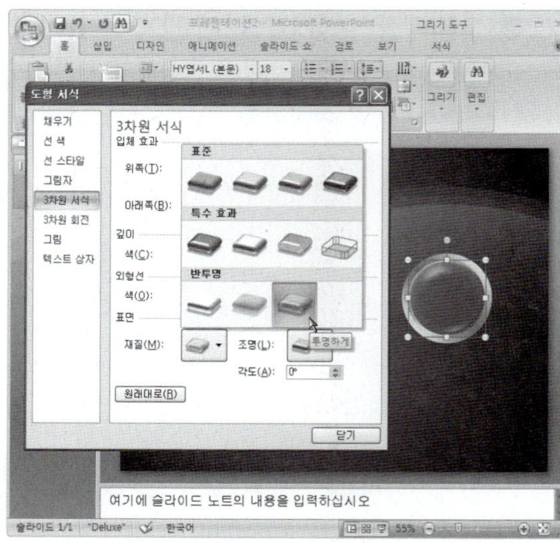

6. 클립아트 개체 삽입하기

❶ [삽입] 탭 → [일러스트레이션] 그룹에서 '클립아트' 도구를 클릭하여 '글립아트' 창을 표시하고 검색어를 입력하여 클립아트 개체('컵')를 선택하여 슬라이드에 삽입한 다음,

❷ 삽입된 클립아트 개체의 크기를 적당히 조절하고 마우스로 드래그하여 원 안에 넣는다.

❸ [그림 도구] → [서식] 탭의 [정렬] 그룹에서 '맨 뒤로 보내기' 를 클릭한 다음 [닫기] 버튼을 클릭한다.

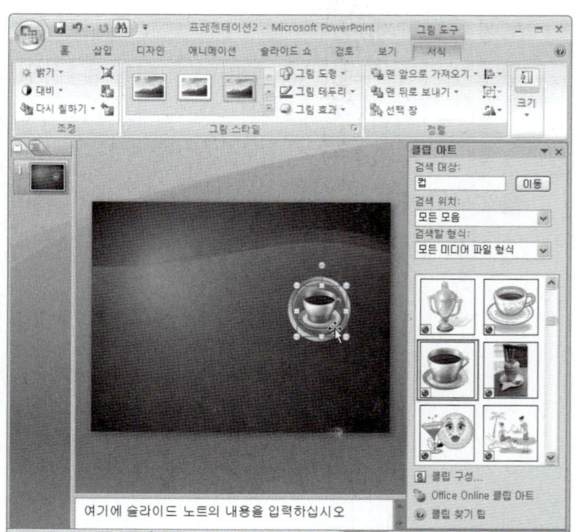

7. 개체 그룹하기

❶ 마우스로 슬라이드의 개체를 모두 선택하고 [그리기 도구] → [서식] 탭의 [정렬] 그룹에서 '그룹 – 그룹' 도구를 클릭하여 개체를 그룹화한다.

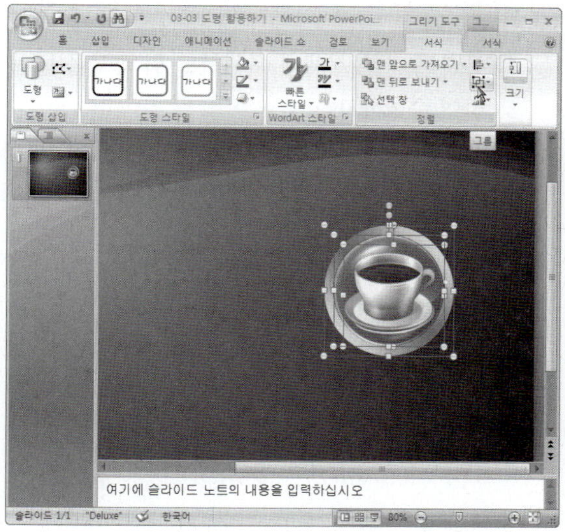

8. 개체 복사하고 그룹 해제하기

❶ [Ctrl] 키를 누르고 그룹화된 개체를 마우스로 드래그하여 개체를 복사한 다음,

❷ 복사된 개체 중 하나를 선택하고 [그리기 도구] → [서식] 탭의 [정렬] 그룹에서 '그룹 – 그룹 해제' 도구를 클릭하여 개체 그룹을 해제한다.

❸ [그리기 도구] → [서식] 탭의 [정렬] 그룹에서 '선택 창' 도구를 클릭하고 [선택 및 표시] 창에서 그룹이 해제된 개체에 포함된 클립 아트 개체를 선택한 후 [Delete] 키를 눌러 삭제한다.

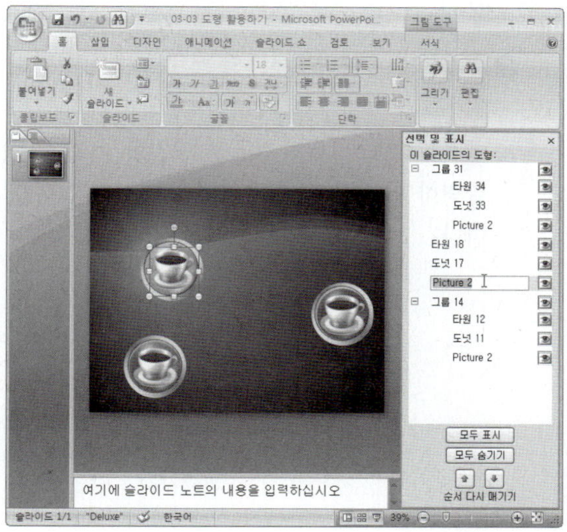

9. 개체 삽입하고 순서 바꾸기

❶ [삽입] 탭 → [일러스트레이션] 그룹에서 '클립아트' 도구를 클릭하고, '접시'를 입력하고 클립아트 개체를 선택한다.

❷ 삽입된 클립아트 개체의 크기를 적당히 조절하고 [그리기 도구] → [서식] 탭의 [정렬] 그룹에서 '맨 뒤로 보내기' 도구를 클릭하여 개체의 순서를 변경한다.

❸ 그룹 해제된 개체를 마우스로 선택하고 [그리기 도구] → [서식] 탭의 [정렬] 그룹에서 '그룹 – 그룹' 도구를 클릭하여 개체를 그룹화 한다.

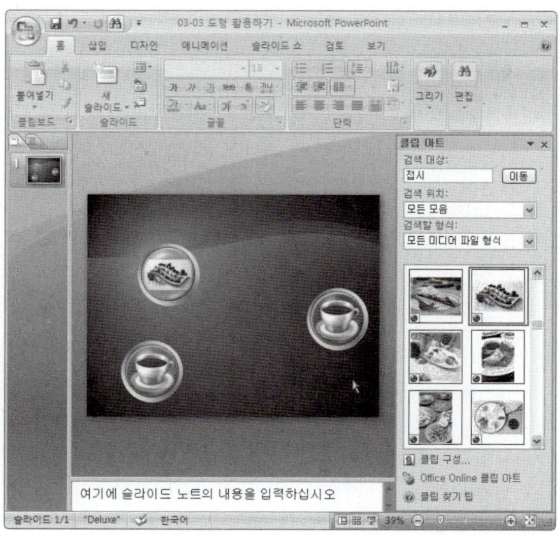

10. 정렬하기

❶ 복사된 다른 개체에 대해서도 위 과정을 반복하여 수행하고,

❷ 슬라이드의 개체의 위치를 다음과 같이 이동한 다음,

❸ 아래쪽에 있는 두 개의 개체를 선택하고 [그리기 도구] → [서식] 탭의 [정렬] 그룹에서 '맞춤 – 위쪽 맞춤' 도구를 클릭하여 개체를 정렬하고,

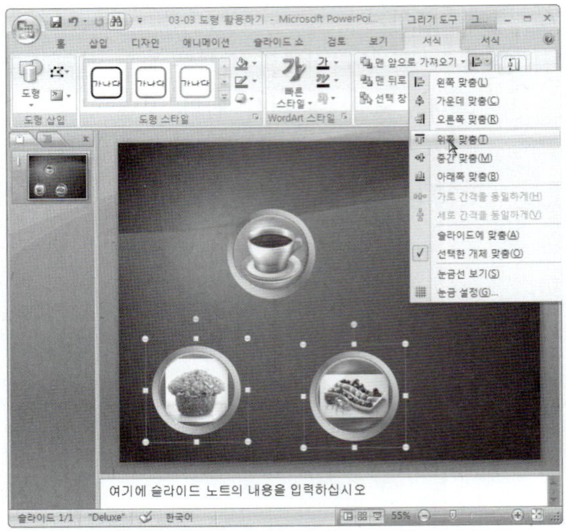

11. 개체 간격 맞추기

❶ 슬라이드에 포함된 3개의 개체를 모두 선택하고 [그리기 도구] → [서식] 탭의 [정렬] 그룹에서 '맞춤 – 가로 간격을 동일하게' 도구를 클릭하여 개체 사이의 간격을 일정하게 유지한다.

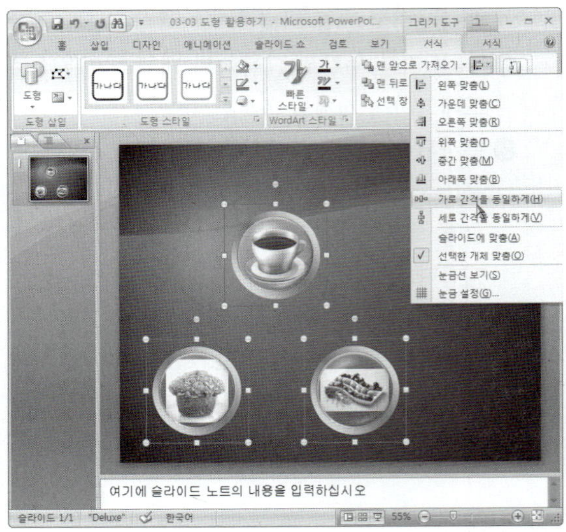

12. 개체 삽입하기

❶ [삽입] 탭 → [일러스트레이션] 그룹에서 '도형 – 타원'을 선택하고 [Shift] 키를 누르고 마우스를 드래그하여 슬라이드에 원을 삽입한다.

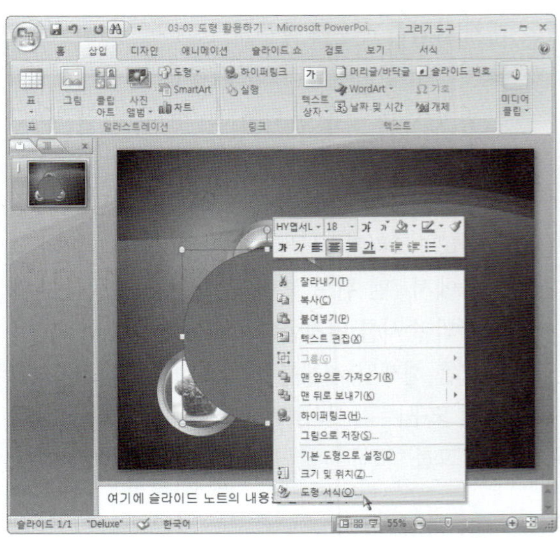

13. 도형 서식 설정하기

❶ 도형 위에서 마우스 오른쪽 버튼을 클릭하여 [도형 서식] 메뉴를 눌러 [도형 서식] 대화상자를 표시하고,

❷ [도형 서식] 대화상자에서 '채우기 – 채우기 없음'을 선택하고,

❸ '선 색 – 실선'을 선택하고 '색 – 흰색, 텍스트 1'을 선택한다.

❹ '선 스타일 – 너비 – 4'로 설정하고, '대시 종류 – 둥근 점선'으로 설정한 후 [닫기] 버튼을 클릭한다.

❺ [그리기 도구] → [서식] 탭의 [정렬] 그룹에서 '맨 뒤로 보내기' 도구를 클릭한다.

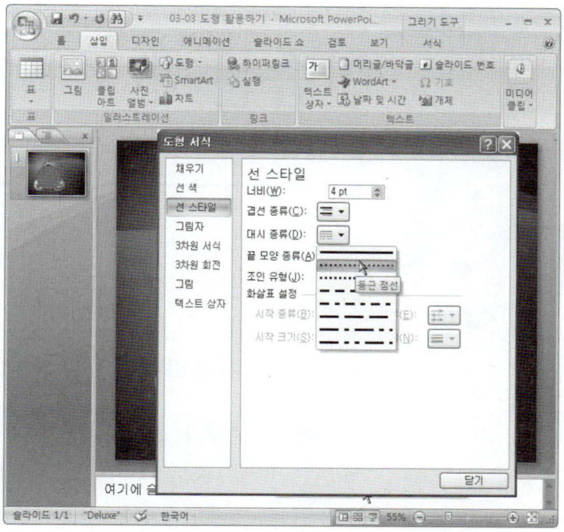

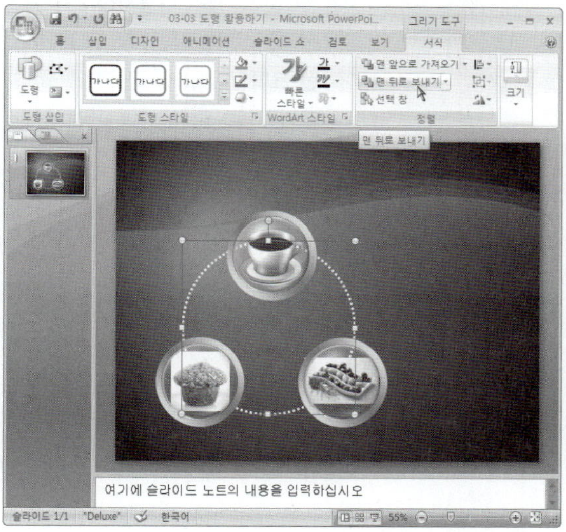

연습문제

INTRODUCTION TO COMPUTER APPLICATIONS **POWERPOINT**

1. 슬라이드 5에 타원을 삽입하고 다음과 같이 서식을 설정하라.

채우기-채우기: 그라데이션 채우기, 종류: 선형, 방향: 선형 아래쪽
그라데이션 중지점:
중지점 1-중지점 위치: 0%, 색: 흰색, 투명도: 30%
중지점 2-중지점 위치: 100%, 색: 흰색, 투명도: 100%
선 색-선 색: 실선, 색: RGB(153, 0, 0)
선 스타일-2pt
크기-가로: 5cm, 세로: 5cm

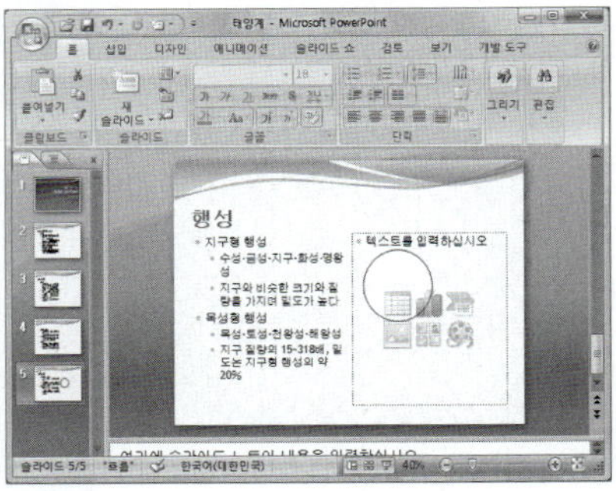

2. 1번에서 삽입된 도형보다 조금 작은 원을 하나 더 그리고 다음과 같이 서식을 설정하라.

크기-가로: 4.5cm, 세로: 4.5cm
채우기-채우기: 그라데이션 채우기, 종류: 경로형, 방향: 선형 아래쪽
그라데이션 중지점:
중지점 1-중지점 위치: 0%, 색: RGB(204, 236, 255), 투명도: 50%
중지점 2-중지점 위치: 100%, 색: RGB(0, 126, 234), 투명도: 100%
선 색-선 색: 선 없음

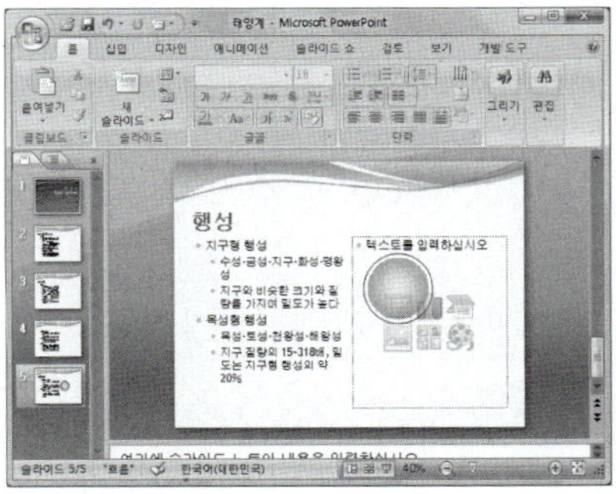

3. 모서리가 중근 직사각형을 삽입하고 다음과 같이 도형 서식을 설정하라.

크기-가로: 5.5cm, 세로: 5.5cm
채우기-채우기: 그라데이션 채우기, 종류: 선형, 방향: 선형 아래쪽, 각도: 90
그라데이션 중지점:
중지점 1-중지점 위치: 0%, 색: 흰색, 투명도: 0%
중지점 2-중지점 위치: 25%, 색: 진한 파랑, 투명도: 100%
선 색-선 색: 선 없음

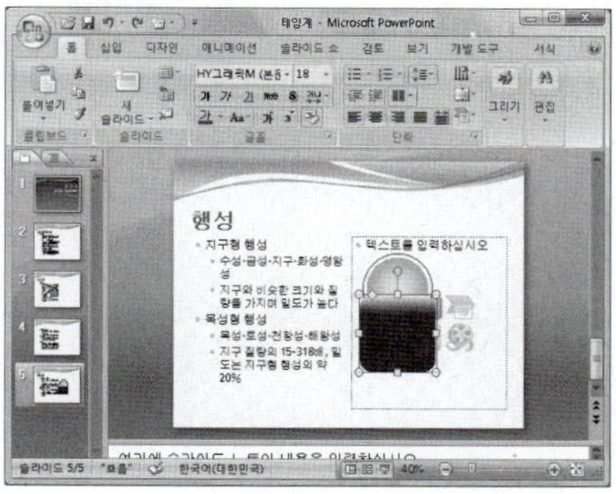

4. 슬라이드에 삽입된 도형을 모두 선택하고, 오른쪽으로 수평 복사하라. 그리고 다음과 같이 도형 서식을 설정하라.

- **원**

채우기-채우기: 그라데이션 채우기, 종류: 선형, 방향: 경로형 아래쪽
그라데이션 중지점:
중지점 1-중지점 위치: 0%, 색: RGB(0, 255, 0), 투명도: 80%
중지점 2-중지점 위치: 25%, 색: RGB(0, 150, 0), 투명도: 25%
선 색-선 색: 선 없음

- **모서리가 둥근 직사각형**

크기-가로: 5.5cm, 세로: 5.5cm
채우기-채우기: 그라데이션 채우기, 종류: 선형, 방향: 선형 아래쪽, 각도: 90
그라데이션 중지점:
중지점 1-중지점 위치: 0%, 색: RGB(0, 255, 0), 투명도: 0%
중지점 2-중지점 위치: 25%, 색: RGB(0, 118, 0), 투명도: 100%
선 색-선 색: 선 없음

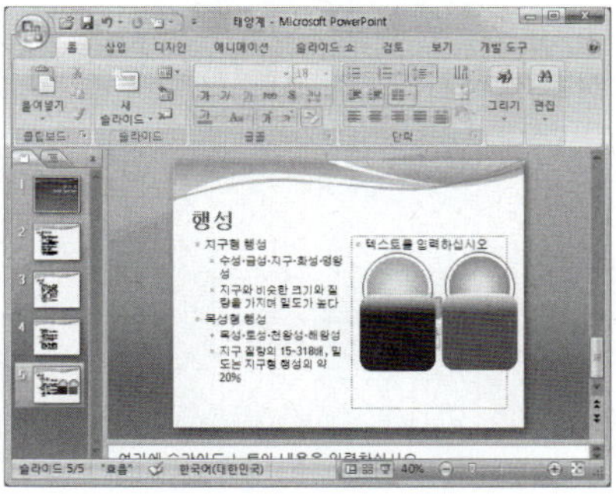

5. 도형에 다음과 같이 텍스트를 삽입하라.

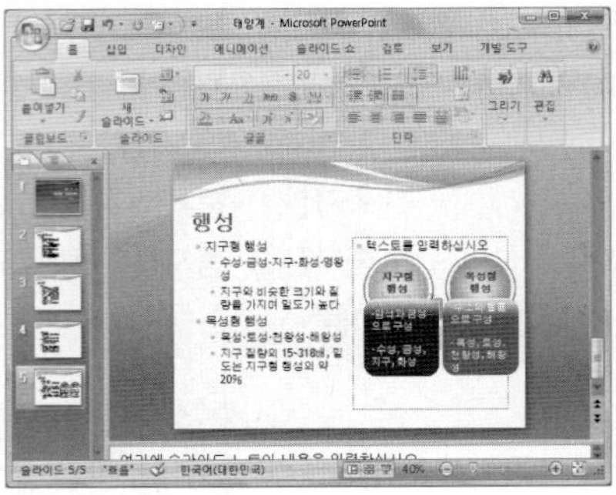

CHAPTER

06 다이어그램과 SmartArt 그래픽

스마트아트(SmartArt)는 파워포인트 2007에 추가된 기능으로 SmartArt 그래픽을 사용하면 훨씬 더 상세한 다이어그램과 조직도를 프레젠테이션에 추가할 수 있다.

INTRODUCTION TO COMPUTER APPLICATIONS POWERPOINT

Section 01: [SmartArt 도구] 모음

슬라이드에 SmartArt 그래픽을 추가하고 원하는 스타일대로 서식을 지정할 수 있다. 텍스트를 추가/편집하거나, 테마 색을 변경하거나 도형에 스타일을 적용할 수 있을 뿐 아니라 SmartArt 그래픽 내에서 도형을 추가하거나 제거할 수도 있고, SmartArt 그래픽을 다시 정렬하거나 크기를 조정할 수도 있다. 또한 현재 SmartArt 그래픽을 다른 SmartArt 그래픽으로 변경하는 것도 가능하다.

[디자인] 탭

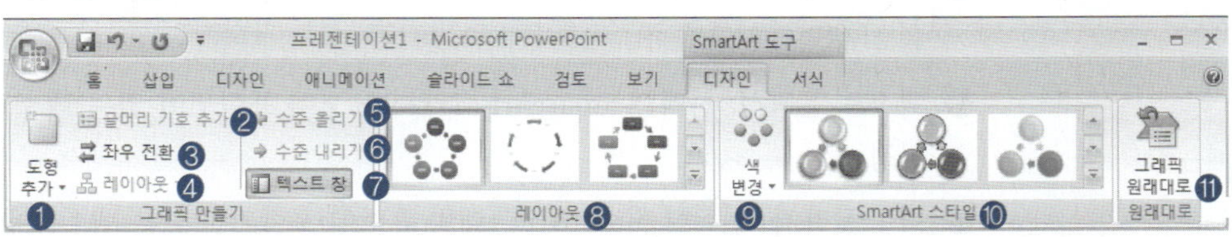

❶ **도형 추가:** 선택한 SmartArt 그래픽에 다른 도형을 추가

❷ **글머리 기호 추가:** 선택한 텍스트와 같은 수준에 글머리 기호 추가

❸ **좌우 전환:** 선택한 SmartArt 그래픽을 좌우 대칭으로 회전

❹ **레이아웃:** 조직도와 같이 계층 구조를 표현한 SmartArt 개체에서 도형의 분기되는 수준 변경

❺ **수준 올리기:** 선택한 SmartArt 그래픽 구성 요소의 수준을 높임

❻ **수준 내리기:** 선택한 SmartArt 그래픽 구성 요소의 수준을 내림

❼ **텍스트 창:** SmartArt 그래픽 텍스트를 글머리 기호 항목의 형태로도 편집할 수 있도록 텍스트 창 표시/감추기

❽ **레이아웃:** 동일한 SmartArt 그래픽 종류에 적용되는 더 많은 레이아웃 표시

❾ **색 변경:** SmartArt 그래픽에 포함된 도형의 색 변경

❿ **SmartArt 스타일:** 선택한 SmartArt 그래픽에 대한 스타일 표시

⓫ **그래픽 원래대로:** 적용된 서식을 취소하고 원래 SmartArt 그래픽으로 되돌림

[서식] 탭

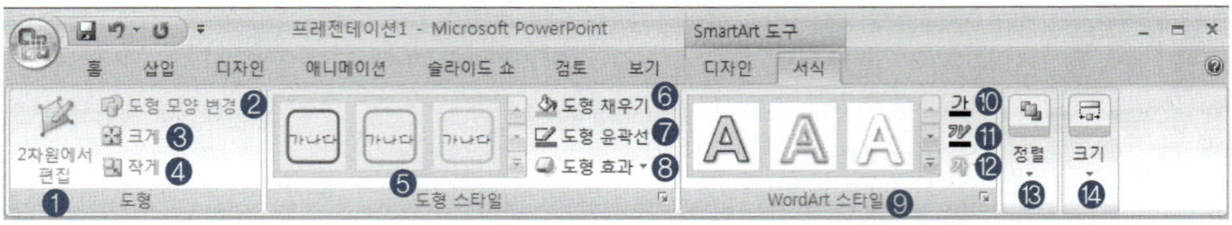

❶ **2차원에서 편집:** SmartArt 그래픽 요소에 3차원 효과를 적용했지만 해당 요소를 2차원에서 편집하는 편이 더 쉬울 경우 사용

❷ **도형 모양 변경:**선택한 SmartArt 그래픽 요소의 도형 변경하기 위해 사용

❸ **크게:** 선택한 SmartArt 그래픽 요소를 더 크게 만듬

❹ **작게:** 선택한 SmartArt 그래픽 요소를 더 작게 만듬

❺ **도형 스타일:** 서식이 지정되어 있는 스타일을 선택된 SmartArt 그래픽 요소에 적용

❻ **도형 채우기:** 선택한 SmartArt 그래픽 요소의 도형 채우기 변경/추가/삭제

❼ **도형 윤곽선:** 선택한 SmartArt 그래픽 요소의 도형 윤곽선 변경/추가/삭제

❽ **도형 효과:** 선택한 SmartArt 그래픽 요소에 적용되는 효과 변경/추가/삭제

❾ **WordArt 스타일 갤러리:** 선택한 SmartArt 그래픽 요소에 포함되어 있는 텍스트에 WordArt 스타일 적용

❿ **텍스트 채우기:** 선택한 SmartArt 그래픽 요소에 포함되어 있는 텍스트에 색, 채우기 효과 등을 설정

⓫ **텍스트 윤곽선:** 선택한 SmartArt 그래픽 요소에 포함되어 있는 텍스트의 윤곽선에 효과 설정

⓬ **텍스트 효과:** 선택한 SmartArt 그래픽 요소에 포함되어 있는 텍스트에 그림자, 네온, 반사 효과 등 설정

⓭ **정렬:** 선택한 SmartArt 그래픽 요소의 순서를 바꾸거나, 위치를 맞추거나, 그룹화하거나, 회전

⓮ **크기:** 선택한 SmartArt 그래픽 요소의 크기 조정

Section 02: 다양한 SmartArt 그래픽 삽입하기

슬라이드의 기존 목록을 사용하여 다양한 SmartArt 그래픽을 만들 수 있다. 만들어진 SmartArt 그래픽을 [텍스트 창]을 사용하여 도형에 텍스트를 추가하고 도형 및 텍스트를 레이아웃의 원하는 위치로 이동하여 편집할 수 있다.

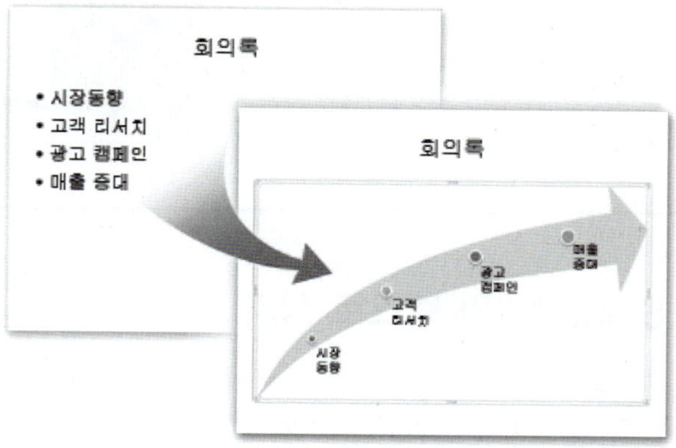

2.1 텍스트 목록을 SmartArt 그래픽으로 변환하기

텍스트 슬라이드에 작성된 글머리 기호를 포함하는 텍스트 목록을 SmartArt 그래픽으로 변환할 수 있다.

함께하기 | 도형에 스타일 적용하기

예제 파일: 파워포인트\예제파일\Chapter 6\Section 01\06-01 텍스트와 SmartArt.pptx
완성 파일: 파워포인트\완성파일\Chapter 6\Section 01\06-01 텍스트와 SmartArt(완성).pptx

1. 텍스트를 SmartArt로 변환하기
   ❶ 슬라이드에서 변환할 텍스트가 포함된 개체 틀을 클릭하고,
   ❷ [홈] 탭 → [단락] 그룹에서 'SmartArt 그래픽으로 변환( )' 도구를 클릭한다.

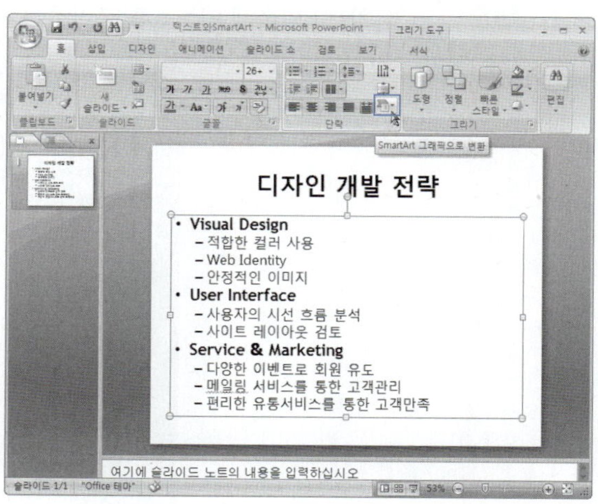

2. 방사형 레이아웃 선택하기

❶ SmartArt 갤러리에서 '방사형 목록형' 레이아웃을 클릭하여 선택한다.

❷ 텍스트 상자와 선택한 SmartArt 레이아웃이 적용되어 표시된다.

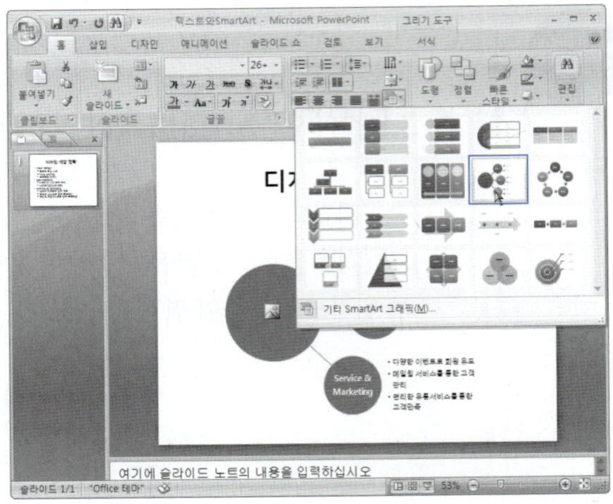

2.2 SmartArt와 텍스트 상자

텍스트 목록이 들어있는 슬라이드가 작성되어 있지 않더라도 SmartArt 그래픽을 삽입한 후 [텍스트 창]에 텍스트를 입력할 수 있다.

텍스트 수준 조정하기

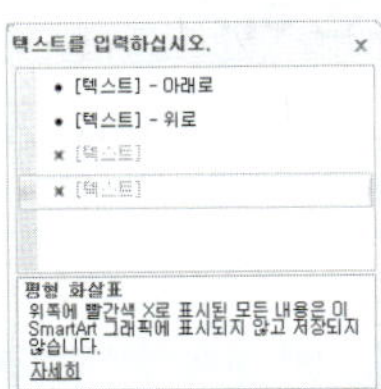

[텍스트 창]에서 [SmartArt 도구] → [디자인] 탭의 [그래픽 만들기] 그룹에서 '수준 내리기'와 '수준 올리기'를 사용하여 수준을 조절하거나, [Tab] 키를 눌러 들여쓰거나 [Shift]+[Tab]을 눌러 내어쓸 수도 있다. 윗줄의 텍스트보다 두 수준 이상 텍스트를 내리거나 최상위 수준 도형을 내릴 수는 없다.

텍스트 창 표시하기

[SmartArt 도구] → [디자인] 탭의 [그래픽 만들기] 그룹에서 '텍스트 창'을 클릭하거나, [텍스트 창]의 왼쪽에 있는 ⁝를 클릭하여 표시하거나 감출 수 있다.

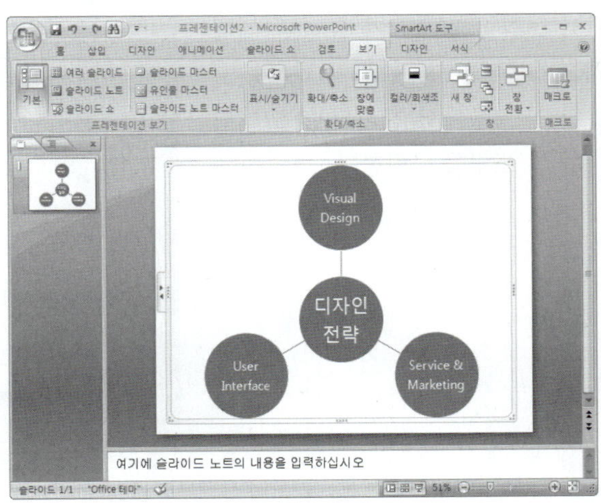

함께하기 | SmartArt에 스타일 적용하기

완성 파일: 파워포인트\완성파일\Chapter 6\Section 01\06-01 텍스트와SmartArt-1(완성).pptx

1. 슬라이드 레이아웃 변경하기

❶ [홈] 탭 → [슬라이드] 그룹에서 '레이아웃( ) – 제목 및 내용' 레이아웃을 클릭하여 슬라이드의 레이아웃을 변경한다.

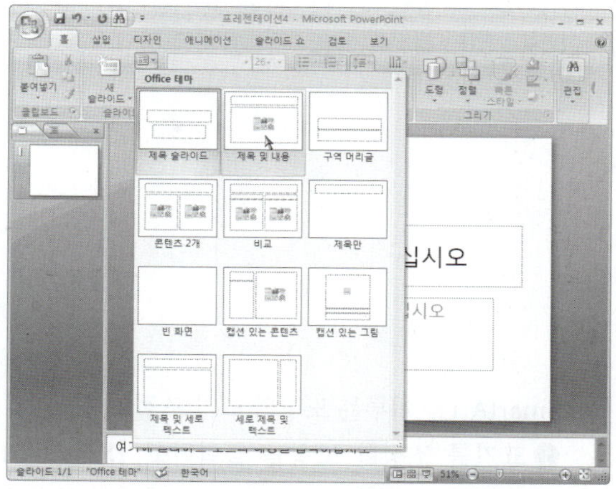

2. SmartArt 개체 삽입하기

❶ [삽입] 탭 → [일러스트레이션] 그룹에서 'SmartArt(SmartArt)' 도구를 클릭하고,

❷ [SmartArt 그래픽 선택] 대화상자에서 원하는 범주('목록형')와 레이아웃('세로 블록 목록형')을 선택하고 [확인] 버튼을 클릭한다.

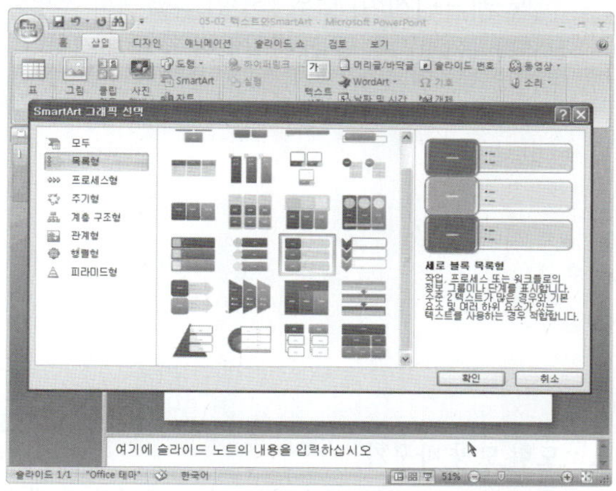

3. 텍스트 창에 텍스트 입력하기

❶ 각 도형을 선택하면 [텍스트] 창의 선택된 항목에 다음과 같이 텍스트를 입력한다.

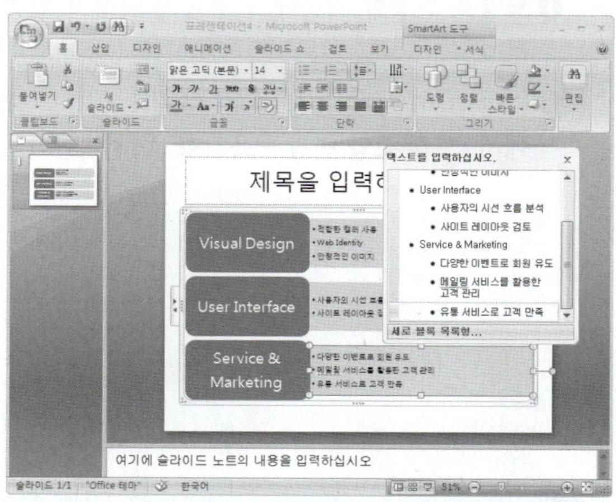

Tip | 텍스트 창에 텍스트 복사하여 붙여넣기

슬라이드에 작성된 내용으로 SmartArt에 텍스트를 적용하려면 슬라이드의 텍스트를 선택하고 복사한 후 SmartArt의 [텍스트]창에 붙여넣는다.

4. SmartArt 전체 크기 조절하기

❶ SmartArt 테두리의 부분을 마우스로 드래그하여 SmartArt의 크기를 조절한다.

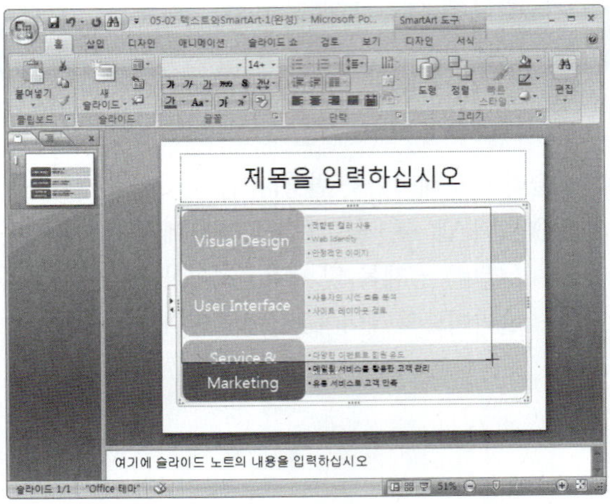

5. SmartArt를 이루는 도형의 크기 조절하기

❶ 크기를 조정할 도형을 클릭하고, [SmartArt 도구] → [서식] 탭의 [도형] 그룹에서 도형을 '작게( )' 를 세 번 클릭하여 작게 조절한다.

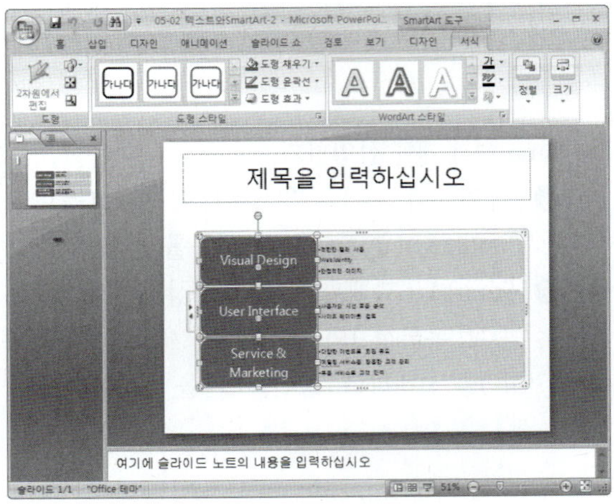

6. 도형 모양 바꾸기

❶ 모양을 변경할 가운데 도형을 클릭하여 선택하고,

❷ [SmartArt 도구] → [서식] 탭의 [도형] 그룹에서 '도형 모양 변경 – 육각형' 을 선택한다.

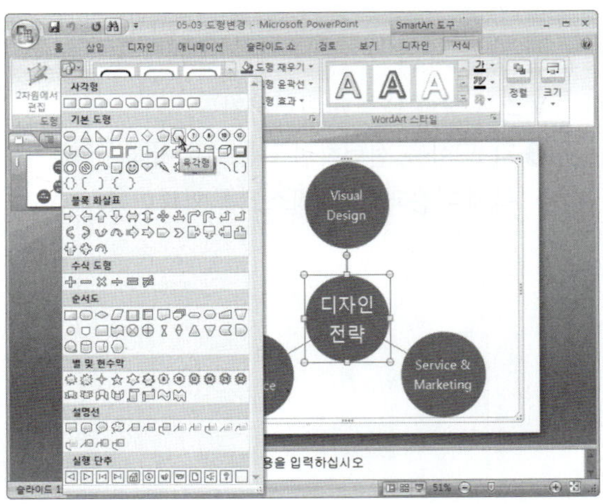

Tip | SmartArt 레이아웃 변경하기

SmartArt를 이루는 도형을 [SmartArt 도구] → [디자인] 탭의 [레이아웃] 그룹에서 '레이아웃 변경' 도구를 사용하여 레이아웃을 변경할 수 있다.

7. SmartArt 스타일 변경하기

❶ [SmartArt 도구] → [디자인] 탭의 [SmartArt 스타일] 그룹에서 '금속'을 선택한다.

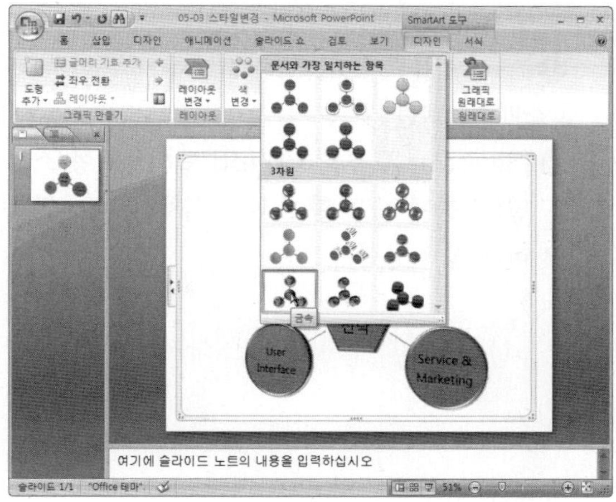

8. SmartArt 색 변경하기

❶ [SmartArt 도구] → [디자인] 탭의 [SmartArt 스타일] 그룹에서 '색 변경( ) – 색상형 범위, 강조 5 또는 6'을 선택한다.

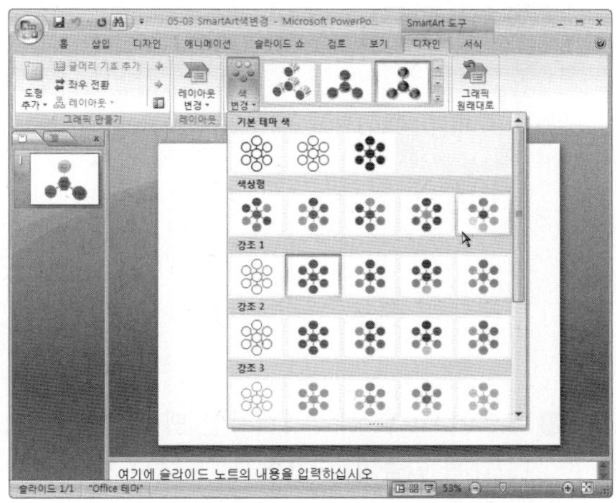

9. 도형 색 변경하기

❶ 가운데 도형을 선택하고 [SmartArt 도구] → [서식] 탭의 [도형 스타일] 그룹에서 '도형 채우기 – 빨강'을 선택한다.

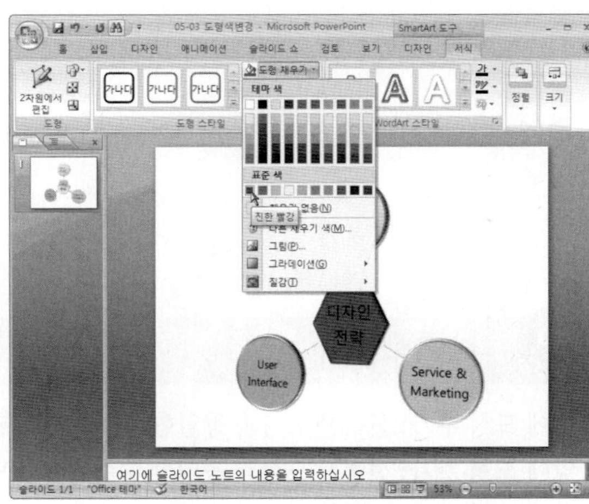

10. 도형 효과 적용하기

❶ [Ctrl] 키를 누르고 도형 효과를 적용할 원을 모두 선택한 다음,

❷ [SmartArt 도구] → [서식] 탭의 [도형 스타일] 그룹에서 '도형 효과 – 입체 효과 – 볼록하게'를 적용한다.

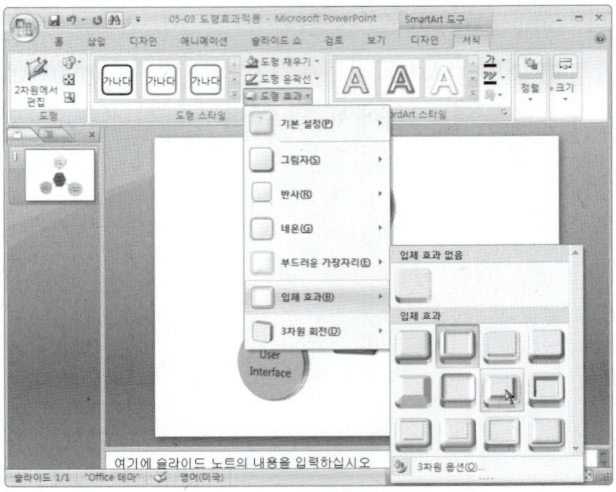

11. 도형 추가하기

❶ 새 도형을 추가할 위치와 가장 가까이 있는 도형을 클릭하고,

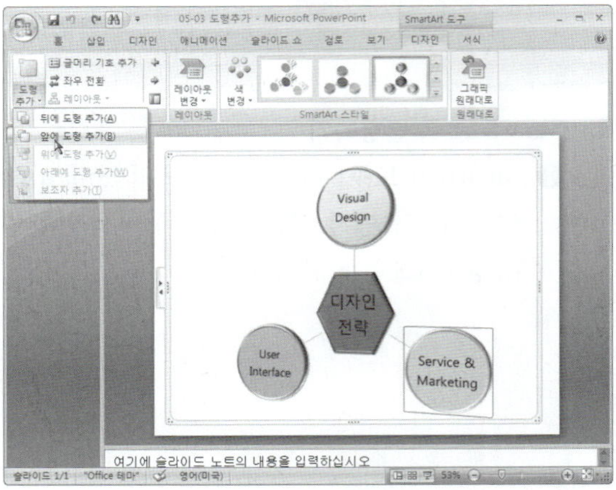

❷ [SmartArt 도구] → [디자인 탭]을 클릭하고, [그래픽 만들기] 그룹에서 '도형 추가 – 앞에 도형 추가'를 클릭한다.

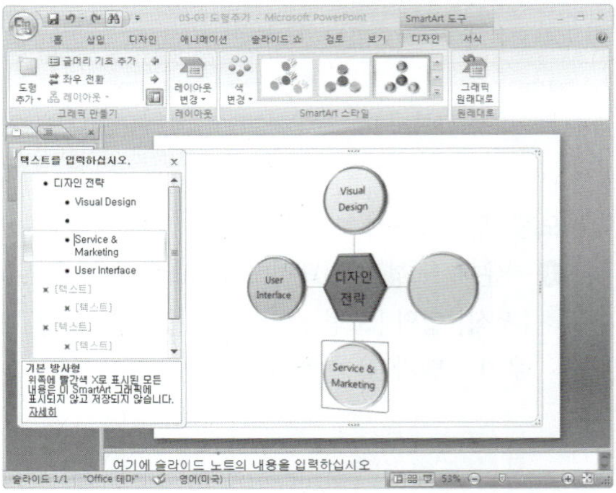

Tip | 도형 추가하기

뒤에 도형 추가: 선택한 도형과 동일한 수준에서 해당 도형 뒤에 도형 삽입

앞에 도형 추가: 선택한 도형과 동일한 수준에서 해당 도형 앞에 도형 삽입

위에 도형 추가: 선택한 도형보다 한 수준 위에 도형 삽입

아래에 도형 추가: 선택한 도형보다 한 수준 아래에 도형 삽입

연습문제

INTRODUCTION TO COMPUTER APPLICATIONS **POWERPOINT**

1. 새 프레젠테이션을 만들고 슬라이드 1의 레이아웃을 빈 레이아웃으로 변경하라.

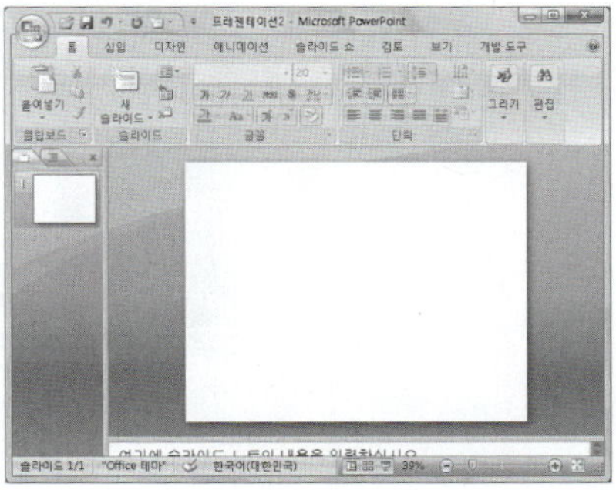

2. 슬라이드 1에 '연속 블록 프로세스형' SmartArt 그래픽을 삽입하고, '스타일-3차원-광택 처리'와 '색상형 범위-강조색 5 또는 6' 스타일을 적용하라.

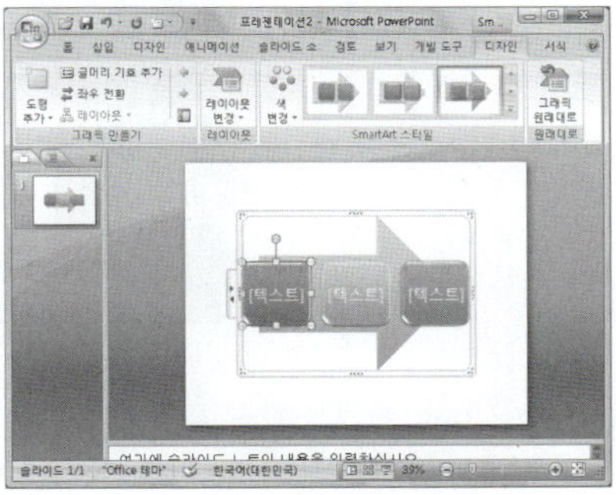

3. SmartArt 그래픽 화살표를 클릭하고 다음과 같이 서식을 설정하라.

> **도형 스타일**-강한 효과 - 강조 2
> **도형 효과**
> 그림자-오프셋 대각선 오른쪽 아래, 색: 진한 빨강, 거리: 6pt, 투명도: 70%
> 입체 효과-둥글게, 위쪽: 너비-24pt, 높이-24pt,
> 아래쪽: 너비-21pt, 높이-21pt,
> 깊이: 9pt

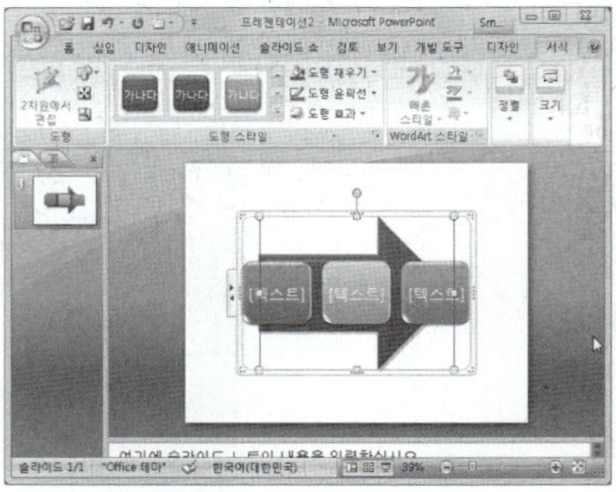

4. SmartArt 그래픽의 왼쪽에서 두 번째에 개체를 추가하라.

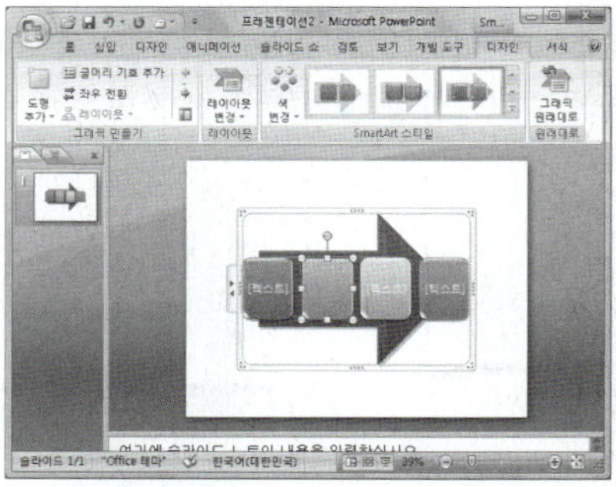

CHAPTER 07

클립아트와 그림 삽입하기

텍스트와 도형 이외에 클립아트와 그림을 사용하여 좀 더 생동감있고 세련된 느낌을 더할 수 있다.

Section 01: 클립아트 삽입하기

클립아트를 사용하면 다양한 그림, 동영상, 소리들을 검색하여 삽입할 수 있다.

1.1 [클립아트] 작업창

[클립아트] 작업창에서 클립아트를 검색한 후 슬라이드에 삽입한다. [클립아트] 작업창은 [삽입] 탭 → [일러스트레이션] 그룹에서 '클립아트( )' 를 클릭하여 표시한다.

❶ **검색 대상:** 검색할 단어를 입력하고 [이동] 버튼을 클릭하여 검색

❷ **검색 위치:** 내 모음, Office 모음, 웹 모음 중에서 미디어 파일을 검색할 위치 선택

❸ **검색할 형식:** 클립아트, 사진, 동영상, 사진 중에서 검색할 미디어 파일의 형식 선택

❹ **검색 결과:** 검색된 모든 미디어 파일 표시. 삽입하려는 미디어 파일을 클릭하여 슬라이드에 삽입

⑤ **클립 구성:** Microsoft Clip Organizer를 사용하여 클립아트나 동영상, 소리, 사진 등의 미디어 파일을 분류하여 표시한다.

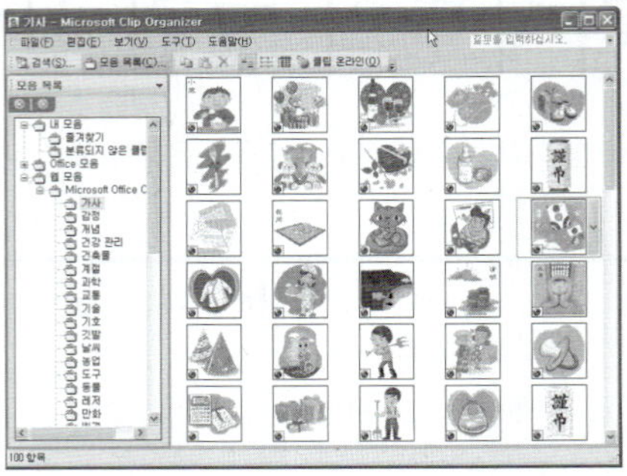

⑥ **Office Online 클립아트:** Microsoft Office Online 사이트에 접속하여, 마이크로소프트사에서 제공하는 여러 가지 미디어 파일을 검색하여 슬라이드에 추가할 수 있다.

⑦ **클립아트 팁:** 파워포인트 도움말 창이 표시되고 클립아트를 찾을때 도움이 되는 팁이 표시된다.

함께하기 | 클립아트 삽입하기

예제 파일: 파워포인트\예제파일\Chapter 4\Section 01\04-01 클립아트활용.pptx
완성 파일: 파워포인트\완성파일\Chapter 4\Section 01\04-01 클립아트활용.pptx(완성).pptx

1. 클립아트 개체 삽입하기
   ❶ [삽입] 탭 → [일러스트레이션] 그룹에서 '클립아트' 도구를 클릭하여 [클립아트] 작업창을 표시하고,
   ❷ '검색 대상' 에 '프레젠테이션' 를 입력하고 [이동] 버튼을 클릭한다.

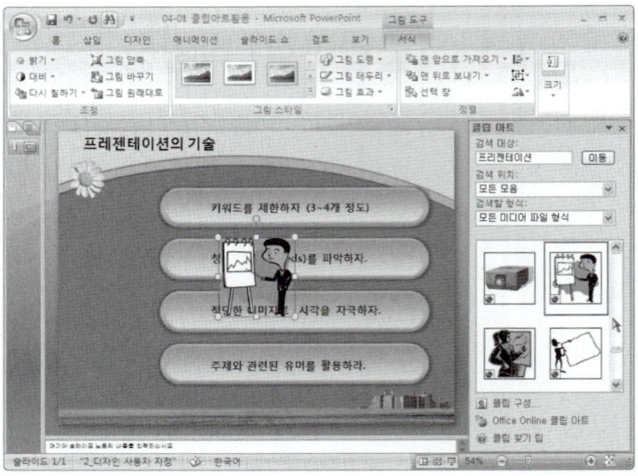

2. 개체 크기와 위치 조절하기
   ❶ 삽입된 개체를 왼쪽으로 이동하고 크기 조절 핸들을 사용하여 크기를 조절한다.

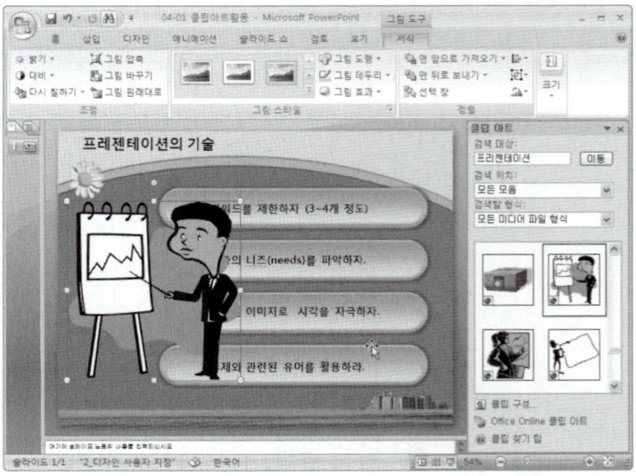

3. 클립아트 개체 편집하기

❶ 클립아트 개체 위에서 마우스를 클릭하고 [그림 편집] 메뉴를 선택한다.

❷ 그리기 개체로 변환할 것인지를 묻는 메시지 대화상자에서 [예]를 선택한다.

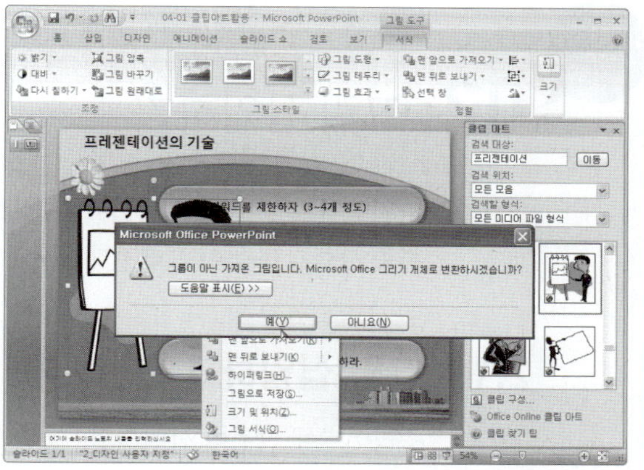

❸ 사람을 제외한 클립아트 개체를 마우스로 선택하고 [Delete] 키를 눌러 삭제한다.

❹ [그리기 도구]의 [서식] 탭에서 '회전-좌우 대칭'을 선택하여 개체의 좌우를 바꾸도록 한다.

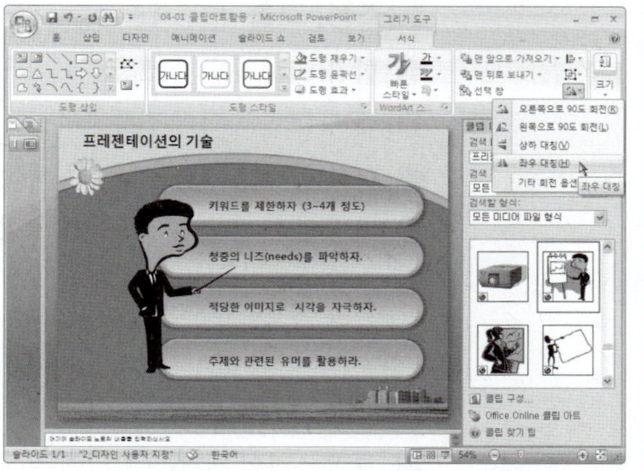

❺ 클립아트 개체를 왼쪽으로 이동시킨다.

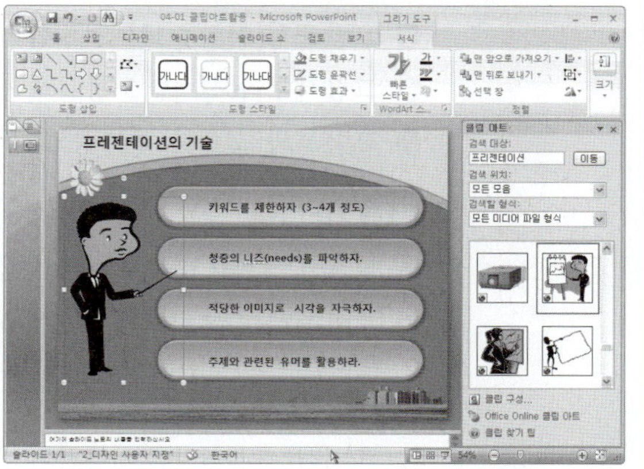

Section

02: 그림 삽입하기

파워포인트 2007에서 삽입할 수 있는 그림은 사진 이미지로, 사진을 슬라이드에 삽입함으로써 한층 사실감을 높여 프레젠테이션 효과를 높일 수 있다.

2.1 그림 삽입하고 편집하기

슬라이드에 그림이 삽입되면 [그림 도구]가 표시되고 포함된 도구들을 사용하여 그림을 다양하게 편집할 수 있다.

그림 도구의 [서식] 탭

그림을 삽입하거나 선택하면 [그림 도구] → [서식] 탭이 표시되며, 그림에 대해 밝기나 대비 등을 조정하거나 그림에 다양한 스타일 효과를 설정할 수 있다.

[조정] 그룹

❶ **밝기:** 그림의 밝기 조정

❷ **대비:** 그림의 대비 조정

❸ **다시 칠하기:** 그림을 다양한 색상 톤으로 조정

❹ **그림 압축:** 그림의 압축률을 조정하여 그림의 품질 조정

❺ **그림 바꾸기:** 현재 그림의 서식과 크기를 유지하면서 다른 그림으로 변경

❻ **그림 원래대로:** 그림에 대해 변경된 서식을 모두 무시

[그림 스타일] 그룹

❼ **그림 스타일 갤러리:** 그림에 적용할 스타일을 선택

❽ **그림 도형:** 서식을 모두 유지한 채 그리기의 모양 변경

❾ **그림 테두리:** 선택한 도형 윤곽선의 색, 두께 및 선 스타일을 지정

❿ **그림 효과:** 그림자, 네온 등의 시각 효과를 그림에 적용

[크기] 그룹

⓫ **자르기:** 그림을 원하는 크기만큼 잘라 불필요한 부분을 제거

⓬ **도형 높이/도형 너비:** 그림의 높이와 너비 지정

[그림 서식] 대화상자

[그림 서식] 대화상자를 사용하여 밝기와 대비, 색상 톤 등을 한 번에 설정할 수 있다. [그림 서

식] 대화상자는 [그림 도구] → [서식] 탭에서 [그림 스타일] 그룹의 오른쪽 하단의 자세히 버튼( )을 클릭하여 표시한다.

그림을 슬라이드에 삽입하려면 [삽입] 탭 → [일러스트레이션] 그룹에서 '그림( )' 도구를 클릭한 후 [그림 삽입] 대화상자에서 삽입할 그림을 선택하여 삽입한다.

함께하기 | 그림 삽입하기

1. 그림 삽입하기

❶ [삽입] 탭 → [일러스트레이션] 그룹에서 '그림( )' 도구를 클릭하고,

❷ [그림 삽입] 대화상자에서 삽입할 그림을 찾아 선택한 후 [삽입] 버튼을 클릭한다.

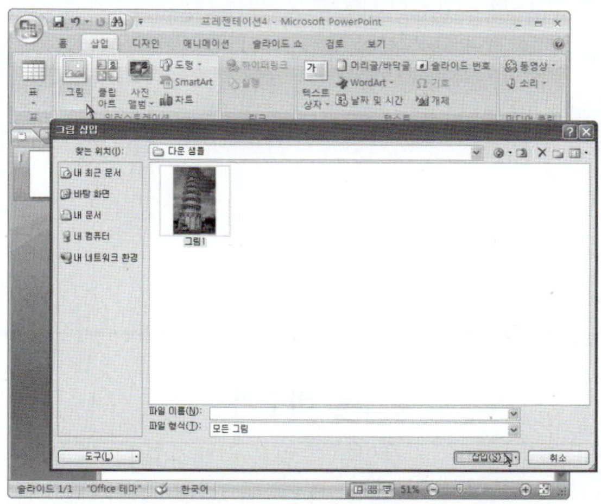

2. 그림 밝기 편집하기

❶ [그림 도구] → [서식] 탭의 [조정] 그룹에서 '밝기(밝기)' 도구를 클릭하고 '40%'를 선택한다.

3. 그림 대비 조절하기

❶ 삽입된 그림을 선택하고 [그림 도구] → [서식] 탭의 [조정] 그룹에서 '대비(대비)' 도구를 클릭하고 원하는 값을 선택한다.

4. 색상 톤 조정하기

[그림 도구] → [서식] 탭의 [조정] 그룹에서 '다시 칠하기(다시 칠하기)' 도구를 클릭하고 '어두운 변형 – 어두운 강조 색 6'을 선택한다.

▌그림 바꾸기

삽입된 그림을 선택하고 [그림 도구] → [서식] 탭의 [조정] 그룹에서 '그림 바꾸기( )' 도구를 클릭하고 [그림 삽입] 대화상자에서 원하는 그림을 선택하여 삽입한다.

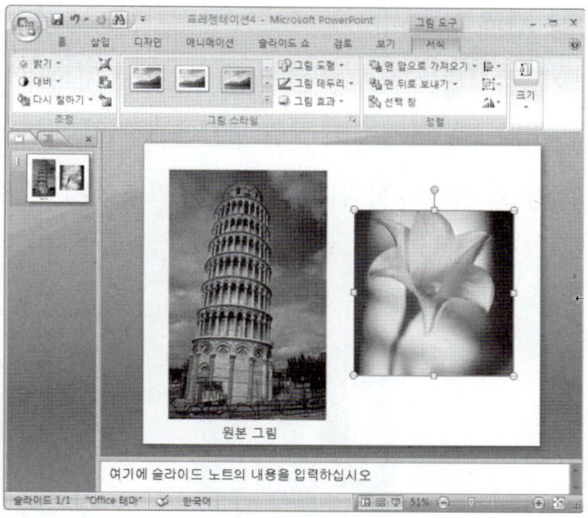

투명한 그림 만들기

그림의 특정 색을 투명하게 하여 그림 위에 겹쳐친 텍스트를 뚜렷이 표시하거나, 그림의 일부를 제거하거나 숨길 수 있다. 그림에서 투명한 영역은 인쇄 용지와 같은 색으로 표시된다.

❶ [그림 도구] → [서식] 탭의 [조정] 그룹에서 '다시 칠하기 – 투명한 색 설정' 을 선택한다.

❷ 마우스 포인터의 모양이 으로 바뀌면 투명한 색을 적용하고 싶은 부분(흰색)을 마우스로 클릭하면 그림에서 투명하게 설정된다.

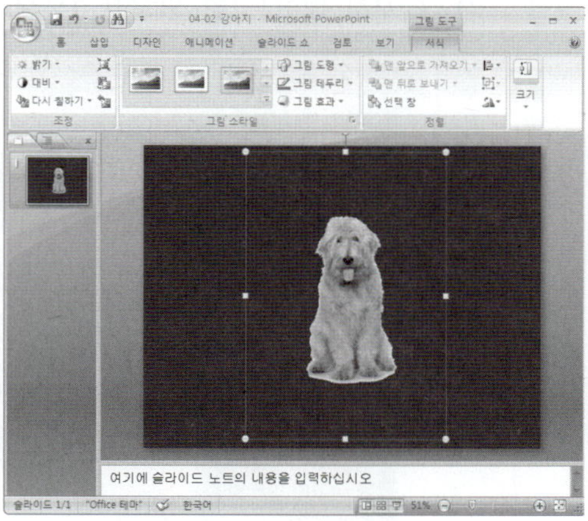

그림 자르기

'자르기' 도구를 사용하면 그림을 직선으로 잘라내거나, 도형을 선택하여 도형의 모양대로 잘라낼 수 있다. 그림 파일에서 잘린 부분을 제거하여 파일 크기를 줄일 수도 있다.

❶ [그림 도구] → [서식] 탭의 [크기] 그룹에서 '자르기'를 클릭한다.

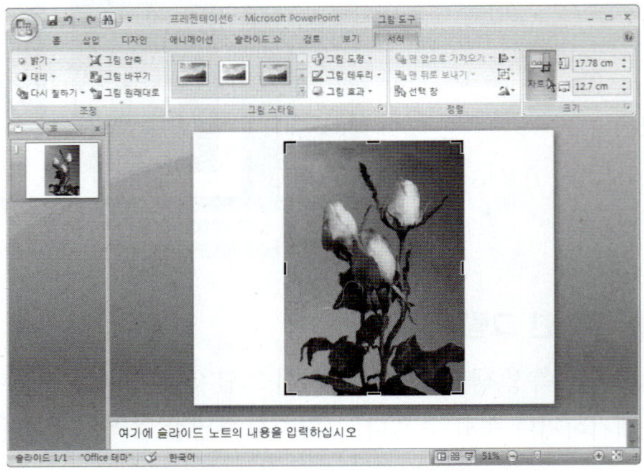

❷ 그림의 좌, 우, 위, 아래에 표시되는 자르기 핸들을 클릭한 후 원하는 방향으로 드래그하여 그림을 잘라낸다.

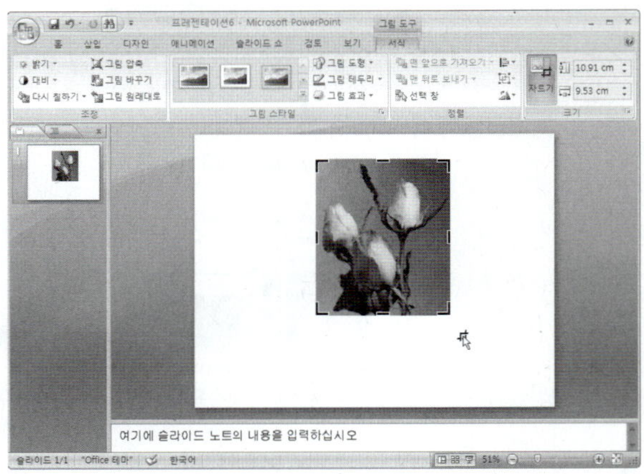

| 그림 모양으로 잘라내기 |

❶ [그림 도구] → [서식] 탭의 [그림 스타일] 그룹에서 '그림 도형'을 클릭한 후 도형을 선택한다.

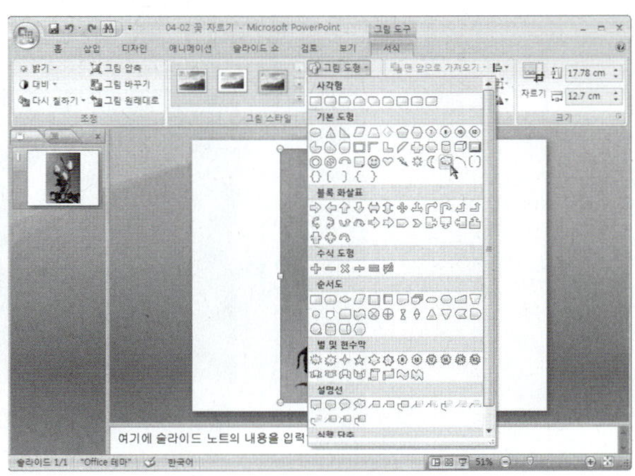

❷ 선택한 도형의 모양이 그림에 적용된다.

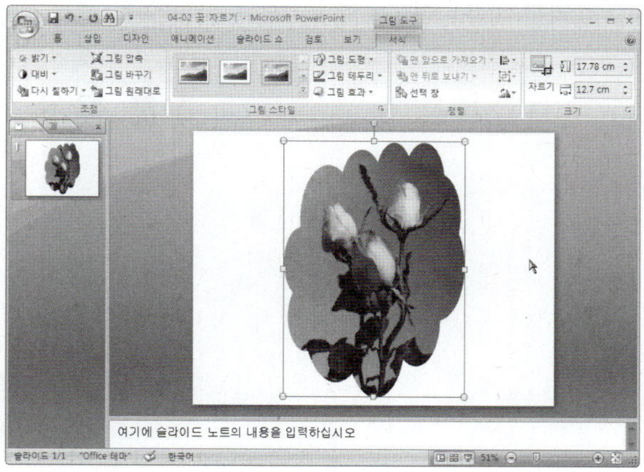

Tip | 잘려진 그림 영역 삭제하기

그림의 일부에 자르기를 수행한 후에도 잘린 부분이 그림 파일의 일부로 남아 있게 된다. 그림 파일에서 잘린 부분을 제거하여 파일 크기를 줄일 수 있다. [그림 도구] → [서식] 탭의 [조정] 그룹에서 '그림 압축' 항목을 사용한다.

2.2 스타일 적용하기

그림자, 네온, 반사, 부드러운 가장자리, 입체 효과, 3차원 회전 등의 효과를 추가하여 그림에 다양한 느낌을 표현할 수 있다. 그림 효과는 [그림 도구] → [서식] 탭의 [그림 스타일] 그룹에서 '그림 효과' 도구를 사용하여 적용한다.

함께하기 | 그림에 스타일 적용하기

예제 파일: 파워포인트\예제파일\Chapter 7\Section 02\07-02 그림에스타일적용.pptx
완성 파일: 파워포인트\완성파일\Chapter 7\Section 02\07-02 그림에스타일적용(완성).pptx

1. 그림 효과 설정하기

❶ [그림 도구]의 [서식] 탭에 있는 [그림 스타일 그룹]에서 '그림 효과'를 클릭한다.

❷ '그림 효과' 도구에서 '반사' 효과와 '부드러운 가장자리' 효과를 적용한다.

Section 03: 사진 앨범 만들기

파워포인트 2007에서 제공하는 사진 앨범은 그림만을 사용하여 프레젠테이션 문서를 구성하는 기능으로, 슬라이드 전환이나, 다양한 배경과 테마, 특정 레이아웃 등의 효과를 사진 앨범에 추가할 수 있다. 사진 앨범을 만든 후에 캡션을 추가하거나, 순서와 레이아웃을 조정하고, 그림 주위에 프레임을 추가할 수 있으며, 테마를 적용하여 앨범 모양을 사용자 지정할 수도 있다.

다른 사용자와 사진 앨범을 공유하기 위해 사진 앨범을 전자 메일 메시지의 첨부 파일로 보내거나, 웹에 게시하거나, 인쇄할 수도 있다.

[사진 앨범] 대화상자

사진 앨범은 [사진 앨범] 대화상자를 사용하여 대부분 설정한다. [사진 앨범] 대화상자는 [삽입] 탭 → [일러스트레이션] 그룹에서 '사진 앨범( )' 도구를 클릭하여 표시한다.

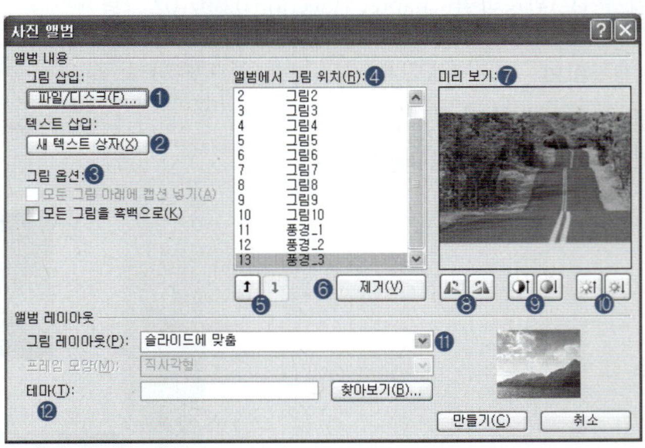

❶ **그림 삽입:** 삽입할 그림의 위치 설정

❷ **텍스트 삽입:** 슬라이드에 텍스트 상자 삽입

❸ **그림 옵션:** 그림에 캡션을 삽입하거나 그림을 흑백톤으로 설정

❹ **앨범에서 그림 위치:** 그림이 표시되는 슬라이드의 위치 설정

❺ **위로/아래로 이동:** 선택한 그림의 위치를 위로 이동하거나 아래로 이동

❻ **제거:** 사진 앨범에서 그림 제거

❼ **미리보기:** 사진 앨범에서 선택한 그림 미리보기

❽ **회전:** 선택한 그림을 시계 방향으로 또는 시계 반대 방향으로 회전

❾ **대비:** 선택한 그림의 대비를 높이거나 낮춤

❿ **밝기:** 선택한 그림의 밝기를 높이거나 낮춤

⓫ **그림 레이아웃:** 한 장의 슬라이드에 삽입할 그림의 수 설정

⓬ **테마:** 사진 앨범에 사용할 테마 설정

함께하기 | 사진 앨범 만들기

완성 파일: 파워포인트\완성파일\Chapter 4\Section 03\04-03 사진앨범(완성).pptx

1. 사진 추가하기

❶ [삽입] 탭 → [일러스트레이션] 그룹에서 '사진 앨범 – 새 사진 앨범' 을 클릭한다.

❷ [사진 앨범] 대화상자의 '그림 삽입 – 파일/디스크' 를 클릭하고,

❸ [새 그림 삽입] 대화상자에서 삽입할 그림이 있는 폴더를 찾아 그림을 선택하고 [삽입] 버튼을 클릭한다.

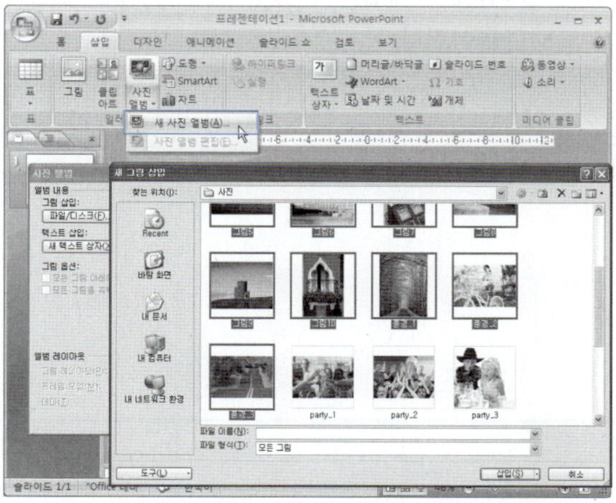

2. 사진 앨범 레이아웃 설정하기

❶ '앨범 레이아웃 – 그림 레이아웃' 에서 '그림 4개' 로 선택한다.

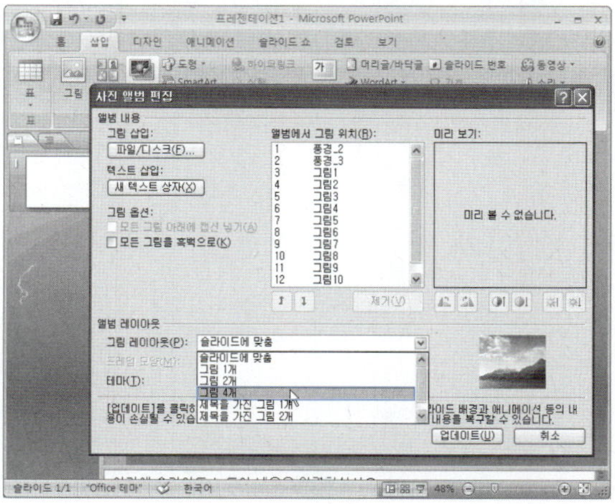

Tip | 사진 앨범의 제목 슬라이드

사진 앨범을 만들면 첫 번째 슬라이드에 제목 슬라이드가 만들어진다.

❷ '앨범 레이아웃 – 프레임 모양' 에서 '부드러운 가장자리 직사각형' 로 선택한다.

❸ [사진 앨범 편집] 대화상자에서 [만들기] 버튼을 클릭한다.

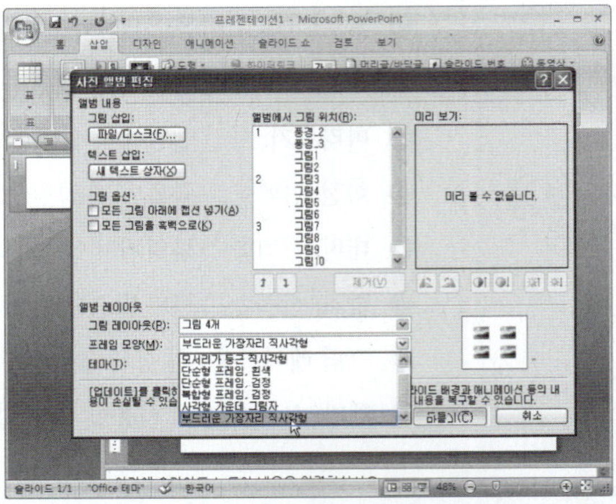

3. 사진 앨범 확인하기

❶ 하나의 슬라이드에 4개의 그림을 표시하고 각 그림에 프레임의 모양이 적용된 사진 앨범이 만들어진다.

연습문제

1. 예제 파일(크립아트.pptx)을 열고, MS Office Online 사이트에서 '웹' 을 검색하여 2페이지의 개체에서 j0297149.wmf 파일을 슬라이드에 삽입하고, 크기를 조절하여 가운데 표시하라.

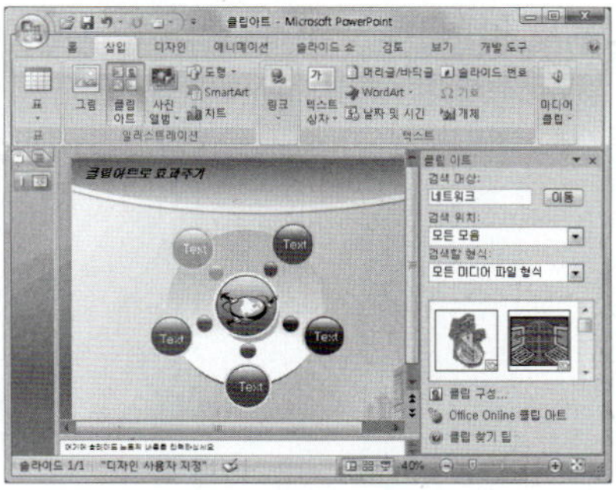

2. 오른쪽(보라색) 개체 위에 그림 파일(쇼핑.jpg) 파일을 삽입하고 크기를 조절하여 표시하라.

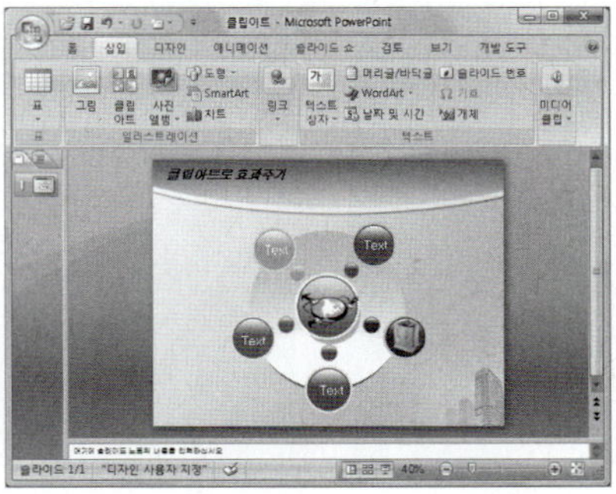

Memo

CHAPTER

08 표와 차트 삽입하기

워드(Word) 2007이나 엑셀(Excel) 2007에서 작성된 표를 슬라이드에 추가하거나 엑셀을 실행하지 않고 차트를 작성하여 다양한 스타일과 서식을 설정할 수 있다.

INTRODUCTION TO COMPUTER APPLICATIONS **POWERPOINT**

Section 01: 표 삽입하기

파워포인트(PowerPoint) 2007에서는 워드(Word) 2007이나 엑셀(Excel) 2007에서 작성된 표를 그대로 사용할 수 있다. 프레젠테이션에 표를 추가하고 [표 도구]를 사용하여 표 스타일이나 옵션을 설정할 수 있다.

1.1 [표 도구] → [디자인] 탭과 [레이아웃] 탭

슬라이드에 표를 삽입하면 리본 메뉴에 [디자인] 탭과 [레이아웃] 탭으로 구성된 [표 도구]가 표시된다.

[디자인] 탭

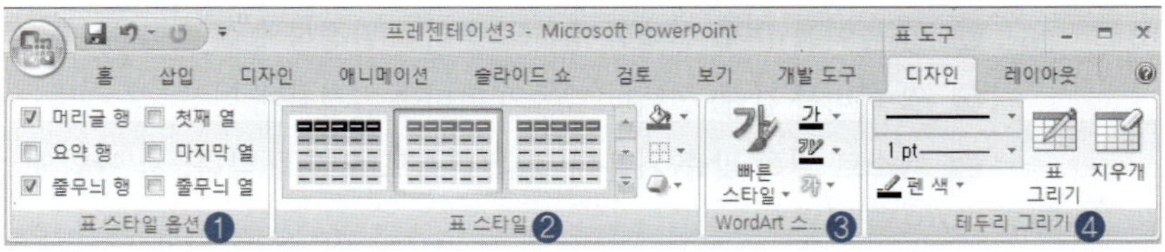

❶ **표 스타일 옵션:** 머리글 행과 요약 행 등 표 스타일 옵션 설정

→ **머리글 행:** 표의 머리글 행(첫 번째 행) 설정/해제하고 서식 설정

→ **요약 행:** 표에서 각 열의 합계를 표시하도록 표의 맨 끝 행을 요약 행으로 설정/해제

→ **줄무늬 행:** 짝수 행과 홀수 행의 서식을 서로 다른 줄무늬 행으로 표시

→ **첫째 열:** 표의 첫 번째 열에 특수한 서식 표시

→ **마지막 열:** 표의 마지막 열에 특수한 서식 표시

→ **줄무늬 열:** 짝수 열과 홀수 열의 서식을 서로 다른 줄무늬 열로 표시

❷ **표 스타일:** 표의 스타일을 빠르게 설정할 수 있도록 다양한 표 스타일 제공

→ **음영:** 선택한 셀의 배경 색 설정

→ **테두리:** 선택한 셀의 테두리 모양 설정

→ **효과:** 표에 그림자, 셀 입체 효과, 반사 효과 등을 설정

❸ **빠른 스타일:** 표에 입력된 텍스트의 스타일을 빠르게 설정

❹ **테두리 그리기**

→ **펜 스타일:** 테두리를 그릴 때 사용하는 선의 스타일 설정

→ **펜 두께:** 테두리를 그릴 때 사용하는 선의 두께 설정

→ **펜 색:** 테두리를 그릴 때 사용하는 선의 색 설정

→ **표 그리기:** 표의 테두리를 그리거나 셀을 분할할 때 사용

→ **지우개:** 표의 테두리를 지우거나 셀을 병합할 때 사용

[레이아웃] 탭

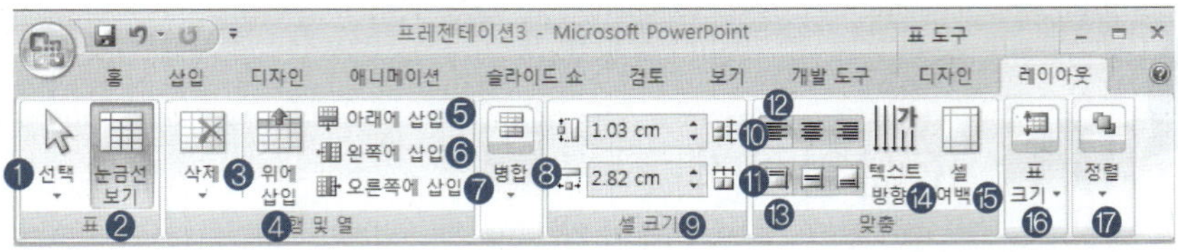

❶ **선택:** 커서가 있는 행이나 열 또는 표 전체 선택

❷ **눈금선 보기:** 표 안의 눈금선을 표시하거나 숨김

❸ **삭제:** 표 또는 시트에서 행이나 열을 삭제

❹ **위에 삽입:** 선택한 행 바로 위에 선택한 행의 수만큼 행 삽입

❺ **아래에 삽입:** 선택한 행 바로 아래에 선택한 행의 수만큼 행 삽입

❻ **왼쪽에 삽입:** 선택한 행 바로 왼쪽에 선택한 행의 수만큼 열 삽입

❼ **오른쪽에 삽입:** 선택한 행 바로 오른쪽에 선택한 행의 수만큼 열 삽입

❽ **병합:** 선택한 셀들을 하나의 셀로 합침

❾ **셀 크기:** 선택한 셀의 높이와 너비 설정

❿ **행 높이를 같게:** 선택한 행들의 높이를 일정하게 설정

⓫ **열 너비를 같게:** 선택한 열들의 너비를 일정하게 설정

⓬ **텍스트 왼쪽 맞춤/가운데 맞춤/텍스트 오른쪽 맞춤:** 셀 안의 텍스트를 왼쪽/가운데/오른쪽으로 정렬

⓭ **위쪽 맞춤/세로 가운데 맞춤/아래쪽 맞춤:** 셀 안의 텍스트를 위쪽/세로 가운데/아래쪽으로 정렬

⓮ **텍스트 방향:** 텍스트의 입력 방향 설정

⓯ **셀 여백:** 선택한 셀의 안쪽 여백 설정

⓰ **표 크기:** 표 전체의 높이와 너비를 지정

⓱ **정렬:** 개체 순서를 변경하거나 선택 창, 맞춤, 그룹, 회전 등 설정

1.2 | 표 삽입하기

슬라이드에 표는 [표 삽입] 대화상자를 이용하거나 셀 개수를 직접 선택하여 삽입할 수 있다. '표 그리기' 도구를 사용하여 직접 그릴 수도 있다.

[표 삽입] 대화상자 이용하기

[삽입] 탭의 [표] 그룹에서 '표 – 표 삽입'을 선택하여 [표 삽입] 대화상자를 표시한 다음, [표 삽입] 대화상자에 삽입할 표의 열 개수와 행 개수를 입력한다.

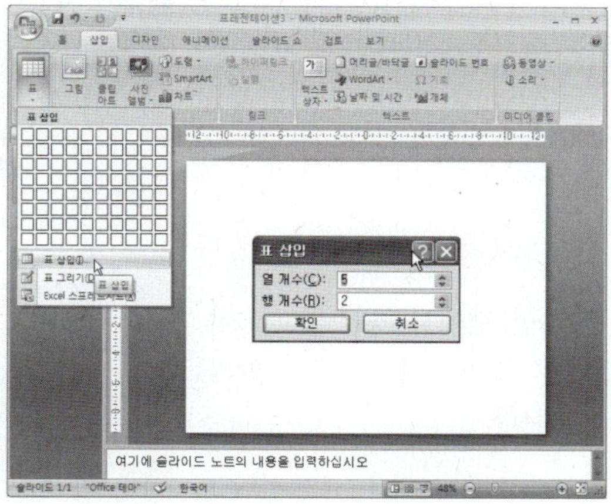

셀 개수를 직접 선택하기

[삽입] 탭의 [표] 그룹에서 '표' 도구를 클릭한 후 원하는 셀의 개수를 마우스로 드래그하여 지정한다.

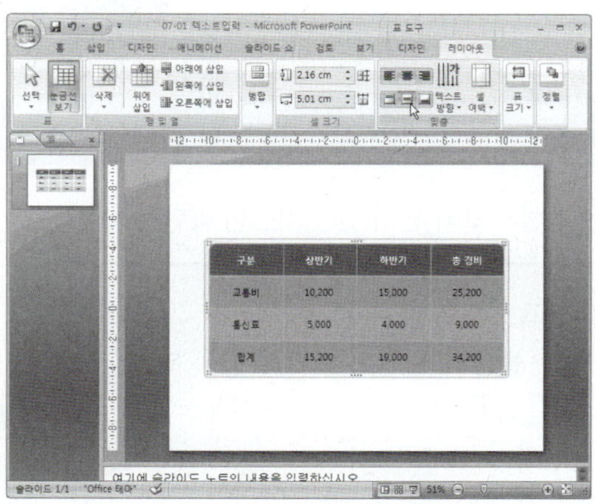

[표 그리기] 도구 사용하기

[삽입] 탭의 [표] 그룹에서 '표 – 표 그리기'를 선택하여 마우스 포인터의 모양이 ✎으로 바뀌면, 드래그하여 슬라이드에 원하는 크기의 표를 그린다. '표 그리기'로는 표만 그릴 수 있다.

함께하기 | 표 그리기 도구로 표 그리기

1. 표 그리기

❶ [삽입] 탭의 [표] 그룹에서 '표 – 표 그리기'를 선택한다.

❷ 마우스 포인터가 ✎모양으로 바뀌면 마우스를 드래그하여 원하는 크기의 표를 드린다.

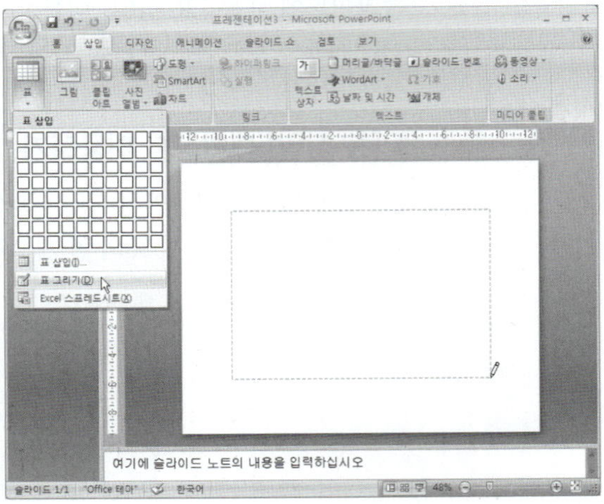

2. 행/열 그리기

❶ [표 도구] → [디자인] 탭에서 [테두리 그리기] 그룹의 '표 그리기' 도구를 선택한 후 표 안의 행과 열을 그려 넣는다.

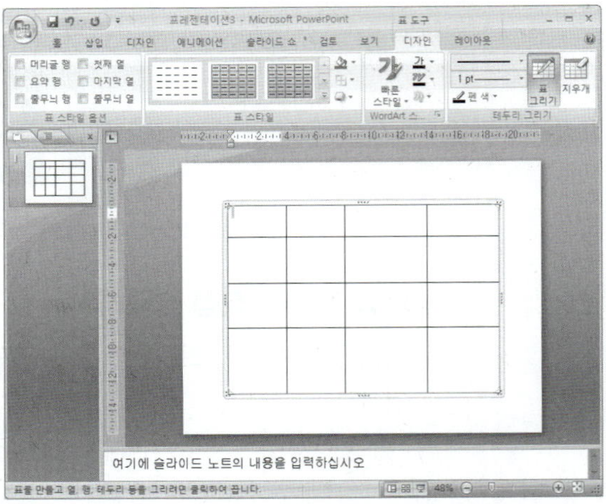

Tip | 표와 연산

파워포인트의 표는 엑셀의 표와 달리 연산 기능이 없다.

3. 표에 텍스트 입력하고 정렬하기

❶ 텍스트를 입력할 셀을 마우스로 클릭하거나 방향키(←, →, ↑, ↓) 또는 [Tab] 키를 사용하여 셀을 이동한다.

❷ 정렬할 텍스트가 입력된 셀들을 선택하고 [표 도구] → [레이아웃] 탭의 [맞춤] 그룹에서 셀의 가로 방향과 세로 방향에 대해 정렬한다.

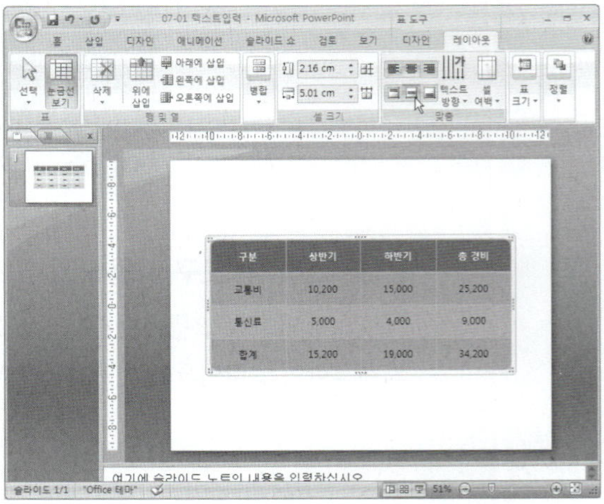

1.3 표 꾸미기

프레젠테이션의 테마 색의 기준으로 다양한 표 스타일을 사용하여 표를 꾸밀 수 있다. 표 스타일은 표를 선택하고 [표 도구] → [디자인] 탭에서 [표 스타일] 그룹의 [표 스타일 갤러리]를 사용하여 적용한다.

기본 표 스타일을 지우거나 적용되어 있는 다른 표 스타일을 지우려면 '표 지우기'를 클릭한다. 설정된 서식이 모두 삭제되고 투명한 바탕에 검정 글씨만으로 표가 표시된다.

함께하기 | 표 스타일 적용하기

예제 파일: 파워포인트\예제파일\Chapter 8\Section 01\08-01 어린이발육표준치.pptx
완성 파일: 파워포인트\완성파일\Chapter 8\Section 01\08-01 어린이발육표준치(완성).pptx

1. 표 스타일 설정하기

❶ 표를 선택하고, [표 도구] → [디자인] 탭의 [표 스타일] 그룹에서 자세히(▾) 버튼을 원하는 표 스타일(보통 스타일 3 – 강조 5)을 클릭한다.

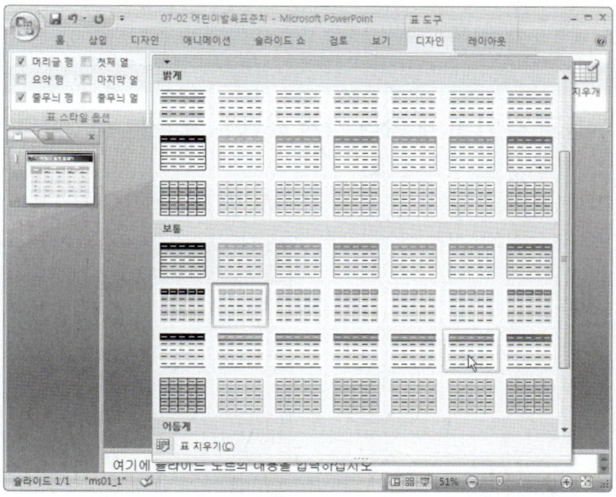

2. 표 스타일 옵션 설정하기

❶ [표 스타일 옵션] 그룹에서 '첫 번째 열'을 선택하면 첫 번째 열에 채우기 색이 표시된다.

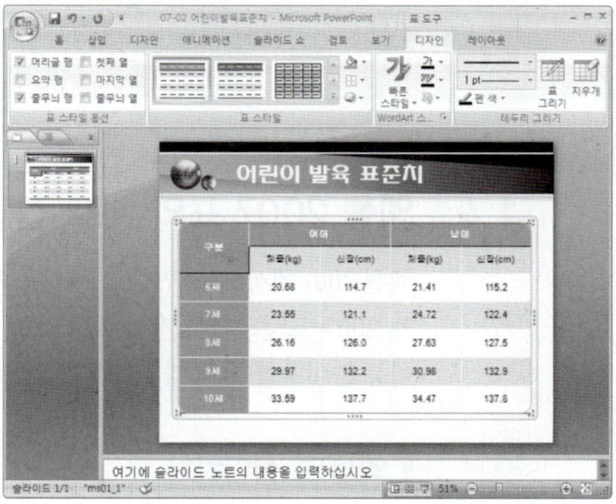

3. 표에 효과 적용하기

❶ 첫 번째 행을 선택하고 [표 도구] → [디자인] 탭의 [표 스타일] 그룹에서 '효과(▾) – 셀 입체 효과 – 볼록하게' 도구를 클릭한다.

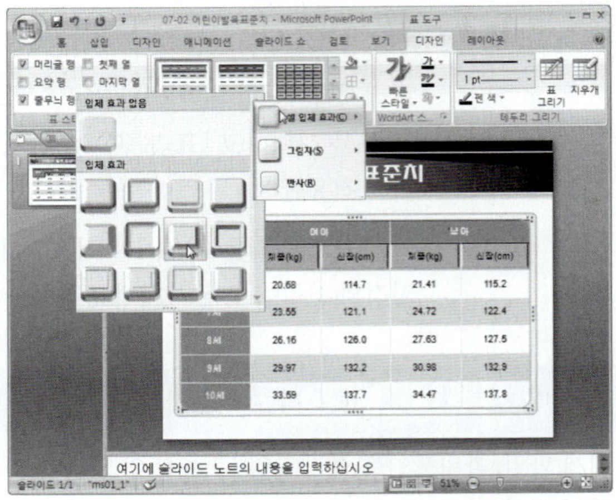

한 수 더 배우기

다음과 같이 표에 여러 가지 스타일 효과를 추가하여 입체감있는 표를 작성하자.

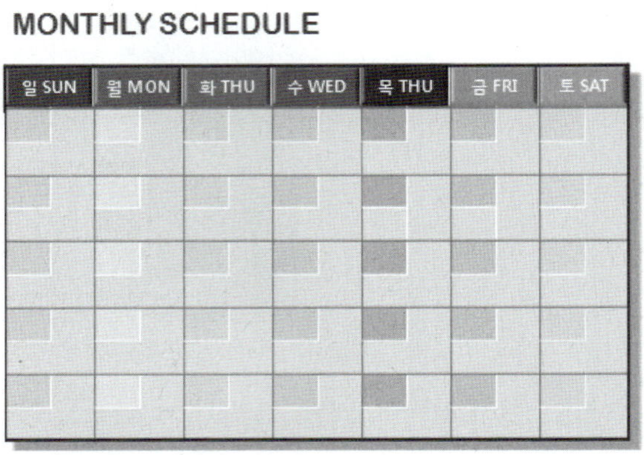

1.4 | 엑셀 2007 표와 시트 삽입하기

엑셀 2007에서 표를 만들고 서식을 지정한 후에 표의 모양이나 서식을 조정하지 않고 파워포인트 2007 프레젠테이션에 표를 붙여 넣거나, 스프레드시트를 프레젠테이션에 삽입하여 엑셀의 기능을 이용할 수 있다. 그러나 파워포인트 2007에서 표를 편집할 수는 없다.

엑셀 표 삽입하기

함께하기 | 엑셀 2007 표 복사하기

예제 파일: 파워포인트\예제파일\Chapter 7\Section 01\07-01 엑셀표복사.xlsx
완성 파일: 파워포인트\완성파일\Chapter 7\Section 01\07-01 엑셀표복사(완성).pptx

1. 엑셀 표 선택하기

❶ 엑셀 2007 워크시트의 표를 복사하려면 복사할 표의 왼쪽 위 셀을 클릭하여 드래그한 후 표를 선택하고,

❷ [홈] 탭 → [클립보드] 그룹에서 '복사( )' 도구를 클릭한다.

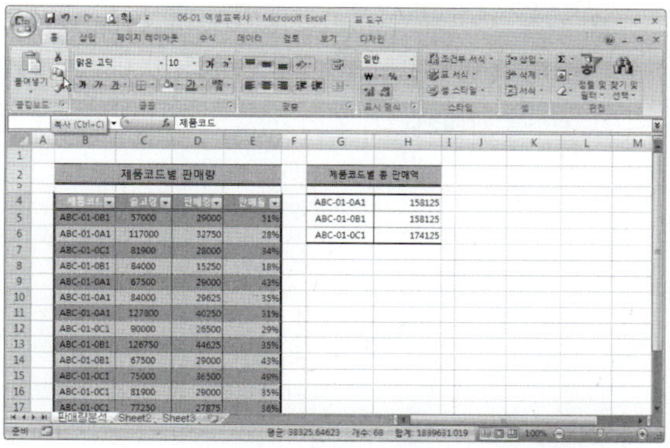

2. 표 붙여넣기

❶ 파워포인트에서 표를 복사할 슬라이드를 선택한 다음 [홈] 탭 → [클립보드] 그룹에서 [붙여넣기]를 클릭한된다.

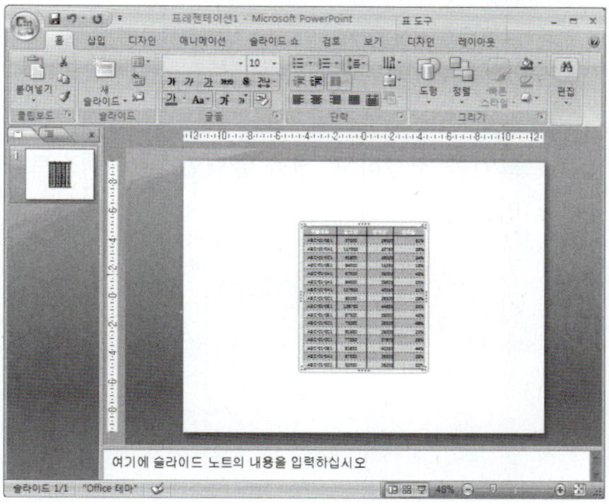

엑셀 2007 스프레드시트 삽입하기

엑셀 2007의 스프레드시트를 프레젠테이션에 삽입하면 엑셀 2007의 도구들을 이용하여 편집할 수 있다.

함께하기 | 엑셀 2007 표 삽입하기

완성 파일: 파워포인트\완성파일\Chapter 8\Section 01\08-01 엑셀표삽입(완성).pptx

1. 스프레드시트 삽입하기

❶ 표를 삽입할 슬라이드를 선택한 다음 [삽입] 탭 → [표] 그룹에서 '표 – Excel 스프레드시트'를 선택한다.

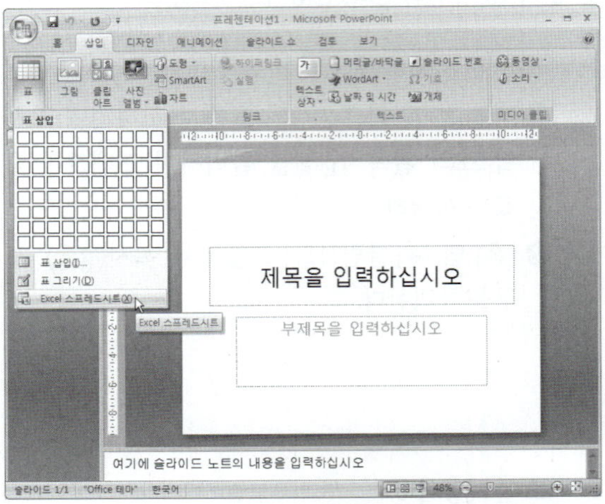

2. 슬라이드에 삽입하기

❶ 슬라이드에 삽입된 표를 마우스로 드래그하여 크기를 조정하고, 셀을 클릭한 다음 텍스트를 입력한다.

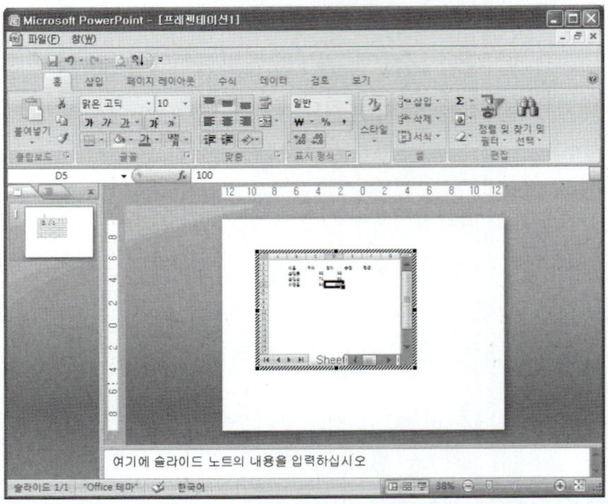

Section 02: 차트 삽입하기

파워포인트 2007을 사용하여 차트의 종류와 레이아웃 및 스타일을 적용해 차트를 만들고 다양한 스타일을 적용할 수 있다.

2.1 차트 삽입하기

파워포인트 2007의 차트는 엑셀 2007의 차트와 동일한 차트 도구를 사용하며, 작성된 차트는 파워포인트 2007에 포함되고 차트 데이터는 엑셀 워크시트에 저장된다. [삽입] 탭 → [일러스트레이션] 그룹에서 '차트' 도구를 클릭하여 엑셀 차트를 만들고, 차트 도구를 사용하여 차트를 수정하거나 서식을 지정할 수 있다.

함께하기 | 차트 만들기

예제 파일: 파워포인트\예제파일\Chapter 8\Section 01\08-01 차트만들기.pptx
완성 파일: 파워포인트\완성파일\Chapter 8\Section 01\08-01 차트만들기(완성).pptx

1. 차트 도구 선택하기

❶ 차트를 포함할 개체 틀을 클릭하고,

❷ [삽입] 탭 → [일러스트레이션] 그룹에서 '차트( )' 도구를 클릭한다.

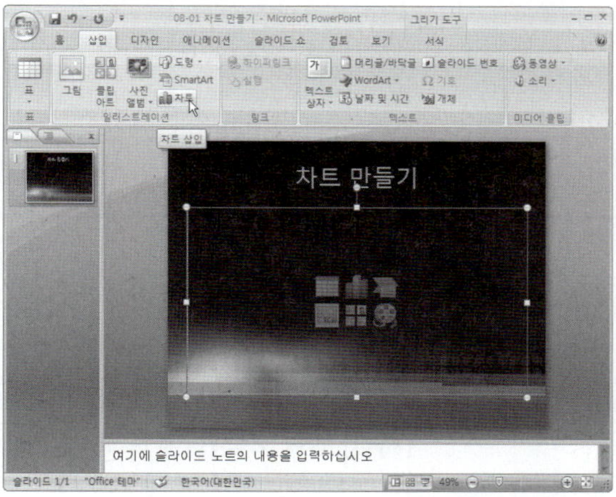

2. 차트 종류 선택하기

❶ [차트 삽입] 대화 상자에서 삽입할 차트의 종류(세로 막대형 – 묶은 세로 막대형)를 선택하고 [확인] 버튼을 클릭한다.

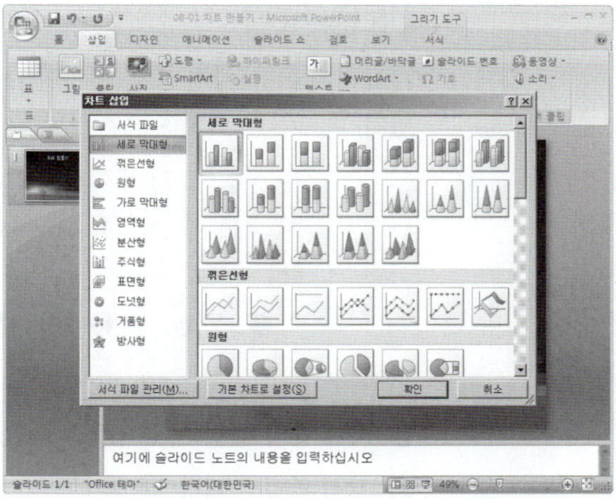

3. 데이터 입력하기

❶ 엑셀 2007이 창에 표시되고 워크시트에 예제 데이터가 표시되면,

❷ 워크시트의 셀을 클릭하고 원하는 데이터를 입력하여 예제 데이터를 변경한다. 워크시트의 내용이 변경되면 파워포인트의 차트가 자동으로 변경된다.

❸ '오피스 단추( )' → [다른 이름으로 저장] 메뉴를 클릭하고 엑셀 파일을 저장한다.

❹ 엑셀의 '오피스 단추( )'를 클릭하여 [닫기] 메뉴를 클릭한다.

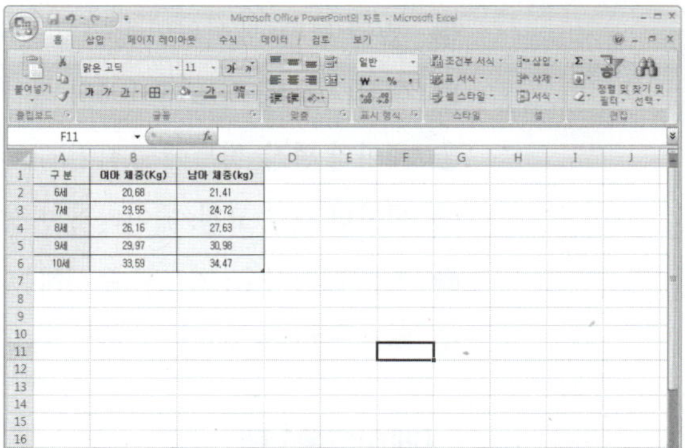

4. 차트 확인하기
엑셀 데이터를 기준으로 파워포인트의 차트가 표시된다.

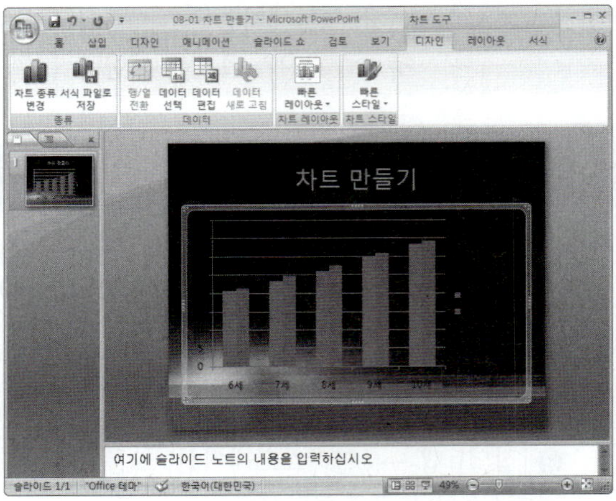

2.2 차트 꾸미기

차트를 삽입하거나 슬라이드에 삽입되어 있는 차트를 선택하면 [디자인] 탭과 [레이아웃] 탭, [서식] 탭이 포함된 [차트 도구]가 표시된다.

[디자인] 탭

차트의 종류를 설정 또는 변경할 수 있고 간단한 레이아웃을 설정하거나 스타일을 지정할 수 있다.

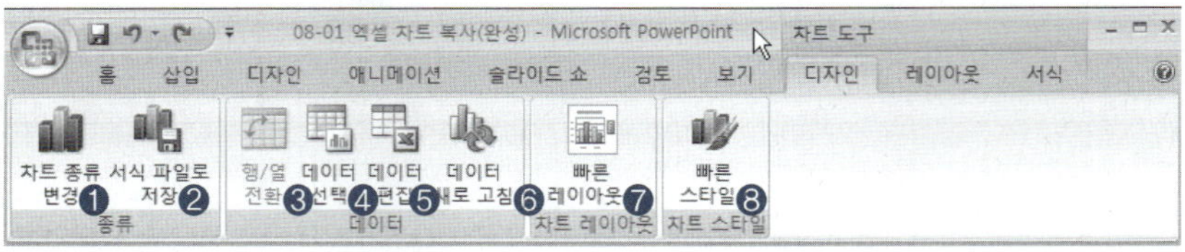

❶ **차트 종류 변경:** 현재 삽입되어 있는 차트의 종류를 변경

❷ **서식 파일로 저장:** 작성된 차트의 서식을 파일(*.crtx)로 저장

❸ **행/열 전환:** 데이터의 행과 열을 바꿈

❹ **데이터 선택:** 차트에 표시된 데이터의 범위나 내용을 변경

❺ **데이터 편집:** 차트에 표시된 데이터 편집

❻ **데이터 새로 고침:** 데이터가 변경된 경우 변경된 내용을 차트에 적용

❼ **빠른 레이아웃:** 차트를 구성하는 요소들의 레이아웃 설정

❽ **빠른 스타일:** 차트의 스타일 지정

[레이아웃] 탭

차트의 구성 요소들에 대한 설정과 서식을 지정할 수 있다.

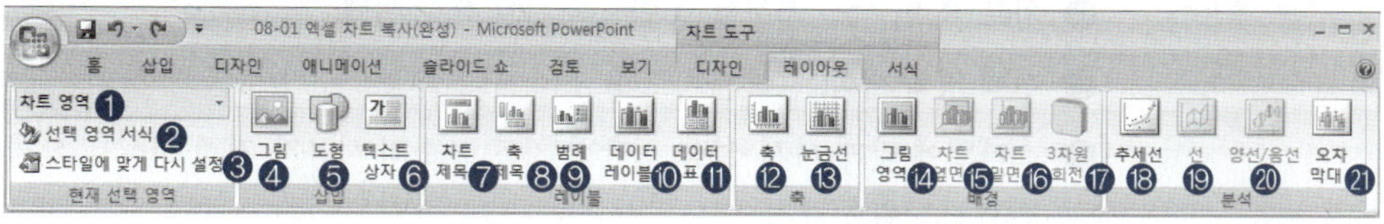

❶ **차트 요소:** 서식 지정할 수 있도록 차트 요소 선택

❷ **선택 영역 서식:** 선택한 차트 요소의 서식 설정할 수 있도록 대화상자 표시

❸ **스타일에 맞게 다시 설정:** 선택한 차트 요소의 사용자 지정 서식을 삭제하고 차트에 적용된 전체 스타일로 표시

❹ **그림:** 차트에 그림 삽입

❺ **도형:** 차트에 도형 삽입

❻ **텍스트 상자:** 차트에 텍스트 상자 표시

❼ **차트 제목:** 차트 제목으로 표시할 것인지 여부와 위치 설정

❽ **축 제목:** 가로 축 제목과 세로 축 제목의 표시 여부와 위치 설정

❾ **범례:** 차트 범례의 표시 여부와 위치 등을 설정

❿ **데이터 레이블:** 각 데이터에 데이터 레이블의 표시 여부와 위치 설정

⓫ **데이터 표:** 차트에 데이터 표를 표시

⓬ **축:** 가로 축과 세로 축의 레이아웃과 서식 변경

⓭ **눈금선:** 눈금선을 설정하거나 해제

⓮ **그림 영역:** 그림 영역을 설정하거나 해제하고 그림 영역의 서식 설정

⓯ **차트 옆면:** 3차원 차트 옆면의 서식 설정

⓰ **차트 밑면:** 3차원 차트 밑면의 서식 설정

⓱ **3차원 회전:** 3차원 차트의 회전 시점 등을 설정

⓲ **추세선:** 차트에 추세선 추가

⓳ **선:** 차트에 하강선이나 최고/최저값 연결선 등을 표시

⓴ **양선/음선:** 차트에 양선/음선 표시

㉑ **오차 막대:** 차트에 오차 범위 표시

[서식] 탭

[차트 도구]의 [서식] 탭에서는 차트의 구성 요소들의 서식을 지정할 수 있다.

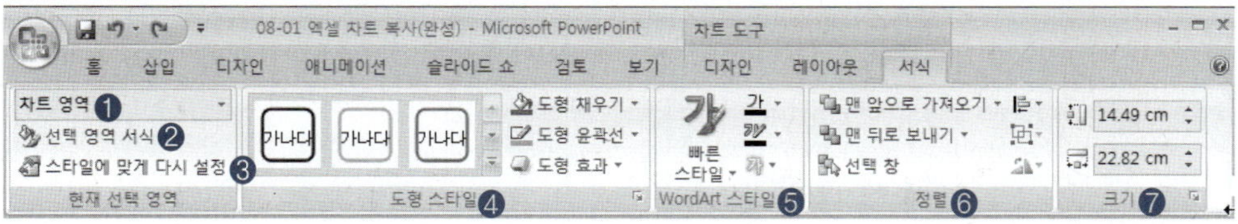

❶ **차트 요소:** 서식 지정할 수 있도록 차트 요소 선택

❷ **선택 영역 서식:** 선택한 차트 요소의 서식 설정할 수 있도록 대화상자 표시

❸ **스타일에 맞게 다시 설정:** 선택한 차트 요소의 사용자 지정 서식을 삭제하고 차트에 적용된 전체 스타일로 표시

❹ **도형 스타일:** 선택한 개체의 스타일 지정

❺ **WordArt 스타일:** 차트에 입력된 텍스트의 스타일 삽입

❻ **정렬:** 차트의 순서와 개체들을 정렬

❼ **크기:** 차트의 전체 크기 지정

함께하기 | 차트 꾸미기

예제 파일: 파워포인트\예제파일\Chapter 8\Section 02\08-02 차트꾸미기.pptx
완성 파일: 파워포인트\완성파일\Chapter 8\Section 02\08-02 차트꾸미기(완성).pptx

1. 차트 선택하기

❶ [홈] 탭 → [일러스트레이션] 그룹에서 '차트( )' 도구를 클릭하고,

❷ [차트 삽입] 대화상자에서 '세로 막대형－묶은 세로 막대형'을 선택하고 [확인] 버튼을 클릭한다.

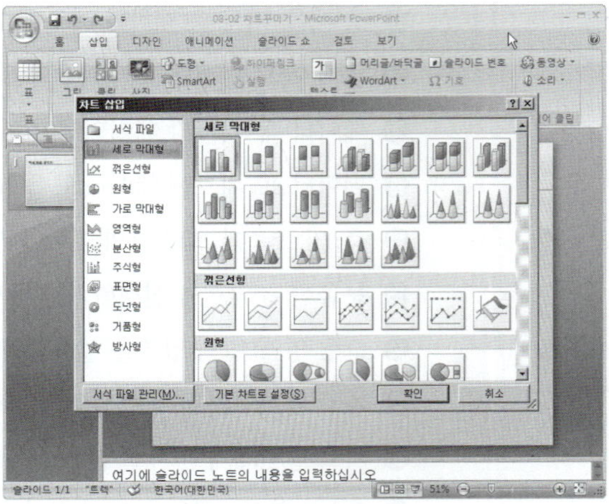

2. 데이터 입력하기

❶ 엑셀 2007 창에 데이터를 입력한다.

❷ 엑셀 2007에서 '오피스 단추( )' → [다른 이름으로 저장] 메뉴를 클릭하고 파일을 저장한다.

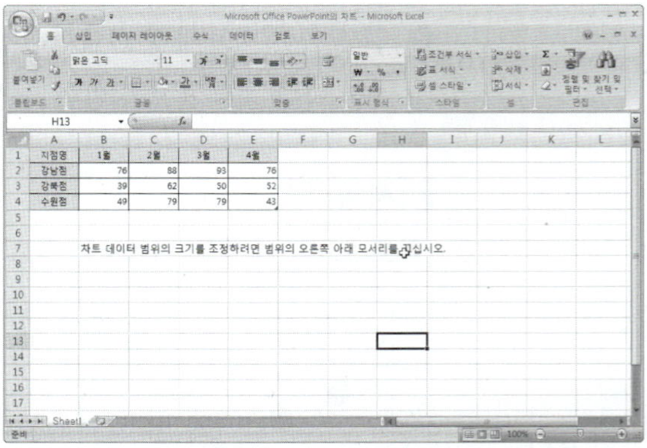

3. 차트 서식 설정하기

❶ 슬라이드에 삽입된 차트를 선택하고 [차트 도구] → [디자인] 탭에서 [차트 스타일] 그룹의 차트 스타일 갤러리에서 '스타일 26'을 선택한다.

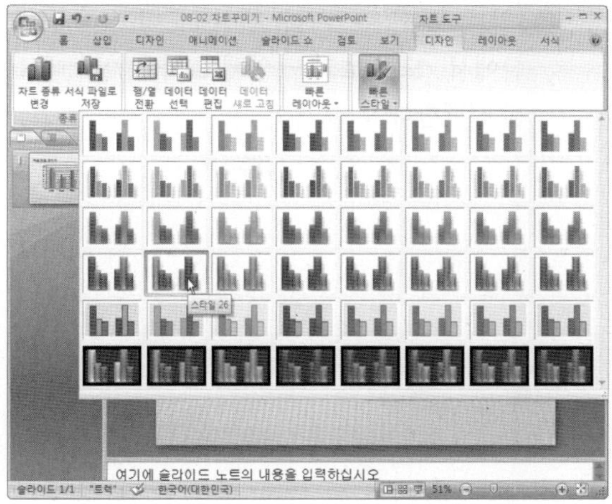

4. 차트 레이아웃 변경하기

❶ [차트 도구] → [디자인] 탭의 [차트 레이아웃] 그룹에서 '레이아웃 9'를 선택한다.

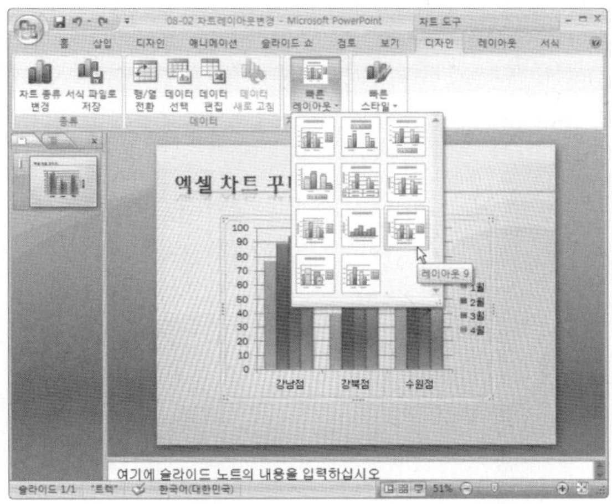

5. 데이터 계열 서식 변경하기

❶ 차트에 표시된 데이터 계열 중 '1월' 데이터 계열 막대를 선택하고,

❷ [차트 도구] → [서식] 탭의 [도형 스타일] 그룹에서 '도형 채우기 – 빨강'을 선택한다.

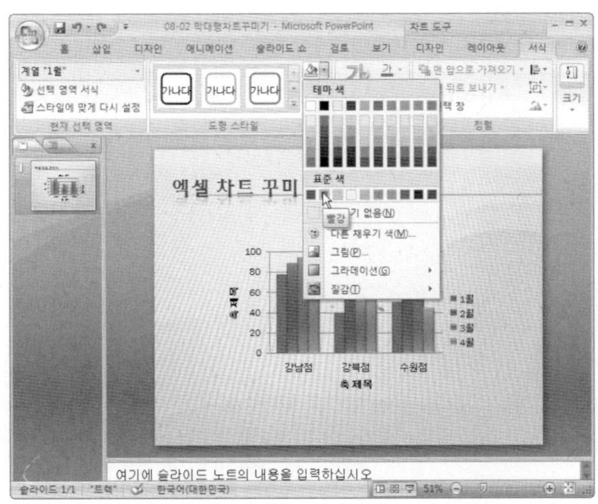

❸ [차트 도구] → [서식] 탭의 [도형 스타일] 그룹에서 '도형 효과 – 입체 효과 – 아트데코'를 선택한다.

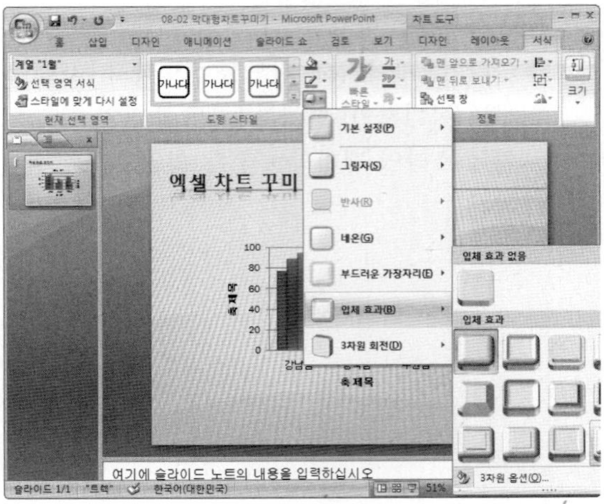

연습문제

1. 새 프레젠테이션을 삽입하고 슬라이드의 레이아웃을 '제목 및 내용' 으로 변경하고 3행 4열의 표를 삽입하라.

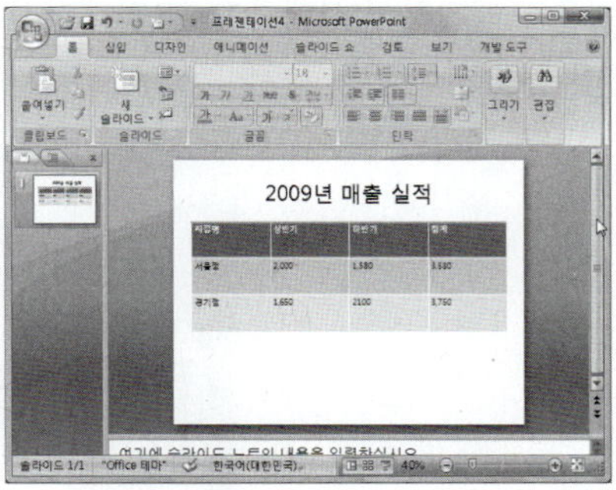

2. 슬라이드에 삽입된 표에 '보통 스타일 2-강조 6' 의 표 스타일을 적용하라.

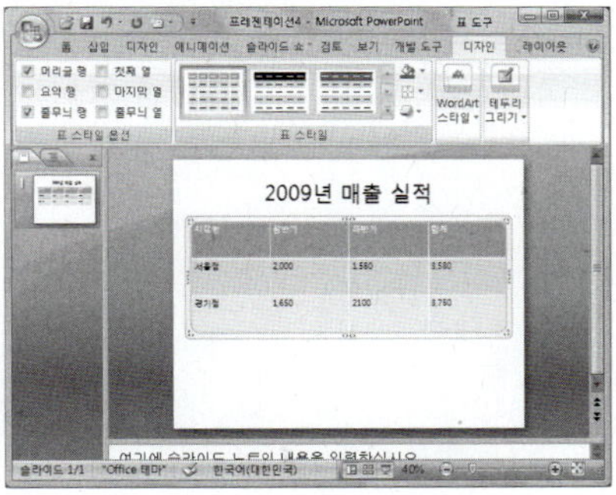

3. 표의 1 행을 드래그하여 선택하고 '셀 입체 효과-아트 데코' 를 적용하라.

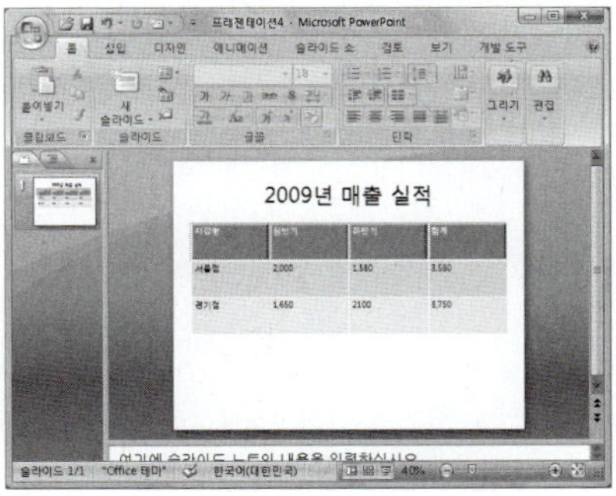

4. 2행과 3행을 선택하고 '셀 입체 효과-급경사'를 적용하라.

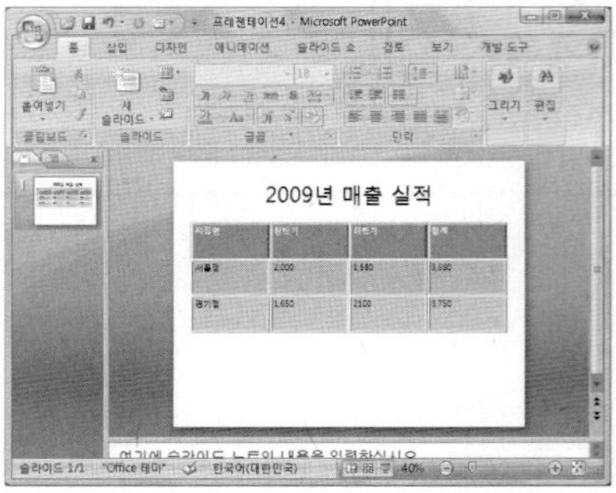

5. 1행을 드래그하여 선택하고 '그라데이션 채우기-강조 1, 외곽선-흰색'을 적용하고, 셀의 가운데 정렬하라.

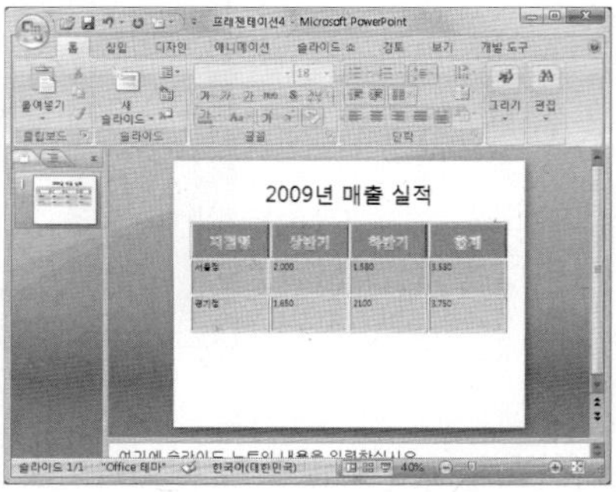

CHAPTER

09

소리와 동영상 삽입하기

슬라이드에 동영상이나 소리 파일을 삽입하여 프레젠테이션을 만들 수 있다. 소리 파일은 삽입된 슬라이드에서만 재생되도록 할 수도 있고 배경 음악으로 사용되어 전체 슬라이드나 지정된 범위의 슬라이드에서 재생되도록 할 수도 있다.

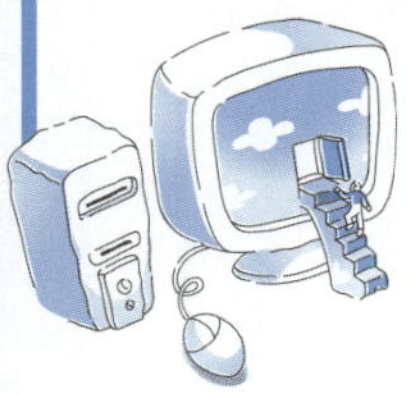

INTRODUCTION TO COMPUTER APPLICATIONS POWERPOINT

Section 01: 소리 개체 삽입하기

슬라이드에 소리를 삽입하면 소리 파일을 나타내는 아이콘( )이 표시된다. 삽입된 소리 파일이 슬라이드가 표시될 때 소리가 자동으로 시작되거나, 마우스를 클릭할 때 시작되거나, 지정한 시간 후에 자동으로 시작되도록 설정할 수 있다. 또 CD의 음악을 재생하거나 프레젠테이션에 설명을 추가할 수도 있다.

1.1 [소리] 도구와 소리 옵션

슬라이드에 소리 파일을 삽입하고 소리 아이콘( )을 클릭하면 [소리 도구] → [옵션] 탭이 표시된다. [소리 도구] → [옵션] 탭은 배경 음악이나 소리 파일을 삽입했을 때 소리 파일 재생과 관련된 여러 가지 옵션들을 표시한다.

[소리 도구]의 [옵션] 탭

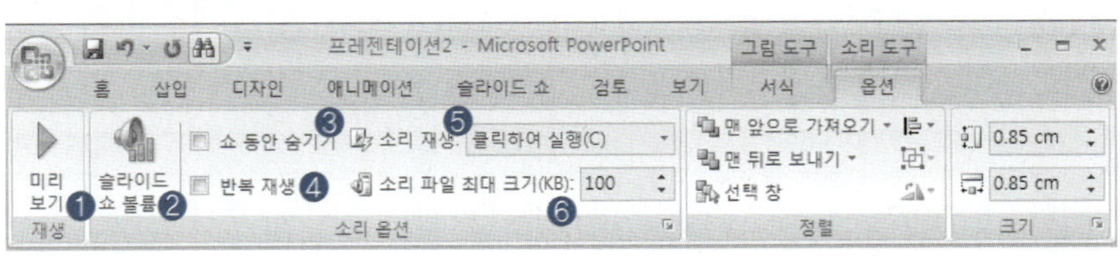

❶ **미리보기:** 소리 파일을 미리 재생

❷ **슬라이드 쇼 볼륨:** 슬라이드 쇼 진행시 소리의 볼륨 설정

❸ **쇼 동안 숨기기:** 슬라이드 쇼를 진행하는 동안 소리 아이콘 숨김

❹ **반복 재생:** 소리가 중지될 때까지 반복 재생되도록 설정

❺ **소리 재생:** 슬라이드 전환 시 자동으로 소리가 재생되도록 할 것인지 혹은 클릭하여 재생되도록 할 것인지 설정

❻ **소리 파일 최대 크기:** 프레젠테이션에 포함할 소리의 최대 크기 설정

[소리 옵션] 대화상자

[소리 옵션] 대화상자는 [소리 도구] → [옵션] 탭에서 [소리 옵션] 그룹의 '소리개체 편집( )'을 클릭하여 표시하며, 소리의 재생과 표시하는 방법 등을 설정할 수 있다.

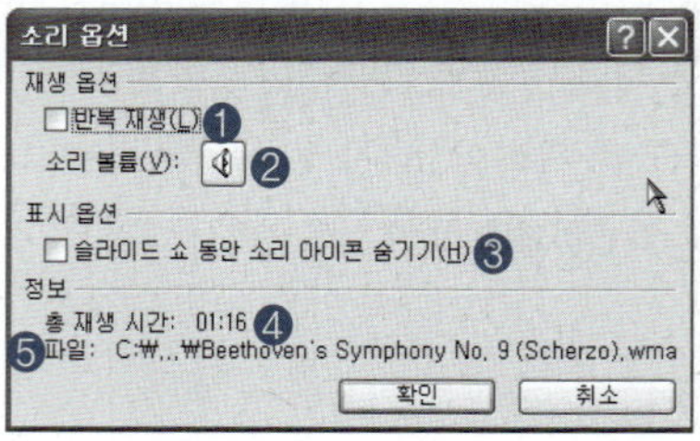

❶ **반복 재생:** 소리가 중지될 때까지 반복 재생되도록 설정

❷ **소리 볼륨:** 슬라이드 쇼 진행 시 소리의 볼륨 설정

❸ **슬라이드 쇼 동안 소리 아이콘 숨기기:** 슬라이드 쇼를 진행하는 동안 소리 아이콘 숨김

❹ **총 재생 시간:** 소리 파일의 재생 시간 표시

❺ **파일:** 소리 파일의 경로 표시

1.2 소리 추가하기

슬라이드에 소리를 삽입하면 소리 파일을 나타내는 아이콘( )이 표시된다. 삽입된 소리 파일은 슬라이드가 표시될 때 소리가 자동으로 시작되거나, 마우스를 클릭할 때 시작되거나, 지정한 시간 후에 자동으로 시작되도록 설정할 수 있다. 또 CD의 음악을 재생하거나 프레젠테이션에 설명을 추가할 수도 있다.

WAV 소리 파일만 포함할 수 있고 100KB가 넘는 .wav 소리 파일은 프레젠테이션에 포함 개체로 추가되지 않고 자동으로 연결 개체로 추가된다.

함께하기 | 소리 추가하기

예제 파일: 파워포인트\예제파일\Chapter 7\Section 01\07-01 엑셀표복사.xlsx
완성 파일: 파워포인트\ 완성파일\Chapter 9\Section 01\09-01 소리추가하기(완성).pptx

1. 소리 파일 삽입하기
   ❶ [삽입] 탭 → [미디어 클립] 그룹에서 '소리 – 소리 파일'을 클릭한다.
   ❷ [소리 삽입] 대화상자에서 슬라이드에 삽입할 소리 파일을 선택하고 [확인] 버튼을 클릭한다.

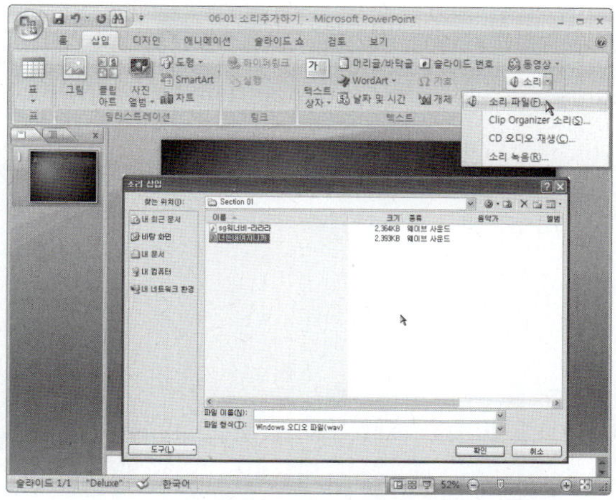

2. 소리 재생 방법 설정하기
   소리 파일이 삽입되면 슬라이드에 소리 아이콘이 표시되면,
   ❶ 슬라이드 쇼 실행 시 소리를 재생하는 방법을 묻는 대화상자에서 '클릭하여 실행'을 마우스로 클릭한다.

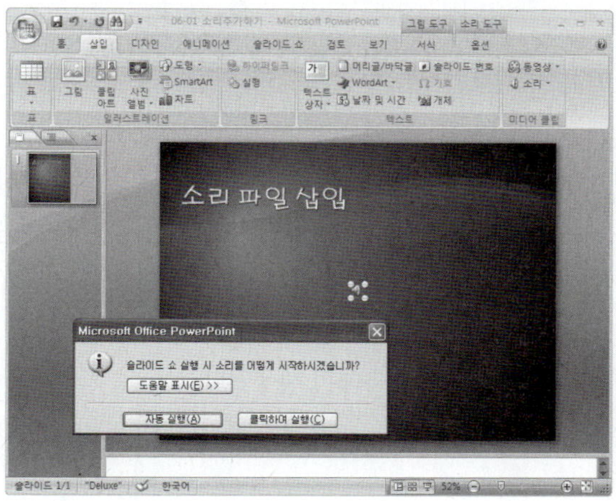

Tip | 잘려진 그림 영역 삭제하기

자동 실행: 슬라이드가 표시될 때 소리가 자동으로 시작, 애니메이션 등의 다른 효과가 있으면 해당 효과 다음에 소리 재생

클릭하여 실행: 슬라이드에 삽입된 소리 아이콘을 마우스로 클릭할 때만 소리 재생

1.3 | 소리 재생 방법 설정하기

소리 미리 듣기

슬라이드에 삽입된 소리 아이콘(🔈)을 클릭한 후 [소리 도구] → [옵션] 탭의 [재생] 그룹에서 '미리 보기(▶)' 도구를 클릭하거나, 소리 아이콘을 더블 클릭하면 소리가 재생된다.

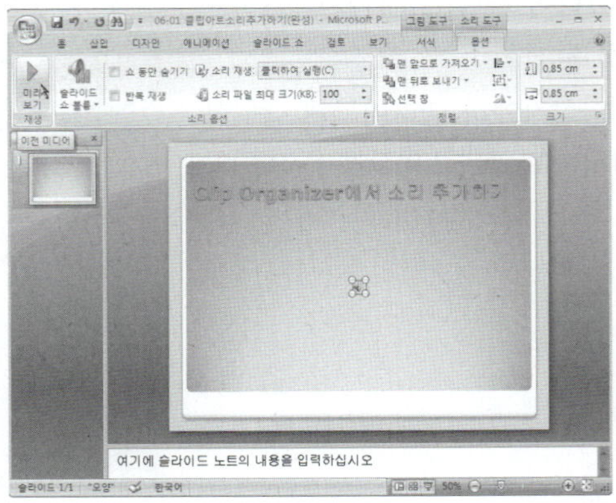

연속적으로 소리 재생하기

소리를 한 슬라이드에서만 또는 여러 슬라이드에서 연속적으로 재생할 수 있다.

| 하나의 슬라이드에서 연속적으로 소리 재생하기 |

소리 아이콘(🔈)을 클릭한 후, [소리 도구] → [옵션] 탭에 있는 [소리 옵션] 그룹에서 '반복 재생(☐ 반복 재생)' 항목을 선택한다. 소리를 반복하면 다음 슬라이드로 이동할 때까지 소리가 계속해서 재생된다.

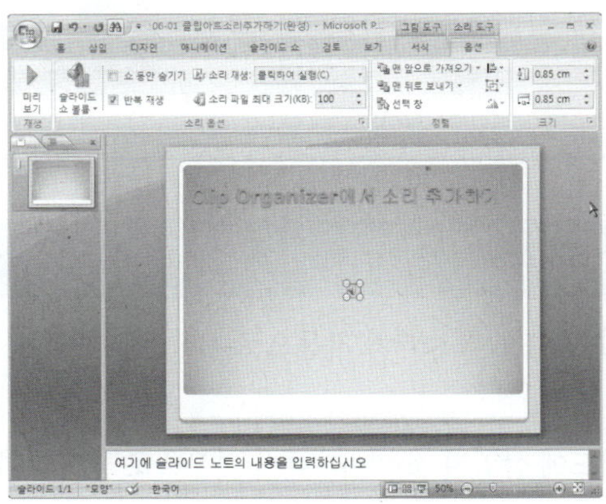

| 여러 슬라이드에서 배경 음악으로 삽입하기 |

.wav와 .mp3 확장자를 가진 음악 파일을 여러 슬라이드에서 연속적으로 재생하여 배경 음악으로 사용되도록 할 수 있다. 배경음악으로 소리 파일을 사용하기 위해서는 [애니메이션] 탭 → [애니메이션] 그룹에서 '사용자 지정 애니메이션' 도구를 사용해야 한다.

함께하기 | 연속적으로 소리 재생하기

예제 파일: 파워포인트\예제파일\Chapter 9\Section 01\09-01 소리반복재생.pptx
완성 파일: 파워포인트\완성파일\Chapter 9\Section 01\09-01 소리반복재생(완성).pptx

1. 소리 파일 선택하기

❶ 소리 아이콘(🔈)을 클릭하고,

❷ [애니메이션] 탭 → [애니메이션] 그룹에서 '사용자 지정 애니메이션' 도구를 클릭한다.

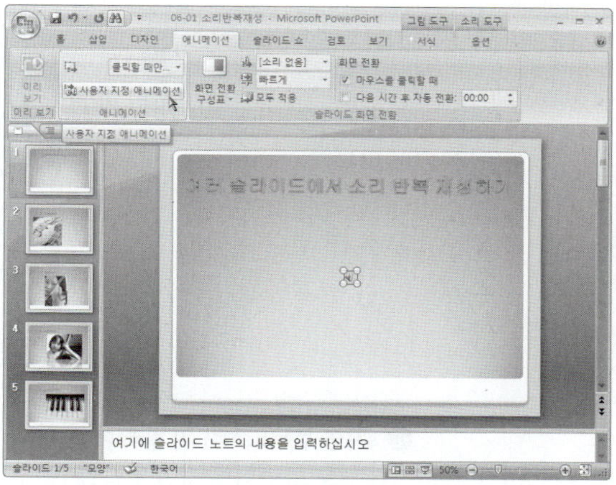

2. 효과 옵션 설정하기

❶ [사용자 지정 애니메이션] 작업창의 '사용자 지정 애니메이션' 목록에서 소리 오른쪽의 목록 기호(▾)를 클릭하고 '효과 옵션'을 클릭한다.

❷ [소리 재생] 대화상자의 [효과] 탭에서 '재생 중지 – 지금부터'를 클릭하고 재생될 슬라이드의 총 수를 입력한다.

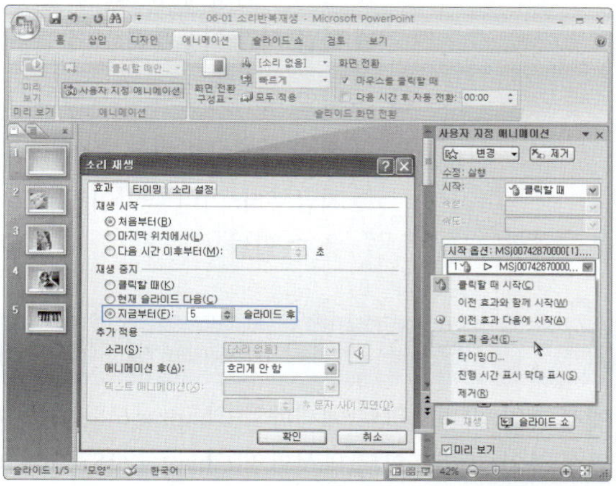

3. 배경 음악 확인하기

❶ [확인] 버튼을 누르고 슬라이드 쇼를 진행하면 슬라이드가 바뀌어도 소리가 연속적으로 재생된다.

Tip | 소리 아이콘 숨기기

소리 아이콘(🔈)을 클릭하고, [소리 도구] → [옵션] 탭에 있는 [소리 옵션] 그룹에서 '쇼 동안 숨기기 확인란'을 선택한다.

1.4 | 소리 시작 및 중지 시점 설정하기

재생 시작 또는 중지 시점은 [애니메이션] 탭 → [애니메이션] 그룹에서 '사용자 지정 애니메이션' 도구를 클릭하여 [사용자 지정 애니메이션] 작업창을 표시하고 삽입된 소리의 [효과 옵션] 대화상자를 사용하여 설정한다.

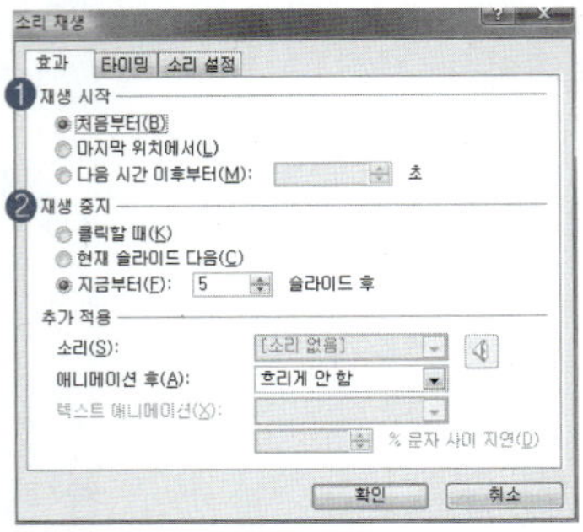

❶ **처음부터:** 소리 파일을 처음부터 바로 시작

→ **마지막 위치에서:** CD에서 마지막으로 재생한 트랙부터 소리 파일 재생 시작

→ **다음 시간 이후부터:** 지정한 시간 후에 소리 파일 재생

❷ **클릭할 때:** 마우스로 클릭했을 때 소리 파일의 재생 중지

→ **현재 슬라이드 다음:** 이 슬라이드 다음에 소리 파일 재생 중지

→ **지금부터:** 여러 슬라이드에서 소리 파일을 재생하는 경우 소리 파일을 재생할 슬라이드의 총 수 입력

함께하기 | 시작과 중지 시점 설정하기

예제 파일: 파워포인트\예제파일\Chapter 6\Section 01\06-01 시작과 중지.pptx

완성 파일: 파워포인트\완성파일\Chapter 6\Section 01\06-01 시작과 중지(완성).pptx

1. 소리 효과 설정하기

❶ 소리 아이콘( )을 클릭하고,

❷ [애니메이션] 탭 → [애니메이션] 그룹에서 '사용자 지정 애니메이션' 도구를 클릭한다.

❸ [사용자 지정 애니메이션] 작업창의 '사용자 지정 애니메이션' 목록에서 선택한 소리 오른쪽의 목록 기호( )를 클릭하고 [효과 옵션]을 클릭한다.

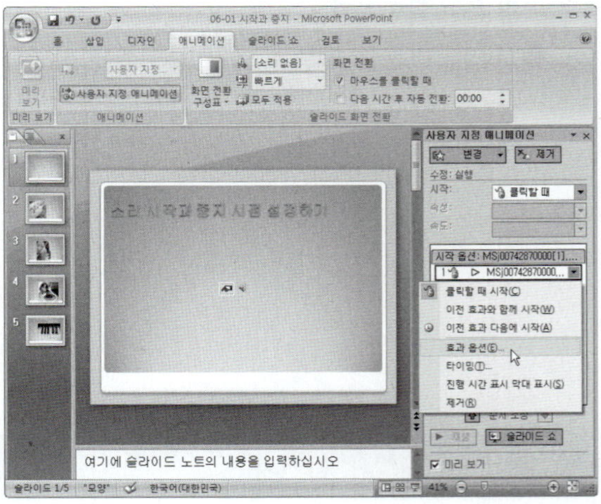

2. 시작과 종료 시점 선택하기

❶ 소리를 재생할 시점과 재생을 중지할 시점을 선택하고 [확인] 버튼을 클릭한다.

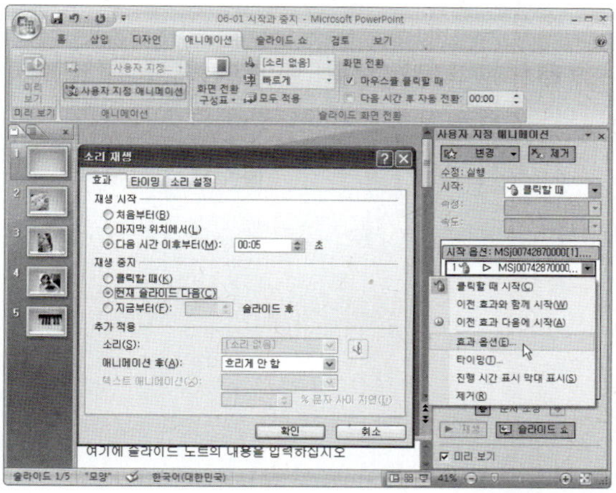

1.5 오디오 CD 재생하기

오디오 CD 파일을 프레젠테이션과 함께 재생할 수 있다. CD를 사용하여 재생하는 경우 소리 파일은 프레젠테이션에 추가되지 않으므로 프레젠테이션의 파일 크기가 커지지 않지만 프레젠테이션을 발표할 때 반드시 CD를 가지고 있어야 한다. CD로부터 음악 파일을 사용하면 [CD 오디오 도구] 탭이 표시되고 [옵션] 탭에 있는 [설정] 그룹에서 트랙 번호, 시작 시간 및 종료 시간과 같은 CD 설정을 변경할 수 있다.

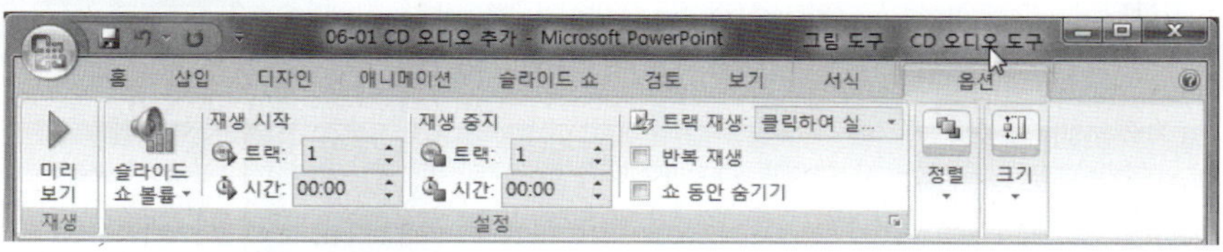

CD의 소리 파일의 재생을 중지할 시기는 [애니메이션] 탭 → [애니메이션] 그룹에서 '사용자 지정 애니메이션'을 클릭한 후 [효과 옵션] 대화상자를 이용하여 설정한다.

함께하기 | 슬라이드에 오디오 추가하기

예제 파일: 파워포인트\예제파일\Chapter 6\Section 01\06-01 CD 오디오.pptx

완성 파일: 파워포인트\완성파일\Chapter 6\Section 01\06-01 CD 오디오(완성).pptx

1. CD 재생하기

❶ CD 드라이브에 CD를 삽입한 다음,

❷ 음악을 재생할 슬라이드를 클릭하고, [삽입] 탭 → [미디어 클립] 그룹에서 '소리 – CD 오디오 재생'을 클릭한다.

2. 옵션 설정하기

❶ [CD 오디오 삽입] 대화상자에서 '클립 선택 영역 – 시작 트랙'과 '종료 트랙' 항목에 시작 트랙 번호와 종료 트랙 번호를 입력한다.

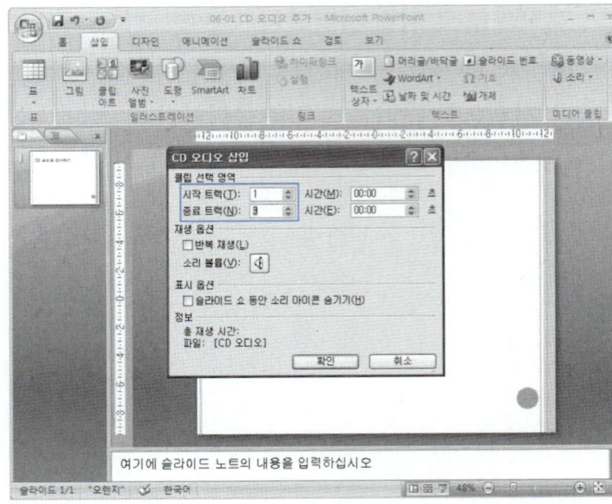

Tip | 한 트랙만 재생하기

트랙을 하나만 재생하거나 트랙의 일부만 재생하려면 두 상자에 같은 번호를 입력한다.

3. 반복 재생하기

❶ 음악을 반복해서 재생하려면 '재생 옵션 – 반복 재생' 항목을 선택하고 [확인] 버튼을 클릭한다.

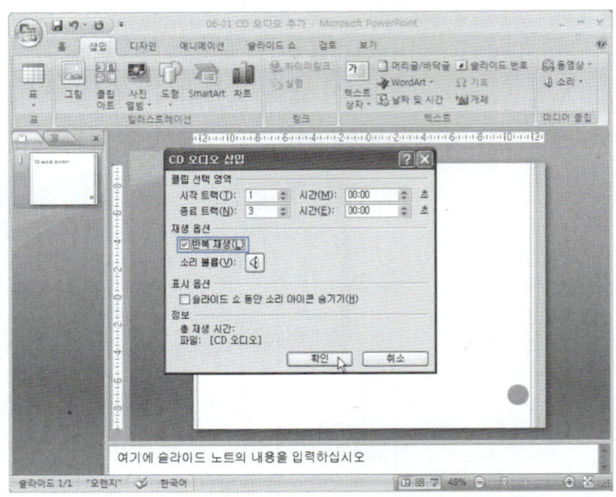

4. 재생 방법 선택하기

❶ '자동 실행' 또는 '클릭하여 실행' 중 하나를 선택하여 재생 방법을 선택한다.

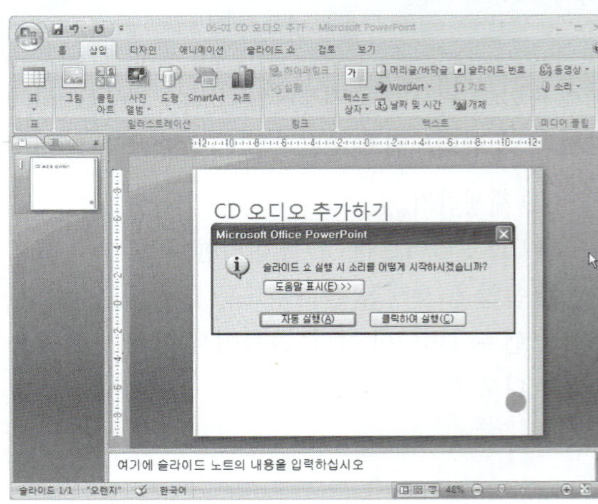

1.6 | 프레젠테이션에 설명 추가하기

웹 기반 프레젠테이션이나 설명회 등에서 자동으로 실행되는 프레젠테이션의 경우 설명을 녹음하여 프레젠테이션 할 수 있다. 설명을 녹음하고 재생하려면 컴퓨터에 사운드 카드, 마이크 및 스피커가 장착되어 있어야 한다.

함께하기 | 프레젠테이션 전에 설명 녹음하기

예제 파일: 파워포인트\예제파일\Chapter 9\Section 01\09-01 설명녹음.pptx
완성 파일: 파워포인트\완성파일\Chapter 9\Section 01\09-01 설명녹음(완성).pptx

1. 도구 선택하기

❶ 녹음을 시작할 슬라이드를 선택하고,

❷ [슬라이드 쇼] 탭 → [설정] 그룹에서 '설명 녹음(설명 녹음)' 도구를 클릭한다.

2. 설명 녹음하기

❶ [설명 녹음] 대화상자에서 [마이크 수준 설정] 버튼을 클릭하여 마이크 수준을 설정하고 [확인] 버튼을 클릭한다.

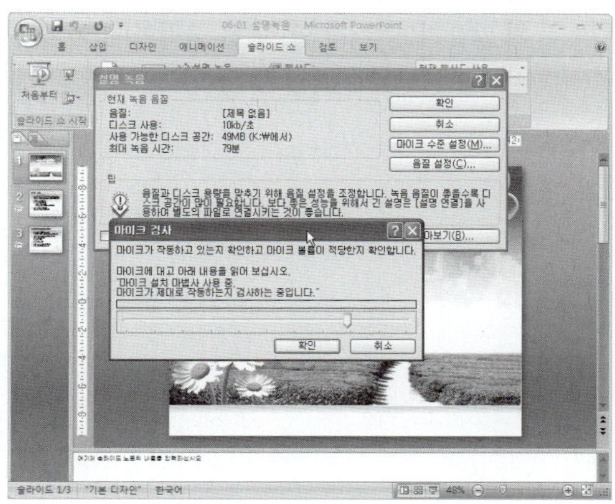

3. 설명 추가 방법 선택하기

❶ 설명을 포함 개체로 추가하려면 [확인] 버튼을 클릭하고,
설명을 연결 개체로 추가하려면 '설명 연결' 항목을 선택하고 [찾아보기] 버튼을 클릭하여 폴더를 선택한다. 가능하면 프레젠테이션이 저장되는 폴더와 동일한 폴더로 지정하도록 한다.

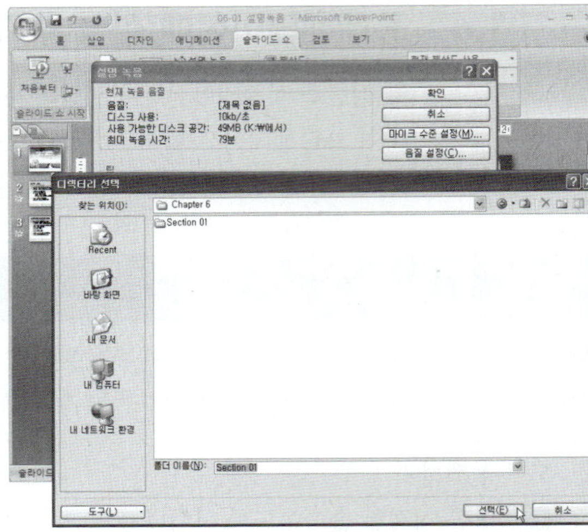

4. 설명 녹음하고 저장하기

❶ [설명 녹음] 대화상자에서 현재 선택되어 있는 슬라이드에서 설명을 시작하려면 [현재 슬라이드]를 클릭하고, 첫 번째 슬라이드에서 설명을 시작하려면 [첫째 슬라이드]를 클릭한다.

❷ 검은색 종료 화면을 클릭하면 설명은 자동으로 저장되며 프레젠테이션 시간을 함께 저장할 것인지 묻는 메시지가 표시된다. 시간을 저장하려면 [저장]을 클릭하고, 시간을 저장하지 않으려면 [저장 안 함]을 클릭한다. 이 경우 시간을 별도로 기록할 수 있다.

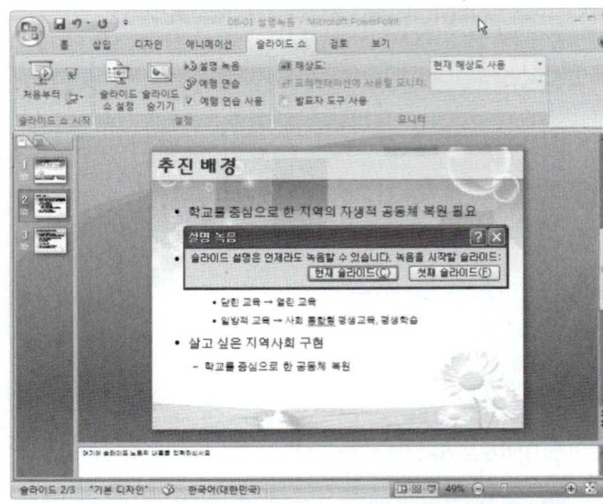

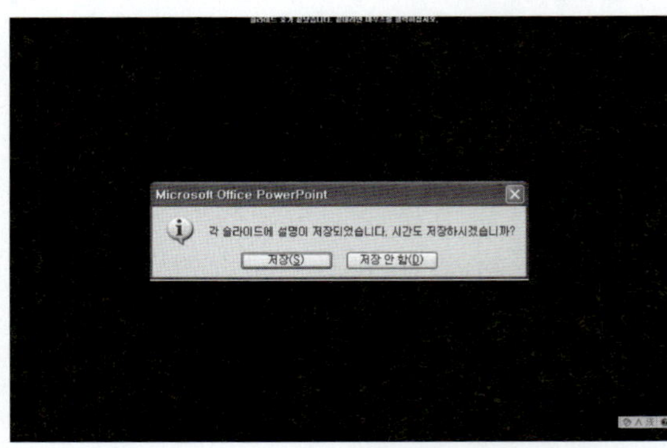

Tip | 설명을 일시 중지하거나 다시 시작하기

설명을 일시 중지하거나 다시 시작하려면 슬라이드를 마우스 오른쪽 버튼으로 클릭한 다음, 바로 가기 메뉴에서 [설명 일시 중지] 또는 [설명 다시 시작]을 클릭한다.

5. 여러 슬라이드 보기에서 시간 확인하기
시간을 저장하면 여러 슬라이드 보기에서 각 슬라이드 아래에 슬라이드 시간이 표시된다.

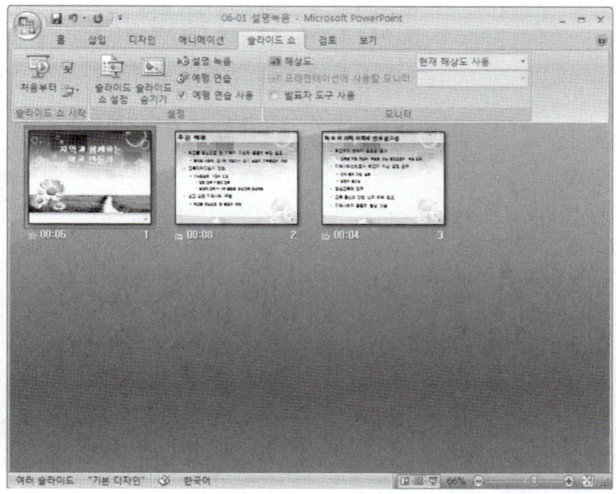

Section

02: 동영상 삽입하기

파일 확장명이 .avi, .mov, .mpg, .mpeg인 비디오 파일과 확장명이 .gif인 애니메이션 GIF 파일을 삽입할 수 있다. 동영상 파일은 그림 또는 그리기 개체와 달리 프레젠테이션에서 포함 개체가 아니라 연결 개체로만 사용된다.

2.1 동영상 도구와 동영상 옵션 대화상자

슬라이드에 동영상을 삽입하면 [동영상 도구] → [옵션] 탭이 표시되고, [옵션] 탭의 도구들을 사용하여 동영상 재생에 필요한 옵션들을 조정할 수 있다.

[동영상 도구] → [옵션] 탭

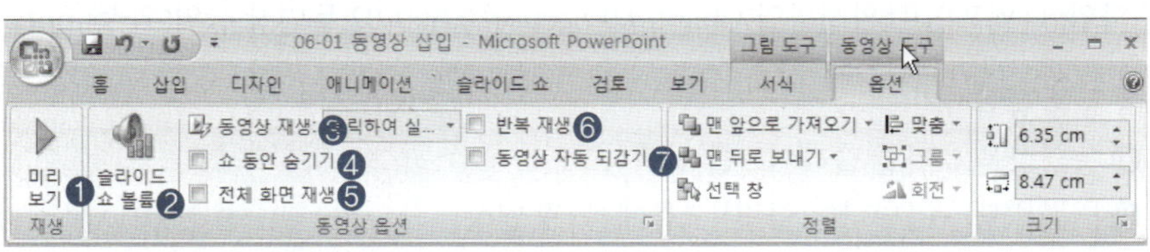

❶ **미리 보기:** 동영상을 현재 슬라이드 창에서 미리 재생

❷ **슬라이드 쇼 볼륨:** 슬라이드 쇼 진행시 동영상의 음량 조절

❸ **동영상 재생:** 동영상 재생 방법 설정

❹ **쇼 동안 숨기기:** 동영상을 슬라이드 쇼 진행할 때 표시되지 않도록 숨김

❺ **전체 화면 재생:** 동영상을 전체 화면으로 재생

❻ **반복 재생:** 동영상을 반복하여 재생

❼ **동영상 자동 되감기:** 동영상을 재생한 후 첫 번째 프레임으로 되감기

[동영상 옵션] 대화상자

[동영상 도구] → [옵션] 탭의 [동영상 재생] 그룹에서 '동영상 개체 편집( )'을 클릭하면 [동영상 옵션] 대화상자가 표시된다.

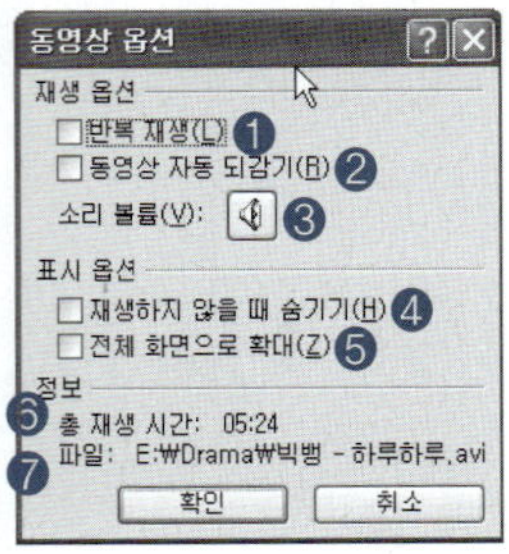

❶ **반복 재생:** 동영상을 반복하여 재생

❷ **동영상 자동 되감기:** 동영상을 재생한 후 첫 번째 프레임으로 되감기

❸ **슬라이드 쇼 볼륨:** 슬라이드 쇼 진행 시 동영상의 음량 조절

❹ **재생하지 않을 때 숨기기:** 동영상을 재생하지 않는 동안 표시되지 않도록 숨김

❺ **전체 화면으로 확대:** 동영상을 전체 화면으로 재생

❻ **총 재생 시간:** 동영상 파일의 총 재생 시간

❼ **파일:** 동영상 파일의 경로 표시

2.2 슬라이드에 동영상 삽입하기

동영상 파일은 그림 또는 그리기 개체와 달리 프레젠테이션에서 포함 개체가 아니라 연결 개체로만 사용되므로 동영상을 프레젠테이션에 추가하기 전에 프레젠테이션과 동일한 폴더에 복사해야 한다.

함께하기 | 슬라이드에 동영상 추가하기

예제 파일: 파워포인트\예제파일\Chapter 9\Section 02\09-02 동영상 삽입.pptx

완성 파일: 파워포인트\완성파일\Chapter 9\Section 02\09-02 동영상 삽입(완성).pptx

1. 동영상 삽입하기

❶ 동영상을 추가할 슬라이드를 선택하고,

❷ [삽입] 탭 → [미디어 클립] 그룹에서 '동영상 – 동영상 파일'을 선택한다.

❸ [동영상 삽입] 대화상자에서 동영상 파일을 선택하고 [확인] 버튼을 클릭한다.

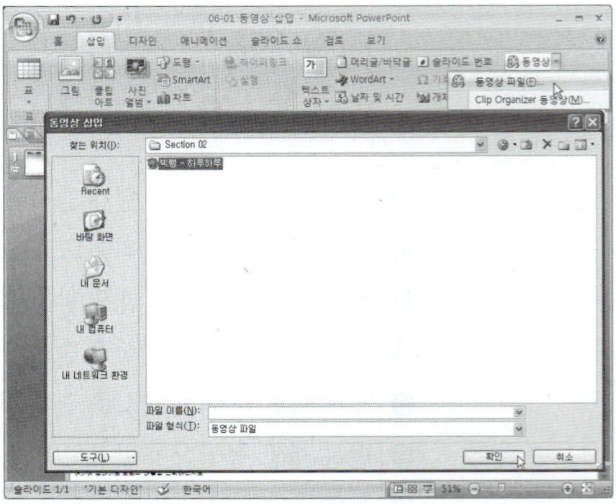

2. 동영상 재생 방법 선택하기

❶ [자동 실행]을 클릭하면 슬라이드가 표시될 때 동영상이 자동으로 재생되고, [클릭하여 실행]을 클릭하면 슬라이드의 동영상을 클릭하면 동영상이 재생된다.

3. 슬라이드에 동영상의 위치와 크기 표시하기

❶ 슬라이드에서 동영상의 크기와 위치를 조정한다.

4. 동영상 미리보기

❶ [동영상 도구] → [옵션] 탭의 [재생] 그룹에서 '미리 보기' 도구를 클릭하여 동영상을 재생한다.

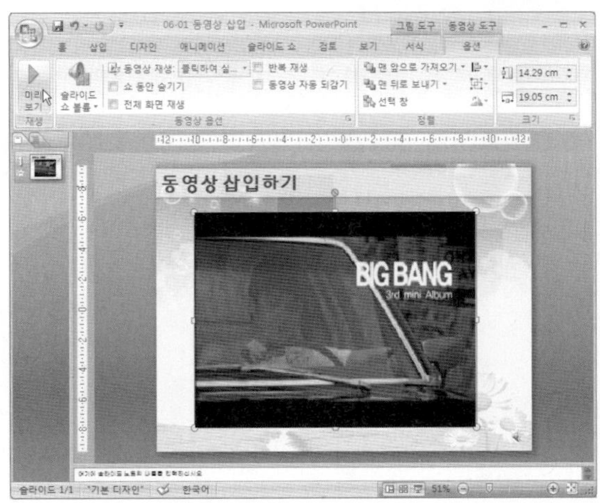

연습문제

INTRODUCTION TO COMPUTER APPLICATIONS **POWERPOINT**

1. '태양계.pptx' 파일을 열고 슬라이드 1에 '사랑해도될까요.mp3' 파일을 삽입하고, 자동으로 실행되도록 설정하라.

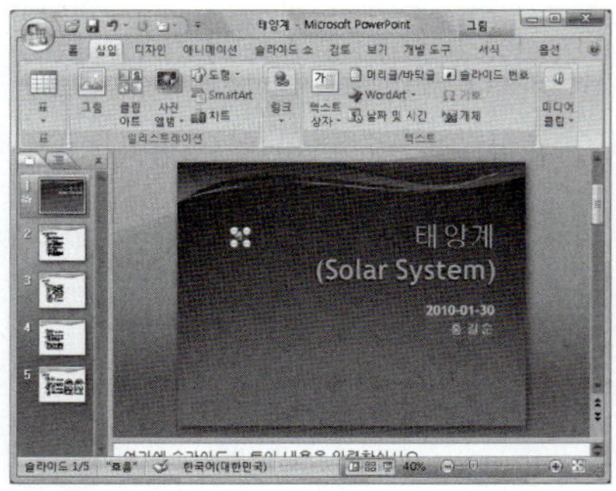

2. 슬라이드에 삽입된 음악 파일이 반복 재생되도록 옵션을 설정하라.

CHAPTER 10

하이퍼링크 사용하기

하이퍼링크는 그림이나 그래프 또는 도형, WordArt와 같은 개체나 텍스트에 동일한 프레젠테이션의 다른 슬라이드에 연결하거나 다른 프레젠테이션의 슬라이드, 전자 메일 주소, 웹 페이지 또는 파일에 연결하기 위해 사용한다.

INTRODUCTION TO COMPUTER APPLICATIONS **POWERPOINT**

Section

01 : [하이퍼링크] 대화상자

1.1 | [하이퍼링크] 대화상자

하이퍼링크는 [하이퍼링크 삽입] 대화상자를 사용하여 연결할 대상을 설정한다.

기존 파일/웹 페이지

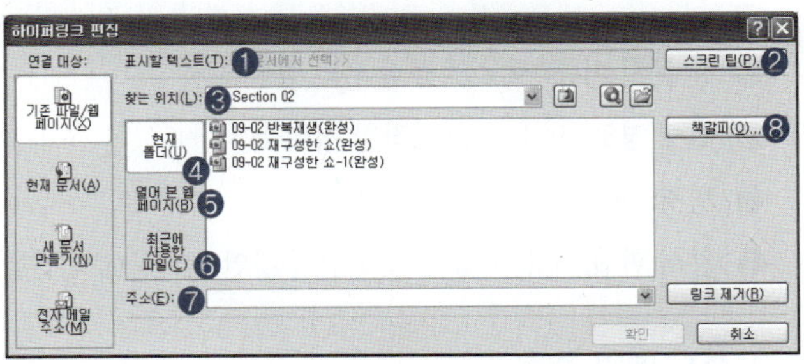

❶ **표시할 텍스트:** 하이퍼링크를 설정한 텍스트

❷ **스크린 팁:** 하이퍼링크가 설정된 부분에 마우스를 올려놓았을 때 표시될 툴 팁

❸ **찾는 위치:** 하이퍼링크로 연결할 파일의 위치

❹ **현재 폴더:** 현재 작업 중인 프레젠테이션 파일의 폴더

❺ **열어본 웹 페이지:** 최근 작업했거나 열어본 웹 페이지의 주소 표시

❻ **최근에 사용한 파일:** 최근에 사용된 파일 목록 표시

❼ **주소:** 하이퍼링크로 연결할 주소

❽ **책갈피:** 현재 사용 중인 프레젠테이션의 슬라이드에 표시된 책갈피를 찾아 연결

현재 문서

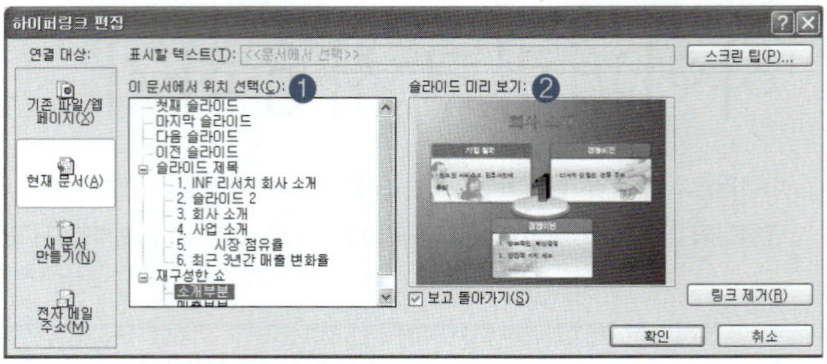

❶ **이 문서에서 위치 선택:** 현재 작업중인 프레젠테이션 파일의 슬라이드 중에서 연결할 슬라이드를 선택하거나 재구성한 쇼가 있는 경우 연결할 재구성한 쇼를 선택하여 연결

❷ **보고 돌아가기:** 선택한 슬라이드 또는 재구성한 쇼를 재생한 후에 하이퍼링크가 설정된 위치로 돌아가도록 하는 경우 설정

새 문서 만들기

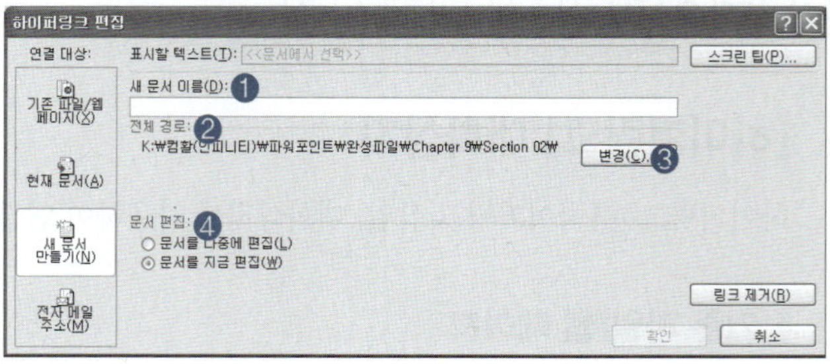

❶ **새 문서 이름:** 새로 만들 문서의 이름 지정

❷ **전체 경로:** 새 문서를 저장할 경로 표시

❸ **변경:** 새 문서를 저장할 위치 변경

❹ **문서 편집:** 새 문서를 지금 편집할 것인지 나중에 편집할 것인지 선택

전자 메일 주소

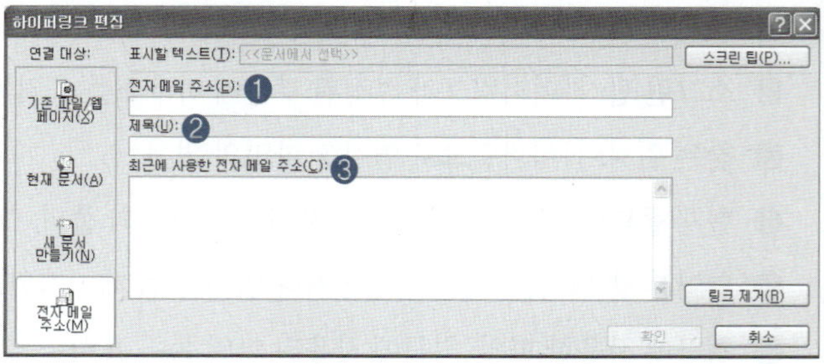

❶ **전자 메일 주소:** 연결할 전자 메일의 주소 입력

❷ **제목:** 발송할 전자 메일의 제목 입력

❸ **최근에 사용한 전자 메일 주소:** 최근에 연결한 전자 메일 주소 표시

1.2 하이퍼링크 설정하기

하이퍼링크를 사용하여 현재 문서의 슬라이드와 연결하거나 다른 파일 또는 특정 웹 사이트 등에 연결할 수 있다.

현재 문서의 슬라이드 연결하기

목차 슬라이드나 개체를 이용하여 작성된 슬라이드의 순서와 다르게 슬라이드 쇼가 진행되도록 하는 경우 설정한다.

함께하기 | 현재 문서의 슬라이드 연결하기

예제 파일: 파워포인트\예제파일\Chapter 10\10-01 하이퍼링크.pptx
완성 파일: 파워포인트\완성파일\Chapter 10\10-013 하이퍼링크(완성).pptx

1. 개체 선택하기

❶ 슬라이드 2에서 하이퍼링크를 설정할 텍스트(회사 소개와 사업 소개)를 선택한다.

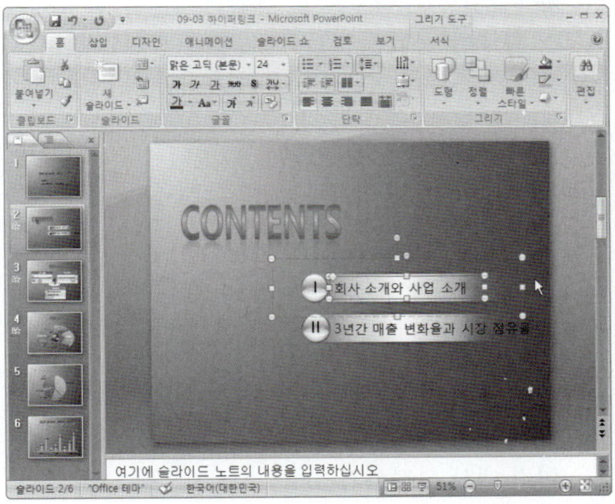

2. 하이퍼링크 설정하기

❶ [삽입] 탭 → [링크] 그룹에서 '하이퍼링크' 도구를 클릭하고,

❷ '연결 대상'에서 '현재 문서'를 선택하고,

❸ '이 문서에서 위치 선택'에서 연결할 슬라이드(슬라이드 3)을 선택한 다음 [확인] 버튼을 클릭한다.

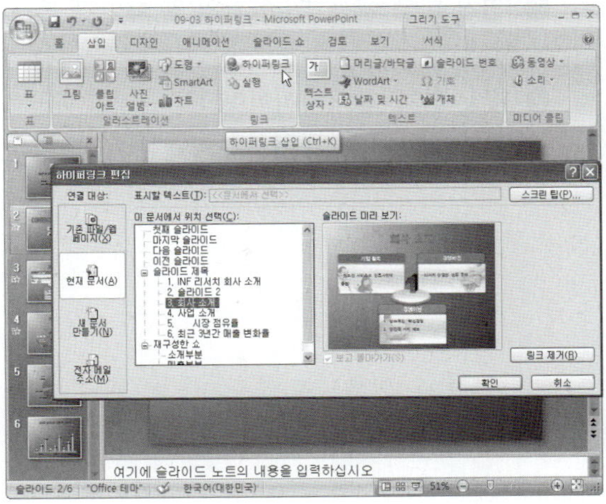

파일에 연결하기

하이퍼링크를 이용하여 현재 문서의 슬라이드 이외에 다른 파워포인트 파일이나 다른 형식의 파일과 연결할 수 있다. 파워포인트로 작성된 파일이 아닌 다른 형식을 파일을 연결한 경우 연결된 프로그램이 실행된다.

함께하기 | 음악 파일과 연결하기

예제 파일: 파워포인트\예제파일\Chapter 10\10-01 하이퍼링크-1.pptx
완성 파일: 파워포인트\완성파일\Chapter 10\10-01 하이퍼링크-1(완성).pptx

1. 개체 선택하기

❶ 슬라이드에서 하이퍼링크를 설정할 텍스트(라라라)를 선택하고,

❷ [삽입] 탭 → [링크] 그룹에서 '하이퍼링크' 도구를 클릭하고 [하이퍼링크 삽입] 대화상자를 표시한다.

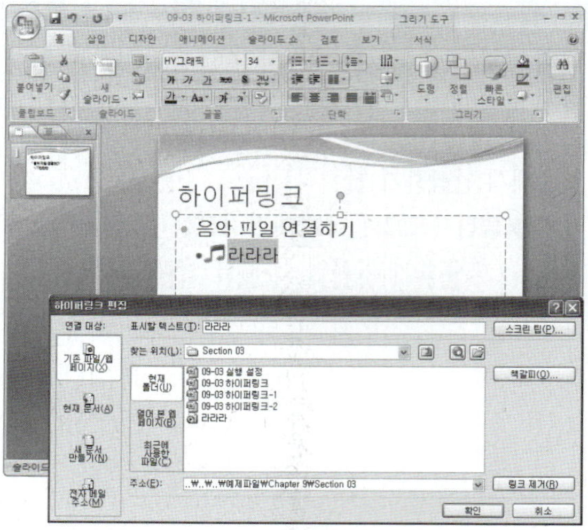

2. 연결 대상 설정하기

❶ '연결 대상'에서 '기존 파일/웹 페이지'를 선택하고,

❷ '찾는 위치'에서 하이퍼링크로 연결할 파일을 선택한 다음 [확인] 버튼을 클릭한다.

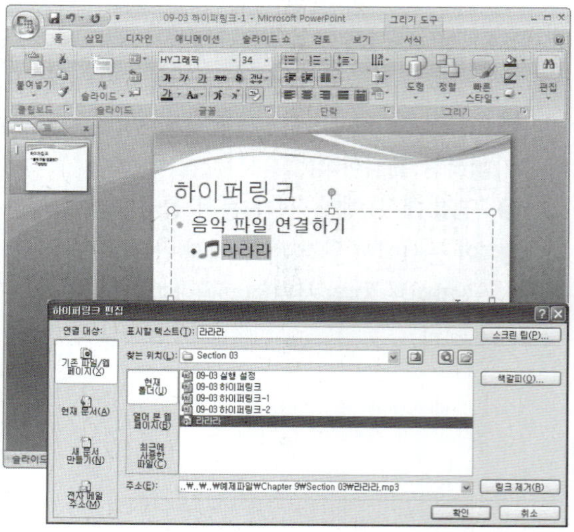

3. 하이퍼링크 열기

❶ 하이퍼링크가 설정된 텍스트에서 마우스 오른쪽 버튼을 클릭하여 [하이퍼링크 열기] 메뉴를 선택한다.

❷ Windoes Media Player가 실행되고 선택한 음악 파일이 재생된다.

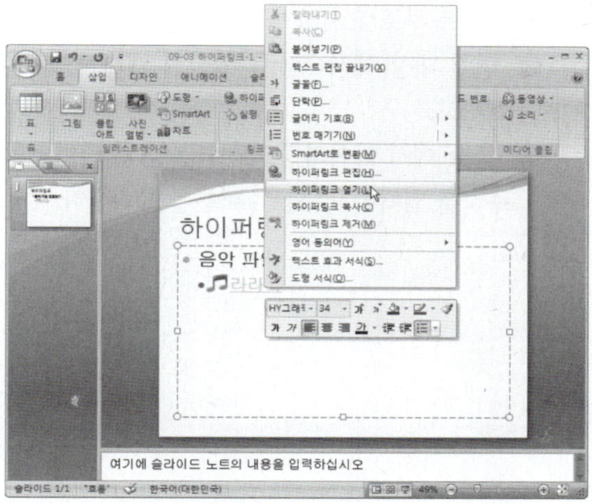

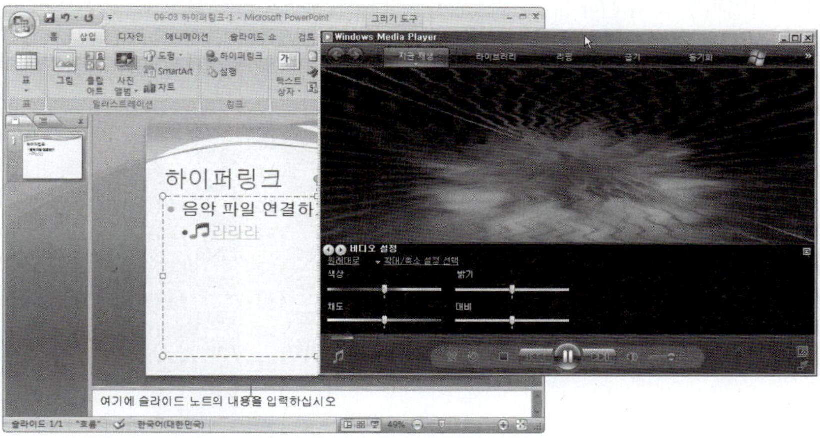

웹 페이지에 연결하기

슬라이드 쇼를 진행하면서 웹 페이지를 연결하여 사용할 수 있다.

함께하기 | 웹 페이지에 연결하기

예제 파일: 파워포인트\예제파일\Chapter 10\10-03 하이퍼링크-2.pptx

완성 파일: 파워포인트\완성파일\Chapter 10\10-03 하이퍼링크-2(완성).pptx

1. 개체 선택하기

❶ 웹 페이지로 하이퍼링크를 설정할 텍스트를 선택하고,

❷ [삽입] 탭 → [링크] 그룹에서 '하이퍼링크' 도구를 클릭하고 [하이퍼링크 삽입] 대화상자를 표시한다.

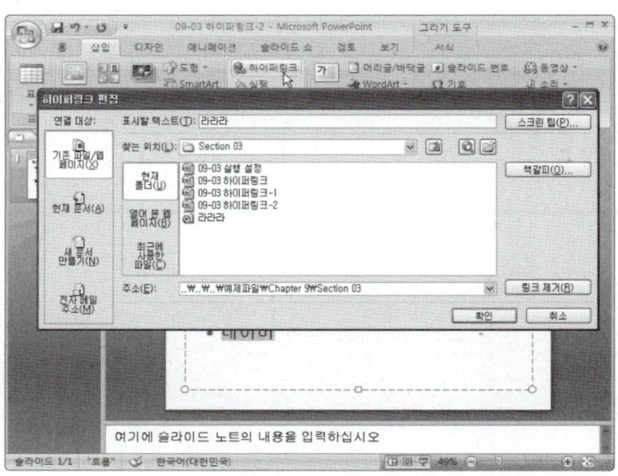

2. 웹 사이트 주소 표시하기

❶ '연결 대상'에서 '기존 파일/웹 페이지'를 선택하고,

❷ '주소'에서 하이퍼링크로 연결할 웹 페이지의 주소를 입력하고 [확인] 버튼을 클릭한다.

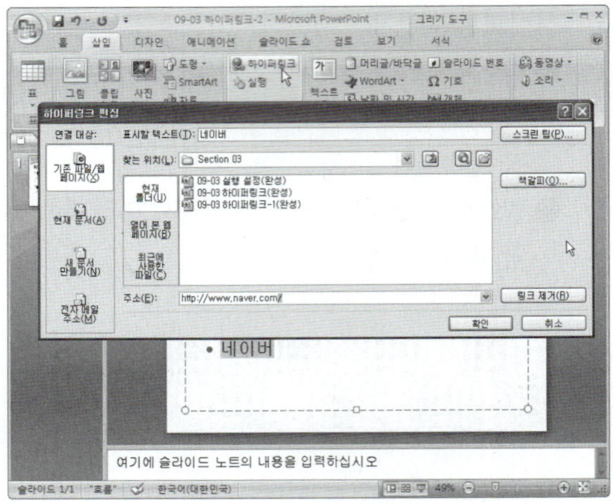

3. 하이퍼링크 확인하기

❶ 하이퍼링크가 설정된 텍스트에서 마우스 오른쪽 버튼을 클릭하여 [하이퍼링크 열기] 메뉴를 선택한다.

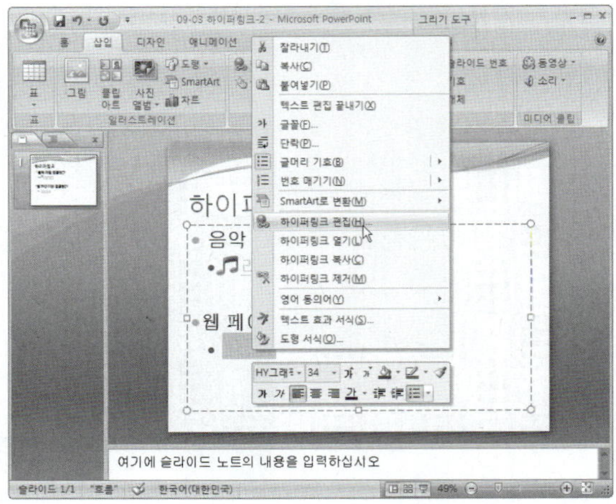

❷ Internet Explorer가 실행되고 선택한 웹 사이트가 표시된다.

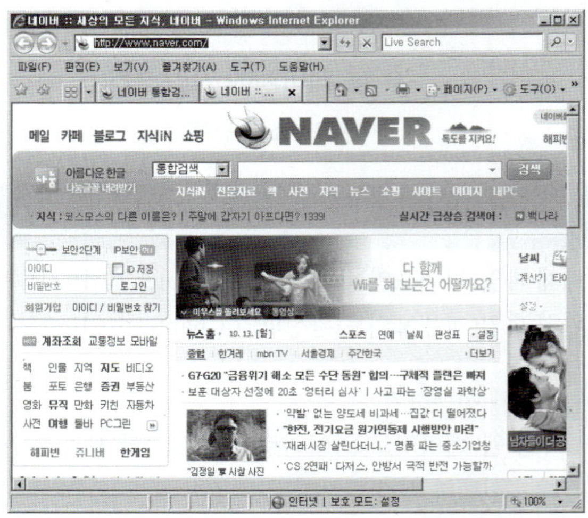

연습문제

1. '태양계-1.pptx' 파일을 열고, 슬라이드 2의 각 항목에 슬라이드가 연결되도록 하이퍼링크를 설정하라.

2. 슬라이드 4의 텍스트 '태양'을 클릭하면 '태양(from 위키백과).png' 파일이 표시되도록 하이퍼링크를 설정하라.

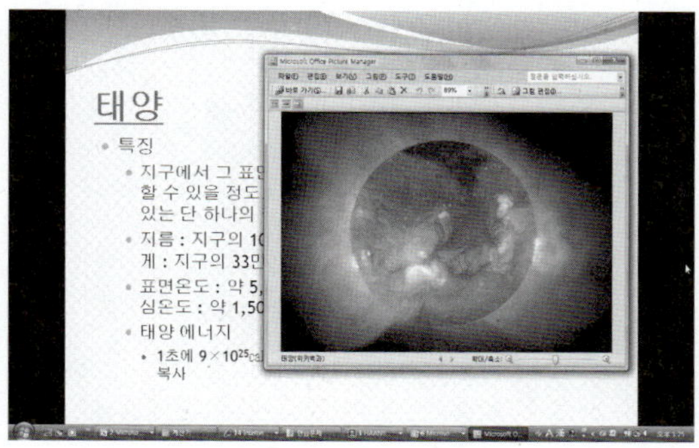

Memo

CHAPTER

11 애니메이션과 화면 전환

텍스트나 도형 등에 애니메이션을 설정하여 표시되는 순서 및 다양한 효과를 설정할 수 있으며, 화면 전환 효과를 사용하여 슬라이드가 바뀔때마다 슬라이드가 표시되는 모양과 속도 등을 설정할 수 있다.

INTRODUCTION TO COMPUTER APPLICATIONS **POWERPOINT**

Section 01 : 애니메이션을 위한 도구

소리나 하이퍼링크, 텍스트, 그래픽, 다이어그램, 차트 등의 개체에 애니메이션을 적용하여 프레젠테이션을 밋밋하지 않게 만들고 중요한 항목을 강조하도록 프레젠테이션의 흐름을 제어할 수 있다.

[애니메이션] 탭

[애니메이션] 탭은 개체나 슬라이드에 애니메이션을 설정할 때 사용한다.

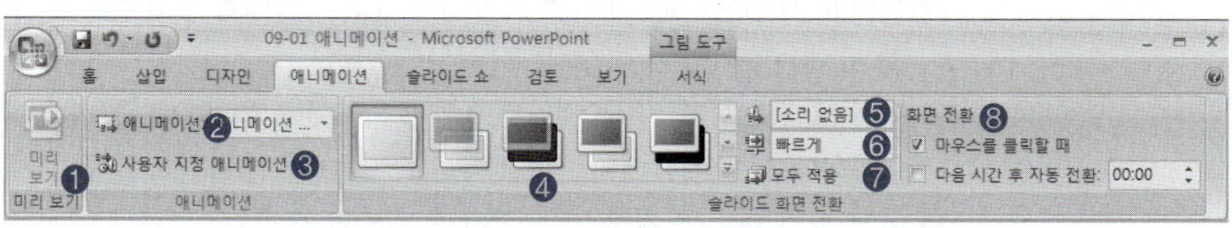

❶ **미리보기:** 슬라이드의 개체 또는 화면 전환 애니메이션 미리 보기

❷ **애니메이션:** 슬라이드의 개체에 적용할 애니메이션 선택

❸ **사용자 지정 애니메이션:** [사용자 지정 애니메이션] 작업 창을 사용하여 슬라이드의 개체에 대해 애니메이션 적용

❹ **화면 전환 구성표:** 이전 슬라이드와 현재 슬라이드 사이의 전환 효과 구성

❺ **화면 전환 소리:** 이전 슬라이드와 현재 슬라이드 사이를 전환하는 동안 적용할 소리 선택

❻ **화면 전환 소리:** 이전 슬라이드와 현재 슬라이드 사이를 전환하는 속도 선택

❼ **모두 적용:** 현재 슬라이드에 설정된 화면 전환을 모든 슬라이드에 동일하게 적용

❽ **화면 전환:** 화면 전환이 마우스를 클릭했을 때 진행되도록 할 것인지 자동 전환할 것인지 설정

[사용자 지정 애니메이션] 작업창

슬라이드의 개체가 애니메이션되는 방법이나 순서, 시간 등을 설정하려면 [사용자 지정 애니메이션] 작업창을 사용한다.

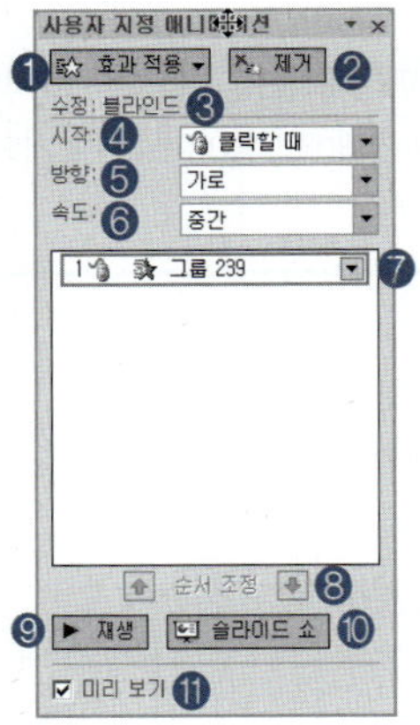

❶ **효과 적용:** 나타내기, 강조, 끝내기, 이동 경로 등의 애니메이션 효과 선택

→ **나타내기:** 애니메이션이 시작되면 개체가 슬라이드에 나타나도록 설정

→ **강조:** 슬라이드에 이미 표시되어 있는 텍스트 또는 개체에 대해 효과 설정

→ **끝내기:** 슬라이드에 표시되어 있는 텍스트 또는 개체의 애니메이션이 완료된 후 슬라이드에서 사라지도록 설정

→ **이동 경로:** 애니메이션이 설정된 개체의 이동 방향을 사용자가 그려 설정

❷ **제거:** 개체에 설정된 애니메이션 효과 삭제

❸ **수정:** 개체에 적용한 애니메이션 이름

❹ **시작:** 애니메이션의 시작 방법 설정

→ **클릭할 때 시작:** 애니메이션 목록에서 마우스 아이콘 모양으로 표시되며, 슬라이드를 클릭할 때 애니메이션 효과 시작

→ **이전 효과와 함께 시작:** 애니메이션 목록에 표시되는 아이콘이 없으며, 목록에 있는 이전 효과와 동시에 애니메이션 효과가 시작되며, 한 번 클릭하면 두 개 이상의 효과 실행

→ **이전 효과 다음에 시작:** 애니메이션 목록에 시계 아이콘으로 표시되며 목록에 있는 이전 효과의 재생이 끝나는 즉시 애니메이션 효과 시작

❺ **방향:** 애니메이션이 진행되는 방향 설정

❻ **속도:** 애니메이션이 진행되는 속도 설정

❼ **애니메이션 목록:** 슬라이드의 개체에 적용된 애니메이션을 순서대로 표시

❽ **순서 조정:** 적용된 애니메이션의 순서 변경

❾ **재생:** 현재 슬라이드에 적용된 애니메이션을 슬라이드 창에서 미리 보기

❿ **슬라이드 쇼:** 현재 슬라이드에 적용된 애니메이션을 전체 화면으로 표시

⓫ **미리 보기:** 애니메이션을 적용했을 때 실시간으로 해당 애니메이션 재생

Section

02: 사용자 지정 애니메이션

2.1 | 사용자 지정 애니메이션 설정하기

[사용자 지정 애니메이션] 작업창을 사용하여 애니메이션의 종류와 순서, 방향 등을 설정할 수 있다.

함께하기 | 애니메이션 설정하기

예제 파일: 파워포인트\예제파일\Chapter 11\Section 02\11-02 애니메이션.pptx
완성 파일: 파워포인트\완성파일\Chapter 11\Section 02\11-02 애니메이션(완성).pptx

1. 사용자 지정 애니메이션 작업창 표시하기

❶ [애니메이션] 탭 → [애니메이션] 그룹에서 '사용자 지정 애니메이션' 도구를 클릭하여 [사용자 지정 애니메이션] 작업창을 표시한다.

2. 블라인드 효과 설정하기

❶ 슬라이드 1의 제목 개체를 선택하고 [사용자 지정 애니메이션] 작업창에서 '효과 적용(효과 적용) – 나타내기 – 블라인드'를 선택한다.

❷ 애니메이션을 설정한 개체의 왼쪽에 애니메이션의 순서를 나타내는 사각형 번호(1)가 표시된다.

❸ 애니메이션의 시작 방법을
'시작 – 클릭할 때',
'방향 – 가로',
'속도 – 중간'으로 설정한다.

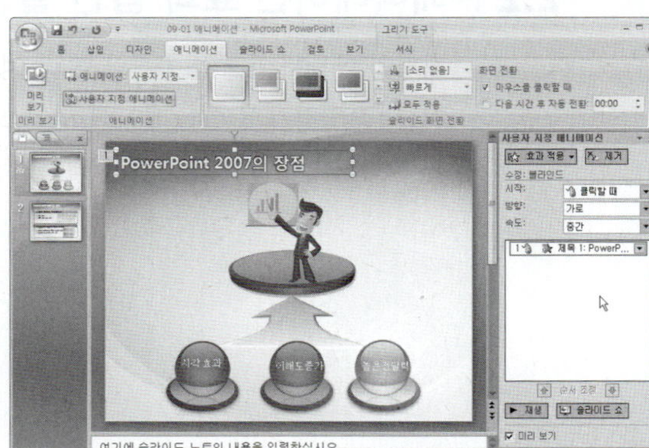

3. 강조 효과 설정하기

❶ '효과 적용(효과 적용 ▾) – 강조 – 회전'을 선택하고,

❷ 애니메이션의 시작 방법을 '시작 – 이전 효과 다음에', '방향 – 시계 방향 360°', '속도 – 중간'으로 설정한다.

4. 다른 개체에 애니메이션 효과 설정하기

❶ 슬라이드의 나머지 개체에 대해서 애니메이션 효과를 설정한다.

5. 애니메이션 효과 확인하기

❶ [재생(▶ 재생)] 버튼을 클릭하거나 [슬라이드 쇼(슬라이드 쇼)] 버튼을 클릭하여 설정된 애니메이션 효과를 확인한다.

2.2 애니메이션 효과 옵션 설정하기

개체와 애니메이션의 종류에 따라 여러 가지 효과 옵션을 지정할 수 있다. [사용자 지정 애니메이션] 작업창에서 애니메이션 항목 오른쪽의 목록 기호(▾)를 클릭하거나 마우스 오른쪽 버튼을 클릭하여 [효과 옵션]을 선택하면 [효과 옵션] 대화상자가 표시된다.

[효과 옵션] 대화상자는 [효과] 탭과 [타이밍] 탭 이외에 애니메이션을 적용한 개체의 종류에 따라 각각 다른 탭이 표시된다.

[효과] 탭

[효과] 탭에서는 선택한 애니메이션의 방향과 소리, 애니메이션이 끝난 후 개체의 실행에 대해 설정한다.

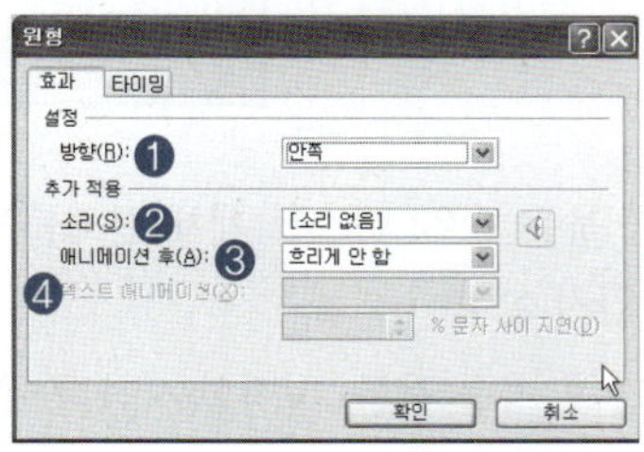

❶ **방향:** 애니메이션이 진행되는 방향 설정

❷ **소리:** 애니메이션 실행될 때의 효과음 설정

❸ **애니메이션 후:** 개체의 애니메이션이 끝난 후 개체의 모양과 위치 등 설정

❹ **텍스트 애니메이션:** 텍스트에 대해 애니메이션을 설정한 경우 애니메이션이 실행되는 단위를 텍스트 전체를 한꺼번에 애니메이션할 것인지, 단어 단위로 할 것인지, 글자 단위로 진행할 것인지 설정

[타이밍] 탭

[타이밍] 탭에서는 선택한 애니메이션의 시작 방법과 시간, 속도, 반복되는 횟수 등을 설정한다.

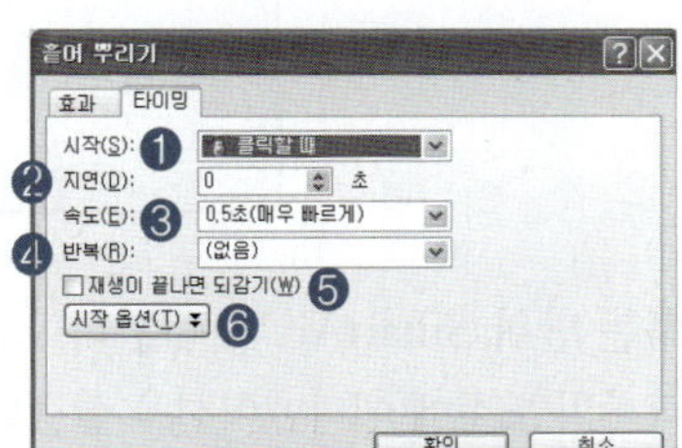

❶ **시작:** 애니메이션의 시작 방법 설정

❷ **지연:** 애니메이션이 시작되는 시점을 지연시킬 간격 설정

❸ **속도:** 애니메이션의 실행 속도를 0.1초 단위로 조정

❹ **반복:** 애니메이션의 반복 횟수 지정

❺ **재생이 끝나면 되감기:** 애니메이션 재생이 끝난 후 되감기 실행

❻ **시작 옵션:** 애니메이션의 시작 옵션 설정, 마우스를 클릭했을 때 시작하도록 할 것인지 특정 개체를 클릭했을 때 시작할 것인지 설정

[텍스트 애니메이션] 탭

[텍스트 애니메이션] 탭은 텍스트 상자 또는 도형에 애니메이션을 적용했을 경우 표시되며, 텍스트를 묶는 단위 또는 실행 순서 등을 설정할 수 있다.

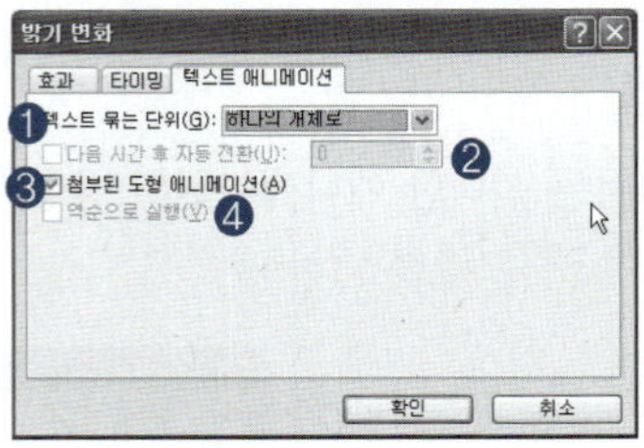

❶ **텍스트를 묶는 단위:** 텍스트 개체 전체를 하나로 애니메이션할 것인지 수준별로 애니메이션을 할 것인지 설정

❷ **다음 시간 후 자동 전환:** 지정한 시간 후에 애니메이션되도록 설정

❸ **첨부된 도형 애니메이션:** 도형에 텍스트가 입력된 경우 도형에도 애니메이션 적용

❹ **역순으로 실행:** 뒤의 글자부터 애니메이션이 실행되도록 설정

[SmartArt 애니메이션] 탭

SmartArt에 애니메이션을 설정한 경우 표시되는 탭으로 SmartArt를 구성하는 개체 전체를 묶어 애니메이션을 설정할 것인지 각각의 개체에 대해 또는 수준별로 애니메이션을 설정할 것인지 설정한다.

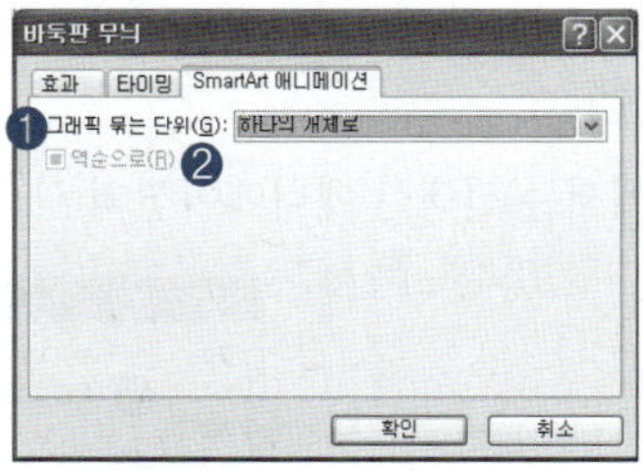

❶ **그래픽 묶는 단위:** SmartArt 개체를 하나로 묶어 애니메이션을 설정할 것인지, SmartArt를 이루는 각각의 도형에 애니메이션을 설정할 것인지를 설정

❷ **역순으로:** 하위에 있는 도형부터 애니메이션이 실행되도록 설정

[차트 애니메이션] 탭

차트에 애니메이션을 적용하면 표시되는 탭으로, 차트를 구성하는 개체를 하나로 묶어 애니메이션을 설정할 것인지 각 개체에 대해 애니메이션을 설정할 것인지에 관한 옵션을 설정할 수 있다.

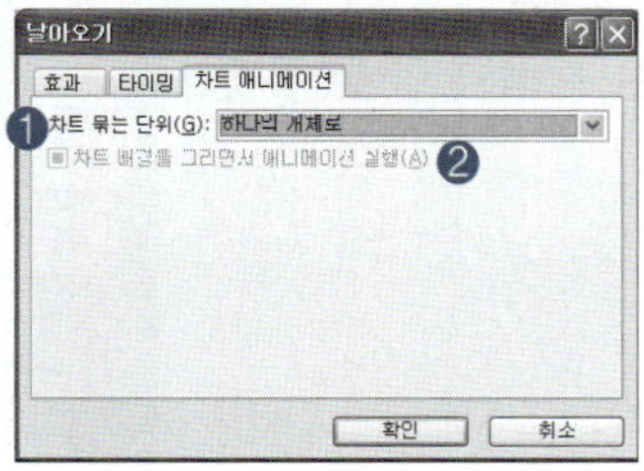

❶ **차트 묶는 단위:** SmartArt 개체를 하나로 묶어 애니메이션을 설정할 것인지, SmartArt를 이루는 각각의 도형에 애니메이션을 설정할 것인지 등 설정

❷ **차트 배경을 그리면서 애니메이션 실행:** 차트의 배경이 애니메이션이 실행되도록 설정

2.3 개체와 애니메이션

텍스트 애니메이션 설정하기

텍스트 중심의 슬라이드에서 텍스트 개체 전체를 하나로 애니메이션 할 것인지 수준별로 애니메이션을 할 것인지를 [효과 옵션]을 사용하여 상세하게 설정할 수 있다.

함께하기 | 텍스트 애니메이션

예제 파일: 파워포인트\예제파일\Chapter 11\Section 02\11-02 애니메이션-텍스트.pptx

완성 파일: 파워포인트\완성파일\Chapter 11\Section 02\11-02 애니메이션-텍스트(완성).pptx

1. 애니메이션 개체 선택하기

❶ 슬라이드 2에서 제목 텍스트를 선택하고 [애니메이션] 탭 → [애니메이션] 그룹에서 '사용자 지정 애니메이션'을 클릭하여 [사용자 지정 애니메이션] 작업창을 표시한다.

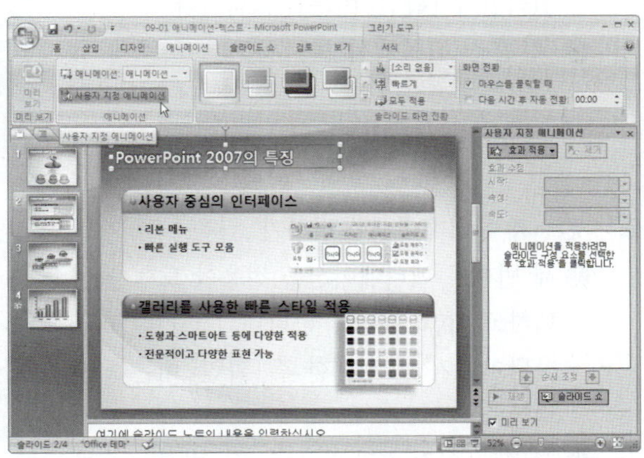

2. 애니메이션 설정하기

❶ [사용자 지정 애니메이션] 작업창에서 '효과 적용 – 나타내기 – 날아오기'를 선택하고,

❷ '방향 – 위에서', '속도 – 빠르게'로 설정한다.

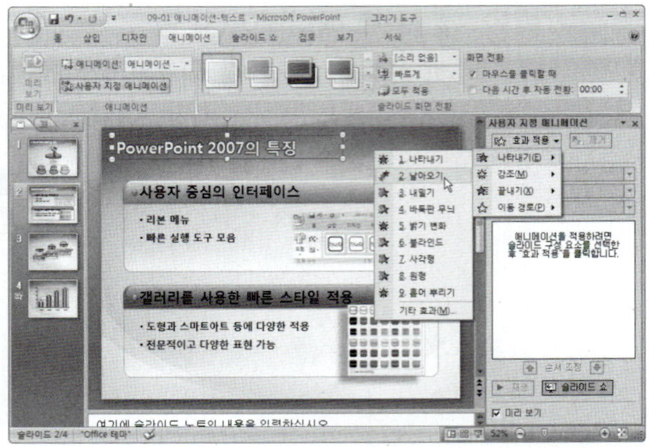

3. 효과 옵션 설정하기

❶ [사용자 지정 애니메이션] 작업창의 애니메이션 목록에서 '제목 1' 오른쪽 목록 기호(▼)를 클릭하고 '효과 옵션'을 선택한다.

❷ [효과 옵션] 대화상자의 [효과] 탭에서 '텍스트 애니메이션 – 문자 단위로', '문자 사이의 지연 – 30%'로 설정한 다음 [확인] 버튼을 클릭한다.

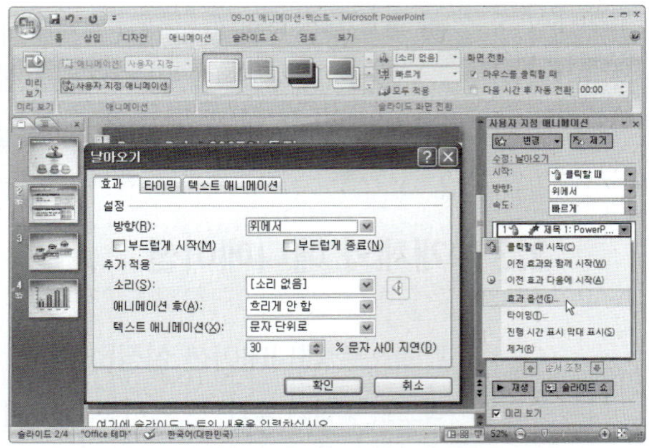

4. 두 번째 애니메이션 설정하기

❶ 애니메이션을 적용할 도형을 선택하고 '효과 적용 – 나타내기 – 기타 효과'를 선택한 다음,

❷ [나타내기 효과 변경] 창에서 '닦아내기'를 선택한 후 [확인] 버튼을 클릭한다.

❸ '방향 – 왼쪽에서'로, '속도 – 빠르게'로 설정한다.

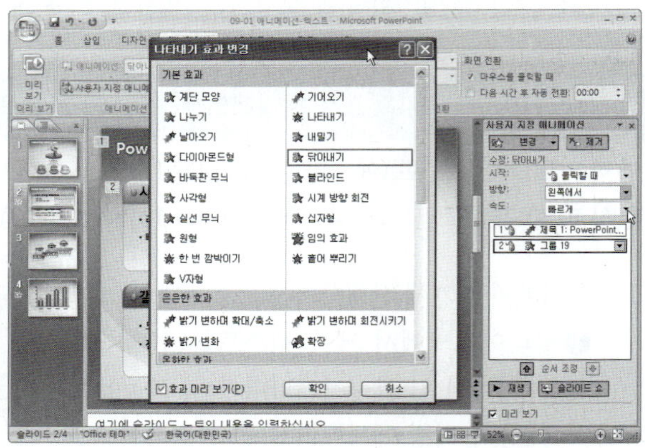

5. 세 번째 애니메이션 설정하기

❶ 세 번째로 애니메이션을 적용할 도형을 선택하고 '효과 적용 – 나타내기 – 기타 효과 – 닦아내기'를 선택한 후 [확인] 버튼을 클릭한다.

❷ '시작 – 이전 효과 다음에'로, '방향 – 오른쪽에서'로, '속도 – 빠르게'로 설정한다.

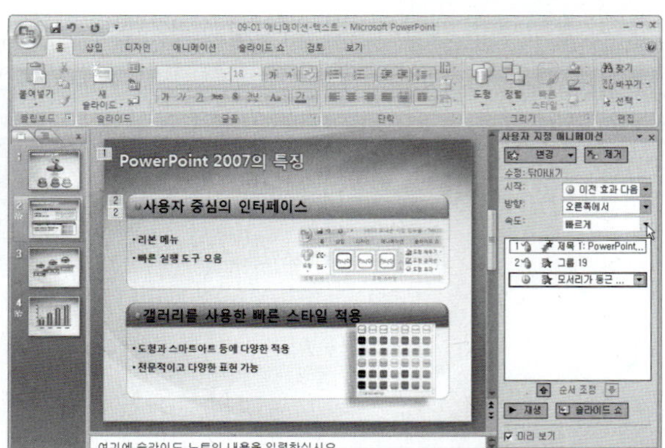

6. 효과 옵션 설정하기

❶ 애니메이션 목록에서 '모서리가 둥근 도형' 오른쪽 목록 기호(▾)를 클릭하고 [효과 옵션]을 선택한 다음,

❷ [효과 옵션] 대화 상자에서 [텍스트 애니메이션] 탭을 선택하고 '텍스트 묶는 단위 – 둘째 수준까지'로 설정한 다음 [확인] 버튼을 클릭한다.

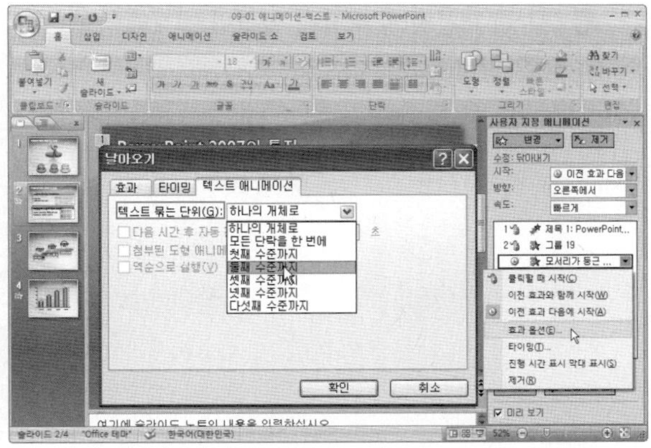

7. 그룹 개체 애니메이션 설정하기

❶ 세 번째 애니메이션 목록 아래에 갈매기 수장 모양(≫)을 클릭하여 도형 안에 입력된 텍스트 애니메이션 목록이 표시되면,

❷ 두 텍스트 개체에 각각 [변경] 버튼을 클릭하고 '나타내기 – 흩어뿌리기' 효과를 설정하고,

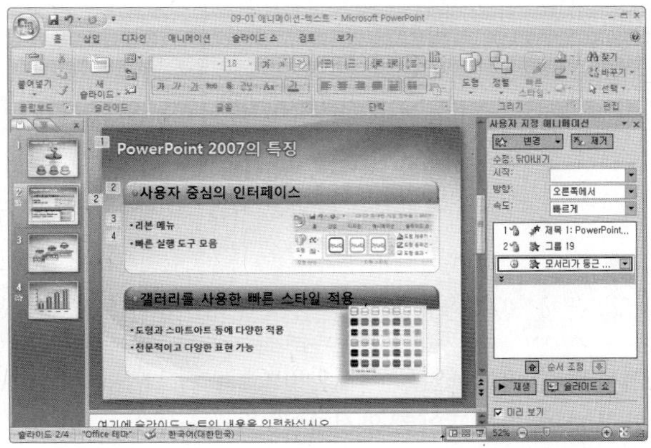

❸ '시작 – 이전 효과 다음에', '속도 – 빠르게'로 설정한다.

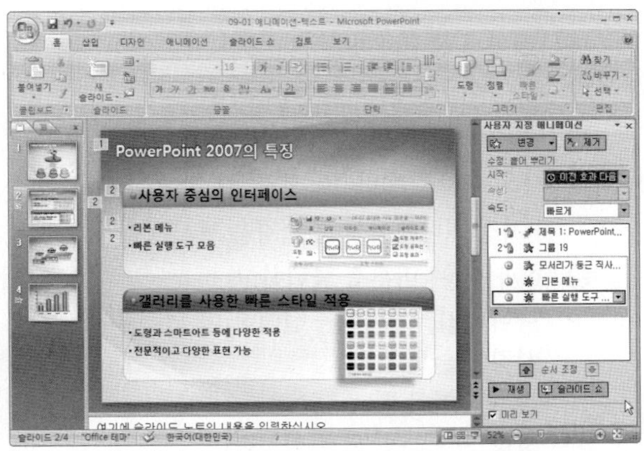

8. 애니메이션 보기

❶ 도형과 텍스트에 대하여 같은 방법으로 애니메이션을 설정한 다음,

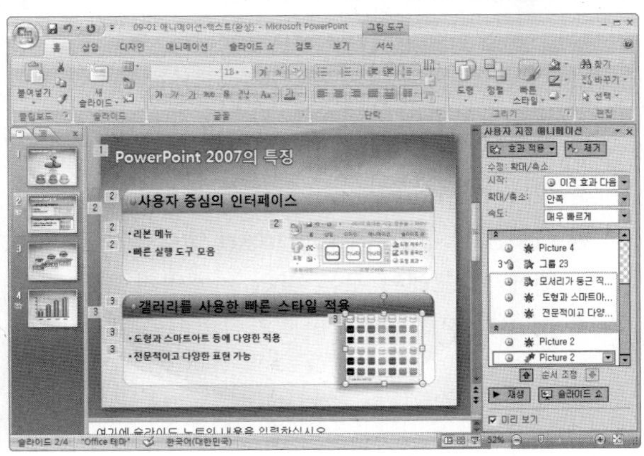

❷ [재생] 버튼을 클릭하여 설정된 애니메이션을 확인하도록 한다.

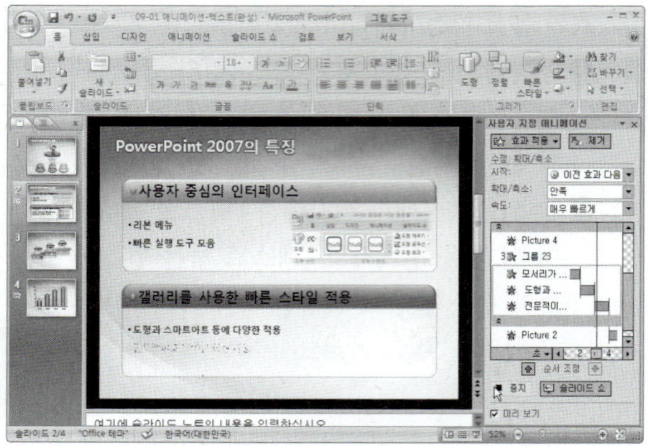

SmartArt에 애니메이션 적용하기

SmartArt를 하나 개체로 묶어 애니메이션 할 것인지 SmartArt를 구성하는 각 개체에 대해 애니메이션을 할 것인지를 [효과 옵션]을 사용하여 상세하게 설정할 수 있다.

함께하기 | SmartArt 애니메이션

예제 파일: 파워포인트\예제파일\Chapter 11\Section 02\11-02 애니메이션-SmartArt.pptx
완성 파일: 파워포인트\완성파일\Chapter 11\Section 02\11-02 애니메이션-SmartArt(완성).pptx

1. 애니메이션 설정하기
   ❶ SmartArt 개체를 선택하고,
   ❷ [애니메이션] 탭 → [애니메이션] 그룹에서 '사용자 지정 애니메이션'을 클릭하여 [사용자 지정 애니메이션] 작업창을 표시한 다음,
   ❸ [효과 적용] 버튼을 클릭하고
   '나타내기 – 원형'을 선택하고,
   '시작 – 클릭할 때',
   '속도 – 빠르게',
   '방향 – 바깥쪽'으로 설정한다.

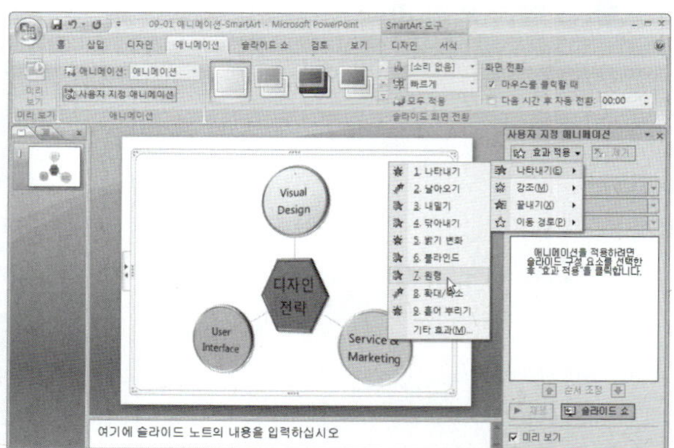

2. 효과 옵션 설정하기
   ❶ 애니메이션 목록에서 '다이어그램 3'의 오른쪽 목록 기호(▾)를 클릭하고 [효과 옵션]을 선택하고,
   ❷ [원형] 대화상자의 [SmartArt 애니메이션] 탭에서 '그래픽 묶는 단위 – 개별적으로'로 설정한 후 [확인] 버튼을 클릭한다.

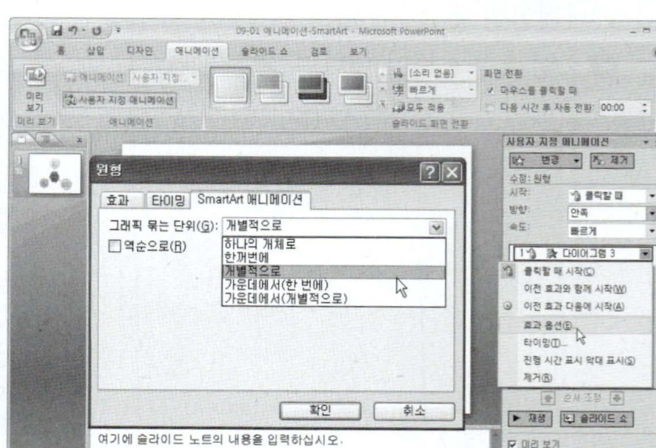

3. 하위 개체 애니메이션 설정하기

❶ '다이어그램 3' 아래 갈매기 수장 모양( ) 을 클릭하여 각 항목에 대해 애니메이션을 설정한 다음,

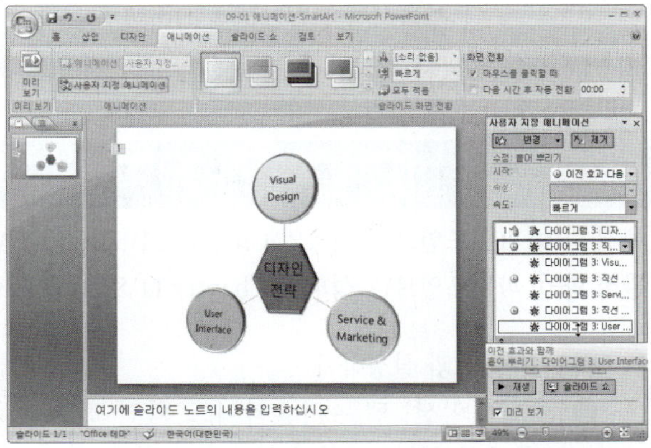

❷ [재생] 버튼을 클릭하여 애니메이션을 확인한다.

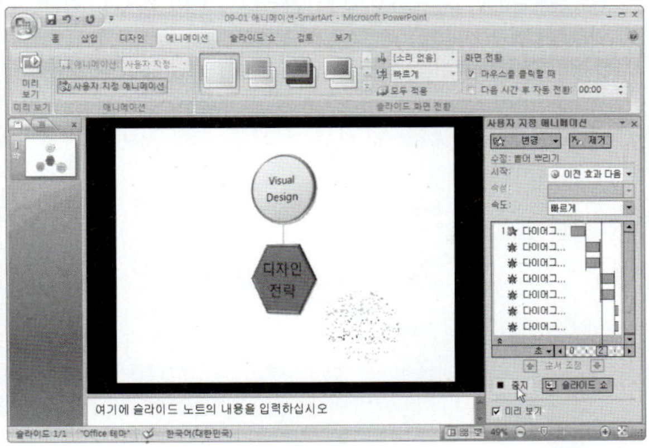

Section 03: 화면 전환 효과 지정하기

화면 전환은 슬라이드와 슬라이드 사이에 표시되는 애니메이션 효과로, [애니메이션] 탭 → [슬라이드 화면 전환] 그룹에서 효과를 설정하고, 각 화면 전환 효과의 속도나 소리도 추가할 수 있다.

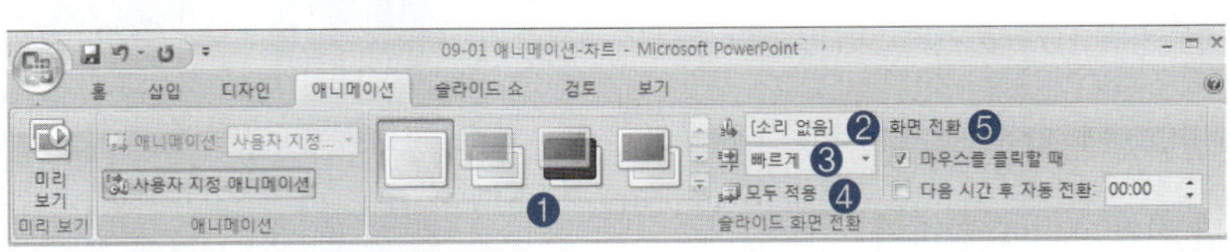

❶ **화면 전환 효과 갤러리:** 슬라이드에 적용할 화면 전환 효과 설정

❷ **화면 전환 소리:** 화면 전환이 이루어질 때 재생할 소리 설정

❸ **화면 전환 속도:** 화면 전환이 이루어지는 속도 설정

❹ **모두 적용:** 현재 슬라이드에 설정된 화면 전환 효과를 전체 슬라이드에 적용

❺ **화면 전환:** 화면 전환을 마우스로 클릭했을 때 진행할 것인지 자동 전환할 것인지 설정

슬라이드와 슬라이드 사이의 전환이 자동으로 이루어지도록 설정하려면, [화면 전환] 그룹에서 '다음 시간 후 자동 전환'을 선택하고 다음 슬라이드로 이동할 시간을 입력한다.

함께하기 | 화면 전환 효과 적용하기

예제 파일: 파워포인트\예제파일\Chapter 11\Section 03\09-03 화면 전환효과.pptx
완성 파일: 파워포인트\완성파일\Chapter 11\Section 03\09-03 화면 전환효과(완성).pptx

1. 화면 전환 효과 설정하기
   ❶ [애니메이션] 탭 → [슬라이드 화면 전환] 그룹에서 '화면 전환 효과 – V자형'을 선택하고,

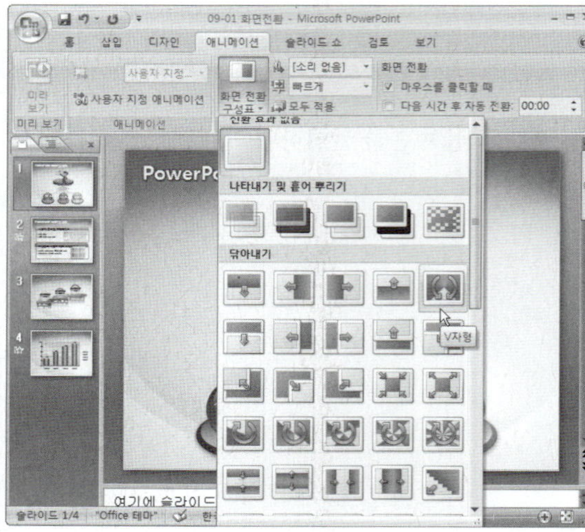

2. 속도와 소리 설정하기
   ❶ 화면 전환 속도 – 중간'으로 설정하고,
   ❷ '화면 전환 소리 – 요술봉'으로 설정한다.

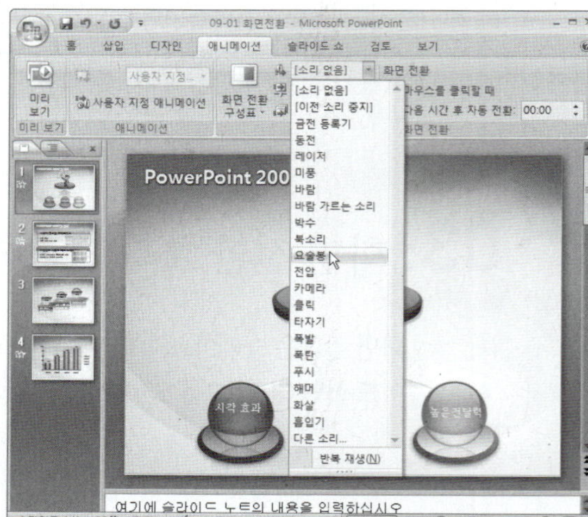

3. 화면 전환 효과 확인하기
   ❶ 슬라이드 쇼를 진행하여 화면 전환 효과를 확인한다.

연습문제

1. '태양계.pptx' 파일을 열고, 슬라이드 1의 제목에 사용자 지정 애니메이션을 다음과 같이 설정하라.

효과: 나타내기-날아오기
방향: 위쪽에서
속도: 중간

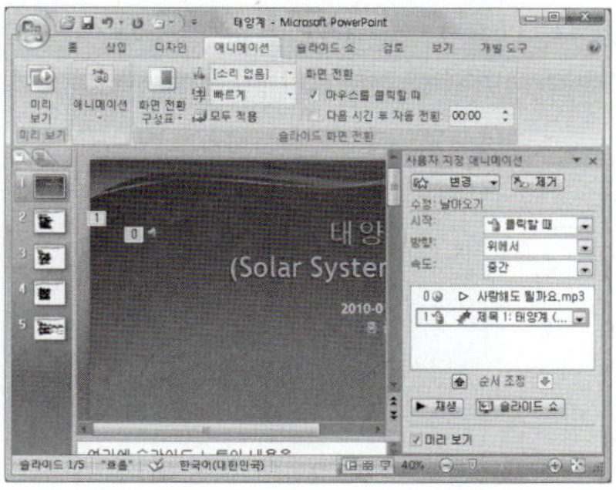

2. 슬라이드 1의 제목 개체에 삽입된 텍스트 애니메이션이 한 글자씩 실행되도록 효과 옵션을 설정하라.

3. 각 슬라이드 사이를 전환할 때 화면 전환 효과(흩어뿌리기)가 전체 슬라이드에 공통적으로 표시되도록 설정하라.

CHAPTER

12 슬라이드 쇼

슬라이드 쇼는 동영상이나 애니메이션 효과 및 전환 효과를 적용하여 프레젠테이션한다.

INTRODUCTION TO COMPUTER APPLICATIONS **POWERPOINT**

Section

01 : 슬라이드 쇼를 위한 도구들

슬라이드 쇼는 실제 프레젠테이션처럼 전체 화면으로 청중이 보는 것과 동일한 프레젠테이션을 표시하는 것으로, 동영상이나 애니메이션 효과 및 전환 효과가 실제 프레젠테이션에서 어떻게 보이는지 확인할 수 있다.

[슬라이드 쇼] 탭

[슬라이드 쇼] 탭을 사용하여 슬라이드 쇼에 관련된 여러 가지 옵션들을 설정할 수 있다.

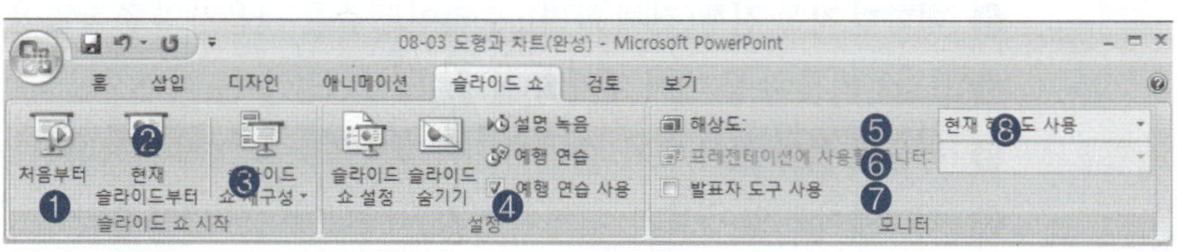

❶ **처음부터:** 첫 번째 슬라이드부터 슬라이드 쇼 시작

❷ **현재 슬라이드부터:** 현재 표시된 슬라이드부터 슬라이드 쇼 시작

❸ **슬라이드 재구성:** 사용자가 선택한 슬라이드만 표시하도록 사용자 지정 슬라이드 쇼를 만들거나 재생하기 위해 사용

❹ **슬라이드 쇼 설정:** 슬라이드 쇼에 대한 고급 옵션 설정

❺ **슬라이드 숨기기:** 프레젠테이션에서 선택한 슬라이드가 표시되지 않도록 감추고 감추어진 슬라이드는 슬라이드 쇼 진행 시에도 표시되지 않도록 설정

❻ **설명 녹음:** 프레젠테이션의 설명 녹음

⑦ **예행연습:** 전체 화면으로 슬라이드 쇼를 시작하여 프레젠테이션 예행연습을 하는 기능으로 각 슬라이드에서 소용되는 시간이 기록/저장되어 자동으로 실행 가능

⑧ **예행연습 사용:** 슬라이드 사이를 자동으로 전환하는 경우 '예행연습'에서 기록된 시간을 사용

⑨ **해상도:** 슬라이드 쇼에 사용할 화면의 해상도 설정

⑩ **프레젠테이션에 사용할 모니터:** 슬라이드 쇼에 사용할 모니터 설정

⑪ **발표자 도구:** 연결된 모니터가 2대 이상인 경우 발표자 도구를 사용하여 다른 모니터에서 시간과 발표자 노트가 포함된 '발표자 보기'를 사용하여 슬라이드 쇼 진행

[쇼 설정] 대화상자

[쇼 설정] 대화상자에서 프레젠테이션 자동 반복 재생하는 등 슬라이드 쇼에 대한 상세한 설정을 할 수 있다. [쇼 설정] 대화상자는 [슬라이드 쇼] 탭 → [설정] 그룹에서 '슬라이드 쇼 설정' 도구를 선택하여 표시한다.

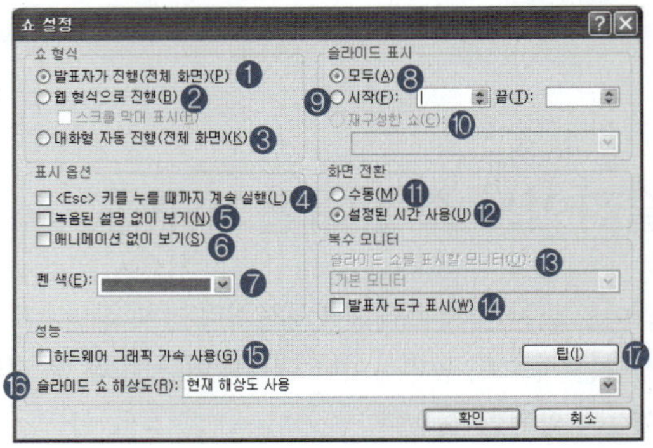

① **발표자가 지행(전체 화면):** 발표자가 직접 프레젠테이션을 조작하여 슬라이드 쇼 진행

② **웹 형식으로 진행:** 웹 브라우저 형식으로 변도의 창으로 슬라이드 쇼 진행

③ **대화형 자동 진행(전체 화면):** 슬라이드 쇼를 사용자의 조작없이 자동으로 진행

④ **[Esc] 키를 누를 때까지 계속 실행:** [Esc] 키를 누를 때까지 슬라이드 쇼를 계속 진행

⑤ **녹음된 설명 없이 보기:** 슬라이드에 설명을 녹음한 경우 녹음된 설명 없이 슬라이드 쇼 실행

⑥ **애니메이션 없이 보기:** 개체에 설정된 애니메이션 없이 슬라이드 쇼 실행

⑦ **펜 색:** 슬라이드 쇼 진행 중에 사용할 수 있는 잉크 색

⑧ **모두:** 작성된 전체 슬라이드로 슬라이드 쇼 진행

⑨ **시작/끝:** 프레젠테이션에 포함된 슬라이드 중 슬라이드 쇼를 진행할 시작 슬라이드와 끝 슬라이드 설정

⑩ **재구성한 쇼:** 재구성한 쇼가 있는 경우 선택하여 슬라이드 쇼 진행

⑪ **수동:** 슬라이드 쇼를 진행하는 동안 슬라이드 사이의 화면 전환을 수동으로 진행

⑫ **설정된 시간 사용:** 각 슬라이드의 화면 전환을 설정한 시간에 맞추어 진행

⑬ **슬라이드 쇼를 표시할 모니터:** 두 대 이상의 모니터를 연결하여 사용하는 경우 슬라이드 쇼를 진행할 모니터 선택

⑭ **발표자 도구 표시:** 발표가가 선택한 모니터에만 발표자 도구 표시

⑮ **하드웨어 그래픽 가속 사용:** 애니메이션이 너무 많이 설정되어 있는 경우에 사용

⑯ **슬라이드 쇼 해상도:** 슬라이드 쇼 화면의 해상도 설정

⑰ **팁:** [쇼 설정] 대화상자의 도움말

슬라이드 쇼 보기

슬라이드 쇼 보기는 전체 슬라이드에 대해 실행할 수도 있고 현재 작업 중인 슬라이드부터 실행할 수도 있다.

| 첫 번째 슬라이드부터 전체 슬라이드 쇼 실행하기 |

→ [슬라이드 쇼] 탭의 [슬라이드 쇼 시작] 그룹의 '처음부터( )' 도구 사용하기
→ 슬라이드 창 하단의 [슬라이드 쇼] 버튼( )을 클릭하기
→ [F5] 키 누르기

| 현재 슬라이드부터 슬라이드 쇼 실행하기 |

→ [슬라이드 쇼] 탭의 [슬라이드 쇼 시작] 그룹의 '현재 슬라이드부터( )' 도구 사용
→ [Shift] + [F5] 키를 누르기

함께하기 | 첫 번째 슬라이드부터 슬라이드 쇼 진행하기

예제 파일: 파워포인트\예제파일\Chapter 12\Section 01\12-01 슬라이드쇼.pptx

1. 슬라이드 쇼 시작하기
   ❶ [슬라이드 쇼] 탭 → [슬라이드 쇼 시작] 그룹의 '처음부터( )' 도구를 클릭하거나 [F5] 키를 누른다.

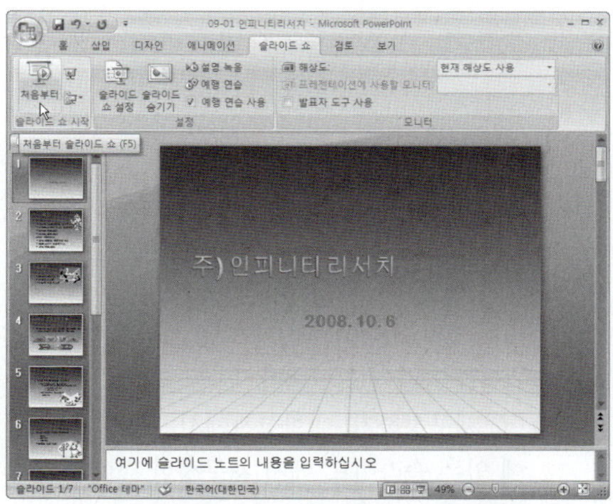

2. 슬라이드 쇼 보기
   첫 번째 슬라이드인 제목 슬라이드부터 슬라이드 쇼가 시작된다.

Section

02: 슬라이드 쇼 재구성

쇼 재구성이란 프레젠테이션되는 슬라이드의 순서 등을 문서를 직접 편집하지 않고 재생 시 설정한 순서나 내용만 재생되도록 문서를 재구성하는 것을 의미한다. 예를 들어 프레젠테이션에 총 5장의 슬라이드가 있을 경우 슬라이드 1, 3, 5만 포함된 재구성한 쇼를 만들어 "그룹1"이라는 이름을 지정하고 재구성한 슬라이드 쇼를 재생하도록 하면 슬라이드 2, 4를 제외한 슬라이드 1, 3, 5만 프레젠테이션하게 된다. 프레젠테이션에서 재구성한 쇼를 만들더라도 전체 프레젠테이션은 원래 순서대로 실행할 수 있다.

함께하기 | 기본 재구성한 쇼 만들기

예제 파일: 파워포인트\예제파일\Chapter 12\Section 02\12-02 재구성한 쇼.pptx
완성 파일: 파워포인트\완성파일\Chapter 12\Section 02\12-02 재구성한 쇼(완성).pptx

1. 쇼 재구성하기

❶ [슬라이드 쇼] 탭 → [슬라이드 쇼 시작] 그룹에서 '슬라이드 쇼 재구성 – 쇼 재구성'을 선택한다.

❷ [쇼 재구성] 대화 상자에서 [새로 만들기] 버튼을 클릭한다.

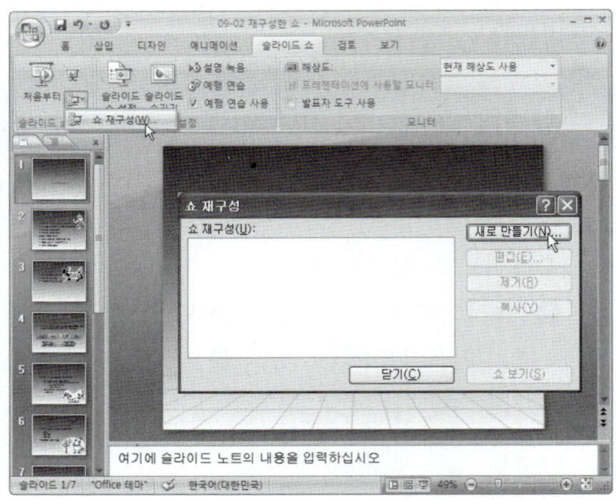

2. 재구성할 슬라이드 선택하기

❶ [쇼 재구성하기] 대화상자에서 '프레젠테이션에 있는 슬라이드'에서 재구성한 쇼에 포함할 슬라이드를 선택한 다음,

❷ [추가] 버튼을 클릭하여 '재구성한 쇼에 있는 슬라이드'에 추가한다. 재구성한 쇼에서 재생할 순서대로 슬라이드를 선택하여 추가한다.

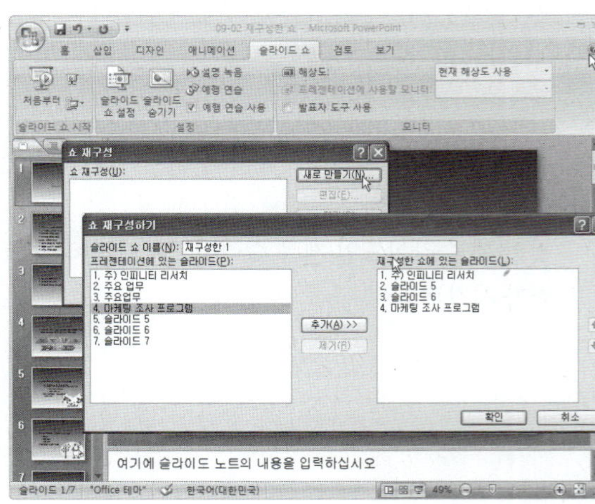

Tip | 슬라이드 선택하기

연속한 슬라이드를 여러 개 선택하려면 첫 번째 슬라이드를 클릭한 다음 [Shift] 키를 누른 채 선택하려는 마지막 슬라이드를 클릭하고, 연속하지 않는 슬라이드를 여러 개 선택하려면 [Ctrl] 키를 누른 채 선택하려는 슬라이드를 하나씩 선택한다.

3. 재구성한 슬라이드 쇼 이름 입력하기

❶ '슬라이드 쇼 이름' 항목에 이름을 '그룹 1'로 입력하고 [확인] 버튼을 클릭한다.

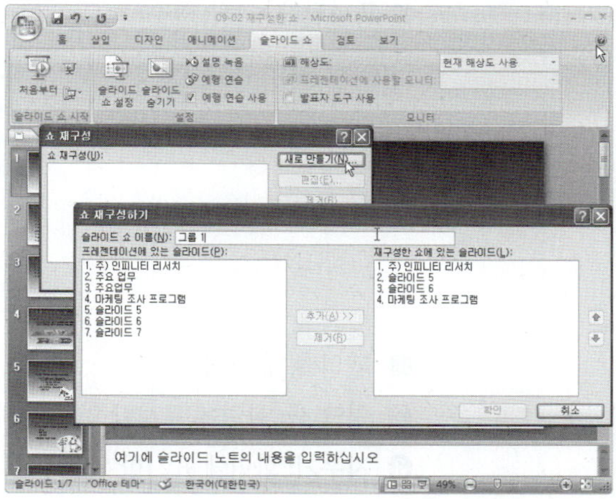

4. 쇼 미리보기

❶ 재구성한 쇼를 미리 보려면 [쇼 재구성] 대화상자에서 쇼 이름을 클릭하고 [쇼 보기] 버튼을 클릭한다.

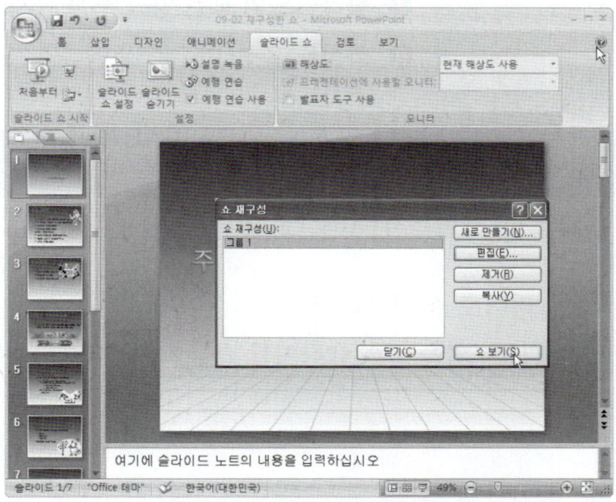

5. 재구성한 쇼로 프레젠테이션하기

❶ [슬라이드 쇼] 탭 → [설정] 그룹에서 '슬라이드 쇼 설정' 도구를 클릭한 후 [쇼 설정] 대화상자에서 '재구성한 쇼' 항목을 선택하고 재구성한 쇼의 이름을 선택한다.

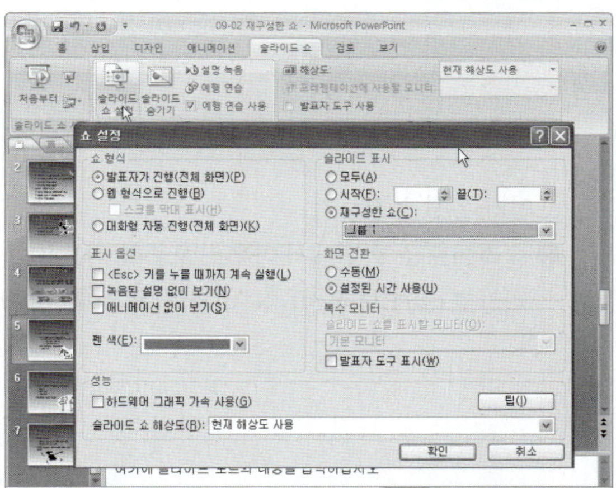

Section 03: 잉크 주석 사용하기

프레젠테이션 도중 [포인터 옵션]을 사용하여 슬라이드에 내용을 입력하거나 밑줄, 화살표 등을 표시할 수 있다. 포인터 옵션을 선택하면 마우스 포인터의 모양이 변경되어 선택한 펜의 모양으로 표시된다.

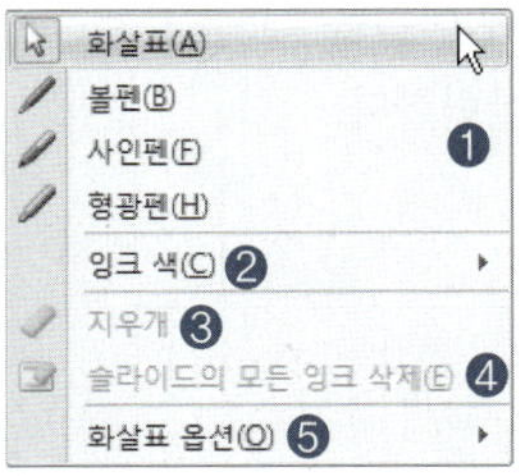

❶ 펜의 형태 선택

❷ **잉크 색:** 화면에 표시할 잉크 주석의 색 설정

❸ **지우기:** 화면에 표시한 잉크 주석 중 선택한 주석 삭제

❹ **슬라이드의 모든 잉크 주석 삭제:** 슬라이드 쇼 중 삽입했던 모든 잉크 주석 삭제

❺ **화살표 옵션:** 마우스 포인터를 보이거나 숨김

함께하기 | 잉크 주석 표시하기

예제 파일: 파워포인트\예제파일\Chapter 12\Section 03\12-03 잉크주석.pptx

1. 슬라이드 쇼 시작하기

❶ [F5] 키를 눌러 슬라이드 쇼를 시작한다.

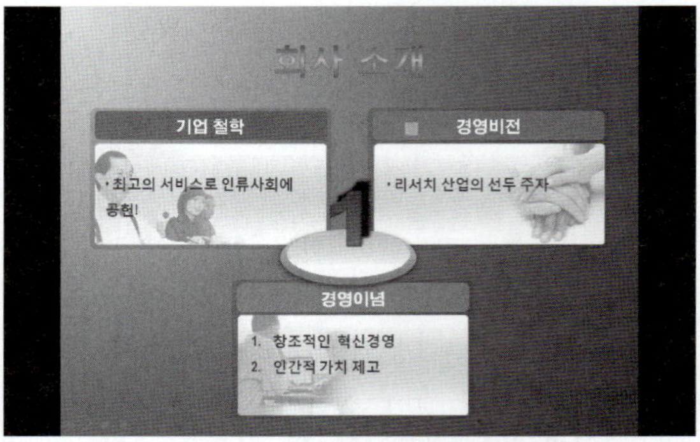

2. 포인터 옵션 설정하기

❶ 슬라이드 쇼 화면에서 마우스 오른쪽 버튼을 클릭하고 [포인터 옵션] → [형광펜]을 선택한다.

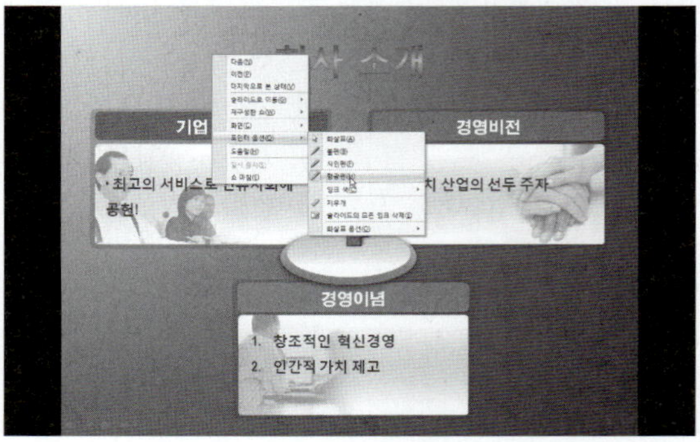

3. 형광펜 표시하기

❶ 마우스 포인터가 사각형 모양( )으로 바뀌면 잉크 주석을 표시할 부분을 마우스로 드래그한다.

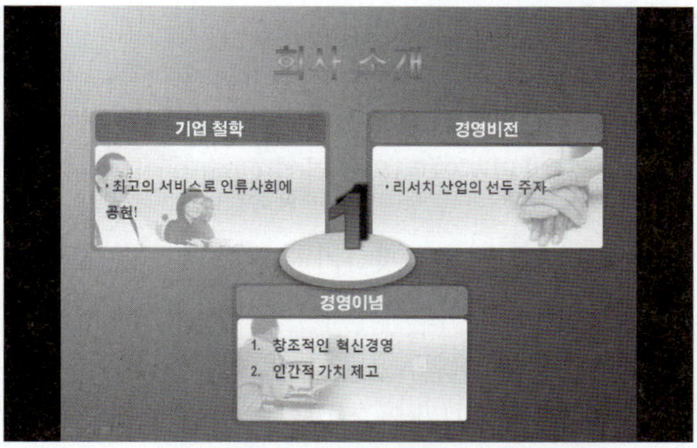

4. 형광펜 색 변경하기

❶ 슬라이드에서 마우스 오른쪽 버튼을 클릭하여 [포인터 옵션] → [잉크 색]을 클릭하여 색을 변경한다.

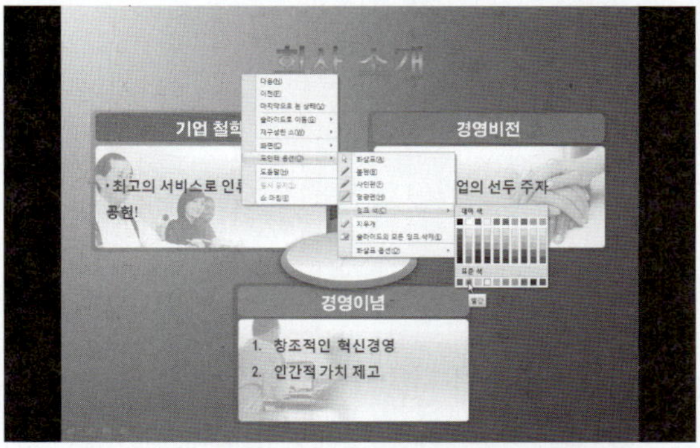

5. 잉크 주석 제거하기

❶ 마우스 오른쪽 버튼을 클릭한 후 [포인터 옵션] → [지우개]를 선택하고 잉크 주석을 드래그하여 지운다.

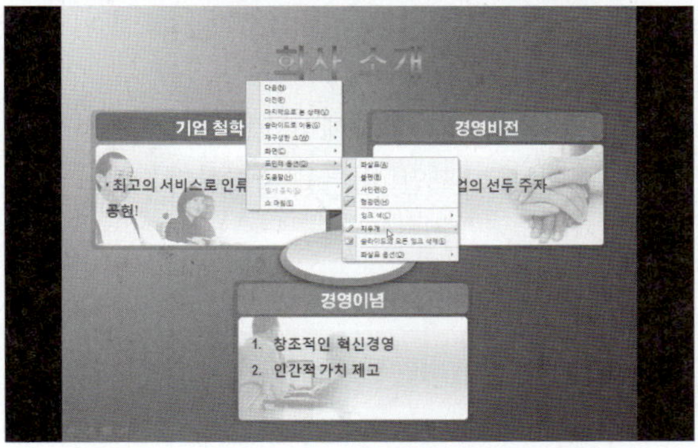

Section 04: 프레젠테이션 재생 반복하기

전시장 등에서 홍보 동영상을 프레젠테이션하는 경우 슬라이드 쇼가 끝나더라도 다시 처음부터 자동으로 반복 재생해야 한다.

함께하기 | 반복 재생하기

예제 파일: 파워포인트\예제파일\Chapter 12\Section 04\12-04 반복재생.pptx

완성 파일: 파워포인트\완성파일\Chapter 12\Section 04\12-04 반복재생(완성).pptx

1. 화면 전환 효과 설정하기

❶ 전체 슬라이드에 [애니메이션] 탭 → [슬라이드 화면 전환] 그룹에서 '화면 전환' 항목을 선택하고 시간을 초 단위로 입력한다.

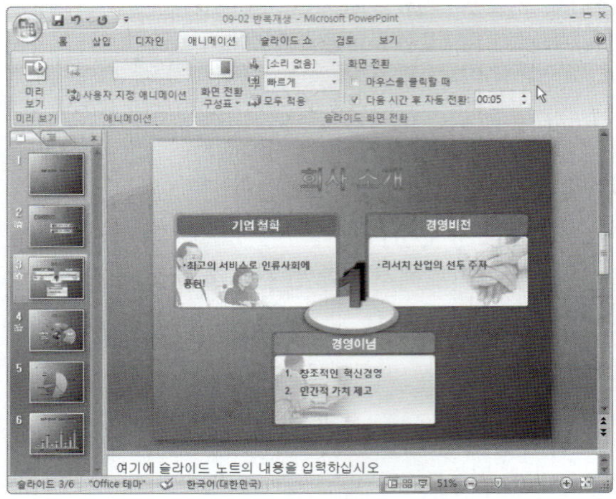

2. 재생 반복하기

❶ [슬라이드 쇼] 탭 → [설정] 그룹에서 '슬라이드 쇼 설정' 도구를 클릭하여 [쇼 설정] 대화상자를 표시하고,

❷ [쇼 설정] 대화상자에서 '대화형 자동 진행'을 선택하고 [확인] 버튼을 클릭한다.

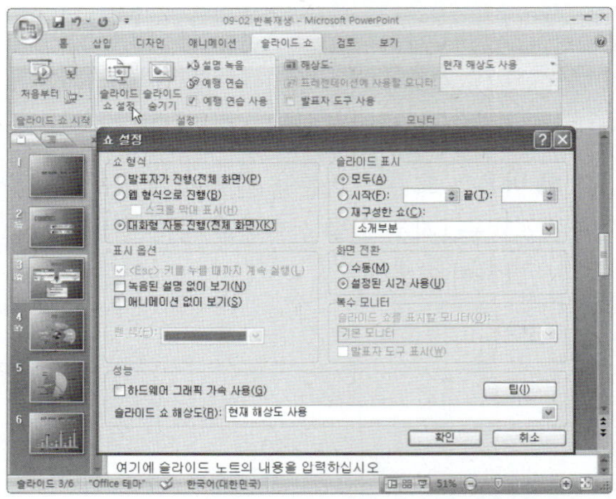

3. 반복 재생 확인하기

❶ [F5] 키를 눌러 슬라이드 쇼를 시작하고 마지막 슬라이드 다음에 첫 번째 슬라이드가 자동으로 재생되는 지 확인한다.

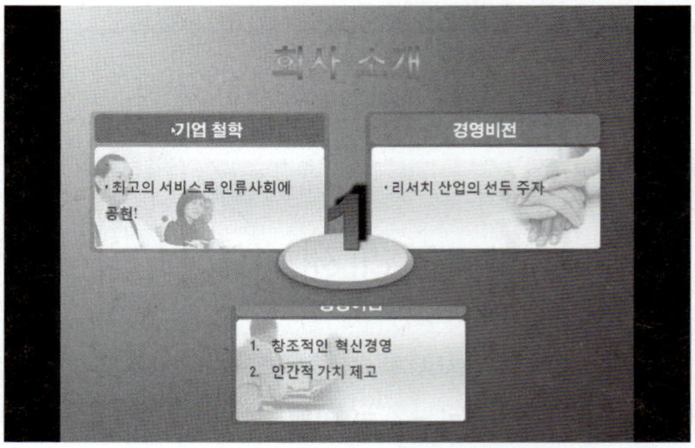

연습문제

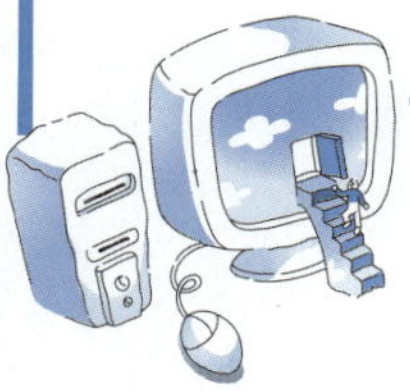

1. 전체 슬라이드가 자동으로 애니메이션이 진행되도록 설정하라.

2. 슬라이드1에 삽입된 음악 파일(사랑해도될까요.mp3)이 배경 음악으로 재생되도록 효과 옵션을 설정하라.

3. 슬라이드 3과 슬라이드 4를 재구성한 쇼로 만들고, 이름을 '태양-재구성'으로 정의한 다음, 하이퍼링크를 사용하여 재구성한 쇼의 재생이 끝난 후 목차가 표시된 슬라이드(슬라이드 2)로 돌아가도록 설정하라.

Memo

CHAPTER

13 프레젠테이션 마무리하기

프레젠테이션 작성이 완료되면 슬라이드에 입력된 텍스트의 맞춤법을 검사하거나 작성된 프레젠테이션을 검토하고 해당 프레젠테이션에 대해 의견을 메모를 사용하여 표시할 수 있다.

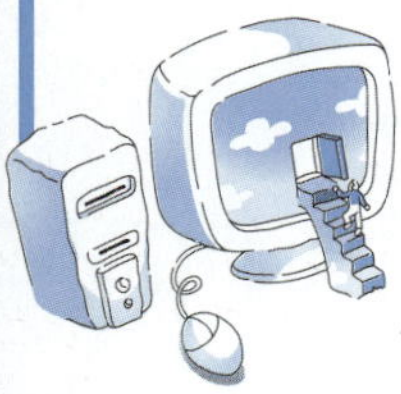

INTRODUCTION TO COMPUTER APPLICATIONS **POWERPOINT**

Section 01 : [검토] 탭 사용하기

[검토] 탭에는 슬라이드에 입력된 텍스트의 맞춤법을 검사하기 위한 도구와 메모 도구 등이 포함되어 있다.

[검토] 도구

[검토] 탭은 다음과 같은 도구들을 포함하고 있다.

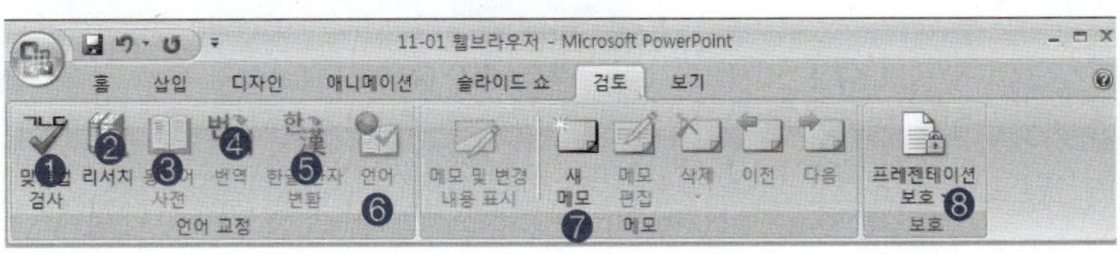

❶ **맞춤법 검사:** 슬라이드에 입력된 텍스트의 맞춤법 검사 시행

❷ **리서치:** 사전이나 백과사전 및 번역 서비스와 같은 참조 자료에서 데이터를 검색하려는 경우 사용

❸ **동의어 사전:** 선택한 단어와 의미가 비슷한 다른 단어 제안

❹ **번역:** 선택한 단어를 다른 단어로 번역

❺ **한글/한자 변환:** 선택한 단어를 한글 및 한자로 변환

❻ **언어:** 선택한 텍스트의 맞춤법과 문법을 검사하기 위해 사용하는 언어 설정

❼ **메모:** 프레젠테이션을 검토하는 과정에서 메모를 추가/삭제하거나 메모 이동

❽ **프레젠테이션 보호:** 사용자가 프레젠테이션에 엑세스할 수 있는 방법 제한

1.1 | 맞춤법 검사하기

슬라이드에 텍스트를 입력할 때 맞춤법 오류를 쉽게 확인하거나 프레젠테이션 문서를 완성한 후에 맞춤법 검사할 수 있다.

❶ [검토] 탭의 [언어 교정] 그룹에서 '맞춤법 검사( )' 도구를 클릭한다.

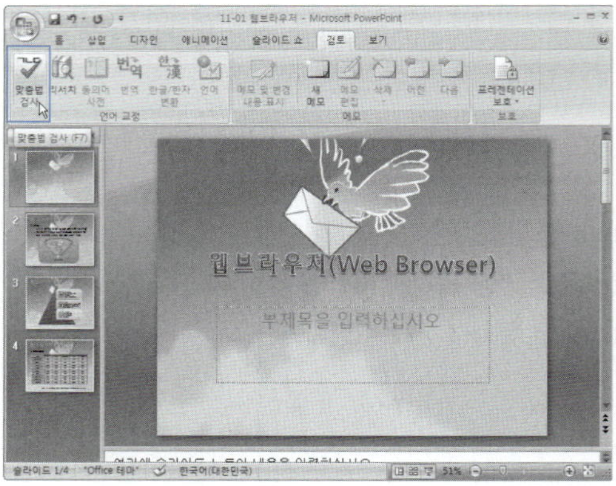

❷ [맞춤법 검사] 대화상자에서 [건너뛰기], [변경], [추가] 등의 버튼을 클릭하여 맞춤법이 틀린 단어를 수정한다.

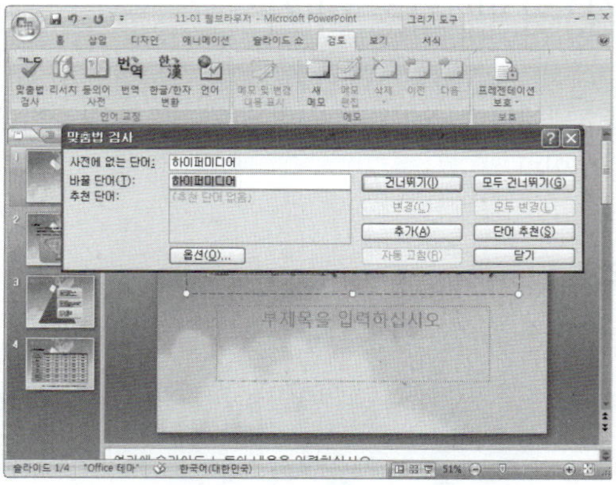

1.2 | 메모 활용하기

슬라이드의 단어나 슬라이드에 설명을 첨부하거나 의견을 제공하려는 경우 사용한다.

메모 추가하고 편집하기

함께하기 | 메모 추가/편집하기

예제 파일: 파워포인트\예제파일\Chapter 13\Section 01\13-01 메모추가.pptx

완성 파일: 파워포인트\완성파일\Chapter 13\Section 01\13-01 메모추가(완성).pptx

1. 메모를 삽입할 개체 선택하기

❶ 슬라이드 2에서 텍스트(WWW)를 선택하고,

❷ [검토] 탭 → [메모] 그룹에서 '새 메모( )' 도구를 클릭하여 메모 창을 표시한다.

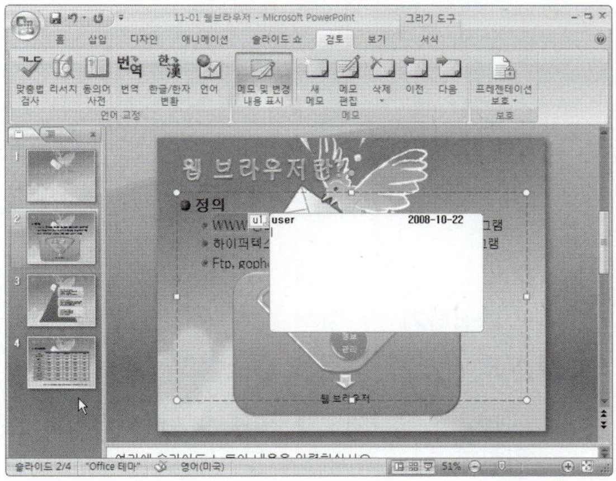

2. 메모 입력하기

❶ 메모 창에 메모할 내용을 입력한 다음 메모 상자의 바깥쪽을 클릭한다.

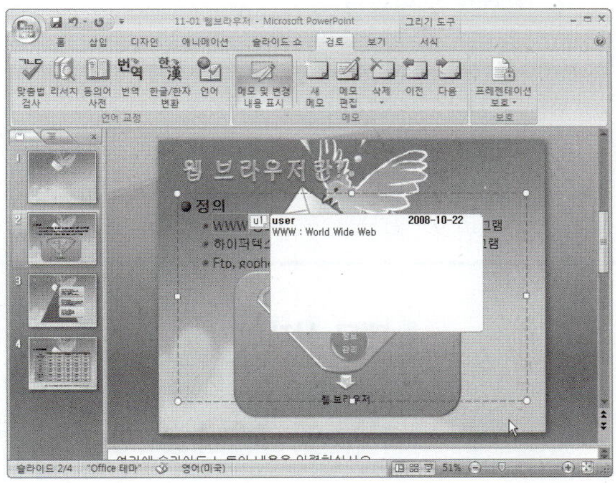

3. 메모 숨기기

❶ [검토] 탭 → [메모] 그룹에서 '내용 및 변경 내용 표시( )' 도구를 클릭하여 메모를 숨긴다.

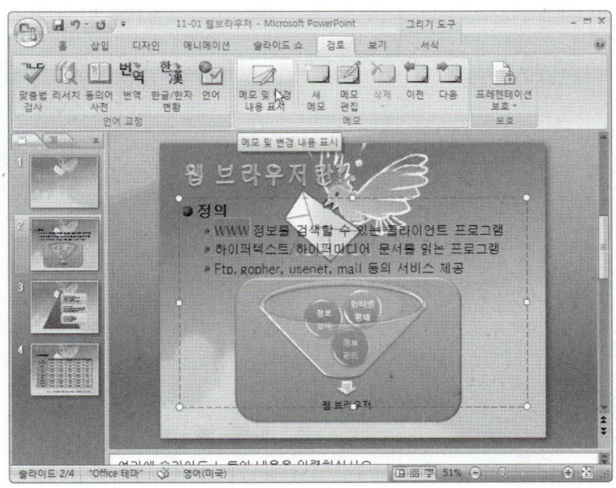

4. 숨겨진 메모 표시하기

❶ [검토] 탭 → [메모] 그룹에서 '메모 및 변경 내용 표시( )' 도구를 클릭하여 숨겨진 메모를 표시한다.

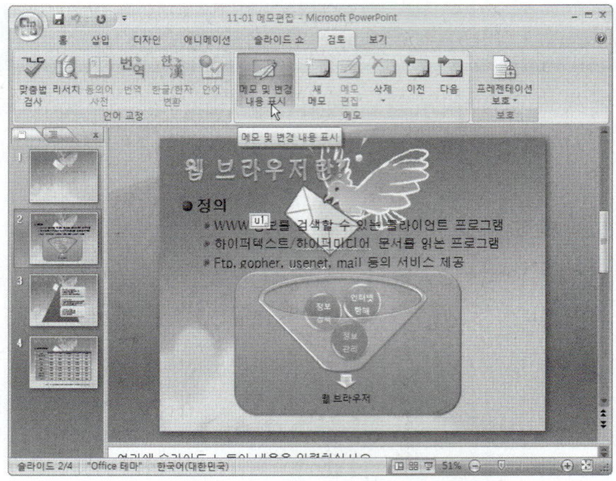

5. 메모 편집하기

❶ 메모 축소판 그림을 클릭하고 [검토] 탭 → [메모] 그룹에서 '메모 편집( )' 도구를 클릭한다.

❷ 메모 창에 메모를 수정한 다음 메모 상자의 바깥쪽을 클릭한다.

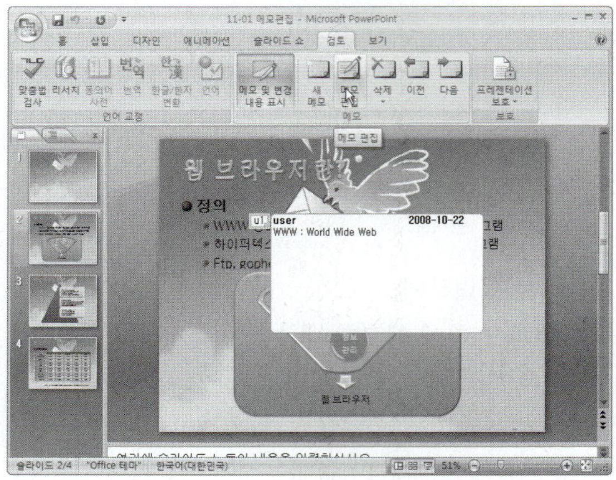

▌메모 삭제하기

슬라이드에 표시된 메모를 삭제하려면 삭제할 메모를 클릭하고, [검토] 탭 → [메모] 그룹에서 '삭제( )' 도구를 클릭한다.

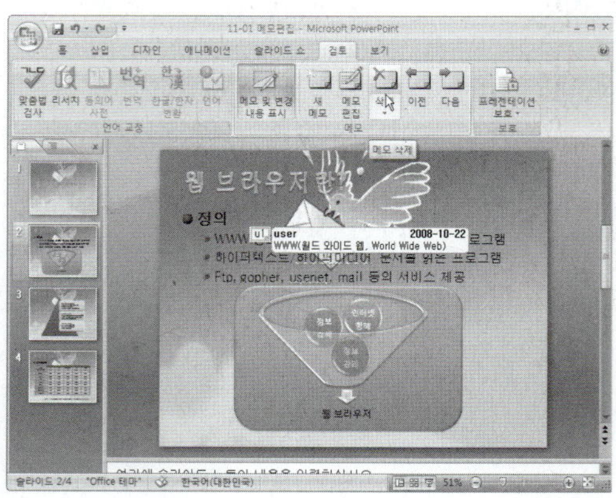

Section

02: 사용 목적에 따라 프레젠테이션 저장하기

프레젠테이션을 기본 형식인 PPTX 이외에 이전 버전 형식으로 저장하거나 슬라이드 쇼 또는 CD 패키지 등 사용 목적에 따라 다양한 방식으로 저장할 수 있다.

97-2003 버전 형식으로 저장하기

배포용 프레젠테이션이나 어떤 파워포인트 버전에서도 실행될 수 있도록 하려면 97-2003 버전으로 저장하는 것이 좋다. '오피스 단추( )' → [다른 이름으로 저장] → [파워포인트 97-2003 프레젠테이션]을 선택한다. 문서는 *.ppt 형식으로 저장된다.

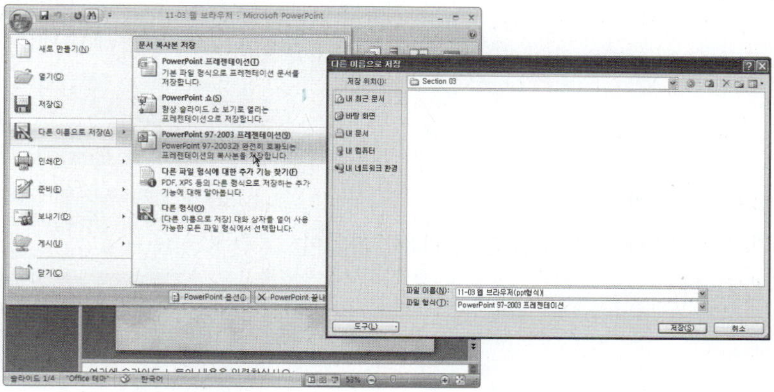

슬라이드 쇼로 저장하기

파워포인트를 실행하지 않고도 프레젠테이션하려면 슬라이드 쇼 형식으로 저장한다. 슬라이드 쇼를 파워포인트 없이 실행하려면 파워포인트 뷰어를 설치해야 한다. '오피스 단추( )' → [다른 이름으로 저장] 메뉴 → [파워포인트 쇼]를 선택한다.

웹 페이지로 저장하기

프레젠테이션을 웹 브라우저로 표시하려면 웹 페이지 형식으로 저장한다. 웹 페이지로 저장하면 프레젠테이션이 별도의 폴더에 HTML 파일과 그림 파일이 자동으로 생성된다.

함께하기 | 웹 페이지로 저장하기

예제 파일: 파워포인트\예제파일\Chapter 13\Section 02\13-02 웹 브라우저(웹페이지).pptx
완성 파일: 파워포인트\완성파일\Chapter 13\Section 02\13-02 웹 브라우저(웹페이지)(완성).pptx

1. 웹 페이지 형식으로 저장하기

❶ '오피스 단추( )' → [다른 이름으로 저장] → [다른 형식] 메뉴를 클릭한다.

❷ [다른 이름으로 저장] 대화상자에서 '파일 형식 → 웹 페이지'로 선택하고 [저장] 버튼을 클릭한다.

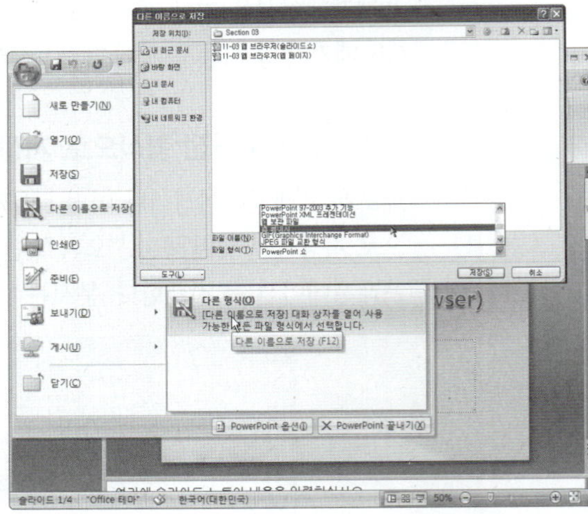

2. 웹 문서 선택하기

❶ 지정한 위치에 이미지 폴더와 HTML 파일이 생성된다.

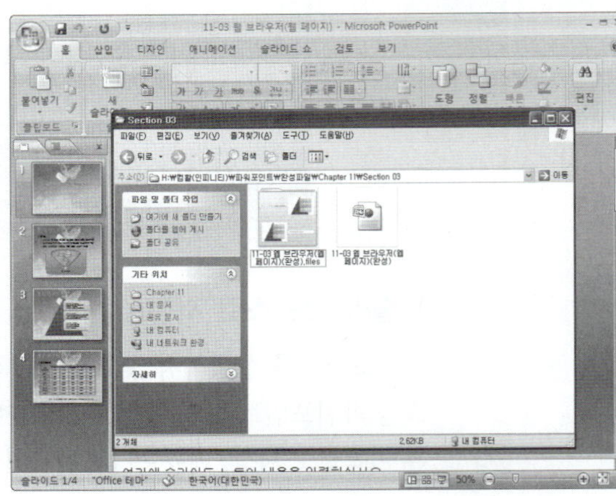

슬라이드를 그림으로 저장하기

프레젠테이션의 각 슬라이드를 각각 그림으로 저장하거나 프레젠테이션 전체를 하나의 그림으로 저장할 수 있다. PNG, JPEG, GIF, BMP, TIFF 등의 형식으로 저장할 수 있다.

함께하기 | 이미지 파일로 저장하기

예제 파일: 파워포인트\예제파일\Chapter 13\Section 02\13-02 웹브라우저(이미지).pptx
완성 파일: 파워포인트\완성파일\Chapter 13\Section 02\13-02 웹브라우저(이미지)(완성).pptx

1. 이미지 파일로 저장하기

❶ '오피스 단추( )' → [다른 이름으로 저장] → [다른 형식] 메뉴를 클릭한다.

❷ [다른 이름으로 저장] 대화상자에서 '파일 형식 → PNG 형식'을 선택하고 [저장] 버튼을 클릭한다.

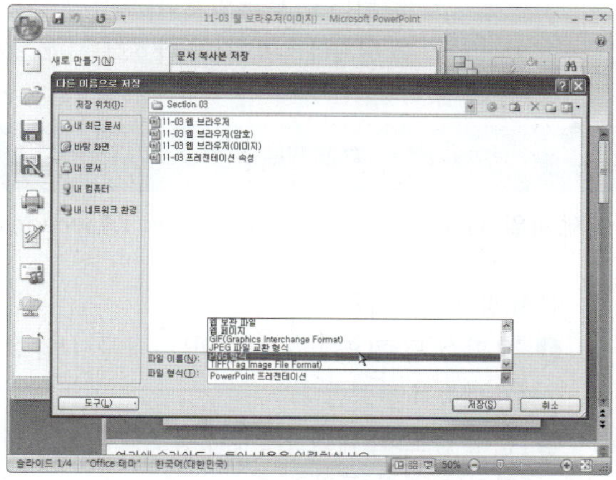

2. 이미지 파일로 저장할 슬라이드 범위 선택하기

❶ 현재 슬라이드만 그림으로 저장할 것이지 아니면 프레젠테이션의 모든 슬라이드를 그림으로 저장할 것인지를 대화상자에서 선택한다.

❷ 그림 파일로 저장이 완료되었음을 알리는 대화상자가 표시되면 [확인] 버튼을 클릭한다.

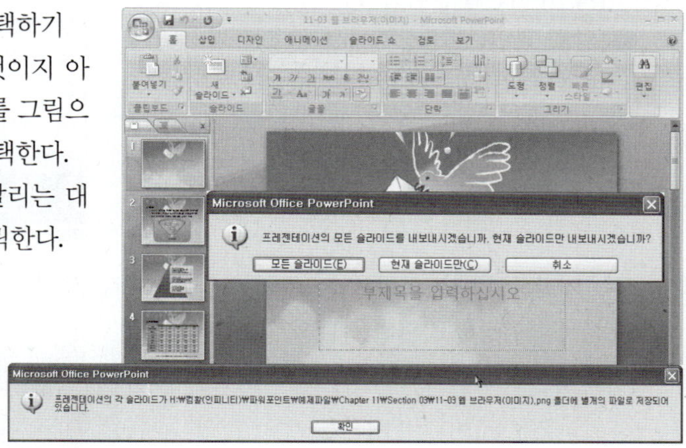

3. 그림 파일 확인하기

❶ 지정한 위치에 저장된 그림 파일의 폴더가 생성되고, 폴더 안에 프레젠테이션의 전체 슬라이드가 각각 그림 파일로 저장되어 표시된다.

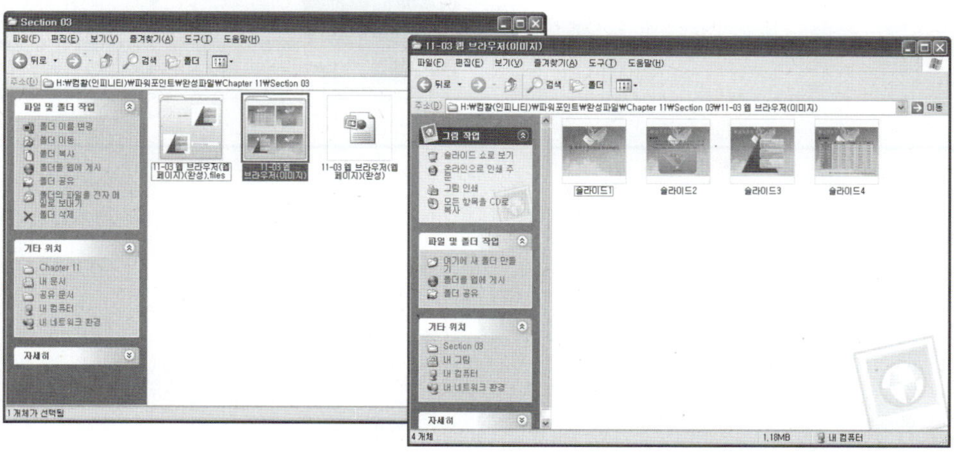

Section 03: 문서에 암호 설정하기

[준비] → [문서 암호화] 메뉴를 사용하여 문서 열기에 대한 암호를 설정할 수 있다. 입력된 암호를 해제하려면 [문서 암호화] 대화상자를 열고 입력되어 있는 암호를 지우면 된다.

함께하기 | 프레젠테이션 속성 지정하기

예제 파일: 파워포인트\예제파일\Chapter 13\Section 02\13-02 웹 브라우저.pptx

1. 문서 암호 입력하기

❶ '오피스 단추( )' → [준비] → [문서 암호화] 메뉴를 클릭한다.

❷ [문서 암호화] 대화상자에서 암호를 입력하고 [확인] 버튼을 클릭한 후,

❸ [암호 확인] 대화상자에서 암호를 다시 입력하고 [확인] 버튼을 클릭한다.

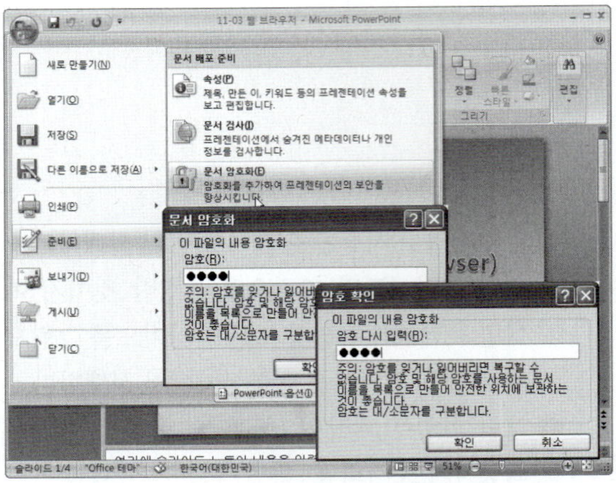

2. 문서 저장하고 암호 확인하기

❶ 문서를 저장하고 파일을 다시 열면 다음과 같이 암호를 입력한다.

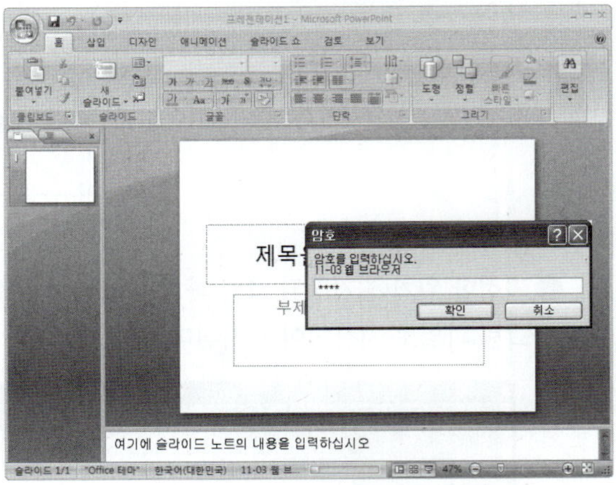

연습문제

1. 인쇄 용지 한 장에 슬라이드 두 개가 인쇄되도록 인쇄 옵션을 설정하라.

2. 전체 슬라이드를 CD 패키지로 생성하라.

3. 완성된 프레젠테이션을 최종본으로 표시하라.

4. 프레젠테이션의 문서 속성에 이름과 작성 날짜, 주제 등을 입력한 후 문서를 저장하라.

Memo

CHAPTER 14

슬라이드 인쇄와 배포하기

파워포인트 2007을 사용하여 유인물, 슬라이드 노트 또는 개요 보기 등의 프레젠테이션 구성 요소들의 인쇄 옵션을 설정하고, 프레젠테이션의 속성 및 배포를 위한 옵션을 설정할 수 있다.

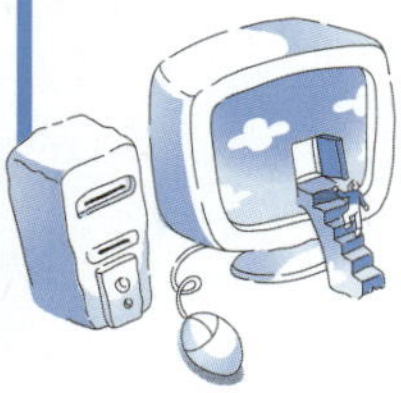

INTRODUCTION TO COMPUTER APPLICATIONS **POWERPOINT**

Section 01: 인쇄 옵션 설정하기

프레젠테이션은 컬러로 작성하지만 슬라이드와 유인물은 대개 흑백 또는 회색조로 인쇄하는 경우가 많다. 회색조와 흑백으로 슬라이드를 인쇄하는 경우 선택한 프린터의 기능에 맞게 프레젠테이션 구성 요소의 색이 설정된다.

1.1 [인쇄] 메뉴와 [인쇄] 대화상자

'오피스 단추( )' 를 클릭하고 [인쇄] 메뉴 또는 하위 메뉴를 사용하여 인쇄 방법과 옵션을 설정한다.

[인쇄] 메뉴

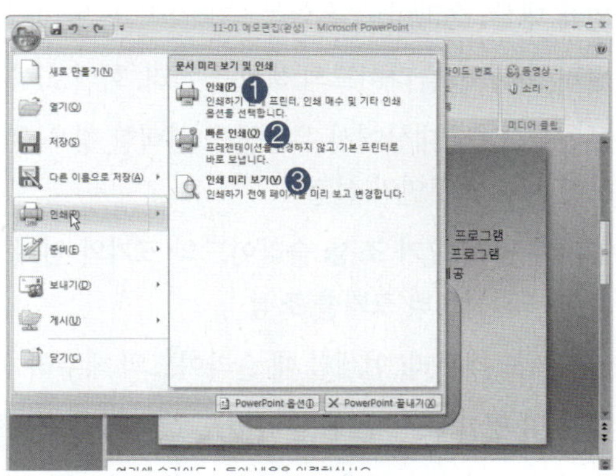

❶ **인쇄:** [인쇄] 대화상자를 표시하여 프린터, 인쇄 매수, 인쇄 범위 등의 옵션을 설정한다.

❷ **빠른 인쇄:** [인쇄] 대화상자를 표시하지 않고 프린터로 바로 문서를 보내 인쇄한다.

❸ **인쇄 미리 보기:** 프린터로 인쇄하기 전 페이지를 미리보고 변경할 수 있다.

[인쇄] 대화상자

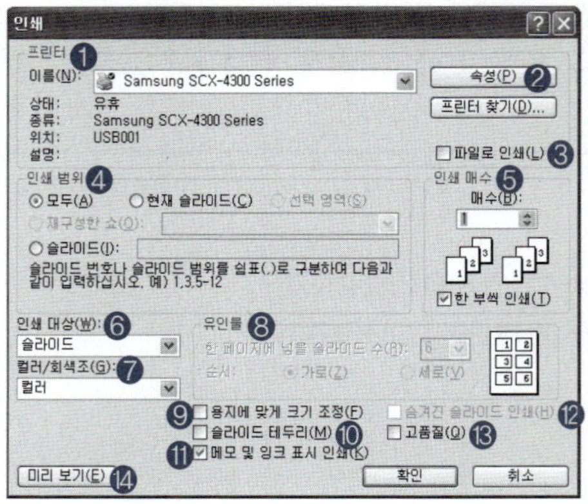

❶ **프린터:** 사용할 프린터 선택

❷ **속성:** 선택한 프린터의 세부 정보를 표시하는 [속성] 대화상자 표시

❸ **파일로 인쇄:** [파일로 인쇄] 대화상자가 표시되고, 인쇄할 문서를 프린터 파일로 저장

❹ **인쇄 범위:** 인쇄할 슬라이드의 범위 지정
→ **모두:** 프레젠테이션의 전체 슬라이드 인쇄
→ **현재 슬라이드:** 현재 선택한 슬라이드만 인쇄
→ **재구성한 쇼:** 재구성한 쇼에 표시된 슬라이드 인쇄
→ **선택 영역:** 여러 슬라이드 보기 화면에서 선택한 슬라이드들을 인쇄
→ **슬라이드:** 인쇄할 슬라이드 번호를 입력하여 인쇄. 한 장씩 표시하는 경우 쉼표(,)를 사용하고, 영역을 지정하려면 하이픈(-)을 사용하여 표시(ex. 1, 3, 4-7)

❺ **인쇄 매수:** 인쇄할 매수 설정. 2부 이상 인쇄하는 경우 '한 부씩 인쇄' 항목을 선택하면 선택한 슬라이드를 지정한 부수만큼 따로 인쇄

❻ **인쇄 대상:** 슬라이드, 유인물, 슬라이드 노트, 개요 보기 중에서 선택하여 인쇄

❼ **컬러/회색조:** 슬라이드의 색상을 컬러, 회색조, 흑백 중 선택하여 인쇄

❽ **유인물:** 인쇄 대상에서 유인물을 선택한 경우 유인물의 방향과 한 페이지에 몇 장의 슬라이드를 표시할 것인지 설정

❾ **용지에 맞게 크기 조정:** 슬라이드의 크기와 인쇄 용지의 크기가 다른 경우 용지의 크기에 맞추어 슬라이드의 크기를 조정

❿ **슬라이드 테두리:** 인쇄할 때 슬라이드의 테두리 선 표시

⓫ **메모 및 잉크 표시 인쇄:** 슬라이드 쇼 진행시 작성한 잉크와 메모를 슬라이드와 함께 인쇄

⓬ **숨겨진 슬라이드 인쇄:** [슬라이드 숨기기] 메뉴를 사용하여 슬라이드를 숨긴 경우 숨긴 슬라이드를 포함하여 인쇄

⑬ **고품질:** 일반 인쇄와 다른 기능을 사용하여 인쇄

⑭ **인쇄 미리 보기:** 인쇄 미리 보기 화면 표시

[인쇄 미리 보기] 탭

[인쇄 미리 보기]를 사용하여 인쇄할 내용을 확인할 수 있다. 인쇄 미리 보기는 '오피스 단추( )'를 클릭하여 [인쇄] → [인쇄 미리 보기] 메뉴를 클릭한다.

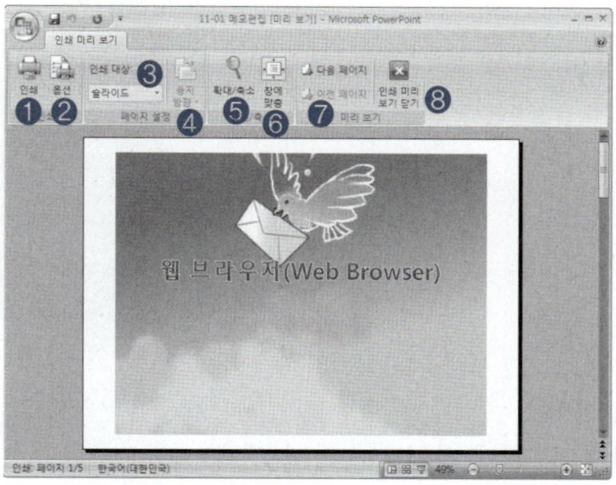

❶ **인쇄:** [인쇄] 대화상자 표시

❷ **옵션:** 머리글/바닥글, 인쇄물의 색상, 슬라이드 테두리, 인쇄 순서 등을 설정

❸ **인쇄 대상:** 슬라이드, 유인물, 발표자 노트 등을 선택하여 인쇄

❹ **용지 방향:** 인쇄 대상이 유인물, 발표자 노트, 개요 보기 등을 선택했을 때 페이지의 레이아웃을 가로 또는 세로로 설정

❺ **확대/축소:** 화면의 보기 배율 조절

❻ **창에 맞춤:** 화면 배율이 너무 크거나 작은 경우 현재 화면의 보기 배율에 맞추어 조정

❼ **다음 페이지/이전 페이지:** 인쇄할 다음 페이지 또는 이전 페이지를 화면에 표시

❽ **인쇄 미리 보기 닫기:** 인쇄 미리 보기 종료

1.2 여러 가지 모양으로 인쇄 옵션 설정하기

일부 슬라이드만 인쇄하기

프리젠테이션의 슬라이드 중에서 일부 슬라이드만을 인쇄하고자 하는 경우 슬라이드 번호 또는 범위를 입력하여 인쇄할 수 있다.

함께하기 | 원하는 슬라이드만 인쇄하기

예제 파일: 파워포인트\예제파일\Chapter 14\Section 01\10-01 원하는 슬라이드 인쇄.pptx

1. [인쇄] 메뉴 선택하기

❶ '오피스 단추( )' → [인쇄] 메뉴를 클릭하여 [인쇄] 대화상자를 표시한다.

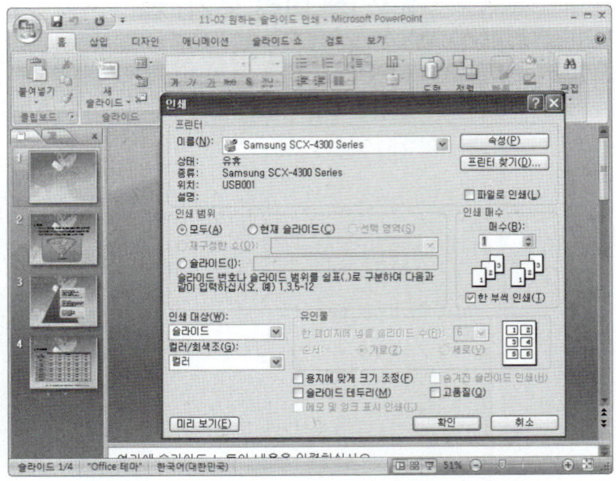

2. 슬라이드 범위 설정하기

❶ [인쇄] 대화상자의 '인쇄 범위 – 슬라이드' 항목을 선택하고 '1, 3-4' 를 입력한 후 [확인] 버튼을 클릭한다.

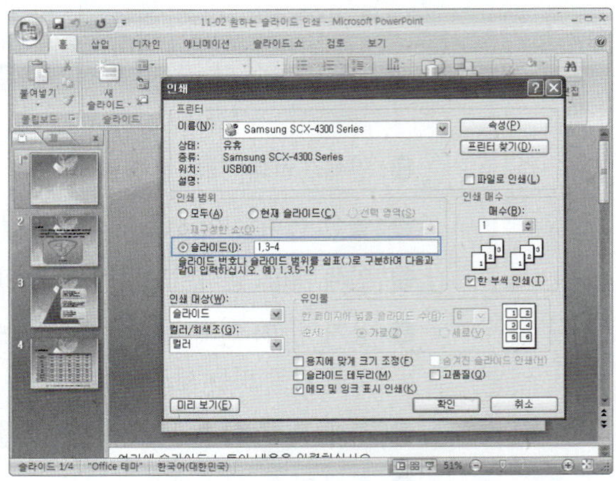

유인물과 슬라이드 노트 인쇄하기

유인물은 2장부터 9장의 슬라이드를 까지를 한 페이지에 인쇄한 것으로, 기본적으로 세로로 인쇄된다. '페이지 설정' 도구나 [인쇄 미리 보기] 탭에서 인쇄 방향이나 한 페이지에 표시할 슬라이드 수 등을 설정할 수 있다.

함께하기 | 유인물 인쇄하기

예제 파일: 파워포인트\예제파일\Chapter 14\Section 01\14-01 유인물인쇄.pptx

1. 인쇄 옵션 설정하기

❶ '오피스 단추( )' → [인쇄] 메뉴를 클릭하여 [인쇄] 대화상자를 표시한 다음,

❷ '인쇄 대상 – 유인물'을 선택하고,

❸ '한 페이지에 넣을 슬라이드 수 – 4'를 입력한 다음

❹ [미리 보기] 버튼을 클릭한다.

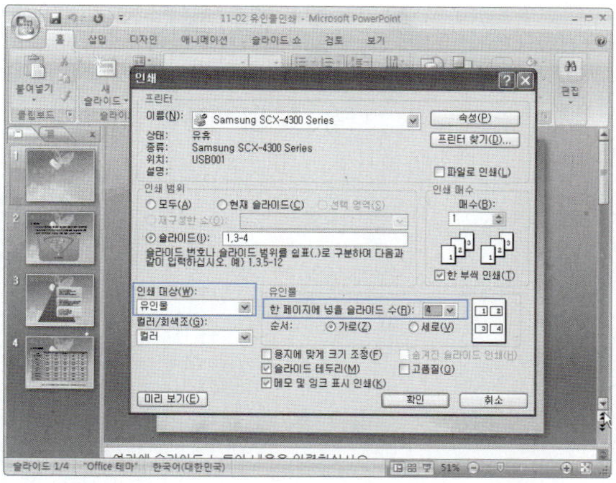

2. 용지 방향 변경하기

❶ [인쇄 미리 보기] 탭 → [페이지 설정] 그룹에서 '용지 방향( ) – 가로'로 선택한다.

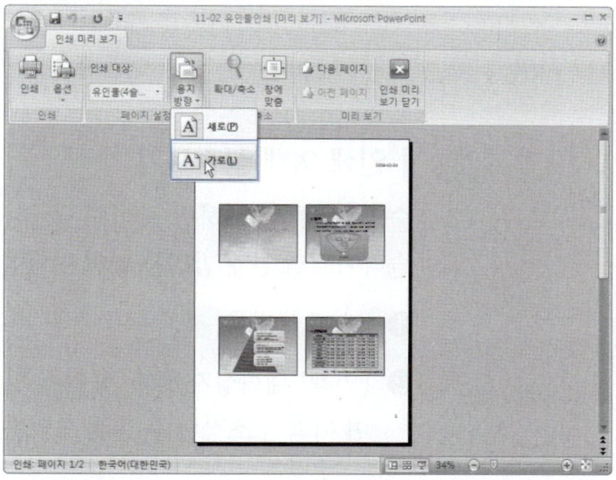

3. 인쇄하기

❶ [인쇄] 그룹의 '인쇄( )' 버튼을 클릭하여 슬라이드를 인쇄한다.

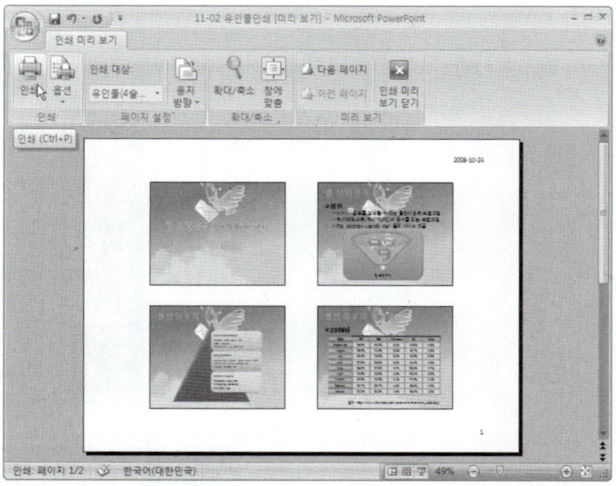

인쇄 매수 설정하기

'오피스 단추( )'를 클릭하고 [인쇄] → [빠른 인쇄] 메뉴를 실행하면 무조건 1페이지씩 인쇄하며, [인쇄] 대호상자에서 인쇄 매수를 조정하여 한 부 이상의 프레젠테이션을 인쇄할 수 있다.

❶ '오피스 단추( )' → [인쇄] 메뉴를 선택하고,

❷ [인쇄] 대화상자에서 '인쇄 매수' 항목에 인쇄할 부수를 입력하고 '한 부씩 인쇄'를 선택한 다음 [확인] 버튼을 클릭한다.

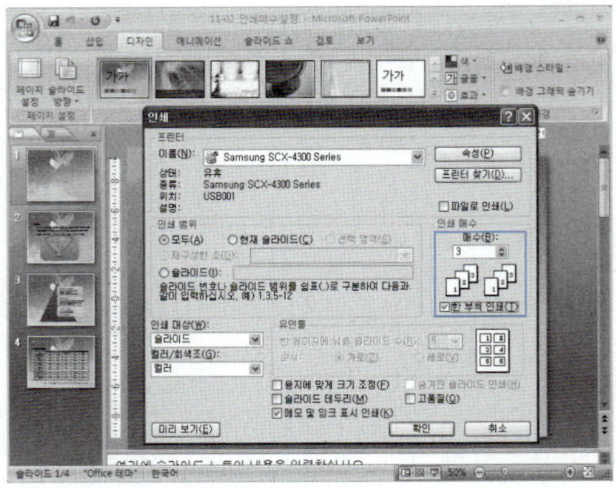

인쇄 여백 설정하기

슬라이드를 인쇄하면 종이의 끝 부분에 여백이 표시된다. 여백을 최소화하여 인쇄하고 싶다면 슬라이드의 인쇄 범위를 넓혀 여백을 줄일 수 있다.

❶ '오피스 단추( )' → [인쇄] 메뉴를 클릭하고

❷ [인쇄] 대화상자에서 '용지에 맞게 크기 조정' 항목을 선택하고 [미리 보기] 버튼을 클릭하여 여백이 조정된 후 인쇄 모양을 확인한다.

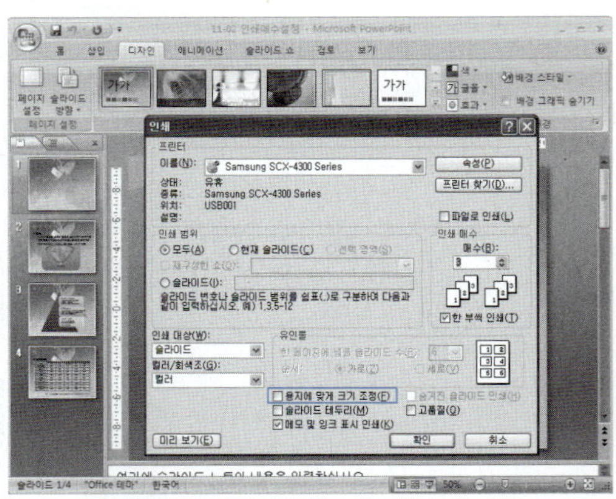

설정 전

설정 후

여러 가지 색상으로 인쇄하기

슬라이드나 개요, 슬라이드 노트 및 유인물 등을 컬러, 회색조 또는 흑백으로 인쇄할 수 있다.

함께하기 | 회색조로 인쇄하기

예제 파일: 파워포인트\예제파일\Chapter 14\Section 01\14-01 회색조인쇄.pptx

1. 인쇄할 색조 선택하기

❶ [보기] 탭 → [컬러/회색조] 그룹에서 '회색조'를 선택한다.

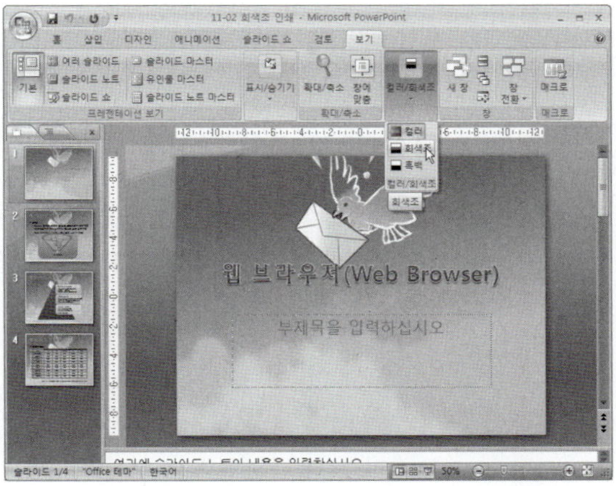

2. 회색조 옵션 변경하기

도형과 그림은 회색조로 표시되고, 텍스트는 검정색과 흰색으로 표시된다.

❶ 회색조로 인쇄하면 배경이 인쇄되지 않으므로 배경을 인쇄하기 위해 [회색조] 탭 → [선택한 개체 배경] 그룹에서 '자동(◩)'을 클릭한다.

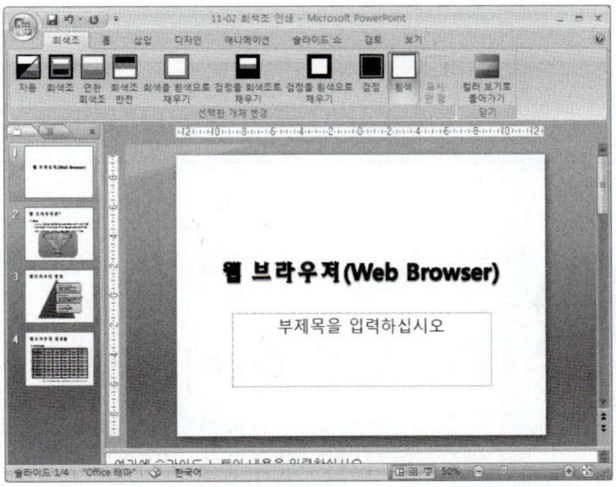

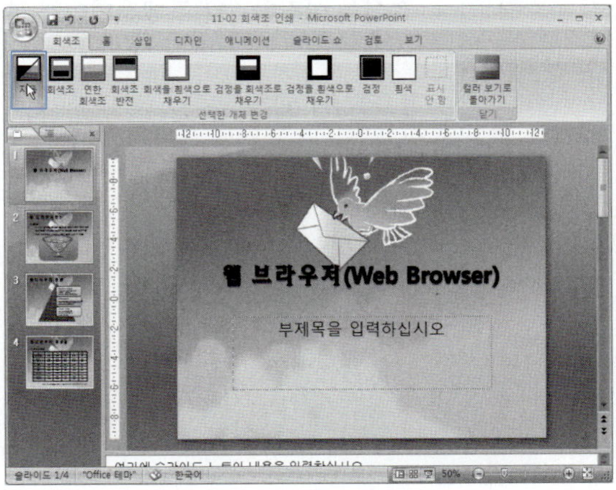

3. 인쇄 옵션 설정하기

❶ '오피스 단추( )' → [인쇄] 버튼을 클릭하고,

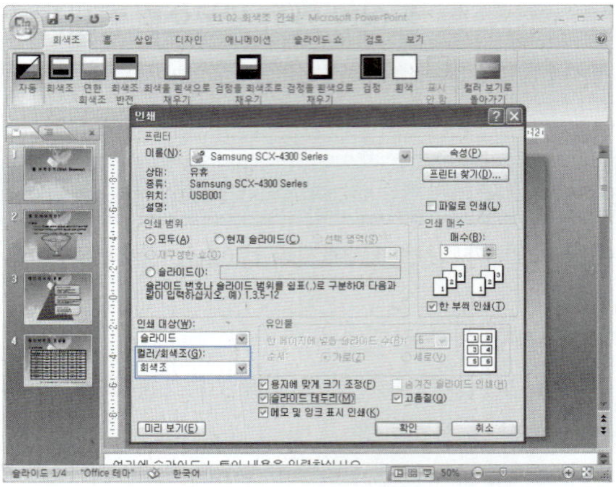

❷ [인쇄] 대화상자의 '컬러/회색조 – 회색조'를 선택하고 '고품질' 항목을 선택한 후 [미리 보기] 또는 [확인] 버튼을 클릭한다.

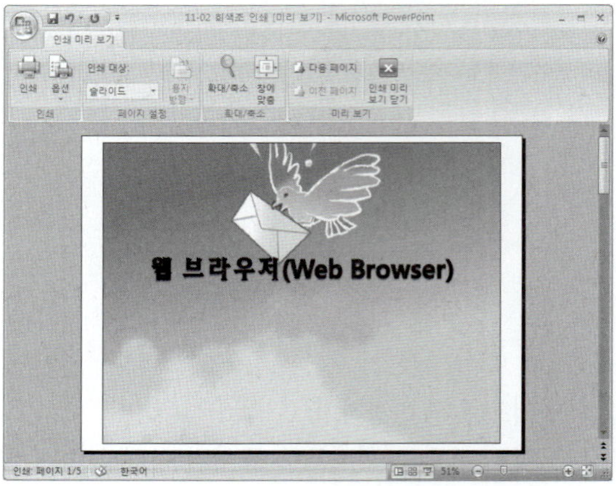

Section 02: 프레젠테이션 배포하기

완성된 프레젠테이션을 배포하기 전에 [준비] 메뉴를 사용하여 문서의 속성이나 사용 권한 등의 속성을 설정하거나 프레젠테이션 문서를 최종본으로 저장하여 읽기 전용 파일로 만들 수 있다.

[준비] 메뉴

[준비] 메뉴는 '오피스 단추( )'를 클릭하여 [준비] 메뉴 위에 마우스 커서를 올려놓으면 표시된다.

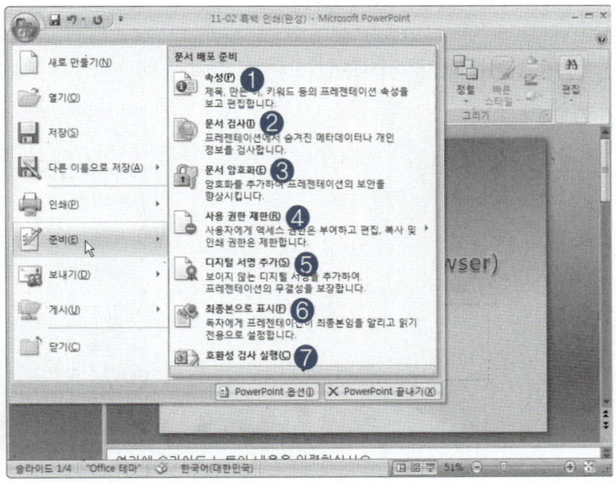

❶ **속성:** 프레젠테이션 문서의 제목, 작성자, 키워드 등의 정보 입력

❷ **문서 검사:** 프레젠테이션 문서에 숨겨진 메타 데이터나 개인 정보 등 검사

❸ **문서 암호화:** 프레젠테이션의 보안을 위해 문서를 열 때 사용할 암호 설정

❹ **사용 권한 제한:** 사용자에게 접근 권한을 설정하여, 편집, 복사 및 인쇄 기능 제한

❺ **디지털 서명 추가:** 디지털 서명을 추가하여 프레젠테이션 문서의 무결성 보장

❻ **최종본으로 표시:** 프레젠테이션이 최종본임을 표시하고 읽기 전용으로 설정

❼ **호환성 검사 실행:** 파워포인트 이전 버전에서 지원하지 않는 기능의 사용 여부 검사

2.1 | 프레젠테이션 속성 지정하기

[속성] 메뉴를 사용하여 프레젠테이션의 작성자, 제목, 주제, 키워드 등을 입력할 수 있다. 입력된 속성은 프레젠테이션 파일의 속성 보기를 실행하면 확인할 수 있다.

함께하기 | 프레젠테이션 속성 지정하기

예제 파일: 파워포인트\예제파일\Chapter 14\Section 02\14-02 프레젠테이션속성.pptx

1. [속성] 메뉴 실행하기

❶ '오피스 단추( )' → [준비] → [속성] 메뉴를 클릭한다.

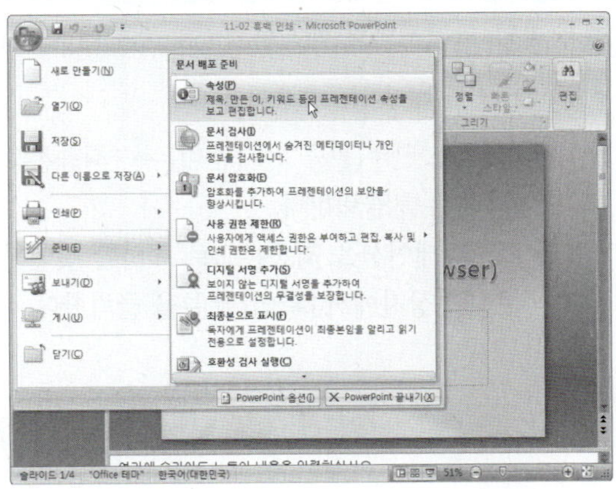

2. 문서 속성 설정하기

❶ 슬라이드 창 위에 표시된 '문서 속성'의 각 항목에 내용을 입력한다.

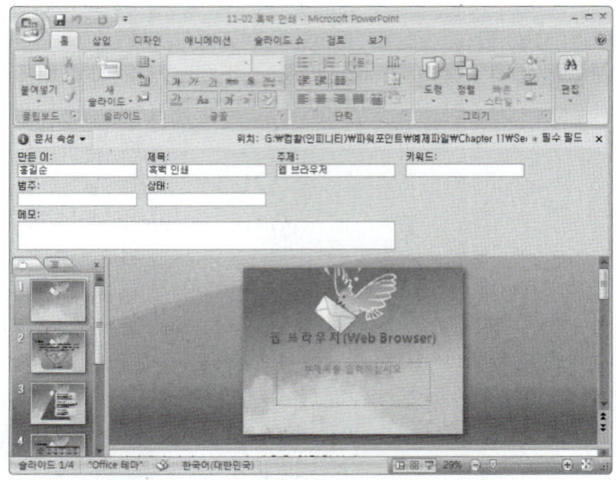

3. 고급 속성 설정하기

❶ '문서 속성 – 고급 속성'을 선택하고,

❷ [속성] 대화상자의 [요약] 탭에서 작성자, 관리자, 회사 등의 정보를 입력한다.

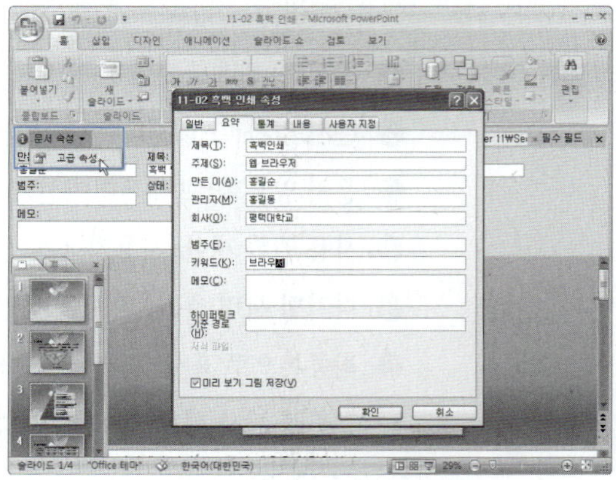

2.2 | 프레젠테이션 문서를 최종본으로 표시하기

[준비] → [최종본으로 표시] 메뉴를 선택하여 프레젠테이션 문서를 최종본으로 표시하면 읽기 전용 속성이 설정되어 편집이 불가능한 문서가 된다. 최종본으로 표시된 것을 해제하려면 [준비] → [최종본으로 표시] 메뉴를 다시 한 번 더 실행한다.

함께하기 | 최종본으로 만들기

예제 파일: 파워포인트\예제파일\Chapter 14\Section 02\14-02 최종본.pptx

1. 최종본 표시 설정하기

❶ '오피스 단추( )' → [준비] → [최종본으로 표시] 메뉴를 클릭한다.

❷ 프레젠테이션을 최종본으로 표시할 것인지를 묻는 대화상자에서 [확인] 버튼을 클릭한다.

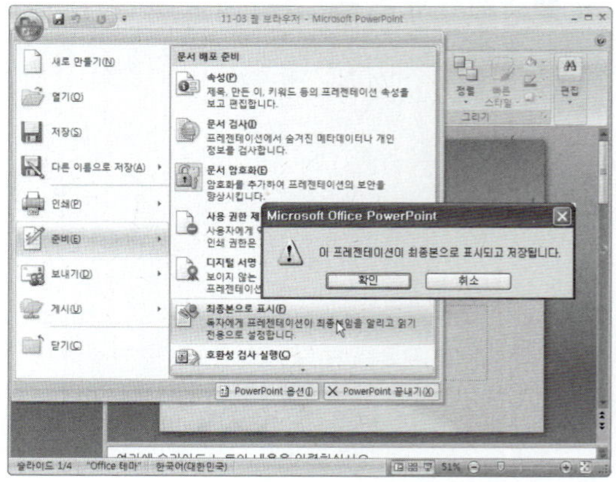

2. 최종본 확인하기

❶ 최종본으로 편집이 완료되었다는 메시지가 표시되면 [확인] 버튼을 클릭한다.

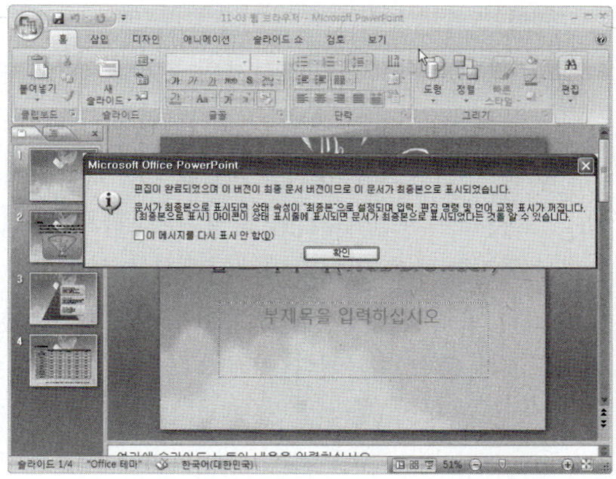

❷ 프레젠테이션이 읽기 전용 파일로 변환되어 데부분의 도구들이 사용할 수 없도록 표시된다.

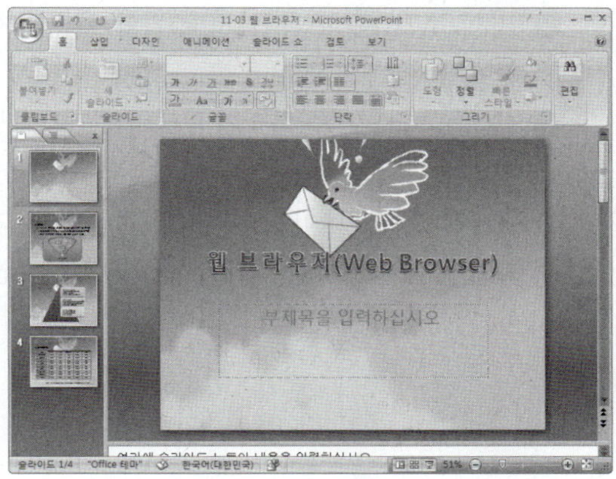

2.3 CD 패키지로 저장하기

파워포인트 2007 프레젠테이션을 CD 패키지로 생성하면 동영상이나 소리 등의 연결된 모든 파일과 파워포인트 뷰어 2007이 함께 복사하여 자동으로 재생된다.

함께하기 | CD 패키지로 만들기

예제 파일: 파워포인트\예제파일\Chapter 14\Section 02\14-02 웹 브라우저(CD).pptx
완성 파일: 파워포인트\완성파일\Chapter 14\Section 02\14-02 웹 브라우저(CD)(완성).pptx

1. CD 패키지 실행하기

❶ CD 드라이브에 CD를 삽입하고,

❷ '오피스 단추( )' → [게시] → [CD용 패키지] 메뉴를 클릭한다.

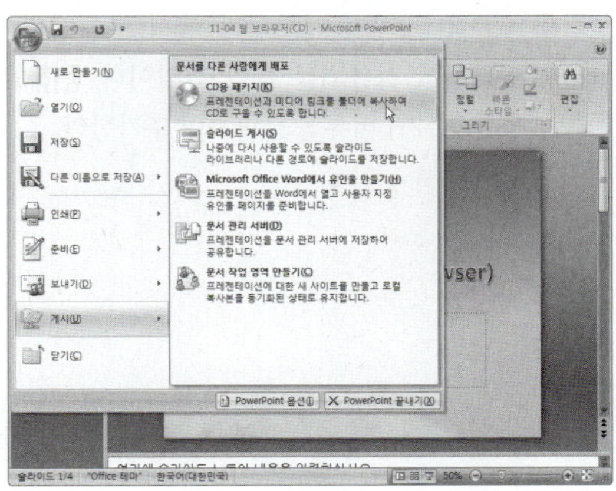

2. 파일 추가하기

❶ [CD용 패키지] 대화상자의 'CD 이름'에 이름을 입력하고,

❷ 하나 이상의 프레젠테이션을 CD 패키지에 추가하려면 [파일 추가]를 클릭하여 [파일 추가] 대화상자에서 추가할 프레젠테이션을 선택한다. 하나의 프레젠테이션만으로 CD 패키지를 구성하는 경우 ❻번을 실행한다.

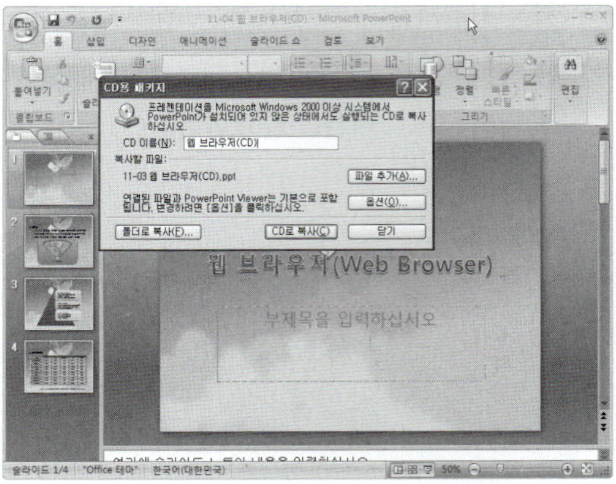

❸ [파일 추가] 대화상자에서 추가할 프리젠테이션을 선택하고 [열기] 버튼을 클릭한다.

❹ [CD용 패키지] 대화상자에서 추가된 프레젠테이션의 재생 순서를 [↑], [↓] 버튼을 사용하여 조정한다. 프레젠테이션을 더 추가하려면 [추가] 버튼을 클릭하고, 프레젠테이션을 삭제하려면 [삭제] 버튼을 클릭한다.

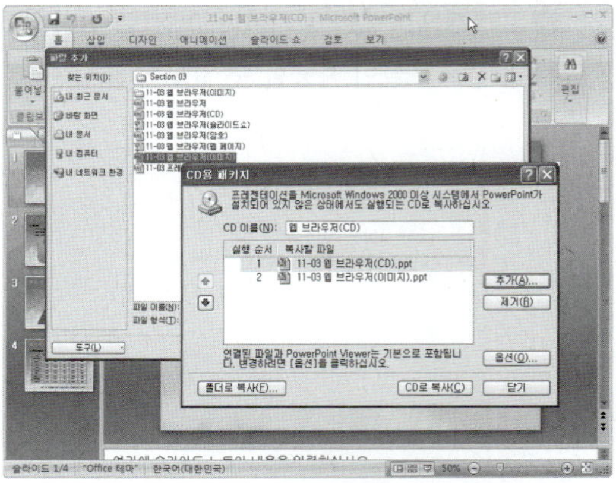

❺ [옵션] 버튼을 클릭하고 [옵션] 대화상자에서 패키지의 형식과 글꼴 포함 여부, 암호 설정 등의 항목으로 설정하고 [확인] 버튼을 클릭한다.

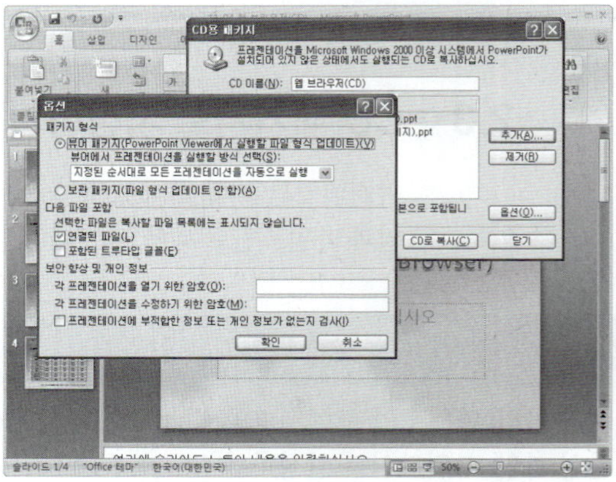

❻ [CD용 패키지 대화상자]에서 프레젠테이션에 연결되어 사용되는 음악 파일이나 동영상 파일 등을 [추가] 버튼을 클릭하여 추가한다.

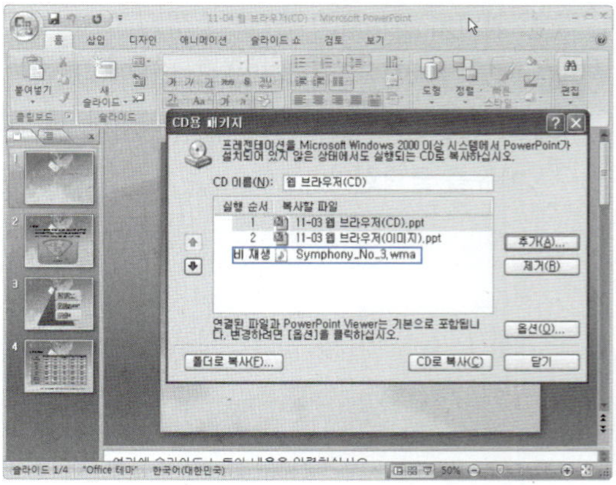

3. CD로 복사하기

❶ [CD로 복사] 버튼을 클릭하고,

❷ 프레젠테이션에 연결된 파일을 패키지에 포함할 것인지를 묻는 대화상자에서 [예] 버튼을 클릭한다.

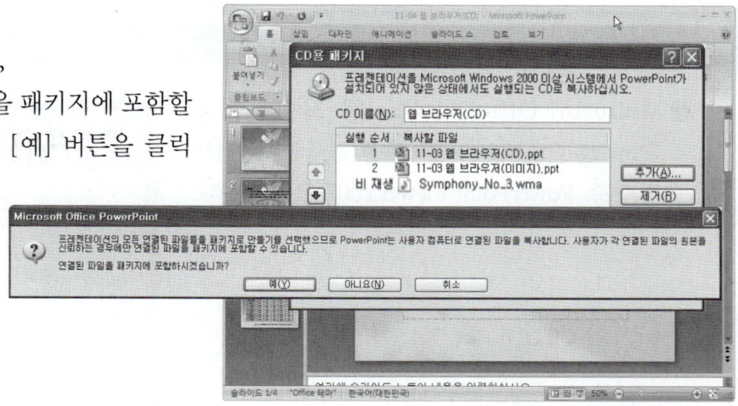

❸ CD 패키지를 만드는 작업 과정이 표시된다.

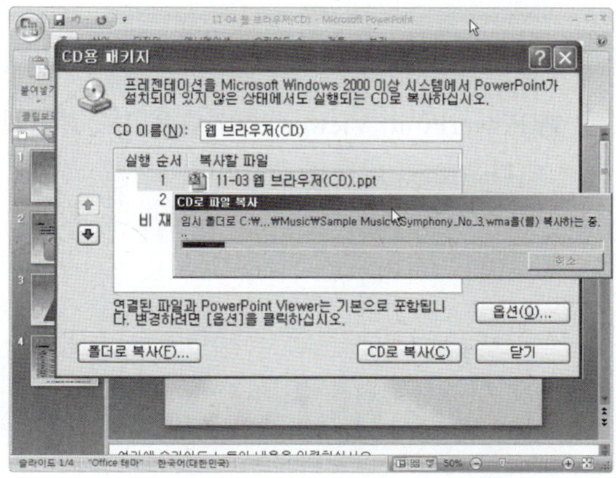

4. CD 확인하기

❶ CD 패키지 작성이 완료되면 다른 CD에 복사할 것인지를 묻는 대화상자가 표시된다. 작성된 CD를 실행하여 실행이 되는 지 확인한다.

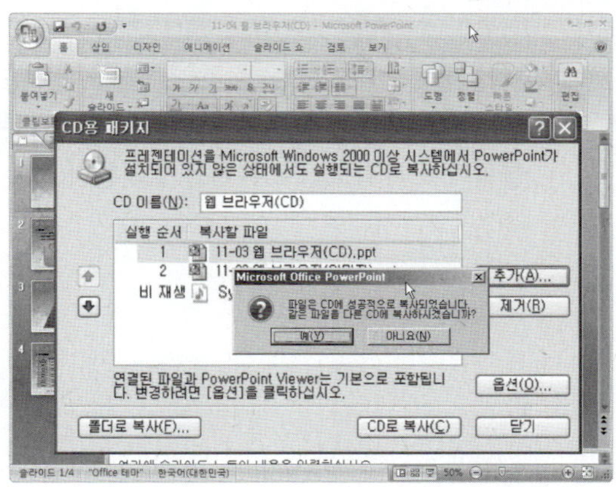

2.4 | 파워포인트 뷰어 2007 사용하기

파워포인트가 설치되어 있지 않은 컴퓨터에서 프레젠테이션을 실행해야 하는 경우 파워포인트 뷰어(PowerPoint Viewer)를 사용한다. Microsoft Office Online 웹 사이트에서 파워포인트 뷰어(PowerPoint Viewer)를 다운로드할 수도 있다.

함께하기 | 파워포인트 뷰어 2007 설치하기

❶ Microsoft Office Online 웹 사이트에서 'Powerpoint Viewer 2007'을 검색한 후 검색 결과 중 'PowerPoint Viewer 2007'을 클릭한다.

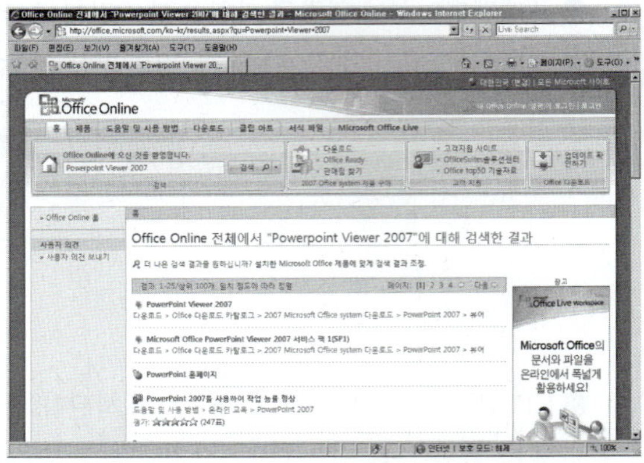

❷ PowerPoint Viewer 2007 다운로드 화면에서 [다운로드] 버튼을 클릭한다.

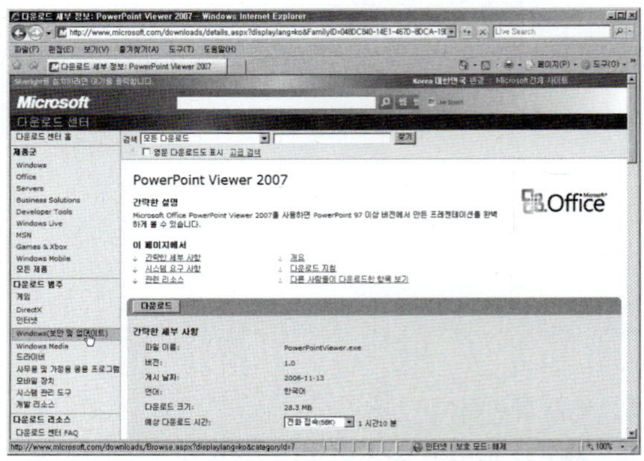

❸ [파일 다운로드] 대화상자에서 [실행] 버튼을 클릭하여 파워포인트 뷰어를 설치한다.

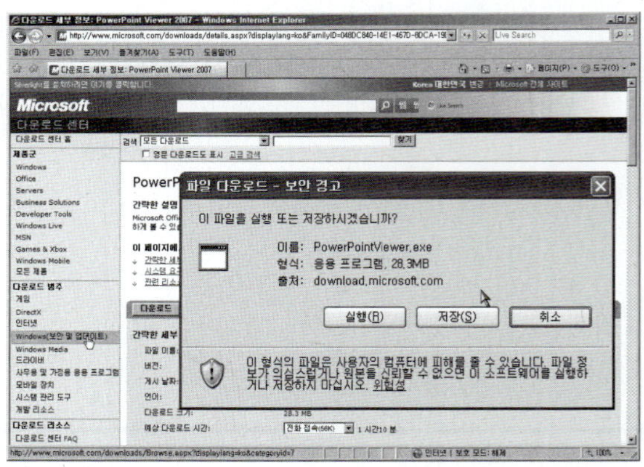

❹ 설치가 끝나면 프로그램 목록에서 'Microsoft Office PowerPoint Viewer 2007'을 선택하여 실행한다.

찾아보기

ㅇ

ㅈ

ㅊ

ㅋ

ㅌ

ㅍ

ㅎ

A

C

D

E

F

H

I

정선호
평택대학교 교수, 이학박사
저서: 비주얼베이직 프로그래밍(인피니티북스) 외 다수

컴퓨터 활용과 실습

윈도우 7 • 한글 2007 • 엑셀 2007 • 파워포인트 2007

인 쇄	2010년 7월 19일
발 행	2010년 7월 26일
저 자	정선호
발 행 인	채희만
출판기획	안성일
마 케 팅	김현철
북 PD	황은교
영업관리	최은정
북디자인	가인커뮤니케이션(070-8861-0525)
발 행 처	**INFINITYBOOKS**
주 소	서울특별시 마포구 서교동 460-35
대표전화	02)302-8441
팩 스	02)6085-0777
Homepage	www.infinitybooks.co.kr
E-mail	infinitybook@naver.com
I S B N	978-89-92649-44-5
등록번호	제311-2006-26호
판매정가	**23,000원**